14판

KOTLER의 **마케팅 입문**

14판

KOTLER의 마케팅 입문

Gary Armstrong · Philip Kotler · Marc Oliver Opresnik 지음
정연승 · 박철 · 이형재 · 조성도 옮김

교문사

Pearson Education South Asia Pte Ltd
9 North Buona Vista Drive
#13-05/06 The Metropolis
Tower One
Singapore 138588

Pearson Education offices in Asia: *Bangkok, Beijing, Ho Chi Minh City, Hong Kong, Jakarta, Kuala Lumpur, Manila, Seoul, Singapore, Taipei, Tokyo*

3   2   1
23   22   21

Cover Art: © Vectimus/Shutterstock

발행일: 2021년 3월 20일
공급처: 교문사(031-955-6111~4/genie@gyomoon.com)
ISBN: 978-981-3137-16-5(93320)
가격: 38,000원

http://pearsonapac.com/

역자 서문

최근 경영학 교육 현장에는 글로벌과 디지털의 바람이 강하게 불고 있다. 국경 없는 시대를 맞아 글로벌 콘텐츠의 사용이 빈번해지고 있고, 디지털과 온라인을 통한 강의 수요가 증가하고 있기 때문이다. 이에 따라 국내 대학의 마케팅 강의에서 원서 교재의 사용은 더욱 보편화되고 있는데, 전 세계에서 가장 많이 사용되고 있는 마케팅 교재가 바로 《Kotler의 마케팅 입문(Marketing: An Introduction)》이다. 이 책은 Kotler 교수의 다양한 마케팅 교재 중에서도 가장 기본이 되는 핵심 교재이다.

그런데 마케팅 원서를 가지고 공부하는 다수의 학생들이 원서의 내용을 완벽히 이해하는 데는 상당한 어려움이 있으며, 원저자들의 의도와는 다르게 이해하고 해석하는 오류가 심심찮게 발생함을 확인할 수 있었다. 특히 국내와는 많이 다른 글로벌 사회문화적 환경하에서 발생하는 다양한 사례를 한국 독자가 적절하게 이해하는 것은 생각보다 쉽지 않은 일이다. 그동안 《Kotler의 마케팅 입문》을 번역해 온 역자들은 이러한 문제점을 해결하고 도움을 주기 위해 노력해 왔으며, 이번 14판의 역자들도 보다 분명하고 이해하기 쉽게 번역하기 위해 노력하였다.

《Kotler의 마케팅 입문》은 마케팅을 처음 공부하는 대학생이나 실무에서 마케팅을 접하게 된 기업실무자, 그리고 마케팅에 관심을 갖고 이를 학습하고자 하는 모든 사람들에게 도움을 줄 수 있다. Kotler 교수는 현대 마케팅의 핵심이 고객가치(customer value)를 창출하고 장기적으로 수익성 있는 고객관계(customer relationship)를 형성하는 것이라고 제안하면서, 이러한 고객 중심(customer focus)의 마케팅 개념을 교재 전체에 걸쳐 일관되게 제시하고 있다. 그리고 고객가치를 창출하고 강화하기 위해서는 자사가 가장 잘 섬길 수 있는 목표고객(target customer)을 선정하고 이들에게 어필할 수 있는 차별화된 가치제안(value proposition)을 만든 다음, 고객과의 결속을 보다 강화할 수 있는 통합적인 마케팅프로그램을 실행함으로써, 진정한 고객만족과 고객감동을 실현해야 한다고 주장하였다. 특히 오늘날과 같이 디지털화된 마케팅환경하에서는 보다 개인화되고 맞춤화된 정교한 타깃 마케팅이 필요하다. 그리고 장기적인 기업의 성장과 수익은 이러한 고객가치와 고객감동을 실현한 기업에는 자연적으로 따라오는 부수적인 것으로 설명하였다.

역자들은 독자가 원서의 풍부한 내용을 보다 잘 이해하도록 번역 작업에 최선을 다하였다. 그럼에도 불구하고 서투르거나 매끄럽지 못한 표현이 있을 수 있다. 이는 전적으로 역자들의 능력의 한계에서 비롯된 것이니 널리 이해해주기 바란다. 하지만 원저의 수준 높고 풍부한 내용은 부족한 번역을 대신하기에 충분할 것이다.

아무쪼록 세계 최고의 마케팅 교재인 《Kotler의 마케팅 입문》과 함께 디지털과 온라인 시대에 그 중요성이 더욱 커지는 마케팅의 실체와 위력을 흠뻑 느껴보기 바란다.

2021년 3월

역자 정연승, 박철, 이형재, 조성도

저자 서문

마케팅: 디지털과 소셜 시대에 고객가치와 고객참여 창출하기

오늘날의 마케팅은 빠르게 변화하며 급격히 디지털화되고 사회적 관계 지향적으로 변모하고 있는 시장에서 고객가치와 고객참여를 창출하는 모든 것을 의미한다. 마케팅은 소비자의 근원적 욕구(needs)와 구체적 욕구(wants)를 이해하고, 조직이 가장 잘 만족시킬 수 있는 목표고객을 설정하며, 목표고객을 확보하고 관계를 키워나갈 수 있는 가치제안을 하는 것에서부터 출발한다. 단순히 판매를 뛰어넘어, 오늘날의 마케터들은 고객과 유대감을 형성하고 자사의 브랜드가 고객의 삶과 대화에서 의미 있는 한 부분이 될 수 있도록 고객과 깊은 관계를 형성하려고 한다.

오늘날과 같은 디지털 시대에는 과거 경험으로부터 성공이 증명된 전통적인 마케팅 방법과 함께 마케터들이 사용할 수 있는 새로운 도구가 매우 다양하다. 온라인, 모바일, 소셜 미디어와 같은 새로운 고객관계형성 도구를 사용하여 고객과 언제 어디서나 브랜드에 대한 대화와 경험을 나누고 브랜드 커뮤니티를 형성할 수 있다. 만약 어떤 조직이 이러한 일을 잘 수행하면 그 조직은 시장점유율, 수익, 고객자산의 형태로 보상받을 것이다. 이 책을 통해서 독자는 어떻게 고객가치와 고객참여가 좋은 마케팅전략의 추진력이 될 수 있는지를 배우게 될 것이다.

14판에 새로 추가된 것

《Kotler의 마케팅 입문》 14판은 고객가치, 고객참여, 고객관계가 중심이 되는 디지털 시대의 마케팅에 영향을 미치는 주요한 트렌드와 새로운 영향요인을 반영하고 있다. 이 책의 주요한 새롭고 지속적인 변화는 다음과 같다.

▶ **고객참여 프레임워크:** 14판은 고객참여 프레임워크를 계속해서 유지·발전시킨다. 고객참여 마케팅은 브랜드를 구축하고 브랜드 관련 대화를 이끌어내며 브랜드 경험과 브랜드 커뮤니티를 만드는 과정에서 직접적이고 지속적인 고객참여를 만들어내는 과정이다. 책 전반에 걸쳐 새로운 내용과 사례를 사용해 최신의 고객참여 도구와 실행방법을 소개한다.

▶ **빠르게 변하는 마케팅 트렌드와 주제:** 14판은 전통적인 마케팅 영역뿐만 아니라 디지털·모바일·소셜 미디어 마케팅, 고객참여 마케팅, 빅데이터, 인공지능과

새로운 마케팅 애널리틱스, 마케팅 리서치에 있어서 주요한 디지털트랜스포메이션, 옴니채널 마케팅과 오늘날 리테일의 변혁, 리얼타임 고객경청과 마케팅, 마케팅 콘텐츠 창조와 네이티브 광고, B2B 소셜 미디어와 소셜 판매, 온라인과 동적 가격결정, 지속가능성, 글로벌 마케팅 등과 같은 최신 주제를 폭넓게 소개한다.

▶ **온라인, 모바일, 소셜 미디어 및 기타 디지털 마케팅 기술:** 디지털 콘셉트, 디지털 기술, 디지털 실행 등에 뒤처지지 않도록 노력하는 것은 오늘날의 마케터에게 최우선순위이면서 주요한 도전적 과제이다. 14판은 모든 장에 걸쳐서 이러한 폭발적인 디지털 기술 발전과 관련된 새로운 최신 내용을 풍부하게 제공한다.

▶ **콘텐츠 마케팅과 마케팅커뮤니케이션:** 전판에 이어 14판도 마케팅커뮤니케이션과 브랜드 콘텐츠의 창출이 어떻게 빠르게 발전하고 있는지를 다루고 있다. 마케터는 이제 단순히 통합적 마케팅커뮤니케이션 프로그램을 개발하는 데 머무르지 않는다. 그들은 유료 미디어, 자사소유 미디어, 공유 미디어에서 고객지향적 마케팅 콘텐츠를 고객에 맞추어 제공하기 위하여 고객 및 미디어와 협력하고 있다. 14판에서는 이와 관련된 다양한 주제를 다른 교재에서 찾아보기 힘들 만큼 신선하게 다루고 있다.

▶ **혁신적인 디자인과 구성:** 14판은 효과적이고 통합적인 설명방식을 사용하고 있는데, 주석이 달린 각 장의 도입사례, 각 장 도입부의 학습목표에 관한 개요, 각 장의 주요 절과 그림에 삽입한 저자 코멘트, 그리고 주요 마케팅 개념과 마케팅 현장에서의 실행에 관한 깊이 있는 사례를 제공하는 〈Marketing at Work〉 등과 같은 학습강화 도구가 그 예이다. 각 장 도입부의 구성은 독자가 각 장의 주요 개념을 미리 파악하는 데 도움을 준다. 저자 코멘트가 포함된 그림은 각 장에서 학습한 내용을 체계적으로 정리하는 데 도움을 줄 것이다.

고객가치와 고객참여에 관한 다섯 가지 주요 주제

《Kotler의 마케팅 입문》은 고객가치와 고객참여에 관한 다섯 가지 주요한 주제를 토대로 저술되었다.

▶ **고객을 위한 가치를 창출하고 그 대가로 고객으로부터 그 가치의 일부를 보상받음.** 오늘날 마케터는 고객가치 창출과 고객참여, 고객관계관리에 뛰어나야 한다. 그 대가로 판매, 수익, 고객자산이라는 형태로 고객으로부터 창출된 가치의 일부를 돌려받는다. 이 혁신적인 고객가치와 고객참여 프레임워크는 1장의 서론에서 독특한 5단계 마케팅 과정모델로 도입되는데, 마케팅이 어떻게 고객가치를 창출하고 그 대가로 가치를 얻는지를 설명한다. 이 프레임워크는 처음 2개 장에서 신중하게 발전시킨 다음 나머지 장에서 통합적으로 전개된다.

▶ **고객침여와 오늘날의 디지털과 소셜 미디어.** 새로운 디지털과 소셜 미디어는 기업과 브랜드가 고객을 참여시키는 방식과 소비자들끼리 연결되고 각자의 브랜드 행동에 서로 영향을 미치는 방식을 혁신적으로 바꾸어놓았다. 14판은 브랜드가 고객과 더 깊게 상호작용하며 고객을 참여시키는 데 도움을 주는 흥미로운 새로운 디지털, 모바일, 소셜 미디어 기술에 대해 책 전반에 걸쳐 깊이 있게 다루고 있다.

▶ **강력한 가치창출 브랜드의 구축과 관리.** 강력한 브랜드 자산을 토대로 잘 포지셔닝된 브랜드는 고객가치를 창출하고 수익성 있는 고객관계를 구축하는 데 기본이 된다. 오늘날 마케터는 브랜드를 강력하게 포지셔닝해야 하며, 가치 있는 브랜드 경험을 창출할 수 있도록 잘 관리해야 한다. 14판은 브랜드를 깊이 있게 다루며, 특히 7장의 '브랜딩 전략: 강한 브랜드 만들기'에서 주로 다룬다.

▶ **마케팅 투자수익률의 측정과 관리.** 특히 경제가 불확실한 시기에 마케팅 관리자는 마케팅 비용이 잘 쓰이고 있다는 것을 확신시켜야 한다. 마케팅에 대한 투자 대비 수익을 측정하고 관리하는 것, '마케팅투자 책임성(marketing accountability)'은 이제 전략적 마케팅 의사결정 과정에서 중요한 부분이 되었다.

▶ **전 세계를 대상으로 한 지속가능 마케팅.** 기술의 진보가 지구촌을 점점 작고 세분화된 시장으로 만드는 시대에 마케터는 자신의 브랜드를 전 세계적으로 지속가능한 방식으로 마케팅하는 데 뛰어나야 할 필요가 있다. 14판에서는 소비자와 기업의 현재 욕구를 충족시키면서 또한 미래 세대의 요구를 충족시킬 수 있도록 글로벌 마케팅과 지속가능한 마케팅 개념을 강조한다. 책 전체에 걸쳐 글로벌 마케팅과 지속가능 이슈를 통합적으로 전개한다.

이러한 특징 이외에도 각 장은 주요 개념에 대한 이해를 돕기 위해 기업현장의 흥미로운 최신 사례를 많이 포함하고 있다. 《Kotler의 마케팅 입문》은 마케팅에 생기를 불어넣어 독자에게 최고의 마케팅 길잡이 역할을 해줄 것이다.

Gary Armstrong

Philip Kotler

요약 차례

※ 15장과 16장은 교문사 홈페이지(http://www.gyomoon.com) 자료실에서 다운로드하세요.

차례

PART 2 ▶ 시장과 소비자에 대한 이해 92

3 마케팅환경의 분석 92

4 마케팅정보의 관리: 고객통찰력 얻기 130

5 소비자와 기업구매자 행동의 이해 168

8 신제품 개발: 그리고 PLC(product life cycle)의 관리 294

9 가격결정: 고객가치의 이해와 포착 324

10 마케팅 경로: 소비자 가치 전달 368

11 소매업과 도매업 406

12 고객참여와 고객가치 커뮤니케이션: 광고와 PR 446

13 인적판매와 판매촉진 486

PART 4 ▶ 마케팅 영역의 확대

15 글로벌 마켓

16 지속가능한 마케팅: 사회적 책임과 윤리

※ 15장과 16장은 교문사 홈페이지(http://www.gyomoon.com) 자료실에서 다운로드하세요.

마케팅

고객가치와 고객참여의 창출

학습목표

▶ **1** 마케팅의 정의와 마케팅과정의 단계들을 학습한다.

▶ **2** 고객과 시장을 이해하는 것의 전략적 중요성과 시장을 이해하는 데 필요한 5가지 핵심개념을 살펴본다.

▶ **3** 고객가치지향적 마케팅전략의 핵심 구성요소와 마케팅전략의 지침이 되는 마케팅관리 철학을 설명한다.

▶ **4** 고객관계관리에 대해 설명하고 고객을 위해 가치를 창출하고 그 대가로 이익을 얻기 위한 전략들을 살펴본다.

▶ **5** 관계의 시대에서 마케팅의 지도를 변화시키는 주요 추세와 주요 요인들을 살펴본다.

개관

1장의 목적은 마케팅의 기본개념을 소개하는 것이다. 1장의 첫머리는 마케팅이 무엇인지에 대해 설명한다. 간단히 말하면 마케팅은 수익성 있는 고객관계를 관리하는 것이다. 마케팅의 목적은 고객을 위해 가치를 창출하고 그 대가로 기업가치를 획득하는 것이다. 다음으로 마케팅과정의 다섯 단계에 대해 개괄적으로 설명하는데, 다섯 가지 단계는 고객욕구의 이해, 고객가치지향적 마케팅전략의 수립, 통합적 마케팅프로그램의 개발, 고객관계의 구축, 기업가치의 획득으로 구성된다. 마지막으로 디지털, 모바일, 그리고 소셜 미디어 시대에 마케팅에 영향을 주는 주요 추세와 주요 요인들에 대해 설명한다. 이러한 마케팅 기본개념들을 이해하고 이의 시사점을 생각해보는 것은 나머지 장들을 공부하는 데 있어 튼튼한 토대가 된다.

에미레이트(Emirates) 항공의 실제 마케팅 사례로 시작해보자. Emirates는 세계 최대의 항공사이자 지구상에서 가장 유명한 브랜드 중 하나이다. Emirates의 성공은 단순히 A 지점에서 B 지점으로 사람들을 잘 연결하는 것에서 나온 것이 아니다. 그것은 깊은 브랜드－고객참여와 고객 간 브랜드 커뮤니티를 통해 Emirates가 고객가치를 창출하는 고객중심의 마케팅전략을 잘했기 때문이다.

Emirates의 고객가치지향 마케팅: 고객참여와 브랜드 커뮤니티 구축

Emirates 그룹은 160개 이상의 국적을 가진 103,363개의 강력한 팀으로, 6개 대륙과 155개 도시에서 운영된다. UAE 두바이에 본사를 둔 Emirates 항공은 1985년에 설립되었다. 2016년 3월 31일로 끝나는 회계 연도에 이 그룹은 28년 연속 수익을 달성했다. 이 회사는 작은 도시와 국가를 8시간 미만의 비행으로, 전 세계 인구의 3/4에 도달할 수 있는 전략적 로케이션을 통해 빠르게 성장하였다. 또 수익성 있는 허브 기반 비즈니스 모델을 구축하여, 세계에서 4번째로 큰 국제항공사가 되었다.

처음부터 Emirates 항공은 고품질 서비스를 제공할 뿐만 아니라, 혁신적이고 현대적이며 고객지향적이어야 한다고 생각했다. 이를 위해 이 항공사는 각 목적지 시장의 맞춤식 제품, 서비스, 경험의 조합을 통해 고객중심적 가치 제안을 추구해 왔다. 이러한 접근 방식은 고객을 위한 전용라운지 뿐만 아니라, 비행 중 정보, 통신 및 엔터테인먼트(ICE) 시스템-비행 중에도 쉽게 이용할 수 있는 유선전화, 인터넷 서핑, 이메일 전송 등의 고객 요구를 반영한 올인원 통신 장치-과 같은 다양한 서비스 제공으로 이어졌다.

Emirates 항공사의 단골 고객 로열티 프로그램인 Skywards는 강력한 고객관계를 구축하는 데 중요한 성공요인이었다. 업계 최초인 이 프로그램을 통해 회원은 경로, 요금 유형, 클래스 및 등급의 네 가지 기본 입력을 사용하여 마일을 적립하고 "마일 가속기 기능"을 통해 특정 비행에 보너스 마일을 제공받았다. 그래서 만석이 아닌 항공편의 회전율을 높일 수 있었다.

치열한 경쟁에 직면한 Emirates 항공은 프리미엄 클래스 승객을 위한 인센티브인 Dubai Connect를 포함하여 차별화된 다양한 고객 서비스를 시작했다. 이것은 두바이에서의 식사, 지상 교통 및 비자 비용을 포함한 무료 고급 호텔 숙박을 제공한다. 일등석 또는 비즈니스석을 이용하는 고객에게 제공되는 차별화된 서비스는 Chauffeur Drive이다. Emirates 항공의 기사는 고객을 문 앞에서 모셔 가고, 착륙 시 최종 목적지로 모셔다준다. 장소는 고객의 호텔, 다음 회의장, 좋아하는 레스토랑, 골프 코스 등이 될 수 있다. 이 서비스는 전 세계 70개 이상의 도시에서 제공된다.

대부분의 항공사는 경쟁력을 유지하기 위해 항공료를 상당히 낮추어야 했지만, Emirates는 아니었다. 이 회사는 고객가치 중심의 마케팅 접근 방식과 고객을 위한 서비스 제안 덕분에, 수익률을 잘 관리하면서 요금을 유지했다. 고객들은 여전히 프리미엄을 지불할 의향이 있었기 때문이다. 경쟁 업체는 저렴한 가격이나 잘 관리된 항공기를 강조했지만, Emirates 항공은 고객참여와 관계를 구축했다. 항공 여행의 기능적 혜택 외에도, Emirates 항공은 편안함과 디테일이 돋보이는 "Emirates 항공경험"으로 마케팅 했다. 고객은 단순히 Emirates로 비행하는 것이 아니라, 그것(Emirates)을 경험했다.

» Emirates는 고객참여와 관계를 강조하였고, 고객들은 "Emirates 경험"에 대해 프리미엄을 지불하고자 하였다.
Casimiro/Alamy Stock Photo

한때 고객과 소통하기 위해서 단순한 대형 미디어 광고에 경쟁자보다 더 많은 비용을 지출해야 했고, 고객보다는 브랜드를 보증해 주는 유명인(셀럽)의 증언이 필요했다. 그러나 디지털 시대에 Emirates 항공은 새로운 유형의 고객들과 더 깊고, 개인적이고, 매력적인 관계를 구축하고 있다. Emirates 항공은 여전히 전통적 광고에 비용을 쓰고 있다. 하지만 브랜드 참여와 커뮤니티를 구축하기 위해 고객과 상호작용하는 최첨단 디지털 및 소셜 미디어 마케팅에 더 많은 마케팅예산을 지출하고 있다.

Emirates 항공은 온라인, 모바일 및 소셜 미디어 마케팅을 사용하여 고객과 소통한다. Emirates 항공은 또한 Facebook, Twitter, Instagram, YouTube 및 Pinterest와 같은 소셜 미디어 플랫폼의 도움을 받아, 참여가 높은 대규모 사용자 그룹인 브랜드 "부족(tribe)"을 만든다. 예를 들어 Emirates 페이스북 페이지에는 1천만 개 이상의 좋아요(like)가 있다. Emirates 트위터 포스팅은 117만 개가 넘고, Instagram 페이지는 380만 명의 구독자를 보유하고 있으며, LinkedIn 페이지에는 110만 명의 팔로워가 있다. 이 모두 항공업체에서 1위의 기록이다. Emirates 항공의 소셜 미디어는 높은 고객의 참여를 유도하고, 브랜드에 대해 서로 이야기하게 한다. 또한 디지털 미디어를 기존 도구와 통합하여 고객과 연결하는 교차 미디어 캠페인을 통해, 브랜드를 일상생활에 통합한다. 매력적인 예는 회사의 "Hello Tomorrow" 캠페인이다. 2012년에 시작되어 새로운 경험과

> Emirates 항공은 A 지점에서 B 지점으로 사람들을 연결하는 방법을 제공할 뿐만 아니라 사람들의 꿈, 희망 및 열망을 연결하는 촉매제가 되는 것을 목표로 한다.

문화를 찾는 여행자를 대상으로 하는 캠페인이다. 이것은 항공사를 전 세계 다양한 문화를 가진 사람들을 연결하고 음식, 패션, 예술 및 음악에 대한 새로운 대화를 유도하는 라이프스타일 초이스(choice)가 되고자 했다.

Emirates 항공의 창립 CEO이자 Emirates 그룹의 전 부회장인 모리스 플라나건 경은, Emirates 항공은 사람들을 A 지점에서 B 지점으로 연결하는 방법을 제공할 뿐만 아니라, 사람들의 꿈, 희망, 그리고 열망을 제공해야 한다고 강조하였다. 그는 또한 기업이 사람과 문화를 연결하여 세계를 형성하는 관련 있고 의미 있는 경험을 창출한다고 말했다.

캠페인 초기에는 뉴욕 타임 스퀘어와 밀라노 중앙역에 있는 상징적인 광고판을 비롯하여 인쇄, TV 및 디지털 광고를 실시하였다. 전 세계 80개 이상의 시장에서 출시된 이 새로운 브랜드 플랫폼은 전 세계 여행을 기념하는 커뮤니케이션 및 참여를 통해, Emirates 항공의 새로운 방식을 제시하였다. 또 사람들을 연결하고 여행을 통해 잠재력을 실현하도록 돕는 Emirates 항공의 약속을 제시했다. 젊은 고객들에게 다가가기 위해 Emirates 항공의 Facebook 채널에서 'Hello Tomorrow'캠페인을 TV 광고물과 함께 시작했다. 또한 Emirates 항공은 BBC와 협업하여 Collaboration Culture라는 새로운 시리즈를 개발했다. 이 시리즈는 음악, 음식, 패션 및 예술 분야에서, 각 분야에서 협력한 14명의

셀럽과 유명인을 등장시켰다. CNN을 통해 Emirates 항공은 아티스트가 전 세계의 동료 아티스트와 함께 배우고, 가르치고, 심지어 자신의 국가에서 함께 공연하는 개념인 Fusion Journeys를 만들었다. 마지막으로 Emirates 항공은 Yahoo!에서 "Inspired Culture" 채널을 만들었다. 여기서는 전 세계적으로 글로벌 스타가 추천한 비디오 및 콘텐츠에 액세스하여 다른 사람들과 교류하고 창작물에서 영감을 얻을 수 있게 했다.

새로운 글로벌 문화는 BBC, CNN, Yahoo를 통해 85개국에 있는 4,300명의 시청자에게 도달되었다. Emirates 항공의 인지도는 시청자 사이에서 38%에서 69%로 급증했다. 콘텐츠에 노출된 시청자의 84%는 Emirates 항공이 세계를 연결하고 "더 밝은 미래"를 창출하는 브랜드라고 믿었다. 2018 Brand Finance Global 500 보고서에 따르면, Emirates 항공은 추정 가치가 70억 달러로, 세계에서 4번째의 항공사 브랜드가 되었다. 또한 상위 5위 안에 드는 유일한 비미국적 항공사가 되었다. 고객 중심 접근 방식과 통합 마케팅 캠페인(예: Hello Tomorrow 이니셔티브)의 결과로 Emirates 항공은 관광업계에서 헌신, 진정성, 적절성 및 차별화를 입증했다. Emirates 항공은 제품에서 벗어나 글로벌 고객참여의 스토리를 만들어 고객에게 접근하는 방법을 성공적으로 바꾸었다.[1]

성공한 기업들은 한 가지 공통점을 갖는데, Nike와 같이 기업의 모든 노력을 고객에게 집중시키고 마케팅에 대한 참여 수준이 매우 높다는 것이다. 이러한 기업들은 잘 정의된 목표시장에서 고객욕구를 충족시키는 데 열정적이다. 그들은 탁월한 고객가치와 고객만족을 기반으로 지속적 고객관계를 구축하는 데 조직의 전 구성원이 참여하도록 동기부여 시킨다.

고객관계구축과 고객가치는 오늘날 특히 중요해졌다. 급속한 기술변화와 심한 경제적, 사회적, 환경적 도전에 직면한 오늘날의 소비자들은 보다 신중하게 지출하고 브랜드와의 관계를 재검토하고 있다. 새로운 디지털, 모바일 및 소셜 미디어 개발은 소비자가 쇼핑하고 상호작용하는 방식에 혁명을 일으켜 새로운 마케팅전략과 전술을 요구한다. 이로 인해 실제적이고 지속적인 가치를 기반으로 강력한 고객가치를 구축하는 것이 그 어느 때보다 중요해졌다.

우리는 이 장의 후반부에 고객 및 마케터가 직면하고 있는 새로운 도전적 과제에 대해 설명할 것이다. 먼저 마케팅의 기본개념들을 소개하는 것으로 시작한다.

마케팅이란?

마케팅은 고객을 다루고 있다는 점에서 다른 어떤 경영기능보다 중요하다. 마케팅의 정의에 대해 더 깊이 있게 다루게 되겠지만, 마케팅은 수익성 있는 고객관계를 관리하는 과정인 것으로, 함축적으로 정의될 수 있다. 마케팅의 두 가지 목표는 탁월한 가치를 제공하여 신규 고객을 유인하는 것과 만족을 제공하여 기존 고객을 키워 나가는 것이다.

예를 들어 Amazon은 고객이 "온라인에서 구매하고 싶은 모든 것을 찾고 발견"할 수 있도록 도와주는 세계적 수준의 온라인 구매 경험을 만들어 온라인 시장을 장악하고 있다. Facebook은 "삶을 사람들과 연결하고 공유"할 수 있도록 지원함으로써, 전 세계적으로 20억 명 이상의 웹 및 모바일 사용자를 유치했다. 그리고 Starbucks는 모든 사람이 환영받는 따뜻함과 소속감의 문화를 만들어 미국의 집 밖에서의 커피 시장을 장악하고 있다."[2]

건전한 마케팅은 어떤 조직에 상관없이 성공을 하는 데 핵심요소이다. Google, Target, P&G, Coca-cola, Microsoft 등의 대규모 영리기업뿐 아니라 대학, 병원, 박물관, 교향악단, 교회 등의 비영리 조직도 마케팅을 활용한다.

당신은 마케팅에 대해 많은 것을 알고 있고 실제로 마케팅에 에워싸여 있다. 당신은 근처 쇼핑몰에서 마케팅의 결과물인 수많은 제품을 보게 되며, TV, 잡지, 메일박스, 그리고 웹을 가득 채우는 광고물을 보면서 마케팅을 인식하게 될 것이다. 그러나 최근 들어 마케터들은 웹사이트와 스마트폰 앱에서부터 온라인 소셜 네트워크와 블로그에 이르기까지 많은 새로운 마케팅 접근방식들을 활용할 수 있게 되었다. 이러한 새로운 접근방식은 대중들에게 일방적으로 메시지를 전달하는 것이 아니라 직접적이면서 개인적으로 다가간다. 오늘날의 마케터는 당신의 삶의 일부분이 되고 브랜드에 대한 당신의 경험을 풍성하게 해주기를 즉, 당신이 브랜드와 함께 살아가는데 도움을 주기를 원한다.

집에 머물든, 학교와 회사에 있든, 그리고 여가를 보내든, 당신이 어떤 곳에서 무엇을 하더라도 마케팅을 목격할 것이다. 그러나 마케팅은 소비자의 시야에 우연적으로 들어오는 것 이상의 의미를 갖는다. 당신의 눈을 사로잡는 것(제품, 서비스, 광고 등)의 이면에는 당신의 주의와 구매를 이끌어내기 위해 서로 경쟁하는 사람 및 활동의 대규모 네트워크가 존재한다. 이 책은 마케팅의 기본개념과 실행에 대해 깊이 있게 소개할 것이다. 본장은 먼저 마케팅의 정의와 마케팅과정을 설명하기로 한다.

>> 마케팅은 웹사이트와 모바일 앱에서 온라인 비디오와 소셜 미디어에 이르기까지 기존의 좋은 형태와 새로운 형태로 여러분 주변에 있다.
Leung Cho Pan/123 RF

마케팅의 정의

마케팅이란 무엇인가? 많은 사람들이 마케팅 하면 판매와 광고를 주로 떠올린다. 일상적으로 TV광고, 직접우편광고, 판매원 방문, 인터넷광고의 홍수 속에 사는 우리가 마케팅에 대해 그렇게 생각하는 것이 당연해 보인다. 그러나 판매와 광고는 마케팅이라는 빙산의 일각일 뿐이다.

오늘날 마케팅은 판매를 하는 행위라는 오래된 개념에서 벗어나 고객욕구를 충족시키는 과정이라는 새로운 관점에서 이해되어야 한다. 마케터가 고객욕구를 이해하고, 탁월한 고객가치를 제공하는 제품과 서비스를 개발하고, 효과적인 가격정책, 유통정책 그리고 촉진정책을 개발한다면 제품의 판매는 매우 쉬워질 것이다. 경영학 분야의 석학이었던 Peter Drucker는 "마케팅의 목적은 판매노력을 불필요하게 만드는 것이다."라고 제안했다.[3]

판매와 광고는 마케팅믹스 중 일부분일 뿐인데 여기서 마케팅믹스란 고객욕구를 충족시키고 고객관계를 구축시키기 위해 사용되는 마케팅 도구들의 집합을 말한다.

넓은 의미에서 마케팅은 개인과 조직들이 자신들이 원하는 것을 가치창출 및 거래 상대방과의 가치교환을 통해 얻기 위해 이루어지는 사회적·관리적 과정을 말한다. 기업과 관련시켜 상대적으로 좁은 의미에서 본다면 마케팅은 수익성과 가치를 발생시키는 고객과의 교환관계를 구축하는 과정이다. 본서에서는 **마케팅**(marketing)을 기업이 고객을 위해 가치를 창출하고 강한 고객관계를 구축함으로써 그 대가로 고객들로부터 상응한 가치를 얻는 과정으로 정의한다.[4]

마케팅(marketing)
기업이 고객을 위해 가치를 창출하고 강한 고객관계를 구축함으로써 그 대가로 고객들로부터 상응한 가치를 얻는 과정

마케팅과정

그림 1.1은 5단계로 구성된 마케팅과정 모형을 보여준다. 전반의 4단계를 통해 기업은 고객을 이해하고, 고객가치를 창출하고 그리고 강력한 고객관계를 구축하기 위해 노력한다. 마지막 단계에서 기업은 탁월한 고객가치를 창출한 대가로 보상을 받게 된다. 즉, 고객을 위한 가치창출을 통해 기업은 그 대가로 고객들로부터 가치를 얻게 되는데, 이는 매출, 이익, 그리고 장기적 고객 자산의 형태를 띤다.

본 장과 다음 장에서 마케팅과정 모형의 각 단계에 대해 다룰 것이다. 본 장에서는 각 단계에 대해 개괄적으로 소개하고 고객관계 구축과정의 첫 번째, 네 번째, 다섯 번째 단계(고객의 이해, 고객관계 구축, 고객으로부터 가치획득)에 대해 자세히 설명한다. 2장에서는 마케팅과정 모형의 두 번째, 세 번째 단계(마케팅전략의 설계, 마케팅프로그램의 개발)에 대해 자세히 살펴볼 것이다.

》》 그림 1.1 마케팅과정 모형

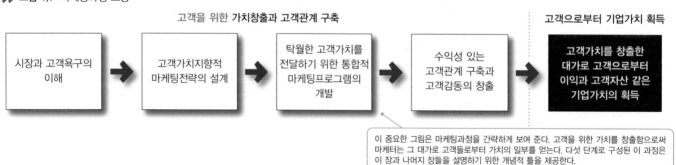

이 중요한 그림은 마케팅과정을 간략하게 보여 준다. 고객을 위한 가치를 창출함으로써 마케터는 그 대가로 고객들로부터 가치의 일부를 얻는다. 다섯 단계로 구성된 이 과정은 이 장과 나머지 장들을 설명하기 위한 개념적 틀을 제공한다.

시장과 고객욕구의 이해

기업은 마케팅과정의 첫 단계에서 고객의 욕구와 고객들과의 거래가 이루어지는 시장에 대해 이해해야 한다. 이하에서는 고객 및 시장과 관련된 5가지 핵심개념인 ① 본원적 욕구, 구체적 욕구, 수요, ② 시장제공물(market offerings: 제품, 서비스, 경험 등), ③ 가치와 만족, ④ 교환과 관계, ⑤ 시장에 대해 자세히 설명하기로 한다.

고객의 본원적 욕구와 구체적 욕구, 그리고 수요

본원적 욕구(needs)
결핍을 느끼는(지각하는) 상태

마케팅의 근간이 되는 가장 기초적인 개념이 인간 욕구이다. 사람의 **본원적 욕구**(needs)란 결핍을 느끼는(지각하는) 상태를 말한다. 인간의 본원적 욕구는 음식, 옷, 따뜻함과

안전을 원하는 생리적 욕구(physical needs)로부터 소속감과 애정을 원하는 사회적 욕구(social needs), 지식과 자기표현을 추구하는 개인적 욕구(individual needs)에 이르기까지 다양한 형태를 갖는다. 마케터들은 이러한 욕구를 창출하지 못한다. 이는 인간이 태생적으로 가지고 있는 기본영역이다.

구체적 욕구(wants)는 문화와 개인의 개성에 영향을 받아 형성된 욕구의 구체적 형태를 말하는데, 미국 소비자들은 음식에 대한 본원적 욕구가 발생되면 빅맥, 프렌치프라이, 청량음료 등의 구체적 욕구를 갖는다. 이에 반해 한국 소비자들은 음식에 대한 본원적 욕구가 발생되면 설렁탕, 비빔밥 등의 구체적 욕구를 갖는다. 구체적 욕구는 그 소비자가 속한 사회에 의해 형성되며 본원적 욕구를 충족시킬 구체적 수단을 말한다.

수요(demand)는 구매력을 갖춘 구체적 욕구를 말한다. 구체적 욕구와 이를 충족시킬 구매력을 갖게 되면 사람들은 가장 높은 가치와 만족을 제공할 수 있는 편익을 갖춘 제품들을 구입하기 원한다.

마케팅역량이 탁월한 기업들은 고객의 본원적 욕구, 구체적 욕구, 그리고 수요를 배우고 이해하기 위해 전력을 다한다. 그들은 고객조사를 실시하고 수집된 고객자료를 분석한다. 최고경영자를 포함해 조직의 전 구성원들은 고객을 이해하기 위해 노력한다.[5]

> **구체적 욕구**(wants)
> 문화와 개성의 영향을 받아 형성된 욕구의 형태

> **수요**(demands)
> 구매력을 갖춘 구체적 욕구

고객의 경험을 자세히 알기 위해 Airbnb의 CEO인 Brian Chesky와 그의 공동 설립자인 Joe Gebbia는 정기적으로 호스트집에 머물렀다. Airbnb가 2009년 처음 방 임대가 등록되었을 때 Chesky와 Gebbia는 모든 뉴욕 호스트를 직접 방문하여 함께 머물며, 리뷰를 작성하고 회사의 비전에 부합하는지 확인했다. 이러한 개인적인 방문은 실제 사용자 경험을 기반으로 새로운 고객 솔루션을 형성하는 데 도움이 되었다. Target의 열정적인 새 CEO Brian Cornell은 현지 엄마 및 Target 충성고객과 함께 사전통지없이 Target 매장을 정기적으로 방문한다. 그는 점포를 둘러보면서 어떻게 돌아가는지를 직접 느껴보기를 좋아한다. Cornell은 상점을 둘러보고 무슨 일이 일어나고 있는지에 대한 진정한 느낌을 얻는 것을 좋아한다. 그것은 "훌륭하고 진정한 피드백"을 주기 때문이다. 다른 Target 경영진은 심지어 집에 있는 고객을 방문하여 찬장 문을 열어 둘러본 다음, 제품 선택과 구매 습관을 이해하려고 한다.

>> **항상 고객 가까이 있을 것:** Target의 새 CEO Brian Cornell은 현지 엄마 및 Target 충성고객들과 함께 사전통지 없이 Target 매장을 정기적으로 방문한다.
Ackerman + Gruber

시장제공물 – 제품, 서비스, 그리고 경험

소비자의 욕구는 시장제공물을 통해 충족되는데, **시장제공물**(market offering)은 고객의 욕구를 충족시키기 위해 시장에 제공하는 제품, 서비스, 정보 혹은 경험의 조합을 말한다.

시장제공물은 유형적 제품에 국한되는 것은 아니며, 판매를 위해 제공되는 무형적 활동 혹은 편익인 서비스도 포함한다. 넓게 말하면 시장제공물은 개인, 장소, 조직체, 정보, 아이디어 등의 대상물도 포함한다. 예를 들어, 랩퍼 로직은 자살 예방의 원인을 마케팅하기 위해 NSPL(National Suicide Prevent Lifeline)과 협력하여 자신의 노래 "1-800-273-8255"(NSPL 긴급번호)가 포함된 7분 분량의 온라인 공공 서비스 비디오

> **시장제공물**(market offerings)
> 고객의 욕구를 충족시키기 위해 시장에 제공하는 제품, 서비스, 정보 혹은 경험의 조합

를 제작했다. 이 고독한 노래와 비디오의 결과는 놀라웠다. 노래와 동영상이 공개된 날, Lifeline에 대한 전화는 25% 이상 증가했으며 Google 검색은 두 배가 되었다. 그 후 몇 달 동안 NSPL 웹사이트 방문이 30% 이상 증가했다.[6]

마케팅근시안(marketing myopia)
제품에 의해 고객이 얻게 될 편익과 경험 보다는 고객에게 제공될 구체적 제품에 더 많은 주의를 기울이는 실수를 저지르는 것

많은 판매자들이 고객들에게 제공될 구체적 제품에만 주의를 기울이고 그 제품에 의해 고객이 얻게 될 편익과 경험의 중요성을 소홀히 여기는 실수를 저지른다. 이들은 이러한 **마케팅근시안**(marketing myopia)으로 인해 마케팅성과를 올리는 데 어려움을 겪는다. 그들은 제품 자체에 집착하여 고객의 구체적 욕구에만 주의를 기울임으로써 고객 구매의 근원이 되는 본원적 고객욕구를 망각하게 된다.[7] 즉 제품은 소비자가 당면한 문제를 해결하는 한 수단에 불과 할 뿐임을 잊고 있는 것이다. 드릴 공구제조업체는 고객이 원하는 것이 드릴제품인 것으로 생각할 수 있지만, 고객이 진정으로 원하는 것은 드릴 사용으로 얻게 될 구멍이다. 이와 같이 마케팅근시안에 사로잡힌 판매업자들은 고객의 욕구를 더 잘 혹은 더 저렴하게 충족시킬 신제품에만 집중한다.

현명한 마케터들은 제품과 서비스의 속성 그 이상에 주의를 기울인다. 그들은 제품과 서비스를 잘 조합하여 브랜드 경험(brand experience)을 창출하려고 한다. 예를 들어 Buffalo Wild Wings 레스토랑은 치킨윙과 맥주만 제공하는 것이 아니다. 고객에게 "치킨윙, 맥주, 스포츠"의 궁극적 팬 경험을 제공한다. 단순히 Walt Disney World Resort를 방문하는 것이 아니라, 당신과 가족은 경이(경탄)의 세계 즉, 꿈을 실현시켜 주는 세계에 깊이 빠지는 것이다. 당신은 마술에 흠뻑 빠지게 될 것이라고 Disney는 얘기한다.[8]

▶▶ **마케팅 경험:** 월드 리조트만 방문하는 것이 아니다. 당신은 신중하게 만들어진 경험에 빠지게 될 것이다. 꿈이 이루어지고 모든 것이 여전히 그 방식대로 작동하는 세상이다.

Sunshine/Alamy Stock Photo

매년 4천만 명 이상의 사람들이 월트 디즈니 월드 리조트로 몰려 세계 최고의 관광 명소가 되었다. 왜 그렇게 많은 사람들이 디즈니 월드에 올까? 물론 많은 어트랙션이 있기 때문이다. 리조트의 4대 테마파크가 있다. ‒ Magic Kingdom, Epcot, Disney's Hollywood Studios, Disney's Animal Kingdom‒Brim에는 Expedition Everest, Twilight Zone Tower of Terror, Space Mountain, Soarin', Toy Story Mania, Spaceship Earth, Kilimanjaro Safaris, Star Tours 등이 있다. 그러나 진정한 "디즈니 매직"은 "사람들을 행복하게 만들고", "꿈을 이루겠다"는 회사의 집착에 있다. 디즈니는 손님의 매우 높은 기대와 꿈을 이루기 위해 최선을 다한다.

사람들이 즐겁게 지낼 수 있도록 일하는 방법에 대해 직원들은 주의 깊게 훈련받는다. 그들은 열정적이고 도움이 되며, 항상 친절하도록 배운다. 그들은 엔터테인먼트 사업에 종사하고 있으며 Disney의 "게스트"에게 봉사하는 열정적이고 지식이 풍부하며 전문적인 "캐스트 멤버"라는 사실을 알고 있다. 그들은 디즈니 월드 "쇼"에서 "보안 호스트"(경찰), "교통 호스트"(운전자), "양육 호스트"(거리 청소부) 또는 "식음료 호스트"(레스토랑 직원)의 출연자가 되기를 배운다. 따라서 당신은 월트 디즈니 월드 리조트만 방문하는 것이 아니다. 당신은 신중하게 만들어진 경험에 빠져들게 된다. 꿈이 이루어지고, 모든 것이 제대로 작동하는 경이로운 세계이다.

고객가치와 고객만족

소비자는 자신의 욕구를 충족시킬 수 있는 수많은 제품 및 서비스 대안들에 직면한다. 그러면 어떻게 수많은 시장제공물 가운데 특정 대안을 선택할까? 고객들은 각 시장제공

물이 전달할 가치와 만족에 대한 기대를 형성하고 이를 토대로 구매한다. 만족한 고객은 반복 구매하고 다른 사람들에게 자신의 긍정적 경험을 이야기한다. 불만족한 고객은 경쟁사로 전환하고 자신의 부정적 경험을 다른 사람들에게 전달한다.

따라서 마케터들도 올바른 기대수준을 설정하는 데 주의를 기울여야 한다. 기대수준을 너무 낮게 설정하면 자사제품의 구매자를 쉽게 만족시킬 수 있지만, 충분한 수의 고객들을 끌어들이지 못할 것이다. 이에 반해 고객의 기대수준을 너무 높이면, 구매자들은 실망할 가능성이 높다. 고객가치와 고객만족은 고객관계를 구축·관리하는 데 토대가 된다. 이 두 가지 핵심개념은 본 장의 후반부에서 다시 자세히 언급될 것이다.

교환과 관계

마케팅은 사람들이 교환관계를 통해 자신의 욕구를 충족시키고자 할 때 발생된다. **교환**(exchange)이란 거래상대방으로부터 자신이 원하는 대상물을 얻는 대가로 이에 상응하는 대상물을 제공하는 행위로 정의된다. 넓은 의미에서 보면 마케터는 시장제공물에 대한 반응을 이끌어 내려 노력한다. 반응은 단지 제품과 서비스의 구매 혹은 거래를 이끌어내는 것 이상을 포함한다. 예를 들어, 정치 후보자들이 자신에게 투표해주도록 유도하고, 교회가 신자의 가입을, 오케스트라가 청중을, 그리고 사회운동이 아이디어(이념)의 수용을 이끌어내는 것도 반응이다. 마케팅은 목표청중들과의 바람직한 교환관계를 구축·유지하기 위해 취하는 활동들로 구성된다. 마케팅의 목적은 단순히 새로운 고객의 유인과 거래의 창출에 머무는 것이 아니라, 고객들과의 관계를 유지하고 그들과의 거래관계를 키워 나가는 것도 포함한다. 마케터들은 탁월한 고객가치를 일관성 있게 전달함으로써 강력한 관계를 구축하려고 한다. 본 장의 후반부에서 고객관계관리라는 중요한 주제에 대해 보다 자세히 살펴볼 것이다.

교환(exchange)
거래상대방으로부터 자신이 원하는 대상물을 얻는 대가로 이에 상응하는 대상물을 제공하는 행위

시장

교환 및 관계라는 개념은 시장이라는 개념과 연결된다. **시장**(market)은 제품의 실제 구매자와 잠재 구매자들의 집합을 말한다. 구매자들은 교환관계를 통해 충족될 수 있는 특정 욕구를 함께 갖고 있다.

마케팅은 수익성 있는 고객관계를 창출하기 위해 시장을 관리하는 것을 의미한다. 그러나 이러한 관계를 창출하기 위해 기업은 많은 노력을 필요로 한다. 판매자들은 구매자를 탐색하고, 이들의 욕구를 파악하고, 좋은 시장제공물을 설계하고, 이에 상응한 가격을 책정하고, 시장제공물을 촉진하고 적절한 점포를 선정하여 이를 유통시켜야 한다. 제품개발, 시장조사, 커뮤니케이션, 유통, 가격결정, 서비스 등의 활동은 핵심적인 마케팅 활동들이다.

대체로 마케팅은 판매자에 의해 수행되는 것으로 생각하지만, 구매자들도 마케팅을 수행한다. 소비자들이 필요한 재화를 원하는 가격에 구입하기 위해 노력하는 것도 마케팅에 해당된다.

사실 웹사이트, 온라인 소셜 네트워크, 스마트폰 같은 오늘날의 디지털 기술들은 소비자에게 파워를 주었고, 마케팅을 진정으로 상호작용이 이루어지는 일로 만들었다. 따라서 오늘날의 마케터는 고객관계관리뿐 아니라 고객에 의해 관리되는 관계도 효과적으로

시장(market)
제품이나 서비스의 실제 구매자와 잠재 구매자들의 집합

MARKETING AT WORK   1.1

Buffalo Wild Wings: 스포츠 팬 경험 주입

"윙, 맥주, 스포츠." 이것이 급성장하고 있는 Buffalo Wild Wings 레스토랑 체인의 오랜 모토이다. 열렬한 단골에게 알려진 'B-Dubs'는 음식과 스포츠, 그리고 '그 사이의 모든 것'에 초점이 맞추어져 있다.

그것에 대해 의심의 여지가 없다. Buffalo Wild Wings는 "윙"과 "맥주" 공식에 잘 어울린다. 뼈 없는 것, 또는 뼈 있는 것, 5개의 드라이 시즈닝과 17개의 시그니처 소스와 함께 Sweet BBQ(전통적인 BBQ 소스: 맵지 않고 달콤함), Desert Heat(스모키, 스위트, 칠리 후추 양념)부터 Reformulated Blazin(너무 좋아 무서움-고스트 페퍼의 끝없는 열기)에 이르기까지 다양한 종류의 치킨윙을 제공한다. 각 B-Dubs 레스토랑은 국내, 수입 및 수제 맥주 브랜드의 모든 메뉴와 30가지 종류의 생맥주를 제공하고 있다. B-Dubs에서는 배고프거나 목마를 일이 없다.

그러나 성공적인 Buffalo Wild Wings 레시피는 수익을 위해 윙과 맥주를 파는 것보다 훨씬 더 심오하다. 고객들이 포장해 가고 계속해서 방문하게 하는 것은 B-Dubs 고객 경험이다. 고객들은 마지막 슈퍼 볼 일요일에만 전 매장에서 1,350만 개 이상의 윙을 먹는다. 그러나 더 중요한 것은 B-Dubs에 와서 스포츠를 보고, 이야기를 나누고, 스포츠 팀을 응원하고, 오랜 친구를 만나고 새로운 친구를 사귀는 것, 즉 총체적인 식음과 사회적 경험이다. "우리는 윙을 판매하는 사업에만 국한되지 않는다는 것을 알고 있습니다."라고 기업은 말한다. "우리는 훨씬 더 큰 것, 즉 스포츠 팬 경험을 촉진하는 사업을 하고 있습니다. 우리의 임무는 매일 사람들을 WOW하게 하는 것입니다!"

B-Dubs의 모든 것은 스포츠 팬에게 최고의 스포츠 경험을 제공하도록 설계되었다. Buffalo Wild Wings의 1,230개 레스토랑 중 하나에 들어가는 순간부터 WOW는 시작된다. 그것은 평범하고 어둡고 침침한 스포츠 바가 아니다. 대신 B-Dubs는 높은 천장, 충분한 자연 채광, 밝은 색상의 가구와 벽지가 있는 미니어처 경기장과 같다. 최신 Buffalo Wild Wings "Stadia"레스토랑은 바 구역과, 별도의 식사 공간이 있는 장벽없는 구역으로 나뉜다. 그리고 모든 B-Dubs에는 60~70대의 대형 평면 TV가 벽, 바, 그 밖의 모든 곳에 배치되어 있다. 그래서 지역 대학과 고등학교 행사의 라이브 스트리밍을 포함하여 팀이나 스포츠에 관계없이, 모든 테이블이 식당 내 가장 좋은 자리가 된다. B-Dubs는 게임에 직접 참여하는 것 이상으로 흥미진진한 환경을 만든다.

Buffalo Wild Wings에는 모두를 위한 경험을 제공한다. 이 체인은 술을 좋아하는 스포츠 애호가부터, 저렴한 저녁외식을 원하는 가족에 이르기까지 다양한 고객에게 어필한다. 싱글과 커플은 바 지역을 선호한다. 가족들은 카펫이 깔린 부스로 간다. B-Dubs는 모든 종류의 스포츠 이벤트를 대형 화면으로 스트리밍 하는 것 외에도, 고객이 포커 또는 퀴즈 게임을 할 수 있는 테이블 사이드 태블릿을 제공한다. 소셜 주크 박스 기능을 사용하면 레스토랑의 사운드 시스템에서 재생되는 음악을 컨트롤 할 수 있다.

B-Dubs에서는 고객의 참여를 유도하고 경험을 향상시키기 위해 항상 뭔가를 만든다. 체인의 악명 높은 Blazin' Wing Challenge에 참여해 보라. 체인의 가장 매운 시그니처 소스로 6분 이내에 윙을 다 먹을 수 있는 고객에게는 트로피 스타일의 티셔츠가 제공되고 명예의 전당에 올라가는 기회를 준다. Blazin 소스가 일반적인 할라피뇨 소스보다 60배 더 맵다는 점을 감안하면, 이는 쉬운 도전은 아니다. 주어진 6분 동안 도전자는 냅킨이나 식기를 사용하거나, 얼굴을 만지거나, 윙 이외의 것을 먹거나 마시는 것이 허용되지 않는다(디핑 소스도 안 된다). 메뉴에는 많은 경고가 붙어있고, 종업원들은 사람들에게 도전을 시도하지 말라고 조언한다. 그리고 시작하기 전에 각 도전자는 "그 결과 자신이 감당할 수 있는 손실, 손상, 부상, 질병 또는 사망의 모든 위험을 자발적으로 감수한다."는 데 동의하는 서명을 한다. PA를 통해 도전이 선언되면 군중들이 우수수 모인다.

Buffalo Wild Wings는 손님을 재촉하지 않는다. 다른 많은 캐주얼 다이닝 레스토랑이 "턴 앤 번(turn-and-burn)" 철학을 가지고 있는 반면, B-Dubs에서는 그 반대이다. Buffalo Wild Wings는 사람들이 더 오래 머물고 음식을 즐기고 분위기를 만끽하도록 장려한다.

이를 가능하게 하기 위해 각 레스토랑에서 특별한 직원 포지션을 만들었다. 일반 대기 스태프 외에 각 테이블에는 "게스트 경험 선장(Guest Experience Captain)"이 있다. 선장은 파티의 호스트와 같으며, 테이블에서 테이블로 이동하고,

손님과 채팅하고, 경험을 개인화히고, 요구사항이 충족되는지 확인한다. 한 화면에서 다른 특별한 게임을 원합니까? 게스트 경험 선장이 그것을 본다. 태블릿에 대한 도움이 필요합니까? 선장이 도와준다. 새로운 소스를 맛보고 싶습니까? 선장은 제안을 하고 무료 감자튀김과 함께 다양한 소스 샘플을 가져와 준다.

1,230개 매장 모두에서 게스트 경험 선장을 추가하는 것은 큰 비용이다. 그러나 Buffalo Wild Wings는 게스트 경험을 향상시키고, 고객을 더 오래 유지하고 더 자주 재방문하게 함으로써, 그 비용을 충분히 감당할 수 있다고 생각한다. 선장이 있는 Buffalo Wild Wings 레스토랑은 없는 식당에 비해 고객 만족도와 충성도가 훨씬 높다.

"궁극적인 스포츠 경험" 사명에 충실한 Buffalo Wild Wings는 레스토랑 내외부에서 디지털 및 사회적으로 고객을 적극적으로 참여시킨다. 실제로 이 회사는 디지털 팬 참여 부문에서 업계 최고의 브랜드라고 자랑한다. B-Dubs의 웹사이트는 매월 300만 명이 방문할 정도로 활성화되어 있다. 이 브랜드는 1,200만 명 이상의 Facebook 팬, 699,000명의 Twitter 팔로워, 매우 활동적인 YouTube 및 Instagram 페이지를 보유하고 있다.

최근에는 레스토랑 안팎에서 플레이 할 수 있는 판타지 풋볼 및 기타 게임용 앱인 GameBreak를 출시했다. GameBreak 플레이어는 매장을 더 자주 방문하고 더 오래 머무르며, 윙 바스켓이나 두 번째 또는 세 번째 맥주를 구매하는 경향이 높다. 전반적으로 Buffalo Wild Wings는 동료애를 고취시키는 매장 내 및 온라인 프로모션 호스트를 만든다. 이 기업은 "[고객]에게 단순히 관중이 아닌 브랜드 옹호자가 될 수 있는 도구를 제공한다."고 말한다.

고객 경험을 충족시킴으로써 Buffalo Wild Wings는 큰 수익을 얻었다. B-Dubs는 현재 미국 1위의 치킨윙 판매 업

▶▶ 고객 중심적 사명: The Buffalo Wild Wings의 미션은 매장내와 온라인 참여를 통해 "스포츠팬 경험을 주입"시키는 총제적 식음과 사교적 환경을 제공하는 것이다.

Reprinted with permission of Buffalo Wild Wings, Inc.

체이자 최대 생맥주 판매업체이다. 지난 5년 동안 다른 캐주얼 식당들이 치열한 경쟁과 저성장으로 어려움을 겪는 중에도, B-Dubs의 매출은 250% 증가했고 수익은 3배 증가했다. "핫 테스트 윙 코팅은 B-Dubs"는 고객에게 경고와 함께 제공된다. "눈, 애완동물 및 어린이는 멀리 떨어지십시오." 소스는 'Blazin'이라고 불린다고 한 분석가는 말했다. "이 용어는 최근 [브랜드]의 실적을 잘 설명하는 용어이기도 합니다."

출처: "Super Bowl's Annual Buffalo-Wing Binge Eased by Lower Prices," Advertising Age, February 2, 2018, http://adage.com/article/special-report-super bowl/super-bowl-s-annual-buffalo-wing-binge-eased-lower-prices/312209/; Demitrios Kalogeropoulos, "3 Reasons Buffalo Wild Wings Can Keep Soaring in 2015," The Motley Fool, January 9, 2015, www.fool.com/investing/general/2015/01/09/3-reasons why-buffalo-wild-wings-can-keep-soaring.aspx; Bryan Gruley, "The Sloppy Empire: How Buffalo Wild Wings Turned the Sports Bar into a $1.5 Billion Juggernaut," Bloomberg Businessweek, April 13,19, 2015, pp. 62,65; Tanya Dua, "The Buffalo Wild Wings Recipe for the 'Ultimate Sports Experience,'" August 4, 2015, https://digiday.com/marketing/buffalo-wild-wings-recipe-ultimate-sports-experience/; and www.22squared.com/work/project/buffalo-wild-wings; http://ir.buffalowildwings. com/financials.cfm, http://worldwidewingsus.com/default.aspx?Page=About, and www.buffalowildwings.com/en/, accessed September 2018.

다루어야 한다. 마케터는 '기업이 고객에게 어떻게 접근할 수 있는지'뿐 아니라 '고객이 기업에 어떻게 접근해야 하는지'와 '고객들끼리 어떻게 서로 접근할 수 있는지'에 대해 고민해야 한다.

그림 1.2는 현대 마케팅시스템의 주요 구성요소들을 보여준다. 대체로 마케팅은 경쟁사들과 함께 최종 소비자들을 대상으로 벌이는 활동이다. 기업과 경쟁사들은 시장을 조사하고 소비자의 니즈를 이해하기 위해 그들과 상호작용한다. 자사와 경쟁사들은 각각 자신의 제공물과 메시지를 전달하는데, 이러한 노력은 마케팅 중개상(marketing intermediaries)을 통해 이루어지거나 직접 이루어진다. 마케팅시스템의 모든 구성원들

>> 그림 1.2 현대 마케팅시스템의 구성요소

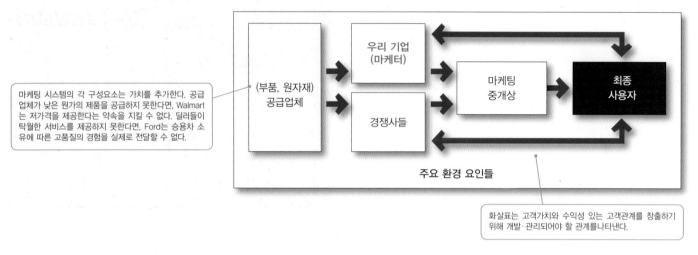

마케팅 시스템의 각 구성요소는 가치를 추가한다. 공급 업체가 낮은 원가의 제품을 공급하지 못한다면, Walmart 는 저가격을 제공한다는 약속을 지킬 수 없다. 딜러들이 탁월한 서비스를 제공하지 못한다면, Ford는 승용차 소 유에 따른 고품질의 경험을 실제로 전달할 수 없다.

화살표는 고객가치와 수익성 있는 고객관계를 창출하기 위해 개발·관리되어야 할 관계를 나타낸다.

은 주요 환경요인(인구통계적, 경제적, 기술적, 정치적, 법적, 그리고 사회·문화적 요인) 에 의해 영향을 받는다.

시스템의 각 구성원은 다음 단계의 구성원을 위해 부가가치를 창출한다. 화살표는 각 구성원이 개발·관리해야 할 관계를 나타낸다. 따라서 한 기업의 수익성 있는 관계구축 의 성공여부는 자신의 활동뿐 아니라 최종 소비자의 욕구를 충족시키기 위한 전체시스 템의 상호협력 수준에 의해 결정된다. Walmart는 협력업체들이 저비용으로 상품을 공 급해주지 못하면 저가격을 실현하겠다는 약속을 지킬 수 없으며, Ford 자동차는 딜러들 이 탁월한 판매활동과 서비스를 제공하지 못하면 승용차 구매자들에게 고품질의 제품 을 제공할 수 없다.

저자 코멘트
소비자와 시장을 충분히 이해했다면, 기업은 그 다음 단계로 어떤 고객을 상대로 어떤 차 별적 가치를 제공할지를 결정해야 한다.

마케팅관리(marketing management)
목표시장을 선택하고 그들과 수익성 있는 관계를 구축하는 과정

고객가치지향적 마케팅전략과 계획의 설계

소비자와 시장을 충분히 이해하면, 마케팅관리자는 고객가치지향적 마케팅전략을 설계 할 수 있다. **마케팅관리**(marketing management)란 목표시장을 선택하고 그들과 수익 성 있는 관계를 구축하는 과정을 말한다. 마케팅관리자의 목표는 탁월한 고객가치를 창 출·전달·의사소통함으로써 목표고객들을 찾아내고, 유인하고, 유지하고, 키워나가는 것 이다.

성공적인 마케팅전략을 설계하기 위해 마케팅관리자는 두 가지 핵심 질문에 답할 수 있어야 하는데, 어떤 고객을 대상으로 할 것인가(자사의 목표시장은 누구인가)와 어떻게 선정된 고객들에게 최선을 다할 것인가(자사의 가치제안은 무엇인가)가 이에 해당된다. 이하에서는 마케팅전략의 핵심개념에 대해 간략히 소개하고 다음 장에서 보다 자세히 다루기로 한다.

목표고객의 선정

기업은 먼저 목표고객을 결정해야 한다. 목표고객의 선정은 전체시장을 동질적인 고객 집단으로 세분화하는 작업(시장세분화)과 그 가운데 특정 세분시장을 선택하는 작업(타 깃 마케팅)을 통해 이루어진다. 어떤 사람들은 가능한 한 많은 수의 고객을 찾아내고 수

요를 증대시키는 것이 마케팅관리라고 생각한다. 그러나 마케팅관리자는 모든 고객들을 잘 충족시킬 수 없음을 안다. 모든 고객을 대상으로 노력한다면, 어떤 고객도 잘 충족시키지 못하는 결과를 낳을 수 있다. 따라서 기업은 자사가 잘할 수 있는 고객들만을 선택하기를 원한다. 가령 Nordstrom 백화점은 부유한 전문직 소비자들을 목표고객으로 삼아 수익을 실현하려고 한다.

궁극적으로 마케팅관리자는 어떤 고객을 목표고객으로 삼을지와 고객수요의 수준, 수요발생시점, 수요의 성격에 대해 설정해야 한다. 요약하면 마케팅관리란 고객관리(customer management)와 수요관리(demand management)를 일컫는다.

가치제안의 선택

기업은 목표고객들에게 무엇을 제공할 것인가도 결정해야 하는데, 이는 차별화 방안과 시장 내에서 자사제품의 포지션을 선택하는 것을 포함한다. 기업의 가치제안(value proposition)은 소비자의 욕구를 충족시키기 위해 제공하겠다고 약속한 편익 혹은 가치의 집합을 말한다. JetBlue는 여행에 인본주의를 담아서 '그 무엇보다 당신이 우선입니다(You Above All).'라고 제안한다. 이에 반해 Spirit Airlines는 '더 적은 요금으로 더 먼 이동거리(Less Money, More Go)'를 약속하며 고객들에게 매우 저렴한 요금을 제안한다. Homewood Suites by Hilton은 귀하가 "집처럼 편안하기"를 원한다. 한편, 하얏트 리젠시 브랜드는 때때로 "집에 없는 것이 좋다."고 선언한다. 그 광고는 여행의 즐거움과 출장 시 사람들의 재미있어 하는 일을 강조한다. Amazon의 Echo 스마트 스피커는 "항상 준비되고 연결되며 빠르다. 그냥 물어봐." 반면 Amazon Alexa가 탑재된 Sonos One은 "음악 애호가를 위한 스마트 스피커"이다. Alexa의 모든 장점을 제공하지만 고품질 Sonos 사운드를 제공한다.

이러한 가치제안은 경쟁브랜드들로부터 차별화시키는데, 이는 왜 고객들이 경쟁사 브랜드가 아니라 자사브랜드를 구매해야 하는지에 대한 답을 제공한다. 기업은 목표시장 내에서 최고의 경쟁우위를 제공하는 강력한 가치제안을 설계해야 한다.

>> **가치 제안:** Sonos는 Amazon Alexa와 함께 Sonos One을 "음악 애호가를 위한 스마트 스피커"로 포지셔닝한다. Alexa의 모든 장점을 제공하지만 고품질 Sonos 사운드를 제공한다.

The Advertising Archives/Alamy Stock Photo

마케팅관리 철학 혹은 지향성

마케팅관리자는 목표소비자들과 수익성 있는 관계를 구축할 전략을 설계하고 싶어 한다. 그러나 이러한 마케팅전략의 지침이 될 철학은 무엇이 되어야 할까? 고객, 조직체, 그리고 사회에 대한 관심 가운데 어떤 것에 더 많은 비중을 두어야 할까? 문제는 세 가지 영역에 대한 관심이 서로 상충관계에 있을 수 있다는 것이다.

조직체가 마케팅전략을 설계·실행함에 있어 토대가 되는 마케팅관리 철학에는 생산개념, 제품개념, 판매개념, 마케팅개념, 사회적 마케팅개념의 5가지 유형이 있다.

생산개념

생산개념(production concept)은 소비자들이 저렴하고 쉽게 구입할 수 있는 제품을 선호하기 때문에 생산과 유통의 효율성을 향상시키는 데 주력해야 한다는 사고를 말한다.

생산개념(production concept)
소비자들이 저렴하고 쉽게 구입할 수 있는 제품을 선호하기 때문에 생산과 유통의 효율성을 향상시키는 데 주력해야 한다는 사고

이 개념은 가장 역사가 오래된 관리철학이다.

생산개념은 상황에 따라 여전히 유용한 관리철학이다. 가령 컴퓨터 제조업체 Lenovo와 가정용 내구재 제조업체 Haier는 낮은 노동비용, 높은 생산효율성, 대량유통을 기반으로 경쟁이 치열하고 가격민감도가 높은 중국 PC시장을 지배하고 있다. 그러나 어떤 상황에서는 유용한 관리철학이기는 하지만, 생산개념은 마케팅근시안을 초대할 수 있다. 이러한 관리철학에 기반을 두는 기업들은 자신들의 업무향상에만 전력을 기울이기 때문에, 고객욕구를 만족시키고 고객관계를 구축해야 하는 진정한 목표의 중요성을 간과할 위험이 존재한다.

제품개념

제품개념(product concept)
소비자들이 최고의 품질, 성능, 혁신적 특성을 가진 제품을 선호하기 때문에 지속적인 제품개선에 마케팅 노력의 초점을 맞추어야 한다는 사고

제품개념(product concept)은 소비자들이 최고의 품질, 성능, 혁신적 특성을 가진 제품을 선호하기 때문에 지속적인 제품개선에 마케팅전략의 초점을 맞추어야 한다는 주장이다. 제품 품질과 이의 개선은 마케팅전략의 핵심영역이기는 하지만 제품 자체에만 초점을 맞추는 것도 마케팅근시안을 초래할 수 있다. 예를 들어, 어떤 제조업체들은 더 나은 쥐덫을 만들 수 있다면 만사형통할 것으로 믿는다. 그러나 구매자들이 더 나은 성능의 쥐덫이 아니라 쥐를 잡는 더 나은 해결책을 찾고 있다는 사실에 충격을 받기도 한다. 더 나은 해결책은 분사형 화학물질일 수도 있고 박멸 서비스일 수도 있고, 혹은 쥐덫보다 더 나은 성능을 가진 대안제품일 수 있는 것이다.

나아가 더 나은 쥐덫이더라도 매력적인 제품설계, 패키징, 가격이 제공되지 않는다면, 편리하게 구매할 수 없다면, 이를 원하는 사람들의 주의를 끄는 커뮤니케이션 활동이 없다면, 그리고 더 나은 제품임을 설득시킬 수 없다면, 그 제품은 판매되지 않을 것이다.

판매개념

판매개념(selling concept)
많은 판매·촉진 노력이 이루어지지 않으면 소비자들은 충분한 양의 제품을 구매하지 않을 것이라는 사고

판매개념(selling concept)은 충분한 규모의 판매·촉진 노력이 이루어지지 않으면 소비자들은 충분한 양의 제품을 구매하지 않을 것이라는 사고를 말한다.

이 개념은 비탐색재(unsought goods: 보험, 헌혈 등과 같이 평상시에 대해 별 생각을 하지 않는 제품들)를 취급하는 업체들에 의해 수용된다. 이러한 산업들은 가망고객을 찾아내어 그들에게 제품편익에 대해 설득해야 한다.

그러나 공격적인 판매방식은 상당한 위험을 수반한다. 이 개념은 장기적이고 수익성 있는 고객관계를 구축하기보다는 판매거래를 발생시키는 데 초점을 맞추기 때문이다. 이 개념을 수용하는 기업은 시장이 원하는 것을 만들기보다는 기업이 만든 것을 판매하는 것을 목표로 삼는다. 판매개념은 설득된 고객이 제품을 구매하면 그 제품을 좋아할 것으로 가정하거나, 구입한 제품을 좋아하지 않더라도 제품에 대한 실망감을 잊고 그 제품을 다시 구매할 수도 있다고 가정한다. 이러한 생각은 대체로 기업에 부정적인 결과를 초래할 가정이다.

마케팅개념

마케팅개념(marketing concept)
목표시장의 욕구를 파악하고 경쟁사보다 그들의 욕구를 더 잘 충족시켜야만 조직의 목표가 실현된다는 사고

마케팅개념(marketing concept)은 목표시장의 욕구를 파악하고 경쟁사보다 그들의 욕구를 더 잘 충족시켜야만 조직의 목표가 실현된다는 믿음이다. 마케팅개념을 수용하는 기업은 고객으로의 집중과 고객가치가 매출과 이익의 지름길이라고 생각한다. 생산한 것

을 판매한다는 제품 중심적 철학에 비해 마케팅개념은 고객요구를 감지하고 이에 대응한다는 고객중심적 철학이다. 마케팅의 임무는 자사제품에 맞는 올바른 고객을 찾는 것이 아니라 자사고객을 위해 올바른 제품을 찾아내는 것이다.

그림 1.3은 판매개념과 마케팅개념을 비교하여 보여준다. 판매개념은 내부적 시각(inside-out perspective)을 취하는데, 이는 공장에서 생산된 기존제품을 가지고 상당한 규모의 판매활동과 촉진을 통해 수익성 있는 매출을 실현할 수 있다는 믿음이다. 판매개념은 고객정복, 즉 누가 왜 구매하는지에 대해 별 관심 없이 단기적 매출을 올리는 것에만 신경을 쓴다.

이에 반해 마케팅개념은 외부적 시각(outside-in perspective)을 취한다. Southwest 항공의 CEO인 Kelleher는 마케팅개념에 대해 다음과 같이 함축적으로 말한다. "우리 회사는 마케팅부서가 없으며, 고객부서를 갖고 있다." 마케팅개념은 잘 정의된 시장으로부터 출발하여 고객욕구를 충족시키기 위해 모든 유형의 마케팅활동들을 통합한다. 이러한 노력을 통해 실현된 고객가치와 고객만족을 토대로 올바른 고객들과의 지속적 관계를 창출함으로써 이익을 얻는다.

마케팅개념의 실행은 고객이 표현한 욕구에 단순히 대응하는 것 이상의 노력을 뜻한다. 고객지향적 기업은 기존고객의 욕구를 깊이 이해하기 위해 시장조사를 실시하고, 신제품과 새로운 서비스에 대한 아이디어를 수집하고, 제품개선 시안을 테스트한다. 이와 같은 고객지향적 마케팅은 통상적으로 명확한 고객욕구가 존재하고, 고객들이 자신의 욕구를 알고 있을 때 효과를 거둔다.

그러나 많은 경우 고객들은 자신이 원하는 것을 모르며, 경우에 따라 무엇이 가능한지에 대해서조차 모른다. Henry Ford가 언급했듯이, "만약 내가 사람들에게 무엇을 원하는지 물어보았다면, 그들은 더 빠르게 달리는 말이라고 했을 것이다."[9] 예를 들어, 20년 전만 하더라도, 지금은 일상의 한 부분이 된 휴대폰, 노트북, 아이팟, 디지털 카메라, 24시간 온라인 구매, 차에 장착된 내비게이션 시스템 등을 이용하게 될 것으로 생각한 소비자들이 몇이나 되었겠는가?

이러한 상황 때문에 고객주도의 마케팅이 요구된다. 즉 고객 자신보다 고객욕구를 더 잘 이해하고 고객의 현존욕구와 잠재욕구를 충족시키는 제품과 서비스를 창출하는 노력이 필요한 것이다. 전설적인 Apple 공동 창립자인 Steve Jobs가 말했듯이, "우리의 임무는 [소비자가] 원하는 것이 무엇인지 먼저 파악하는 것입니다. … 우리의 임무는 아직 페이지에 없는 것을 읽는 것입니다."[10]

≫ 그림 1.3 판매개념과 마케팅개념의 비교

사회적 마케팅개념

사회적 마케팅개념
(societal marketing concept)
소비자 욕구, 기업의 목표, 소비자와 사회의 복리 간에 균형을 맞추어 마케팅의사결정을 내려야 한다는 사고

사회적 마케팅개념(societal marketing concept)은 소비자 욕구, 기업의 목표, 소비자와 사회의 복리 간에 균형을 맞춘 현명한 마케팅의사결정을 내려야 한다는 사고이다. 사회적 마케팅개념은 마케팅개념이 소비자의 단기적 욕구와 장기적 복리 간의 상충관계를 간과할 가능성에 대해 문제를 제기한다. 소비자의 즉각적인 욕구를 충족시키는 기업이 장기적인 관점에서 그들에게 최선을 다하는 것인가? 사회적 마케팅개념을 수용하는 기업은 마케팅전략이 소비자와 사회의 복리를 모두 유지·향상시키는 방식으로 고객에게 가치를 전달해야 한다고 주장한다. 사회적 마케팅개념은 지속가능한 마케팅을 추구하는데, 지속가능 마케팅은 소비자와 업계의 현재 욕구를 충족시키고 미래세대의 욕구를 충족시키는 역량을 유지·강화하는, 사회적·환경적으로 책임 있는 마케팅을 말한다.

그 범위를 더욱 넓혀 많은 선도적 비즈니스·마케팅 사상가들은 이제 공유가치(shared value)라는 개념을 설파하고 있는데, 이는 경제적 욕구와 사회적 욕구가 시장을 정의한다는 관점이다.[11] 공유가치 개념은 사회적 가치를 창출하는 방식으로 경제적 가치를 창출하는 데 역점을 둔다. GE, Google, IBM, Johnson & Johnson, Unilever, Walmart 같은 초우량기업들은 사회와 기업성과가 서로 겹치는 영역을 고려하기 시작함으로써 경제적 가치와 사회적 가치를 동시에 창출하기 위한 노력을 이미 시작했다. 그들은 단기적인 경제적 이득이 아니라 고객의 복리, 비즈니스에 중요한 천연자원의 고갈, 주요 공급업체의 생존능력, 생산과 판매가 이루어지는 커뮤니티(지역사회)의 경제적 복리 등에 관심을 기울인다.

그림 1.4에서 보듯이, 기업들은 마케팅전략을 수립함에 있어 기업의 이익, 소비자 욕구, 그리고 사회적 복리 간에 균형을 맞추어야 한다. 작지만 급성장하고 있는 제니의 Splendid Ice Creams이 이러한 방식으로 운영된다.[12]

▶▶ 사회적 마케팅개념: Jeni의 Splendid Ice Cream은 단순히 좋은 아이스크림을 만드는 것 이상의 역할을 한다. 그것은 "당신의 사랑을 위해 전 세계의 재배자, 제작자, 생산자들과의 교제를 통해 만들어진다."는 것을 추구한다.

Jeni's Splendid Ice Creams, LLC

Jeni's Splendid Ice Creams는 레드 체리를 곁들인 염소 치즈, 와일드 베리 라벤더, 리슬링 데친 배 셔벗과 같은 이국적인 풍미로, 뛰어난 장인 아이스크림을 자체 매장에서 만들고 판매한다. 하지만 Jeni's는 아이스크림을 만들고 판매하는 것 이상의 일을 한다. "우리는 더 나은 아이스크림을 만들고 사람들을 하나로 모으는 것이라는 심오한 사명에 전념한다. 그것은 우리가 아침에 일찍 일어나 밤 늦게까지 깨어있도록 하는 것이다." Jeni's는 '펠로우십(fellowship) 모델'이라고 부르는 방식을 따르고 있다. 즉, 커뮤니티를 위한 훌륭한 아이스크림을 만든다. Jeni's 매장에 있는 간판은 자랑스럽게 다음을 선언한다. "당신의 사랑을 위해 전 세계의 재배자, 제작자 및 생산자들과 협력하여 만든 아이스크림."

이 위대한 사명을 달성하기 위해 Jeni's는 공정 거래 바닐라 및 직거래 초콜릿과 함께, 유기농 과일과 채소, 현지 풀로 먹인 소의 우유, 인근 농장의 허브 및 야생화 꿀과 같은 재료를 신중하게 공급받는다. Jeni's는 "직접 구매하고, 재료에 대해 공정하게 지불하고, 환경에 미치는 영향을 최소화하고, 커뮤니티를 구축하고 형성하는 데"에 신념을 가지고 있다. 또한 지역사회를 참여시키기 위해 노력한다. "매번 가게를 열 때, 우리는

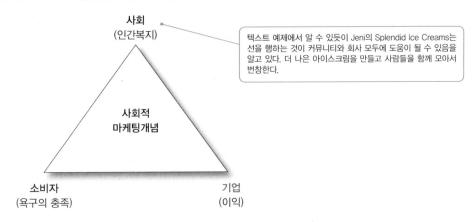

》》 그림 1.4 사회적 마케팅개념의 근간이 되는 세 기지 고려요인

> 텍스트 예제에서 알 수 있듯이 Jeni의 Splendid Ice Creams는 선을 행하는 것이 커뮤니티와 회사 모두에 도움이 될 수 있음을 알고 있다. 더 나은 아이스크림을 만들고 사람들을 함께 모아서 번창한다.

이웃에서 시간을 보냅니다. 우리는 거주자와 방문객이 우리의 파트너가 되기를 바랍니다. 우리 회사는 하나의 커뮤니티라고 생각합니다."

사회적 사명 덕분에 Jeni's는 번창하고 있다. 15년 만에 이 사업은 10개 도시의 34개의 스쿱매장으로 성장했으며, 모두 헌신적인 팔로워를 보유하고 있다. 또한 3,000개 이상의 식료품점에서 Jeni's를 발견할 수 있으며, 이는 선을 행하는 것이 커뮤니티와 회사 모두에 도움이 될 수 있음을 시사한다.

통합적 마케팅계획과 마케팅프로그램의 개발

기업의 마케팅전략은 목표고객이 누구이고 그들에게 가치를 창출하기 위한 방법은 무엇인지를 다룬다. 그런 다음 마케터는 목표고객에게 기업이 의도하는 가치를 실제로 전달하기 위한 통합적 마케팅프로그램을 개발한다. 마케팅프로그램은 마케팅전략을 행동으로 전환시킴으로써 고객관계를 구축한다. 마케팅프로그램은 마케팅믹스로 구성되는데, 마케팅믹스(marketing mix)는 기업이 마케팅전략을 실행하기 위해 사용하는 마케팅도구들의 집합을 말한다.

주요한 마케팅믹스 도구는 4개의 유형으로 분류되는데, 이를 마케팅의 4P[제품(product), 가격(price), 유통(place), 촉진(promotion)]라고 부른다. 목표고객에게 가치제안을 전달하기 위해 기업은 먼저 욕구를 충족시킬 시장제공물을 창출해야 하며(제품), 그 제공물에 대해 적정가격을 책정해야 하고(가격), 어떤 유통경로를 통해 목표소비자들이 제공물을 구입해야 할지를 결정해야 한다(유통). 나아가 목표고객들에게 제공물의 존재를 알리고 제공물의 장점을 설득시켜야 한다(촉진). 기업은 각 마케팅믹스 도구들을 잘 결합시켜 선택된 목표고객들에게 기업이 의도한 가치를 알리고 전달하는 통합적 마케팅프로그램(integrated marketing program)을 개발해야 한다.

개념 연결하기

여기서 잠깐 쉬기로 하자. 지금까지 여러분은 마케팅에 대해 어떤 것을 배웠습니까? 잠시동안 우리가 검토했던 보다 공식적인 정의들을 무시하고 여러분이 이해하는 마케팅을 개발해 보시오.

● 당신이 생각하는 마케팅은 무엇인가? 마케팅에 대해 당신이 내린 정의를 써보시오. 당신이 내린 정의가 고객가치, 고객관계 등과 같은 핵심개념들을 포함하고 있는가?

● 마케팅이 당신에게 주는 의미는 무엇인가? 마케팅이 당신의 일상생활에 어떤 영향을 주는가?

● 지난번에 당신은 어떤 운동화 브랜드를 구매했는가? Nike, Adidas, New Balance, Asics, Reebok, Puma, Converse 혹은 당신이 구매한 어떤 운동화 브랜드와 당신 간의 관계에 대해 서술해 보시오.

고객관계관리와 고객가치 획득

> **저자 코멘트**
> 마케팅과정의 전반 세 단계에서 과업을 잘 수행하는 것은 4번째 단계인 고객관계 구축과 관리의 토대가 된다.

고객참여와 고객관계관리

마케팅과정의 처음 세 단계, 즉 시장과 고객욕구의 이해, 고객가치지향적 마케팅전략의 개발, 마케팅프로그램의 개발은 기업에 있어 가장 중요한 4번째 단계인 고객참여와 수익성 있는 고객관계의 구축으로 연결된다. 먼저 고객관계관리의 기본 사항에 대해 논의한다. 그런 다음 기업이 디지털 및 소셜 마케팅 시대에 더 깊은 수준으로 고객을 참여시키는 방법을 살펴본다.

고객관계관리

고객관계관리
(customer relationship management)
탁월한 고객가치와 고객만족을 제공함으로써 수익성 있는 고객관계를 구축·유지하는 전반적 과정

고객관계관리(customer relationship management, CRM)는 현대 마케팅에서 가장 중요한 개념이다. 최근 들어 고객관계관리(customer relationship management, CRM)는 보다 넓은 의미로 받아들여지고 있다. 이러한 관점에서 보면 고객관계관리는 탁월한 고객가치와 고객만족을 제공함으로써 수익성 있는 고객관계를 구축·유지하는 전반적 과정으로 정의된다. CRM은 고객의 획득, 유지, 육성 모두를 다룬다.

고객관계 구축의 근간: 고객가치와 고객만족　지속적 고객관계 구축을 결정하는 핵심은 탁월한 고객가치와 고객만족을 창출하는 것이다. 만족한 고객은 충성고객이 되어 상당한 양의 구매를 할 가능성이 높아진다.

지각된 고객가치
(customer perceived value)
한 기업의 시장제공물로부터 얻게 될 모든 편익과 이를 위해 지불해야 할 모든 비용 간의 차이를 경쟁사의 제공물과 비교·평가한 것

고객은 흔히 수많은 제품 및 서비스 대안들 중 하나를 선택한다. 고객은 가장 높이 **지각된 고객가치**(customer-perceived value)를 제공하는 기업의 제품을 구매하는데, 지각된 고객가치는 한 기업의 시장제공물로부터 얻게 될 모든 편익과 이를 위해 지불해야 할 모든 비용 간의 차이를 경쟁사의 제공물과 비교평가한 것으로 정의된다. 중요한 것은 고객들은 종종 제품의 가치와 비용을 '정확하게' 혹은 '객관적으로' 판단하지 못할 수 있다는 것이다. 그들은 지각된 가치에 근거하여 행동한다.

어떤 소비자들의 경우 가치가 적정가격에서 괜찮은 제품을 의미할 수 있다. 그러나 또 다른 소비자들에게는 가치가 더 많은 비용을 지불해 더 많은 것을 얻는 것을 의미할 수 있다. 예를 들어, 모든 스타인웨이(Steinway) 피아노는 비싸다. 그러나 이를 소유한 사람들에게 Steinway는 큰 가치이다.[13]

Steinway 그랜드 피아노는 일반적으로 약 70,000달러에서 수십만 달러까지 한다. 가장 인기 있는 모델은 약 87,000달러에 판매된다. 그러나 Steinway 그랜드 피아노를 소유한 사람에게 물어 보면 Steinway의 가격은 아무것도 아니라고 말할 것이다. Steinway 경험이 모든 것이다. Steinway는 매우 고

품질의 피아노를 만든다. 12,000개 이상의 개별 부품으로 Steinway를 수작업으로 만드는데 최대 1년이 걸린다. 그러나 더 중요한 것은 소유자가 Steinway 신비(mystique)를 얻는다는 것이다. Steinway라는 이름은 클래식 콘서트 무대와 165년 이상 Steinway 피아노를 소유하고 연주해 온 유명인과 공연자의 이미지를 떠올리게 한다. 그러나 Steinways는 세계적 수준의 피아니스트와 부유한 사람들만을 위한 것은 아니다. 모든 Steinway 구매자의 99%는 스스로 즐기는 아마추어들이다.

그렇다면 Steinway 피아노는 덜 비싼 피아노에 비해 프리미엄 가격의 가치가 있을까? 많은 소비자의 대답은 '아니다'이다. 그러나 Steinway 고객은 피아노 가격과 관계없이, 소유가치에 비해 작은 비용이라고 생각한다. 한 Steinway 사용자가 말했듯이 "Steinway가 없는 피아니스트는 목소리 없는 가수와 같다." "스타인웨이 피아노와의 우정은 내 인생에서 가장 중요하고 아름다운 것 중 하나이다." 누가 그런 감정에 값을 매길 수 있을까?

≫ 지각된 가치: 모든 Steinway 피아노는 비싸다. 그러나 이를 소유한 사람들에게 Steinway는 큰 가치이다. 비싼 가격은 고객에게 소유가치에 비해 작은 대가로 여겨진다.
Westend61 GmbH/Alamy Stock Photo

고객만족(customer satisfaction)은 제품의 지각된 성과(성능)가 구매자의 기대와 일치하는 정도를 말한다. 제품의 성과가 기대에 미치지 못하면 불만족할 것이고, 지각된 성과가 기대와 일치하면 소비자는 만족할 것이다. 만약 지각된 성과가 기대보다 높으면, 고객은 매우 만족하거나 감동할 것이다.

고객만족(customer satisfaction)
제품의 지각된 성과가 구매자의 기대와 일치하는 정도

탁월한 마케팅 기업들은 중요한 고객들을 지속적으로 만족시키는 데 전력을 다한다. 대부분의 연구에 따르면 더 높은 수준의 고객만족은 더 높은 고객충성도, 나아가 더 나은 기업성과를 발생시키는 것으로 나타났다. 현명한 기업들은 그들이 제공할 수 있는 것만을 약속하고, 나아가 약속한 것 보다 더 많은 것을 제공함으로써 고객들을 감동시킨다. 기쁨을 경험한(감동한) 고객들은 반복구매를 할 뿐 아니라 고객전도사(customer evangelists)가 되어 주위의 사람들에게 긍정적 사용경험을 전파한다.

고객을 감동시키는 데 관심을 두는 기업들에 있어, 매우 높은 가치와 서비스의 제공은 단순히 여러 정책들 혹은 활동들의 집합 그 이상을 의미한다. 이는 기업전반의 태도이며, 전반적인 기업문화의 중요한 부분을 차지한다. 예를 들어, 미국의 상징적인 아웃 도어 의류 및 장비 소매업체인 L.L.Bean은 고객만족을 유지하는 것이 지속적인 관계 구축의 핵심이라는 원칙을 바탕으로 설립되었다.[14]

해마다 L.L.Bean은 J.D. Power의 가장 최근 "고객 서비스 챔피언" 리스트를 포함하여 거의 모든 상위 서비스기업 순위에서 상위 10위 안에 들었다. 고객 서비스 문화는 L.L.Bean에서 잘 작동한다. 100여 년 전 Leon Leonwood Bean은 '완전한 고객만족'이라는 철학을 바탕으로 회사를 설립했다. 보증은 다음과 같다. "제품이 다 떨어지고(worn out), 고객이 여전히 만족할 때까지는 판매가 완료된 것으로 간주하지 않습니다." 고객은 구매 후 최대 1년 동안 무조건 모든 품목을 반품할 수 있다.

고객 서비스 철학은 "고객이란 무엇인가?"라는 질문에 대한 창립자 L.L.의 대답에서 가장 잘 요약된다. 그의 대답은 여전히 기업 가치의 핵심을 형성하고 있다. "고객은 이 기업에서 가장 중요한 존재입니다. 고객이 우리에게 의존하는 것이 아니라, 우리가 그들에게 의존합니다. 고객은 우리의 업무를 방해하는 것이 아니라, 녹석 ㄱ 시제입니다. 우리가 그들을 서기는 것이 아니라, 섬길 수 있는 기회를 주는

NOTICE

I do not consider a sale complete until goods are worn out and customer still satisfied.

We will thank anyone to return goods that are not perfectly satisfactory.

Should the person reading this notice know of anyone who is not satisfied with our goods, I will consider it a favor to be notified.

Above all things we wish to avoid having a dissatisfied customer.

L.L.Bean

≫ 고객 만족: 고객 서비스 챔피언 L.L.Bean은 완벽한 고객 만족이라는 철학을 바탕으로 설립되었다. 설립자인 Leon Leonwood Bean은 "상품이 다 떨어지고 고객이 계속 만족할 때까지 판매가 완료된 것으로 간주하지 않습니다."라고 말했다.

L.L.Bean

호의를 베푸십니다. 고객은 냉정하게 논쟁하거나 동의를 얻을 대상이 아닙니다. 아무도 고객과 논쟁에서 이기지 못했습니다. 고객은 우리에게 원하는 것을 가져다주는 사람입니다. 그와 우리 자신에게 유익하게 처리하는 것이 우리의 일입니다." L.L.Bean의 전 CEO인 Leon Gorman은 다음과 같이 덧붙였다. "많은 사람들이 고객 서비스에 대해 멋진 말을 하지만, 그것은 하루 종일 지속되고, 끝없고, 인내하고, 자비로운 활동입니다."

고객감동과 서비스 영웅담으로 넘쳐나는 기업의 예로는 Zappos.com, Amazon.com, Chick-Fil-A, Nordstrom 백화점, 그리고 JetBlue 항공 등이 있다. 그러나 고객감동을 창출하기 위해 정도가 지나친 서비스를 제공할 필요는 없다. 예를 들어, 초저가 식료품 체인 ALDI는 구입한 식료품을 고객 스스로 봉지에 담아야 하고 신용카드를 이용할 수 없지만, 매우 만족한 고객들을 보유하고 있다. 괜찮은 품질의 제품을 상시적으로 매우 저렴한 가격에 판매하는 ALDI의 정책은 고객을 매우 기쁘게 하고 계속 재방문하게 만든다. 따라서 고객만족은 영웅적인 서비스 노력에서 비롯되는 것이 아니라, 기업이 기본적인 가치제안을 얼마나 잘 실행하고 고객들이 당면한 구매문제를 해결하는데 얼마나 도움을 주는지에 달려 있다. "대다수 고객들은 '와우'라는 감탄사를 원하는 것이 아니라 고생없는 경험을 원한다."고 한 마케팅전문가는 말한다.[15]

고객중심적 기업이 경쟁사에 비해 더 높은 고객만족을 제공하려고 노력하더라도 반드시 고객만족만을 최대화하려고 노력하는 것은 아니다. 기업은 가격을 낮추거나 서비스를 증대시킴으로써 항상 고객만족을 높일 수 있다. 그러나 이러한 조치가 이익의 하락을 초래할 수 있다. 그러므로 마케팅의 목적은 이익을 실현하는 고객가치를 만드는 것이다. 이러한 목적을 실현하기 위해 마케터는 손해를 보지 않고 고객가치와 고객만족을 창출하는 섬세한 균형을 추구해야 한다.

고객관계의 수준과 고객관계 구축의 도구 기업은 목표시장의 성격에 따라 여러 수준에서 고객관계를 구축할 수 있다. 이익기여도가 낮은 고객들에 대해 기업은 기본적인 관계형성(basic relationship)만을 추구할 수 있는데, 이는 가장 낮은 수준의 고객관계이다. 예를 들어, Procter & Gamble의 Tide 세탁세제 브랜드는 고객과 개인적 관계를 형성하기 위해, 모든 고객들에게 직접 전화를 걸거나 방문하기보다는 브랜드구축 광고 웹사이트, 그리고 소셜 미디어 활용 등을 통해 고객참여와 관계를 창출한다. 한편 마진율이 높은 소수의 핵심고객들을 대상으로 완벽한 파트너십(full partnership)을 형성할 수 있는데, 이는 가장 높은 수준의 고객관계이다. 가령 Procter & Gamble의 영업책임자들은 Tide를 취급하는 Walmart, Kroger 등의 대형 소매업체들과 긴밀한 협력관계를 구축한다. 이와 같은 양극단의 고객관계 수준 사이에서 기업은 다양한 수준의 고객관계를 개발할 수 있다.

마케터들은 일관성 있게 높은 고객가치와 고객만족을 제공할 뿐 아니라, 소비자들과 더욱 강화된 유대관계를 구축하기 위해 다양한 마케팅 도구를 활용할 수 있다. 예를 들어, 많은 기업들이 자주 구매하거나 대량구매를 하는 고객들에게 보상하는 정책인 상용고객우대 마케팅프로그램(frequency marketing program)을 제공한다. 항공사는 마일리지 누적기반의 보상프로그램을 제공하며, 호텔은 상용고객들에게 업그레이드된 방을 제공하고, 슈퍼마켓은 단골고객들에게 할인을 제공한다.

예를 들어 힐튼의 HHonors 로열티 프로그램을 통해, 고객은 무료 숙박 또는 업그레이드에 사용할 수 있는 포인트를 적립할 수 있다. 이 포인트는 항공편 예약 시 마일리지로 전환될 수도 있다. 또한 회원 전용 HHonors 스마트폰 앱을 통해 여행자는 자신의 숙박을 맞춤화 할 수 있다. 예를 들어 e체크인 또는 도착 전 숙소 내 혜택(예: 베개 또는 스낵)과 같은 옵션을 선택할 수 있다. 여행자는 디지털 평면도나 Google지도에서 객실보기를 검색하여 숙박 전에 원하는 객실을 선택할 수 있다. 이 앱은 디지털 키 역할도 하므로, 여행자가 프런트 데스크를 방문할 필요조차 없다. 추가 기능에는 사용자의 다음 여행을 반영하는 맞춤 콘텐츠, Uber 차량 서비스 요청 옵션, 레스토랑 추천 등이 있다. 향후 숙박을 위해 이 앱은 즐겨 찾는 호텔이나 호텔 객실을 표시하는 옵션을 제공한다."[16]

>> **관계마케팅 도구:** HHonors 스마트폰 앱은 고객의 브랜드 경험을 개인화하고 강화하여 다양한 객실과 시설 내 혜택을 제공한다.
966966/123rf.com

고객-브랜드 관계에서 상당한 변화가 일어나고 있다. 오늘날의 디지털 기술(인터넷과 온라인, 모바일, 소셜 미디어의 급증)은 지구상의 사람들이 서로 관계를 맺는 방식을 크게 바꾸었다. 그 결과, 기업/브랜드가 고객과 연결하는 방식과, 고객이 서로 브랜드 행동에 연결하고 영향을 미치는 방식을 바꾸고 있다.

고객참여와 오늘날 디지털, 모바일, 그리고 소셜 미디어

오늘날 디지털 및 소셜 미디어 시대로 들어서 고객참여와 새로운 고객관계구축 도구들이 쏟아졌다. 웹사이트, 온라인 광고물과 동영상, 모바일 광고물과 앱, 블로그, 온라인 커뮤니티, 그리고 Twitter, Facebook, YouTube, Instagram, Pinterest, Snapchat 같은 주요 소셜 미디어 등이 이에 해당한다.

과거 기업들은 여러 세분시장의 고객들과 거래하기 위해 주로 매스마케팅에 의존했다. 이와 대조적으로 오늘날의 기업들은 표적고객을 더욱 엄선하고, 고객들과 더욱 깊으면서 상호작용적인 방식으로 교류하기 위해 온라인, 모바일, 소셜 미디어를 활용하고 있다. 과거의 마케팅은 자사브랜드를 소비자들에게 일반적으로 전달하는 활동이었다. 그러나 오늘날의 마케팅은 **고객참여 마케팅**(customer engagement marketing)이다. 이는 브랜드에 관한 대화, 브랜드경험, 그리고 브랜드커뮤니티를 창출하는 과정에 고객들을 직접적이고 지속적으로 참여시키는 것이다. 고객참여 마케팅은 단순히 브랜드를 소비자에게 판매하는 것에서 진일보해 자사브랜드를 소비자들의 대화와 삶에서 의미있는 부분이 되도록 만드는 것을 목표로 한다.

인터넷과 소셜 미디어 이용의 급증은 고객참여 마케팅을 크게 활성화시켰다. 오늘날의 소비자들은 더 나은 정보를 얻을 수 있고, 더 많은 사람들과 서로 연결되어 있으며,

고객참여 마케팅
(customer engagement marketing)
브랜드를 구축하고 브랜드관련 대화를 이끌어내고 브랜드경험과 브랜드커뮤니티를 만드는 과정에서 직접적이고 지속적인 고객참여를 창출하는 과정

과거 그 어느 때 보다 더 많은 파워를 갖게 되었다. 새롭게 무장된 소비자들은 브랜드에 관해 더 많은 정보를 갖게 되고, 브랜드에 관한 자신의 관점을 다른 사람들에게 알리고 그들과 공유하기 위한 다양한 디지털 플랫폼을 이용할 수 있게 되었다. 이에 따라 이제 마케터들은 고객관계관리(customer relationship management)뿐 아니라 고객에 의한 관계관리(customer-managed relationships)도 받아들이고 있다. 고객에 의한 (고객주도) 관계관리란 고객들이 자신의 브랜드경험을 구축하는데 도움이 되기 위해, 기업들과 다른 사람들과 연결하는 것이다. 마케터는 브랜드 충성도와 구매를 구축하는 것 외에도, 만족한 고객이 브랜드에 대해 다른 사람들과 호의적인 상호작용을 시작하는 브랜드 옹호도 원한다.

소비자들이 더 많은 파워가 있다는 것은 기업들이 더 이상 주입식 마케팅에 의존할 수 없다는 것을 의미한다. 이제 기업들은 고객의 마음을 끄는 마케팅(marketing by attraction), 즉 소비자들을 방해하는(고객에게 끼어드는) 것이 아니라, 자발적으로 참여시키는 시장제공물과 메시지를 창출하려는 노력을 실천해야 한다. 이에 따라 대다수 마케터들은 이제 매스미디어 마케팅노력 뿐 아니라 브랜드-소비자 참여와 대화를 촉진시키기 위해 온라인, 모바일, 그리고 소셜 미디어 마케팅을 함께 수행하고 있다. 예를 들어, 기업들은 최신 광고물과 동영상이 온라인으로 구전되기를 기대하면서 소셜 미디어 사이트에 올린다. 그들은 브랜드에 관한 온라인 구전을 창출하기 위해 Twitter, YouTube, Facebook, Google+, Pinterest, Snapchat 등의 광범위한 소셜 미디어에 자사관련 콘텐츠를 올린다. 그들은 고객들이 보다 개인적이고 상호작용적인 수준에서 서로 참여하기를 기대하면서 자사블로그, 모바일 앱, 온라인 마이크로사이트, 그리고 소비자들이 생성하는 리뷰시스템 등을 제공한다.

참여마케팅의 핵심은 소비자들의 참여를 유발하고 그들과 관련성이 있는 브랜드 메시지를 가지고 소비자들의 대화에 참여하는 방안을 찾아내는 것이다. 단순히 재미있는 동영상을 올리고, 소셜 네트워크 페이지를 창출하거나 블로그를 개발하는 것만으로는 충분하지 않다. 성공적인 소셜 네트워크 마케팅은 소비자들 간 대화에 관련성이 있으면서 진정한 공헌이 이루어지는 것을 의미한다. 스무디 및 주스회사인 Innocent Drinks를 생각해보자.[17]

▶▶ 고객참여: Innocent Drinks는 성가시고 강제적인 제품 홍보물을 사용하는 대신, 유머러스한 방식으로 고객과 상호작용하고 대화를 유도하고 관계를 촉진한다.

Martin Lee/Alamy Stock Photo

Innocent Drinks는 "유럽에서 사람들이 가장 좋아하는 작은 주스회사"가 되는 것을 목표로 1998년에 설립되었다. 회사의 설립 타이밍이 중요했는데, 건강한 식생활과 생활에 대한 트렌드에 편승하였다. 그러나 공격적이고 강압적인 제품 홍보를 하는 대신, Innocent는 매우 유머러스하고 비공식적인 방식으로 고객과 상호작용하였다. 참여마케팅을 통해 회사는 고객이 가치 있고 브랜드의 일부라고 느끼도록 매우 개인적인 관계를 조성하였다. 이것은 패키지가 가볍고 재미있게 디자인된 방식에 반영되었다. 예를 들어, 스무디 병에 "use by"를 표시하는 대신 "enjoy by"라고 표시한다. Innocent의 소셜 미디어 전략은 대화적이고 엄숙하지 않은 접근 방식을 쓴다. 게시물은 유머스러운 관련 주제, 키워드 및 해시태그를 달고 있으며, 주스나 스무디를 판매하기 위해 강압적이지 않다. 공유게시물은 종종 반응적이다. 아이디어는 약 30분 안에 반응이 온다. 예를 들어, 펭귄의 날을 맞아, 이 기업은 트위터에 귀여운 펭귄의 만화를 공유하며, 모든 제품에 펭귄이 없다는 성명을 발표했다. 그림 아래에는 행동을 요청하는 글을 넣었다. 기업도 조금씩 노력하고 있으며, 고객들은 펭귄의 날에 어떤 기여(contribution)를 했는지 물었다. 기업은 잠재 고객의 마음 속에 브랜드의 개성을 유지하면서 대화를 만들었다. Innocent의 관계형

접근 방식은 상당한 추종자들을 끌어 들였다. 드위디에서만 25만 명 이상의 팬이 있다. Innocent는 브랜드와 고객 간의 관계를 더욱 심화시키기 위해 사용자 제작 콘텐츠를 이용한다.

소비자주도 마케팅

고객참여 마케팅의 대표적 유형은 **소비자주도 마케팅**(consumer-generated marketing)인데, 이는 소비자들 스스로 자신의 브랜드경험과 다른 사람들의 브랜드경험을 형성하는 데 보다 더 큰 역할을 수행하는 것이다. 이러한 마케팅은 블로그, 동영상 공유사이트, 그리고 다른 디지털포럼 등에서 소비자 대 소비자 의견교환을 통해 이루어질 수 있다. 그러나 제품·브랜드 메시지를 형성하는 데 보다 능동적인 역할을 수행하기 위해 소비자들을 초청하는 기업들이 늘어나고 있다.

어떤 기업들은 소비자들에게 신제품 아이디어를 제공해주도록 요청한다. 예를 들어, Oreo는 최근 팬들에게 새로운 맛 아이디어를 제안하는 #MyOreoCreation 콘테스트를 진행했다. 팬들이 온라인에서 50만 달러를 받을 우승자에게 투표하기 전에, 3개의 결선 진출작이 2개월 동안 매장에서 이미 히트쳤다. My Starbucks Idea 사이트에서 Starbucks는 신제품, 점포내부 변화 그리고 고객의 Starbucks 경험에 도움이 될만한 것이라면 어떤 것이든 고객아이디어를 수집한다. 웹사이트상에서 Starbucks는 다음과 같이 말한다. "여러분이 Starbucks로부터 원하는 것이 무엇인지 그 누구보다 잘 압니다. 우리에게말해주세요. Starbucks에 대한 여러분의 아이디어는 무엇입니까? 혁신적인 것이든 단순한 것이든 우리는 여러분의 이야기를 듣고 싶습니다." 이 사이트는 고객들을 초대해 아이디어를 공유하고, 다른 사람의 아이디어에 대해 투표하고 토의하며, Starbucks가 어떤 고객아이디어를 실행에 옮겼는지를 볼 수 있도록 한다.[18]

또한 전기 자동차 제조업체인 Tesla는 최근 공개 투표(Twitter 좋아요를 활용)를 통해 팬이 만든 광고 콘테스트를 개최했다. 10명의 결선 진출자 중에서 3개의 "매력적인 저예산" 광고가 선정되었다. Tesla는 Model 3 세단 출시와 함께 결선 진출자 광고를 온라인에 게시하였다. 이는 수백만 건의 조회 수를 기록하고 열성적인 Tesla 팬 간의 상호작용을 촉발했다. 1등상은 미네소타의 유튜버 Sonja Jasansky의 'Sonja's Super Quick Tesla Fan Video'였다. Tesla 사양을 강조하고 일반적인 오해를 폭로하는 매우 빠르고 기발한 동영상이었다.[19]

마찬가지로 Mountain Dew는 사용자 제작 콘텐츠(user-generated content)를 활용하여 상징적인 Baja Blast 맛을 한시적으로 재출시했다. Baja Blast의 재출시를 Facebook, Snapchat, Instagram 및 Twitter에 흥미진진한 힌트를 게시하는 Rogue Wave 소셜 미디어 캠페인으로 시작했다. 예를 들어 Snapchat에서 브랜드는 빠른 병 클립(clips)을 보여주었다. Mountain Dew 팬들은 수많은 트윗과 기타 소셜 미디어 대화로 반응했다. Mountain Dew의 디지털 브랜드 관리자는 "일부 팬들은 지난 며칠 동안 Baja가 등장하는 모든 이미지의 콜라주를 만들어 Dew Nation의 다른 회원들에게 Baja가 돌아오고 있음을 확인시켰다."고 말한다. 그런 다음

소비자주도 마케팅
(consumer-generated marketing)
자신의 브랜드경험과 다른 소비자의 브랜드경험을 형성함에 있어 소비자들이 더 큰 역할을 할 수 있도록 소비자 스스로 브랜드와의 교환관계를 창출하는 것

>> **소비자 주도 마케팅:** 팬이 만든 "매력적인 저예산" Tesla 광고는 수백만 건의 온라인 조회 수를 유도하고 열성적인 Tesla 팬 간의 상호작용을 촉발했다.
Sonja Maria

Mountain Dew는 소비자의 트윗을 포함하는 소셜 미디어 및 남성 라이프스타일 웹사이트에 광고를 만들었다. 그 결과 Baja Blast에 대한 온라인 채팅이 170% 증가했다.[20]

그러나 소비자주도 콘텐츠(cunsumer-generated content)를 만드는 것은 시간이 소요되고 힘든 과정일 수 있고, 기업 입장에서 우수한 작품을 찾아내기 어려울 수 있다. 나아가 소비자들이 소셜 미디어 콘텐츠를 주로 통제하기 때문에, 그들의 참여가 큰 화를 불러일으킬 수도 있다. 해시태그 #McDStories를 사용해 McDonald가 실시한 Twitter 캠페인이 그 한 예이다. McDonald는 Happy Meals와 관련해 따뜻한 얘기가 만들어질 것으로 기대했다. 그러나 그 결과는 정반대였다. Twitter 이용자들은 패스트푸드 체인점에서의 부정적 경험을 담은 부정적 메시지를 올림으로써, 해시태그(hashtag)는 bashtag(비난적 의견을 올리기 위해 사용되는 해시태그)로 변했다. McDonald는 2시간 만에 이 캠페인을 철수시켰지만, 부정적 의견을 담은 해시태그는 수 주일 이상 동안 온라인으로 확산되었다.[21]

소비자들이 갈수록 서로 연결되고 그들의 파워가 커짐에 따라, 그리고 디지털 및 소셜 미디어 기술이 계속 인기를 끌게 됨에 따라, 소비자의 브랜드참여가 마케터의 초청으로 이루어졌든 혹은 소비자 스스로의 의사에 의해 이루어졌든, 중요한 마케팅 요인으로 부상될 것이다. 소비자가 만든 동영상, 공유리뷰, 블로그, 모바일 앱, 웹사이트 등이 넘쳐남에 따라, 자신의 브랜드경험과 다른 소비자들의 브랜드경험을 형성하는데 소비자들의 역할이 커지고 있다. 참여하는 소비자들은 이제 제품디자인, 제품용도, 패키징에서 브랜드메시지 개발, 가격결정, 유통 등에 이르기까지 모든 측면에서 자신의 의견을 개진하고 있다. 브랜드들은 새롭게 생성된 소비자 임파워먼트(empowerment)를 수용하고, 새롭게 부상한 디지털 및 소셜 미디어 기반의 고객관계도구를 잘 활용해야 한다. 그렇지 않으면 경쟁에서 뒤질 위험에 처하게 될 것이다.

파트너관계관리

파트너관계관리
(partner relationship management)
더 나은 고객가치를 창출하기 위해 기업 내·외부의 파트너들과 긴밀하게 공동작업을 하는 것

기업들은 고객가치의 창출과 강력한 고객관계의 구축이 혼자만의 노력으로 실현될 수 없음을 인식한다. 이의 실현을 위해 기업은 다양한 마케팅파트너들과 긴밀한 협력관계를 구축해야 한다. 마케터들은 고객관계관리를 잘 해야 할 뿐 아니라 **파트너관계관리**(partner relationship management)도 잘해야 한다. 파트너관계관리란 더 나은 고객가치를 창출하기 위해 기업 내·외부의 파트너들과 긴밀한 수준에서 공동작업을 하는 것이다.

전통적으로 마케터들은 고객을 이해하고 기업 내 여러 부서에 대한 고객들의 욕구를 대변하는 역할을 맡아 왔다. 그러나 연결성의 시대인 오늘날에는 모든 기업부서들이 고객과 상호작용 할 수 있다. 회사에서 맡고 있는 당신의 직무가 무엇이든 당신은 마케팅을 이해해야 하고 고객지향적이어야 한다. 이에 따라 기업들은 각 부서가 고유 업무를 독립적으로 수행하도록 내버려두는 것이 아니라, 고객가치를 창출한다는 공동의 목표를 중심으로 모든 부서를 상호 연결시키고 있다.

마케터는 또한 공급업체, 경로파트너, 그리고 기업외부의 다른 이해관계자들과 파트너관계를 형성해야 한다. 마케팅채널은 기업과 구매자를 연결시켜주는 도매업체, 소매업체, 물류업체 등으로 구성된다. 공급체인(supply chain)은 원자재로부터 부품, 그리고 최종구매자에게 판매되는 최종제품에 이르기까지 보다 긴 채널을 말한다.

최근 들어 많은 기업들이 공급체인관리를 통해 공급체인의 모든 구성원들과 파트너십을 강화하고 있다. 그들은 고객관계 구축의 성공 여부가 자신들의 노력뿐 아니라, 자사의 전체 공급체인이 경쟁사의 공급체인에 비해 얼마나 더 좋은 성과를 보이는가에 의해서도 결정된다는 것을 알고 있다. 고객가치 전달의 성공 여부는 자사의 전체 공급체인이 경쟁사의 공급체인에 비해 얼마나 더 나은 성과를 보이는지에 달려있다.

고객으로부터의 기업가치 획득

마케팅과정의 첫 번째 네 단계는 탁월한 고객가치의 창출과 전달을 통해 고객관계를 구축하는 과정에 관한 것이다. 그 과정의 마지막 단계는 그 대가로 기업가치를 획득하는 것인데, 이는 현재 및 미래의 매출, 시장점유율, 이익 등의 형태로 나타난다. 기업은 탁월한 고객가치의 창출을 통해 매우 만족한 고객들을 창출하게 되는데, 이들은 충성고객이 되어 더 많은 구매를 한다. 고객가치의 창출과 전달은 기업에 장기적인 보상이 제공됨을 의미한다. 이하에서는 고객가치 창출의 결과물인 고객충성도와 고객유지, 시장점유율과 고객점유율, 그리고 고객자산에 대해 설명하기로 한다.

> **저자 코멘트**
> 〈그림 1.1〉을 다시 한 번 상기하자. 마케팅 과정의 전반 네 단계를 통해 기업은 타깃 고객을 위해 가치를 창출하고 그들과 강력한 관계를 구축한다. 이러한 과업을 잘 수행한다면, 기업은 그 대가로 자사브랜드를 반복구매하는 많은 충성고객, 높은 매출과 이익을 얻을 수 있다.

고객충성도와 고객유지의 창출

훌륭한 고객관계관리는 고객만족을 낳게 한다. 만족한 고객은 충성고객이 되고 기업과 그 기업의 제품에 대해 긍정적 구전을 한다. 많은 연구결과들에 의하면 덜 만족한, 다소 만족한, 그리고 매우 만족한 고객들의 충성도는 큰 차이를 보인다. 매우 만족함이라는 평가에서 조금만 떨어져도 고객충성도의 상당한 감소를 초래한다. 따라서 고객관계관리의 목표는 단순한 고객만족을 만들어내는 데 있는 것이 아니라, 고객감동(customer delight)을 창출하는 데 있다.

고객의 충성도를 유지하는 것은 경제적으로 볼 때 이치에 맞다. 충성고객은 더 많이 돈을 쓰고 더 오래 머무른다. 조사결과에 의하면 신규고객을 얻는 것에 비해 기존고객을 유지하는 것이 5배 더 저렴한 것으로 나타난다. 역으로 기존고객을 떠나게 하는 것은 기업에 큰 손실이 될 수 있다.

한 고객의 상실은 한 번의 매출손실 그 이상의 의미를 갖고 있다. 즉 이는 한 고객이 기업과 거래관계를 유지하는 기간에 걸쳐 발생시킬 누적구매(즉 고객생애가치)를 상실하는 것을 의미하는 것이다. Stew Leonard 사례는 **고객생애가치**(customer lifetime value)의 중요성을 생생하게 보여준다.[22]

고객생애가치(customer lifetime value)
한 고객이 기업과 거래관계를 유지하는 기간에 걸쳐 발생시킨 누적구매

미국의 코네티컷 주와 뉴욕 주에서 슈퍼마켓을 운영하면서 높은 수익성을 올리는 Stew Leonard는, 불만스러워하는 고객을 볼 때마다 50,000달러의 수입이 날아간 것으로 느낀다고 말한다. 왜냐하면 평균적인 한 고객이 한 주에 100달러를 지출하고 1년에 50주 정도 점포를 방문하고, 10년 정도 그 지역에서 고객으로 머무르기 때문이다. 이 고객이 불쾌한 경험으로 인해 다른 슈퍼마켓으로 전환한다면 Stew Leonard는 50,000달러의 수입을 잃게 되는 것이다. 실망한 그 고객이 자신의 부정적 경험을 다른 고객들에게 전달함으로써 그들도 점포를 전환한다면 손실은 더욱 커질 것이다.

고객들이 계속 재방문하도록 하기 위해 Stew Leonard는 슈퍼마켓의 디즈니랜드라고 불리는 이벤트를 개발하였다. 재미있는 복장을 한 캐릭터, 오락프로그램의 정기적 실시, 애완동물 동물원, 점포 구석구석에 설치된 애니메이션 장치 등이 그 예이다. 1969년 작은 식료품점에서 시작한 Stew Leonard

고객생애가치: 고객들의 지속적인 재방문을 유지하기 위해 Stew Leonard는 '슈퍼마켓의 디즈니랜드'를 만들어냈다. 경영원칙 NO.1은 '고객이 항상 옳다.'이고, NO.2는 '고객이 잘못했더라도 경영원칙 NO.1을 다시 한 번 읽을 것'이다.

Courtesy of Stew Leonard's

는 그 이후 놀라운 성장속도를 보여 왔다. Stew Leonard는 첫 점포를 포함하여 30개 점포를 추가적으로 개점하여, 매주 30만 명 이상의 고객을 대상으로 영업을 한다. 많은 충성고객의 확보는 고객서비스를 위한 점포의 열정적 노력에서 비롯된다. Stew Leonard의 첫 번째 경영원칙은 '고객은 항상 옳다.'는 것이며, 두 번째 경영원칙은 '고객이 잘못했다고 확신하더라도 첫 번째 경영원칙을 다시 한 번 읽을 것'이다.

Stew Leonard 이외에 여러 기업들이 고객생애가치를 평가하고 있다. Lexus는 한 명의 만족한 충성고객이 60만 달러의 생애가치를 창출하는 것으로 추정한다. Starbucks 고객의 추정생애가치는 14,000달러 이상이다.[23]

사실 기업이 한 번의 특정거래에서 손실을 보더라도 장기적 고객관계를 통해 그 고객으로부터 큰 이득을 보게 될 것이다. 따라서 기업들은 고객관계 구축에 최우선목표를 두어야 한다. 고객감동은 이성적 판단에 따른 제품선호가 아니라, 제품과의 정서적 관계형성을 창출한다. 그리고 이러한 관계형성은 고객들이 자사제품을 계속 이용하도록 만든다.

고객점유율의 증대

고객점유율(share of customer)
기업이 보유한 제품범주에 대한 고객의 구매액 중에서 자사제품이 차지하는 비율

훌륭한 고객관계관리는 우량고객의 유지를 통해 고객생애가치를 얻게 해줄 뿐만 아니라, 고객점유율을 높이는 데 기여할 수 있다. **고객점유율**(share of customer)이란 해당 제품범주에 대한 고객의 구매액 중에서 자사제품이 차지하는 비율을 말한다. 따라서 은행은 지갑 점유율을, 슈퍼마켓과 레스토랑은 위 점유율(share of stomach)을, 자동차회사는 차고 점유율을, 그리고 항공사는 여행 점유율을 높이고 싶어 한다.

고객점유율을 높이기 위해 기업들은 기존고객에게 품목에서 더 많은 다양성을 제공하거나, 기존고객에게 더 많은 제품과 서비스를 판매하기 위해 교차판매(cross-sell)와 상향판매(up-sell)를 유도할 수 있다. 가령 Amazon.com은 개별고객의 상품구매에서 차지하는 자사 점유율을 높이기 위해 3억 명에 이르는 자사고객들과의 관계를 매우 효과적으로 활용한다.[24]

Amazon.com을 방문한 고객들은 종종 자신이 의도한 것 이상으로 구매한다. Amazon.com은 이러한 일이 일어나도록 할 수 있는 모든 노력을 기울인다. 이 온라인 대기업은 상품구색을 계속 넓혀 감으로써 원스톱 쇼핑의 이상적인 장소로 만들고 있다. 각 고객의 구매 및 탐색기록을 토대로 Amazon.com은 관심을 보일 만한 관련제품들을 추천한다. 이러한 추천시스템은 모든 매출 중 35%에 영향을 준다. Amazon의 놀라운 Amazon Prime과 Amazon Prime Now 배송 프로그램은 고객지갑의 점유율을 높이는 데 도움이 되었다. 가끔 구매하던 고객이 Amazon Prime프로그램에 매료되어 Amazon 마니아가 되었다고 분석한다. 그 결과 Prime에 가입한 9,000만 명의 고객들은 Amazon의 미국매출에서 반 이상을 차지하고 있다. 평균적으로 Prime회원들은 비회원에 비해 4.6배 더 지출한다.

고객자산의 구축

지금까지 단순히 고객을 새로이 획득하는 것보다 이들을 유지·육성하는 것의 상대적 중요성에 대해 살펴보았다. 한 마케팅 전문가는 이의 중요성에 대해 다음과 같이 표현한다. "당신 회사가 만들어낼 수 있는 유일한 가치는 현재 그리고 미래 고객으로부터 얻는 가치이다. 고객 없이는 사업이 존재할 수 없는 것이다." 기업들은 수익성있는 고객을 창출하는 것에 머무는 것이 아니라, 그들을 평생 동안 소유함으로써 고객생애가치를 얻고 더 높은 구매점유율을 차지하고 싶어 한다.

고객자산이란 무엇인가? 고객관계관리의 궁극적 목표는 높은 고객자산을 만들어내는 것이다.[25] **고객자산**(customer equity)은 현 고객과 잠재고객 각각의 할인된 고객생애가치를 합한 것을 말한다. 그것은 기업고객의 미래가치를 측정한다. 수익성 높은 고객이 기업에 대해 더 높은 충성도를 보일수록 그 기업의 고객자산은 증가한다. 고객자산은 현재의 매출 혹은 시장점유율보다 더 나은 기업성과 지표일 수 있다. 매출과 시장점유율은 과거의 기업성과를 반영하는 반면 고객자산은 미래의 성과를 반영하기 때문이다. Cadillac 사례를 살펴보자.[26]

고객자산(customer equity)
각 고객의 고객생애가치를 모두 합한 것

1970년대와 1980년대에 걸쳐 Cadillac은 자동차 산업 내에서 가장 높은 충성고객들을 확보하고 있었다. 모든 자동차구매자들에게 있어 Cadillac은 미국의 최고급 승용차를 상징했다. 1976년 Cadillac은 최고급 승용차시장에서 51%의 점유율을 차지했고, 점유율과 매출에 근거하면 브랜드의 장래는 장밋빛이었다. 그러나 고객자산 측정치에 근거해보면 미래는 암울해 보였다. Cadillac 고객들은 점점 나이가 들어가고(평균 연령 60세), 평균 고객생애가치는 하락하고 있었다. 많은 Cadillac 고객들에게 있어 지금 보유한 차가 마지막 승용차일 수 있다. 따라서 Cadillac의 시장점유율은 양호했지만 고객자산은 그렇지 않았다.

이러한 상황은 BMW와 매우 대조적이다. BMW의 젊고 활기찬 브랜드이미지는 초기의 시장점유율 전쟁에서 Cadillac에 비해 유리하지 않았다. 그러나 BMW는 보다 높은 고객생애가치를 가진 젊은 고객들(평균연령 40세)을 확보하는 데 성공했다. 이에 따라

>> **고객자산관리:** 고객생애가치를 증대시키기 위해 Cadillac은 보다 멋지고 높은 성능의 디자인을 토대로 보다 젊은 소비자들을 끌어들이기 위해 노력하고 있다.
General Motors

BMW의 시장점유율과 이익은 갈수록 증가하는 반면, Cadillac의 경영성과는 매우 악화되기 시작했다. 1980년대 들어 BMW가 Cadillac을 따라 잡았다.

최근 들어 Cadillac은 젊은 소비자층을 타깃으로 멋지고 높은 성능의 디자인을 갖춘 승용차로 변신하려 노력하고 있다. 이제 Cadillac은 BMW, Audi 등과 효과적으로 경쟁하기 위해 파워, 성능 그리고 디자인을 토대로 'The New Standard of the World(최고급승용차의 새로운 표준)'로 포지셔닝하고 있다. 그럼에도 불구하고 지난 10년 동안 최고급승용차 시장에서 Cadillac의 점유율은 정체되어 있다. 이 사례가 시사하는 바는 기업은 현재의 매출뿐 아니라, 미래의 매출에도 신경을 써야 한다는 것이다. 고객생애가치와 고객자산이 궁극적인 답이다.

올바른 고객과의 올바른 관계 구축   기업은 고객자산을 신중하게 관리해야 한다. 그들은 고객을 관리되어야 할, 그리고 그 가치를 극대화해야 할 자산으로 보아야 한다. 그러나 고객 모두가, 때로는 충성고객 모두가 좋은 투자 대상은 아니다. 놀랍게도 일부 충성고객들은 이익을 주지 않을 수 있고, 일부 비충성고객들이 이익을 줄 수도 있는 것이다. 그러면 어떤 고객들을 획득·유지해야 하는가?

기업은 잠재수익성에 따라 고객을 분류하고 이에 맞추어 고객관계를 관리할 수 있다. 그림 1.5는 각 고객의 수익성과 충성유지기간에 기반하여 고객을 4가지 유형의 고객관계집단으로 분류한 것이다.[27] 각 집단은 서로 다른 고객관계전략을 필요로 한다. 떠돌이 집단(strangers)은 낮은 수익성과 짧은 충성기간을 가진 고객들을 말하는데, 기업의 제공물과 고객들의 욕구 간에 적합성이 별로 없다. 이러한 특성의 고객들에 대한 관계관리 전략은 단순한데, 이들에게 전혀 투자할 필요가 없다는 것이다.

나비집단(butterflies)은 수익성은 높지만 충성유지기간이 짧은 고객들을 말한다. 이 고객집단은 기업의 제공물과 고객욕구 간에 높은 적합성을 갖지만, 나비와 같이 짧은 기간 동안 자사의 제공물을 즐기다가 다른 기업으로 옮긴다. 자주 그리고 대규모로 주식거래를 하는 주식시장 투자자들이 그 좋은 예인데, 그들은 특정 증권회사와 정상적인 관계를 구축하지 않고, 최선의 거래를 제공하는 기업들을 계속 탐색한다. 나비집단을 충성고객으로 전환시키려는 노력이 성공을 거두기는 쉽지 않다. 따라서 기업은 그들과 짧은 기간 동안 좋은 거래를 하는 것에 만족해야 한다. 기업은 단발적인 판촉을 통해 그들을 유인해서 서로에게 유익한 거래를 성사시킨 다음, 다음 기회가 올 때까지 그들에 대한 투자를 중단해야 한다.

진정한 친구집단(true friends)은 수익성이 높고 충성기간이 긴 고객들이다. 고객들의 욕구와 기업제공물 간에 높은 적합성을 갖는다. 기업은 이들에게 감동을 주고 이들을 유지·육성하기 위해 관계구축에 지속적인 투자를 하기를 원한다. 기업은 진정한 친구집단을 진정한 신뢰자집단(true believers)으로 전환시키고 싶어 하는데, 왜냐하면 이들은 정규적으로 재구매하고 그 기업과의 긍정적 경험을 타인들에게 전달하기 때문이다.

따개비집단(barnacles)은 충성기간은 길지만 수익성이 별로 없는 고객들을 말하는데, 고객욕구와 기업제공물 간에 제한된 적합성을 갖는다. 소액구좌의 은행고객이 이에 해당되는데, 그들은 정규적으로 은행과 거래를 하지만, 그 고객의 구좌를 유지하는데 드는 비용을 상쇄할 만큼 충분한 수익을 발생시키지 않는다. 따개비 고객집단은 가장 골치 아픈 고객일 수 있다. 기업은 더 많은 제품을 판매하거나, 수수료를 인상하거나, 그들에게 제공되는 서비스수준을 낮추는 등의 노력을 통해 수익성을 향상시킬 수도 있다. 그러나 이러한 노력에도 수익성이 향상되지 않는다면, 그들과의 거래를 포기해야 한다.

예를 들어 Best Buy는 매력적인 반품 정책을 제공하지만, 일부 고객이 이 정책을 남용한다는 사실을 발견했다. 따라서 외부기업인 Retail Equation을 활용하여 개별 고객 반품 행동을 추적하고 점수를 매겼다. 이 시스템은 반품 사기나 남용하는 쇼핑객의 1%를 식별하도록 설계되었다. 특정 점수를 넘는 구매자는 잃는 한이 있어도, 향후 반품이 거부된다는 경고를 준다. "게시된 규칙 내에서는 가능하지만, 규칙을 위반하는 의도적인 반품고객은 수익성을 악화시킨

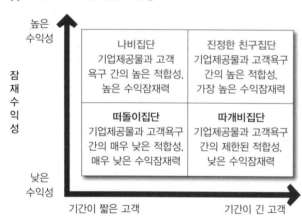

▶▶ 그림 1.5 고객관계집단의 유형

	기간이 짧은 고객	기간이 긴 고객
높은 수익성	**나비집단** 기업제공물과 고객욕구 간의 높은 적합성, 높은 수익잠재력	**진정한 친구집단** 기업제공물과 고객욕구 간의 높은 적합성, 가장 높은 수익잠재력
낮은 수익성	**떠돌이집단** 기업제공물과 고객욕구 간의 매우 낮은 적합성, 매우 낮은 수익잠재력	**따개비집단** 기업제공물과 고객욕구 간의 제한된 적합성, 낮은 수익잠재력

잠재수익성 / 충성유지기간

다."고 Retail Equation 경영진은 말한다.[28] 요약하면 고객유형에 따라 서로 다른 고객 관계전략이 요구된다는 것이다. 따라서 올바른 고객을 선택하여 그들과 올바른 관계를 구축하는 것을 목표로 삼아야 한다.

개념 연결하기

지금까지 여러 가지 개념들을 배웠다. 다시 한 번 여유를 갖고 마케팅에 대한 여러분 자신의 생각을 개발해 보자.

● 당신이 생각하기에 마케팅이란 무엇이고, 마케팅이 성취하려고 하는 것은 무엇인가?

● Amazon은 고객과의 관계를 얼마나 잘 관리하는가? 어떤 고객관계관리 전략을 사용하는가? Walmart는 어떤 관계관리 전략을 사용하는가?

● 당신에게 진정한 친구인 기업이 누구인지 생각해보라. 이 기업은 당신과의 관계를 관리하기 위해 어떤 전략을 사용하는가?

새로운 마케팅 추세

21세기 들어 급격한 변화가 시장에서 일어나고 있다. 이에 따라 HP의 Richard Love는 "변화속도가 너무 빨라 변신능력이 경쟁우위가 되고 있다."라고 말한다. 뉴욕 양키스의 전설적 포수였던 Yogi Berra는 "미래는 과거의 그 모습이 아니다."라는 말을 통해 급속한 환경변화에 대해 한마디로 요약했다. 따라서 시장이 변하면, 이에 맞추어 기업도 변해야 한다.

이 절에서는 마케팅환경을 변화시키고 마케팅전략의 변신이 요구되는 주요 추세와 변화주도 요인을 크게 디지털 시대, 경제적 환경의 변화, 비영리 마케팅의 성장, 급속한 글로벌화, 기업의 윤리성과 사회적 책임의 강화로 나누고, 이에 대해 살펴볼 것이다.

> **저자 코멘트**
> 마케팅은 허공 속에서 이루어지지 않는다. 지금까지 우리는 마케팅과정의 다섯 단계에 대해 살펴보았다. 이제 끊임없이 변화하는 시장이 소비자와 마케터 모두에게 어떤 영향을 미치는지 살펴보기로 한다. 우리는 여러 마케팅 환경요인들에 대해 3장에서 보다 자세히 다룰 것이다.

디지털 시대: 온라인, 모바일, 소셜 미디어 마케팅

디지털 기술의 폭발적인 성장은 삶의 방식, 즉 의사소통하고, 정보를 공유하고, 오락물에 접근하고, 쇼핑하는 방식에서 근본적인 변화를 초래했다. 모든 사람이 모든 사람과 디지털로 연결되는 글로벌 환경인 사물 인터넷(IoT) 시대가 왔다. 대략 40억 명의 사람(세계인구의 52% 정도)이 온라인에 접속하고 있다. 현재 미국성인의 반 정도가 스마트폰을 갖고 있고, 이들 중 80%가 스마트폰과 다른 모바일 기기를 이용해 소셜 미디어 사이트에 접속하고 있다. 앞으로 디지털 기술이 더욱 폭발적으로 성장함에 따라 이러한 숫자는 더욱 늘어날 것이다.[29]

대다수 소비자들이 디지털 세상에 흠뻑 빠져있다. 한 연구에 의하면, 미국인 중 71%가 잘 때도 모바일 폰을 곁에 둔다. 미국의 청소년 10명 중 6명은 온라인 스트리밍 서비스를 사용하여 TV를 주로 시청하며, 미국 성인의 85%는 모바일 장치를 통해 뉴스를 본다. 마케터에게 중요한 것은 미국 소비자가 구매의 9%를 온라인으로 구매하며, 전체 미국 소매 판매의 절반 이상이 직접 거래되거나 온라인 검색의 영향을 받는 것으로 추정된

다는 점이다.[30]

소비자들이 디지털/모바일 기술에 흠뻑 빠져있는 것은 마케터들이 고객참여수준을 높이는 데 유용한 기회를 제공한다. 이에 따라 디지털과 소셜 미디어의 급속한 발전과 인터넷은 마케팅 세계를 크게 변화시키고 있다. **디지털·소셜 미디어 마케팅**은 웹사이트, 소셜 미디어, 모바일 광고와 앱, 온라인 동영상, 이메일, 블로그 그리고 기타 디지털 플랫폼 등의 디지털 마케팅 도구를 이용하는 것이다. 이러한 플랫폼들은 컴퓨터, 스마트폰, 태블릿, 인터넷TV 등의 디지털 기기를 통해 시간과 장소에 상관없이, 소비자들의 참여를 가능하게 한다. 오늘날 모든 기업들이 여러 웹사이트, Tweet 및 Facebook 페이지, Instagram 게시물, Snapchat 이야기, YouTube에 올린 바이럴 광고물과 동영상, 리치미디어 이메일, 모바일 앱 등을 통해 고객들에게 다가가 그들의 문제를 해결하고 쇼핑을 하는데 도움을 준다.

가장 기본적인 단계에서 마케터는 정보를 제공하고 회사의 제품을 촉진하기 위한 기업 및 브랜드 사이트를 개설한다. 이러한 사이트 중 상당수는 온라인 브랜드 커뮤니티를 운영하는데, 이를 통해 고객들이 모이고 브랜드와 관련된 관심사와 정보를 교환한다. 예를 들어, 화장품 소매업체 Sephora의 Beauty Insider 커뮤니티는 세계에서 가장 큰 뷰티포럼(Beauty forum)이다.

이 활발한 커뮤니티 사이트에서 비슷한 생각을 가진 사람들은 자신에게 가장 어울리는 화장품을 찾기 위해 메이크업, 헤어, 향수, 혹은 스킨케어 제품들에 관해 토의하고 논쟁을 벌이고 이들을 비교한다. Sony의 PlayStation forums, 사이트는 Play Station PS4 게임의 열성고객들을 위한 소셜 허브 역할을 한다. 이곳은 팬들이 실시간으로 PS4에 관한 소셜 미디어 포스트를 확인하고, 최신의 PS4 동영상을 시청하고, 어떤 PS4 게임이 소셜 네트워크에서 인기를 끄는지를 확인하고, 다른 팬들과 콘텐츠를 공유하고 상호작용을 하는 장소이다.[31]

대다수 기업들은 브랜드 웹사이트 이외에 소셜/모바일 미디어를 마케팅믹스에 추가하고 있다.

디지털·소셜 미디어 마케팅
디지털 기기를 통해 시간과 장소에 상관없이 소비자들을 참여시키기 위해 웹사이트, 소셜 미디어, 모바일 광고와 앱, 온라인 동영상, 이메일, 블로그 그리고 기타 디지털 플랫폼 등의 디지털 마케팅도구를 이용하는 것

▶▶ 온라인 브랜드 커뮤니티: Sony의 PlayStation Community에서 게임 애호가는 소셜 미디어 게시물을 팔로우하고 최신 동영상을 보고 어떤 게임이 유행하고 있는지 확인하고, 콘텐츠를 공유하고, 다른 팬과 실시간으로 소통할 수 있다.

Jens Schlueter/Getty Images

소셜 미디어 마케팅

Facebook, Instragram, Twitter, LinkedIn, YouTube, snapchat, Pinterest 등의 소셜 미디어에 오픈한 브랜드 사이트들과 연결되지 않은 브랜드 웹사이트나 전통적인 미디어 광고를 찾아보기란 쉽지 않다. 소셜 미디어는 고객참여를 확대하고 사람들이 브랜드에 대해 대화를 나눌 기회를 제공한다. 일부 소셜 미디어는 그 규모가 엄청나다. 페이스북은 월간 20억 명 이상의 활성사용자, 8억 명 이상의 인스타그램, 3억 2,800만 명이상의 트위터, 2억 5500만 명 이상의 스냅챗을 보유하고 있다. 온라인 소셜 뉴스 커뮤니티인 Reddit에는 매달 185개국에서 2억 3,400만 명의 순 방문자가 있다. 그러나 보다 전문화된 소셜 미디어 사이트들도 번창하고 있는데, 2,000만 명의 엄마들이 회원으로 참여하는 온라인 커뮤니티 CafeMom은 이 커뮤니티의 온라인 사이트, Facebook, Twitter, Pinterest, YouTube, Google+, 그리고 모바일 사이트 등에서 의견, 오락물,

위로 등을 함께 나눈다. 열렬한 조류 관찰자를 위한 Birdpost.com 또는 니트와 크로셰 뜨개질을 하는 사람을 위한 Ravelry.com과 같은 작은 사이트조차도 적극적인 청중을 끌어들일 수 있다.[32]

온라인 소셜 미디어는 사람들이 일상생활에서 중요한 정보와 순간을 공유할 수 있는 디지털 홈을 제공한다. 그 결과로써 온라인 소셜 미디어는 실시간 마케팅을 위한 이상적인 플랫폼을 제공하는데, 마케터들은 자사브랜드를 중요하게 부상하는 얘깃거리, 실제 이벤트, 명분, 개인사, 혹은 소비자의 일상에서 벌어지는 주요 사건 등과 연결시킴으로써 곧바로 소비자들을 참여시킬 수 있다. 캔디 메이커 Mars는 수상 경력에 빛나는 Snickers Hungerithm 소셜 미디어 캠페인을 통해 이를 수행했다. 이 캠페인은 인터넷의 "분위기"를 모니터링하고 인터넷이 "배 고플 때" 소비자에게 실시간 가격 할인을 제공하는 것이었다.

소셜 미디어 활용은 Facebook 좋아요(Likes), Tweets 혹은 YouTube 포스팅 등을 얻기 위해 콘테스트나 판촉을 실시하는 것과 같은 단순한 마케팅활동도 포함한다. 그러나 오늘날 들어 대다수 대규모 조직들은 소셜 미디어들을 통합적으로 활용한다. 예를 들어, 에너지 드링크 제조업체인 Red Bull은 다양한 소셜 미디어를 사용하여 열정적인 팬 층을 연결하고 열광시킨다. 현재 페이스북에 5천만 명, 트위터에 2백만 명, 인스타그램에 800만 명 이상의 팔로워가 있다. Red Bull의 고 에너지 소셜 미디어 페이지에서는 회사 제품에 대해 거의 언급하지 않는다. 대신 Red Bull의 매우 빠른(pedal-to-the-metal) 라이프스타일을 홍보하고, 팬이 브랜드나 서로와 연결하여 익스트림 스포츠, 음악 및 엔터테인먼트에 대한 공통 관심사를 공유할 수 있도록 한다. 레드불은 단순한 에너지 드링크 제조업체가 아니다. "Red Bull은 스포츠 활동과 액션 샷을 위한 최고의 브랜드다. 사용자는 아드레날린이 가득한 게시물들을 소셜에서 팔로우한다."[33]

모바일 마케팅

모바일 마케팅은 가장 빠르게 성장하는 디지털 마케팅 플랫폼이다. 스마트폰은 항상 곁에 있고 개인의 취향에 최적화되어 있다. 이러한 특징으로 인해 스마트폰은 고객들이 구매과정에 따라 이동할 때, 때와 장소에 상관없이 고객의 참여를 이끌어내는 데 이상적인 수단이다. 스마트폰 소유자 5명 중 4명이 앱이나 모바일 웹을 통해 제품정보를 검색하고, 점포 내 제품들의 가격을 비교하고, 온라인 제품리뷰를 읽어보고, 쿠폰을 찾아 사용하는 등의 쇼핑관련 활동을 스마트폰으로 한다. 예를 들어, 스타벅스 고객들은 가장 가까운 매장을 찾거나 신제품에 대해 알아보거나, 주문을 하고 계산하는 모든 활동을 모바일 기기로 할 수 있다. 이는 커피점의 인공지능(AI)으로 구동되는 가상 비서(virtual assistant) My Starbucks Barista를 통해 가능하다. 현재 모든 온라인 구매의 약 35%가 모바일 장치에서 이루어진다. 그 결과 모바일 쇼핑객에게 도달하기 위해 모바일 광고가 급증하고 있으며, 현재 전체 디지털 광고 지출의 75%를 차지하고 있다.[34]

마케터들은 즉각적인 구매를 자극하고, 보다 쉽게 쇼핑할 수 있게 하고, 브랜드경험을 풍부하게 하기 위해 모바일 채널을 사용한다. 예를 들어, Taco Bell은 모바일 광고를 사용하여 "중요한 순간"에 소비자에게 도달한다.[35]

MARKETING AT WORK   1.2

페이스북(Facebook): 언제든지 실시간 마케팅

Facebook은 거대하다. 2004년 창립하였고, 전년 대비 10% 증가한 22억 7천만 명 이상의 회원이 등록했다. 그들은 전 세계 인구의 3분의 1을 차지하며, 모두 1,500억 명 이상의 친구를 연결한다. 약 15억 명의 Facebook 회원이 매일 사이트에 접속하는데, 사용자의 약 95.1%가 스마트폰으로 연결한다. 그들은 함께 3억 5천만 장의 사진을 업로드하고, 1분마다 4백만 개의 좋아요를 생성하며 매일 47억 5천만 개의 콘텐츠를 공유한다.

이러한 영향력을 발휘함으로써 Facebook은 세계에서 가장 강력하고 수익성이 높은 온라인 마케터가 될 수 있다. 크고 작은 대부분의 브랜드는 이제 자체 Facebook 페이지를 구축하여, 거대한 커뮤니티의 웹에 쉽게 무료로 접근할 수 있다. 그리고 매일 엄청난 수의 좋아요가 클릭됨에 따라, 다양한 기업들이 '좋아요'를 원하게 되었다.

그러나 기업이 발전하면서 Facebook은 자체적인 마케팅과 비즈니스를 해야 한다는 것을 알게 되었다. 수익을 내지 못하면 회원 서비스를 계속 하지 못한다. 이제는 상장기업이므로 성장하고, 투자자에게 수익을 배분해야 한다. 기업들은 사용자의 홈, 프로필 또는 사진 페이지에 디스플레이 또는 동영상 광고를 게재 할 수 있다. Facebook은 세계에서 가장 풍부한 사용자 프로필 데이터 셋(set)을 보유하고 있다. 따라서 사용자 위치, 성별, 나이, 좋아하는 것과 관심사, 관계 상태, 직장 및 교육에 따라 효과적인 타깃광고를 할 수 있다.

Facebook의 광고는 단순히 시선을 끄는 것 이상을 수행하도록 설계되었다. 그것은 사회적 연결의 힘을 활용하고 사람들을 행동으로 옮기도록 설계되었다. 예를 들어, 사람들에게 자신의 의견을 묻고 참여를 유도한다. 따라서 Facebook 광고는 일반 사용자 활동과 조화를 이루며 사용자는 댓글을 남기고, 추천하고, "좋아요" 버튼을 클릭하거나, 브랜드가 후원하는 Facebook 페이지 링크를 따라가며 실시간으로 광고와 상호작용할 수 있다.

이로 인해 Facebook(Twitter 및 Instagram이 그 뒤를 이음)은 실시간 마케팅을 위한 가장 중요한 플랫폼 중 하나이다. 실시간 마케팅은 사전에 마케팅 계획을 수립하고 정해진 일정에 따라 실행하는 대신, 현재의 관련 트렌드에 초점을 맞춘 커뮤니케이션 전략을 만들고, 소비자에게 지금 바로 필요

한 제품, 브랜드, 서비스를 제공한다.

오늘날 많은 실시간 마케팅 활동은 런던 윔블던 테니스, 올림픽 게임, FIFA 월드컵과 같은 주요 미디어 이벤트에 집중되어 있다. 이러한 이벤트를 통해 마케터는 대규모 고객과 교류할 수 있다. Heiko Schulz는 독일 분데스리가 축구 클럽 Bayer 04 Leverkusen의 디지털 클럽 플랫폼 책임자이다. 스타 플레이어의 많은 역할 중 하나는 디지털 플랫폼과 서비스에서 클럽의 소셜 콘텐츠를 자극하는 것이다. 그들은 페이스북에만 260만 명의 팔로워가 있다. Schulz는 2010년에 Facebook과 Twitter, 후에 Instagram과 Snapchat, 그리고 최근에는 Sina Weibo와 WeChat을 통해 클럽을 소셜 미디어에 론칭했다. 2015년에 멕시코 선수 Chicharito와 영입하면서 Shulz는 선수의 기존 소셜 미디어 인기를 활용하고, 소셜 미디어에서 클럽의 프로필을 높일 수 있었다. 현재 클럽에는 업데이트, 해설, 사진 및 비디오 자료를 제작하는 대규모 전담 미디어 팀이 있다. 그들은 소셜 미디어 채널에 게시되는 다양한 인터랙티브 형식의 전담 콘텐츠 편집자를 보유하고 있다.

다른 기업들은 경쟁적이거나 자연적 환경에서 이벤트에 실시간 노력에 집중했다. 예를 들어, 'Apple의 iPhone 6이 고객 주머니에서 구부러질 수 있다'는 뉴스가 퍼지자, Kit Kat(네슬레의 초코과자)은 #bendgate에 포함되어야 한다고 결정했다. 이 브랜드는 30분 만에 Kit Kat이 굽어지지 않고 부러진다는 칙칙한 문구와 함께, 45도 각도로 꺾어진 캔디 바의 이미지로 온라인을 휩쓸었다. – 이는 그 자체의 유명한 태그 라인을 영리하게 언급하여 가능했다. 게시물은 당시 기록인 약 66,000 리트윗을 기록했다. 페이스 북과 트위터에 게시된 이 메시지는 타깃 청중들에게 엄청난 반향을 불러 일으켰다. 메시지는 처음 10분 내에 100번 리트윗 되었다. 한 시간도 채 안 되어, 게시물은 1,000회 리트윗 되었다. Kit Kat은 또한 메시지를 증폭시키기 위해 홍보 트윗과 게시물을 운영했다. 트윗은 66,000회 이상 리트윗 되었으며 13,000개 이상의 좋아요를 받았다.

분 단위 마케팅 공격은 거의 성공하지 못한다. 대신 지속적으로 성공하려면 브랜드 자체를 소비자 생활의 매력적이고 관련성 있는 부분으로 만들어야 한다. 이는 보다 광범위하고 신

중하게 고인된 전략이 되어야 한다. 브랜드는 이제 전체 계획을 실시간 마케팅으로 발전시켜야 한다. 스마트 브랜드는 소셜 공간에서 귀를 기울이고, 고객의 실시간 소셜 공유 다이내믹스와 원활하게 조화되는 마케팅 콘텐츠로 대응해야 한다. 이것이 민첩하고 지속적인 실시간 마케팅프로그램을 구축하는 것이다.

출처: Craig Smith, "By the Numbers: 200+ Amazing Facebook Statistics (November 2015)," DMR, December 15, 2015, http://expandedramblings.com/index.php/by-the-numbers-17-amazing-facebook-stats/; "The Top 20 Valuable Facebook Statistics.Updated October 2015," Zephora, https://zephoria.com/top-15-valuable-facebook-statistics/; George, "What Is Real-time Marketing and How You Can Use It," ERSM, March 2, 2015, http://wersm.com/what-is-real-time-marketing-and-how-you-can-use-it/; Lauren Johnson, "Big Brands React to Luis Suarez's World Cup Biting Incident," Adweek, June 24, 2014, http://www.adweek.com/news/technology/big-brands-react-luis-suarezs-world-cup-biting-incident-158549; Molly Moriarity, "Real-Time Marketing Fires Up Brands During World Cup," Crimson Hexagon, July 11, 2014, http://www.crimsonhexagon.com/blog/marketing/real-time-marketing-fires-up brands-during-world-cup/; Lauren Johnson, "KitKat's #Bendgate Tweet Has Officially Eclipsed Oreo's Super Bowl Win," Adweek, September 26, 2014, http://www.adweek.com/news/ advertising-branding/how-kitkats-awesome-bend gate-tweet-came-together-30-minutes-160414; Duncan Riley, "Facebook Q4 Revenue Increases to $3.85 Billion off the Back of Mobile Ad Growth," Silicon Angle, January 28, 2015, http://siliconangle.com/blog/2015/01/28/facebook q4-revenue-increases-to-3-85-billion-off-the-back-of-mobile-ad-growth/; Josh Constine, "Facebook Will Launch Content-Specific News Feeds, Bigger Photos, and Ads," Techcrunh, March 5, 2013, http://techcrunch.corW2013/03/05/facebook-news-feeds-launch/; Emmanuel Maiberg, "The Top 25 FacebookGames of May 2013," Adweek, May 1, 2013, www.insidesocialgames.com/2013/05/01/the-top-25-facebook-games-of-may-2013/; "Facebook's Sales Chief: Madison Avenue Doesn't Understand Us Yet," Advertising Age, April 29, 2011, www.adage.com/print/227314/; Ingrid Lunden, "Spotify: The Music Service that Facebook Could Have Been, Wanted to Be, or Might Be One Day?" Techcrunch, December 6, 2012, http://techcrunch.com/2012/12/06/spotify-the-music-service-that-facebook-could-have-been-wanted-to-be-or-might-be-one-day/; Jim Edwards, "How Facebook Will Reach $12 Billion in Revenue," Business Insider, December 18, 2012, www.businessinsider.com/facebooks-annual-revenues-by-year-2012-12; Ashlee Vance, "Facebook: The Making of 1 Billion Users," Businessweek, October 4, 2012, www.businessweek.com/articles/2012-10-04/ facebook-the-making-of-l-billionusers#p5; and information from www.facebook.com, accessed October 2015; Paige Leskin, "The21 Scariest Data Breaches of 2018," Business Insider, 30 December, 2018, https://www.businessinsider.de/data-hacks-breaches-biggest-of-2018-2018-12?r=US&IR=T, accessed February 20, 2019.

2016년에 Taco Bell의 아침 식사를 지속적으로 홍보하기 위해서 소비자가 하루를 시작하는 것처럼 신중하게 타깃팅된 모바일 광고를 사용했다. 소비자가 아침에 가장 먼저 사용하는 앱, 좋아하는 뉴스 앱, 아침 식사 레시피를 확인한 시간 등 특정 행동을 기반으로 모바일 광고를 타깃팅했다. 캠페인을 위해 미디어 구매를 주도한 에이전시의 한 임원은 "우리는 아침 행동을 관찰하고 있습니다."라고 말했다. Taco Bell은 또한 Google의 Waze와 같은 내비게이션 및 트래픽 앱을 사용하여 지리적으로 모바일 광고를 타깃팅하여 특정 고객 위치에 집중하고, 근처 매장에 대한 단계별 안내도 제공한다. 이러한 방식으로 Taco Bell은 각 고객의 행동, 경험 및 환경에 따라 모바일 광고를 맞춤 설정할 수 있었다. Taco Bell은 모바일을 통해 "소비자가 아침에 처음 눈을 떴을 때 느끼는 경험을 제공"할 수 있는 아침 식사 마케팅을 하게 되었다.

온라인, 소셜 미디어, 그리고 모바일 마케팅은 잠재력이 매우 크지만, 대다수 마케터들은 여전히 이를 효과적으로 활용할 방법을 배우고 있는 중이다. 이러한 마케팅노력의 핵심은 새로운 디지털 접근방식을 전통적인 마케팅과 결합해 통합적인 마케팅전략과 마케팅믹스를 유연하게 창출하는 것이다. 우리는 본서의 전체에 걸쳐 디지털, 모바일 그리고 소셜 미디어 마케팅을 다루게 될 것이다. 이들은 마케팅전략과 마케팅전술의 모든 영역에 포함될 것이다. 마케팅의 기본원리에 대해 살펴본 다음, 우리는 14장에서 디지털 마케팅과 다이렉트 마케팅에 대해 보다 깊이 다룰 것이다.

빅데이터 및 인공지능(AI)

디지털 기술의 폭발적인 증가로 마케터는 이제 엄청난 양의 데이터를 축적할 수 있다. 고객 거래에서부터 웹사이트 및 소셜 미디어 모니터링, 연결된 사물 인터넷(IoT) 장치 등에서 실시간 데이터를 포함하여 다양한 정보 소스를 활용하고 있다. 브랜드는 이러한 빅데이터를 사용하여 심도있는 고객 통찰력을 얻고 마케팅제안을 개인화하며, 고객참여 및 서비스를 개선할 수 있다.

이 모든 빅데이터를 이해하고, 이를 사용하여 브랜드와 고객에게 혜택을 주기 위해, 마케터는 더욱 발전된 마케팅분석을 활용하고 있다. 예를 들어 인공지능(AI)이 마케팅 현장에 등장했다. AI는 인간처럼 보고 느끼는 방식으로 생각하고 학습하지만, 훨씬 더 분석능력이 있다. 마케터는 AI를 사용하여 빠른 속도로 데이터를 분석하고 통찰력을 적용하여, 실시간으로 고객을 참여시키고 구매 프로세스를 지원할 수 있다.

AI기반 애플리케이션에는 고객서비스 채팅봇, Amazon Echo의 Alexa, Apple의 Siri와 같은 가상 비서부터, IBM의 거의 인간적인 AI 슈퍼 컴퓨터 Watson에 이르기까지 모든 것이 포함된다. 예를 들어, 한 의약품 제조업체는 최근 Watson을 사용하여 실시간 날씨데이터와 해당 지역의 꽃가루 수를 기반으로, 개별 알레르기 치료제의 고객 맞춤형 모바일 광고를 제공하였다. 4장에서는 빅데이터와 인공지능의 흥미로운 발전에 대해 더 깊이 논의할 것이다.

비영리 마케팅의 성장

최근 들어 마케팅은 비영리조직(대학, 병원, 박물관, 동물원, 심포니 오케스트라, 교회 등)의 전략에서도 중요한 부분을 차지하고 있다. 전국의 비영리조직들은 후원과 회원 확보에서 치열한 경쟁에 직면한다. 건전한 마케팅은 회원과 후원을 이끌어내는데 도움을 줄 수 있다.

▶▶ 비영리 마케팅: St. Jude Children's Research Hospital은 그의 강력한 미션을 공격적으로 마케팅한다. "치료를 찾습니다. 아이들을 구합니다."

Used with permission of ALSAC | St. Jude. St. Jude Children's Research Hospital® and Finding Cures. Saving Children® are registered trademarks of American Lebanese Syrian Associated Charities, Inc. (ALSAC)

예를 들어, 비영리 St. Jude Children's Research Hospital은 "치료를 찾습니다. 아이들을 구합니다."라는 특별한 미션을 가지고 있다. 이 병원은 매년 약 7,500명의 환자에게 의료서비스를 제공하고 있으며, 미국 및 전 세계에서 제휴 및 임상시험을 통해 수많은 환자에게 의료서비스를 제공한다. 환자 가족은 치료, 여행, 숙소 또는 음식 비용에 대해 병원에 지불하는 것이 없다. 이 사명을 달성하기 위해 St. Jude는 강력한 마케팅을 통해 2백만 달러의 기금과 일상운영자금을 모금한다.[36] 모금 활동에는 공익광고, 유명인의 지지, 기업 파트너십, 광범위한 온라인 활동에서부터 Trike a-thons, Math-a-thons, Up'Til Dawn 학생 도전 및 St. Jude Dream Home Giveaway와 같은 이벤트에 이르기까지 모든 것이 포함된다. St. Jude는 Target, Domino's, Williams-Sonoma, Regal Cinemas 및 Expedia와 같은 70개 이상의 기업 파트너와 협력하여 연례 감사 및 기부 캠페인을 벌인다. 이 캠페인은 소비자에게 "당신 삶에서 건강한 아이에 감사하세요, 그렇지 않은 사람에게 베푸세요."라고 한다. 그 결과 유치원생과 전문가부터, 8학년에서 80세까지의 개인 기부자들로부터 매년 13억 달러 이상의 기부를 받는 유명 브랜드가 되었다.

또 다른 예는 자연을 보존하고 세계의 야생 동물을 보호하는 것을 사명으로 삼는, 비영리 보호단체인 WWF(World Wildlife Fund)이다. WWF는 정교한 마케팅을 사용하여 사명을 달성하는데 필요한 자원을 확보한다. 한 가지 예는 WWF의 최근 비용 효율적이고, 효과적인 #LastSelfie Snapchat 캠페인이다.

> WWF #Last Selfie 캠페인의 배경은 세계의 멸종위기에 처한 야생동물이 Snapchat 스냅처럼 빠르게 지구에서 사라지고 있다는 것이다. 즉, WWF는 "내 #LastSelfie가 되지 마십시오."라는 메시지와 함께 멸종위기에 처한 동물의 9초 스냅 샷을 전 세계 WWF 추종자에게 보냈으며, 수신자에게 스크린 샷을 찍으라고 촉구했다.
>
> 단 8시간 만에 캠페인은 6백만 개의 타임라인에서 5,000개의 트윗을 생성했다. 1주일 만에 4만의 트윗이 1억 2천만 사용자에게 도달했다. 전체적으로 #LastSelfie 캠페인은 전체 트위터 사용자의 절반 이상에게 도달했다. 또한 WWF가 단 3일 만에 월간 기부 목표를 달성하는 데 도움이 되었으며, WWF 웹사이트를 통해 기록적인 수의 동물 입양을 유도했다. 이러한 마케팅 노력과 제한된 마케팅 예산에도 불구하고 WWF는 작년에 거의 2억 9천만 달러의 기금을 모금했으며, 그 중 1/3 이상이 개인 기부자로부터 모금되었다.

정부기관들도 마케팅에 대해 많은 관심을 보여 왔다. 예를 들어, 미 육군은 서비스 영역별로 지원자를 끌어들이기 위한 마케팅계획을 수립하며, 기타 정부기관들도 에너지보호와 환경보호에 대한 관심을 진작시키기 위해 혹은 흡연, 지나친 음주, 약물남용 등을 억제시키기 위해 사회적 마케팅 캠페인을 설계하고 있다. 매우 보수적이었던 미 우정국(U.S. Postal Service)도 기념우표 판매, 특송 우편서비스 확대, 근대적이고 경쟁적인 조직체로의 이미지 개선 등의 목적으로 혁신적 마케팅을 전개하고 있다. 미국정부는 광고예산 면에서 대형광고주 순위에서 40위를 차지했다.[37]

급속한 글로벌화

고객 및 거래파트너들과의 관계를 재정립하고 있듯이, 마케터들은 새로운 시각에서 그들을 둘러싼 세계와의 접속방식을 바라보고 있다. 보다 가까워져가는 지구촌시대에서 많은 기업들이 전 세계 고객 및 마케팅파트너들과 접속되어 있다. 규모에 상관없이 거의 모든 기업들이 글로벌 경쟁에 직면하고 있다. 미국의 한 동네 꽃집이 멕시코 화훼농장으로부터 꽃을 구매하고, 대규모 미국 가전제품 제조업체들이 자국 시장 내에서 거대 한국기업들과 경쟁하고 있다. 인터넷 소매업체들이 전 세계로부터 주문을 받듯이, 미국의 소비용품 제조업체들이 새로이 부상하는 해외시장을 겨냥하여 신제품을 출시한다.

미국기업들은 국내시장에서 유럽 및 아시아권 다국적기업들의 세련된 마케팅에 의해 위협을 받아 왔다. Toyota, Nokia, Nestlé, Samsung 등의 해외기업들이 미국시장에서 미국기업들보다 더 높은 마케팅성과를 보이는 경우가 빈번해졌다. 마찬가지로 여러 산업영역의 미국기업들도 진정한 의미의 글로벌 경영을 통해 전 세계에서 제품을 생산·판매한다. McDonald는 이제 전 세계 100개국 이상의 국가에서 36,000개 이상의 점포를 통해 매일 6,900만 명 정도의 고객을 상대하며, 수입의 75%를 미국 밖에서 거두어들인다. Nike도 190개국 이상의 국가에 진출해 있으며, 전 세계 매출 중 53%를 미국이외에서 달성한다.[38]

이제 기업들은 국내에서 생산된 제품을 국제시장에 더 많이 판매하려고 노력할 뿐 아나라, 더 많은 소모품과 부품들을 해외에서 구매하고 있다. 따라서 세계 각국의 관리자들은 자사가 속한 산업, 경쟁자, 그리고 시장기회에 대해 국내시장의 관점이 아니라 글로벌 시각에서 보기 시작하고 있다. 즉 그들은 글로벌 마케팅이란? 글로벌 마케팅이 국내시장 마케팅과 다른 점은? 글로벌 경쟁자들과 환경요인들이 자사 사업에 어떤 영향을 미치는가? 글로벌화의 수준을 어느 정도로 할 것인가? 등에 대해 자문한다. 글로벌시장에 대해서는 15장에서 자세히 설명하기로 한다.

지속가능 마케팅 – 더 많은 사회적 책임의 요구

마케터들은 사회적 가치 및 사회적 책임과 자신들과의 관계에 대해, 그리고 지속가능 경영에 대해 재검토하고 있다. 전 세계적 소비자주의와 환경보호주의 운동이 성숙단계로 진입함에 따라 사회는 마케터들에게 지속가능 마케팅(sustainable marketing)을 전개하도록 요구하고 있다. 기업윤리와 기업의 사회적 책임은 거의 모든 사업영역에서 주요 주제가 되고 있다. 그리고 환경보호운동의 요구를 무시할 수 있는 기업은 별로 없다. 기업의 모든 행동은 고객관계에 영향을 줄 수 있다. 오늘날의 고객은 기업들이 사회적·환경적으로 책임있는 방식으로 가치를 전달하기를 기대한다.

사회적 책임과 환경보호운동은 앞으로 기업들에 더욱 엄격한 요구를 할 것이다. 일부 기업들은 이러한 움직임에 저항하면서, 법제정이나 조직화된 소비자 비난에 처했을 때 어쩔 수 없이 예산을 책정하려 할 것이다. 그러나 보다 전향적이고 능동적인 기업들은 자신을 둘러싼 세계에 대해 져야 할 책임을 적극적으로 받아들인다. 그들은 지속가능 마케팅을 통해 높은 경영성과를 실현할 기회로 간주한다. 그들은 즉각적인 고객욕구를 충족시키면서 고객과 커뮤니티의 장기적 이해에 가장 도움이 되도록 함으로써 이익을 실현할 방안을 찾는다.

지속가능 마케팅: Warby Parker는 목적을 가지고 안경을 판매한다. 이 기업의 공동 창립자는 "기업은 여전히 수익성을 유지하면서 세상에서 좋은 일을 할 수 있습니다."라고 말한다.

Warby Parker

Patagonia, Timberland, Method, Ben & Jerry's, Warby Parker 등과 같은 일부 기업들은 인본적 자본주의(caring capitalism)를 실행하는데, 시민주의 정신과 사회적 책임을 지향함으로써 다른 기업들과 차별화한다. 그들은 사회적 책임과 사회적 활동을 기업가치와 기업사명문에 반영한다. 예를 들어, 저가 처방 안경의 성공적인 온라인 마케팅 기업인 Warby Parker는 "목적이 있는 안경"을 판매한다.[39]

Warby Parker는 다음과 같은 목표를 가지고 설립되었다: "혁신적인 가격의 안경을 제공하고, 동시에 사회를 의식하는 비즈니스의 선도적 역할을 한다." 우선 유통단계를 축소하고, 안경을 자체 디자인하고 고객을 온라인으로 직접 연결함으로써, 고품질 안경을 매우 저렴한 가격에 판매한다. Warby Parker에서 안경을 구입하면 "돈을 절약하면서 행복하고 멋지게 보일 수 있다." 그러나 고객에게 그러한 가치를 제공하는 것 외에도 Warby Parker는 더 큰 사회적 사명을 가지고 있다. 그들은 전 세계적으로 거의 10억 명의 사람들이 안경을 필요로 하지만 안경을 쓸 수 없다는 사실에 주목하였다. 이 문제를 해결하기 위해 Warby Parker는 Buy a Pair, Give a Pair 프로그램을 실시한다. 이것은 안경 하나를 사면, 도움이 필요한 사람에게 또 하나의 안경을 배포한다고 약속한다. 지금까지 이 프로그램을 통해 300만 개 이상의 안경이 기부되었다.

"우리는 모든 사람이 볼 권리가 있다고 믿습니다."라고 기업은 말한다. 사회적으로 존경받는 것 외에도 Warby Parker의 Buy a Pair, Give a Pair 프로그램은 기업과 고객 모두에게 좋은 경제적 의미를 주었다. 불과 8년 만에 이 기업은 연간 매출액이 2억 5천만 달러 이상으로 성장했으며, 기업 가치는 17억 5천만 달러를 기록했다. Warby Parker의 공동 창립자인 Neil Blumenthal은 "기업은 수익성을 유지하면서 세상에서 좋은 일을 할 수 있습니다."라고 말했다. "좋은 안경, 좋은 결과"

지속가능 마케팅은 기업에 기회와 도전을 동시에 제공한다. 지속가능 마케팅에 대해서는 16장에서 더 자세히 다루게 될 것이다.

마케팅의 개관

그러면 마케팅이란 무엇인가? 모두 통합해보자. 본 장의 초반부에서 그림 1.1을 통해 마케팅과정에 대한 단순모형을 보여주었다. 마케팅과정의 각 단계에 대해 설명하였으므로, 그림 1.6의 확장된 마케팅과정 모형을 통해 지금까지 설명한 내용을 통합하는데 도움을 주려고 한다. 마케팅이란 무엇인가? 한마디로 정의하면 마케팅은 고객을 위한 가치창출을 통해 수익성 있는 고객관계를 구축하고 그 대가로 기업의 가치를 실현시키는 과정이다. 마케팅과정의 처음 네 단계는 고객을 위한 가치를 창출하는데 초점을 맞춘다. 기업은 먼저 고객욕구에 대한 조사와 마케팅정보 관리를 통해 시장을 철저히 이해한다. 두 번째 단계는 다음의 두 가지 핵심질문에 대한 답을 근간으로 하여 고객지향적 마케팅전략을 설계하는 것이다. 첫 번째 질문은 어떤 소비자를 대상으로 할 것인가이다(시장세분화와 목표세분시장의 선정). 우수한 마케팅 기업들은 모든 고객을 완벽하게 만족시킬 수 없음을 안다. 따라서 제한된 자원을 자신들의 역량을 가장 잘 발휘할 수 있고 수익성이 높은 고객들에게 집중시키려고 한다. 마케팅전략과 관련된 두 번째 질문은 목표고객들을 가장 잘 만족시킬 수 있는 방법에는 어떤 것이 있는가이다(차별화와 포지셔닝). 이 질문에 대한 답은 가치제안으로 표현되는데, 기업은 목표 고객을 획득하기 위해 그들에게 어떤 가치를 제공할 것인지를 가치제안을 통해 명시한다.

마케팅전략이 결정되면 기업은 이에 맞추어 통합적 마케팅프로그램을 개발한다. 통합적 마케팅프로그램은 마케팅전략을 고객에게 제공될 실제가치로 전환시키는데 이용될 4가지 마케팅믹스 요소(즉, 4Ps)로 구성된다. 기업은 제품제공물을 개발하고 강력한 브랜드아이덴티티를 창출한다. 또한 제공물에 상응한 제품가격을 설정하여 실제 고객가치를 창출하고, 목표소비자들이 구입할 수 있도록 제공물을 유통시킨다. 마지막으로 기업은 가치제안을 목표소비자에게 알리고 제공물을 구매하도록 설득시키기 위해 촉진 프로그램을 설계한다.

마케팅과정에서 가장 중요한 단계는 목표고객들과 가치에 기반을 둔 수익성 있는 관계를 구축하는 것이다. 마케팅과정의 모든 단계에 걸쳐 마케터들은 고객만족과 고객감동을 창출하기 위해 고객관계를 실행한다. 브랜드와의 대화, 경험 및 커뮤니티를 창출하는 과정에서 고객을 참여시킨다. 그러나 고객가치와 고객관계의 창출은 기업 혼자의 노력으로 이루어지는 것은 아니다. 기업은 기업내부 및 마케팅시스템 내의 마케팅파트너들과 공동노력을 기울여야 한다. 즉 기업은 훌륭한 고객관계관리를 실행해야 할 뿐 아니라 훌

저자 코멘트
마케팅과정을 요약해서 보여준 〈그림 1.1〉을 기억하기 바란다. 이제 이 장에서 지금까지 설명한 내용들을 토대로, 우리는 본 교재의 나머지 장들에서 마케팅을 학습하는데 지침이 될 전체지도를 보여주기 위해 〈그림 1.1〉을 더욱 확장할 것이다.

류한 파트너관계관리도 실행해야 한다.

마케팅과정의 처음 4단계는 고객을 위한 가치를 창출하는 과정이다. 마케팅과정의 마지막 단계에서 기업은 강력한 고객관계를 구축한 대가로 고객들로부터 기업가치를 보상받는다. 탁월한 고객가치의 제공은 높은 고객만족을 창출하고, 그 결과로 반복구매를 실현시킨다. 또한 이는 고객생애가치와 더 높은 고객점유율을 획득하는데 도움을 준다. 이러한 긍정적 결과로 나타나는 것이 바로 장기적 고객자산의 증가이다.

마케팅과정은 급변하는 마케팅환경에서 수행되기 때문에 기업들은 3가지 유형의 핵심적 환경변화요인을 마케팅과정 실행과정에서 고려해야 한다. 즉 기업들은 고객관계와 파트너관계를 구축하는 과정에서 마케팅기술을 활용하고, 글로벌 시장기회를 이용하고, 기업윤리와 사회적 책임을 실천해야 한다.

그림 1.6은 본서에서 다루고 있는 내용들을 개괄적으로 이해할 수 있게 한다. 1장과 2장은 마케팅과정을 소개하는데, 주로 고객관계구축과 기업가치의 획득에 초점을 맞추어 설명한다. 3장, 4장, 5장은 마케팅과정의 첫 번째 단계를 설명하는데, 마케팅환경의 이해, 마케팅정보의 관리, 소비자행동 및 산업구매자행동 등을 다룬다. 6장은 마케팅전략

>> 그림 1.6 마케팅과정의 확장모형

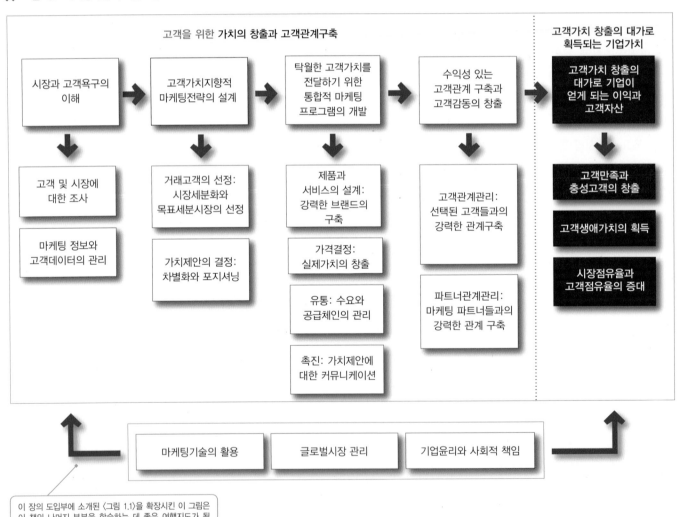

에서 이루어지는 두 가지 의사결정인 목표고객의 선정과 가치제안의 결정(차별화와 포지셔닝)에 대해 설명한다. 7장부터 14장까지는 마케팅믹스 변수 각각에 대해 자세히 살펴본다. 마지막 두 개 장은 마케팅의 특별주제인 글로벌 마케팅과 지속가능 마케팅에 대해 다룬다.

커리어를 위한 스킬개발

마케팅은 다양하고 보람 있는 경력을 제공하는 흥미롭고 빠르게 변화하는 분야이다. 그러나 마케팅이나 비즈니스 분야에서 경력을 계획하고 있지 않더라도, 이 과정에서 배우는 내용들은 어떤 직업을 선택하든지, 또한 당신의 삶을 사는데 유용할 것이다. 또한 이 내용들은 직장에서의 성공에 결정적인 스킬들을 습득하고 적용하게 하여, 앞으로 여러분들의 고용가능성을 높일 것이다.

이 내용들을 공부하면서 마케팅전략과 문제에 대해 배우고 평가할 때, 비판적 사고와 문제해결 기술을 연마하게 된다. 마케팅 담당자가 소비자를 참여시키고 브랜드 관계를 형성하는 광고, 디지털, 소셜 미디어 및 기타 프로모션 캠페인을 만드는 방법을 학습하면서, 설득력 있는 커뮤니케이션 기술을 익힐 수 있다. 기술 및 마케팅분석이 어떻게 마케팅 세계를 극적으로 변화시키고 있는지 확인하고, 마케팅 문제에 대한 자체 분석을 완수하기 위해 이러한 기술 중 일부를 적용할 수도 있다. 마케팅 담당자가 마케팅 팀의 다른 사람 및 다른 기업의 관리자와 긴밀하게 협력하여 전체적인 조직 전략과 전술을 개발하는 방법을 보면서, 공동 작업 및 팀워크의 중요성을 배우게 된다. 또한 첫 번째 장의 섹션부터 지속가능한 마케팅에 대한 마지막 장에 이르기까지, 비즈니스 윤리 및 사회적 책임에 대해 자세히 알아볼 것이다.

과정 중에 교수는 의미 있는 과제를 통해 비판적 사고, 분석, 의사소통, 프레젠테이션 및 팀워크 기술을 향상시키는 데 도움을 줄 것이다. 이는 교과서의 마지막 연습 문제, 사례 또는 부록에서 볼 수 있다. 마지막으로, 이 내용들이 비즈니스에만 적용되는 것이 아니라, 마케팅이 당신의 삶에 더 적용된다는 것을 알 수 있을 것이다. 아마 남은 평생 동안 다른 사람들에게 자신을 마케팅하게 될 것이다. 실제로 취업 면접관이나 고용주가 가장 좋아하는 질문 중 하나는 다음이다. "당신이 제품인 것처럼 가정하고 나에게 자신을 마케팅해 보시오." 이 과정을 수강하고 이 교과서를 공부한 후에는 이에 대한 준비된 답을 얻을 수 있다.

토의문제

1. 마케팅 프로세스는 어떻게 고객과 회사에 가치를 창출하는가?

2. 마케팅 근시는 무엇인가? 이 상황에서 비즈니스에 대한 단기 및 장기적 영향은 무엇인가?

3. 마케팅관리를 정의하고 마케팅 관리자가 성공적인 마케팅전략을 설계하는 방법을 설명하시오.

4. 고객관계관리의 개념에 대해 토론하시오. 기업이 이를 운영에 통합해야 하는 이유는 무엇인가?

5. 우수한 고객가치 창출의 결과는 무엇인가? 기업이 이러한 결과에 주의를 기울여야 하는 이유는 무엇인가?

6. 영리조직만큼 비영리 조직에서 마케팅이 중요한 이유는 무엇인가?

비판적 사고 연습

1. 5가지 핵심 고객 및 시장 개념을 사용하여 소그룹에서 (a) Uber, (b) Dunkin, (c) Dannon 및 (d) McDonald 같은 기업이 마케팅 프로세스의 첫 단계를 어떻게 다루는지 논의하시오.

2. 귀하의 대학이 서비스를 제공하는 고객을 위해 어떻게 가치를 창출하는지 조사해 보시오. 귀하의 대학은 어떻게 차별화되고 포지셔닝하고 있는가? 자신의 관점에서 통합 마케팅프로그램을 설명하시오. 성공했는가? 그 이유는 무엇인가?

3. 일부는 소셜 마케팅이 주로 미디어 콘텐츠를 관리하고 업데이트 할 시간과 능력이 있는 대기업에만 효과적이라고 한다. 지역 비즈니스를 택하여, 고객참여를 창출하는데 있어 그 효과를 평가해 보시오. 콘텐츠가 최신성과 관련성이 있는가? 콘텐츠를 어떻게 관리하는가?

기업전략과 마케팅전략

고객참여, 가치, 관계를 위한 파트너십 구축

학습목표

▶ **1** 기업전략 계획수립의 네 단계를 살펴본다.

▶ **2** 사업 포트폴리오의 설계와 성장전략의 개발에 대해 설명한다.

▶ **3** 기업전략 계획수립에서 마케팅의 역할과 고객가치의 창출과 전달을 위해 마케팅과 파트너들이 어떻게 협력해야 하는지를 설명한다.

▶ **4** 고객가치지향 마케팅전략과 마케팅믹스의 구성요소를 학습하고 이 과정에 영향을 미치는 요인들을 설명한다.

▶ **5** 마케팅관리 기능들을 설명하고 마케팅 투자수익률의 측정 및 관리의 중요성에 대해 살펴본다.

개관

1장에서 기업이 고객을 위한 가치를 창출하고 그 대가로 고객으로부터 가치를 얻기 위해 실행하는 마케팅과정에 대해 다루었다. 이 장에서는 마케팅과정의 두 번째, 세 번째 단계인 고객지향적 마케팅전략의 설계와 마케팅프로그램의 개발에 대해 좀 더 자세히 살펴볼 것이다. 먼저 조직의 전반적 전략계획 수립에 대해 설명한다. 다음으로 수립된 전략계획에 맞추어 어떻게 마케터들이 기업 내·외부의 고객관련 파트너들과 협력하여 작업을 수행하는지에 대해 설명할 것이다. 이어서 마케팅전략과 마케팅계획 수립, 즉 목표시장을 선정하고, 개발된 마케팅믹스 프로그램을 관리하는 과정에 대해 살펴보기로 한다. 마지막으로 마케팅 투자수익률을 측정·관리하는 문제에 대해 설명한다.

먼저 고객과 고객이 중요하게 생각하는 제품 특성에 초점을 맞춰 크게 성공한 Rolex에 대해 살펴보기로 하자. 이 회사는 설립 이후 지속적으로 고객중심 마케팅전략을 추구해왔다. 이 과정에서 Rolex는 좋은 마케팅전략은 단순히 성장, 매출, 이익을 추구하는 것 그 이상이라는 것을 발견했다. 좋은 마케팅전략이란 능숙하게 고객참여(customer engagement)를 이끌어내고 고객을 위한 가치를 창출하는 것이다. Rolex는 단순히 손목시계를 판매하는 것이 아니라 성취감과 상류층에 속해있다는 감정을 판매한다.

Rolex: 고객중심 마케팅믹스를 통한 브랜드 자산 구축

Alffred Davis와 Hans Wilsdorf는 1905년 런던에서 나중에 Rolex SA가 되는 Wilsdorf and Davis 회사를 설립한다. Rolex는 2017년 매출이 45억 달러로 가장 큰 단일 고급 시계 브랜드 회사이다. 이 회사의 고급 손목시계는 스위스에서 생산되지만 100여 개 국가에서 훈련된 시계공 네트워크를 유지하고 있다. Rolex는 고객가치 중심 마케팅전략과 자사 고객이 중요시하는 제품 특성에 초점을 맞춤으로써 고급 시계 시장에서 선두를 유지하고 있다.

제품 측면에서 Rolex는 유일무이하고 변하지 않는 전통적 시계와 연구개발을 통해 혁신적인 제품을 출시해왔다. Rolex는 1910년에 공식 시계 등급 센터에서 수여하는 스위스 정밀 인증서를 세계에서 최초로 획득한 손목시계가 되었다. 1914년에는 또 다른 최초를 기록했다. 영국의 Kew 천문대가 Rolex 손목시계에 A등급 정밀 인증서를 수여했는데 그때까지 인증서를 받은 제품은 해양 색도계밖에 없었다. 전세계에서 Rolex 시계는 정밀함과 같은 의미의 단어가 되었다. 1926년에는 "Oyster"라는 세계 최초의 방수 손목시계를 개발하는 중요한 발걸음을 내딛었다. 그 다음 해에 영국 해협을 헤엄쳐 건넌 'Mercedes Gleitze'라는 젊은 여성이 이 시계를 착용했다. 10시간의 수영 후에도 방수 시계는 정확하게 작동했다. Rolex는 이 이야기를 광고전략에 사용하여 자사 브랜드의 우수성을 알렸다. 이후 Oyster시계는 Winston Churchill부터 Che Guevera와 Eminem에 이르기까지 유명인들의 손목을 장식하게 되었다. 1953년에는 수심 100m까지 방수를 보증하는 시계인 'Submariner'가 출시되었다. 같은 해에 'Edmond Hillary'경이 이끄는 탐험대는 'Oyster Perpetual'을 착용하고 에베레스트산 정상에 오르는 첫 번째 팀이 되었다. 이 모든 것 때문에 Rolex는 정밀, 성취, 견고함, 신뢰성과 동의어가 되었다. Rolex 제품들의 디자인은 작은 변화를 해왔는데 사람들이 첫눈에 알아볼 수 있었다. 이러한 변화를 통해 라이벌 브랜드들과 차별화했다. 그래서 Rolex 시계는 유일성과 특별한 계층에 속했다는 감정의 표현이 되었다. Rolex 착용자들은 성공한 사람들 집단에 속했다는 느낌을 갖게 된다.

유통측면에서 Rolex는 고객들에게 유일한 브랜드라는 느낌을 주기 위해 매우 배타적인 네트워크를 유지하여 제한적인 숫자의 점포를 가지고 있다. 점포의 크리스털 프리즘은 해당 점포가 Rolex의 공식 딜러라는 것을 나타내 주고 점포 위치는 널리 알려진 고급 지역이다. 매장들은 지리적 위치, 재고수준, 전시패턴, 연간 지역광고에 대한 세부사항을 준수한다. Rolex는 이를 통해 시장을 엄격하게 통제하고 브랜드를 세밀하게 점검한다. 수요가 증가하는데도 Rolex는 생산을 제한함으로써 이러한 포지셔닝 전략을 강화하고 있다. 고급 브랜드의 희소성이 커지면 소비자들의 가치 지각에 영향을 주어 장기적으로 가치가 상승한다. Rolex는 온라인 판매를 하지 않는다. 웹사이트는 특정 지역에서 구매할 수 있는 모델과 딜러에 대한 정보만 제공하고 구매 장소 역할은

>> Rolex는 성취와 고급스러움이라는 브랜드 가치를 강화하는 스포츠를 후원한다.

Cal Sport Media/Alamy Stock Photo

하지 않는다. Rolex는 유통 점포에게 독점적 판매권을 제공하고 최선의 서비스를 제공하도록 하고 있다.

Rolex의 가격전략은 독특하다. 프리미엄 가격전략을 사용하고 경쟁과 상관없이 가격을 책정한다. 더 나아가 고객들이 자사가 책정한 가격을 기꺼이 지불할 의사가 있다고 자신하고 가격할인과 세일을 하지 않는다. 그래서 대다수 고급 시계 구매자들은 경제 불황기에도 Rolex를 찾는다.

촉진과 관련되어서 Rolex는 자사 포지셔닝 전략을 효과적으로 수행하기 위해 고급 발간물인 파이낸셜 타임지와 보그(Vogue)와 같은 다양한 마케팅 커뮤니케이션 도구를 사용한다. 스폰서십과 후원은 Rolex 마케팅 커뮤니케이션 활동의 핵심이다. 이 회사는 뭔가를 성취하여 자사 브랜드 가치를 강화시킬 수 있는 사람들을 선택한다. 이 회사가 후원하는 스포츠는 골프, 승마, 요트, 테니스와 같은 고급 스포츠들이다. 1978년 이후 Rolex는 윔블던 테니스 대회의 공식 파트너였다. Rolex 시계는 중앙 코트 스코어 보드에 게시된다. 모든 촉진 도구들은 Rolex 구매자들은 부유하고 매력적이며 활동적이고 흥미로운 삶을 산다는 일관된 포지셔닝과 메시지를 전달한다. Rolex는 성공 성명서이다. 경쟁자들이 아시아 시장에서 시장점유율을 높이기 위해 새로운 방법들을 찾고 있기 때문에 미래에 Rolex는 치열한 경쟁을 직면할 것이다. LVMH(Louis Vuitton Moet Hennessy)와 CFR(Compagnie Financiere Richemont)와 같

> Rolex는 지구상에서 가장 많이 판매된 최고급 시계 브랜드로서 선두를 달려왔다. Rolex는 단순히 손목시계를 파는 것이 아니라 성취와 특별 계층에 소속된 감정을 판매한다.

은 사치품 대기업들은 규모를 활용하고 광고와 마케팅에서 시너지를 창출하여 원가를 낮춘다. 그리고 이 기업들은 시장 잠재력을 키우기 위해 젊은 고객들을 목표시장으로 삼고 있다. 그러나 Rolex는 성공적으로 정확성, 고급스러움, 견고함과 같은 가치에 뿌리를 둔 기업과 제품 브랜드 자산을 성공적으로 창출하고 구축하였다. 이러한 결과는 지속적인 혁신과 더불어 잘 조화된 고객중심 마케팅믹스를 통해 성취된 것이다. 또한 Ricky Fowler와 Martin Kaymer와 같은 젊은 골프 선수들을 후원함으로써 젊은 고객들에 초점을 맞추는 경쟁자들의 전략에 대응하고 있다.

2013년에 Rolex는 젊은 층에 소구하려는 목표를 염두해 두고 페이스북에 팬페이지를 만들었는데 현재까지 690만 번의 좋아요를 획득해서 라이벌인 Breitling(69만)와 Cartier(450만)을 능가했다. 그리고 2013년은 Rolex가 윔블던 테니스 대회를 후원한 지 30년이 되는 해인데 페이스북 스코어카드 앱, 트위터 해시태그, 비디오 콘텐츠와 같은 많은

디지털 콘텐츠를 추가했다. 그리고 2012년에는 고객 관심사와 맞는 주제에 대해 내부에서 제작한 다큐멘터리를 방송하기 위해 유튜브 채널을 개설했다. 극지의 만년설 탐구를 위한 심해 조사와 히말라야 탐험과 같은 다큐멘터리였다. 몇몇 경쟁자들의 원가 우위 전략에 대응하여 Tudor 브랜드를 출시하는 마케팅전략을 실행했다. 고전적인 Rolex 손목시계보다 낮은 가격을 책정했고 이를 통해 접근 가능한 가격을 찾는 사치품 시장의 젊은 층을 타깃으로 하는 Tag Heuer 등의 브랜드들과 경쟁할 수 있게 되었다. Rolex는 Tudor과 기존 Rolex 브랜드를 분명하게 구별하려고 한다. 예를 들어 Rolex 공식 홈페이지에서 Tudor에 대한 정보를 얻을 수 없다. 최고급 시계 시장에서 Rolex의 브랜드 가치를 희석시키지 않기 위해서이다.

Rolex는 이러한 전략들과 동태적인 환경에 대응하는 능력을 통해 브랜드 자산을 구축하고 경쟁자의 위협을 물리쳐서 세계에서 가장 강력한 장수 브랜드 중의 하나로 다시 설 수 있었다.[1]

전략계획수립(strategic planning)
조직의 목표 및 역량과 변화하는 마케팅 기회 간에 전략적 적합성을 개발·유지하는 (즉 높은 적합성을 갖는 전략 대안을 개발·유지하는) 과정

기업수준의 전략계획수립(Company-Wide Strategic Planning): 마케팅 역할의 정의

모든 기업은 특정 상황, 기회, 목표, 자원이 주어진 상태에서 가장 적절한 장기적 생존·성장 계획을 찾아야 한다. 이를 위해 **전략계획수립**(strategic planning)이 필요한데, 전략계획수립이란 조직의 목표 및 역량과 변화하는 마케팅 기회 간에 전략적 적합성을 개발·유지하는(즉 높은 적합성을 갖는 전략대안을 개발·유지하는) 과정을 말한다.

전략계획수립은 기업 내에서 이루어지는 다른 모든 계획수립의 근간이 된다. 기업은 통상적으로 연간계획, 장기계획, 전략적 계획 등을 수립한다. 연간계획과 장기계획은 기업의 기존사업들을 평가하고 이를 잘 유지하는 방법을 다루는 반면 전략적 계획은 끊임없이 변화하는 환경에서 포착되는 기회를 유리하게 이용할 수 있도록 기업을 변신시키는 (adapting) 작업과 관련된 것이다.

기업수준에서 이루어지는 전략계획 수립과정은 기업전반의 목적과 사명을 정의하는 것으로부터 시작된다. 그림 2.1은 전략계획 수립과정의 각 단계를 보여준다. 정의된 기업사명은 기업활동의 방향을 잡아줄 기업목표로 구체화된다. 그 다음 단계로 기업의 기획실(본부)은 어떻게 최선의 사업 및 제품 포트폴리오를 구성하고 각 사업 및 제품에 어느

 **그림 2.1** 전략계획 수립과정

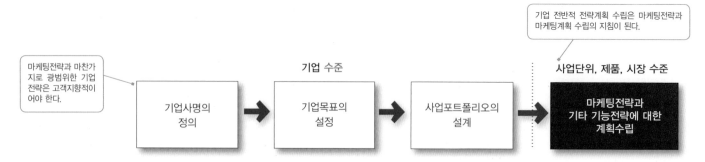

정도 지원을 해야 할지를 결정한다. 이러한 결정을 토대로 각 사업 및 제품은 기업수준의 전략계획이 실현될 수 있도록 마케팅 및 기타 부서들의 구체적 실행계획을 개발한다. 따라서 마케팅계획은 사업단위(사업부), 제품, 시장수준에서 이루어지는데, 특정 마케팅 기회를 활용할 구체적 실행계획의 수립을 통해 기업수준의 전략계획수립을 지원한다.

시장지향적 기업사명의 정의

조직은 어떤 목적을 성취하기 위해 존재한다. 조직은 설립초기에 명확한 조직 목적이나 사명을 갖지만, 시간이 흘러 조직의 규모가 커지고, 새로운 제품과 시장이 추가되고, 새로운 환경여건에 직면함에 따라 초기에 가졌던 사명이 흐려질 수 있다. 조직이 표류하고 있음을 인식하게 되면, 경영자는 조직의 목적을 새로이 정의해야 한다. 즉 우리는 어떤 사업을 하고 있는가? 우리의 고객은 누구인가? 고객이 원하는 가치는 무엇인가? 우리는 어떤 사업을 영위해야 하는가? 등의 근본적 질문에 답해야 하는 것이다. 이와 같이 단순해 보이는 질문에 답을 하는 것은 기업에 가장 어려운 의사결정 영역이다. 성공한 기업들은 끊임없이 이러한 질문을 제기하고 진지하고 완벽하게 답한다.

많은 조직들이 이러한 질문에 대한 답을 담은 공식적 사명문을 개발하는데, **사명문**(mission statement)이란 조직의 목적, 즉 조직이 성취하고 싶은 것을 서술한 것이다. 명확한 사명문은 '보이지 않는 손'의 역할을 하여 조직구성원들의 생각과 행동의 지침이 된다.

일부 기업들은 제품이나 기술 관점에서 근시안적인 기업사명문을 만든다(가령 "우리 회사는 가구를 생산·판매한다" 또는 "우리 회사는 화학 가공처리회사이다"). 그러나 사명문은 시장지향적이고 기본적 고객욕구에 근거하여 정의되는 것이 바람직하다. 왜냐하면 제품과 기술은 결국 구식이 되지만, 기본적 시장욕구는 영원히 지속되기 때문이다. 예를 들어, 소셜 네트워킹 사이트 Pinterest는 사진을 올리는 온라인 공간으로 자신을 정의하지 않는다. 이 회사의 사명은 사람들이 자신이 사랑하는 것을 수집하고, 분류하고, 공유하기 위한 소셜 미디어 플랫폼을 제공하는 것이다. 그리고 Microsoft의 사명은 세계에서 가장 우수한 소프트웨어, 기술, 전자기기를 만드는 것이 아니라 전 세계 사람들이 더 많은 것을 성취하도록 지원하는 것이다.

표 2.1은 제품지향적 사업정의와 시장지향적 사업정의의 몇 가지 예를 보여준다.[2]

기업사명문은 의미 있고 구체적이면서 동기유발적이어야 한다. 많은 기업사명문들이 홍보 목적으로 만들어졌고 구체성이 결여되고 업무수행의 지침이 되지 못한다. 기업사명문은 기업의 장점을 강조하고 시장에서 어떤 방식으로 승리하겠다는 뜻을 표명해야 한다.

마지막으로, 기업사명은 더 많은 매출이나 이익을 올리는 것으로 서술되어서는 안 된다. 매출과 이익은 고객을 위해 가치를 창출한 대가로 얻어지는 것일 뿐이다. 그 대신 사명은 고객과 기업이 창출하기 위해 노력하는 고객경험에 초점을 맞추어야 한다. 예를 들어, Ritz-Carlton Hotels & Resorts는 자사의 사명을 방을 빌려주는 것으로 생각하지 않는다. '리츠칼튼 경험을 창출하여, 오감을 즐겁게 하고, 웰빙을 지향하고, 고객이 표현하지 못한 바람과 욕구를 충족시키는 것'이 사명이다. Ritz-Carlton은 모든 직원이 고객을 위해 사명이 실현되도록 하기 위해 구체적인 서비스 제공 단계를 마련하고 실천함으로 사명을 지속적으로 수행하고 있다.[3] 마찬가지로 Airbnb의 사명은 사람들이 임대할 장소를 찾는 데 도움을 주는 것이 아니다. 사람들이 여행할 때 내부자가 되어 지역

사명문(mission statement)
조직의 목적, 즉 조직이 환경의 영향을 고려해 성취하고 싶은 것을 서술한 것

표 2.1	제품지향적과 시장지향적 사업 정의	
기업	**제품지향적 정의**	**시장지향적 정의**
Starbucks	우리는 커피와 스낵을 판매한다.	우리는 삶의 한 순간, 한 사람, 한 잔의 커피를 풍요롭게 하는 '스타벅스 경험'을 판매한다.
Panera	우리 식당에서는 패스트 캐주얼(fast-casual) 음식을 판매한다.	우리는 고객에게 맛이 좋은 음식, 기분이 좋아지는 음식, 고객과 세상에 좋은 일을 하는 음식을 판매한다.
Instagram	우리는 사진과 비디오를 포스팅하는 소셜 네트워킹 앱이다.	우리는 사람들이 세상의 한 순간을 포착하여 공유하는 것을 돕는다.
Home depot	우리는 집을 고치고 개선하는 아이템과 도구를 판매한다.	우리는 소비자가 꿈의 집을 만들 수 있도록 지원한다.
NPR	우리는 공중 라디오 방송이다.	우리는 이벤트, 아이디어, 문화에 대한 깊은 감상과 이해를 통해 도전과 활력을 얻는 정보통 대중을 창출한다.
Sephora	우리는 미용제품 소매상이다.	우리는 라이프스타일과 자기표현, 성공과 지위, 기억, 희망, 꿈을 판매한다.
Ritz-Carlton Hotels & Resorts	우리는 객실을 빌려준다.	우리는 리츠칼튼 경험을 창출하여, 오감을 즐겁게 하고, 웰빙을 지향하고, 고객이 표현하지 못한 바람과 욕구를 충족시키는 곳이다.
WalMart	우리는 할인점을 운영한다.	우리 회사는 항상 저가격의 상품을 제공하며 일반인들에게 부자들과 동일한 상품을 구매할 기회를 제공한다. '돈을 절약하여 더 나은 삶을 사세요(Save money. Live better).'

문화에 몰입하여 경험할 수 있도록 하는 것이다(Belong Anywhere).

기업목표의 설정

기업은 정의된 기업사명을 실현할 수 있도록 관리자의 수준에 맞추어 이를 구체적인 목표로 전환시켜야 한다. 기업 내 각 관리자는 기업사명을 실현할 수 있는 구체적 목표를 갖고 있어야 하며 이를 실행할 책임을 져야 한다. 예를 들어, 대다수 미국인들은 CVS를 처방 및 비처방 의약품, 퍼스널 케어 제품, 다양한 편의용품 등을 판매하는 소매약국체인으로 알고 있다. 그러나 최근 CVS Health로 회사이름을 변경한 CVS는 보다 폭넓은 기업사명을 갖고 있다. 이 회사는 자신을 제약 혁신기업, 즉 사람들이 더욱 건강할 수 있도록 도움을 주는 기업으로 간주한다. 이 회사의 모토는 '건강이 최우선이다(Heath is everything)'이다.[4]

CVS Health의 폭넓은 사명은 사업목표 및 마케팅목표를 포함한 목표 계층구조의 기반이 된다. CVS Health의 전반적인 사업목표는 고객접근성을 높이고, 비용을 낮추고, 케어(care)의 품질을 향상시키는 것이다. 이 회사는 소매약국에서 판매하는 제품을 통해, 그리고 연구개발, 소비자 지원 및 교육, 헬스관련 프로그램과 조직체들의 지원 등을 통해 전반적인 헬스케어 관리에서 보다 적극적인 역할을 담당함으로써 이러한 사업목표를 실천한다. 그러나 이러한 활동들은 비용을 수반하므로 이익 증가를 통해 자금이 지원되어야 한다. 따라서 이익의 향상은 CVS Health의 또 다른 주요 목표가 된다. 이익은 매출을 늘리거나 비용을 절감함으로써 향상될 수 있다. 매출증대는 고객참여 수준을 향상시키고 헬스케어시장에서의 자사점유율을 높임으로써 실현될 수 있다. 이러한 내용들은 회사의 당면한 마케팅목표가 된다.

마케팅전략과 마케팅프로그램은 이러한 마케팅목표의 실현을 지원하기 위해 개발되어야 한다. CVS Health는 고객참여 수준, 매출, 시장점유율을 높이기 위해 제품 및 서비스 라인들을 재구성하고 확대했다. 가령, 이 회사는 최근 자사의 사명인 '더 나은 건강'에 부합되지 않는 담배제품들의 판매를 중단했다. 그리고 9,600개가 넘는 소매약국 중 1,100개 정도에, 예약이 필요 없는 메디컬 케어(의료 서비스)를 제공하는 CVS MinuteClinic을 설치했고, 2000년 이후 3,400만 회 이상의 환자방문을 기록했다. 또한 CVS Health는 고객접촉활동의 범위를 넓혔는데, 만성적이거나 특별한 건강문제를 관리하는 고객들에게 맞춤형 상담을 제공하는 것이 한 예이다.

CVS Health는 이상과 같은 마케팅전략들을 수립했는데 각 마케팅전략은 다시 마케팅전술로 구체화되어야 한다. 이 회사의 빠르게 성장하는 MinuteClinic 서비스는 더 많은 광고 및 촉진 노력을 필요로 할 것이며, 이러한 노력은 신중하게 이루어지고 상세히 설명되어야 한다. 이와 같은 방식으로 CVS Health의 기업사명은 당해 연도에 실행해야 할 구체적인 단기적 목표와 마케팅계획들로 전환된다.

>> CVS Health의 전반적 기업사명은 사람들이 더 건강할 수 있도록 도움을 주는 '제약 혁신기업'이 되는 것이다. 마케팅전략과 프로그램은 이러한 사명을 지지할 수 있어야 한다.
CVS Caremark Corporation

사업포트폴리오의 설계

기업사명문과 기업목표의 지침에 따라 경영자는 사업포트폴리오를 계획해야 하는데, **사업포트폴리오**(business portfolio)는 기업을 구성하는 사업·제품의 집합을 말한다. 최선의 사업포트폴리오는 기업강점에 의해 주어진 시장기회를 가장 잘 살릴 수 있는 사업·제품들로 구성된 것이다. 대부분의 대기업들은 복잡한 사업·브랜드 포트폴리오를 갖고 있다. 이러한 사업포트폴리오에 대한 전략계획수립과 마케팅계획수립은 힘들지만 매우 중요한 과업일 수 있다. 예를 들어, 세계 최대 사탕 제조회사인 Mars Inc.를 아는 사람들이 있을 것이다. 350억 달러 규모의 이 거대 회사는 세계에서 가장 사랑받는 제과 브랜드인 M&M's, Snickers, Mars, Twix, Skittles, Starburst, Altoids, Wrigley, Orbit gums을 보유하고 있다. Uncle Ben의 쌀 브랜드도 이 회사 소유이다.

그러나 사람들은 이 기업이 세계 최고의 애완동물 영양 및 건강관리 회사인 것을 알고 있을까? Mars의 선도적 애완동물 사료 브랜드로는 Iams, Royal Canin, Eukanuba, Whiskas가 있다. 세계 최고의 애완견 사료 브랜드인 Pedigree도 있다. 또한 Banfield, Bluc

사업포트폴리오(business portfolio)
기업을 구성하는 사업 · 제품의 집합

>> **복잡한 비즈니스 포트폴리오:** 아마도 Mars Inc.를 세계 최고의 사탕 제조업체로 알고 있을 것이다. 하지만이 이 기업이 애완동물 영양 및 건강관리를 선도하는 세계적인 회사라는 사실을 알고 있을까?
Randy Duchaine/Alamy Stock Photo

Airbnb의 사명: 어디에서나 집처럼 편안하게 소속하세요(Belong Anywhere) – 여행은 살아보는 거야

Airbnb는 호텔 산업에 혁명을 일으켰다. 10년 조금 넘는 기간 동안 모르는 사람의 집에 머무는 것을 대중화 한 기술 스타트업인 Airbnb는 191개국에서 450만 개의 숙소와 3억 명의 고객으로 구성된 글로벌 네트워크를 구축했다. 특히 122개국 6,500개 호텔에 120만 개의 객실을 보유한 세계 최대 호텔 체인인 90년 역사의 Marriott International과 비교해 보면 놀라운 성과이다. Airbnb가 널리 알려지자 많은 고객들이 이 브랜드를 동사로 사용한다. – "시내에 숙소를 Airbnb 할 것이다."라고 말한다.

Airbnb 창업자인 Brian Chesky와 Joe Gebbia가 샌프란시스코의 평범한 다락형 아파트의 임대료를 지불하기 위한 추가 수입이 필요해서 1박에 40달러하는 에어 매트리스 3개를 빌려 주면서 이 기업이 시작되었다(그래서 Airbnb의 air가 나온 것임). Chesky와 Gebbia는 에어 매트리스를 예약한 사람들이 저렴한 숙소 이상의 혜택을 누릴 수 있다는 사실을 금방 깨달았다. 손님들은 "현지인과 같은 삶"을 경험할 수 있다는 것이었다. 이 아이디어는 여유의 공간이 있는 부동산 소유주와 머물 곳이 필요한 사람들을 연결해 주는 온라인 숙박 마켓 플레이스인 Airbnb에서 실현되어 꽃을 피웠다.

Airbnb의 기본 모델은 개념적으로 단순하다. 임대 할 공간이 있는 부동산 소유주를 뜻하는 Airbnb의 공식 용어인 호스트는 숙소를 등록하고 합법성 검사를 받는다. 검사 목록에는 소파, 싱글 룸, 스위트 룸부터 아파트에 정박 중인 요트와 성(castle)까지 포함될 수 있다. 일부 호스트는 손님이 텐트를 칠 수 있도록 마당에 공간을 임대하기도 한다. 각 숙소는 고유한 특성을 가지고 있다.

손님은 Airbnb를 통해 거의 모든 것을 온라인에서 구매하거나 예약한다. 사용자는 도시, 객실 유형, 가격대, 편의 시설, 호스트 언어 및 기타 옵션을 검색한다. 대부분의 숙소는 사진과 세부 정보를 제공하여 고객이 숙박 품질에 대한 아이디어를 얻을 수 있도록 한다. 고객은 예약 전에 호스트에게 연락하여 질문할 수 있다. 예약은 Airbnb를 통해 이루어지므로 숙박비는 보안 인터페이스를 통해서만 교환된다. 손님이 숙소에 도착하면 호스트가 맞이하고 체크인 하도록 한다.

처음에 Airbnb는 저렴하고 멋진 숙박 시설을 찾는 대부분의 모험적 여행자를 매료시켰다. 다른 잠재 고객들은 낯선 사람과 함께 지내는 위험이나 불편함을 받아들이고 싶지 않아 이 서비스를 피했다. 그러나 이 비즈니스 모델은 유행했고 Airbnb는 빠르게 성장했다. 고객들은 전통적인 호텔의 개성 없이 판박이처럼 똑같은 객실보다 Airbnb 숙소가 제공하는 진정성과 독특한 경험을 좋아하기 시작했다.

이러한 반응은 Airbnb와 창업자들에게 중요한 전환점이 되었다. Chesky와 Gebbia는 Airbnb가 임대 공간 이상의 것을 제공한다는 사실을 알게 되었다. 그들은 어렵지만 중요한 질문을 던지며 브랜드의 영혼을 찾기 시작했다. Chesky는 다음과 같이 말했다. "우리의 사명은 무엇일까? 진정으로 Airbnb의 비즈니스를 정의하는 아이디어는 무엇일까?라고 우리 자신에게 질문했습니다."

Airbnb 팀은 답을 찾기 위해 전 세계 수백 명의 고객과 호스트를 인터뷰했다. 조사 중에 많은 사람들이 마지막으로 원했던 것은 관광객이 되는 것이라는 말을 반복적으로 들었다. 하지만 Airbnb 고객은 내부자가 되기를 원했다. Airbnb손님들은 현지 사람들과 어울리고 현지 문화에 몰입하기를 원했다. Airbnb조사에 따르면 사용자의 86%가 현지인처럼 살기를 원했기 때문에 Airbnb를 선택했다. 그들은 소속되기를 원했다.

그래서 2014년에 Airbnb는 새로운 회사 사명을 발표했다.

▶▶ 어디에서나 집처럼 편안하게 소속감을 느끼세요(Belong Anywhere): Airbnb의 사명은 어디에서든 집처럼 편안하게 소속감을 느끼고 지역을 여행하는 것 대신 살 수 있는 장소를 만드는 것을 돕는 것이다. 이 브랜드의 벨로(belo) 로고는 '소속감의 보편적 심볼'이다.

M4OS Photo/Alamy Stock Photo

사람들이 어디에나 속할 수 있고 단순히 여행하는 대신 한 곳에서 살 수 있는 세상을 만드는 것. Airbnb는 새로운 사명을 영감을 얻어 "Belong Anywhere"라는 새로운 브랜드 태그 라인과 새로운 브랜드 심볼인 벨로(bélo)를 만들었다. Airbnb의 'A', 하트, 위치 핀이 포함되도록 세심하게 고안된 벨로는 '소속감의 보편적 상징'으로 제시되었다.

Airbnb의 "Belong Anywhere"사명은 단순히 기업 본사 벽면의 게시판이나 웹사이트 정보 페이지에 영감을 주는 문구 그 이상이다. 이 사명은 여행 상품부터 마케팅 캠페인에 이르기까지 회사가 하는 모든 일을 움직인다. Airbnb는 스스로를 객실 제공 업체가 아니라 독특하고 진정한 "소속"경험의 큐레이터로 인식한다.

Airbnb 경험의 본질은 Airbnb가 일선에 있는 고객으로 여기는 호스트에 뿌리를 두고 있다. 이 회사는 Airbnb 비전을 진정으로 믿는 숙박 제공자들로 구성된 거대한 글로벌 커뮤니티를 육성했다. Airbnb는 호스트가 회사 지침을 따르도록 권장한다. 지침에 따라 회사가 고객에게 공항 픽업이나 도보 여행과 같은 서비스를 제안할 수 있지만 호스트는 독특한 고객 경험을 결정하는 완전한 자율권을 가지고 있다. 최우선 규칙은 소속감 창출이다.

새로운 임무를 시작한 직후 Chesky는 파리에서 열린 'Airbnb Open'이라는 Airbnb 연례 호스트 이벤트에서 수많은 호스트에게 연설했다. 그는 다음과 같이 조언했다. "여러분의 세상에서 특별한 것은 여러분이 가진 집만이 아닙니다. 그것은 여러분의 삶 전체입니다." Chesky는 그해 Airbnb Open에 참석하여 프레젠테이션을 통해 자신의 부모님의 파리 경험을 담은 사진을 공유했다.

부모님은 관광 가이드가 안내하는 전형적인 관광을 했다. Chesky는 다음과 같이 말했다. "매년 3천만 명이 파리에 갑니다. 그들은 파리에 있는 모든 것을 살펴보지만 아무것도 보지 못합니다." 그리고 자신의 부모님이 둘째 날 Airbnb 최고 호스트들이 안내해서 경험한 것들을 찍은 사진을 보여주었다. 부모님은 지역민처럼 도시를 경험했다. 오래된 길거리 카페에서 커피를 마시고 정원에서 산책을 했다. 그리고 편안하고 아늑한 파리 나이트클럽에서 술을 마시고 춤을 췄다. Chesky는 다음과 같이 제안했다. "우리는 파리를 여행하지 않아야 합니다. 우리가 해야 하는 것은 파리에 사는 것입니다."

Airbnb는 '소속'이 호스트와 함께 차와 쿠키를 마시는 것이 아니라는 점을 분명히 말한다. 많은 호스트가 자신이 공유하는 숙소에 살지 않으며 많은 손님들은 호스트를 실제로 만나고 싶어 하지 않는다. 더 넓은 의미에서 소속감이란 호스트가

없어도 그 사람의 공간에서 시간을 보내고 현지를 경험하는 것을 의미한다. 손님이 다른 숙소에 있었다면 알 수 없는 지역의 여러 곳을 보고 체험하는 것이다. Airbnb는 최적의 "소속" 경험을 혁신적인 여행으로 생각한다.

Airbnb는 새로운 사명에 따라 서비스 범위를 확대하기 위해 새로운 플랫폼을 도입했다. 고객이 숙박과 더불어 자연에서 늑대와 함께 하이킹하기, 할렘 가스펠 합창단에서 노래하는 것부터 피렌체에서 두 명의 요리사와 함께 파스타 만들기에 이르기까지 현지인들과 하루 또는 이틀 동안 여행하는 것을 예약할 수 있는 플랫폼인 Experiences를 만들었다. Chesky는 "이것은 관광이 아닙니다. 당신 자신에게 몰입하는 것입니다. 그리고 지역 공동체에 참여하는 것입니다."라고 말한다.

또한 Airbnb는 서비스를 확대해서 또 다른 숙박 경험을 제공하기 시작했다. Airbnb Plus는 고객으로부터 높은 리뷰 점수를 받은 유명 호스트가 제공하는 고품질 주택과 시설을 제공한다. 그리고 Airbnb Beyond는 정말 특별한 경험을 원하는 고객을 위해 집사나 개인 요리사와 같은 고급 옵션을 갖춘 호화로운 주택에서 생활하는 프리미엄 럭셔리 서비스를 제공한다. Airbnb의 사명과 포지셔닝은 "그 곳에 가지 마세요. 그 곳에 사세요."란 광고 캠페인에 잘 표현되어 있다. 다른 광고는 도쿄 예술가의 다락방, 조용한 로스 앤젤레스 집, 아늑한 파리 아파트를 경험하는 사람들을 묘사한다. 두 번째 광고는 손님이 단지 머무는 곳 이상의 혜택을 얻고 있음을 암시한다.

첫 번째 광고는 사람들이 에펠탑과 개선문과 같은 파리의 랜드마크를 보는 일반적인 관광 장면으로 시작한다. 그리고 "파리에 가지 마세요. 파리를 여행하지 말고 제발 파리에 대한 뭔가를 하지 마세요."라고 충고한다. 그 대신 여유 있게 현지인처럼 시간을 보내는 따뜻한 장면을 보여주면서 '파리에 사세요.'라고 권고한다. 단지 하루 일지라도 파리에서 이렇게 하면 Airbnb의 사명이 완수된 것이다. 여러분도 Airbnb와 함께 하면 집처럼 편안한 소속감을 느끼게 될 것이다.

출처: Leigh Gallagher, "How Airbnb Found a Mission and a Brand," Fortune, January 1, 2017, pp. 56-62; Leigh Gallagher, "Here's How 'Experiences' Are Doing So Far," Fortune, October 23, 2017, http://fortune.com/2017/10/23/airbnb-ceo-experiences-new-york/; Katie Richards, "Put Away the Selfie Stick and Live Like a Local, Urges Airbnb's New Campaign," Adweek, April 19, 2016, www.adweek.com/brand-marketing/put-away-selfiestick-and-live-local-urges-airbnbs-new-campaign-170920/; Ruth Reader, "On Its 10th Birthday, Airbnb Just Launched High-End Options to Lure Discerning Travelers," Fast Company, February 22, 2018, www.fastcompany.com/40534726/on-its-10th-birthday-airbnb-just-launched-high-end-optionsto-lure-discerning-travelers; Max Chafkin, "Airbnb Opens Up the World?" Fast Company, February 2016, pp. 76-95; and additional information from www.airbnb.com and https://blog.atairbnb.com/belong-anywhere/, accessed September 2018.

Pearl, VCA 애완동물 병원을 포함하여 여러 개의 애완동물 병원, 강아지 보육시설, 애완동물 장례 서비스 회사를 보유하고 있다. Mars는 개 DNA 테스트와 GPS 애완동물 추적 및 모니터링 분야와 같은 성장 사업도 하고 있다. 전체적으로 Mars는 사탕보다 애완동물 관리 제품과 서비스를 더 많이 판매한다. 이와 같이 복잡한 비즈니스 포트폴리오에 대한 전략 및 마케팅계획을 수립하는 것은 벅차지만 중요한 작업이다. 그러나 Mars는 능숙한 포트폴리오 관리를 통해 "모두의 더 나음(betterment)을 위한 사업 수행"이라는 창업 사명과 "품질, 책임, 상호성, 효율성, 자유"라는 5가지 기본 원칙에 따라 광범위한 포트폴리오에서 이익을 창출하면서 잘 관리하고 있다.[5]

사업포트폴리오 계획수립은 두 단계 과정을 거친다. 첫 번째 단계는 기존 사업포트폴리오의 건전성을 분석하여 각 사업에 어느 정도 투자를 해야 하는지를 결정하는 것이다. 두 번째 단계는 성장전략과 축소전략의 개발을 통해 미래의 사업포트폴리오를 구성하는 것이다.

기존 사업포트폴리오의 분석

사업포트폴리오 분석(portfolio analysis)
경영자가 기업을 구성하는 제품·사업의 매력도를 평가하는 과정

전략계획수립의 주요 활동 중의 하나가 사업포트폴리오 분석인데, **사업포트폴리오 분석**(portfolio analysis)은 경영자가 기업을 구성하는 제품·사업의 매력도를 평가하는 과정이다. 기업은 더 많은 이익을 창출하는 사업에 더 많은 자원을 투입하고, 경쟁력이 약한 사업에 대한 지원을 줄이거나 이러한 사업에서 철수하기를 원할 것이다.

경영자는 사업포트폴리오 분석을 진행하기 위해 먼저 기업을 구성하는 주요 (핵심)사업들, 즉 전략사업단위(전략사업부)를 파악하는 작업을 수행해야 한다. SBU는 사업부일 수 있고, 사업부 내의 제품라인일 수도 있다. 경우에 따라 단일 제품 혹은 브랜드일 수 있다. 사업포트폴리오 분석의 다음 단계는 각 SBU의 매력도를 평가하여 각 SBU에 대한 지원수준을 결정하는 것이다. 대체로 기업은 경영철학과 역량에 잘 부합되는 제품과 사업에 진출하고 많은 지원을 하는 것이 바람직하다. 전략계획수립의 목적은 매력적인 시장기회를 자사에 유리하게 만들기 위해 기업의 강점을 가장 잘 활용할 수 있는 방법을 찾는데 있다. 따라서 대부분의 포트폴리오 분석기법들은 각 SBU를 두 가지 주요 평가기준을 토대로 평가하는데, SBU가 위치한 시장 혹은 산업의 매력도와 해당 시장 혹은 산업 내에서 SBU의 경쟁적 강점이 그것이다. 가장 유명한 포트폴리오 분석기법 가운데 하나가 Boston Consulting Group(BCG)에 의해 개발된 성장 – 점유율 매트릭스이다.[6]

성장–점유율 매트릭스
(growth–share matrix)
시장성장률과 상대적 시장점유율을 토대로 기업 내 전략사업단위들을 평가하는 형태의 포트폴리오 계획수립 기법

BCG의 **성장 – 점유율 매트릭스**(growth–share matrix)는 그림 2.2에서 보듯이 시장성장률과 상대적 시장점유율에 따라 SBU들을 매트릭스 상에 분류한다. 수직축인 시장성장률(market growth rate)은 시장매력도를 측정하는 것이고 수평축인 상대적 시장점유율(relative market share)은 시장 내에서의 기업경쟁력(company strength)을 측정하는 것이다. 성장–점유율 매트릭스 상에 표시된 SBU들은 위치에 따라 스타, 자금젖소, 물음표, 개의 4가지 SBU 유형으로 나뉜다.

● **스타**(stars): 스타 사업단위는 시장성장률과 시장점유율이 모두 높은 사업이나 제품으로써, 급속한 시장성장을 따라잡기 위해 많은 투자가 요구되는 경우가 흔히 발생된다. 시간의 경과에 따라 시장성장률이 둔화되면 스타 사업단위는 자금젖소로 전환된다.

>> **그림 2.2** BCG 성장－점유율 매트릭스

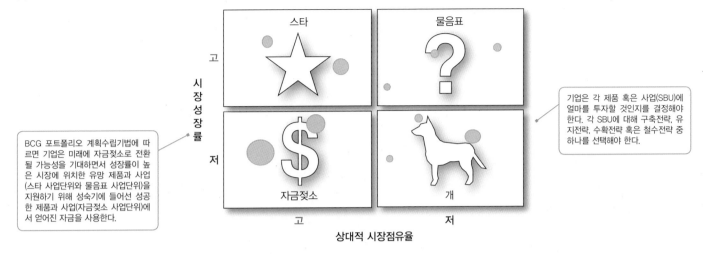

BCG 포트폴리오 계획수립기법에 따르면 기업은 미래에 자금젖소로 전환될 가능성을 기대하면서 성장률이 높은 시장에 위치한 유망 제품과 사업(스타 사업단위와 물음표 사업단위)을 지원하기 위해 성숙기에 들어선 성공한 제품과 사업(자금젖소 사업단위)에서 얻어진 자금을 사용한다.

기업은 각 제품 혹은 사업(SBU)에 얼마를 투자할 것인지를 결정해야 한다. 각 SBU에 대해 구축전략, 유지전략, 수확전략 혹은 철수전략 중 하나를 선택해야 한다.

- **자금젖소**(cash cows): 자금젖소 사업단위는 낮은 시장성장률과 높은 시장점유율의 사업 혹은 제품을 말한다. 이들은 이미 시장에서 확고한 기반을 구축했기 때문에 시장점유율을 유지하는데 드는 투자규모가 별로 크지 않다. 따라서 이 사업단위는 많은 현금을 벌어들이기 때문에 기업은 이 자금을 투자가 필요한 다른 사업단위들을 지원하는데 활용할 수 있다.
- **물음표**(question marks): 물음표 사업단위는 높은 시장성장률과 낮은 시장점유율의 사업들이다. 이들은 점유율을 증대시키는 것은 차지하고 점유율을 유지하는데도 많은 현금을 필요로 한다. 관리자는 어떤 물음표사업을 키워 스타로 만들고 어떤 물음표사업을 포기해야 할지에 대해 고심해야 한다.
- **개**(dogs): 개 사업단위는 낮은 시장성장률과 낮은 점유율의 사업 혹은 제품이다. 이들은 자체 사업을 유지하는 데 드는 현금은 창출하지만, 충분한 규모의 현금을 창출할 가능성이 없다.

성장－점유율 매트릭스 상의 10개의 원은 기업이 현재 보유한 SBU를 나타낸다. 이 기업은 2개의 스타, 2개의 자금젖소, 3개의 물음표, 그리고 3개의 개 사업단위를 갖고 있다. 원의 크기는 SBU의 매출액에 비례한다. 이 기업의 사업구조는 아주 좋지는 않지만 괜찮은 편이다. 이 회사는 전망이 있는 물음표 사업에 투자하여 스타 사업단위로 전환시키고, 스타 사업을 잘 유지하여 시장성숙기에 들어서 자금젖소가 될 수 있도록 관리하고 싶을 것이다. 다행스럽게 상당규모의 자금젖소 사업들을 2개 보유하고 있으므로 이들로부터 벌어들인 현금은 물음표, 스타, 개 사업단위들을 자금지원하는데 도움을 줄 것이다. 회사 경영자는 개 사업과 물음표 사업과 관련하여 중대한 조치를 취해야 한다.

각 SBU의 매력도를 분석·분류한 다음 경영자는 각 SBU가 수행할 역할을 결정해야 한다.

기업은 각 SBU에 대해 4가지 전략대안 가운데 하나를 선택할 수 있다. 첫 번째는 점유율을 높이기 위해 사업단위에 더 많은 투자를 하는 것이다. 두 번째는 사업단위의 점유율을 현재수준으로 유지할 만큼의 투자를 하는 것이다. 세 번째는 장기적 효과에 상관없이 사업단위의 현금유입을 높이는 것이다. 네 번째는 사업단위를 매각하거나 혹은 투자된 자원을 서서히 외수해 다른 용도로 사용하는 것이다.

시간이 흐름에 따라 각 SBU의 위치는 성장-점유율 매트릭스 상에서 변화된다. 각 SBU는 수명주기를 갖는데, 많은 SBU들이 물음표에서 시작하며, 시장에서 성공을 거둔 물음표 SBU들은 스타의 위치로 이동한다. 시간이 경과해 시장성장률이 둔화되면 스타 사업들은 자금젖소가 되고, 최종적으로 시장에서 철수하거나 개 사업단위로 전환됨으로써 수명을 마치게 된다. 기업은 새로운 제품과 사업들을 계속 추가할 필요가 있는데, 그 이유는 이들 중 일부가 스타, 나아가 자금젖소 사업단위가 되어 다른 SBU들을 자금지원하는데 도움을 줄 수 있기 때문이다.

매트릭스 형태의 사업포트폴리오 분석기법의 문제점

BCG의 성장-점유율 매트릭스와 같은 사업포트폴리오 계획수립기법은 전략계획수립에 큰 변화를 가져다주었다. 그러나 이러한 분석기법들은 몇 가지 한계점을 갖고 있다. 실행하기 어렵고, 분석에 많은 시간이 소요되고, 비용이 많이 든다. 또한 SBU를 정의하는데 어려움을 겪거나 시장점유율과 시장성장률을 측정하기 어려울 수 있다. 그리고 이러한 기법들은 기존사업들의 매력도를 분류하는데 초점을 맞추고 있기 때문에 미래를 위한 계획수립에 별 도움을 주지 못한다.

이러한 한계점을 인식한 많은 기업들이 공식화된 매트릭스 기법의 사용을 포기하고 자사의 경영상황에 적합한 보다 고객화된 계획수립기법을 도입하고 있다. 본사의 임원과 관리자에 의해 주도되었던 공식화된 전략계획 수립방법과 달리, 최근의 전략계획수립은 각 사업부로 권한 이양되고 있다. 점차적으로 기업들은 시장과 가까이 있는 관리자들로 구성된 사업부의 교차 기능 팀(cross-functional team)에게 전략계획수립 책임을 주고 있다. 디지털 시대에 이러한 관리자들은 풍부한 실시간 데이터를 가지고 시장의 변화하는 조건과 사건에 신속하게 대응하여 전략계획을 수정할 수 있다.

포트폴리오 계획은 도적전인 일이다. 예를 들어, 소비재와 산업재 시장에서 많은 제품을 제조하여 판매하고 있는 1,240억 달러 규모의 대기업인 GE를 생각해 보자.[7]

▶▶ 비즈니스 포트폴리오 관리: GE의 방대하고 복잡한 비즈니스 포트폴리오를 관리하고 디지털 산업 기업이 되기 위한 사명을 위해 많은 기술과 상상력으로 유명한 GE의 힘이 발휘될 필요가 있다.
Cum Okolo/Alamy Stock Photo

대부분의 소비자는 GE 로고를 볼 때 가전과 조명 관련 제품을 생각한다. 그러나 최근 몇 년 동안 GE는 소비재와 금융 서비스 중심의 방대하고 복잡한 포트폴리오를 탈피해 차세대 디지털 산업 시대를 창조함으로써 전 세계 사람들을 치료하고 힘을 준다는 사명에 초점을 맞춰 "디지털 산업 기업"으로 변신하려는 목표를 향해 나가고 있다. GE 운송, GE 발전, GE 재생 에너지, GE 항공. GE 헬스케어 등과 같은 GE 사업부들은 제트엔진, 디젤 – 전기 기관, 풍력 터빈, 해양 시추 솔루션부터 항공 우주시스템, 의료 영상장비에 이르기까지 다양한 제품과 서비스를 제공한다. GE 캐피털은 다양한 금융 상품과 서비스를 제공한다.

현재 GE 연간 매출의 2% 미만이 소비재에서 발생한다. GE는 규모가 큰 GE Capital 금융 서비스 부문을 매각하려고 하고 있으며 최근에 GE 가전 사업부 전체를 Haier에 매각했다. 이러한 포트폴리오 구성 결정은 GE의 미래에 대해 많은 것을 시사해 준다. GE는 가전 사업부 매각 전에 가전과 조명 사업에서만 연간 88억 달러의 매출을 올렸는데 이는 JetBlue, Campbell's Soup, Harley-Davidson, Hershey와 같은 기업들의 전체 매출보다 많은 액수이다. GE의 광범위하고 복잡한 포트폴리오를 관리하려면 많은 관리 기술과 GE의 기업 슬로건에서 말하는 것처럼 "상상을 현실로 만드는(Imagination at work)" 큰 능력이 필요할 것이다. 실제로 GE는 최근에 적합한 비즈니스 조합을 찾기 위해 매우 고군분투하고 있다. "우리는 GE를 재편하려는 목적을 가지고 계속 나아가야 합니다."

성장전략과 축소전략의 개발

사업포트폴리오 설계는 기존사업들에 대한 평가뿐 아니라 앞으로 진출해야 할 사업과 제품을 찾아내는 작업도 포함한다. 기업은 더 효과적으로 경쟁하고, 이해관계자집단을 만족시키고, 능력 있는 사원들을 유인하기 위해서 성장을 필요로 한다. 성장은 산소와 같아서 활기차고 열정적인 기업을 만들며, 종업원들로 하여금 진정한 기회가 있는 것으로 지각하게 만든다. 그러나 기업은 성장자체를 목표로 삼지 않아야 한다. 기업의 목표는 '수익성 있는 성장'이어야 하는 것이다.

마케팅은 수익성 있는 기업성장을 달성하는데 있어 중추적 책임을 진다. 마케팅은 시장기회를 파악, 평가, 선택하고, 이러한 기회를 포착할 전략을 개발해야 한다. 성장전략을 파악하는데 유용한 도구 중 하나가 그림 2.3의 **제품/시장 확장그리드**(product/market expansion grid)이다.[8] 이하에서는 제품/시장 확장그리드를 Starbucks 사례에 적용하기로 한다.

제품/시장 확장그리드
(product/market expansion grid)
시장침투, 시장개발, 제품개발, 혹은 다각화 등의 기업 성장기회를 파악하기 위한 포트폴리오 계획수립 도구

≫ 그림 2.3 제품/시장 확장그리드

기업은 기존제품을 가지고 현시장에 더 깊이 침투함으로써 성장을 추구할 수 있다. 가령 기업은 기존 제품을 가지고 신시장을 개발하여 성장할 수 있다. 예를 들어, Starbucks는 중국에서 빠르게 성장하고 있는데 15시간마다 신규 매장을 열고 있다.

다각화를 통해 기업은 기존제품시장을 벗어나 신규사업을 시작하거나 인수함으로써 성장할 수 있다. 기업은 다각화를 통해 기존 제품시장을 벗어나 신규 사업을 시작하거나 인수함으로써 성장할 수 있다. 예를 들어, Starbucks는 Starbucks 리저브 스토리, Princi 베이커리, Princi 카페를 통해 초고급 시장에 진출하고 있다.

불과 30년 만에 Starbucks는 시애틀의 작은 커피숍에서 놀라운 속도로 성장해서 75개 이상의 국가에 27,000개 이상의 소매점을 보유하고 220억 달러가 넘는 매출을 달성한 최강자가 되었다. 잘 끓는 커피처럼 Starbucks가 순조롭게 전진하게 하는 엔진은 성장이다. 카페인 과다 커피처럼 점점 더 경쟁이 치열해지는 시장에서 성장을 유지하기 위해 Starbucks는 야심차고 다각적인 성장 전략을 세워야 한다.

첫째, **시장침투** 전략이다. Starbucks는 시장에 더 깊게 침투하는 것을 검토할 수 있다. 즉 현재 제품을 수정하지 않고 기존시장에서 더 많은 매출을 올릴 수 있는 방안을 모색하는 것이다. 고객이 더 쉽게 방문할 수 있도록 현재 시장의 점포 수를 늘릴 수 있다. 사실 작년에 미국 시장에서 800개의 신규 점포를 오픈했다. Starbucks는 모바일 앱에 새로운 기능을 추가하여 고객 참여와 충성도를 높일 수 있다. 예를 들어, 최근에 추가된 My Starbucks Barista 기능을 통해 고객은 음성 명령 또는 메시징을 통해 인공 지능기반 가상 바리스타에게 주문할 수 있다. 그리고 Starbucks의 광고, 가격, 서비스, 매장 디자인, 메뉴를 개선해서 고객이 더 자주 들르거나 머무를 때마다 더 많이 구매하도록 유도할 수 있다. 음식 메뉴 확대 덕분에 지난 4년 동안 아침 식사 메뉴 판매만 두 배로 증가했으며 현재 음식 판매는 Starbucks 총 수익의 20%를 차지한다.

시장침투(market penetration)
제품 변경 없이 기존 시장의 기존 제품 판매량 증대를 통한 기업 성장

성장전략: Starbucks는 그동안 달성한 믿을 수 없는 성장을 계속 유지하기 위해 중국과 같은 미국 이외의 시장으로 빠르게 확장하는 야심차고 다각적인 성장전략을 만들어 왔다.

Jens Kalaene/picture–alliance/dpa/AP Images

시장개발전략(market development)
기존제품을 가지고 새로운 세분시장을 파악해 진출하는 방식의 기업성장 전략

제품개발전략(product development)
기존세분시장 내의 고객들에게 수정된 혹은 새로운 제품을 제공하는 기업성장전략

다각화전략(diversification)
기존 제품과 시장을 벗어나 새로운 사업을 시작하거나 인수하는 방식의 기업성장전략

둘째, Starbucks는 **시장개발전략**(market development)을 고려할 수 있는데, 이는 기존제품을 가지고 신규시장을 개발하는 것이다. Starbucks는 새로운 인구통계 시장을 검토할 수 있다. 노인 소비자들과 같은 새로운 집단이 Starbucks 매장을 처음으로 방문하거나 매장에서 더 많이 구매하도록 마케팅 할 수 있다. 또한 Starbucks는 새로운 지리적 시장을 검토할 수 있다. 현재 Starbucks는 미국 이외의 시장, 특히 아시아에서 빠르게 확장하고 있다. 예를 들어, 중국의 Starbucks 매장 수는 지난 5년 동안 800개에서 3,200개로 증가했는데 평균 15시간마다 1개의 새 매장이 문을 연 것이다. Starbucks는 2021년까지 중국에 5,000개 이상의 매장을 오픈할 계획이다.

셋째, Starbucks는 **제품개발전략**(product development)을 고려할 수 있는데, 이는 기존 고객들에게 신규 또는 개량 제품을 제공하는 것이다. 예를 들어, Starbucks는 빠르게 성장하는 1인용 음료 시장을 잡기 위해 인스턴트 커피 Via를 개발했으며 가정용 커피 메이커 Keurig에 맞는 K-Cup팩에 커피와 Tazo차를 판매한다. 그리고 Starbucks는 식료품점에서 판매하는 즉석 음료 제품라인을 계속 확대하고 있다. 이러한 제품에는 Starbucks 더블샷, 아이스 에스프레소 클래식, 에너지 음료 Starbucks Refresher 등이 있다.

마지막으로, Starbucks는 **다각화전략**(diversification)을 고려할 수 있는데, 이는 기존제품과 고객을 벗어나 새로운 사업을 시작하거나 인수하는 것이다. 예를 들어, Starbucks는 최근에 고급의 몰입 체험을 제공하는 Starbucks 리저브 로스터리와 Starbucks 리저브 바(bar)로 구성된 초고급 브랜드인 Starbucks 리저브를 만들었다. 그리고 Starbucks 리저브 안에서 이탈리아 음식을 제공하는 Princi 베이커리 및 카페 매장을 열었다. 이 곳에서는 유명한 이탈리아 제과점 Rocco Princi의 조리법을 기반으로 갓 구운 빵과 페이스트리에서 포카치아 샌드위치에 이르기까지 예술적인 이탈리아 음식을 제공하고 있다. 또한 Starbucks는 독립형 부티크 Princi 베이커리 매장을 실험하고 있는데 이를 통해 커피와 스낵 매장이라는 사업 범위를 넘어서고 있다. 이와 같이 고급 식음료로의 다각화는 "Starbuck 경험"이라는 포지셔닝과 잘 맞는다.

기업은 사업포트폴리오를 성장시키는 전략뿐 아니라 이를 축소시키는 전략도 개발해야 한다. 기업은 여러 가지 이유로 일부 제품과 시장을 포기하기를 원할 수 있다. 기업은 제품이나 시장을 지나치게 빨리 키웠거나 경험이 부족한 제품이나 시장에 진출했을 수 있다. 그리고 시장 환경이 변해 일부 제품이나 시장의 수익성이 과거에 비해 떨어질 수 있다. 가령 불경기에 접어들면 많은 기업들은 경쟁력이 떨어지고 수익성이 낮은 제품과 시장을 정리하고 제한된 자원을 가장 경쟁력이 있는 제품과 시장에 집중하려고 한다. 마지막으로 어떤 제품이나 사업은 오랜 시간이 흘러 자연스럽게 수명을 다할 수 있다.

기업이 이익을 내지 못하거나 전반적인 기업경영전략에 적합하지 않은 브랜드나 사업을 발견하면, 이들을 정비하거나, 투자자금 회수나 처분을 신중히 검토해야 한다. 예를 들어, P&G는 지난 수년에 걸쳐 Crisco, Folgers, Jif, Sunny Delight, Pringles 같은

인지도가 높은 빅브랜드를 매각하고, 가정용 청결제품과 미용제품에 집중하고 있다. 최근 GM도 브랜드포트폴리오 내에서 시장성과가 나쁜 브랜드를 정리했는데, Oldsmobile, Pontiac, Saturn, Hummer, Saab 등이 이에 해당한다. 경쟁력이 약한 사업들은 필요 이상으로 경영자의 시간과 노력을 투입해야 할 경우가 많다. 관리자들은 경쟁력이 없는 사업들을 회생시키는 것 보다는 성장기회가 높은 사업을 키우는데 시간과 노력을 집중 해야 한다.

마케팅계획수립: 고객관계구축을 위한 파트너십 형성

기업의 전략계획은 기업이 어떤 사업에 진출할 것이고 각 사업의 목표는 무엇인지를 정하는 것이다. 이에 맞추어 각 사업단위는 보다 구체화된 사업계획을 수립한다. 다음으로 사업단위 내의 주요 기능부서(마케팅, 재무, 회계, 구매, 생산, 정보시스템, 인적 자원)는 전략적 목표를 달성하기 위해 함께 노력한다.

마케팅은 기업수준의 전략계획수립에서 다음과 같은 점에서 핵심적 역할을 한다. 첫째, 마케팅은 마케팅개념이라는 경영활동의 지침이 될 철학을 제공하는데, 이러한 경영철학은 기업전략이 주요 소비자 집단들과 수익성 있는 관계를 구축하는 방향으로 수립되어야 한다는 시사점을 제시한다. 둘째, 마케팅은 매력적인 시장기회를 파악하는데 도움을 주고 그 시장기회를 이용할 수 있는 자사의 잠재력을 평가함으로써 전략계획수립의 핵심 투입요소가 된다. 셋째, 사업단위 내에서 마케팅은 사업단위의 목표를 실현하기 위한 전략을 설계한다. 사업단위의 목표가 정해지면, 마케팅의 과업은 이익을 낳는 방향으로 이를 실천하도록 지원하는 것이 된다. 고객참여와 고객가치는 마케터가 성공을 거두는데 주요 원천이다. 그러나 1장에서 살펴보았듯이 마케팅이 주도적 역할을 수행하지만, 마케터 혼자의 힘으로는 고객참여와 탁월한 고객가치를 만들어낼 수 없다. 마케터가 이의 창출과정에 주도적 역할을 하지만, 마케팅은 고객을 유인·유지·육성하는데 있어 한 파트너에 불과할 수 있다. 따라서 마케터들은 고객관계관리뿐 아니라 파트너관계 관리도 잘 실행해야 한다. 그들은 고객을 위해 효과적인 가치체인을 형성하기 위해 기업 내 다른 부서들의 파트너들과 긴밀하게 공조해야 한다. 나아가 경쟁사보다 탁월한 가치전달 네트워크를 형성하기 위해 마케팅시스템 내의 다른 기업들과도 효과적인 파트너관계를 구축해야 한다. 이하에서는 기업 가치체인과 가치전달 네트워크에 대해 자세히 살펴보기로 한다.

기업 내 다른 부서들과 파트너관계 형성

기업 내 각 부서는 기업의 **가치체인**(value chain)에서 연결고리(link)로 간주될 수 있다.[10] 각 부서는 제품을 설계, 생산, 판매, 배달, 사후 서비스함으로써 가치창출 활동을 수행한다. 기업의 성공은 각 부서가 부여된 업무를 얼마나 잘 수행하는가와 여러 부서의 활동들이 얼마나 잘 조정되는가에 의해 결정된다.

예를 들어, True Value Hardware의 목표는 고객들에게 그들이 원하는 주택개조용 제품과 하드웨어 제품을 최고의 고객서비스와 부담 없는 가격으로 제공함으로써 고객가치와 고객만족을 창출하는 것이다.

가치체인(value chain)
기업의 제품을 설계, 생산, 판매, 배달, 사후 서비스 하는 과정에서 가치창출활동을 수행하는 일련의 기업내부 부서

>> **파트너 관계관리:** 마케팅 관리자는 고객가치 창출 활동을 수행하기 위해 기업 내외부의 주체들과 밀접하게 일해야 한다.

dizain/Shutterstock

소매업체 소유 협동조합체인인 이 회사의 마케터들은 이 과정에서 중요한 역할을 수행한다. 그들은 고객의 욕구가 무엇인지를 파악하고 3,500개의 True Value 독립 체인 점포들이 고객이 원하는 제품을 경쟁사보다 훨씬 저렴한 가격에 점포진열대에 진열할 수 있도록 돕는다. 그들은 광고와 머천다이징 프로그램을 준비하고 고객서비스를 통해 쇼핑객들을 지원한다. 이런 활동을 통해 True Value의 마케터들은 고객에게 가치를 전달하는 것을 돕는다.

그러나 본사와 각 점포에서 근무하는 True Value의 마케터들은 회사 내 다른 부서들의 도움을 필요로 한다.

올바른 제품을 저가에 제공하는 True Value의 능력은 적절한 공급업체를 개발하여 그들로부터 저원가로 상품을 구매하는 구매부서의 능력에 의해 영향을 받는다. True Value의 정보기술부서는 각 점포의 상품판매정보를 신속하고 정확하게 제공한다. 그리고 물류부서는 효과적이면서 저원가의 상품취급업무를 수행한다.

기업의 가치체인은 취약한 연결고리에서 강해져야 한다. 성공은 각 부서가 자신의 고객가치 부가업무를 얼마나 잘 수행하느냐와 여러 부서의 활동들이 얼마나 잘 조정되는지에 의해 결정된다. True Value가 최근에 전개하고 있는 마케팅 캠페인 '진정한 가치는 고객들이 수행하는 모든 프로젝트의 기반이 된다(Behind Every Project Is a True Value).'는 점포 내 관리자와 종업원에서부터 본사 운영관리자와 마케팅조사 분석가에 이르기까지 모든 조직구성원들이 각 체인점의 DIY 고객들의 욕구와 바람을 이해하고 그들이 주택개선 프로젝트를 수행하는데 도움을 주는 것이 중요하다는 것을 인정한다.

이상적인 것은 고객을 위한 가치를 창출하기 위해 기업 내 여러 부서들이 서로 조화롭게 업무를 수행하는 것이다. 그러나 현실적으로 부서 간 관계는 갈등과 오해로 넘쳐난다. 마케팅부서는 소비자 관점을 취한다. 그러나 마케팅부서가 고객만족을 실현하기 위해 노력하는 것이 다른 부서들의 관점에서 그들의 업무성과를 저해하는 원인이 될 수 있다. 마케터부서의 활동이 구매원가를 상승시키고, 생산스케줄을 저해하고, 재고를 늘리고, 과다예산을 낳을 수 있다. 따라서 다른 부서들은 마케팅부서의 노력에 저항할 수 있다.

그러나 마케터들은 모든 부서가 '소비자를 생각하고' 가치체인이 원활하게 작동하게 하기 위한 방법들을 강구해야 한다. 한 마케팅 전문가는 이에 대해 다음과 같이 말한다. "진정한 시장지향성은 마케팅중심적인 것을 의미하는 것이 아니다. 이는 기업전체가 고객을 위한 가치창출에 집착하고 자신들을 타깃 고객에게 제공할 가치를 정의하고, 창출하고, 커뮤니케이션하고, 이를 실제로 전달하는 과정들의 집합으로 보는 것을 의미한다. 기업 내 모든 구성원들이 기능이나 부서에 상관없이 마케팅을 수행해야 한다." 또 다른 마케팅 전문가는 다음과 같이 말한다. "이제 고객을 관여시키기 위해서는 기업구성원 전체의 몰입이 요구된다. 우리 모두가 마케터이다." 따라서 당신이 맡은 업무가 회계, 조직운영, 재무분석, IT전문가, 인적자원관리 등 그 무엇이든, 마케팅과 고객가치 창출에서 당신이 맡은 역할을 이해할 필요가 있다.

한 마케터는 "재무에서 고객 서비스, 제조에 이르기까지 모든 직원은 자신의 역할이 고객 경험에서 어떤 역할을 하는지 알아야 합니다. 고객 경험은 마케팅 팀에만 의존하는 것이 아니라 [마케팅]이 분위기를 만들고 다른 모든 부서들이 고객 경험을 위한 업무 방식을 선도합니다."라고 말한다.

마케팅시스템 내의 다른 기업들과의 파트너십 구축

기업은 고객가치를 창출하기 위해 자신의 가치체인을 넘어서 공급업체, 유통업체, 최종 고객의 가치체인에도 신경을 써야 한다. Subway의 예를 들어보자. 사람들이 Subway 매장에서 음식을 먹는 이유는 Subway 샌드위치를 좋아하기 때문만은 아니다. 소비자 들은 Subway 시스템에 몰려드는 것이다. Subway는 정교하게 연결된 가치 전달 시스 템을 통해 신선하고 맛있는 주문 제작 샌드위치를 적당한 가격에 신속하게 제공한다. Subway가 프랜차이즈 가맹점, 공급업자 등과 성공적으로 협력하여 "Make It What You Want"라는 포지셔닝 약속을 공동으로 수행할 때만 Subway의 시스템은 의미가 있고 효과적이다.

오늘날 많은 기업들이 **가치전달 네트워크**(value delivery network)의 성과를 향상시 키기 위해 공급체인의 다른 구성원들과 파트너십을 형성하고 있다. 오늘날의 시장경쟁은 개별 경쟁사들끼리의 경쟁이 아니라 각 경쟁사에 의해 창출된 가치전달 네트워크 간의 경쟁양상을 띤다. 따라서 Toyota와 비교된 Ford의 성과는 그것의 가치전달 네트워크의 품질수준에 의해 결정된다. Ford가 최고의 승용차를 만든다고 하더라도, 만약 Toyota 의 딜러들이 더 높은 고객만족을 달성하는 판매 및 서비스를 제공한다면 Ford는 시장 에서 성공을 거두지 못할 것이다.

가치전달 네트워크
(value delivery network)
전체 마케팅시스템의 성과를 향상시키기 위해 서로 파트너관계를 형성한 기업, 부품공급업체, 유통업체, 최종고객으로 구성된 네트워크

🔗 **개념 연결하기**

여기서 잠깐 멈추고, 이 장의 전반부에서 읽었던 내용을 생각해 보고 이를 적용해 보자.

- 왜 마케팅교재에서 기업전반의 전략계획수립에 대해 설명하고 있는가? 전략적 계획 수립은 마케팅 과 어떤 관계를 갖는가?

- Starbucks의 사명과 전략은 무엇인가? Starbucks가 사명과 전략을 성취하는데 도움을 주기 위해 마케팅은 어떤 역할을 하는가?

- Starbucks 내 각 부서들은 어떤 역할을 하는가? 그리고 Starbucks의 마케팅관련 부서는 전반적 고객가치를 극대화하기 위해 다른 부서들과 어떻게 협력체제를 구축할 수 있는가?

마케팅전략과 마케팅믹스

전략계획에는 기업의 전반적 사명과 목표 결정이 포함된다. 마케팅의 역할과 마케팅활동 은 그림 2.4에 나타나 있는데, 이는 고객지향적 마케팅전략과 마케팅믹스를 관리하기 위 해 수행되는 주요 활동들을 요약한 것이다.

고객은 마케팅활동의 중심에 있다. 마케팅의 목표는 고객가치를 창출하고, 수익성 있 으면서 강력한 고객관계를 구축하는 것이다. 마케터는 이러한 목표를 달성하기 위해 마 케팅전략을 수립하게 되는데, **마케팅전략**(marketing strategy)은 고객가치 창출과 수

> **저자 코멘트**
> 지금까지 마케팅활동의 토대가 되는 기업 전반적 전략에 대해 살펴보았으므로, 이제 부터 고객지향적 마케팅전략과 프로그램에 대해 설명하기로 한다.

마케팅전략(marketing strategy)
고객가치 창출과 수익성 있는 고객관계구 축을 위해 기업이 추구하는 마케팅활동의 기본방향을 설정하는 것

익성 있는 고객관계 구축을 위해 마케팅활동의 기본방향을 정하는 것인데, 구체적으로 어떤 고객을 대상으로(시장세분화와 목표시장의 선택) 어떻게 차별화된 마케팅 제공물을 개발할 것인가(차별화와 포지셔닝)를 결정하는 것이다. 마케터는 전체 시장범위를 파악하고, 그 시장을 유사한 특성을 가진 세분시장들로 나눈 후 가장 매력적인 세분시장을 선택하고, 그 세분시장 내 고객들을 경쟁사보다 더 잘 만족시킬 수 있는 방안을 강구한다.

>> 그림 2.4 마케팅전략과 마케팅믹스의 관리

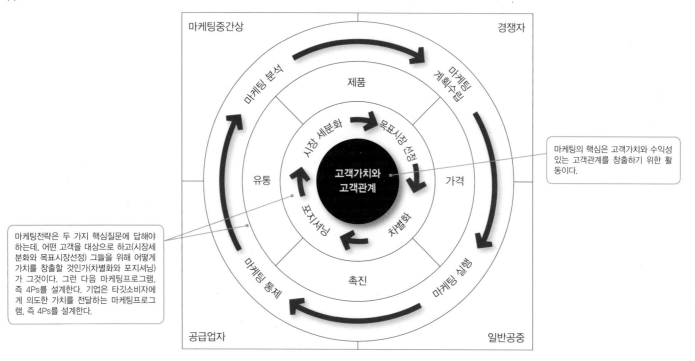

기업은 마케팅전략에 근거하여 통합적 마케팅믹스 프로그램을 설계하는데, 마케팅믹스는 마케터가 통제할 수 있는 수단들인 제품, 가격, 유통, 촉진으로 구성된다. 최적의 마케팅전략과 마케팅믹스를 개발하기 위해 마케터는 마케팅관리기능을 잘 수행해야 하는데, 주요 마케팅관리기능은 마케팅 분석, 마케팅계획수립, 마케팅 실행, 마케팅 통제로 구성된다. 이러한 일련의 마케팅활동을 통해 기업은 주요한 마케팅 환경요인들의 변화와 추세를 탐색하고 이에 적응한다. 이하에서는 각 활동에 대해 개략적으로 살펴본다.

고객가치지향적 마케팅전략

치열한 시장경쟁에서 성공을 거두기 위해 기업은 고객중심적이어야 한다. 즉 경쟁사들로부터 고객을 획득하고, 이들에게 더 많은 가치를 제공함으로써 이들을 유지, 육성시켜야 하는 것이다. 그러나 고객을 만족시키기 위한 마케팅노력을 기울이기에 앞서 기업은 먼저 그들의 욕구를 이해해야 한다. 훌륭한 마케팅은 신중한 고객분석을 필요로 한다.

기업은 주어진 시장의 모든 소비자들을 대상으로 마케팅활동을 수행하여 이익을 실현할 수 없음을 안다. 즉 너무 많은 특성과 욕구를 가진 소비자들이 시장에 존재하므로 대부분의 기업들은 특정 세분시장의 고객욕구를 다른 세분시장보다 더 잘 충족시킬 수 있음을 인식한다. 따라서 기업은 전체시장을 세분화한 다음 자사에게 가장 유리한 세분

시장을 선택하고 그 시장의 고객들을 만족시켜 이익을 창출하는 전략을 개발해야 한다. 마케팅전략 수립에서 의사결정이 이루어져야 할 핵심적 요소는 시장세분화, 시장표적화, 시장차별화, 시장포지셔닝이다.

시장세분화

시장은 여러 유형의 고객, 제품, 욕구들로 구성된다. 따라서 마케터는 어떤 세분시장이 가장 좋은 기회를 제공하는지를 파악해야 한다. 소비자들은 다양한 집단으로 세분화될 수 있는데, 소비자들을 세분화하는데 이용될 수 있는 기준에는 지리적 변수, 인구통계적 변수, 심리묘사적 변수, 행위적 변수 등이 있다. 전체시장을 욕구, 특성, 구매행동 등에서 유사한 구매자집단들로 나누는 과정을 **시장세분화**(market segmentation)라고 하는데, 기업은 각 구매자집단(세분시장)에 대해 서로 다른 제품 혹은 마케팅프로그램을 필요로 한다.

   시장을 여러 세분시장들로 구분함에 있어 마케터는 마케팅프로그램 개발에 유용한 시장세분화 기준을 선택해야 한다. 가령 타이레놀 구매자들을 고소득 진통제 사용자와 저소득 진통제 사용자로 나누었는데 각 세분시장이 마케팅활동에 동일한 반응을 보인다면, 소득수준에 근거한 시장세분화는 효과적인 마케팅프로그램 개발에 별 도움이 되지 않는다. **세분시장**(market segment)은 기업의 마케팅노력에 대해 유사한 반응을 보이는 고객집단을 말한다. 가령, 승용차시장에서 가격에 상관없이 가장 크고 편안한 승용차를 원하는 소비자집단이 한 세분시장이 될 수 있고, 저가격과 낮은 유지비용을 선호하는 소비자집단은 다른 세분시장이 될 수 있다. 왜냐하면 하나의 승용차모델로 두 세분시장이 원하는 것을 동시에 충족시키기는 어려울 것이기 때문이다. 기업들은 각 세분시장의 상이한 욕구를 충족시키도록 마케팅노력을 기울이는 것이 현명하다.

시장세분화(market segmentation)
구매자 집단별로 별개의 제품이나 마케팅 프로그램을 제공하기 위해 전체 시장을 욕구, 특성, 구매행동 등에서 서로 다른 구매자집단들로 나누는 과정

세분시장(market segment)
기업의 마케팅노력에 대해 유사한 반응을 보이는 소비자집단

시장표적화(목표시장 선정)

전체시장을 복수의 세분시장으로 나눈 후, 기업은 이들 중 하나 또는 그 이상의 세분시장을 선택할 수 있다. **시장표적화**(market targeting)는 각 세분시장의 매력도를 평가하고 하나 혹은 그 이상의 목표세분시장(들)을 선택하는 과정이다. 기업은 이익을 실현하는 수준에서 가장 큰 고객가치를 창출하고 이를 계속 유지할 수 있는 세분시장을 목표시장으로 삼아야 한다.

   한정된 자원을 가진 기업들은 하나 또는 소수의 세분시장과 틈새시장(market niches)에만 집중하는 결정을 할 수 있다. 틈새시장 추구 기업들은 주요 기업이 간과하거나 무시하는 세분시장에 초점을 맞춘다. 예를 들어, McLaren은 작년에 초 고성능 자동차를 3,340대만 판매했지만 가격은 매우 높았다. 570S 모델이 188,000달러에 판매되었고 주문 제작 FI 모델의 가격은 눈이 휘둥그레질 정도로 높은 가격인 837,000달러에서 시작한다. 하지만 대부분의 틈새시장 추구 기업들이 유별난 것은 아니다. 수익성이 좋은 저가 항공사인 Allegiant Air는 작고 방치된 시장과 신규 고객을 목표로 해서 주요 대형 항공사와의 직접적인 경쟁을 피한다. 틈새시장 추구기업 Allegiant는 "그들이 없는 곳으로 간다."라고 말한다.

   다른 대안으로 Honda와 Ford 같은 대기업들은 모든 세분시장에 소구하는 다양한 제품들을 마케팅 할 수 있다. 또 다른 기업들은 기본적인 욕구는 같지만 고객 유형이 다른

시장표적화(market targeting)
각 세분시장의 매력도를 평가하여 마케팅 활동을 전개할 하나 또는 그 이상의 세분시장을 선정하는 것

MARKETING AT WORK 2.2

우유에 유제품을 사용하지 않게 되어가는 이유는?

비유제품 시장이 생겨났고 전 세계 소비자들은 시장에서 우유를 대체할 수 있는 제품들이 너무 많아 선택에 어려움을 겪고 있다. 비유제품 세분시장은 우유 산업의 파생물로 시작했지만 이후 그 자체가 다양한 세분시장이 존재하는 거대한 산업이 되었다. 예를 들어, Waitrose 웹사이트에서 검색을 하면 금방 30가지 이상의 다양한 우유 대체품을 찾을 수 있다. 비유제품 우유 산업의 성장을 이끄는 힘은 피트니스 유행, 소비자의 건강에 대한 관심 증가, 채식주의 생활양식의 확산 등이다.

동물성 우유의 전 세계 소비는 감소하고 있는데 식물성 우유 판매의 증가와 대조가 된다. 몇 가지 이유가 있다. 우유 제품에서 설탕을 소화시킬 수 없는 유당 불내성은 잘 알려진 건강 관련 문제이기 때문에 사람들은 우유 대체품을 찾는다. 그리고 많은 사람들이 발진, 설사, 구토를 유발하는 우유 알레르기로 고통받고 있다. 최근 소비자들은 축산업이 환경에 미치는 영향에 대해 더 잘 알고 있으며, 많은 사람들이 완전채식을 선택하고 항생제, 살충제, 호르몬과 같은 잠재적 오염물질이 건강을 위협한다는 것을 인식하고 있다.

식물성 비유제품 음료는 다양한 원재료를 통해 생산되어 판매된다. 아몬드 우유, 캐슈 우유, 코코넛 우유, 대마 우유, 귀리 우유, 완두콩 단백질 우유, 쌀 우유, 퀴노아 우유, 두유가 있다. 각 비유제품 음료에는 변형 제품인 단맛, 무가당, 저칼로리, 바닐라, 초콜릿, 바나나 맛이 있다. 많은 소비자들이 두유 맛을 좋아하지 않지만 두유는 40년 넘게 가장 인기 있는 우유 대체품이었다. 아몬드 우유는 체중 관리에 도움이 되는 것으로 알려져 있으며 스무디와 같이 먹거나 시리얼, 쿠키와 혼합하는 것이 인기가 있다. 코코넛 밀크는 특히 아시아와 남미에서 인기가 있지만 단백질이 적고 칼로리가 낮다. 모든 식물성 우유는 일반 유제품 우유에 비해 유통 기한이 더 길다는 이점이 있다.

2018년 세계 식물성 우유 시장은 2010년 74억 달러에서 163억 달러로 증가할 것으로 추정되었고, 2024년에는 세계 식물성 우유 시장규모가 100억 리터가 될 것으로 예상되기 때문에 2018년부터 2024년까지 매년 약 10%씩 성장할 것이다. 북미는 글로벌 시장점유율 25%로 식물성 우유의 글로벌 판매를 이끌어 왔다. 유럽의 비유제품 우유 시장은 2018년과 2023년 사이에 14.5%의 연평균 성장률을 기록할 것으로 예상된다. 중국, 일본, 인도, 한국을 포함한 아시아 태평양 지역도 2017년에서 2024년 사이에 13%의 높은 연평균 성장률을 기록할 것으로 예상된다.

대체 우유 세분시장의 성장으로 인해 식음료업계의 많은 기존 업체들이 브랜드 확장을 했다. 예를 들어 Quaker Oats회사는 2019년에 귀리 우유 브랜드를 출시할 것이라고 발표했다. 이러한 식물성 우유의 빠른 성장, 인기, 구매 용이성은 기존 유제품 우유 산업에 큰 위협이 된다. 전 세계 여러 시장에서 우유 소비가 지속적으로 감소함에 따라 유제품 우유 생산업체는 우유가 건강한 뼈와 치아를 위해 완전한 자연식품이기 때문에 식물성 대체품이 대신할 수 없다는 캠페인을 개발했다. 또한 그들은 식물기반 대체품이 우유로 표시되어 판매될 수 없다고 주장했다. 예를 들어, 유럽 연합의 유럽 사법 재판소의 기념비적인 판결에 따르면 우유, 버터, 치즈라는 단어를 사용한 식물성 또는 우유 대체 브랜드는 판매될 수 없다. 그러나 아몬드 우유, 코코넛 우유, 땅콩 버터와 같은 제품은 이 규칙에서 면제된다. 식물성 우유 생산자들은 고객을 속이지 않았다고 주장한다. 이러한 제품의 대부분은 공급원이나 성분에 따라 포지셔닝되고 고객의 선호도에 따라 다른 가치와 편익을 제공하기 때문이다.

유제품과 비유제품 생산업체 사이에 진행 중인 분쟁 중에 흥미로운 사례가 있다. 스웨덴에서 비유제품 브랜드 Oatly가 유제품 압력단체에 의해 법정에 제소되었다. 국가는 Oatly가 캠페인에서 '우유와 비슷하지만 인간을 위해 만들어졌습니다', '와우, 젖소는 안돼', '우유도, 콩도 아니야'와 같은 광고의 태그 라인을 통해 젖소를 건강에 해로운 것으로 비난한다고 주장했다.

압력단체가 대변하는 유제품 생산 집단의 합산 매출은 Oatly의 매출보다 200배나 많았지만 이 소송은 실제로 브랜드 매출을 크게 상승시키는 결과로 이어졌다. 1980년 두유 판매를 시작으로 다양한 유기농 및 비유기농 식물 기반 제품을 개발한 벨기에 기반 회사인 Alpro와 같이 많은 기업들이 고객에게 식물기반 제품을 제공하는 데 비전과 사명을 두고 있다. Alpro는 식물성 식품과 음료 옵션을 확장하는 데 있어 선도적으로 기여하는 회사가 되는 것을 목표로 한다. 이 회사의 비전은 더 많은 사람들이 식물에서 나온 재료를 사용한 식품을 섭취하는 세상을 보는 것이다. 또한 이 회사는 맛있고 자연스럽고 건강한 식물기반 영양식품을 제공함으로써 사람들이 먹는 음식을 바꾸고 싶다고 말한다.

식물성 우유 생산업체에게 Z세대와 밀레니얼 세대는 가장 수익성이 높은 인구통계 세분시장으로 보인다. 왜냐하면 일반적으로 이 세대 소비자들은 우유의 영양성분, 건강상의 이점과 위험, 동물 복지에 대한 인식과 관심이 높아서 기꺼이 이와 관련된 제품에 더 많이 지출하려는 의사를 보이기 때문이다. 유제품과 비유제품 산업 모두 소비자 선호도가 진화함에 따라 더 많은 변화를 경험할 것이다. 제품개발은 성공을 결정하는 핵심 요소가 될 것이다. 비유제품 시장은 계속해서 새로운 대체재료, 맛, 질감, 제조공식, 변형물을 찾고 있다. 비유제품 산업은 이 산업의 제품이 장기적으로 건강과 지속 가능성 측면에서 혜택을 준다는 것을 증명해야 할 것이다. 동시에 제품개발 및 소비자 행동에 더 많은 변화도 일으켜야 한다. 비유제품 산업 성장을 위한 또 다른 영역은 요구르트, 냉동 디저트, 아이스크림, 크리머, 치즈와 같은 제품에서 비유제품 재료를 사용하는 것이다.

한편, 전통적인 유제품 산업에서 중요했던 가격, 맛, 편리함 같은 가치는 웰빙, 건강, 안전, 사회적 영향과 같은 새로운 가치로 대체되고 있다. 유제품 산업은 더 혁신적일 필요가 있으며 소비자와 더 잘 연결될 제품으로 확장해야 한다. 예를 들어, 영국 최대 우유 생산업체 중 하나인 Arla는 영국, 싱가포르, 아랍에미리트 연합에서 탄산 우유 제품을 출시할 계획이다. 어떤 사람들은 이러한 제품이 밀레니얼 세대와 실험적인 음료 사용자 시장에서 나타난 탄산수와 향우유 트렌드를 성공적으로 활용할 수 있다고 예측한다. 일반적으로 향우유는

▶▶ 비유제품 세분시장은 우유 산업의 파생물로 시작했지만 이후 그 자체가 다양한 세분시장이 존재하는 거대한 산업이 되었다.

David L. Moore – Lifestyle/Alamy Stock Photo

유통 기한이 더 길기 때문에 식물성 우유와 경쟁하는 데 도움이 될 수 있다.

출처: Cathy Siegner "Consumers Reveal Why They Buy Plant-based Dairy Alternatives," Food Dive, February 15, 2015; https://www.fooddive.com/news/consumers-reveal-why-they-buy-plant-based-dairy-alternatives/516702/;Katarina Gustaffsson, "Oatly Riles Big Dairy," Bloomberg Business Week, May 14, 2015, https://www.bloomberg.com/news/articles/2015-05-14/swedishoat-milk-producer-benefits-from-dairy-industry-lawsuit; Thomas Campbell, "A Doctor's Thoughts on Choosing The Healthiest Plant-based Milk," Food Revolution Network, January 11, 2018, https://foodrevolution.org/blog/healthiest-plant-based-milk/; Gillian Phair, "Europe and U.S. See Significant Rise in Non-dairy Milk Substitutes," Futures Center, May 19, 2015, https://thefuturescentre.org/articles/3774/europe-and-us-see-significant-rise-non-dairy-milksubstitutes; Innova Market Insights, "Global Plant Milk Market to Top US $16Billion in 2018: Dairy Alternative Drinks Are Booming, Says Innova Market Insights," PR Newswire, June 13, 2017, https://www.prnewswire.com/newsreleases/global-plant-milk-market-to-top-us-16-billion-in-2018-dairy-alternative-drinks-are-booming-says-innova-market-insights-300472693.html; PBN Contributor, "EU Court Says Plant-Based Products Cannot Have 'Dairy-Style' Names," Plant Based News, June 15, 2017, https://www.plantbasednews.org/post/dairy-like-names-banned-for-vegan-products-within-eu; Katie Morley, "Is Carbonated Milk the Next Sparkling Water?", The Telegraph, September 23, 2017, https://www.telegraph.co.uk/news/2017/09/23/fizzy-milk-could-hit-supermarket-shelves-boost-milk-sales

몇 개의 서로 관련된 세분시장을 선택하기도 한다. L'Oréal은 뷰티 시장의 주요 세분시장을 선택하고 각 세분시장 내에서 하위 세분시장의 욕구에 부응한다. L'Oréal Luxe, 일반 소비재 제품, 전문품, 활성 화장품과 같은 L'Oréal의 주요 사업부들은 큰 세분시장을 목표로 한다. L'Oréal은 이런 주요 사업부 내에서 연령, 소득, 생활양식이 다른 소비자들의 욕구를 충족시키는 다양한 브랜드들을 가지고 있다. 예를 들어, 일반 소비재 제품 사업부는 Garnier, L'Oréal Paris, Maybelline New York, Essie, NYX 전문 메이크업과 같은 브랜드를 판매한다. 이와 마찬가지로 the L'Oréal Luxe 사업부는

Lancôme, Giorgio Armani, Urban Decay를 포함해서 15개 이상의 브랜드를 시장에 제공한다.

대부분의 기업들은 신규 시장을 개척할 때 세분시장 하나에 먼저 진입한다. 만약 그 시장에서 성공을 거두면 점차 세분시장의 수를 늘려가며, 결국 전체시장을 겨냥한다. 예를 들어, Southwest 항공은 50년 전에 텍사스와 미국 서남부 주의 2등급 공항의 일부를 선택하여 운항하고 기본 서비스만 제공하는 근거리 항공사로서 경쟁자들이 많은 항공 시장에 진입했다. Southwest 항공은 초기 성공을 바탕으로 미국 내 100개 지역과 10개 국가를 운항하는 국내 2위 항공사로 성장했다. 매출 210억 달러의 성공한 항공사는 45년 연속으로 이익을 남겼다.[12] 또한 식물성 우유 마케터들은 알레르기, 과민증, 특별 영양 공급 필요가 있는 우유 유제품 시장의 작은 세분시장을 목표로 사업을 시작했다. 건강, 운동, 생활양식에 대한 생각 변화로 이 세분시장은 계속 커졌고 많은 고객들을 확보했다(Marketing at Work 2.2 참조).

시장차별화와 시장포지셔닝

기업은 목표세분시장들을 결정한 다음 각 세분시장에 제공될 시장제공물을 어떻게 차별화하고 그 시장 내에서 차지하기를 원하는 경쟁적 포지션이 무엇인지를 결정해야 한다. 제품포지션은 소비자 마음속에서 경쟁사들과 비교하여 자사제품이 차지하는 위치를 말한다. 마케터들은 자사제품에 대해 독특한 시장포지션을 개발하고 싶어 한다. 만약 자사제품이 시장 내 다른 경쟁제품들과 차이가 없는 것으로 지각된다면 소비자는 자사제품을 구매해야 할 이유가 없을 것이다.

포지셔닝(positioning)
목표소비자의 마음속에 경쟁제품들과 비교하여 명확하고, 차별화되고, 바람직한 위치에 자사제품이 자리 잡도록 하는 노력

포지셔닝(positioning)이란 목표소비자의 마음속에 경쟁제품들과 비교하여 명확하고, 차별화되고, 바람직한 위치에 자사제품이 자리 잡도록 하는 노력을 말한다. 마케터들은 자사제품을 경쟁 브랜드들과 차별화시키고 목표시장 내에서 최대의 우위를 갖는 위치를 계획한다.

예를 들어, Volkswagen은 "작은 것이 좋은 것이라고 생각하세요(Think small)."라는 신념을 전달하고, L'Oréal은 "나는 소중하니까(Because I'm worth it)"라고 말한다. British Airways는 "전 세계가 좋아하는 항공사(The world's favorite airlines)"라고 주장하고 Huawei는 사람들에게 "가능하게 하라(Make it possible)."고 이야기하며 Siemens는 "생활을 위한 독창성(Ingenuity for life)"으로 자사를 포지셔닝한다. BMW는 "순전한 운전의 즐거움(Sheer driving pleasure)"을 약속하고 Adidas는 사람들에게 "불가능은 없습니다(Nothing is impossible)."라고 말한다.

이러한 간단명료한 서술문은 제품의 마케팅전략을 개발하는 토대가 된다.

예를 들어, 아디다스의 "불가능은 없습니다(Nothing is impossible)."라는 슬로건은 사람들이 경계를 넓히고 새로운 목표를 설정하여 위대함을 달성하도록 영감을 준다. 이 회사는 가장 영감을 주는 스포츠 의류와 운동화

>> **포지셔닝**: Adidas는 "불가능은 없다(Nothing is impossible)."는 이미지로 자사를 포지셔닝하려고 한다. 이러한 간단명료한 서술문은 기업 마케팅전략의 토대가 된다.

브랜드로 자리 매김하려고 한다. Adidas는 캠페인에서 펼쳐지는 이야기를 통해 운동선수와 비운동선수 모두에게 삶의 모든 발걸음에서 불가능한 것을 실현시킬 수 있음을 상기시킨다. Adidas는 노력이 부나 명성을 얻지 못하더라도 불가능해 보이는 것을 시도하는 행위를 강조한다.[13]

기업은 제품을 포지셔닝할 때 먼저 경쟁우위를 제공할 고객가치 차별점들에는 어떤 것이 있는지를 규명해야 하는데, 이는 제품포지션의 근간이 된다. 기업은 경쟁사보다 더 낮은 가격을 책정하거나 혹은 더 비싼 가격에 더 많은 혜택을 제공함으로써 더 높은 고객가치를 제공할 수 있다. 그러나 기업이 더 많은 가치를 제공하겠다고 약속한다면, 반드시 이를 전달해야 한다.

따라서 효과적 포지셔닝은 차별화에서 시작되는데, **차별화**(differentiation)는 고객들에게 더 많은 가치를 줄 수 있도록 실제로 기업의 시장제공물을 경쟁사와 차이가 나도록 하는 것이다. 성취하기를 원하는 포지션을 선택하면, 기업은 목표소비자들에게 그 포지션을 실제로 전달하고 이에 대해 커뮤니케이션하는 조치를 취해야 한다. 즉 기업의 마케팅프로그램이 선택된 포지셔닝전략을 지원해야 한다.

차별화(differentiation)
탁월한 고객가치를 창출하기 위해 실제로 기업의 시장제공물을 경쟁사와 차이가 나도록 하는 것

통합적 마케팅믹스의 개발

전반적 마케팅전략이 결정되면, 기업은 마케팅믹스를 구체적으로 계획하는 단계로 들어간다. **마케팅믹스**(marketing mix)는 기업이 목표시장의 고객들로부터 기대하는 반응을 창출하기 위해 사용하는 통제가능하고 전술적인 마케팅도구들의 집합이다. 마케팅믹스는 기업이 제품에 대한 수요에 영향을 미치기 위해 수행하는 모든 것을 포함하지만, 대체로 제품(product), 가격(price), 유통(place), 촉진(promotion)으로 구성되는 4P로 분류될 수 있다. 그림 2.5는 각 P에 속하는 구체적 마케팅도구들의 예를 보여준다.

마케팅믹스(marketing mix)
목표시장 내 고객들로부터 기업이 기대하는 반응을 만들어 내기 위해 사용하는 통제가능하고 전술적인 마케팅도구(제품, 가격, 유통, 촉진)의 집합

>> 그림 2.5 마케팅믹스의 4P

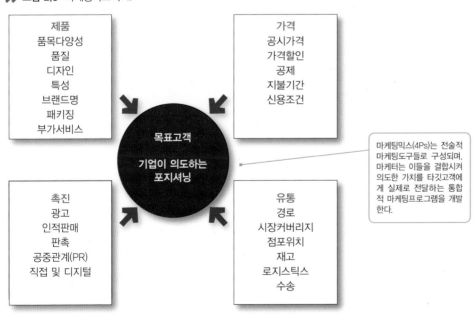

제품
품목다양성
품질
디자인
특성
브랜드명
패키징
부가서비스

가격
공시가격
가격할인
공제
지불기간
신용조건

목표고객
기업이 의도하는
포지셔닝

마케팅믹스(4Ps)는 전술적 마케팅도구들로 구성되며, 마케터는 이들을 결합시켜 의도한 가치를 타깃고객에게 실제로 전달하는 통합적 마케팅프로그램을 개발한다.

촉진
광고
인적판매
판촉
공중관계(PR)
직접 및 디지털

유통
경로
시장커버리지
점포위치
재고
로지스틱스
수송

● 제품은 기업이 목표시장에 제공하는 재화 및 서비스의 묶음을 의미한다. Ford 자동차의 Escape 승용차는 나사, 점화플러그, 피스톤, 헤드라이트 등 수천 가지 부품으로 구성되며, 몇 가지 유형의 Escape 모델들과 수십 가지 옵션들을 제공한다. 뿐만 아니라 승용차는 완벽한 구매 후 서비스와 보증을 제공하는데, 이것도 제품의 구성 요소에 포함된다.

● 가격은 제품을 획득한 대가로 지불해야 할 금액이다. Ford 자동차는 딜러가 각 Escape 모델에 책정할 권장소매가격을 산정한다. 그러나 Ford딜러들은 권장소매가격 그대로 받기보다는 가격할인, 보상판매(trade-in allowances), 신용공여 등의 제공을 통해 각 고객과 가격협상을 벌인다. 이러한 조치를 통해 현재 경쟁상황을 고려한 가격을 책정함으로써 구매자의 지각된 승용차가치에 맞추려고 한다.

● 유통은 목표소비자들이 제품을 쉽게 이용할 수 있도록 하는 기업활동을 말한다. Ford 자동차는 많은 수의 독립딜러들을 통해 다양한 승용차 모델들을 판매한다. Ford 자동차는 신중하게 딜러를 선정하고 이들에게 강력한 지원을 제공한다. 딜러들은 Ford 승용차들을 재고로 보유하고, 잠재구매자들에게 이들을 실연해 보이고, 가격을 협상하고, 판매를 종결하고, 판매 후 서비스를 제공한다.

● 촉진은 제품의 장점을 알리고 목표고객들이 자사제품을 구매하도록 설득하는 활동들을 말한다. Ford는 작년에 미국시장에서 회사와 제품에 대한 정보를 전달하기 위해 24억 달러 정도의 광고비를 지출했다.[14] 또한 각 딜러의 영업사원들은 잠재구매자들의 의사결정을 지원하고 Ford 승용차가 가장 우수하다고 그들을 설득한다. Ford 자동차와 딜러들은 세일, 현금 리베이트, 저이자율의 신용공여 등과 같은 구매유발 인센티브를 추가적으로 제공한다. 그리고 Ford는 Facebook, Twitter, YouTube 등의 소셜 미디어 플랫폼을 통해 소비자들이 자사 브랜드 및 브랜드 팬들과 관계를 맺도록 한다.

효과적 마케팅프로그램은 모든 마케팅믹스 구성요소를 잘 결합한 통합적 마케팅프로그램의 개발을 통해 고객가치를 전달함으로써 마케팅목표를 실현하는 것이다. 마케팅믹스는 목표시장 내에 강력한 포지션을 구축하는데 활용되는 전술적 도구들이다.

일부 비판자들은 4P를 지나치게 강조하는 것이 기업 내 일부 주요 마케팅활동의 중요성을 간과하게 한다고 지적한다. 예를 들어, '서비스는 4P 중 어디에 해당되는가?'라고 의문을 제기한다. 그러나 마케팅믹스 요소의 명칭이 P로 시작되지 않는다고 해서 해당 요소를 마케팅프로그램에서 제외시켜야 하는 것은 아니다. 은행, 항공, 소매서비스 등의 서비스들도 제품이기 때문에 그들을 서비스제품(service products)으로 부를 수 있을 것이다. 그러면 '패키징(packaging)은 어디에 해당되는가?'라는 의문이 제기될 수 있다. 마케터는 이에 대해 패키징을 많은 제품 의사결정 영역들 중 하나에 포함시킬 수 있다고 답할 수 있다.

그림 2.5는 마케팅믹스의 구성요소에서 제외된 것으로 보이는 많은 마케팅활동들이 4P 가운데 하나에 포함될 수 있다는 것을 보여준다. 중요한 것은 마케팅믹스를 4P, 6P, 혹은 10P로 보아야 하느냐의 문제가 아니라 어떤 개념 틀이 통합적 마케팅프로그램의 설계에 가장 유용하냐는 것이다.

그러나 4P에 대한 타당성이 있는 비판도 있는데, 이는 4P개념이 시장을 구매자의 관점이 아니라 판매사의 관점에서 본다는 주장이다. 오늘날과 같은 고객가치와 고객관계 시대에서 4P는 구매자의 관점에서 4A로 표현될 수 있다.[15]

4Ps	4As
제품(Product)	제품수용성(Acceptability)
가격(Price)	지불가능성(Affordability)
유통(Place)	접근가능성(Accessibility)
촉진(Promotion)	제품인지도(Awareness)

이와 같이 보다 고객지향적인 틀에서 보면 제품수용성(acceptability)은 제품이 고객의 기대를 얼마나 충족시키는지를 말하며, 지불가능성(affordability)은 고객들이 어느 정도 제품가격을 기꺼이 지불하려고 하고 지불할 수 있는지를 말한다. 접근용이성(accessibility)은 고객들이 어느 정도 제품을 쉽게 구입할 수 있는지를 말하며, 제품인지도(awareness)는 고객들에게 어느 정도 제품특성에 관한 정보를 제공하고, 시용해보도록 설득하고, 재구매하도록 상기시켰는지를 말한다. 이러한 4A는 전통적인 4P와 밀접한 관련이 있다. 제품디자인은 제품수용성에 영향을 주고, 가격은 지불가능성에, 유통은 접근용이성에, 그리고 촉진은 제품인지도에 영향을 준다. 마케터들은 4A의 관점에서 먼저 생각한 다음 이에 상응한 4P를 개발하는 것이 바람직하다.

마케팅 노력의 관리

저자 코멘트
지금까지 우리는 마케팅관리에서 마케팅 부분에 대해 초점을 맞춰 설명했는데, 이제부터는 관리에 대해 살펴보기로 한다.

마케팅관리를 잘한다는 것은 마케팅도 잘해야 하지만 관리를 잘해야 하는 것도 포함한다. 마케팅과정을 관리함에 있어 기업은 4가지 마케팅관리 기능(marketing management function)이 필요한데, 이에는 분석(analysis), 계획수립(planning), 실행(implementation), 통제(control)가 포함된다(그림 2.6 참조). 기업은 먼저 기업전반의 전략계획을 개발한 다음 이를 각 사업부서, 제품, 브랜드 마케팅계획 및 기타 기능별 계획으로 전환시킨다. 기업의 마케팅계획은 실행을 통해 실제적 행동으로 전환된다.

수립된 계획과 실행 간의 일관성은 통제를 통해 유지되는데, 통제는 마케팅활동의 결과를 측정·평가하고 필요한 수정조치를 취하는 것이다. 최종적으로 마케팅 분석은 계획

≫ 그림 2.6 마케팅 분석, 계획수립, 실행, 그리고 통제

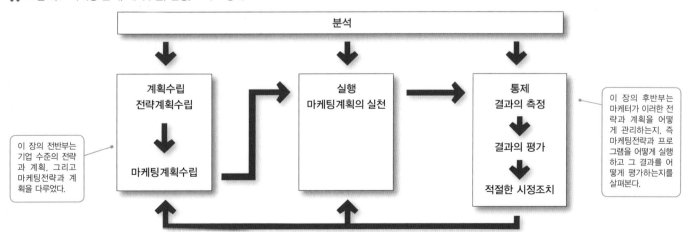

수립, 실행, 통제에 필요한 정보와 이에 대한 평가를 제공하는 것이다.

마케팅 분석

SWOT분석(SWOT analysis)
기업의 강점, 약점, 기회, 위협을 평가하는 것

마케팅기능의 관리는 기업상황의 철저한 분석에서 시작된다. 마케터는 **SWOT분석** (SWOT analysis)을 실시해야 하는데, 이는 회사의 강점, 약점, 기회, 위협을 평가하는 것이다(그림 2.7 참조).

>> 그림 2.7 SWOT분석

SWOT분석의 목적은 환경에서의 매력적인 기회에 자사의 강점을 맞추면서 자사의 약점을 제거하거나 극복하고 환경에서의 위협을 최소화하는 것이다.

내부요인

외부요인

강점
목표실현에
도움이 되는 내부역량

약점
목표실현을 방해하는
내부 제약요소들

기회
자사에 유리하게
이용할 수 있는
외부요인들

위협
기업성과에 부정적 영향을
미칠 가능성이 있는
외부요인들

긍정적   부정적

SWOT(스왓)분석은 상황분석을 수행하는 데 널리 이용되는 도구이다. 여러분은 이 분석방법을 앞으로 자주 사용하게 될 것이다. 특히 기업사례를 분석할 때 그럴 것이다.

강점은 기업이 고객을 잘 상대하여 원하는 목표를 달성하는데 도움이 되는 기업내부 역량, 자원, 긍정적 상황요인 등을 포함한다. 약점은 사업성과를 달성하는데 방해가 되는 내부적 제약 요소들과 부정적 상황요인들을 포함한다. 기회는 기업이 자사에 유리하게 활용할 수 있는 긍정적 외부 환경요인들 혹은 추세들을 말하며, 위협은 기업성과의 달성에 위협이 될 부정적 외부환경 요인들 혹은 추세들을 말한다.

기업은 시장 및 마케팅환경의 분석을 통해 매력적인 기회를 발견하고 환경적 위협을 파악해야 한다. 또한 어떤 기회를 활용하는 것이 최선인지를 결정하기 위해 현재 및 가능한 마케팅 조치뿐 아니라 기업의 강·약점을 분석해야 한다. 이러한 분석의 목적은 기업강점을 살려 매력적인 기회를 자사의 것으로 만들고, 약점은 제거·극복하고 환경 내 위협을 최소화하는 것이다. 마케팅 분석은 다른 마케팅관리 기능들에 제공된다. 마케팅 분석은 3장에서 보다 자세히 다루어질 것이다.

마케팅계획수립

전략계획수립을 통해 기업은 각 사업단위에 대해 어느 정도의 지원을 해야 할지를 결정한다. 마케팅계획수립은 기업의 전반적 전략목표와 전략계획의 실현을 돕기 위한 마케팅 전략을 개발하는 것인데, 마케터는 각 사업단위, 제품, 혹은 브랜드별 구체적 마케팅계획을 수립해야 한다. 마케팅계획이 어떤 구성요소를 갖추어야 하는지에 대해서는 제품 혹은 브랜드에 대한 마케팅계획에 초점을 맞추어 설명하기로 한다.

표 2.2는 제품 혹은 브랜드의 마케팅계획을 구성하는 주요 요소들을 보여준다. 계획은 경영자용 요약보고서(executive summary)로 시작되는데, 이는 상황에 대한 평가, 주요 마케팅목표, 실행방안 등을 포함한다. 다음으로 마케팅계획은 자세한 SWOT분석을 통해 잠재적 위협과 기회, 그리고 현재의 마케팅상황을 다루는 부분을 포함한다. 그 다음으로 마케팅계획은 브랜드가 달성해야 할 주요 목표들을 서술하고, 이를 실현하기

표 2.2	마케팅계획(기획서)의 구성내용

구성요소	목적
경영자용 요약	주요 마케팅목표와 주요 전략대안을 간단히 요약한 것으로, 최고경영자가 계획의 요점을 빨리 확인하는 데 도움을 주는 데 그 목적이 있다. 계획서의 내용은 경영자용 요약에 따라 서술되어야 한다.
현 마케팅상황	목표시장 및 시장 내 자사포지션을 서술하며 시장, 제품성과, 경쟁사, 유통 등에 대한 정보도 포함한다. • 시장분석: 시장과 주요 세분시장을 정의하고, 고객의 구매에 영향을 줄 고객욕구와 주요 마케팅환경요인들을 검토한다. • 제품현황검토: 제품라인을 구성하는 주요 제품의 매출, 가격, 총마진들을 포함한다. • 경쟁 검토: 주요 경쟁자들을 파악하고 경쟁자의 시장위치와 제품품질, 가격, 유통, 촉진전략을 평가한다. • 유통상황 검토: 주요 유통경로별 최근 매출추세와 기타 전개상황 등을 평가한다.
위협·기회 분석	제품성과에 영향을 미칠 주요 위협 및 기회요인들을 평가하는데, 이는 경영자들이 기업 및 기업의 전략에 영향을 미칠 가능성이 있는 긍정적·부정적 주요 환경요인을 예상하는 데 도움을 준다.
마케팅목표와 주요 이슈	계획기간 내에 달성해야 할 마케팅목표를 서술하고 이의 달성에 영향을 줄 핵심이슈에 대해 언급한다. 이 목표를 달성하기 위해 고려해야 할 내용들이 무엇인지를 언급한다.
마케팅전략	사업단위가 마케팅목표를 달성하기 위해 고려해야 할 전반적인 마케팅 방향을 다루는데, 목표시장, 포지셔닝 그리고 마케팅비용 지출수준 등에 대해 구체적으로 언급한다. 또한 포지션 달성을 위한 각 마케팅믹스 요소별 구체적 전략대안을 요약하고, 각 전략대안이 계획의 전반부에서 언급한 위협, 기회, 핵심이슈에 어떻게 대처하는지에 대해서도 설명한다.
행동프로그램	마케팅전략을 실천할 구체적인 행동프로그램에 대해 서술하는데, 누가, 어떤 조치를, 언제, 얼마의 비용으로 수행할 것인지에 관한 내용을 포함한다.
예산	마케팅활동을 지원할 마케팅예산 내역에 대해 언급하는데, 이는 예상 손익계산서로 볼 수 있다. 이는 예상수입(예상 판매량, 평균 판매가격) 및 예상비용(생산비용, 유통비용, 마케팅비용 등), 그리고 그 차이인 예상이익을 보여 준다. 경영층의 재가를 받으면 이는 원자재구매, 생산스케줄링, 인사계획, 마케팅활동의 토대가 된다.
통제	활동의 진행과정을 모니터링하고 경영자들이 실행결과를 검토하고 목표달성에 어려움이 있는 제품들을 파악할 수 있게 한다. 마케팅 투자수익률의 측정에 대해서도 언급한다.

위한 마케팅전략의 구체적 내용을 요약한다.

마케팅전략은 목표시장, 포지셔닝, 마케팅믹스, 마케팅비용지출 수준 등에 관한 것을 포함한다. 즉 마케팅전략은 기업이 기대하는 가치를 얻기 위해 목표고객을 위한 가치를 어떻게 창출할 것인가를 요약정리한 것이다. 이 부분에서 계획수립 담당자는 계획서의 전반부에 언급되었던 위협, 기회, 핵심이슈에 대처하기 위한 각 전략대안을 서술한다. 뒤이어 마케팅계획은 마케팅전략을 실행하기 위한 구체적 활동프로그램과 이를 지원하기 위한 마케팅예산을 다루는 부분을 포함한다. 마케팅계획(서)의 마지막 부분은 마케팅활동을 어떻게 통제할 것인지를 다루는데, 이는 활동상황을 모니터링하고, 마케팅 투자수익률을 측정하고, 적절한 시정조치를 취하기 위해 활용된다.

마케팅 실행

좋은 전략을 수립하는 것은 성공적인 마케팅을 위한 출발점일 뿐이다. 아무리 훌륭한 마케팅전략이라고 하더라도 이를 잘 실행하지 못하면 아무 소용이 없다. **마케팅 실행** (marketing implementation)은 마케팅목표를 달성하기 위해 마케팅계획을 마케팅행동으로 전환시키는 과정이다. 마케팅계획수립은 어떤 마케팅활동을 왜 고려해야 하는지를 나누는 반면 실행은 누가, 어디서, 언제, 어떻게 등의 내용을 다룬다.

마케팅 실행(marketing implementation) 마케팅목표를 달성하기 위해 마케팅전략과 계획을 마케팅활동으로 전환시키는 과정

많은 관리자들이 '올바른 일을 하는 것(전략수립)' 못지않게 '일을 올바르게 수행하는 것'(실행)도 중요하다고 생각한다.

실제로 두 가지 모두가 성공을 거두는데 중요하며, 기업은 효과적인 실행을 통해 경쟁 우위를 달성할 수 있다. 어떤 기업이 다른 기업들과 동일한 전략을 가지더라도 더 신속하거나 나은 실행을 통해 시장에서 승리를 거둘 수 있다. 문제는 실행이 어렵다는 것인데, 좋은 마케팅전략을 생각해내는 것이 이를 잘 실행하는 것 보다 더 쉬울 수 있다.

세계가 하나로 연결되어 가는 현시점에서, 마케팅시스템을 구성하는 모든 사람들은 마케팅전략과 마케팅계획을 실행하는 과정에서 함께 협력해야 한다. 예를 들어, John Deere사는 주택용, 상업용, 농업용, 산업용 장비 등 자사의 여러 제품들에 대한 마케팅계획을 실행함에 있어 기업 내·외부의 수천 명의 사람들이 내리는 일상적인 의사결정과 조치들의 도움을 필요로 한다. 마케팅관리자들은 목표세분시장, 브랜딩, 패키징, 가격책정, 촉진활동, 유통 등에 관한 의사결정을 내린다. 그들은 제품설계와 관련하여 엔지니어들과 상의하고, 생산/재고수준과 관련하여 생산담당자들과, 그리고 자금조달과 현금흐름과 관련하여 재무부서와 상의한다. 또한 그들은 기업 외부사람들과도 접촉하는데, 광고캠페인 계획을 수립하기 위해 광고대행사와 접촉하거나 홍보지원을 얻기 위해 언론사와 접촉하는 것 등이 이에 해당된다. 또한 영업사원들은 John Deere 독립딜러와 Lowe's 같은 대형 소매업체들에게 주택용, 농업용, 산업용 장비를 구입하는 고객들을 설득하도록 부탁하고 지원한다.

마케팅부서의 조직

기업은 마케팅전략과 마케팅계획을 실행하기 위해 마케팅조직을 설계해야 한다. 기업의 규모가 작다면 한 사람이 시장조사, 판매, 광고, 고객서비스 등의 모든 마케팅활동을 수행할 수 있다. 기업의 규모가 확대됨에 따라 마케팅활동계획을 수립하고 이를 실천해야 할 마케팅부서가 도입된다. 대기업의 경우 마케팅부서는 많은 전문가들로 구성되는데, 마케팅부서는 제품·시장관리자, 판매관리자 및 영업사원, 시장조사담당자, 광고담당자 등의 여러 전문가들을 갖고 있다. 이에 따라 많은 기업들이 큰 규모의 마케팅조직을 책임질 CMO(Chief Marketing Officer) 직책을 도입하고 있다. CMO는 기업전체의 마케팅운영을 책임지며 기업의 최고경영진에서 마케팅을 대표한다. CMO는 COO(최고운영책임자), CFO(최고재무책임자) 등 다른 C수준 경영진과 대등한 수준에서 마케팅을 대표한다.

최고 경영진의 일원으로서 CMO의 역할은 고객의 목적을 옹호하는 것이다. 이를 위해 많은 회사에서 최고 마케팅 담당자를 "Chief Customer Experience Officer" 또는 "Chief Customer Value Officer"라고 부른다. 한 마케팅 분석가는 "오늘날 고객 경험은 비즈니스 전략과 일치해야 합니다. CMO는 회사 전체에서 이러한 프로그램을 추진할 수 있는 최고의 후보입니다. CMO는 마케팅 캠페인의

▶▶ 마케터들은 분석, 실행, 통제업무를 끊임없이 계획해야 한다.

Dmitriy Shironosov/123 RF

근 그림을 만드는 것만이 아니라 고객 경험 전체를 책임집니다."라고 말한다.[16] 마케팅부서는 몇 가지 방식으로 구성될 수 있다. 가장 흔히 볼 수 있는 마케팅조직유형은 기능별 마케팅조직(functional organization)인데, 이는 판매관리자, 광고관리자, 마케팅조사관리자, 고객서비스관리자, 신제품 관리자 등으로 구성된다.

국내시장과 해외시장을 상대로 판매하는 기업들은 흔히 지리적 조직(geographic organization)을 도입한다.

지리적 조직은 영업 및 마케팅 담당자들을 국가, 지역, 지구별로 할당하는 것이다. 지리적 조직은 영업사원들이 특정 지역을 전담하고, 그 지역의 고객을 잘 알게 하고, 이동시간과 비용을 최소화시킨다. 매우 다른 여러 제품들 혹은 브랜드들을 보유한 기업은 제품관리조직(product management organization)을 도입하기도 한다. 이 조직은 제품관리자로 하여금 특정 제품 혹은 브랜드에 대한 전략과 마케팅프로그램을 개발·실행하는 것을 전담하도록 한다.

한 제품라인을 서로 다른 유형의 여러 시장과 고객들에게 판매하는 기업은 각 시장(고객)의 서로 다른 욕구와 선호에 대응하기 위해 시장 또는 고객관리조직(market or customer management organization)을 도입하는 것이 효과적일 수 있다.

시장관리조직은 제품관리조직과 유사한데, 시장관리자가 자신이 맡은 특정 시장 혹은 고객에 대한 마케팅전략과 마케팅계획을 책임지도록 한다. 이 조직의 장점은 각 세분시장의 구체적 욕구에 맞추어 영업조직을 구성한다는 것이다.

서로 다른 여러 제품들을 가지고 서로 다른 복수의 지역/고객시장들을 상대로 판매하는 대기업들은 대체로 기능적, 지역별, 제품관리 그리고 시장관리조직이 결합된 복합조직유형을 도입한다.

최근 들어 마케팅조직은 갈수록 주요 경영이슈로 부각되고 있다. 많은 기업들이 브랜드관리에 초점을 맞추는 것에서 고객관리에 관심을 기울이는 방향으로 전환하고 있다. 즉 단순히 제품 혹은 브랜드 수익성을 관리하는 것에서 고객수익성과 고객자산을 관리하는데 역점을 두는 것으로 전환하고 있는 것이다. 그들은 자신들이 브랜드포트폴리오를 관리하는 것이 아니라 고객 포트폴리오를 관리하는 것으로 생각한다. 그리고 브랜드를 관리하는 것이 아니라 고객-브랜드 경험과 고객관계를 관리하는 것으로 생각한다.

마케팅통제

마케팅계획의 실행과정에서 예상치 않은 많은 일들이 발생하기 때문에 마케팅부서는 지속적인 마케팅통제를 실시해야 한다. **마케팅통제**(marketing control)는 마케팅전략 및 계획의 실행 결과를 평가하고, 마케팅목표가 성취될 수 있도록 시정조치를 취하는 것이다. 마케팅통제는 4단계로 구성된다. 관리자는 먼저 구체적인 마케팅 세부목표들을 설정한다. 두 번째와 세 번째 단계는 실제의 마케팅성과를 측정하고, 기대성과와 실제성과 간의 차이가 발생한 원인들을 평가하는 것이다. 마지막으로 관리자는 마케팅목표와 실제성과 간의 차이를 해소시킬 시정조치를 취한다. 이러한 과정은 행동프로그램 혹은 마케팅목표의 수정을 필요로 할 수 있다.

전술(마케팅업무)통제(operating control)는 연간 마케팅계획에 대비한 실제성과를 지속적으로 확인하고 필요할 때마다 시정조치를 취하는 것이다. 전술통제의 목적은 연간계획에서 결정된 판매, 이익 등의 목표를 확신하게 성취하도록 하는 것이다. 또한 각

마케팅통제(marketing control)
마케팅전략 및 계획의 실행결과를 평가하고, 마케팅목표가 성취될 수 있도록 시정조치를 취하는 것

제품, 영업지역, 시장, 유통경로별 수익성을 관리하는 것도 포함한다.

전략통제(strategic control)는 기업의 기본전략들이 시장기회에 잘 부응하는지를 검토하는 것이다. 마케팅전략과 마케팅프로그램은 도입된 지 얼마 안 되어 환경변화를 따라잡지 못할 수 있으므로 기업은 정기적으로 시장에 대한 전반적인 접근방법을 재평가해야 한다.

마케팅 투자수익률의 측정과 관리

마케팅관리자는 마케팅비용이 제대로 사용되는지를 확인해야 한다. 많은 마케터들이 종종 마케팅지출에 의해 실현된 재무적 성과를 신중히 검토하지 않은 상태에서 큰 규모의 마케팅예산을 자유롭게 사용해왔다. 그들은 브랜드와 소비자 선호도의 구축이라는 전반적인 목표를 내세웠다. 그들은 마케팅활동이 무형의 창의적인 성과를 산출하기 때문에 이의 생산성 혹은 수익률을 측정하기 어렵다고 믿었다.

그러나 보다 어려워진 경제상황에서 모든 것이 변하고 있다. 방만하게 자금을 사용했던 시절은 지나가고 마케팅성과의 측정을 요구하는 시대로 들어섰다. 이제 마케터들은 마케팅전략과 전술이 마케팅 성과로 어떻게 연결되었는지를 설명해줄 것을 요구받고 있다.

마케팅성과를 측정하는 주요 지표 중 하나가 마케팅 투자수익률이다.

마케팅 투자수익률(return on marketing investment 혹은 marketing ROI)은 마케팅투자에 의해 발생된 순수익을 마케팅투자비용으로 나눈 것인데, 마케팅활동에 투자함으로써 발생된 이익수준을 측정한다.

마케팅 투자수익률
(return on marketing investment)
마케팅 투자의 순수익을 마케팅 투자비용으로 나눈 값

사실 마케팅수익률을 측정하는 것은 어려울 수 있다. ROI를 측정함에 있어 R과 I 모두 화폐단위로 측정한다. 예를 들어, 설비를 구입할 경우에는 설비구입으로 인한 생산성 향상은 측정하기 매우 쉽다. 그러나 마케팅 ROI에 대해서는 명확한 정의가 아직 존재하지 않는다. 가령, 소비자관여, 광고, 브랜드구축의 효과를 돈으로 환산하기는 쉽지 않다.

기업은 브랜드인지도, 매출, 시장점유율 등의 전통적인 마케팅성과척도를 근거로 하여 마케팅수익률을 평가할 수 있다. 많은 기업들이 이러한 성과척도들을 모아 마케팅 성과표(marketing dashboards)를 작성하는데, 마케팅 성과표는 마케팅성과를 모니터링하기 위해 의미 있는 마케팅성과척도들을 하나의 표로 정리한 것이다. 자동차성능표가 운전자들에게 구매한 승용차의 성능에 대한 자세한 내용을 보여주듯이, 마케팅 성과표는 마케팅관리자들에게 마케팅전략을 평가·조정하는데 필요한 구체적 성과척도들을 제공한다. 가령 VF사는 Wrangler, Lee, The North Face, Vans, Nautica, 7 For All Mankind, Timberland 등 30개의 라이프스타일 의류브랜드 성과를 추적하는데 마케팅 성과표를 활용한다.

VF의 마케팅 성과표는 전 세계 주요시장에서의 브랜드자산과 추세, 시장점유율, 온라인 정서, 마케팅 투자수익률 등을 추적하는데, 이는 VF 브랜드뿐 아니라 경쟁브랜드도 포함한다.[17]

그러나 마케터는 표준성과 측정을 넘어 점차적으로 고객획득, 고객참여, 고객경험, 고객유지, 고객 평생가치, 고객자산과 같은 고객 중심 마케팅 영향 측정을 사용하고 있다. 이러한 측정도구들은 현재 마케팅 성과뿐 아니라 고객 관계 강화를 통해 얻는 미래성과도 포착한다. 그림 2.8은 마케팅지출을 수익성 있는 고객관계라는 유형의 수익률을 발생

시키는 투사로 본다.[18]

마케팅투자는 고객가치와 고객참여, 고객만족 향상으로 이어지고, 이는 다시 신고객 유인과 기존고객 유지를 증대시킨다. 이는 다시 개별고객의 생애가치 및 기업의 전반적 고객가치를 증가시킨다. 마케팅투자비용과 비교된 고객자산증가가 마케팅 투자수익률을 결정한다.

한 최고 마케팅 책임자(chief marketing officer)는 다음과 같이 말한다. "마케터는 보다 심도있는 관계 측정도구를 사용해야 합니다. 이 측정도구들을 통해 지출하고 있는 돈으로 고객참여를 높이고 궁극적으로 구매행동과 매출을 발생시키는 다양한 마케팅 프로그램의 효과를 파악할 수 있습니다."[19]

>> 그림 2.8 마케팅 투자수익률

출처: Adapted from Roland T. Rust, Katherine N. Lemon, and Valerie A.Zeithaml,"Return on Marketing: Using Consumer Equity to Focus Marketing Strategy," Journal of Marketing, January 2004, p.112. Used with permisson.

매출 혹은 점유율 같은 표준적인 성과측정치에 의해 마케팅 투자수익률을 측정하는 것뿐 아니라 많은 기업이 고객만족, 고객유지, 고객자산과 같은 고객관계 측정치를 사용하고 있다. 이들은 측정하기가 더 어렵지만 현재 및 미래 성과를 포착한다.

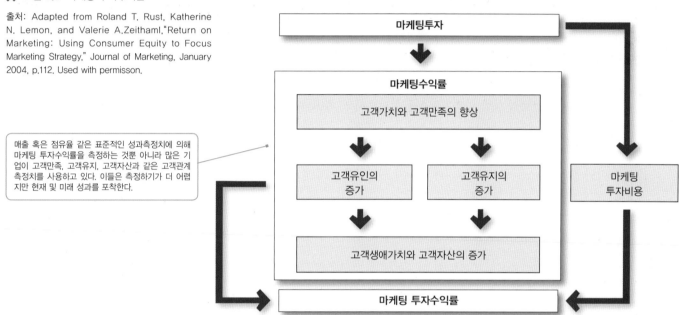

토의문제

1. 기업 전체의 전략계획수립 과정에서 마케팅의 역할이 무엇인지 토의하시오.
2. 기업은 사업 포트폴리오를 어떻게 평가하고 분석하는가?
3. 가치체인과 가치전달 네트워크의 차이를 설명하시오.
4. 기업들이 효과적인 마케팅전략을 실행할 때 왜 시장세분화, 목표시장 선정, 차별화, 포지셔닝을 사용하는가?
5. 신규 브랜드 생산업체가 어떻게 세분시장을 정의하고 목표시장 선정 전략을 수립하는지 설명하시오.
6. 다섯 가지 마케팅 관리기능을 설명하시오. 이 기능들은 어떻게 서로 관련되어 있는가?

비판적 사고 연습

1. www.kellogs.com을 접속해서 Kellogg가 제공하는 브랜드를 살펴보시오. BCG 성장-점유율 매트릭스를 사용하여 10개 브랜드를 스타, 물음표, 자금젖소, 개로 분류해 보시오. 4개의 사분면에 적합하다고 생각되는 제품을 하나 이상 찾고 이에 대해 설명해 보시오.
2. 일본 의류 브랜드 유니클로의 통합 마케팅믹스를 살펴보시오. 주요 마케팅믹스 요소는 무엇인가? 브랜드, 서비스, IMC는 어떤가?
3. (a) USAA, (b) 유나이티드 항공, (c) 사우스 캐롤라이나 주립대학, (d) IKEA의 사명문을 찾아보시오. 좋은 사명문 작성기준을 사용하여 각 사명문을 평가하시오. 각 조직의 사명문을 어떻게 개선해야 하는가?

마케팅환경의 분석

학습목표

▶ **1** 고객을 대하는 회사의 능력에 영향을 미치는 환경적 요인들을 기술한다.

▶ **2** 인구통계적, 경제적 환경이 어떻게 마케팅 의사결정에 영향을 미치는 지를 설명한다.

▶ **3** 회사의 자연적 및 기술적 환경의 주요 추세를 확인한다.

▶ **4** 정치적 및 문화적 환경에 있어서 주요 변화를 설명한다.

▶ **5** 회사가 마케팅환경에 어떻게 반응해야 하는가를 논의한다.

개관

지금까지 여러분은 마케팅의 기본개념과 표적고객을 관여시키고 이들과 수익을 낳는 관계를 구축하기 위한 마케팅 과정의 단계에 관하여 배웠다. 이제 2부에서 우리는 시장과 소비자 욕구를 이해하기 위해 마케팅 과정의 첫 번째 단계를 자세히 소개할 것이다. 3장에서 여러분은 마케팅이 외부와 차단된 진공상태가 아닌 매우 복잡하고 변화하는 환경에서 작용하고 있다는 것을 발견할 것이다. 공급자, 중간상, 고객, 경쟁자, 공공기관 등과 같은 구성원들은 회사와 함께 활동하거나 회사의 이익에 반하여 활동하기도 한다. 인구통계적 요인, 경제적 요인, 자연적 요인, 기술적 요인, 정치적 요인, 문화적 요인으로 구성되는 주요 환경요인들은 기업에 마케팅 기회를 제공하기도 하고 위협을 주기도 하며, 기업이 고객을 대하고 그들과의 장기적인 관계를 발전시키는데 영향을 미친다. 여러분이 마케팅을 이해하고 효과적인 마케팅전략을 수립하기 위해서는 무엇보다도 먼저 마케팅이 수행되고 있는 환경을 이해하여야 한다.

먼저 우리는 세계에서 가장 큰 전자회사 중 하나이고 가장 인정받고 존경받는 브랜드 중 하나인 Philips를 살펴보자. 그들의 형광제품은 전 세계의 가정에서 찾아볼 수 있다. 하지만 Philips Lighting이 영업하고 있는 시장은 끊임없이 변하고 있다. 이 유명한 회사는 마케팅환경에 영향을 미치는 요인들에 대한 지속적이고 세밀한 평가가 가장 중요함을 발견하였다.

Philips: 중동지역의 마케팅환경 분석

Koninklijke Philips N.V.는 1891년 Anton과 Gerard Philips가 네덜란드 에인트호번(Eindhoven)에서 탄소 필라멘트 램프를 제조하기 위해 설립한 회사다. 그들의 첫 번째 주요 고객 중에는 초기 전기 회사들이 있었는데, 그들은 전력 공급 계약에 램프 공급을 포함시켰다. 현재 Philips로 더 잘 알려진 이 회사는 세계에서 가장 큰 전자회사 중 하나이며 세계에서 가장 존경 받는 브랜드 중 하나이다. 그것은 세계적인 기업으로 발전했고 오늘날 전 세계적으로 7만 4천 명의 직원을 고용하고 있다.

의료 영상검사, 환자 모니터링 시스템, 에너지 효율적인 조명, 개인 웰빙을 위한 라이프스타일 솔루션 분야의 선두주자인 Philips는 75개국에서 5만 개 이상의 제품을 생산하고 있으며, 이곳에서 판매 및 서비스 아울렛도 운영하고 있다. 2017년에 이 회사는 79억 달러의 매출을 발표했다. 그러나 Philips는 또한 그 뿌리를 충실히 지켰다. 오늘날, 이 회사는 조명 제품 제조 분야에서 두 번째로 큰 회사이다.

2014년 9월 23일, Philips는 특정 고객층에 대한 공급을 더 맞춤화하고 Philips 브랜드를 강화하기 위해 헬스케어 사업과 조명 사업을 두 개의 새로운 회사로 분리할 것이라고 발표했다. 글로벌 리더로서의 입지를 강화하고 인접 시장 기회를 포착하는 것이 목표였다. 1980년대 이후 Philips는 현지의 상대적 소규모의 기업을 매입해 조명 분야에 집중했으며 Dubai에 기반을 둔 Lite-Tech, 중국 Xiaomi, LG와 같은 회사들과 함께 다양한 합작법인을 개발했다. 오늘날, Philips Lighting은 세계 조명 시장에서 2위로 Osram, Halonix, Crompton 등 경쟁업체보다 앞서 있다. 2017년 마지막 분기 동안 Philips는 재래식 램프 판매가 18.4% 감소했고, LED 전자제품이 5.1%, 전문가용이 11.2%, 가정용이 37.3% 증가했다고 보고했다. 한 해 동안 램프 판매는 18.6% 감소했고, LED는 13.8%, 전문가용은 4.6%, 가정용 판매는 26.5% 증가했다.

Philips는 127년 동안 라디오, 오디오 카세트, 비디오 카세트 리코더(VCR), 컴팩트 디스크(CD), 디지털 다용도 디스크(DVD) 등의 제품으로 혁신을 선도해 왔다. Philips가 시장에서 성공하기 위해서는 마케팅환경을 신중하고 지속적으로 분석해야 한다. 세기가 끝날 무렵, Philips는 회사의 핵심 시장 중 하나로 여겨진 중동 지역 전체를 위한 새롭고 일관된 마케팅전략이 필요했다. 거시경제적 요인과 지역 선호도를 더 잘 다루기 위해 Philips는 그 지역을 위해 더 통합적이고 덜 세분화된 마케팅전략을 개발하기를 원했다.

Philips는 먼저 한 나라의 조명 수요와 1인당 GDP를 상관관계로 하는 통계적 모델을 사용하여 이 지역의 가장 중요한 시장을 알아내려고 했다. 그 회사는 GDP 성장률 데이터와 그에 상응하는 매출 수치를 면밀히 분석한 후 이러한 상관관계를 확인했다. Philips는 대리점 및 유통업체와의 거래에서 국가의 시장 규모에 대한 정보에 크게 의존했으며 후자의 추정치의 정확성을 확인할 방법이 필요했다. Philips는 이 모델을 통해 램프와 전구는 한 나라의 가장 기본적인 필요조건이므로, 한

» Philips가 LED와 같은 에너지 효율적인 제품에 대한 수요와 같은 시장 요구에 대한 분석을 통해 이 지역의 지속적인 성장을 견인했다.

Sergiy Palamarchuk/Alamy Stock Photo

나라가 발전하기 시작하자마자(이는 GDP의 증가로 나타남), 이러한 기본적인 필요성은 증가한다는 것을 발견했다. 그러나, 국가의 부가 증가함에 따라, 기본적인 조명의 수요는 경제발전의 후기에는 다 맞추어지기 때문에, 수요의 증가세가 둔화된다.

Philips Lighting은 가장 매력적인 시장을 찾기 위해 이 모델을 활용해 인구, GNP 성장, 1인당 GNP를 담은 중동 시장 자료와 결합했다. 그들은 1인당 조명 수요에 한 나라의 주민 수를 곱했다. 그 지역을 살펴보면, 적은 인구에도 불구하고, 이스라엘과 쿠웨이트가 1인당 GDP가 가장 높았고, 이라크와 이란은 조명을 위한 큰 시장이었고(지금도 그러하지만), 그들의 정치적 상황은 큰 골칫거리였다. 시장 규모만이 시장을 선택하는 기준이 아니라, 이 모델은 지역의 Philips 시장점유율을 어떻게 늘릴 것인가에 대한 대리점 및 유통업체와의 논의의 출발점으로 이용되었다.

오늘날 조명 시장은 여러 요인에 의해 영향을 받고 있는데, 그 중 세 가지가 특히 중요하다. 첫째는 거시경제 상황인데, 물가상승률과 GDP와 같은 요인에 의해 영향을 받아 형성되며, 새로운 건설과 결과적으로 조명설비의 수에 영향을 미친다. 이러한 핵심동인은 Philips에 의해 그 모델에서 중동 시장을 면밀히 조사하기 위한 주요 지표로 활용되었다. 이에 사용된 또 다른 중요한 요소는 국가별 에너지 효율 규제와 에너지 인식의 증가였는데, 이들은 미래 조명 제품의 목록을 재정의하고 있다. 영국에서는 2018년 4월에 새로운 에너지 효율 규제가 시행

> **Philips Lighting은 조명 분야의 세계 1위 회사이다. 하지만 마케팅환경이 지속적으로 변화함에 따라, Philips는 변화의 다양한 원인을 분석하는 것이 현재와 미래의 변화를 이해하는 데 있어서 필수적이라는 것을 깨달았다.**

되었다. 민간 임대 부문의 모든 부동산은 최소한 에너지 성능 등급 E가 요구된다(에너지 성능 인증서에 명시되어 있음). 이 규정은 2018년 4월 이후의 임대계약과 2020년 4월 기준 기존에 존재하던 계약에 대해 시행되었다. 위반 시 5천 달러의 벌금이 부과된다.

Philips는 이러한 요소들을 평가해왔는데, 이러한 요소들은 변화를 위한 마케팅환경에 크게 영향을 주고 형성한다. 조명 시장에서 현재와 미래의 변화 가능성을 이해하는 회사의 능력으로 인해 이 지역에서 지속적인 성장을 이끌어왔고, 많은 국가에서 시장을 선도하고 있다.

2018년 5월, Philips는 공식적으로 Philips Lighting N.V.에서 Signify N.V로 이름을 변경했다. 새로운 회사 이름의 선택은 더 밝은 삶과 더 나은 세상을 위해 빛의 비범한 잠재력을 열겠다는 회사의 비전과 목적에서 비롯된다. Signify는 Philips 브랜드를 자사 제품에 계속 사용할 것이다.

2019년 2월에 발표된 최근 1년간 실적은 Signify의 커넥티드 조명 포인트 설치 기반이 3,000만에서 4,400만 개로 증가하고 LED 기반 매출 성장률은 2.5%로 총수입의 71%를 차지하는 등 인상적인 결과였다.[1]

마케팅환경(marketing environment)
표적고객과의 성공적인 관계를 구축하고 유지하는 마케팅관리자의 능력에 영향을 미치는 마케팅 외부의 참여자와 요인

회사의 **마케팅환경**(marketing environment)은 표적고객과의 성공적인 관계를 구축하고 유지하는 능력에 영향을 미치는 마케팅외부의 참여자들과 요인들로 구성된다. 마이크로소프트처럼 회사들은 변화하는 환경을 지속적으로 추적하고 이에 적응하거나 또는 많은 경우 이러한 변화를 선도해 나가야 한다.

회사 내 다른 어떤 그룹보다도 마케터들은 환경 동향을 추적하고 기회를 탐구하는 사람들이다. 조직 내의 모든 관리자들은 외부환경을 관찰할 필요가 있지만, 마케터들은 두 가지 성향을 갖고 있어야 한다. 그들은 마케팅환경에 관한 정보를 수집하기 위한 마케팅조사 및 마케팅 인텔리전스에 정통해야 하고, 또한 고객과 경쟁자를 파악하기 위하여 보다 많은 시간을 소비해야 한다. 환경을 주의 깊게 연구함으로써 마케터들은 새로운 시장기회를 더 잘 확보할 수 있다.

미시환경(microenvironment)
기업 가까이에 위치하면서 고객을 대하는 능력에 영향을 미치는 구성원(기업, 공급업체, 마케팅 중간상, 고객 시장, 경쟁자, 공중 등)

거시환경(macroenvironment)
미시환경에 영향을 미치는 보다 큰 사회적 요인(인구통계적, 경제적, 자연적, 기술적, 정치적, 문화적 요인)

미시환경과 거시환경

마케팅환경은 미시환경과 거시환경으로 구성된다. **미시환경**(microenvironment)은 고객을 대하는 능력에 영향을 미치는 기업 가까이 위치한 구성원들(회사, 공급업체, 중간상, 고객, 경쟁자 및 공중)로 구성된다. **거시환경**(macroenvironment)은 미시환경에 영향을 미치는 보다 큰 사회적 요인들(인구통계적 요인, 경제적 요인, 자연적 요인, 기술적 요인, 정치적 요인, 그리고 문화적 요인)로 구성된다. 우리는 먼저 회사의 미시적 환경을 소개하기로 한다.

미시환경

마케팅 관리자의 일은 고객의 가치와 만족을 창출함으로써 고객과의 관계를 발전시키는 것이다. 그러나 마케팅 관리자는 혼자서 이 일을 수행할 수 없다. 그림 3.1은 마케터를 둘러싼 미시환경의 주요 구성원을 보여준다. 마케팅 성공은 회사의 가치전달 시스템을 구성하고 있는 회사 다른 부서, 공급자, 중간상, 고객, 경쟁자 및 다양한 공중과의 관계를 구축하는 것을 요구한다.

>> 그림 3.1 미시환경의 수요 구성원

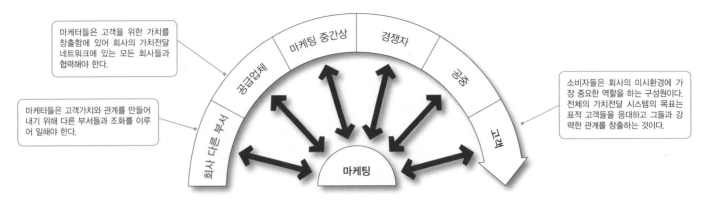

마케터들은 고객을 위한 가치를 창출함에 있어 회사의 가치전달 네트워크에 있는 모든 회사들과 협력해야 한다.

마케터들은 고객가치와 관계를 만들어 내기 위해 다른 부서들과 조화를 이루어 일해야 한다.

소비자들은 회사의 미시환경에 가장 중요한 역할을 하는 구성원이다. 전체의 가치전달 시스템의 목표는 표적 고객들을 응대하고 그들과 강력한 관계를 창출하는 것이다.

(원형도표 내 텍스트: 공급업체, 마케팅 중간상, 경쟁자, 공중, 회사 다른 부서, 고객, 마케팅)

회사

마케팅 계획을 개발함에 있어 마케팅 관리자는 회사 내 다른 집단들(예: 최고경영자, 재무, R&D, 구매, 생산 및 회계)을 고려하여야 한다. 이러한 구성원들은 내부환경을 형성한다. 최고경영자는 회사의 미션과 목표, 개략적인 전략 및 정책을 수립한다. 마케팅 관리자는 최고경영자에 의하여 수립된 전략과 계획 내에서 의사결정을 한다. 우리가 2장에서 다룬 바와 같이 마케팅 관리자는 회사의 다른 부서들과 긴밀하게 협조체제를 구축하여야 한다. 마케팅 부서가 이끌어가면서 생산, 재무에서 법무 및 인재관리에 이르기까지 모든 부서들은 고객의 욕구를 이해하고 고객가치를 창출하는 책임을 공유해야 한다.

공급업체

공급업체들(suppliers)은 회사의 전반적인 고객가치 전달시스템에 있어서 중요한 가교역할을 한다. 그들은 기업이 제품과 서비스를 생산하는데 필요한 자원을 제공한다. 공급업체들에 의해 야기되는 문제는 기업의 마케팅에 심각하게 영향을 줄 수 있다. 마케팅 관리자는 공급업체의 확보가능성과 비용을 주시해야 한다. 공급업체의 원자재 공급부족, 공급의 지연, 파업 및 기타 사건 등은 단기적으로 판매에 영향을 미치고, 장기적으로 고객만족에 타격을 줄 수 있다. 마케팅 관리자는 주요 투입요소들의 가격추세를 추적하여야 한다. 공급단가의 인상은 가격인상을 강요할 수 있고, 이는 다시 회사의 판매량에 타격을 줄 수 있다.

오늘날 대부분의 마케터들은 자사의 공급업체들을 고객가치를 창출/전달함에 있어서 동반자로 생각한다. 예를 들어 홈퍼니싱 소매업체 IKEA는 그들의 광범위한 공급업체 네트워크와 긴밀한 관계를 형성하는 것의 중요성을 알고 있다.[2]

세계에서 가장 큰 가구 소매업체 IKEA는 전형적인 글로벌 컬트 브랜드이다. 작년에 이 스칸디나비안 소매업체는 49개의 글로벌 시장에 있는 403개의 거대한 매장에 9억 3천 6백만 명이 방문했고, 추가로 23억 명이 웹사이드를 방문했으며, 매출은 170억 분

>> **공급업체:** 거대한 가구 소매업체 IKEA는 단순히 그들의 공급업체로부터 구매하지 않는다. IKEA는 고객의 더 나은 매일의 삶을 창출하기 위해 트렌디하고 심플하고 저렴한 홈퍼니싱 제품을 만들어 내는 과정에 그들의 공급업체를 깊숙이 끌어들인다.

을 넘었다. 그리고 IKEA는 건전한 성장을 지속하고 있어 지난 3년 동안 24% 성장하였다. 그러나 성장의 가장 큰 장애 요인은 새로운 점포 출점이나 고객 확보가 아니다. 오히려 그들의 매장에서 물건을 사가는 고객들에게 판매할 수십억 달러 상당의 상품을 기획하고 제조할 괜찮은 공급업체를 충분히 확보하는 것이다. IKEA는 최근 51개국 약 천 개의 공급업체에 그들의 상품공급을 주로 의존하고 있다. 그들의 최근 성장 속도를 감안하면, 향후 10년간 공급업체 수는 두 배가 되어야 할 것이다.

IKEA의 미션은 트렌디하고 심플하고 실용적인 홈퍼니싱 제품을 가능한 다수의 고객들이 구매할 수 있도록 매우 낮은 가격에 제공함으로써, 고객들에게 더 나은 매일의 삶을 창출해주는 것이다. 하지만 고객이 탐내는 수십억 달러 상당의 제품을 판매하기 전에, IKEA는 그들의 제품을 기획하고 제조하는 것을 도울 수 있는 강력하고 믿을만한 공급업체–파트너 네트워크를 개발해야 한다. IKEA는 단순히 공급업체로부터 구매하는 것 이상의 역할을 수행한다. 새로운 IKEA 제품을 위한 디자인 과정은 약 3년이나 걸린다. IKEA의 디자이너는 기본적인 고객가치제안을 가지고 시작하며 그 가치제안을 현실화하기 위해 디자인을 정교화하고, 기능을 개선하고, 원가를 절감하는 전체 과정 동안 핵심 공급업체와 긴밀하게 일한다. "IKEA의 디자인 프로세스를 독창적으로 만드는 것은 바로 우리의 공급업체가 중요한 역할을 한다는 점이다."라고 회사는 설명한다. IKEA가 "집에서 더 나은 삶을 창출한다는 열정을 가지고 파트너로 함께 성장하는 것. 우리는 공급업체와 고객 사이의 좋은 연결고리가 되기 위해 노력한다."라고 언급한 것은 바로 처음부터 끝까지 상호 유익이 되는 파트너십이다.

마케팅 중간상

마케팅 중간상(marketing intermediaries)
회사가 자신의 제품을 최종고객에게 촉진하고, 판매하고, 유통시키는 것을 도와주는 유통업체

마케팅 중간상(marketing intermediaries)은 회사가 자신의 제품을 최종고객에게 촉진하고, 판매하고, 유통시키는데 도움을 준다. 이들은 재판매업자, 물적 유통회사, 마케팅서비스 대행사, 그리고 금융 중간상을 포함한다. 재판매업자들은 기업이 고객을 발견하거나 그들에게 판매가 이루어지도록 도와주는 유통경로 기업들이다. 이들은 상품을 구매하거나 재판매하는 도매상과 소매상을 포함한다. 물적 유통회사는 기업이 원산지에서 목적지에 이르기까지 제품을 저장하고 이동시키는 것을 도와준다. 마케팅서비스 조직들은 기업이 적절한 시장에 제품을 촉진할 수 있도록 도와주는 마케팅조사 회사, 광고대행사, 매체사 및 마케팅컨설팅 회사들이다. 금융중간상은 은행, 신용보증회사, 보험회사, 기타 관련기업들을 포함하는데, 이들은 기업들 간의 거래에서 자금조달을 돕고, 제품의 구매/판매에 따른 위험을 보증해 주는 기능을 수행한다.

공급업자와 마찬가지로 마케팅 중간상들은 회사의 전반적 가치전달시스템의 중요한 구성요소를 형성한다. 따라서 오늘날의 마케터들은 중간상들을 단순히 자사제품을 판매하기 위한 유통경로 구성원에서 더 나아가 함께 일하는 동반자로서의 중요성을 잘 인식하고 있다. 예를 들어 Apple은 전 세계에 수백 개의 자사 직영 소매점을 가지고 있지만, 그들은 동시에 전 세계에서 그들의 제품 판매를 돕는 인가된 재판매업자들의 서비스를 이용하고 있다. 이런 상황에서 Apple의 제품은 직영 소매점과 인가된 재판매업자 점포에서 동일한 가격으로 판매된다.[3]

Apple은 이런 인가된 재판매업자들을 파트너로 간주하며 최근 프리미엄 재판매업자 파트너 프로그램을 재정비했다. 회사는 재판매업자 점포가 Apple의 직영 점포 공식을 따라 수리하는데 공동 모금을 하며, 데모 제품 전시가 Apple의 세부 규격을 따르도록 만든다. 제품을 판매하는 점포그룹과는 별도로, Apple은 또한 인가된 서비스 제공자라는 또 다른 중간상 조직도 가지고 있다. 이 그룹은 고객들에

게 수리를 해주거나 유지보수를 해주는 것에서 회사를 대신하는 기업이 나 개인들이다. 이런 중간상들은 처리될 수 있는 서비스의 규모에 따라 인가된 서비스 제공자 혹은 제한된 서비스 제공자의 2가지 카테고리 중 하나에 속하게 된다. Apple은 해당되는 경우 그들의 파트너들에게 노동, 출장, 부품에 대한 변상을 제공한다. Apple은 또한 그들에게 제품에 관한 포괄적인 접근, 업그레이드된 정보, 서비스, 문제해결, 공인 기술자의 현장 기술지원 등을 제공한다. 거기다가, 파트너들은 Apple의 자원 위치 시스템에 포함되는 혜택을 누리는데, 이를 통해 그들은 Apple의 웹사이트에서 근처의 서비스제공업체를 찾는 고객들에게 노출된다.

》》 중간상과의 파트너 맺기: Apple은 그들의 소매 파트너들에게 폰과 스마트워치보다 훨씬 많은 것들을 제공한다. 그들은 또한 기술적 지원도 약속한다.
Yun Wang/Alamy Stock Photo

경쟁자

마케팅 개념은 기업이 성공을 거두기 위해 경쟁자보다 더 좋은 고객가치와 고객만족을 제공하여야 한다고 제안한다. 따라서 마케터들은 표적고객의 욕구에 적응하는 것 이상의 노력을 해야 한다. 그들은 고객의 마음속에 자사의 제공물들을 경쟁사의 것들보다 더 강하게 포지셔닝함으로써 전략적 경쟁우위를 확보하여야 한다.

모든 기업들에게 최선인 단 하나의 경쟁적 마케팅전략은 존재하지 않는다. 각 기업은 전략 수립 시 경쟁사에 대비한 자사의 크기와 산업 내 위치를 고려해야 한다. 산업 내에서 지배적인 위치를 차지하고 있는 대기업은 소기업이 채택하기 어려운 전략을 사용할 수 있다. 대기업이 이길 수 있는 전략도 있지만, 마찬가지로 낭패를 볼 수 있는 전략도 있다. 소규모 기업들은 대기업보다 더 많은 투자수익률을 낼 수 있는 전략의 개발을 고려할 수 있다.

공중

기업의 마케팅환경은 다양한 공중들을 포함한다. **공중**(publics)은 조직의 목표를 달성하는 능력에 영향을 미치거나 조직과 실제적/잠재적으로 이해관계를 갖는 집단이다. 우리는 7가지 유형의 공중을 확인할 수 있다.

공중(public)
조직의 목표를 달성하는 능력에 영향을 미치거나 조직과 실제적 · 잠재적으로 이해관계를 갖는 집단

- **금융기관 공중**(financial publics): 금융기관은 기업의 자금확보 능력에 영향을 미친다. 은행, 투자분석가 및 주주가 주요 금융기관 공중들이다.
- **미디어 공중**(media publics): 미디어 공중은 뉴스, 기사 및 논설을 전달하는데, 이들은 신문사, 잡지사, 라디오 및 방송국, 블로그와 소셜 미디어를 포함한다.
- **정부 공중**(government publics): 관리자는 의사결정 시 정부의 개발정책을 고려하여야 한다. 마케터들은 종종 제품안전, 광고의 진실성, 그리고 기타 이슈들에 대하여 회사의 변호사와 상담해야 한다.
- **시민활동 공중**(citizen-action publics): 기업의 마케팅 의사결정은 소비자단체, 환경단체, 소수인종집단(minority group) 및 다른 단체들에 의하여 의문이 제기될 수 있다. 공중관계부서는 기업이 고객과 시민단체들과 연락을 취할 수 있도록 도움을 준다.

● **내부 공중**(internal publics): 내부 공중은 종업원, 관리자, 자원봉사자 및 이사진들을 포함한다. 대기업은 내부 공중들에게 동기를 부여하고 정보를 제공하기 위하여, 뉴스레터나 다른 도구들을 사용한다. 종업원들이 회사에 대하여 호감을 가질 때, 이러한 긍정적인 태도는 외부 공중들에게 전파될 수 있다.

● **일반 공중**(general publics): 기업은 회사의 제품과 활동에 대한 일반 공중의 태도에 관심을 기울여야 한다. 기업에 대한 공중의 이미지는 그들의 구매에 영향을 미친다.

● **지역 공중**(local publics): 지역 공중은 이웃 거주자들과 커뮤니티 조직들을 포함한다. 대기업들은 통상적으로 사업을 하고 있는 지역 커뮤니티에서 책임감 있는 구성원이 되기 위해 노력한다.

기업은 고객시장뿐만 아니라 위에서 언급한 주요 공중들을 위한 마케팅계획을 준비해야 한다. 영국의 대표적인 은행 중 하나인 NatWest는 다양한 캠페인 활동을 통해 지역사회와 강한 유대를 유지하고 있다.[4]

>> **공중**(Publics): NatWest는 지역 자선단체, 지역사회 단체, 사회적 기업에 아낌없이 기부함으로써 지역사회에 대해 헌신적인 태도를 보여준다.

Jeff Gilbert/Alamy Stock Photo

2016년, 그룹 전체에 걸쳐, NatWest는 영국과 아일랜드의 지역 자선단체, 지역사회 단체, 사회적 기업에 250만 파운드라는 거액을 기부했다. 많은 비영리 단체들은 매년 250만 파운드 규모의 기술 및 기회 기금(Skills and Opportunities Fund)을 통해 빈곤한 지역사회에 있는 몇몇 사람들을 지원해왔다. 또한 2015년에는 그 직원들이 원천 징수 제도(Pay-as-You-Earn Scheme)를 통해 총 270만 파운드를 자선단체에 기부하고 다양한 지역사회와 자선사업을 위한 봉사활동에 45,437시간을 기여했다. 같은 해, 그들은 Sports Relief라는 유명한 운동선수들을 이용해 자선을 위한 기금을 모으는 국가적 행사의 공식 후원사가 되었다. 수년 동안, 이것은 노숙자들을 위한 Porchlight, 세입자들을 위한 Discovery Park, 청소년 자선 단체인 UKSA를 포함해, 그 외에도 삶을 개선하는 많은 지역 자선단체들을 지원하는 것으로 기념되어 왔다. The Prince's Trust와의 관계는 16년이 넘는다. 2014년 한 해 동안만 2,521명의 불우이웃을 위한 취업 및 멘토링 프로그램을 운영했다.

고객들

우리가 계속 강조해 왔듯이 고객들은 기업의 미시환경에서 가장 중요한 참여자들이다. 전반적인 가치전달 네트워크의 목표는 표적고객의 수를 늘리고 그들과 긴밀한 관계를 만드는 것이다. 기업은 다섯 가지 유형의 고객시장을 면밀하게 연구할 필요가 있다. 소비자 시장은 개인의 소비를 위하여 제품이나 서비스를 구매하는 개인들이나 가구들로 구성된다. 비즈니스 시장은 추가적인 가공을 위해 또는 생산과정에 사용하기 위해 제품이나 서비스를 구매하고, 재판매 시장은 재판매함으로써 이익을 창출하기 위하여 제품이나 서비스를 구매한다. 정부시장은 공공 서비스를 생산하거나 혹은 제품이나 서비스를 필요로 하는 기관들에게 전달하기 위하여 제품이나 서비스를 구매하는 정부기관들로 구성된다. 마지막으로 국제시장은 여러 나라의 소비자들로 구성되는데, 이들은 소비자, 생산자, 재판매업자 및 정부들을 포함한다. 각 시장은 고유한 특징들을 갖고 있기 때문에 이들에 대한 신중한 연구가 판매자에게 요구된다.

거시환경

저자 코멘트
거시환경은 미시환경에 있는 구성원들에게 영향을 미치는 더 넓은 범위의 요인들로 구성된다.

기업과 모든 구성원들은 기업에게 기회와 위협을 제공하는 거시적 환경요인 내에서 움직인다. 그림 3.2는 기업을 둘러싼 거시환경에서의 6가지 주요 요인들을 보여준다. 가장 능력 있는 기업들조차도 마케팅환경에서의 격동적으로 변화하는 요인들에 종종 취약하다. 이러한 요인들의 일부분은 예측이 어렵기도 하고 통제하기도 어렵다. 환경을 잘 이해하고 적응하는 기업들은 번창할 것이다. 그렇지 못한 기업들은 어려운 시기에 직면하게 될 것이다. 한때 시장을 선도했던 제록스, 시어즈, 소니 그리고 코닥 같은 회사들은 값비싼 대가를 치르면서 이러한 교훈을 얻었다. 이하에서 우리는 이들 요인들을 분석하고, 이들이 어떻게 마케팅계획에 영향을 미치는가를 보여줄 것이다.

>> 그림 3.2 기업의 거시환경에서의 주요 요인들

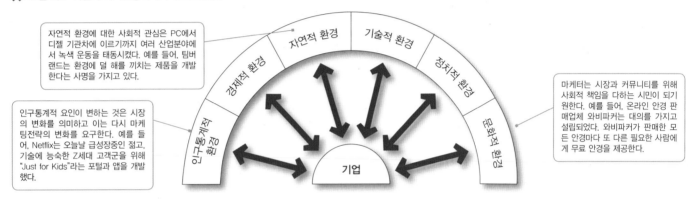

자연적 환경에 대한 사회적 관심은 PC에서 디젤 기관차에 이르기까지 여러 산업분야에서 녹색 운동을 태동시켰다. 예를 들어, 팀버랜드는 환경에 덜 해를 끼치는 제품을 개발한다는 사명을 가지고 있다.

인구통계적 요인이 변하는 것은 시장의 변화를 의미하고 이는 다시 마케팅전략의 변화를 요구한다. 예를 들어, Netflix는 오늘날 급성장중인 젊고, 기술에 능숙한 Z세대 고객군을 위해 "Just for Kids"라는 포털과 앱을 개발했다.

마케터는 시장과 커뮤니티를 위해 사회적 책임을 다하는 시민이 되기 원한다. 예를 들어, 온라인 안경 판매업체 와비파커는 대의를 가지고 설립되었다. 와비파커가 판매한 모든 안경마다 또 다른 필요한 사람에게 무료 안경을 제공한다.

인구통계적 환경

인구통계학(demography)은 인구의 규모, 밀도, 위치, 연령, 성비, 인종, 직업 및 기타 통계자료 측면에서의 인구에 대한 연구이다. 인구통계적 환경은 시장을 구성하는 사람들을 포함하기 때문에 마케터의 주요 관심사가 된다. 세계인구는 기하급수적으로 증가하고 있다. 지금 세계인구는 74억만 명을 넘어섰고, 2030년까지 86억만 명이 넘을 것으로 추산되고 있다.[5] 전 세계의 크고 매우 다양한 인구집단은 기회이자 동시에 도전이 된다.

인구통계학(demography)
인구의 규모, 밀도, 지리적 위치, 연령, 성비, 인종, 직업 및 기타 통계자료 측면에서의 인구에 대한 연구

따라서 마케터들은 국내외 시장에서의 인구통계 추세와 변화에 주의를 기울여야 한다. 그들은 변화하는 연령대 구조, 가족의 구조, 지리적 이동, 교육과 관련된 특징, 인구밀도 등을 지속적으로 추적해야 한다. 이하에서는 미국에서의 가장 중요한 인구통계요인의 변화를 설명한다.

변화하는 연령구조

미국 인구는 2006년 3억 2천 7백만 명이 넘고, 2030년까지 거의 3억 6천만 명에 도달할 것이다.[6] 미국에서의 가장 중요한 인구통계적 추세는 연령대 구조가 변하는 것이다. 출산율이 낮아지고 기대수명이 늘어나는 것이 주원인이 되어 미국 인구는 급속도로 고령화되어 가고 있다. 1970년에 평균연령은 28세였는데 2016년엔 38세였다.[7] 이러한 인

구의 고령화는 시장에 심각한 영향을 미치게 될 것이다. 미국 인구는 여러 개의 세대별 집단(generational group)들을 포함하는데, 본 장에서는 가장 큰 네 집단인 베이비붐 세대, X 세대, 밀레니얼 세대, Z 세대를 논의하고, 이들이 오늘날 마케팅전략에 어떻게 영향을 미치는지를 설명한다.

베이비붐 세대(baby boomers)
제2차 세계대전 이후 1946년과 1964년 사이에 태어난 세대

베이비붐 세대(Baby Boomers)　2차 세계대전 이후 1946년과 1964년 사이 약 7천 4백만의 베이비붐 세대가 태어났다. 이후 이들은 마케팅환경을 형성하는 가장 강력한 요인이 되었다. 이들 세대 중 가장 어린 집단은 50대이고, 가장 나이가 든 집단은 70대 초반에 접어들면서 은퇴를 앞두고 있다.

베이비부머들은 미국 역사에서 여전히 가장 부유한 세대들(한 전문가는 마케터의 꿈이라고 칭함)이다. 이들은 오늘날 미국 인구의 약 22%를 구성하고 있지만 국가의 전체 가처분 소득의 42%를 통제하는 것으로 추산된다.[8] 이들이 가장 많은 소득을 올리고 많이 지출하는 시기에 접어들면서, 이들은 새 집, 집수리, 금융서비스, 새 차, 여행과 오락, 외식, 건강과 피트니스 제품, 그리고 모든 종류의 제품들에게 지속적으로 매력적인 시장을 제공해 줄 것이다.

요즘 일부 마케터들은 매우 탐나는 밀레니얼 세대를 대신해서 베이비붐 세대들을 다시 살펴보는 것이 유행이다. 어떤 사람들은 나이든 베이비붐 세대들이 과거에 갇혀 있고, 연락이 닿지 않으며, 새로운 상품에 관심이 없다고 고정관념을 가질 수도 있다. 하지만 고령의 베이비붐 세대를 단계적으로 퇴장하거나 쇠퇴해 가는 것으로만 생각하면 오산일 것이다. 요즘의 많은 베이비붐 세대들은 스스로를 그렇게 보기보다는 새로운 삶의 단계로 진입하는 것으로 본다.

더 활동적인 베이비붐 세대는 나이가 들수록 젊은 생활방식을 버릴 생각이 없다. 예를 들어, 50세 이상의 성인들은 현재 미국에서 럭셔리한 여행 지출의 80%를 차지한다. 그들이 자기 방식에 고착되어 있다는 일반적인 믿음과는 반대로, 최근의 한 서베이에서는 82%의 베이비붐 세대가 새로운 브랜드에 개방되어 있다는 것을 발견했다. 기술 공포증을 제외하면, 베이비붐 세대들은 디지털로 활동하며 소셜 미디어에 익숙해지고 있다. 현재 베이비붐 세대의 70%가 모바일 인터넷을 사용하고 있다. 그리고 그들은 가장 빠르게 성장하고 있는 온라인 쇼핑 그룹으로 젊은 세대보다 2배나 지출하고 있다.[9]

따라서, 비록 베이비붐 세대가 비타민에서부터 혈압 측정기, 손에 잘 잡히는 주방 도구 등 노화 문제를 다루는데 도움이 되는 많은 제품들을 구입할 수 있지만, 그들은 그들의 늙어가는 나이보다 젊은 생각에 호소하는 마케터들을 높이 평가하는 경향이 있다. 예를 들어, 나이든 소비자들이 소수의 브랜드들만이 그들을 이해하는 것에 대해 "과민하고, 짜증나고, 즐거워했다"는 연구 결과가 나온 후, 보험회사 선라이프는 이러한 고정관념에 도전하는 "50세 이상의 삶에 온 것을 환영한다"는 캠페인을 벌였다. 한 광고에서 저명한 나이든 신사가 지루한 유람선을 빠져나가 칵테일 바로 가는 길의 도중에, 일광욕을 하는 미녀가 고개를 돌린 뒤 플로피 모자를 벗으며 자신이 '62세의 여성'임을 밝힌다.[10]

마찬가지로, Walgreen은 최근 "Carpe Med Diem"이라는 캠페인을 시작했는데, 나이 든 베이비붐 세대들에게 어떻게 하면 삶에서 더 많은 것을 얻을 수 있는지 그리고 그들의 메디케어 파트 D 처방은 Walgreen에서 처방전을 절약할 뿐만 아니라 그들을 보기 좋게 하고 기분 좋게 만드는 제품들을 제공함을 알리고 있다.[11] 한 'Carpe Med Diem'

광고에서는 머리에 보라색 히이라이트를 꽃은 활동적이고 스타일리시한 부머 세대 여성이 등장하면서, 헤드라인에는 '누가 금발이 더 즐겁게 산다고 하는가?'가 실려 있다. 또 다른 광고에서는 두 명의 부머 여성들이 Walgreen에서 처방전을 받으면서도 자외선 차단제를 잔뜩 바른 뒤 누드 해변으로 나가 옷을 벗고 햇볕을 쬐고 있다. "'월그린'은 당신을 보호해주었어."라고 광고는 말하면서, "메디케어의 도움을 받는 것이 당신이 멋지게 사는 것을 멈추게 한다고 누가 말할 수 있겠소?"라고 마무리한다.

X 세대(Generation X) 베이비붐 세대 이후 1965년과 1980년 사이에 5천 5백만 명에 달하는 새로운 세대가 태어났다.[12] Douglas Coupland라는 저자는 이들이 베이비붐 세대의 그늘에서 자랐기 때문에 이들을 X 세대라고 불렀다.

이들에 앞선 베이비부머 세대와 이들을 이어가는 밀레니얼 세대보다 수가 현격하게 적어 X 세대는 때때로 간과되어 왔던 소비자 그룹이다. 그들은 성공을 추구함에도 불구하고 그들은 다른 집단들보다 덜 물질적이다. 그들은 소유보다는 경험을 더 중요시한다. 부모인 X 세대의 대부분은 자녀와 노화된 부모를 포함한 가족이 우선이고 커리어는 그 다음이다. 마케팅의 관점에서 X 세대들은 회의로 가득 차 있다. 그들은 구매하기 전 제품을 연구하고, 양보다는 질을 추구하며 직접적인 마케팅 소구들에 대해 덜 수용적인 경향이 있다. 그들은 관습과 전통을 비웃는 광고 소구들에 더 잘 반응할 가능성이 있다.

많은 X 세대가 인터넷이 도입되기 전 성장했고, 젊은 성년시절 동안 디지털기술에 적응했다. 대부분은 지금 충분히 연결되어 있고 새로운 기술의 혜택을 수용하고 있다.

X 세대들은 이제 중년기를 맞으면서 성장하면서 인계 받고 있다. 그들은 베이비부머들의 생활양식, 문화 및 가치를 갈수록 더 대체하고 있다. 그들의 대부분은 경력에서 상승하고 있고 늘어나는 가족들과 함께 자랑스러운 주택 소유자들이다. 그들은 가장 교육받은 세대들이고 거대한 구매력을 소유하고 있다. X 세대는 미국 성인의 4분의 1도 안 되지만, 전체 소득의 29%를 차지한다.[13]

여전히 많은 브랜드들과 기관들은 충분한 가능성을 가진 X 세대들을 주 표적고객으로 공략하고 있다. 예를 들어 X 세대의 82%는 자신의 집을 소유하면서 가정과 건강을 소구하는 마케터들에게 중요한 세그먼트가 되고 있다. 주택개조 소매상인 Lowe's는 X 세대 주택 소유자들에게 "개선하는 것을 멈추지 마세요."라고 제안하면서 이들을 집중적으로 공략하고 있다. Lowe's는 광고, 온라인 비디오 및 소셜 미디어를 이용해 다양한 실내 및 실외의 주택개조 프로젝트에 관한 조언을 제공한다. 이 회사는 문제점을 지적하고 바쁜 X 세대 주택 소유자와 가정들이 더 단순하게 삶을 살 수 있는 해결책을 제시한다. Lowe's의 앱들은 하나의 24/7 주택개조를 위한 안내소이다. 이를 통해 소비자들은 자신들 집의 방들에 관한 세부사항 파일을 만들고 구매를 기록하고 사진과 함께 구매 리스트를 만들고 난방기 필터를 교체해야 한다는 상기 메시

X 세대(Generation X)
베이비붐 세대 이후 1965년과 1980년 사이에 태어난 세대

▷▷ **X 세대 공략하기:** Lowe's는 X 세대 주택 소유자들에게 주택 개조 프로젝트와 문제점들에 관한 아이디어와 조언을 공격적으로 진행한다. 그들에게 "개선을 멈추지 마세요."라고 독촉까지 한다.

Bryan Bedder/Stringer/Getty Images

지를 받고 온라인에서 종업원의 도움을 받아 주택개조 프로젝트를 계획할 수 있다.[14]

밀레니얼 세대(또는 Y세대)
(Millennials or Generation Y)
1977년과 2000년 사이에 태어난 세대.
1981년과 1997년 사이에 태어난 베이비
부머의 자녀들로 7천 5백만 명임

밀레니얼 세대(Millennials) 베이비붐 세대와 X 세대들은 언젠가 자신의 영역을 **밀레니얼 세대**(Y 세대 또는 에코 붐 세대라고 불리움)에게 넘겨줄 것이다. 1981년과 1997년 사이에 태어난 베이비부머들의 자녀인 밀레니얼 세대들은 7천 5백만 명이나 된다. 이들은 X 세대를 축소시키면서, 베이비붐 세대 세그먼트보다 더 큰 규모가 되었다. 20대와 30대로 주로 구성되는 밀레니얼 세대들은 그 규모 때문에 현재 및 미래의 가장 크고 매력적인 시장을 구성하고 있다.

밀레니얼 세대들 모두가 공통점을 갖고 있는 한 가지는 그들이 모두 디지털 기술에 매우 능숙하고 편안해 한다는 점이다. 그들은 기술을 단지 받아들이기만 하지 않고 기술을 하나의 삶의 방식으로 만든다. 밀레니얼 세대들은 컴퓨터, 셀룰러 폰, 위성 TV, iPods, iPads 그리고 온라인 소셜 미디어에 둘러싸여 자란 첫 번째 세대들이다. 그 결과 그들은 모바일이나 소셜 미디어 등과 같은 것을 이용해 전혀 새로운 방식으로 브랜드들에 관여되고 있다. 밀레니얼 세대를 대상으로 한 최근 조사에서, 쇼핑의 대부분을 어디서 하느냐는 질문에 75%가 온라인 모바일이나 온라인 노트북이라고 답했다. 92%는 은행 업무를 볼 때 웹이나 모바일 기기를 더 선호했다.[15]

밀레니얼 세대는 마케터들의 판매영업 설득보다는 자신의 브랜드 경험을 형성하고 다른 사람들과 공유할 수 있는 진정성, 가치, 기회를 추구한다. 다른 세대 그룹에 비해 검소하고 실용적이며 연결되고 기동성이 있으며 좀 성급한 경향이 있다. 한 분석가는 "밀레니얼 세대는 브랜드와의 연결에 개방적이고, 한입 크기의 '콘텐츠'에 끌리고(유급 여부를 불문하고), 새로운 정보에 호기심을 갖고 있다."고 지적했다. "하지만, 주요한 주의사항은 모든 것이 효율적이고 이해할 수 있으며 유연한 방법으로 이루어져야 한다는 것이다."[16]

많은 브랜드들이 이제 구제적인 제품을 준비하고 있고 밀레니얼의 욕구와 생활양식을 겨냥한 캠페인을 진행하고 있다. 예를 들어 많은 금융기관들은 그들의 진부한 이미지를 버리고 모바일 퍼스트인 밀레니얼 소비자에게 그들의 브랜드를 어필하기 위해 노력하고 있다. Fifth Third Bank를 알아보자.[17]

▶▶ 밀레니얼 겨냥하기: Fifth Third Bank의 "No Waiting" 캠페인은 조급하고 소셜 미디어에 정통한 밀레니얼 세대를 참여시키기 위해 간결한 비디오를 통해 그들의 모바일 앱이 은행 대기 시간을 어떻게 줄여줄 수 있는지를 보여주었다.

M4OS Photos/Alamy Stock Photo

Fifth Third Bank는 시간에 쫓긴 밀레니얼 세대에게는 기다림이 힘들다는 것을 알고 있다. 그래서 이 회사는 "No Waiting"이라는 새로운 캠페인을 시작했는데, 이 캠페인은 모바일 앱이 어떻게 은행 업무에서 대기 시간을 줄여주는지를 보여준다. 이 캠페인은 전통적인 은행들에 의해 소외받고 있는 젊은 소비자들을 겨냥했다. "No Waiting" 캠페인은 조급하고 소셜 미디어에 정통한 밀레니얼 세대를 참여시키기 위해 TV광고뿐만 아니라 디지털 비디오와 소셜 미디어 콘텐츠의 완벽한 조합, 심지어 새로운 모바일 게임까지 포함했다. 디지털 비디오는 Fifth Third Bank 앱을 가지고 햄스터가 치즈볼 5개를 먹을 수 있는 것보다 빠르거나 아코디언 플레이어가 "Mary Had a Little Lamb"를 연주할 수 있는 것보다 더 빠르게 수표를 예치할 수 있다는 것을 보여주는 재미있는 상대 비교를 제공했다. 이 캠페인에는 사용자의 문자 속도를 테스트하는 애니메이션 모바일 게임인 "TXT vs TXT"도 선보였다. 일반적인 은행에서는 기대할 수 없는 이 모바일 게임은 텍스트에 능통한 밀레니얼 세대들이 손가락 클릭 기술을 테스트하고, 페이스북에서 친구들에게 도전을 권유하고, "molasses hands"에서 "turbo twiddler"에 이르는 배지를 얻을 수 있는 기발한 방법을 제공했다. Fifth Third Bank 마케팅 담당자는 "밀레니얼 세대는 문자로 대화를 하든 Fifth Third Bank 모바일 앱에서 잔액을 확인하고 싶어 하든 빨리 하고 싶어 한다."고 말했다. "우리의 모바일 뱅킹은 은행 업무에서 대기 시간을 줄이고 있으며, 우리는 이 캠페인이 그것을 재미있고 흥미로운 방식으로 전달했다고 믿는다."

Z 세대(Generation Z) **Z 세대**는 밀레니얼 세대를 압박하고 있는데, 이들은 1997년과 2016년 사이에 태어났다. 약 8,000만 명의 Z 세대들은 키즈(아이들), 트윈(10대 초반) 및 틴(10대들) 시장을 구성한다. 이들은 매년 430~1,430억 불 정도 추산되는 자신들의 돈을 쓰고 있고 자신과 부모 지출에 3,300억 불 정도 영향을 미친다.[18] 이들 젊은 소비자들은 또한 내일의 시장을 대변한다. 이들은 지금의 구매가 미래에 영향을 미칠 브랜드 관계를 형성하고 있다.

Z 세대들을 정의하는 특징들은 밀레니얼 세대들보다 디지털 기술에 능숙함과 편안함이다. 이들은 당연히 스마트폰, 태블릿, 인터넷으로 연결된 게임 기기, 무선 인터넷, 디지털 및 소셜 미디어를 가지고 있어 이들은 매우 기동성이 있고 서로 연결되어 있고 사교적이다. 한 분석가는 "만일 이들이 깨어 있으면 온라인에 접속되어 있다."고 말한다. 다른 사람은 이들의 DNA에 디지털이 있다고도 말한다.[19]

Z 세대들은 그들이 사교하고 쇼핑하면서 온라인과 오프라인을 잘 섞어서 이용한다. 한 최근 보고서에 따르면 Z 세대 10대 초반과 10대들의 50% 이상이 제품을 구매하기 전 시장 조사를 하고 부모들이 이를 구매하게 한다. 39%의 Z 세대들이 소셜 미디어에서 쇼핑 동기를 발견하고, 35%가 브랜드의 뉴스레터를 받아보고, 33%가 브랜드가 그들이 좋아하는 인플루언서와 협업하는 것을 개의치 않는다. 온라인에서 쇼핑하는 Z 세대 중 절반 이상이 가전제품, 책, 음악, 스포츠 용품, 의상, 신발 및 패션 액세서리 등과 같은 미용제품 카테고리의 경우 온라인 쇼핑을 선호한다.[20]

거의 모든 산업에서 회사들은 Z 세대를 겨냥해 제품과 서비스를 판매한다. 그러나, Z 세대들과 그들의 부모들에게 판매하는 것은 특별한 기회를 제공해 준다. 전통적인 미디어는 이들 그룹에게 여전히 중요하다. 그러나 마케터들은 Z 세대들이 많은 시간을 보내고 쇼핑하는 곳에서 이들을 만나야 하는데 그 곳은 온라인과 모바일 세상이다. 13세 이하의 아이들은 Periscope, Snapchat과 Instagram에 공개적으로 접근하지 못하지만 이 소셜 미디어는 이들이 10대로 성장하면서 매우 중요한 마케팅 역할을 하게 될 것이다.

오늘날의 아이들은 잡아두기 어렵고 집중하는 시간이 짧은 것으로 악명이 높다. 핵심은 이들 젊은 소비자들을 관여시켜 이들이 자신의 브랜드 경험을 정의하도록 도와주는데 있다. 예를 들어, North Face는 젊은 소비자들을 더 깊이 참여시키기 위해, 심지어 그들의 아웃도어 의복과 장비를 디자인하는 일을 돕는 것에 젊은 소비자들을 초대했다.[21]

North Face 유스 디자인팀은 9~12세의 트윈들과 그들의 부모들과 함께 여름 캠프에서 포커스 그룹 인터뷰를 진행하여 어린이들을 위한 브랜드의 아웃도어 의류에 대한 의견을 얻었다. North Face의 한 마케터는 "우리는 이 아이들이 이제 막 자신만의 스타일을 가지기 시작했으며 구매에 있어 부모들에게도 영향을 미치기 시작하고 있다는 것을 발견했다."고 말했다. North Face는 어린이들을 더욱 참여시

Z 세대(Generation Z)
1997년과 2016년 사이에 태어난 kids, tweens, teens(아이들, 10대 초반들) 시장을 구성하는 사람들

키기 위해 6세에서 12세 사이의 젊은 예비 아티스트들을 초청하여 브랜드의 "Never Stop Exploring" 만트라(신념)가 그들에게 의미하는 새로운 의상과 장비 디자인을 제출하는 디자인 콘테스트를 시작했다. 수상자들은 이 브랜드의 청소년 컬렉션에 등장하는 그들의 작품을 보았다. 청소년 디자인팀 마케팅 담당자는 "아이들은 우리의 주된 영감의 원천"이라고 말했다. "우리가 '재미있는 것'을 만드는 것이 중요한데, 아이들이 우리 제품을 디자인하는 데 도움을 주면 얼마나 재미있을까?" 이러한 참여 노력은 North Face가 오늘날의 틴(10대)들과 트윈(10대 초반)들 사이에서 가장 인기 있는 테스트 브랜드 중 하나가 되도록 도왔다.

또 다른 중요한 Z 세대 마케팅 이슈는 아이들의 사생활에 대해 그리고 이들이 마케팅 활동에 상처받기 쉬움에 대해 관심을 가져야 한다는 것이다. 이러한 그룹들에게 판매하는 회사들은 이에 상응한 책임감을 가져야 한다. 그렇지 않은 회사들은 부모들과 공중정책 입안자들의 분노에 직면하게 될 것이다.

세대 마케팅 마케터들은 각 세대별로 서로 다른 제품과 마케팅 프로그램을 만들어야 하는가? 어떤 전문가들은 한 세대에게 효과적으로 소구되는 제품이나 메시지를 만들 때마다 다른 세대가 소외될 수 있음을 경고한다. 다른 사람들은 각 세대는 10여 년의 간격이 있고 사회경제적인 수준도 다양하다고 지적한다. 예를 들면, Z 세대는 10대 초반, 10대 그리고 20대 초반으로 구분되며, 각 그룹은 각자 고유한 믿음과 행동 패턴을 갖고 있다.

따라서 마케터들은 각 그룹 내에서 연령대를 더욱 구체화하여 보다 세심하게 세분시장들을 구성할 필요가 있다. 더 중요한 점은 사람들을 생년월일별로 정의하는 것은 그들의 생활방식, 생애주기 또는 그들이 구매하는 제품에서 추구하는 공통적인 가치에 따라 구분하는 것보다 효과적이지 못할 수 있다는 것이다. 우리는 5장과 6장에서 시장을 세분화하는 다른 많은 방법들을 다루게 될 것이다.

미국가족의 변화

전통적인 가정은 남편, 부인과 아이들, 경우에 따라서는 할아버지 및 할머니로 구성된다. 한때 2자녀와 2대의 차를 가진 교외의 가정이 이상적인 모습이었지만, 지금은 이러한 모습을 잃어 가고 있다.

오늘날 미국에서 결혼한 부부가 차지하는 가정의 비율은 50%도 안 되는데, 이는 1940년 76%와 비교된다. 18세 이하의 자녀와 함께 있는 결혼한 부부는 미국 전체 1억 2,580만 가정의 20%밖에 되지 않는다. 자녀가 없는 부부가 30%를 구성하고 있고, 남편이나 아내만 혼자 있는 경우도 9%나 된다. 전체 중 35%는 가족이 없이 독립적인 생활을 하거나 같은 성 또는 다른 성이 그냥 함께 사는 경우이다.[22]

더 많은 사람들이 이혼하거나 별거하고 있고, 결혼 하지 않으려 하고, 늦게 결혼하거나 결혼 후에도 자녀를 갖지 않으려 한다. 결혼한 부부들의 17%는 서로 다른 인종과 결혼했다. 자녀를 키우는 같은 성을 가진 부부들도 전체의 17%나 된다.[23] 오늘날 변화하는 미국 가정의 구조는 인기있는 영화나 TV 쇼에서 더 자주 등장하는데, 상을 수상한 바 있는 Modern Family 혹은 Amazon's Transparent 같은 시트콤은 확장된 비전형적인 가정을 보여주고 있다. 비전형적인 가정이 전형적인 가정보다 더 빨리 늘어나고 있기 때문에 미게터들은 그들의 특별한 욕구를 고려하여야만 한다.

직장여성 숫자도 매우 빠르게 증가하고 있다. 1970년에 미국 노동시장에서 직장여성의 비율은 38%였지만, 현재는 47%로 늘어났다. 미국 여성들 중 42%는 가장 역할을 한다. 모든 자녀와 함께 사는 결혼한 부부가 있는 가정의 60%는 남편과 아내가 함께 일하고 남편만 일하는 비율은 27%이다. 반면 더 많은 남편들이 자녀와 함께 집에 머물고 있는데, 이는 아내가 나가서 일하고 남편이 가정 일을 하고 있음을 의미한다.[24]

>> **미국의 가정:** 오늘날 변화하는 미국 가정의 구조는 인기있는 영화나 TV 쇼에서 더 자주 등장하는데, 상을 수상한 바 있는 Modern Family 같은 시트콤은 확장된 비전형적인 가정을 보여주고 있다.

Mitch Haddad/Getty Images

회사들은 이제 변화하는 미국 가정의 구조를 반영하기 위해 그들의 마케팅 활동을 조정하고 있다. 예를 들어, 가정 지향적인 광고에서 아버지는 간과되거나 얼간이로 묘사되었지만 오늘날 광고주들은 보다 배려심이 많고 능력있는 아빠를 보여주고 있다. 예를 들어, 아무도 화장지와 같은 상품에 많은 생각을 하지 않지만, Georgia-Pacific은 편부(홀아비)가 딸을 유아부터 성인까지 키우는 모습을 담은 가슴 따뜻한 광고로 포지셔닝하면서, Angel Soft 브랜드와 "Be soft. Be strong." 슬로건을 향한 감정적인 관여를 만들어냈다. 이 광고는 섬세하고 자상한 아빠가 혼자서 딸의 어린 시절과 10대의 험난한 과정 동안 돕는 모습을 보여주며, "아이를 기를 때는 부드러워져라. 그것을 혼자 할 때는 강해져라. 인생은 부드러움과 강함이 필요하다."라는 충고를 끝으로 마무리한다. 이 시리즈의 또 다른 광고에서는 10대 아들의 첫 번째 진정한 사랑이 깨진 후, 자상한 아빠가 조언하고 위로하는 모습을 보여주었다.[25]

다른 광고들은 현대 미국 가정을 반영한다. 예를 들어, 캠벨 수프의 최근 광고 "Your Father" 광고는-이 브랜드의 "Made for Real. Real Life" 캠페인의 일부임- 실제 동성 커플이 다스 베이더의 유명한 스타워즈 대사 "I am your father"를 흉내내면서 아들에게 캠벨의 스타워즈 수프를 먹이는 것을 재현했다. 그 광고는 캠페인의 다른 광고들과 마찬가지로 브랜드를 "Real food that matters for real life moments"라는 회사의 목적에 맞게 구현했다. 마찬가지로, General Mills는 Cheerios를 위해 서로 다른 인종 간 부부와 딸로 구성된 전형적인 젊은 가정의 모습을 묘사하는 광고시리즈를 내보냈다. Cheerios가 심장에 좋다는 것을 알고 잠든 아빠의 가슴에 Cheerios를 붓는 딸부터 곧 아기 남동생이 생길 것을 알고 새로운 강아지를 사달라고 협상하는 딸의 모습까지. General Mills 마케터는 말했다. "우리는 많은 종류의 가족들이 있다는 것을 알고 있고 우리는 그들 모두를 축하한다."[26]

인구의 지역적 이동

미국 사람들은 이동이 빈번한 민족으로 미국 주민들 중 15%는 연 1회 이사한다. 지난 20여 년간 미국 인구는 선벨트 지역으로 이동해 왔다. 중서부와 북동부 주의 인구는 감소하는 반면 서부와 남부 주의 인구는 증가해 왔다.[27] 지역에 따라 구매하는 제품에서 차이가 있기 때문에 이러한 인구의 이동은 마케터들의 관심을 끌 수밖에 없다.

또한, 지난 1세기 동안 미국인들은 시골에서 도시로 이동해 왔다. 1950년대에 사람들은 도시에서 교외로 대거 이동했으며, 이러한 추세는 지금도 계속되고 있다. 그리고 더욱더 많은 사람들이 대도시 주변에 위치한 미노트, 분, 트래비스, 콩코드 등 소형 도시(micropolitan areas)로 이동하고 있다. 시골과 교외지역의 주민들을 끌어들이면서 이들 작은 도시들은 도심지역보다 더 많은 장점을 갖게 되는데, 이들 도시들은 직장, 레스토랑, 기분전환 활동, 커뮤니티 조직 등에 있어 강점이 있고, 대도시화된 지역에서 흔히 발견되는 인구증가, 교통난, 높은 범죄율, 높은 보유세 등과 같은 문제점도 적은 편이다.[28]

주거지의 이동은 일하는 장소에도 영향을 미친다. 예를 들어, 소도시와 교외로의 이동으로 집에서 또는 원격 직장에서 일하거나, PC, 스마트폰, 브로드밴드 인터넷 접속 등과 같은 전자제품을 이용해 집에서 일하는 사람 수의 증가를 가져왔다. 최근 보고서는 고용된 직장인들 중 43%가 적어도 그들의 일 일부를 원격으로 하고 있다고 추정한다.[29]

마케터들은 수익성 높은 재택근무 시장을 적극적으로 구애하고 있다. 예를 들어, Citrix의 GoToMeeting과 시스코의 WebEx는 사람들을 연결시켜 통신시설을 이용해 재택근무를 하거나 원격에서 일하는 것을 도와준다. 그리고 Salesforce.com에서부터 구글, IBM, Slack에 이르는 회사들은 사람들이 인터넷과 모바일 기기를 통해 어디서나 협업할 수 있게 해 주는 클라우드 컴퓨팅 도구를 제공한다.

예를 들어 Slack은 "매우 강력한 메시징 앱"으로 묘사되어 왔다. 실시간 개인 및 그룹 메시징, 채팅방, 파일 공유, 영상 통화, 다른 클라우드 기반 앱 및 서비스와의 통합 등을 통해 원격 사무소 및 원격 팀 전반에 걸쳐 사람을 연결하는 공유 디지털 업무 공간을 제공한다. Slack(Searchable Log of All Talks and Knowledge의 약자)은 "매일, 세계 수백만 명의 사람들의 일이 일어나는 곳"이다.[30]

이에 추가해 집에서 일할 수 없는 재택근무자들을 위해 ShareDesk, DaVinci 및 Regus와 같은 회사들은 장비가 구축된 사무실을 임대해 직원들이 공유할 수 있게 해 준다. 하루, 한 달 또는 일 년 단위로 수수료를 내면서 본사에서 떨어진 곳에서 일하는 재택근무자들은 공유된 공간을 임대할 수 있는데, 이곳에서는 네트워크화된 컴퓨터, 프린터, 복사기에서부터 회의실과 라운지에 이르기까지 본사와 같은 시설이 제공된다.

≫ 원격 작업: Slack과 같은 앱은 사람들이 인터넷과 모바일 기기를 통해 언제 어디서나 원격으로 일하고 협업을 할 수 있게 해 준다.

Slack Technologies, Inc.

고학력, 샐러리맨 및 전문직 인구의 증가

미국 인구는 점점 더 잘 교육받고 있다. 예를 들어, 2015년에 25세 이상의 미국 인구의 90%는 고등학교 이상을 졸업했고, 34%는 대학을 졸업했다. 이는 1980년의 66%와 16%와 비교된다.[31] 종업원들은 점점 더 사무직에 종사하고 있다. 직장의 증가는 전문직에서 가장 높고 생산직에서 가장 낮다. 2014년과 2024년 사이에 30개의 직업 중 가장 빠른 고용성장을 보일 것으로 예상되는 직업들 대부분은 중등 교육 이상을 필요로 한다.[32] 교육받은 전문직 종사자 수의 증가는 사람들이 무엇을 사고 어떻게 살 것인가에 영향을 줄 것이다.

다양성의 증가

국가마다 민족적 구조가 다르다. 미국은 때때로 인종/문화들의 도가니(melting pot)로 불린다. 여러 나라와 문화에서 온 다양한 인종들이 하나의 동질적인 전체를 구성하기 때문이다. 그러나 다양한 집단들이 서로 섞이지만, 민족적 및 문화적으로 중요한 차이를 유지하고 서로 인정하면서 함께 섞여 있기 때문에 샐러드 그릇이 되어가고 있는 것 같다.

마케터들이 국내외에서 매우 다양한 시장에 직면하면서 그들의 기업 운영방식도 규모 측면에서 국제화되고 있다. 미국 인구는 61%의 백인, 18%의 히스패닉인, 13%의 아프리카 출신으로 주로 구성된다. 아시아인은 미국에서 전체의 6%를 구성하고 있고, 나머지는 하와이 원주민, 태평양 제도민, 아메리칸 인디언, 에스키모, 알류 토착민 등으로 구성된다. 미국의 민족적 분포의 다양성은 다음 세대에서 더 증폭될 것이다. 2060년까지 미국 인구 중 히스패닉인이 28%를 구성하고, 아프리카인은 14%를 유지하고, 아시아인은 9%로 증가할 것으로 추정되고 있다.[33]

P&G, Walmart, McDonald's에서부터 Toyota, Marriott에 이르기까지 대부분의 대기업들은 이들 중 한두 개 집단을 겨냥해서 만든 제품, 광고, 촉진프로그램을 운영하고 있다. 예를 들어 Marriott를 살펴보자.[34]

#LoveTravels 캠페인의 일환으로, Marriott는 특히 히스패닉 소비자들을 겨냥한 소셜 미디어 활동을 시작했다. 유튜브 영상 시리즈에서 히스패닉 스타들은 자신들의 유산에 대한 자부심에 대해 고무적인 이야기를 나누며 여행이 그들에게 어떤 의미인지에 대해 언급했다.

Marriott는 유튜브 동영상 외에도 판도라, 페이스북, 트위터, 인스타그램 등에 웹과 모바일 광고를 게재하며 히스패닉 사회의 문화와 여행에 관한 진솔하고 실질적인 대화를 이끌어내길 희망했다.

좀 더 넓게 보면, 오랫동안 지속되고 수상 경력이 있는 Marriott의 #LoveTravels 캠페인은 히스패닉계, 백인, 흑인, 아시아계부터 아이를 가진 동성 커플, 트랜스젠더 커뮤니티까지 다양한 그룹을 대상으로 하는 포괄적인 노력을 특징으로 한다.

#LoveTravels 웹사이트는 방문객들을 다양한 미국인들의 감동적인 비디오 영상들과 그들의 여행에 대한 사랑과 연결시켜 준다. 웹사이트에서는 "Marriott는 모든 것을 환영한다."라고 말한다. "사랑은 모든 사람이 이해하는 보편적인 언어로써, 사랑이 여행할 때, 사람과 장소와 목적을 연결하면서, 전 세계의 문화를 연결하는 다리가 되고 새로운 발견을 고취시키는 힘을 가지고 있다."

다양성은 민족적 유산 그 이상을 포함한다. 예를 들어, 많은 주요 회사들은 최근 노골적으로 게이와 레즈비언 소비자들을 겨냥하기 시작했다. 한 보고서에 따르면 자신들을 레즈비언, 게이, 양성애자, 성전환자(LGBT)로 확인하는 미국 성인들의 7%는 거의 1조 달러의 구매력을 갖는다.[35] Modern Family, Transparent와 같은 TV 쇼, Brokeback Mountain과 Carol과 같은 영화, Neil Patric Harris, Ellen DeGeneres, David Sedaris, 애플 CEO Tim Cook과 같은 게이 유명인사와 공공인물들 덕분에 LGBT들은 점점 더 대중의 시선에 노출되고 있다.

다양한 산업에 종사하는 기업들은 게이에 맞춘 마케팅 노력을 전개하면서 LGBT 커뮤니티를 표적시장으로 삼고 있다. 예를 들어, Macy's와 Best Buy에서는 동성 커플을 주인공으로 하는 그들의 결혼 등록지에 대한 정기적인 광고를 내보낸다. Starbucks는 최근 동성 커플이 함께 스타벅스 컵을 들고 키스를 위해 몸을 기댄 모습이 담긴 휴일 광고를 내보냈다. Frito-Lay는 한정판 도리토스 레인보우스를 출시했는데, 다양한 색상의 칩은 브랜드의 '개인에 대한 포용과 지원의 표현'을 입증했다. 그리고 Wells Fargo는 전국적인 TV 광고 캠페인에 LGBT 부부를 출연시킨 최초의 은행 중 하나가 되었다. 청각 장애 아이를 입양하는 레즈비언 커플이 등장하는 이 가슴 따뜻한 광고는 다른 다양한 고객 집단을 조명하는 9개 광고 시리즈 중 하나이다. Wells Fargo 관계자는 "우리는 내외적으로 모든 면에서 다양성을 포용한다. 이 캠페인은 우리가 고객에게 어떻게 서비스를 제공하는지에 관한 그 가치의 매우 중요하고 자연스러운 진전이다."라고 말했다.[36]

또 다른 매력적인 다양성 집단은 장애를 가진 개인들이다. 미국 성인 5명 중 1명은 장애가 있으며, 연간 2,000억 불에서 5,500억 불 규모의 소비력을 가지고 있다. 대부분의 심신장애자들은 활동적인 소비자들이다. 예를 들어, 한 보고서는 이 세그먼트는 7,300만 불의 사업 또는 레저 여행에 매년 173억 불을 쓰고 있음을 확인했다.[37]

기업들은 심신장애자 소비자들에게 도달하기 위해 어떻게 노력할까? 많은 마케터들은 심신장애자와 정상적인 사람들의 세상이 다르지 않다고 인식하고 있다. McDonald's, Verizon, Samsung, Nordstrom, Toyota 같은 회사의 마케터들은 중심 시장에 심신장애자들을 등장시켜 왔다. 예를 들어, 최근 Apple의 iPad Air 광고에서는 실제 여행 작가인 체리 킹이 iPad Air와 함께 세계를 여행하는 모습을 보여주며, 그녀가 다양한 글로벌 환경을 통해 여행하는 것을 돕는다. 그녀는 집으로 돌아가 의사소통하고, 사진을 올리고, 기사를 쓰고, 아이패드를 통해 점주들과 영어를 못하는 다른 사람들에게 하고 싶은 말을 번역하게 한다. 광고의 맨 끝부분에서야 그녀의 장애가 드러난다. 그녀는 귀가 들리지 않는다.[38]

▶▶ 장애를 가진 소비자를 타깃하기: Toyota의 'Start Your Impossible' 캠페인에는 장애인 올림픽 금메달리스트인 알파인 스키 선수 Lauren Woolstencroft와 같이 이동 문제를 극복한 선수들의 감동적인 실화 스토리를 강조하는 광고가 포함됐다.

Donald Miralle/Getty Images(photo); Editorial/Alamy Stock Photo(logo)

또 다른 예로, 가장 최근의 동계 올림픽과 장애인 올림픽 기간 동안 진행된 Toyota의 'Start Your Impossible' 캠페인에는 모빌리티 도전을 극복한 선수들의 감동적인 실화 스토리를 강조하는 광고가 포함되어 있었다. "Good Odds"라는 제목의 한 광고는 왼쪽 팔의 팔꿈치 아래뿐만 아니라 두 다리의 무릎 아래가 없이 태어난 캐나다 파라오 알파인 스키 선수 Lauren Woolstencroft가 엄청난 가능성을 실현하면서 전설적인 장애인 올림픽 금메달리스트가 되는 것을 보여준다. "Toyota는 모빌리티가 자동차 이상의 그 무엇이라 생각하며, 그것은 모두가 자유롭게 움직일 수 있도록 하는 것이다."라고 회사의 관계자는 말한다.[39]

미국에서 인구가 다양하게 증가하면서 성공적인 마케터들은 빠르게 성장하는 세그먼트에서 오는 기회를 활용하기 위해 그들의 마케팅 활동을 지속적으로 다양화할 것이다.

개념 연결하기

잠깐 멈추고 이러한 인구통계적 요인들이 어떻게 우리 모두에게 영향을 미치고 그 결과 마케팅전략에 영향을 미치는가를 생각해 보자.

● 이러한 인구통계적인 발전들을 여러분 생활에 적용해 보자. 변화하는 인구통계적 요인들이 여러분 과 여러분 구매행동에 어떻게 영향을 미치는가에 대한 구체적인 예들을 논의해 보자.

● 변화하는 인구통계적 환경(베이비부머, X 세대, 밀레니얼, Z 세대 등과 같은 세대 세그먼트, 변화 하 는 미국 가정, 증가된 다양성)에 잘 대응한 기업을 구체적으로 찾아보자. 이 회사를 대응을 잘 하지 못한 회사와 비교해 보자.

경제적 환경

시장은 제품을 구매할 사람들 뿐 아니라 구매력을 필요로 한다. **경제적 환경**(economic environment)은 소비자의 구매력과 소비패턴에 영향을 미치는 요인들로 구성된다. 경제적인 요인들은 소비자의 소비와 구매행동에 극적인 영향을 미친다. 예를 들어, 최근까지 미국 소비자들은 소득 증가, 주식시장의 붐, 주택가치의 증가와 다른 경제적인 행운 덕분에 자유롭게 지출해 왔다. 그들은 외관상 아무 주저 없이 계속 구매해 왔고 그 결과 기록적인 부채를 축적해 왔다. 그러나 이 시기 자유로운 지출과 긍정적인 전망은 2008/2009년 경제 침체에 의해 제동이 걸렸다.

요즘 같은 경기침체 이후 시대에 소비지출이 다시 증가세로 돌아섰다. 하지만 경제가 튼튼해졌음에도 불구하고, 미국인들은 그들의 오래된 자유로운 지출 방식으로 되돌아가기보다는 검소함에 대한 열정을 유지하고 있다. 각 세대 집단은 재정적인 어려움에 직면해 있다. 예를 들어, 많은 베이비붐 세대들은 은퇴 후 계좌를 주의 깊게 보고 있고, 많은 X 세대 그룹은 가족을 부양하고 아이들을 대학에 보내고 노부모를 부양해야 하는 재정적 책임에 직면해 있으며, 많은 밀레니얼 세대들은 학자금 대출금을 갚고 새 집을 사는 비용에 부담스러워하고 있다.

결과적으로, 소비자들은 이제 그들의 생활방식과 소비패턴에 있어서 기본적인 감성을 채택하고 있는데, 이 감성은 앞으로 몇 년 동안 지속될 것 같다. 새롭고 더 알뜰한 소비 가치관이 사람들이 자신을 빈곤의 삶에 내맡겼다는 것을 의미하지는 않는다. 경기가 좋아지면서 소비자들은 다시 명품과 더 큰 티켓 구매에 빠져들고 있다. 그들은 그들이 사는 물건에서 더 큰 가치를 찾고 있다. 이에 따라 Target과 같은 할인점부터 Lexus, Tiffany 같은 명품 브랜드에 이르기까지 모든 업종의 기업들은 제품 제안과 마케팅 홍보에 있어서 가격 대비 가치, 실용성, 내구성에 초점을 맞추고 있다.

저자 코멘트
경제적 환경은 기회와 위협을 함께 제공한다. 예를 들어 경기 대침체 이후 소비지출이 민감해지면서 가치는 마케팅의 좌우명이 되어 왔다.

경제적 환경(economic environment)
소비자의 구매력과 소비패턴에 영향을 미치는 경제적 요인

>> **경제적 환경:** 소비자들은 그들의 생활방식과 소비패턴에 있어 새로운 기본으로 돌아가는 성향을 채택했다. 이런 더욱 경제적으로 검소한 구매자들의 성향에 부응하기 위해, Target과 같은 회사들은 가치제안에서 비용을 덜 지출하는 측면을 강조하고 있다.
Justin Sullivan/Getty Images

예를 들어, 수년 동안 할인 소매업체 Target은 그들의 슬로건 "Expect More. Pay Less."에서 "Expect More." 쪽에 더 크게 초점을 맞추었다. 그들의 세심하게 만들어진 'upscale-discounter' 이미지가 월마트의 'lowest-price' 포지션과 성공적으로 차별화했다. 그러나 경제가 침체되고 구매자들이 아마존과 같은 저렴하고 편리한 온라인 소매업체로 점점 이동함에 따라 많은 소비자들은 Target의 유행을 따르는 상품군과 힙 마케팅 또한 가격 상승을 의미한다고 우려했다. 그래서 Target은 자사의 가격이 월마트의 가격과 비슷하고 고객들도 그것을 알고 있다는 것을 확실히 하면서 슬로건의 절반인 "Pay Less" 쪽으로 균형을 더 옮겼다. 여전히 시크하고 트렌디하지만, Target의 마케팅은 이제 실용적인 가격과 절약을 강조한다. "고객의 내는 돈에 비해 더 많은 것을 제공하는 것"은 Target의 미션에서 중요한 위치를 차지하고 있다. 회사 측은 "우리와 함께 쇼핑할 때마다 우리는 고객의 예산과 최고의 가치를 어떻게 줄 것인가에 대해 많은 생각을 한다."고 말한다.[40]

경제에 적응할 때, 기업들은 고객의 지갑을 열게 하기 위해 마케팅 예산을 삭감하고 가격을 낮추려는 유혹을 받을 수도 있다. 하지만 비용을 절감하고 선별된 할인을 제공하는 것이 중요한 마케팅 전술이 될 수 있지만, 현명한 마케터들은 잘못된 곳에 인하를 하는 것이 장기적인 브랜드 이미지와 고객관계를 손상시킬 수 있다는 것을 알고 있다. 과제는 브랜드의 가치제안과 현재 시대의 균형을 맞추는 동시에 장기적인 형평성을 높이는 것이다. 그러므로, 많은 마케터들이 불확실한 경제 시대에 가격을 인하하기보다는, 가격을 유지하면서 대신 그들의 브랜드가 왜 그럴만한 가치가 있는지를 설명한다.

마케터는 소득, 생활비용, 이자율 그리고 저축 및 대출 패턴과 같은 주요 경제 변수의 변화는 시장에 큰 영향을 미침에 주목해야 한다. 기업들은 경제예측을 이용해 이들 변수들을 관찰한다. 사업은 경제침체에 의해 넘어지거나 호황에 쪼들릴 필요가 없다. 기업은 적절한 경고를 이용해 경제적인 환경변화를 활용할 수 있다.

자연환경

자연환경(natural environment)
마케터가 투입요소로 활용하기 원하거나 또는 마케팅활동에 의해 영향을 받는 물적 환경과 천연자원

자연환경(natural environment)은 마케터들이 투입요소로 활용하기 원하거나 또는 마케팅활동에 의해 영향을 받는 물적 환경과 천연자원들로 구성된다. 가장 기본적인 수준인 기후에서 자연 재앙에 이르기까지 자연환경의 예상치 않은 변화들은 회사의 마케팅 전략에 영향을 미칠 수 있다. 예를 들어, 북극 소용돌이라는 용어가 미국 어휘로 돌풍을 일으킬 만큼 추웠던 최근 겨울 동안 플로리스트와 자동차 딜러에서 식당, 항공사, 관광지에 이르기까지 광범위한 사업체에서 매출의 타격을 입었다. 이와는 대조적으로, 혹독한 날씨는 소금, 제설기, 겨울 의류, 자동차 수리 센터와 같은 제품에 대한 수요를 증가시켰다.

기업들이 이런 자연적인 현상을 막을 수는 없지만, 이에 대한 대처를 준비해야 한다. 예를 들어, FedEx와 UPS 같은 해운 회사들은 전 세계의 정시 배송을 방해하는 기상 조건을 예측하기 위해 기상학자들을 그들의 직원으로 유지한다. UPS 기상학자는 "방콕에서 소포를 기다리는 사람은 켄터키 주 루이스빌에 눈이 오는 것을 개의치 않는다."고 말했다. "그들은 자신들의 물건을 원한다."[41]

보다 넓은 수준에서 환경의 지속가능성에 대한 관심은 과거 30여 년간 지속적으로 증가해 왔다. 세계의 많은 도시들에서 공기나 물의 오염은 위험 수준에 도달해 있다. 지구

온난화 가능성에 대한 전 세계적인 우려는 높아지고 있고, 환경 보호론자들은 우리는 곧 우리가 쌓은 쓰레기 더미에 덮일 것이라고 경고하고 있다.

마케터들은 자연환경의 몇 가지 추세들을 잘 알고 있어야 한다. 첫 번째 추세는 원재료의 지속적인 고갈이다. 공기와 물은 무한한 자원인 것처럼 보이지만, 몇몇 단체들은 장기적인 문제점을 지적한다. 대기오염은 이미 세계의 대도시들을 질식시키고 있고, 물의 부족은 미국을 포함한 세계의 일부 지역에서 큰 문제가 되고 있다. 2030년이 되면, 전 세계 인구의 3명 중 1명은 마실 물을 충분히 가지지 못할 것이다.[42] 산림이나 음식과 같은 재생 가능한 자원들은 현명하게 사용되어야 한다. 기름, 석탄 및 기타 광물질과 같이 재생이 불가능한 자원들은 심각한 문제를 야기한다. 이러한 자원들이 이용가능하다고 할지라도 이러한 자원들을 이용하여 제품을 만드는 회사들은 현격한 비용의 증가를 피할 수 없다.

두 번째 환경추세는 증가하는 오염이다. 산업은 언제나 자연환경을 훼손시킬 것이다. 화학 및 핵폐기물의 처리, 위험수준에 달한 대양의 수은치, 토양속의 화학오염물질의 양과 음식공급에서 나오는 화학 오염물질의 양, 분해불가능한 병, 플라스틱과 기타 패키지 물질에서 나오는 환경쓰레기 문제를 생각해 보라.

세 번째는 천연자원관리에 있어서 정부의 개입이 증가하는 것이다. 각 국가의 정부들마다 깨끗한 환경을 촉진시키기 위한 관심과 노력이 다르다. 독일정부와 같은 일부 나라들은 매우 적극적으로 환경의 질을 추구한다. 반면 가난한 나라들은 필요한 자금과 정치적인 의지가 부족하기 때문에 오염에 대한 어떤 조치를 취할 수 없다.

1970년 창설된 미국의 환경보호국(Environmental Protection Agency)은 오염표준을 만들고 이와 관련된 규정을 집행하고 오염관련 연구를 수행해왔다. 기업들은 앞으로 정부나 압력단체들로부터 오는 지속적인 강한 통제를 예상해야 할 것이다. 마케터들은 규제에 반대하지 말고, 오히려 세계가 직면하고 있는 자원과 에너지 문제들에 대한 해결책을 개발하는데 앞장서야 할 것이다.

자연환경에 대한 관심은 **환경의 지속가능성**(environmental sustainability) 운동을 태동시켰다. 오늘날 계몽된 회사들은 정부규제가 요구하는 것보다 더 많은 일을 하고 있다. 그들은 환경의 지속가능성을 지원하는 전략과 운동을 개발하여 지구가 무기한으로 지원할 수 있는 세계 경제를 만들기 위해 노력하고 있다. 환경의 지속가능성은 차세대들의 욕구에 맞추기 위해 그들의 능력과 절충하지 않으면서 현재의 욕구를 맞추는 것을 의미한다.

많은 기업들은 환경적으로 책임있는 제품들을 가지고 소비자 수요에 반응하고 있다. 몇몇 기업들은 재활용이 가능하거나 미생물 분해가 가능한 제품패키지, 재활용 가능한 원료나 부품, 또는 오염을 잘 통제하고 에너지 측면에서 보다 효율적인 작동방법을 개발하고 있다. 예를 들어, Nike를 생각해보자. Nike는 경제적 목표에만 전념할 뿐 아니라 지속가능성을 옹호하는 입장에 서 있다.[43]

환경의 지속가능성
(environmental sustainability)
지구에 의해 무한적으로 지원될 수 있는 세계경제를 만들 전략과 관행을 개발하는 것

Nike는 가치사슬을 통해 환경에 미치는 영향을 줄이려고 한다. 그것의 핵심 초점은 운동 경기력을 극대화하지만 환경에 미치는 영향은 최소화하기 위한 새로운 세대의 상품을 만드는 것이다. 그것은 모든 제품에 걸쳐 있는 정신이다. 이에 따라 Nike는 2015 회계연도에 5천 4백만 파운드 상당의 공장폐품을 기능성 신발과 의류를 만드는 데 사용된 프리미엄 재료로 바꾸었다. Nike는 매립과 소각에서 전체 폐

▶▶ 자연환경: Nike는 그들 자신의 관행과 가치사슬에 미치는 영향을 통해 지속가능성을 옹호하려고 노력해왔다.

Sergio Azenha/Alamy Stock Photo

기물의 92%를 전용해서 신발을 만들었다. 이 회사는 2008년 에너지와 탄소 프로그램을 시작했으며, 그 이후 신발 제조 계약업체들은 단위당 에너지 사용량을 절반으로 줄이는 데 성공했다. Nike는 또한 생산에 사용된 재료의 95%가 제한된 물질 목록 테스트를 통과했다고 자랑스럽게 말하고 있다. 그것은 2020년까지 평균 '환경 발자국'을 10% 줄이고, 신발 제조에서 소각과 매립으로 위탁되는 폐기물을 제거함으로써 '환경 발자국'을 최소화하기를 희망한다. 또한 생산 단위당 직물의 마감과 염색에서 담수 사용량을 20% 줄일 수 있기를 바라고 있다. 궁극적으로, 2025년까지 소유 및 운영 중인 시설에서 100% 재생 에너지를 달성하는 데 초점을 맞추고 있다.

기업들은 고객의 후생과 지구에 좋은 것이 또한 좋은 사업이 될 수 있다는 것을 배우고 있다. 예를 들어, Walmart의 eco-charge는 단지 옳은 일을 하는 것 이상의 것이다. 사업적으로도 일리가 있다. 더 효율적인 운영과 덜 낭비적인 제품들은 환경에 좋을 뿐만 아니라, Walmart에도 경제적으로 이득이다. "에너지 효율성 프로그램과 더 똑똑하고 더 나은 시스템을 운영하면서 얻을 수 있는 효율성 이득은 실제적인 재정 절감 효과를 가져온다."고 월마트의 지속가능성 책임자는 말한다. 그에 따라 낮은 비용으로 월마트가 항상 가장 잘 해왔던 일을 더 많이 할 수 있게 된다. 즉 고객들의 돈을 절약하는 것이다.

오늘날 많은 회사들은 단순히 선행을 하는 것 이상의 것을 추구하고 있다. 점점 더 많은 기업들이 환경 지속가능성을 핵심 미션의 하나로 삼고 있다. 예를 들어, 아웃도어 의류 및 장비 제조업체인 Patagonia는 연간 수익의 1%를 환경적 대의활동에 기부하고 "reduce, repair, reuse, recycle, and reimagine"이라는 "5 Rs" 만트라(신념)를 열렬히 고수하고 있다. 그러나 Patagonia는 지속가능성 실천을 수행하는 것 이상으로 "우리는 자연이 대신할 수 있는 것만을 취하는 세상을 재현하고 싶다."고 말했다. 그들은 최근 고객들에게 "우리 제품을 사지 말라."고 말함으로써 지속가능성을 완전히 새로운 수준으로 끌어올렸다(Marketing at Work 3.1 참조).

기술적 환경

기술적 환경(technological environment)
신제품과 시장기회를 창출하는 새로운 기술을 만들어 내는 요인

기술적 환경(technological environment)은 아마도 우리의 운명을 형성하는 가장 드라마틱한 요인일 것이다. 기술은 항생물질, 비행기 여행, 인터넷, 스마트폰, 인공지능, 자율주행차 등과 같은 경이로운 것을 선보이게 했다. 또한 기술은 핵미사일, 화학무기, 고성능 자동소총과 같이 무서운 것들도 선보였다. 기술에 대한 우리의 태도는 이를 경이로운 것으로 또는 실책으로 볼 것인가에 달려 있다.

디지털 기술과 사물인터넷(IoT)의 여명은 마케팅의 새로운 도전적인 세계를 만들어냈다. 끝이 없어 보이는 디지털 발전의 연속은 소비자들이 브랜드를 배우고, 구매하고, 경험하는 방법의 모든 측면에 영향을 미치고 있다. 결과적으로, 디지털 시대는 마케터들에게 소비자들을 이해하고, 새로운 상품을 창조하고, 고객들을 보다 직접적이고 의미 있는

MARKETING AT WORK 3.1

Patagonia의 "의식 있는 소비" — 소비자에게 더 적게 사라고 말하다

>> **환경적 지속가능성:** 영리를 추구하는 회사가 고객들에게 더 적게 사라고 말하는 것은 아주 이상하게 들린다. 그러나 그 메시지는 Patagonia의 존재이유와 맞아떨어진다. 그 회사는 자연이 대체가능한 것들만 자연에서 가져오는 세상을 그리기를 원하고 있다.

Property of Patagonia, Inc. Used with permission.

고급 아웃도어 의류와 장비를 만드는 회사인 Patagonia는 환경보호를 위한 사업이라는 사명 위에 설립되었다. 40년 보다 더 전에, 등산가이자 경영인인 Yvon Chouinard는 "최고의 제품 생산, 불필요한 환경 피해의 최소화, 환경위기에 대한 대책을 촉진하고 실행하기 위한 사업 경영"이라는 장기적 사명을 가지고 회사를 설립했다. 이제 Chouinard와

Patagonia는 그 사명을 새로운 극치로 끌어올리고 있다. 그들은 실제로 소비자들에게 "우리 제품을 사지 마세요."라고 말하고 있다.

그것은 Patagonia가 몇 년 전 추수감사절의 다음 날이자 연중 최대 규모의 쇼핑이 행해지는 날인 블랙 프라이데이에 뉴욕타임스 전면 광고 하나를 게재하면서 시작됐다. 이 광고는 Patagonia의 인기상품인 R2 재킷을 보여주면서 "이 재킷을 사지 마세요."라고 광고하고 있었다. Patagonia는 매장과 웹사이트, SNS를 통해 메시지를 전함으로써 이 광고를 지원했다. 결정적으로, Patagonia의 고객들은 사이버 먼데이 전날에 이 브랜드의 적게 사라는 메시지를 다시 강조하는 내용의 후속 메일을 받았다(역자 주: 사이버 먼데이는 추수감사절 다음 주의 월요일이면서, 온라인 쇼핑 구매량이 급증하는 날이다). 아래는 그 메일 내용의 일부이다.

Patagonia는 사업을 가능한 오랫동안 유지하고 싶고, 세상을 우리 아이들이 살기 좋은 곳으로 두고 싶으므로, 우리는 오늘날 다른 모든 회사와 정반대의 길을 가고자 합니다. 우리는 당신에게 소비를 줄이고, 당신이 이 재킷이나 다른 모든 것에 돈을 쓸 때 한번 더 숙고하기를 요청합니다. 우리가 만드는 모든 것의 환경적 비용은 깜짝 놀랄 정도입니다. 앞서 본 R2재킷을 생각해 보세요. 그건 우리의 인기상품 중 하나입니다. 그것을 만들기 위해서 물 135리터가 필요한데, 이는 45명이 하루 동안 마시기 충분한 양(하루에 세 잔)입니다. 이 재킷의 원료인 60% 재활용 폴리에스터가 우리 Reno 창고에 오기까지 20파운드의 이산화탄소가 필요한데, 이는 완제품의 24배에 달하는 무게입니다. 이 재킷은 Reno에 오기 위해 제 무게의 2/3를 길에 버리고 온 셈입니다. 그리고 이 60% 재활용 폴리에스터로 만들어진 재킷은 높은 수준으로 재봉, 직조되었습니다. 그러나 만들고 살 수 있는 모든 것들과 마찬가지로, 이 재킷의 환경적 비용은 그 가격보다 더 비쌉니다.

아직 해야 할 일들이 많고, 우리는 충분히 그 모든 것을 해낼 수 있습니다. 필요하지 않다고 생각되는 것은 사지 마세요. 뭔가 사기 전에는 두 번 생각하세요. 대체 가능한 것들만 자연에서 가져오는 새로운 세상을 그리기 위해 우리와 함께 해주세요.

영리를 추구하는 회사가 고객들에게 적게 사라고 말하는 것은 아주 이상하게 들린다. 그러나 그 메시지는 Patagonia의 존재 이유와 맞아떨어졌다. 창립자 Chouinard는 자본주

의가 지속 가능하지 않은 길이라고 주장한다. 오늘날의 회사들과 소비자들은 무심코 사서 너무 빨리 버리게 되는 저품질의 상품들을 사고팖으로써 세계의 자원들을 낭비하고 있다. 대신에 Chouinard와 그의 회사는 고객들에게 구매 전에 한 번 더 생각하고, 소비를 위한 소비를 멈추라고 요청하면서 의식적인 소비를 촉구하고 있다.

전통적인 광고 방식에는 거의 돈을 쓰지 않는 Patagonia에서 유래된 이 모순적인 광고, "이 재킷을 사지 마세요."는 엄청난 영향을 미쳤다. 인터넷은 이내 온라인 평론가들, 블로거들, 그리고 고객들이 Patagonia의 메시지 뒤에 숨겨진 의미와 동기에 대해 하는 말들로 불타올랐다. 분석가들은 그 광고가 판매를 촉진할지 혹은 저해할지, 즉 그 광고가 고객들을 참여하게 하고 충성도를 쌓게 할 것인지, 아니면 그저 값싼 마케팅적 수법보다 조금 더 나은 것으로 비치는 것에 그칠지에 대해서 추측했다.

그러나 Patagonia에게 그 캠페인은 상술과 거리가 멀었다. 그 캠페인은 Patagonia가 오랫동안 품고 있었던 지속가능성에 대한 철학을 표현했다. 그 목적은 보다 책임 있는 소비를 위해 소비자가 회사와 함께 노력한다는 약속을 하도록 촉구하는 "함께 해요 캠페인"(공동 자원 재활용 운동)에 대한 인식과 참여를 높이는 데에 있었다. "함께 해요 캠페인"은 지속가능성을 위한 공동행동의 5R에 기초한다.

- **Reduce(줄이기)**: Patagonia는 오랫동안 쓸 수 있는 유용한 물건을 만듭니다. 필요하지 않은 것은 구매하지 않으면 됩니다.
- **Repair(수선)**: Patagonia는 당신이 가진 파타고니아 장비의 수리를 도와드립니다. 여러분은 부서진 것을 고쳐 쓰기로 약속해주세요.
- **Reuse(재사용)**: 당신이 이제는 필요로 하지 않는 Patagonia 제품이 쓰일 곳을 찾도록 돕겠습니다. 여러분은 필요 없는 제품을 팔거나, 물려주세요.
- **Recycle(재활용)**: Patagonia는 당신이 가진 낡은 Patagonia 제품을 수거하겠습니다. 낡은 제품을 소각로나 매립지에 버리지 않겠다고 약속해주세요.
- **Reimagine(새로운 상상)**: Patagonia는 당신과 함께, 교체 가능한 것들만 자연에서 가져오는 세상을 그립니다.

그래서 Patagonia의 의식적인 소비라는 해결책은 꽤 단순해 보인다. 고품질의 상품을 만들고, 사고, 수리하고, 다시 쓰는 것은 적은 소비를 낳고, 이는 결과적으로 모두가 비용과 자원을 더 적게 쓰도록 한다. Patagonia는 품질이 과소

비를 해결할 것이라는 신념에 언제나 헌신해왔다. 이들은 내구성과 유행을 타지 않는 디자인을 갖춘 제품, 고객이 오랫동안 보관하고 입는 제품을 만든다. 그러고 나서, Patagonia는 "오래 입을 옷, 오래 입는 옷 캠페인"(Worn Wear 캠페인)과 같은 프로그램들을 통해, 고객들이 오래 쓸 수 있는 제품에 관한 이야기를 공유하게 하고 사람들이 그들의 옷들을 가능한 오랫동안 유통하도록 격려하기 위해서 SNS를 사용한다. Patagonia는 이에 대해 다음과 같이 말한다.

"결국 가장 중요한 것은, 우리는 우리 회사의 공급유통망을 손볼 수도 있고 원재료 수급을 개선할 수도 있고 완전히 재활용된 직물을 사용할 수도 있고 수백만 달러를 오랫동안 환경단체에 그냥 줘버릴 수도 있겠지만, 우리의 옷을 가능한 오랫동안 써주는 것만큼 중요하고 강력한 영향력을 가진 것은 없다는 겁니다."

블랙 프라이데이 주간에 그랬듯이, 다른 회사들이 소비자들에게 감당 못할 정도의 홍보를 통해 소비자들에게 "이걸 사세요. 사세요, 사세요!"라고 부추기는 동안에 Patagonia는 그들의 설립철학을 주장했다. Patagonia의 마케팅 및 커뮤니케이션 부문 부회장인 Rob BonDurant의 설명에 따르면, Patagonia는 "저기, 이것 보세요. 필요한 만큼만 사세요."라고 말하는 것이라고 한다. "'이 재킷을 사지 마세요.'라는 메시지는 분명 영리를 추구하는 회사가 말할 만한 것으로 생각하기 어렵기는 합니다. 특히 블랙 프라이데이 같은 날에는요. 하지만 솔직히, 자본주의의 진화에 대한 생각과 우리가 일으키고 싶었던 의식적인 소비의 커뮤니케이션이야말로 우리가 진정으로 추구했던 것입니다."

아무 회사나 이렇게 해낼 수 있는 것은 아니다. 이런 메시지들은 그것이 진짜일 때만 효과가 있다. Patagonia는 그저 갑자기 블랙 프라이데이에 광고를 게재한 것이 아니다. 그들은 이 메시지를 몇십 년 동안 보내왔고, 이 메시지대로 살아오고 있었다. 다른 회사들이 Patagonia의 선례를 따를 수 있을까? "단순한 마케팅 캠페인 뿐이라면, 불가능합니다." 라고 BonDurant는 말한다. "그들이 살아온 방식과 그들의 경영 방식을 홍보하는 것이라면 당연히 가능합니다. 단순히 본인들의 메시지에 그 캠페인을 적용하거나, 한시적으로 캠페인을 시행하는 것으로는 안 됩니다. 그건 하루 종일, 일 년 내내 실행되어야 합니다."

Patagonia가 의식 있는 소비를 추구한다는 것은 고객들이 그들의 제품을 사지 않기를 바란다는 뜻이 아니다. 그 반대로, 다른 영리적 기업들과 마찬가지로 Patagonia는 블랙

프라이데이와 그 나머지 연휴 기간에 좋은 실적을 내는 것에 아주 많이 신경쓰고 있다. 겨울철 의류를 주로 파는 다른 회사들과 마찬가지로, 일 년 중 마지막 두 달 동안 Patagonia는 연간 수익의 무려 40%를 거둔다. 하지만 Patagonia에게 사업이란 단순히 돈을 버는 것 이상의 것이다. 그리고 BonDurant에 의하면, "이 재킷을 사지 마세요." 캠페인은 당초 목적이었던 "함께 해요 캠페인"의 관심과 참여 제고에 있어 투자한 그 이상을 해냈다고 한다. 그러나 부가적 효과로 그 캠페인은 매출도 끌어올렸다. 이 캠페인을 시행한 첫 해 동안 파타고니아의 매출은 1/3 가량 증가했다.

BonDurant는 "더 이상은 그저 좋은 제품을 만드는 것만으로는 충분하지 않습니다."라고 말한다. "사람들이 투자하고, 참여하고, 그리고 스스로가 해결책의 밑거름이 될 수 있는 그런 메시지 또한 있어야 합니다. 그것이 바로 Patagonia의 "필요한 만큼만 사세요."라는 홍보 활동이 지향하는 것입니다."

그렇지만 고객들에게 이롭고 지구에 이로운 것이 Patagonia에게도 이익이 된다. 창립자 Chouinard는 이렇게 말한다. "이상하게 들린다는 걸 압니다. 하지만 내가 지구를 위한 선택을 내릴 때마다, 나는 돈을 벌었습니다. 우리 고객들은 환경보호에 대해 알고 있고, 또한 실천하고 싶어 하는 겁니다."

출처: Based on information from Danielle Sacks, "Any Fight Worth Fighting—That's the Attitude We Take," Fast Company, February 2015, pp. 34-36; Ryan Bradley, "The Tao Rose," Fortune, September 15, 2015, pp. 155-160; Katherine Ling, "Walking the Talk," Marketing News, March 15, 2012, p. 24, https://issuu.com/hennessydesigngroup/docs/marketingnews; Kyle Stock, "Patagonia's 'Buy Less' Plea Spurs More Buying," Bloomberg Businessweek, August 28, 2013, www.businessweek.com/printer/articles/147326-patagoniasbuy-less-plea-spurs-more-buying; "How a Clothing Company's Anti-Consumerist Message Boosted Business," PBS, August 20, 2015, www.pbs.org/newshour/bb/clothing-companys-anti-consumerist-message-boosted-business/; Marisa Meltzer, "Patagonia and The North Face: Saving the World—ne Puffer Jacket at a Time," March 17, 2017, https://www.theguardian.com/business/2017/mar/07/the-north-face-patagonia-saving-world-one-pufferjacket-at-a-time; Jeff Beer, "Patagonia Is Launching a New Digital Platform for Environmental Activism," Fast Company, February 6, 2018, https://www.fastcompany.com/40527501/patagonia-is-launching-a-newdigital-platform-for-environmental-activism and www.patagonia.com/us/common-threads?src=112811_mt1; and http://wornwear.patagonia.com/ and www.patagonia.com/us/environmentalism, accessed September 2018.

방법으로 끌어들이는 흥미진진한 기회를 제공한다. 20년 전에 눈을 크게 뜬 미래학자들도 오늘날의 디지털 세계를 상상하지는 못했을 것이다.

디지털은 우리가 소비자로서 하는 모든 일에서 분리할 수 없는 부분이 되었다. 우리가 구매하는 제품에서 볼 수 있듯이, Fitbits나 Apple시계와 같은 웨어러블 기술에서부터 Nest 모니터, Sonos 무선 스피커, Google 스마트 홈 기기 같은 연결된 IoT 스마트홈 기기, 단기간 자가 운전이 가능한 테슬라 같은 디지털 중심 자동차에 이르기까지 말이다. 매장 내 쇼핑에서 웹 및 모바일 쇼핑, 앱 및 챗봇에 대한 의존, 증강현실 및 기타 디지털 마법에 의해 향상된 브랜드 경험을 즐기는 등 우리가 구매하는 방식으로도 이를 볼 수 있다. 디지털 브랜드 커뮤니티, 웹 및 모바일 앱, 그리고 우리의 지속적인 동반자 소셜 미디어를 통해 우리가 브랜드와 더욱 몰입하게 하는 방식에서도 그것은 분명하다. 쇼핑 정보 또는 도움이 더 필요한가? 그냥 아마존의 Alexa나 애플의 Siri에게 물어봐라, 아니면 그들이 당신을 위해 그 물건을 사도록 해라. 오늘날, 우리의 소비자 생활은 디지털의 모든 것들과 무한정 연결되어 있다. 그것은 마치 미래학자가 나와 인간이 결국 절반은 인간이고 절반은 인공지능인 존재로 진화할 것이라고 한 Dan Brown 소설에서처럼 우리의 일부가 되었다. 허구라고? 억지라고? 누가 알겠는가?

Disney는 월트 디즈니 월드 리조트에서 마술 같은 고객 체험을 만드는데 디지털 기술을 최대한 활용한다. 5년 전 리조트에서 투숙객의 여행 계획을 세운 뒤 방문 관리를 실시간으로 할 수 있는 웹·모바일 앱 '마이 디즈니 체험'을 선보였다. 그 경험의 중심에는 "매직밴드"라고 불리는 RFID 내장 손목밴드가 있다.[44]

월트 디즈니 리조트에서 MagicBand를 손목에 차는 것은 전에는 경험할 수 없었던 디즈니의 명성 높은 매직을 제공한다. 손목에 차고 MyMagic+에 등록하고 나면 여러분은 공원과 명소를 들어가고 저

>> 마케팅 기술: 디즈니는 멋지고 새로운 MagicBand라는 손목밴드를 개발해 RFID 기술을 새로운 차원으로 이끌고 있다.

Bob Croslin

녁을 먹고 기념품을 사고 호텔방을 드나들 수 있다. 그러나 디즈니는 단지 고객의 경험을 개별화하기 위한 MagicBand의 일부만을 시작했을 뿐이다. 미래의 응용분야는 정말 마술과 같을 것이다. 예를 들어, 미키마우스로부터 포옹을 받고 멋진 왕자로부터 인사를 받고 놀라워하는 아이들을 상상해 보라. 이들은 아이들의 이름을 부르면서 생일축하 노래를 불러준다. 만화영화의 등장인물들이 미리 준비된 개별화된 정보를 가지고 가까운 곳에 있는 고객과 상호작용하고 있는 캐릭터들을 상상해 보라. 여러분이 부모나 가족을 잃어버려도 전혀 문제가 되지 않는다. 근처에 있는 MagicBand에 스캔하면 여러분 가족 모두의 위치를 알려준다. 여러분이 갖고 있는 디즈니 전화 앱에 연결하면 MagicBand는 놀이거리, 승선 대기 시간, 급행 체크인 정보 및 예약 일정 등에 대해 자세한 정보를 찾아낼 수 있다. 물론 MagicBand는 디즈니에게 실시간 고객 활동과 이동에 관한 상세한 정보를 제공해 회사가 고객 로지스틱스, 서비스 및 매출을 향상시킬 수 있도록 도와준다. 너무 감시받는 것처럼 보이면, 개별적인 선택도 가능하다. 예를 들어, 부모들은 아이들의 이름을 알고 있는 캐릭터 등을 선택할 수 있다. 종합하면 이런 디지털 기술들은 디즈니에게 고객과 기업 모두의 경험을 풍부하게 만들어 줄 것을 약속한다.

기술적인 환경은 새로운 시장과 기회를 제공하면서 급속도로 변한다. 그러나 모든 새로운 기술들은 기존의 기술을 대체한다. 트랜지스터는 진공튜브 산업에, 디지털 사진은 필름 사업에, 디지털 다운로드와 스트리밍은 DVD와 서적에 타격을 주었다. 기존 산업이 새로운 기술에 맞서 싸우거나 이를 무시할 때 그 산업은 쇠퇴기를 걷는다. 따라서 마케터들은 기술적 환경을 주도면밀하게 관찰해야 한다. 이를 따라잡지 못하는 기업들은 조만간 자신들의 제품이 낙후되었음을 발견할 것이다. 그리고 그들은 신제품과 시장기회를 잃을 것이다.

제품들과 기술이 보다 복잡해질수록 공중은 이들이 안전한가를 염려한다. 따라서 정부기관들은 조사를 통하여 안전하지 못할 가능성이 있는 제품들을 금지한다. 미국의 FDA(Federal Drug Administration)는 새로운 약을 테스트하기 위한 매우 복잡한 규제를 세웠다. 소비자 제품 안전위원회는 제품을 위한 안전표준을 세워 놓고 이 기준에 미달하는 회사들을 처벌한다. 이러한 규제들의 결과, 회사들은 더 높은 연구비를 지출하게 되었고, 신제품 아이디어와 시판 사이의 개발기간은 연장되었다. 마케터들은 새로운 기술을 적용하고 신제품을 개발할 때 이러한 규제를 잘 숙지해야 한다.

정치적 환경(political environment)
특정 사회 내에서 다양한 기관과 개인에게 영향을 미치거나 이들에게 제약을 가하는 법, 정부기관, 압력단체 등

정치적 및 사회적 환경

마케팅의사결정은 **정치적 환경**(political environment)에서 진행되는 일들에 의하여 강하게 영향을 받는다. 정치적 환경은 그 사회에서 다양한 기관과 개인들에게 영향을 미치거나 이들을 제한하는 법, 정부기관, 압력단체 등으로 구성된다.

사업을 규제하는 입법조치

자유 시장경제를 가장 강하게 지지하는 추종자들조차도 시스템은 약간의 규제하에서 가장 잘 돌아간다는 점에 동의한다. 잘 개발된 규제는 경쟁을 촉진시키고, 제품과 서비스를 위한 공정한 시장을 보장해준다. 따라서 정부는 사회전체를 위해서 사업을 제한하는

법과 규제와 같은 공공정책을 개발한다. 기의 모든 마케팅활동들은 광범위한 법과 규제에 의해 구속된다.

사업에 영향을 미치는 입법조치는 과거 수년간 지속적으로 증가하였다. 미국은 경쟁, 공정거래, 환경보호, 제품안전, 광고의 진실성, 소비자 사생활, 패키지와 라벨, 가격 및 기타 중요한 영역(표 3.1 참조) 등의 이슈를 다루는 다양한 법규를 갖고 있다.

특정 마케팅활동에 대한 공공정책의 시사점을 이해하는 것은 간단한 일이 아니다. 예를 들어, 미국에서는 주 단위 또는 지역 단위에서 만들어진 여러 가지 규제들이 있고 이들은 때때로 중복되기도 한다. 달라스에서 판매되는 아스피린은 연방정부 라벨규제와 텍사스 주 광고규제를 동시에 받는다. 더 나아가 규제들은 계속 바뀐다. 작년에 허용된 것이 올해 금지되기도 하고 과거에 금지되었던 것이 현재 허용되기도 한다. 마케터들은 규제의 변화와 이들에 대한 해석을 따라잡기 위하여 부단히 노력하여야 한다.

사업에 관한 법률 제정은 여러 가지 이유로 시행되어 왔다. 첫째는 회사들을 보호하는 것이다. 기업경영자들은 경쟁을 옹호하지만, 경쟁이 그들을 위협할 경우 이를 완화시키고자 한다. 그래서 불공정 경쟁을 정의하고 이를 방지하기 위한 규제들이 통과되었다. 미국에서 이러한 규제들은 연방통상위원회(Federal Trade Commission)와 법무장관 집무실의 독점금지 디비전(Antitrust Division of the Attorney General's Office)에 의하여 집행된다.

정부규제의 두 번째 목적은 공정하지 않은(unfair) 사업 활동들로부터 소비자들을 보호하는 것이다. 일부 기업들은 위조품을 만들고, 소비자 사생활을 침해하고, 기만광고를 집행하고, 패키지와 가격을 통하여 소비자를 속이기도 한다. 공정하지 않는 사업관례들은 다양한 정부기관들에 의하여 정의되고 법제화된다.

정부규제의 세 번째 목적은 규제받지 않는 사업 활동으로부터 사회의 이익을 보호하는 것이다. 수익을 추구하는 사업 활동이 더 좋은 삶의 질을 보장하는 것은 아니다. 기업의 생산 또는 제품에 수반되는 사회비용에 대한 기업의 사회적인 책임을 확실하게 하기 위하여 규제가 만들어지기도 한다.

국제적인 마케터들은 통상정책과 규제를 법제화하는 수많은 정부 산하기관들을 만나게 될 것이다. 미국에서 국회는 연방통상위원회, 식품의약청, 연방통신위원회, 연방에너지규제위원회, 연방항공관리처, 소비자제품안전위원회, 환경보호청 등과 같은 연방정부 차원의 규제기관을 만들었다. 이러한 정부기관들은 법규를 집행하는데 있어 결정권을 갖고 있기 때문에 이들은 회사의 마케팅성과에 중요한 영향을 미칠 수 있다.

새로운 법규와 이의 법제화는 계속 증가할 것이다. 사업경영자들은 제품이나 마케팅 프로그램을 기획할 때 이러한 발전과정을 주도면밀하게 관찰해야 한다. 마케터들은 경쟁, 소비자, 사회 등을 보호하는 주요 법규에 대하여 알 필요가 있다. 그들은 이러한 법규를 주, 국가, 국제적인 수준에서 이해하여야 한다.

윤리와 사회적 책임 활동에 대한 관심의 증가

문서화된 법적 규제는 모든 가능한 마케팅 남용을 통제하지 못하고, 기존의 법규들은 때때로 집행하기 힘들 수도 있다. 그러나 문서화된 법규나 규제를 넘어서 사업은 사회적인 윤리강령이나 전문직종의 윤리지침에 의하여 지배된다.

표 3.1	마케팅에 영향을 주는 미국의 주요 입법조치

법률	목적
Sherman Antitrust Act(1890)	미국 내에서 이루어지는 거래 또는 경쟁을 저해하는 독점행위와 활동들(가격담합, 약탈적 가격설정 등)을 금지한다.
Federal Food and Drug Act(1906)	식품의약청이 설치됨. 불량하거나 부정확하게 표시된 식품과 약품의 제조/판매를 금지한다.
Clayton Act(1914)	가격차별화, 독점공급 및 끼워팔기(딜러에게 판매자의 제품라인 내 다른 품목들을 추가적으로 취급하도록 요구하는 것) 등을 금지함으로써 Sherman Antitrust Act를 보완한다.
통상위원회(FTC)법(1914)	불공정거래 방법들을 감독하고 규제하기 위한 위원회를 설치한다.
Robinson–Patman Act(1936)	가격차별화를 불법으로 정의한 Clayton Act를 수정한다. FTC에게 수량할인의 범위를 정하고, 브로커 수수료할인을 제한하고, 비율적으로 동등한 조건일 경우를 제외한 촉진수량(가격)공제(promotional allowance)를 금지할 수 있는 권한을 준다.
Wheeler–Lea Act(1938)	경쟁의 피해와 관계없이 기만광고, 오도광고 및 정당하지 않는 광고행위를 금지한다. 식품/의약품 광고에 대한 감독권을 연방거래위원회에 부여한다.
연방상표법(Lanham Trademark Act)(1946)	독특하고 구별된 브랜드 이름과 트레이드마크를 규제하고 보호한다.
연방교통 및 안전법(1958)	자동차와 타이어의 강제적인 안전기준을 규정한다.
Fair Packaging and Labeling Act(1966)	소비재에 대한 포장과 표시에 관한 규정을 제공한다. 제조업자가 패키지에 들어 있는 내용물, 제조사 이름, 패키지 내용물의 성분함유량 등을 반드시 제시하도록 요구한다.
아동보호법(1966)	위험한 장난감과 물건의 판매를 금지한다. 어린이에게 해롭지 않은 포장지 기준을 세운다.
연방 담배표기 및 광고법(1967)	담배포장에 "경고: 미 위생국장은 흡연이 당신의 건강에 위험을 끼칠 수 있음을 알린 바 있습니다."라는 문구가 표시되는 것을 요구한다.
National Environmental Policy Act(1969)	환경에 관한 국가정책을 규정한다. 1970년의 재조정 계획에 따라 환경보호국(EPA)이 설립되었다.
Consumer Product Safety Act(1972)	소비자 상품보호위원회(Consumer Product Safety Commission)를 설립하여 이 위원회에 소비재를 위한 안전규정을 확립하고 기준미달 제품에 대한 규제를 위한 권한을 부여한다.
Magnuson–Moss Warraty Act(1975)	연방거래위원회에 소비자 보증에 관한 규정과 법을 결정할 권한을 부여하고, 소비자들에게 집단소송과 같은 방법으로 잘못된 것을 교정할 수 있는 기회를 제공한다.
어린이 텔레비전법(1990)	어린이 프로그램 방영 중 광고방송 횟수를 제한한다.
영양표기교육법(1990)	식품 라벨이 상세한 영양정보를 제공하도록 요구한다.
전화사용자 보호법(1991)	원하지 않는 귀찮은 전화를 피하기 위한 절차를 수립한다. 마케터들로 하여금 자동 다이얼링시스템이나 인공적이거나 미리 녹음된 음성을 사용하는 것을 제한한다.
미국 장애인에 관한 법률(1991)	공중시설, 운송시설, 통신 등에서 장애인에 대한 차별을 금지한다.
온라인 청소년 사생활 보호법(2000)	온라인 서비스업체나 웹사이트에서 보호자의 동의없이 어린이들로부터 개인정보를 수집하는 행위를 규제한다.
Do–Not–Call Implementation Act(2003)	National Do–Not–Call Registry의 실행과 집행을 위하여 연방거래위원회에 텔레마케터와 판매자에게 수수료를 부과할 수 있는 권한을 부여한다.
CAN–SPAM ACT(2003)	요청되지 않은 상업적 이메일의 배포와 내용을 규제한다.
Financial Reform Law(2010)	소비자금융보호국을 설치하여 금융상품의 소비자판매에 대한 규제를 기술하고 집행한다. 또한 이는 소비자를 보호하기 위해 Truth–in–Lending 법과 Home Mortgage Disclosure 법을 집행하는 책임을 진다.

사회적으로 책임있는 행동 앞서기는 기업들은 그들의 관리자들이 규제시스템이 허용하는 것이나 단순히 적절히 행동하는 것보다 더 많은 것을 하기 원한다. 이와 같이 사회적인 책임을 수용하는 기업들은 소비자들과 환경의 장기적인 이익을 보호하기 위한 다양한 방안을 적극적으로 강구한다.

마케팅의 거의 모든 측면은 윤리성과 사회적 책임이라는 이슈들을 포함한다. 불행하게도 이러한 이슈들은 서로 상반된 이해관계를 내포하고 있기 때문에 악의 없는 사람들이라고 하더라도 주어진 상황에 적합한 행동이 무엇인지에 관하여 솔직히 동의하지 않을 수 있다. 따라서 많은 산업 관계자들과 전문적인 거래위원회는 윤리강령을 제안해 왔다. 그리고 더 많은 기업들이 복잡한 사회적 책임이슈에 대해 정책, 가이드라인, 그리고 다양한 대응책들을 개발해 왔다.

온라인, 모바일, 소셜 미디어 마케팅의 붐은 새로운 사회적, 윤리적 이슈들을 만들었다. 많은 비판자들이 온라인 사생활에 대하여 걱정해 왔다. 수집가능한 개인적인 디지털정보의 양은 폭발적으로 증가해 왔다. 사용자들은 스스로 이러한 정보의 일부를 제공하기도 한다. 이들은 페이스북이나 링크드인과 같은 사회적 네트워킹 사이트 또는 PC나 스마트폰을 갖고 있는 사람들에 의해 쉽게 탐색되는 계보 사이트에 많은 개인적인 정보를 올린다.

그러나 정보의 상당부분이 고객에 대해 더 잘 알고자 하는 사업자에 의해 개발되며, 종종 고객들은 자신들이 분석되고 있음을 모르고 있다. 합법적인 사업자들은 소비자들의 PC에 쿠키를 심어 놓고 소비자들이 웹사이트에서 클릭을 할 때마다 디지털 소비자정보를 수집/분석/공유한다. 비판은 기업들이 소비자들에 대하여 너무 많이 알고 있고, 일부 기업들이 디지털 정보들을 이용하여 정당하지 않은 방법으로 소비자들을 기만할 수도 있다는 데 모아진다. 대부분의 기업들이 인터넷 사생활정보 정책을 공표하고 있고, 소비자들의 편익을 위해 사용하고 있지만, 이러한 정보에 대한 남용도 일어나고 있다. 최근 Facebook, Yahoo!, 신용기관 Equifax, Target, Uber, Sony 등 많은 기업들의 소비자정보 침해는 수억 명 아니 수십억 명 고객의 사생활보호를 위협하였다.[45] 그 결과 기업들은 정보보안을 강화하고 있고 정책입안자들은 소비자 사생활을 보호하기 위한 활동을 전개하고 있다. 우리는 4장과 16장에서 이런 저런 사회지향적인 마케팅 이슈들을 보다 심층적으로 논의할 것이다.

대의명분 마케팅 많은 기업들은 사회적 책임을 수행하고, 보다 호의적인 이미지를 형성하기 위하여, 자신들의 사업을 가치 있는 명분에 연결시키고자 한다. 요즈음 모든 제품들은 어떤 명분을 갖고 있는 것처럼 보인다. 예를 들어 AT&T는 경쟁사인 Verizon, Sprint, 그리고 T-Mobile과 힘을 합쳐 남녀노소 모두가 운전 중 문자를 하지 않겠다고 다짐하도록 권고함으로써 운전 중 문자를 하는 전염병을 해결하는 "It Can Wait" 캠페인을 주도했다. State Farm은 보험계약자들이 그들의 지역사회의 자선단체에서 자원봉사하도록 장려하는 "Neighborhood of Good" 프로그램을 통해 그들의 "Good Neighbor" 포지셔닝을 강화했다. Lacoste는 국제자연보전연맹과 제휴해 상징적인 악어 로고를 10개의 멸종위기에 직면한 동물종의 그림으로 대체한 한정판 폴로 셔츠를 제공했다. 수익금은 그 단체의 동물보호 노력을 위해 지원됐다. 그리고 Whirlpool의 Care Counts 프로그램은 위험에 처한 어린이들이 깨끗한 옷을 입을 수 있도록 세탁기와 건조기를 학교에 배치하여 그들의 자신감과 출석률을 높인다. 이 프로그램은 참여 어린이 중 90%의 출석률을 높였다.[46]

어떤 회사들은 대의명분 관련 미션을 기반으로 설립된다. '가치 기반 사업'이나 '배려 자본주의'라는 개념 아래 이들의 미션은 사업을 이용해 세상을 더 나은 곳으로 만드는 것이다.

예를 들어 Unilever의 자회사인 Ben & Jerry's는 오랫동안 공급자부터 직원, 고객, 커뮤니티에 이르기까지 브랜드와 연결된 모든 사람들을 위한 '연결된 번영'을 창출하는 '가치 기반 사업'에 대한 자부심을 가져 왔다.[47]

명분 관련 마케팅: Ben & Jerry's의 3가지 '연결된 번영' 미션은 환상적인 아이스크림(제품 미션)을 만들고, 지속가능한 재무성장을 위해 회사를 경영하며(경제 미션), 회사를 "세상을 더 나은 곳으로 만들기 위한 혁신적인 방법"(사회적 미션)으로 이끈다. Ben & Jerry's와 그 제품들은 모두 "더 나은 무언가로 만들어진다."

Clark Brennan/Alamy Stock Photo

3가지 미션 아래, Ben & Jerry's는 환상적인 아이스크림을 만들고(제품 미션), 지속 가능한 재무성장을 위해 회사를 관리하고(경제 미션), 회사를 "세상을 더 나은 곳으로 만들기 위한 혁신적인 방법"(사회적 미션)으로 활용하고자 한다. 예를 들어, 회사는 건강에 좋고, 자연적이며, GMO가 아니고, 공정거래 인증 성분과 지역 농장으로부터의 구매를 이용하는데 전념하고 있다. 그것은 풍력 에너지, 태양 에너지, 여행 오프셋, 탄소 중립성에 투자하면서 "지구와 환경을 존중하는" 사업 계획을 채택하고 있다. 그들의 돌봄 낙농 프로그램은 농부들이 농장에서 더 지속가능한 관행을 개발할 수 있도록 돕는다("돌봄낙농은 행복한 소, 행복한 농부, 그리고 행복한 지구를 의미한다."). Ben & Jerry's 재단은 전국 지역사회 단체와 프로젝트에 매년 200만 달러 가까운 풀뿌리 보조금을 지급하고 있다. Ben & Jerry's는 커뮤니티 기반의 비영리단체가 독자적으로 소유하고 운영하는 특별한 점포인 14개의 PartnerShops를 운영하고 있다. 이 회사는 이러한 상점들에 대한 표준적인 프랜차이즈 수수료를 면제한다.

대의명분 마케팅은 기업의 중요한 기부형태가 되어 왔다. 이 방식은 회사 제품과 서비스에 대한 소비자의 구매를 가치 있는 명분 및 자선기관과 연결시켜 줌으로써 회사가 바람직한 일을 할 수 있게 해 준다. 대의명분 마케팅은 사회적 존경을 넘어 경제적 측면에서도 회사에 유익한 가치를 제공할 수 있다. 예를 들어, 가치 주도의 미션에도 불구하고, – 혹은 그것 때문에 더 그럴지도 모르지만, – Ben & Jerry's의 아이스크림 브랜드는 연간 매출이 거의 5억 달러에 육박하는 Breyers에 뒤이은 두 번째로 큰 아이스크림 브랜드다. 그리고 학교 출석률을 높이는 것 외에도, Whirlpool의 Care Counts 프로그램은 회사의 이미지를 향상시켜 3억 5천만의 미디어 영향도, 페이스북과 유튜브에서 1,200만 건 이상의 비디오 조회 수, 그리고 브랜드의 구매 의향에서 상당한 긍정적 효과를 얻었다.[48]

대의명분 마케팅은 약간의 논란을 일으키기도 했다. 비판자들은 대의명분 마케팅이 기부하기 위한 전략이라기보다는 판매하기 위한 전략(즉, 대의명분 마케팅은 명분을 활용하는 것일 뿐이라는 의견)에 가깝다고 걱정한다. 따라서 대의명분 마케팅을 활용하는 회사들은 자신들이 증가된 매출 및 개선된 이미지와 명분을 활용한다는 비난 사이에서 줄타기를 할 수 있다. 그러나 잘 운용된다면, 대의명분 마케팅은 회사와 사회에 모두 도움을 줄 수 있다. 회사는 보다 호의적인 공적 이미지를 만들면서 효과적인 마케팅 수단을 얻게 된다. 자선단체들은 자금 확보의 중요한 공급처를 얻을 수 있다. 미국에서 대의 명분 마케팅을 위한 지출액은 1990년 1억 2천만 불에서 2018년의 경우 20억 불로 증가 했다.[49]

문화적 환경

저자 코멘트
문화적 요인은 사람들이 어떻게 생각하고 소비하는가에 영향을 준다. 따라서 마케터들은 문화적 환경에 높은 관심을 보인다.

문화적 환경(cultural environment)은 사회의 기본가치, 지각, 선호 및 행동에 영향을 주는 기관과 요인들로 구성된다. 사람들은 자신들의 기본적 믿음과 가치를 형성시키는 특정 사회에서 성장한다. 사람들은 다른 사람들과의 관계를 정의하는 세계관을 몸에 익히게 된다. 다음과 같은 문화적인 특징들은 마케팅의사결정에 영향을 준다.

문화적 환경(cultural environment)
사회의 기본가치, 지각, 선호 및 행동을 주는 기관과 요인

문화적 가치의 지속성

주어진 사회에서 사람들은 많은 믿음과 가치를 갖고 있다. 그들이 갖고 있는 핵심적인 믿음과 가치는 높은 수준의 지속성을 갖는다. 예를 들어, 대부분의 미국인들은 개인적 자유, 열심히 일함, 결혼, 성취와 성공 등에 관한 믿음을 가지고 있다. 이러한 믿음은 일상적인 생활에서 발견되는 구체적인 태도와 행동을 형성하는 토대가 된다. 핵심 믿음과 가치는 부모에서 자녀로 전달되고 학교, 종교기관, 직장 및 정부에 의하여 강화된다.

2차적인 믿음과 가치는 변할 여지가 많다. 결혼에 대한 믿음은 핵심 믿음이고, 일찍 결혼해야 한다는 믿음은 2차적인 것이다. 마케터들이 2차적인 믿음을 변화시킬 가능성은 어느 정도 있으나, 핵심 믿음을 변화시킬 가능성은 거의 없다. 예를 들어, 가족계획을 추진하는 마케터들은 결혼을 하지 말라는 것 보다는 늦게 결혼해야 한다고 주장하는 것이 보다 효과적일 수 있다.

2차적인 문화가치의 변화

핵심 가치는 꽤 지속적이지만 문화에서의 급격한 변화는 일어난다. 젊은 사람들의 머리 스타일 및 의상 규범에 영향을 미치는 인기가수그룹, 영화배우 및 다른 명사들을 생각해 보자. 마케터들은 새로운 기회와 위협을 파악하기 위해 문화적 변화를 예측할 수 있기를 원한다. 사회의 주요 문화적 가치는 자신과 주위 사람에 대한 사람들의 가치관으로 표현될 뿐만 아니라 조직, 사회, 국가, 세계에 대한 관으로 표현된다.

자신에 대한 견해 사람들마다 자신을 위해 하는 것과 다른 사람을 위해 하는 것에 대한 강조의 정도는 다르다. 어떤 사람들은 재미, 변화 그리고 탈출을 원하면서 개인적인 즐거움을 추구한다. 다른 사람들은 종교, 오락, 커리어의 완성 또는 다른 삶의 목표를 통하여 자아구현을 추구한다. 일부 사람들은 자신을 공유자나 참여자로 여기고 다른 사람들은 자신을 개인주의자로 생각한다. 사람들은 자신을 표현하기 위한 방법으로 제품, 브랜드, 서비스를 사용하고, 자신들의 관점에 맞는 제품이나 서비스를 구매한다. 마케터는 자신의 브랜드가 특정 가치관 그룹에 어필하도록 포지셔닝 할 수 있다.

예를 들어, 유명한 Sperry Top-Sider 보트 슈즈를 제조하는 Sperry를 생각해보자.[50]

Sperry는 1935년 거친 바다와 미끄러운 갑판에 완벽한 미끄럼 방지가 되는 보트 슈즈로 그들의 상징이 되는 Top-Sider 신발을 처음 선보였다. 그 한해의 유산은 Sperry의 포지셔닝에 중요한 부분으로

남아 있다. 이 브랜드의 최근 "Odysseys Await(모험이 기다린다)" 마케팅 캠페인은 이 넘어지지 않을 것 같은 신발이, 가만히 있을 수 없는 모험적인 여행자들을 위해 만들어졌다는 것을 확인시켜준다. 이 캠페인은 자신을 모험적이고, 진정성 있고, 대담하고, 창의적이라고 생각하는 활동적인 밀레니얼 세대인 "용감한 소비자들(Intrepid consumers)"을 대상으로 한다. "밀레니얼 세대에는 삶을 기회로 보는 일부 집단이 있다."면서, 그들은 "의미 있는 경험을 하고 그러한 기회를 제공하는 브랜드와 함께 하기를 원한다."고 한 Sperry 마케터가 말했다. 'Odysseys Await(모험이 기다린다)' 캠페인은 바다와 브랜드를 다시 연결하며, 용감한 소비자들(Intrepid consumers)을 배 위로 뛰어 내리고, 항해하고, 절벽에서 다이빙 하는 해양의 모험으로 끌어들인다. '최고의 이야기는 당신의 걸음으로 쓰여진다', '신발끈은 단단히, 계획을 느슨히', '삶을 위해 살아라', '지구에 끝이 있다면, 그것을 찾아라'와 같은 헤드라인들은 Sperry Top-Siders가 단순한 신발 이상임을 시사한다. 그것들은 고객의 자기관과 라이프스타일의 구현이다.

다른 사람에 대한 견해 다른 사람에 대한 태도와 상호작용은 시간이 지나가면서 바뀐다. 예를 들어, 일부 분석가들은 인터넷 시대가 사람들을 개인적으로 사교하는 대신 소셜 미디어나 이메일에 머리를 파묻게 만들면서 사람들과의 상호작용을 줄이는 결과를 가져다준다고 걱정해 왔다. 대신 오늘날 디지털 기술들은 사람들이 더욱 연결되도록 만들고 있다. 기본적으로 더 많은 사람들을 만나고 네트워킹하고 트윗하고 온라인에서 사교활동을 하면 할수록 그들은 결국 현실에서 친구나 추종자가 될 가능성이 높다.

그러나 사람들이 함께 할 때 종종 그들끼리만 함께 어울린다. 이 그룹들은 작은 스크린과 키보드에 집중적으로 연결된 공간에 모여 앉아 왕래한다. 한 전문가는 최근의 커뮤니케이션 능력을 "한편으로는 눈 맞춤을 하고 다른 한편으로 다른 사람에게 문자를 보내는 것"으로 기술하고 있다. 이건 쉽지 않지만 가능하다. 우리들은 기술로 무장되어 서로 함께 있을 수 있고 우리가 원하는 장소 어디에서든 서로 연결될 수 있다.[51] 따라서 논쟁이 되고 있는 것은 "신기술이 가져다 주는 커뮤니케이션이 축복이냐 저주이냐"이다.

서로 상호작용하는 새로운 방법은 회사들이 제품을 판매하고 고객들과 의사소통하는데 지대한 영향을 미친다. 고객들은 점점 더 친구들이나 온라인 브랜드 커뮤니티에 들어가 제품에 대한 정보를 받고 구매하고 있고 브랜드 경험을 만들고 공유하고 있다. 그 결과 브랜드들이 이러한 네트워크에 들어가는 것은 매우 중요해진다.

➤➤ **다른 사람에 대한 견해:** 요즘, 사람들이 함께 어울릴 때도 종종 그들끼리만 함께 어울린다.

Dmitriy Shironosov/123RF

조직에 대한 견해 사람마다 조직, 정부기관, 무역협회, 대학 등의 기관에 대한 태도가 다르다. 대체로 사람들은 조직을 위하여 일하고자 하며, 반대급부로 이들 기관들로부터 사회를 위한 봉사를 기대한다.

지난 20년간 미국기업, 정치적 조직 및 기관에 대한 신뢰감과 충성도는 크게 감소되었다. 직장에서 조직에 대한 충성도도 전반적으로 감소되었다. 1990년대의 기업을 간소화(downsizing)하는 물결은 비판과 불신을 불러들였다. 지난 10년간 주요 기업 스캔들, 고객 정보 위반, 월 스트리트 은행원들의 탐욕과 무능력이 유발한 재정 붕괴 그리고 다른 의혹스러운 활동 등은 대규모 사업체에 대한 신뢰의 상실을 가져다주었다. 많은 사람들이 일을 만족의 원천으로 보지 않고, 일하지 않을 때 즐기기 위한 돈을 버는 귀찮은 잡일로 생각한다. 이러한 추세는 기업과 조직이 소비자 및 종업원들로부터 신뢰를 얻을 수 있는 새로운 방법이 필요함을 제안한다.

사회에 대한 견해 사람들마다 사회에 대한 태도가 다르다. 애국지사들은 사회를 방어하려고 하고, 개혁론자들은 변화시키기를 원하고, 불평분자들은 떠나려고 한다. 사회에 대한 사람들의 순응 정도는 그들의 소비패턴과 시장에 대한 태도에 영향을 미친다.

미국의 애국주의는 지난 20년간 점차적으로 높아져 왔다. 한 연례 소비자 조사는 Jeep, Levi Strauss, Disney, Coca-Cola, Ford 같은 일부 브랜드들이 애국심과 높은 연관성을 가지고 있다는 것을 보여준다. 마케터들은 애국적인 주제로 새롭게 만들어진 "Made in America" 선전과 광고로 응답했다. 예를 들어, Coca-Cola는 7월 4일 국경일 즈음해서 애국가의 "나는 미국인임에 자랑스럽다"는 가사를 라벨에 붙이고 빨강, 하양, 파랑 깃발의 한정판 캔을 출시했다. Home Depot과 Buffalo Wild Wings부터 National Geographic에 이르기까지 회사들은 재향군인의 날 미국 참전용사들을 기리는 광고와 프로모션을 진행했다. 그리고 Jeep가 최근 Super Bowl에서 했던 애국적인 "초상화(Portraits)" 광고는 75년간의 전쟁, 평화, 호황기, 그리고 파산을 겪으며 지프를 운전해 온 유명한 미국인이나 평범한 미국인의 얼굴을 담았는데, 이는 미국인들에게 강한 공감을 얻었다. 광고는 이렇게 끝난다. "우리가 Jeep를 만든 게 아니라, 당신이 만들었습니다."[52]

이러한 마케팅 노력들은 매력적이고 잘 수용될 수 있지만, 빨강, 하양, 파랑의 물결은 교활한 것으로 간주될 수 있다. 태극기를 이용한 프로모션들은 진부하거나 국가적인 감정을 이용해 수익을 내려는 시도로 간주될 수 있다.

자연에 대한 견해 사람들에 따라 자연현상에 대한 태도가 다르다. 일부는 이에 순응하려고 하고, 일부는 자연과 조화를 이루고자 하며, 일부는 이를 정복하고자 한다. 기술과 풍부한 자연자원에 대한 믿음으로 사람들의 자연에 대한 정복의지가 높아지는 추세는 오랜 기간 지속되어 왔다. 그러나 최근 들어 사람들은 자연이 유한하고 인간의 활동에 의하여 파괴되고 망가질 수 있다는 것을 인식하고 있다.

자연적인 것에 대한 새로운 사랑은 상당한 규모의 소비시장을 만들었는데, 이 시장에서 소비자들은 자연식품, 유기농제품 및 영양이 풍부한 제품에서 연비가 효율적인 자동차와 대체약품에 이르기까지 모든 것을 추구한다. 예를 들어, 미국 유기농 자연식품 시장은 작년 470억 불 가까운 매출을 만들어냈으며, 2021년에는 14%나 더 성장할 것이다.[53]

General Mills 회사인 Annie's Homegrown은 지속가능하고 모두 자연재료를 사용하는 음식들(햄버거와 치즈에서부터 피자, 파스타, 스낵 및 샐러드 드레싱에 이르기까지)을 가지고 이 시장을 소구하고 있다.[54]

Annie's의 미션은 영양분이 많은 음식, 정직한 말 그리고 지구를 배려하고 친절한 행동을 통해 선의를 전파하면서 더 건강하고 행복한 세상을 구현하는 것이다. Annie's의 제품은 농장 파트너에 의해 자란 자연적인 재료들로 만들어진다. 회사는 "이 제품에는 어떤 인공적인 것이 없다. 만일 사실이 아니면 그거 Annie's가 아니다."라고 주장한다. 회사는 지속가능성과 유기농에 대한 기대치를 높이기 위해 음식

천연 제품에 대한 추세에 부응하기: Annie's의 미션은 영양분이 많은 음식, 정직한 말 그리고 지구를 배려하고 친절한 행동을 통해 선의를 전파하면서 더 건강하고 행복한 세상을 구현하는 것이다. 그들은 모든 제품에 "토끼 인증"을 붙이고, 그들이 선한 의도로 제품을 만듦을 약속한다.

Sheila Fitzgerald/Shutterstock

> **저자 코멘트**
> 회사들은 단순히 마케팅환경을 관찰하고 반응하기보다는 보다 능동적으로 대처해야 한다.

제공 시스템에 있는 협력업체들과 긴밀하게 함께 일한다. Annie's는 또한 패키지에 있어 지속가능한 행동들을 가장 우선적으로 고려한다. 무게로 보았을 때 Annie's 패키지의 90%는 재활용이 가능하다. 마지막으로 Annie's는 지속적인 농업 장학프로그램, 학교 정원 프로그램을 통해 회사의 수익을 커뮤니티에 돌려주고 더 살기 좋고 먹기 좋은 지구촌을 만들기 위해 헌신하는 비슷한 생각을 가진 단체를 지원한다.

Annie's는 모든 제품에 "토끼 인증"을 붙이고 "모든 사람을 위한 유기농"을 약속한다. 사람을 위한 좋은 음식을 만드는 것은 Annie's에게도 좋은 일이었다. 브랜드의 매출은 지난 4년 동안 거의 두 배인 15억 달러였다.

우주에 대한 견해　마지막으로 사람들마다 우주의 기원과 우주 속에서의 자신의 위치에 대한 믿음이 다르다. 대부분의 미국인들은 종교와 종교적 확신을 실천하고 있지만, 이러한 실천은 수년간 점차적으로 줄어들어 가고 있다. 최근 여론조사에 따르면 미국인의 24%는 어떤 특별한 신앙도 갖고 있지 않는데, 이 수치는 10년 전에 비해 16%나 증가한 것이다. 30세 이하의 미국인들 중 1/3은 현재 어떤 특정 종교도 갖고 있지 않다고 말한다.[55]

그러나 사람들이 조직적인 종교를 갖고 있지 않다는 것이 그들이 자신의 신념을 포기했음을 의미하지 않는다. 어떤 미래학자들은 내재적 목적에 대한 광범위한 탐색의 부분으로, 영적 세상에 대한 새로운 관심에 주목하고 있다. 사람들은 물질주의와 사리사욕을 추구하는 욕망에서 벗어나서 가족, 커뮤니티, 지구, 믿음 그리고 선과 악에 대한 확신과 같은 보다 영원한 가치를 추구하고자 한다. 사람들은 이를 종교라기 보다는 영성이라고 칭한다. 최근 조사에 따르면, 미국인들은 최근 덜 종교적이 되었지만, 깊은 영적 평화와 복지 안녕을 느끼거나 우주에 대한 경이감을 느끼는 미국인들은 증가하였다고 한다.[56] 이러한 변화하는 영성주의는 소비자들이 시청하는 TV 쇼와 읽는 책에서 구매하는 제품이나 서비스에 이르기까지 모든 것에 영향을 미친다.

마케팅환경에 대한 대응

어떤 사람이 세 가지 종류의 기업을 언급한 바 있는데, 어떤 일이 이루어지도록 하는 회사, 어떤 일이 일어나는가를 관찰하는 회사, 일어난 일에 대하여 놀라는 회사가 그들이다. 많은 회사들은 마케팅환경을 통제 불가능한 요소로 받아들여 회사는 반드시 이에 적응하고 대응해야 한다고 생각한다. 이들은 시장환경을 수동적으로 받아들이고 이를 변화시키고자 시도하지 않는다. 이들은 환경요인을 분석하고 환경이 제공하는 위협을 피하고 기회를 잡기 위한 전략을 짠다.

다른 회사들은 마케팅환경에 대한 능동적(proactive)인 자세를 취한다. 이런 회사들은 전략적 선택이 현재의 환경에 구속된다고 가정하는 대신 환경을 변화시키는 전략을 개발하고 있다. 이런 회사들과 제품들은 종종 새로운 산업과 산업구조를 만들어 내거나 형성하는데, 포드의 모델 T 자동차, Apple의 iPod와 iPhone, 구글의 검색엔진, Amazon의 온라인 마켓플레이스 등이 좋은 예들이다.

더 나아가 이들 기업들은 환경변화를 단순히 관찰하고 이에 반응하는 대신 공중과 마케팅환경의 요인들에 영향을 미치기 위하여 공격적으로 활동한다. 이러한 회사들은 산업에 영향을 미치는 입법에 영향력을 행사하기 위하여 로비스트를 고용하고, 호의적인 미디어 노출을 얻기 위하여 미디어 이벤트를 주관한다. 이들은 공중의견을 형성하기 위하여 소셜 미디어나 블로그를 활용한다. 그들은 경쟁자들과 협력관계를 유지하기 위해 규제자들과 소송하고 고소를 제기하며 그들의 유통 채널을 더 잘 통제하기 위해 계약관계를 형성한다.

행동을 취함으로써 회사들은 때때로 외관상 통제 불가능한 환경 이벤트를 극복할 수 있다. 예를 들어, 어떤 회사들은 자신들 제품들에 대한 부정적인 이야기들을 숨기려고 하는 반면, 다른 회사들은 거짓 정보에 능동적으로 대응한다. Newell Rubbermaid의 Crock-pot 전기찜솥 브랜드는 인기 TV 쇼의 에피소드에서 이 제품이 잠재적인 가정 화재의 위험 요인으로 잘못 묘사됐을 때 다음의 일을 했다.[57]

그것은 NBC의 인기 프로그램 "This Is Us"의 최근 에피소드에서 일어났다. 이 드라마에서 많은 인기를 모았던 가장은 피츠버그에 있는 집에서 일어난 화재로 인해 죽었는데, 그 화재의 원인은 1970년대 할머니의 Crock-pot과 비슷하게 생긴 전기찜솥의 결함 때문이었다. 이 사건은 입소문이 나면서 Crock-pot 브랜드에 위기를 초래했다. 수천 명의 시청자들은 그들의 슬픔과 Crock-pot을 버리려는 의도를 모두 표현하기 위해 트위터를 이용했다. 한 팬은 트위터를 통해 다음과 같이 말했다. "#thisisus에겐 정말 고마워. #CROCKPOT 요리를 망쳐줘서. 이제 내 것을 쓸 때마다 슬프고 두려울 거야."
Crock-pot은 가만히 앉아 있기보다는 재빨리 유머와 사실 모두에 반응했다. 그들은 최초의 트위터 계정인 CrockPotCares를 만들고, 페이스북과 다른 SNS 채널에 깨진 하트 이모티콘과 피츠버그 스틸러의 상표가 붙은 Crock-pot으로 완성된 익살스러운 "스포일러 경보"를 게시했다. "미국이 가장 좋아하는 아빠이자 남편은 더 나은 퇴장을 할 자격이 있으며, Crock-pot은 당신의 비탄을 함께 나누겠습니다." 이 메시지를 읽어보자, "더 이상 당신의 Crock-pot 전기찜솥을 내던짐으로써 이 비극에 뭔가를 더하지 마세요...(할머니가 별로 기뻐하지 않을 겁니다.)" 그 다음 주, Crock-Pot은 약간의 장난스러움과 함께 우려를 나타내며, 온라인에서 경청과 대응을 계속했다(#CrockPotIsInnocent-#Crockpot은 무고합니다). 그 브랜드는 또한 사실에 대해서 더 알아보았다. 보도 자료들과 SNS 게시물에는 "약 50년간 1억 개의 Crock-pot이 팔리는 동안, 지난밤의 에피소드에서 묘사된 것과 같은 기능적 현상과 유사한 소비자 불만사항을 접수한 적이 없다."고 언급했다. 그들의 "우리도 그를 그리워하지만, 이것들이 사실입니다." 식의 빠른 대응 덕분에, Crock-pot 브랜드는 장기적 손실을 거의 입지 않고 빠져나갈 수 있었다.

마케팅관리는 환경적 요인을 항상 통제할 수 없다. 많은 경우 환경을 관찰하고 이에 대응해야만 한다. 언제라도 가능하기만 하면, 현명한 마케팅 관리자는 마케팅환경에 대하여 반응적인 접근방식보다는 보다 능동적인 접근방식을 택할 것이다. 예를 들어, Qatar Airways는 운영상의 변화를 통해서 신속하게 그들의 정치적 환경의 변화에 대응해야만 했다(Marketing at Work 3.2 참조).

Qatar Airways: 지역적 봉쇄를 교묘하게 처리하다

Qatar Airways는 최연소 국제 항공사이자 가장 빠르게 성장하는 국제 항공사들 중 하나이다. 이 항공사는 6개 대륙과 150개 목적지를 포함한 지구 전역의 단거리, 중거리, 장거리 항공편을 제공한다. Qatar Airways는 많은 시상식에서 우승해왔으며, Skytrax로부터 5성 등급을 받은 엘리트 항공사 그룹에 가입했다. Skytrax는 또한 Qatar Airways를 2011, 2012, 2015, 2017년 그 해의 항공사로 선정했다. 또한, Qatar Airways는 전년 대비 평균 두 자릿수 성장의 전례 없는 확장을 하는 등, 항공 역사상 가장 빠르게 성장하는 운송업체 중 하나이기도 하다. 이 항공사의 주요 강점 중 하나는 카타르 도하에 최첨단 5성급 국제공항은 물론 가장 현대적인 항공기 중 하나를 보유하고 있다는 점이다.

세계 항공업계의 경쟁이 계속 경직되고 있다. 글로벌 차원에서 Qatar Airways는 Air France, Air India, British Airways, Emirates, Etihad, Singapore Airlines, Quantas Airways, Lufthansa, Turkish Airlines, Virgin Atlantic, and United Airlines와 경쟁한다. 항공산업은 경쟁가격과 운영비가 높은 수준을 유지하는 경향으로 인해 수익성이 낮은 편이다. 항공산업에서 성장을 추진하는 것은 도전이지만, 신기술은 항공사들이 여행자들에게 더 매력적일 뿐만 아니라 더 효율적이 되도록 돕는다. Qatar Airways, UAE 항공사인 Emirates Airline과 Etihad Airways는 중동 빅3(ME3)로 불리며 세계 항공업계의 지배

▶▶ Qatar Airways는 2017년 카타르 봉쇄조치에 그들의 전략과 운항을 변경함으로써 대응해야 했다.

David Osborn/Alamy Stock Photo

적인 주역으로 통칭되어 왔다. 실제로, ME3는 국제 항공 시장을 왜곡하고 정부 자금을 사용하여 성장을 추구한다는 이유로 다른 국제 항공사들로부터 종종 비난을 받는다. 최근 ME3는 새로운 노선, 허브, 파트너십과 같은 국제적 확장을 보여왔다.

국제 항공 운송 협회(IATA)에 따르면 2017년 중동지역 여객수송 증가율이 가장 높은 것으로 나타났다. 이 지역은 5년 연속 성장했다. 중동이 국제 비즈니스 및 글로벌 허브로서 상승세를 유지함에 따라 Emirates와 Etihad 그리고 Qatar Airways는 더 큰 우위를 확보하고 고객에게 최고의 비행 경험을 제공하기 위해 최신 기술에 집중적인 투자를 계속하고 있다. 예를 들어, 세 항공사는 2017 두바이 에어쇼에서 보잉사의 연료 효율이 좋은 777X 항공기 200대 이상을 공동으로 발주했다. 국제 항공사의 주요 차별화 요소 중 하나는 위성 통신과 와이파이 가용성이며, 이는 요즘 여행객들에게 가장 큰 기대를 걸고 있는 것이라는 연구 결과가 나왔다. 중동의 항공사들은 자사 항공기에 와이파이 기능을 도입하는 얼리어답터에 속했다. 신기술 개발에는 우수한 기내 와이파이 기능이 포함되어 있으며, 항공사들은 이를 기내 경험에 추가하기를 열망하고 있다. 확장 계획을 추진하기 위한 노력으로, ME3는 우위를 차지하고 차별화를 달성하기 위해 최신 기술에 지속적으로 투자하고 있다.

중동의 항공 분야에 대한 예측이 긍정적이었음에도 불구하고, 2017년 6월의 사건은 그 지역의 항공 분야를 비롯한 정치적, 사회적, 경제적 상황을 바꾸었다. 사우디아라비아, UAE, 바레인, 그리고 이집트는 카타르와 접한 영토, 영해, 영공의 국경을 폐쇄하고 모든 교역을 중단했다. 이 위기는 "카타르 봉쇄"라고 알려지게 되었다. Qatar Airways는 전략과 운영을 크게 변경해야 했다. 하룻밤 사이에, 이 항공사는 이들 국가로 가는 18개 지역 노선의 비행을 중단해야 했기 때문이다. 이 노선에는 양방향으로 매일 20편 가까이 운항하는 인기 있고 수익성이 있는 두바이 노선도 포함되었다. Qatar Airways는 또한 두바이 국제 공항의 프리미엄 라운지 중 하나를 폐쇄해야 했다. 내수 시장이 너무 작아서 충분한 수익 기반을 제공할 수 없기 때문에, Qatar Airways는 국제 교통량의 이동에 크게 의존하고 있다. 봉쇄가 이뤄지면서 사우디아

라비아와 바레인이 Qatar Airways의 영공 통과를 금지해 항공사가 더 긴 항로를 택할 수밖에 없어 비행시간이 길어졌다.

Qatar Airways는 2016~2017년 5억 4,000만 달러의 양호한 수익을 기록한 이후, 위기의 여파로 2017~2018년 한 해 동안 적자가 클 것으로 전망했다. 2018년 9월, Qatar Airways는 2017~2018년을 20년 역사상 가장 힘든 해 중 하나로 꼽으며 6,900만 달러의 손실과 수익 증가율 둔화, 19% 하락한 좌석 점유율을 기록했다. 경쟁사들은 빠르게 이로 인한 이득을 누렸다. Oman Air와 같은 작은 항공사들조차도 이전에 카타르 항공이 다루었던 노선에 서비스를 제공함으로써 그들의 판매를 증가시켰다.

그럼에도 불구하고 Qatar Airways는 국제적인 확장을 계속하려고 노력하고 있으며 봉쇄로 인한 잠재적 피해를 제한하기 위해 여러 가지 조치를 취해 왔다. 봉쇄 이후 거의 즉각적인 조치로, 카타르 정부는 관광과 도하공항으로의 이동을 장려하기 위해 80개국의 무비자 여행을 발표했다. Qatar Airways 역시 '국경은 없고, 오직 수평선 뿐(No borders, only horizons)'이라는 영상을 공개했고, 이것은 곧 입소문이나 5,400만 뷰가 넘는 조회 수를 기록했다. Qatar Airways는 이웃 나라인 사우디아라비아와의 육지 국경이 폐쇄되고 해상 접근이 제한됨에 따라 항공노선이 카타르에 있어 매우 중요해질 것이며, 정부가 더 많은 항공편을 필요로 할 것이라는 것을 알고 있었다. 이에 따라 Qatar Airways는 공급운송 수요를 충족시키기 위해 화물선단을 증편하고 보잉 777 화물선 5척을 주문했다.

중동 18개 도시의 폐쇄로 인한 손실을 상쇄하기 위해, Qatar Airways는 새로운 영역으로 확장했고 유럽과 아시아를 목적지로 하는 14개의 국제 노선을 더 도입했다. 한동안, 단거리 지역 항공편을 운항하는 Qatar Airways의 비행대 중 일부는 이륙하지 못했으나, 그들은 나중에 다른 노선으로 재배열되거나 도하와 인도 사이의 인기 있는 노선으로 더 자주 비행하게 되었다. 항공사는 이러한 새로운 노선이 폐쇄된 노선에서 온 손실을 최소화하는 데 도움이 될 것으로 기대하고 있다. Qatar Airways는 2020년까지 독일, 런던, 포르투갈, 에스토니아, 몰타, 필리핀, 말레이시아, 베트남, 터키, 그리스, 스페인의 공항에 신규 항공편을 추가할 계획이다. 이 목적지들은 Emirates와 Etihad가 이미 운항하고 있는 곳들이기도 하다.

이 항공사는 기술적 우위를 유지하면서 승객들에게 향상된 기내 경험을 제공하기 위해 이용할 수 있는 최신 기능을 통합함으로써 계속해서 제품 품질을 강조해 왔다. 2018년 2월 Qatar Airways가 최초로 중·단거리용 여객기 A350-1000을 수주했다. 이 항공사는 새로운 기내 서비스 출시를 조기에 달성하게 되었으며, "QSuite"라고 불리는, 세계에서 가장 뛰어난 비즈니스 클래스를 선보였다. 이 "QSuite"에서 Qatar Airways는 항공산업에서 세계 최초로 더블 베드를 제공한다. 이러한 조치는 Flight Review와 같은 다양한 국제 여론 조사에서 Qatar Airways의 평판이 개선되는 결과를 낳았다. 또한 Qatar Airways는 Cathay Pacific(홍콩)과 Meridiana(이탈리아) 등 전 세계 항공사 지분을 인수하는 계약을 확정했다.

카타르 정부는 봉쇄가 자국 경제 상황에 영향을 미치게 하지 않겠다는 입장이고, Qatar Airways는 봉쇄에도 불구하고 성장과 확장을 지속하겠다는 의지를 보이고 있다. 위기가 1년을 넘도록, 카타르 봉쇄가 금방 끝날 것 같지는 않다. Qatar Airways는 최근 힘든 시기를 맞았지만, 지금까지 해 온 대로 유지한다면 도전을 이겨내고 세계 항공 분야의 주역으로 남을 것으로 보인다.

출처: Alex Macheras, "How Qatar Is Overcoming the Aviation Blockade," The New Arab, January 8, 2018, https://www.alaraby.co.uk/english/amp/comment/2018/1/8/how-qatar-is-overcoming-the-aviationblockade; Natasha Turak, "Qatar Airways Targets Expansion Strategy to 'Defeat' Regional Blockade," CNBC.com, February 20, 2018, https://www.cnbc.com/amp/2018/02/20/qatar-airways-targets-expansion-strategyto-defeat-regional-blockade.html; Randy Anderson, "Why the Future of Middle East Aviation Has Never Looked Brighter" Forbes Middle East, January 17, 2018, https://www.forbesmiddleeast.com/en/why-the-futureof-middle-east-aviation-has-never-looked-brighter/; Alexander Cornwell, "Qatar Airways CEO Calls Airspace Blockade 'Illegal'—ut Says Most of Its Network Isn't Affected," Business Insider, June 14, 2017, https://amp.businessinsider.com/qatar-airways-calls-airspace-blockade-illegaloperations-continue-2017-6; Ben Rumsby, "Qatar Blockade Will Cease if Nation Surrenders 2022 World Cup, Says Dubai Official," The Telegraph, October 7, 2017, https://www.telegraph.co.uk/football/2017/10/09/qatar-blockade-will-cease-nation-surrenders-2022-world-cup-says/.

토의문제

1. 마케팅환경을 정의하고, 기업의 마케팅환경을 구성하는 2가지 영역에 대해 토의하시오.
2. 마케팅 맥락에서 공중은 누구인가? 왜 그들은 마케터에게 중요한가?
3. 인구의 연령구조의 변화가 소비지출과 구매행태에 미치는 영향에 대해 논의하시오. 왜 이런 추세가 마케터들에게 중요한가?
4. 변화하는 경제 상황에서 마케터들이 직면하는 과제에 대해 설명하시오. 마케터들은 오늘날의 고객들에게 어떤 가치를 제공하는 요소들을 고려해야 하는가?
5. 자연 환경과 향후 마케팅 계획에 영향을 미칠 세 가지 동향에 대해 논의하시오.
6. 왜 마케터들은 문화적 환경에 주목해야 하는가?

비판적 사고 연습

1. 오늘날 많은 회사들은 단순히 선행을 하는 것 이상의 것을 추구하고 있다. 점점 더 많은 기업들이 환경 지속가능성을 핵심 사명의 일부로 삼고 있다. 환경 지속가능성을 가치의 일부로 만드는 회사들을 조사해보고 당신의 조사 결과를 발표하기 위해 보고서를 작성해 보시오.
2. 소그룹을 만들어서, 미국의 문화 트렌드에 대해 논의하시오. 그 중 하나를 심도 있게 조사하고, 트렌드가 마케팅에 미치는 영향에 대한 발표자료를 작성해 보시오.
3. 기술 발전은 아마도 오늘날의 마케팅전략에 영향을 미치는 가장 극적인 힘일 것이다. 여러분이 여러분에게 익숙한 주요 브랜드의 마케팅 부서에 있다고 상상해 보시오. 신기술이 베이비붐 세대를 겨냥한 이 브랜드의 마케팅 캠페인 개발에 어떤 영향을 미치는가? Z 세대를 겨냥한 캠페인이라면 어떨까?

마케팅정보의 관리

고객통찰력 얻기

학습목표

▶ **1** 시장과 고객에 대한 통찰을 확보하는데 있어 정보의 중요성을 설명한다.

▶ **2** 마케팅정보시스템을 정의하고 이의 구성요소들을 논의한다.

▶ **3** 마케팅조사의 역할과 마케팅조사 과정의 단계를 설명한다.

▶ **4** 기업이 어떻게 마케팅정보를 분석하고 사용하는가를 설명한다.

▶ **5** 마케팅조사자가 직면하는 특별한 이슈(공중정책과 윤리를 포함)들을 논의한다.

개관

이 장에서 우리는 마케터들이 어떻게 시장과 소비자에 대한 통찰력(insight)을 얻는가에 대한 탐색을 계속한다. 우리는 기업들이 어떻게 시장요소들을(예: 고객, 경쟁자, 제품, 마케팅 프로그램 등)에 대한 정보를 개발하고 관리하고 있는가를 살펴 볼 것이다. 기업은 성공하기 위해 수많은 정보를 고객에 대한 통찰력으로 전환해야 하는데, 그 통찰력은 기업이 고객들에게 더 많은 가치를 제공하는 것을 도와준다.

장이 전개되면서 알게 되겠지만, 마케팅정보 및 조사산업은 큰 변화를 겪고 있다. 전통적인 마케팅조사는 새로운 디지털, 온라인, 모바일 및 분석 기술의 도전에 직면해 있다. 이러한 기술들은 마케터들이 소비자 및 시장에 대한 데이터를 수집, 분석, 전달하고 통찰력을 얻는데 더 큰 능력을 부여하고 있기 때문이다.

마케팅조사와 실제 고객 통찰력에 대한 이야기부터 시작해보자. 이탈리아 초콜릿 및 제과 제조업체인 Ferrero는 자신이 운영하는 시장에 맞춰 제품을 맞춤화하기 위해 마케팅정보에서 고객과 시장에 대한 신선한 통찰력을 얻는다. 이 정보를 사용하고 의사결정을 개선하고 제품을 현지 시장에 맞게 조정하여 정보를 활용할 수 있는 기업의 능력은 인도와 같이 성장하는 주요 시장에서 핵심적인 성공요인이다.

Ferrero: 마케팅정보 및 고객 통찰력 관리

Ferrero SpA는 브랜드 초콜릿 및 제과 제품을 생산하는 이탈리아 제조업체이며 세계에서 세 번째로 큰 초콜릿 생산 및 제과 회사이다.

1946년 이탈리아 알바에서 피에트로 페레로에 의해 설립되었으며, 여전히 페레로 가문이 소유하고 있는 이 기업은 식음료 부문에서 평판이 좋은 회사 중 하나이다. 2017년 Reputation Institute의 Global RepTrak 100 업데이트 목록에서 Ferrero는 혁신, 지배구조 및 기업시민에서 가장 높은 순위를 차지했다. 2017 회계 연도의 매출은 13억 달러로, 전년 대비 1.5% 증가했다. 이 기업은 전 세계적으로 34,500명 이상의 직원을 고용하고 있다. 지속적인 혁신과 고객중심 경영으로 많은 경쟁사들을 앞서고 있는 기업이다.

Ferrero는 높은 기준을 달성하기 위해 집중한다. 그래서 공급이 중단되지 않고, 안전한 소매유통망을 확보할 수 있는 곳에서만 제조한다. 이 기업은 시장선호를 이해하기 위해 노력하고 있으며, 마케팅정보를 성공적으로 관리하고 고객 통찰력을 얻어서 성과를 올리고 있다. 이에 대한 대표적인 예는 정교한 마케팅 분석을 바탕으로, 인도에서 프리미엄 초콜릿에 대한 신시장을 창출한 것이다.

Ferrero가 2004년 인도에 진출했을 때, 프리미엄 초콜릿을 판매할 만한 시장이 없었다. 인도는 가격에 매우 민감한 국가이며, 대부분의 브랜드는 저렴한 작은 팩의 제품을 제공하였다. Ferrero는 현지 시장과 고객에 대한 정교하고 지속적인 분석을 통해, 해당 지역의 신제품을 위한 길을 개척하였다. 프리미엄 초콜릿은 현재 인도 시장의 약 27%를 차지한다. Ferrero 외에도 Cadbury, Nestlé, Mars, Hershey 및 Lindt를 포함한 여러 기업이 이 부문에서 경쟁한다. Celebrations, Bournville 및 Silk 브랜드를 보유한 Cadbury는 프리미엄 부문에서 60% 이상, 전체적으로 70% 이상을 차지하는 시장 리더이다. 10년 만에 Ferrero는 인도 초콜릿 시장에서 7.8%의 점유율을 차지했다. 특히 프리미엄 세그먼트를 공략한 것이 주효했다. Ferrero가 Rocher 초콜릿을 출시했을 때, 유일한 경쟁 브랜드는 Cadbury Celebrations였으며 가격은 박스당 1.50~2.65달러였다. 그러나 Ferrero는 제품을 4.55달러(박스당 초콜릿 12개)에 성공적으로 출시했다. 어떻게 이탈리아 제과 거인은 이렇게 할 수 있었을까?

Ferrero는 2007년에 Rocher를 출시했으며 2009년에는 Tic Tac과 Kinder Joy라는 브랜드를 도입했다. 인도는 계속해서 Rocher를 수입했지만, 2011년 10월 Maharashtra 주 바라 마티에 공장을 지었다. 그래서 매일 100만 개의 Kinder Joy 초콜릿과 2,000만 개의 Tic Tac을 생산하고 있으며 그 중 절반이 수출된다. 인도는 이제 Ferrero의 아시아 중심지이며, 이 지역의 요구와 기대에 부응하기 위해 타밀 나두 주 첸나이에 Ferrero 지사를 설립했다.

2004년 초 Ferrero는 프리미엄 가격을 지불할 의사가 있는 초콜릿 소비자가 인도에 있다고 확신했다. 적절한 마케팅정보와 고객 통찰력을 얻고 관리하기 위해, Ferrero는 Rocher의 테스트 마케팅을 실시하였

>> 저가격의 소형팩을 선호하는 가격에 민감한 인도시장에서 Frrero는 프리미엄 초콜릿 시장을 개척하였다.

Ekaterina Minaeva/Alamy Stock Photo

다. 이 때 시장 조사 회사를 이용하지 않고, 인도 고객을 더 잘 이해하기 위해 자체적으로 시장에 접근하기로 결정했다. 이 기업은 탁월한 시장 조사를 위해 고객 통찰력 팀을 구성했다. 이 팀은 신제품 출시, 패키징, 레시피, 이상적인 커뮤니케이션 채널 탐색과 같은 모든 면에서 현지 시장에 대한 깊은 통찰력을 제공했다. 고객과 고객의 잠재적인 필요와 욕구 및 습관을 더 잘 이해하기 위해, Ferrero 고객 통찰력 팀과 경영진은 대도시뿐만 아니라, 현지의 작은 시장을 돌아다녔다. 또한 소비자의 습관과 열망을 이해하기 위해 소비자 가정을 방문했다. 결과적으로 Ferrero는 지역 키라나(Kirana) 상점 (인도 대륙의 작은 동네 소매점)에서 판매하더라도, 값 비싼 초콜릿 박스 시장이 있다는 것을 깨달았다. 뿐만 아니라 소비자가 축제 기간 중 과자를 선물할 때, 일반적으로 비싼 초콜릿을 선물한다는 것을 발견했다.

따라서 페레로는 연중에 현대화된 소매점에서 Rocher를 공급하지만, 키라나 상점들에는 축제 시즌(10월부터 3월까지)에 공급하였다. 페레로 도매상은 키라나 상점이 3~4개의 박스를 비축하는 것을 허용하지 않아서 점포 내 냉장시설이 부족해도 품질이 저하되지 않았다. 여름 동안 이러한 제한적인 가용성에도 불구하고 Ferrero Rocher는 2014년까지 박스 초콜릿 카테고리에서 14%의 점유율을 차지했다. 방대한 인도에서 엄청난 과자류가 넘쳐나도, Ferrero는 인도의 모든 주에 다 깔리게 되었다. 심지어 지역 과자를 소비하는 다른 행사에서도, 사치스럽고 독점적인 제품으로 각인된 페레로 초콜릿을 소비하고 선물하고 있다. 초콜릿에 대

> Ferrero는 마케팅정보와 고객 통찰력을 성공적으로 분석하고 사용하여, 제품을 현지 시장에 더 잘 맞추었다. 마케팅정보를 통해 고객과 시장에 대한 참신한 이해를 얻을 수 있는 능력은 기업성공의 기초가 되었다.

한 30%의 수입 관세에도 불구하고 Ferrero의 성장이 이루어 졌다는 점은 놀라운 점이다.

Cadbury와 Nestlé도 프리미엄 브랜드를 판매하지만, 주로 대량판매 제품에서 수익을 얻는다. 반면 Ferrero는 값싼 아류 대신에 프리미엄 전략을 성공적으로 추구했다. Tic Tac의 가격은 15센트이며 대부분의 구강 청정제 사탕은 1센트이다. Kinder Joy는 아이들을 위한 장난감과 함께 제공되는 달걀 모양의 초콜릿이다. 이 제품은 코코아보다 우유가 더 많이 함유된 더 건강한 대안으로 엄마들에게 어필하였다. Ferrero 제품 출시의 성공은 마케팅정보를 관리하고 고객 통찰력을 얻는 능력에 있었다. 인도의 요구사항과 선호도에 대한 철저한 조사를 거쳐서 새로운 맛의 제품이 소개되었다. 심층적인 마케팅조사를 거쳐 2014년 말 Tic Tac 브랜드에 인도의 맛 "Elaichi Mint"를 현지 입맛에 맞게 성공적으로 도입했다. 브랜드가 특히 인도 소비자를 충족시키기 위해 현지 풍미를 도입한 것은 처음이었다.

새로운 맛을 낸 Tic Tac 민트는 강한 카다몬의 맛이었으며, "The Desi Mint"라는 태그라인이 있다. 이 향신료는 인도에서 건강에 이롭고, 식사 후 구강 청정제로 널리 사용된다. 인도 초콜릿 시장은 2010년과 2020년 사이에 19% 이상 성장해 왔으며, 앞으로 더 빨리 성장할 것으로 예상된다. 2018년 Ferrero의 목표는 단 18~24개월 만에 유통망을 100만 개 소매점으로 두 배로 늘리는 것이었다. Nestlé와 Cadbury가 함께 초콜릿 시장의 대부분을 차지하지만, Ferrero Rocher와 Kinder Joy의 인기가 높아져서 Ferrero가 향후 몇 년 내에 Nestlé를 추월할 것으로 보인다. 고객 통찰력을 확보하고 이를 사용하여 의사결정을 개선함으로써 마케팅정보 관리를 활용할 수 있는 기업의 능력은, 귀중한 자산이 될 수 있다.[1]

Ferrero Rocher 스토리는 훌륭한 마케팅 프로그램은 훌륭한 고객정보와 통찰력으로 시작된다는 것을 보여주고 있다. 기업은 경쟁자, 중간상, 기타 시장참여자 및 시장의 힘에 대한 풍부한 정보를 필요로 한다. 그러나 마케팅 담당자는 정보를 수집하는 것 이상으로, 강렬한 고객 및 시장 통찰력을 얻기 위해 정보를 사용해야 한다.

시장정보와 고객 통찰력

고객을 위한 가치를 창출하고 그들과 의미 있는 관계를 창출하기 위해 마케터들은 우선 고객들의 욕구에 대한 참신하고 깊은 통찰력을 가져야 한다. 이러한 통찰력은 좋은 시장정보에서 나온다.

소비자 및 시장에 대한 통찰력이 고객가치 및 고객과의 관계를 구축하는데 매우 중요한 역할을 하고 있음에도 불구하고, 이러한 통찰력을 확보하기는 매우 어려울 수 있다. 고객 욕구와 구매동기들은 종종 확실하지 않다. 소비자들은 통상적으로 자신들이 무엇을 원하는지, 왜 사는지 이야기할 수 없는 경우도 있다. 마케터들은 좋은 고객 통찰력을 확보하기 위하여 다양한 종류의 정보원에서 나오는 마케팅정보를 효과적으로 관리해야 한다.

마케팅정보와 최근의 빅데이터

최근 정보통신의 폭발적인 발전으로 기업들은 지금 엄청난 양의 정보를 만들어 내고 있다. 마케팅 세계는 수많은 정보 원천에서 나오는 정보들로 가득 차 있다. 마케팅 세계는 기업에서 수집한 마케팅조사 및 내부 고객 거래 데이터뿐만 아니라, 소셜 미디어 모니터링, 연결된 디바이스, 기타 디지털 소스로부터 유입되는 실시간 데이터가 엄청나게 쌓이고 있다.

더 나아가 이제 소비자들은 스스로 수많은 양의 마케팅정보를 시장으로 내보내고 있다. 소비자들은 이메일, 텍스트 메시징, 블로깅, 페이스북, 트위터 그리고 대중적인 디지털 채널을 통해 "상향식(bottom-up)" 정보흥 수의 물결을 만들어 회사로 다른 사람들에게 전하고 있다.

대부분의 기업 관리자들은 정보가 부족한 것이 아니라, 자료에 과부하가 걸려있고 종종 이들 정보에 압도당하기도 한다. 이러한 문제는 **빅데이터**(Big Data)라는 개념으로 요약된다. 빅데이터라는 용어는 방대하고 복잡한 데이터 세트(data set)를 의미하는데, 이들은 정교한 정보 창출, 수집, 저장, 분석 기술들에 의해 생성된다. 세상에 있는 사람들과 시스템들은 매년 2조 3천억 기가바이트의 데이터를 만들어낸다. 이는 5조 6,800억 장의 CD-ROM을 채우기에 충분한 양이고 쌓인 높이는 달을 9번 왕복할 수 있다. 세상에 있는 모든 자료의 90%는 지난 2년 사이에 만들어졌다.[2]

빅데이터는 마케터들에게 엄청난 기회와 도전을 제공한다. 이 빅데이터를 잘 활용한다면 회사들은 풍부한 고객 통찰력을 제때 얻게 될 것이다. 그러나 그렇게 많은 양의 자료를 확보하고 걸러내는 것은 쉽지 않은 일이다. 예를 들어, 큰 규모의 소비자 브랜드인 Coca-Cola와 Apple은 트위터, 블로그, 소셜 미디어 포스트 그리고 다른 정보원들에서 브랜드에 대한 온라인대화를 관찰한다. 공개대화를 모니터링 하는 것은 하루에 6백만 달러, 일년에 20억 달러가 넘는 엄청난 돈이 들 수도 있다. 이는 다른 관리자들이 소화할 수 있는 것보다 훨씬 방대한 양의 정보이다. 따라서 마케터들은 더 많은 정보보다는 더 좋은 정보를 원한다. 그리고 그들이 확보한 정보를 더 잘 이용할 수 있기를 원한다. "비가 온다고 물을 마실 수 있는 것은 아니다. 물을 모으고, 정수하고, 병에 담아 배송되어야 한다." "빅데이터도 같은 방식으로 작동한다. 데이터를 유용하게 사용하기 위해서는 중요한 단계를 거쳐야 하는 원시자원(raw resources)이다."[3]

빅데이터(Big Data)
오늘날 정교한 정보 창출, 수집, 저장 및 분석기술에 의해 생성되는 방대하고 복잡한 데이터 세트

마케팅정보관리

마케팅조사와 마케팅정보의 진정한 가치는 그 정보들이 어떻게 사용되는가, 즉 그 정보가 제공하는 **고객 통찰력**(customer insight)에 달려 있다. 이러한 사고를 기반으로 코카콜라에서 스타벅스, 맥도날드, 구글 및 GEICO에 이르는 기업들은 지금 그들의 마케팅조사 및 마케팅정보 기능을 재설계하고 있다. 그들은 마케팅정보에서 실행가능한 통찰력을 개발하고, 마케팅 의사결정자와 전략적으로 협력하여, 이러한 통찰력을 적용하는 고객 통찰력 팀을 만들었다. PepsiCo의 예를 보자.[4]

고객 통찰력(customer insight)
고객가치와 고객관계를 창출하는 기반이 되는 마케팅정보로부터 나오는 고객과 시장을 이해하는 것

과거에 PepsiCo의 다양한 마케팅조사 부서는 주로 데이터 제공 업체였다. 하지만 더 이상은 아니다. 지금은 브랜드, 비즈니스 및 소비자의 중심에서 통찰력을 제공하는 통합 "고객 통찰력 팀"으로 바뀌었다. 고객 통찰력 그룹들은 식료품점, 금전 등록기, 포커스 그룹 및 설문조사와 같은 전통적인 마케팅조사 보고서에서부터 고객과 함께 어울리거나 관찰하여 나온 자료 또는 회사와 제품에 대한 고객들의 디지털 및 소셜 미디어 행동들에 이르기까지 다양한 정보원으로부터 소비자 및 시장정보를 수집한다. 팀은 지속적으로 시장행동을 예측할 수 있는 소비자 진실을 밝히기 위한 새로운 방법을 평가한다. 그런 다음 데이터와 관찰을 통해 실제 비즈니스에 영향을 미칠 수 있는 직관적인 판단과 실행가능한 소비자 통찰력을 형성한다. 마지막으로 이러한 통찰력을 펩시.

≫ 소비자 통찰력: PepsiCo의 "소비자 통찰력 팀"은 차고 넘치는 마케팅 데이터에서 실행가능한 통찰력을 이끌어낸다. 그들은 브랜드 의사결정자와 맞춤설계된 콘텐츠를 공유하기 위해 소비자 통찰력 앱도 개발했다.

Vasiliy Baziuk/AP Images

>> 그림 4.1 마케팅정보시스템

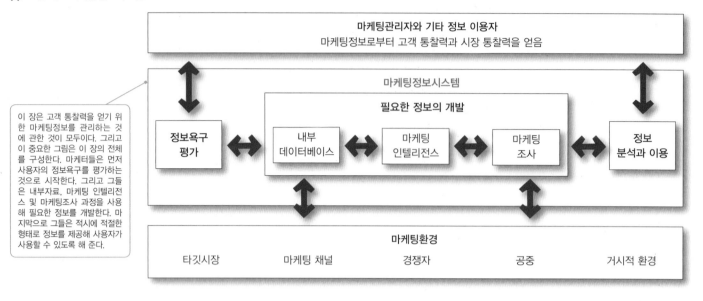

마케팅관리자와 기타 정보 이용자
마케팅정보로부터 고객 통찰력과 시장 통찰력을 얻음

마케팅정보시스템
필요한 정보의 개발

| 정보욕구
평가 | 내부
데이터베이스 | 마케팅
인텔리전스 | 마케팅
조사 | 정보
분석과 이용 |

이 장은 고객 통찰을 얻기 위한 마케팅정보를 관리하는 것에 관한 것이 모두이다. 그리고 이 중요한 그림은 이 장의 전체를 구성한다. 마케터들은 먼저 사용자의 정보욕구를 평가하는 것으로 시작한다. 그리고 그들은 내부자료, 마케팅 인텔리전스 및 마케팅조사 과정을 사용해 필요한 정보를 개발한다. 마지막으로 그들은 적시에 적절한 형태로 정보를 제공해 사용자가 사용할 수 있도록 해 준다.

마케팅환경

| 타깃시장 | 마케팅 채널 | 경쟁자 | 공중 | 거시적 환경 |

마운틴듀, Aquafina 및 기타 펩시 브랜드 팀과 공유하여 더 나은 결정을 내릴 수 있도록 돕는다. 전통적인 사실 기반 프레젠테이션, 보고서 및 스프레드 시트를 통해 데이터 및 결과를 전송하는 것 외에도 소비자 통찰력 팀은 보다 매력적이고, 접근 가능하며 이해 가능한 방식으로 통찰력을 공유한다. 예를 들어, 펩시코(PepsiCo) 북미음료(North America Beverages: NAB)의 소비자 통찰력 팀(Consumer Insights team)은 인사이트 앱(insight app)을 개발하기도 했다. 이것은 고객이 설계한 데이터와 콘텐츠를 마케팅과 브랜드 의사결정자에게 보급한다. 펩시 소비자 통찰력 팀은 데이터 수집과 배포 이상의 역할을 하면서 전략적 마케팅 파트너로서 활약한다. 펩시 소비자 전략 임원은 "우리는 궁극적으로 지속가능한 성장으로 이어지는 결정을 추진한다. 그리고 우리가 하는 모든 일은 수익에 영향을 미친다."고 말한다.

따라서 기업들은 효과적인 마케팅정보시스템을 개발하여 관리자들에게 적절한 정보를 적절한 형태로 적절한 시기에 제공하고, 그들로 하여금 이 정보를 이용해 고객가치와 더 강력한 고객관계를 구축할 수 있도록 도와주어야 한다. **마케팅정보시스템**(marketing information system: MIS)은 정보욕구를 평가하고, 필요한 정보를 개발하고, 의사결정자들이 실행가능한 고객 및 마케팅 통찰력을 만들어내고 이를 검증하는 데 그 정보들을 사용하도록 도와주는 사람과 과정으로 구성된다.

그림 4.1은 마케팅정보시스템이 시작되고 종료되는 과정에 정보사용자(예: 마케팅 관리자, 내·외부 파트너 및 마케팅정보를 원하는 사람들)가 함께 참여함을 보여준다. 첫째, 마케팅정보시스템은 정보욕구를 평가하기 위하여 정보사용자들과 상호작용한다. 다음으로 이 시스템은 내부 데이터베이스, 마케팅 인텔리전스 활동들, 그리고 마케팅조사를 통해 필요한 정보를 개발하기 위한 목적으로 마케팅환경과 상호작용한다. 마지막으로 MIS는 사용자들이 고객 통찰력을 개발하고, 의사결정을 내리고, 고객관계를 관리하기 위한 목적으로 정보를 분석하고 사용하는 것을 도와준다.

마케팅정보시스템
(marketing information system: MIS)
정보욕구를 평가하고, 필요한 정보를 개발하고, 의사결정자들이 실행가능한 고객 및 마케팅 통찰력을 만들어 내고 이를 검증하는 데 그 정보를 사용하도록 도와주는 사람과 절차의 집합

마케팅정보욕구의 평가

마케팅정보시스템은 회사의 마케팅부서와 다른 부서의 관리자들을 도와준다. 그러나 이는 또한 공급업체, 재판매자 또는 마케팅 서비스 에이전시들과 같은 외부 파트너들에게 정보를 제공할 수 있다. 예를 들어, 월마트의 Retail Link 시스템은 주요 공급업자들에게 고객 구매패턴과 재고수준에 관한 정보를 제공하여 주는데, 이를 통해 공급업자들은 과거 24시간 동안 어떤 매장에서 얼마나 많은 아이템들이 팔렸는가를 파악할 수 있다.[5]

좋은 마케팅정보시스템은 정보사용자들이 확보하기 원하는 정보를 그들이 정말로 원하는 것과 제공할 수 있는 것으로 구분하여 균형을 잡는다. 어떤 관리자들은 정말 필요한 것에 대하여 심각하게 생각하지 않은 상태에서 어떤 것이든 수집 가능한 많은 정보를 요구한다. 빅데이터 시대에 일부 관리자들은 기술이 가능하게 해 주기 때문에, 수많은 디지털 자료를 수집하고 저장하기 원할 것이다. 그러나 너무 많은 정보는 너무 적은 정보보다 해로울 수 있다. 다른 관리자들은 그들이 당연히 알아야 할 정보를 빠뜨리거나, 또는 그들이 꼭 파악해야 할 정보를 요청하지 않을 수도 있다. 마케팅정보시스템은 의사결정을 하는데 꼭 필요한 정보를 의사결정자들에게 제공하기 위하여 마케팅환경을 추적한다.

마지막으로 정보를 확보/처리/저장/분배하기 위한 비용은 엄청나게 빠르게 증가할 수 있다. 회사는 추가적인 정보를 확보함에 따른 혜택이 그 정보를 획득하는 데 드는 비용만큼 가치가 있는지 판단해 보아야 한다. 이러한 가치와 비용은 종종 평가하기 어렵다.

> **저자 코멘트**
> 마케팅정보시스템은 사용자로 시작해 사용자로 끝나는데, 관리자는 사용자의 정보욕구를 평가하고 그에 맞는 정보와 통찰력을 개발해 사용자에게 전달한다.

마케팅정보의 개발

마케터들은 내부자료, 마케팅 인텔리전스, 그리고 시장조사로부터 필요한 정보를 확보할 수 있다.

> **저자 코멘트**
> 다양한 정보원으로부터 정보가 넘쳐나는 빅데이터 시대에 정보를 발견하는 것은 문제가 아니다. 진정한 도전은 적절한 정보를 내·외부 정보원들로부터 찾아내고 이를 고객 통찰력으로 발전시키는 것이다.

내부자료

많은 회사들은 광범위한 **내부 데이터베이스**(internal database)를 구축하는데, 이는 회사 네트워크 내에 있는 자료원천들로부터 확보된 소비자 및 시장 정보를 수집해 놓은 전자장치이다. 데이터베이스에 있는 정보는 많은 자료원천으로부터 나온다. 마케팅부서는 고객 특성, 매장 및 온라인 판매 거래, 웹에 대한 정보 및 소셜 미디어 사이트 방문에 관한 자료를 제공한다. 고객 서비스 부서는 고객 만족 또는 서비스 문제와 관련한 고객 기록을 유지한다. 회계부서는 재무자료를 준비하고, 매출, 비용 및 현금흐름에 관한 세부적인 자료를 저장한다. 생산관리 부서는 생산 일정, 선적 및 재고에 관한 자료를 갖고 있다. 판매사원은 재판매업자의 반응과 경쟁사 활동에 관한 보고서를 갖고 있고, 마케팅 유통경로상의 협력업체들은 구매시점의 거래에 관한 자료를 제공한다. 이러한 정보를 잘 관리하면 매우 강력한 고객 통찰력과 경쟁우위를 확보할 수있다. 예를 들어 호주 은행 및 금융 서비스 제공 업체인 Westpac Bank는 고객과의 개인적인 관계를 구축하기 위한 "Know Me" 프로그램을 운영한다.[6]

내부 데이터베이스
회사 네트워크 내에 있는 자료원천으로부터 확보된 소비자 및 시장정보를 전자장치를 통해 수집해 놓은 것

내부 데이터: 금융 서비스 제공 업체 Westpac Bank는 개인의 특정 요구에 맞게 서비스를 맞춤화 할 수 있는 광범위한 데이터베이스로 놀라운 고객충성도를 창출한다.

mjmediabox/Alamy Stock Photo

경쟁적 마케팅 인텔리전스
(competitive marketing intelligence)
고객, 경쟁사 및 시장의 전개상황에 관한 공개적으로 수집가능한 정보를 체계적으로 수집하고 분석하는 것

웨스트팩 은행의 "Know Me" 프로그램은 고객에게 더 많은 이익을 제공하기 위해 다양한 데이터를 사용한다. 예를 들어, 온라인 거래 데이터 및 소셜 댓글과 같은 정보를 사용하여 고객의 위치를 쿼리(queries)로 학습하고, 집을 사거나 집을 지으려는 경우 특별 대출과 같은 솔루션을 제공한다. 은행은 그들이 고객을 알고 있다는 것을 보여주기 위해 고객데이터를 사용한다. 전반적인 목표는 고객이 모든 기업 활동의 중심이며, 고객충성도에 대한 지침을 제공하고 보상하는 것이다. 출시 이후 웨스트팩은 많은 고객과의 대화를 통해 780만 달러의 수익을 창출했다. 전체적으로 이 프로그램은 목표치의 2배인 연간 매출 2,200만 달러를 달성하게 하였다.

경쟁적 마케팅 인텔리전스

경쟁적 마케팅 인텔리전스(competitive marketing intelligence)는 고객, 경쟁사 및 시장의 전개상황에 관한 공개적으로 수집 가능한 정보를 체계적으로 수집하고 분석하는 것이다. 마케팅 인텔리전스의 목적은 전략적 의사결정을 개선하고, 경쟁사 활동을 추적하고, 기회와 위협에 관한 조기 경보를 제공하는 것이다. 마케팅 인텔리전스 기술들은 고객을 직접 관찰하는 것에서 사내 종업원들에게 질문하는 것, 경쟁사 제품을 벤치마킹하는 것, 인터넷을 탐색하는 것, 소셜 미디어와 모바일활동을 실시간으로 모니터링 하는 것에 이르기까지 다양하다.

우수한 마케팅 인텔리전스는 소비자들이 자사 브랜드에 대해 어떻게 이야기하고 자사 브랜드와 어떻게 연결되어 있는지에 관해 마케터가 통찰력을 얻는데 도움을 줄 수 있다. 많은 기업들은 잘 훈련된 관찰 팀을 보내 소비자와 섞여 어울리는 과정에서 소비자들이 자사제품을 사용하고 어떻게 이야기하는지를 관찰하도록 한다.

어떤 기업들은 실시간 브랜드 관련 온라인 소비자와 시장 소셜 및 모바일을 지속적으로 감시하는 최첨단 소셜 미디어 지휘센터를 설립했다. 이러한 센터는 디지털 환경을 샅샅이 뒤지고, 브랜드 관련 대화를 실시간으로 분석하여 마케팅 통찰력을 얻고, 신속하고 적절하게 대응할 수 있다.

예를 들어 마스터카드의 디지털정보 지휘센터인 Conversation Suite는 전 세계의 수백만 개의 온라인 대화를 실시간으로 모니터링, 분석 및 응답한다.[7]

마스터카드의 "Conversation Suite"는 56개 시장에서, 27개 언어의 브랜드 관련 대화를 모니터한다. 이곳은 마스터카드와 관련된 평가가 올라오는 소셜 네트워크, 온라인 및 모바일 비디오 그리고 전통적인 미디어를 추적한다. 뉴욕 본사의 MasterCard's Purchase에서 "Conversation Suite" 스태프

경쟁적 마케팅 인텔리전스: Conversation Suite라 불리는 마스터카드의 디지털 인텔리전스 지휘센터는 56개 시장에서 27개 언어로, 브랜드 관련 대화를 모니터링하고 분석하고, 실시간으로 대응한다.

Mastercard

는 다양한 마스터카드 부서 및 사업팀에서 온 관리자들과 함께 거대한 40피트 LED 스크린에 모인다. 이 스크린은 전 세계에서 나오는 브랜드 관련 대화들을 요약해서 제공해 주고, 이는 4분마다 갱신된다. 마케팅과 고객 서비스직원 그룹은 이 지휘센터에서 2시간 또는 3시간 동안 보낸다. 마스터카드의 마케팅 책임자는 "이곳은 실시간 표적집단면접(FGI)이 이루어지는 곳이다. 우리는 마스터카드 제품들과 경쟁사에 관한 모든 것을 추적한다."고 말한다. Mastercard는 이 Conversation Suite에서 얻은 정보와 지식을 이용하여 마케팅 활동을 향상시키고, 브랜드 성과를 정확히 측정하고, 의미 있는 고객 대화와 참여를 유도한다. Master카드는 사회 대사(social ambassadors)를 양성하는데, 이들은 온라인 대화에 참석하고 고객과 브랜드에 직접적으로 영향을 미치는 사람들과 관계를 맺는다. 다른 관리자는 "오늘날 우리가 하는 모든 것은 Conversation Suite에서 얻는 통찰력에 기반하고 있다. 그것은 우리가 사업하는 방식을 변화시킨다."고 말한다.

기업들은 또한 적극적으로 경쟁사들의 활동을 추적할 필요가 있다. 이들은 경쟁사들의 웹과 소셜 미디어 사이트들을 모니터할 수 있다. 예를 들어, Amazon.com의 Competitive Intelligence는 경쟁사들의 구색, 속도 및 서비스 품질을 분석하고 비교하기 위해 경쟁사 사이트에서 제품을 정기적으로 주문한다. 기업들은 인터넷을 이용해 특정 경쟁사 이름, 이벤트 또는 근황을 탐색해 어떤 결과가 나오는가를 확인하기도 한다. 그리고 경쟁 브랜드에 대한 소비자의 대화를 추적하면 자사 브랜드에 대한 대화를 추적하는 것만큼 많은 정보를 제공해 준다.

기업들은 경쟁사의 움직임 및 전략에 대한 정보를 획득하고 경쟁적인 대응을 빨리 준비하기 위해 경쟁적 마케팅 인텔리전스를 이용한다. 예를 들어, 삼성은 경쟁사인 Apple의 새로운 iPhone, iPad 및 기타 기기의 론칭과 관련된 실시간 소셜 미디어 활동을 모니터링하여 자사의 Galaxy S 스마트폰 및 태블릿에 대한 마케팅전략을 빠르게 전개하였다.

Apple CEO Tim Cook이 새로운 신 모델의 베일을 벗기고 있을 때, 삼성의 마케팅 및 광고회사 임원들은 수백 마일 떨어진 상황실 컴퓨터와 TV 스크린 앞에 모여서 그 이벤트를 유심히 관찰하고 있었다. 삼성 전략가들은 새로운 iPhone의 기능들 뿐만 아니라, 블로그와 소셜 미디어 채널에 넘쳐나는 온라인 소비자의 의견도 심도있게 모니터하고 있었다. 온라인소비자 및 경쟁자료가 실시간으로 들어올 때마다, 삼성팀은 마케팅 대응을 준비하기 시작했다. Apple의 신제품이 매장 진열되는 불과 며칠 안에, 삼성은 Galaxy line에 대한 뜨거운 반응을 아리랑TV 광고, 인쇄, 및 소셜 미디어에 올라오게 하였다.[8]

경쟁사 인텔리전스의 대부분은 기업 내의 임원, 엔지니어 및 과학자, 구매 대리인 및 영업사원과 같은 내부인들로부터 수집될 수 있다. 기업은 또한 공급업체, 재판매자 및 핵심 고객들로부터 중요한 인텔리전스 정보를 수집할 수도 있다. 인텔리전스를 탐색하는 사람들은 또한 수천 개의 온라인 데이터베이스를 통하여 자료를 수집하고 있다. 어떤 것들은 무료이다. 예를 들어, 미국의 증권거래위원회(U.S. Security and Exchange Commission)의 데이터베이스는 상장된 경쟁사들에 대한 엄청난 양의 재무정보를 제공하고 있고, 미국 특허 및 등록상표 사무국의 데이터베이스는 경쟁사가 등록한 특허권들을 공개하고 있다. 그리고 기업들은 Hoover's, LexisNexis 그리고 Dun & Bradstreet와 같은 3,000개 이상의 온라인 데이터베이스와 정보탐색 서비스들에 요금을 내고 가입될 수 있다. 오늘날 마케터들은 몇 번의 키를 누름으로써 방대한 양의 경쟁사 정보를 확보한다.

인텔리전스 게임은 두 가지로 진행된다. 경쟁사들의 필살의 각오로 임하는 마케팅 인텔리전스 노력에 대항하여, 대부분의 기업들은 자신의 정보를 보호하기 위한 작업을 진행하고 있다. 기업은 공개적인 기록에서 발견될 수 있는 모든 것들을 없애는 것에서 시작해야 한다. 여기에는 고객들과 직원들이 만든 채용공고, 법원기록들, 회사 광고물과 블로그, 웹 페이지, 언론보도 자료들, 온라인 사업보고서들, 소셜 미디어 포스팅과 탐색적인 경쟁자에 의해 발견가능한 다른 정보들이 포함된다.

마케팅 인텔리전스 이용의 증가는 여러 가지 윤리적인 문제를 야기한다. 일부 인텔리전스 수집 기법들은 윤리적으로 문제가 있을 수 있다. 분명히 기업들은 공개적으로 수집 가능한 정보를 활용해야 한다. 대개 기업은 합법적으로 확보가능한 인텔리전스 정보원천들을 갖고 있기 때문에, 필요한 정보를 확보하기 위해 법이나 행동규범을 위반할 필요가 없다.

마케팅조사

마케터들은 마케팅 인텔리전스에서 나오는 일반 소비자, 경쟁사 및 시장 현황에 관한 정보에 추가하여 특정 상황이나 의사결정에 필요한 고객 및 시장 통찰력을 제공해주는 공식적인 조사를 필요로 한다. 예를 들어, Starbucks는 고객들이 새로 추가된 아침 메뉴에 대해 어떻게 반응할지 알기 원한다. 구글은 온라인 및 모바일 검색자들이 사이트의 수정된 디자인에 어떻게 반응하는지 알기 원한다. 삼성은 얼마나 많은 사람들이, 그리고 어떤 사람들이 엄청 얇은 차세대 TV를 구매할 것인가를 알기 원한다. 이런 상황에서 관리자들은 마케팅조사를 수행할 필요가 있다.

마케팅조사(marketing research)는 조직이 직면하는 특정 마케팅 상황과 관련된 자료의 체계적인 설계, 수집, 분석, 그리고 보고와 관련된 활동이다. 기업들은 다양한 상황에서 마케팅조사를 활용한다. 예를 들어, 마케팅조사는 마케터들에게 고객의 동기, 구매행동과 만족에 대한 통찰력을 제공해 준다. 이는 또한 관리자들이 시장의 잠재력과 시장점유율을 평가하고, 가격, 제품, 유통 및 촉진 활동의 효과성을 진단하는 것을 도와준다.

마케팅조사(marketing research)
조직이 직면한 특정 마케팅 상황과 관련된 자료의 체계적인 설계, 수집, 분석, 보고와 관련된 활동

어떤 대기업들은 조사부서를 갖추고 있는데, 이들은 마케팅조사 프로젝트를 위하여 마케팅관리자와 함께 일한다. 이에 추가하여 이들 회사들은 다른 중소기업들과 마찬가지로 외부의 조사전문가에게 의뢰하여 특정 마케팅 문제점들에 관한 자문을 받고, 마케팅조사 프로젝트를 진행한다. 때때로 기업들은 의사결정에 도움을 받기 위하여 외부 기업에 의하여 수집된 자료를 구매하기도 한다.

전통적 마케팅조사의 전환기

최근 몇 년 동안, 새로운 디지털 데이터 수집기술이 등장하면서, 전통적 마케팅조사는 큰 변화를 가져왔다. 설문조사나 포커스그룹 인터뷰와 같은 전통적인 방식은 여전히 널리 퍼져있고 효과도 있지만, 이제 더 새롭고 민첩하고, 즉각적이며 비용이 덜 드는 디지털 데이터 수집방법에 밀리고 있다. 실시간 소셜 미디어, 웹사이트, 온라인 피드백 모니

터링과 같은 새로운 접근방식은 선동적인 마케딩 조사방식을 위협하고 있다. "우리가 수십년 동안 알고 있는 시장조사 산업은 사라지고 있다. 그것은 빠르게 변화하는 마켓 인텔리전스 방식으로 전환되고 있다."고 업계 관계자는 말한다.[9]

오늘날의 빠르고 민첩한 의사결정은 빠르고 민첩한 마케팅정보와 조사를 요구한다. 이것을 적시조사(just-in-time research)라고 부른다. 이런 상황에서 속도는 조사의 엄밀성이나 정확도보다 중요하다. 만약 마케팅 매니저가 새로운 캠페인의 탭 버튼만 누르면, 성공을 좌우하는 소셜 미디어 댓글의 악플과 무플(침묵)을 확인할 뿐 아니라, 클릭 수, 좋아요 및 공유 수를 즉각 확인할 수 있다면, 그들이 시장조사를 위해 4주를 기다릴 용의가 있을까? 전통적인 조사는 다른 정보원보다 느리고 통찰력도 떨어진다.[10] 마케팅조사자들은 새로운 속도의 정보에 적응해야 한다.

>> **전환기의 마케팅조사:** 설문조사와 같은 전통적 방법은 여전히 널리 퍼져 있고 강력하지만, 이제는 더 새롭고 민첩하고, 즉각적이며 저비용의 디지털 데이터 수집방법으로 대체되고 있다.
Andriy Popov/123RF

역할이 바뀌고 있지만, 전통적인 조사는 여전히 널리 사용되고 있다. 많은 마케팅 결정에서 정보의 품질과 엄밀성은 속도, 편리성, 저비용보다 중요하다. 전통적인 조사는 시간이 많이 걸리고 비용이 많이 들지만, 소비자의 태도와 행동의 이유에 대한 정보를 더 심도있게 제공할 수 있다. 따라서 전통적 조사와 새로운 디지털조사 플랫폼을 결합하면, 마케터의 정보수집 능력을 크게 향상시킬 수 있는 기회가 된다.

마케터의 핵심은 기존 접근방식과 새로운 접근방식을 통합하여, 민첩하지만 깊이 있고 완전한 마케팅정보와 통찰력을 획득하는 것이다. 새로운 디지털 접근방식은 소비자 구매 활동의 시기, 장소, 방법에 대한 실시간 데이터와 반응을 즉각적으로 제공한다. 이는 보다 깊고 엄격한 전통적인 조사 방식을 자유롭게 한다. 디지털 접근방식이 새로운 이점을 제공하지만, 기존의 방법을 대체하는 것이 아니라, 기존 방법을 보완하고 강화할 수 있는 새로운 접근법이 되어야 한다고 전문가들은 말한다.[11]

마케팅 조사과정은(그림 4.2) 4단계를 가진다. 조사문제와 조사목적을 정의하고, 조사계획을 수립하고, 조사계획을 실행하며, 그 결과를 해석하고 보고하는 순서를 따른다.

문제와 조사목적의 정의

마케팅 관리자와 조사자들은 문제를 정의하고 조사목적을 공유하기 위하여 서로 긴밀하게 협조하여야 한다. 조사자는 마케팅조사와 정보를 수집하는 방법을 가장 잘 알고 있는 반면, 관리자는 의사결정을 위해 필요한 정보가 무엇인가를 가장 잘 알고 있다. 문제와 조사목적을 정의하는 것은 조사과정에서 가장 어려운 단계이다. 관리자는 구체적인 원인이 무엇인지는 모를지라도 무엇이 잘못되었는가는 알 수 있다.

>> **그림 4.2** 마케팅조사 과정

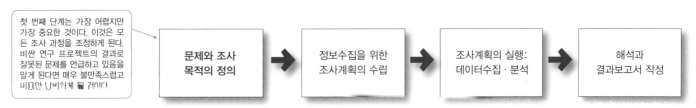

첫 번째 단계는 가장 어렵지만 가장 중요한 것이다. 이것은 모든 조사 과정을 조정하게 된다. 비싼 연구 프로젝트의 결과로 잘못된 문제를 언급하고 있음을 알게 된다면 매우 불만족스럽고 비용만 낭비하게 될 것이다

문제와 조사 목적의 정의 → 정보수집을 위한 조사계획의 수립 → 조사계획의 실행: 데이터수집·분석 → 해석과 결과보고서 작성

탐색적 조사(exploratory research)
문제를 정의하고 가설을 세우는 데 도움이 되는 기초자료를 수집하기 위해 수행되는 마케팅조사

기술적 조사(descriptive research)
마케팅 문제점, 마케팅 상황, 혹은 시장을 더 잘 파악하기 위해 사용되는 마케팅조사

인과관계적 조사(causal research)
인과관계에 관한 가설을 검증하기 위해 실시되는 마케팅조사

관리자는 조사문제를 주의 깊게 정의내린 다음, 조사목적을 수립해야 한다. 마케팅조사 프로젝트는 그 목적에 따라 세 가지 유형으로 구분된다. **탐색적 조사(exploratory research)**의 목적은 문제를 정의하고 가설을 세우는데 도움이 되는 기초자료를 수집하는 것이다. **기술적 조사(descriptive research)**의 목적은 제품의 시장 가능성, 제품을 구매하는 소비자의 인구통계적 특성과 태도 등과 같은 사실을 기술하는 것이다. **인과관계적 조사(causal research)**의 목적은 인과관계에 관한 가설을 검증하는 것이다. 예를 들어, 사립대학에서의 등록비 10% 인하가 등록률을 증가시켜 감소된 등록비를 보전할 수 있을까? 관리자들은 때때로 탐색조사를 먼저 시작하며, 그 결과를 토대로 기술적 조사나 인과관계적 조사를 진행한다.

문제와 조사목적의 기술은 전반적인 조사과정의 지침이 된다. 관리자와 조사자는 조사목적과 기대되는 결과에 대한 동의를 확실히 하기 위하여 이와 관련된 문서를 작성할 필요가 있다.

조사계획의 수립

조사자가 조사문제와 조사목표를 정의하고 나면, 필요로 하는 정보를 정확하게 결정하고, 이를 효율적으로 수집하기 위한 계획을 개발하여, 이를 관리자에게 제시하여야 한다. 조사계획은 기존자료의 정보원천을 요약하고, 새로운 자료를 수집하기 위하여 사용될 조사방식, 응답자 접촉방법, 표본계획, 그리고 자료수집도구 등을 기술한다.

>> Nordsee가 비건 메뉴를 추가하는 결정은 여러 가지 구체적 정보를 제공하는 시장조사를 요구한다.
Toni Genes/Shutterstock

조사목적은 구체적인 정보욕구로 전환되어야 한다. 예를 들어, 유럽에 400개 이상의 프랜차이즈를 보유하고, 독일에 본사를 둔 해산물 체인인 Nordsee는 채식주의자 메뉴를 추가하는 것에 대한 반응을 알고 싶어 한다. 독일에는 약 800만 명의 채식주의자들이 있고, 130만 명이 비건이다. 매일 약 2,000명의 채식주의자와 200명의 비건 소비자가 추가되는 것으로 추정된다. 하지만, 패스트푸드 체인점에서는 비건 제품으로 치즈가 없는 감자튀김이나 샐러드와 같은 제한된 메뉴를 제공한다. 비건 메뉴를 추가하는 것은 새로운 소비자를 끌어들이는데 도움이 될 수 있고, Nordess가 주도적인 역할자가 될 수 있다. 제안되는 조사는 아마도 다음과 같은 구체적인 요구를 할 수 있다.

- **Nordsee 고객들에 대한 인구통계적, 경제적, 생활양식에 관한 특징들:** 현재 고객 중 생선을 먹지 않는 가족 구성원이 있는가? 새로운 고객집단을 타깃으로 삼아야 하는가?
- **패스트푸드와 패스트 캐주얼 식사에 관한 광범위한 계층의 특징과 사용패턴:** 그들은 이러한 식당에서 무엇을 요구하고 기대할까? 어디서, 언제 어떻게 이러한 식당을 이용하며, 기존 품질, 가격, 서비스 수준에 소비자는 어떤 가치를 둘까? 새로운 Nordsee 서비스는 치열한 패스트푸드 시장에서 강력하고 적절한 포지셔닝을 원한다.
- **Nordsee 고객 경험에 대한 영향:** 비건 생선 제품이 유명한 생선버거와 품질면에서

일관성이 있는가?

● **비건 생선에 대한 Nordsee 종업원의 반응:** 종업원들은 비전통적인 제품을 구입하는 가? 그들은 제대로 준비가 되어 있는가?

● **비건 생선 판매와 이윤에 대한 예측:** 비건 생선은 오래 지속되고 수익성 있는 메뉴인가?

Nordsee의 마케터들은 비건 제품을 출시할지, 만약 한다면 이를 수행하는 가장 좋은 방법은 무엇인지를 결정하기 위해, 위에서 언급한 정보들과 기타 정보를 필요로 할 것이다.[12]

조사계획은 제안서의 형태(written proposal)로 제시되어야 한다. 조사 프로젝트가 규모가 크고 복잡할 때 또는 외부회사가 이를 수행할 때 제안서는 특히 중요하다. 제안서에는 경영상의 문제점, 조사목적 및 수집할 정보, 조사결과가 관리자의 의사결정에 도움을 주는 방식 등이 기술되어야 한다. 또한 제안서에는 조사비용도 포함되어야 한다.

관리자의 정보욕구를 충족시키기 위해 조사계획은 **1차 자료**(primary data), **2차 자료**(secondary data), 또는 두 자료 모두의 수집을 요구할 수 있다. 2차 자료는 다른 목적으로 이미 수집된 것으로 어디엔가 존재하는 정보이다. 1차 자료는 당면한 특정의 목적을 위해 수집되는 정보이다.

1차 자료(primary data)
당면한 특정 목적을 위해 수집되는 정보

2차 자료(secondary data)
다른 목적으로 이미 수집된 정보

2차 자료의 수집

통상 조사자들은 2차 자료의 수집으로 조사를 시작한다. 기업의 내부 데이터베이스는 좋은 출발점이 된다. 그러나 기업은 다양한 종류의 외부정보 원천을 이용할 수 있다.

기업들은 외부 제공자들로부터 2차 자료를 구매할 수 있다. 예를 들어, Nielsen은 25 개국에서 25만이 넘는 가구 패널들로부터 쇼핑하는 사람들에 대한 통찰력 자료를 판매하는데, 이 자료는 시험적 구매 및 반복구매, 브랜드 충성도, 구매자의 인구통계적 요인 등과 같은 정보를 포함한다. 소비자조사 전문기관인 Experian Simmons는 미국 소비자들에 대한 광범위한 관점을 제공하는 전 영역의 소비자 연구를 진행한다. The Kantar Futures가 제공하는 U.S Monitor 서비스는 중요한 사회 및 라이프스타일 추세에 관한 정보를 판매한다. Kantar의 Streetscapers는 마케팅 담당자에게 내일(그리고 오늘)의 시장을 형성하는 모든 관점을 제공한다. 이는 사회적 변화, 획기적인 트렌드, 독특한 소비자 부문까지 광범위하다. 이러한 여러 조사 회사들이 다양한 마케팅정보 욕구에 맞춘 고품질의 자료를 공급한다.[13]

마케팅조사자는 상업적 온라인 데이터베이스(commercial online database)를 이용하여 2차 자료 정보원천에 대한 탐색을 직접 할 수 있다. ProQuest, LexisNexis 등과 같은 일반 데이터베이스 서비스들은 엄청난 양의 정보를 마케팅 의사결정자의 키보드에 올려놓는다. 요금을 받고 정보를 제공하는 상업적인 서비스 외에도, 거의 모든 산업의 협회, 정부 산하기관들, 사업 간행물, 뉴스 매체들은 이러한 웹사이트 또는 앱을 열심히 탐색하는 사람들에게 무료로 자료를 제공한다.

인터넷 검색엔진(internet search engine)은 적절한 2차 자료 정보원을 확인하는데 큰 도움이 된다. 그러나 웹 검색엔진의 사용은 실망스럽고 비효율적일 수 있다. 예를 들어, 칙필레(Chick-fil-A) 마케터가 구글에 "패스트푸드 비건 치킨"을 치면, 그는 4,200

만 개의 검색 결과를 보게 될 것이다. 잘 구조화되고 체계적인 웹 검색은 어떤 마케팅조사 프로젝트든지 좋은 출발점이 될 수 있다.

2차 자료는 1차 자료보다 더 빨리, 그리고 저렴한 비용으로 수집될 수 있다. 또한 2차 자료의 정보원천들은 때때로 개별기업이 자체로 수집할 수 없는 정보를 제공할 수 있다. 이들 자료들은 개별회사가 입수하기 어려울 수도 있고 수집하기에는 너무나 큰 비용이 들 수도 있다. 예를 들어, Coca-Cola나 Tide와 같은 소비자 브랜드들이 자신과 경쟁사의 시장점유율, 가격, 진열 등을 파악하기 위하여 직접 소매상 조사를 수행하기 위해서는 너무나 큰 비용을 지불해야 한다. 그러나 이들은 IRI 그룹으로부터 audit 데이터를 구입할 수 있는데, 이 조사회사는 미국 시장 내 100,000개 이상의 소매점들로부터 나오는 스캐너자료 및 기타자료를 토대로 이러한 정보를 제공한다.[14]

2차 자료는 또한 문제점도 가지고 있다. 필요한 정보가 없을 수도 있다. 즉, 조사자들은 2차 자료를 통하여 원하는 모든 자료를 확보할 수 없는 것이다. 예를 들어, Chick-fil-A는 패스트푸드 시장에서 비건 치킨에 대한 소비자 반응에 관한 기존정보를 찾기 어려울 것이다.

설령 그러한 자료가 발견되더라도, 이미 사용가치가 떨어져 있을 수 있다. 조사자는 2차 자료를 주의 깊게 평가하여, 이 자료들이 적절한가(조사프로젝트의 욕구에 맞는가), 정확한가(신뢰성 있게 수집되었는가), 최신인가(현재의 의사결정에 적합한 최신 정보인가), 그리고 왜곡되지 않았는가(객관적으로 수집되고 보고되었는가)를 확인해야 한다.

1차 자료의 수집

2차 자료는 조사를 위한 좋은 출발점이 되고, 조사문제와 조사목적을 정의하는데 도움을 준다. 그러나 기업은 대부분의 경우 1차 자료를 수집한다.

표 4.1은 1차 자료 수집을 위한 계획을 설계하는데 조사방식, 접촉방식, 표본계획 및 조사도구 등의 여러 가지 의사결정이 요구됨을 보여준다.

조사방식

1차 자료를 수집하기 위한 조사방식에는 관찰조사, 설문조사, 그리고 실험이 있다. 아래에서 이들을 차례로 논의하기로 한다.

관찰조사(observational research)
조사목적에 적절한 사람, 행동, 상황을 관찰함으로써 1차 자료를 수집하는 것

관찰조사 관찰조사(observational research)는 적절한 사람, 행동, 그리고 상황을 관찰함으로써 1차 자료를 수집하는 것이다. 예를 들어, Trader Joe's는 경쟁하는 Whole Foods, Fresh Market 및 다른 소매 체인의 교통량 패턴, 지역조건, 위치를 확인하여 가

표 4.1	1차 자료 수집의 계획		
조사방식	접촉방법	표본추출	조사도구
관찰조사	우편	표본추출 단위	설문지
설문조사	전화	표본의 크기	기계적 도구
실험조사	개인면접	표본추출 절차	
	온라인		

능성이 있는 새로운 매장 위치를 평가할 수 있다.

조사자들은 때때로 고객과의 질문을 통해서는 얻을 수 없는 직관적인 자료를 얻기 위하여 소비자행동을 관찰하기도 한다. 예를 들어, 도미노의 새로운 메뉴개발은 고객의 반응을 관찰한 가맹점주들의 요청으로부터 시작된다. 새로운 메뉴 아이디어는 회사의 테스트 주방에서 12가지 감각을 사용하여 테스트된다. 각 부스에는 피자 조

>> **관찰 조사:** Domino's는 매장에서 특별한 고객 요청을 관찰하고, 이를 잠재적인 새로운 메뉴 항목으로 전환한 다음 "감각 관찰 부스"를 사용하여 회사의 테스트 주방에서 테스트한다.
Domino's Pizza, Inc.

각을 슬라이딩 할 수 있는 슬롯이 설치되어 있어, 제품 외관, 맛, 선호도에 대한 피드백을 얻을 수 있다. 도미노의 신제품은 관찰 부스를 사용하여 기존 제품의 개선과 새로운 공급업체의 재료에 대한 반응을 테스트한다.[15]

마케터들은 소비자가 하는 행동뿐만 아니라 소비자가 하는 이야기들도 관찰한다. 전에 논의된 바와 같이 마케터들은 블로그, 소셜 네트워크 및 웹사이트 상에서의 소비자 대화를 정기적으로 청취한다. 이와 같이 자연스럽게 일어나는 피드백을 관찰하는 것은 보다 구조적이고 공식적인 조사방식에서 얻을 수 없는 자료를 확보하게 해 준다.

많은 기업들이 **에스노그래픽 조사**(ethnographic research)를 이용한다. 이 조사방법은 잘 훈련된 관찰전문가들을 보내 이들이 '자연 그대로의 환경'에서 소비자들을 관찰하고 상호작용할 수 있게 한다. 관찰자들은 잘 훈련된 인류학자, 심리학자 또는 회사 조사원과 관리자들이다. Turbo Tax and QuickBooks 재무 소프트웨어를 제작하는 Intuit를 생각해보자.[16]

에스노그래픽 조사
(ethnographic research)
잘 훈련된 관찰전문가를 파견해 자연스러운 환경에서 소비자를 관찰하고 상호작용하는 형태의 관찰조사

대부분의 기업은 고객들과 가까워지기를 원하지만, Intuit은 극도로 까다로운 과정을 수행한다. 회사의 "follow-me-home" 프로그램은 잘 훈련된 팀이 고객의 집과 사무실을 방문하여 실제 생활에서 발생하는 자사 소프트웨어의 설치부터 제거까지 모든 경험을 관찰한다. 팀원들은 고객을 인터뷰하지 않고, 그저 관찰만 한다. Intuit CEO인 Smith는 "방문 때마다 팀들은 즉각적이고 완전한 장면을 더 빨리 얻어서 보고한다."고 말한다. Intuit는 1년에 약 1만 시간을 방문하며, Smith는 자신도 60시간에서 100시간을 이 방문에 할애한다. 한 관찰자는 "가장 기본적인 사실은 고객이 말하는 것을 (항상) 믿을 수 없다는 것이다. 고객의 행동이 진실이다."고 말한다. Follow-me-home에서는 데이터 스트림에서 얻을 수 없는 소비자의 눈과 감정을 느낄 수 있다.

마찬가지로 네덜란드 회사인 Noldus Information Technology의 한 팀도 소비자경험조사에 앞서, 인간의 행동조사를 시범적으로 수행했다. 이 조사는 양로원과 같은 실제 생활환경 하에서 식품 선택과 소비의 객관성을 측정하는 새로운 기기와 모바일 서비스를 개발하는 것을 목표로 하였다. 조사는 네덜란드의 양로원 두 곳에서 진행되었고, 실

험집단과 통제집단으로 구분하여 음식 섭취량을 평가하는 저녁시간에 두 집단의 행동을 기록하기 위해 카메라를 설치하였다. 최소 60%의 유기농 제품으로 식단을 준비하고, 참가자와 직원 간의 상호작용의 증가, 전체적인 분위기 개선과 같은 몇 가지 변화를 구현하였다. 실험 결과, 실험군에서 음식 섭취량이 더 증가한 것으로 나타났다.[17]

관찰 및 에스노그라픽 조사는 종종 전통적인 설문조사나 표적집단 면접에서 파악하기 어려운 상세한 정보를 제공한다. 전통적인 양적인 조사방식은 설정된 가설을 검증하고 잘 정의된 제품 또는 전략적인 문제에 대한 답을 얻고자 하는 반면, 관찰조사는 소비자들이 제공하기를 원치 않거나 제공할 수 없는 새로운 고객 및 시장에 대한 통찰력을 제공해 준다. 이 방식은 소비자들의 무의식적인 행동들과 억제된 욕구 및 감정에 대한 창구를 제공한다.

반면 태도, 동기 또는 사적 행동과 같은 것들은 단순하게 관찰될 수 없다. 오랜 기간의 또는 자주하지 않는 행동들도 관찰되기 어렵다. 마지막으로 관찰된 것은 해석되기 매우 어려울 수 있다. 이러한 단점 때문에 조사자들은 관찰과 함께 다른 자료수집방법을 함께 사용하기도 한다.

설문조사(survey research)
사람들에게 그들의 지식, 태도, 선호 및 구매행동에 관한 질문을 통해 1차 자료를 수집하는 것

설문조사 1차 자료를 수집하기 위하여 가장 많이 사용되는 수단인 **설문조사**(survey research)는 기술적인 정보(descriptive information)를 수집하는데 적합하다. 사람들의 지식, 태도, 선호, 또는 구매행동을 파악하기 원하는 기업은 종종 대상자들에게 직접 질문할 수 있다.

설문조사의 주요 장점은 다양한 상황에서 다양한 정보를 획득하기 위하여 사용될 수 있는 유연성에 있다. 거의 모든 마케팅 질문과 의사결정을 다루는 설문조사는 전화, 우편, 개인면접 또는 온라인을 통해 진행된다.

그러나 설문조사는 문제점도 가지고 있다. 때때로 사람들은 자신이 한 행동이나 행동을 한 이유에 대해 기억할 수 없거나 전혀 생각해 본 적이 없기 때문에 질문에 대한 답을 할 수 없는 경우도 있다. 사람들은 잘 모르는 면접자에게 대답하기를 꺼려할 수도 있고, 개인적인 질문에 응답하기를 꺼려할 수도 있다. 응답자들은 보다 현명하고 지식이 충분한 것처럼 보이기 위하여 잘 모르는 것을 대답할 수도 있다. 또는 그들은 면접자를 돕기 위하여 면접자가 원하는 답을 해 줄 수도 있다. 마지막으로, 바쁜 사람은 시간을 내주지 않거나 또는 자신들의 사생활이 침범당하는 것을 불쾌하게 여길 수도 있다.

실험조사(experimental research)
피험자들을 몇 개의 집단으로 나누고 그들에게 서로 다른 실험적 처치를 제시하고 결과에 영향을 미칠 관련변수를 통제한 다음 집단별 반응의 차이를 확인함으로써 1차 자료를 수집하는 것

실험조사 관찰이 탐색적 조사에, 설문조사는 기술적 조사에 적합한 반면, **실험조사**(experimental research)는 인과 관계적 조사에 가장 적합하다. 실험은 실험참여자들을 특성에 따라 각 집단에 할당한 다음 각 집단별로 다른 처치(treatments)를 제공하고, 관계없는 요인을 통제하면서 집단별 반응의 차이를 조사하는 것이다. 따라서 실험조사는 원인과 결과의 관계를 설명하고자 한다.

예를 들어, 메뉴에 새로운 샌드위치를 추가하기 전 맥도날드는 두 가지 가격대안의 매출 효과를 점검하기 위하여 실험을 진행할 수 있다. 한 도시에서 특정 가격으로 새로운 샌드위치를 판매하고, 다른 도시에선 다른 가격으로 판매할 수 있다. 만일 이 두 도시가 서로 비슷하고 가격 이외의 다른 모든 마케팅 노력이 두 도시에서 비슷한 수준으로 진행된다면, 두 도시에서의 매출 차이는 책정된 가격 차이와 관계가 있다고 주장할 수 있다.

온라인 통제실험은 간단하고 저렴하여 즉각적인 결과를 얻을 수 있다. 예를 들어, Bing 검색 엔진이 광고 헤드라인을 표시하는 방식변경을 테스트하기 위해, Microsoft는 온라인 "A/B 테스트" 또는 "분리 − 실행(split−run) 테스트"를 했다. 한 그룹은 과거포맷(버전 A), 다른 그룹은 새로운 포맷(버전 B)을 노출시켰다. 단 몇 시간만에 새로운 헤드라인 변경은 사용자 경험을 해치지 않고, 광고 수익을 12%나 더 올리는 놀라운 결과를 보였다. Microsoft는 바로 새로운 포맷을 채택했다. 오늘날 Microsoft와 Amazon, Google 및 Facebook과 같은 기타 디지털 기업은 매년 수백만 명의 사용자를 대상으로, 수천 건의 통제실험을 수행한다.[18]

≫ 실험조사: 온라인 실험은 간단하고 저렴할 수 있다. 예를 들어 Microsoft의 Bing 검색엔진 형식에 대한 온라인 "A/B 테스트"는 불과 몇 시간만에 성능 향상 결과를 얻었다.

One photo/Shutterstock

접촉방법

정보는 우편, 전화, 대인면접, 또는 온라인을 통하여 수집된다. 각 접촉수단들은 각각 장점과 단점이 있다.

우편, 전화, 대인면접 우편을 통한 설문지(mail questionnaire)는 응답자당 적은 비용으로 많은 양의 정보를 수집하기 위하여 사용될 수 있다. 응답자들은 잘 모르는 면접자와 개인적으로 또는 전화를 통하여 대답하는 경우보다, 우편 설문지를 통하여 응답할 때 개인적인 질문들에 대하여 보다 정직하게 대답할 수 있다. 또한 응답을 왜곡시킬 수 있는 면접원도 없다.

그러나 우편설문지는 모든 응답자가 정해진 순서에 따라 같은 질문에 답하여야 한다는 측면에서 유연성이 떨어진다. 우편설문조사는 통상적으로 자료를 수집하는데 시간이 많이 걸리고, 응답률(완성된 설문지를 회송하는 사람들의 비율)이 낮은 경향이 있다. 마지막으로 조사자는 설문지 응답자들에 대한 통제력이 거의 없는 경우가 대부분이다. 우수한 우편물 주소목록을 확보하고 있는 경우라도, 그 주소지에 거주하는 사람들 중 누가 설문지에 응답할 것인지를 통제하기 어렵다. 이러한 단점으로 더 많은 마케터들은 이제 보다 유연성이 있고 비용이 적게 드는 이메일이나 온라인 설문조사로 전환하고 있다.

전화면접(telephone interviewing)은 정보를 빨리 수집할 필요가 있을 때 가장 좋은 방법이고, 우편설문지보다 더 많은 유연성을 갖는다. 면접은 어려운 질문을 설명해 줄 수 있고, 피면접자가 제공하는 응답에 따라서 일부 질문을 생략하거나 다른 것을 질문할 수 있다. 응답률은 통상 우편설문지보다 높은 경향이 있고, 면접자는 원하는 특징을 갖춘 응답자들과 통화하고 싶다고 요청할 수 있고 또는 이름을 확인하고 질문할 수 있다.

그러나 전화면접을 이용할 경우 응답자당 비용은 우편설문을 이용하는 경우보다 높다. 또한, 사람들은 면접자와 개인적인 문제를 논의하고 싶지 않을 수도 있다. 이 방법에서 면접자 편견(bias)이 작용할 수 있다. 면접자 편견은 면접자가 말하는 방식, 질문하는 방식 또는 다른 차이점들이 응답에 영향을 미치는 것이다. 마지막으로 소비자들이 전화받기를 거부하고 프로모션에 지쳐버린 시대에선 잠재적인 조사 응답자들은 점점 더 전화면접자와 대화하려 하지 않고 전화를 끊어버리고 있다. 전화 인터뷰 방식이 가치 있는 마케팅조사 방법이긴 하지만, 최근 몇 년 동안 감소하고 있다.[19]

대인면접(personal interview)에는 개인면접과 집단면접의 두 가지 형태가 있다. 개인

면접은 집, 직장, 길, 또는 쇼핑몰과 같은 곳에서 사람들과 만나 이야기를 나누는 것이다. 이러한 면접은 매우 유연하게 전개될 수 있다. 훈련된 면접자들은 면접의 지침을 제공하고, 어려운 질문에 대해 설명하고, 특정 상황이 제공하는 이슈를 탐색할 수 있다. 그들은 응답자들에게 실제 제품, 광고 또는 패키지를 보여주고, 그들의 행동과 반응을 관찰할 수 있다. 그러나 개인면접은 전화면접보다 3~4배 높은 비용이 든다.

집단면접 훈련된 사회자(moderator)가 소규모 그룹 멤버를 초청하여 이들과 제품, 서비스, 또는 기관에 대한 이야기를 나누는 것이다. 참가자들은 일반적으로 참석에 대한 사례비를 받는다. 사회자는 자유롭고 편안한 토론이 이루어지도록 조장하는데, 이는 집단 구성원들의 상호작용이 실제의 감정과 생각들을 이끌어낼 것이라는 기대 때문이다. 동시에 사회자는 토론의 초점을 맞추어 가는데, 그래서 붙여진 이름이 **표적집단면접**(focus group interviewing)이다.

전통적인 표적집단에서 조사자들과 마케터들은 일방향 창문(one-way mirror)을 통하여 표적집단면접이 진행되는 것을 관찰할 수 있고, 이와 관련하여 개진된 의견들은 후속 연구를 위하여 문서나 비디오로 기록된다. 회의실에서 멀리 떨어진 곳에서도 비디오 회의와 인터넷 기술을 통해, 마케터들은 볼 수 있고 들을 수 있으며, 그룹 진행자로 참여할 수도 있다.

관찰조사와 함께 표적집단면접은 고객의 생각과 느낌에 대한 새로운 통찰력을 얻을 수 있는 주요 정성적 마케팅조사들 중의 하나가 되고 있다. 표적집단 상황에서 조사자들은 소비자의 아이디어나 의견들을 들을 수 있을 뿐만 아니라 얼굴 표정, 몸의 움직임, 그룹 상호작용, 대화의 흐름 등을 관찰할 수도 있다. 그러나 표적집단 조사는 일부 문제점을 갖고 있다. 이 방식은 통상적으로 시간과 비용을 줄이기 위하여 적은 수의 표본을 이용하고, 그에 따라 그 결과를 가지고 일반화하는 것이 어려울지 모른다. 더 나아가 표적집단에 속한 소비자들은 다른 사람들 앞에서 자신들의 진짜 느낌, 행동에 대해서 항상 개방적이거나 솔직하지 않을 수 있다.

이러한 문제점들을 극복하기 위해 많은 조사자들은 표적집단면접의 설계와 씨름하고 있다. 일부 회사들은 표적집단면접을 진행하는 환경을 바꾸어 소비자들이 보다 편안하게 느끼고 보다 솔직한 응답을 할 수 있도록 도와준다. 예를 들어, Lexus는 최근 고객들의 집에서 고급차 구매 고객집단들과 저녁 식사를 하는 "Evening with Lexus"를 마련해 왜 그들이 Lexus를 구매하는지 또는 구매하지 않는 이유에 대해 면밀하게 검토하고 있다. 다른 회사들은 "immersion group"을 사용하는데, 여기서는 사회자가 없이 소수의 소비자들이 제품 디자이너와 직접 비공식적으로 대화를 나눈다. 학습 과정을 통해 고객과의 상호작용 수단을 재검토하면 기업이 표적집단을 더 잘 이해하고, 더 효과적으로 타깃팅할 수 있다.[20]

2014년 영국에서 설립된 Bizdaq은 단일 마켓 플레이스에서 창업가와 잠재 구매자를 간편하게 연결한다. 이 기업은 중소기업 소유주(owner)가 판매 중개상을 거치지 않고도, 기업 전체를 온라인으로 매각할 수 있도록 한다. 출시 후 Bizdaq은 온라인 서비스에 대한 오프라인 마케팅을 통해 타깃고객에게 어필하는 데 큰 어려움을 겪었다. 이 기업의 CMO인 Jonathan Russell은 고객과 온라인으로 커뮤니케이션하려는 원래 계획을 포기하였다. 대신 그들의 최우선 타깃그룹인 초기수용자(initial adopters)를 더

표적집단면접(focus group interviewing)
훈련된 사회자가 소규모 그룹 멤버를 초청해 이들과 제품, 서비스 또는 기관에 대해 몇 시간 동안 이야기를 나누는 방식의 개인면접. 면접자는 중요한 이슈에 대한 그룹토의에 초점을 맞춤

잘 이해하기 위해서, 직원들이 직접 전화를 걸어 접촉하게 했다. 표적집단 인터뷰를 실시한 후, Bizdaq은 거래 홍보책자가 중소기업 오너에게 필수적이라는 것을 깨달았다. Bizdaq은 거래 출판물(홍보물)에 강력히 투자하고 신뢰를 구축했다. 표적집단 인터뷰를 실시하고 고객의 동기, 특성 및 라이프스타일을 이해하는 것은 회사의 마케팅에 큰 도움이 되었다. 궁극적으로 Bizdaq은 타깃고객과 직접 접촉함으로써, 고객이 210% 증가하고 상당한 투자수익을 얻었다.

>> **새로운 표적집단면접 설계:** Bizdaq은 표적집단 인터뷰를 활용하여 고객을 더 잘 이해하고 연결하고 신뢰를 구축한다.

caia image/Alamy Stock Photo

개인 및 표적집단면접들은 숫자 중심의 조사보다 개인적인 접촉을 제공할 수 있다. 이는 숫자와 분석의 이면에 있는 감정과 동기에 대한 풍부한 통찰력을 제공할 수 있다. 사람들의 말을 직접 들을 때, 모든 것은 생생하게 다가온다. 이러한 이유로 표적집단면접은 여전히 가장 널리 사용되는 정성적인 조사도구이다.

온라인 마케팅조사 인터넷의 성장은 시장조사가 수행되는데 지대한 영향을 미쳤다. 점점 더 조사자들은 인터넷과 모바일 설문조사, 온라인 패널, 실험 및 온라인 표적집단면접과 브랜드 커뮤니티 등과 같은 **온라인 마케팅조사**(online marketing research)를 통하여 1차 자료를 수집하고 있다. 온라인 조사는 여러 가지 형태를 갖는다. 기업은 인터넷과 모바일 기술을 조사 매체로 활용할 수 있다. 소셜 미디어 사이트에 설문지를 올려놓거나, 이메일을 이용해 사람들이 질문에 응답하도록 요청하거나, 정기적인 피드백을 제공하는 온라인 패널을 만들거나, 실황 토론 또는 온라인 표적집단면접을 진행할 수 있다. 또한 조사자들은 온라인 실험을 진행할 수도 있다. 기업은 여러 개의 웹사이트에서 서로 다른 가격을 실험하거나, 다른 광고 헤드라인을 올려놓거나, 다른 제품기능을 제공하거나, 같은 제안을 다른 시기에 올려놓음으로써, 이들의 상대적인 효과를 비교할 수 있다. 또는 그들은 가상제품이나 마케팅 프로그램들을 점검하는 가상쇼핑환경을 만들 수 있다. 마지막으로 기업은 소비자들이 특정 웹사이트를 방문하고 다른 사이트로 이동하는 클릭 흐름(click stream)을 추적함으로써 온라인 고객들의 행동에 대하여 학습할 수 있다.

특히 인터넷은 시장조사를 실시하고 자료를 수집하는 정량적인 조사에 적합하다. 모든 미국인들의 90% 이상은 웹을 접속하고 있기 때문에 인터넷은 광범위한 소비자층에 도달하는데 효율적인 채널이다.[21] 전통적인 조사방식에서 응답률이 감소하고 비용이 증가함에 따라, 웹은 우편 및 전화를 빠른 속도로 대체하면서 유력한 자료수집방법으로 자리 잡고 있다.

인터넷 기반의 설문조사는 전통적인 설문조사나 집단면접에 비하여 여러 가지 이점이 있다. 온라인상에서 조사원들은 이메일을 통하여 또는 미리 선정된 웹사이트, 소셜 미디어와 모바일 사이트에 올려놓음으로써 인터넷 설문지를 수천 명의 응답자들에게 빠르고 저렴한 비용으로 전달할 수 있다. 응답은 거의 즉각적으로 이루어질 수 있고, 응답자들이 정보를 기입하기 때문에 조사원들은 정보가 도착하자마자 이를 집계하고 검토하며 공유할 수 있다.

온라인 마케팅조사
(online marketing research)
인터넷 설문조사, 온라인 표적집단면접, 웹 기반 실험을 통해 또는 소비자의 온라인 행동을 추적함으로써 1차 자료를 수집하는 것

▶▶ 온라인 조사: Snap Survey와 같은 조사 서비스 덕분에 규모와 관계없이 어떤 기업들도 몇 분 안에 자신만의 맞춤 설문지를 만들고 공개하고 배포할 수 있다.

Reproduced with permission from Snap Surveys. www.snapsurveys.com

온라인 표적집단(online focus group)
훈련된 사회자가 제품, 서비스 및 기관에 대해 대화를 나누고 소비자 태도와 행동에 관한 정성적인 통찰력을 확보하기 위해 온라인상에서 소수의 사람을 모으는 것

온라인 조사는 통상적으로 우편, 전화, 또는 개인면접을 통해 진행되는 조사에 비하여 비용이 훨씬 적게 든다. 인터넷 설문조사를 이용하면 우편요금, 전화비, 인건비, 진행비 등과 같이 다른 조사방법들에서 요구되는 비용의 대부분을 절약할 수 있다. 더 나아가 표본의 크기도 비용에 거의 영향을 주지 않는다. 설문지가 완성되면, 인터넷에서는 응답자가 10명이든 만 명이든 비용의 차이는 거의 없고 지역에 따라서도 차이가 없다.

이러한 저비용 구조 때문에 거의 모든 사업자들은 규모와 관계없이 온라인 조사를 사용할 수 있다. 실제로 인터넷의 등장으로 과거 조사전문가만의 영역이었던 것이 이제는 자칭 조사자라고 칭하는 거의 모든 사람들에 의해서도 이용가능하다. 소규모의 세련되지 않는 조사자들도 Google Surveys(www.google.com/analytics/surveys), Snap Survey(www.snapsurveys.com)와 SurveyMonkey(www.surveymonkey.com)와 같은 온라인 조사 서비스를 이용해 몇 분 안에 자신만의 맞춤 설문지를 만들고 공개하고 배포할 수 있다.

또한 인터넷에서의 설문조사는 전통적인 전화 또는 우편 조사보다 더 상호작용적이고, 참여적이고, 완성하기 쉬우며, 덜 강압적이다. 그 결과 이 방식은 응답률이 더 높게 나타난다. 인터넷은 직접 접촉하기 어려운 10대, 독신, 부유층, 학력이 높은 사람들에게 도달하는데 매우 우수한 미디어이다. 온라인은 또한 평상시 바쁘게 살아가는 직장 엄마들과 같은 사람들을 접촉하는 데 좋다. 이러한 사람들은 온라인을 자주 이용하고, 그들만의 공간에서 편리한 시간에 응답할 수 있다.

마케팅 조사원들이 정량적인 설문조사와 자료 수집을 위하여 인터넷을 경쟁적으로 사용해왔듯이, 그들은 이제 온라인 표적집단면접, 블로그, 소셜 네트워크와 같은 웹 기반의 정성적인 조사를 도입하고 있다. 인터넷은 빠르고 저렴한 비용으로 정성적인 고객 통찰력을 확보할 수 있는 방법을 제공한다.

웹 기반의 주요 정성조사 방식은 **온라인 표적집단**(online focus group)이다. 예를 들어, 온라인 조사회사인 Focus Vision은 InterVu 서비스를 통해 웹 컨퍼런스를 활용해 먼 거리에서 언제든지 전 세계 어디에서든 참가자들과 함께 표적집단면접을 진행하고 있다. 웹 캠을 이용해 InterVu 참가자들은 실시간 대면 상황에서 서로 보고 듣고 반응할 수 있다. 조사자들은 언어적, 비언어적 반응을 통한 감정, 표정을 통해 생각을 포착할 수 있다.[22] 이러한 표적집단면접은 어떤 언어로 진행되어도 동시통역이 제공되면서 진행된다. 이들은 저렴한 비용으로 서로 다른 나라에 있는 사람들을 함께 모으는데 적합하다. 조사원들은 여행, 숙박, 시설비용을 절약하면서 어디서나 실시간으로 온라인 표적집단면접을 볼 수 있다. 마지막으로 온라인 표적집단은 사전적으로 일정 계획수립을 필요로 하지만, 결과는 거의 즉각적이다.

하지만 온라인 마케팅조사의 이용이 급속도로 증가하고 있음에도 불구하고 정량적 및 정성적 온라인 조사는 단점을 가지고 있다. 가장 중요한 문제는 누가 온라인 표본에 포

함될지를 통제하기 어렵다는 것이다. 응답자들을 보지 않고 그들이 정말 누구인지 알기 어렵다. 그러한 샘플과 상황의 문제점을 극복하기 위해 많은 온라인 조사 회사들은 옵트인(opt-in) 커뮤니티와 응답자 패널을 이용한다. 많은 회사들은 대안적으로 자신들만의 고유한 소셜 네트워크를 개발해 이를 고객의 참여와 통찰력을 얻기 위해 사용한다. 예를 들어, ESPN은 FANography라고 불리는 커뮤니티를 가지고 있다.[23]

온라인 표적집단: FocusVision의 InterVu 서비스를 통해 표적집단 참가자가 원격 위치에서 실시간으로 대면하여 서로 보고 듣고 반응한다.

Image provided courtesy of FocusVision, the leading research technology software provider for simple to sophisticated qualitative and quantitative projects.

ESPN FANography는 12,000명의 ESPN팬으로 구성되어 있다. 이들은 프로그램 콘텐츠부터 광고캠페인까지 마케팅에 관한 지속적인 피드백을 제공한다. 예를 들어, 산타클로스가 나타나는 NBA 크리스마스 프로모션을 팬들이 즐기고 싶은지 알고 싶을 때, 이를 활용하면 FANography 회원들의 환호의 반응을 확인할 수 있다. 또 ESPN은 월요일 밤에 중계된 축구 프로모션에서 NFL선수 유니폼 색상의 불일치가 시청자를 혼란스럽게 하는지 알고 싶어 했다. 그래서 FANography 멤버들에게 팀 유니폼 색상의 연관성 반응을 테스트하고, 커뮤니티 피드백을 바탕으로 향후 프로모션을 재구성하였다.

ESPN은 FANography 회원이 진정한 내부구성원처럼 느껴지도록 노력한다. 그들은 커뮤니티의 질문에 대한 반응과 피드백이 어떻게 이용되는지 알려주는 맞춤형 분기별 FAN 뉴스레터를 보낸다. 또한 ESPN은 커뮤니티 회원들을 대상으로 사적인(private) 페이스북 그룹모임을 주최한다. 마케팅 임원은 "우리의 커뮤니티는 빠르지만, 깊은 소비자 통찰력을 제공한다."고 말한다.

온라인 행동적 및 사회적 추적과 표적화 따라서 인터넷은 최근 들어 조사를 진행하고 고객 통찰력을 개발하는 중요한 새로운 수단이 되고 있다. 그러나 오늘날의 마케팅 조사원들은 구조화된 온라인 설문조사, 표적집단, 웹 커뮤니티를 넘어 웹상에서 더 멀리 나가고 있다. 그들은 요청되지 않고 구조화되지 않은 상태에서 웹상에 이미 존재하는 상향식(bottom-up) 형태의 고객에 관한 풍부한 정보를 채굴하면서 고객의 목소리를 듣고 관찰하고 있다. 전통적인 마케팅조사가 구조화되고 강압적인 질문들에 대해 좀 더 이성적인 소비자 반응을 제공해 주는 반면, 온라인상에서의 경청은 소비자의 자발적인 의견과 관련된 열정과 즉흥성을 제공해 준다. 온라인에서 고객을 추적하는 것은 Amazon.com이나 BestBuy.com과 같은 회사의 브랜드 사이트나 쇼핑 사이트에 올라와 있는 소비자 검토나 소비자 의견을 검색하는 것과 같이 단순할 수 있다. 또는 블로그나 소셜 네트워킹 사이트에서 발견되는 수많은 고객의 의견이나 메시지들을 정교한 웹 분석 도구를 이용하는 것이 될 수도 있다. 온라인상에서 고객의 목소리를 듣고 고객을 참여시키는 것은 고객들의 이야기와 브랜드 느낌에 대한 유용한 통찰력을 제공할 수 있다. 전에 언급했듯이 점점 더 많은 기업들이 소셜 미디어 지휘센터를 만들어 마케팅 통찰력을 확보하기 위해 디지털 환경을 샅샅이 뒤지고 브랜드 관련 의견들과 대화를 분석하고 있다.

고객들이 인터넷이라는 방대한 곳에서 하고 있는 일들(그들이 무엇을 탐색하고 어디를 방문하고 어떻게 쇼핑하고 무엇을 구매하는 등)이 마케터들에게 광산과 같다. 오늘날

MARKETING AT WORK | 4.1

행동적, 사회적 표적화: 정교한 마케팅인가, 좀 소름끼치는 것일까?

웹 브라우징, 소셜 미디어, 모바일 앱, 온라인 쇼핑 및 기타 인터넷 활동 덕분에 마케팅 담당자는 수많은 온라인 소비자 정보에 실시간으로 접근할 수 있다. 소비자가 어떤 사이트를 방문하는지, 어떤 검색을 하는지, 어떤 앱을 사용하는지, 어떻게 쇼핑하고, 무엇을 구매하고, 누구와 상호작용하는지가 디지털 인터넷 탐색과정을 통해 드러난다.

마케팅 담당자는 정교한 빅데이터 도구를 사용하여 대량의 온라인 및 모바일 데이터를 정확하고 세부적으로 분석하여, 타깃에 대한 통찰력을 도출하고 개인화된 마케팅 광고 및 제안에 활용한다. 오늘날 인터넷에서는 모두가 당신이 누구인지 안다. 온라인과 오프라인 데이터를 결합함으로써 마케터는 당신의 나이, 성별, 거주지, 애견, 최근에 Amazon.com에서 구입한 제품과 지난 일요일 아침에 ESPN.com에서 대학 농구 뉴스와 점수를 1시간 21분 동안 검색한 것을 알고 있다.

마케터는 이 모든 데이터를 사용하여 개별 소비자를 대상으로 온라인이든 오프라인 상점이든, 그들이 가는 곳마다 광고를 노출한다. 이것은 행동적인 표적화로, 소비자의 온라인 행동을 추적하고 이를 사용하여 광고와 제안을 제시하는 것이다. 예를 들어, 구매를 고려중인 삼성 TV를 구글에 검색하면, 다음번에 페이스북이나 내가 선호하는 구매 사이트를 방문할 때, 해당 유형의 TV광고를 보게 될 것이다. 또는 Walgreen's에서 쇼핑을 할 때, 당신은 거래에 대한 실시간 알림을 1초 안에 휴대전화로 받을 수 있다.

이 모든 것이 매우 놀랍지만, 웹 분석과 행동적 표적화에서 사회적 표적화에 이르기까지 온라인 감청은 더 진행될 것이다. 행동적 표적화는 온라인 사이트에서 고객의 움직임을 추적하는 반면, 사회적 표적화는 소셜 미디어를 통한 연결 및 대화를 추적한다. 조사에 따르면, 소비자들은 친구들이 좋아하는 상점에서 더 많이 쇼핑하며, 친구들이 사용하는 브랜드 광고에 5배 더 많이 반응할 가능성이 있는 것으로 나타났다. 사회적 표적화는 고객 데이터와 소셜 네트워킹 사이트의 사회적 상호작용 데이터를 연결시킨다.

따라서 Zappos.com에서 러닝화 팝업 광고가 노출되는 것은, 최근에 러닝화를 검색했기 때문이며(행동적 표적화), 특정 러닝슈즈 광고가 나오는 것은 인스타그램이나 트위터로 연결된 내 친구가 지난주에 Zappos.com에서 러닝화를 구매했

>> 오늘날의 인터넷에서는 고급 분석을 통해 모든 사람들이 당신이 누구인지 알고 있다. 마케팅 담당자들은 온라인에서 개인화를 위해 그러한 통찰력을 사용한다. 하지만 정교한 마케팅일까, 아니면 '좀 소름끼치는' 걸까?
Rido/Shutterstock

기 때문이다(사회적 표적화).

사회적 표적화는 심지어 실시간 대화의 역동성을 포착할 수도 있다. 예를 들어, Chevrolet는 24세~26세의 스포츠 팬이자 자동차 애호가인 남성을 광고 메시지 타깃으로 하여, 메시지의 관련성을 더욱 높였다. 이들은 슈퍼볼 기간 동안 모바일 트위터 앱에서 축구에 대해 이야기한 소비자들을 타깃으로 하여 Youtube에서 Chevy의 슈퍼볼 동영상을 보도록 유도하는 광고를 노출하였다.

행동적, 사회적 표적화는 정교한 분석이 필요하기 때문에, 많은 마케터들은 Taboola, PulsePoint, ADKnowledge와 같은 전문화된 서비스를 이용한다. 이러한 광고 네트워크는 수백 또는 수천 개의 파트너를 통해 이용자의 검색데이터를 획득한다. 이들 파트너사는 이용자 검색에 대한 기록, 웹 및 모바일 사이트 사용, 장바구니 콘텐츠, 수행하는 작업, 장소, 시기에 대한 기타 세부정보 등의 데이터를 제공한다. 그런 다음 광고 네트워크는 고성능 빅데이터 분석을 적용하여, 비슷한 관심사, 요구, 행동 및 인터넷 습관을 가진 소비자를 식별한다. 이를 통해 한 그룹의 잠재 고객 데이터를 병합할 수 있다. 그 정보로 무장한 뒤, 네트워크는 광고주와 협력하여 타깃광고를 구입한다. 따라서 당신이 만약 잔디밭과 정원 사이

드를 돌리보고 있다면, 다음에 Weather.com에 방문했을 때 Scotts 잔디 제품 광고를 보고 놀라지 마라. 또는 Edmunds.com이나 nadaguides.com에서 자동차 구매 조언을 구하면, 전 세계에서 일어난 일을 알고자 하는 구글 뉴스 창에서 당신이 조사한 자동차 광고를 보게 될 것이다.

주요 소셜 미디어들도 다양한 방식으로 행동적 표적화를 진행한다. 페이스북, 구글, 인스타그램, 트위터, 스냅챗 및 기타 소셜 미디어는 사용자 데이터를 심층 분석하여 광고주가 더 정확하게 타깃팅 하도록 돕는다. 예를 들어, 매달 20억 명의 사람들이 페이스북을 사용하는데, 페이스북은 정교한 분석방법으로 광고주가 올바른 고객을 타깃팅할 수 있는 강력한 그룹/개인 선별도구를 제공한다. 광고주는 인구통계 정보(연령, 성별, 학력, 관계상태, 직급), 위치(거주지 또는 상점 주변 반경), 관심사(취미 또는 엔터테인먼트), 행동(무엇을 구매하였는지, 기기 사용 또는 기타 활동)을 기반으로 사용자를 타깃팅 할 수 있다.

또는 페이스북은 광고주에게 페이스북을 사용하는 기존 고객에게 연락하고 접근함으로써, 맞춤형 잠재고객을 만드는데 도움을 줄 수 있다. 페이스북에서 고객의 행동이 타깃 고객의 행동을 반영하기 때문에, 광고주는 유사한 잠재 고객을 구축할 수도 있다. 이러한 정교한 타깃팅 기능 덕분에 페이스북은 전체 온라인 광고 비용의 20%를 차지하며, 이는 구글의 40%에 이어 두 번째이다.

온라인 분석, 행동적, 사회적 표적화 모두 마케터에게는 방대한 양의 소비자 정보에서 얻은 통찰력으로 고객을 발굴하기 위해 작동되기 때문에 매우 유용하다. 여기서 가장 큰 질문은? 아마도 이미 추측했을 것이다. 마케팅 담당자가 웹 및

모바일 사이트, 소셜 미디어 및 기타 디지털 도메인, 소비자 개인정보에 더 많이 접근할수록 소비자 프라이버시에 어떤 일이 일어날까? 그것이 단점이다. 정교한 온라인 조사는 어느 시점에서 프라이버시 침해의 선을 넘을까? 찬성론자는 행동적, 사회적 표적화가 오용되는 경우보다 고객의 관심과 관련 있는 광고와 제품을 제공하기 때문에 이익이라고 주장한다. 하지만 많은 소비자와 시민운동가들은 온라인에서 소비자를 따라다니며 스토킹하는 광고가 소름끼치는 것 이상이라고 느낀다. 마케터는 개인화와 감시 사이의 최적 지점을 반드시 찾아야 한다. 브랜드가 친구처럼 아는 것과 스토커처럼 아는 것의 종이 한 장 차이를 고객은 알아차린다.

이러한 우려에도 불구하고 행동적, 사회적 표적화는 더 정교하게 계속되고 있으며, 적절한 보호장치를 통해 기업과 고객 모두에게 혜택을 제공한다. 고객 데이터의 깊이를 파악하고 선을 넘지 않고, 의미 있고 가치 있는 방식으로 대응할 수 있는 마케터는 성공할 것이다. 하지만 이런 균형을 맞추기란 쉽지 않다. 스냅챗의 프라이버시 센터는 다음과 같이 말한다. "우리는 무엇이 당신과 당신의 삶에 관련되어 있으며, 우리가 당신에게 관심을 갖는 것을 당신이 이해해 주기를 바란다. 동시에 우리는 너무 맞춤화되어 공격적으로 느껴지거나 불편한 광고는 노출하고 싶지 않다."

출처: See Hal Conick, "Where Does Convenience Turn Creepy?" Marketing News, April/May 2017, p. 10; Lara O'Reilly, "Snapchat Is About to Introduce Something Advertisers Have Been Wanting for Ages: Behavioral Targeting," Business Insider, August 26, 2016, www.businessinsider.com/snapchat-to-launchbehavioral-targeting-for-advertisers-2016-8; "Google and Facebook Tighten Their Grip on US Digital Ad Market," eMarketer, September 21, 2017, www.emarketer.com/Article/Google-Facebook-Tighten-Grip-on-US-Digital-Ad-Market/1016494; and "Choose Your Audience," www.facebook.com/business/products/ads/ad-targeting, accessed September 2018.

마케터들은 지금 금맥을 채굴하기 바쁘다. 마케터들은 온라인 자료를 이용해 광고를 표적화하고 특정고객들에게 상품을 제안하고 있는데, 이는 **행동적인 표적화**(behavioral targeting)라 불린다. 더 나아가 타깃 광고 및 마케팅 활동을 위해, 개인의 소셜 네트워킹 활동을 이용하는 사회적 표적화(social targeting)를 사용하고 있다.

온라인상에서의 고객청취, 행동적 표적화 및 사회적 표적화는 마케터들이 웹상에서 여기 저기 떠돌아다니는 엄청난 양의 정보를 확보하는 것을 도와준다. 그러나 마케터들이 블로그, 소셜 네트워크 및 다른 웹 도메인에서 정보를 낚시하는데 더 능숙해지면서 많은 전문가들은 고객 사생활(privacy)에 대해 우려한다. 정교한 웹 조사는 어떤 지점에서 소비자 스토킹이라는 선을 넘을 것인가? 지지자들은 행동적인 그리고 사회적인 표적화가 소비자들의 관심사에 적합한 광고와 제품들을 제공해주기 때문에, 소비자를 남용하기 보다는 혜택을 주는 측면이 더 많다고 주장한다. 그러나 많은 소비자들과 대중

행동적인 표적화(behavioral targeting)
온라인 고객 추적 자료를 이용해 특정 고객들에게 광고와 마케팅 제안을 표적화하는 활동

운동가들은 온라인에서 소비자들을 따라다니며 광고로 스토킹하는 것에 대해 소름끼치는 것 이상의 느낌을 갖는다(Marketing at Work 4.1 참조).

이 때문에 규제기관 및 기타 기관이 개입하고 있다. FTC(Federal Trade Commission)는 사람들이 온라인으로 자신의 행동이 모니터링되는 것을 거부할 수 있는 "Do Not Track" 시스템을 권장한다. 그러나 복잡하고 느리게 진행되고 있다. 하지만 많은 주요 인터넷 브라우저와 소셜 미디어는 이러한 우려에 주의를 기울이고, 그들의 서비스에 확장된 개인정보 보호기능을 추가했다.[24]

표본계획

표본(sample)
마케팅조사가 전체 모집단을 대표할 수 있도록 조사자에 의해 추출된 모집단 구성원들

마케팅조사자들은 통상적으로 전체 소비자 모집단에서 추출된 적은 수의 표본을 조사하여, 대규모 소비자 집단에 관한 결론을 도출한다. **표본**(sample)은 전체 모집단을 대표할 수 있도록 조사자에 의하여 선정된 집단이다. 이상적인 표본은 조사자가 규모가 큰 모집단 구성원들의 생각과 행동을 정확하게 추정할 수 있도록 모집단을 대표할 수 있어야 한다.

표본을 설계하는 것에는 세 가지 의사결정이 요구된다. 첫째, 누가 조사될 것인가(표본추출 단위의 결정)이다. 이 질문에 대한 답은 항상 명확한 것은 아니다. 예를 들어, 가족용 자동차 구매를 위한 의사결정과정을 연구할 때, 조사자는 남편, 부인, 다른 가족 구성원, 자동차딜러의 판매사원 중 누구와 면접해야 할 것인가 또는 모두와 면접할 것인가를 고민해야 한다.

둘째는 얼마나 많은 사람들을 조사할 것인가(표본의 크기에 대한 결정)이다. 표본의 크기가 커지면 규모가 작은 표본보다 신뢰할 만한 결과를 얻게 된다. 그러나 표본의 크기가 커지면 더 많은 비용이 든다. 그리고 신뢰할 만한 결과를 얻기 위하여 항상 전체 표적시장 또는 전체시장의 상당부분을 표본으로 선정할 필요는 없다.

마지막은 표본에 있는 사람들이 어떻게 선정될 것인가(표본추출방법의 결정)이다. 표 4.2는 다양한 종류의 표본추출방식을 보여준다. 확률적 표본(probability samples)을 사용하게 되면, 모든 모집단에 속한 사람들이 표본에 포함될 기회(확률)는 알려져 있고, 조사자는 표본오차의 신뢰도 수준을 계산할 수 있다. 그러나 확률적인 표본 선정방식은 비용이 많이 들고 시간도 오래 소요되기 때문에, 마케터들은 비록 표본오차를 계산할

표 4.2	표본추출방식의 종류
확률표본	
단순무작위표본	모집단의 모든 구성원이 추출될 확률이 알려져 있고 동등함
층화무작위표본	모집단을 상호 배타적인(가령, 나이에 따라 나눔) 그룹으로 나누고 각각의 그룹으로부터 무작위로 표본을 추출함
군집(지역)표본	모집단을 상호 배타적인(Blocks와 같은) 그룹들로 나누고 그 중에서 조사자가 인터뷰를 위한 그룹들을 추출함
비확률표본	
편의표본	조사자는 정보를 얻기 가장 편리한 구성원들을 모집단에서 선정
판단표본	조사자의 판단에 따라 정확한 정보를 줄 것으로 예상되는 모집단 구성원을 조사대상으로 선정함
할당표본	조사자가 응답자 범주별로 미리 정해진 수의 사람들을 추출하여 이들과 면접함

수 없을지라도 비확률적 표본(nonprobability samples)을 종종 사용하기도 한다. 표본을 추출하는 방식들에 따라 비용이 달라지고 정확성과 통계적 특성들도 달라진다. 어떤 방식이 최선인가는 조사 프로젝트의 요구에 달려 있다.

조사도구

1차 자료를 수집함에 있어서 조사자들은 두 가지 주요 조사도구들 중에서 선택할 수 있는데, 설문지와 기계장치가 그것이다.

설문지　설문지는 지금까지 가장 많이 사용되어 온 조사도구로서, 대면접촉을 통해 또는 전화나 온라인을 통해서 진행된다. 설문지는 질문을 하는데 다양한 방법이 있다는 측면에서 융통성을 갖는다. 선택형(close-end) 설문지는 모든 가능한 응답들을 제시하고 응답자들에게 제시된 응답들 중에서 하나를 선택하게 하는 질문유형이다. 개방형(open-end) 설문지는 응답자들이 자신이 원하는 방식으로 응답할 수 있는 유형이다. 항공사 사용자에 대한 설문조사에서 Southwest는 다음과 같이 질문할 수 있다. Southwest 항공사에 대한 여러분의 의견은 무엇입니까? 또는 "내가 항공사를 선택할 때 가장 중요하게 고려하는 것은……"과 같이 응답자들에게 문장을 완성하라고 요구할 수 있다. 이러한 유형의 개방형 질문들은 응답자의 자유로운 응답을 허용하기 때문에, 조사자는 이를 통하여 (선택형 질문보다) 더 많은 정보를 얻을 수 있다.

개방형 질문들은 탐색적 조사에서 특히 유용하게 사용될 수 있다. 즉, 조사자가 얼마나 많은 사람들이 특정 방식으로 생각하는가를 파악하려고 하는 것이 아니라, 사람들이 어떤 생각을 하고 있는지를 판단하려고 할 때 유용하다. 반면, 선택형 질문들은 결과를 표로 제시하고, 해석하기 쉬운 질문을 할 수 있다.

조사자들은 또한 질문의 표현(wording)과 순서에 주의를 기울여야 한다. 그들은 단순하고, 직선(접)적이며, 왜곡되지 않은 표현을 사용해야 한다. 질문들은 체계적인 순서에 따라 배치되어야 한다. 가능하다면 첫 번째 질문은 응답자의 관심을 유도할 수 있어야 한다. 그리고 응답자들의 응답이 방어적으로 되지 않게 하기 위해서 어렵고 개인적인 문제에 대한 질문은 마지막에 해야 한다.

기계장치　설문지가 가장 일반적인 조사도구이지만, 연구원들은 소비자행동에 관한 자료를 수집하기 위하여 기계장치를 사용하기도 한다. Nielsen Media Research는 미리 선정된 가구의 TV세트, 케이블 박스와 위성 시스템에 피플미터(people meter)를 부착하여, 누가 어떤 프로그램을 시청하고 있는지를 기록한다.

소매상들은 쇼핑객들의 구매를 기록하기 위하여 계산대에 설치된 스캐너를 사용한다. 다른 마케팅 담당자들은 휴대폰 GPS기술을 사용하여 소비자의 매장 안팎의 움직임을 추적한다. 오늘날의 빅데이터, 사물인터넷(IoT)의 세계는 인터넷에 연결된 장치를 통해 수많은 정보를 생성한다. 현재 전 세계적으로 컴퓨터와 전화를 제외하고도 500억 개 이상의 IoT 연결장치가 있다.[25] 이것은 스마트TV, 스마트 홈 디바이스에서 디지털 카메라, 차량 내비게이션시스템, 로봇식 진공 청소기까지 인터넷에 연결된 장치들은 소비자의 움직임, 행동 및 활동에 대해 엄청난 데이터를 수집하는 잠재력을 가지고 있다.

일부 조사원들은 소비자들이 어떻게 느끼고 반응하는가를 알기 위해 뇌의 활동을 측

>> Nielsen은 뉴로마케팅을 이용하여 Shelter Pet Project의 광고 효과를 개선하여, 시청자의 관심, 정서적 참여, 기억력 회상을 높이고, 조직 웹사이트 트래픽을 두 배 이상 늘렸다.

Kristoffer Tripplaar/Alamy Stock Photo

정하는 '뉴로마케팅(neuromarketing)'을 이용하고 있다. 생체측정(심박수, 호흡수, 땀 수준, 얼굴 및 눈의 움직임)은 기업에 브랜드와 마케팅과 관련해 어떤 것이 소비자들에게 관심을 끄는지에 대한 통찰력을 제공한다. 예를 들어, Nielsen과 Ad Council은 뉴로마케팅을 사용하여, 애완동물 입양률 증가를 위한 공공서비스 캠페인인 Shelter Pet Project의 광고 효과를 개선하였다.[26]

Nielsen은 신경과학(neuroscience)방법을 사용하여 사람들이 뇌가 어떻게 유기견(Shelter Pet)에 반응하는지 분석하였다. 연구원들은 EEG 결합을 통해 광고의 장면별 영향력을 시선 추적, 주의력, 정서적 참여 및 기억력 자극, 시청자의 관심을 측정했다. 그들은 광고 장면에서 유기견 Jules가 점프할 때, 주의와 감정적 관여가 발생한다는 것을 발견했다. 그들은 또한 광고의 끝에 Jules와 로고, 웹사이트 URL이 혼선을 야기한다는 것을 발견했다. 제작팀은 Jules의 화면상의 첫 순간을 늘리고, 광고의 결말과 클릭유도를 분명하게 수정하였다. 2차 신경과학 테스트 결과, 수정된 광고는 시청자의 관심을 더 끌고 지속적으로 참여하며 광고 회상력도 개선시켰다. 결과적으로 새로 제작된 광고 출시 후 3개월 동안 Shelter Pet project 웹사이트 트래픽이 두 배 이상 증가했고, 보호소 애완동물의 생사에 영향을 주었다.

뉴로마케팅 기법은 소비자의 관여도와 감정적인 반응을 초 단위로 측정할 수 있지만, 그러한 두뇌 반응들을 해석하는 것은 어려울 수 있다. 따라서 뉴로마케팅은 통상적으로 소비자의 두뇌에서 일어나는 것을 보다 완벽하게 이해하기 위해 다른 조사방식들과 함께 사용된다.

조사계획의 실행

조사자는 다음으로 수립한 계획을 실행에 옮겨야 한다. 이 과정은 정보를 수집하고 처리하고 분석하는 것을 포함한다. 자료수집은 조사회사의 스태프나 외부회사에 의하여 진행된다. 조사자들은 계획이 올바로 진행될 수 있도록 그 과정을 주도면밀하게 관찰해야 한다. 조사자들은 자료를 수집하는 기법과 기술, 자료의 질 및 적시성과 관련된 문제점에 대한 대책을 수립해야 한다.

조사자들은 또한 중요한 정보와 조사결과를 도출하기 위하여 수집된 자료를 처리하고 분석한다. 이들은 자료의 정확도와 완성도를 확인하고, 분석을 위한 코딩작업을 진행한다. 다음으로 조사자들은 결과를 도표화하고 통계적인 측정치를 계산한다.

결과에 대한 해석과 보고서 작성

조사자는 이제 결과를 해석하고, 결론을 도출하며, 관리자에게 그 결과를 보고한다. 조사자는 숫자들과 멋져 보이는 통계기법들을 가지고 관리자를 압도하려고 해서는 안 된다. 대신 조사자들은 관리사의 주요 의사결정에 도움이 되는 중요한 결과들을 제시해야 한다.

그러나 해석이 조사자에게만 맡겨져서는 안 된다. 그들은 종종 조사 설계와 통계의 전문가이지만, 마케팅 관리자는 마케팅문제와 내려야 할 의사결정에 대하여 잘 알고 있다. 만일 관리자가 조사자의 잘못된 해석을 아무 생각 없이 받아들인다면, 아무리 훌륭한 조사도 아무 의미가 없게 된다. 이와 유사하게 관리자는 편견을 가지고 그 결과를 받아들일 수 있다. 관리자는 기대했던 것을 보여주는 조사결과를 받아들이고, 기대하지 않았거나 원하지 않는 결과를 거부하는 경향이 있다. 많은 경우 결과는 여러 가지 방식으로 해석될 수 있기 때문에, 조사자와 관리자와의 토론은 가장 우수한 해석을 이끌어내는데 도움을 줄 수 있다. 따라서 관리자들과 조사자들은 조사결과를 해석할 때 서로 긴밀하게 협조하고, 이들은 조사과정과 그에 따른 의사결정에 대한 책임을 공유해야 한다.

🔗 개념 연결하기

우리는 지금까지 많은 것을 검토해 왔다. 잠깐 멈추고 쉬면서 여러분이 지금까지 배운 것을 마케팅 조사과정에 적용할 수 있는지 생각해 보자.

- Chick-Fil-A의 마케팅 관리자는 고객들의 선호와 구매행동에 대해 더 많이 알기 위해 어떤 구체적인 종류의 마케팅 조사를 사용하고 있을까? 새로운 메뉴 아이템에 대한 반응을 평가하기 위한 간단한 조사계획을 만들어 보자.

- 여러분은 마케팅 조사과정을 여러분 커리어 기회와 직장 가능성을 위해 사용할 수 있을까?(여러분을 제품으로 고용주를 가망고객으로 생각해 보자) 만일 그렇다면 여러분의 조사계획은 어떻게 짜야 하는가?

마케팅정보의 분석과 사용

기업내부의 데이터베이스에서, 그리고 마케팅 인텔리전스와 마케팅조사를 통하여 수집된 정보는 통상 더 많은 분석이 요구된다. 그리고 관리자들은 그 정보를 마케팅 의사결정에 적용시킬 때 도움이 필요할 수 있다. 이러한 도움은 자료에 있는 변수들 간의 관계를 더 정확히 파악하기 위한 보다 정교한 통계분석을 포함한다. 정보 분석은 마케터들이 더 좋은 의사결정을 내릴 수 있도록 도와주는 분석적 모델들을 포함한다.

정보가 수집되고 분석되면, 그 정보는 적절한 의사결정자가 적시에 사용할 수 있도록 준비되어야 한다. 다음 장에서 우리는 마케팅정보의 분석과 사용에 대해 더 깊이 알아볼 것이다.

고객관계관리(CRM)

어떻게 해야 개별고객에 관한 자료를 가장 잘 분석하고 사용할 수 있을 것인가라는 질문은 특별한 문제들을 제기한다. 대부분의 기업들은 고객에 대한 빅데이터(big data)에 쌓여 있다. 실제로 현명한 기업들은 각 고객과의 가능한 모든 접점에서 정보를 수집

> **저자 코멘트**
> 우리는 책 전반을 통해 고객관계관리에 대해 일반적으로 이야기해 왔다.
> 그러나 여기에선 고객관계관리(CRM)는 보다 좁은 의미에서 자료 관리의 의미를 갖는다. 이는 고객 상호작용을 관리하고 고객을 관여시키고 고객관계를 구축하기 위해 모든 정보원들로부터 나오는 고객자료들을 찾아내고 사용하는 것을 의미한다.

한다. 이러한 접점들은 소비자 구매, 판매사원의 접촉, 서비스 및 지원에 대한 전화요청, 웹사이트 방문, 만족도조사, 신용공여 및 지불과 관련된 상호작용, 시장조사 등과 같은 기업과 고객 간의 모든 접촉을 포함한다.

불행하게도 이 정보들은 조직 내에 여기 저기 흩어져 있다. 이들은 각 데이터베이스들과 다른 부서들의 기록에 깊이 묻혀 있을 수도 있다. 이러한 문제점들을 극복하기 위해서 많은 기업들은 **고객관계관리**(customer relationship management)를 시도하고 있는데, 이것은 고객의 충성도를 극대화하기 위하여 개별 고객에 대한 상세한 정보들을 관리하고 고객 접점을 관리하는 것이다.

CRM은 모든 정보원천들로부터 얻어지는 정보를 통합하고, 이를 심도있게 분석하며, 그 결과를 강력한 고객관계개발에 적용시키는 정교한 소프트웨어와 분석도구들로 구성된다. 이러한 도구들은 Oracle, 마이크로소프트, Salesforce 및 SAS와 같은 회사로부터 제공된다. CRM은 회사의 판매팀, 서비스팀, 그리고 마케팅팀들이 개별고객들에 대해 아는 모든 것들을 통합하여 고객관계에 대한 완벽한 검토(관찰)를 제공하고자 한다. 예를 들어 MetLife는 최근 "MeLife Wall"이라고 불리는 CRM 시스템을 개발했다.[27]

고객관계관리(customer relationship management, CRM)
고객 충성도를 극대화하기 위하여 개별 고객에 대한 상세한 정보를 관리하고 고객접점을 신중하게 관리하는 과정

MetLife의 판매 및 서비스 담당자들을 위한 가장 큰 고객서비스 도전 과제 중의 하나는 고객정보들(수십 개의 다른 회사 자료의 위치와 형태로 저장된 다른 기록, 거래 및 상호작용들)을 빨리 발견하고 접근하는 것이다. MetLife Wall은 이러한 문제를 해결해 준다. The Wall은 각 고객의 서비스 경험들에 대한 통합된 관점을 만들어내기 위해 인터페이스와 같은 Facebook을 이용한다. 이 혁신적인 CRM 시스템은 4,500만의 고객 동의와 1억 4천만 개의 거래들을 갖고 있는 70개 MetLife 시스템들로부터 나오는 고객 자료들을 끌어 모은다. 이 시스템은 모든 고객 정보 및 관련된 링크들을 하나의 기록으로 하나의 스크린에 올려주고 이들은 실시간으로 갱신된다. 이 MetLife Wall 덕분에 판매 및 서비스 담당자들은 단 한 번의 클릭으로 고객의 다양한 정책, 거래 및 요구사항들과 이들이 과거 다양한 접점에서 MetLife와 가졌던 모든 것이 기록된 거래 내용들에 대한 완벽한 자료들을 검색할 수 있다. 과거엔 이를 위해 40번의 클릭을 해야 했다. The Wall은 이제 MetLife의 고객 서비스와 교차판매 노력을 신장시키고 있다. MetLife의 마케팅 임원에 따르면 이 시스템은 또한 고객 만족에도 지대한 영향을 미치고 있다고 한다.

고객을 더 잘 이해하기 위해 CRM을 이용함으로써 기업들은 고객서비스의 수준을 높일 수 있고, 더 긴밀한 고객관계를 개발할 수 있다. 기업들은 부가가치가 높은 고객들을 분류할 수 있고, 보다 효율적으로 이들을 겨냥할 수 있고, 회사의 제품들을 교차판매(cross-sell)할 수 있으며, 특정 고객의 요구사항에 맞춘 제안을 개발할 수 있다.

빅데이터와 마케팅 애널리틱스

오늘날 빅데이터는 엄청난 결과를 가져다준다. 그러나 단순히 많은 양의 자료를 수집하고 저장하는 것만으로 가치가 나오지 않는다. 마케터들은 수많은 자료들을 꼼꼼히 추려내어 고객 통찰력을 만들어낸다. 한 마케팅 임원은 "그것은 실제로 많은 자료들로부터 큰 통찰력을 찾는 것이다."라고 표현한다. 그것은 실행 가능한 것들을 찾아내기 위해 99.999%를 버리는 것이다. 다른 자료 전문가는 "적절한 자료는 많은 자료를 이긴다.[28] 이것은 마케팅 애널리틱스의 임무이다."라고 말한다.

마케팅 애널리틱스(marketing analytics)는 고객 통찰력을 얻고 마케팅 성과를 평가하기 위한 분석도구들, 기술들과 과정들로 구성된다. 마케터들은 마케팅 애널리틱스를 적용해 웹, 모바일 및 소셜 미디어 흔적, 다른 빅데이터 정보원들에서 나오는 고객 거래 및 관여에 관한 많고 복잡한 자료 세트들을 분석한다. 예를 들어, Netflix는 정교한 빅데이터 분석을 사용하여 소비자 통찰력을 얻고, 고객이 원하는 것을 제공하기 위해 이를 정확히 사용한다.[29]

마케팅 애널리틱스(marketing analytics)
마케터들이 고객 통찰력을 확보하고 마케팅 성과를 측정하기 위해 빅데이터에서 의미 있는 패턴을 찾아내는 분석도구, 기술 및 과정

Netflix는 다른 어떤 비디오 서비스보다 훨씬 더 많은 영화 및 프로그램 콘텐츠를 스트리밍한다. 전 세계적으로 Netflix의 1억 1천만 명의 유료 구독자가 하루에 약 2억 5천만 시간의 영화, TV프로그램과 오리지널 Netflix 콘텐츠를 시청한다. 하지만 구독자들이 넷플릭스의 동영상을 보느라 바쁜 동안, 넷플릭스도 이들을 아주 가까이 지켜보느라 바쁘다. 넷플릭스는 매일 수천만 건의 검색과 평가에 대한 회원 데이터를 추적하고 조사한다. 기업의 데이터베이스에는 개별 가입자가 시청하는 것을 보여주는 실시간 데이터, 즉, 몇 시에, 어떤 장치에서, 어떤 장소에서, 심지어 그들이 시청 중에 일시 정지, 되감기, 또는 건너뛰기 버튼으로 이동한 기록이 남아있다. 넷플릭스는 또한 액션, 톤, 장르, 컬러, 용량, 장면 등 수백 가지 특징으로 비디오를 분류하기 위해 전문가를 사용한다. 넷플릭스는 구매한 소비자 정보가 있는 Nielsen, facebook, twitter 등의 원천으로부터 나온 풍부한 빅데이터를 사용하여 데이터베이스를 보완한다.

» Netflix, 빅데이터 그리고 CRM: 구독자들이 Netflix 비디오를 시청하느라 바쁠 동안 Netflix도 그들을 매우 밀착해서 관찰하기 바쁘다. 그리고 난 후 이 빅데이터에서 나오는 통찰력을 이용해 고객이 원하는 것을 정확하게 제공해 준다.

Chris Ryan/OJO Images Ltd/Alamy Stock Photo(photo); dennizn/Shutterstock(logo)

소셜 네트워크 상의 개별 구독자 프로필을 이용하여 각 고객의 시청 경험을 맞춤화하고 개인별 추천을 제공한다. 한 분석가가 말했듯이, "오늘 밤 TV에 더 이상 볼 것이 없어요. 어떤 쇼를 봐야 할지 모르겠어요." 대신에 개인은 이전에 본 것을 바탕으로 맞춤식 피드를 받는다. 넷플릭스에는 전 세계 개인 가입자 1억 1천만 개의 버전이 있다. 또한 넷플릭스는 데이터를 사용하여 추가적으로 콘텐츠를 획득하거나 만들어야 하는지 평가한다. "우리는 넷플릭스에서 시청할 수 있는 콘텐츠를 결정하기 위해 회원들이 좋아하는 콘텐츠에 대한 심층적인 지식을 활용한다. 당신이 계속 시청하면, 우리는 당신이 원하는 것을 더 많이 추가할 수 있습니다."라고 넷플릭스 마케터는 말한다.

이러한 분석은 **인공지능**(artificial intelligence)을 사용하는데, 인간처럼 보고 느끼는 방식으로 생각하고 배우지만, 훨씬 더 분석적인 능력을 가지고 있다.

인공지능(AI)
인간처럼 보고 느끼는 방식으로 생각하고 학습하지만, 훨씬 더 분석능력이 있는 기술

인공지능은 마케팅과 그 밖의 모든 것을 장악했다. 이제 마케터는 빅데이터 분석에서 고객 참여, 개인화된 광고 제작 및 판매활동에 이르기까지 모든 작업에 AI를 사용하고 있다. AI는 마케팅에 막대한 잠재력을 제공한다. 구글의 CEO는 "AI는 불이나 전기보다 더 심오하다."고 말한다. 이것은 많은 의미를 담고 있다(Marketing at Work 4.2 참조).[30]

고객관계관리, 빅데이터 분석, 인공지능은 이점도 있지만, 비용이나 위험을 수반한다. 가장 일반적인 실수는 CRM과 마케팅 애널리틱스를 단지 기술과 소프트웨어 솔루션으로 보는 것이다. 관리자는 빅데이터에 매장되어 빅 픽처(big picture)를 놓치거나, 관리

자가 스스로 생각하기보다 기계가 결정하게 내버려두는 것이다.[31] 그러나 기술만으로는 수익성 있는 고객관계를 개발할 수 없다. 회사는 단순히 새로운 소프트웨어를 설치함으로써 고객관계를 개선할 수 없다. 대신 마케터들은 고객관리의 원칙에서 출발하고 첨단 자료와 애널리틱스 해결책을 사용해야 한다. 여러분은 먼저 관계에 초점을 맞춰야 한다. 관계가 CRM의 모든 것이다.

정보의 유통과 사용

마케팅정보는 고객 통찰력을 확보하고 더 좋은 의사결정을 내리기 위해 사용되기 전에는 아무런 가치가 없다. 따라서 마케팅정보시스템은 의사결정을 내리거나 고객을 처리해야 하는 관리자나 관계자가 정보를 즉시 이용할 수 있도록 해주어야 한다. 경우에 따라서 이는 관리자들에게 정기적인 성과 보고서, 인텔리전스 최신정보, 연구결과에 대한 보고서를 제공함을 의미한다.

그러나 마케팅 관리자들은 특별한 상황과 현장에서의 결정을 위하여, 비정기적인 정보를 원할 수도 있다. 예를 들어, 대규모 고객과의 거래에서 문제점을 갖고 있는 관리자는, 전년도의 고객에 대한 판매실적과 수익성에 대한 보고서를 원할 수 있다. 브랜드 관리자는 최근 전개된 광고 캠페인에 관한 온라인 구전을 많이 확보하기 원할 것이다. 그러므로 요즈음 정보의 유통은 정보가 데이터베이스로 들어가고 이를 적시에 사용자가 편리한 방식으로 전달되는 것을 포함한다.

많은 회사들은 이러한 과정을 촉진시키기 위하여 인트라넷(intranet)을 사용한다. 이러한 시스템은 조사 및 인텔리전스 정보, 고객접점정보, 공유되고 있는 업무문서, 접점정보 등과 같은 정보들에 대한 즉시 접속을 제공한다. 예를 들어, 전화 및 온라인으로 선물을 파는 소매점 1-800-Flowers에 있는 CRM 시스템은 고객을 대하는 종업원이 실시간으로 고객정보에 접속할 수 있게 해 준다. 고객이 다시 전화를 걸면, 이 시스템은 자동으로 과거 거래와 다른 접촉에 관한 자료를 직원에게 보여줘, 그가 고객의 접촉을 더 쉽고 적절하게 대처할 수 있게 해 준다. 예를 들어, 만일 고객이 통상적으로 부인을 위해 튤립을 사면, 우리는 선택할 수 있는 가장 새롭고 좋은 튤립에 대해 이야기해 준다. 이러한 연결은 더 높은 고객 만족도, 충성도 및 더 많은 매출을 가져다준다. 1-800-Folowers.com 임원은 "우리는 실시간으로 일한다. 그리고 이것은 고객의 경험을 향상시켜준다."고 말한다.[32]

이에 추가하여 기업들은 엑스트라넷(extranet)을 통하여 주요 고객들과 가치사슬 상에 있는 회원들이 거래계정 정보, 제품정보, 그리고 기타 주문식 자료들을 접속할 수 있게 해주고 있다.

공급업자, 고객, 재판매업자, 그리고 선별된 네트워크 회원들은 엑스트라넷에 접속하여 거래 계정을 갱신하고, 구매를 조절하고, 고객서비스를 개선하기 위한 재고대비 주문을 확인할 수 있다.

예를 들어, 온라인 신발과 액세서리 소매상 Zappos는 공급업체를 Zappos 가족의 한 부분, 즉 우수한 고객서비스를

>> Extranets: Zappos는 공급업체와 ZUUL 엑스트라넷을 통해 마케팅정보와 통찰력을 공유한다. 공급업체는 Zappos 가족의 일부로 간주된다.
Zappos

통해 "WOW"를 전달하는 중요한 요인으로 생각한다. 그래서 공급업자를 존중받는 파트너로 취급하고 이들과 정보를 공유한다. 수천 개의 공급업체들은 ZUUL 엑스트라넷 (Zappos Unified User Login)을 통해 브랜드와 관련된 Zapos의 재고, 매출 실적 및 수익성에 관한 자료에 접속할 수 있다. 공급업체는 또한 ZUUL을 이용해 Zappos 크리에이티브 팀과 상호작용할 수 있고 Zappos 구매자들의 주문을 승인할 수도 있다.[33]

최신기술 덕분에 오늘날의 마케팅 관리자들은 언제나 어떤 장소에서도 정보시스템에 접속할 수 있다. 그들은 집에서 일하는 동안, 호텔에서, 또는 Starbucks 커피숍에서 랩탑이나 스마트폰에 접속할 수 있는 곳이면 어디에서든지 시스템에 접속할 수 있다. 이러한 시스템은 관리자들이 원하는 정보를 직접적으로 그리고 빨리 얻을 수 있게 해 주고, 그 정보를 그들의 욕구에 맞추어 사용할 수 있게 해 준다.

개념 연결하기

잠시 멈추고 복습하면서 여러분이 마케팅정보시스템의 큰 그림을 이해했는지 확인해 보자.

- 마케팅정보시스템의 전반적인 목표는 무엇인가? 개별적인 요소들은 어떻게 연결되어 있고 서로 어떻게 기여하고 있는가? 그림 4.1을 다른 각도에서 살펴보자. 이 그림은 4장 전체에 대한 좋은 틀을 제공해 준다.

- MIS 틀을 Nike 기업인 Converse에 적용해 보자. Converse는 어떻게 마케팅 관리자의 정보욕구를 파악하고 필요한 정보를 개발하고 시장 통찰력을 확보하기 위해 관리자들이 이 정보들을 분석하고 사용하는데 도움을 주고 있는가?

마케팅정보와 관련된 기타 고려사항

> **저자 코멘트**
> 우리는 세 가지의 마케팅정보 주제들을 가지고 이 장을 마무리할 것이다.

이하에서는 두 가지 특별한 상황(소기업 및 비영리단체와 국제시장에서의 마케팅정보)에서 마케팅정보를 설명한다. 마지막으로 우리는 마케팅정보와 관련된 공공정책과 윤리 문제를 살펴볼 것이다.

소규모 기업과 비영리단체에서의 시장조사

대기업과 마찬가지로 소기업 및 비영리조직도 시장 정보와 고객에 대한 통찰력이 필요하다. 그러나 대부분의 조사는 소규모 조직의 예산을 초과한다. 본 장에서 논의한 마케팅 조사 기법은 덜 공식적이고 비용이 거의 들지 않아 소규모 조직에 사용될 수 있다. 소규모 기업은 많은 돈을 쓰지 않고 시장과 고객에 대한 통찰력을 얻을 수 있다. Innocent Drinks를 살펴보자.[34]

1990년대 초 Cambridge 대학의 학생이자 친구인 Adam, Balon, Richard Reed, Jon Wright는 함께 사업을 시작하고 싶었다. 그들은 천연 과일 스무디가 건강에 좋고, 사람들에게도 자신들에게도 좋은 일을 쉽게 할 수 있을 것이라고 믿었다. 그들은 긴 질문지를 사용하는 대신에, 비공식적인 마케팅조사를 시작했다. 그들은 축제에 참석한 사람들에게 스무디를 시음하게 한 후, 이 사업을 계속하기 위해 자기들

MARKETING AT WORK 4.2

마케팅에서 인공지능: 불이나 전기 보다 더 큰 중요한 수단

▶▶ **인공지능:** My Starbucks Barista는 인공지능을 사용하여 고객의 과거 거래, 선호도, 현지교통 및 기상 조건 등 모든 것을 기반으로, 개인화된 고객 경험을 만들고 실시간 고객상호작용을 창출한다.

Elias Stein Illustration

이른 아침 하루를 시작하러 나갈 때, 당신은 카페인의 충동을 느낀다. 차안에서 당신은 스타벅스 앱을 켜고 '하던 대로(the usual)'를 요청한다. 스타벅스 가상 바리스타가 익숙하고 쾌활한 목소리로 "톨 사이즈 카라멜 라떼"라고 응답한다. 그런 다음 그녀는 정중하게 아침 간식인 Vermont maple nut muffin을 제안한다. 늘 먹던 건 아니지만, 좋은 선택이라 여겨져 동의한다. "감사합니다! 주문하신 제품은 5분에서 7분 후에 픽업할 준비가 되어 있을 거예요. 앱에 등록된 신용카드로 지불하시겠습니까?" 당신은 가게 안으로 들어가서 긴 줄을 통과해서 주문 할 필요가 없다. 소란과 혼잡도 없다. 인공지능의 세계이다.

이것은 인공지능이 마케팅 현장에 적용되는 하나의 예일 뿐이다. 스타벅스는 최첨단 기술을 사용하여 전체 거래의 25%를 수행해왔고, 이미 스마트폰 앱을 통해 하고 있다. 하지만 '나의 스타벅스 바리스타'는 단순한 주문 앱 그 이상이다. 이 것은 인공지능을 사용하여 개인화된 고객을 생성하고, 고객의 과거 거래와, 인구통계, 매장 트렌드 및 재고에 대한 선호도, 지역 교통 및 기상 조건을 기반으로 실시간 고객 상호작용을 경험하고 관리한다.

인공지능이 세상을 휩쓸고 있다. 이것은 사람과 같이 보고 느끼는 방식으로 생각하고 배우는 기계이지만, 훨씬 더 많은 분석능력을 가지고 있다. AI의 폭발적인 성장 원동력은 빅데이터이다. 원데이터(raw data)는 고객 거래 및 상호작용 데이터, 웹 및 소셜 미디어 데이터, 뉴스 및 환경 데이터, 소비자 웨어러블 및 GPS기술부터 가정용 온도조절기, 세탁기, 자동차에 이르기까지, 500억 개가 넘는 연결된 장치에서 유입된다. 기업은 그들의 브랜드와 소비자에 대한 모든 데이터를 이해할 필요가 있다.

인간의 이성으로는 빅데이터 과잉을 쉽게 해결할 수 없다. 그러나 기계는 가능하다. 산더미 같이 수집된 데이터를 표로 만들어서 인공지능은 빠른 속도로 분석하고, 통찰력을 얻고 지정된 작업을 수행하는데 적용한다. AI는 수집되는 데이터가 많을수록 더 똑똑하고 정확해진다. 한 AI전문가는 "AI는 우리가 가고 있는 하나의 행성이며, 머신러닝은 데려다 줄 로켓, 빅데이터는 연료"라고 말한다.

마케터는 AI를 고객을 위한 평가, 해결, 서비스 및 판매로 사용할 수 있다. 다시 말하면, AI는 고객이 자신의 삶과 그들의 구매를 관리하도록 도울 수 있다. 당신은 채팅(페이스북 메신저나 Slack), 음성(아마존의 알렉사 가상 비서)을 통해 Lyft에서 차량 서비스를 요청할 수 있다. Lyft의 챗봇은 번호판과 자동차 모델, 운전기사의 위치를 알려줄 것이다. IBM의 Watson 슈퍼컴퓨터는 방대한 양의 데이터를 분석하여 고객과 마케팅 담당자가 타깃팅을 강화하고, 고객참여를 파악하고, 신제품을 설계하고, 실시간으로 더 많은 광고를 만들 수 있다.

오늘날의 기계는 똑똑하고 무시무시한 인간이다. IBM의 Watson은 말이 많고, 농담을 하고, 질문에 답하고, 글을 쓰고 노래할 수 있다. 이제 구글의 AI는 입술을 읽을 수 있으며, 프로보다 비디오 게임을 더 잘 마스터할 수 있다. MIT의 AI는 2초 전에 비디오로 행동을 예측할 수 있다. 테슬라의 AI는 혁신적인 자율주행 자동차를 지원한다.

아마존과 같은 회사는 AI를 숙달하여 고객을 이해하고 서비스를 제공하는 통찰력과 상호작용을 제공한다. 아마존의 Echo는 미국 5천만 채의 집에서 알렉사의 마법을 제공한다. 가전제품 조정, 음악 제어, 쇼핑목록, 문자메시지 보내기 및 질문에 답하기 등의 역할을 대신해 줄 뿐 아니라, Google Home 같은 Echo 및 기타 유사한 AI 장치는 음성인식 개인 쇼핑 도우미 역할도 한다. P&G, Clorox, 1-800-Flowers

같은 기업들도 고객이 Echo를 이용하여 부엌에서 편안하게 음성쇼핑을 완벽히 할 수 있도록 최선을 다한다.

아마존의 쇼핑 및 비디오 사이트에서 AI는 소비자의 구매 결정을 도와주는 추천을 제공한다. 아마존은 당신이 필요한 지도 몰랐던 제품을 팔 것이다. 왜냐하면 당신이 좋아하고 구매할 의향이 가장 높은 제품을 이미 학습했기 때문이다. 아마존은 이런 일을 너무 잘해서, 예측배달(predictive delivery)을 고려하기도 하고, 소비자들이 아직 주문하지도 않은 제품을 배송하기도 한다. 만약 고객이 원하지 않는다면, 그것은 무료로 반송될 것이다. 이러한 배송은 아직 시간이 걸릴 수 있지만, 아마존은 AI예측을 이용하여 창고에 재고를 유지하며, 심지어는 트럭에 보관하고, 하루 또는 한 시간 배송을 약속한다.

소매업체는 AI를 이용하여 고객에게 서비스하고 판매하는 방법을 개선한다. 예를 들어, 캘리포니아에 있는 주택설비자재 소매점 Lowe는 LoweBot으로 영업을 하고 있다. 5피트 크기로 모바일과 인공지능으로 구동되며, 매장을 돌아다니면서 고객을 돕고 있다. LoweBots는 도움이 필요한 고객을 감지하고, 보이스와 터치스크린으로 고객을 참여시킨다. AI로봇은 스토어 및 외부 데이터를 탭하여 고객의 질문에 답하고 솔루션을 제공하고, 상점에 있는 상품으로 안내한다(없는 상품은 온라인으로 주문한다).

그들은 심지어 텍스트 및 비디오 튜토리얼을 제공한다. 그 동안에 LoweBots는 매장의 데이터를 확인하고 고객의 쇼핑 패턴을 분석한다. Lowe'의 Innovation Lab 관리자는 "화요일 세 시에 무엇이 발생할 것인가와 같이 이전에 우리가 결코 알지 못했던 것을 학습하고 있다."고 말한다.

AI는 단순한 고객 서비스 이상의 역할을 하고, 마케팅 관리자가 전략과 전술을 형성하는데 도움을 준다. 예를 들어 IBM의 Watson Advertising이라는 새로운 부서는 AI 슈퍼컴퓨터 Watson을 기반으로 구축되었다. Watson은 인간 참가자를 제치고 퀴즈쇼에서 우승하여 대중의 인정을 받았고, Jeopardy(TV 퀴즈쇼)에서 백만 달러를 받았다. Watson은 초당 수억의 데이터 페이지 수를 수집할 수 있다. IBM은 이제 Watson의 재능을 마케팅에 활용한다. 예를 들어 감정의 요인을 고려하여 음색, 언어, 정서, 구매 이력 및 소셜 미디어 상호작용을 통해 Watson은 심리 언어학적 프로파일을 생성할 수 있다.

이러한 분석을 통해 Watson은 고객을 실시간으로 파악하고, 학습한 통찰력을 통해 데이터 분석과 모든 것에 대해 AI 파워를 사용한다. 그래서 잠재 고객 타깃팅 및 실제 콘텐츠에 대한 미디어 계획과 같이 마케터들에게 중요한 정보를 제공할 수 있다. 예를 들어, Toyota 캠페인을 위해 Watson은 카피라이터가 되어, 자동차 제조업체의 Mirai 모델의 광고메시지를 빅데이터 분석을 통해 작성한다. 얼마 전에는 Watson이 의사로 변신하여 테라플루를 홍보하면서 다양한 독감 증상에 대한 질문에 답하기도 했다. 캠벨의 경우, Watson은 소비자 위치와 가지고 있는 재료에 대한 데이터를 사용하여, 요리사 모자를 쓰고 광고디스플레이 내에서 레시피를 맞춤식으로 제공하였다. H & R Block과의 주요 파트너십을 맺은 Watson은 세무 전문가가 되어, AI 스마트 도우미를 배치하고 고객에게 세금 공제 도움을 제공한다.

IBM은 최근 15분마다 22억 개의 위치예측 정보를 제공하는 The Weather Company를 인수하였다. Watson은 다양한 데이터를 수집하여 날씨가 소비자의 기분, 건강 및 구매에 미치는 영향을 측정한다. 최근에는 날씨데이터와 소비자 Google 검색, 꽃가루 정보를 조합하여, 의약품 제조업체에 언제, 어떤 시장에서, 어떤 매체를 사용해야 하는가에 대한 정보를 제공하였다. 이러한 놀라운 응용 프로그램에도 불구하고 AI는 여전히 초기 수용단계라고 전문가들은 말한다. 이것은 새로운 개척자이며, 소비자와 브랜드간의 관계를 재정의한다. AI 산업은 연간 매출이 급증할 것이며, 현재 6억 5천만 달러에서 2025년에 400억 달러에 이를 것이다. 이것은 AI가 활용되어 생기는 수조 달러 어치의 소매 판매가치를 제외한 것이다. "AI는 전기나 인터넷과 같이 될 것이다."라고 Lowe의 기술관리자는 말한다. 이것은 우리가 그동안 해왔던 모든 것의 합친 것보다 더 대단한 것을 할 것이다. 구글의 CEO는 다음과 같이 말한다. "이것은 불이나 전기보다 더 심오합니다."

출처: "Google CEO: AI Is a Bigger Deal than Fire or Electricity," Fast ompany, January 19, 2018, www.fastcompany.com/40519204/google-sundarpichai-ai-is-a-bigger-deal-than-fire-or-electricity; Hal Conick, "The Past, resent, and Future of AI in Marketing," Marketing News, December 29, 2016, pp. 27-5; Erik Wander, "Welcome to the Machine," Adweek, December 4, 2017. p. 16; Marty Swant, "As IBM Ramps Up Its AI-Powered Advertising, Can Watson Crack the Code of Digital Marketing," Adweek, September 25, 2017, pp.19-3; Lauren Johnson, "5 Bleeding-Edge Brands That Are Infusing Retail with Artificial Intelligence," Adweek, January 2, 2017, www.adweek.com/digital/5-bleeding-edge-brands-are-infusing-retail-artificial-intelligence-175312/; and Lauren Hirsch and Michelle Castillo, "Amazon Has Big Plans for Alexa Ads in2018," CNBC, January 2, 2018, www.cnbc.com/2018/01/02/amazon-alexa-isopening-up-to-more-sponsored-product-ads.html.

▶▶ Innocent Drinks의 창업자 Adam Balon, Richard Reed, Jon Wright는 비공식적이고 저렴한 마케팅조사로 시작했다.

Martin Lee/Alamy Stock Photo

이 직장을 그만둬야 하는지 물었다.

그들은 "예" 또는 "아니오"라고 쓰여 있는 병으로 답했고, 하루가 끝날 무렵, 상자에는 "예"라고 쓰여 있는 빈 병이 가득했다.

다음 날 그들은 직장을 그만두었다. 그들은 스무디를 런던에 있는 50개 상점에 처음 배달하고, 소매상들에게 무료로 제공했다. 그들은 제품이 소진되면, 전화로 더 주문하라고 요청했고, 약 45명의 소매상이 주문했다. 이 시장은 기업을 도매상으로 이끌었고, 사업을 성장시켰다. 오늘날, Innocent Drinks는 유럽의 가장 성공적인 스무디 브랜드이다.

따라서 소규모 사업과 비영리단체의 관리자들은 소규모 편의적 표본을 이용한 비공식적인 설문조사, 2차 데이터 검색, 관찰 등을 통해 우수한 마케팅정보를 얻을 수 있다.

또한 많은 협회, 지역 미디어 그리고 정부기관들이 소규모 기업에 대한 특별한 도움을 준다. 예를 들어, 미국 중소기업청은 수십 개의 무료 간행물을 제공하고 웹사이트(www.sba.gov)는 개업, 자금조달, 소규모 기업의 확장에서부터 명함 주문에 이르기까지 다양한 영역에 관한 조언을 제공한다. 소규모 회사를 위한 다른 우수한 웹 정보원천으로는 미국 통계청(www.census.gov)과 미국 경제분석국(www.bea.gov) 등이 있다. 마지막으로 소규모 사업자들은 인터넷에서 매우 적은 비용으로 많은 양의 정보를 수집할 수 있다. 그들은 온라인 제품과 서비스를 검토하는 사이트를 확인할 수 있고 특정 회사들과 이슈들을 연구하기 위하여 인터넷 탐색 엔진을 사용할 수 있다. 또한 웹, 모바일 및 소셜 미디어 사이트들에서 경쟁사와 고객정보를 찾아볼 수 있다.

요약하면, 소기업들은 적은 예산으로 2차 자료의 수집, 관찰, 설문조사 및 실험들을 효과적으로 사용할 수 있다. 이러한 비공식적인 조사방법들은 덜 복잡하고 비용이 적게 들지만, 이들은 매우 신중하게 진행되어야 한다. 관리자들은 조사의 목적에 대하여 신중하게 생각해 보아야 하고, 미리 질문을 만들어 보고, 작은 표본크기와 덜 훈련된 조사자들로부터 올 수 있는 오류를 인식하여야 하며, 조사를 체계적으로 진행해야 한다.[35]

국제시장 조사

국제 마케팅조사자들은 국내 조사자들처럼 조사문제의 정의, 조사계획의 수립, 결과의 해석과 보고서 작성 등과 같은 단계를 밟는다. 그러나 이들 조사자들은 때때로 더 많고 어려운 문제점들에 직면한다.

국내 조사자들이 한 나라 내에서 비교적 동질적인 시장을 다루는 반면, 국제적인 조사자들은 많은 나라에서 서로 이질적인 시장들을 다룬다. 이들 시장들은 경제발전의 수준, 문화와 관습, 그리고 구매패턴에서 매우 다르다.

국제 조사자들은 대부분의 외국시장에서 좋은 2차 자료를 확보하는데 어려움을 겪을 것이다. 미국의 마케팅조사자들은 수많은 조사서비스 기관들로부터 믿을만한 2차 자료를 확보할 수 있는 반면, 많은 국가들이 조사서비스를 전혀 제공하지 않는다. 가장 규모가 큰 국제조사 서비스업체들 중 일부는 여러 국가에서 운영된다. 예를 들어, 세계에서 가장 큰 마케팅 조사회사인 Nielsen은 Schaumburg, 일리노이스에서 홍콩, 니코시아 및 사이프러스에 이르기까지 100개가 넘는 국가에 지점들을 운영하고 있다.[36] 그러나 대부분의 조사회사들은 몇 개의 국가들에서 사업을 운영한다. 따라서 2차 자료가 확보될 수 있다고 하더라도, 그 자료들은 국가별로 서로 다른 정보원들로부터 수집되며, 그에 따라 이 정보들은 통합되거나 비교되기 어렵다.

좋은 2차 자료가 충분하지 않기 때문에 국제 조사자들은 종종 1차 자료를 자신이 직접 수집한다. 그러나 1차 자료를 확보하는 것은 쉬운 일이 아니다. 예를 들어, 그들은 좋은 표본을 확보하기 어려울 수 있다. 미국 조사자들은 표본을 구축하기 위하여 전화번호부, 이메일 리스트, 센서스자료, 그리고 다수의 사회경제적인 자료를 활용할 수 있다. 그러나 이러한 정보들은 다른 많은 나라에서는 확보되기 어렵다.

일단 표본이 확보되면, 미국 조사자는 통상적으로 전화, 우편, 온라인, 소셜 또는 모바일 미디어를 통해 대부분의 응답자들과 쉽게 접촉할 수 있다. 그러나 다른 나라에서 응답자들과 접촉하는 것은 쉽지 않다. 그래서 디지털 설문조사는 국제조사를 수행하는 주요 수단이 되었다. 그러나 디지털 기술의 수용은 국가별로 매우 다르다. 예를 들어, 미국의 많은 디지털 조사는 데스크탑 또는 노트북에서 실행되도록 설계되었다. 그러나 인도나 아프리카와 같은 개발도상국의 소비자들은 대부분 모바일 장치에서 처음으로 인터넷을 사용하고 있다. 이러한 시장에서의 조사는 어느 정도 한계가 있는 모바일용으로 특별히 디자인되어야 한다.[37]

국가별 문화적 차이는 국제 조사자들에게 또 다른 문제점을 가져다준다. 언어는 극복하기 어려운 장애물이다. 예를 들어, 설문지는 한 나라 언어로 준비된 다음, 조사되는 각 나라의 언어로 번역되어야 한다. 응답은 분석과 해석을 위하여 조사자의 언어로 다시 번역되어야 한다. 이러한 점이 조사비용을 높이고 오류의 위험성을 증가시킨다. 어떤 나라에서는 언어 자체가 문제가 될 수 있다. 예를 들어, 인도에서 영어는 사업에 사용되는 언어이지만 소비자들은 14개의 많은 사투리와 함께 "모국어(first languages)"를 사용할지도 모른다.

한 설문지를 다른 나라 언어로 번역하는 것은 간단한 일이 아니다. 많은 구어, 문단, 문장들은 각 나라마다 그 의미가 다를 수 있다. 예를 들어, 한 네덜란드 이사는 "당신이 영어를 번역한 다음, 다른 번역자들에게 다시 영어로 번역하게 하여 이를 확인해 보라. 당신은 기절할지도 모른다. '보지 않으면 마음도 멀어진다(out of sight, out of mind).'는 문장이 '보이지 않는 것은 비정상적인 것이다(invisible things are insane).'라고 되어 있을지도 모른다."[38]

국가에 따라 소비자들의 마케팅조사에 대한 태도도 다를 수 있다. 한 국가의 사람들은 기꺼이 응답하여 주지만, 다른 국가에서는 조사에 응하지 않는 것이 큰 골칫거리일 수 있다. 어떤 나라에서는 관습적으로 이방인들과 대화를 나누는 것이 금기시되기도 한다. 특정 문화에서는 조사를 위한 질문들이 너무 개인적인 것으로 간주되는 경우도 자주 있다. 예를 들어, 이슬람 국가들에서 남녀가 섞여 표적집단면접을 진행하는 것과 여성들과의 표적집단면접을 비디오로 촬영하는 것은 금기시된다. 응답자들이 기꺼이 응답하려고 할 때에도 응답자들의 문맹 문제로 이들과 설문조사를 진행하기 어려운 경우도 있다. 이러한 어려움에도 불구하고 최근의 국제마케팅의 성장은 국제마케팅조사의 이용을 증가시키고 있다. 글로벌 기업들은 이러한 조사를 수행할 수밖에 없다. 국제적 조사

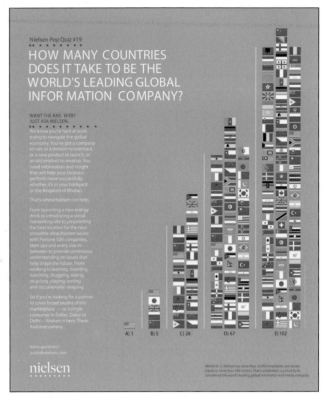

>> 규모가 가장 큰 조사 서비스 회사들은 대규모의 국제적인 조직을 가지고 있다. 닐슨은 100개가 넘는 국가에 지점들을 운영하고 있다.

와 관련된 문제가 많더라도 조사를 하지 않을 때의 비용(예: 기회를 잡지 못하는 것이나 실수로 인한 비용)이 훨씬 더 크기 때문이다. 국제마케팅조사와 관련된 문제들이 잘 인식되기만 하면, 이들은 대부분 극복되거나 피할 수 있다.[39]

마케팅조사에서의 공중정책과 윤리

대부분의 마케팅조사는 기업과 고객들에게 혜택을 준다. 마케팅조사를 통하여 기업들은 고객들의 욕구를 더 잘 이해할 수 있고, 그 결과로 더 만족스러운 제품과 서비스를 제공하고 더 강력한 고객관계를 구축할 수 있다. 그러나 마케팅조사를 잘못 이용하면 고객에게 해를 끼칠 수도 있다. 마케팅조사에서 두 가지 중요한 공중정책 및 윤리적 이슈들로는 소비자 사생활 침해와 조사결과의 오용을 들 수 있다.

소비자 사생활(privacy) 침해

많은 소비자들은 시장조사에 대하여 긍정적으로 생각하고 있고, 유용한 목적으로 사용된다고 생각한다. 어떤 사람들은 면접하는 것과 자신의 의견을 이야기하는 것을 즐기기도 한다. 그러나 다른 사람들은 시장조사를 불쾌하게 여기거나 신뢰하지 않는다. 그들은 조사원들이 끼어드는 것을 싫어한다. 그들은 마케터들이 소비자들에 대한 개인정보로 가득 찬 엄청난 데이터베이스를 구축하고 있다고 걱정한다. 또한 일부 소비자들은 조사자들이 자신들의 깊이 잠재되어 있는 감정을 파악하기 위하여 정교한 기법들을 사용하고, 자신들이 쇼핑하는 동안 뒤에서 관찰하고, 또는 자신들의 대화를 엿들어 이를 구매 조작을 위해 사용할지 모른다고 두려워한다.

>> 고객 사생활: Target이 고객의 구매 기록을 사용해 고객의 임신상태를 파악하게 되고 특히 가족이나 친구들보다 먼저 알게 되었을 때 고객들을 불편하게 만들 수 있었다. 매장의 과녁 로고는 타겟 쇼핑객들을 세밀하게 추적하면서 쇼핑객들에게 오싹함을 전할지도 모른다.

MiraMira/Mira/Alamy Stock Photo

예를 들어, 유통업체 Target은 일부 고객들을 불편하게 만들었는데, 그 이유는 기업이 고객들의 구매기록들을 이용해 임신 여부와 아이의 성별, 출산예정일을 놀랍도록 정확히 추적했기 때문이다.[40]

Target은 모든 고객에게 고객 ID 번호를 주는데, 여기엔 이름, 신용카드 및 이메일 주소가 들어가 있다. 그것은 다른 정보원에서 나오는 인구통계적 정보와 함께 그들의 구매기록을 상세하게 추적해 준다. 아기 등록(baby registries)에 가입한 적이 있는 여성의 구매기록을 연구하면서 Target은 25개의 제품 군 카테고리에서의 구매 패턴을 바탕으로 임신 예측 점수를 개발할 수 있음을 확인했다. 회사는 이 점수를 이용해 예상되는 임산부 부부에게 아기용품을 위한 개별화된 쿠폰책자를 보냈다.

이 전략은 마케팅 측면에서 먹힐 수 있는 것처럼 보였다. 부모가 될 고객들을 확보해 이들의 가정을 충성적인 고객으로 만들 수 있을 것 같았다. 그러나 매우 화난 남자가 지역 Target 매장에 나타나 고등학교에 다니는 딸이 젖병, 유모차 및 임산복을 위한 쿠폰을 받고 있고, 내 딸에게 임신하라고 권유하고 있느냐고 항의했을 때, 이 전략은 골칫거리가 되었다. Target 매장 관리자는 사과했다. 그러나 며칠 후 다시 사과하게 되었을 때 Target이 아버지보다 먼저 여성의 임신상태를 파악했음을 알게 되었다. 그 결과 자신이 가족이나 친한 친구들에게 전하기 전에 Target이 임신상태를 알고 있다는 것은 일부 고객들에게 매우 오싹한 일임을 알게 되었다. 그리고 그들은 Target이 고객을 추적하고 프로파일을 쌓고 있는 것에 대해 의심을 갖게 되었다. Target 매장의 과녁 로고는 Target 쇼핑객들을 세밀하게 추적하면서 쇼핑객들에게 오싹함을 줄지도 모른다.

고객정보를 채굴할 때 마케터는 사생활 경계선을 넘지 않도록 조심해야 한다. 마케팅 조사와 사생활에 관한 문제가 부각되면, 이에 대한 해결책을 내기 쉽지 않다. 예를 들어, 우리는 소매상들이 마네킹의 한쪽 눈에 카메라를 설치해 고객의 인구통계적인 요인과 쇼핑 행동을 추적하는 것에 대해 신경 써야 할까? 이와 유사하게 우리는 보다 적극적으로 대응하기 위한 노력으로 페이스북, 트위터, 인스타그램, 유튜브 및 다른 소셜 네트워크 상의 소비자를 모니터링하고 있는 기업을 칭찬해야 할까 아니면 비난해야 할까? 우리는 마케터들이 스마트폰을 통해 위치를 추적해 위치기반의 광고나 제안을 보낼 때 걱정해야 할까? 다음의 예를 생각해보자.[41]

SAP의 Consumer Insight 365서비스는 모바일 서비스 제공업체가 가입자와 그들의 모바일 라이프스타일 관련 데이터를 추출할 수 있도록 도와준다. 이 제품은 다양한 원천의 2천만에서 2천 5백만의 구독자로부터 매일 300개 이상의 모바일 웹 서핑, 문자메시지, 전화 통화 및 기타 모바일 이벤트를 수집한다. 이 데이터는 마케팅 담당자에게 고객이 어디에서 왔고 어디로 가는지 알려준다. 모바일 데이터를 다른 정보와 결합하여, 쇼핑객이 경쟁사의 가격을 체크하고 있는지, 단지 친구에게 이메일을 보내고 있는지를 알려준다. 오전 10시부터 정오까지 매장을 방문한 사람의 연령대와 성별, 링크 위치, 쇼핑객의 웹 브라우징 기록을 제공할 수도 있다. 소매업체는 이들 정보를 사용하여, 특정시간에 특정 고객의 관심을 끌 수 있는 매장 디스플레이 배열과 새로운 위치개설 결정을 할 수 있다. 이러한 정보는 마케팅 담당자가 고객을 효과적으로 타깃팅하는데 유용하지만, 소비자 프라이버시 관점에서는 침해당했다고 느낄 수 있다.

그러나 소비자들의 사생활에 대한 증가된 관심은 마케팅 조사업계의 주요 문제가 되어 왔다. 기업들은 소비자들의 신뢰를 유지하면서 가치있지만 잠재적으로 민감한 소비자 자료를 발굴해야 하는 도전에 직면하고 있다. 동시에 소비자들은 맞춤식 제공과 사생활 사이의 이해관계를 계산하기 위해 씨름하고 있다. 고객들은 그들의 욕구에 맞는 적절하고 개별화된 제안을 받고 싶어 하지만, 기업이 그들을 너무 세밀하게 분석하는 것에 대해선 분노한다. 핵심적인 질문은 기업은 고객 정보를 수집하고 사용함에 있어 언제 경계선을 넘느냐에 있다.

이러한 사생활 이슈를 처리하지 못하면 기업은 화난 덜 협조적인 소비자들을 만나게 될 것이고 정부의 개입도 증가하게 될 것이다. 조사산업은 이러한 침범과 사생활 문제에 대응하기 위하여 여러 가지 대안을 고려하고 있다. 한 예는 마케팅조사협회(Marketing Research Association)가 전개하는 "Your Opinion Counts"와 "Respondent Bill of Rights"인데, 이들은 소비자들에게 마케팅조사의 혜택을 알리고, 전화판매나 자료구축과 구별됨을 소개한다.[42]

Facebook, Apple, Microsoft, IBM, 시티그룹, 아메리칸 익스프레스 및 미국정보들과 같은 대부분 주요 기업들은 사생활 책임자(CPO)를 임명하고 있는데, 이 임원의 일은 기업과 관계하고 있는 소비자들의 사생활을 보호하는 것이다. 만일 조사자들이 수집한 정보에 대한 대가로 소비자에게 가치를 제공한다면, 소비자들은 결국 기꺼이 정보를 제공할 것이다. 예를 들어, Amazon.com의 소비자들은 이 기업이 소비자가 미래에 구매할 책을 추천하기 위해 자신들이 구입한 책에 대한 정보를 구축하는 것을 신경 쓰지 않는다. 시간을 절약하고 가치를 제공하기 때문이다. 가장 좋은 접근방식은 조사자들이 그들이 원하는 자료에 대해서만 물어보고, 이를 고객가치를 제공하기 위해 책임감을 갖고 사용하고, 소비자의 허가 없이 정보를 공유하지 않는 것이다.

조사결과의 오용

조사보고서들은 강력한 설득도구가 될 수 있다. 기업들은 때때로 광고와 촉진을 개발하기 위하여 조사결과를 사용한다. 그러나 오늘날 많은 조사결과들은 단지 조사후원자의 제품을 도와주기 위한 도구에 불과한 것처럼 보인다. 실제로 일부에선 설문조사가 의도된 결과를 만들어 내기 위하여 기획되기도 한다. 한 Black Flag 조사는 "바퀴벌레 디스크... 바퀴벌레를 천천히 죽인다. 죽어가는 바퀴벌레는 둥지로 돌아가 죽은 후 다른 바퀴벌레에 먹힌다. 그 벌레는 다시 중독되어 죽는다. 당신은 이런 유형의 제품이 바퀴벌레를 죽이는데 얼마나 효과적이라고 생각합니까?"라고 질문했다. 79%가 효과적이라고 응답한 결과가 나왔는데 놀랄 일이 아니다. 공개적으로 연구 설계를 조작하거나 노골적으로 허위를 진술하는 광고주는 거의 없다. 대부분의 오용은 더 미묘하게 늘려지는 경향이 있다. 또는 연구 결과의 타당성, 해석 및 사용에 대한 논쟁이 발생한다.

그러나 광고주들이 공개적으로 그들의 조사설계를 조작하거나 의도적으로 결과를 잘못 해석하지는 않는다. 대부분의 남용은 교묘하게 진행되는 경향이 있다. 또는 논쟁은 조사결과의 타당성과 용도에서 일어난다. 거의 모든 연구 결과는 연구자의 편견과 관점에 따라 다양하게 해석될 수 있다.

설문조사들이 남용될 수 있음을 인식하여 미국마케팅학회, 마케팅조사학회, 미국조사기관위원회(Council of American Research Organizations: CASRO) 등과 같은 여러 조직체들은 조사의 윤리강령과 행동표준을 개발했다. 예를 들어, CASRO의 설문조사를 위한 표준과 윤리강령은 응답자 비밀보장, 사생활보호, 희롱의 방지 등과 같은 응답자에 대한 조사자의 책임을 요약한다. 이는 또한 고객과 공중을 위한 보고서를 작성하는 조사자의 주요 책임도 포함하고 있다.[43]

그러나 비윤리적이거나 적절하지 않은 행위들은 단순히 법에 의하여 규제될 수 없을 것이다. 각 회사는 마케팅조사를 수행하고 조사보고서를 작성함에서 있어 소비자들의 이익을 보호할 책임을 져야 한다.

토의문제

1. 기업이 마케팅정보 관리에 고객 통찰력을 사용하고 이해해야 하는 중요한 이유는 무엇인가?

2. 내부 데이터베이스가 마케팅 인텔리전스와 어떻게 다른지 설명해 보시오. 이들의 장점과 단점은 무엇인가?

3. 마케터는 설문지에 개방형과 폐쇄형 질문을 사용한다. 이들 각각을 사용하는 장점 또는 단점은 무엇인가?

4. 행동적 표적화란 무엇인가? 행동적 표적화의 예를 제시해 보시오. 기업은 소비자와 스토킹(stalking) 소비자의 한 형태인 대중 옹호자들(public advocates)에게 어떻게 반응하고 있는가?

5. 마케팅조사 프로세스에는 몇 가지 매우 다른 따라야 할 중요한 단계가 있다. 당신이 생각하기에 가장 중요한 단계는 무엇인가? 의견을 제시해 보시오.

6. 비즈니스 조직이 시장조사를 수행하기 위해 취해야 할 단계를 파악하고, 해외시장에서 사업 여부를 소그룹으로 토론해 보시오. 누군가의 조사를 수행하도록 돕거나 스스로 해보시오.

비판적 사고 연습

1. 애완 동물 미용 사업을 한다고 상상해 보시오. 당신은 제한된 예산으로 시장조사를 사용하여 어떻게 사업을 성장시킬 것인지 설명해 보시오. 당신의 소규모 사업에 사용될 수 있는 마케팅조사 기술을 리뷰하고, 무엇이 필요하며, 어떻게 적용할 수 있는지 설명해 보시오.

2. 당신이 좋아하는 음료 브랜드의 매출액이 2분기 동안 떨어졌다. 당신은 이유를 알아내기 위해 직접 표적집단면접을 개최하기로 결정했다. 또한 브랜드가 향후 6개월 내에 출시계획인 신제품의 피드백도 얻고자 한다. 표적집단의 구성을 결정해 보시오. 표적집단에 누가 초대되어야 하며 그 이유는 무엇인가? 어떤 유형의 정보를 얻고 싶은가? 표적집단에 제시할 질문을 만들어 보시오.

3. 시장조사는 시장에서 성장하기 원하는 기업에게 중요하다. 시장을 성장시키기 위해 기업은 외부에서 조달하거나, 자체적으로 시장조사 담당 또는 팀을 만들 수 있다. 이 분야의 많은 경력 기회가 있다. Indeed.com에 접속하거나 다른 구직 사이트에 접속하여 어떤 직업이 마케팅 조사산업에 있는지 알아보시오. 산업, 작업, 영역/지역, 급여, 직무설명 및 직함을 포함하여 비교하는 표를 만들어 보시오. 또한 소도시, 중소도시, 대도시에서의 평균 급여를 비교해 보시오.

소비자와 기업구매자 행동의 이해

학습목표

▶ **1** 소비자 시장과 소비자 구매행동에 영향을 미치는 주요 요인들을 살펴본다.

▶ **2** 소비자 구매 의사결정과정의 각 단계를 제시하고 이에 대해 살펴본다.

▶ **3** 신제품의 수용과정과 확산과정에 대해 설명한다.

▶ **4** 산업재 시장을 정의하고 산업재 구매행동에 영향을 미치는 주요 요인을 확인한다.

▶ **5** 산업재 구매결정 과정의 단계를 열거하고 정의한다.

▶ **6** 온라인, 모바일, 그리고 소셜 미디어가 B-to-B 마케팅을 어떻게 변화시키는지 살펴본다.

개관

앞 장에서는 마케터들이 어떻게 정보를 획득, 분석, 사용하여 소비자에 대한 이해를 향상시키고 마케팅 프로그램을 평가하는가에 대해서 알아보았다. 이번 장에서는 시장에서 제일 중요한 요소인 고객에 대해 자세히 알아본다. 마케팅의 목표는 고객의 관심을 유발하여 고객이 생각하고 행동하는 과정에 영향을 미치는 것이다. 고객의 구매상품, 구매행동의 시점, 그리고 구매행동의 과정에 영향을 미치기 위해 마케터는 구매행동이 왜 일어나는가를 먼저 이해해야 한다. 이 장에서는 최종소비자의 구매에 영향을 미치는 요인과 구매과정에 대해 알아보고, 다음으로 비즈니스 고객의 구매행동에 대해서 알아본다. 이 장을 통해 구매행동을 이해하는 것이 필수적이지만 아주 어려운 과제라는 것을 알게 될 것이다.

소비자 행동을 이해하는 것이 중요함을 더 잘 이해하기 위해서 글로벌 컴퓨터 시장에서 가장 많이 판매되는 Lenovo의 사례를 살펴보는 것으로부터 시작한다. Lenovo가 IBM의 컴퓨터사업부를 인수하기 전에는 그 기업의 이름을 들어본 적이 없었을 것이다. 그러나 Lenovo는 몇 가지 브랜드를 통하여 고객의 마음에 강한 열정과 충성도를 이끌어낼 수 있었다. 따라서 Lenovo의 비즈니스 모델은 고객만족, 혁신 및 생산효율성에 기반하고 있다.

고객을 이해하고 효과적인 고객관계를 형성하는 Lenovo

Lenovo는 컴퓨터 기술연구소의 11명의 연구원에 의해 1984년 중국 베이징에 설립되었다. 세계시장으로 진출하기 위해 원래 Liu Chunzhi와 10명의 엔지니어가 설립한 Legend라는 이름을 포기하고, 2002년에 Lenovo로 변경하였다. 2005년에 IBM의 PC 사업인 ThinkPad 노트북과 태블릿 라인을 인수하였다. 이 인수합병이 세계시장 진출을 가속화 시켰고 Lenovo를 세계 PC시장 매출 3위 기업으로 만들어 주었다. 2018년에 Lenovo는 HP와 Dell을 넘어 세계 최대 PC 매출(수량 기준) 기업으로 성장한다. 스마트폰 세계 3위 업체이기도 한 이 기업은 60개 이상의 국가에 생산공장을 보유하고 있고 160개 이상의 국가에서 판매되고 있다.

Lenovo의 글로벌 성공은 고객에 대한 깊고 온전한 이해와 효과적인 고객관계를 정립하는 능력에 근거한다. 비즈니스 모델은 고객만족과 혁신 및 생산효율성에 기반하고 있다. 따라서 Lenovo의 마케터는 고객과 고객의 구매행동에 집중한다. 누가 고객인가? 고객은 어떤 생각을 하는가? 고객은 제품들에 대해 어떻게 느끼고 있는가? 고객을 움직이게 하는 것은 무엇인가? 이러한 질문에 대한 종합적인 답을 발견하기 위하여 Lenovo 제품디자인과 엔지니어링 팀은 소셜 미디어, 블로그, 포럼, 팬클럽 등을 통하여 전 세계의 고객에게 귀를 기울인다. 예를 들면, Lenovo가 새로운 ThinkPad 라인을 2012~2013년에 출시한 뒤, 고객들이 인터넷 포럼에서 TrackPoint의 두 개 버튼이 키보드 하단에 있는 터치패드에서 제거된 점에 불만을 제기하였다. 이 버튼은 보통 마우스의 좌우 버튼에 해당하고 외부 마우스나 터치패드를 대체하는 역할을 한다. 고객의 소리에 항상 귀를 기울이고 있는 Lenovo는 이러한 문제를 인식하고 공식적으로 중대한 실수를 인정하였다. 그리고 그 후 곧 TrackPoint 버튼을 복구하였다.

Lenovo의 신제품 개발은 언제나 전 세계의 고객에 대한 깊은 이해에 의해 주도된다. 이 기업은 홈페이지를 강조하는데, 여기에 고객이 어떤 형태로든 피드백을 주면 그 고객은 이 기업이 시장에 출시할 다음 세대의 기술에 개인적이고 실제적으로 영향을 미치는 도움을 주게 된다. 신제품 개발과 제품 개선을 할 때 고객의 의견에 귀를 기울이고 소통하며 그들의 의견을 고려함으로써, Lenovo는 고객과 효과적으로 감성적인 관계를 형성한다. ThinkPad 디자인 개선의 사례처럼 자신의 실수를 인정하는 정직성을 보여주며 고객과 직접적으로 만나게 된다. 이런 점에서 Lenovo의 Brand Experience 사업부의 부사장 Tracey Trachta는 "우리 기업은 매장에 제품을 전시만 하려는 것이 아니라 고객들의 관심을 유발하여 Lenovo 제품의 차별성이 무엇인지 이해할 수 있도록 하려고 한다."고 말한다. 수년간 고객과 감성적인 관계를 형성하는데 집중하고 있는 Lenovo는 단순히 컴퓨터 제조업체가 아니라 고객에게 개인적인 역할을 제시하고 있다. Lenovo는 고객의 의견에 귀를 기울일 뿐 아니라 홈페이지 방문자의 온라인 행동을 분석하는데, 특히

> 고객이 ThinkPad에서 TrackPoint 버튼을 제거된 점에 불만을 제기했을 때와 같이, Lenovo는 고객에 항상 귀를 기울이고 소통하며 그들의 피드백을 고려한다.

Elena Elisseeva/Shutterstock

홈페이지와 제품화면을 방문하는 비구매자와 구매자의 온라인 구매행동에 집중하고 있다. 이들 두 그룹을 조사하면서, Lenovo는 적절한 사용자에게는 적절한 메시지를 개발하여 전달하고, 비구매자는 구매자로 전환하고 있다. 이러한 목적을 달성하기 위해 Lenovo는 지속적으로 각 고객 세그먼트의 홈페이지에서의 온라인 행동을 히트맵(heat map)을 이용하여 가시적으로 표현하고 있는데, 사용자의 디지털심리에 관한 깊은 통찰력을 제공한다.

Lenovo는 끊임없이 소비자 연구를 하고 있으며 고객 경험을 발전시킬 영역을 찾아내고 있다. 예를 들면, 구매자가 메인 홈페이지의 배너와 프로모션에 이끌리면(반면, 비구매자는 그 배너를 회피하고 제품 텍스트보다는 이미지와 비디오를 선호함),

> Lenovo의 세계적인 성공은 고객에 대한 깊고 온전한 이해와 효과적인 고객관계를 정립할 수 있는 능력에 근거하고 있다. 따라서 이 기업의 비즈니스 모델은 고객만족, 혁신 및 생산효율성에 기반한다.

Lenovo는 잠재적 고객의 관심을 유발하기 위하여 텍스트에 비해 이미지와 비디오의 사용 비율을 높인다.

고객에게 가장 중요한 것이 무엇인가를 이해하는 것이 Lenovo에게는 최고의 명제인데, 이 기업은 계속해서 고객 기대수준을 넘어 고객 감동을 창출하는데 집중하고 있다. 예를 들어, 블로그와 외부 토론 포럼에서 토론이 PC, 태블릿, 다른 전자기기에 관하여 자주 언급한다면 진행되는 대화를 이해하고 토론에 참여하는데 많은 시간을 할애한다. Lenovo는 자체적으로 토론 포럼을 개최하고 고객에게 자신의 생각과

사용 경험 등을 Lenovo의 제품팀, 디자인팀, 개발팀과 공유하도록 요청한다. 그렇게 함으로써, Lenovo는 고객과 더 잘 연결되고 훨씬 더 좋은 고객서비스를 제공할 수 있었다.

전체적으로 Lenovo는 고객만족과 고객관심을 달성하는 독특한 능력을 보유하고 있다. 이 기업은 고객의 의견을 경청하고 이해함으로써 Lenovo의 브랜드 개성에 대한 소비자의 인식을 호의적으로 형성하고 영향을 미치고 있다. 오늘날 소비자는 모바일과 인터넷에 의해 영향을 받는데, 그들과 실시간으로 상호작용하는 브랜드를 원한다. 그에 따른 결과로, 여러 고객만족 조사는 Lenovo를 경쟁업체보다 월등히 더 우수한 것으로 평가하고 있다. 예를 들면, Technology Business Research는 Lenovo를 Corporate IT Buying Behavior, Consumer Satisfaction Studies 부문에서 고객만족과 혁신을 제공하는 최고의 컴퓨터 브랜드로 선정하였다. [1]

Lenovo의 예는 소비자 구매행동에 여러 요인들이 영향을 미치고 있음을 보여준다. 구매행동은 결코 단순하지 않지만, 그것을 이해하는 것은 마케팅관리자의 필수과제이다. 먼저 우리는 소비자 시장과 소비자 구매행동에 대해 살펴본다. 다음으로 산업재 시장과 산업재 구매과정에 대해 설명한다.

소비자 시장과 소비자 구매행동

소비자 시장과 **소비자 구매행동**(consumer buyer behavior)은 최종소비자(개인 소비를 위해 물건과 서비스를 구매하는 개인과 가구)의 구매행동을 말한다. 이 모든 최종 소비자들이 합쳐져 **소비자 시장**(consumer market)을 이룬다. 미국 소비자 시장은 매년 12조 달러에 해당하는 제품과 서비스를 소비하는 3억 2,700만 명 이상의 사람들로 이루어져 있는데, 이 시장은 세계에서 가장 매력적인 소비자 시장 중 하나이다. [2]

전 세계 소비자들은 연령, 소득, 학력, 그리고 취향에서 매우 큰 차이가 난다. 그들은 믿기 힘들 정도로 가지각색의 물건과 서비스를 구매한다. 이렇게 다양한 소비자들이 서로, 그리고 자신을 둘러싼 다른 주변요소들과 어떻게 연관되는가 하는 것이 여러 제품, 서비스 그리고 기업에 대한 그들의 선택에 영향을 미친다. 다음에서 우리는 소비자 행동에 영향을 미치는 다양한 흥미로운 요인들에 관해 살펴볼 것이다.

소비자행동모델

소비자는 매일 구매결정을 내리고 이 구매결정이 마케터의 활동의 초점이 된다. 대부분의 대기업들은 소비자들이 무엇을, 어디서, 어떻게, 얼마나, 언제, 그리고 왜 구매하는지에 대한 구체적인 해답을 얻고자 소비자 구매행동을 연구한다. 마케터는 소비자들이 무엇을, 어디서, 얼마나 구매하는지에 대해 알기 위하여 실제 소비자 구매에 대해 연구할 수 있다. 하지만 소비자 구매행동의 이유를 이해하는 것은 그리 쉽지만은 않다. 주로 그에 대한 해답이 소비자의 마음속 깊이 간혀있기 때문이다. 소비자들은 종종 그들의 구매에 영향을 미치는 것이 무엇인지 정확히 알지 못한다.

마케터에게 가장 핵심적인 질문은 소비자들이 기업이 사용하는 다양한 마케팅 노력들에 대해 어떻게 반응하는가이다. 그 출발점은 그림 5.1에 나와 있는 구매자 행동의 자극-반응모형(stimulus-response model)이다. 이 그림은 마케팅 자극 및 다른 자극들이 소비자의 '잠재의식(black box)'에 들어가서 어떠한 반응을 일으키는지를 보여준다. 마케터는 소비자의 블랙박스에 무엇이 들어있는지 알아내야 하는 것이다.

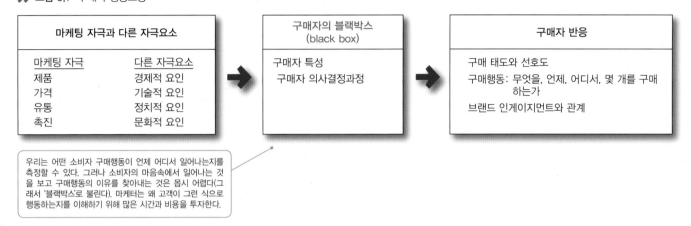

▶▶ 그림 5.1 구매자 행동모형

마케팅 자극과 다른 자극요소		구매자의 블랙박스 (black box)	구매자 반응
마케팅 자극 제품 가격 유통 촉진	다른 자극요소 경제적 요인 기술적 요인 정치적 요인 문화적 요인	구매자 특성 구매자 의사결정과정	구매 태도와 선호도 구매행동: 무엇을, 언제, 어디서, 몇 개를 구매 하는가 브랜드 인게이지먼트와 관계

우리는 어떤 소비자 구매행동이 언제 어디서 일어나는지를 측정할 수 있다. 그러나 소비자의 마음속에서 일어나는 것을 보고 구매행동의 이유를 찾아내는 것은 몹시 어렵다(그래서 '블랙박스'로 불린다). 마케터는 왜 고객이 그런 식으로 행동하는지를 이해하기 위해 많은 시간과 비용을 투자한다.

마케팅 자극은 4P로 구성된다. 그것은 제품, 가격, 유통, 그리고 촉진이다. 다른 자극들로는 구매자의 경제적, 기술적, 사회적, 문화적 환경에서 일어나는 주요 영향요인들과 사건들을 포함한다. 이 모든 투입요소들이 구매자의 잠재의식(블랙박스)에 들어가면 관찰가능한 구매자반응, 즉 구매자의 브랜드 및 기업 관련 행동과 그들이 무엇을 언제, 어디서, 얼마나 많이 구매하는지로 변한다.

마케터는 어떻게 이러한 자극요소들이 소비자의 잠재의식(블랙박스) 안에서 반응으로 변하는지에 대해 이해하고 싶어 하는데, 소비자의 블랙박스는 다음의 두 부분을 가지고 있다. 첫 번째는 구매자 특성으로서, 이는 구매자 자신이 자극을 지각하고 반응하는데 영향을 미친다. 두 번째는 구매자의 의사결정과정 자체로서, 이 부분도 구매자 행동에 영향을 미친다. 이러한 의사결정과정 – 욕구인식부터 정보탐색, 대안평가, 그리고 구매결정과 구매 후 행동에 이르는 – 은 실제 구매행동보다 오래 전부터 시작되고 구매 후에도 오랫동안 계속된다.

이하에서는 먼저 구매자 특성이 구매자 행동에 어떻게 영향을 미치는지를 살펴보고, 그 다음으로 구매자 의사결정과정에 대해 설명하기로 한다.

소비자행동에 영향을 미치는 특성들

그림 5.2에 나타나 있는 것처럼, 소비자 구매는 문화적, 사회적, 개인적, 그리고 심리적 특성에 의해 크게 영향을 받는다. 대부분의 경우 마케터는 이 요소들을 통제할 수 없지만 반드시 고려해야 할 부분이다.

문화적 요인

문화적 요소는 소비자 행동에 폭넓고 깊은 영향을 끼친다. 마케터는 구매자의 문화, 하위문화, 그리고 사회계층의 역할을 이해해야 한다.

문화 문화(culture)는 사람의 욕구와 행동 유발의 가장 기본이 되는 동기(원인)이다. 인간의 행동은 주로 학습된다. 사회의 테두리에서 성장하면서, 아동은 기본적 가치관, 지각, 욕구, 그리고 행동에 대해 가족 또는 다른 중요한 조직들로부터 배운다. 미국의 아동은 대체적으로 다음의 가치들을 학습하거나 그것들에 노출되어 있다. 성취와 성공, 활동과 참여, 효율성과 실용성, 근면, 물질적 안락, 개인주의, 자유, 인도주의, 젊음 그리

저자 코멘트
광범위한 문화적, 사회적 요인에서부터 우리 마음 깊이 자리잡고 있는 동기부여, 신념, 태도에 이르기까지 많은 요인들이 구매행동에 영향을 미친다.

문화(culture)
사회의 한 구성원이 가족과 다른 주요 기관들로부터 학습한 기본적 가치, 지각, 욕구, 행동의 집합

>> **그림 5.2** 소비자행동에 영향을 미치는 요인

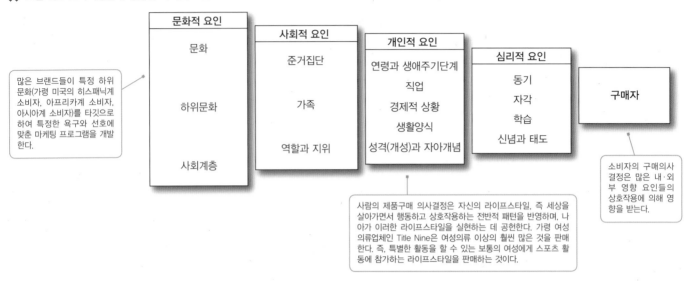

많은 브랜드들이 특정 하위문화(가령 미국의 히스패닉계 소비자, 아프리카계 소비자, 아시아계 소비자)를 타깃으로 하여 특정한 욕구와 선호에 맞춘 마케팅 프로그램을 개발한다.

문화적 요인	사회적 요인	개인적 요인	심리적 요인	구매자
문화	준거집단	연령과 생애주기단계	동기	
하위문화	가족	직업	자각	
		경제적 상황	학습	
사회계층	역할과 지위	생활양식	신념과 태도	
		성격(개성)과 자아개념		

사람의 제품구매 의사결정은 자신의 라이프스타일, 즉 세상을 살아가면서 행동하고 상호작용하는 전반적 패턴을 반영하며, 나아가 이러한 라이프스타일을 실현하는 데 공헌한다. 가령 여성 의류업체인 Title Nine은 여성의류 이상의 훨씬 많은 것을 판매한다. 즉, 특별한 활동을 할 수 있는 보통의 여성에게 스포츠 활동에 참가하는 라이프스타일을 판매하는 것이다.

소비자의 구매의사 결정은 많은 내·외부 영향 요인들의 상호작용에 의해 영향을 받는다.

고 운동과 건강함. 모든 집단과 사회는 고유의 문화를 갖고 있는데, 문화가 구매행동에 미치는 영향은 각 지역과 국가마다 다를 수 있다. 마케터는 항상 문화적 변화를 감지하고 이에 따라 원하는 새로운 제품이 있는지 발견하려고 한다. 예를 들면, 건강과 운동에 대한 큰 관심으로 문화적 변화는 거대한 산업을 창출하는데, 건강과 운동 서비스, 운동용 기구, 의류, 유기농식품, 그리고 다양한 식단이 여기에 해당된다.

하위문화(subculture)
공통의 인생경험과 상황에 기반하여 서로 비슷한 가치관을 갖고 있는 사람들로 구성된 집단

하위문화 각 문화는 더 작은 **하위문화**(subcultures)를 포함하는데, 이는 공통적인 인생경험과 상황에 기반하여 서로 비슷한 가치체계를 갖고 있는 사람들로 구성된 집단으로 정의된다. 하위문화는 국적, 종교, 인종, 지리적 범위를 포함한다. 많은 하위문화들은 중요한 세분시장을 이루고 있고, 종종 마케터들은 그들의 필요에 맞추어 제품과 마케팅 프로그램을 설계한다. 중요한 하위문화로는 아프리카계, 히스패닉계, 아시안계 소비자들을 들 수 있다.

미국 히스패닉 시장은 규모가 크고 매우 빠르게 성장하는 시장이다. 5,900만 명 이상의 소비자를 가진 히스패닉 시장은 1조 7,000억 달러의 연간 구매력을 갖고 있다. 2060년이 되면 히스패닉 인구는 1억 2,000만 명으로 증가해 미국 전체인구의 29%에 육박하게 될 것이다. 히스패닉 소비자는 평균 나이가 29세인 젊은 세분시장이다.[3] 히스패닉계 시장 내에서도 국적, 나이, 소득, 기타 요인에 따라 여러 하위세분시장으로 나누어진다. 한 회사의 제품이나 메시지의 관련성도 멕시코계, 코스타리카계, 아르헨티나계, 쿠바계 등 국적에 따라 다를 수 있다.

히스패닉계 소비자는 주류 소비자집단과 특징 및 행동에서 유사점도 있지만, 큰 차이점을 보이기도 한다. 그들은 매우 가족지향적이고 쇼핑을 집안일로 여기며, 어떤 브랜드제품을 구매할지에 대해 아이들의 의견이 강하게 반영된다. 자신들의 젊은 나이에 맞게

>> **히스패닉 소비자 타깃팅:** Toyota의 상을 수상한 'Más Que un Auto' 캠페인은 히스패닉계와 그들의 Toyota 사이에 강한 감정 유대를 창출하는데, 공식적인 프로그램을 통해 애지중지하는 자신들의 차를 위해 개인화한 무료 명판(nameplate)을 제공한다 (예: Pepe).

Toyota Motor Sales, U.S.A. Inc.

히스패닉계 소비자들은 다른 세분시장에 비해 모바일과 소셜 네트워크를 활발하게 이용하므로 이 세분시장에 도달하는데 있어 디지털 미디어가 적절할 수 있다.

P&G, McDonald's, AT&T, State Farm으로부터 Google, Amazon, L'Oréal에 이르기까지 많은 기업들이 빠르게 성장하는 이 세분시장을 타깃으로 차별화된 마케팅노력을 기울인다. 가령 Toyota는 오랜기간 히스패닉 광고 대행사인 Conill과 협업하면서 많은 히스패닉 마케팅 캠페인을 개발하면서 히스패닉 구매자들에게 가장 선호하는 자동차 브랜드가 되었다. 그 예가 광고상을 수상한 'Más Que un Auto' 캠페인이다.[4]

히스패닉 소비자들에게 가장 사랑받는 자동차 브랜드의 10주년을 기념하기 위해, Toyota는 'Más Que un Auto'(번역하면 '자동차 그 이상의')라는 주제의 히스패닉 시장을 겨냥한 캠페인을 실행하였다. 이 캠페인은 히스패닉의 자신의 차에 대한 특별한 사랑과 강한 기호에 소구하는데, 모든 것을 주고 사는 차를 포함하는 지극히 개인적인 별명이다. 이 캠페인은 히스패닉 고객에게 무료 자동차 명판(nameplate)을 제공하여 고객의 독특한 자동차 이름을 새겨 주는데, 공식적인 Toyota 명판과 같은 활자체(typeface)와 재료를 사용하였다. 현재 히스패닉 고객은 Toyota의 모델명과 함께 개인화하면서도 공식적으로 보이는 자신만의 브랜드 배지(badge)로 자신의 차를 장식하고 있다—Pepe, El Nino, Trueno, Monster, 또는 Oliver, Ellie, Rolly the Corolla 등이 그 예이다.

캠페인 상을 수상한 'Mas Que un Auto'는 히스패닉 고객과 Toyota 간 강한 유대감을 만들었다. 이 캠페인 시작 시점에 고객들은 15만 개 이상의 명판을 주문하였는데, 이는 2만 5천 대의 목표를 훨씬 넘어선 것이다. 브랜드 팬들이 수천 개의 사진과 자신의 자동차 러브 스토리를 캠페인 사이트와 소셜 미디어에 올렸다. Toyota는 이제 'Mas Que un Auto' 캠페인을 새롭게 준비하고 있는데, 팬들의 스토리를 광고에 담거나, 고객들에게 자신이 가장 사랑하는 주행을 주제로 하는 방송용 CF를 만들기 위해 최선의 아이디어를 선택하도록 하고 있다.

부유와 세련됨을 갖춘 아프리카계 미국 흑인인구가 늘어나고 있다. 4,700만 명 이상의 미국 흑인 소비자들은 1조 5,000억 달러 정도의 구매력을 갖고 있다. 다른 세분시장보다 가격을 의식하는 편이지만 그들은 품질이 좋고 엄선된 제품을 구입한다. 그들에게 브랜드는 중요하다. 아프리카계 소비자들은 디지털 및 소셜 미디어를 엄청나게 사용하며, 이에 따라 다양한 마케팅 채널을 통해 접근이 가능하다.[5]

자동차 제조업체 Ford, Toyota, Hyundai, 소비재 제조업체 P&G에서부터 U.S. Forest Service 같은 비영리 미 정부 기관에 이르기까지 많은 기업들이 아프리카계 미국 소비자들을 겨냥한 제품, 소구방식, 마케팅 프로그램을 개발한다. 예를 들어, U.S. Forest Service와 Ad Council은 최근 들어 아이들이 밖에서 자연을 즐기는데서 오는 혜택을 알리기 위해 'Discover the Forest' 공공 캠페인을 전개했다. 캠페인의 한 부분은 아프리카계 어린이들의 부모를 겨냥했다.[6]

>> **아프리카계 미국 소비자를 겨냥한 마케팅:** U.S.Forest Service와 Ad Council은 아프리카계 미국인 가족들을 대상으로 아이들이 밖에서 자연을 즐기는데서 오는 혜택을 알리기 위해 'Discover the Forest' 공공 캠페인을 전개했다.

The Forest Service, an agency of the U.S. Department of Azriculture and the Ad Council

2억 4,500만 명 이상의 미국인들이 자연림이나 초원에서 100마일 이내에 거주하고 있지만, 일부 인구집단에 속한 대다수 어린이들이 야외활동을 즐기지 않는 것으로 조사되었다. 가령, 6~12세의 아프리카계 미국인 중 37%만이 야외활동을 자주 하는 것으로 나타났는데, 이는 같은 연령층의 평균적인 미국 어린이들 중 67%가 그렇게 하는 거과 대비된다. 이러한 갭을 좁히는데 도움을 주기 위해 U.S. Forest Service와 Ad Council은 'Discover the Forest' 캠페인을 전개했는데, 이 캠페인은 입간판, 라디오광고, 상호작용적인 소셜 미디어, 웹사이트 콘텐츠 등을 통해 공익관련 메시지를 전달하는 것이다. '플러그를 뽑으세요(Unplug)', '호기심이 넘쳐나는 곳(Where curiosity blooms)', '연결된(connected)' 같은 헤드라인을 가진 광고물들은 아프리카계 미국인 가구를 겨냥해 웅대한 자연과 연결됨의 결과로 건강과 행복감 같은 혜택을 얻도록 권장한다. 최근 '연결된(connected)' 프로모션 캠페인은 익숙한 소셜 미디어 용어인 '스트리밍', '연결된', '트윗(tweet)' 등을 사용하여 잠시 기술로부터 단절된 가족들을 기다리는 자연의 모험을 강조한다.

아시아계 미국인은 미국 내 인구통계상의 세분시장들 중 가장 부유하다. 그들의 수는 현재 2,000만 명 이상이고, 2017년에는 연 구매력이 1조 달러에 이를 것으로 예상된다. 이들은 가장 빠르게 증가하는 세분시장이며, 히스패닉 세분시장과 마찬가지로 다양한 집단으로 구성되어 있다. 중국계 미국인이 그중 제일 큰 집단을 이루고 있고, 다음으로 필리핀계, 아시아 인도계, 베트남계, 한국계, 일본계 미국인 순서로 구성되어 있다. 다양한 스페인어 방언을 사용하는 히스패닉계 소비자와 달리, 아시아계 소비자들은 서로 다른 언어를 사용한다. 가령 2010년 미 인구조사국을 위한 광고는 아시아계 미국인들을 겨냥해 일본어, 중국어, 한국어, 베트남어, 캄보디아어, 태국어를 사용한 광고물을 포함시켰다.[7]

아시아계 소비자들은 다른 인종집단보다 쇼핑을 자주 하며, 브랜드 제품을 가장 선호한다. 그들은 브랜드에 매우 충성적이다. 이에 따라 많은 기업들이 이제 아시아계 미국인 세분시장을 타깃으로 한다. 가령 많은 유통업체들, 특히 Bloomingdale's 같은 고급 백화점에서는 중국의 새해 기간을 주제로 하는 특별 이벤트와 프로모션을 진행하는데, 이 기간은 중국계 미국 소비자들에게는 크리스마스 시즌에 해당한다. 유통업체들은 중국어를 하는 직원을 고용하고, 중국 주제의 패션과 상품을 제공하고, 아시아계 문화 이벤트를 연다. Bloomingdale's는 미국 전역에서 이 기간 동안 한정판 팝업 매장을 오픈하고 있다.[8]

Bloomingdale's 팝업 매장은 행운을 나타내는 중국 컬러인 레드, 골드, 블랙 모티프로 디자인된, 고품격 중국 테마의 패션 및 다른 상품을 특별히 중국 신년을 축하하기 위해 기획한다. 몇몇 매장에서는 사자춤, 중국 전통 타로 카드, 서예전, 연등 만들기, 중국차 시음회, 무료 조디악 네일 아트 등의 이벤트를 후원하고 있다. 또한 고객을 초청하여 기프트 카드를 8, 88, 888달러로(중국 문화에서 8은 행운의 숫자임) 만들어 넣은 빨간 봉투를 뽑도록 한다. Bloomingdale's 백화점은 중국 새해가 되기 전 몇 주 전부터 중국어로 광고와 프로모션을 만들어 기존 미디어와 소셜 미디어에서 실행한다. 전국적으로 매장에 중국어가 가능한 직원 175명을 배치하고 있다. 이 백화점 CEO는 "중국계 미국인 뿐 아니라 중국 관광객을 포함한 중국인 고객은 Bloomingdale's 전체 매출의 중요한 부분이다."라고 말한다.

범문화적 마케팅전략
(total marketing strategy)
브랜드의 주류 마케팅에서 민족적 주제와 문화 간 시각을 통합하여 차이보다는 하위 문화적 세그먼트 간 소비자 유사성을 호소하는 전략

범문화적 마케팅전략 히스패닉계, 아프리카계, 아시아계 미국인 세분시장별로 차별화된 마케팅노력을 기울일 뿐 아니라 많은 마케터들은 이제 **범문화적 마케팅전략**(total marketing strategy)도 수행한다. 범문화적 마케팅은 주류(정통) 마케팅 안에서 소수인종적 주제와 범문화적 관점을 포함시키는 마케팅 실행방식을 말한다. 다종족 가족과 부부를 등장시키는 Cheerios와 IKEA 광고가 그 한 예이다. 범문화적 마케팅은 하위문화 간 소비자 차이보다는 유사점에 소구한다.[9]

Toyota는 범문화적 마케팅전략을 사용하여 특정 하위문화 세분시장을 목표로 하는 광고와 전체 시장을 대상으로 하는 문화 간 광고를 제작하여 실행한다.[10]

최근 Toyota Camry의 센세이션(Sensations) 마케팅 캠페인은 히스패닉, 아프리카계와 아시아계 세분시장을 겨냥한 광고를 각 인종의 문화에 특화된 전문적인 광고대행사가 실행하고 있다. 예를 들어, '매혹적인(Captivating)'이라는 제목의 CF는 어느 중국계 아빠와 딸의 유대를 주제로 하여 그 부녀가 최신 Camry의 하이테크 기술을 공유하면서 아시아계 소비자에게 가족과 기술의 중요성을 강조한다. '반항하는(Rebellious)'이라는 제목의 광고는 영어와 스페인어로 방송되었는데, 젊은 히스패닉 남성이 빨간색 Camry 앞에서 주저하다가 어머니의 전화를 받지 않는 장

》 범문화적 마케팅전략: Toyota Camry의 최근 "센세이션(Sensations)" 캠페인은 특정 하위문화 세분시장을 겨냥한 광고와 일반 시장을 겨냥한 범문화 세분시장을 겨냥한 광고를 포함한다. 이 그림의 '뽐내는(Strut)' CF는 '멋진 스타일의 단면(slice of style)'의 소구로 아프리카계를 겨냥한다.

Toyota Motor Sales, U.S.A., Inc.

면을 연출한다. 이는 히스패닉계 세대의 이해에 근거한 예리한 결정이다. '뽐내는(Strut)'이라는 광고에서는 아프리카계 남성이 등장시켜 피자를 받기 위한 평범한 달리기를 멋진 스타일의 단면(slice of style)으로 전환한다. 이 광고를 만든 광고대행사의 임원은 "아프리카계 소비자에게는 정말 스타일이 차를 평가하는데 있어 최우선이라는 점을 알게 되었다"라고 말한다.

동시에 센세이션 캠페인은 Toyota의 전체 시장을 겨냥한 광고대행사가 무엇보다 중요한 주류 광고도 제작한다. 이 광고는 다문화 마케팅전략을 담당하는 전국 브랜드관리자가 범문화적(total transcultureal)이라고 지칭하는 시장에 소구하는 것이다. 이 광고에는 문화 간 차이보다는 문화 간 공유되는 소비자 가치에 집중하여 다양한 인물과 환경이 등장한다.

따라서 Toyota는 범문화적 마케팅전략에 모든 근거를 포함하는 것 같다. 주류 광고에서는 "대중은 모든 인종의 사람들이 보여지는 상태로 보고싶어 하는데, 이는 오늘날 미국에서 대부분의 일상이기 때문이다"라고 Toyota 브랜드 담당 임원은 말한다. 동시에 인종에 특화된 광고에서는 '만약 어느 집단의 사람이 자신과 유사한 대상과 소통을 원한다면, 좋은 소식은 Camry의 캠페인처럼 제품의 다양성 때문에 그렇게 할 수 있다.'라고 한다.

사회계층 거의 모든 사회는 어떠한 형태의 사회계층구조를 가지고 있다. **사회계층**(social class)은 비슷한 가치관, 관심사와 행동을 공유하는 사람끼리 구성된 비교적 영구적이고 계층적인 사회적 구분을 말한다. 사회학자들은 미국 내에서 상위 상류층, 하위 상류층, 상위 중산층, 중산층, 노동자 계층, 상위 하류층, 하위 하류층 등 7가지 유형의 사회계층을 발견했다.

사회계층은 소득과 같은 한 가지 요인에 의해 결정된다기보다는 직업, 수입, 학력, 재산, 그리고 다른 요인들이 결합되어 측정된다. 어떤 사회제도에서는 계층마다 특정의 역할이 주어져 있고 계층을 바꿀 수 없다. 하지만 미국의 경우 사회계층을 나누는 명확한 선이 없기 때문에 사람들은 더 높은 신분으로 이동하거나 더 낮은 신분으로 내려갈 수 있다.

마케터들이 사회계층에 관심을 가지는 이유는 한 계층에 속한 사람들은 비슷한 구매 행동을 보이기 때문이다. 사회계층은 의류, 가구, 레저활동, 금융상품, 자동차 등의 영역

사회계층(social class)
비교적 영속적이고 계층적 구조를 갖도록 나누어진 집단으로서, 각 집단은 비슷한 가치관, 관심사와 행동을 공유하는 사람들로 구성됨

에서 독특한 제품/브랜드 선호도를 보인다.

사회적 요인

소비자 행동은 소비자가 속한 소집단, 사회적 네트워크, 가족, 그리고 사회적 역할 및 지위 같은 사회적 요인에 의해 영향을 받기도 한다.

집단(group)
개인적 혹은 상호 공통적 목표를 성취하기 위해 상호작용을 하는 2명 혹은 그 이상의 사람들

준거집단(reference group)
한 사람의 태도나 행동을 형성하는데 직접적인 또는 간접적인 비교나 준거점의 역할을 하는 집단

의견선도자(opinion leader)
특별한 기술, 지식, 개성 혹은 다른 특성 때문에 다른 사람에게 영향을 미치는 준거집단 내의 사람

구전 영향(word-of-mouth influence)
신뢰하는 친구, 가족, 동료, 다른 소비자의 말과 추천이 구매행동에 미치는 영향

인플루언서 마케팅(Influencer marketing)
기업의 브랜드에 관한 입소문을 확산시키기 위해 알려진 인플루언서를 모집하거나 새로운 인플루언서를 창출함

집단과 사회적 네트워크   사람의 행동은 많은 소집단에 의해 영향을 받는다. **집단**(groups)은 개인적 혹은 상호 공통적 목표를 성취하기 위해 상호작용을 하는 두 명 혹은 그 이상의 사람들을 말한다. 한 개인에게 직접적인 영향을 주며 그 사람이 속해 있는 소집단을 회원집단(membership group)이라고 한다. 이에 반해 **준거집단**(reference group)은 한 사람의 성격과 행동을 형성하는데 직접적 혹은 간접적인 비교점 혹은 준거점의 역할을 하는 소집단을 말한다. 사람들은 흔히 자신이 속하지 않는 준거집단에 의해 영향을 받는다. 예를 들어 이상적(혹은 열망) 집단(aspiration group)은 어린 농구선수가 언젠가는 LeBron James에 필적하는 선수가 되어 NBA(미국프로농구)에서 뛰게 되길 희망하는 것과 같이 한 개인이 속하고 싶어 하는 집단을 말한다.

마케터들은 목표시장의 준거집단이 누구인지를 파악하려 한다. 준거집단은 사람들로 하여금 새로운 행동과 생활방식에 노출되도록 하고, 나아가 그들의 성격과 자아에 영향을 주고, 그들의 제품 및 브랜드 선택에 영향을 미치도록 압박감을 유발한다. 집단이 얼마나 중요한 영향을 미치게 되는가는 제품과 브랜드에 따라 차이가 있다. 소비자가 존경하는 사람에게서 그 제품을 발견했을 때 그 영향력은 가장 강하게 나타난다.

강한 집단 영향력을 가진 제품과 브랜드의 제조업자들은 여론선도자에 접근하는 방법을 알아야하는데, **의견선도자**(opinion leaders)는 특별한 기술, 지식, 개성 혹은 다른 특성들 때문에 다른 사람에게 영향을 끼치는 준거집단 내의 사람들을 말한다. 마케터는 자사제품의 여론선도자를 파악해 이들을 대상으로 마케팅 노력을 기울이려고 한다.

구전 영향(word-of-mouth influence)은 소비자 구매행동에 큰 영향을 미칠 수 있다. 신뢰하는 친구, 가족, 동료, 그리고 다른 소비자들이 하는 말과 추천은 광고 혹은 영업사원 같은 상업적 원천으로부터 얻는 정보에 비해 더 신뢰성이 높다.

대부분의 구전 영향은 자연스럽게 일어난다. 소비자들은 자신이 사용하고 있거나 이런저런 식으로 어떤 감정을 갖고 있는 브랜드에 대해 이야기를 늘어놓기 시작한다. 그러나 종종 이를 그냥 그대로 내버려두기보다는, 마케터가 자사브랜드에 대한 긍정적 대화를 이끌어내기 위해 지원할 수 있다.

인플루언서 마케팅(Influencer marketing)은 알려진 인플루언서를 모집하거나 기업의 브랜드에 관한 입소문을 확산시키기 위해 새로운 인플루언서를 만드는 것이다. 예를 들면, 대규모 화장품업체인 CoverGirl은 "나는 화장한 모습이다(I am what I make up)"라는 광고 캠페인을 다양하고 새롭고 널리 알려진 "badass" 브랜드 인플루언서를 중심으로 구성하였는데, 이들 인플루언서들은 장벽을 무너뜨리는 여성으로서 브랜드 슬로건에 생동감을 불어 넣었다. 이 인플루언서팀에는 Katy Perry, HBO series Insecure의 스타 Issa Rae, Food Network 호스트 Ayesha Curry, 피트니스 거장 Massy Arias, 69세의 모델 Maye Musk, 그리고 프로 모터사이클 레이서 Shelina Moreda가 포함된다.

그 캠페인에서 영향력 있는 CoverGirl 대사들은 자신들의 말로, 즉 개인적이고 진정한 방식으로, "나는 화장한 모습이다(I Am What I Make Up)"라는 슬로건이 자신들에게 의미하는 바를 설명한다.[11]

온라인 소셜 네트워크를 활용하여 영향을 미치고 있는 마케터들도 있다. **온라인 소셜 네트워크**(online social networks)는 친교를 나누고 정보와 의견을 교환하는 온라인 커뮤니티를 말한다. 소셜 네트워킹 커뮤니티는 블로그(Mashable, Engadget, Gizmodo), 메시지보드(Craigslist), 소셜 미디어 사이트(Facebook, Twitter, YouTube, Instagram, Snapchat, LinkedIn), 공동 쇼핑 사이트(Amazon.com, Etsy)까지 포함한다.

>> **인플루언서 마케팅:** 화장품 브랜드인 CoverGirl의 "나는 화장한 모습이다(I am what I make up)"라는 캠페인은 이 슬로건이 자신에게 의미하는 바를 확실하게 설명해 주는 다양한 영향력 있는 브랜드 대사를 활용한다.
Craig Barritt/Getty Images

이제 마케터들은 자사제품을 촉진하고 더 긴밀한 고객관계를 구축하기 위해 이와 같은 새로운 소셜 네트워크와 다른 온라인 구전매체들의 영향력을 활용하고 있다. 그들은 소비자들과 상호작용하고 그들의 대화와 삶의 일부분이 되기 위해 디지털, 모바일, 그리고 소셜 미디어를 활용하려고 한다.

많은 인플루언서 마케팅 캠페인은 자수성가한 인플루언서 집단과 관계를 형성하는 것에 관련되는데, 이들 집단은 이미 인터넷을 열심히 하는 소셜 미디어 성향으로부터 독립적인 블로거까지 포함한다. 핵심은 브랜드와 관련되는 팔로워와 신뢰받는 언변과 적합성이 좋은 강한 네트워크를 가진 온라인 인플루언서를 찾아내는 것이다. 예를 들면, Target의 아동의류 라인인 아트 클래스(Art Class)는 아동을 위해 디자인된 것으로 디자인 영감과 마케팅을 위해 인기 높은 젊은 온라인 인플루언서에게 크게 의존하였다. 10대의 소셜 미디어 스타인 15세의 Loren Gray(Instagram 팔로워 650만 명), Nia Sioux(Instagram 팔로워 450만 명), Jacob Martin(Instagram 팔로워 30만 9천 명)이 그들의 온라인 청중들과 공유하는 스토리는 독특하고 개인적인 아트 클래스 디자인을 창출하기 위해 Target과 함께 일하는 즐거움이다. 그들이 올리는 글은 수십만의 '좋아요'와 "엄마를 설득하여 그 의류 상품을 사도록 맹세한다."는 등의 많은 댓글이 달린다.[12]

이와 유사하게, 당신은 틀림없이 아웃도어 브랜드인 Patagonia를 팔로우 하는 등산족(climbers)과 스키족(skiers), Harley-Davidson를 팔로우 하는 바이크족(bikers), 그리고 식료품 체인인 Whole Foods Market 또는 Trader Joe's를 팔로우 하는 미식가들(foodies)의 '좋아요'를 SNS에서 만나게 될 것이다. 그리고 P&G, McDonald's, Walmart, 그리고 Disney 기업은 영향력 있는 엄마 블로거 또는 엄마 소셜 미디어 사용자들과 긴밀히 협력하여 그들을 브랜드 옹호자로 변화시키고 있다(Marketing at Work 5.1 참조).

대다수 브랜드들은 여러 소셜 미디어를 통해 브랜드 존재감을 구축하려고 한다. 마케팅 도구로써의 온라인 소셜 네트워크에 대해서는 14장에서 더욱 자세히 다루게 될 것이다.

온라인 소셜 네트워크
(online social networks)
사람들이 친교를 나누고 정보와 의견을 교환하는 온라인 소셜 커뮤니티(블로그, 소셜 네트워킹 사이트, 다른 온라인 커뮤니티 등)

그러나 사회적 영향을 다루는 많은 대담들이 디지털, 모바일과 소셜 미디어에 초점을 맞추고 있지만, 브랜드 관련 대화의 대부분은 고전적 방식인 대면 커뮤니케이션을 통해 이루어진다. 따라서 대다수의 효과적인 구전 마케팅 프로그램은 대면적인 브랜드 대화를 만들어내고, 오프라인과 온라인 사회적 영향 전략을 통합하는 것에서 시작한다. 프로그램의 목적은 고객들이 브랜드에 관여할 기회를 제공하고 고객을 브랜드 옹호자로 변화시키고 현실세계와 가상적인 소셜 네트워크에서 자신의 브랜드 열정과 경험을 서로 공유할 수 있도록 도움을 주는 것이다.

가족　가족은 구매행동에 강한 영향을 준다. 가족은 사회에서 가장 중요한 소비자 구매조직이며, 이 분야는 광범위하게 연구되어 왔다. 마케터들은 남편, 아내, 그리고 아이들의 제품과 서비스에 대한 구매에 끼치는 각자의 역할과 상대적 영향력에 대해 관심을 가진다.

남편–아내의 구매관여도는 제품범주와 구매과정의 단계에 따라 다르다. 구매역할은 소비자 라이프스타일이 진화함에 따라 바뀐다. 미국에서는 전통적으로 아내가 가족의 식품, 가정용 제품, 그리고 옷의 구매를 도맡아 왔다. 그러나 71%의 엄마가 가정 밖에서 일을 하고 남편들이 가족을 위해 더 많은 구매활동을 기꺼이 수용하려고 함에 따라 과거의 역할분담에 변화가 일어나고 있다. 남성을 대상으로 최근에 실시된 한 서베이에 의하면 거의 절반 정도가 식료품 쇼핑의 50%를 직접 수행하며, 39%가 대부분의 세탁물을 자신이 취급하며, 25% 정도는 요리를 전담하는 것으로 나타났다. 또한 여성들이 남성보다 새로운 기술제품 구매에 1.5배 더 지출하며 모든 신차 구매 중 80% 이상에 영향력을 행사한다.[13]

이러한 역할변화는 마케팅활동에서의 변화를 초래한다. 전통적으로 여성(식료품, 퍼스널케어 제품 등) 혹은 남성(승용차, 소비자 내구용품)을 대상으로 판매한 여러 산업의 마케터들은 이제 그 반대로 남성 혹은 여성을 타깃으로 하는 마케팅을 신중하게 수행하고 있다.

다른 기업들은 자사제품을 요즈음의 가족 맥락에 맞추고 있다. 가령, General Mills 광고물은 아이들이 아침에 학교에 가려고 할 때 아들의 점심거리로 Go-Gurt 요구르트를 마련하는 아빠를 보여준다. 최근에 실시된 General Mills의 Cheerios제품을 위한 'How to Dad' 캠페인은 아빠를 여러 가지 가사일을 동시에 수행하는 슈퍼히어로로 묘사했는데, 이는 식품광고에서 종종 보여주는 우왕좌왕하는 전형적 아빠의 모습과는 차이가 있다. 이 아빠는 자녀들에게 건강에 좋은 Cheerios 아침 식사용 식품을 먹이는 것을 포함해 현명하게 모든 가사일을 수행한다. 이와 비슷하게 90초짜리의 Barbie 광고에서 아빠와 딸이 함께 Barbie 인형을 가지고 노는 마음을 따뜻하게 하는 장면을 보여준다. 이 광고의 결말은 '딸의 상상 속 세계에서 보낸 시간은 현실세계에서의 투자"로 끝난다.[14]

어린이들 또한 가족 구매결정에 강한 영향을 미칠 수 있다. 미국의 어린이와 10대는 연 1조 2,000억 달러에 이르는 모든 가구구매의 80% 정도의 영향을 미친다.

어느 글로벌 서베이는 자녀들이 부모의 결정에 특별한 영향을 미친다는 것을 보여주었다. 돈과 자유시간을 어떻게 사용하는가(70~71%), 휴가여행을 어디로 가는가(64%), 얼마나 자주 외식을 하는가(58%), 그리고 어디서 사는가(43%)이다. 뿐만 아니라, 대다수의 부모들은 그들의 자녀가 가족 구매에 자신들이 자랄 때보다 더 많은 영향을 미친다고

느끼고 있다.[15]

다양한 산업에 걸쳐 마케터들은 마케팅 프로그램에서 이와 같은 가족의 영향을 인식하고 있다. 예를 들어, Honda Odyssey 미니밴의 광고의 제목은 "평화를 지키라(Keep the Peace)"인데, 이 광고가 전체 가족을 만족시키는 혁신적인 기능을 홍보하고 있다. "자녀들이 행복할 때 부모가 행복하므로, 이 새로운 캠페인의 목표는 다음을 전달하는 것이다. 올 뉴 Honda Odyssey는 가족 모두를 행복하게 하는 연결성, 기능성, 탄력성, 운전의 재미를 갖추고 있다."라고 Honda 마케터는 말한다.[16]

>> 가족 구매영향: 아이들은 레스토랑과 휴가지부터 모바일 디바이스와 자동차 구매에 이르기까지 모든 가족 구매에 많이 관여한다.

Andres Rodriguez/123RF

역할과 지위 사람은 가족, 클럽, 조직, 온라인 커뮤니티 등의 많은 집단에 속해 있다. 각 집단에서 사람의 포지션은 그 사람의 역할과 지위에 의하여 정의될 수 있다. 역할은 주위 사람들에 의하여 어떤 사람이 수행할 것으로 기대하는 활동들로 이루어져 있다. 각 역할은 사회에 의해 그 역할에 상응한 일반적 존경심을 반영하는 지위를 수반한다.

사람들은 보통 자신의 역할과 지위에 맞는 제품을 선택한다. 직업을 가진 어머니들이 얼마나 많은 역할을 갖고 있는지 생각해보자. 회사에서는 브랜드 매니저라는 역할을, 가정에서는 아내와 어머니라는 역할을, 자신이 좋아하는 스포츠경기에서는 열성적인 팬의 역할을 수행한다. 그녀는 브랜드 매니저로서 회사에서의 자신의 지위와 역할에 걸맞은 옷을 구매한다. 그리고 스포츠경기에서는 자신이 좋아하는 팀을 지지하는 옷을 입을 수 있다.

개인적 요인

구매자의 의사결정은 구매자의 직업, 나이와 생애주기단계, 경제적 사정, 생활방식, 성격과 자아 개념 같은 개인적 특성에 의해 영향을 받기도 한다.

직업 개인의 직업은 제품과 서비스를 구매하는데 영향을 준다. 비사무직 근로자는 세련되지 않은 작업복을, 회사 간부들은 정장을 더 많이 사는 경향을 보인다. 마케터들은 평균치보다 자신들의 제품과 서비스에 대해 더 많은 관심을 보이는 직업분야를 찾으려 한다. 어떤 기업은 특정 직업분야에 종사하는 사람들의 필요에 맞추어 제품을 전문적으로 생산하기도 한다. 예를 들어, 세계의 선도적인 건설기계 제조업체인 Caterpillar/CAT은 거칠고 힘든 작업환경을 위해 만들어진 튼튼한 모바일 폰을 제공하고 있다. 건설업과 중공업과 같은 힘든 환경에서 보통의 스마트폰은 충분히 내구적이거나 튼튼하거나 신뢰성이 높지 않다. 디바이스 제조업체에 따르면, 핸드폰의 손상은 이러한 직업의 숙련공들에게 공통적인 문제여서 그들을 불필요하게 부담스럽게 하거나 비용이 들게 만든다. CAT 폰은 극심한 떨어뜨림과 온도를 견뎌내고, 먼지와 물을 차단하고, 소음이 나는 작업장에서 우수한 음질을 제공하고, 젖은 손가락이나 장갑을 끼고도 사용할 수 있는 디스플레이가 특징적이다.[17]

MARKETING AT WORK **5.1**

소셜 미디어 엄마를 브랜드 대사로 만들기

미국 엄마들은 거대한 시장을 형성한다. 여성이 모든 소비자 구매의 85%를 차지하고 8,500만의 엄마들은 연간 소비자 지출의 2조 4천억 달러를 지불한다. 엄마들은 대량 소셜 미디어 공유자이며 소비자이다. 그들은 일반적인 대중보다 소셜 미디어를 20% 더 사용하고 엄마들의 44%는 스마트폰으로 물건을 구매하고 있다. 게다가 많은 엄마들은 소셜 미디어에 크게 의존하여 브랜드와 구매 경험을 포함한 다양한 경험을 다른 엄마들과 공유하고 있다.

예를 들어, 미국에 블로그하는 엄마가 1,420만 명이고, 약 440만 명의 엄마들은 100만 명 이상의 팔로워에게 영향을 주고 있다. 엄마 블로거들에게 대단히 믿음직한 플랫폼으로는 Instagram("Instamoms"), Facebook, 그리고 Twitter가 있으나, Pinterest와 YouTube 또한 인기가 높다. 그러한 엄마 인플루언서는 중요하다. 소셜 미디어에서 엄마들의 약 55%는 자신의 구매결정을 개인적인 스토리, 추천, 그리고 블로그와 소셜 미디어에서 찾은 제품 후기에 기초하여 한다.

이러한 놀라운 수치가 주어진다면, 많은 마케터는 엄마들 사이의 영향력을 활용하는데, 영향력있는 소셜 미디어 엄마들의 네트워크를 만들어 그들을 브랜드 대사로 전환시킨다. 여기 세 가지 사례가 있다. McDonald's, Walmart, 그리고 Disney다.

McDonald's Mom Bloggers. McDonald's는 체계적으로 그 나라의 가정주부들에게 영향을 주는 핵심 블로거에게 접촉하는데, 가정주부들은 자신의 가족들의 외식 장소 선택에 영향을 미친다. 예를 들어, McDonald's는 15명의 영향력 있는 엄마 블로거들을 시카고 본사의 투어에 모든 경비를 부담하고 초청하였다. 블로거들은 시험 주방을 포함한 시설을 둘러보고 McDonald's 미국 회장과 Ronald McDonald House에서 마스코트인 Ronald와 사진을 찍었다. McDonald's는 이런 엄마 블로거들은 충성스러운 팔로워들이 있으며 자신의 블로그에서 McDonald's에 관해 많은 얘기를 하고 있다는 것을 안다. 따라서 블로거들에게 무대 뒤의 모습을 보여주어 그들에게 믿음을 주는 것이다. McDonald's는 블로거들에게 소셜 미디어 포스트에 본사 방문에 관해 무엇을 얘기할지를 알려주려 하지 않고 단지 자신들의 방문에 관하여 솔직한 요약을 적도록 요청한다. 그러나 결과적으로 포스트는 각각 블로거가 McDonald's와 관련성을 인정하며, 대체로 긍정적이었다. 이와 같은 노력 덕분에, 엄마 블로거들은 McDonald's에 대해 더 많이 알고 있고 이 기업과의 관계가 더 돈독하다. "나의 아이들이 좋아하는 스무디와 요거트와 다른 것들이 이 기업에 있다."고 유명한 블로거는 말한다. "Burger King이 지금 하고 있는 것을 당신에게 말하기 정말 어렵다."고 덧붙인다. "나는 잘 모릅니다."

Walmart Moms. 9년 전에 모든 엄마들의 목소리를 대변하려고 11명의 영향력 있는 엄마 블로거 그룹을 모집하였고 ElevenMoms로 불리웠는데, 빠르게 22명으로 늘어났다. 나중에 Walmart Moms로 불리우는 이들 영향력 있는 소셜 미디어 엄마들은 모든 엄마들을 대신하여 Walmart에 의견을 전달하였고 그 다음에는 Walmart를 대표하여 자신들의 대형 소셜 미디어 팔로잉 하였다. Walmart가 "moms like you"로 묘사한 Walmart Moms는 지역, 인종, 그리고 연령에서 미국 엄마들의 대표적 단면을 나타내었다. "Walmart Moms는 대부분의 엄마들과 매우 비슷하다."라고 Walmart는 말한다. 그들은 "가정과 일과 개인 일에 균형을 맞추는 것을 알고서 없어진 소프트볼 글러브를 찾으면서 그 사이에 다른 모든 일을 하고 있다. 그들은 항상 돈을 절약하고 더 나은 생활을 하는 방법들을 찾는다." Walmart Moms는 중요하고 영향력 있는 Walmart 브랜드 대사가 되었다. 서베이, 핵심 그룹과 점포 내 이벤트를 통해 엄마 블로거들과 독자들은 Walmart와 공급자들에게 점포와 상품에 관한 핵심 소비자 통찰력을 제공하였다. 또 다른 방법으로 Walmart Moms는 적합한 스토리, 사진, 비디오를 만들었는데-여기에는 돈을 절약하는 팁부터 상품 평가와 수공예 제안과 레시피에 이르는 모든 것을 포함하였고 소셜 미디어와 Walmart 온라인과 소셜 미디어 사이트에 링크되어 공유되었다. Walmart Moms는 상품 샘플과 보상을 받았다. 그들의 포스트는 Walmart에서 판매되는 상품을 언급하고 Walmart 사이트에 있는 상품에 연결된 링크를 포함하였다. 그러나 Walmart와 Walmart Moms 자신들의 강점이 진정성과 팔로워들의 신뢰에 달려 있다는 것을 알고 있었다. 따라서 Walmart의 격려하는 전적인 지원으로 인하여, 엄마들은 무엇이나 자신들이 즐거워하는 것과 진솔한 의견을 공유하며 포스트 하였

>> mom-to-mom 영향력을 효과적으로 가동하여 Disney는 플로리다의 Disney Social Media Moms Celebration에 175명에서 200명의 엄마들과 그들의 가족을 초청한다. 이 축하연은 PR 이벤트, 교육 컨퍼런스, 가족 휴가로 구성되는데, 이것들은 중요한 엄마 인플루언서들을 위한 수많은 Disney 매직으로 채워진다.

Mindy Marzec

다. 어느 엄마 블로거가 말하기를, "Walmart가 요구하는 것은 우리가 단지 우리 자신이면 되고 자신의 목소리에 솔직하면 된다는 것이다." 그것이 없다면, Walmart Moms가 포스트하는 것은 회사 홍보물에 불과하였을 것이다.

8년 후 Walmart는 ElevenMoms 프로그램을 중단하였다. 그렇지만 Walmart는 배운 귀중한 교훈에 기초하여 훨씬 넓어진 기반의 mom-to-mom 소셜 미디어 인플루언서들의 관여를 적극적으로 유발하고 있다.

Disney Social Media Moms. Walt Disney Company는 소셜 미디어에서 엄마들의 파워와 가족여행 계획에서 엄마의 역할의 중요성을 오래전부터 인식하고 있다. 7년 전에 이 기업은 Disney Social Media Moms라는 그룹을 결성하였는데, 이들은 약 1,300명의 엄선한 엄마 블로거(아빠도 약간 포함), 여행 블로거와 그리고 활동적인 Disney 중심의 소셜 미디어에 포스트하는 사람들이다. Disney는 브랜드의 가족친화적인 중심에 적합하고 소셜 미디어를 많이 사용하고 온라인 뿐 아니라 오프라인 커뮤니티 활동에 활발한 영향력 있는 엄마들을 찾고 있다. 그 한 예가 Rachel Pitzel인데, 두 아이의 엄마이고 Club Momme의 전 CEO였는데, 이 회사

는 엄마, 출산을 앞둔 부모와 가족을 위한 이벤트를 후원하고 활빌한 블로그를 유지하고 있는 사회 및 교육 그룹이다. 다른 사람은 Wendy Wright인데, 두 아이를 홈스쿨링하는 엄마이자 왕성한 활동을 하는 블로거이다. Wendy는 자신을 "Disney nut"이라고 묘사하는데(자신의 고양이는 Mickey와 Minnie로 이름을 지음), 블로그를 Disney 여러 테마파크의 방문 계획을 짜고 디즈니 테마의 파티를 여는 팁, 그리고 디즈니 영화에 대한 리뷰로 자신의 블로그를 채우고 있다.

Disney Social Media Moms는 보상을 받지 않고, Disney의 모든 것에 대한 자신들의 열정과 열의 때문에 참여한다. 그렇지만 그들은 Disney로부터 특별교육의 관심과 내부 정보와 때때로 인센티브를 받는다. 예를 들어, 매년 Disney는 대폭 할인된 4일 투어에 175명에서 200명의 엄마들과 그들의 가족을 초청하여 플로리다에서 열리는 연례 Disney Social Media Moms Celebration에 참석하도록 한다. 이 축하연은 PR 이벤트, 교육 컨퍼런스, 가족 휴가로 구성되는데, 이것들은 중요한 엄마 인플루언서들을 위한 수많은 Disney 매직으로 채워진다. Disney Social Media Moms는 Disney에 관한 어떤 것도 포스팅해야 하는 의무는 없고, Disney도 그들에게 그들이 포스팅할 때 어떤 것을 얘기해야 하는지 요구하지 않는다. 그렇지만 가장 최근의 Celebration에서는 28,500 트윗, 4,900 Instagram 사진, 그리고 88개의 블로그 포스팅은 놀이기구 후기, Disney 캐릭터와 만나는 가족사진, 그리고 압도적으로 호의적인 경험으로 가득 채워졌다. "우리 고객 중 큰 집단은 여행 결정을 내리는 엄마들이다."라고 Disney 임원은 말한다. Disney Social Media Moms에 대한 노력은 그 기업에 비용은 매우 적게 들지만 mom-to-mom 영향력을 효과적으로 가동하여 Disney의 마법 효과 가루를 중요한 고객 그룹에 뿌려주는데 도움을 주고 있다.

출처: Holly Pavlika, "Millennial Moms Are Asked 9.6 Times a Month for Recommendations," MediaPost, November 10, 2017, www.mediapost.com/publications/article/310052/millennial-moms-are-asked-96-times-a-month-forre. html; Neil Patel, "9 Things We Can Learn from the Mom Blog Industry," Forbes, November 3, 2016, www.forbes.com/sites/neilpatel/2016/11/03/9-thingswe-can-learn-from-the-mom-blog-industry/#1ac630062181; Keith O'Brien, "How McDonald's Came Back Bigger Than Ever," New York Times, May 6, 2012, p. MM44; "How Walmart Made 11 Moms Become Its Brand Ambassadors," October 14, 2015, http://crezeo.com/how-11-moms-became-walmart-brand-ambassadors/;Lisa Richwine, "Disney's Powerful Marketing Force: Social Media Moms," Reuters, June 15, 2015, www.reuters.com/article/us-disneymoms-insight-idUSKBN0OV0DX20150615; John Andrews, "Influencer Marketing 2018: The Rise of the Personal Influencer," Good Audience, December 31, 2017, https://blog.goodaudience.com/influencer-marketing-2018-the-rise-of-the-personal-influencer-81f0c514eec3; and "Social Media Moms," https://twitter.com/disneymoms?lang=en, accessed September 2018.

연령과 생애주기단계 사람들은 일생 동안 그들이 구매하는 제품과 서비스를 지속적으로 바꾼다. 음식, 옷, 가구, 그리고 레크리에이션에 대한 취향은 주로 나이와 관계가 있다. 또한 구매는 생애주기단계, 즉 시간이 지나면서 가족이 겪는 단계별로 형성된다. 생애단계의 변화는 보통 인구통계적 특성과 삶을 변화시키는 사건들, 즉 결혼, 자녀, 주택구입, 이혼, 대학에 진학하는 자녀, 개인소득의 변화, 이사, 은퇴 등에 의해 발생된다. 마케터들은 주로 자신의 표적시장을 생애주기단계에 의해 정의를 내리고, 각 단계에 적합한 제품과 마케팅계획을 세운다.

선도적인 생애단계기반 세분화 시스템 중 하나는 Nielsen이 개발한 PRIZM Lifestages Groups시스템이다. PRIZM은 미국가구들을 66개의 서로 다른 생애단계기반 세분시장으로 분류했는데, 이들은 다시 부, 연령, 가족특징을 토대로 11개의 주요 생애단계 세분시장들로 재분류된다. 세분시장 분류에는 연령, 교육수준, 소득, 직업, 가족구성, 인종, 주거유형 같은 여러 인구통계적 요인들과 구매, 여가활동, 매체 선호도 같은 행동적 및 라이프스타일 요인을 고려했다.

주요 PRIZM 생애단계 집단들은 'Striving Singles', 'Midlife Success', 'Young Achievers', 'Sustaining Families', 'Affluent Empty Nest', 'Conservative Classics' 등의 이름이 붙여지며, 각 생애단계 집단은 다시 'Brite Lites, Li'l city', 'Kids & Cul-de-Sacs', 'Gray Power', 'Big City Blues' 같은 하위집단으로 나누어진다. 가령, 'Young Achievers' 집단은 'Young Digerati', 'Bohemian Mix', 'Young Influentials' 등으로 명명된 7개의 하위 세분시장을 포함한다. Young Achievers 집단은 대도시나 대도시 인근에서 아파트를 렌트해서 사는 최신 유행을 좇는 20대의 싱글 젊은이들로 구성된다. 소득 수준은 다양하지만, 이들 모두는 정치적으로 진보성향을 띠고 alternative 뮤직을 듣고 나이트 라이프를 즐긴다.[18]

생애단계기반 시장세분화는 산업에 상관없이 마케터들이 목표 소비자를 찾고, 이해하고, 이들을 참여시키는 노력을 더 잘 하는데 있어 유용한 마케팅 도구가 된다. 소비자 생애단계에 관한 데이터를 활용해 마케터는 사람들의 소비방식과 브랜드 및 주변 세상들과 상호작용 하는 방식을 기반으로 실행 가능하고 개인화된 캠페인을 개발할 수 있다.

경제적 상황 소비자의 경제적 상황 또한 제품선택에 영향을 미칠 것이다. 마케터들은 개인소득, 저축, 그리고 이자율을 관찰한다. 글로벌 금융위기 이후 보다 근검절약하는 시대로 들어섬에 따라 대다수 기업들은 제품과 서비스를 재설계하고, 재포지셔닝하고, 가격을 재조정하는 조치를 취하고 있다. 예를 들어, 고급지향적 할인점 Target은 멋과 세련됨 대신 저렴함을 부각시키고 있다. 이 할인점은 '더 많은 것을 기대하세요. 그리고 더 적게 지불하세요(Expect more. Pay less)'라는 포지셔닝 약속에서 '더 적게 지불하세요' 부분을 더 강조하고 있다.

그리고 아마존이 Whole Foods를 인수한 직후, 그 온라인 거인은 고급 식품체인의 고가격에 칼을 들이댔다. 아마존은 그 식품체인의 "온전한 식품. 온전한 가격(Whole Foods. Whole Paycheck.)"이라는 이미지를 둔화시키고자 Whole Foods의 주요 식품 카테고리에서 가격을 40% 인하하였다.[19]

생활방식 같은 하위문화, 사회계층, 그리고 직업에 속한 사람들도 개인마다 **생활방**

식(lifestyle)이 다를 수 있다. 생활방식은 개인의 삶을 살아가는 방식을 말하는데, 그 사람의 사이코그래픽 특성들(psychographics)로 표현된다. 생활방식은 소비지의 생활유형을 나타내는 AIO의 주요차원-Activity(일, 취미, 쇼핑, 스포츠, 사교모임), Interest(음식, 패션, 가족, 레크리에이션), 그리고 Opinion(자신에 대하여, 사회적 이슈, 비즈니스, 제품)을 사용하여 측정된다. 생활방식은 사람의 사회적 계층이나 성격보다 더 많은 것을 포착할 수 있게 해준다. 또한 생활방식은 사람의 행동 및 세상과의 상호작용의 전반적 패턴을 설명한다.

> **생활방식(lifestyle)**
> 개인이 삶을 살아가는 방식으로, 그 사람의 활동, 관심영역, 의견 등으로 표현됨

라이프스타일이라는 개념은 잘 활용된다면, 고객들의 가치체계의 변화와 그 변화가 어떻게 구매행동에 영향을 주는지에 대해 마케터가 이해할 수 있도록 도와준다. 소비자들은 단순히 제품을 구매하는 것이 아니라 그 제품이 나타내는 가치와 라이프스타일을 구매한다.

가령 Body Shop은 미용제품 이상의 훨씬 많은 것을 판매하고 있다.

Body Shop의 창업자인 Anita Roddick은 항상 윤리적인 소비자운동, 인권과 동물 권리, 그리고 환경보호의 강력한 옹호자였다. 그녀가 1976년 처음으로 미용제품을 생산할 때, 이러한 철학을 견지하며 자연적인 동물실험을 하지 않은 원재료를 사용하여 제품을 윤리적이고 환경친화적으로 만들었다. 그녀의 사업이 성장하면서 계속해서 여성의 자존심을 향상시키는 것과 같은 그녀의 가치관을 전달하기 위한 플랫폼으로써 제품을 사용하였다. 2006년에 Body Shop이 L'Oréal에 매각되었지만, 사회적인 그리고 환경적인 헌신은 현재에도 마케팅 DNA에 남아있다. 그 브랜드는 여전히 동물, 지구 및 사람에 대한 착취에 맞서 싸우고 있는데, 동물 학대와 맞서 싸우고 멸종위기의 생물을 보호하고 열대우림을 보존하며 공정무역을 지원하고 있다. Body Shop의 열대우림에 야생생물들을 위한 통로지대 복원을 목적으로 하는 "BioBridges" 캠페인은 여러 소셜 미디어 활동에 의해 지원을 받으며 환경 지속성을 인식하고 있는 소비자의 관심을 유발하고 있다.[20]

>> **라이프스타일:** Body Shop은 미용제품 이상의 훨씬 많은 것을 판매하고 있다. 이 화장품은 윤리적인 소비자운동 라이프스타일의 구현을 추구한다.
uk retail Alan King/Alamy Stock Photo

마케터들은 특별한 제품이나 마케팅 접근방식으로 충족시킬 수 있는 욕구를 가진 라이프스타일 세분시장을 찾는다. 이러한 세분시장은 가족의 특징, 야외생활에 대한 관심, 먹는 음식 등 다양한 기준을 토대로 정의될 수 있다.

성격과 자아개념 개인의 독특한 성격은 자신의 구매행동에 영향을 끼친다. **성격**(personality)이란 자신을 둘러싼 환경에 대해 비교적 일관성 있고 영구적인 반응을 보이도록 이끄는 독특한 심리적 특성들을 말한다. 성격은 보통 자신감, 지배, 사교성, 자율, 방어성, 융통성, 그리고 공격성 같은 특성들에 의해 설명된다. 이러한 성격은 특정 제품이나 브랜드의 선택과 관련된 소비자행동을 분석하는데 유용하다.

> **성격(personality)**
> 한 개인이나 집단을 다른 개인이나 집단과 구분시키는 독특한 심리적 특성. 자신을 둘러싼 환경에 대해 비교적 일관성 있고 영구적인 반응을 보이도록 이끄는 독특한 심리적 특성

브랜드도 성격을 가질 수 있고 소비자들은 자신의 성격과 맞는 브랜드를 선택한다는 관점을 취할 수 있다. 브랜드성격(brand personality)은 특정 브랜드가 가질 것으로 생

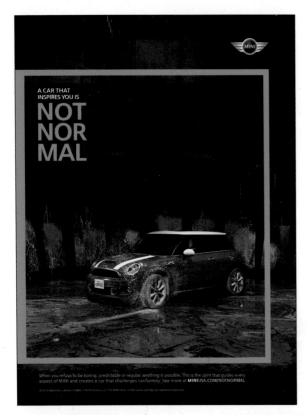

▶▶ **브랜드 성격:** MINI는 성격 세분시장에 겨냥하고 있는데, 이들은 MINI처럼 모험심이 있고, 개성적이고, 열린 마음을 가지고 있고, 창의적이고, 기술에 능숙하고, 마음이 젊은-결코 "평범하지 않은" 사람들이다.

Used with permission of MINI Division of BMW of North America, LLC

각되는 인간특성들의 집합을 말한다. 한 조사자는 다음과 같이 5가지의 브랜드성격 특성들을 발견했다. 성실함(현실적인, 정직한, 건전한, 쾌활한), 흥분(모험적인, 생기 있는, 상상력이 풍부한, 현대적인), 능력(신뢰성 있는, 지적인, 성공적인), 세련됨(상류층이고 매력 있는), 거침(야외를 좋아하는, 터프한). "여러분의 성격은 여러분이 소비하는 제품과 서비스, 시청하는 TV쇼, 구매하는 제품, 그리고 대다수의 다른 의사결정을 결정한다."고 한 소비자행동 전문가는 말한다.[21]

대부분 유명브랜드들은 특정 성격특성과 강하게 연관되어 있다. Ford F150은 '거침'과 Apple은 '흥분'과 Washington post지는 '능력'과, Method는 '성실함'과, 그리고 Gucci는 '세련됨'과 연관되어 있다. 따라서 이 브랜드들은 같은 성격특성을 가진 사람들에게 매력적으로 보일 수 있다.

많은 마케터들은 성격과 관련된 개념인 개인의 자아개념(self-concept) 혹은 자아이미지(self-image)를 사용한다. 자아개념의 기본 전제는 사람들의 소유물들이 자신의 정체성 형성에 이바지하고 정체성을 반영한다는 것이다. 즉 "우리가 갖고 있는 것이 우리를 나타낸다."라는 것이다. 그러므로 소비자 행동에 대해 이해하기 위해서 마케터들은 우선적으로 소비자 자아개념과 소유물 간의 관계를 파악해야 한다.

예를 들면, MINI 자동차는 영리하고 멋지지만 강한 작은 차로서 즉시 인식할 수 있는 성격이 있다. MINI 소유자는 자신을 때때로 "MINI 매니아(MINIacs)"로 부르는데, 자신의 차와 강하고 감정적인 관계를 가지고 있다. MINI는 특정한 인구통계의 세분시장을 겨냥하는 것을 넘어서 성격 세분시장에 소구하고 있다. 이들은 MINI처럼 모험심이 있고, 개성적이고, 열린 마음을 가지고 있고, 창의적이고, 기술에 능숙하고, 마음이 젊은 사람들이다.[22]

심리적 요인

소비자의 구매선택은 4가지 심리적 요인(동기, 지각, 학습, 그리고 신념과 태도)에 의해 영향을 받는다.

동기 사람은 특정 시점에 많은 욕구(needs)를 가진다. 어떤 것은 배고픔, 목마름, 또는 불편함 같은 생리적 욕구인데, 이는 긴장상태의 유발에 의해 발생된다. 다른 것들은 인정, 존경, 또는 소속 욕구 등과 같이 심리적인 것이다. 욕구가 충분한 수준의 강도에 도달했을 때 그 욕구는 동기(motive)가 된다. **동기 또는 동인**(motive or drive)은 만족을 적극적으로 추구하도록 강하게 압박하는 욕구를 말한다. 심리학자들은 인간동기이론을 개발했다. 그중 가장 유명한 두 이론이 Sigmund Freud의 이론과 Abraham Maslow의 이론인데, 이들은 소비자 분석과 마케팅에 있어서 매우 다른 의미를 갖는다.

사람들은 자신의 행동을 유발한 진정한 심리적 요인이 무엇인지를 대체로 의식하지 못한다고 Sigmund Freud는 가정한다. 그의 이론에 의하면 사람의 구매 의사결정은 구매자 자신도 완전히 이해할 수 없는 의식수준 이하의 동기에 의해 영향을 받을 수 있다. 그러므로 스포티한 BMW 오픈카를 구매하는 나이들어 가는 베이비붐 세대 사람들은

동기 또는 동인(motive or drive)
욕구만족을 적극적으로 추구하도록 강하게 압박하는 욕구

자신의 구매이유가 단순히 머리에 스치는 바람의 느낌이 좋아서라고 설명할지도 모른다. 더 깊게 파고들면 자신의 성공을 과시하고 싶어서일 수도 있다. 또는 이 차를 구매함으로써 다시 젊고 자유로워지고 싶어서일 수도 있다.

소비자의 숨어 있는 무의식적 동기를 캐내기 위해 설계된 질적 조사를 동기조사(motivation research)라고 한다. 소비자들은 종종 왜 그들이 그렇게 행동했는지에 대해 설명하지 못하거나 알지 못한다. 동기 조사자들은 소수의 소비자 실험집단으로부터 브랜드와 구매상황에 대해 잠재되어 있는 정서 및 태도를 발견하기 위해 다양한 심층면접(probing) 기법들을 활용한다.

많은 회사들은 동기조사를 하기 위해 심리학자, 인류학자, 그리고 다른 사회학자들을 고용한다. 한 광고대행사는 관례적으로 소비자 심리에 대해 깊게 탐구하기 위해 일대일의 테라피 형식의 인터뷰들을 실시한다. 다른 회사는 여러 브랜드들의 명성수준에 대해 평가하기 위하여 소비자에게 자신이 매우 좋아하는 브랜드를 동물 또는 자동차(예를 들어 Mercedes 대 Chevy)에 비교해서 설명하게 한다. 또 다른 기업들은 소비자의 어둡고 깊숙한 정신세계를 탐구하기 위해 최면, 꿈 치료법, 또는 부드러운 조명과 무드 있는 음악 등에 의존한다.

이런 투사적 기법(projective techniques)들이 바보 같아 보일 수도 있다. 하지만 가면 갈수록 마케터들은 소비자의 심리를 더 파고들고 더 좋은 마케팅 방법을 개발하기 위해서 소비자 마음 깊이 감춰져 있는 이런 감정을 나타나게 하는 방법(touchy-feely approaches), 혹은 해석적 소비자조사(interpretive consumer research)를 사용한다.

Abraham Maslow는 사람들이 왜 특정 시점에 특정한 욕구를 느끼는지에 대해 설명하기 위해 노력했다. 왜 어떤 사람은 개인적 안전을 확보하기 위해 시간과 에너지를 소비하며, 또 다른 사람은 존경을 얻으려 시간과 에너지를 소비하는 것일까? Maslow의 답은 인간의 욕구는 그림 5.3에서 나타난 바와 같이 가장 긴급한 것이 가장 밑에, 그리고 가장 긴급하지 않은 것이 최상층에 위치하도록 계층별로 구성되어 있다는 것이다.[23] 인간욕구는 생리적 욕구(physiological needs), 안전 욕구(safety needs), 사회적 욕구(social needs), 존경 욕구(esteem needs), 그리고 자아실현 욕구(self-actualization

>> 그림 5.3 Maslow의 욕구단계론

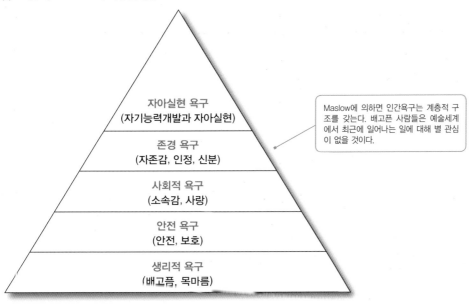

needs)를 포함한다.

사람은 제일 중요하게 여기는 욕구부터 충족하려 한다. 그것이 충족되면 그 욕구는 더 이상 동기요인이 되지 않을 것이며, 사람은 다음으로 중요하게 느끼는 욕구를 충족하려 할 것이다. 예를 들어, 배고픈 사람들(생리적 욕구)은 예술세계의 최신유행(자아실현의 욕구) 또는 자신이 타인에게 어떻게 비추어지는지 또는 존경을 받고 있는지(사회적 욕구 와 존경 욕구), 또한 자신이 깨끗한 공기를 마시고 있는지(안전 욕구)에 대해 관심을 갖 지 않을 것이다. 하지만 각각의 중요한 욕구가 충족되면, 다음으로 중요한 욕구가 작동 하기 시작한다.

지각 동기부여가 이루어진 사람은 행동할 준비가 되어 있다. 사람이 어떻게 행동하는 지는 그 사람의 상황에 대한 주관적 지각에 의해 영향을 받는다. 우리 모두는 오감(시 각, 청각, 후각, 촉각, 그리고 미각)을 통해 정보를 학습한다. 하지만 우리 각자는 이러한 감각정보들을 우리 자신의 방식으로 받아들이고, 조직화하고 해석한다. 사람들이 세상 에 대한 의미 있는 그림을 형성할 수 있게 정보를 선택하고, 조직화하고, 해석하는 과정 을 **지각**(perception)이라고 한다.

사람들은 세 가지 지각과정(선택적 주의, 선택적 왜곡, 그리고 선택적 보유) 때문에 동 일한 자극물에 대해 각기 다르게 지각한다. 사람들은 매일 매우 많은 양의 자극에 노출 된다. 예를 들어, 사람들은 하루 평균 3,000~10,000개의 광고 메시지에 노출된다. TV 와 잡지 광고로부터 전광판과 소셜 미디어 광고, 그리고 스마트폰 포스트까지 포함된 다.[24] 사람들이 이 많은 자극들 모두에 주의를 기울이는 것은 불가능하다. 선택적 주의 (selective attention)는 노출된 정보들 중 대부분을 걸러내는 성향을 말하는데, 이는 마케터들이 소비자의 관심을 얻기 위해서 특별한 노력을 기울여야 함을 의미한다.

노출된 자극도 마케터들이 의도한 바대로 받아들여지는 것은 아니다. 각 개인은 들 어오는 정보를 현재의 사고방식(mind-set)에 맞춰 받아들인다. 선택적 왜곡(selective distortion)은 사람들이 자신의 신념을 지지하는 방식으로 정보를 해석하는 성향을 말 한다.

사람들은 자신이 학습하는 것 중 많은 부분을 망각한다. 그들은 자신의 태도와 신 념을 지지하는 정보만을 보유하는 성향이 있는데, 이러한 선택적 보유(selective retention) 때문에 소비자들은 자신이 선호하는 브랜드의 장점은 기억하지만 그 브랜드 의 경쟁회사에 대한 장점은 기억하지 못하는 성향이 있다. 선택적 노출, 왜곡 그리고 보 유 때문에 마케터들은 자신이 전하고자 하는 메시지가 소비자의 마음속에 도달되도록 하기 위해 열심히 노력해야 한다.

흥미롭게도 많은 마케터들이 자신이 시도한 메시지들이 소비자들에 의해 지각될 지를 걱정하지만, 어떤 소비자들은 잠재의식 광고 혹은 식역하 광고(subliminal advertising)에 의해 자신이 모르는 사이에 마케팅 메시지의 영향을 받을까 우려하고 있다. 50년도 더 전에 한 조사원이 미국 뉴저지의 야외 영화관 스크린에 5초에 한번씩 1/300초 동안 "Eat Popcorn"과 "Drink Coca-Cola"라는 문구를 내보냈다고 한다. 그 조사원은 많은 관람자들이 이러한 메시지를 의식적으로 인지하지는 못했지만, 잠재의식 상태에서 이를 받아들여 팝콘은 58%, 그리고 코카콜라는 18%를 더 구매했다고 보고했 다. 이러한 조사결과에 따라 갑자기 광고제작자들과 소비자보호단체들은 잠재의식 상태에서의 지각 혹은 식역하 지각(subliminal perception)에 대해 큰 관심을 보이기 시작했다. 나중에 그 조사원이 데이터를 조작했다고 실토했으나, 이 이슈는 여전히 수그러지지 않았다. 어떤 소비자들은 아직도 잠재의식적 광고에 의해 조종될까 두려워한다.

　다수의 심리학자와 소비자 연구자들의 연구에 의하면 잠재의식적 광고 메시지와 소비자 행동 간에는 별 관계가 없는 것으로 나타났다. 최근에 실시된 뇌파연구들에 의하면 특정 상황에서 우리의 뇌는 식역수준 이하의 메시지를 처리할 수 있다. 그러나 식역수준 이하의 광고가 비판자들이 지적한 만큼 강력한 힘을 갖고 있지 않아 보인다.[25] 미국광고업협회가 실시한 한 고전적인 광고물에서는 "소위 식역수준 이하 광고라는 것은 존재하지 않는다. 그러나 지나친 상상력이 이러한 광고의 효과를 믿게 만들 수 있다."고 말하며 식역수준 이하의 광고를 조롱했다.

학습　행동을 통해 사람은 학습한다. **학습**(learning)은 경험에 의한 개인행동의 변화이다. 학습 이론가들은 거의 모든 인간행동은 학습된 것이라고 말한다. 학습은 동인, 자극, 단서, 반응, 그리고 강화(reinforcement)의 상호작용에 의해 일어난다.

　동인(drive)은 행동을 불러일으키는 강력한 내적 자극이다. 동인이 특정 자극대상물(stimulus objects)로 유도됐을 때 그 동인은 동기(motive)로 변한다. 예를 들어, 자아실현을 하려는 동인이 그 개인으로 하여금 디지털 카메라를 구입하게끔 동기화시킬 수 있다. 카메라를 구매하려는 생각에 대한 소비자의 반응은 주변 단서에 의해 조절 혹은 조건화(conditioned)된다. 단서(cues)란 사람이 언제, 어디서, 그리고 어떻게 반응하는지를 결정하는데 영향을 주는 작은 자극요소들이다. 예를 들어, 한 개인은 상점 창 너머로 몇 가지 종류의 카메라 브랜드를 발견하거나, 가격세일에 대해 듣거나, 아마존에서 구매자 이용후기를 찾아보거나, 친구와 카메라에 대해 이야기를 나눌 수 있다. 이 모든 것이 제품구매에 대한 관심에 대해 소비자가 보이는 반응(response)에 영향을 주는 단서들이다.

　소비자가 Nikon 디지털 카메라를 구입한다고 가정해보자. 이 구매경험이 보람이 있었다면, 그 소비자는 계속해서 그 카메라를 사용할 것이고, 그 결과로 그의 반응은 강화될 것이다. 그리고 다음에 그 소비자가 카메라 또는 망원경 같은 것을 구입할 때, 그 소비자가 Nikon 제품을 구입할 확률이 더 커질 것이다. 마케터들에게 학습이론이 시사하는 실무적 중요성은 자사제품을 강한 동인과 연계시키거나, 동기를 유발하는 단서를 활용하거나, 그리고 긍정적 강화를 제공함으로써 제품수요를 증진시킬 수 있다는 것이다.

신념과 태도　행동과 학습을 통해 사람들은 신념과 태도를 습득한다. 이것은 다시 소비자의 구매행동에 영향을 끼친다. **신념**(belief)이란 사람이 무언가에 대해 갖고 있는 서술적 생각을 말한다. 신념은 실제지식, 의견 또는 확신에 근거하여 형성될 수 있으며, 감정이 개입될 수도 있고 그렇지 않을 수도 있다. 마케터들은 사람들이 특정 제품, 또는 서비

>> 미국광고업협회가 실시한 한 고전적인 광고물에서는 '소위 식역수준 이하 광고라는 것은 존재하지 않는다. 그러나 지나친 상상력은 이러한 광고의 효과를 믿게 만들 수 있다.'고 말하며 식역수준 이하의 광고를 조롱했다.
American Association of Advertising Agencies

학습(learning)
경험에 의한 개인행동의 변화

신념(belief)
사람이 어떤 대상에 대해 갖고 있는 서술적 생각

스에 대해 형성하는 신념에 대해 관심있어 한다. 그 이유는 이 신념들이 합해져 구매행동에 영향을 끼치는 제품이미지 및 브랜드이미지를 형성하기 때문이다. 가령 신념들 중 일부가 잘못되어서 자사제품의 구매를 방해한다면 마케터들은 이를 고치기 위한 캠페인을 내보내려고 할 것이다.

사람들은 종교, 정치, 옷, 음악, 음식 그리고 거의 모든 것에 대한 태도를 갖고 있다. **태도(attitude)**는 대상 또는 아이디어에 대해 한 개인이 갖고 있는 비교적 일관된 평가, 느낌, 그리고 행동성향을 말한다. 태도는 사람들이 어떤 대상물을 좋아하거나 싫어하거나 또는 가까이하려거나 멀리하려는 마음의 틀을 갖게 한다. 위에서 언급한 디지털 카메라 구매자는 "최고를 사라", "전자상품은 일본이 제일 잘 만든다", 그리고 "창의성과 자기표현은 삶에서 제일 중요한 것 중에 하나이다."라는 태도를 갖고 있을 수 있다. 만약에 그렇다면, Nikon 카메라가 이 소비자의 현재 태도에 적격일 것이다.

형성된 태도를 바꾸기는 힘들다. 사람의 태도는 패턴에 맞추어 있고, 하나의 태도를 바꾸는 데는 많은 다른 부분들에서 힘든 조정 노력이 요구될 수 있다. 그러므로 회사는 소비자의 태도를 바꾸려 하기 보다는 현재 갖고 있는 태도에 자신의 제품을 맞추도록 노력해야 할 것이다. 물론 예외도 존재한다. 예를 들어, Beyond Meat는 스타트업 회사로서 더 건강에 좋고 쇠고기나 닭고기에 식물 베이스 대안을 창출함으로써 거대한 육류산업을 흔들어 놓고 있다.[26]

▶▶ 소비자 태도와 신념을 변화시키는 것은 어려울 수 있다. 그러나 Beyond Meat은 식물 베이스의 육류제품으로 좋은 출발을 한다. Beyond Burger는 "쇠고기 패티처럼 요리가 된다. 지글지글 소리가 나고 육즙이 흘러나온다. 지글지글 소리가 팔린다는 것이다."

Beyond Meat

Beyond Meat는 채식주의자를 위한 버거인데 쇠고기 맛이 나는 Beyond Burger를 고안해 냈다고 주장한다. 그러나 가장 회의적인 미국인들에게 적어도 처음에는 그러한 아이디어는 너무 좋아 진실이 아닌 것처럼 보인다. Beyond Meat는 가치있는 미션을 가지고 있다. 이 회사는 동물성 단백질을 식물성 단백질로 대체함으로써 "지구를 먹이는 더 좋은 방법"을 추구한다는 것이다. 식물에 기초하여 더 많은 대지, 물과 다른 자원을 필요로 하는 축산물에 의존하지 않는 육류제품으로서, Beyond Meat는 "인간의 건강을 증진하고 기후변화에 긍정적인 영향을 주며, 자연자원을 보존하여 동물복지를 존중하는 것에 헌신하고 있다."

그러한 것은 넓은 사회적인 수준에서는 훌륭하다. 그러나, 소비자 개개인의 육류에 대한 뿌리 깊은 태도는 실질적인 도전을 제시한다. 미국인들은 육류를 좋아하고 세계에서 1인당 육류 소비가 최고인 나라 중의 하나이다. 만약 맛이 완전하다면, Beyond Meat과 같은 제품은 거대한 시장의 잠재적 가능성을 제공하는 것이다. Beyond Meat는 출발이 좋다. 불과 1년 만에 BurgerFi's와 TGI Friday 등의 레스토랑뿐만 아니라 Whole Foods와 Safeway 등의 5천개 이상의 식료품점에서 고기가 없는 육류가 취급되었다. 많은 소비자들에게, 그 제품의 맛은 진정한 태도변화를 유발한다. "즙이 많고 맛있는 식물성 버거라는 것이 믿을 수 없을 정도로 공상과학소설이라면, 미래가 있는 것이다."라고 어느 식품비평가는 말한다. 또 다른 비평가는 "쇠고기 패티처럼 조리를 한다. 지글거리고 즙이 스며 나오는 그것이 바로 판매되는 것이다."

이제 우리는 소비자 행동에 영향을 미치는 다양한 요인들에 대해 이해할 수 있다. 소비자의 선택은 문화적, 사회적, 개인적, 그리고 심리적 요인의 복합적 상호작용에 의한 결과다.

구매자 의사결정과정

저자 코멘트
실제 구매결정은 욕구인식에서부터 구매 후의 느낌에 이르기까지 더 넓은 구매과정의 일부분이다. 마케터는 전체 구매자 의사결정과정에 관여하기를 원한다.

구매자들에게 영향을 미치는 요인들을 짚어봤으니, 이제 소비자들이 구매 의사결정을 내리는 과정을 살펴볼 차례이다. 그림 5.4에 나와 있듯이 구매자 의사결정과정은 욕구인식, 정보탐색, 대안평가, 구매결정, 그리고 구매 후 행동의 다섯 단계로 구성된다. 구매과정은 실제구매에 훨씬 앞서 시작해서 구매 후에도 오랫동안 지속된다. 마케터들은 구매결정에만 집중하는 것보다 구매과정 전체를 이해하는데 집중해야 한다.

그림 5.4는 소비자들이 모든 구매를 함에 있어 이 모든 다섯 단계를 거친다고 제안하고 있다. 하지만 보다 일상적인 구매를 할 때에는 소비자들은 종종 다섯 단계 중 일부를 건너뛸 때도 있고 단계의 순서를 바꿀 때도 있다. 자신이 일상적으로 사용하는 치약 브랜드를 구매하는 여성은 욕구를 인식한 후 정보탐색과 평가단계를 건너뛰고 곧바로 구매결정으로 들어갈 것이다. 그렇지만 그림 5.4와 같은 구매자 의사결정과정모형을 제시하는 이유는 소비자가 새롭고 복잡한 구매상황에 놓여 있을 때 고려하는 모든 것을 보여주기 때문이다.

≫ 그림 5.4 구매자 의사결정과정

구매과정은 실제로 구매가 이루어지기 훨씬 전에 시작되어 실제 구매 이후 오랫동안 지속된다. 경우에 따라 비구매 결정을 내릴 수도 있다. 따라서 마케터는 구매결정 뿐 아니라 전체 구매결정과정에 신경을 써야 한다.

욕구인식

구매과정은 욕구인식으로부터 시작되는데, 이는 구매자가 문제 또는 욕구를 인식하는 구매자 의사결정상의 첫 번째 단계를 말한다. 욕구는 내적 자극(internal stimuli)에 의해 발생될 수 있는데, 정상적 욕구들(배고픔, 목마름, 성욕) 가운데 하나가 충분히 높은 수준에 도달해 동인(drive)이 될 때가 이에 해당된다. 욕구는 외적 자극(external stimuli)에 의해 일어날 수도 있다. 예를 들어, 광고나 친구와의 대화가 새 차를 구매하는 것에 대해 생각하게 만들 수 있다. 이 단계에서는 마케터들이 어떠한 욕구나 문제가 일어나는지, 무엇이 이를 유도했으며, 어떻게 이러한 욕구가 소비자를 이 특정제품을 구매하도록 했는지에 대해 알기 위해 소비자들을 연구해야 한다.

정보탐색

관심 있는 소비자는 더 많은 정보를 탐색할 수도 있고 안 할 수도 있다. 만약 소비자의 동인이 강하고 만족스러운 제품이 가까이 있다면, 소비자는 그 제품을 살 것이다. 그렇지 않다면 소비자는 그 욕구를 기억에 저장하거나 혹은 욕구와 관련된 정보탐색(information search)을 시작할 것이다. 예를 들어, 당신이 새로운 차를 구매할 필요가 있다고 생각했을 때, 아마도 당신은 자동차 광고, 친구의 차, 또는 자동차 관련 대화

들에 더 많은 주의를 기울일 것이다. 혹은 당신은 적극적으로 읽을거리를 찾거나, 친구한테 전화를 하거나, 다른 방법으로 정보를 수집할 것이다.

소비자들은 다양한 정보원천으로부터 정보를 획득할 수 있는데, 이는 개인적 원천(가족, 친구, 이웃, 아는 사람), 상업적 원천(광고, 매장 점원, 딜러, 제조업체 웹사이트와 모바일 사이트, 포장, 전시), 공개적 원천(대중매체, 소비자 평가 조직, 인터넷 탐색), 그리고 경험적 원천(제품의 취급, 검토, 사용)을 포함한다. 각 정보 원천의 상대적 영향은 제품과 구매자에 따라 다르다.

전통적으로 소비자들은 마케터에 의해 통제되는 상업적 원천에서 가장 많은 정보를 획득한다. 그러나 가장 효과적인 원천은 개인적인 것이다. 상업적 원천은 보통 구매자에게 정보를 제공하는 기능을 하지만, 개인적 원천은 구매자를 위해 제품구매를 정당화시키거나 또는 제품 평가를 제공해준다. 그 어떤 광고캠페인도 이웃이 담장에 기대어 '이 제품은 정말 좋아'라고 말하는 것보다 더 효과적이지 못하다.

점점 더 디지털 정보원천이 담장의 역할을 하고 있다. 이제 구매자들은 Amazon.com, BestBuy.com, Yelp, TripAdvisor, Epinions, Epicurious 같은 사이트로부터 구매를 고려하는 제품과 관련해 풍부한 사용후기를 얻을 수 있다. 개인의 사용후기는 품질수준에서 큰 차이를 보이지만, 전반적으로 사용후기는 종종 믿을 수 있는 제품평가 원천이 된다. 왜냐하면 실제로 제품을 구매해서 경험한 여러분 같은 사람들의 의견이기 때문이다.

예를 들어, Yelp의 목표는 "지역 업체를 이용한 사람들로부터 솔직한 많은 이용후기를 검색가능하게 함으로써 사람들을 지역의 훌륭한 비즈니스에 연결시키는 것이다." 지난 10년 동안 Yelper들은 지역의 레스토랑, 서비스 비즈니스, 예술 및 엔터테인먼트 활동과 미국 전역의 다른 서비스의 1억 6,300만 개 이상의 이용후기를 남겼다. 그 사이트는 리뷰나 평점을 찾는 월 평균 1억 7,500만 명이 방문한다.[27] 개인 사용자가 Yelp와 다른 사이트에서 이용후기를 질적으로 다양하게 남기지만, 전체 이용후기는 직접 그 제품을 실제로 구매하여 경험한 사람들의 손가락 끝으로부터 자주 신뢰할 수 있는 제품 평가를 제공한다. Yelp는 "당신이 필요로 하는 어떤 제품의 리뷰에 대하여도 우리는 바로 그 장소를 알고 있다."라고 말한다.

더 많은 정보가 획득될수록 가능한 대체 브랜드들과 브랜드 특징에 대한 소비자의 인지도와 지식이 증가한다. 자동차정보를 탐색하는 과정에서 당신은 가능한 몇 가지 브랜드들에 대해 알게 될 것이다. 그 정보는 특정 브랜드들을 고려대안에서 제외하는데 도움을 줄 수도 있다. 회사는 가망고객들(prospects)이 자사 브랜드를 인지하고 자사 브랜드에 대한 지식을 갖도록 마케팅믹스를 계획해야 한다. 회사는 신중하게 소비자의 정보원천들과 각 정보원천의 상대적 중요성을 알아내야 한다.

대안평가

소비자들이 정보를 이용해 최종선택대안을 형성하는 과정에 대해 살펴봤다. 그렇다면 소비자들은 어떻게 브랜드 대안들 중 하나를 선택할까? 마케터들은 대안평가(alternative evaluation), 즉 소비자가 브랜드 선택에 이르기 위해 정보를 처리하는 방법에 대해 알아야 한다. 소비자들은 모든 구매상황에 적용되는 단순하고 단일의 평가과정을 사용하지 않는다. 대신 몇 가지 유형의 평가과정이 이용된다.

소비자들이 어떻게 구매대안들을 평가하는지는 개인마다, 그리고 구체적 구매상황에 따라 달라진다. 경우에 따라 소비자들은 신중한 계산과 논리적 사고를 동원한다. 또 다른 경우에는 거의 평가를 하지 않거나 전혀 평가를 하지 않고, 충동에 의해 구매하거나 감(intuition)에 의존한다. 때로는 소비자들 스스로 구매결정을 할 때도 있고, 때로는 친구로부터, 소비자안내책자로부터, 또는 판매원으로부터 구매에 관해 조언을 구할 때도 있다.

만일 자동차 선택대안을 세 가지로 좁혀놓고, 그 세 가지 자동차 대안을 평가하는데 4가지 제품속성(가격, 스타일, 유지비, 그리고 성능)을 고려한다고 가정하자. 이 시점에 이르러면 당신은 이미 각 브랜드가 개별속성에서 어떤 평가점수를 얻게 될 것인지에 대한 신념을 형성했을 것이다. 한 자동차 대안이 확실하게 모든 속성에서 최고로 평가됐다면, 우리는 당신이 그 차를 선택할 것으로 예측할 수 있다. 하지만 각 브랜드가 갖고 있는 상대적 매력(소구점)이 서로 다를 것이다. 당신이 하나의 속성만을 기준으로 하여 구매의사결정을 내린다면 당신이 선택할 대안은 쉽게 예측될 수 있다. 만약 다른 모든 것을 제쳐두고 스타일을 제일 중요하게 여긴다면, 당신은 스타일이 제일 좋다고 생각되는 차를 구매할 것이다. 하지만 대부분의 구매자들은 몇 가지 속성들을 함께 고려하면서 각 속성에 대한 상대적 중요도에 대해 차이를 둘 것이다. 만약 당신이 4가지 속성 각각에 대해 부여하는 상대적 중요도를 알 수 있다면 당신의 승용차 선택을 보다 신뢰성있게 예측할 수 있을 것이다.

마케터들은 구매자들이 실제로 브랜드 대안을 어떻게 평가하는지에 대해 알기 위해 구매자들을 연구해야 한다. 어떠한 평가과정을 거치는지를 안다면 마케터들은 구매자의 결정에 영향을 끼치기 위한 조치를 취할 수 있을 것이다.

구매결정

평가단계에서 소비자들은 각 브랜드 대안의 순위를 매기고 구매의도를 형성한다. 일반적으로 소비자의 구매결정은 가장 선호하는 브랜드를 구매하는 것이다. 하지만 구매의도(purchase intention)와 구매결정(purchase decision) 사이에 두 가지 요소가 개입된다. 첫 번째 요소는 타인의 태도이다. 당신에게 중요한 어떤 사람이 값이 제일 싼 차를 사야 한다고 권유하면 당신이 비싼 차를 구매할 확률은 감소한다.

두 번째 요소는 예기치 않은 상황적 요인들(unexpected situational factors)이다. 소비자는 예상수입, 기대가격 그리고 기대 제품편익 같은 요인들을 근거하여 구매의도를 형성할 수 있다. 하지만 예기치 않은 상황이 구매의도를 바꾸게 할 수도 있다. 예를 들어 경제가 나빠질 수도 있고, 경쟁사가 값을 내릴 수도 있고, 혹은 친구가 당신이 선호하는 자동차에 대해 실망했다는 이야기를 할 수도 있다. 그러므로 강한 선호 그리고 구매의도가 항상 실제 구매선택으로 이어지지 않을 수 있다.

구매 후 행동

마케터의 책임은 고객이 제품을 구매한 시점에서 끝나는 것은 아니다. 제품구매 후 소비자는 만족 또는 불만족을 경험할 것이고, 또한 마케터의 관심의 대상이 되는 구매 후 행동이 이루어질 것이다. 구매 후 행동이란 만족/불만족을 토대로 구매 이후에 소비자들이 취하는 일련의 행동들을 말한다. 무엇이 구매한 제품에 대한 만족/불만족 여부를 결정하는가? 그에 대한 해답은 제품에 대한 소비자의 구매 전 기대(consumer's expectation)와 제품사용 후 지각된 제품성과(perceived performance) 간의 관계에 달려 있다.

만약 제품의 실제성과가 기대에 미치지 못하면 소비자는 실망하게 된다. 만약 제품이 기대를 충족시키면 소비자는 만족한다. 만약 제품이 기대보다 훨씬 나으면 소비자는 매우 기뻐할 것이다. 기대와 실제성과 간의 차이가 클수록 소비자의 불만족은 커질 것이다. 이것은 곧 판매자는 자사 브랜드가 보여줄 수 있는 만큼을 약속해야만 소비자가 만족할 것임을 시사하는 것이다.

인지적 부조화(cognitive dissonance)
구매 후 갈등으로 인한 심리적 불편함

거의 모든 주요구매는 구매 후 갈등으로 인한 심리적 불편함, 즉 **인지 부조화**(cognitive dissonance)를 발생시킨다. 구매 후 소비자들은 선택한 브랜드의 편익에 만족하고, 구매하지 않았던 브랜드의 결점을 피할 수 있어 기뻐한다. 하지만 모든 구매는 타협이 필요하다. 소비자들은 자신이 선택한 브랜드의 결점을 알게 되고 구매하지 않은 브랜드의 편익을 상실하게 된 데 대해 불편함을 느낀다. 그러므로 소비자들은 모든 구매에서 적어도 어떤 형태의 구매 후 부조화를 느낀다.

왜 고객을 만족시키는 것이 그렇게 중요할까? 소비자 만족은 소비자와 수익성 있는 관계를 구축하는데 핵심적이다. 즉 고객을 유지·육성시키고 고객생애가치를 얻는데 핵심적이다. 만족한 고객들은 제품을 다시 사고, 다른 사람들에게 제품에 대해 호의적으로 말해주고, 경쟁 브랜드들과 그들의 광고활동에 관심을 덜 보인다. 많은 마케터들은 고객을 기쁘게 하는 것을 목표로 한다.

불만족한 소비자들은 만족한 소비자와 다르게 반응한다. 나쁜 소문은 좋은 소문보다 더 빠르게 더 멀리 퍼진다. 불만족은 기업 및 그 기업의 제품에 대한 소비자의 태도에 타격을 입힐 수 있다. 하지만 회사들은 불만족한 고객이 자발적으로 불평할 때까지 기다릴 수는 없다. 대부분의 불만족한 고객들은 결코 회사에다 문제를 제기하지 않는다. 그러므로 회사는 고객만족도를 정기적으로 측정해야 한다. 회사는 고객들이 불평할 수 있도록 조장하는 시스템을 구축해야 한다. 이렇게 해야 회사는 자신이 얼마나 잘하고 있는지, 그리고 어떻게 하면 개선할 수 있는지를 배울 수 있다.

전반적인 구매자 의사결정을 연구함으로써 마케터들은 소비자들이 의사결정을 하는 과정에 도움을 줄 수도 있다. 예를 들어, 만약 소비자들이 제품에 대해 욕구를 느끼지 못해서 구매하지 않고 있다면, 마케터들은 제품에 대한 욕구를 느끼게 하는 광고메시지를 내보내고, 자사 제품이 고객들의 문제를 어떻게 해결해주는지를 보여줄 수 있다. 만약 고객들이 제품에 대해서 알고는 있지만 제품에 대해 좋지 않은 태도를 갖고 있기 때문에 구매하지 않는다면, 마케터는 제품을 변형시키거나 혹은 소비자의 지각을 바꿀 수 있는 방법을 모색해야 한다.

▶▶ 구매 후 인지부조화: 구매 후 고객만족은 수익성있는 고객관계를 구축하는 것이 핵심요인이다. 대다수 마케터들은 단지 고객기대를 충족시키는 것에서 한 걸음 더 나아가 고객을 감동시키는 것을 목표로 한다.

Dusit/Shutterstock

신제품에 대한 구매자 의사결정과정

이제 구매자들이 신제품을 구매할 때 어떻게 행동하는지 알아보자. **신제품**(new product)은 잠재 소비자들에게 새롭게 인식되는 물건, 서비스 또는 아이디어이다. 실제로 제품이 완전히 새로운 것이 아닐 수도 있다. 여기서 우리가 관심을 두는 것은 소비자들이 제품에 대해 처음으로 학습하고 이를 수용할지에 대한 결정을 내리는 과정이다. **수용과정**(adoption process)은 개인이 혁신제품에 대해 처음으로 학습하는 것에서부터 최종 수용에 이르기까지 거치게 되는 심리과정으로 정의되며, 수용(adoption)은 제품의 정규적인 사용자가 되겠다는 개인의 결정을 말한다.[28]

저자 코멘트
여기서는 신제품 구매결정 시에 특별히 고려해야 할 요인들을 살펴볼 것이다.

신제품(new product)
잠재 소비자들에게 새로운 것으로 인식되는 재화, 서비스, 또는 아이디어

수용과정(adoption process)
개인이 혁신제품에 대해 처음으로 알게 되는 것에서부터 최종수용에 이르기까지 거치게 되는 심리과정

수용과정의 단계

소비자들은 신제품을 수용하기까지 다음과 같이 다섯 단계의 과정을 거친다.

- **인지**(awareness): 소비자가 제품의 존재를 인식하지만 이에 대한 정보가 부족하다.
- **관심**(interest): 소비자가 제품에 대한 정보를 탐색한다.
- **평가**(evaluation): 제품을 시용해보는 것이 좋을지를 고려한다.
- **시용**(trial): 소비자는 제품의 추정가치를 높여보려고 소량의 신제품을 시용한다.
- **수용**(adoption): 소비자가 신제품을 정규적으로 사용하기로 결정한다.

이 모형은 신제품의 마케터들이 어떻게 소비자들을 각 단계를 거칠 수 있도록 할 수 있는지에 대해 생각해야 한다고 제시한다. 예를 들면, 어느 기업의 많은 소비자들이 자사 제품 구매를 고려하고 있지만 구매하기를 주저하고 있다면, 가격할인, 특별할인을 제공해 수용과정의 다음 단계로 이동하도록 도울 수 있다. 예를 들어, Beyond Meat가 슈퍼마켓에 처음 입점했을 때 Beyond Beef와 Beyond Chicken 식품의 무료 패키지를 얻을 수 있는 무료 쿠폰을 지역 슈퍼마켓에 제공하였다. 이 프로모션이 그 상품에 관심있는 소비자가 다음 단계로 나아가 시용하도록 도움을 주었다.

>> **수용과정:** 구매를 주저하는 소비자가 수용과정의 다음 단계로 이동하도록 돕기 위해, Beyond Meat는 소비자들을 지역 슈퍼마켓에서 무료 시식하도록 초청하였다.
Beyond Meat

혁신에서의 개인차이

사람들은 신제품을 시용하기 위한 준비성에서 큰 차이가 있다. 각 제품분야에서 소비선도자(consumption pioneers)와 조기수용자(early adopters)가 존재한다. 어떤 사람들은 한참이 지난 후에 신제품을 수용한다. 사람들은 그림 5.5에 나타난 것과 같이 5가지 수용자 범주로 나눌 수 있다.[29] 초기에는 극소수의 사람만이 신제품을 수용하지만, 신제품을 수용하는 사람들의 수가 점차 증가한다. 수용자 수가 최고점에 도달한 후 몇몇의 수용하지 않은 소비자들을 남겨두고 수용자의 수가 하락한다. 혁신자(innovators)는 새로운 아이디어를 수용하는 구매자들 가운데 처음 2.5%(평균 수용시간의 두 표준편차에서 벗어난 사람들)로 정의되고, 조기수용자(early adopters)는 다음 13.5%(두 표준편차 사이에 있는 사람들)를 차지하는 구매자들을 말한다. 그 다음 조기다수자(early

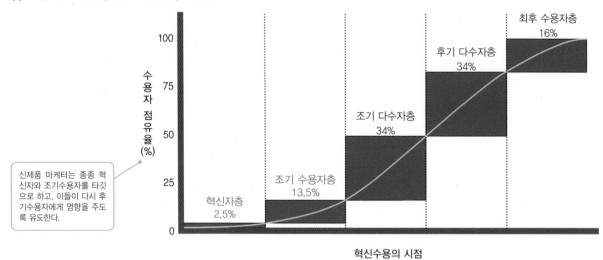

>> 그림 5.5 혁신수용시점에 따른 수용자 분류

mainstream), 후기다수자(late mainstream), 그리고 최후수용자(lagging adopters)
의 순서로 신제품을 수용한다.

5가지 수용자 집단은 서로 다른 가치관을 갖고 있다. 혁신자들은 모험적인데
(venturesome), 그들은 위험을 감수하고 새로운 아이디어를 시용한다. 조기수용자들은
존중에 기반하여 행동하는데, 그들은 자신의 커뮤니티에서 여론주도자이고 새로운 아이
디어를 조기에 수용하지만, 신중하게 선택한다. 조기다수자는 신중한데, 그들은 리더는
아니지만 보통 사람들보다는 빨리 새로운 아이디어를 수용한다. 후기다수자는 의심이
많은데, 그들은 대다수가 시용해본 후 새로운 것을 수용한다. 마지막으로 최후수용자는
전통에 묶여 있는데, 그들은 변화를 의심하고 혁신이 전통이 된 후에야 수용한다.

이와 같은 수용자 분류법이 제시하는 바는 혁신지향적 기업은 혁신자와 조기수용자들
의 특성을 연구해서 그들에게 직접적으로 접근할 수 있는 마케팅노력을 해야 한다는 것
이다.

제품특성이 수용률에 끼치는 영향

신제품의 특성은 수용률 혹은 수용속도에 영향을 준다. 애플의 iPod과 iPhone, iPad
와 같이 신제품 출시 후 매우 빠른 속도로 확산되는 제품도 있는 반면 시장에서 수용되
는데 시간이 오래 걸리는 제품도 있다. 가령, 완전 전기차는 2010년에 미국에 처음으로
출시되었고, Nissan Leaf와 Tesla모델 S가 이 시장을 주도했다. 그러나 전기차는 아직
도 미국 전체 자동차 매출의 1%에도 훨씬 미치지 못한다. 전기차가 가솔린 승용차를 대
체하기까지는 여러 해 혹은 수십 년이 걸릴 것이다.[30]

다음의 5가지 제품특성은 혁신제품의 수용률에 영향을 끼치는데 있어 특히 중요하다.
예를 들어, 전기차의 특성을 수용률과 연결시켜 생각해보자.

● **상대적 이점**(relative advantage): 이는 혁신제품이 현재의 제품에 비해 우수해 보
  이는 정도를 말한다. 완전 전기차는 가솔린을 필요로 하지 않고 깨끗하고 비용이 덜
  드는 에너지를 사용한다. 이러한 이점이 수용률을 가속화시켰다. 그러나 재충전 전까
  지 주행거리가 제한되어 있고 초기 구입비용이 많이 들기 때문에 수용률을 둔화시킬

것이다.

- **부합성**(compatibility): 이는 혁신제품이 잠재 소비자들의 가치관과 경험에 맞는 정도를 말한다. 전기차는 가솔린 승용차와 동일한 방식으로 운전이 이루어진다. 그러나 전기차는 전국의 현존 연료주입 네트워크와 부합하지 못한다. 플러그인 전기차 충전소는 그 수가 적고 충전소들이 서로 멀리 떨어져 있다. 수용률의 증가는 재충전 주유소의 전국 네트워크 재구축에 달려 있는데, 상당한 시간이 걸릴 수 있다.

- **복잡성**(complexity): 이는 혁신제품을 사용하거나 이해하는데 어려움의 정도를 말한다. 전기차는 운전하기가 크게 다르지 않거나 복잡하지 않으므로 수용률을 높이는데 도움이 될 것이다. 그러나 신기술의 개념적 복잡성과 얼마나 잘 작동될 것인지에 대한 우려가 수용률을 더디게 만들 수 있다.

- **가분성**(divisibility): 이는 더 많은 혁신제품이 한정된 조건으로 시용될 수 있는 정도를 말한다. 소비자는 전기차를 시운전을 해 볼 수 있는데, 이는 수용률에 긍정적 영향을 미친다. 그러나 전기차를 소유한 이러한 신기술을 완전히 체험하는데 현재 많은 비용이 드는 것은 수용률을 더디게 만들 것이다.

- **커뮤니케이션 가능성**(communicability): 이는 혁신제품을 사용한 결과가 다른 사람들에게 보여지거나 전해질 수 있는 정도를 말한다. 전기차의 특성에 대한 실연과 설명이 용이하다면, 수용률이 높아질 것이다.

다른 특성들도 수용률 혹은 수용속도에 영향을 미치는데, 초기원가와 향후원가, 위험과 불확실성, 그리고 사회적 승인 등이 그 예이다. 신제품 마케터들은 신제품과 이에 대한 마케팅 프로그램을 개발할 때 이 모든 요인을 연구해야 한다.

개념 연결하기

- 여러분이 최근에 했던 특정한 주요구매에 관해 생각해보자. 당신은 어떤 구매과정을 거쳤는가? 당신의 결정에 영향을 미친 주요 요인은 무엇인가?

- 앞 장에서 논의했던 기업 혹은 브랜드(Amazon, Nike, Microsoft, Starbucks, Netflix, Apple, P&G 또는 그 외) 중의 하나를 선택해보자. 당신이 선택한 회사는 고객을 이해하려고 어떻게 하는가? 그리고 더 좋은 고객과의 관계를 구축하기 위해 고객들의 구매행동을 어떻게 이용하는가?

- 최종소비자들 보다 컴퓨터 제조업자와 다른 기업체에 제품을 판매하고 있는 Intel 또는 GE와 같은 회사를 생각해보자. 산업재 고객(business customers)들에게 하는 Intel의 마케팅과 최종소비자(final consumers)에게 하는 Apple의 마케팅은 어떠한 차이가 있는가? 이 장의 두 번째 부분은 이러한 이슈를 다루고 있다.

산업재 시장과 산업재 구매자 행동

어떤 방식으로든 대다수의 기업들은 다른 조직체에도 제품을 판매한다. IBM, Boeing, DuPont, Caterpillar, GE 등 많은 기업들이 그들의 제품을 다른 사업체에 판매한다. 심지어 최종소비자가 사용하는 제품을 만드는 소비재 기업들도 다른 사업체에 그들의 제품을 판매한다. 예를 들어, 미국의 글로벌 식품제조업체 General Mills는 우리에게 친숙한 소비재 브랜드를 만든다. Big G 시리얼(Cheerios, Wheaties, Trix, Chex), 제빵용 제품(Pillsbury, Betty Crocker, Gold Medal 밀가루), 스낵(Nature Valley, Bugles, Chex Mix), Yoplait 요거트, 하겐다즈 아이스크림 등이 그 회사의 대표적인 소비자 브랜드이다. 그러나 이러한 제품을 소비자들에게 판매하기 위하여 General Mills는 우선 자사제품들을 도매상과 소매상에게 판매해야 하고, 이들이 다시 최종소비자 시장에서 제품을 판매한다.

산업재 구매자 행동
(business buyer behavior)
외부에 판매, 대여, 또는 공급하는 제품 및 서비스에 사용하기 위해 재화와 서비스를 구매하는 조직의 구매자 행동

산업재 구매자 행동(business buyer behavior)은 타인에게 공급되거나, 빌려주거나, 혹은 판매할 제품과 서비스를 생산할 용도로 재화나 서비스를 구매하는 조직의 구매행동을 일컫는다. 이외에도 수익을 목적으로 재화를 타인에게 재판매하거나 빌려주기 위하여 재화를 구입하는 소매업체나 도매업체의 행위도 산업재 구매자행동에 포함된다. **산업재 구매과정**(business buying process)은 산업재 구매자가 구매할 제품과 서비스의 종류를 결정하고, 가능한 공급업체나 브랜드 대안을 찾아내고, 평가해서, 최적의 대안을 선택하는 의사결정과정을 말한다. B-to-B 마케터는 산업재 시장과 산업재 구매자 행동을 이해하는데 최선을 다해야 한다. 그러고 나서, 최종 구매자에게 판매를 하는 사업체와 마찬가지로, 산업재 고객들을 관여시키고 우월한 고객가치를 창조함으로써 그들과 수익성 있는 관계를 쌓아야 한다.

산업재 구매과정
(business buyer process)
산업재 구매자가 자사가 구입해야 할 제품과 서비스를 결정한 다음 공급자와 브랜드 대안을 찾고, 평가하고, 선택하는 의사결정 과정

산업재 시장

산업재 시장은 그 규모가 매우 크다. 실제로 산업재 시장은 소비재 시장보다 훨씬 큰 판매규모와 아이템을 갖고 있다. 예를 들어, Goodyear가 생산하는 한 세트의 타이어 생산과 판매에 연관된 수많은 산업재 거래를 생각해 보자. 다양한 공급자들이 Goodyear에게 타이어 생산에 필요한 고무, 스틸(steel), 장비, 기타 재화들을 판매한다. 그 다음 Goodyear는 완제품 타이어를 소매상에게 판매하고, 소매상은 다시 그 타이어를 소비자에게 판매한다. 즉, 소비자가 한 세트의 타이어를 구매하도록 하기 위해 다양한 산업재 구매(business purchase)가 이루어진다. 또한 한국 타이어는 타이어를 장착할 운송기구 제조업체들에게 자사타이어를 최초 장착물(original equipment)의 형태로 판매하고, 기업들이 보유한 회사차, 트럭, 버스, 기타 운송기구 등과 같은 차량의 유지(maintain)를 목적으로 기업들에게 교체 타이어를 판매한다.

어떤 면에서 보면 산업재 시장은 소비재 시장과 비슷하다. 두 시장 모두 구매역할을 하는 사람, 필요를 충족시키기 위해 구매결정을 하는 사람들을 포함하기 때문이다. 그럼에도 산업재 시장은 많은 부분 소비재 시장과 다른데, 주로 시장구조와 시장수요(marketing sturcutre and demand), 구매단위의 성격(nature of buying unit), 의사결정의 유형과 의사결정 과정(types of decision and the decision process) 등에서 큰 차이를 보인다.

시장구조와 시장수요

산업재 마케터들은 보통 소비새 시장보다 작은 수의 그러나 더 큰 규모의 구매자들과 거래한다. 심지어 규모가 큰 산업재 시장에서도, 소수의 구매자들이 구매의 대부분을 차지한다. 예를 들어, Goodyear가 최종소비자들에게 교환 타이어를 판매하는 경우에도, Goodyear의 잠재시장은 세계 전역에서 현재 자동차를 사용 중인 수많은 자동차 소유자들을 포함한다. 그러나 산업재 시장에서의 Goodyear의 운명은 소수의 자동차 제조 회사로부터 받는 주문량에 달려있다.

나아가 많은 산업재 시장의 수요는 비탄력적(inelastic)이며, 대체로 산업재 제품에 대한 총수요는 가격변화에(특히 단기적으로) 큰 영향을 받지 않는다. 가죽가격의 하락이 신발에 대한 소비자 수요를 증가시킬 만큼 신발가격 인하를 유발시키지 않는 한, 이것이 곧 신발 제조업자로 하여금 더 많은 가죽을 구매하도록 하지는 않을 것이다. 그리고 많은 산업재 재화와 서비스에 대한 수요는 소비재 재화와 서비스에 비해 더 많이, 그리고 더 빨리 변화하는 경향이 있다. 따라서 소비재 수요의 작은 증가가 산업재 수요의 큰 증가를 유발할 수 있다.

마지막으로 산업재 수요는 **파생된 수요**(derived demand)이다. 즉, 산업재 수요는 궁극적으로 소비재에 대한 수요로부터 파생된다. 예를 들어, Gore-Tex 원단에 대한 수요는 이를 사용해 만든 아웃도어 의류브랜드에 대한 소비자수요로부터 파생된다. 만약 이러한 최종제품에 대한 소비자 수요가 증가한다면, Gore-Tex에 대한 수요도 함께 증가할 것이다.

또한 이 기업은 Gore-Tex를 사용하는 브랜드를- Rukka, Marmot, The North Face, Burton와 L.L. Bean, 그리고 Adidas, Under Armour와 New Balance에 이르기까지- 자신의 웹사이트(www.gore-tex.com)에서 직접 판매하기도 한다. 따라서 전 세계 소비자들은 익숙한 Gore-Tex 브랜드 라벨을 찾게 되고 Gore와 파트너 브랜드는 윈-윈 하게 된다.[31]

파생된 수요(derived demand)
소비자들의 제품수요에서 비롯되는 (파생되는) 산업재 수요

▶▶ **파생 수요**: Gore-Tex 소재의 수요를 증가시키기 위해 Gore는 자사의 소재를 사용하여 제조된 아웃도어와 스포츠 의류 브랜드의 소비자에게 직접 마케팅을 한다. Gore와 파트너 브랜드는 윈-윈 하게 된다. 예를 들어, "이 광고는 달리기를 즐기는 사람들에게 러닝 슈즈의 Gore-Tex technology 덕분에 '퇴비나 진흙을 밟아도 제거하고 달리도록' 응원한다.

Courtesy: Gore-Tex, Shine United, Eric Cook(art director), James Breen(copywriter), John Krull(creative director), Michael Kriefski(executive creative director), Mike Tittle(photographer), and Scott Lanza(photographer)

구매단위의 성격

소비재 구매와 비교하여, 산업재 구매는 대체로 더 많은 의사결정 참여자와 더 전문적인 구매노력을 수반한다. 흔히 산업재 구매는 직장에서 근무하면서 어떻게 하면 더 나은 조건에서 구매할 수 있는지를 전문적으로 학습한, 훈련된 구매관리자에 의해 수행된다. 구매가 더 복잡할수록, 의사결정과정에 다수의 사람이 참여할 가능성이 커진다. 주요 재화를 구매하는데 있어 기술전문가와 최고이사회로 구성된 구매위원회가 존재하는 것은

흔히 있는 일이다. 이뿐만 아니라, 현재 B-to-B 마케터는 더 높은 수준의, 더 잘 훈련된 원자재 구매관리자들과 거래하고 있다. 그러므로 산업재 기업들은 잘 훈련된 구매자들과 상대하기 위해 마케터들과 영업사원들을 잘 훈련시켜야 한다.

의사결정 형태와 의사결정과정

대체로 산업재 구매자들은 소비재 구매자보다 더 복잡한 구매 의사결정에 직면한다. 산업재 구매는 종종 많은 자금과 복잡한 기술적·경제적 고려사항, 구매조직 내 여러 계층 사람들 간의 상호작용을 수반한다. 또한 산업재 구매과정은 보다 많은 결재단계와 공식적인 절차를 거친다. 큰 규모의 산업재 구매는 통상 자세한 제품규격, 문서화된 구매주문, 신중한 구매자 탐색, 공식적 승인을 수반한다.

마지막으로, 산업재 구매과정에서는 소비재 구매과정에 비해 구매자와 판매자가 서로에게 더 많이 의존한다. B-to-B 마케터는 구매과정의 모든 단계(고객이 문제를 정의할 수 있게 도와주는 것부터, 솔루션을 찾고, 판매 후 지원을 제공하는 것까지)에 걸쳐 고객과 긴밀하게 협력한다. 때에 따라 B-to-B 마케터는 제공물들을 고객 개개인의 요구에 맞추어준다. 단기적인 측면에서 보면, 구매자가 제품 및 서비스를 필요할 때 곧바로 제공하는 공급자들이 판매에 유리할 것이다. 그러나 장기적으로 B-to-B 마케터들은 고객의 현재 요구를 충족시킴과 동시에 고객이 당면한 문제를 해결하는데 도움을 주기 위해 파트너십을 형성해야만 기존고객을 계속 유지할 수 있다. 예를 들어, 농산물과 식품의 거대기업인 Cargill의 Cocoa & Chocolate 부문을 살펴보자.[32]

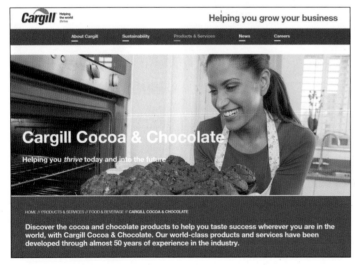

≫ 산업재 구매자 의사결정과정: Cargill의 Cocoa & Chocolate 부문은 자사 제품을 제조업체에 판매하는 것 이상을 하고 있다. 고객사와 긴밀하게 협력하여 고객사가 Cargill의 제품을 이용하여 자신의 고객을 더 잘 만족시키고 수익성을 향상시키도록 돕는다.

Cargill

Cargill의 Cocoa & Chocolate 부문은 전 세계의 산업재 고객에게 코코아와 초콜릿을 판매하는데, Mars와 Mondelēze도 이에 포함된다. 그러나 이 기업의 성공은 거대 고객사에 대한 판매보다 훨씬 많은 것에 달려 있다. 대신, Cargill은 고객사와 파트너십을 형성하고 초콜릿 전문성과 광범위한 식품 지식을 적용하여 고객사가 Cargill의 제품을 이용하여 자신의 고객을 더 잘 만족시키고 수익성을 향상시키도록 돕는다. 예를 들면, Cargill의 연구진은 고객들에게 글로벌 소비자 식품 트렌드에 관한 최신의 정보를 제공한다. R&D 팀은 고객들에게 맞춤형의 제품개발 지원을 제공한다. 그리고 기술서비스 전문가들은 고객회사가 재료 배합과 응용에 관한 어려운 문제를 해결하도록 돕는다. 이 기업은 "고객회사가 완제품에 대한 실험실 작업이나 시제품 작업을 필요로 하거나, 초기 생산, 지속성 솔루션, 가격 서비스 또는 원재료 가격 동향에 관한 도움이 필요하다면, Cargill의 애플리케이션 전문가가 고객기업을 도울 수 있습니다—신제품 레시피 개발부터 당신의 제품 가격을 높이고 보다 빠른 신제품 출시까지." 따라서 Cargill은 단지 코코아와 초콜릿 판매를 넘어서 고객에게 자사 제품 사용에서의 성공을 판매한다. Cargill의 목표는 "우리의 깊은 초콜릿 전문성과 광범위한 식품지식을 적용하여, 귀사의 사업을 다양한 코코아와 초콜릿 제품과 다른 관련 제품에서 성장할 수 있는 더 많은 기회를 제공하여 현재와 미래에도 번창하도록 돕는 것이다."라고 말한다.

Cargill의 사례에서 보듯이, 최근 들어 기업고객과 공급업체 간의 거래관계는 적대적 관계에서 가깝고 우호적인 관계로 변하고 있다. 실제로 많은 기업고객들(customer companies)은 **공급업체 개발**(supplier development)을 실행하고 있다. 공급업체 개발이란 기업들이 자사제품을 만드는데 사용할, 혹은 타인에게 재판매할 원자재의 신뢰할 만한 공급원을 확보하기 위해 공급업체 네트워크를 개발하는 것을 말한다. 예를 들어, Walmart는 "구매부서" 대신 "공급업체 개발부서(Supplier Development Department)"를 갖고 있다. Walmart는 필요할 때 곧바로 이용가능한 공급업체에만 전적으로 의존할 수 없음을 알고 있기 때문에 매년 자사고객들에게 판매할 수천억 달러 상당의 상품을 납품하는 공급업체들과 형성된 강력한 파트너 네트워크를 관리한다.

> **공급업체 개발(supplier development)**
> 제품생산 또는 재판매에 사용할 제품과 재료의 공급에 적합하고 신뢰할 수 있는 공급업체 파트너 네트워크의 체계적 개발

산업재 구매행동

> **저자 코멘트**
> 산업재 구매 의사결정은 일상적인 것에서부터 매우 복잡한 것에 이르기까지 범위가 넓은데, 의사결정 유형에 따라 의사결정자와 구매에 영향을 미치는 요인들이 소수일 수도 있고 매우 많을 수도 있다.

마케터들은 산업재 구매자들이 다양한 마케팅 자극에 어떻게 반응할 것인지에 대해 알고 싶어 한다. 그림 5.6은 산업재 구매행동모델을 보여준다. 이 모델에서 보는 바와 같이, 마케팅 자극과 기타 자극은 구매조직에 영향을 미쳐 구매자 반응을 초래한다. 적절한 마케팅믹스 전략을 설계하기 위하여, 마케터는 마케팅 자극이 구매반응으로 나타나기 위해 조직 내에서 어떤 일이 일어나는지 이해해야 한다.

조직 내에서 구매활동은 크게 두 부분으로 구성되는데, 구매 의사결정에 관여하는 모든 사람들로 구성된 구매센터(buying center)와 구매 의사결정 과정이 그것이다. 이 모델은 구매센터와 구매 의사결정 과정이 외부의 환경적 요인뿐만 아니라 기업 내부의 조직적 요인, 대인관계적 요인, 개인적 요인에 의해 영향을 받는 것을 보여준다.

그림 5.6의 모델은 산업재 구매행동과 관련해 네 가지 질문을 제시하는데, 산업재 구매자들이 어떠한 구매 의사결정을 하는가? 구매과정에 누가 참여하는가? 구매자에게 영향을 미치는 주요 요인은 무엇인가? 산업재 구매자들은 구매 의사결정을 어떻게 내리는가? 등이 그것이다.

》 그림 5.6 산업재 구매행동모델

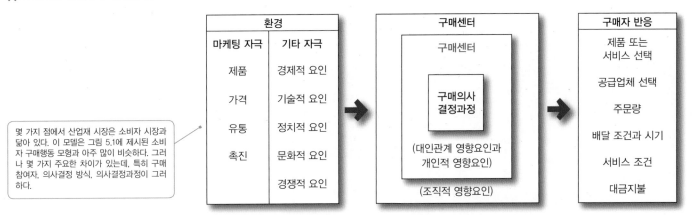

환경		구매센터	구매자 반응
마케팅 자극 / **기타 자극**		구매센터	제품 또는 서비스 선택
제품 / 경제적 요인		구매의사 결정과정	공급업체 선택
가격 / 기술적 요인			주문량
유통 / 정치적 요인		(대인관계 영향요인과 개인적 영향요인)	배달 조건과 시기
촉진 / 문화적 요인			서비스 조건
경쟁적 요인		(조직적 영향요인)	대금지불

> 몇 가지 점에서 산업재 시장은 소비자 시장과 닮아 있다. 이 모델은 그림 5.1에 제시된 소비자 구매행동 모형과 아주 많이 비슷하다. 그러나 몇 가지 주요한 차이가 있는데, 특히 구매 참여자, 의사결정 방식, 의사결정과정이 그러하다.

구매상황의 주요 유형

구매상황에는 세 가지 주요 유형이 있다.[33] **단순 재구매**(straight rebuy) 상황의 경우, 구매자는 어떠한 변경사항도 만들지 않고 재주문을 한다. 이러한 단순 재구매는 구매부

> **단순 재구매(straight rebuy)**
> 구매자가 별다른 조정 없이 어떤 물건을 일상적으로 재주문하는 산업재 구매 상황

서에서 일상적으로 처리된다. 과거 구매에 대한 만족도에 기반해 구매자는 리스트에 올라와 있는 다양한 공급자 가운데서 한 곳을 선택한다. 기존 공급업체들은 거래를 유지하기 위해 제품과 서비스의 품질을 유지하려고 노력한다. 제외된 공급업체들은 구매자가 자신들을 고려할 수 있도록 부가가치를 창출하거나 기존 공급업체에 대한 구매자의 불만족을 이용할 새로운 방안들을 강구하려고 한다.

수정 재구매(modified rebuy) 상황의 경우 구매자는 제품규격, 가격, 거래조건, 혹은 공급업체 등을 수정하기를 원한다. 수정 재구매는 단순 재구매보다 더 많은 의사결정 참여자를 수반한다. 기존 공급업체들은 거래를 유지하기 위해 최선을 다해 노력해야 하며 긴장감을 유지해야 할 것이다. 제외된 공급업체들은 수정 재구매 상황을 기회로 간주하고 구매자에게 보다 나은 제안을 하여 새로운 거래처를 개발하려 할 것이다.

신규 구매(new task) 상황은 기업이 제품이나 서비스를 처음으로 구매하는 경우이다. 이때 구매비용이나 지각된 위험이 클수록 의사결정 참여자의 숫자는 늘어나고, 정보를 수집하기 위한 노력도 커진다. 신규 구매상황은 마케터에게 가장 큰 기회이자 도전이다. 마케터는 구매에 영향을 미치는 조직구성원들을 가능한 많이 접촉하려고 할 뿐 아니라 지원과 정보도 제공하려고 노력한다. 구매자는 재구매상황에서 가장 적은 수의 의사결정을 하고 신규 구매상황에서 가장 많은 의사결정을 한다.

많은 산업재 구매자들은 여러 공급자업체로부터 제품과 서비스를 따로 구매해 이들을 결합시키는 것 보다는 단일의 판매자로부터 문제에 대한 완벽한 솔루션을 구매하는 것을 선호한다.

고객의 요구에 부합하고 당면한 문제를 해결하는 가장 완벽한 시스템을 제공하는 회사에게 판매계약이 돌아갈 것이다. 그러한 **시스템 판매**(system selling)[혹은 **솔루션 판매**(solutions selling)]는 계약을 따내고 유지할 수 있는데 있어 중요한 산업재 마케팅전략이다. IBM과 그의 고객사인 Six Flags Entertainment Corporation을 살펴보자.[34]

수정 재구매(modified rebuy)
구매자가 제품의 규격, 가격, 조건, 공급자 등을 변경하기를 원하는 산업재 구매 상황

신규 구매(new task)
구매자가 한 제품 또는 서비스를 최초로 구매하는 산업재 구매 상황

시스템 판매(솔루션 판매)
(systems selling or solutions selling)
하나의 문제에 대한 종합적인 솔루션을 단일의 판매회사로부터 구매함으로써 복잡한 구매 상황에서 내려야 할 모든 개별적 의사결정을 피하는 것

>> **솔루션 판매:** Six Flags 방문자에게 재미있고 안전한 경험을 제공하기 위해 19개의 지역 테마파크에 걸쳐 수천 개의 놀이공원 자산들을 신중하고 효과적으로 관리해야 한다. IBM은 Six Flags와의 협업을 통해 단순히 소프트웨어가 아니라 완벽한 솔루션을 제공한다.

Matthew Imaging/WireImage/Getty Images

Six Flags는 미국, 멕시코, 캐나다 등에서 재미있는 놀이기구, 물놀이, 세계 최상급의 롤러코스터, 특별쇼와 콘서트를 제공하는 19개 지역 테마파크를 운영하고 있다. 방문자들에게 재미있고 안전한 경험을 주기 위해, Six Flags는 놀이기구와 장비에서 빌딩과 기타 시설에 이르기까지 수천 개의 자산을 신중하고 효율적으로 관리해야 한다. Six Flags는 여러 테마파크에 걸쳐 효과적이고 효율적으로 모든 자산을 관리할 수 있는 도구가 필요했다. 그래서 이 기업은 이러한 문제를 잘 해결할 수 있는 IBM의 소프트웨어인 Maximo Asset Management를 구입했다.

그러나 IBM은 실행이 잘 되기를 바라는 Six Flags에게 단순히 소프트웨어를 건네는 것으로 끝내지 않았다. 대신에 IBM의 Maximo Professional Services 그룹은 소프트웨어와 소프트웨어를 운영하는데 필요한 전체 서비스들을 묶어 제공했다. IBM은 현장집중훈련 및 계획수립

워크숍과 더불어, 애플리케이션을 고객맞춤화하고 Six Flags의 광범위한 시설들에 걸쳐 애플리케이션을 전략적으로 실행/운영하기 위해 Six Flags와 함께 작업했다. 그러므로 IBM은 소프트웨어만 판매하는 것이 아니라 Six Flags의 복잡한 자산관리 문제에 대한 완벽한 솔루션을 판매하는 것이다.

산업재 구매과정의 참여자

기업에 필요한 수백억 혹은 수천억 원 가치의 재화와 서비스 구매를 누가 결정하는가? 구매조직의 의사결정단위를 구매센터라고 부르는데, **구매센터**(buying center)는 구매 의사결정과정에서 특정 역할을 하는 모든 개인과 단위부서들로 구성된다. 이 그룹은 제품이나 서비스의 실제 사용자, 구매 의사결정을 내리는 사람들, 구매 의사결정에 영향을 미치는 사람들, 구매를 실제로 담당하는 사람들, 구매정보를 통제하는 사람들을 포함한다.

구매센터(buying center)
구매 의사결정과정에서 역할을 수행하는 모든 개인과 조직단위

구매센터는 고정되어 있거나 구매조직 내에서 공식적으로 확인될 수 있는 조직단위가 아니다. 구매센터는 각기 다른 구매를 위해 서로 다른 조직구성원들이 담당하는 구매역할들의 집합이다. 조직 내에서, 구매센터의 크기와 구성은 구매하는 제품이나 구매상황에 따라 달라진다.

일상적인 구매상황에서는 한 사람(예를 들어, 구매담당자)이 구매센터의 모든 역할을 맡고, 모든 구매 의사결정을 한다. 반면 좀 더 복잡한 구매상황의 경우 구매센터는 수십 명의 각기 다른 직급과 부서 사람들로 구성된다.

구매센터라는 개념은 중요한 마케팅 도전과제를 제시한다. 산업재 마케팅 담당자는 누가 의사결정에 참여하는지, 각 참여자들의 상대적인 영향은 어떠한지, 각 의사결정 참여자가 사용하는 평가 기준은 무엇인지 등을 알아야 하지만, 이를 파악하는 것이 어려울 수 있다.

일반적으로 구매센터는 공식적으로 구매 의사결정에 관여하는 참여자들을 포함한다. 예를 들어, 회사용 제트기 구입에 대한 의사결정에는 CEO, 수석 조종사, 구매 담당자, 법무팀 직원, 최고 경영층의 임원, 그리고 여타 공식적으로 이 구매 의사결정에 관여하는 사람들이 포함된다. 또한 이 의사결정에는 공식적으로 드러나지 않는 사람들도 포함되는데, 이들이 실제로 의사결정을 내리거나, 의사결정에 강하게 영향을 미칠 수 있다. 때에 따라 구매센터의 구성원들이 모든 구매참여자들을 알고 있지 못하는 경우도 있다. 예를 들어, 회사용 제트기 구매는 비행에 대한 관심이 있고 비행기에 대하여 많이 알고 있는 이사회의 한 구성원에 의해 이루어질 수 있고, 이 사람은 배후에서 의사결정을 조정할 수도 있다. 많은 산업재 구매 의사결정은 상시 변하는 구매센터 참여자들 간의 복잡한 상호작용을 통해 이루어진다.

산업재 구매자에 미치는 주요 영향요인

산업재 구매자는 구매결정을 내릴 때 많은 요인에 의해 영향을 받는다. 어떤 마케터는 경제적 요인을 주요 요인으로 생각한다. 그들은 구매자가 가장 낮은 가격으로 가장 좋은 제품 혹은 가장 많은 서비스를 제공하는 공급자를 선호할 것이라고 판단한다. 이에 따라 그들은 구매자에게 강력한 경제적 혜택을 제공하는데 관심을 집중한다. 경제적 요인은 특히 경기가 좋지 않을 경우에 대다수의 구매자에게 중요하다. 그러나 실제에 있어

≫ USG 콘크리트구조 패널과 같은 광고는 주로 성능기반의 B-to-B 구매 의사결정에도 감성이 중요한 역할을 한다는 것을 시사한다.
USG

산업재 구매자는 경제적 요인과 개인적 요인 모두에 영향을 받는다. 산업재 구매자도 어쩔 수 없는 사회적 존재이며 인간이기 때문에 냉정하지 않고, 계산적이지 않으며, 몰인간적이지 않다. 그들은 이성적 존재이면서 감성적 존재인 것이다.

오늘날 대부분의 B-to-B 마케터는 감정이 산업재 구매 의사결정에 중요한 역할을 한다는 것을 인정한다. 다음의 예를 고려해 보자.[35]

USG사는 건축 및 리모델링용 석고보드와 건축자재 분야에서 선도적인 제조업체이다. 건설계약업자, 설계사, 건축업자 등이 주요 청중임을 고려할 때, USG의 B-to-B 광고물은 강도, 충격저항력, 설치용이성, 비용 같은 성능관련 특성과 편익에 주로 초점을 맞출 것으로 생각할 수 있다. USG는 물론 이러한 장점을 홍보한다. 그러나 이 기업의 B-to-B 광고의 이미지는 감성적인 일격으로 채운다. 예를 들어, USG 콘크리트구조 패널의 영업과 마케팅은 내구성, 가벼운 중량, 설치 용이성을 강조하며, 상대적으로 무겁고 시간이 걸리고 가격이 비싼 전통적인 부어 만든 콘크리트와 대비한다. USG 구조 패널의 광고는 이러한 장점을 직접적으로 언급하기 보다는 부어 만든 콘크리트 바닥으로부터 나타난 콘크리트 문어의 촉수에 손과 발이 붙잡혀 있는 구조 엔지니어의 드라마틱한 이미지에 초점을 맞추고 있다. 그 광고는 "부어 만든 콘크리트가 당신을 뒤에서 붙잡고 있나요?"라고 묻고, 고객들에게 USG의 웹사이트에서 상세한 주요 성능과 비교를 권유한다. USG의 이 광고와 다른 광고는 주로 성능기반의 B-to-B 구매 의사결정에서도 감성이 중요한 역할을 한다는 것을 확인해 준다.

그림 5.7은 환경적, 조직적, 대인관계적(interpersonal), 개인적 요인과 같이 산업재 구매자들에게 영향을 미칠 수 있는 여러 요인들을 정리한 것이다. 산업재 구매자는 일차적 수요수준, 경제전망, 자본비용과 같은 현재와 미래의 경제적 환경요인에 의해 크게 영향을 받는다. 또 다른 환경적 요인으로는 원자재 공급상황, 그리고 기술적, 정치적, 경쟁적 상황(요인) 등이 있다.

마지막으로, 문화와 관습도 마케터의 행동이나 전략에 대한 산업재 구매자의 반응에 큰 영향을 미치는데, 특히 국제적 마케팅환경에서 그러하다. 산업재 구매자는 반드시 이러한 요인들을 살펴야 하고, 그러한 요인들이 구매자에게 어떻게 영향을 미칠 지 파악해야 하며, 이러한 도전을 기회로 전환시키는 노력을 해야 한다.

≫ 그림 5.7 산업재 구매행동에 미치는 주요 영향요인들

조직적(organizational) 요인도 중요하다. 각 구매조직은 고유한 목적, 전략, 절차, 구조, 시스템을 가지고 있는데, 산업재 마케터들은 이러한 요인들을 잘 이해해야 한다. 이것과 관련하여 다음과 같은 질문들이 제기될 수 있다. 구매 의사결정에 얼마나 많은 사람들이 관여하는가? 그들은 누구인가? 그들의 평가기준은 무엇인가? 회사의 정책과 그 회사의 구매자들을 구속하는 제약요건은 무엇인가?

한편 구매센터는 서로에게 영향을 미치는 많은 참여자들을 포함하고 있기 때문에 대인적 요인도 산업재 구매과정에 영향을 미친다. 그렇지만 종종 그러한 대인적 요인과 그룹 다이내믹스(dynamics)를 평가하기가 쉽지 않다. 구매센터 참여자들은 "핵심 의사결정자" 혹은 "영향력을 가진 사람이 아님"이라는 이름표를 달고 다니지 않는다. 또한 최상위층에 있는 구매센터 참여자가 항상 가장 큰 영향력을 갖고 있는 것도 아니다. 참여자들이 상벌(賞罰)을 통제하고, 특별한 전문지식이 있고, 다른 주요 참여자들과 특별한 관계가 있다는 이유로 구매 의사결정에 영향을 미칠 수 있다. 종종 대인적 요인은 그 영향력을 파악하기 쉽지 않으므로 가능할 때마다 산업재 마케터들은 이러한 요인들을 이해하고 고려하는 전략을 설계해야 한다.

산업재 구매 의사결정 과정의 참여자들은 각각의 개인적인 동기, 상황에 대한 개인적 이해, 개인적 선호를 갖고 있다. 이러한 개인적 요인(individual factors)은 개인적 특성, 즉 나이, 소득, 교육수준, 개성, 그리고 위험에 대한 태도 등에 의해 영향을 받는다. 또한 구매자들은 서로 다른 구매스타일을 가지고 있다. 어떤 구매자는 전문적 성향을 갖고 있어, 공급자를 선택하기 전에 경쟁 제안서를 꼼꼼히 분석한다. 다른 구매자는 최고의 거래를 위하여 판매자들끼리 서로 경쟁을 붙이는 데 능숙한 직관적 협상자일 수 있다.

산업재 구매과정

그림 5.8은 산업재 구매과정의 8단계를 보여준다.[36] 신규구매상황에 직면한 구매자들은 보통 구매 프로세스의 모든 단계를 거친다. 수정 재구매 혹은 단순 재구매상황의 구매자는 몇몇 단계를 건너뛰기도 한다. 이하에서는 전형적인 신규규매 상황을 가정하여 각 단계들을 설명하기로 한다.

문제인식

구매프로세스는 기업의 구성원 중 누군가가 특정 제품이나 서비스의 구입을 통해 충족될 수 있는 문제나 필요를 느끼는 문제인식(problem recognition)과 함께 시작된다. 문제인식은 내부자극이나 외부자극으로부터 기인한다. 내부적 자극으로는 기업이 새로운

>> 그림 5.8 산업재 구매과정에서의 각 단계

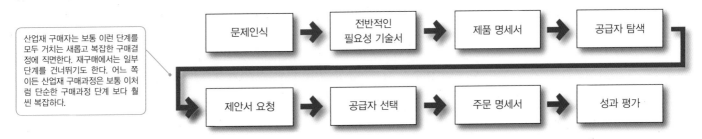

Accenture Digital can help you attract more customers.

Today, technology can transform every aspect of your company. Now every business is a digital business. Our industry expertise, coupled with our integrated digital capabilities across interactive, analytics and mobility, can help you take advantage of the opportunity to innovate and compete. We can also manage your digital processes or take them to the cloud. All so your company will see tangible results from the virtual world. That's high performance, delivered.

High performance. Delivered.

Strategy | Digital | Technology | Operations

> accenture digital

>> **문제인식:** Accenture광고는 디지털 기술로 신속하게 사업을 해야 할 필요성을 부각시킨 후 그 해결책을 제시한다. 이 광고물은 "높은 경영성과를 보장한다(High Performance. Deliverd)"고 약속한다.

Accenture

생산장비나 재료가 필요한 신제품 출시를 결정한 경우를 들 수 있다. 혹은 기계가 고장 나서 새 부품이 필요할 수도 있다. 그리고 구매부서 관리자가 현 공급자의 제품의 질, 서비스, 가격에 대해 불만족을 표현하는 경우를 들 수 있다. 외부적 자극요인으로는 구매자가 전시회(trade show)를 참관하는 과정에서 새로운 아이디어를 얻거나, 광고를 보거나, 혹은 더 좋은 제품이나 혹은 낮은 가격을 제공하는 세일즈맨으로부터 제의를 받는 경우이다. 산업재 마케터들은 종종 광고를 통해 기업고객들에게 잠재적인 문제들을 환기시킨 다음, 자사제품이 어떻게 그 문제의 해결책을 제공하는지 보여준다.

예를 들어, 컨설팅 회사 Accenture의 'High Performance. Deliverd' B to B 광고물이 그 한 예다. Accenture 광고물은 디지털 기술로 신속하게 사업을 해야 할 필요성을 강조한다. "Accenture Digital은 당신 회사가 고객들을 더 많이 끌어들이는데 도움을 줄 수 있다."고 말하면서 환하게 밝혀진 스마트폰 화면을 향해 나방들이 날아드는 장면을 보여준다. Accenture는 산업 전문성, 상호작용성, 분석력, 기동성 등의 여러 역량을 결합해 고객의 혁신성과 경쟁력을 높이는데 도움을 줄 수 있다고 강조한다. 시리즈광고 중 다른 광고물들은 Accenture가 고객기업들이 다양한 문제들을 인식하고 해결하는데 어떤 도움을 주었는지에 대한 성공 사례를 얘기한다.[37]

전반적 필요에 대한 기술

필요를 인식한 후, 구매자는 필요한 품목이나 솔루션의 특징과 수량에 대해 서술한 전반적인 필요에 대한 기술서(general need description)를 준비한다. 표준화된 품목인 경우에는 이 단계에서 별 문제가 발생하지 않지만, 복잡한 품목인 경우에는 필요로 하는 것이 무엇인지를 정의하기 위해 구매자는 엔지니어, 사용자, 컨설턴트 등 다른 사람들과 함께 논의할 필요가 있을 수 있다. 또한 아이템에 요구되는 신뢰성, 내구성, 가격, 기타 속성에 대한 중요도의 순서를 결정하기를 원할 수 있다. 이 단계에서 산업자 마케터는 구매자들이 욕구를 정의하는데 도움을 주고 서로 다른 제품 특징들의 가치에 관한 정보를 제공할 수 있다.

제품명세서

구매조직이 필요한 것에 대한 정의를 내리면, 다음 단계로 구매조직은 품목의 기술적 특성을 서술한 제품명세서(product specifications)를 만든다. 이 때 종종 가치분석 엔지니어링 팀의 도움을 받기도 한다.

제품가치 분석(product value analysis)은 비용절감을 위한 한 접근법인데, 고객에게 더 많은 가치를 제공하기 위해 부품이 재설계될 수 있는지, 보다 효과적이고 효율적으로 만들어 질 수 있는지를 결정하기 위해 제품이나 서비스의 구성요소를 면밀히 분석하는 것이다. 이 팀은 가장 좋은 제품특징을 결정하고 그에 따라 명세서를 만든다. 판매자 역시 새로운 거래처를 확보하기 위한 마케팅도구로서 가치분석을 활용할 수 있다. 제품을 만드는데 더 나은 방식을 구매자에게 보여줌으로써, 판매자는 단순 재구매 상황을 신규 구매 상황으로 전환시켜 새로운 거래관계를 맺을 기회를 만들 수 있다.

공급자 탐색

이제 구매자는 가장 나은 공급자를 찾기 위해 공급자에 대한 탐색(supplier search)을 실시한다. 구매자는 업계회원목록, 컴퓨터 탐색, 혹은 다른 회사로부터의 추천 등을 통해 자격을 갖춘 공급업체를 탐색할 수 있다. 최근 들어 공급자를 찾기 위해 인터넷을 사용하는 기업이 점점 늘어나고 있다. 마케터에게 인터넷은 공평한 경쟁의 장(場)이다. 즉, 인터넷은 큰 규모의 공급자에게나 작은 규모의 공급자에게나 동일한 이점을 제공한다. 공급업체의 과업은 구매자의 공급업체에 대한 탐색과정을 이해하고 자신의 회사가 고려 대상이 되도록 하는 것이다.

제안서 요청

제안서 요청(proposal solicitation) 단계에서 구매자는 일정한 자격을 갖춘 공급업체들에게 제안서를 제출할 것을 요청한다. 이에 대응해 일부 공급자들은 구매자들이 웹사이트나 촉진 자료물들을 참조하도록 하거나 영업사원을 잠재 구매자에게 보낼 것이다. 그러나 구매품목이 복잡하거나 고가일 경우에는, 구매자는 각각의 잠재공급자에게 자세한 서면 제안서나 공식적인 프리젠테이션을 요청할 것이다.

이에 대처하기 위해 산업재 마케터들은 조사, 제안서 작성, 그리고 발표(presenting) 등의 역량을 향상시켜야 한다. 제안서는 단지 기술적인 서류가 아니라 마케팅 서류이어야 한다. 프리젠테이션은 공급자에 대한 신뢰감을 고취시키고 경쟁자에 비해 마케터의 회사가 뛰어나게 보여야 한다.

공급자 선정

다음 단계에서 구매자는 제안서를 검토하고 공급자를 선정한다. 공급자 선정(supplier selection) 과정에서, 구매센터는 여러 가지 공급업체 속성과 이들의 상대적 중요도를 고려할 것이다. 이러한 속성들은 제품과 서비스의 질, 정시 인도, 윤리적 기업행동, 정직한 커뮤니케이션, 경쟁적 가격 등을 포함한다. 구매자는 이러한 속성들을 기반으로 하나 혹은 그 이상의 공급자를 선정한다.

구매자는 공급자를 최종적으로 선택하기 전에 선호하는 공급자들과 더 나은 가격과 거래조건 등에 대해 협상을 하려고 할 수 있다. 최종적으로 하나의 공급자 혹은 소수의 공급자들을 선택할 수 있다. 많은 구매자들이 한 공급자에 지나치게 의존하는 것을 피하고 시간의 경과에 따라 몇 개 공급자들의 가격과 성과를 비교하기 위해 복수의 공급원을 선호한다. 오늘날의 공급자 개발 관리자들은 공급자 파트너들의 완전 네트워크 구축을 통해 고객들에게 더 나은 가치를 제공하는데 도움이 되기를 원한다.

주문 명세서

이제 구매자는 주문 명세서(order-routine specification)를 준비한다. 주문 명세서에는 선정된 공급자(들)에 대한 최종주문, 기술 명세서, 필요한 수량, 원하는 배달시기, 반품정책, 품질보증 등이 포함된다. 보수/유지 품목들의 경우, 구매자들은 정기적 구매주문보다는 포괄계약을 활용할 수 있다. 포괄계약은 구매자가 정해진 기간 동안 합의된 가격으로 구매자에게 재공급하기로 공급자가 약속한 것이므로 장기적 거래관계를 창출한다.

최근 들어 많은 대규모 구매자들은 공급사에 의한 재고관리(vendor-managed inventory)를 실행하고 있는데, 이것은 주문과 재고 책임을 공급자에게 넘기는 시스템이다. 이러한 시스템에서는 구매자는 판매와 재고 정보를 주요 공급자들과 직접적으로 공유한다. 공급자들은 재고상태를 감시하고 자동으로 필요한 만큼 보충한다. 예를 들어, Walmart, Target, Home Depot, Lowe's 같은 대형 소매업체에 상품을 공급하는 주요 협력업체들은 자신들이 재고관리에 대한 책임을 진다.

성과평가

산업재 구매과정의 최종단계는 공급자 성과에 대한 평가(performance review)인데, 이 단계에서 구매자는 공급자의 성과를 평가한다. 구매자는 사용자들과 접촉해 그들의 만족도를 평가해 줄 것을 요청한다. 성과평가는 구매자가 공급자와 계약을 계속 유지하거나, 조정하거나, 중단하는 근거가 된다. 공급자의 과업은 구매자가 기대하는 만족을 주고 있는지를 확인하기 위해 구매자가 성과평가에 사용하고 있는 것과 동일한 요인들에서 자사성과를 추적조사하는 것이다.

그림 5.8의 8단계 구매과정 모델은 신규구매상황에서 벌어질 수 있는 산업재 구매과정을 단순화시켜 보여준다. 일반적으로 실제 구매프로세스는 훨씬 더 복잡하다. 수정 재구매 혹은 단순 재구매상황에서는 몇몇 단계가 축소되거나 생략될 수 있다. 각 조직은 자신들만의 방식으로 구매하고, 각 구매상황에 따라 요구조건도 다르다.

구매센터의 참여자들은 각각 서로 다른 단계에 관여할 수 있다. 통상적으로 일정한 구매 프로세스 단계들이 있다 하더라도, 구매자들은 동일한 주문을 할 때에도 항상 그 단계를 따르는 것은 아니며 또 다른 단계를 추가할 수도 있다. 많은 경우 구매자들은 프로세스의 어떤 단계를 반복할 것이다. 마지막으로, 고객관계는 정해진 기간 동안에 이루어지는 다양한 형태의 구매와 구매과정의 모든 단계에서 이루어진다. 따라서 공급자는 단지 개별적 구매가 아니라, 전체 고객관계(customer relationship)를 관리해야 한다.

저자 코멘트
최근에 소비자 마케팅에서와 마찬가지로 디지털 기술과 온라인, 모바일, 그리고 소셜 미디어가 B-to-B 마케팅에서도 폭발적으로 증가하고 있다.

디지털 및 소셜 마케팅으로 산업재 구매자 관여 유발

마케팅의 모든 다른 영역에서처럼 정보 기술과 온라인, 모바일, 그리고 소셜 미디어가 B-to-B 구매와 마케팅 과정의 면모를 변화시켜 왔다. 다음에서는 두 가지 중요한 기술진보인 전자조달 및 온라인 구매와 B-to-B 디지털 및 소셜 미디어 마케팅을 살펴보기로 한다.

전자조달(e-procurement)과 온라인 구매

정보기술의 발전은 B-to-B 마케팅 프로세스의 모습을 바꾸었다. 최근 온라인 구매[종종 **전자조달**(e-procurement)이라고 불리움]가 빠르게 성장하고 있다. 전자조달은 구매자들에게 새로운 공급자에게 접근할 기회를 제공하고, 구매비용을 낮추어주며, 주문과정과 배달이 빠르게 이루어지도록 한다. 마찬가지로 산업재 마케터는 마케팅정보를 공유하고, 제품과 서비스를 판매하고, 고객지원 서비스를 제공하고, 지속적인 고객관계를 유지하기 위해 온라인으로 고객과 접촉할 수 있다.

전자조달(e-procurement)
구매자와 판매자 사이에 전자적 연결, 주로 온라인을 통해 구매히는 것

기업은 여러 가지 방법으로 전자조달을 할 수 있다. 기업은 역경매(reverse auction) 방식을 실행할 수 있는데, 이 방식은 기업들이 구매요청을 온라인에 올리고 입찰경쟁에 공급자들을 초대하는 것이다. 또는 기업은 온라인 거래시장(online trading exchange)을 이용할 수 있다. 이 방식은 기업이 거래과정을 촉진시키기 위해 집단적으로 거래를 하는 것이다. 기업들은 자체 기업 구매사이트(company buying sites)를 만들어서 전자조달을 실행할 수 있다. 예를 들어, GE는 필요한 구매목록을 게시하고, 입찰기업들을 모집하며, 거래조건을 협상하고 주문을 하기 위해 개발된 기업 거래사이트(company trading site)를 운영한다. 또는 기업들은 주요 공급자들과 엑스트라넷 링크(extranet links)를 만들 수 있다. 예를 들어, 그들은 Dell, Staples와 같은 공급자들과 직접조달거래(direct procurement accounts)를 형성할 수 있는데, 이것을 통해 기업 구매자는 장비, 재료, 소모품을 직접 구매할 수 있다. Staples는 Staples Business Advantage라는 구매전담 부서를 운영하는데, 이 부서는 10명의 종업원을 거느린 기업에서부터 Fortune 1000기업에 이르기까지 기업규모에 상관없이 사무실 소모품을 공급하고 그들의 구매욕구를 충족시킨다.

B-to-B 전자조달은 많은 이점을 제공한다. 먼저 B-to-B 전자조달은 거래비용을 줄이고, 보다 효율적인 구매가 이루어지도록 한다. 전자조달은 구매와 배달 사이의 시간지체를 줄여준다. 웹상에서 이루어지는(web-powered) 구매 프로그램은 전통적인 청구서와 주문절차와 관련된 서류작업을 사라지게 하고 모든 구매를 더 잘 추적할 수 있게 한다. 비용과 시간상의 이점 이외에 전자조달은 구매담당자들로 하여금 단조롭고 고역스러운 일이나 문서작업에서 해방되도록 하고, 보다 나은 공급원들을 탐색하고 비용절감과 신제품 개발을 위해 공급자와 협업하는 등의 보다 전략적인 이슈에 시간을 할애할 수 있게 한다.

그렇지만 전자조달 이용의 급속한 증가는 몇 가지 문제를 발생시켰다. 예를 들어, 웹은 공급자와 고객의 데이터 공유를 가능하게 하고 제품을 설계하는데 서로 협력할 수 있게 하였지만, 동시에 수십 년 동안 유지되었던 고객과 공급자 관계를 서서히 감소시켰다. 많은 기업들은 공급자들끼리 경쟁을 시키고, 각 구매별로 보다 나은 거래조건을 제시하는 공급자를 찾는데 웹을 사용하고 있는 것이다.

》》 온라인 구매는 오늘날 대부분의 기업에서는 표준화된 절차이고, 산업재 마케터를 고객과 연결시켜 제품과 서비스를 판매하고 고객지원 서비스를 제공하고 지속적인 고객관계를 유지하도록 한다.
icetray/123RF

산업재 디지털 및 소셜 미디어 마케팅

고객들이 온라인 구매로 빠르게 이동함에 따라 오늘날의 산업재 마케터들은 고객들을 참여시키고 때와 장소를 가리지 않고 고객관계를 관리하기 위해 웹사이트, 블로그, 모바일 앱, e-뉴스레터, 오라인 네트워크에서부터 Facebook, LinkedIn, YouTube, Google+, Twitter 같은 주류 소셜 미디어에 이르기끼기 매우 다양한 디지털 및 소셜

미디어 마케팅을 수행하고 있다. 디지털 및 소셜 미디어를 산업재 마케팅에 활용하는 것은 거의 폭발적인 수준이다. 디지털 및 소셜 미디어 마케팅은 산업재 고객들을 관여시키는데 있어 새로운 영역으로 빠르게 자리 잡고 있다.

세계에서 선도적인 컨테이너 해운 기업인 Maersk Line은 160개국에 374지사를 통해 산업재 고객을 응대하고 있다.[38] 오래된 컨테이너 해운 업체로부터 새로운 시대의 마케팅을 통해 많은 것을 기대하지 않을지도 모른다.

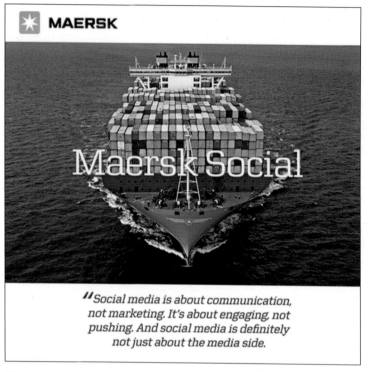

"Social media is about communication, not marketing. It's about engaging, not pushing. And social media is definitely not just about the media side.

≫ 컨테이너 해운 대기업인 Maersk Line은 많은 디지털 및 소셜 미디어를 통하여 고객을 관여시키고 있다. "목표는 우리의 고객에게 더 다가가는 것이다."
A.P. Møller-Mærsk A/S

Maersk Line은 모든 산업에서 가장 미래를 내다보며 앞선 디지털과 소셜 미디어 마케터 중의 하나이다. 또한 이 기업은 주요 소셜 미디어 네트워크인 Facebook, LinkedIn, Twitter, 그리고 YouTube 등에 8개의 글로벌 계정으로 소셜 미디어의 바다로 전속력으로 앞서 나가고 있다. Maersk Line의 110만 명 이상의 페이스북 팔로워들은 포스트당 평균 7%의 참여를 보이고, 페이스북을 그 기업에 관심을 갖는 고객과 다른 이해관계자의 다양한 사람들을 관여시키는 플랫폼으로 만들어 가고 있다. 인스타그램에서는 고객과 직원의 이미지와 스토리를 공유하여 브랜드를 형상화 시키는데 도움을 주고 있다. 유튜브에는 Maersk Line의 활동, 서비스, 그리고 임직원들을 자세히 다룬 정보용 및 교육용 비디오를 올리고 있다. Maersk Line의 트위터 피드는 최신 뉴스와 이벤트를 제시하며 13만 3천 명 이상의 팔로워들 사이에 대화와 화제를 불러일으키고 있다. 이 기업의 LinkedIn 계정에는 14만 7천 명 이상의 팔로워가 있는데 고객, 오피니언 리더, 그리고 산업계에서 영향력이 있는 사람들의 관여를 유발하여 정보를 공유하고 해운 및 물류 전문가들과 산업의 도전과 기회에 관해 토론하도록 하고 있다. 이 모든 소셜 미디어를 사용하는 이유는? "목표는 소셜 미디어를 사용하여 우리의 고객에게 더 다가가는 것이다."라고 Maersk Line는 말한다.

전통적인 미디어 및 영업 접근방식과 비교해 볼 때, 디지털 및 소셜 미디어는 고객참여 수준과 상호작용 수준을 더 높일 수 있다. 산업재 마케터는 그들이 진정으로 타깃으로 하는 것이 산업재 기업이 아니라 산업재 기업 내에서 구매결정에 영향을 미치는 개개인들이라는 것을 알고 있다. 그리고 오늘날의 산업재 구매자들은 PC, 태블릿, 스마트폰 등 디지털 기기를 통해 항상 연결되어 있다.

디지털 및 소셜 미디어는 인적 판매방식으로는 실현할 수 있는 항시 연결되어 있는 산업재 구매자들을 관여시키는데 주요 역할을 수행한다. 영업담당자가 현장에 있는 산업재 고객을 방문하거나 트레이드쇼에서 그들과 상담을 하는 등의 과거 영업방식 대신, 새로운 디지털 접근방식은 판매업체와 고객조직체 내의 다양한 사람들이 항시 장소에 상관없이 쉽게 연결될 수 있도록 한다. 이러한 접근방식은 판매자와 구매자들이 주요 정보를 통제하고 이에 접근하는 것을 더 용이하게 만든다. 산업재 마케팅은 언제나 소셜 네트워킹 마케팅이었지만, 오늘날의 디지털 환경은 새로운 네트워킹 도구들과 응용프로그램들을 제공한다.

MARKETING AT WORK 5.2

GE: B-to-B 디지털과 소셜 미디어 마케팅

GE보다 더 익숙한 브랜드는 거의 없다. 130년 이상 우리 가정을 GE제품으로 채워 왔다. 전구부터 냉장고, 가스레인지, 세탁기, 건조기, 전자레인지 오븐, 그리고 익숙한 GE 로고를 부착하고 있는 수백 가지의 제품을 포함한다. 그러나 깜짝 놀랄 사실이 여기 있다. 최근 이 기업은 거의 모든 소비재 제품 사업을 매각하고 있다. 현재 GE 1,200억 달러의 매출 중 2% 미만이 소비재 제품에서 나온다.

GE 매출의 대부분은 산업재 제품과 서비스로부터 나오는데, 에너지, 운송, 헬스케어 산업 등 광범위에 걸쳐 있다. 전구에서 멀리 벗어나 GE는 제트기 엔진, 거대 풍력발전 터빈, 디젤 기관차부터 수자원 처리시스템과 하이테크 의료 영상기기에 이르는 모든 제품을 판매하고 있다. GE는 자신을 "디지털 산업 기업"으로 칭하는데, 이는 "세상을 건립하고 움직이고 에너지를 공급하고 치료하기 위해 차세대 산업을 발명하는 것"을 미션으로 삼고 있다.

제트 엔진? 디젤 기관차? 동력 터빈? 하품이 나오는 단어이다. 많은 사람들에게 "산업"은 "지루함"을 의미한다. 그것은 디지털과 소셜 미디어 콘텐츠를 자극하기에는 무모한 사료이다. 그러나 GE는 그렇게 인식하지 않는다. GE는 브랜드 스토리가 있다. 세상을 변화시키고 인간의 생활방식을 바꾸는 거대하고 좋지 않은 기계와 혁신적인 기술의 스토리이다. 이 기업은 디지털을 그러한 스토리를 공유할 수 있는 이상적인 플랫폼으로서 바라본다. 결과적으로, GE는 디지털 및 소셜 미디어의 B-to-B에서 사용하는 모델이 되고 있다.

핵심 수준에서 GE는 산업재 고객에게 직접 정보를 제공하고 관여시키고, 그들을 판매원과 연결하고 고객 구매와 관계를 향상시키는 다양한 플랫폼을 통해 디지털 기본을 잘 실행하고 있다. 예를 들어, GE의 다양한 사업부는 – GE 항공부터 GE 헬스케어와 GE 에너지까지 – 수십 개의 특정 산업에 특화된 웹사이트를 개설하는데, 여기에는 수천 개의

개별 사이트 지역과 수 만 페이지를 담고 있어 B-to-B 고객에게 구매 솔루션, 제품 개요, 상세한 기술 정보, 온라인 비디오, 웨비나, 라이브 챗, 그리고 실시간 고객 지원을 제공한다. 또한 GE는 Facebook, Twitter, LinkedIn, Google+, Salesforce.com과 Instagram, Pinterest 등과 같은 주요 소셜 미디어에 광범위한 참여를 통해 영업조직이 산업재 고객을 더 깊이 관여시키도록 돕고 있다. GE는 그 중심에 비즈니스는 사회적인 것이라는 믿음을 가지고 있다. 그러나 GE의 디지털 및 소셜 미디어를 가장 영감을 받은 결과로서 사용하는 것은 고객을 직접 관여시키고 지원하는 기본을 훨씬 넘어선다. GE는 또한 다른 중요한 공중과 접촉하기 위해 디지털 플랫폼을 사용한다. "더 많은 사람들이 GE를 알수록 그들은 GE를 더 좋아하게 된다."라고 글로벌 미디어 디렉터는 말한다. "그래서 우리의 디지털 콘텐츠 전략은 혁신, 기술, 빅데이터, 헬스케어 개발 등에 관하여 훌륭한 스토리를 발견하여 전달해 주는 것이다." 목표는 GE 브랜드를 적합하고 현대적이며 접근가능하게 만드는 것인데, 이 과업은 디지털 및 소셜 미디어에 이상적으로 맞는다. GE CMO가 말하기를 "설득력 있는 스토리가 브랜드에 생동감을 주는데, 그런 스토리가 GE를 적

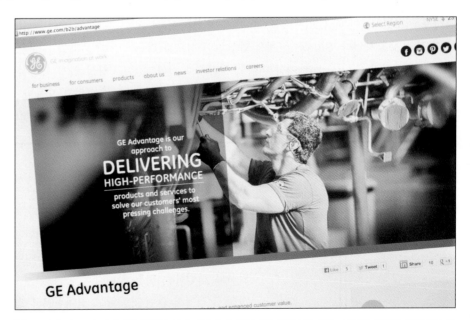

》 디지털 및 소셜 미디어를 독창성 있게 사용하여, 산업계의 발전소인 GE는 고객의 관여를 유발하고 오늘날 디지털 산업시대에 GE브랜드를 중요한 대중에게 적합하고 현대적이며 접근가능하도록 만들고 있다.
GE

합하고 감동을 주고, 활력이 넘치고, 흥미 있고, 바라건대 기억에 남도록 한다." 그러한 목적으로 GE는 지난 수십 년간 브랜드를 소비자에게 연결시켜 130년 역사의 기업을 새로운 디지털 산업시대에 젊고 현대적인 기술 리더로 자리매김 하게 하는 눈에 띄는 다양한 디지털 콘텐츠를 제공하여 왔다. 예를 들어, GE의 최초의 가장 성공적인 소셜 미디어 캠페인은 #sixsecondscience였는데, 이 프로그램은 이제는 없어진 트위터의 Vine에 론칭되어서 사람들에게 자신이 좋아하는 과학 실험을 6초 이내의 비디오 클립으로 만들어 공유하도록 요청하였다. 이 캠페인은 일주일에 400개의 비디오를 이끌어 냈는데, 모래와 식초 및 베이킹 소다를 이용하여 화산을 만드는 방법으로부터 작동이 가능한 테슬라 코일을 제작하는 방법에 이르는 모든 것의 시연을 포함한다.

Vine 캠페인은 현재 Tumblr에 위치하고 있는데 상을 수상하고 영예를 얻었다. 더 중요한 것은 그 캠페인이 사람들에게 GE 브랜드와 함께 시간을 보내게 되었다는 점이다. 당신은 GE가 모든 주요 소셜 미디어에 적극적으로 관여하고 있다는 것을 발견하게 될 것이다. 예를 들면, GE의 Instagram, Snapchat, Facebook, Pinterest, YouTube 그리고 다른 소셜 미디어 사이트는 기술 열정가들을 그 기업의 혁신적인 산업재 제품과 기술의 원초적인 아름다움으로 안내하고 있다. 예컨대, GE는 최근 니카라과의 활화산에 센서를 설치하여 조기경보 탐지 시스템으로서 대기 기압, 중력 그리고 가스 활동을 실시간 데이터를 제공하여 언제 화산이 폭발할지 예측하도록 도왔다. 이 때 GE는 소셜 미디어를 이용하여 그 모든 과정을 포착하였다. Snapchat에서 화산의 중심으로 가는 여정을 소개하고, Instagram에서 비디오 시리즈로 전환시켰다. 동시에 페이스북에서 라이브 Q&A 세션을 실행하였다.

마케팅 최고책임자(CMO)에 따르면, GE의 소셜 미디어 노력은 "우리의 거대한 기계의 위엄과 규모를 보여 준다. 그것은 우리의 매우 좋은 최선이다." 실제로, GE의 Pinterest 사이트에서 첫 번째 보드는 "매우 좋은 기계(Badass Machines)이었다." 다른 보드로는 "공장의 바닥으로부터(From the Factory Floor)", "마인드와 기계(Minds and Machines)", "뛰어난 기계(Brilliant Machines)"이다. GE는 또한 GE Reports라는 매일 혁신적인 B-to-B 블로그를 출간하는데, 달의 동력, 디지털 병리학, 손으로 하는 3D 프린팅 등의 과학 공상소설 같은 스토리를 주로 다룬다. 이 블로그는 GE의 다양한 소재에서 창의적인 콘텐츠를 담고 있다. 그 중 하나인 GE Garages는 혁신과 제조를 재활성화하도록 고안된 것인데, 협업 공간을 제공하여 기술자, 창업자, 그리고 일반인이 3D 프린터, 전산화된 절삭기, 레이저 절단기, 주형기계로 실습(hands-on) 경험에 관여하게 한다. GE의 다른 디지털 콘텐츠로, GE Reports는 사람들을 기술과 과학의 미래에 대해 흥미를 가지고 쉬운 읽을거리를 제공하면서 GE를 그들을 미래로 이끄는 기업으로 자리매김하고 있다.

GE는 또한 디지털 비디오 콘텐츠 기술을 숙달하고 있다. 예를 들어, 이 기업의 상을 받은 "Childlike Imagination" 캠페인은 마법 같은 비디오 광고인데, 엄마가 GE에서 일하고 있는 어린 소녀의 놀라는 시선을 통해 GE 제품 라인의 범위를 보여 준다. "우리 엄마요? 엄마가 달에서 동력을 얻는 수중의 선풍기를 만듭니다."라고 소녀는 외친다. "우리 엄마는 말을 하는 비행기 엔진을 만듭니다." 비록 이 광고가 전통적인 TV 광고로 보여질 수 있지만 GE의 소셜 미디어 채널을 통해 상당한 온라인 트래픽을 이끌어 낸다. 디지털 및 소셜 미디어를 독창성 있게 사용하여, 산업계의 발전소인 GE는 고객의 관여를 유발하고 오늘날 디지털 산업시대에 GE브랜드를 중요한 대중에게 적합하고 현대적이며 접근 가능하도록 만들고 있다.

어떤 B-to-B 기업들은 오늘날 디지털과 소셜 미디어가 주로 소비재 제품과 서비스 기업에게 유용한 것으로 잘못 가정하고 있다. 어떤 산업이든지 디지털 플랫폼은 고객과 다른 중요한 공중을 관여시키기 위한 강력한 수단이 될 수 있다. 예를 들면, 산업계의 성장엔진인 GE는 폭넓은 디지털 및 소셜 미디어를 사용하여 산업재 고객들의 관여를 유발하고 지원하는 것뿐 아니라 설득력 있는 GE 브랜드 스토리를 보다 널리 전파하고 자사를 고객에게 관련성이 있고 현대적이고 접근가능하도록 유지하고자 한다(Marketing at Work 5.2 참조).

토의문제

1. 마케터가 소비자 구매 의사결정을 평가할 때 인지해야 하는 소비자행동에 영향을 미치는 특성에 관해 토의하시오.

2. 전사적 마케팅전략은 무엇인가? 마케터가 이러한 접근방법을 사용하는가? 전사적 마케팅전략을 사용하는 제품 또는 서비스의 최근 사례를 찾아보고 그러한 전략이 효과적으로 또는 비효과적으로 만드는 요소에 관해 토의하시오.

3. 소비자 구매행동에 영향을 미치는 심리적 요인은 무엇인지, 네 가지 요인을 설명하시오.

4. 구매 의사결정에서 니즈는 어떻게 촉발되는가? 두 가지 촉발 요인(trigger)을 사례를 들어 보시오.

비판적 사고 연습

1. 최근 당신의 라이프스타일로 채택한 신제품을 찾아보시오. 당신이 채택한 신제품과 관련하여, 소비자 구매 의사결정 프로세스의 각 단계를 토론해 보시오. 그리고 나서 채택 프로세스의 단계를 살펴보시오. 신제품을 구매할 때, 당신은 이 장에서 설명된 의사결정 프로세스 단계를 따랐는가? 왜 그랬는가? 아니면 왜 그렇게 하지 않았는가?

2. 신제품의 특성이 채택률에 영향을 미친다. 채택률에 영향을 주는 다섯 가지 특성을 찾아보고 각 요인이 애플 워치의 채택률에 어떤 영향을 미치는지 기술해 보시오.

3. 산업재 구매는 매우 관여하는 프로세스일 수 있다. 많은 기업은 구매 프로세스를 관리하는데 헌신된 조달 또는 구매 전문가를 고용한다. www.glassdoor.com/Salaries와 www.indeed.com/salary 사이트를 방문하여 "조달 전문가", "조달 관리자" 또는 유사한 구매 직위에 대한 연봉 수준을 검색해 보시오. 전자 조달이 구매 프로세스를 합리화하는데 도움을 줄 수 있는가? 궁극적으로 전자 조달이 이러한 경력의 직원들을 대체하겠는가? 전자 조달을 통해 수행된 모든 구매 기능에 대해 가능한지를 토론해 보시오.

고객가치지향적 마케팅전략

표적고객을 위한 가치창출

학습목표

▶ **1** 시장세분화, 표적시장의 선정, 차별화, 포지셔닝과 같이 고객가치지향적 마케팅전략을 설계함에 있어 네 가지 중요한 단계들을 정의한다.

▶ **2** 소비재와 산업재 시장들을 세분화하기 위한 주요 변수들을 열거하고 논의한다.

▶ **3** 기업이 어떻게 매력적인 시장 세그먼트를 확인하고 시장표적화전략을 선택하는지를 설명한다.

▶ **4** 기업이 어떻게 시장에서 최고의 경쟁우위를 확보하기 위하여 자신의 제품을 자리매김하는지를 논의한다.

개관

지금까지 여러분은 마케팅이 무엇이고 고객과 시장 환경을 이해하는 것의 중요성에 대하여 배웠다. 이를 배경으로 여러분은 이제 마케팅전략과 전술을 보다 깊이 탐구하게 될 것이다. 6장은 고객가치지향적 마케팅전략에 관한 의사결정을 더 상세히 다루게 되는데, 이러한 의사결정은 어떻게 시장을 의미 있는 고객집단으로 나누고(시장세분화), 어떤 고객집단들을 선택하고(표적시장의 선정), 어떻게 표적고객들을 가장 잘 만족시키는 시장제안을 만들고(차별화), 어떻게 고객의 마음속에 제공물을 자리매김(포지셔닝)할 것인가 등을 포함한다. 이어서 다음 장들은 4P라는 전술적인 마케팅도구에 대해 다루게 되는데, 마케터들은 이를 이용하여 마케팅전략에 활력을 불어넣는다.

시장세분화, 표적시장의 선정, 차별화, 그리고 포지셔닝의 모든 것을 논의하기 전 Henkel에 대해서 알아보자. 거의 140년 동안 Henkel은 글로벌 고객들의 특화된 니즈를 충족하는 다양한 제품으로 시장 리더의 영향을 행사하여 왔다. Henkel의 브랜드인 Persil은 뚜렷한 고객 세그먼트에 독특한 가치제안을 제공하는 각 제품라인으로써 세련된 시장세분화와 표적시장 선정을 통하여 중동시장에 혁명을 일으켰다.

걸프만 국가에서 Henkel의 Persil

Henkel AG & Company, KGaA는 소비재와 산업재 부문에서 활발하고 잘 알려진 다국적기업으로 1876년 9월 독일의 Aachen에서 Fritz Henkel에 의해 창립되었다. 첫 번째 제품은 silicate 기반의 범용 세제를 론칭하였는데, 그 때까지 이 기업은 세계시장의 다양한 고객의 서로 다른 니즈와 선호를 만족시키는 신제품에서 지속적인 혁신을 통해 성공을 거두어 왔다. 오늘날, Henkel의 본사는 독일 Düsseldorf에 있고 Fortune Global 2000 기업에 포함된다. 2017년에 Henkel은 228억불의 매출과 35억불의 영업이익을 보고했다. 컨설팅 회사인 OC&C의 "Trends and Strategies on the Consumer-goods Market"이라는 조사에 의하면 2016년 Henkel은 세계 소비재 제조업체 50대 기업에 속하는 독일의 유일한 기업이다. Henkel은 Fortune 2018년 "World's Most Admired Companies" 순위에서 4위를 차지하면서 세제 산업에서 가장 존경받는 기업 중의 하나로 그 위치를 공고히 하였다. 전 세계 53,000명의 종업원이 120개국에서 여러 성공적인 브랜드들, 특히 Persil로써 고객들의 신뢰를 얻기 위해 열심히 일하고 있다. 1907년 Persil이 개발된 이후 반짝이는 깨끗한 빨래의 전문가로 여겨져 왔다. 예를 들어 그 브랜드는 품질과 신뢰를 상징하며 독일의 가장 신뢰받는 세제가 되었다.

Persil 제품 라인은 1907년 시장에 출시된 이후 빨래 프로세스에 혁명을 일으키며 많은 성공적인 제품을 포함하고 있다. 이 제품은 규산나트륨과 과붕산나트륨을 혼합하여 빨래를 삶을 때 이슬같은 정제된 산소를 배출한다. 그 결과 당시까지 사용된 염소와 대조적으로 특별히 옷감을 상하지 않게 하고 냄새 없는 표백을 제공한다. 이 제품은 또한 이전까지 일반적이었던 빨래를 비비고 흔들고 문지르는 등 힘들고 시간이 많이 드는 과정을 축소하였다. 자동으로 세탁하는 첫 번째 세제가 탄생했는데, 바로 Persil이다. Henkel은 기업 운영기간 동안 다른 브랜드와 기술을 통해 소비자에게 보다 편하고 나은 삶이 가능하도록 리더로서의 영향을 미치고 있다. 이 기업은 글로벌 시장의 이해와 현지 실행력을 잘 결합하여, 고객중심의 "글로컬(glocal)" 마케팅전략을 성공적으로 실행하여 왔는데, 그 예가 Gulf Cooperation Council(GCC) 기구의 회원인 사우디아라비아이다. 다른 회원국은 Bahrain, Kuwait, Oman, Qatar, 그리고 United Arab Emirates이다. 이들 국가 각각은 자국 문화에 따라 다른 니즈를 가지고 있다. 사우디아라비아는 Henkel의 마케팅전략을 보다 깊이 있게 보여주는 좋은 예이다.

설립 초기부터 Henkel Saudi Arabia는 엄청난 성장을 보여 왔고 1,600명의 종업원을 보유하고 Persil로 75%의 시장점유율을 공략하고 있다. Henkel Saudi Arabia의 전 마케팅 최고책임자인 Amitabh Bose는 Henkel의 브랜드 존재는 다음과 같이 요약할 수 있다고 지적한다. 프리미엄 세제인 Persil은 강한 브랜드 자산을 개발하고 소비자 인사이트를 생성하고, 뛰어난 마케팅 캠페인을 발전시키는데 집중하여 중독시장을 혁명적으로 변화시켜 왔다.

> Persil의 중동시장에서의 성공은 주로 지역 소비자의 니즈와 선호에 대한 깊은 이해에 기인한다.

Newscast Online Limited/Alamy Stock Photo

Henkel은 사우디아라비아 지역에 2년 전 세 가지 탁월하게 혁신적이고 매우 성공적인 제품으로 주요 소비 계층인 여성과 남성 소비자를 겨냥하였다. 여성 소비자에게는 Persil Abaya Shampoo와 Persil White 액체 세제를, 남성 소비자에게 Starch Spray를 출시하였다. 두 제품 라인의 출시는 소비자 인사이트와 선호에 관한 광범위한 시장조사에 근거하였다. Henkel의 연구는 GCC 소비자의 약 75%는 그 지역의 남성들이 입는 긴 흰색 전통 의상(thobe)을 세제와 표백제를 혼합하여 세탁하는데, 이는 시간이 지나면서 흰색 옷의 선명도를 약화시킨다는 것으로 증명하였다.

> 다양한 지역에서 시장트렌드와 고객들의 특별한 니즈를 이해하기 위하여 인사이트 창출에 집중함으로써, Henkel은 중동지역에서 제품 브랜드의 큰 성공을 거두게 되었다.

또한 세제 시장에 적합한 전분 스프레이가 부족하여 그 지역 소비자들이 선호하는 전통 의상(thobe)의 적절한 수준의 견고함을 제공하지 못하다는 것도 밝혀냈다. Persil White와 Persil Starch Spray는 GCC 남성 소비자를 겨냥한 최초의 세제 제품으로써 출시 후 불과 4개월 만에 예상치를 90% 상회하는 엄청난 시장점유율과 매출을 달성하였다. 세제 신제품으로써 이러한 성공은 주로 지역 소비자의 니즈와 선호에 관한 깊은 이해에 기반하였다. 또한 여성들은 전통적으로 abaya를 입는데, 보통 검은색의 헐거운 가운 같은 의복이다. 지역 남성들이 thobe의 흰색 선명함과 천의 견고함에 자긍심을 가지는 것처럼 여성들은 abaya의 검은색의 선명함과 천의 풍성함을 유지하는데 많은 신경을 쓴다. 유명한 패션 디자이너인 Amal Murad는 "여성들이 abaya의 모양, 촉감, 그리고 컬러를 유지하기 위해 잘 관리하는 것은 최고로 중요하다."고 말했다.

결과적으로 Persil Abaya Shampoo(Persil Black으로도 알려진)가 개발되어 "black color lock"이라는 신기술을 사용하여 검은색을 완벽하게 유지하게 하였다. Abaya Shampoo도 천을 보호하고 꽃 향기가 오래 남도록 한다. 지역 소비자에 관한 연구는 약 50% 소비자가 abaya를 세탁할 때 옷감을 손상시키는 잘못된 습관이 있는데, 가루세제와 섬유 유연제 또는 심지어 모발 샴푸나 바디 샴푸를 사용한다는 것을 밝혀냈다. 이것이 Persil Abaya Shampoo가 지역 세탁업계에서 혁명적이라고 간주되는 이유이다.

Henkel이 적용한 마케팅전략은 공통적인 글로벌 기술과 규모의 배합(규모 또는 저원가 생산의 경제)이 어떻게 현지 지역의 마케팅전략과 결합될 수 있는가의 훌륭한 사례이다. Persil 브랜드는 공통적인 제품 공정이지만 지역 특색이 반영된 포장과 마케팅 커뮤니케이션을 제공한다. Persil Abaya는 걸프만 국가에서 TV 광고와 매우 성공적인 온라인 구전 마케팅을 전개하였다.

인터랙티브 웹사이트가 구축되었고 Henkel은 리얼리티 TV 디자이너 대회를 Swarovski Elements와 공동으로 후원하여 abaya가 전통적인 의상일 뿐 아니라 개인의 패션과 개성의 표현일 수 있다는 것을 보여주었다. 시장 트렌드와 다른 지역들의 소비자의 특별한 니즈를 이해하기 위한 인사이트를 생성하는데 집중함으로써 Henkel은 자사 브랜드들의 큰 성공을 거두었다. 이 기업의 마케팅전략은 전적으로 고객중심적 전략의 성공적인 사례로 간주되어 왔다.[1]

요즈음 기업들은 시장 내 모든 구매자들에게 소구할 수 없거나, 적어도 모든 구매자들을 동일한 방식으로 소구할 수 없다는 것을 인식하고 있다. 구매자들은 너무 많고, 넓게 흩어져있고, 그들의 욕구와 구매패턴은 매우 다양하다. 더구나 각 세분시장을 대하는 회사들의 능력도 매우 다르다. 대신 Persil과 같이 회사들은 자신이 가장 잘 대하고 수익을 낼 수 있는 시장의 부분들을 확인해야 한다. 따라서 모든 회사들은 대량 마케팅에서 표적시장 마케팅(target marketing)으로 이동해 왔는데, 이는 시장 세그먼트를 확인하고, 이들 중 하나 혹은 그 이상의 표적시장을 정하고, 각 표적시장에 맞는 제품 및 마케팅프로그램을 개발하는 것이다.

마케팅전략

시장세분화(market segmentation)
시장을 서로 다른 마케팅전략이나 마케팅믹스를 필요로 하는 독특한 욕구, 특징 및 행동을 갖고 있는 보다 작은 구매자집단으로 나누는 것

표적시장의 선정(market targeting)
(또는 targeting)
각 세분시장의 매력도를 평가하여 진입할 하나 또는 그 이상의 세분시장을 선정하는 것

차별화(differentiation)
우월한 고객가치를 만들기 위해 시장제공물을 차별화하는 것

포지셔닝(positioning)
표적소비자의 마음속에 경쟁제품과 비교해 상대적으로 분명하고 독특하며 바람직한 위치를 차지하는 시장제공물을 계획하는 것

그림 6.1은 고객가치지향적 마케팅전략을 설계하는 가장 중요한 4가지 주요 단계를 보여준다. 첫째와 둘째 단계에서 기업은 자신이 만족시킬 고객을 선정한다. **시장세분화**(market segmentation)는 시장을 서로 다른 제품과 마케팅믹스를 요구하는 독특한 욕구, 특징 및 행동을 갖고 있는 보다 작은 구매자집단들로 나누는 것을 포함한다. 회사들은 시장을 세분화하는 여러 가지 방법들을 확인하고, 그에 따라 분류된 세분시장들의 프로파일들을 개발한다. **표적시장의 선정**(market targeting)(또는 targeting)은 각 시장의 매력도를 평가하고, 진입할 하나 또는 그 이상의 세분시장을 선정하는 것으로 구성된다.

마지막 두 단계들에서 회사는 가치제안(즉, 표적고객들을 위한 가치를 어떻게 창출할 것인가)에 대한 결정을 한다. **차별화**(differentiation)는 경쟁사보다 우월한 고객가치를 만들기 위해서 회사의 시장제공물을 실제로 차별화하는 것을 포함한다. **포지셔닝**(positioning)은 표적소비자들의 마음속에 경쟁제품과 비교하여 상대적으로 분명하고, 독특하며, 바람직한 위치를 차지하는 시장제공물을 계획하는 것이다. 우리는 아래에서 각 단계를 차례로 소개한다.

>> 그림 6.1 시장세분화, 표적시장 선정, 포지셔닝의 단계

마케팅전략은 어떤 고객을 타깃으로 할 것인가와 어떻게 그들을 대할 것인가라는 두 가지 질문에 대해 답을 찾는 과정이다. 물론 마케터에게 힘든 과제는 이처럼 단순해 보이지만 어려운 질문에 대해 좋은 답을 찾아내는 것이다. 마케터의 목표는 기업이 섬기기로 한 고객을 위해 경쟁사 보다 더 많은 가치를 만들어내는 것이다.

표적고객 선정

시장세분화
전체 시장을 보다
작은 규모의 세분시장으로 나눔

표적시장 선정
주력할 하나 혹은
그 이상의 세분시장 선정

표적고객을 위한 가치창출

가치제안의 결정

차별화
우월한 고객가치 창출을 위해
시장제공물을 차별화시키는 것

포지셔닝
표적고객의 마음속에
시장제공물의 위치를 정하는 작업

시장세분화

어떤 시장에서도 구매자들마다 필요, 자원, 위치, 구매태도 및 구매습관이 다르다. 시장세분화를 통하여 기업들은 크고 이질적인 시장들을 작은 세분시장들로 나눔으로써, 각 세분시장의 독특한 욕구에 맞는 제품과 서비스를 가지고 보다 효율적이고 효과적으로 이들 세분시장에 도달할 수 있다. 이 절에서 우리는 소비자시장의 세분화, 산업재시장의 세분화, 국제시장의 세분화, 효과적인 시장세분화를 위한 선결요건 등과 같은 네 가지의 중요한 세분화 주제를 다룬다.

> **저자 코멘트**
> 시장세분화는 첫 번째로 중요한 마케팅 질문인데, 이는 어떤 고객을 표적시장으로 정할 것이냐이다.

소비자시장의 세분화

시장을 나누는 유일한 방법은 없다. 마케터는 시장구조를 파악하는 최선의 방법을 찾기 위해 각각의 시장세분화 변수를 사용하여 시장을 세분화해 보거나 이들을 함께 사용하여 세분화를 해 보는 등의 시도를 해야 한다. 표 6.1은 소비자시장을 세분화하는데 사용될 수 있는 주요 변수들을 요약한 것이다. 지금부터 우리는 지리적, 인구통계적, 심리묘사적, 행동적 변수들을 살펴볼 것이다.

지리적 세분화

지리적 세분화(geographic segmentation)는 시장을 나라, 지역, 주, 도시 혹은 동네 등과 같은 서로 다른 지리적 단위로 나누는 것이다. 회사는 하나 또는 여러 개의 지리적 구역에서 사업을 할 것인지, 또는 모든 지역에서 사업을 하지만 욕구와 필요에서의 지리적 차이에 관심을 가질 것인지를 결정하여야 한다. 더 나아가 오늘날 많은 기업들은 개

지리적 세분화
(geographic segmentation)
시장을 나라, 지역, 도, 도시, 구 등과 같은 서로 다른 지리적 단위로 나누는 것

표 6.1	소비재 시장을 위한 주요 세분화 변수
세분화 변수	**사례**
지리적 변수	국가, 지역, 주, 도시, 이웃, 인구밀도(도시, 교외, 지방), 기후
인구통계적 변수	나이, 생애주기, 성별, 소득, 직업, 교육, 종교, 인종, 세대
심리묘사적 변수	생활양식, 개성
행동적 변수	상황, 혜택, 사용자 상태, 사용률, 충성도 수준

별적인 지역, 도시 및 동네에 맞추기 위해 그들의 상품, 서비스, 광고, 촉진 및 영업 노력을 현지화하고 있다.

예를 들어 Target과 Walmart에서 Kohl's 및 Staples에 이르기까지 많은 큰 규모의 소매상들은 전형적인 큰 규모의 교외 슈퍼스토어가 맞추기 어려운 매우 밀집된 지역의 이웃들 욕구에 맞추기 위해 설계된 소규모 형태의 매장을 개장하고 있다.

예컨대, Target은 대학도시와 인구가 밀집한 도심지역에서 앞으로 3년 동안 100개 이상의 소규모 점포를 오픈하려고 한다. 이 점포는 정규 Target 매장의 약 20% 면적을 가진다. 이러한 소규모 점포들은 지역 고객에게 맞춤형 경험을 창출하기 위해 주의 깊게 고안된 제품구색을 가지고 있다. 예를 들어, Target의 캠퍼스 점포들은 대학생들의 쉴 새 없이 움직이고 가격에 민감한 라이프스타일에 적합하도록 디자인되어 있다. 소규모 점포들은 상품구색을 결정하기 위해 고객의 특성, 구매이력, 그리고 피드백을 분석한다. 플로리다 주의 어느 Target 캠퍼스 점포는 Northwestern University 캠퍼스 근처의 점포와 매우 다르다. Target의 Chicago Belmont 점포는 프로야구 Chicago Cubs의 용품과 게이 배너를 쇼 윈도 앞면에 비치하여 근처 Wrigley Field 야구장과 지역 게이 커뮤니티에 적합하도록 하고 있다.[2]

>> 아주 작은 특정지역의(hyperlocal) 소셜 마케팅: Mazda는 딜러의 반경 어느 정도 거리 안에 있는 고객을 위하여 맞춤형의 광고를 사용하고 있다.

Car Collection/Alamy Stock Photo

디지털과 모바일 기술의 급증으로 인해 아주 작은 특정지역의(hyperlocal) 소셜 마케팅이 크게 증가하였다. 즉 디지털과 소셜 미디어를 이용하여 지역 커뮤니티나 인근 지역의 소비자를 목표로 하는 위치기반 타깃팅이다. 예를 들어, 일본의 다국적 자동차업체인 Mazda는 자동차 구매자가 어떤 최대 반경 거리를 넘어서 이동하지 않는다는 것을 깨달았다. 따라서 이 기업은 지리적 데이터를 이용하여 수익을 극대화하고 역동적으로 맞춤화된 모바일 광고를 만들어 사용자가 지역 Mazda 딜러의 반경에 진입할 때마다 광고가 재생되도록 하였다. 결과적으로 전체 목표고객 중 20%가 이 광고를 접하였고 지역 Mazda 딜러에서 53% 더 문의하는 경향을 보였다.[3]

또한, Facebook과 Instagram과 같은 많은 주요 소셜 미디어들은 광고주가 지리적 위치에 따라 대상 고객을 선택하도록 하고 있다. 기업들은 Google Maps와 계약하여 "near me" 또는 "nearby" 구글 검색에 따라 자신의 위치와 광고를 보여주게 하고 있다. 예를 들어, "auto repairs near me"로 검색하면 가까운 지역 Sears 서비스 센터에서부터 지역 자동차서비스 센터까지의 여러 광고를 검색해 준다. 만약 뉴욕 주의 Poughkeepsie에 있는 호텔을 검색하면, Expedia.com, Booking.com, Tripadvisor.com, 그리고 KAYAK.com의 광고가 뜨고, 그 다음으로 여러 호텔 리스트가 사이트 링크와 위치를 알려주는 지도와 함께 검색된다. 그러한 아주 작은 특정지역의(hyperlocal) 타깃팅은 광고주로 하여금 자신의 마케팅 콘텐츠를 지역 소비자의 위치와 검색 의도에 맞추어 정교하게 만들 수 있도록 한다.

인구통계적 세분화
(demographic segmentation)
시장을 연령, 성별, 생애주기 단계, 소득, 직업, 교육수준, 종교, 인종, 세대 등과 같은 변수를 토대로 나누는 것

인구통계적 세분화

인구통계적 세분화(demographic segmentation)는 시장을 연령, 성별, 생애주기 단계, 소득, 직업, 교육수준, 종교, 인종, 세대 등과 같은 변수들을 근거로 나누는 것이다. 인

구통계적 변수는 고객집단들을 세분화하는데 가장 많이 사용된다. 그 이유 중 하나는 소비자의 욕구, 필요, 사용량 등이 인구통계적 변수와 밀접한 관련이 있기 때문이다. 그리고 다른 이유는 인구통계적 변수가 다른 세분화 변수들보다 세분시장을 측정하기 쉽기 때문이다. 설령, 세분시장들이 추구되는 혜택이나 행동 등과 같은 다른 세분화 변수들에 의하여 먼저 정의되는 경우에도, 표적시장의 크기를 평가하고, 그 시장에 효율적으로 도달하기 위하여 그 세분시장의 인구통계적 특징들을 알아야 한다.

연령과 생애주기 단계 소비자들의 욕구는 나이에 따라 변화된다. 어떤 회사들은 다른 연령대와 생애주기 단계의 소비자집단들에 대해 서로 다른 제품을 제안하거나 다른 마케팅접근방식을 사용하기 위해, **나이와 생애주기에 따른 세분화**(age and life-cycle segmentation)를 이용한다. 예를 들어, Kraft의 Oscar Mayer 브랜드는 아동들에게 편리한 미리 포장된 Lunchables를 판매한다. 그러나 Oscar Mayer는 Lunchables의 엄청난 성공을 확장하기 위해 후에 Luchables Uploaded를 소개했는데, 이 제품은 10대들의 입맛과 감성에 맞춘 것이다. 최근 들어 이 브랜드는 성인에게 친근한 이름인 P3(Portable Protein Pack)으로 성인용 제품을 소개했다. 이제 모든 연령대의 소비자들은 미국의 가장 인기있는 점심 음식의 하나가 되어가고 있는 제품들을 즐길 수 있게 되었다.

다른 회사들은 생애주기 그룹의 특정 나이에 초점을 맞춘다. 예를 들어 대부분의 태블릿메이커들은 제품을 성장하는 사람들에게 판매하기 분주해 왔지만 아마존은 더 작은 태블릿 시장을 점찍었다. 부모들은 그들의 오락물 Kindle Fire 태블릿을 오락, 교육 및 자녀돌보기 목적으로 어린 자녀들에게 물려주고 있다고 언급한다. 이런 어린 가정 시장에 맞춰 아마존은 FreeTime Unlimited를 소개했는데, 3세에서 8세 사이의 아이들을 겨냥한 멀티미디어 구독 서비스가 들어 있다. 이 서비스는 부모의 통제를 돕기 위해 G급 영화, 게임 및 책 보관소에 대한 접근권을 제공하는데, 여기엔 Nickelodeon, Disney, Sedame Street 및 DC Comics에서 나오는 고급 내용물도 포함되어 있다. FreeTime Unlimited는 아마존에게 수익을 만들어 줄 뿐만 아니라 Kindle Fire 태블릿을 젊은 가정에 더 많이 판매하는 것을 도와준다.

마케터들은 연령이나 생애주기 세분화를 이용할 때 고정관념의 영향을 받지 않도록 주의하여야 한다. 예를 들어, 80대의 노인들 중에 어떤 사람들은 거동이 힘들어 집에 머무르지만, 어떤 사람들은 테니스와 스키를 즐기기도 한다. 마찬가지로 40대 부부들은 자녀들을 대학으로 보내기도 하지만, 이제 막 결혼하여 새로운 가정을 시작하는 경우도 있다. 따라서 연령은 종종 개인의 생애주기, 건강, 일 혹은 가정상황, 욕구, 그리고 구매력을 예측할 수 있는 좋은 지표가 되지 못한다.

성별 성별 세분화(gender segmentation)는 의류, 화장품, 화장실용품, 그리고 잡지에서 오래 전부터 사용되어 왔다. 예를 들어, Procter & Gamble은 Secret이라는 제품에서 성별세분화를 사용한 최초기업들 중 하나이다. Secret는 여성의 생리적 반응을 고려해 특별히 제조되었고, 여성이미지를 강화시키는 패키지와 광고를 개발했다.

보다 최근엔 남성들을 위한 화장품 산업이 폭발적으로 증가해 왔다. 주로 여성의 구미에 맞춰 왔던 많은 화장품 회사들(L'Oréal, Nivea, Sephora 및 Unilever의 Dove)

나이와 생애주기에 따른 세분화(age and life-cycle segmentation)
시장을 서로 다른 연령대와 생애주기 집단으로 나누는 것

성별 세분화(gender segmentation)
성별을 토대로 시장을 서로 다른 세분시장으로 나누는 것

▶▶ 성별 세분화: 운동복을 일상적인 패션으로 입는 애슬레저 (athleisure) 트렌드에 따라 최근 처음으로 운동에 관심이 있는 여성을 직접 목표로 한 광고를 시작했다.

DICK'S Sporting Goods

이 남성 라인을 성공적으로 판매하고 있다. 예를 들어, Dove의 Men+Care는 남성 관리의 권위자라 자칭하면서 몸 세척(피부에 맞춰진), 바디 바(피부건조 방지), 발한 억제제(땀에는 강하지만 피부엔 강하지 않음), 안면 케어(안면을 더 잘 보호해 줌) 및 머리 손질(3배 더 강해지는 머리)과 같은 전 상품 라인을 제공한다.[4]

전통적으로 남성을 목표로 해 오던 브랜드가 또 다른 방향으로 새로이 여성을 목표로 하고 있다. 예를 들어 많은 여성들이 운동복을 일상적인 패션으로 입는 애슬레저(athleisure) 트렌드에 따라 스포츠 의류 제조 및 유통업체인 Nike와 Under Armour부터 Dick's Sporting Goods까지 여성 구매자를 목표로 하는 마케팅 노력을 증가시키고 있다. 현재 모든 스포츠용품 구매자의 절반은 여성 소비자이다.

Dick's Sporting Goods는 최근 처음으로 운동에 관심이 있는 여성을 직접 목표로 한 광고를 시작했는데, 이는 "Who Will You Be?"라는 보다 광범위한 캠페인의 일부이다. 이 광고는 자신의 운동 목표를 달성하기 위해 여러 바쁜 일상을 꾸려 가야 하는 여성들을 주로 다루고 있다. 일련의 광고에서 첫 번째 광고는 아들을 학교에서 데리러 운전하는 대신 조깅을 해야 하는 여성을 보여 주었다. 다른 여성은 러닝머신에서 조깅을 하면서 갓난아이 모니터에 귀를 기울이고 있다. 광고는 "Who will you be?"라고 질문을 던진다. 이어서 "모든 달리기, 모든 운동, 매일, 모든 선택, 모든 계절은 Dick's Sporting Goods와 함께 시작된다(Every run. Every workout. Every day. Every choice. Every season begins with Dick's Sporting Goods)."라는 광고 카피가 나온다. Dick's는 여성 구매자들이 "자사가 그들이 운동으로 건강하기 위해 매일 해야 하는 선택을 이해하고 있다"는 것을 알기 원한다고 수석 마케터가 말한다.[5]

소득 세분화(income segmentation)
소득수준에 따라 시장을 서로 다른 세분시장으로 나누는 것

소득 자동차, 의류, 화장품, 금융 서비스, 여행과 같은 제품을 담당하는 마케터들은 오래 전부터 **소득 세분화(income segmentation)**를 사용해 왔다. 많은 회사들은 사치품과 편의 서비스(convenience service)를 취급하면서 부유층 소비자들을 겨냥한다.

예를 들면, 신용카드 기업은 부유한 고객을 목표로 한 프리미엄 카드를 통해 연회비가 높지만 고급스러운 추가적인 혜택을 제공한다. 예를 들어, American Express Platinum Card의 연회비는 550불이다. 혜택으로는 특별 공항라운지 이용권, 항공사 요금 할인, Uber 할인, 호텔과 렌터카 체인의 우수고객 대우, 항공사 보너스 마일리지 등이 있다. 그러나 정말 부유한 고객을 위해서 American Express는 Centurion Black Card를 제공한다. Amex Centurion Black Card는 아마도 세계적으로 가장 배타적인 신용카드일 것이다. Amex Centurion Black Card는 연 소득 1백만불 이상이고 연간 카드사용액이 적어도 10만불에서 45만불 사이인 고액 자산가들을 목표로 한다. 카드 회원가입은 초청에 의해서만 가능하고 카드 고객은 가입비로 7,500불과 연회비 2,500불을 지불한다. Black Card 회원은 Platinum Card 회원에게는 제공되지 않는 배타적인 경험을 제공 받는데, 대부분은 비공개이다. 예를 들어, Centurion Concierge라는 일종의 개인적인 도우미로서 인기 높은 레스토랑에서 특별 좌석, 쇼 티켓의 우선

선택, 이국적인 휴가의 탐색 등과 같은 서비스를 제공한다. 그리고 물론 Amex Card에는 다른 카드로는 얻을 수 없는 품위와 자랑스러운 권한이 있다.[6]

그러나 소득 세분화를 이용하는 모든 기업들이 부유층을 겨냥하는 것은 아니다. 예를 들어, Dollar General, Family Dollar, Dollar Tree 체인점과 같은 많은 소매상들이 성공적으로 저소득 및 중산층 소비자집단을 겨냥한다. 이러한 매장들의 핵심시장은 3만 달러 이하의 소득을 갖고 있는 가족들이다. Family Dollar의 부동산 전문가가 새로운 매장을 위한 입지를 찾아 돌아다닐 때, 그는 보다 저렴한 신발을 신고 기름이 뚝뚝 떨어지는 낡은 자동차를 타고 다니는 중산층 이하의 사람들이 거주하는 동네를 찾는다. 저소득층을 겨냥한 전략과 함께, Dollar 매장들은 미국에서 가장 빠르게 성장하는 소매상이다.

심리묘사적 세분화

심리묘사적 세분화(psychographic segmentation)는 구매자들을 라이프스타일 또는 개성과 관련된 특징들을 근거로 서로 다른 세분시장으로 나눈다. 같은 인구통계적 집단에 속하는 사람들이라고 하더라도 심리묘사적 특징에서 서로 상당히 다를 수 있다.

5장에서 우리는 사람들이 구매하는 제품들이 어떻게 그들의 생활양식을 반영하는지를 설명했다. 그 결과 마케터들은 종종 그들의 시장을 소비자의 생활양식에 따라 구분하고, 이를 바탕으로 생활양식에 소구하는 마케팅전략을 세운다. Anthopologie 소매상은 기발한 프렌치풍 벼룩시장 매장 분위기를 만들어 젊은 여성들이 열망하는 Bohemian-chic 라이프스타일을 팔고 있다. 그리고 Athleta는 도시의 활동적인 라이프스타일을 요가, 달리기와 다른 운동용 의류와 함께 여성들에게 판매하는데, 도시 캐주얼, 운동 후 의류도 포함된다.

패스트 캐주얼 레스토랑인 Panera는 단지 맛이 좋은 음식보다는 건강에도 좋은 음식을 원하는 세분화된 라이프스타일을 가진 사람들에게 음식을 제공한다. 이러한 건강한 삶을 추구하는 라이프스타일 세분시장의 니즈를 더 잘 충족시키기 위해 Panera는 최근 음식에서 150가지 이상의 방부제, 첨가제, 색소, 향신료를 곧 제거하겠다고 발표하였다. 그러고 나서 Panera는 "음식다운 음식(Food as it should be)"이라는 마케팅 캠페인을 시작하여 자사 레스토랑에서 식사하는 행복한 고객을 보여주었다. "100% of our food is 100% clean"이라고 어느 광고는 말한다. Panera에 따르면, 음식은 단지 당신의 위를 채우는 것 그 이상이 되어야 한다는 것이다. "음식은 맛이 좋아야 하고, 기분이 좋아야 한다. 또한 음식은 당신과 주위의 세상을 위해 좋은 일을 해야 한다. 그것이 바로 음식이 되어야 하는 것이다." "그러한 생각이 당신의 라이프스타일과 맞으면 우리 레스토랑으로 들어오세요. 그것이 바로 우리가 여기 있는 이유입니다."라고 Panera의 마케팅 책임자는 시사한다.[7]

마케터들은 또한 시장을 세분화하기 위하여 개성변수를 사용해 왔다. 예를 들면, 고급 개인서비스를 제공하는 특급 소형 호텔체인 Loews는 의지와 이성(persona) 세분시장을 목표로 하는데, "주말 탐험 커플(weekend explorer Couples)", "자신감 있는 비즈니스 여행객", "진지

심리묘사적 세분화
(psychographic segmentation)
라이프스타일 또는 개성과 관련된 특징을 토대로 시장을 서로 다른 세분시장으로 나누는 것

>> **라이프스타일 세분화:** Panera는 단지 맛이 좋은 음식보다는 건강에도 좋은 음식을 원하는 세분화된 라이프스타일을 가진 사람들에게 음식을 제공한다.

Panera LLC

하게 계획을 세우는 사람들", "부유층 사람들(luxury jetsetters)", "휴가를 즐기는 가족", 그리고 "Loews 충성고객"이다. 이 호텔은 각 세그먼트에게 개인화된 상품, 메시지 그리고 미디어 플랜을 만들어 "SmartJourney"라고 불리우는 고객이 계획을 세우고 Loews 호텔에 숙박하는 단계를 강화시키고 있다. 예를 들어 부유층 사람들을 목표로 하는 커뮤니케이션은 특별 객실 업그레이드로 고객 경험을 향상시키는 기회를 제공하는 이메일로 시작할 것이다. 다음에는 Loews 앱에서 고급 레스토랑 예약 등의 추가적인 숙박 전 옵션을 제공하는 공지를 띄운다. 일단 호텔에 도착하면, 이 그룹의 여행객들은 자신들의 기호에 맞는 하이 터치, 즉 개인적인 관심을 받게 되는데, 특별 셰프 음식 맛보기 또는 스파 서비스 등의 앱 공지를 받는다.

SmartJourney를 시작하고 그 다음 해에 Lowes 고객의 이메일 참여율이 40% 향상되었고 재예약률은 20%가 증가하였다.[8]

행동적 세분화

행동적 세분화(behavioral segmentation)는 구매자들을 그들의 지식, 태도, 사용상황, 혹은 제품에 대한 반응들 등에 근거하여 집단들로 나눈다. 많은 마케터들은 행동변수들이 시장을 세분화하는데 가장 좋은 출발점이라고 믿는다.

사용상황 어떤 상황에서 제품을 사야겠다는 생각이 드는지, 실제로 구매하는지, 또는 구매한 물건을 사용하는지에 따라 구매자들을 집단들로 나눌 수 있다. **사용상황 세분화**(occasion segmentation)는 기업이 제품용도를 개발하는 것을 도와준다. 예를 들어, Campbell은 추운 겨울철에 수프를 더 많이 광고하고 Home Depot는 잔디 및 가든 제품들을 위해 특별한 봄철 촉진 프로그램을 운영한다. 수십 년 넘게 Starbucks는 Pumpkin Spice Latte(PSL)로 가을 시즌을 맞이했다. Starbucks는 지금까지 가을에만 이 제품을 판매했음에도 불구하고 매년 8천만 불의 매출을 올리고 있다.[9]

여전히 다른 회사들은 전통적이지 않은 상황에서 용도를 촉진함으로써 소비를 진작시키기 위해 노력한다. 예를 들어 대부분의 소비자들은 아침에 오렌지 주스를 마시지만, 오렌지 메이커들은 다른 시간대에 차갑고 건강에 좋은 청량음료를 마시는 것을 촉진해 왔다. Mountain Dew는 오전에서의 소비를 증가시키기 위해 Mtn Dew A.M.(Mountain Dew와 오렌지 주스의 혼합물)을 소개했다. 그리고 Taco Bell의 First Meal 캠페인은 하루를 시작하는 방법으로 Mtn A.M.과 A.M. 크런치 포장 및 다른 아침 제품을 함께 제안하고 있다.

추구되는 혜택 시장세분화의 한 강력한 형태는 구매자들을 그들이 제품으로부터 추구하는 혜택 혹은 편익에 따라 구분하는 것이다. **혜택(편익) 세분화**(benefit segmentation)는 사람들이 제품군에서 추구하는 주요 혜택들, 각 혜택을 추구하는 사람의 유형, 그리고 이 혜택을 제공하는 주요 브랜드들을 파악하는 것을 요구한다.

예를 들면, 건강과 활동을 체크해 주는 웨어러블 트래커를 구매하는 사람들은 다양한 혜택을 얻고자 하는데, 걸음 수와 소모 칼로리부터 심장박동 수 모니터링과 고성능 운동 트래킹과 리포팅까지 포함한다. 이러한 다양한 혜택에 관한 선호도를 충족시키기 위해 Fitbit은 건강과 운동을 트래킹하는 디바이스를 만드는데, 세 가지 주요 혜택 세그먼트

행동적 세분화(behavioral segmentation) 소비자 지식, 태도, 사용, 혹은 제품에 대한 반응 등을 토대로 시장을 여러 세분시장으로 나누는 것

사용상황 세분화(occasion segmentation) 구매자들이 제품을 구매할 생각을 하거나 실제로 구매하거나 또는 구매한 품목을 사용하는 등 소비자 상황에 따라 시장을 세분시장으로 나누는 것

혜택(편익) 세분화(benefit segmentation) 소비자들이 제품으로부터 추구하는 혜택에 따라 시장을 세분시장으로 나누는 것

는 매일 운동하는 그룹, 활발히 운동하는 그룹, 그리고 성과를 위해 운동하는 그룹이다.[10]

매일 운동하는 소비자들은 단지 기본적인 피트니스 트래킹을 원한다. 그래서 Fitbit의 가장 단순한 디바이스인 Fitbit Zip은 이러한 소비자들에게 "날씬해지고 Zip을 즐기세요."라고 제안한다. 이 장치는 걸음 수, 이동한 거리, 칼로리 소모량과 활동하는 시간을 체크해 준다. 다른 극단인 성과 피트니스 그룹을 위한 하이테크 Fitbit Ionic 시계는 "당신의 인생을 위해 디자인된 시계"이다. 이 시계는 더 발전된 기능을 제공하는데, GPS 트래킹, 심장박동 모니터링, 온종일 활동 트래킹, 자동 운동 트래킹과 기록, 수면 모니터링, 디지털 결제, 문자 알림, 음악 컨트롤, 개인적인 조언과 인사이트, 그리고 Fitbit과 스마트폰과 컴퓨터 앱을 무선으로 연동하는 것 등이다. 전체적으로 Fitbit의 피트니스 용품과 앱에는 소비자가 어떤 혜택을 원하든지 그것을 위한 Fitbit 상품이 있다.

>> **혜택 세분화:** Fitbit의 전체 피트니스 용품과 앱에는 소비자가 어떤 혜택을 원하든지 그것을 위한 Fitbit 상품이 있다.

Chris Ratcliffe/Bloomberg via Getty Images

사용자 상태 시장은 제품의 비사용자, 과거 사용자, 잠재고객, 첫 번째 사용자, 정기적인 사용자들로 구분될 수 있다. 마케터들은 정규 사용자를 강화 및 유지하고 표적화된 비사용자의 마음을 끌어들이며 과거 사용자와의 관계를 재활성화한다. 인생의 새로운 전기를 맞는 소비자들(예: 결혼한 부부나 출산한 부모들)은 대량 소비자들로 바뀔 가능성이 있는 잠재고객 집단에 포함된다. 예를 들어, P&G는 처음으로 부모가 되는 사람들이 제대로 시작할 수 있게 Pampers Swaddler가 대부분의 미국 병원에서 태어난 아기들을 위해 만들어졌음을 확실하게 전해주고 병원이 첫 번째로 선택한 제품임을 홍보한다.[11]

사용률 시장은 또한 제품을 소비하는 양에 따라 소량 소비자, 중간 소비자, 대량 소비자로 나뉘어 질 수 있다. 대량 소비자들(heavy user)이 전체 소비자에서 차지하는 비율은 낮은 경우가 많지만, 전체 소비에서 높은 비율을 차지한다.

예를 들면, 급성장을 하고 있는 남동부 패스트푸드 체인 Bojangles' Famous Chicken 'n Biscuits은 보통 핵심고객의 입맛과 경향을 향하여 모든 것을 집중하고 있다.[12]

이 기업은 그들을 Bo 열광팬 또는 신봉자라고 부르는데, 이들은 Bojangles'의 시그니처 후라이드치킨, 직접 만든 비스킷과 "Legendary Sweet Tea"를 열망한다. North Carolina 주민인 Brandon Sanders는 36세 농구 트레이너인데 Bojangles'의 715개 점포 중 100개 이상의 점포에서 식사를 하였다고 한다. "그는 후라이드치킨 감정사처럼 점포 간 미묘한 차이를 알고 있다."고 기자는 말한다. Brandon의 Bojangles'에 대한 집념은 어린 시절 가족식사에서 시작되었다. 그의 아버지 쪽은 Bojangles' 테이크 아웃 음식을 먹었고, 그의 어머니 쪽은 그 레스토랑에서 식사를 하였다. 그래서 Brandon은 양쪽의 Bojangles' 음식을 먹었다고 한다. 어른이 되어서 그는 일주일에 두세 번 Bo에 가는 것으로 줄이고 있다. 그는

>> **대량 소비자 겨냥하기:** 급성장을 하고 있는 남동부 패스트푸드 체인 Bojangles' Famous Chicken 'n Biscuits은 배고픈 보통 고객의 입맛과 경향을 향하여 모든 것을 집중하고 있다.

Luke Sharrett/Bloomberg via Getty Images

KFC 또는 다른 후라이드치킨 점포에 가서 식사를 할 수 있지만 그들은 "영혼이 없다."라고 말한다. 이 브랜드는 Bomojis라는 말도 만들었는데, Bo 신봉자가 무릎을 꿇고 Bo 치킨 박스 하나를 들고 하늘을 향해 감사하는 것을 의미한다. 배가 고픈 Bo 신봉자에게 이 기업의 오래된 브랜드 슬로건은 모든 것을 말해 준다. 어디서든 언제나; 비가 오거나 맑은 날씨나; 아침, 점심, 또는 밤이나; "지금은 Bo Time!"

충성도 수준 시장은 소비자의 충성도에 따라 세분화될 수 있다. 소비자들은 브랜드 (Tide), 소매점(Target), 그리고 기업(Apple)에 대해 충성도를 가질 수 있다. 구매자들은 충성도의 수준에 따라 나뉠 수 있다. 어떤 소비자들은 항상 한 브랜드만을 구매하고 이를 이야기하고 싶은 것을 참을 수 없는 완벽한 충성도를 갖는다. 예를 들어, 그들은 Mac 컴퓨터, iPhone 또는 iPod 중 어떤 것을 소유하는지와 관계없이 애플 헌신자들은 화강암과 같은 강한 브랜드 충성도를 갖고 있다. 한 편에서 조용히 맥에 대해 만족하는 사람들은 맥을 소유하고 이를 이메일, 브라우징 그리고 소셜 네트워킹을 위해 사용한다. 다른 극단적인 편에는 MacHeads 또는 Macolytes라고 불리는 맥 열성분자들이 있는데, 그들은 최신 애플 기기들에 대해 누군가에게 이야기하는 것을 참을 수 없다. 이러한 충성적인 애플 헌신자들은 어려운 시기에 애플이 도산하지 않을 수 있게 도와줬고 애플이 싹을 키운 iPhone, iPad 및 iTunes 제국의 선봉에 있다.

다른 소비자들은 적당한 수준의 충성도를 갖고 있다. 이들은 주어진 제품군 내에서 2~3개의 브랜드에 대해 충성도를 가지고 있거나, 또는 한 브랜드를 선호하지만 때때로 다른 브랜드를 구입하기도 한다. 어떤 구매자들은 특정 브랜드에 대해 전혀 충성도를 갖지 않는다. 이들은 살 때마다 다른 브랜드를 원하거나 어떤 것이든 세일인 것을 구매한다.

기업은 시장에서 충성도 패턴을 분석함으로써 많은 것을 배울 수 있다. 소비자 사용행동과 사용률에 대한 인사이트를 얻음으로써 기업들은 고객을 위한 보다 맞춤형 상품을 개발할 수 있다. 예를 들어, UAE의 선도적인 통신사는 젊은 층을 겨냥한 브랜드를 론칭하여 고객들에게 사용량에 따른 데이터 상품을 선택할 수 있도록 하였다(Marketing at Work 6.1 참조). 어떤 기업들은 실제로 충성고객들이 회사를 위해 일할 수 있게 해준다. 예를 들어 Patagonia는 가혹한 환경에서 가장 신뢰할 수 있는 고객들에게 의존한다. 회사는 무엇보다도 먼저 자사에게 충성적인 고객을 연구해야 한다.[13] 반면, 자사에 대해 충성도가 상대적으로 낮은 고객을 연구함으로써 기업은 어떤 브랜드들이 자사와 가장 경쟁적인가를 발견할 수 있다. 자사 브랜드에서 타사 브랜드로 전환하는 고객을 분석함으로써 기업은 자신의 마케팅 약점을 발견하고 이를 수정할 수 있는 활동을 전개할 수 있다.

세분화 변수의 복합적 사용

마케터들이 하나 또는 몇 개의 세분화 변수들로 시장세분화 분석을 제한하는 경우는 거의 없다. 오히려 이들은 보다 작고 잘 정의된 표적고객을 발견하기 위한 노력으로 점점 더 다수의 세분화 변수를 사용하고 있다. Nielsen, Acxiom 및 Experian과 같은 여러 사업 정보 서비스 회사들은 여러 가지 변수를 이용해 세분화할 수 있는 시스템을 제공해 주는데, 이 시스템은 지리적, 인구통계적, 라이프스타일 및 행동적 자료를 모아 회사들이 그들의 시장을 우편번호(zip-code), 동네, 가구 단위로 나눌 수 있게 도와준다.

예를 들면, Acxiom의 Personicx Lifestage 시스템은 미국 가구를 21개 생애 단

계 그룹 내에 70개의 구별되는 클러스터로 분류한다.[14] Personicx 세그먼트는 화려한 명칭으로 묘사되는데, "산 정상의 저택(Summit Estates)", "경기장의 개인 관람석을 이용하며 교외에 거주하는(Skyboxes and Suburbans)", 강한 충전기(Hard Chargers)", "장난감과 어린아이들(Toys and Tots)", "시골에서 혼자 사는(Country Single)", "축구와 SUV", "손자/손녀들을 키우는(Raisin' Grandkids)", "트럭을 운전하고 스타일을 추구하는(Truckin' and Stylin')", "농장 가족들(Farmland Families)", "도시 거주자(Downtown Dwellers)", "절약하며 주택대출금이 있는(Pennywise Mortgagees)", "만화를 즐기며 카풀을 이용하는(Cartoons and Carpools)" 등이다. 각 세그먼트는 그 나름의 인구통계, 라이프스타일, 호감/비호감, 구매행동의 패턴을 가지고 있다. Personicx 시스템을 이용하여, 마케터들은 소비자가 누구이고 그들이 어떤 상품을 구매하는지를 놀랄 정도로 정확하게 파악할 수 있다. 예를 들어, "만화를 즐기며 카풀을 이용하는(Cartoons and Carpools)" 클러스터는 확실하게 중위 소득 계층이고, 기혼자로 자녀들의 나이가 다양한 30대 중반의 부부이다. 그들은 소득, 교육 및 주택 가치에 있어서 중간층이고 자신의 가족을 위해 안정적으로 공급한다. 이 클러스터는 히스패닉과 블루칼라 직업의 비율이 높다. "만화

>> Acxiom의 Personicx 세분화 시스템을 이용하여 마케터들은 당신이 누구고 무엇을 구매하는가를 놀랄 정도로 정확하게 알 수 있다. Personicx 클러스터는 매우 화려한 이름들을 가지고 있는데,. "경기장의 개인관람석을 이용하며 교외에 거주하는(Skyboxes and Suburbans)", "유성과 같은(Shooting Stars)", "강한 충전기(Hard Chargers)", "축구와 SUV", "손자/손녀들을 키우는", "트럭을 운전하고 스타일을 추구하는(Truckin' and Stylin')", "절약하며 주택대출금이 있는(Pennywise Mortgagees)", "만화를 즐기며 카풀을 이용하는(Cartoons and Carpools)" 등이다.
Acxiom Corporation

를 즐기며 카풀을 이용하는(Cartoons and Carpools)" 소비자들은 미니밴과 픽업 트럭을 운전하고 자녀들을 위해 많은 의류와 신발을 구매하며 동물원과 테마파크에 가고 캠핑 등의 가족 활동을 즐긴다.[15] Personicx와 그와 같은 다른 시스템은 마케터가 사람들과 위치를 세분화하여 마케팅을 할 수 있는 유사한 소비자의 그룹으로 나누는데 도움을 준다. 그러한 풍부한 시장세분화는 모든 종류의 마케터에게 강력한 도구를 제공하는 것이다. 즉, 기업이 핵심 고객 집단을 더 잘 이해하고 더 효율적으로 유통하고 그들의 구체적인 니즈에 상품과 메시지를 맞춤형으로 제공하는데 도움을 줄 수 있다.

산업시장의 세분화

소비재와 산업재 시장의 마케터들은 시장을 세분화하기 위하여 대체로 동일한 변수들을 사용한다. 산업재 구매자들은 지리적 요인, 인구통계적 요인(산업, 회사의 크기) 또는 추구되는 혜택, 사용자 상태, 사용률, 그리고 충성도 수준에 의하여 세분화될 수 있다. 그러나 산업 마케터들은 또한 고객의 사업운영상 특징, 구매방식, 상황요인, 개인적 특징 등과 같은 변수들을 추가적으로 사용한다.

거의 모든 회사들이 어느 정도 산업재 시장을 상대하고 있다. 예를 들어, Starbucks는 두 개의 산업재 세그먼트(사무실 커피와 음식 서비스 세그먼트)를 위해 구별되는 마케팅프로그램을 개발해 왔다. 사무실과 자판기 시장을 위해서는 Starbucks Office

MARKETING AT WORK 6.1

Swyp: 당신은 이 브랜드에 대해 충분히 젊은가?

매우 오랫동안 아랍에미레이트(UAE)의 통신산업은 Etisalat 와 Du, 이 두 기업에 의해 점유되어 왔는데, 이들은 정부가 대주주인 기업이다. 2017년 UAE에서는 휴대폰 가입자는 1,900만 명이 넘었다. Etisalat는 시장 리더로서 54.6%의 시장점유율을, Du는 45.4%의 점유율을 가지고 있다. Etisalat는 1982년에 모바일 사업을 시작하였고, Du는 한참 뒤 2006년에 시장에 진입하였는데, 두 기업이 그 나라를 속도 빠른 디지털 연결의 시대로 이끌었다. UAE의 모바일 침투율은 지난 수년간 최고 비율이라고 보고되고 있는데, 2017년 어느 조사에 따르면, 모바일 침투율이 세계에서 가장 높은 173%라고 한다.

이러한 현상의 주요 원인은 그 국가의 부유한 소비자와 고국을 떠난 많은 인구의 특성인데, 이들은 젊고 직장을 다니고 더 많은 디지털 연결을 원한다. 2018년 이 나라의 추정 인구는 954만 명이고, 중간 연령이 30.3세이다. 전 인구의 거의 90%가 고국을 떠난 외국인이고 15세 이상 인구의 약 94%는 글을 안다. UAE 국민의 월평균 소득은 4,500달러 이상이다.

UAE가 모바일 침투율이 세계 최고 국가 중의 하나라고 자랑하지만, 이 산업은 정부의 규제를 받았고 최근 모바일 두 기업이 새로 진입하기 전까지 시장자유화나 해외 투자는 거의 없었다. 2017년 9월에 Virgin Mobile이 새로운 서비스를 시작하면서 빅 뉴스를 만들었고 3위 휴대폰기업이 되었다. Virgin Mobile UAE는 Emirates Integrated Telecommunications Company(EITC)에 의해 소유되고 있는데, 이 기업은 Du도 소유하고 있다. EITC는 Virgin Mobile을 별도의 브랜드로 취급하여 다른 고객 세그먼트를 겨냥하려고 하였다. 이러한 기대는 다중 브랜드 전략이 시장 커버리지전략으로 더 좋고 Du와 Etisalat가 공통적으로 가지고 있는 문제인 포화된 UAE시장에서 소비자 제품을 확대하는데 도움이 된다는 것이다.

Virgin Mobile UAE는 차별화된 서비스를 제공하여 더 젊고 디지털에 더 익숙한 소비자를 목표로 하였다. Virgin 모바일 서비스는 모든 서비스가 Virgin Mobile UAE 앱을 통해 제공되는 다른 형태의 구독 기반형 모델을 제공하였다. 이는 소비자가 점포를 방문할 필요 없이 앱을 사용하여 자신의 모바일 폰 번호를 선택하고 맞춤형 모바일 플랜을 생성하고 ID

를 스캔하고 나서 sim을 UAE에서 자신의 집까지 한 시간 내에 배달시킬 수 있다는 의미이다. 이 서비스를 타깃 집단에게 더 어필하도록 만들기 위해, Virgin Mobile은 고객들에게 장기계약을 하도록 요구하지 않고 자신의 월 사용한도를 바꿀 수 있도록 하였다. 이 앱은 사용자가 실시간으로 데이터를 확인할 수 있도록 하였다. Virgin Mobile은 다양한 플랜을 제시하여 저사용자와 중사용자에게 모두 서비스를 제공하였는데, 1GB 데이터와 50분/SMS의 기본 플랜부터 7GB 데이터와 300분/SMS의 프리미엄 플랜까지이다. Virgin Mobile이 젊은 층을 목표로 하였지만 상품은 전 연령층에게 열려 있어서 훨씬 넓은 고객층에게 어필할 수 있었다. Virgin Mobile의 신상품 론칭은 모바일 서비스의 1개월 무료서비스를 제공하는 프로모션을 포함하고 있었다.

Virgin Mobile의 UAE 시장진입 며칠 후에 또 다른 모바일 폰 브랜드가 곧 시장에 론칭할 것이라는 뉴스가 나왔다. 추월당하지 않기 위해 Etisalat는 곧 젊은 층 중심의 모바일 폰 브랜드인 Swyp을 론칭하였다. Swyp은 오롯이 젊은 층의 브랜드로서, SIM에 등록하기 위해 15세에서 29세의 연령제한이 있었다. 사용자들은 SIM을 받을 때 자신의 ID를 보여주도록 요청 받는다. 그러나 29세 연령제한을 넘어가는 소비자들은 현재 모바일 서비스 제공자로부터 계속 서비스를 받을 수 있었다.

Swyp은 젊은 고객층에 대한 상품을 확대하여 많은 프로모션과 할인을 약정 패키지의 일부로서 다양한 상품 카테고리에 제공하였다. 매월 초 소비자들은 모바일 플랜과 관계없이 레스토랑, 상점, 테마파크, 시네마 등 다수의 쿠폰과 할인권을 받는다. Swyp의 가장 기본적인 플랜은 14달러이고 5GB의 소셜 미디어 데이터이다. 소비자들은 음성통화 시간과 문자와 일반 데이터의 추가 옵션을 선택할 수 있다. Swyp 서비스에 가입하려는 고객은 전국의 어느 Etisalat 매장이라도 방문하거나 앱을 통해 가입하고 플랜을 구입할 수도 있다. Virgin Mobile과 같이, Swyp은 고객에게 SIM 카드를 배달하거나 주문을 앱으로 하고 10개 Etisalat 매장 중에서 직접 받아갈 수 있는 선택을 준다. Swyp 가입자는 또한 Etisalat 네트워크에 연결된 도시의 대부분의 지역에서 Wi-Fi hotspot 네트워크에 접속할 수 있다.

>> Swyp은 15세부터 29세 사이의 사용자에 집중하여 젊은 층을 타깃으로 하고 있다.

Vadym Drobot/Alamy Stock Photo

Swyp 광고는 명확히 밀레니얼 세대를 타깃으로 하여 데이터와 앱 기반의 기능에 집중하였다.

Swyp이라는 브랜드명은 "So, What's Your Plan?"의 약어인데, 많은 광고물에 표어적 어구(태그라인)로 사용되었다. 상품을 젊은 층에게 더 어필하게 하기 위해, Swyp은 Instagram과 Snapchat을 위해 특별한 패키지를 개발하였다.

론칭 후 1년 동안 Virgin Mobile UAE는 SIM을 한 시간 내에 배달하고 완전히 다른 고객 경험을 만들어 내는 앱의 유연성에서 타의 추종을 불허한다고 주장하고 있다. 가격 면에서는, Virgin Mobile이 기본 상품에서 일반 데이터를 제공하

는데 반해, Swyp은 사용자들이 일반 데이터를 구매하는데 추가 지불해야 하기 때문에 더 제한적이다. 예를 들어, 어느 소비자가 1GB의 웹 브라우징이나 스트리밍을 위한 일반 데이터를 위해 4달러를 지불해야 하는데, 이는 전체 통신비를 증가시킨다. 그러나 Virgin Mobile UAE와 Swyp은 Etisalat와 Du에 비해 훨씬 저렴한 데이터 요금(1GB당)을 부과하고 있다. 새로운 모바일 서비스 기업들이 밀레니엄 고객 시장에서 경쟁하면서, Virgin Mobile UAE와 Swyp이 앞으로 젊은 고객층의 니즈에 어필할 수 있는 더 많은 서브 브랜드 론칭과 더 유연한 패키지로 UAE 모바일 시장을 변화시켜 나갈 것은 확실하다.

출처: Market Insight, "Emirati Telco Du Launches UAE's New Mobile Brand as Rival Etisalat Unveils Plans to Follow Suit," IHS Markit, September 13, 2017, https://technology.ihs.com/595430/emirati-telco-du-launches-uaes-new-mobilebrand-as-rival-etisalat-unveils-plans-to-follow-suit; Mike Priest, "There's Now a Fourth Mobile Provider in the UAE, but It Comes with a Catch," What's On, September 12, 2017; http://whatson.ae/dubai/2017/09/theres-now-fourth-mobileprovider-uae-comes-catch/; Ammara Rounaq, "How to Choose the Right Mobile and Data Plan in the UAE," Techradar, July 2, 2018; https://www.techradar.com/news/how-to-choose-the-right-mobile-plan-in-the-uae; "Etisalat Launches New SIM Aimed at Millennials," Arabian Business, September 10, 2017, http://www.dubaiweek.ae/families/30798/swyp-new-sim-card-phone-etisalat/; Vanisha Rajesh "There's a New SIM Card in Town but You Need to Be a Millennial to Use It," Dubaiweek.ae, September 16, 2017. http://www.dubaiweek.ae/families/30798/swyp-new-sim-card-phone-etisalat/.

Coffee Solutions이 있는데, 이 시스템은 모든 규모의 사업자들에게 다양한 직장 서비스를 판매하면서 직장에 있는 종업원들에 Starbucks 커피와 관련 제품을 구할 수 있도록 도와준다. Starbucks는 이들 산업재 소비자들을 도와 가장 좋은 해법을 기획하는데, 이에는 커피(Starbucks 또는 Seattle's Best 브랜드, 그리고 Torrefazione 이태리 브랜드), 시럽, 브랜드화 된 종이 제품들 및 서비스 방식(포션 팩, 싱글 컵, 또는 벤딩)이 관계된다. Starbucks Foodservice 부서는 다른 기관들(항공사, 식당, 대학과 병원에서부터 야구경기장에 이르기까지)과 팀을 구성해 고객들에게 잘 알려진 Starbucks 브랜드를 서비스할 수 있도록 도와준다. Starbucks는 파트너들에게 커피, 차, 종이제품들을 제공할 뿐만 아니라 장비, 훈련, 마케팅 및 상품화를 위한 지원도 제공한다.[16]

많은 회사들은 더 많은 또는 복수 지역의 소비자들을 처리하기 위해 분리된 시스템을 구축한다. 예를 들어, 사무용 가구를 생산하는 고객들을 7개의 세그먼트(생명과학, 고등 교육, 미국과 캐나다 정부, 주 및 지자체, 건강관리, 전문적인 서비스, 소매 뱅킹 등)로 나눈다. 다음으로 이 회사 영업사원은 Steelcase 딜러들과 협력해 각 세그먼트에서 작은 규모의 지역의 Steelcase 고객들을 대처해 나간다. 그러나 ExxonMobil이나 IBM과 같이 전국적이고 복수의 위치에 있는 고객들을 개별적인 딜러들의 범위를 넘어 접촉

해야 할 구체적인 욕구가 있을 수 있다. 그러므로 Steelcase는 딜러 네트워크가 전국적인 거래처를 처리하는 것을 도와주기 위해 전국적인 거래 관리자를 사용한다.[17]

국제시장의 세분화

소수의 기업들만이 세계에 있는 모든 또는 대부분의 나라에서 사업을 운영할 정도로 충분한 자원 또는 의지를 갖고 있다. Coca-Cola나 Sony와 같은 대기업은 약 200여국에서 제품을 팔고 있지만, 대부분의 국제적인 기업들은 보다 적은 수의 국가들에 초점을 맞춘다. 많은 나라에서 사업을 운영하는 것은 새로운 도전을 제공한다. 비록 가깝게 위치하고 있다고 할지라도 각 국가들은 경제적, 문화적, 정치적 구성이 매우 다를 수 있다. 따라서 국제기업들은 국내시장에서 하는 것과 마찬가지로 세계시장을 독특한 구매욕구와 행동들을 갖는 세그먼트로 구분할 필요가 있다.

회사들은 국제시장을 여러 변수들 중 하나 또는 조합을 통해 세분화할 수 있다. 기업은 지리적 위치에 따라 시장을 세분화할 수 있는데, 국가들을 지역에 따라 서부유럽, 태평양지역, 중동지역, 또는 아프리카로 묶는 것이다. 지리적 세분화는 서로 가까운 곳에 위치한 국가들이 많은 공통된 특징들과 행동들을 공유하는 것으로 가정한다. 대부분의 경우는 그렇다 하더라도 예외도 많이 있다. 예를 들어, 일부 미국 마케터들은 중미 및 남미 국가들을 함께 묶는다. 그러나 이태리와 스웨덴이 서로 다르듯이 도미니카 공화국도 브라질과 매우 다르다. 2억 명의 포르투갈 언어를 사용하는 브라질 사람들과 다양한 인디언 방언들을 말하는 수백만 명을 포함한 많은 중남미 사람들은 스페인어를 말하지 않는다.

세계시장은 또한 경제적 요인을 근거로 세분화될 수도 있다. 국가들은 국민의 소득수준, 경제개발의 전반적인 수준에 의하여 구분될 수 있다. 국가의 경제구조는 국민의 제품과 서비스에 대한 욕구를 형성하고, 이에 따라 마케팅 기회를 제공한다. 예를 들어 많은 기업들은 브라질, 러시아, 인도 및 중국과 같이 급속도로 증가하는 구매력을 바탕으로 빠르게 성장하는 BRIC 국가들을 겨냥하고 있다.

국가들은 정부의 형태와 안전성, 외국기업들에 대한 수용성(반감정도), 금융규제, 관료화의 정도 등과 같은 정치적/법적 요인에 의해 세분화될 수 있다. 이러한 요인들은 어떤 국가에 어떻게 진입할 것인지에 대한 선택에 중요한 역할을 한다. 문화적 요인도 세분화에 사용될 수 있는데, 시장을 공통 언어, 종교, 가치와 태도, 관습, 그리고 행동패턴에 따라 세분화하는 것이다.

국제시장을 지리적, 경제적, 정치적, 문화적, 그리고 다른 요인에 근거하여 세분화하는 것은 각 세분시장이 비슷한 국가들로 구성된다는 것을 가정한다. 그러나 위성 TV 및 인터넷과 같은 새로운 커뮤니케이션 기술들이 전 세계의 소비자들을 연결시켜 주면서 마케터들은 이제 소비자들이 어느 세계에 살고 있는가와 관계없이 유사한 기호를 갖고 있는 소비자들로 구성된 세그먼트를 정의하고 접촉할 수 있다. 많은 기업들이 **시장간 세분화**(intermarket segmentation, 또는 cross-market segmentation이라고도 불림)라는 다른 접근방식을 사용하기도 하는데, 이는 소비자들이 서로 다른 국가에 속해 있을지라도 비슷한 욕구와 구매행동을 가진 소비자들끼리 동일한 세분시장으로 구성하는 것이다.

예를 들어, 소매상 H&M은 최근 유행하는 저가의 의상과 액세서리를 가지고 43개국

시장간 세분화
(intermarket segmentation, 또는 cross-market segmentation이라고도 불림)
고객들이 다른 나라에 위치하더라도 유사한 욕구 및 구매행동을 갖고 있는 소비자들의 세그먼트를 구성하는 것

에 있는 패션에 민감하지만 검소한 쇼핑객을 겨냥한다. 그리고 Coca-Cola는 전 세계에 있는 청량음료 핵심고객인 10대를 겨냥하기 위한 특별한 프로그램을 고안한다. 2020년까지 세계인구의 1/3(약 250억)은 18세 이하일 것이다. Coca-Cola는 이 중요한 시장을 음악이나 오락과 같은 세계적인 10대들의 주제들을 통해 도달한다. 예를 들면, 2016년 올림픽 기간 동안 Coca-Cola는 #ThatsGold라는 소셜 미디어 캠페인을 론칭하여 13세부터 20세까지의 청소년들에게 인플루언서, 뮤지션, 올림픽 운동선수들을 통하여 관심을 불러일으켰다. 이 캠페인은 수백만의 조회 수, 임프레션, 댓글과 공유를 유발하였다.[18]

▶▶ **시장간 세분화:** Coca-Cola는 음악이나 오락과 같은 보편적인 10대들의 주제들을 통해 전 세계의 10대를 겨냥한다.
Godong/UIG via Getty Images

효과적인 시장세분화를 위한 조건

시장을 세분화하는 방법은 많지만, 모든 세분화가 효과적이지 않다는 것은 분명하다. 예를 들어, 식용소금 구매자들은 금발과 짙은 갈색의 소비자들로 구분될 수 있다. 그러나 머리색깔이 소금의 구매에 영향을 미치지 않는 것은 분명하다. 더 나아가서 만일 모든 소금 구매자들이 매달 같은 양을 구매하고, 모든 소금제품들이 동일하다고 믿고, 같은 가격을 지불하기를 원한다면, 회사는 시장세분화를 할 필요가 없다.

시장세분화가 마케팅전략에 유용하게 사용되기 위해서는 세분시장들은 다음과 같은 점들을 갖추어야 한다.

- **측정가능성**(measurable): 세분시장 크기, 구매력, 프로파일들은 측정될 수 있다.
- **접근가능성**(accessible): 세분시장은 효과적으로 도달되고 만족시킬 수 있다.
- **규모의 적정성**(substantial): 세분시장은 공략할 만한 충분한 규모와 수익가능성을 갖고 있어야 한다. 세분시장은 맞춤형 마케팅프로그램을 추구할 가치가 있을 정도로 가능하면 규모가 크면서도 동질적인 집단으로 구성되어야 한다. 예를 들어, 키가 7피트 이상인 큰 사람들을 위해 특별한 차를 개발하는 것은 가치가 없을 것이다.
- **차별화가능성**(differentiable): 세분시장들은 개념적으로 구별될 수 있고, 다른 마케팅믹스 요소와 마케팅프로그램에 대해 다르게 반응한다. 만일 기혼여성과 미혼여성이 향수에 대한 세일에 비슷하게 반응한다면, 이들은 서로 다른 세분시장들로 구성되지 않는다.
- **활동가능성**(actionable): 효과적인 프로그램들은 세분시장들을 끌어 들이고 이들에게 서비스하기 위해서 기획된다. 예를 들어, 한 작은 항공사가 7개의 세분시장을 발견했을 지라도, 각 세그먼트가 너무 작으면 이 항공사의 관리자는 각 세그먼트를 위하여 서로 다른 마케팅프로그램들을 개발할 수 없을 것이다.

잠깐 멈추고 세분화에 대해 생각해보자. 여러분이 사업을 하고 있는 기업들은 여기서 배운 세분화 개념을 어떻게 사용하고 있을까?

● 여러분은 이미 언급한 사례와 다른 형태의 세분화를 진행하고 있는 기업들을 찾아낼 수 있는가?

● 지금까지 배운 세분화 변수들을 사용해 미국의 신발시장을 세분화하고 주요 세그먼트와 세부 세그먼트를 기술해 보자. 이러한 세그먼트들을 기억하면서 다음 절의 표적시장 선정을 읽어보자.

저자 코멘트
시장을 세분화하고 나면 첫 번째 가장 단순한 마케팅 전략적 이슈는 〈그림 6.1〉에 나와 있듯이 어떤 세그먼트를 표적시장으로 정할 것이냐이다.

표적시장

시장세분화는 기업의 세분시장 기회를 드러낸다. 회사는 이제 여러 세분시장들을 평가하고, 얼마나 많은 세분시장을 그리고 어떤 세분시장을 가장 잘 공략할 수 있는지 결정해야 한다. 우리는 회사가 어떻게 세분시장들을 평가하고 선정하는지를 살펴볼 것이다.

세분시장들의 평가

시장 세그먼트들을 평가할 때 기업은 각 세분시장들의 크기와 성장성, 구조적 매력도, 회사의 목표와 자원 등 세 가지 요인들을 살펴보아야 한다. 회사는 첫째, 적정 크기와 성장관련 특징들을 갖는 세그먼트들을 선정하기 원한다. 그러나 적정 크기와 성장은 상대적인 개념이다. 가장 크고 성장속도가 빠른 세분시장들이 항상 모든 기업에게 가장 매력적인 것만은 아니다. 소규모 기업들은 규모가 큰 세분시장을 공략하는 데 필요한 기술과 자원이 부족할 수도 있다. 또는 그들은 이 세그먼트가 너무 경쟁적임을 발견할 수도 있다. 이런 기업들은 절대적인 개념으로 보았을 때, 보다 작고 덜 매력적인 시장이지만 잠재적으로 수익가능성이 높은 세분시장을 겨냥할지도 모른다.

기업은 또한 장기적인 측면에서 세분시장의 매력도에 영향을 미치는 요인들을 점검할 필요가 있다.[19] 예를 들어, 만일 시장에 이미 많은 강력하고 공격적인 경쟁자들이 들어와 있다면, 이 세그먼트는 매력적이지 않다. 그리고 많은 실제의 또는 가능한 대체품의 존재는 이 세분시장에서 확보할 수 있는 가격과 수익을 제한할 것이다. 상대적인 구매자의 힘도 세분시장의 매력도에 영향을 미친다. 판매자에 비해 상대적으로 강한 교섭력을 갖는 구매자들은 가격을 낮추고, 더 많은 서비스를 요구하며, 경쟁자들이 서로 수익성을 훼손하면서 경쟁하도록 강요할 것이다. 마지막으로, 만일 시장에 공급가격을 통제하거나 주문된 제품과 서비스의 품질과 양을 낮출 수 있는 강력한 공급업자들이 있다면, 그 세분시장은 덜 매력적일 것이다.

세분시장이 적정 규모와 성장가능성을 갖고 있고 구조적으로 매력적일지라도, 기업은 자신의 목표와 자원을 고려해야 한다. 일부 매력적인 세그먼트들이 회사의 장기적인 목표와 부합되지 않기 때문에 바로 무시될 수 있다. 또는 기업은 매력적인 세그먼트에서 성공하기 위한 기술과 자원이 부족할 수도 있다. 예를 들어 자동차 시장의 경제성 세그먼트는 규모가 크고 성장하고 있다. 그러나 회사의 목적과 자원을 고려할 때 고급 기능 차 메이커인 BMW가 이 시장에 들어가는 것은 적절하지 않을 것이다. 기업은 경쟁회사들에 비하여 우월한 가치를 제공하고 경쟁우위를 확보할 수 있는 세분시장들에만 진입해야 한다.

표적시장의 선정

서로 다른 세분시장들을 평가한 후, 기업은 어떤 그리고 얼마나 많은 세분시장들을 공략해야 할지를 결정해야 한다.

표적시장(target market)은 기업이 만족시키고자 하는 공통된 욕구와 특징을 공유하는 구매자들의 집합으로 구성된다. 표적시장의 선정은 여러 가지 서로 다른 수준에서 수행될 수 있다. 그림 6.2를 보면 기업들이 표적시장을 매우 넓게(비차별화 마케팅), 매우 좁게(미시마케팅), 또는 이들의 중간(차별적 마케팅 또는 집중적 마케팅) 정도로 선정할 수 있다.

표적시장(target market)
기업이 만족시키기로 결정한 공통의 욕구와 특징을 갖고 있는 구매자들의 집합

>> **그림 6.2** 시장표적화 전략

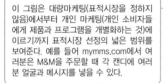

이 그림은 대량마케팅(표적시장을 정하지 않음)에서부터 개인 마케팅(개인 소비자들에게 제품과 프로그램을 개별화하는 것)에 이르기까지 표적시장 선정의 넓은 범위를 보여준다. 예를 들어 mymms.com에서 여러분은 M&M을 주문할 때 각 캔디에 여러분 얼굴과 메시지를 넣을 수 있다.

비차별적(대량) 마케팅 → 차별적(세분화) 마케팅 → 집중적(틈새시장) 마케팅 → 미시마케팅 (지역마케팅 혹은 개인마케팅)

넓은 표적시장　　　　　　　　　　　　　　　　　　　　　　　　좁은 표적시장

비차별적 마케팅

비차별적 마케팅(undifferentiated marketing) 혹은 대량마케팅(mass-marketing) 전략을 사용함으로써, 기업은 세분시장 간 차이를 무시하고 하나의 제공물로 전체시장을 겨냥할 수 있다. 대량마케팅전략은 고객욕구의 차이점보다는 공통점에 초점을 맞추게 된다. 기업은 대다수의 구매자들에게 소구할 수 있는 제품과 마케팅프로그램을 설계한다.

앞 장에서 언급했듯이 대부분의 현대 마케터들은 이러한 전략에 의구심을 갖고 있다. 모든 고객들을 만족시키는 한 가지 제품이나 브랜드를 개발하는 것이 어렵기 때문이다. 더 나아가 대량마케터들은 종종 특정 세그먼트나 틈새시장(niche)의 욕구를 더 잘 만족시키는, 보다 집중화된 전략을 사용하는 기업들과 경쟁하는데 어려움을 겪는다.

비차별적 마케팅(대량마케팅)
[undifferentiated(mass) marketing]
세분시장 간 차이를 무시하고 하나의 제공물로 전체시장을 공략하는 시장커버리지 전략

차별적 마케팅

차별적 마케팅(differentiated marketing)[또는 세그먼트 마케팅(segmented marketing)] 전략을 사용하는 기업은 여러 세분시장을 공략하기로 결정하고, 각 세그먼트별로 서로 다른 제품들을 설계한다. P&G는 미국에서 6개의 다른 세탁세제 브랜드들(Bold, Cheer, Dash, Dreft, Gain, Tide)을 판매하는데, 이들은 슈퍼마켓 매대에서 서로 경쟁한다. P&G는 더 좁은 틈새들을 서비스하기 위해 각 브랜드를 더 세분화한다. 예를 들어 여러분은 10개 이상의 Tide 버전(Tide Original, Tide Coldwater 또는 Tide Pods에서부터 Tide with a touch of Downey에 이르기까지)을 살 수 있다.

세분시장에 따라 제품과 마케팅을 변화시켜 제안함으로써 기업은 각 세분시장에서 더 높은 매출과 더 강력한 포지션을 기대할 수 있다. 여러 세분시장 내에서의 강력한 포지

차별적 마케팅(differentiated marketing)
[또는 세그먼트 마케팅
(segmented marketing)]
복수의 세분시장을 표적시장으로 선정하고 각 세분시장별로 다른 제공물을 설계하는 시장커버리지 전략

> **차별적 마케팅:** P&G는 세제 시장에서 다양한 브랜드들을 판매하고 있는데 각 브랜드를 더 세분화해서 더 좁은 틈새시장도 겨냥한다. 그 결과 모든 브랜드들은 미국 세탁용 세제시장에서 60%의 점유율을 차지하고 있다.

Torontonian/Alamy Stock Photo

션 개발은 모든 세분시장들을 겨냥하는 비차별적 마케팅보다 더 많은 총매출을 가능하게 해준다. 차별화된 방식 덕분에 P&G는 미국 세탁용 세제시장에서 150억불을 쓸어 담았다. 놀랍게도 Tide 패밀리 브랜드들은 북미 세제 매출의 38%를 차지하고 있고 Gain 브랜드는 15%의 점유율을 갖고 있다. 더 놀라운 것은 P&G의 세제 브랜드들은 모두 합쳐 미국 시장의 40% 점유율을 차지하고 있다.[20]

그러나 차별적 마케팅의 사용은 사업운영비용을 증가시킨다. 말하자면, 10개 제품을 각각 10개씩 만드는데 필요한 비용은 한 제품을 100개 만드는 것보다 훨씬 비쌀 것이다. 또한, 각 세분시장별로 서로 다른 마케팅계획을 개발하는 것은 추가적인 마케팅조사, 판매예측분석, 촉진기획, 채널관리를 요구한다. 그리고 기업이 서로 다른 광고로 서로 다른 세분시장에 도달하려고 하는 것은 촉진비용을 증가시킨다. 따라서 기업은 차별적 마케팅전략을 결정할 때 그로 인한 매출의 증가와 비용의 증가를 비교·검토해 보아야 한다.

집중적 마케팅

집중적 마케팅(또는 니치 마케팅)
[concentrated(niche) marketing]
기업이 하나 또는 적은 수의 세분시장이나 틈새시장에서 높은 점유율을 추구하는 시장커버리지 전략

집중적 마케팅(concentrated marketing)[또는 니치 마케팅(niche marketing)] 전략을 사용하는 기업은 큰 시장에서 작은 점유율을 추구하기 보다는 작은 시장 또는 틈새시장에서 큰 점유율을 추구한다. 틈새시장을 공략하는 Stance를 생각해 보자.[21]

"Rihann이 상품을 디자인하고 Jay Z는 노래하고 세상 사람들은 Stance 양말을 잘 알지 못할 것이다." 라고 어느 관찰자는 말한다. Stance 양말은 NBA의 농구코트에서 신는 공식 양말이 되고 많은 프로선수들이 좋아하는 브랜드가 되고 있다. 틈새시장을 공략하는 Stance는 주로 양말을 판매한다. 양말을 단지 부가적인 상품으로 판매하는 훨씬 규모가 큰 경쟁업체들의 가까운 곳에서 번창하고 있다. 7년 전 Stance 설립자는 양말 시장이 크지만 대부분 간과되고 저평가된 시장이라는 사실을 발견했다. 지역의 Target 점포에서 양말 코너를 걸어 다니면서 Stance의 CEO이며 공동설립자인 Jeff Kearl은 "플라스틱백으로 포장된 아가일 무늬의 검은색, 흰색, 그리고 회색 양말이 있었다. 모든 사람들이 간과하고 있기 때문에 우리는 양말을 완전히 새롭게 만들 수 있을 것으로 생각했다."고 한다.

그래서 Stance는 양말 카테고리에 새로운 활력을 불어 넣어 재미, 스타일과 품위를 제공하는 기술적으로 뛰어난 양말을 창출하는데 착수하였다. 목표는 달성되었다. 이제는 40개국 이상의 점포에서, 지역 서핑숍부터 Foot Locker와 Nordstrom, Bloomingdale's, Macy's 등의 백화점까지 Stance의 편안하지만 독특한 양말이 화려한 색상으로 비치되어 있는 것을 발견할 수 있다. 한 켤레에 10불에서 40불에 이르는 가격으로 판매되는데, Stance는 3,600만 켤레 이상을 판매하고 있다. 이러한 매출은 Hanes나 Nike 같은 거대 경쟁업체에는 작은 감자에 불과한 것이나 틈새시장을 겨냥하는 Stance에는 좋은 수익성이다. 다음은? 다른 간과된 틈새시장은 Stance의 남성용 속옷이다.

집중 마케팅을 통하여 그 기업은 틈새시장에서 소비자 니즈에 관한 더 많은 지식과 특별한 명성 때문에 강한 시장 위치를 확보하게 되었다. 이 기업은 제품과 가격 그리고 프로그램을 주의 깊게 정의된 고객 세그먼트의 니즈에 정교하게 맞춤으로써 더 효과적으로 마케팅을 할 수 있게 되었다. 또한 제품과

서비스, 마케팅 채널과 커뮤니케이션 프로그램을 가장 좋은 고객가치를 제공할 수 있고 가장 수익성이 좋은 고객을 겨냥하여 더 효과적으로 마케팅을 할 수 있게 되었다. 틈새시장 공략은 중소기업이 제한된 자원을 대기업에는 중요하지 않거나 간과되는 틈새시장에 집중하도록 한다. 많은 기업들은 틈새시장 공략기업으로 시작하여 더 크고 자원이 많은 경쟁기업에 대항하여 거점을 마련하고 더 폭넓은 경쟁업체로 성장해간다. 예를 들면, Southwest Airlines는 텍사스 주에서 군더더기 서비스 없이 출퇴근 고객에게 서비스를 제공하는 것으로 시작하여 이제는 미국의 대형 항공사이다. Enterprise Rent-A-Car는 공항입지에서 Hertz나 Avis와 경쟁하지 않고 지역 점포 네트워크를 구축하는 것으로 시작하였으나 이제는 미국의 가장 큰 렌터카 회사이다. 그리고 Amazon은 온라인에서 도서를 판매하는 것으로 시작하여 이제는 미국의 최대 온라인 기업으로 모든 상품을 판매하고 있다.

>> 집중 마케팅: 혁신적으로 틈새시장을 겨냥하는 Stance Socks는 대규모 경쟁업체들이 간과하는 그늘에서 번창하고 있다.
Stance, Inc.

집중적 마케팅은 수익성이 매우 높을 수 있다. 동시에 집중적 마케팅은 평균보다 높은 위험도 수반한다. 하나 혹은 몇 개의 세분시장에 모든 사업을 의존하는 기업은 그 세분시장이 악화되면 위기를 맞을 것이다. 또한 규모가 큰 경쟁자들이 보다 풍부한 자원을 가지고 그 세분시장을 진입할지도 모른다. 실제로 많은 대기업들은 틈새 브랜드들을 개발하거나 인수한다. 예를 들어, Coca-Cola의 Venturing과 Emerging Brands 부서는 틈새 음료들을 판매한다. 여기엔 Honest Tea(전국적으로 1위 유기농차 브랜드), NOS(자동차 팬들 사이에서 인기 좋은 에너지 드링크), FUZE(티, 과일 및 다른 향의 혼합), Zico(순수한 고급 코코넛 생수), Odwalla(삶에 활기를 주는 천연 음료와 바) 및 여러 브랜드들이 있다. 이러한 브랜드들은 Coca-Cola가 더 작고 전문화된 시장에서 효과적으로 경쟁하게 해주고 일부는 미래의 강력한 브랜드로 성장하게 될 것이다. 사실 Coca-Cola Venturing & Emerging Brands 부서의 미션은 "수십억 달러의 가능성을 가진 브랜드를 찾아내고 양성하는 것이다."[22]

미시마케팅

차별적 마케팅과 집중적 마케팅을 사용하는 마케터들은 다양한 세분시장과 틈새시장의 욕구에 맞춰 그들의 제공물들과 마케팅프로그램들을 조정한다. 그러나 동시에 이들은 각 개별 소비자에 맞추어 그들의 제공물을 고객화하지는 않는다. **미시마케팅**(micro marketing)은 특정 개인들이나 지역들의 기호를 만족시키기 위하여 제품이나 마케팅 프로그램들을 맞추는 활동이다. 미시마케팅은 개인 하나하나를 하나의 고객으로 보기보다는 고객 하나하나를 개인으로 본다. 미시마케팅은 지역마케팅과 개인마케팅을 포함한다.

미시마케팅(micro marketing)
제품과 마케팅프로그램을 특정 개인이나 지역고객의 욕구나 선호에 맞추는 것으로, 지역마케팅과 개인마케팅을 포함

지역마케팅 **지역마케팅**(local marketing)은 도시, 인근 지역, 그리고 특정 지역매장 등과 같은 지역 고객집단의 욕구에 브랜드와 촉진활동을 맞추는 것이다. 예를 들어 Marriott의 Renaissance Hotel은 Navigator 프로그램을 만들어 전 세계의 160개 생활양식 스타일의 호텔들에서 고객의 경험을 세밀하게 지역화하고 있다.[23]

지역마케팅(local marketing)
도시, 동네, 특정 지역매장 등과 같은 지역 고객집단의 욕구와 선호에 브랜드와 촉진활동을 맞추는 것

>> 지역적 세분화: Marriott의 Renaissance Hotel은 Navigator와 "Live Life to Discover" 프로그램은 고객들이 각 호텔 주변에서 그 지역을 가장 잘 아는 사람들의 관점으로 숨겨진 즐거움을 경험할 수 있도록 도와준다.

Renaissance Hotels, Marriott International, Marriott Rewards. Renaissance is a registered trademark of Marriott International, Inc.

Renaissance Hotel의 Navigator 프로그램은 각 위치별로 고객의 음식, 쇼핑, 오락, 문화적 경험을 위한 매우 정밀하게 지역화된 제안을 제공하고 있다. 이 프로그램은 각 지역에서 Renaissance Hotel의 Navigator에 의해 시작된다. Renaissance New York Times Square Hotel에서 레스토랑을 사랑하는 Jennifer Portuhondo는 "New York에 살며 New York을 숨 쉬고 있다." Navigators는 광범위하게 훈련된 지역주민인데, 그 지역에 깊은 열정을 가지고 있고 보통 지역사회에 개인적 연고를 가지고 있다. 집중적인 훈련과 자신의 개인적인 경험과 계속적인 조사에 근거하여, 고객들과 개인적으로 함께 하며 자신의 경험 있는 눈을 통해 호텔 주위에 숨겨진 보석을 경험하도록 도와준다.

추가적으로 Renaissance Hotels은 각 도시에 있는 지역주민들에게 관심을 일으켜 초청하여 자신들의 선호하는 것들을 시스템에 추가하여 각 호텔 버전의 Yelp를 만들 뿐만 아니라 소셜 미디어로 지역 Navigator를 따르도록 한다. 그리고 나서 Navigators는 제출된 팁을 제거하고 웹, 모바일, 소셜 미디어 채널이나 호텔 로비의 태블릿이나 출판된 Local Navigator에서 공유하는 최선의 추천을 다루고 있다. 그 호텔들은 R Navigator 핸드폰 앱을 제공하여 "투숙객들이 방문하는 도시가 제공하는 가장 진정한 숨겨진 보석을 찾아내도록 한다. Local Navigator가 선택해 주고 계속 업데이트해 주는 지역에서 먹고 마시고 쇼핑 등을 하도록 한다."

커뮤니케이션 기술의 발전으로 지역기반 마케팅의 새로운 첨단버전이 등장했다. 지오로케이션 기술을 통합하는 스마트폰과 컴퓨터의 발전으로 마케터들은 소비자들이 어디에 있든지 그들의 소재를 파악해 지역화된 딜과 정보를 제공한다. REI과 Starbucks에서 Walgreens 및 Macy's에 이르는 소매상들은 주로 스마트폰과 컴퓨터를 이용해 세밀 지역화 현상에 합류하고 있다. 예를 들면, Walgreens은 모바일 앱을 사용하여, 고객의 인구통계 특성과 과거 구매패턴에 근거하여 고객이 점포의 매대 사이를 지나갈 때 점포 내 공지나 개인화된 프로모션을 고객에게 전달한다. 예를 들면, Walgreens은 모바일 앱을 사용하여, 고객의 인구통계 특성과 과거 구매패턴에 근거하여 고객이 점포의 매대 사이를 지나갈 때 점포 내 공지나 개인화된 프로모션을 고객에게 전달한다.

지역마케팅은 약간의 단점이 있다. 이 방식은 규모의 경제를 감소시켜 제조 및 마케팅 비용을 상승시킨다. 또한 회사가 지역(regional) 및 지방시장(local)의 다양한 요구조건을 맞추게 되면, 그에 따라 로지스틱스상의 문제가 생길 수 있다. 더 나아가서 만일 제품 또는 메시지가 지역에 따라 너무 달라지면, 브랜드의 전반적 이미지가 희석될 수 있다. 회사가 점점 더 세분화된 시장에 직면하게 되고 새로운 지원기술이 개발됨에 따라, 지역마케팅의 장점은 종종 단점을 능가하게 된다.

개인마케팅(individual marketing)
개별고객의 욕구와 선호에 제품과 마케팅 프로그램을 맞추는 것으로 일대일 마케팅, 개별화 마케팅, 또는 개인시장 마케팅이라고 불림

개인마케팅 극단적인 수준에서 미시마케팅은 개별고객의 욕구와 선호에 제품과 마케팅프로그램을 맞추는 **개인마케팅**(individual marketing)이 된다. 개인마케팅은 일대일 마케팅(one-to-one marketing), 대량개별(고객)화(mass customization) 및 개인시

장 마케팅(markets-of-one marketing) 등으로 불리기도 한다.

대량마케팅의 광범위한 사용은 과거 수세기 동안 소비자들이 개별고객으로 서비스를 받아 왔다는 사실을 무색하게 하였다. 재단사는 맞춤형 양복을 만들었고, 구두수선공은 개인을 위한 신발을 디자인했고, 진열장 메이커는 주문을 받아 가구를 만들었다. 그러나 오늘날 새로운 기술들은 많은 기업들로 하여금 개별화된 마케팅으로 회귀하는 것을 가능하게 해주고 있다. 더 강력한 컴퓨터, 상세한 데이터베이스, 로보틱 생산(robotic production)과 유연 생산방식, 그리고 이메일과 인터넷과 같은 상호작용적 커뮤니케이션 미디어는 모두 합쳐져서 "대량개별(고객)화(mass customization)"를 촉진시켰다. 대량개별화 또는 고객화는 기업이 고객의 개별 욕구에 맞춰진 제품이나 서비스를 디자인하기 위하여 다수의 고객들과 일대일로 상호작용하는 과정이다.

요즘 기업들은 모든 상품을 초맞춤형으로 제공하는데, 음식, 이어폰과 스니커즈로 부터 고급 명품에까지 이른다. 그러한 스펙트럼의 한 쪽 끝에서 캔디를 좋아하는 사람들은 mymms.com을 방문하여 작은 캔디마다 개인적인 메시지나 사진을 넣은 M&M을 구매할 수 있다. 온라인으로 Nike ID 또는 Puma Factory를 방문하여 당신만의 개인화된 스니커즈를 디자인하고 주문할 수 있다. 미국 플로리다 Orlando에 있는 JH Audio는 최적의 맞춤과 더 좋고 안전한 사운드를 제공하기 위해 고객 귀의 본을 떠서 맞춤형 이어폰을 제작하고 있다. 이 기업은 심지어 그 작은 이어폰에 고객 자녀나 반려견을 레이저 프린트로 디자인하기도 한다.

다른 극단에는 "bespoke"(고객맞춤형 또는 주문제작의 팬시 단어) 고급 제품이 있다. 적정한 가격에 고객은 고객맞춤형으로 디자인된 상품을 구매할 수 있는데, Hermès와 Gucci의 bespoke 패션과 액세서리로부터 Aston Martin과 Rolls-Royce의 bespoke 자동차까지 포함한다.[24]

Rolls-Royce 구매 고객의 95%는 자신의 자동차를 맞춤형으로 한다. 고객은 이미지, 재료, 그리고 다른 영감을 주는 요소들로 가득 찬 라운지에 색상 전문가, 가죽 전문가, 목재 마스터로 구성된 Rolls-Royce Bespoke 디자인 팀과 함께 앉아서 자신만의 독특한 Rolls-Royce를 디자인 한다. 외장 페인트와 내부 인테리어를 당신이 좋아하는 엷은 핑크색 가죽 장갑과 매치시키고 싶은가? 문제 없다. 도어 핸들을 맞춤형으로 제작하고 머리 받이에 이름 이니셜과 의미 있는 로고를 새기고, 나전으로 상감 세공하고, 악어가죽 시트, 토끼 모피 안감 또는 마호가니 장식을 원하는가? 쉽게 할 수 있다. 어느 고객은 차의 인테리어 장식을 자신의 토지에 최근 쓰러진 나무로 만들어 달라고까지 요구한다. Rolls-Royce 숙련공은 나무의 샘플을 분석한 후 그 나무가 작업이 가능하다고 판단했고, 그 고객의 나무는 자신의 맞춤 Rolls-Royce의 대시 패널과 도어 패널에 영원히 살 것이다. "자동차의 안전성을 타협하거나 Spirit of Ecstasy를 훼손하지 않는다면 우리는 절대 NO라고 하지 않는다."라고 Rolls-Royce 임원은 말한다.

>> **개인마케팅:** Rolls-Royce Bespoke 디자인 팀은 개인 고객과 밀접하게 협력하여 자신만의 독특한 Rolls-Royce를 창조하도록 도와준다. "자동차의 안전성을 타협하거나 Spirit of Ecstasy를 훼손하지 않는다면 우리는 절대 NO라고 하지 않는다."

WENN Ltd/Alamy Stock Photo

마케터들은 제품을 개별화하는 것을 넘어서 고객들과 일대일로 광고 메시지, 프로모션 제공, 서비스 접점을 개별화하면서 관여시키고 있다. 오늘날의 데이터와 분석 기술에 따라 거의 모든 고객 응대는 개인의 특성, 선호 및 행동에 정교하게 맞춰질 수 있다.

표적시장전략의 선정

기업들은 시장표적화전략 혹은 표적시장선정전략(market targeting strategy)을 선택함에 있어 많은 요인들을 고려할 필요가 있다. 어떤 전략이 가장 좋은가는 회사의 자원에 달려 있다. 회사의 자원이 제한적일 때 집중적 마케팅이 합리적일 것이다. 가장 좋은 전략은 또한 제품의 가변성(product variability)에 달려 있다. 비차별화 마케팅은 포도나 강철과 같은 표준화된 제품에 적합하다. 카메라, 자동차와 같이 디자인에 있어서 차이가 많은 제품은 차별화, 혹은 집중화가 적합하다. 제품 수명주기도 고려되어야 한다. 회사가 신제품을 소개할 때는 하나의 버전을 시판하는 것이 실용적이고, 비차별적 마케팅이나 집중적 마케팅전략이 합리적일 것이다. 그러나 제품수명주기 상의 성숙단계에 있는 경우 차별적 마케팅이 보다 합리적인 전략이 되기 시작할 것이다.

또 다른 요인은 시장의 가변성(market variability)이다. 만일 모든 구매자가 동일한 기호를 갖고, 같은 양을 구입하고, 마케팅 활동에 대해 같은 방식으로 반응한다면, 비차별적 마케팅이 적절해 보인다. 마지막으로 경쟁사들의 전략도 중요하다. 경쟁사가 차별적 마케팅이나 집중적 마케팅을 사용하고 있는 경우, 비차별적 마케팅은 자살행위나 다름 없다. 반대로 경쟁사가 비차별적 마케팅을 사용할 경우에는 기업은 개별적 마케팅 또는 집중적 마케팅을 사용하여 특정 세그먼트의 구매자 욕구에 초점을 맞춤으로써 경쟁우위를 확보할 수 있다.

사회적으로 바람직한 표적시장 마케팅

현명한 표적시장 전략은 가장 잘 만족시킬 수 있고 수익성이 높은 세분시장들에 집중함으로써 회사가 효과적이고 효율적으로 운영될 수 있게 도와준다. 회사는 표적시장 전략을 통하여 고객에게도 혜택을 줄 수 있다. 기업이 고객의 욕구를 만족시킬 수 있도록 맞춰진 제공물들을 가지고 특정 소비자집단들에게 접근할 수 있기 때문이다. 그러나 표적시장 마케팅은 때때로 논란과 우려를 초래한다. 가장 큰 이슈는 보통 논쟁의 여지가 있거나 잠재적으로 해를 끼칠 수 있는 제품을 가지고 취약한 소비자들 혹은 불이익을 받는 소비자들을 표적으로 하는 경우이다.

예를 들어, 패스트푸드 체인들은 도시 내 소수집단 소비자들을 표적화하는 시도에 의해 수년간 논란에 휩싸여 왔다. 이들은 저소득 도시 거주자들(이들은 교외에 있는 사람들 보다 더 다량 소비자가 될 수 있음)에게 고지방과 소금이 들어간 음식을 제안하는 것에 대해 고발을 받아왔다. 이와 유사하게 큰 은행들과 대출 기관들은 가난한 도시에 사는 소비자들을 겨냥해 매력적인 조정 가능한 주택저당(이들을 실제로 이를 감당할 수 없음)을 제안해 왔던 것에 대해 비판받아 왔다.

아동들은 특별히 취약한 청중으로 여겨진다. 시리얼, 청량음료, 패스트푸드에서부터 장난감과 패션에 이르기까지 다양한 범위의 산업에서 일하는 마케터들은 아이들에게 겨냥된 마케팅 노력에 대해 심하게 비판받아 왔다. 이 비판들은 의인화된 사랑스러운 캐릭터의 입을 통해 전달되는 프리미엄 제안과 광고소구가 아이들을 무방비상태로 만든다고 걱정한다. 예를 들어 최근 수년간 맥도날드는 다양한 건강 옹호론자들과 부모들 그룹으로부터 인기 있는 Happy Meal 프로그램에 대한 비판을 받아왔다. 이 제안에는 LEGO 영화와 같은 아동 영화에 장신구 및 다른 아이템이 함께 등장해 아동들과 '지방 및 칼로리가 많이 들어간 음식'을 강하게 연결시켜 준다는 것이다. 일부 비판가들은 McDonald가 상징적인 Ronald McDonald 캐릭터를 사용하지 말아야 한다고 주장하기도 했다. McDonald는 Happy Meal에 다이어트를 추가하고 전체 칼로리 함량을 20% 줄이고 모든 음식에 과일을 추가하고 우유, 물 및 주스를 구매할 때만 Happy Meal을 촉진하면서 대응했다. 또한 예전 19그램 대비 8그램의 설탕이 함유된 유기농 사과주스를 제공하면서 설탕을 줄이고 있다.[25]

>> **사회적 책임 목표 설정:** 디지털 기술은 아이들이 집중된 마케팅 메시지에 훨씬 더 취약하게 만들 것이다.
subbotina/123RF

디지털 시대에서 아동들은 표적화된 마케팅 메시지에 더 취약하게 된다. 전통적으로 아동에게 향하는 TV 및 인쇄광고들은 통상적으로 부모들에게 쉽게 감시되고 통제될 수 있다. 그러나 디지털 미디어에서의 마케팅 활동은 본지에 감지하기 쉽지 않게 끼워지고 아동들에게 개인적이고 작은 스크린 장치에서 보여지기 때문에 부모의 눈에 띄기 쉽지 않다. 디지털 플랫폼에서 교육과 엔터테인먼트와 상업적인 콘텐츠의 경계는 보통 불분명하다. 따라서 아이들이 온라인과 디지털 콘텐츠를 더 많이 소비함에 따라 전문가들은 디지털 기기를 사용하는 자녀들에 대한 더 밀접한 부모의 감독을 권고하고 있다.

인터넷과 주의 깊게 표적시장을 선정할 수 있는 다른 직접 미디어(direct media)의 빠른 성장은 표적시장 전략의 남용 가능성에 대한 새로운 염려거리를 가져다주었다. 인터넷은 구독자의 세밀한 구별을 가능하게 해주고, 이는 다시 보다 정확한 표적시장 전략을 가능하게 해 준다. 그에 따라 문제가 있는 제품을 만드는 사업자와 기만적인 광고를 하는 사업자들이 이를 이용하여 가장 취약한 청중들을 보다 쉽게 피해를 입히도록 할 수 있다. 부도덕한 마케터들은 의심하지 않는 수백만의 컴퓨터 사용자들에게 직접적으로 기만적 메시지를 보낼 수 있다. 예를 들어, FBI의 범죄 신고센터 웹사이트는 작년 300,000건의 불만신고를 받았다.[26]

오늘날의 마케터들은 소비자의 디지털 움직임을 파악하고 매우 개인적인 정보를 포함하는 구체적인 소비자 프로파일을 구축하기 위해 세련된 분석기법을 사용하고 있다. 이러한 프로파일들은 개별화된 브랜드 메시지와 제안을 가지고 개인 고객들을 겨냥하는데 사용될 수 있다.

정밀한 표적화는 적절한 소비자들에게 적절한 정보를 제공함으로써 마케터와 고객 모두에게 득이 될 수 있다. 그러나 그러한 표적설정으로 마케터는 보통 고객을 더 잘 섬기는 것과 스토킹 하는 것 사이에서 적정선을 지킨다.

당신의 스마트폰은 당신에 대해 얼마나 잘 알고 있을까? 당신의 노트북은 어떤 스토리를 애기해 줄 수 있을까? 진실을 말하자면, 아마도 당신의 디지털 디바이스는 당신에 대해 당신보다 더 잘 알고 있을 것이다. 스마트폰과 다른 디지털 기기는 우리 생활의 기본을 확장하고 있다. 당신이 무엇을 하든 일을 하든 놀든지 다른 사람들을 만나거나 쇼핑을 하거나, 당신의 스마트폰, 태블릿, 노트북 또는 데스크톱은 거의 언제나 그러한 활동의 일부분이다. 이러한 디바이스는 당신이 가는 곳에 가고, 당신을 즐겁게 하고, 친구들과 소통하게 하고, 검색하고 쇼핑하게 하고, 뉴스와 정보를 제공하고, 당신의 가장 친밀한 음성, 문자 그리고 이메일의 대화를 듣고 있다. 그리고 이러한 디바이스가 모든 개인적인 정보를 마케터와 공유하고 있다. 기업들은 마법에 가까운 세련된 새로운 방법들을 개발하여 소비자에 관한 밀접한 통찰력을 이끌어내고 있다. 브랜드와 마케터에게 그러한 정보는 순금에 해당된다.

마케터가 이러한 모든 은밀한 개인 정보를 사용함으로써 고객과 기업을 더 잘 섬길 수 있다고 주장한다. 고객은 자신을 진정으로 이해하고 관심을 유발하는 브랜드로부터 맞춤형의 적합한 정보와 상품을 제공 받는다. 그러나 많은 소비자와 개인정보 옹호자들은 그러한 비양심적인 마케터의 손에 들어간 은밀한 정보는 소비자에게 혜택을 주기 보다는 해를 미칠 수 있다고 우려한다. 그들은 보통 빅데이터와 정밀한 표적 설정이 고객을 더 잘 섬기기 위해 더 잘 이해하기 보다는 소비자들을 괴롭히고 그들의 행동과 특성을 분석하는 것으로 보고 있다. 대부분의 소비자들은 더 좋은 서비스나 거래를 위해서라면 일부의 개인 정보를 공유할 용의가 있지만, 많은 소비자는 마케터가 너무 많이 나가는 것에 우려를 하고 있다.

따라서 타깃 마케팅을 수행함에 있어 이슈는 누구를 표적으로 하느냐가 아니라 어떻게 무엇을 위해 하느냐이다. 논란은 마케터들이 표적이 된 세그먼트의 희생으로 수익을 얻으려고 시도할 때 생겨난다. 즉, 마케터들이 정당하지 않게 취약한 세분시장들을 표적시장으로 삼거나 혹은 그들에게 의심스러운 제품들 혹은 전술들을 제공할 때 논란이 발생된다. 사회적으로 바람직한 마케팅은 회사뿐만 아니라 고객에게도 이익을 가져다 줄 수 있는 시장세분화와 표적시장 선정을 요구한다.

 ## 개념 연결하기

잠깐 쉬면서 점검해보자.

- 지난 콘셉트 연결에서 여러분은 미국 신발시장(그림 6.2 참조)을 세분화하고 신발시장에서 사업하는 두 개 회사를 선정했다. 이들의 세분화와 표적시장 선정 전략을 기술해 보자. 여러분은 여러 가지 세그먼트를 겨냥하고 있는 회사와 하나 또는 소수의 세그먼트에 집중하는 회사를 생각할 수 있는가?

- 여러분이 선정한 각 회사들은 어떻게 시장 제안과 이미지를 차별화하고 있는가? 각 회사는 표적소비자들의 마음속에 차별적으로 구축하는데 성공하고 있는가? 이 장의 마지막 절은 이러한 포지셔닝 이슈를 다루게 된다.

저자 코멘트
회사는 첫 번째의 간단한 중요한 질문(누가 표적 소비자인가)을 답하면 다음으로 두 번째 질문(이들에게 어떻게 소구할 것인가)을 해야 한다.

차별화와 포지셔닝

어떤 세분시장들을 표적시장으로 삼을 것인가를 결정한 후 기업은 가치제안(value proposition), 즉 어떻게 표적 세그먼트들을 위해 차별화된 가치를 만들고, 그 세그먼트에서 어떤 포지션을 점유하기를 원하는가에 대한 의사결정을 해야 한다. **제품포지션**

(product's position)은 주요 속성들을 근거로 소비자들이 제품을 정의하는 방식이다. 즉, 제품이 소비자들의 마음속에서 경쟁제품에 비하여 상대적으로 차지하고 있는 위치이다. 제품은 공장에서 만들어지지만, 브랜드는 소비자의 마음속에서 만들어진다.

자동차 시장에서 Honda Fit와 Nissan Versa는 경제성 차로, Mercedes와 Cadillac은 고급차로, Porsche와 BMW는 기능성 차로 포지셔닝하고 있다. 당신의 비자카드는 "당신이 가고자 하는 어디든지", American Express는 "여정은 결코 멈추지 않는다."로 포지셔닝한다. Gillette는 "남자가 얻을 수 있는 최선"으로, Dollar Shave Club은 "시간을 면도하라. 돈을 면도하라"로 포지션한다. 그리고 Bose는 당신에게 "연구를 통해 더 좋은 사운드를 주는"으로 Sonos는 "지구상의 모든 음악을 당신 집의 모든 방에서 무선으로 풀어 놓는"으로 포지션한다. 그러한 단순하게 들리는 기술이 브랜드 가치 제안의 핵심을 형성한다.

소비자들은 제품과 서비스에 대한 정보에 치이고 있다. 소비자들은 물건을 구매할 때마다 제품을 재평가할 수 없다. 구매과정을 단순화하기 위하여 소비자들은 제품, 서비스, 회사들을 카테고리로 묶은 다음, 이들을 자신의 마음속에 자리매김을 한다. 제품포지션은 경쟁제품들과 비교하여 어떤 제품에 대해 소비자들이 갖고 있는 지각, 인상, 그리고 느낌의 복잡한 조합이다.

소비자들은 마케터의 도움을 받아 또는 도움이 없이도 제품을 포지션한다. 그러나 마케터들은 제품의 포지션이 운에 좌우되도록 내버려두지 않는다. 그들은 선정된 표적시장에서 자사제품에 가장 좋은 우위를 제공해 줄 수 있는 포지션을 기획하고, 계획된 포지션을 만들기 위한 마케팅믹스를 설계한다.

제품포지션(product position)
주요 속성을 근거로 소비자가 제품을 정의하는 방식으로써, 제품이 소비자의 마음속에서 경쟁사 제품과 비교해 차지하고 있는 상대적인 위치

포지셔닝 맵

차별화와 포지셔닝전략을 기획함에 있어 마케터들은 때때로 지각적 포지셔닝 맵(perceptual positioning maps)을 준비하는데, 포지셔닝 맵은 중요한 구매차원 상에서의 자사 브랜드와 경쟁사 브랜드들에 대한 소비자들의 지각을 보여준다. 그림 6.3은 미국의 대형의 고급 SUV(sport utility vehicle)시장에 대한 포지셔닝 맵을 보여준다.[27] 지도상의 각 원의 위치는 가격과 제품지향성(고급 대비 성능)이라는 가장 중요한 차원에서 각 브랜드의 지각된 포지션을 가리킨다. 각 원의 크기는 브랜드의 상대적 점유율을 의미한다.

따라서 고객들은 시장 선두주자인 Cadilac Escalade를 고급과 성능이 조화를 이룬 중간 정도의 가격이 매겨진 대형 고급 SUV로 생각한다. Escalade는 도심형 고급차로 포지션되어 있고 이 경우 성능은 아마도 힘과 안전에 관한 것을 의미한다. 여러분은 Escalade 광고에서 비포장도로에서의 모험을 권하는 문구를 발견하지 못할 것이다.

>> **포지셔닝:** Sonos는 단지 스피커를 판매하는 것 이상을 한다. "지구상의 모든 음악을 당신 집의 모든 방에서 무선으로 풀어 놓는다."
The Advertising Archives/Alamy Stock Photo

≫ 그림 6.3 대형 고급 SUV 승용차에 대한 포지셔닝 맵

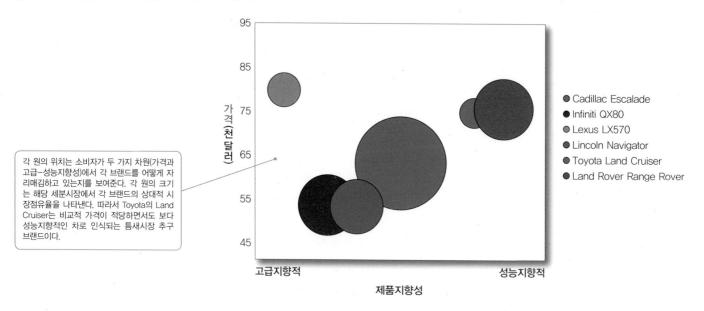

각 원의 위치는 소비자가 두 가지 차원(가격과 고급-성능지향성)에서 각 브랜드를 어떻게 자리매김하고 있는지를 보여준다. 각 원의 크기는 해당 세분시장에서 각 브랜드의 상대적 시장점유율을 나타낸다. 따라서 Toyota의 Land Cruiser는 비교적 가격이 적당하면서도 보다 성능지향적인 차로 인식되는 틈새시장 추구 브랜드이다.

- ● Cadillac Escalade
- ● Infiniti QX80
- ● Lexus LX570
- ● Lincoln Navigator
- ● Toyota Land Cruiser
- ● Land Rover Range Rover

차별화전략과 포지셔닝전략의 선택

어떤 기업들은 차별화전략과 자신들의 포지셔닝전략을 쉽게 선택할 수 있다. 예를 들어, 특정 세그먼트에서 품질로 잘 알려진 기업은 새로운 세분시장 내에서 품질을 추구하는 구매자들이 충분히 있다면 그 포지션을 고수할 것이다. 그러나 많은 경우 둘 또는 그 이상의 경쟁기업들이 동일한 포지션을 추구할 것이다. 그러면, 각 기업은 자신을 구별시킬 다른 방법을 찾아야 한다. 각 회사는 세그먼트 내에서 어느 정도 이상의 규모를 갖춘 고객집단에게 소구할 수 있는 혜택(편익)들의 조합을 만듦으로써 자신의 제공물을 차별화시켜야 한다.

어떤 경우에도 브랜드 포지셔닝은 잘 정의된 표적 시장의 욕구와 선호를 충족시켜야 한다. 예를 들어 Dunkin Donuts와 Starbucks는 커피숍이지만 매우 다른 제품구색과 매장 분위기를 제공한다. 그럼에도 불구하고 이 두 매장은 성공적인데, 그 이유는 고유한 고객층들을 위한 적절한 가치 포지셔닝을 만들어주고 있기 때문이다.

차별화와 포지셔닝 과업은 세 가지 단계로 구성되는데, 포지션 구축의 기반이 될 경쟁우위를 제공하는 차별적 고객가치들의 조합을 파악하는 단계, 올바른 경쟁우위를 선택하는 단계, 그리고 전반적인 포지셔닝전략을 선정하는 단계가 그것이다. 회사는 선정된 포지션을 고객에게 효과적으로 의사소통하고 실제로 이를 전달해야 한다.

차별적 가치(value differences)와 경쟁우위(competitive advantages)의 확인

표적고객들과 수익성 있는 관계를 구축하기 위해 마케터들은 경쟁사들보다 고객의 욕구를 더 잘 이해하고, 보다 많은 고객가치를 전달해야 한다. 기업은 탁월한 가치를 제공하는 것으로 자신을 차별화시키고 포지션시킬 수 있는 수준까지 기업은 **경쟁우위**(competitive advantage)를 획득한다.

그러나 확고한 포지션들은 공허한 약속으로만 구축될 수 없다. 만일 회사가 자신의 제품을 가장 우수한 품질과 서비스를 제공하는 것으로 자리매김한다면, 회사는 약속한 품질과 서비스를 전달할 수 있도록 제품을 실제로 차별화시켜야 한다. 기업은 광고 슬로건

경쟁우위(competitive advantage)
더 저렴한 가격을 책정하거나 더 비싼 가격을 정당화할 만큼 더 많은 혜택을 제공하는 등 경쟁자에 비해 더 많은 고객가치를 제공함으로써 획득되는 우위

과 태그라인(taglines)에서 자신의 포지션을 큰 소리로 알리는 것 보다 더 많은 것을 해야 한다. 그들은 먼저 그 슬로건과 함께 살아야 한다. 예를 들어, 온라인에서 신발과 액세서리를 판매하는 Zappos의 "powered by service" 포지셔닝은 진실되고 탁월한 고객 관심이 뒷받침되지 않는다면 속 빈 강정일 것이다. Zappos는 모든 조직과 종업원들이 가능한 범위 내에서 가장 우수한 서비스를 제공하도록 조치한다. 이 온라인 판매자의 첫 번째 핵심 가치는 "서비스를 통해 놀라움을 제공하세요."이다.[28]

차별화 요소를 찾기 위하여 마케터들은 자사의 제품과 서비스에 관한 고객의 모든 경험을 생각해 보아야 한다. 기민한 회사는 고객과의 모든 접점에서 자신을 차별화할 수 있는 방법들을 발견할 수 있다. 회사는 어떤 구체적인 방법으로 자신을 또는 자신의 시장제공물을 차별화할 수 있을까? 기업은 제품, 서비스, 유통경로, 사람 혹은 이미지 상에서 차별화할 수 있다.

제품 차별화를 통해 브랜드들은 기능, 성능 또는 스타일과 디자인으로 차별화될 수 있다. 따라서 고급 녹음기 회사인 Bose는 자신의 스피커들을 인상적인 디자인과 음질 등의 특징으로 포지션한다. Bose는 연구를 통한 더 좋은 소리를 약속한다. 그리고 BMW는 "운전의 즐거움을 위해 디자인된 궁극적인 운전 기계"로 포지셔닝한다.

기업은 유형적 제품을 차별화하는 것을 넘어서 제품에 수반되는 서비스도 차별화할 수 있다. 어떤 기업들은 신속함, 편리함, 주의 깊은 배달 등을 통하여 서비스 차별화(service differentiation)를 확보한다. QuickenLoans의 Rocket Mortgage 부서는 단지 모기지 대출만을 제공하지 않는다. 온라인 웹사이트나 모바일 앱 인터페이스는 사용자가 쉽게 재무관련 상세 정보를 업로드하여 수분 내에 대출 결정을 할 수 있도록 한다. 다른 회사들은 고품질 고객 서비스를 약속한다. 예를 들어, 항공사 서비스에 대한 만족도가 지속적으로 감소하는 시기에 싱가포르 항공사는 특별한 고객 서비스와 승무원의 우아함으로 차별화했다.

유통경로 차별화(channel differentiation)를 실행하는 기업들은 경로의 커버리지, 전문성, 그리고 성과를 설계하는 방식을 통해 경쟁우위를 획득한다. Amazon.com과 GEICO는 부드럽게 작동되는 직접경로를 기반으로 차별화를 추구했다. 회사는 인적차별화(people differentiation), 즉 경쟁사보다 더 우수한 인력을 고용하고 훈련시키는 것을 통하여 강력한 경쟁우위를 확보할 수 있다. 인적차별화는 회사가 고객을 접촉하는 사람들을 세심하게 선발하고 이들을 잘 훈련시키는 것을 요구한다. 동부 해안의 슈퍼마켓 체인인 Wegmans는 쇼핑객들 사이의 광신적인 충성도로 고객 서비스의 챔피언으로 인지되어 왔다. 최고수준의 고객 서비스 비결은 신중하게 선발되고 잘 훈련되고 행복한 직원에 있는데, 이들은 고객에 대한 Wegmans의 헌신(Everyday You Get Our Best)을 상징한다. 예를 들어 이 세인의 계산대에서 일하는 직원

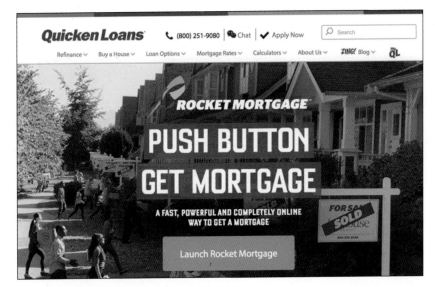

▶▶ **서비스 차별화:** QuickenLoans의 Rocket Mortgage 부서는 단지 모기지 대출만을 제공하지 않는다. 온라인 인터페이스는 사용자가 수분 내에 대출 결정을 할 수 있도록 한다.

Quicken Loans

들은 최소한 40시간의 훈련을 받아야 고객을 접촉할 수 있다. 이 체인의 인적자원 부사장은 "우리 직원은 우리의 가장 큰 자산이다."라고 말한다.[29]

경쟁사의 제안이 동일하게 보이는 경우에도 구매자들은 회사나 브랜드의 이미지 차별화(image differentiation)에 근거하여 차이를 지각할지 모른다. 기업이미지 혹은 브랜드이미지는 제품의 고유한 혜택과 포지셔닝을 전달해야 한다. 강력하고 고유한 이미지를 개발하기 위해서는 창의성과 헌신적 작업을 요구한다. 회사는 단지 몇 개의 광고를 집행함으로써 공중의 마음에 이미지를 하룻밤 사이에 형성시킬 수 없다. 만일 리츠칼튼 호텔이 품질을 의미한다면, 이러한 이미지는 호텔이 말하고 행하는 모든 것에 의하여 지원되어야 하는 것이다.

McDonald의 금빛 아치(golden arch), Nike의 swoosh 마크 또는 Google의 풍부한 색채 등과 같은 심벌들도 강력한 기업 또는 브랜드 인지와 이미지 차별화를 가져다줄 수 있다. Nike가 Michael Jordan, Kobe Bryant, LeBron James 농구화와 의류 컬렉션을 가지고 했던 것처럼, 기업은 유명인사를 중심으로 브랜드를 키울 수 있다. 어떤 회사들은 IBM(파랑), UPS(갈색), Coca-Cola(빨강)처럼 색깔로도 연상된다. 선택된 심벌, 캐릭터, 그리고 기타 이미지 요소들은 회사나 브랜드의 개성을 전달하는 광고를 통해 커뮤니케이션 되어야 한다.

올바른 경쟁우위의 선정

어떤 회사가 경쟁우위가 될 수 있는 몇 개의 잠재적인 차별화 요소를 발견할 만큼 충분히 운이 좋다고 가정해 보자. 그 회사는 이제 포지셔닝전략을 구축하는데 토대가 될 것들을 선정해야 한다. 그 회사는 얼마나 많은 차별점들을, 그리고 어떤 차별점들을 촉진해야할지 결정해야 한다.

얼마나 많은 수의 차별점을 촉진할 것인가 많은 마케터들은 기업들이 표적시장에 단한 가지의 혜택(편익)을 촉진해야 한다고 생각한다. 예를 들어, 광고인 Rosser Reeves는 회사가 각 브랜드를 위한 고유한 판매제안(unique selling proposition: USP)을 개발하고 이를 고수해야 한다고 말했다. 각 브랜드는 한 속성을 선정한 후 그 속성에서 자신이 최고임을 선전해야 한다. 구매자들은 커뮤니케이션 정보가 넘치는 환경에서 1등 브랜드를 더 잘 기억하는 경향이 있다. 따라서 Walmart는 경쟁사가 따라올 수 없는 낮은 가격을 촉진하고, 버거킹은 개인적인 선택, "have it your way"를 촉진한다.

다른 마케터들은 기업들이 자신을 한 개 이상의 차별점들로 포지션해야 한다고 생각한다. 만일 두 개 이상의 회사가 동일한 속성에서 자신이 최고임을 주장하고 있다면, 이러한 방식은 필수적이다. 예를 들어, 앞에서 언급했듯이 Toyota는 Land Cruiser를 고급지향성과 오프로드 성능에 포지셔닝한다. Land Cruiser는 1951년에 4륜 구동 지

》》 여러 개의 경쟁우위로 포지셔닝하기: Toyota는 Land Cruiser를 "오프로드 성능과 온로드 안락함, 그리고 비교할 수 없는 정제됨의 세련된 조합"으로써 포지셔닝한다.

Toyota Motor Sales, U.S.A., Inc.

프 같은 차로 시작하여 세상의 가장 거친 지형과 기후를 정복하도록 디자인되었다. 최근에 이 차량은 모험과 성능 포지셔닝을 보유하고 고급스러움을 추가하였다. 그리고 웹사이트에서 "오프로드 성능과 온로드 안락함, 그리고 비교할 수 없는 정제됨의 세련된 조합으로", "시간을 초월한 아이콘"으로써 자랑한다.[30]

Toyota의 도전은 구매자에게 하나의 브랜드가 고급스러움과 오프로드 성능을 제공할 수 있다는 점을 설득하는 것이다.

오늘날과 같이 대량 시장이 여러 개의 작은 세그먼트들로 분화되고 있는 시기에 회사들과 브랜드들은 더 많은 세그먼트들에게 소구하기 위해 포지셔닝전략을 넓히기 위해 노력하고 있다.

어떤 차별점을 촉진할 것인가 모든 브랜드 차별점이 의미 있거나 가치 있는 것은 아니다. 즉 모든 차별점이 좋은 차별화 요인이 되는 것은 아니다. 각 차별점은 고객의 해택뿐만 아니라 기업의 비용을 발생시킬 가능성이 있다. 차별점은 다음과 같은 기준을 만족시킬 때 추진할 가치가 있다.

- **중요성**(important): 차별점은 표적구매자에게 매우 중요한 혜택을 제공해야 한다.
- **독특성**(distinctive): 경쟁사가 차별점을 제공하지 않거나 또는 우리 회사가 경쟁사보다 더 독특한 방법으로 차별점을 제안할 수 있어야 한다.
- **우월성**(superior): 차별점은 소비자들이 동일한 혜택을 얻을 수 있는 다른 방법들보다 우월해야 한다.
- **의사소통 가능성**(communicable): 차별점은 구매자들에게 의사소통될 수 있고 눈에 띌 수 있어야 한다.
- **선점 가능성**(preemptive): 경쟁사들이 쉽게 차별점을 모방할 수 없어야 한다.
- **구매 가능성**(affordable): 구매자들은 차별점에 대해 지불할 수 있어야 한다.
- **수익 가능성**(profitable): 회사는 이익을 내면서 차별점을 소개할 수 있어야 한다.

많은 기업들이 이러한 기준들 중 한두 가지가 충족되지 않은 상태에서 차별화를 도입해 왔다. 싱가포르에 있는 Westin Stamford Hotel은 한때 세계에서 가장 큰 호텔임을 광고해 왔지만, 그것은 대부분의 여행자들에게는 중요하지 않은 차별점이었다. 이와 유사하게 Coca-Cola의 역사적인 제품 실패인 "New Coke"는 핵심 Coca-Cola 소비자들이 갖고 있는 우월성과 중요성 검사에서 실수를 범했다.

광범위한 블라인드 맛 테스트 조사결과는 모든 청량음료 소비자들 중 60%는 더 달콤한 새로운 Coca-Cola 배합을 선택했고 52%는 Pepsi보다 좋아했다. 그래서 이 브랜드는 원래 배합의 Coke를 없애고 더 달콤하고 순한 버전인 New Coke를 대대적으로 알리며 선보였다. 그러나 이 조사에서 Coca-Cola는 과거 130년간 Coca-Cola를 인기 있게 만들었던 많은 무형자산을 간과했다. 충성적인 Coke 소비자들에겐 원래 브랜드는 야구, 애플파이, 자유의 여신상과 함께 미국을 상징하는 것이었다. 나중에 확인했듯이 Coca-Cola는 자신을 맛이 아니라 전통으로 차별화했던 것이다. 오리지널 콜라를 없애면서 Coca-Cola는 있는 그대로를 사랑했던 충성적인 Coke 소비자들의 감성을 짓밟아 버렸다. 이 회사는 3개월 후 전통적인 Coke를 다시 생산했다.

따라서 제품이나 서비스를 포지션하기 위한 근간이 되는 경쟁우위들을 선정하는 것은 어려울 수 있지만, 그러한 선택은 성공에 결정적일 수 있다. 적절한 차별점을 선택하면 제품은 경쟁제품들과 구별될 수 있다.

전반적인 포지셔닝전략의 선정

가치제안(value proposition)
브랜드의 전반적 포지셔닝, 즉 브랜드 포지션의 근간이 되는 혜택들의 조합

브랜드의 전반적인 포지셔닝은 브랜드의 **가치제안**(value proposition)이라고 불리는데, 이는 브랜드가 차별화되고 포지션되는데 근간이 되는 혜택들의 조합을 말한다. 이는 소비자가 왜 이 브랜드를 사야 하는가에 대한 회사의 대답이다. BMW의 "ultimate driving machine" 가치제안은 성능에만 매달리지 않고 고급과 스타일링도 포함하는데, 이로 인해 지불해야 하는 가격은 평균보다 높지만 이러한 혜택들의 조합을 고려하면 정당하다.

그림 6.4는 회사가 제품을 포지션시키는데 근간이 될 가능한 가치제안들을 보여준다. 이 그림에서 다섯 개의 녹색 칸(cell)은 경쟁에서 이길 수 있는 가치제안들을 보여준다. 즉, 기업에게 경쟁우위를 제공하는 차별화와 포지셔닝이다. 가운데 칸은 잘해도 한계가 있는 가치제안이다. 아래에서 우리는 회사가 제품들을 포지션시키는데 사용할 수 있는 다섯 개의 이길 수 있는 가치제안들을 설명하는데, 더 비싸게 더 많이(more for more), 같은 가격으로 더 많이(more for the same), 더 싼 가격으로 같은 혜택을(the same for less), 훨씬 싼 가격으로 더 적은 혜택을(less for much less), 싼 가격으로 더 많은 혜택을(more for less) 제공하는 방식들이 그들이다.

더 비싸게 더 많은 혜택을(more for more) 이러한 포지셔닝은 더 고급스러운 제품이나 서비스를 제공하면서 더 높은 비용을 감당하기 위하여 더 비싼 가격을 매기는 것이다. 더 많은 마케팅 제안이 우월한 품질을 제공할 뿐만 아니라 구매자에게 특별한 명성도 제공한다. 이 제품들은 지위와 고상한 라이프스타일을 상징한다. Four Season 호텔, 파텍 필립 시계, 스타벅스 커피, 루이비통 핸드백, Mercedes 자동차, SubZero 기기는 모두 우월한 품질, 장인정신, 내구성, 성능 또는 스타일을 주장하고, 이에 상응한 가격을 요구한다.

》》 그림 6.4 가능한 가치제안

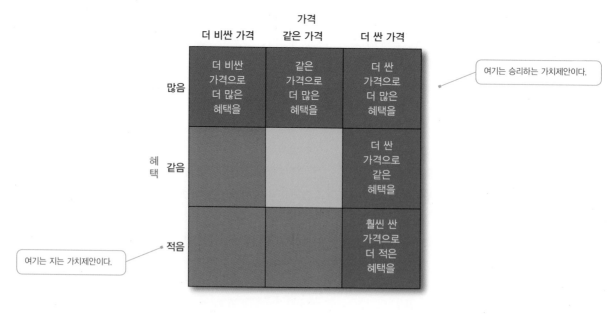

이와 유사하게 Hearts On Fire 다이아몬드의 마케터들은 "세계에서 가장 완벽하게 세공된 다이아몬드"와 같은 포지셔닝으로 더 비싸게 더 많은 혜택을 위한 틈새시장을 만들었다.

Hearts On Fire 다이아몬드는 독특한 "하트와 화살" 디자인을 가지고 있다. 밑에서 확대경으로 보면 여덟 개 하트의 완벽한 반지가 나타나고, 위에서 보면 완벽하게 만들어진 빛의 폭발이 나타난다. 회사는 "Hearts On Fire 다이아몬드는 모든 사람을 위한 것이 아니다. Hearts On Fire 다이아몬드는 더 많은 것을 기대하고 더 높은 가격을 지불할 수 있는 사람들을 위한 것이다."라고 말한다. 이 브랜드는 경쟁 다이아몬드에 비해 15~20%의 가격 프리미엄을 관리한다.[31]

일반적으로 '더 비싸게 더 많은 혜택을'이라는 전략은 수익을 낼 수 있지만, 이러한 전략은 취약할 수도 있다. 이러한 전략은 때때로 더 저렴한 가격으로 같은 품질을 주장하는 모방제품들의 시장진입을 유도할 수 있기 때문이다. '더 비싸게 더 많은 혜택을' 추구하는 브랜드 Starbucks는 맥도날드에서 지역코너 커피점에 이르는 구어메이 커피 경쟁자들을 직면하고 있다. 또한 호황기에 잘 팔리는 고가제품들은 경기 침체기에 소비자들이 지출을 망설이기 시작할 때 어려움을 겪는다. 최근의 우울한 경제는 고급 브랜드들을 어렵게 만들고 있다.

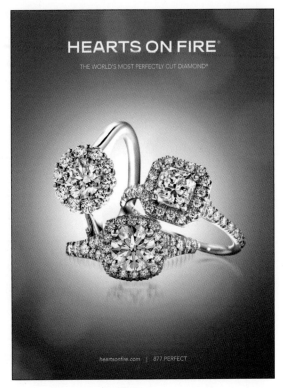

⟫⟫ 더 비싸게 더 많은 혜택을(More-for-more) 포지셔닝: Hearts On Fire는 "세계에서 가장 완벽하게 세공된 다이아몬드"와 같은 포지셔닝으로 더 비싸게 더 많은 혜택을 위한 틈새시장을 만들었다. 이는 더 많은 것을 기대하고 더 높은 가격을 지불할 수 있는 사람들을 위한 것이다.

Used with permission of Hearts On Fire Company, LLC

같은 가격으로 더 많은 혜택을(more for the same) 회사들은 더 저렴한 가격으로 경쟁사와 비슷한 수준의 품질을, 혹은 같은 가격으로 더 많은 혜택을 제공함으로써 '더 비싸게 더 낳은 혜택을'이라는 포지셔닝전략을 사용하는 경쟁사를 공격할 수 있다. 예를 들어, Target은 자신을 고급 할인점으로 자리매김한다. 이 회사는 매장 분위기, 서비스, 세련된 상품, 전통적인 브랜드 이미지 측면에서 경쟁사보다 더 많은 것을 제공하지만 Walmart, Kohl's 및 다른 할인점과 같은 가격대를 제안한다.

더 싼 가격으로 같은 혜택을(the same for less) 이 전략은 매우 강력한 가치제안이 될 수 있다. 대부분의 사람들이 가치있는 제품을 좋아하기 때문이다. 예를 들어, Dell은 더 낮은 가격으로 동등한 수준의 품질을 갖춘 컴퓨터를 제공한다. Walmart와 같은 할인점과 Best Buy, PetSmart, David's Bridal 및 DSW Shoes와 같은 카테고리 킬러들(전문할인점들)도 이러한 포지셔닝을 사용한다. 이들은 무엇인가 다르거나 더 좋은 것을 제공한다고 주장하지 않는다. 대신 이들은 우월한 구매력과 더 낮은 운영비를 바탕으로 백화점, 전문점에서 취급되는 브랜드들의 대부분을 할인된 가격에 제안한다. 다른 기업들은 시장선도자로부터 고객들을 빼앗기 위하여 유사제품이지만 더 저렴한 가격의 브랜드를 개발한다. 예를 들어, Amazon.com은 Kindle Fire 휴대용 컴퓨터를 제안하는데, 이 컴퓨터는 애플 iPad나 삼성 갤럭시 노트보다 가격이 40% 정도 싸게 팔린다. Amazon은 비싸지 않은 가격대로 고급 제품을 판매한다고 주장한다.

훨씬 싼 가격으로 더 적은 혜택을(less for much less) 시장에는 거의 항상 더 적은 혜택을 제공하기 때문에 원가도 더 적게 드는 제품들이 존재한다. 제품을 살 때 가장 좋은 것을 구매할 능력이 있는 사람들은 매우 적다. 많은 경우 소비자들은 기꺼이 최적의 성능을 갖지 못한 제품으로 만족해하거나 또는 보다 싼 가격에 대한 대가로 호화스러운 것의 일부를 포기하기도 한다. 예를 들어, 숙박을 원하는 많은 여행자들은 수영장, 부속 식당, 베개의 향과 같이 불필요한 것을 위하여 더 비싼 값을 지불하려고 하지 않는다. Ramada Limited, Holiday Inn Express 및 Motel 6와 같은 호텔 체인들은 이러한 편의시설을 제한하고 그에 따라 낮은 가격을 매긴다.

이러한 포지셔닝은 훨씬 싼 가격으로 소비자들의 더 낮은 성능 혹은 더 낮은 품질에 대한 요구수준을 맞추는 것이다. 예를 들어, Costco 창고할인점은 상품구색이 다양하지 못하고 일관성이 없으며 서비스 수준은 낮지만, 그 결과 가격을 최저수준으로 책정한다. 유사하게, ALDI 식품점에서 고객들은 매우 저렴한 가격을 지불하지만 더 적은 추가 서비스로 만족한다. ALDI는 "당신은 필수적이지 않은 것을 먹지 못한다. 그런데 왜 그것에 대해 가격을 지불해야 하나?"라고 말한다.

더 싼 가격으로 더 많은 혜택을(more for less) 물론 이길 수 있는 가치제안은 더 싼 가격으로 더 많은 혜택을 제안하는 것이다. 많은 회사들이 이를 실행한다고 주장한다. 단기적으로 어떤 회사들은 실제로 이와 같은 고위의 포지션을 달성할 수 있다. 예를 들어, Home Depot가 처음 사업을 시작했을 때, 이론의 여지는 있지만 다른 집수리용 기자재 체인들에 비하여 가장 좋은 구색, 가장 좋은 서비스, 그리고 가장 낮은 가격정책을 세웠다.

그러나 장기적으로 회사들은 이러한 포지셔닝을 유지하는데 어려움을 겪는다. 더 많은 것을 제공하는 것은 통상 더 많은 비용이 들어 "더 싼 가격으로"란 약속을 지키기 어렵게 만든다. 예를 들어, Lowe's 매장과의 단호한 경쟁에 직면하면서 Home Depot는 이제 우월한 서비스 혹은 더 저렴한 가격 중 무엇으로 경쟁하려고 하는지 결정해야 한다.

결국 각 브랜드는 표적시장의 욕구와 필요에 맞도록 설계된 포지셔닝전략을 도입해야 한다. "more for more"는 어떤 한 표적시장을, "less for much less"는 다른 표적시장을 공략할 수 있을 것이다. 따라서 어떤 시장도 서로 다른 회사들이 각각 성공적으로 서로 다른 포지션을 차지할 수 있는 공간이 많이 존재한다. 중요한 점은 각 회사가 표적소비자에게 자신을 특별하게 만들 수 있는 자신만의 이길 수 있는 포지셔닝전략을 개발해야 한다는 것이다.

포지셔닝 기술문의 개발

포지셔닝 기술문(positioning statement)
기업이나 브랜드의 포지셔닝을 요약한 문장으로, 우리 (브랜드)는 특정 대상(특정 세분시장과 욕구)에게 (어떤 차별점)을 제공하는 (콘셉트)를 갖고 있다는 형식을 가짐

기업과 브랜드의 포지셔닝은 **포지셔닝 기술문**(positioning statement)으로 요약되어야 한다. 이 기술문은 다음과 같은 양식을 갖는다. 우리의 (브랜드)는 특정 대상(표적 세그먼트와 욕구)에게 (어떤 차이)를 가져다주는 (콘셉트)이다.[32] 예를 들어, 인기 있는 디지털 정보 관리 지원회사 Evernote 기술문은 다음과 같이 요약될 수 있다. "기억하기 도움이 필요한 다중 작업자에게 Evernote는 여러분의 컴퓨터, 전화, 태블릿 및 웹을 이용해 일상으로부터 나오는 순간이나 아이디어를 찾아내고 이를 기억하기 쉽게 만들어주는 디지털 콘텐츠 관리 지원회사이다."

위의 포지셔닝은 첫째, 이 제품이 어떤 제품군에 속하는지(membership)를 정의(디

지털 콘텐츠 관리 애플리케이션임) 하고, 둘째, 그 제품군에 속한 다른 구성원들(경쟁사들)과의 차이점(쉽게 순간과 아이디어를 찾아내고 이를 후에 기억하기 쉽게 함)을 보여주고 있음을 주목하라. Evernote는 "여러분의 두 번째 뇌"로써 여러분이 노트에 기록하고 사진을 찍고, 해야 할 일 리스트를 작성하고 그리고 목소리를 녹음함으로써 모든 것을 기억하는 것을 도와주고 후에 집에서, 직장에서, 길을 가다가 어디시든지 어떤 기기도 사용할 수 있게 해줘서 이를 찾아내기 쉽게 만들어 준다.

브랜드를 특정 제품 카테고리에 설정하는 것은 그 카테고리에서 다

▶▶ 포지셔닝 기술문: Evernote는 바쁜 사람들을 위해 일상으로부터 나오는 순간이나 아이디어를 찾아내고 이를 기억하기 쉽게 만들어주는 디지털 콘텐츠 관리 애플리케이션이다.
Evernote Corporation

른 제품들과 공유할 수 있는 유사점을 제안한다. 그러나 브랜드의 우월성은 브랜드의 차별점을 기반으로 만들어진다. 예를 들어, U.S. Portal Service는 UPS 및 FedEx처럼 선적하지만, 편리하고 비싸지 않은 가격의 박스와 봉투를 가지고 Priority Mail을 다른 것들과 구별한다. Post Office는 "If it fits, it ships."라고 약속한다.

선택된 포지션을 커뮤니케이션하고 실제로 전달하기

일단 포지션이 선정되면, 기업은 표적소비자들에게 자신이 선정한 바람직한 포지션을 전달하기 위하여 강력한 조치를 취해야 한다. 회사의 모든 마케팅믹스 노력들은 포지셔닝전략을 지원해야 한다.

기업을 포지셔닝하는 것은 단지 말이 아닌 구체적인 활동을 요구한다. 만일 더 좋은 품질과 서비스라는 포지션을 구축하기로 결정한다면, 기업은 먼저 그 포지션을 전달해야 한다. 제품, 가격, 유통 및 촉진과 같은 마케팅믹스를 설계하는 것은 포지셔닝전략의 구체적 전술을 실행하는 것을 포함한다. 따라서 "더 비싸게 더 많이"라는 포지션을 추구하는 기업은 반드시 최고 품질의 제품을 생산하고, 가격을 높게 책정하고, 고품질의 제품을 취급하는 딜러들을 통하여 제품을 유통시키고, 고품격 미디어에서 광고해야 한다. 이 기업은 많은 서비스 사원들을 선발하고 훈련시켜야 하고, 서비스에 대한 좋은 명성을 갖고 있는 소매상들을 찾아야 하고, 우월한 서비스를 전달할 판매 및 광고 메시지를 개발해야 한다. 이것이 일관성있고 믿을만한 "더 비싸게 더 많은 혜택을" 포지션을 구축하기 위한 유일한 방법이다.

회사들은 종종 포지셔닝전략을 실행에 옮기는 것보다 기획하는 것이 상대적으로 더 쉽다는 것을 발견한다. 포지션을 구축하거나 바꾸는 것은 시간이 오래 걸린다. 반면 구축하는데 오랜 시간이 걸린 포지션은 금방 상실될 수 있다. 일단 기업이 원하는 포지션을 구축했으면, 일관성 있는 성과와 커뮤니케이션을 통하여 이를 유지하기 위해 주의를 기울여야 한다. 기업은 고객의 욕구와 경쟁사 전략의 변화에 맞추기 위해 계속 포지션을

MARKETING AT WORK 6.2

준비, 지속, 탑승(Ready, Steady, Ride): 중동시장에서의 Careem vs. Uber

우리의 생활 속에서 기술에 몰두하는 것은 B2B와 B2C 거래에 있어서 고객가치를 보다 효율적으로 제공할 뿐 아니라 peer-to-peer(P2P) 거래를 훨씬 쉽게 만들어 주었다. 이러한 개념이 Uber 운송 부문에 도입되었는데, 디지털 앱 기반의 플랫폼을 만들어서 믿을 수 있는 운송서비스를 원하는 사람들과 자신의 차를 가지고 수입을 얻고자 하는 사람들을 연결시켜 준다. 그들이 고객에게 제공하는 서비스가 새로운 것이 아니지만, 혁신적인 마케팅과 목표설정 전략이 새롭게 급성장하는 세분시장을 창출하였는데, 그 결과로써 Uber 서비스 콘셉트가 보통 용어인 "Uberfication"이 되었다.

이 콘셉트는 세계의 다른 지역으로 급속히 확장되어 Uber는 대부분의 글로벌 시장에서 리더로서 성공적으로 자리매김하였다. 그리고 세계 376개 도시로 확대하여 500억 불의 순자산 가치를 가지고 있고, 단기간 내 그 가치에 도달한 가장 빨리 성장하는 스타트업 기업이 되었다.

그러나 중동에서는 Uber의 앱 기반의 택시 예약 개념을 지역의 스타트업인 Careem이 Uber가 그 지역에 진입하기 전에 효과적이고 선제적으로 채택하고 있었다. 그 후 이 기업은 글로벌 리더에게 어려운 경쟁 상대가 되고 있다.

중동의 운송산업에서 Uberfication은 2012년 창업자인 Mudassir Sheikha와 Magnus Olsson 두 사람에 의해 시작되었다. McKinsey 컨설턴트를 역임한 두 사람은 앱 기반의 운송 예약 서비스인 Careem을 UAE의 Dubai에서 시작하였다. Careem은 매월 30% 성장하는 그 나라의 가장 성공적인 스타트업 스토리 중의 하나이다. 불과 4년 만에 그 지역의 10개국의 44개의 도시로 확장하여 6백만 명 이상의 등록 사용자를 확보하고 있다.

Sheikha와 Olsson의 스토리는 Kalanick와 Camp의 스토리와 크게 다르지 않다. Careem의 창업자들은 자신들은 의미있는 무언가를 하려고 기회를 찾고 있었다. 컨설턴트로서 그들 둘은 여러 곳을 돌아다니며 그 지역에서 Careem과 같은 빠르고 효율적이고 믿을만한 운송 수단을 찾는데 갭이 있다는 것을 느꼈다. 2013년 Uber가 UAE의 MENA 지역에 처음 진입하면서 이 지역의 사설 택시 고용의 경쟁적인 환경이 변하였다. 그러나 그 때 Careem은 이미 선발주자의 장점을 가지고 있었다.

두 기업은 각각 경쟁우위를 가지고 있었다. Uber는 높은 명성과 성공의 기록을 가지고 있는 잘 정립된 글로벌 기업이었다. 반면, Careem은 지역에서 사랑받는 기업으로 지역 시장에서 처음 사업을 시작한 기업으로서 더 많은 신뢰를 받았다. UAE에서 민간택시 사업 부문은 특히 요금결정과 운전면허 요건에 관하여 규제가 심하다. 예를 들면, UAE법률은 민간택시 업체가 요금을 공공 택시에 비해 최소 30% 더 높게 책정하도록 요구한다. 이는 시장에서 민간부문 택시 서비스를 고급화시키고 Uber와 Careem이 상호 차별화하면서 경쟁하도록 만들고 있다.

Careem은 MENA 지역에서 파키스탄에서부터 터키까지 여객운송의 최대 기업이 되는 목표를 가지고 있다. 이 브랜드는 특히 UAE와 중동에서 사업을 잘 하고 있다. Careem이라는 단어는 자동차 기반의 서비스를 의미하고, 또한 너그럽고 관대함을 의미하는 아랍어 Kareem에서 파생되었다. 즉 이 브랜드는 고객을 잘 섬기고 넓은 마음으로 더 많은 것을 제공하고자 하는 고객가치제안을 매우 효과적으로 전달하고 있다. 영어와 아랍어를 혼용한 브랜드는 UAE에 있는 많은 다문화 배경의 외국인을 목표로 하여 사업을 잘 하였고, 중동에서 성장한 지역 브랜드로서 중동 전체에서 아랍어를 사용하는 소비자들을 위한 포지셔닝에 도움을 주었다. Careem 운전기사들은 캡틴으로 불리는데, 이는 다른 업체들이 자신을 리무진 서비스라고 부르는데 반해 Careem은 모든 고객을 위

▶▶ Uber는 자신이 최초로 제시한 비즈니스 모델로 인하여 확장하려고 하는 많은 지역시장에서 이미 경쟁을 만나게 되었다.

Naki Kouyioumtzis/Pearson Education Ltd.

한 운송서비스라고 말하면서 차별화하고 있다.

Careem의 시장전략은 지역 고객의 니즈에 맞추어 긱 고객에게 차별화된 서비스를 제공하는 것이다. 예를 들면, Dubai에서는 "Economy" Careem은 실속형 택시를 제공하고, "Business"와 "First-class" 옵션은 고급형 운송서비스를, "MAX" 차는 많은 고객을 탑승시킬 수 있는 SUV이다. "Ameera"는 여성 기사가 운전하는 여성전용 서비스를 제공한다. "Careads"는 부모가 앱을 통하여 무료로 예약할 수 있게 한다. "Careem kids"는 베이비 카시트를 장착한 차를 제공한다. 그야말로 Careem의 비즈니스 모델과 "관대하고 후한" 고객가치 제안은 중동지역 상황과 잘 어울린다. Careem의 비즈니스 모델의 핵심은 다음과 같다.

1. **고객 콜센터:** 중동의 많은 인구는 앱 대신 통화하는 것을 선호하여 Careem은 예약과 문제 통보를 위한 콜센터를 구축하였다.
2. **현금 지불:** 이 규정은 지역 사람들의 신용카드에 대한 반감과 현금 선호 현상을 반영하였다.
3. **Careem의 자체적인 위치 데이터베이스:** 중동에서 Google Maps은 그다지 정확하지 않고 도로공사가 빈번하여 자체적인 위치 데이터베이스를 구축하였다. 이 DB가 예약 옵션을 위해 잘 작동하여 Careem의 독특한 기능이 되고 있다.
4. **다른 사람을 위한 예약:** 직장 상사나 클라이언트를 위한 비서의 예약이나 자녀의 학교 하교를 위한 예약에서 잘

운영되었다.

5. **Captain 콜센터:** 중앙관리 콜센터가 고객과 협의하고 소통하여 고객정보의 보안을 보장하는데 도움을 주었다.
6. **Captain 충성도:** 네 단계의 로열티 포인트 시스템이 운전기사의 최저 수입을 보장하고 예약과 승객 탑승을 위해 더 많은 차가 가능하도록 하였다.

이러한 특징 중 대부분은 Uber의 글로벌 비즈니스 모델에서는 포함시키기가 어렵다. 그러나 어느 UAE의 조사에 의하면, Uber와 Careem 둘 다 앱, 자동차, 예약 프로세스, 요금, 무료 운송과 지역사회를 위한 서비스 면에서는 비슷한 점수를 얻었다. Uber는 앱, 요금, 무료 운송에서 더 높은 점수를 얻었고 Careem은 자동차, 예약 프로세스와 지역사회를 위한 서비스 면에서는 더 높은 점수를 얻었다. 과거에는 UAE가 Uber와 Careem이 그 지역에서 경쟁하는 주요 경쟁 시장이었지만, 이제는 두 기업이 더 많은 도시로 확장하여 더 차별화된 상품과 서비스를 제공하려고 계획하고 있다.

출처: Nich Rego, "Careem vs Uber," tbreak media, October 26, 2016, http://www.tbreak.com/careem-vs-uber?page=1, accessed December 18, 2016; Frank Kane, "Gentlemen, Start Your Engines: It's Uber vs Careem," The National, November 24, 2015; http://www.thenational.ae/business/technology/gentlemenstart-your-engines-its-uber-vs-careem; Careem website, https://www.careem.com/dubai/node, accessed December 18, 2016; N. King, "In the Driving Seat: Careem," Arabian Business, June 9, 2015, http://www.arabianbusiness.com/in-driving-seat-careem-595522.html, accessed December 18, 2016; Uber website, https://www.uber.com/our-story, accessed December 15, 2016; Mustafa Al Zarooni, "Uber in UAE Operating in Legal Vacuum," Khaleej Times (online), 2016, http://www.khaleejtimes.com/nation/transport/uber-in-uae-operating-inlegal-vacuum, accessed March 15, 2016.

추적하고 적응시켜야 한다. 그러나 기업은 고객을 혼란스럽게 만들 수 있는 갑작스러운 변화는 피해야 한다. 대신 제품의 포지션은 항상 변화하는 마케팅환경에 적응해 가면서 점진적으로 진화되어야 한다.

토의문제

1. 고객가치지향적 마케팅전략을 고안하기 위한 4개의 주요 단계들을 간략히 기술해 보자.

2. 마케터들은 소비재 시장에서 행동적 세분화를 어떻게 사용하고 있는가? 행동적 세분화의 각 방법에 대한 예를 제시해 보자.

3. 마케터가 어떻게 산업재 시장을 세분화하는지 설명해 보자. 산업재 세분화 전략은 소비재 세분화 전략과 어떻게 다른가?

4. 기업이 몇 개의 세그먼트를 목표로 할 것인지 결정할 때 사용할 수 있는 목표시장 선정의 세 가지 수준을 비교해 보자. 세 가지 목표시장 선정의 옵션 각각에 대한 사례를 제시해 보자.

5. 회사는 어떻게 차별화를 통해 경쟁우위를 확보할 수 있는가? 6장에서 설명된 차별화의 각 유형을 보여주는 회사 사례를 기술해 보자.

6. 가치제안이란 무엇인가? 어느 기업이 제품을 포지셔닝하는 다섯 가지의 승리하는 가치제안을 설명해 보고, 각각의 사례를 들어 보자.

비판적 사고 연습

1. 당신이 익숙한 니치 제품이나 서비스를 찾아보시오. 그 상품을 니치에서 보다 대중시장의 포지셔닝으로 변환시키기 위한 전략을 제시하도록 요청을 받았다고 가정해 보시오.

2. 아침식사 시리얼 시장은 매우 경쟁이 심하고 많은 다양한 시리얼의 마케터들은 자신의 브랜드를 차별화하여 특정한 세분시장에 어필하려고 한다. 다섯 가지의 아침식사 시리얼 브랜드를 선택하여 마케터들이 특정 세분시장을 겨냥하기 위해 사용하는 시장세분화 변수들과 연결해 보시오. 당신이 왜 각 시리얼을 특정 세분화 변수와 연결시켰는지 설명해 보시오.

3. 작은 그룹에서 지난 몇 년 동안 당신의 커뮤니티나 온라인에서 떠오른 새로운 사업을 찾아보시오. 이 장에서 기술된 단계를 이용하여 그 회사의 고객가치 중심 마케팅전략을 기술하시오. 이러한 사업을 위한 포지셔닝 기술문을 작성해 보시오.

제품, 서비스, 브랜딩 전략

고객가치 구축

학습목표

▶ **1** 제품, 그리고 제품과 서비스의 주요 유형분류에 대해 정의한다.

▶ **2** 기업이 개별 제품과 서비스, 제품라인, 제품믹스에 대해 내리는 의사결정들에 대해 설명한다.

▶ **3** 서비스마케팅에 영향을 미치는 4가지 특징과 서비스마케팅에서 고려되어야 할 추가적 요인들을 살펴본다.

▶ **4** 브랜딩 전략, 즉 기업이 브랜드를 구축·관리하기 위해 내리는 결정들에 대해 설명한다.

개관

앞 장에서 마케팅전략에 대해 다루었으므로, 지금부터는 이를 실행하기 위해 사용되는 전술적 도구인 마케팅믹스에 대해 자세히 살펴보기로 한다. 이 장과 다음 장에서는 제품과 브랜드를 개발·관리하는 과정에 대해 살펴보고, 이어지는 장들에서 가격결정, 유통, 마케팅커뮤니케이션을 다루게 된다. 제품과 브랜드는 마케팅에서 첫 번째로 고려되는 가장 기본적인 마케팅도구이다. 본 장은 제품이 무엇인지에 대한 질문에서 시작한다. 이 질문은 매우 단순해 보이지만 답하기 쉽지 않다.

이 장에 들어가기 전에 뛰어난 브랜드 스토리를 살펴보자. 마케팅은 고객과 깊이 연결되는 브랜드를 구축하는 것이 본질이다. 당신이 톱 브랜드를 생각할 때 어떤 브랜드가 가장 먼저 떠오르는가? 아마도 Coca-Cola, Nike 또는 McDonald's 같은 전통적인 메가 브랜드나 Google, Facebook 또는 Apple 같은 트렌드 기술 브랜드일 것이다. 그러나 가정 가구에 집중한다면, 아마도 IKEA 브랜드가 떠오를 것이다. 당신의 생활과 홈 퍼니싱에 대해서는 IKEA가 모두 취급하고 있다.

IKEA: 컬트 브랜드 구축

스웨덴에서 1943년 17살 Ingvar Kamprad에 의해 창립된 IKEA는 세계 최대 가구 유통회사이다. 기업의 이름은 Ingvar Kamprad, 그가 자라난 농장인 Elmtaryd와 스웨덴 남부 Småland에 있는 그의 고향 Agunnaryd의 이니셜로 구성된 두문자어이다. 그 기업은 Kamprad의 가족 농장에 있는 헛간에서 거대유통업체와 글로벌 문화현상으로 변모하여 왔다. 2018년 11월, IKEA는 208,000명의 직원과 50개국에 422개 점포를 운영하고 있다. 전 세계적으로, IKEA 웹사이트는 1년에 230억 명의 고객이 방문한다. 2018년 회계연도에 IKEA Group의 총 매출은 444.7억 달러에 도달하였다.

IKEA는 놀랍게도 다음과 같은 몰입을 하고 있다. 2018년에 9억 5,700만 명의 고객이 매장을 방문하였고, 인도의 1개 점포를 포함하여 19개 점포를 새로 열었다. IKEA는 크로아티아에 첫 점포를 오픈하였을 때, 처음 4일 동안 68,000명의 고객이 방문하였다. 이 기업은 스페인 Valencia의 점포 오픈을 위한 100,000장의 구직 원서가 접수되어 일시적으로 서버가 다운되었다.

IKEA는 소비자에게 독특한 가치 제안인 극단적으로 낮은 가격으로 첨단기술의 스칸디나비아 디자인을 제공하여 이러한 수준의 성공을 성취하였다. IKEA가 그러한 낮은 가격을 제공할 수 있는 이유 중 일부는 대부분의 제품을 박스 형태로 구입하여 고객이 집에 가져가면 조립을 하기 때문이다. 이는 운송비용을 절감하고 매대 사용을 보다 효과적으로 하게 한다. 추가적으로 IKEA는 많은 경쟁기업처럼 소수의 공급업체로부터 원재료를 공급받지 않고, 전 세계 다수의 업체로부터 공급받아 최저가격을 보장하고 있다. 다른 제품은 더 높은 가격으로 판매될 수 있으나, IKEA는 소비자가 지불할 수 있는 가격이다. 이 기업은 전 제품을 대상으로 1년에 평균 2~3% 가격인하를 목표로 하고 있다.

IKEA는 가구 유통업체 그 이상으로 포지셔닝하고 있다. 사람들의 라이프스타일 큐레이터가 되는 비전을 가지고 있다. 현대 소비자는 구입하는 모든 상품이 어지러울 정도로 구색이 다양한데, IKEA는 "쿨"한 모든 것의 유일한 장소, 즉 좋은 감각과 가성비를 아는 유사한 사람들을 위한 안전한 공간을 제공한다. 그러한 비전은 제품 이름으로 확대된다. 고객들은 BoKlok 홈에 살 수 있고 Brunskära 퀼트 아래 Leksvik 침대에서 잠들 수 있다. 창업자인 Ingvar Kamprad는 독서장애가 있었는데, 코드나 번호보다는 제품 이름을 기억하는 것이 더 쉽다는 것을 믿었고, 그래서 노르웨이 도시명을 따라 침대 이름을 붙였고 꽃과 식물 이름을 따라 침대시트 이름을 붙였다. 그러한 전략은 명백히 성공하고 있는데, 왜냐하면 스웨덴 유통업체가 각 나라의 가구 시장의 5~15%를 차지하고 있기 때문이다.

IKEA는 글로벌 컬트 브랜드를 구축하는데 성공해왔다. 12년의 계획과 기업의 의도를 공표한 뒤 6년 후 2018년에 IKEA는 인도의 Hyderabad에 신설 점포 중 처음 점포를 오픈하였다. Hitec City에 13 에이커의 광대한 단지는 7,500 이상의 제품라인을 갖춘 전시장을 가지

>> IKEA 점포는 고객이 매장 전체를 경험하고 고객 동선을 따라 폭넓은 다양한 아이템을 접할 수 있도록 디자인된다.

Chih-Chung Johnny Chang/Alamy Stock Photo

고 있다. 오픈을 준비하는 기간에 IKEA에서 온 팀은 새로운 고객을 이해하기 위해 소득수준과 라이프스타일에 따라 1,000곳 이상 인도의 전형적인 가정을 방문했다. Hyderabad점은 2025년까지 인도 전역에 오픈될 25개 사이트 중의 첫 번째 점포이다. 다른 사이트는 Mumbai, Bengaluru, Delhi, Ahmedabad, Pune, 그리고 Chennai다. 2019년 IKEA는 Mumbai에 근거를 둔 인도 전자상거래 사이트를 론칭하려고 계획하고 있고, 그후 지역에서 이행, 배송, 조립 서비스와 함께 판매를 지원할 수 있는 도시들에서 전자상거래 사업을 확대할 것이다. IKEA는 오프닝 날에만 40,000명 이상의 고객이 점포를 방문하여 엄청난 히트인 것으로 보인다. IKEA는 이러한 성과를 유지하고 있는데, 지속적으로 가격할인을 하고 영업이익률은 10%를 달성하고 있는데, 이는 글로벌 홈 퍼니싱 시장에서 최고에 해당한다.

그러한 속도로 성장하기 위해, IKEA는 세계시장에 1년에 20개 점포를 점포당 평균 8천만 ~1억 달러의 비용으로 계속 오픈하고 있다. IKEA는 가장 빠르게 성장하는 3개 시장에서 업그레이드하고 있는데, 미국, 러시아, 그리고 중국 시장이다. 미국에서는 점포 수가 2005년 25개에서 2018년 48개로 증가하였다. IKEA는 크로아티아, 슬로베니아, 우크라이나와 같은 떠오르는 시장에도 투자하고 있다.

이러한 확장을 위한 핵심성공요인은 IKEA가 이끌어낸 강한 열정을 유지하는데 있다. 전 세계 소비자들을 통합하고 매료시키는 것은 점포 방문의 고객 경험인데, 이는 IKEA가 영업하고 있는 모든 나라에서

> IKEA의 성공은 낮은 가격의 홈 퍼니싱보다 훨씬 많은 것을 판매하고 있다는 점을 깊이 이해하는데서 나온다. 사람들에게 집에서 경제적으로 알맞은 생활을 할 수 있도록 도와주고 이에 기반하여 글로벌 문화현상과 컬트 브랜드로 성장하였다.

공통적이다. IKEA는 평균 300,000제곱 피트의 파란색과 노란색의 매장 건물에서 독특한 쇼핑 경험을 제공한다. 아이템의 총 개수도 주요한 장점이다. IKEA의 점포는 평균적으로 대부분의 도심에서 약 25마일 떨어져 입지하여 대지 비용과 세금을 낮춘다. IKEA를 고객에게 더 가까이 위치하게 하기 위해 점포 네트워크를 확장하겠다고 선언하였는데, 예를 들어 IKEA에 가장 중요한 나라 중의 하나인, 독일에서 2025년까지 20개의 점포를 건립하는 것을 목표로 한다. 추가적으로, 이 기업은 온라인 이니셔티브를 시작했는데, 소위 픽업(pick-up) 포인트를 설치하여, 고객들이 온라인으로 주문한 상품을 받을 수 있도록 하였다.

고객들에게, IKEA 매장에 방문하는 것은 단지 쇼핑이 아니라 흥미롭고 관심을 끄는 여정이고 이것이 브랜드의 강함과 고객 충성도의 증거이다. 많은 매장들이 몇 개의 창문들과 문들이 스웨덴의 국가 컬러인 밝은 노란색과 파란색으로 페인트 칠해져 있어 큰 박스를 닮은 모습이다. IKEA에서 쇼핑하는 것은 다른 유통업체의 그것과는 다른 경험이다. 각 매장은 고객을 가능한 오랫동안 머물러 있도록 한다. 먼저 고객들은 출입문 근처의 놀이방에 아이들을 둘 수 있어, 보다 편안한 쇼핑 경험을 장려한다. 매장 바닥은 일방 통행으로 가도록 디자인되어 있어서 고객은 표시된 통로를 따라 다른 쇼룸을 지나면서 매장 전체를 경험한다. 가구는 모든 부품이 조립되어 전시되어 있어서 고객들의 관심을 유발하여 지출을 증대시킨다. 통로를 따라서 전략적으로 배치된 아이템인 연필부터 사진 프레임까지 고객의 관심을 계속 끈다. IKEA가 매년 제품 라인의 1/3을 교체하여 쇼핑 경험은 계속해서 놀라움을 준다. 보통 매장 한가운데 고객들이 창고에 가기 전에 쉴 수 있는 식당이 있다. 창고에는 모든 큰 아이템들이 부품들로 납작하게 포장되어 있다.

IKEA는 그 브랜드가 표현하는 바의 명확한 포지셔닝을 창출하고 있다. 그것은 단지 가격이 착하고 스스로 조립하는 가구와 홈 퍼니싱 그 이상이라는 것이고, IKEA는 고객을 위하여 종합적인 라이프스타일 솔루션을 제공한다는 것이다. IKEA는 경쟁업체들과는 다르게 하는데, 제품의 적정한 가격을 결정하고 디자이너들에게 그 가격에 적합한 아름답게 디자인된 제품을 만들도록 요구한다.

그렇게 함으로써 IKEA는 원가 중심 경향을 강한 디자인 문화와 융합시킨다. 좋은 가성비뿐 아니라 뛰어난 디자인과 원재료 때문에 좀더 부유한 사람들도 IKEA에서 쇼핑한다.

더욱이, IKEA는 고객들을 잘 파악하고 제품을 맞춤형으로 만들어 사람들이 원하는 제품을 판매한다. 예를 들어, 닭의 해를 기념하기 위해 중국시장을 겨냥하여 25만 개의 플라스틱 커버를 생산하였는데, 불과 3주 만에 매진되었다. IKEA에서 쇼핑하는 모든 팬들에게 그 기업을 위한 무언가가 작동하는 것 같다. "IKEA Spirit"은 종업원들에게 서로를 돌보며 격려하도록 요청한다. IKEA 종업원들은 자율성을 즐기며, 계층 질서는 매우 적고 가족 문화를 즐긴다. 대신에 그들은 IKEA의 가치인 검소함과 디자인을 흡수한다. 이는 그 기업이 사용하는 소셜 미디어 플랫폼인 Facebook, Twitter, Instagram, 그리고 Pinterest에 의해 크게 지원된다. 이 기업은 지속적으로 프로모션, 할인, 독특한 무료 증정품, 이벤트, 뉴스를 포스팅하고 종업원들도 자신의 콘텐츠를 공유하기 위한 플랫폼으로 사용한다. 추가적으로 IKEA는 항상 팔로워들에게 반응을 잘하며 어떤 고객불만이든 이를 신속하게 보고한다. 그 결과, 컬트 같은 브랜드 이미지로 2,700만 Facebook 팬들, 미국 Instagram 계정에만 170만 명의 팔로워, 독일의 Pinterest 계정에 월 1,000만 명 이상이 방문한다. IKEA Group은 글로벌 컬트 브랜드를 성공적으로 구축하고 있을 뿐만 아니라, 계속 브랜드를 활용하여 성장하고 더 많은 팬들에게 집에서 알맞은 가격의 생활을 할 수 있도록 한다.[1]

IKEA 사례에서 볼 수 있듯이 고객관계를 창출하기 위해 마케터는 고객들과 연결시켜주는 제품과 브랜드를 개발·구축해야 한다. 본 장은 너무나 단순해 보이는 '제품이 무엇인가?'라는 질문으로부터 시작한다. 그런 다음 소비자 시장과 산업재 시장에서의 제품분류 방식을 설명한다. 그리고 개별제품, 제품라인 그리고 제품믹스와 관련하여 내려야 할 중요 의사결정에 대해 살펴본다. 다음으로 제품의 특별한 형태인 서비스의 특징과 이를 마케팅하기 위해 고려해야 할 점들에 대해 설명하고, 마지막으로 제품 및 서비스 브랜드를 구축·관리하는 문제에 대해 다룬다.

제품이란?

제품(product)은 시장의 욕구를 충족시킬 수 있기 때문에 주의, 획득, 사용 혹은 소비해야 할 대상물로 정의된다. 제품은 유형재(tangible object) 이상을 포함하는데, 광의의 제품은 유형재, 서비스, 이벤트, 사람, 장소, 조직, 아이디어 혹은 이들의 결합물 등을 포함한다. 따라서 Apple iPhone, Toyota Camry, Starbucks의 카페모카 등도 제품이지만, 라스베이거스 여행, Schwab 온라인 투자서비스, Facebook 페이지, 의사의 진단 등도 제품에 해당된다.

세계경제에서 차지하는 중요성 때문에 본 장은 제품의 한 형태인 서비스에 대해 자세히 살펴볼 것이다. **서비스**(services)는 무형적이고 어떤 것을 소유할 수 없는 특징을 가진 활동, 편익 혹은 만족을 말하는데, 은행, 호텔, 항공, 소매업, 무선통신 서비스, 집수리 등이 이에 해당된다. 이 장 후반부에서 서비스에 대해 조금 더 상세히 살펴볼 것이다.

제품(product)
시장의 욕구를 충족시킬 수 있기 때문에 주의, 획득, 사용, 혹은 소비 등을 목적으로 시장에 제공될 수 있는 대상물

서비스(service)
무형적이고 어떤 것을 물리적으로 소유할 수 없는 특징을 가진 활동, 편익, 혹은 만족

제품, 서비스 그리고 경험

제품은 시장제공물(market offering)의 핵심 구성요소이다. 마케팅믹스에 대한 계획수립은 목표 고객에게 가치 있는 제공물을 구성하는 것으로부터 시작되는데, 이는 수익성 있는 고객관계구축의 근간이 된다.

기업의 시장제공물은 유형재와 서비스 모두를 포함하는데, 각 요소는 전체 제공물 중에서 더 큰 비중을 차지하거나 상대적으로 적은 비중을 차지할 수 있다. 시장제공물의 극단적인 형태는 서비스가 제외된 순수한 유형재(pure tangible goods)로 구성된 것인데, 비누, 치약, 소금 등이 그 예이다. 또 다른 극단적인 시장제공물은 주로 서비스로 구성된 순수 서비스(pure services)인데, 의사의 진료, 금융서비스 등이 이에 해당된다. 이 양극단 사이에 유형재와 서비스의 구성 비율이 서로 다른 다양한 시장제공물이 존재한다.

오늘날 많은 제품과 서비스들이 표준화된 상품으로 변함에 따라 기업들은 고객가치를 창출하기 위해 새로운 시장제공물에 관심을 돌리고 있다. 제공물의 차별화를 위해 기업은 단순히 제품과 서비스를 전달하는 것에서 한 걸음 더 나아가 자사제품 혹은 회사와의 경험을 창출·관리하고 있다.

경험은 일부 기업에 있어 중요한 성공요소로 간주되어 왔는데, 가령 디즈니는 오랫동안 영화와 테마파크를 통해 잊을 수 없는 기억(경험)들을 생산해 왔다. Nike도 오래전에 '우리가 판매하는 것은 신발이 아니라 신발이 당신을 인도하는 장소이다'라고 주장했다. 그러나 최근 들어 모든 유형의 기업들이 경험을 창출하기 위해 전통적인 제품과 서비스를 재조명하고 있다. 예를 들면, Apple의 크게 성공적인 스토어는 단지 그 기업의 제품만을 판매하지 않는다. Apple 브랜드경험의 관심을 유발한다.[2]

>> **고객경험 창출하기:** Apple의 크게 성공적인 스토어는 단지 제품을 판매하지 않고 "기분 좋은 삶(life-feels-good)" 브랜드경험의 관심을 유발하고 있다.

Area 52 Advertising Inc/Getty Images

Apple의 스토어는 "기분 좋은 삶(life-feels-good)" 경험이 풍부한 매우 매력적인 장소이다. 점포 디자인은 깨끗하고 Apple iPad나 아주 가벼운 MacBook Air와 같은 스타일이 스며 나온다. 분주하게 움직이는 점포는 유통 점포보다는 커뮤니티 센터 같은 느낌으로, 많은 사람들이 제품을 시용해 보고 Apple에 관한 모든 것을 얘기한다. 그 점포는 확실히 많은 구매를 자극한다. 그러나 또한 머물러 있으면서 고객이 시용해 보도록 완전히 작동하는 Macs, iPads, 그리고 iPhones

이 가득한 테이블이 있고, 느긋한 수십 명의 종업원이 가까이 있어 고객의 질문에 답하고 고객의 모든 생각에 응대한다. Apple 스토어는 Genius Bar에서 전문가 기술지원을 제공하고 모든 스케줄의 워크 숍을 제공하여 어떤 경험 수준에 있는 고객이라도 Apple 디바이스에 대해 배우고 창조적인 면을 탐색할 수 있도록 한다. 당신이 단지 Apple 스토어를 방문하는 것이 아니고, 다른 어떤 가전업체도 대등하지 못할 정도로 경험할 수 있다. 어떤 Apple 유통 담당 임원은 "스토어에 걸어 들어갈 때 판매되기를 원하지 않는다. 판매하지 말라! 왜냐하면 그것은 중단시키는 것이다. 놀라운 브랜드경험을 구축하고, 그러고 나면 매출은 자연적으로 일어날 것이다."라고 설명한다.

제품 및 서비스의 수준

가장 기본적인 수준에서 기업은 다음과 같이 자문한다. "고객이 진정으로 구매하는 것은 무엇인가?" 가령 Apple iPad를 구매하는 사람은 태블릿 컴퓨터 그 이상을 구매한다. 그들은 오락, 자기표현, 생산성, 연결성 즉, 이동하면서 이 세상과 개인적으로 연결되는 창구를 구매하고 있다.

확장제품

실제제품

배달 및 신용공여 브랜드명 판매 후 서비스

품질수준 **핵심고객가치** 제품 특성 디자인

설치 패키징 보증

》》 그림 7.1 제품의 세 가지 수준

제품 기획자는 세 가지 수준에서 제품과 서비스를 생각할 필요가 있다(그림 7.1 참조). 각 수준은 부가적인 고객가치를 창출한다. 가장 기본적인 수준은 핵심편익(core benefit)인데, 이는 구매자가 진정으로 구매하려는 것을 말한다. 제품을 설계함에 있어 마케터들은 먼저 소비자들이 추구하는 핵심적인 문제해결 편익들이나 서비스들이 무엇인지를 정의해야 한다. 립스틱을 구매하는 여성들은 입술의 색깔 그 이상을 구매한다. 일찍이 이를 간파한 Revlon 화장품의 Charles Revson은 "공장에서 만드는 것은 화장품이지만 점포에서 판매하는 것은 희망이다."라고 말했다. 그리고 Harley-Davidson 모터사이클을 구매하는 사람들은 단지 A에서 B로 이동하는 기계보다 훨씬 더 많은 것을 구매한다.[3]

두 번째 수준에서 제품기획자는 핵심편익을 실제 제품(actual product)으로 전환시키는데, 이를 위해 제품 및 서비스의 특징, 디자인, 품질수준, 브랜드명, 그리고 패키징 등의 개발이 필요하다. 예를 들면, Harley-Davidson 모터사이클은 실제 제품이다. 브랜드네임, 스타일링, 주요 기능, 사운드, 부품, 그리고 다른 속성들은 모두 주의 깊게 결합되어 자유와 독립성이라는 핵심 고객가치를 제공한다.

마지막으로 제품기획자는 핵심편익과 실제 제품을 지원하는 추가적인 소비자 서비스와 편익들을 제공함으로써 확장제품을 구축한다.

따라서 소비자들이 Harley를 구매할 때, Harley-Davidson과 딜러들은 구매자들에게 부품과 세공에 대한 품질보증, 필요할 때 신속한 수리 서비스, 액세서리로 가득 찬 쇼룸, 고객들이 문제나 질문이 있으면 사용할 웹과 모바일 사이트를 제시한다. Harley Owners Group(H.O.G.)은 도로변 지원, H.O.G. 집회와 다른 이벤트, H.O.G 뉴스, 신제품 정보, 라이딩 스토리 등으로 채워진 HOG Magazine의 정규 호와 같은 추가적인 혜택을 제공한다.

소비자들은 제품을 자신의 욕구를 충족시키는 편익들의 묶음으로 간주한다. 따라서 제품을 개발함에 있어 마케터들은 먼저 제품에 의해 만족될 핵심 소비자 가치를 파악해야 한다. 다음으로 가장 높은 만족도를 가진 고객경험을 제공할 편익들의 묶음을 제공하기 위해 실제 제품을 설계하고 이를 확장시킬 방법들을 강구해야 한다.

Harley 핵심 열정 고객의 헬멧과 가죽을 제거하면 그의 정체를 말하기 어렵다. 그는 문신이 있고 무질서한 머리의 남성이거나 CEO, 투자은행가, 또는 미식가 셰프일 수도 있다. 평균적인 Harley 고객은 50

대 남성으로 중위 소득이 87,000달러이다. Harley 구매 고객의 12% 이상이 여성이다. "Harley는 모든 인생의 모습들을 보여 준다."라고 Harley의 마케팅 최고책임자는 말한다. "당신은 신경외과 의사가 수위와 담소를 나누고 Harley도 함께 탄다. 한 가족이다." 그러나 그들이 누구이든지, Harley-Davidson 사도들은 브랜드의 깊은 매력을 공통적으로 공유하고 있다. 핵심적인 Harley 어필은 자유, 독립성, 파워, 그리고 진정성이다. Harley-Davidson은 단지 모터사이클만을 판매하지 않는다. 자아표현, 라이프스타일, 열망, 그리고 꿈을 판매한다. Harley는 당신의 정신을 새롭게 하고 자유와 독립성을 선포한다. "Harley는 경험의 본질이다."라고 분석가는 말한다. "헤비메탈과 자유로운 삶을 살고 Route 66 도로에 바퀴가 마모되며 연마되어 만들어지는 경험이다. 중년의 회계사에게 장식 단추가 달린 검은색 가죽재킷을 입고 잠시 차변과 대변을 잊도록 해주는 경험이다."

▶▶ **핵심 제품:** Harley-Davidson을 구매하는 사람들은 모터사이클 그 이상을 구매한다. 그들은 자아표현, 라이프스타일, 열망, 그리고 꿈을 구매하는 것이다.

Scott Olson/Getty Images NEWS/Getty Images

제품과 서비스의 분류

제품과 서비스는 이들을 사용하는 소비자들의 유형에 따라 크게 소비용품과 산업용품으로 분류된다. 광의의 개념에서 보면 제품은 경험, 조직, 사람, 장소, 아이디어 등 마케팅 활동이 이루어지는 모든 대상물을 포함한다.

표 7.1	소비용품 유형별 마케팅 고려요인			
	소비용품의 유형			
마케팅 고려요인	편의품	선매품	전문품	미탐색품
고객 구매행동	빈번한 구매, 구매계획을 하지 않음, 대안비교노력 혹은 쇼핑노력을 기울이지 않음, 고객의 관여수준이 낮음	덜 자주 구매됨, 상당한 구매계획 및 쇼핑노력을 기울임, 가격, 품질, 스타일 등에 근거하여 브랜드 대안들을 비교함	강한 브랜드 선호도와 충성도, 특별한 구매노력, 브랜드 대안 간 비교가 이루어지지 않음, 가격민감도가 낮음	제품에 대한 인지도와 지식이 별로 없음
가격	저가격	고가격	고가격	다양함
유통	광범위한 유통, 편리한 점포 위치	비교적 소수의 소매점들을 통한 선별적 유통	판매지역별로 하나 혹은 몇 개의 점포들에 의한 전속적 유통	다양함
촉진	제조업체에 의한 대량촉진	제조업체와 유통업체에 의한 광고와 인적 판매	제조업체와 유통업체에 의해 특정 고객층을 겨냥해 신중하게 수행되는 촉진활동	제조업체와 유통업체에 의한 적극적인 광고와 인적판매
예	치약, 잡지, 세탁세제	주요 내구재, TV, 가구, 의류	롤렉스 시계, 고급 크리스털 제품 등의 사치품	생명보험, 적십자 헌혈

소비용품

소비용품(consumer product)
최종소비자가 개인적으로 소비하기 위해 구매하는 제품과 서비스

편의품(convenience product)
대체로 자주, 즉각적으로, 그리고 최소한의 대안비교 및 구매노력으로 구매되는 소비용품

선매품(shopping product)
구매하는 과정에서 각 대안의 욕구충족정도(suitability), 품질, 가격, 스타일 등을 비교하는 특징을 가진 소비용품

전문품(specialty product)
독특한 특징 혹은 브랜드 정체성을 갖고 있어 상당한 구매노력을 기꺼이 감수하려는 특징을 가진 소비용품

미탐색품(unsought product)
소비자가 그 존재를 알지 못하거나 혹은 알고 있더라도 통상적으로 구매하려는 생각을 갖지 않는 소비용품

소비용품(consumer products)은 최종소비자가 개인적으로 소비하기 위해 구매하는 제품과 서비스를 말한다. 소비용품은 소비자들이 제품과 서비스를 구매하기 위해 보이는 행동적 특징에 따라 다시 편의품, 선매품, 전문품, 그리고 미탐색품으로 분류된다. 각 제품유형은 소비자들이 이를 구매하는 방식과 기업들이 이를 마케팅하는 방법에서 차이를 보인다(표 7.1 참조).

편의품(convenience products)은 대체로 자주, 즉각적으로, 그리고 최소한의 대안비교 및 구매노력으로 구매되는 제품과 서비스를 말하는데, 비누, 캔디, 신문, 패스트푸드 등이 이에 해당된다. 편의품은 통상 저가격으로 판매되며, 고객이 필요로 할 때 쉽게 이용할 수 있도록 여러 입지에서 취급된다.

선매품(shopping products)은 비교적 가끔 구매되는 제품과 서비스로써, 고객들은 이를 구매하는 과정에서 각 대안의 욕구충족정도(suitability), 품질, 가격, 스타일 등을 신중하게 비교한다. 소비자들은 선매품의 구매과정에서 정보수집과 대안들 간의 비교에 상당한 시간과 노력을 투입하는데, 가구, 의류, 중고차, 주요 내구재, 호텔 및 항공 서비스 등이 선매품의 예에 해당된다. 선매품은 대체로 선별된 소수의 유통점에서 취급되며 고객들이 대안을 비교하는 과정을 돕기 위해 충분한 판매지원을 제공한다.

전문품(specialty products)은 독특한 특징 혹은 브랜드 정체성을 갖고 있는 제품과 서비스로써, 이의 구매를 위해 상당한 노력을 기꺼이 감수하려는 일정 수의 구매자 집단을 갖는다. 특정의 승용차 모델, 고가의 사진기, 디자이너 의류, 의료 및 법률자문 서비스 등이 전문품의 예이다. 가령 Lamborghini 승용차는 전문품의 예인데, 구매자는 이 모델을 구매하기 위해 기꺼이 먼 거리까지 여행을 하려고 한다. 전문품을 구매하는 소비자들은 대안들을 서로 비교하지 않으며, 그들이 원하는 제품을 취급하는 딜러를 찾는 데에만 시간을 투자한다.

미탐색품(unsought products)은 소비자들이 이의 존재를 알지 못하거나 혹은 알고 있더라도 통상적으로 이를 구매하려는 생각을 갖지 않는 소비용품이다. 대부분의 새로운 혁신제품들은 소비자들이 광고를 통해 이의 존재를 인지하기 전까지는 미탐색품에 해당된다. 존재를 알고 있지만 일상적으로 구매를 고려하지 않는 제품과 서비스의 전형적 예가 생명보험, 미래를 대비한 장례서비스, 헌혈 등이다. 그 성격상 탐색품은 상당한 광고, 인적 판매, 기타 마케팅노력이 요구된다.

산업용품

산업용품(industrial product)
추가적인 가공을 하기 위해 혹은 사업상의 용도로 개인과 조직체에 의해 구매되는 제품

산업용품(industrial products)은 추가적인 가공을 하기 위해 혹은 사업상의 용도로 구매되는 제품과 서비스이다. 따라서 소비용품과 산업용품의 구분은 제품의 구매목적에 근거한다. 만약 소비자가 집에서 사용하기 위해 잔디깎이를 구매한다면 그 제품은 소비용품이다. 이에 반해 그 소비자가 정원 가꾸기 사업을 위해 이를 구매한다면, 잔디깎기는 산업용품이 된다.

산업용품은 크게 세 그룹으로 원자재 및 부품, 자본재, 소모용품 및 비즈니스 서비스로 나뉜다. 원자재 및 부품(materials and parts)은 원재료, 가공재, 그리고 부품 등을 포함한다. 원재료는 농산품(밀, 과일, 야채 등)과 천연제품(생선, 목화, 원목, 원유, 철광석 등)으로 구성되며, 가공재와 부품은 철, 원사, 시멘트와 같은 원자재와 소형모터, 타

이어 등과 같은 부속품 등을 포함한다. 대부분의 가공재와 부품은 산업용품 사용자들에게 직접 판매된다. 가격과 서비스가 주요 마케팅도구이며 브랜딩과 광고는 상대적으로 덜 중요하다.

자본재(capital items)는 구매자의 제품생산에 도움을 주는 산업용품인데, 설비와 부속장비 등이 이에 해당된다. 설비는 공장, 사무실 등과 같은 건물과 발전기, 드릴용 프레스(drill presses), 대형 컴퓨터, 엘리베이터 등의 고정설비로 구성된다. 부속장비는 이동용 생산장비 및 생산도구(가령 작업공구와 리프트 트럭 등)와 컴퓨터, 팩스, 책상 등의 사무용 설비 등을 포함한다. 이들은 설비에 비해 제품수명이 짧으며 단순히 생산과정에 도움을 준다.

한편 소모용품과 서비스는(supplies and services) 업무용 소모용품(윤활유, 석탄, 종이, 연필)과 수선/유지용 소모용품(페인트, 나사 등)을 포함한다. 소모용품은 편의품의 성격을 띠는 산업용품으로, 대체로 최소한의 구매노력 혹은 대안비교에 의해 구매된다. 비즈니스 서비스는 유지/수선 서비스(창문청소, 컴퓨터 수리 등)와 경영자문 서비스(법적 자문, 경영컨설팅, 광고 등) 등을 포함하는데, 대체로 계약에 의해 제공된다.

조직, 사람, 장소, 그리고 아이디어

최근 들어 마케터들은 제품의 개념을 확대하여, 유형제품과 서비스뿐 아니라 조직, 사람, 장소, 아이디어 등의 다양한 시장제공물들을 제품에 포함시켜 왔다.

많은 경우 조직은 조직 그 자체를 판매하기 위한 활동을 수행한다. 조직 마케팅(organization marketing)은 목표소비자들의 조직에 대한 태도와 행동을 창출·유지·변경하기 위해 수행되는 활동들로 구성된다. 영리조직과 비영리조직 모두가 조직 마케팅을 실행한다. 영리기업들은 자신들의 이미지를 좋게 만들고 다양한 공중들에게 자신을 마케팅하기 위해 공중관계 활동 혹은 기업이미지 마케팅캠페인을 후원한다. 예를 들어, GE가 오랜기간 집행한 'Imagination at Work'캠페인은 자신들이 개발한 창의적인 제품과 기술이 세상을 변화시킨다고 홍보한다.

'Childlike Imagination' TV광고에서는 제트엔진, 디젤기관차, 풍력터빈, 의료용 진단기기 같은 GE제품들을 GE에서 근무하는 엄마를 가진 어린 소녀의 시각에서 바라봄으로써 활기를 불어넣고 있다. 'GE는 세상을 건설하고, 전원을 공급하고, 움직이게 하고, 치료하고 있다. 상상에 그치는 것이 아니라 실제로 실행에 옮기고 있다.'고 회사는 말한다.[4]

사람 마케팅은 특정한 사람들에 대한 태도나 행동을 창출하거나 유지하거나 변화시키기 위해 수행되는 행동으로 구성된다. 회장, 연예인, 그리고 스포츠 스타부터 의사, 변호사, 건축가와 같은 전문가에 이르는 사람들은 사람 마케팅을 사용하여 자신들의 명성을 쌓아간다. 그리고 기업들과 자선단체와 다른 조직들은 잘 알려진 사람들을 이용하여 자신들의 상품이나 대의명분을 홍보하도록 돕게 한다. 예를 들면, Nike는 거의 모든 전 세계 스포츠 스타들 – 테니스 스타 Maria Sharapova와 Rodger Federer, 축구 슈퍼스타인 Cristiano Ronaldo와 Neymar, 그리고 과거와 현재의 NBA 올스타인 Michael Jordan, LeBron James, 그리고 Kevin Durant – 과 광고 계약에 매년 거의 100억 달러를 지출한다.[5]

장소 마케팅(place marketing)은 특정 장소에 대한 태도 혹은 행동을 창출·유지하

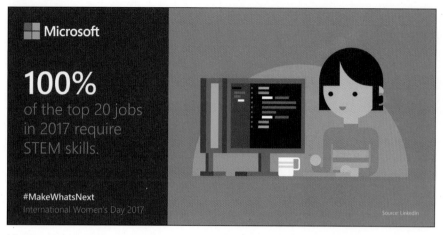

거나 변화시키기 위해 취하는 활동들을 말한다. 도시, 주, 지역, 국가 등은 관광객, 새로운 거주자, 컨벤션, 사무실, 공장 등을 유인하기 위해 서로 경쟁한다. 예를 들면, Detroit 시의 웹사이트는 Detroit를 '미국인의 위대한 재방문 도시'라고 찬양하고 맛집, 인기 있는 활동, 참가할 만한 이벤트를 홍보한다. 호주관광청은 '호주만한 곳은 없다.'고 광고하고 웹사이트와 스마트폰 앱을 제공한다. 웹사이트와 스마트폰은 동영상, 휴가, 아이디어, 목적지, 정보 그리고 여행객들이 호주관광을 계획하는데 필요한 모든 정보를 제공한다.[6]

▶▶ 아이디어 마케팅: Microsoft의 "다음의 것을 만든다(Make What's Next)." 캠페인은 소녀들을 격려하여 기술과 과학 분야에 들어오도록 격려하는 아이디어를 제안하고 이를 지원한다.
Microsoft

아이디어 역시 마케팅의 대상이 될 수 있다. 어떻게 보면 모든 마케팅이 아이디어에 대한 마케팅일 수 있다. 마케팅의 대상이 양치질의 중요성을 알리는 일반적인 아이디어든 혹은 Crest 치약이 일상생활에서 미소를 만들어준다는 구체적 아이디어든 상관없이 말이다. 이러한 영역은 사회적 마케팅이라고 불리고, 전통적인 기업 마케팅 개념과 도구를 사용하여 개인과 사회복지를 창출하는 행동을 격려하는 것으로 이루어진다.

많은 기업들은 자신들이 믿고 있는 신념을 지원하기 위해 사회적 마케팅에 관심을 갖는다. Microsoft의 "다음의 것을 만든다(Make What's Next)." 캠페인은 소녀들을 격려하여 기술과 과학 분야에 들어오게 한다. 그 기업은 영감을 주는 광고와 소셜 미디어와 이벤트, 그리고 정성을 들인 웹사이트로 그 프로그램을 홍보한다. 그 웹사이트는 또한 전문가 네트워킹 사이트인 LinkedIn의 동력을 갖춘 Career Explorer라는 경험 도구를 제공하는데, 소녀들에게 특정 영역에서 자신의 열정과 기능을 추구하는 방법을 보여준다. "우리가 소녀들에게 과학, 기술, 공학과 수학(STEM)을 추구하도록 격려할 때, 문제를 해결하는 잠재력을 배로 증가시킨다. 만약 어느 소녀가 STEM에 머무르면 그녀는 세상을 바꾸는 바로 그 사람이 될 수 있을 것이다."라고 Microsoft는 말한다.[7]

사회적 마케팅(social marketing)
사회구성원의 복리와 사회전체의 복지를 향상시키기 위해 개인의 행동에 영향을 미칠 의도로 설계된 프로그램에 상업분야의 마케팅 개념과 도구를 활용하는 것

사회적 마케팅 프로그램은 다양한 이슈를 다룬다. 가령 미국 광고협의회는 건강예방, 교육, 환경의 지속가능성, 인권, 사생활안전 등의 사회적 이슈와 관련하여 수십 개의 사회적 광고 캠페인을 개발했다. 그러나 사회적 마케팅은 단순히 광고캠페인을 전개하는 것에 국한되는 것은 아니다. 이는 긍정적인 사회적 변화를 일으키는데 필요한 마케팅전략과 마케팅믹스 도구를 사용한다.[8]

저자 코멘트
앞에서 제품이 무엇인지에 대해 설명했다. 이제부터 제품과 서비스를 설계하고 마케팅할 때 기업이 내려야 할 구체적인 의사결정에 대해 살펴본다.

제품 및 서비스에 대한 의사결정

제품 및 서비스에 대한 의사결정은 세 가지 수준에서 이루어지는데, 개별 제품에 대한 의사결정, 제품라인에 대한 의사결정, 그리고 제품믹스에 대한 의사결정이 이에 해당된다. 이하에서는 각각의 의사결정에 대해 살펴보기로 한다.

개별 제품 및 서비스에 대한 의사결정

그림 7.2는 개별 제품 및 서비스를 개발하고 마케팅하는 과정에서 내려야 할 주요 의사결정들을 보여준다. 이하에서는 제품속성, 브랜딩, 패키징, 레이블링, 제품지원서비스에 대한 의사결정에 대해 자세히 설명하기로 한다.

>> **그림 7.2** 개별제품에 대한 의사결정

> 그림 7.1을 기억하기 바란다. 모든 제품 의사결정의 초점은 핵심고객가치를 창출하는 것이다.

제품속성 ➡ 브랜딩 ➡ 패키징 ➡ 레이블링 ➡ 제품지원서비스

제품 및 서비스 속성

제품 혹은 서비스의 개발은 그것이 제공할 소비자편익을 정의하는 것을 포함하는데, 정의된 편익(benefits)은 품질, 특징, 스타일, 디자인 등의 제품속성에 의해 커뮤니케이션되고 전달된다.

제품품질　제품품질(product quality)은 마케터가 제품 포지셔닝에 이용하는 주요 도구이다. 품질은 제품/서비스 성과에 직접적인 영향을 준다. 즉 이는 고객가치와 고객만족에 밀접하게 연결되어 있다. 좁은 의미로 보면 품질은 결점이 없는 정도로 정의될 수 있다. 그러나 대부분의 고객중심적 기업들은 품질의 의미를 좁게 보지 않으며, 이를 고객가치와 고객만족을 창출하는 것으로 본다. The American Society for Quality는 품질을 표현된 혹은 암시적인 고객욕구를 충족시키는 능력을 가진 제품 혹은 서비스 특성들로 정의한다. Siemens사도 이와 유사한 정의를 내리고 있는데, 이 회사는 "품질은 우리 고객들이 다시 찾아오도록 하는 것이고 우리 제품이 되돌아오지(반품되지) 않도록 하는 것"이라고 말한다.[9]

　전사적 품질관리(Total Quality Management, TQM)는 기업의 모든 구성원들이 제품, 서비스, 비즈니스 프로세스의 품질을 끊임없이 향상시키려는 노력이다. 대부분의 선도기업에 있어 고객지향적 품질은 사업수행의 기본이 되어 왔다. 오늘날 기업들은 품질수익률의 개념을 도입하고 있는데, 이는 품질을 투자로 보고 제품품질을 유지하기 위한 지속적 노력을 주요 성과지표로 간주하는 것이다.

　제품품질은 품질수준과 품질의 일관성이라는 두 개의 차원으로 나눌 수 있다. 제품개발과정에서 마케터는 먼저 제품 포지셔닝을 지원해줄 품질수준을 선택해야 하는데, 여기서 품질수준이란 제품이 그 기능을 제대로 수행할 능력, 즉 성능품질(performance quality)을 의미한다. 예를 들어, Rolls-Royce 승용차는 Chevrolet보다 더 우수한 성능품질을 제공하는데, 이 승용차 브랜드는 더 부드러운 운전, 더 나은 승차감, 더 높은 내구성 등을 제공한다. 그러나 가능한 한 최고의 성능품질수준을 제공하려고 하는 기업들은 별로 많지 않다. 그 이유는 소수의 고객들만이 Rolls-Royce 승용차, Viking 레인지, Rolex 시계 등과 같이 매우 높은 수준의 품질을 제공하는 제품들을 원하거나 혹은 이를 구매할 여력이 있기 때문이다. 그러므로 기업들은 목표시장의 욕구와 경쟁제품의 품질수준에 부합되는 품질수준을 선택한다.

제품품질(product quality)
표현된 혹은 암묵적인 고객욕구를 충족시키는 능력을 가진 제품 혹은 서비스 특성

높은 제품품질은 높은 품질수준뿐 아니라 높은 품질 일관성도 포함한다. 즉 제품품질은 결점(제품불량)이 없는 것과 목표로 삼은 성능수준을 일관되게 전달하는 것 모두를 포함하는 품질 일치성(conformance quality)을 의미한다. 모든 기업은 높은 수준의 품질 일치성을 갖도록 노력해야 한다. 이런 의미에서 보면 Chevrolet 승용차는 Rolls-Royce와 대등한 품질을 가진 것으로 볼 수 있다. Chevy가 Rolls-Royce만큼 우수한 성능을 갖고 있지는 않지만, 고객들이 지불하는 가격과 그들의 기대에 상응하는 품질을 일관성 있게 전달할 수 있다.

유사하게 가장 빠르게 성장하는 중저가 호텔체인 Americas Best Value Inn은 Ritz-Carlton의 고급스러운 경험을 제공하려고 하지 않는다. 그러나, 그 호텔은 "가격대비 최고의 가치(The Best Bang for Your Buck)"를 고객에게 제공하겠다는 약속을 한다. 이 체인의 지역 소유주가 운영하는 호텔에서 일관성 있게 "정직한 숙박과 신뢰할 수 있는 서비스를 제공한다." 어느 만족한 고객이 "가격대비 훌륭하다! 우리는 두 마리 개와 함께 5박 동안 머물렀다. 부가적인 서비스는 없었지만 청결하고 안락한 객실에 요금도 매우 좋았다. 프런트 데스크 매니저들은 매우 친절하고 실제적이었다. 이보다 더 좋은 서비스를 요구할 수 없었다!"라고 확인해 주었다. 고객 품질기대를 지속적으로 충족하고 능가함으로써 Americas Best Value Inn은 최근 미국 중저가 호텔 중 가장 높은 고객만족도로 J.D. Power Award를 수상하였다. 그 호텔은 "좋은 숙박 서비스는 어떤 복잡한 공식을 요구하지 않는다."라고 말한다. "우리는 안락한 잠자리, 매일 무료 아침식사, 그리고 멋진 다음 날을 약속하는데 집중한다."[10]

제품특성 제품은 다양한 특성을 제공할 수 있다. 제품은 기본모델에서 시작하여 더 많은 특성들을 추가한 고급모델을 제공할 수 있다. 특성은 자사제품을 경쟁사의 것과 차별화시키기 위한 경쟁도구인데, 가치 있는 새 특성을 처음으로 도입한 제조업체가 되는 것은 가장 효과적인 경쟁방식의 하나이다.

기업이 새로운 특성들을 파악하고 이들 중 어느 것을 제품에 추가해야 할지를 결정하기 위해 어떤 노력을 기울여야 할까? 기업은 정기적으로 제품을 사용해본 구매자들을 대상으로 서베이를 실시하여, "어떻게 그 제품을 좋아하게 되었고, 가장 좋아하는 제품특성들은 무엇이고, 제품을 향상시키기 위해 어떤 특징들이 추가되어야 하는지" 등을 조사해야 한다. 이러한 질문에 대한 구매자들의 응답은 기업에 제품특성(product features)에 대한 풍부한 아이디어를 제공한다. 기업은 각 특성이 고객에게 주는 가치와 기업에 발생시키는 비용을 비교평가할 수 있는데, 비용대비 고객이 높은 가치를 부여하는 특성들을 제품에 추가해야 한다.

제품 스타일과 디자인 고객가치를 추가하는 또 다른 방법의 하나는 독특한 제품 스타일과 디자인을 활용하는 것이다. 디자인은 스타일보다 더 넓은 개념이다. 스타일은 단순히 제품의 외양을 서술하는 것이다. 제품은 소비자의 눈을 끌거나 혹은 단조로움을 유발하는 스타일을 가질 수 있다. 화제를 불러일으키는 스타일은 사람들의 주의를 끌고 미적 즐거움을 줄 수 있지만, 제품성능을 더 우수하게 만드는데 기여하지 않을 수 있다. 스타일과 달리 디자인은 제품의 외관과 성능을 포함시키는 개념으로써, 좋은 디자인은 제품의 외관과 제품의 유용성 모두에 기여한다.

좋은 디자인은 새로운 아이디어를 얻기 위한 브레인스토밍과 제품모형 만들기로부터 출발하는 것이 아니라 고객을 관찰하고 그들의 욕구를 깊이 있게 이해하고, 고객의 제품 사용경험을 형성하는 일로부터 시작된다. 제품디자이너는 제품속성과 기술적 명세보다는 고객이 제품을 어떻게 사용하고 어떤 편익을 얻게 될 것인지에 대해 더 많이 생각해야 한다. 예를 들어, Sonos는 소비자 욕구에 기반한 현명한 디자인을 활용해 인터넷에 의해 작동이 가능한 무선 스피커시스템을 개발했는데, 이 제품은 사용하기 쉽고 집안 전체를 멋있는 사운드로 가득 채운다.[11]

과거, 가정용 오락 혹은 사운드 시스템을 설치하는 것은 벽, 마루, 천장을 거치는 연결선을 필요로 했는데, 이는 집안을 지저분하게 만들고 많은 비용을 발생시켰다. 그리고 당신이 이동할 때, 그것을 함께 가져갈 수 없었다.

Sonos는 홈 오디오 및 영화관 시스템을 디지털 시대에 맞추어 새로운 차원의 제품으로 만들었다. 이 혁신적 기업은 무선 스피커시스템을 개발했는데, 이 제품은 멋있고, 설치하기 쉽고, 사용하기 쉬우며, 변화를 주고 싶은 욕구를 충족시킬 수 있도록 옮기기도 쉽다. 당신은 멋있는 디자인을 가진 다양한 Sonos 스피커를 통해 실내 어느 곳에서든 스마트폰 앱을 이용해 고품질의 사운드를 즐길 수 있다. 멋있는 디자인 덕택으로 Sonos는 높은 경영성과를 거두었다. 2002년 창립된 지 단 2년만에 회사 매출이 거의 3배로 늘어나 연 10억 달러 정도에 이르렀다.

브랜딩

전문성을 가진 마케터들이 보유한 두드러진 기술 중 하나가 브랜드를 구축·관리하는 능력이다. **브랜드**(brand)는 제품 혹은 서비스의 제조업자나 판매업자가 누구인지를 파악할 수 있게 하는 이름, 용어, 사인, 심벌, 디자인 혹은 이들의 결합을 말한다. 소비자들은 브랜드를, 제품을 구성하는 중요한 부분으로 간주하며, 브랜딩은 제품에다 가치를 부가할 수 있다. 고객들은 브랜드에 의미를 부여하고 브랜드관계를 개발한다. 브랜드는 제품의 물리적 속성 그 이상의 의미를 갖는다. 다음 이야기를 생각해 보자.[12]

브랜드(brand)
제품 혹은 서비스의 제조업체나 판매업자가 누구인지를 파악할 수 있게 하는 이름, 용어, 사인, 심벌, 디자인 혹은 이들의 결합

1월 어느 화요일 저녁, 세계적으로 유명한 바이올린 연주자 Joshua Bell은 위엄 있는 Boston Symphony Hall에서 좌석당 평균 100달러의 관람료를 지불한 만원의 관중 앞에서 연주를 했다. Joshua Bell 브랜드의 강력한 힘을 기반으로 이 재능이 출중한 연주자는 전 세계 연주여행에서 항상 만원의 청중 앞에서 공연했다. 그러나 공연이 있은 지 3일 후 Washington Post가 실시한 사회적 실험의 일환으로 Bell은 진 바지와 T셔츠를 입고 Washington Nationals 프로야구단 모자를 쓰고 Washington, D.C. 지하철역에서 길거리 공연을 하게 되었다. 아침 통근자들로 붐비는 지하철역에서 Bell은 400만 달러짜리 Stradivarius 바이올린을 꺼내 Boston에서 연주했던 것과 동일한 클래식 음악을 연주했다. 45분의 연주가 이루어지는 동안 1,100명 정도의 통행자가 그 곳을 지났지만 극소수만이 걸음을 멈추고 연주를 감상했다. Bell이 길거리 연주에서 번 돈은 고작 32달러에 불과했다. 그 누구도 무명의 Bell을 알아보지 못했고 극소수의 통행자만이 그의 연주를 들었을 뿐이다. 강력한 브랜드가 무엇인지에 대해 이 사례가 시사하는 바는 무엇인가?

브랜딩의 힘은 매우 강력하여 브랜드가 없는 제품을 생각하기란 어렵다. 소금은 브랜드가 부착된 패키지로 판매되며 볼트와 너트 등의 제품도 유통업체의 이름을 붙여 판

매된다. 자동차 부품들(점화 플러그, 타이어, 필터 등)도 승용차 제조업체 브랜드와 다른 별도의 브랜드를 갖고 있다. 뿐만 아니라 과일, 채소, 축산제품들도 브랜드화되는데, Cuties mandarin 오렌지, Dole Classic 샐러드, Wonderful Pistachios, Perdue 치킨, Eggland의 계란, Avocados From Mexico 등이 그 예이다.

브랜딩은 구매자들에게 여러 측면에서 도움을 준다. 브랜드명은 구매자들에게 자신이 원하는 편익을 제공할 제품들을 파악하는데 도움을 준다. 또한 브랜드는 제품품질의 수준과 일관성에 관한 정보를 제공하는데, 동일한 브랜드를 구매하는 소비자들은 구매할 때마다 동일한 특징, 편익, 품질을 얻게 됨을 안다. 브랜딩은 판매업자들에게도 이점을 제공한다. 브랜드명은 제품특유의 품질과 관련된 스토리를 담을 수 있는 도구가 된다. 판매업자의 브랜드명과 트레이드마크는 법적 보호를 받아 경쟁자들이 자사의 독특한 제품특징을 모방할 수 없게 만든다. 브랜딩은 시장을 세분화하는데 도움을 주기도 한다. 예를 들어, Toyota 자동차는 모든 소비자를 대상으로 하나의 제품만을 판매하는 것이 아니라, Lexus, Toyota, Scion 등의 주요 브랜드뿐 아니라 각 브랜드 내에서 Avalon, Camry, Corolla, Prius, Matrix, Yaris, Tundra, Land Cruiser 등의 다양한 서브 브랜드들을 제공한다.

>> 브랜딩은 매우 강력하여 오늘날 브랜드 없는 상품은 거의 없다. Avocados From Mexico 브랜드는 이제 미국 전체 아보카도 매출의 거의 80%를 차지하고 있다.
Avocados From Mexico

마지막으로 브랜드명은 제품의 특별한 품질에 관한 스토리를 담을 수 있는 토대가 된다.

예를 들면, 비영리조직인 Avocados From Mexico는 멕시코 아보카도 생산자와 포장업체 그리고 미국 수입업체와 포장업체를 대표한다. 이 조직의 목표는 미국 소비자들에게 아보카도는 필수적인 스낵("No Guac. No Game!")이라는 점을 설득시키는 것이다. 추가적으로 이 조직은 소비자로 하여금 Avocados From Mexico 브랜드가 좋은 시간, 좋은 음식, 그리고 좋은 건강을 만들어 주는 훌륭한 아보카도를 대표한다는 점을 알기를 원한다. 이 브랜드를 홍보하기 위해 이 조직은 4년 연속 Super Bowl에서 많은 예산의 광고를 포함하여 연간 광고비로 2천만 달러를 지출한다. 지난해 Super Bowl 동안 Avocados From Mexico는 Instagram과 Twitter에서 가장 많이 언급되는 광고주였고 #Guacworld는 가장 많이 사용된 해시태그였다. 그러한 브랜드 구축의 결과로써, 미국 아보카도 매출은 지난 몇 년간 두 자리 수의 성장률을 기록했으며 Avocados From Mexico 브랜드는 이제 미국 전체 아보카도 매출의 거의 80%를 차지하고 있다.[13] 이 장의 뒤에서 브랜드전략을 더 자세하게 살펴본다.

패키징

패키징(packaging)은 제품을 담는 용기나 포장재를 디자인·생산하는 것이다. 전통적으로 패키지의 주 기능은 제품을 고정·보호하는 것이었다. 그러나 최근 들어 여러 요인들

패키징(packaging)
제품을 담는 용기나 포장재를 디자인·생산하는 활동

로 인해 패키징은 중요한 마케팅도구로 부상되었다. 경쟁의 격화와 소매점 진열대에 진열된 수많은 경쟁브랜드들로 인한 주의분산 등으로 인해 패키징은 고객의 주의유발, 제품의 설명, 판매유도 등과 같은 판매기능들을 수행해야 한다. "모든 소비자가 브랜드 광고를 보거나 소셜 미디어에 노출되는 것은 아니다. 그러나 당신 회사 제품을 구매하는 모든 소비자는 제품패키지와 상호작용을 한다."고 한 패키징 전문가는 말한다.

≫ 혁신적인 아이 보호 안전 패키징은 P&G의 빠르게 성장하는 Tide PODS와 다른 1회 분량 세탁 세제 브랜드를 비슷하게 구현했다.

Gary Armstrong

기업들은 좋은 패키징이 고객들로 하여금 기업 혹은 브랜드를 즉각적으로 인지할 수 있게 함을 깨닫고 있다. 예를 들어, 평균적으로 슈퍼마켓이 38,000개 품목을 취급하고 평균적인 Walmart 슈퍼센터는 142,000개 품목을 취급한다. 그리고 최근 한 연구에 따르면, 구매자의 55%는 쇼핑하면서 구매할 브랜드를 결정한다고 한다. 이와 같이 경쟁이 치열한 마케팅환경에서 패키지는 구매자에게 영향을 주기 위해 판매자가 이용할 최후의 수단이 될 수 있다. 이에 따라 많은 기업에 패키지 자체가 중요한 촉진 수단으로 부상되고 있다.[14]

혁신적인 패키징은 기업에 경쟁사보다 우위를 제공하고 매출을 증대시킬 수 있다. 독특한 포장은 브랜드 정체성의 중요한 부분까지 된다. 예를 들면, 수수한 갈색 종이박스에 익숙한 Amazon.com 로고 – "a to z" 또는 웃는 얼굴로 해석되는 – 가 새겨지면 현관 앞에 놓인 소포를 누가 배송했는지에 관하여 아무런 의심도 하지 않는다. 그리고 Tiffany의 독특한 파란색 패키징은 전속적인 보석류 유통상의 격조 높은 유산과 포지셔닝을 구체화하게 된다. 이 기업은 "바쁜 거리에 잠깐 보여지거나 또는 어떤 사람의 손바닥에 놓여 있든지, Tiffany Blue Box는 심장을 더 빨리 뛰게 하고, Tiffany의 우아함, 배타성과 결점 없는 솜씨의 위대한 전통을 함축적으로 보여준다."고 말한다.[15]

잘못 설계된 패키지는 소비자의 불만을 유발하고 기업의 매출을 감소시킨다. 철사로 꽁꽁 감은 패키징이나 봉인된 플라스틱 조개 껍데기 용기 포장 등과 같이 열기가 매우 힘든 패키지들을 생각해보라. 이와 같은 패키징은 포장으로 인한 분노(wrap rage)를 유발하고 연 수천 명이 살이 찢기거나 찔려 입은 상처로 병원을 방문하게 만든다. 또 다른 패키징 이슈는 과다 패키징인데, 지나치게 큰 판지와 플라스틱 디스플레이 패키지로 포장된 작은 USB 플래시를 커다란 골판지 배송박스에 담아 배달하는 것이 그 예이다. 과다포장은 엄청난 양의 쓰레기를 만들어, 환경을 염려하는 사람들을 좌절하게 만든다.

패키징 의사결정을 할 때, 기업은 또한 증가하는 환경 관심에 주의를 기울여야 한다. 다행히 많은 기업들은 패키징을 축소하고 환경적으로 책임 의식이 있는 패키징 재료를 사용함으로써 친환경 실무를 실행하고 있다. 최근 제품 안전은 또한 주요한 패키징 관심사가 되어 왔다.

예를 들어, P&G의 Tide PODS 1회 분량 세탁 세제 패키지를 생각해 보자. 아이들이 색상이 화려하고 캔디처럼 보이지만 독성 패킷을 우연히 먹는 것을 예방하기 위해 P&G는 3년을 들여 아이들이 열 수 없는 지퍼가 달린 신축성 있는 파우치인 Child-Guard Pack과 아이들이 열 수 없는 쥐어짜서 돌리는 뚜껑이 있는 Child-Guard Tub을 완성하였다. 이러한 패키징 혁신은 P&G의 Tide PODS와 다른 1회 분량 브랜드를 비슷하게 구현해냈다. 1회 분량 제품은 최근 세탁 세제 카테고리의 성장의 90%를 차지하고 전체 카테고리 매출의 약 15%를 차지하고 있다. P&G의 Tide PODS와 Gain Flings!은 그러한 1회 분량 매출의 거의 80%를 유지하고 있다.[16]

레이블링

레이블(label)은 제품에 부착되는 단순한 꼬리표에서부터 패키지의 한 부분인 복합적 그래픽에 이르기까지 그 범주가 넓다. 이들은 몇 가지 기능을 수행한다. 레이블의 기본적인 기능은 자사제품 혹은 브랜드를 확인시키는 것인데, 오렌지 위에 도장 찍힌 선키스트 브랜드명이 이에 해당된다. 또한 레이블은 제품에 대한 몇 가지 정보를 담고 있는데, 그 제품의 제조업자, 제조처, 제조연월일, 성분, 사용법, 사용상의 주의점 등이 이에 해당된다. 마지막으로 레이블은 제품을 촉진시키고 그 제품의 포지셔닝을 지원한다.

▶▶ Starbucks 로고는 아이콘인 초록색과 흰색 컬러와 모든 화신의 인어를 담고 있다.

PjrTravel/Alamy Stock Photo

레이블과 브랜드 로고는 브랜드포지셔닝을 지원하고 브랜드에 개성을 추가시킬 수 있다. 실제로 브랜드 레이블과 로고는 브랜드-고객 연결에서 핵심요소가 될 수 있다. 고객들은 종종 브랜드의 상징물인 로고에 강한 애착을 보인다. Coca-cola, Google, Twitter, Apple, Nike 같은 기업들의 로고가 유발하는 느낌에 대해 생각해보자. 로고는 정기적으로 재디자인 되어야 한다. 가령, Yahoo!, eBay, Southwest Airlines, Wendy's, Pizza Hut, Black+Decker 그리고 Hershey 같은 브랜드들은 현대적인 느낌을 계속 유지하고 웹, 모바일 앱 같은 새로운 상호작용 미디어의 요구에 맞추기 위해 성공적으로 로고에 변화를 주었다 (Marketing at Work 7.1 참조).

그러나 기업은 이렇게 중요한 브랜드 로고를 변경할 때 주의를 기울여야 한다. 고객은 종종 자신의 브랜드의 시각적인 표현에 강한 유대감을 형성하여 어떤 변화에도 강력하게 반응할 수도 있다. Starbucks 로고는 계속 발전하고 있는데, 가장 최근의 로고에서 Starbucks 이름을 제거하기도 하였지만 초록색과 흰색 컬러와 인어의 이미지는 아직 유지하고 있다.

레이블링은 긍정적 측면뿐 아니라 부정적 측면도 갖고 있다. 패키징과 레이블에 대한 법규는 오랜 역사를 갖고 있다. 1914년 Federal Trade Commission Act는 허위의, 오도된, 그리고 기만적 레이블 혹은 패키지는 불공정 경쟁을 낳는다고 주장했다. 레이블은 고객들을 오도하고, 중요한 성분들을 설명에서 제외하고, 혹은 안전과 관련된 경고문구를 포함시키지 않을 수 있다.

그 결과 일부 연방 및 주 법들은 레이블링을 규제한다. 그 대표적인 예가 1966년에 제정된 Fair Packaging and Labeling Act인데, 이 조례는 레이블에 포함시켜야 할 항목들을 의무화하고, 자발적인 업계 패키징 표준을 권장하고, 정부기관이 특정사업들에 대해 패키징 규제안을 도입하도록 했다. 1990년 Nutritional Labeling and Educational Act는 판매업자들로 하여금 식품의 영양정보를 자세히 제공하도록 의무화

MARKETING AT WORK | 7.1

디지털 시대를 위한 브랜드 로고 고쳐 만들기

요즘엔 모든 사람이 로고를 고쳐 만들고 있다. Google, Hershey, Audi, Pizza Hut, 그리고 American Airlines부터 Southwest 항공과 IHOP까지 오래된 것은 새로운 것으로 대체되고 있다. 그러한 로고 디자인 변경은 위험할 수 있다. 브랜드 로고는 오래된 신발 한 켤레와 같아서 익숙하고 편해서 고객들이 흔쾌히 변화를 받아들이지 않는다. 그러한 리스크에도 많은 기업들이 로고를 고치는 이유는 무엇일까?

기업들은 항상 정성을 기울여 심플하고 쉽게 인식되는 로고를 만들어 자신들의 브랜드를 빨리 식별할 수 있고 긍정적인 소비자의 연상을 촉발하려고 한다. 그러나 오늘날의 디지털 세상에서 브랜드 로고는 훨씬 더 많은 것을 하도록 요구받는다. 로고는 더 이상 인쇄물이나 패키지, TV광고나 옥외광고판이나 매장 전시에 부착된 단지 정적인 심벌이 아니다. 대신 오늘날 로고는 과거보다 더 다양해진 디지털 디바이스와 미디어의 요구를 충족시켜야 한다. 패키지나 잡지광고에서 멋지게 보이고 잘 전달되는 브랜드 로고가 스마트폰 환경의 소셜 미디어에서는 비참하게 실패할 수 있다.

오늘날 로고는 대형 스크린 TV에서부터 태블릿, 모바일 폰과 심지어 스마트 시계 등 모든 사이즈의 스크린에서 시각적으로 선명해야 한다. 흔히 로고는 또한 웹사이트, 모바일과 소셜 미디어 페이지에서 인터랙티브 아이콘이나 애니메이션 표시로 기능을 해야 한다. 결과적으로, 기업들은 로고를 빠르게 발전하는 디지털 시대와 발맞추기 위해 적응시키고 있다.

대부분의 로고 수정은 더 심플하고 더 밝고 더 모던한 디자인을 창출하는데 집중하여 디지털 스크린과 플랫폼에서 더 잘 보여지도록 한다. 예를 들면, Hershey는 색깔을 어두운 바탕에 밝은 글자에서 흰색 바탕에 어두운 글자로 뒤집었다. 그리고 은색 호일로 싸인 Hershey's Kiss의 오래된 이미지를 보다 현대적인 실루엣 버전으로 대체되었다. Pizza Hut의 새로운 로고는 브랜드 네임과 익숙한 지붕 심벌이 흰색으로 바뀐 단순한 피자 모양의 메달로 구성되어 있다. 그리고 Southwest 항공은 대형 제트여객기 이미지 밑에 전부 검은색의 대문자에서 밝은 파란색의 타이틀 형식과 옆에 무지개 컬러의 하트 아이콘으로 변경되었다.

그러한 로고의 디자인 변경은 여러 가지 목적이 있으나, 주요한 목적은 로고를 보다 디지털 디바이스에 친화적으로 만드는 것이다. 예를 들면, 과거의 IHOP 로고는 파란색 바탕에 흰색 글자가 있고, "restaurant"이라는 글자를 담은 아래로 커브가 있는 붉은색 배너로 되어 있었다. 이제 IHOP 글자는 흰 바탕에 파란색인데, 이 디자인은 대부분의 웹, 모바일, 그리고 소셜 미디어 사이트에서 흰색 배경에 더 잘 두드러진다. 새로운 로고는 또한 예전의 눈살을 찌푸리는 "restaurant" 배너를 대체하여 "o"와 "p" 아래에 위로 커브가 있는 붉은색 라인으로 브랜드에 행복의 분출을 더해주는 웃는 얼굴을 창출하고 있다.

오늘날 많은 로고는 글자가 없이 브랜드 네임을 전혀 언급하지 않고, 오직 브랜드 심벌을 사용한다. Apple, Twitter, Nike, 그리고 Airbnb를 생각해 보라. 자동차업체인 Audi는 최근 로고를 다시 디자인하여 붉은색 Audi 글자를 전부

Old Logo　　New Logo

>> **브랜드 로고 변경:** 많은 기업들이 빠르게 발전하는 디지털 시대와 발맞추기 위해 로고 디자인을 바꾸고 있다.

Pizza Hut, Inc.; Southwest Airlines; International House of Pancakes, LLC; Audi of America; Google and the Google logo are registered trademarks of Google Inc., used with permission

제거하였다. 특징인 네 개의 3D로 서로 교차하는 크롬 원들을 납작한 검은색으로 바꾸어 원 자체가 로고가 되도록 하였다. 새로운 로고는 더 단순해 보이지만 덜 제한적이고, 차 내부 스크린에서부터 Audi의 웹사이트, 모바일 앱, 그리고 웨어러블에 이르는 오늘날 디지털 형식에서 보다 인터랙티브하다. 더 이상 Audi의 마크와 연계되지 않고 납작한 검은색 로고는 어떠한 포지셔닝 문구와 인터랙티브 기능과 함께 사용될 수 있다. "전체적인 디자인은 대담한, 미니멀, 자신감 있는, 그리고 고급스러운 것으로 Audi 자동차와 잘 조화된다."라고 어느 분석가는 말한다. "그 디자인은 사람과 상호작용하는 살아있는 인터페이스"라고 Audi는 주장한다.

어떤 로고 디자인 변경은 훨씬 더 깊이 간다. 예를 들어, Google의 파란색, 붉은색, 초록색과 노란색의 로고에 최근 생긴 변화를 고려해 보자. 처음 보면, 그 변화는 사소한 것으로 보이거나 전혀 차이를 알아차리지 못할 수도 있다. 우리가 구글 브랜드와 연상하는 순진한 특성은 유지되어, 글자색은 전체적으로는 동일하다. 가장 큰 차이는 새로운 폰트―Google은 예전 serif 폰트(알파벳 활자의 끝에 작은 돌출선이 있는)에서 sans serif(serif 없는 활자서체) 폰트로 변경하였다. 결과적으로 더 심플하고 더 명확하며, 더 가독성이 높은 로고가 되었다. 유선형 폰트는 팬시 폰트보다 읽기 쉽게 아래로 축소되어, 모든 종류의 스크린에 더 용이하게 바꾸어진다. Google은 새로운 로고가 50인치 TV 스크린처럼 2.5인치 안드로이드 스마트 시계에서도 잘 읽혀진다고 한다.

그러나 Google은 단지 로고 폰트를 바꾼 것이 아니라, 디지털 시대에 적합한 새로운 브랜드 로고 도구들의 전체 키트를 창출하였다. 예를 들어, 여섯 글자가 어떤 용도로는 너무 많아서 Google은 또한 "favicon"("favorite icon"의 줄인 말이나, 웹사이트 아이콘, 탭 아이콘, 또는 URL 아이콘으로도 알려짐)을 변경하여, 새로운 sans 폰트에서 "G"는 네 가지 친숙한 컬러가 들어가 나누어진다. 그것은 또한 현대적인 네 가지 컬러의 마이크로폰 아이콘을 멋지게 만들었는데, 사용자가 이 아이콘을 활용하면 안드로이드 디바이스에서 음성 인식으로 접속하게 된다. 그 아이콘은 네 개의 애니메이션 점들을 만들어 인터랙티브와 이동 순간에 사용하여 기다리기, 생각하기, 말하기, 그리고 답하기 등의 활동을 나타내준다.

모든 Google 로고의 요소들은 이제 서로 원활하게 연결되어 작용한다. 예를 들어, 당신이 폰을 집어 들고 Google 마이크로폰 아이콘을 활성화시킬 때 "Google 로고는 'Google'에서 점들로 변형하여 당신의 검색을 기다리며 물처럼 물결친

다."고 어느 기자는 언급한다. "당신이 말할 때, 그 점들은 균형 장치가 되어 당신의 발성 사운드에 반응한다. 그러고 나서 당신이 말하기를 그칠 때 물결 형태는 다시 점들이 되어 돌면서 Google이 당신의 결과를 검색하게 된다. 그 다음 그 결과가 제시되면 그 점들은 예전의 'Google'로 돌아간다." 따라서 Google 로고는 더 이상 온라인 검색 바 위에 있는 정적인 상징이 아니다. 그것은 동적인 심벌의 집합으로써 오늘날의 디지털 스크린과 플랫폼 사이에서 브랜드와 많은 기능에 활력을 불어넣어 준다.

기업들은 브랜드 로고를 변경할 때 조심스럽게 발걸음을 내디딜 필요가 있다. 그러한 변화는 흔히 많은 투자를 요구한다. 예를 들어, Southwest 항공은 단순해 보이는 로고 디자인 변경으로 인하여 기업 운영의 거의 모든 면과 관련되는 압도적인 변화를 해야 한다. Southwest의 로고를 보게 되는 모든 장소를 생각해 보자―광고, 웹, 그리고 소셜 미디어 활동에서부터 항공기 동체의 그래픽스와 공항 게이트 디자인, 그리고 기업의 공식 문서에 이른다. 모든 것이 변경되어 새로운 로고가 반영되어야 하는데, 이는 기업의 자원 투입을 요구하며 전략적으로 정밀하게 수행되어야 하는 프로세스다.

아마 더 중요한 것은 과거 로고들은 브랜드를 고객의 마음과 마인드에 밀접하게 연결시킨다는 것이다. 관련 연구들에 따르면, 브랜드에 대한 애착이 강할수록 고객들은 로고의 변화에 더 많이 저항한다고 한다. 예를 들어, 대부분의 전문가들은 새로운 Hershey 로고는 엄청난 개선이라고 동의했지만 어떤 소비자들은 Kiss의 실루엣이 대변 덩어리를 닮았다고 주저했다. "내가 볼 수 있는 것은 대변 이모티콘"이라고 어느 당황한 소비자는 말한다. "Hershey에 사과합니다: 새로운 로고는 고약한 냄새가 납니다." 그리고 American Airlines이 친숙한 45년간의 "AA eagle" 로고를 새로운 현대적인 버전으로 대체했을 때, 새 로고는 브랜드 팬들과 험담하는 사람들 모두에게 쟁점이 되었다. 그러한 디자인 변경이 아마도 지연되었음에도 불구하고, 팬들은 전통적인 디자인의 상실을 아쉬워하는 반면, 험담하는 사람들은 모든 아메리칸 항공기에 페인트를 새로 칠하는데 소모된 수백만 달러의 자금이 고객 서비스 향상에 투자되었어야 한다고 주장했다.

그러한 사례들은 사람들이 브랜드의 시각적 표현에 강한 연결성을 가지고 있다는 것을 강조한다. 로고 변경이 요구될 때, 앞으로 어느 시점에서 분명히 그렇게 되는데, 최선의 경로는 고객들에게 다가올 변경에 주의를 기울이게 하고 그러한 변경이 필요한 이유를 설명하는 것이다. Google은 널리 배포

된 비디오를 통해 로고의 발전과 가장 최근 디자인 변경의 이유를 설명해 주었다. 그것이 Google의 대대적인 로고 변경이 순조롭게 진행되었던 이유 중의 하나이다. 그 비디오가 설명해 주듯이, "우리가 Google의 베스트(심플하고, 난잡하지 않고, 색상이 화려하고, 친숙한)를 담아서 현재의 Google 뿐 아니라 미래의 Google을 위해 고쳐 만들었다고 생각합니다."

출처: Miriam Harris, "The Biggest Logo Redesigns of 2017/2018," Digital Arts, January 12, 2018, www.digitalartsonline.co.uk/news/graphicdesign/biggest-logo-

redesigns-of-2017-18/#7; Mark Wilson, "Google's New Logo Is Its Biggest Update in 16 Years," Fast Company, September1, 2015, www.fastcodesign.com/3050613/googles-new-logo-is-its-biggest-update-in-16-years; "Four Rings to Rule Them All," Brand New, April27, 2017, www.underconsideration.com/brandnew/archives/new_global_identity_for_audi_by_strichpunkt_and_kms_team.php; Richard Feloni, "Did You Notice That These 20 Companies Changed Their Logos This Year?" Business Insider, October 27, 2015, www.businessinsider.com/corporate-logo-changes-2015-10; Lauren Entis, "Why We Hate Logo Redesigns," Entrepreneur, September 11, 2015, www.entrepreneur.com/article/250559; "You Like Your Logo, but Does Joe Consumer," Advertising Age, October 30, 2017, pp. 14–15; "Google, Evolved," www.youtube.com/watch?v=olFEpeMwgHk, accessed September 2018; and www.youtube.com/watch?v=0PU7KX3i2pM and www.usatoday.com/videos/tech/2015/09/01/71532636/, accessed September 2018.

하고, 식품의약청(FDA)이 최근에 취한 일련의 조치들은 저지방, 저칼로리(light), 고 식이섬유(high fiber) 등과 같은 건강관련 용어의 사용을 규제한다. 따라서 판매업자들은 레이블이 정부가 요구하는 정보들을 포함하고 있는지를 확인해야 한다.

제품지원 서비스

고객서비스는 제품전략의 또 다른 구성요소이다. 기업의 제공물은 통상적으로 지원서비스들을 포함하는데, 이는 전체 제공물 중에서 사소한 부분일 수 있거나 혹은 중요한 부분일 수도 있다. 본 장의 후반부에서 서비스 자체가 제품인 경우에 대해 설명할 것이므로, 여기서는 실제 제품을 보완하는 기능의 경우에 대해 살펴보기로 한다.

지원서비스는 고객의 전반적 브랜드경험에서 중요한 부분을 차지한다. Lexus는 좋은 마케팅은 매출로 끝나지 않는다는 것을 알고 있다. 판매 후 고객을 계속 행복하게 하는 것은 지속적인 관계를 구축하는 것이 핵심이다. Lexus는 당신이 고객을 감동시키고 계속 행복하게 한다면 그 고객을 평생 얻을 것이라고 믿고 있다. 그래서 미국 전역의 Lexus 딜러들은 고객을 돌보고 계속 돌아오도록 만들기 위해 어떤 거리라도 달려 갈 것이다.[17]

전형적인 Lexus 딜러 매장은 전혀 평범하지 않다. 예를 들어, Starbucks 커피숍에 추가적으로 어느 Florida Lexus 딜러 매장에는 네 개의 안마 의자, 두 개의 퍼팅 그린, 두 개의 고객 라운지, 그리고 도서관이 있다. 그러나, Lexus에서 고객서비스는 단지 딜러 매장의 부대시설보다 훨씬 더 깊이 간다. 처음부터 Lexus는 자동차 소유 경험을 혁신하는데 착수하였다.

물론, Lexus는 최고의 서비스는 딜러 방문이 없도록 하는 것이라는 사실을 알고 있다. 그래서 고객에게 기쁨을 주는 차를 만드는 것으로 시작한다. "Lexus 언약(Covenant)"에 그 기업은 "역사상 가장 좋은 차"–서비스가 거의 필요 없는 품질 높은 차를 만들겠다고 다짐하고 있다. 그러나 그 언약은 또한 고객을 중요한 개인으로 평가하고 "고객 개개인을 집에 오신 손님처럼 대접하겠다."

THE
LEXUS
COVENANT

Lexus competes in the luxury automotive industry, the most prestigious race in the world. Lexus' history and experience, gained over more than two decades, has culminated in the creation of our automobiles, the finest ever built.

Lexus will win the race because:

Lexus will do it right from the start. Lexus will have the finest dealer network in the industry. Lexus will treat each customer as we would a guest in our home.

If you think you can't you won't. If you think you can, you will. We can, we will.

》》 고객 서비스: 처음부터 Lexus 언약(Covenant)에 따라 Lexus의 고품질 지원 서비스는 비교할 수 없는 자동차 소유 경험과 세계에서 가장 만족한 차 소유주들을 창출한다.
Toyota Motor Sales, USA, Inc.

고 천명한다. 따라서 어떤 자동차가 서비스가 필요할 때 Lexus는 일부러 그런 서비스를 쉽고 편하게 만든다. 많은 딜러들은 차를 가져다가 수리가 끝나면 차를 되돌려 주기도 할 것이다. 그 자동차는 무료 세차 덕분에 얼룩 하나 없이 돌아온다. 당신은 아마도 그들이 차문의 패인 곳을 잔손질하여 차가 공장에서 출고될 때의 광택으로 복원된 것을 발견하고 깜짝 놀랄 것이다. 누구에게 들어봐도 Lexus는 담대한 고객만족 약속을 실현하고 있다. 세계에서 가장 만족한 차 소유주처럼 되는 만족감을 창출하고 있다. Lexus는 정기적인 산업 품질평가에서 뿐만 아니라 미국과 글로벌 시장에서 고객만족도 평가에서도 최고이다. "내 아내는 Lexus 외에 절대 다른 차를 구매하지 않을 것이다."라고 어느 만족한 소유주는 말한다. "그들이 우리 집에 와서 차를 가져다가 오일을 교환해 주고 멋지게 만들어 가져 온다. 내 아내는 평생 동안 Lexus를 구매할 것이다."

지원서비스를 설계하기 위한 첫 번째 단계는 기존 서비스들의 가치를 평가하고 새로운 서비스 아이디어를 얻기 위해 정기적으로 고객 서베이를 실시하는 것이다. 다양한 지원서비스의 품질에 대한 평가가 이루어지면, 문제점을 개선하고 고객을 감동시키면서 기업에도 이익을 제공할 신규 서비스를 추가하기 위해 조치를 취할 수 있다.

이제 많은 기업들은 과거에는 불가능했던 지원서비스를 제공하기 위해 전화, 이메일, 인터넷, 인터랙티브 보이스(voice) 등을 함께 활용한다. 가령 주택개량용품 소매점 Lowe's는 쇼핑을 더 쉽게 하도록 하고, 고객의 질문에 답하고, 문제를 다루기 위해 점포와 온라인에서 다양한 고객 서비스를 제공한다. 고객들은 전화, 이메일, 웹사이트, 모바일 앱, Twitter 등을 통해 Lowe's의 다양한 고객 지원 서비스에 접속할 수 있다. Lowe's 웹사이트와 모바일 앱은 구매 지침과 저장된 자료를 이용하는 방법에 접속할 수 있도록 한다. Lowe's 매장들은 상품구입관련 앱과 부가 하드웨어가 장착된 아이폰을 휴대한 종업원들을 갖고 있는데, 그들은 재고가 있는 인근 점포를 확인하고, 고객의 구매이력을 살펴보고, 작동방법 동영상을 공유하고, 경쟁사 가격을 확인하는 등의 서비스 업무를 수행한다. Lowe's는 한 걸음 더 나아가 고객들이 점포로 들어올 때 그들을 맞이하고 대부분의 성가신 질문에도 대답해주고 그들이 찾고 있는 상품이 있는 곳으로 안내해주는 상호작용적이고, 말을 하고, 움직이는 로봇을 점포에 비치하는 것을 실험하고 있다.[18]

제품라인 의사결정

제품전략은 개별 제품·서비스에 대한 의사결정뿐 아니라 제품라인의 구축과 관련된 의사결정을 포함한다. **제품라인**(product line)은 서로 밀접하게 관련된 제품들의 집합을 말하는데, 이들은 유사한 기능을 수행하거나, 동일한 고객집단에게 판매되거나, 동일한 유통경로를 통해 판매되거나 혹은 비슷한 가격대에서 판매되기 때문에 하나의 제품라인에 포함될 수 있다. 예를 들어, Nike는 운동화 및 운동복에서 몇 가지 제품라인을 생산·판매하며, Marriott도 복수의 호텔라인을 거느리고 있다.

제품라인에서의 주요 의사결정은 제품라인 길이(product line length)에 관한 것인데, 이는 제품라인에 포함된 품목의 수를 말한다. 제품라인의 길이가 너무 짧다면 품목의 추가를 통해 이익을 증대시킬 수 있다. 이에 반해 라인의 길이가 너무 길다면 품목의 제거를 통해 이익을 증대시킬 수 있다. 제품관리자는 정기적으로 제품라인 분석을 통해 제품라인 내 각 품목의 매출과 이익을 평가하여 각 품목이 제품라인의 성과에 어느 정도 공헌하는지를 파악해야 한다.

제품라인(product line)
유사한 기능을 수행하거나 동일한 고객집단에게 판매되거나 동일한 유통 경로를 통해 판매되거나 비슷한 가격대에서 판매되기 때문에 서로 밀접하게 관련된 제품들의 집합

기업은 두 가지 방식으로 제품라인의 길이를 늘릴 수 있는데, 라인 충원전략(line filling)과 라인 확대전략(line stretching)이 그것이다. 제품라인 충원전략(Product line filling)은 제품라인의 현재 범위 내에서 더 많은 품목들을 추가하는 것이다. 제품라인 충원전략을 추구하는 이유로는 추가이익의 창출, 유통업체를 만족시킴, 초과생산능력의 활용, 시장선도적인 완전제품라인 기업이 되는 것, 경쟁자의 진입을 막기 위해 빈 공간을 채우는 것 등이 있다. 그러나 지나친 제품라인 충원은 제품라인 내의 품목들끼리 동일고객을 상대로 경쟁하는 동일시장 잠식화와 고객의 혼란을 초래할 수 있다. 기업은 추가된 새 품목이 기존 품목들과 두드러지게 달라 보이는지를 확인해야 한다.

제품 라인확장은 기업이 제품라인을 현재 범위를 넘어 연장하는 것이다. 그 기업은 라인을 하향 확장하거나 상향 확장하거나 양쪽으로 확장할 수 있다. 예를 들면, Mercedes는 CLA 라인을 하향 확장하여 젊은 최초 구매자를 유치하였다. 어떤 기업은 라인을 하향 확장하여 시장의 빈 공간을 채워 새로운 경쟁업체의 진입을 차단하거나 고가 세분시장에 대한 경쟁업체의 공략에 대응하기도 한다. 또한 저가 세분시장의 더 빠른 성장을 발견하여 저가 제품을 추가할 수 있다. 기업들은 또한 제품라인을 상향 확장한다. 때때로 기업들은 상향 확장하여 현재 제품에 품위를 더하거나 더 높은 이익을 얻을 수 있다. P&G는 Cascade 식기세척제와 Dawn 식기세척용 비누와 같은 브랜드에 더 높은 가격의 "Platinum" 버전을 추가하였다.

많은 기업들은 성장하고 확장하면서 제품라인을 확대하고 충원한다. BMW를 생각해 보자.[19]

수년 동안 BMW Group은 하나의 브랜드와 다섯 가지의 모델을 만드는 자동차업체에서 혁신하여 세 개의 브랜드, 14개의 시리즈, 그리고 수십 개의 모델을 갖춘 강력한 그룹이 되었다. 이 기업은 MINI Cooper 라인으로 하향 확대하고 Rolls-Royce로 상향 확대하였다. BMW 라인은 낮은 등급부터 높은 등급까지 사이의 모든 모델로 채워지고 있다. 이 브랜드의 7개의 시리즈 라인은 기본 단계의 1-Series 경차에서부터 고급 소형차 3-Series, 중형차 5-Series, 그리고 고급 대형차 7-Series까지 이르고 있다. 그 사이 갭을 BMW는 X1, X3, X4, X5, 그리고 X6 SUV; M-Series 성능 모델; 그리고 i3와 i8 하이브리드로 채우고 있다. 따라서 능숙한 라인 확장과 충원을 통하여 BMW는 부유층, 최상위 부유층, 그리고 부유 열망층에 성공적으로 어필하는 브랜드와 제품라인을 보유하고 있다.

≫ 제품라인 확장과 충원: 능숙한 라인 확장과 충원을 통하여 BMW는 부유층, 최상위 부유층, 그리고 부유 열망층에 성공적으로 어필하는 브랜드와 제품라인을 보유하고 있다.
dpa picture alliance archive/Alamy Stock Photo

제품믹스 의사결정

몇 개의 제품라인을 보유한 기업들은 제품믹스를 갖는다. **제품믹스**(product mix) 혹은 **제품포트폴리오**(product portfolio)는 특정 판매업자가 판매용으로 시장에 제공하는 제품라인과 품목들을 합한 것을 말한다. 예를 들면, Colgate-Palmolive는 아마도

제품믹스 또는 제품포트폴리오(product mix or product portfolio)
특정 판매업자가 판매용으로 시장에 제공하는 제품라인과 품목을 모두 합한 것

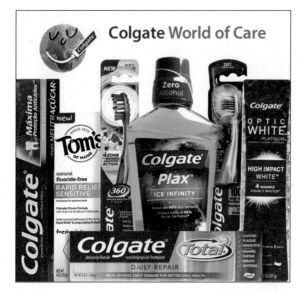

제품믹스: Colgate는 상당히 넓은 제품믹스를 출시하고 있는데, "Colgate World of Care"를 구성하는 수십 개의 브랜드로 구성되며, "매일 당신과 같은 사람들이 자신과 사랑하는 사람들을 보살펴 주리라 믿을 수 있는" 제품들이다.

Colgate—Palmolive Company

치약과 다른 구강 케어 제품으로 가장 잘 알려져 있다. 그러나 사실, Colgate는 수십 개의 친숙한 제품라인과 브랜드로 이루어진 전체 제품믹스를 생산하고 마케팅하는 150억 달러의 소비재 기업이다. Colgate는 전체 제품믹스를 네 가지 주요 라인으로 구분하는데, 구강 케어, 개인 케어, 홈 케어, 그리고 반려동물 케어다. 각 제품라인은 다시 많은 브랜드와 품목들로 구성된다.[20]

기업의 제품믹스는 4가지 주요 차원을 가지는데, 제품믹스의 너비, 길이, 깊이, 그리고 일관성이 그것이다. 제품믹스 너비(product mix width)는 기업이 보유한 제품라인의 수를 말한다. 예를 들어, Colgate는 상당히 넓은 제품믹스를 출시하고 있는데, "Colgate World of Care"를 구성하는 수십 개의 브랜드로 구성되며, "매일 당신과 같은 사람들이 자신과 사랑하는 사람들을 보살펴 주리라 믿을 수 있는" 제품들이다.

제품믹스 길이(product mix length)는 각 제품라인을 구성하는 품목들의 총 수를 말한다. Colgate는 각 제품라인에 여러 개의 브랜드를 가지고 있다. 예를 들어, 신체 케어 라인은 Softsoap 액체비누와 바디워시, Tom's of Maine, Irish Spring 비누, Speed Stick 데오드란트, Afta와 Colgate 화장실 휴지, 면도 제품 등이다. Colgate 홈 케어 라인은 Palmolive와 AJAX 식기세척 제품, Suavitel 섬유유연제, 그리고 Murphy Oil Soap 청소용품이다. 반려동물 식품라인은 Hill's Science Diet 브랜드를 가지고 있다.

제품믹스 깊이(product mix depth)는 제품라인 내 각 제품이 제공하는 품목들(versions)의 수를 말한다. Colgate 치약은 여러 가지 다양한 제품으로 나오는데, Colgate Total, Colgate Optic White, 그리고 Colgate Tartar Protection부터 Colgate Sensitive, Colgate Enamel Health, Colgate PreviDent, 그리고 Colgate Kids에 이른다. 그리고 각 다양한 구색은 특별한 형태와 물질로 나온다. 예를 들어, 당신은 Colgate Total을 민트, 미백용, 청결, 매일 회복, 2in1 액체 젤, 혹은 다른 여러 가지 버전으로 구매할 수 있다.

마지막으로 제품믹스의 일관성(product mix consistency)은 다양한 제품라인들이 최종용도, 생산요건, 유통경로 등에서 얼마나 밀접하게 관련성이 있는지를 말한다. Colgate의 제품라인은 같은 유통채널을 거치는 소비재라는 점에서 일관성이 있다. 그 라인은 구매자에게 다른 기능을 수행하는 점에서는 일관성이 떨어진다.

이러한 제품믹스 차원들은 제품전략의 기본방향을 결정하는 근간이 된다. 기업은 4가지 방법을 통해 사업을 확대할 수 있다. 첫 번째는 새로운 제품들을 추가하여 제품믹스의 폭을 넓히는 것이다. 두 번째는 기존 제품라인의 길이를 늘여서 완전한 제품라인을 갖춘 기업이 되는 것이다. 세 번째는 각 제품들을 변형시켜 보다 다양한 품목들을 추가함으로써 제품믹스를 더욱 깊게 만드는 것이다. 네 번째는 제품라인들 간의 일관성을 더욱 강화하거나 혹은 완화하는 제품전략을 추구하는 것인데, 이는 기업이 한 사업영역에서 강력한 명성을 추구하느냐 혹은 복수의 사업영역에서 이를 추구하느냐에 의해 결정된다.

때에 따라 기업들은 성과가 신통치 않은 제품라인과 제품모델을 정리하고 가치제안을 다시 명확하게 하기 위해 제품믹스를 간소화시켜야 할 필요가 있을 수 있다. 예를 들어,

P&G는 가정용 청결 및 미용 제품범주에서 230억 달러 규모의 브랜드를 중심으로 메가 브랜드전략을 추구한다. 지난 10년 동안 소비재 분야 거대기업은 주력분야에 더 이상 적합하지 않거나 10억 달러 매출기준에 미치지 못하는 수십 개의 주요 브랜드들을 매각했는데, Jif 땅콩버터, Crisco 식용유, Folgers 커피, Pringles 스낵 칩, Sunny Delight 음료, Noxema 스킨케어, Right Guard 방취제, Aleve 진통제 등이 그 예이다. 이러한 과감한 제품축소 조치에도 불구하고 P&G는 나머지 브랜드들 중에서 더 정리하거나 매각하려는 계획을 갖고 있으며, Duracell 배터리, Cover Girl과 Max Factor 화장품 같은 유명 브랜드를 최근에 처분한 것이 일례이다. 이러한 매각조치를 통해 P&G는 매출과 이익의 대부분을 차지하는 65개의 핵심브랜드에 집중하려고 한다. "덩치를 줄이는 것이 더 나은 성과를 거두게 할 것이다."라고 P&G의 CEO는 말한다.[21]

🔗 개념 연결하기

여기서 잠시 지금까지 학습한 것을 정리해 본다. 기업의 제품제공물들이 얼마나 방대하고 복잡해질 수 있는지를 이해하기 위해, P&G의 제품믹스에 대해 생각해 보자.

- P&G의 웹사이트, 이 회사의 연례보고서, 혹은 기타 정보원천을 활용하여, P&G가 취급하는 모든 제품라인들과 개별 제품의 목록을 작성해 보자. 아마도 당신은 제품목록을 보고 놀라운 경험을 할 것이다.

- P&G의 제품믹스는 일관성이 있는가? 이러한 제품믹스를 개발하는데 지침이 되는 전반적인 전략 혹은 논리적 근거는 무엇인 것 같은가?

서비스마케팅

서비스는 최근 들어 급성장해 왔다. 서비스는 미국 국내총생산의 80% 정도를 차지한다. 서비스 산업은 세계 총 생산에서 63%를 차지할 정도로 세계 경제에서 더욱 빠른 성장률을 보이고 있다.[22]

서비스산업은 매우 다양하다. 정부는 법원, 고용서비스, 병원, 군대, 경찰, 소방서, 우편서비스, 학교 등을 통해 서비스를 제공한다. 비영리 개인조직도 박물관, 자선단체, 교회, 대학, 재단, 병원 등을 통해 서비스를 제공한다. 수많은 영리조직(business organizations)도 서비스를 제공하는데, 항공사, 은행, 호텔, 보험회사, 컨설팅회사, 법률회사, 병원, 엔터테인먼트 기업, 부동산회사, 소매업체 등이 이에 해당된다.

서비스의 특징

기업은 마케팅프로그램을 설계할 때 서비스가 갖고 있는 4가지 차별적 특성인 무형성, 비분리성, 변동성, 소멸성을 고려해야 한다(그림 7.3 참조).

　서비스 무형성(service intangibility)은 소비자가 이를 구매하기 전에는 보거나, 맛을 알거나, 느끼거나, 소리를 듣거나, 혹은 냄새를 맡을 수 없다는 것을 의미한다. 예를 들어, 성형수술을 받는 사람은 이를 구매하기 전에는 결과를 볼 수 없다. 항공 이용객들

저자 코멘트
이 장의 앞부분에 언급했듯이 서비스도 제품, 즉 무형의 제품이다. 따라서 지금까지 다루었던 모든 제품 주제들은 유형제품뿐 아니라 서비스에도 적용된다. 그러나 이 절에서 우리는 서비스 고유의 특징과 마케팅 요구에 초점을 맞출 것이다.

서비스 무형성(service intangibility)
소비자가 서비스를 구매하기 전에 보거나, 맛을 알거나, 느끼거나, 소리를 듣거나, 혹은 냄새를 맡을 수 없다는 서비스 고유특징

>> **그림 7.3** 서비스의 네 가지 특징

서비스는 일반적 의미에서 제품이지만 이들은 특별한 특징을 갖고 있으며 차별화된 마케팅이 요구된다. 가장 큰 차이점은 서비스는 기본적으로 무형적이며 고객과의 직접적 상호작용을 통해 창출된다는 사실에서 비롯된다는 것이다. 항공사나 Google에 대한 여러분의 경험과 Nike, Apple에 대한 여러분의 경험을 생각해 보라.

무형성
소비자는 구매하기 전에 서비스를 눈으로 보고, 맛을 느끼고, 소리를 듣고, 혹은 냄새를 맡을 수 없다.

비분리성
서비스는 서비스제공자와 분리될 수 없다.

서비스

변동성
서비스품질은 누가, 언제, 어디서, 어떻게 제공하느냐에 의해 영향을 받는다.

소멸성
서비스는 나중에 판매하거나 사용하기 위해 저장될 수 없다.

은 그들과 짐들이 함께 도착예정지에 안전하게 운송될 것이라는 약속과 티켓만을 갖는다. 무형성으로 인한 불확실성을 감소시키기 위해 구매자는 서비스 품질을 알려주는 신호(signals)를 탐색한다. 그들은 눈으로 직접 목격할 수 있는 장소, 가격, 장비, 커뮤니케이션 등을 통해 품질을 추론한다.

따라서 서비스제공자의 과업은 서비스를 유형화시키는 방안을 찾는 것과 품질에 관한 올바른 신호를 보내는 것이다. Oscar Health는 이를 잘 실천하고 있다.[23]

>> Oscar Insurance Corporation은 탐색하기에 복잡하고 어렵기로 악명 높은 산업에서 보건진료를 개인화하고 명확하게 하고 있다.
Oscar

대부분의 사람들에게 전통적인 건강보험회사는 정체불명의 기업이나 다름이 없다. 그리고 고용주를 통해 건강보험을 갖지 못한 사람들에게는 오픈 마켓에서 보험을 구매하는 것은 복잡하고 불확실한 프로세스이다. 빠르게 성장하는 스타트업인 Oscar Insurance Corporation은 그 모든 것을 변화시키고 있다. "보험은 혼동스럽다. Oscar는 그것을 단순하게 만든다."라고 그 기업은 말한다. Oscar는 당신에게 "당신의 머리를 폭발하지 않게 하는 건강보험을 제공하고 만약 그렇다면 당신은 보험으로 보호받고 있는 것이다."

주로 웹기반의 Oscar는 단순하고 보험료가 높지 않은 건강보험을 가진 젊고 디지털에 익숙한 소비자층을 목표로 하고 있다. 이 기업은 사용자 경험을 더 개인적이고 명백하게 만드는 많은 하이테크 기능을 제공한다. 예를 들면, 모든 회원은 헌신하고 있는 Oscar 고객담당팀에 배정된다. "당신은 매번 같은 사람과 대화하여 필요할 때 맞춤형의 도움을 받게 된다." Oscar의 혁신적인 웹과 모바일 앱은 회원들이 자신의 건강 돌봄을 쉽게 만든다. 그들은 모든 것을 위해 앱을 사용할 수 있는데, 과거 건강이력과 보험계정 정보에 접속하는 것부터 의사를 찾고 무료 가상방문, 그리고 처방전을 받는 것까지 가능하다. Oscar는 무료 24/7 의사 상담과 원격의료 서비스를 제공한다. 그러한 것은 "바보처럼 쉽다."고 이 기업은 말한다. Oscar 앱을 열고, 의사로부터 연락을 요청하면 약 10분 후에 연락을 받게 된다. 당신은 증상의 사진을 첨부할 수도 있다.

사용자 경험을 개인화하고 명백하게 하는 것은 Oscar에게는 성공적이다. 대형 건강보험 회사들은 개인 보건진료로 규모를 줄이고 있을 때 Oscar는 급증하고 있다. 지난 3년 동안 이 회사의 사업은 4만 명의 회원과 2억불의 연 수입에서 25만 명 회원과 10억 불의 수입으로 크게 성장하였다.

유형재(physical goods)는 생산, 저장, 판매, 소비의 과정을 거치지만 서비스는 판매가 먼저 이루어진 후 생산과 소비가 동시에 이루어진다. **서비스 비분리성**(service inseparability)이란 서비스가 서비스제공자와 분리될 수 없음을 의미한다. 서비스담당 종업원이 서비스를 제공한다면 그 종업원은 서비스의 한 부분이 된다. 뿐만 아니라 서비스가 생산되는 과정에 고객도 참여하기 때문에 서비스제공자-고객 상호작용(provider-customer interaction)은 서비스마케팅의 차별적 특징이다. 따라서 서비스제공자와 고객 모두가 서비스 산출물에 영향을 미친다.

서비스 변동성(service variability)은 누가, 언제, 어디서, 어떻게 서비스를 제공하느냐에 따라 서비스 품질이 달라진다는 것을 의미한다. 예를 들어 Marriott 같은 일부 호텔들은 다른 호텔들에 비해 더 우수한 서비스를 제공한다는 명성을 갖고 있다. 그러나 특정 Marriott 호텔에 근무하는 한 예약담당자는 상냥하고 효율적인 반면, 바로 옆에 있는 다른 근무자는 불쾌감을 주고 업무처리가 느릴 수 있다. 뿐만 아니라 특정 종업원의 서비스 품질도 각 고객접점에서 자신이 갖고 있는 열정과 마음자세에 따라 달라질 수 있다.

서비스 소멸성(service perishability)은 나중에 판매하거나 사용하기 위해 서비스를 저장할 수 없음을 의미한다. 어떤 의사는 진료약속을 지키지 않은 환자에게 비용을 부과하는데, 그 이유는 진료서비스 가치는 약속시점에만 존재하며 약속한 환자가 나타나지 않으면 그 가치가 사라지기 때문이다. 서비스 소멸성은 수요가 안정적일 때는 큰 문제가 되지 않는다. 그러나 수요가 변동적일 경우에는 서비스기업은 서비스 소멸성의 특성 때문에 어려움을 겪는다. 예를 들어, 출퇴근 시간대에 대중교통 회사들은 수요가 하루에 걸쳐 분산될 경우에 비해 훨씬 더 많은 수의 운송차량을 가져야 한다. 따라서 서비스기업들은 수요와 공급 간에 균형을 맞추기 위한 전략들을 설계한다. 호텔과 리조트들은 비수기에 더 많은 고객들을 유인하기 위해 저가격을 제공한다. 또한 레스토랑은 피크시간대에 파트타임 종업원을 고용한다.

서비스기업의 마케팅전략

제조업체와 마찬가지로 훌륭한 서비스기업들은 선택된 목표시장에서 강력한 포지션을 구축하기 위해 마케팅을 사용한다. Enterprise Rent-A-Car는 "당신은 운전하세요. 나머지는 우리가 처리할게요."라고 말한다. Zipcar는 "당신이 원할 때 차"를 제공한다. CVS Pharmacy에서는 "건강이 모든 것이다."; Walgreens는 당신을 "행복과 건강의 코너에서" 만난다. St.Jude Childeren's Hospital은 '치료책을 찾아 어린이들의 생명을 구한다'고 약속한다. 이러한 서비스기업들은 전통적인 마케팅믹스 활동들을 토대로 포지션을 구축한다. 그러나 서비스제품은 유형제품과 다른 특징을 갖기 때문에 흔히 추가적인 마케팅 접근방식이 요구된다.

서비스 – 이익 연쇄

고객과 현장서비스 종업원들은 서비스를 창출하기 위해 상호작용이 이루어진다. 효과적인 상호작용이 이루어지기 위해 현장서비스 종업원들의 기술과 이들을 지원하는 지원과정(support processes)이 필요하다. 성공적인 서비스기업들은 고객과 종업원 모두에게

서비스 비분리성(service inseparability)
서비스는 생산과 소비가 동시에 이루어지기 때문에 서비스를 서비스제공자와 분리시킬 수 없다는 서비스 고유특징

서비스 변동성(service variability)
누가, 언제, 어디서, 어떻게 서비스를 제공하느냐에 따라 서비스품질이 크게 달라질 수 있다는 서비스 고유특징

서비스 소멸성(service perishability)
나중에 판매하거나 사용하기 위해 서비스를 저장할 수 없다는 서비스 고유특징

서비스-이익 연쇄(service profit chain)
서비스기업의 수익성은 종업원만족 및 고객
만족과 연쇄적으로 연결되어 있다는 개념

주의를 기울인다. 그들은 **서비스-이익 연쇄**(service-profit chain)를 이해하는데, 서비스-이익 연쇄란 서비스기업의 수익성을 종업원 만족 및 고객만족과 연계시키는 것이다. 서비스-이익 연쇄는 다음의 5개 요소로 구성된다.[24]

- **내부서비스 품질:** 우수한 종업원의 선발과 훈련, 좋은 작업환경, 고객들과 접촉하는 종업원들에 대한 전폭적 지원 등은 서비스 종업원의 만족을 낳는다.
- **만족한, 그리고 생산성이 높은 서비스 종업원:** 만족을 느끼고, 회사에 충성적이고, 열심히 일하는 종업원은 더 많은 서비스가치를 낳는다.
- **더 큰 서비스가치:** 보다 효과적이고 효율적인 고객가치창출과 서비스 전달은 고객의 만족과 충성도를 낳는다.
- **만족한, 그리고 충성도가 높은 고객:** 만족한 고객은 회사에 충성도를 보이고, 반복구매를 하고, 다른 고객들을 추천함으로써 높은 이익을 낳는다.
- **건전한 이익과 성장:** 만족한 충성고객들은 탁월한 기업성과를 낳는다.

예를 들면, Four Seasons Hotels and Resorts에서 감동하는 고객 창출은 숭고한 고객중심 마케팅전략을 만들어 상위직급에서부터 하위직급으로 내려보내는 것 이상을 포함한다. Four Seasons에서는 고객만족이 모든 사람의 업무이다. 그리고 고객만족은 만족한 직원으로부터 시작한다.[25]

>> **서비스-이익 연쇄:** Four Seasons는 고객감동에 뛰어난데, 이는 수영장 매니저로부터 호텔 안내원에 이르는 만족한 종업원들로부터 시작된다. 어느 고객은 "천국이 있다면, Four Seasons에 의해 운영되길 바란다."고 말한다.
Dick Loek/Toronto Star/Getty Images

Four Seasons은 주의 깊게 고안된 서비스인 하이터치의 기술을 완성시키고 있다. 호텔이 Four Seasons Resort Mauritius에 있는 열대 섬의 천국이나 Four Seasons Safari Lodge Serengeti에 있는 고급스러운 사하라 이남의 캠프이든지, 1박에 1,000불 이상을 지불하는 고객은 자신의 마음을 알아주기 원한다. 이러한 고객에 대해서 Four Seasons는 실망시키지 않는다. Four Seasons Maui 투숙객은 매니저에게 "천국이 있다면, Four Seasons에 의해 운영되길 바란다."라고 말했다. 무엇이 Four Seasons를 그렇게 특별하게 만드는가? 그것은 정말 비밀이 아니다. 그것은 Four Seasons 직원들의 자질이다. Four Seasons는 행복하고 만족한 직원들이 행복하고 만족한 고객을 만든다는 것을 알고 있다. 그래서 Four Seasons는 고객에게 하듯이 직원들을 존경하고 소중히 여긴다. Four Seasons는 최고의 사람들을 고용하고 좋은 급여를 주며, 주의를 기울여 훈련하고 자부심을 불어 넣으며 뛰어난 서비스 성과에 보상을 한다. Four Seasons는 직원을 가장 중요한 고객에게 하듯 대우한다. 예를 들어, 객실을 청소하는 직원부터 총괄 매니저에 이르기까지 모든 직원들이 호텔 카페테리아에서 무료로 함께 식사한다. 아마도 최고의 복지는 모든 직원이 1년을 근무하면 다른 Four Seasons 리조트에서 6박 무료 숙박권을 받는 것이다. 객실 숙박은 직원들로 하여금 자신들이 섬기는 고객처럼 중요하고 소중하다고 느끼게 하고 직원들에게 자신의 업무에서 훨씬 더 높은 수준의 서비스를 달성하도록 동기를 부여한다. Four Seasons의 어느 직원은 "우리는 그러한 열광적인 여행에서 돌아와 고객을 위해 매우 많은 것을 하고 싶어 한다."고 말한다. 그러한 행동의 결과로써 Four Seasons의 정규직의 연간 퇴직률은 불과 18%이고 이는 산업 평균의 절반이다. Four Seasons은 Fortune지의 일하고 싶은 100대 기업(list of

100 Best Companies to Work For)에 20년 연속으로 포함되고 있다. 그 점이 바로 Four Seasons 성공의 가장 큰 비밀이다.

따라서 서비스마케팅은 4P를 사용하는 전통적 외부마케팅 이상의 노력을 필요로 한다. 그림 7.4는 서비스마케팅은 외부마케팅뿐 아니라 내부마케팅과 상호작용 마케팅이 함께 요구됨을 보여준다. **내부마케팅**(internal marketing)은 서비스기업이 고객접촉점에 있는 종업원과 지원서비스 종사자들이 고객만족을 제공하기 위해 하나의 팀으로 일하도록 유도하고 동기부여시키는 노력을 말한다. 마케터들은 모든 조직구성원들이 고객중심적이 되도록 해야 한다.

사실 내부마케팅이 외부마케팅보다 선행되어야 한다. 예를 들어, Four Seasons는 올바른 사람을 채용하고 이들을 탁월한 고객서비스를 제공하는 마음자세를 갖도록 고취시키는 것에서 출발한다. 요점은 종업원 스스로가 자사브랜드를 믿고 진정성 있게 브랜드의 약속을 고객들에게 실제로 전달할 수 있도록 만드는 것이다.

내부마케팅(internal marketing)
서비스기업이 고객접촉점에 있는 종업원과 지원서비스 종사자들이 고객만족을 제공하기 위해 하나의 팀으로 일하도록 유도하고 동기부여시키는 노력

>> **그림 7.4** 세 가지 유형의 서비스마케팅

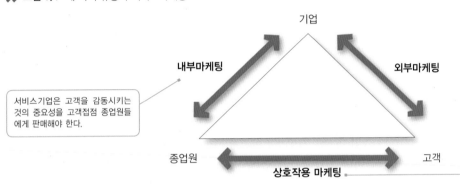

상호작용 마케팅(interactive marketing)은 서비스 접점에서 구매자-판매자 상호작용의 품질을 제고시켜 서비스품질을 실현하는 노력을 말한다. 제품마케팅의 경우, 제품품질은 고객이 제품을 획득하는 과정에 의해 별 영향을 받지 않는다. 그러나 서비스마케팅의 경우에는 서비스 품질이 서비스 전달자와 서비스 전달활동의 품질에 의해 크게 영향을 받는다. 따라서 서비스 마케터들은 상호작용 마케팅 기술을 완벽히 습득해야 한다. 따라서 Four Seasons는 천성적으로 다른 사람들을 섬기는 것을 좋아하는 사람들만을 선발하며, 고객의 모든 욕구를 충족시키기 위해 그들과 상호작용하는 방법에 대해 종업원들을 신중하게 교육시킨다. 신규 채용된 사원들은 지위고하에 상관없이 3개월 동안의 고객충성도 훈련 프로그램을 이수한다.

경쟁과 비용이 증가하고 생산성과 품질이 감소하는 오늘날에 있어 보다 세련된 서비스마케팅이 요구된다. 서비스기업들이 당면한 3가지 주요 마케팅과업들은 서비스 차별화의 강화, 서비스품질의 증대, 그리고 서비스 생산성의 증대이다.

상호작용 마케팅(interactive marketing)
고객욕구를 충족시키기 위해 고객과 상호작용하는 기술을 서비스 종업원들에게 훈련시키는 것

서비스 차별화의 관리

치열한 가격경쟁이 벌어지는 오늘날의 시장에서, 서비스마케터는 경쟁사와 차별화된 서비스를 제공하기 어려워지고 있다고 토로한다. 고객들이 여러 서비스기업들이 제공하는 서비스들이 유사한 것으로 지각한다면 서비스가격에만 주로 신경을 쓸 것이다.

≫ 서비스 차별화: Emirates 항공은 최근 1등석 스위트를 Boeing 777에 추가하였는데, 슬라이딩 도어, 옷장, 2,500개 채널을 갖춘 태블릿, 32인치 TV 스크린, 개인용 미니바, 그리고 수분 보호 파자마와 스킨케어 키트를 포함하는 "영감을 주는 키트(inspiration kits)"가 주요 특색이다.

Christian Charisius/picture-alliance/dpa/AP Images

가격경쟁을 피하는 해결책은 차별화된 서비스제공물, 서비스전달, 이미지 등을 개발하는 것이다.

서비스제공물(offer)은 경쟁사와 차별화시키는 혁신적 특성들을 포함할 수 있다.

예를 들어, Emirates 항공은 최근 1등석 스위트를 Boeing 777에 추가하였는데, 슬라이딩 도어, 옷장, 2,500개 채널을 갖춘 태블릿, 32인치 TV 스크린, 개인용 미니바, 그리고 수분 보호 파자마와 스킨케어 키트를 포함하는 "영감을 주는 키트(inspiration kits)"가 주요 특색이다. 어떤 유통업체는 재고 이외의 상품을 제공하겠다고 차별화한다. 대형 REI(Recreational Equipment, Inc.) 점포에서는 소비자가 상품을 구매하기 전 직접 경험을 할 수 있는데, 산악자전거 트레일, 기어 테스트 스테이션, 대형 등반 암벽, 점포 내 시뮬레이션 강우 등이 갖추어져 있다.

서비스기업은 서비스배송을 차별화할 수 있는데, 더 능력이 있고 더 신뢰할 수 있는 고객응대 직원들을 확보하거나, 서비스 상품이 배송되는 탁월한 물리적 환경을 개발하거나 탁월한 배송 프로세스를 디자인할 수 있다. 예를 들어, 많은 식료품 체인은 온라인 주문을 제공하는데, 매장에 운전하고 가서 주차하고 줄을 서서 기다리다가 식료품을 집으로 나르는 대신, 더 좋은 쇼핑 방법으로 도로가에서 식료품을 받거나 집 배달 서비스를 제공한다. CVS Health는 신속하고 편리한 의료 서비스를 자체 Minute Clinics나 Target 점포를 통해 제공하는데, 고객들에게 예방접종, 가벼운 질병 치료와 기타 건강관리 니즈를 위해 병원에 가서 오래 기다리는 번거로움을 덜어준다. Minute Clinic은 당신에게 "당신의 스케줄에 따라 필요로 하는 케어"를 제공한다.

마지막으로 서비스기업은 또한 심벌이나 브랜딩으로 자신들의 이미지를 차별화할 수 있다. 잘 알려진 서비스 캐릭터와 심벌은 GEICO Gecko, Progressive Insurance의 Flo, McDonald's 골든 아치, Allstate의 "good hands", Twitter 새, 그리고 주근깨가 있고 빨간 머리에 돼지꼬리 모양의 머리를 한 Wendy's 소녀이다. KFC Colonel은 인기 있는 팝 컬처 인물이 되었고, 지난 몇 년 동안 매우 유쾌한 일련의 광고에서 십여 명의 유명인에 의해 묘사되었는데, Rob Lowe, George Hamilton, 그리고 Norm McDonald와 컨츄리 음악 가수인 Reba McEntire가 출연하였다.

서비스품질의 관리

서비스기업은 경쟁사보다 더 높은 품질을 일관성 있게 전달함으로써 차별화를 추구할 수 있다. 과거에 제조업체들이 그랬듯이, 대부분의 서비스산업들도 이제 고객지향적 품질운동을 전개하고 있다. 제품 마케터와 마찬가지로 서비스기업들도 목표고객들이 서비스품질에서 기대하는 것이 무엇인지를 파악할 필요가 있다.

불행하게도 서비스품질은 제품품질 보다 정의를 내리고 판단하는 것이 더 어렵다. 가령, 헤어드라이기의 품질보다는 헤어컷의 품질을 판단하는 것이 더 어렵다. 고객유지는 서비스품질을 측정하는 최고의 척도일 수 있는데, 서비스기업의 고객유지능력은 그 기업이 고객들에게 어느 정도 일관성 있게 가치를 전달하느냐에 달려 있다.

최고의 서비스기업들은 높은 서비스품질 표준을 설정한다. 그들은 자사 및 경쟁사의 서비스성과를 면밀하게 살펴본다. 그들은 단순히 좋은 서비스의 제공에 만족하지 않고, 100% 무결점 서비스를 지향한다. 98% 서비스 무결점 성과를 표준으로 하는 것은 괜찮은 것으로 보일 수 있다. 그러나 이러한 표준을 채택한다면, UPS는 시간당 353,000건의 우편물을 분실하거나 잘못 전달할 것이며, 미국의 약사들은 매주 150만 개의 처방전에 대해 잘못된 약 배합을 발생시킬 것이다.[26]

제품 제조업체들은 모든 것이 완벽해질 때까지 기계설비와 재료를 조정할 수 있지만, 서비스품질은 종업원과 고객 간의 상호작용이 어떠한가에 따라 항상 달라질 수 있다. 최선을 다하는 최고의 서비스기업이라고 하더라도 소비자들은 때에 따라 배달의 지체, 너무 구운 스테이크, 무뚝뚝한 종업원 등을 경험할 수 있다. 그러나 훌륭한 서비스회복(service recovery)은 분노한 고객을 충성고객으로 전환시킬 수 있다. 실제로 훌륭한 서비스회복은 처음에 잘하는 것보다 더 많은 구매와 더 높은 고객충성도를 획득하게 할 수 있다.

많은 기업들은 일선 종업원들에게 서비스회복의 기술을 훈련시킨다. 예를 들어 Starbucks Baristas는 불평하는 고객들을 인지하고 그들의 불만을 긍정적으로 처리하기 위해 LATTE 방법을 배운다. LATTE는 고객의 소리를 듣고(Listen), 그들의 불평을 인정하고(Acknowledge), 문제를 해결하는 조치를 취하고(Take), 감사를 표하며(Thank), 그리고 나서 그 문제가 발생한 이유를 설명하는(Explain) 것을 나타낸다. 듣고 긍정적인 조치를 취함으로써 Starbucks 직원들은 자주 분노한 고객들을 감동하는 고객들로 변화시킬 수 있다.[27]

오늘날 Facebook, Twitter 등 소셜 미디어는 서비스에 대한 고객 불만족을 해결하는데 도움을 줄 수 있다. 4장에서 언급했듯이, 많은 기업들이 고객들이 제기하는 이슈를 신속하게 파악하고 실시간으로 대응하기 위해 디지털 공간을 모니터하고 있다. 예를 들어, Southwest Airlines는 월간 약 80,000개의 Facebook과 Twitter의 포스에 응답하는 29명의 헌신된 팀을 가지고 있다. Southwest와 다른 항공사들은 소셜 미디어 문의와 댓글에 신속하게 응답하는데 숙달되어 있다. 최근 연구에 따르면, Southwest의 Twitter에서 고객 응답 시간은 평균 6분 36초이다. 신속하고 사려깊은 대응은 불만족한 고객을 브랜드 옹호자로 전환시킬 수 있다.[28]

>> **서비스 품질:** 좋은 서비스회복은 성난 고객을 충성고객으로 전환시킬 수 있다. Starbucks는 분노한 고객을 "LATTE"하도록 종업원들을 훈련시킨다. 듣고(Listen), 인정하고(Acknowledge), 조치를 취하고(Take), 감사를 표하며(Thank), 그리고 발생한 문제의 이유를 설명하는 (Explain) 것이다.
B.O'Kane/Alamy Stock Photo

서비스 생산성의 관리

급속한 비용상승을 경험하는 서비스기업들은 서비스 생산성을 향상시키기 위해 고심한다. 이에 따라 서비스기업들은 서비스 생산성을 향상시키기 위한 방안들을 강구한다. 그들은 기존의 종업원들을 더 잘 교육시키거나 혹은 더 열심히 일하거나 더 요령 있게 일할 수 있는 신규 종업원을 채용할 수 있다. 혹은 서비스품질을 어느 정도 희생시키고 서비스의 생산량을 증대시킬 수 있다. 사람들은 대체로 제조업체들이 시간과 비용을 절감하기 위해 기술의 힘을 빌린다고 생각하지만, 서비스 종사자의 생산성을 더 높이는 데도 기술의 힘은 충분한 기여를 할 수 있다.

그러나 기업들은 생산성을 높이는데 너무 집착하여 서비스품질을 저하시키는 상황이 발생되지 않도록 해야 한다. 서비스 산업화와 비용절감노력은 단기적으로 서비스기업의 효율성을 높일 수 있다. 그러나 이러한 노력은 혁신을 추구하고, 서비스품질을 유지하며, 고객의 욕구에 대응하는 등의 장기적 역량을 감소시킬 수 있다. 가령, 일부 항공사들은 비용 상승에 대처하기 위해 경제성을 추구하는 과정에서 이와 같은 교훈을 배우고 있다. 대다수 항공사의 승객들은 개인이 제공하는 카운터 서비스 대신 시간을 절약해주는 체크인 키오스크를 이용한다. 그리고 대다수 항공사들은 기내 스낵과 같은 작은 것들에 대해서도 무료로 제공하는 것을 중단하고, 기내 수화물, 복도좌석 등 모든 서비스에 대해 추가비용을 부과하기 시작했다. 그 결과로 인해 비행기는 가능하다면 항공편을 이용하지 않으려는, 분노에 찬 고객들로 가득하다. 생산성을 향상시키려다 고객서비스를 엉망으로 만들어버린 것이다.

따라서 서비스 생산성을 향상시키려고 하는 기업들은 고객가치를 창출·전달하는 방법을 반드시 염두에 두어야 한다. 즉 생산성 추구로 인해 서비스 자체가 사라지지 않도록 유의해야 하는 것이다. 실제로 기업들은 서비스품질을 향상시키기 위해 서비스생산성을 의도적으로 낮출 수 있는데, 이러한 조치는 더 높은 가격과 이익을 유지하는데 도움이 될 수 있다.

🔗 개념 연결하기

여기서 잠깐 학습을 중단하고 배운 내용을 복습해 보자. 앞에서 설명했듯이 넓은 의미에서 보면 서비스도 제품에 속하지만, 서비스는 유형제품들과 다른 고유의 특징과 마케팅활동을 갖고 있다. 이러한 차이를 더 잘 이해하기 위해 Nike나 Honda 같은 전형적인 유형제품 브랜드를 하나 선정하고, 다시 JetBlue 항공이나 McDonald's 같은 서비스브랜드를 선정한 다음 이 둘을 비교해보라.

● 당신이 선정한 유형제품 브랜드와 서비스 브랜드의 특징과 마케팅활동은 어떤 점에서 비슷한가?

● 두 브랜드의 특징과 마케팅활동은 어떤 점에서 차이가 있는가? 이러한 차이점을 염두에 두고 이 장의 마지막 부분으로 넘어가기로 한다.

저자 코멘트
브랜드 제품이나 서비스가 의미하는 모든 것을 대변한다. 이와 같이 브랜드는 기업에 소중한 자산이다. 예를 들어, 어떤 사람이 Coca-Cola에 대해 이야기하는 것을 들었을 때, 당신은 어떤 생각이 들고 어떤 느낌을 갖고 어떤 것을 기억하는가? Target과 Google에 대해서는?

브랜딩 전략: 강력한 브랜드의 구축

어떤 분석가들은 브랜드를 기업의 특정 제품과 설비보다 수명이 긴 주요 기업자산으로 본다. Quaker Oats사의 공동창업주였던 John Stewart는 "우리 사업이 쪼개진다면, 나는 당신에게 토지와 설비를 주고, 나는 브랜드와 트레이드마크를 갖겠다. 그래도 나는 당신보다 더 잘 나갈 것이다."라고 말했다. McDonald's의 전 CEO도 다음과 같이 말했다. "우리가 소유한 모든 자산, 건물, 설비 등이 큰 자연재해로 인해 파괴되더라도, 브랜드의 높은 가치로 인해 우리는 이를 신속하게 복구할 모든 자금을 대출받을 수 있을 것이다. 브랜드는 이러한 자산들을 모두 합한 것보다 더 가치가 있다."[29]

브랜드는 신중하게 개발·관리되어야 할 강력한 자산이다. 이하에서는 브랜드를 구축·관리하기 위한 핵심전략들에 대해 설명하기로 한다.

브랜드자산과 브랜드가치

브랜드들은 브랜드명과 심벌 그 이상을 의미한다. 브랜드는 기업이 고객과의 관계를 구축하는데 핵심요소이다. 브랜드는 제품 및 제품성과에 대한 소비자들의 지각과 느낌을 상징한다. 즉 제품 혹은 서비스가 소비자들에게 의미하는 모든 것을 나타낸다. "제품은 공장에서 만들어지지만 브랜드는 마음에서 창출된다."고 저명한 한 마케터가 말했다.[30]

강력한 브랜드는 높은 브랜드자산을 갖는다. **브랜드자산**(brand equity)은 브랜드명을 안다는 것이 제품 혹은 서비스에 대한 고객반응에 미치는 긍정적인 차별적 효과를 말한다. 브랜드자산은 소비자 선호도와 충성도를 얻는 브랜드능력의 한 척도이다. 브랜드가 부착되지 않은 제품에 비해 브랜드가 부착된 동일제품에 대해 더 호의적인 반응을 보인다면, 그 브랜드는 긍정적 브랜드자산을 갖는다. 그리고 무브랜드 제품에 비해 덜 호의적인 반응을 보인다면, 그 브랜드는 부정적 브랜드자산을 갖는다.

브랜드가 시장에서 갖는 파워와 가치는 브랜드에 따라 매우 다양하다. Coca-Cola, Nike, Disney, GE, McDonald's, Harley-Davidson 등의 브랜드들은 오랜 세월 동안 시장에서 파워를 유지해 온 아이콘 브랜드들이다. Amazon, Google, Instagram, Airbnb, Uber, 그리고 Waze 같은 브랜드들은 소비자들에게 신선한 흥분감과 충성심을 창출했다. 이들 브랜드는 단순히 독특한 편익이나 신뢰성 있는 서비스를 전달했기 때문에 시장에서 우위를 차지한 것이 아니라 고객들과 깊은 상호관계를 구축했기 때문에 성공을 거두었다. 사람들은 정말 브랜드와 관계를 형성한다. 예를 들어, 전 세계 8억 명 이상의 Instagram 사용자들에게, Instagram은 단지 사진과 비디오 공유 서비스보다는 훨씬 많은 무언가를 나타낸다. Instagram은 사진을 통해서 친구들과 중요한 순간들을 공유하는 것을 의미한다. 새로운 강아지, 결혼한 사람, 아이의 첫 번째 걸음, 또는 하와이의 아름다운 쌍무지개이든, 그 순간의 경험을 공유함으로써 친구나 가족들에게 더 가까이 다가가는 것을 의미한다.[31]

광고회사 Young & Rubicam의 브랜드자산 평가(BrandAsset Valuator) 모형은 다음의 4가지 소비자 지각차원을 토대로 브랜드 강도를 측정하는데, 차별성(differentiation, 브랜드를 다른 제품에 비해 두드러져 보이게 하는 것), 관련성(relevance, 브랜드가 자신의 욕구를 얼마나 잘 충족시킨다고 느끼는가), 지식(knowledge, 소비자들이 브랜드에 대해 얼마나 많이 알고 있는가), 존경(esteem, 소비자들은 브랜드를 어느 정도 존중하는가)이 그것이다. 강력한 브랜드 자산을 가진 브랜드는 4가지 차원 모두에서 높은 평가를 받는다. 브랜드는 다른 브랜드와 달라야 한다. 그렇지 않다면 소비자들이 그 브랜드를 굳이 선택해야 할 이유가 없을 것이다. 그러나 브랜드가 높은 차별성을 갖고 있다고 해서 소비자들이 반드시 그 브랜드를 구매하는 것은 아니다. 브랜드는 소비자의 욕구와 관련되면서 차별화되어야 한다. 그러나 차별화되고, 관련성이 높은 브랜드라고 해서 구매가 보장되는 것은 아니다. 브랜드에 대한 행동 반응을 보이기 앞서, 소비자들은 그 브랜드를 먼저 알고 이해해야 한다. 그리고 그러한 친숙성이 강력하고, 긍정적인 소비자-브랜드 연결로 이어져야 한다.[32]

따라서 긍정적 브랜드자산은 소비자가 브랜드에 대해 갖는 느낌과 브랜드와의 관계로부터 형성된다. **브랜드가치**(brand value)는 브랜드의 총 재무적 가치이다. 브랜드가치를 추정하는 것은 어려운 작업이다. 그러나 최근의 한 조사에 따르면 Google의 브랜드가치

브랜드자산(brand equity)
브랜드명을 안다는 것이 제품 혹은 서비스에 대한 고객반응에 미치는 차별적 효과

>> **소비자-브랜드 관계:** 전념하는 Instagram 사용자들에게, 그 브랜드는 단지 사진 공유 서비스보다는 훨씬 많은 것을 나타낸다. 그 순간의 경험을 공유함으로써 친구나 가족들에게 더 가까이 다가가는 것을 의미한다.

Alex Segre/Alamy Stock Photo

브랜드가치(brand value)
브랜드의 총 재무적 가치

는 2,460억 달러, Apple은 2,350억 달러, Microsoft는 1,430억 달러, Amazon 1,400억 달러, Facebook 1,300억 달러, AT&T 1,150억 달러로 추정되었다. Visa, Tencent, IBM, McDonald's, Verizon 등도 세계에서 가장 가치 있는 브랜드 목록에 포함된다.[33]

높은 브랜드자산은 기업에 많은 경쟁우위를 제공한다. 강력한 브랜드는 높은 수준의 브랜드인지도와 소비자 충성도를 갖는다. 소비자들은 점포들이 강력한 브랜드를 취급할 것으로 기대하기 때문에 그 브랜드를 소유한 기업은 유통업체와의 거래조건 협상에서 우위를 갖는다. 브랜드자산이 높은 브랜드명은 높은 신뢰성을 갖기 때문에 그 브랜드를 가진 기업은 신규 제품라인과 브랜드 확장제품을 성공적으로 출시하기에 용이하다. 강력한 브랜드는 치열한 가격경쟁에서 기업의 보호막을 제공한다.

무엇보다 중요한 것은 파워브랜드는 강력하고 수익성이 있는 고객관계를 구축하는 토대가 된다는 것이다. 브랜드자산 형성의 가장 근간이 되는 자산은 고객자산(customer equity)인데, 이는 브랜드에 의해 창출된 고객관계의 가치를 말한다. 파워브랜드가 기업에 중요하기는 하지만 강력한 브랜드가 진정으로 시사하는 점은 이익을 낳는 충성고객집단을 갖고 있다는 것이다. 마케팅이 전력을 기울여야 할 영역은 브랜드관리를 중요한 마케팅수단으로 삼아 고객자산을 구축하는 것이다. 기업들은 제품포트폴리오를 구성·관리하는 것이 아니라 고객포트폴리오를 구성·관리하는 사고를 가져야 할 필요가 있다.

강력한 브랜드의 구축

브랜딩은 마케터에게 도전적인 의사결정을 요구한다. 그림 7.5는 브랜드전략의 주요 의사결정영역을 보여주는데, 이는 브랜드포지셔닝, 브랜드명 선택, 브랜드 소유권자(후원자)의 결정, 브랜드개발 등을 포함한다.

브랜드포지셔닝

마케터들은 목표고객의 마음속에 자사브랜드를 명확하게 포지셔닝시킬 필요가 있다. 기업은 제품속성, 제품편익, 소비자 신념과 가치의 세 가지 수준에서 자사브랜드를 포지셔닝시킬 수 있다.[34] 가장 하위수준에서 이루어지는 브랜드포지션은 제품속성에 기반을 둔 브랜드포지셔닝이다. 예를 들어, Whirlpool은 주요 가전제품을 품질, 구색, 스타일, 그리고 혁신적인 특징 등의 속성에 따라 포지셔닝할 수 있다. 그러나 제품속성 기반의 포지션은 가장 매력도가 떨어지는 유형의 브랜드포지셔닝이다. 경쟁사들이 쉽게 자사의 브랜드 제품속성을 모방할 수 있기 때문이다. 더 중요한 사실은 고객들이 진정으로 관심을 갖는 것은 그러한 제품속성이 아니라 그 제품속성이 고객에게 해주는 것이다.

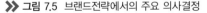 **그림 7.5** 브랜드전략에서의 주요 의사결정

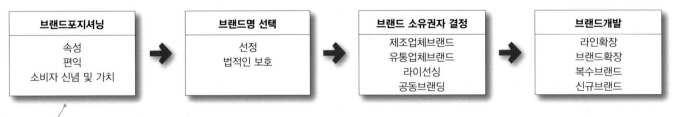

브랜드포지셔닝	브랜드명 선택	브랜드 소유권자 결정	브랜드개발
속성 편익 소비자 신념 및 가치	선정 법적인 보호	제조업체브랜드 유통업체브랜드 라이선싱 공동브랜딩	라인확장 브랜드확장 복수브랜드 신규브랜드

브랜드는 신중히 개발·관리되어야 할 강력한 자산이다. 이 그림이 보여주듯이 강력한 브랜드를 구축하는 것은 도전적인 여러 의사결정을 수반한다.

보다 나은 브랜드포지셔닝은 브랜드명을 고객이 바라는 편익과 연결시키는 것이다. 따라서 Whirlpool은 기술직인 제품 속성을 넘어서 요리와 청소의 번기로움 을 덜어 줌, 더 나은 에너지 절약, 또는 보다 스타일이 좋은 주방 등의 혜택을 언급한다. 예를 들어, Whirlpool은 수년 동안 자사 세탁기를 "더 많은 빨래를 할 수 있는 파워"를 가졌다고 포지셔닝하였다. 편익에 기반을 둔 브랜드포지션으로 성공을 거둔 예로는 FedEx(정시 소화물배달의 보장), Walmart(비용의 절약), Instagram(어떤 순간의 포착과 공유) 등을 들 수 있다.

최고의 파워브랜드들은 제품속성 혹은 편익에 기반한 포지셔닝에 머무르지 않고, 강력한 소비자 신념 및 가치에 근거하여 브랜드를 포지션시킨다. 이러한 브랜드들은 정서적 요소들로 채워져 있다.

예를 들어, Whirlpool 연구 결과, 가전제품은 고객들에게 단지 "차가운 금속"보다는 더 많은 것을 의미한다. 고객들의 생활과 관계에서 가전제품이 만드는 가치에 연결된 깊은 의미를 가지고 있다. 그래서 Whirlpool은 "Every Day, Care"라는 주요 포지셔닝 캠페인을 실행하였는데, 이는 Whirlpool 제품으로 당신이 사랑하는 사람들을 돌보는 따뜻한 감정에 기초하고 있다. 어떤 광고는 Johnny Cash가 부르는 "You Are My Sunshine"이 배경음악으로 흐르고 아들의 점심 도시락에 메모를 남기는 아빠를 보여준다. 다른 광고는 Whirlpool 세탁기와 건조기 주변에 엄마와 딸의 대화에 집중하고, 또 다른 광고에서는 저녁을 함께 요리하며 "감자가 솜털로 덮여 있고 흰 색"일 거라는 바람을 가지는 부부를 보여준다. 차가운 금속을 덥히는 것은 Whirlpool을 위한 놀라움을 만들어낸다. 불과 6개월 안에 브랜드 매출이 6.6% 오르고, 시장점유율은 10% 증가하고 긍정적인 소셜 미디어 정서가 6배 급증하였다.[35]

광고회사 Saatchi & Saatchi는 브랜드가 크게 성장하기 위해서는 합리적(이성적) 요소 그 이상에서 충성도를 구축하는 제품이나 서비스를 의미하는 러브마크가 되어야 한다고 제안한다. Disney, Apple, Nike, Coca-Cola, Trader Joe's, Google, Pinterest 등은 많은 고객들로부터 이러한 지위를 획득했다. 러브마크 브랜드는 강한 정서적 유대관계를 갖는다. 고객들은 그냥 이러한 브랜드들을 좋아하는 것이 아니다. 그들은 브랜드와 정서적으로 강하게 연결되어 있고 무조건적으로 사랑한다.[36] 예를 들어, Disney는 클래식한 러브마크 브랜드이다. 어느 Walt Disney World Resort 정기 고객이 주장하는 바 "나는 깊은 잠을 자고 Disney 모든 것에 강한 애착을 가지고 있다. Main Street를 걸어가며 Cinderella 성을 바라보는 것은 언제나 심장이 두근거리게 한다. 내가 보증하고 신뢰할 수 있는 순간이다. 내 인생에서 변하지 않는 것이다. 내가 어디를 거쳐 가든지… 세상은 갑자기 마법과 놀라움과 가능성으로 가득 차게 되고 행복의 물결이 나에게 흘러넘치고 미소가 나의 얼굴에 쉽사리 번지는데, 강요되거나 가식적인 것이 아닌 진정한 미소다."[37]

브랜드를 포지셔닝함에 있어 마케터는 브랜드 사명과 브랜드가 지향해야 하고 실행에 옮겨야 할 방향인 브랜

>> **브랜드포지셔닝:** Disney와 같은 브랜드들은 감정적인 강한 효과를 주고 "이성을 넘어서는 고객충성도를 촉진시킨다."

Art of Drawing/Alamy Stock Photo

드 비전을 설정해야 한다. 브랜드는 특정의 제품특성, 편익, 서비스, 경험의 묶음을 고객들에게 일관성 있게 전달하겠다는 기업의 약속이다. 브랜드약속은 단순하면서 정직해야 한다. 예를 들어, Motel 6 체인은 깨끗한 객실, 저렴한 가격, 좋은 서비스를 제공하지만, 값비싼 가구 혹은 대형욕조를 약속하지는 않는다. 이에 반해 Ritz-Carlton 호텔은 호화로운 객실과 매우 기억에 남는 경험을 제공하지만 저렴한 숙박요금을 약속하지는 않는다.

브랜드명의 선택

좋은 브랜드명은 제품이 성공하는데 상당한 부가적 가치를 제공할 수 있다. 그러나 최선의 브랜드명을 찾는 것은 쉽지 않은 작업이다. 브랜드명 선정 작업은 제품, 제품편익, 목표시장, 제안된 마케팅전략 등을 세심하게 검토하는 것에서 시작된다. 그런 다음에 이루어지는 브랜드명 개발은 과학과 예술이 동시에 요구되며 직관적 판단을 필요로 한다.

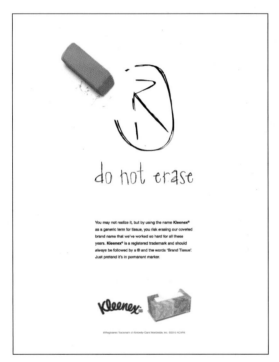

>> **브랜드명의 보호:** 이 광고물은 Kleenex라는 이름 다음에 등록된 트레이드마크 심벌과 브랜드 티슈라는 단어를 추가해 줄 것을 요청함으로써 오랜기간 열심히 일해서 구축한, 누구나 탐내는 브랜드명이 사라지는 것을 막는데 도움을 주려고 한다.

Kimberly-Clark Worldwide, Inc. Reprinted with permission

브랜드명이 가져야 할 바람직한 특징은 다음과 같다. ① 브랜드명은 제품의 편익과 품질을 전달할 수 있어야 한다(예를 들어, Beautyrest, Slimfast, Facebook, Airbnb). ② 브랜드명은 발음하기 쉽고 재인식과 기억이 용이해야 한다. iPad, Tide, Jelly Belly, Twitter, JetBlue 등 짧은 브랜드명이 이러한 조건을 충족시킨다. ③ 브랜드명은 두드러져야 한다(예를 들어, Panera, Swiffer, Zappos, Nest). ④ 브랜드명은 다른 제품영역으로 확장 가능해야 한다. Amazon.com은 온라인 서점으로 시작했는데, 브랜드명을 짓는 과정에서 다른 제품범주로 사업확장이 가능한 브랜드명을 선택했다. ⑤ 브랜드명은 외국어로 쉽게 옮길 수 있어야 한다. Coca-Cola는 중국어로 "맛있는 재미"를 의미한다. ⑥ 브랜드명은 등록과 법적 보호가 가능해야 한다. 브랜드명이 기존의 브랜드명을 침해하면 그 브랜드명은 등록될 수 없다.

새로운 브랜드명을 선택하는 일은 힘든 작업이다. 지난 수십 년 동안 기발한 브랜드명(Yahoo!, Google) 혹은 트레이드마크를 걱정할 필요가 없는 인위적으로 조합된 브랜드명(Novartis, Aventis, Accenture)을 선택하는 시기를 거친 후, 오늘날에는 실질적 의미를 갖는 브랜드명을 선택하는 트렌드를 보인다. 가령 Silk(두유), Method(가정용 소비용품), Smartwater(음료), Snapchat(사진 메시징 앱) 같은 이름은 단순하면서 직관적으로 그 의미가 다가온다. 그러나 트레이드 신청 수가 엄청나게 늘어남에 따라, 사용할 수 있는 새로운 이름을 찾기가 어려울 수 있다. 당신이 직접 이름을 한 번 지어보라. 한 제품을 선택해 더 나은 브랜드명을 지을 수 있는지 살펴보라. Moonshot? Tickle? Purple? Treehugger? Avocado? Simplicity, Mindbender는 어떤가? Google에 이 이름들을 치면 이미 상표등록이 되었다는 것을 알게 될 것이다.

브랜드명이 선정되면 마케터는 브랜드명을 보호하기 위해 노력해야 한다. 많은 기업들이 자사의 브랜드명을 구축하여 최종적으로 해당 제품범주와 동일시되도록 만들려고 노력할 것이다. Kleenex, Levi's, JELL-O, BAND-AID, Scotch Tape, Velcro, Formica, Magic Market, Postit Notes, Ziploc 등의 브랜드명은 해당 제품범주 자체를 의미할 정도로 큰 성공을 거두었다. 그러나 이러한 성공이 기업의 브랜드 사용권을 위협할 수 있다. 도입초기에 법적보호를 받았던 많은 브랜드들(가령 cellophane, aspirin, nylon, kerosene, linoleum, yo-yo, trampoline, escalator, thermos, shredded wheat 등)이 이제는 모든 판매업체들이 사용될 수 있는 본원적 이름 (generic names)이 되었다.

브랜드를 보호하기 위해 마케터들은 브랜드라는 단어를 사용하거나 등록된 트레이드마크 심벌을 사용할 때 신중을 기해야 하는데, 'BAND-AID® Brand Adhesive Bandages'가 그 예에 해당된다. "I am stuck on BAND-AID and BAND-AID's stuck on me(내가 BAND-AID에 반했고 BAND-AID가 내게 반했어)"라는 오래 사용되어 온 징글도 이제는 다음과 같이 변경되었다. "I am stuck on BAND-AID Brand and BAND-AID's stuck on me" 이와 유사하게 Kleenex의 최근 광고는 Kleenex라는 이름은 항상 등록된 트레이드마크 심벌과 '브랜드 티슈'라는 단어와 함께 사용되어야 한다고 다른 광고주들에게 충고한다. 당신은 그 사실을 깨닫지 못할 수 있지만, Kleenex®라는 이름을 티슈를 의미하는 단어로 사용한다면, '오랜 기간 동안 열심히 일해서 구축한 브랜드명을 없애는 일을 하는 것입니다.'라고 광고에서는 얘기한다.

기업들은 자주 자신의 이름과 브랜드 심벌을 보호하기 위해 어떤 노고도 마다하지 않는다. 예를 들어, 보험회사인 Travelers는 자신의 익숙한 빨간 우산 심벌을 조금이라도 침해하는 업체들을 열광적으로 소추한다. 최근 이 기업은 Alaska Anchorage에 있는 소규모 컨설팅 회사인 Human Resource Umbrella를 회사명의 두 l 자 위에 우산을 걸쳐 놓았다는 이유로 법적인 행동을 취하겠다고 협박하였다. 그러한 행동은 불필요하게 보이지만, Travelers에게는 중대한 일이다. "Mary Poppins도 아마 변호사를 고용하기 원할 것이다."라고 어느 산업계 변호사는 농담을 한다.[38]

브랜드 소유권자의 결정

제조업체는 브랜드 소유권에 대해 4가지 대안을 가진다. 제품은 제조업체 브랜드(혹은 내셔널 브랜드)로써 출시될 수 있는데, Samsung과 Kellogg가 자신의 제조업체 브랜드명 Samsung Galaxy 태블릿 혹은 Kellogg's Frosted Flakes를 사용하여 제품을 판매하는 경우이다. 다른 대안은 제조업체가 유통업체에 판매한 생산제품에 대해 유통업체가 자체 브랜드명을 붙여(이를 사적 상표, 소매점 브랜드, 유통업체 브랜드라 부름) 시장에 판매하는 것이다. 대부분의 제조업체들은 자신들이 소유하는 브랜드명을 개발하지만, 일부 제조업체들은 라이선스 브랜드(licensed brands)를 판매한다. 마지막으로 브랜드 소유권의 또 다른 대안은 두 기업이 제휴하여 공동브랜드의 제품을 판매하는 것이다. 이하에서는 각 대안에 대해 자세히 설명하기로 한다.

제품업체 브랜드와 유통업체 브랜드 제조업체 브랜드들(manufacturers' brands)이 주로 제품시장을 지배해 왔지만, 최근 들어 소매업체와 도매업체들이 자신 소유의 **유통업체 브랜드**[store brands 또는 private brand(사적 브랜드)]를 도입하는 빈도가 늘어나고 있다.

많은 대형소매업체들이 유통업체 브랜드 중심의 깊은 상품구색을 개발·판매하고 있다. 가령, Kroger의 유통업체 브랜드-Kroger브랜드, Private Selection, HeritageFarm, Simple Truth, Psst and Check This Out 등-은 이 대형 식료품 소매업체 매출의 25%인 230억 달러 정도를 차지하고 있다. 할인 식료품체인 ALDI의 경우, 매출의 90% 이

유통업체 브랜드 혹은 사적 브랜드
(store brand or private brand)
제품이나 서비스의 재판매업자가 개발·소유한 브랜드

유통업체 브랜드: Private Selection, Simple Truth 등 Kroger의 유통업체 브랜드는 이 식료품 소매업체 매출의 25%를 차지한다. Kroger는 브랜드 보증도 제공하는데, "시용해 보고, 마음에 들지 않으면 제조업체 브랜드를 무료로 가지세요."

Al Behrman/AP Images

상이 Baker's Choice, Friendly Farms, Simply Nature, Mama Cozzi's Pizza Kitchen 같은 유통업체 브랜드로부터 나온다. 온라인 소매기업 Amazon도 Amazon Elements(기저귀 등 일상 필수품), AmazonBasics(전자제품), Pinzon(부엌용품), Strathwood(야외용 가구), Dike Street(목욕용품), Denali(도구) 같은 유통업체 브랜드를 개발했다.[39]

한때 본원적(generic) 브랜드 혹은 '노네임' 브랜드로 알려졌던 유통업체 브랜드는 전국브랜드 제품의 싸구려 복제품이라는 이미지를 벗고 있다. 유통업체 브랜드는 이제 더 넓은 상품구색을 제공하며 제조업체 브랜드 수준의 제품품질을 갖추고 있다. 실제로 Target, Trader Joe's 같은 소매업체들은 경쟁자인 많은 유명 제조업체 브랜드에 비해 훨씬 혁신적이다. Kroger는 브랜드 보증도 제공하는데, "시용해 보고, 마음에 들지 않으면 제조업체 브랜드를 무료로 가지세요." 그 결과 소비자들은 가격 이외의 요인들 때문에 유통업체 브랜드에 대해 충성도를 보이고 있다.

어떤 경우에 소비자들은 고메 식품이나 프리미엄 품목으로 포지셔닝된 유통업체 브랜드에 기꺼이 더 많이 지불한다. 단순히 가격과 가치를 넘어, 고객 경험은 유통업체 브랜드의 성공에 중요한 동기가 되어 왔다(Marketing at Work 7.2 참조).

소위 제조업체 브랜드와 유통업체 브랜드 간에 벌어지는 브랜드 전쟁에서 소매업체들은 상대적으로 우위를 갖는다. 그들은 어떤 제품을 취급하고, 각 제품을 어디에 진열하고, 소매가격을 얼마로 책정하고, 지역광고에 어떤 제품을 소개할지에 대해 통제한다. 또한 대부분의 소매업체들은 종종 유통업체 브랜드의 가격을 이와 유사한 수준의 제조업체 브랜드에 비해 더 낮게 책정하고 진열대 위에 표시된 가격비교 정보를 통해 가격차이를 부각시킨다. 유통업체 브랜드는 기반을 구축하기 어렵고 진열과 촉진을 하는데 비용이 들 수 있지만, 재판매업자들에게 더 많은 마진을 제공한다. 그리고 유통업체 브랜드는 경쟁점포로부터 구입하기 어려운 독점적 제품을 재판매업자들에게 제공하기 때문에 점포방문빈도와 충성도를 높여준다. 빠르게 성장하는 소매업체인 Trader Joe's는 유통업체 브랜드를 90% 정도 취급하고 있는데, 점포의 운명을 스스로 책임지기 위해 자체상표를 도입하기 시작했다.

유통업체 브랜드의 위협에 대처하기 위해 제조업체 브랜드들은 가치제안을 더욱 날카롭게 만들어야 하며, 이는 더욱 검소해진 오늘날의 소비자들에게 소구함에 있어 더욱 그러하다. 많은 제조업체 브랜드들은 시장점유율을 방어하기 위해 더 많은 가격할인과 쿠폰을 제공함으로써 이에 정면대응하고 있다. 그러나 장기적으로 시장선도 제조업체 브랜드들은 신규브랜드 도입, 새로운 제품특성 개발, 그리고 품질향상을 위해 투자함으로써 차별화에 기반한 경쟁을 추구해야 한다. 또한 높은 브랜드인지도와 브랜드선호도를 유지하기 위해 강력한 광고프로그램을 개발해야 한다. 나아가 물류상의 규모의 경제와 물류업체/제조업체 공동성과의 향상을 모색하기 위해 주요 물류업체들과 협력관계를 구축할 방안을 찾아야 한다.

MARKETING AT WORK 7.2

소매상 브랜드(Store Brands): 가격이 중요하지만, 더 중요한 건 고객 경험

소매상 브랜드가 크게 증가하면서 전국 브랜드(national brands)로부터 시장점유율을 차지하고 있는데, 식품과 의류부터 가정용품, 소비자 가전, 그리고 도구에 이르는 상품 카테고리를 포함한다. 돈을 절약하는 것이 그 이유의 일부이다. 소매상 브랜드가 저렴하고 브랜드가 없는 모조품과 다름없는 시대는 지나갔다. 오늘날의 소매상 브랜드는 흔히 품질에서 전국 브랜드와 동등하고 전국 브랜드의 명성에 대등하거나 넘어서는 명성을 가지고 있는 소매상의 지원을 받는다. 예를 들어, 누가 Kraft나 Trader Joe's와 밀접한 관계를 갖고 있는가? Wrangler 또는 Target인가?

좋은 가치를 제공하는 것을 넘어, 대형 소매상은 유명 브랜드 제조업체가 제공할 수 없는 쇼핑 편의성과 다양한 상품의 구색을 제공한다. 소매상 브랜드는 구매의 부담을 더는데 도움을 준다. 오늘날의 소비자들은 자주 선택지에 압도당한다. 소매상 브랜드는 브랜드 선택을 하는데 필요한 시간과 정신적인 노력을 줄여줄 수 있다. 예를 들어, Costco는 브랜드를 수십 개의 상품 카테고리, 식품과 의류에서부터 건강과 미용제품, 가정용품과 청소용품, 그리고 심지어 반려동물 용품에 매우 성공적인 Kirkland Signature 브랜드를 부착한다. 그래서 세제, 아기용 물티슈 또는 붉은 연어를 구매하든지 간에, Costco에서의 구매 선택은 더 쉽다.

유사하게, Target 매장에 한 번 가면 고객들은 다양한 구색의 소매상 브랜드를 마주할 수 있는데, Archer Farms와 Market Pantry(음식과 식품), Wondershop(휴일 스낵), Simply Balanced(유기농 건강식품), Threshold(고급 가정용품), Room Essentials(가계예산에 적합한 용품), Goodfellow & Co(남성용 의류), Cat & Jack(아동 의류), Up & Up(저가형 필수품) 등이다. 당신이 Target을 좋아한다면, 이 소매상 브랜드를 좋아할 가능성이 높다. Target은 최근 암울한 유통시장에서 힘들었지만, 소매상 브랜드는 한줄기 빛이었다. Target은 이제 20개 이상의 소매상 브랜드를 자랑하고 있는데, 그중 10개 브랜드는 연 매출이 10억불을 달성한다. 예를 들어, 불과 몇 년 전에 출시한 Cat & Jack 아동의류 라인은 이제 20억불이 넘는 매출로 산업을 선도하고 있다.

초기와는 다르게, 소비자가 소매상을 신뢰하는 것처럼 주요 소매상 브랜드를 신뢰하게 되었다.

예를 들어, 고객들은 Trader Joe's에 모여드는데, 그 이유는 바로 트렌드를 잘 파악하는 유통업체가 판매하는 상품을 소매상 브랜드로 판매하기 때문이다. Trader Joe's는 어느 곳에서도 찾을 수 없고 가성비가 높고 무조건적인 환불정책으로 지원하는 참신한 브랜드를 판매한다.

Trader Joe's의 브랜드가 정말 PB(private brand)만큼 좋을까? 많은 경우에, 그 브랜드들은 같은 제조업체에 의해 생산된다. Trader Joe's는 판매하는 상품을 매우 적게 만든다. 대신 제3자의 제조업체와 파트너가 되는데, 많은 협력업체들은 Trader Joe's 상표로 자신의 제품 일부를 판매하기로 동의하고 있다. 이 유통업체는 제조업체의 기업명에 관해 침묵하는 것으로 유명하지만, 분석가들은 많은 Trader Joe's 상품들의 가능성이 있는 제조업체를 추적한다. 이러한 제조기업으로는 Wonderful Pistachios, Naked Juice, Tate's Bake Shop, Tribe Mediterranean Foods, Snack Factory, Stauffer's와 ConAgra(Hunt의 브랜드 음식 생산업체)와 같은 그룹도 포함한다. 그러나 Trader Joe's 팬들은 그 유통업체의 상품을 다른 곳에서 생산하는 무상표 상품으로 생각하지 않는다. 어느 분석가는 "그들의 생각은 Trader Joe's가 브랜드이고 당신이 여기서 살 수 있는 특별한 브랜드이다."라고 말한다.

유통업체들이 자신의 브랜드를 마케팅 할 때는 유명 브랜드 마케터에 비해 또 다른 커다란 장점이 있는데, 직접 고객 접촉과 고객 경험의 제어이다. 아마도 Amazon보다 이 점을 잘 아는 유통업체는 없을 것이다. Amazon이 Kindle e-book reader를 출시하며 십여 년 전에 소매상 브랜드를 시작하였다. 그 때 이후에 Amazon은 전격적으로 상상할 수 있는 모든 카테고리에 PB 상품을 출시하였다. 그것은 일리가 있다. 일단 Amazon.com에 들어가면 고객들은 다양한 Amazon 소매상 브랜드에 접속할 수 있는데, 이는 구매 불확실성을 감소시켜 주고 쇼핑 카트를 채우는 일을 훨씬 쉽게 해 준다. 당신이 AmazonBasics 케이블 또는 배터리를 살 수 있고 고객 리뷰로 확인된 좋은 품질과 가치를 얻을 것이라는 믿음이 있을 때, 왜 브랜드의 긴 리스트를 평가하는데 시간을 소비하는가?

Amazon의 가장 기본적인 소매상 브랜드는 AmazonBasics인데, 그 기업의 총 PB 상품 매출의 85%를 차지한다. 이는 광범위한 일상 전자제품과 가정용품을 포함하는데, 전자 액세서리와 배터리부터 침대 시트, 목욕 타월, 나이프 세트와 요가 매트이다. Amazon Essentials 브랜드는 기본 의류 아이템을 커버하고 Amazon Elements는 비타민, 보조 영양제, 그리고 다른 건강과 운동관련 아이템들을 포함한다.

그러나 Amazon은 이제 Basics, Essentials, Elements를 넘어 패션과 재능을 담은 소매상 브랜드로 빠르게 움직이고 있다. 더 최근에 출시된 소매상 브랜드는 Lark & Ro(매끈한 여성의류), Mae(속옷), Franklin Tailored(남성 정장), Buttoned Down(남성 드레스셔츠), Goodthreads(남성 캐주얼), Scout + Ro(아동 의류), Pinzon(데커레이션 린넨과 목욕용품), Presto!(바이오기반의 가정용 청소용품), Mama Bear(갓난아이 용품), 그리고 Wickedly Prime and Happy Belly(미식가 스낵 식품)이다.

Amazon의 소매상 브랜드는 새로 시작했음에도 급증하고 있다. 작년에만 Amazon 소유 브랜드의 매출은 90% 증가하였다. 예를 들어, AmazonBasics 배터리의 매출은 작년에 93% 증가하였고, Amazon 배터리 전체 매출의 94%를 차지하고 있다. Amazon Elements 아기용 티슈는 266% 증가하였고 곧 Pampers와 Huggies의 매출을 넘어설 것으로 보인다. Lark & Ro 작년 매출도 배로 증가하였다.

▶▶ **소매상 브랜드:** Amazon은 전격적으로 상상할 수 있는 모든 카테고리에 PB 상품을 출시하고 있다. AmazonBasics 제품을 살 수 있고, (고객 리뷰로 확인된) 품질과 가치를 얻을 것이라는 믿음이 있을 때, 왜 브랜드의 긴 리스트를 평가하는데 시간을 소비하는가?

Gary Armstrong

소매상 브랜드가 Amazon이 몇몇 기대하지 않은 카테고리에서 소매 매출을 압도하는데 도움을 주고 있다. 예를 들어, 소매상 브랜드와 전국 브랜드의 매출을 포함하여 Amazon은 이제 전체 미국 의류 및 신발 매출의 40%를 차지하고 있다. 전문가들은 Amazon이 곧 미국의 최대 의류 유통업체인 Walmart를 추월하여 2020년에는 의류 매출이 850억불에 도달할 것이라고 예측하고 있다. 그 매출의 더 많은 부분이 Amazon의 소매상 브랜드로부터 나올 것이다.

Amazon 이름이 담긴 AmazonBasics, Amazon Essentials, and Amazon Elements 등의 소매상 브랜드의 드라마틱한 성장을 이해하는 것은 쉽다. 소비자가 일상용품에서 Amazon이라는 신뢰받는 유통업체 이름을 볼 때, 적정한 가격으로 좋은 품질을 얻을 수 있다고 믿는다. Amazon Prime은 몇 시간 또는 며칠 내에 고객의 집 문 앞에 배달할 것이고 제품에 문제가 생기면, Amazon은 묻지 않고 처리해줄 것이다.

그러나 자신의 이름을 포함하지 않는 소매상 브랜드에 대해서는, Amazon은 고객 신뢰, 고객 만족, 그리고 고객 옹호를 구축해야 한다. Amazon은 소매상 브랜드에 대해 보통의 방식으로 단기 이익 전에 고객 경험을 둔다. 단지 한 예로써, Amazon 대표는 여성용 니트 탑을 Amazon PB로 만들기 위해 최근 패션 디자이너인 Jackie Wilson을 만났다. Wilson은 그 후에 Amazon의 품질 명세가 유명 의류 브랜드 판매업체와 같다고 보고했다. "그들은 몇 벌을 판매하는 것에 관심을 갖고 있지 않고 마진에 대해서도 집중하지 않는다."라고 Kohl's, American Eagle Outfitters, 그리고 J.C. Penney를 위한 의류를 생산하는 업체의 디자이너인 Wilson은 말한다. "그들은 고객 만족에 관심을 갖고 있다. 그들은 five-star 리뷰를 원하고 있다."

출처: Daphne Howland, "AmazonBasics Is Crushing Other Private Brands," Retail Dive, September 29, 2017, www.retaildive.com/news/amazonbasics-is-crushing-other-private-brands/506116/; Tony Garcia, "Amazon's Apparel Business Could Grow to as Much as $85 Billion in Sales by 2020," Market Watch, December 10, 2017, www.marketwatch.com/story/amazons-apparel-business-could-to-grow-to-as-much-as-85-billion-insales-by-2020-2017-12-05; Matthew Boyle, "How Private Labels Caught the Public Eye," Bloomberg BusinessWeek, December 18, 2017, pp. 13-14; Tara Johnson, "The Complete List of Amazon's Private Label Brands," CPC Strategy, July 5, 2017, www.cpcstrategy.com/blog/2017/07/amazons-privatelabel-brands/; Vince Dixon, "What Brands Are Actually behind Trader Joe's Snacks," Eater, August 9, 2017, www.eater.com/2017/8/9/16099028/traderjoes-products; and www.amazon.com/amazonbasics, https://www.amazon.com/Amazon-Elements-Premium-products-Transparent-origins-Exclusive-to-Prime/b?ie=UTF8&node=10166275011, and www.amazon.com/stores/page/F8FB6F3CF896-455C-BC52-7879F4CEF0CF, accessed September 2018.

라이선싱 대부분의 제조업체들이 자신 소유의 브랜드명을 창출하는데 많은 세월과 엄청난 비용을 투입한다. 그러나 어떤 기업들은 다른 제조업체에 의해 창출된 이름 혹은 캐릭터, 유명인들의 이름, 인기 영화와 서적의 캐릭터 등을 라이선스한다. 수수료만 지불하면 이러한 이름 혹은 캐릭터들은 즉각적으로 인지되는 증명된 브랜드명을 제공할 수 있다.

의류와 액세서리 판매업자들은 블라우스, 넥타이, 리넨, 가방 등의 제품에다 Calvin Klein, Tommy Hilfiger, Gucci, Armani 등의 유명 패션디자이너의 이름 혹은 이니셜을 부착하기 위해 큰 액수의 수수료를 지불한다. 어린이용품의 판매자들은 의류, 장난감, 학용품, 리넨, 인형, 도시락통, 시리얼 등의 제품에 캐릭터 이름을 부착한다. 라이선스 공여를 받은 캐릭터 이름은 Sesame Street, Disney, Barbie, Starwars, Scooby Doo, Hellow Kitty, Dr. Seuss 등과 같은 고전적 캐릭터부터 Doc McStuffins, Monster High, Frozen, Minions와 같은 보다 최근의 캐릭터에 이르기까지 광범위하다. 현재 가장 잘 팔리는 장난감들 중 많은 수가 TV쇼와 영화에 근거하여 만들어진 제품들이다.

⟫ The Smurfs 영화가 개봉된 후, 캐릭터와 쇼, 게임, 장난감, 학용품 그리고 의류를 포함하는 브랜드상품의 인기가 현저하게 상승하였다.
Moviestore collection Ltd./Alamy Stock Photo

브랜드 이름과 캐릭터 라이선싱은 최근 급속하게 성장하고 있다. 라이선스 제품의 전 세계 연간 유통업체 매출은 1977년 40억 달러에서 1987년 550억 달러로, 그리고 오늘날 2,720억 달러 이상으로 증가하였다. The Smurfs는 벨기에 TV 브랜드인데, 버섯 안에 살고 있는 작은 파란색 생물들의 생활에 기초를 두고 있다. 코믹 캐릭터 시리즈로 1958년 만들어져 The Smurfs는 오늘날 수백만 달러의 라이선싱 기업으로서 Smurfs 브랜드 이름으로 비디오 게임, 장난감, 매거진, 학용품 등의 상품을 판매하고 있다. 2011년 The Smurfs 영화가 개봉되어 인기와 라이선스 제품의 매출은 급상승하였다.

공동브랜딩 공동브랜딩(co-branding)은 서로 다른 기업들이 소유하는 두 개의 기존 브랜드명을 한 제품에 함께 사용하는 것이다. 공동브랜딩은 여러 가지 장점을 갖는다. 각 브랜드가 서로 다른 제품범주에서 시장지배력을 갖기 때문에 공동브랜드는 더 넓은 소비자들에게 소구할 수 있고 브랜드자산을 높일 수 있다. Google은 Oreo와 협력하여 Android 운영체제의 최신 버전을 Android Oreo로 명명하고 두 브랜드 모두를 위한 열광적인 가치를 가진 재미있는 연상을 창출하였다. 예를 들어, Sherwin-Williams와 Pottery Barn은 Pottery Barn의 독특한 가구와 느낌에 완벽하게 조화되는 Sherwin-Williams 페인트 컬러 컬렉션을 공동으로 개발했다.

Taco Bell과 Doritos는 Doritos Locos Taco를 공동개발 했다. Taco Bell은 출시 후 첫 10주 만에 1억 개 이상의 타코를 판매했고 곧바로 Cool Ranch와 Fiery 변형제품을 추가했다. 제휴기업들은 공동브랜딩에서 한걸음 더 나아가 공동생산을 하고 있다.

공동브랜딩은 두 브랜드의 강점을 서로 보완할 수 있는 이점을 갖는다. 공동브랜딩은 또한 기업으로 하여금 자사브랜드 단독으로는 진출하기 어려울 수 있는 제품범주로 기존 브랜드를 확장할 수 있도록 한다. 가령, Nike와 Apple은 Nike+iPod Sport Kit라

공동브랜딩(co-branding)
서로 다른 기업이 소유한 2개의 기존 브랜드명을 한 제품에 함께 사용하는 것

는 공동브랜드를 개발했는데, 이 브랜드는 운동선수들이 운동성과를 실시간으로 확인하고 강화할 수 있도록 자신이 소유한 Nike 신발과 iPod을 연결시킨 것이다. Nike+iPod 공동브랜드는 Apple을 스포츠 및 피트니스 시장으로 진출할 수 있게 한다. 이와 동시에 이 브랜드는 Nike로 하여금 고객들에게 새로운 가치를 제공할 수 있게 한다.

공동브랜딩은 몇 가지 한계점도 갖는다. 제휴관계형성은 통상 복잡한 법적 계약과 라이선스 등을 수반한다. 또한 공동브랜드 참여자들은 자신들의 광고, 판촉, 기타 마케팅 노력들을 신중하게 조정해야 한다. 공동브랜딩의 참여자들은 상대파트너가 자사브랜드에 대해 많은 신경을 쓸 것이라는 신뢰를 가져야 한다. 만약 어떤 일이 한 브랜드의 명성에 피해를 입힌다면 이는 공동브랜드에도 타격을 줄 수 있다.

브랜드개발

기업은 브랜드개발과 관련하여 4가지 선택대안을 고려할 수 있는데, 라인확장, 브랜드확장, 복수브랜드, 신규브랜드가 그것이다(그림 7.6 참조).

>> **그림 7.6** 브랜드개발전략

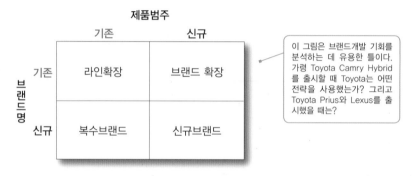

이 그림은 브랜드개발 기회를 분석하는 데 유용한 틀이다. 가령 Toyota Camry Hybrid를 출시할 때 Toyota는 어떤 전략을 사용했는가? 그리고 Toyota Prius와 Lexus를 출시했을 때는?

라인확장(line extension)
기존 제품범주 내에서 새로운 형태, 컬러, 사이즈, 원료, 향의 신제품에 대해 기존 브랜드명을 함께 사용하는 것

라인확장 라인확장(line extentions)은 제품범주 내에서 새로운 형태, 컬러, 사이즈, 원료, 향의 신제품에 대해 기존 브랜드명을 함께 사용하는 것이다. 가령, KFC는 프라이드치킨 제품 라인을 뼈가 들어있는 오리지널 Kentucky 프라이드치킨 제품 그 이상으로 확장했다. 이제 KFC는 불에 구운 치킨, 뼈 없는 프라이드치킨, 치킨 텐더(tenders), 핫윙, 치킨 바이트(bites), KFC Go Cups 등을 제공한다.

기업은 신제품을 출시함에 있어 낮은 원가와 낮은 위험을 실현하는 방안의 하나로써 라인확장을 사용한다. 또는 다양한 소비자욕구를 충족시키기 위해, 과잉생산능력을 활용하기 위해, 혹은 소매점의 진열공간을 더 많이 차지하기 위해 라인확장을 사용할 수 있다.

그러나 지나친 라인확장은 부정적 효과를 발생시킬 수 있다. 과도한 라인확장은 원래의 브랜드가 가졌던 구체적 의미를 상실하거나 혹은 소비자의 혼란과 분노를 유발할 수 있다.

어느 지점에 이르면 제품 라인 내에 품목을 추가하는 것이 제품 라인에 부가가치를 전혀 제공하지 못한다. 예를 들어, 오리지널 Doritos Tortilla Chips는 이제 미국 내에서 20가지 이상의 서로 다른 유형의 맛과 칩, 그리고 해외시장에서 수십 가지의 맛과 성분이 서로 다른 제품을 판매한다. 맛은 Nacho Cheese and Taco flavor to Tapatio, Chile Limon, 그리고 Salsa Verde 모두 포함한다. 또는 매콤한 치킨 맛의 Late Night나 마늘 새우 맛의 Royal(일본)은 어떤가? 그 제품 라인은 좋은 성과를 내고 있지만 ―

Doritos는 미국에서 2위 칩 브랜드이다(Lay's가 1위 브랜드) – 오리지널 Doritos 칩은 이제 수십 가지 이상의 맛 가운데 하나일 뿐이다.[40] 또 다른 향을 추가한 신제품이 Doritos 기존 제품들과 경쟁제품 중 어디에서 더 많은 매출을 빼앗아 올까? 라인확장이 가장 효과적인 경우는 자사 내 다른 품목들의 매출을 잠식하지 않고 경쟁브랜드들의 매출을 빼앗아 올 때이다.

브랜드확장 브랜드확장(brand extension)은 현재의 브랜드명을 새로운 제품범주의 신제품으로 확장하는 것이다. 예를 들어, 멋있고, 스마트폰으로 조절할 수 있도록 접속되어 있는 온도조절 장치를 생산하는 Nest는 이 제품라인을 확장해서 동일하게 똑똑하고 멋있는 Nest Protect 연기 및 일산화탄소 탐지기를 출시했다. 이 회사는 이제 Nest 제품라인을 더욱 확장해 자사의 스마트기기들이 동영상 모니터링기기, 스마트 출입문 자물쇠, 홈 조명시스템, 가정용 내구재 등 모든 제품들과 상호작용하고 이들을 통제할 수 있도록, 여러 파트너들에 의해 개발된 앱들을 총칭하는 Works with Nest를 출시했다. 이러한 확장 제품들은 Nest의 스마트홈 기업사명과 잘 조화된다.[41]

브랜드확장은 신제품이 출시되자마자 바로 소비자들에 의해 인지되고 빠르게 수용될 수 있다는 장점을 갖는다. 또한 브랜드확장은 새로운 브랜드명을 도입·구축하는데 드는 높은 광고비를 절약시켜준다. 예를 들면, 당신의 모바일 디바이스를 위한 단지 새로운 충전 매트가 아니라 Duracell Powermat이다. 그리고 그 약품은 단지 새로운 무명의 수면 보조제가 아니라 Vicks ZzzQuil이다. Duracell Powermat와 Vicks ZzzQuil 같은 확장은 좋은 의미가 있는데, 핵심 브랜드의 가치와 잘 연결되고 강점을 구축한다. 그러나 브랜드확장은 위험을 수반하기도 한다. 확장제품은 주력제품의 이미지를 혼란스럽게 만든다. 가령, Zippo 향수 혹은 Dr.Pepper 마리네이드(절임용 액체)를 어떻게 생각하는가? Cheetos 립밤, Heinz 애완동물용 식품, Life Savers 껌 등과 같이 기존 제품들과 일관성이 없는 지나친

>> **브랜드 확장:** Nest는 자사브랜드를 Works with Nest로 확장했는데, 이는 자사의 스마트기기를 동영상 모니터링 기기, 스마트 출입문 자물쇠, 홈 조명시스템, 가정용 내구재 등 모든 제품들과 상호작용하고 이들을 통제할 수 있도록, 파트너들에 의해 개발된 앱들을 총칭하는 것이다.
Nest Labs

브랜드확장은 시장에서 바로 실패하였다.[42] 뿐만 아니라 확장제품이 시장에서 실패할 경우, 같은 브랜드명을 사용하는 다른 제품들에 대한 소비자태도에 부정적 영향을 줄 수 있다. 나아가 브랜드명은 특정의 신제품에 어울리지(적합하지) 않을 수 있는데, 비록 그 제품이 잘 만들어졌고 만족스럽더라도 말이다. 가령, 당신이 Hooters 항공을 이용한다거나 Evian 생수를 넣은 패드브래지어를 착용한다고 생각해보라. 따라서 기존 브랜드명을 신제품에 부착하려는 기업은 확장제품이 모브랜드의 연상과 얼마나 잘 어울리는지와 모브랜드가 확장제품의 시장성공에 얼마나 도움을 줄지를 조사해야 한다.

복수브랜드 기업들은 동일 제품범주 내에서 여러 개의 브랜드제품을 도입하는 경우가 종종 있다. 가령, 미국 내에서 PepsiCo는 최소 8개 이상의 청량음료 브랜드(Pepsi,

Sierra Mist, Mountain Dew, Manzanitasol, Mirinda, IZZE, Tropicana Twister, Mug 루트비어), 3개의 스포츠 및 에너지음료(Gatorade, AMP Energy, Starbucks Refreshers), 5개의 병에 담은 티 및 커피브랜드(Brisk, Pure Leaf, SoBe, Starbucks, Tazo), 5개의 생수브랜드(Aquafina, H20H!, Ocean Spray PACt, Propel, SoBe). 9개의 과일음료 브랜드(Brisk, Dole, IZZE, Looza, Ocean Spray, Tropicana 등)를 판매한다. 각 브랜드는 다시 수많은 하위브랜드를 거느리고 있다. 예컨대 Aquafina는 레귤러 Aquafina, Aquafina FlavorsPlash, Aquafina Sparkling을 갖고 있다.

복수브랜딩(multibranding)은 서로 다른 구매동기를 가진 세분시장에 맞추어 서로 다른 특성들과 소구점을 가진 제품을 제공하고 또한 소매점에서 더 넓은 진열공간을 차지해 더 높은 점유율을 차지하기 위한 방안의 하나이다. 가령 PepsiCo의 많은 청량음료 브랜드들은 슈퍼마켓 진열대를 차지하기 위해 서로 경쟁하기도 하지만, 복수브랜드들을 합한 전체 시장점유율은 단일의 청량음료만으로 얻을 수 있는 점유율에 비해 훨씬 높다. 이와 유사하게 복수의 세분시장에 맞추어 복수의 브랜드를 도입함으로써 Pepsi의 8개 청량음료 브랜드를 모두 합한 점유율은 단일의 브랜드만으로 얻을 수 있는 점유율에 비해 훨씬 높다.

복수브랜딩의 주요 단점은 각 브랜드가 낮은 시장점유율을 차지하거나 수익성이 매우 낮을 수 있다는 것이다. 복수브랜딩은 매우 수익성이 높은 소수의 브랜드를 키우지 못하고 여러 브랜드들에 마케팅자원을 분산시키는 결과만을 초래할 수 있다. 이러한 결과를 얻은 기업들은 제품범주 내의 기존 브랜드들의 수를 줄이고 신규브랜드를 출시함에 있어 보다 엄격한 선별기준을 설정해야 한다. 이러한 문제점은 GM 자동차에서 발생했는데, 최근 들어 GM은 Saturn, Oldsmobile, Pontiac, Hummer, Saab 등 브랜드포트폴리오 내의 수많은 브랜드들을 정리해야 했다.

신규브랜드 기업은 기존 브랜드명의 파워가 약해지고 있어 새로운 브랜드명을 도입할 필요가 있다고 판단할 수 있다. 혹은 새로운 제품범주로 진출하려고 하는데, 신제품에 사용될 적절한 기존 브랜드명이 없을 때 새로운 브랜드명을 개발할 수 있다. 예를 들어, Toyota는 밀레니엄 소비자를 표적으로 하여 Scion이라는 브랜드와 럭셔리 카 소비자를 표적으로하여 Lexus라는 브랜드를 구분해서 개발했다.

복수브랜딩의 단점과 비슷하게, 너무 많은 수의 신규브랜드를 도입하는 것은 기업의 한정된 자원을 분산시키는 결과를 초래할 수 있다. 패키지 소비용품과 같은 일부 산업의 경우, 소비자들과 소매업체들은 차이가 별로 없는 너무 많은 수의 브랜드들이 판매되고 있다고 우려를 표시한다. 이에 따라 P&G, PepsiCo, Kraft, GA 등 대형 소비용품기업들은 메가브랜드(megabrand)전략을 추구하고 있는데, 이는 경쟁력이 약한 브랜드들을 철수시키고 각 제품범주에서 성장전망이 좋고 점유율 1위 혹은 2위의 포지션을 성취할 수 있는 브랜드들에게 마케팅비용을 집중시키는 것이다.

브랜드관리

기업들은 자신들의 브랜드를 신중하게 관리해야 한다. 첫째, 기업은 소비자들에게 브랜드포지셔닝을 지속적으로 커뮤니케이션해야 한다. 강력한 브랜드들은 흔히 브랜드인지도를 창출하고 소비자의 선호도와 충성도를 구축하기 위해 엄청난 광고비를 지출한다. 예를 들어, 전 세계에 걸쳐 Coca-cola는 수많은 브랜드를 광고하기 위해 연 40억 달러를 지출하며, GM은 53억 달러를, Unilever는 86억 달러를, 그리고 P&G는 무려 105억 달러를 지출한다.[43]

이와 같은 광고캠페인은 높은 브랜드인지도와 브랜드지식, 나아가 브랜드선호도를 창출하는데 도움을 줄 수 있다. 그러나 기업들은 브랜드를 유지시키는 것이 광고가 아니라 브랜드에 대한 고객참여와 고객의 브랜드경험이라는 사실을 인식해야 한다. 오늘날의 소비자들은 광범위한 접촉점을 통해 브랜드를 알게 되는데, 광고, 브랜드와의 개인적 경험, 구전, 기업 웹페이지 등은 브랜드 접촉점의 예이다. 기업은 광고개발에 기울이는 노력만큼 브랜드 접촉점을 관리하는데 많은 신경을 써야 한다. Disney의 전 CEO는 "브랜드는 생명력을 가진 개체이며 시간이 흐름에 따라 점점 더 풍요로워지거나 쇠퇴할 수 있다. 브랜드는 수천 가지 작은 몸짓들이 누적되어 창출된다."라고 말한다.[44]

브랜드포지셔닝은 기업의 모든 구성원들이 브랜드와 생활을 함께해야만 제대로 유지될 수 있다. 따라서 기업의 구성원들이 고객중심적이 되도록 훈련을 시킬 필요가 있다. 보다 나은 방식은 종업원들이 브랜드 약속을 이해하는데 도움을 주고 이를 실행하는데 열중할 수 있도록 내부브랜드 구축 활동을 도입하는 것이다. 많은 기업들이 유통업체들과 딜러들이 자사고객들을 더 잘 대하도록 그들을 훈련시키고 격려하기까지 한다.

최종적으로 기업은 브랜드의 강점과 약점을 정기적으로 감사할 필요가 있다. 기업은 '자사 브랜드가 소비자들이 진정으로 가치 있게 생각하는 편익을 매우 잘 전달하는가, 브랜드의 포지션이 적절한가, 소비자 접촉점들이 브랜드포지셔닝을 지원하는가, 소비자들에게 제공할 자사 브랜드의 의미를 브랜드관리자가 이해하고 있는가, 브랜드가 적절하고 지속적인 지원을 받는가' 등을 자문해야 한다. 브랜드감사는 더 많은 지원이 필요한 브랜드, 제거되어야 할 브랜드, 고객선호의 변화와 신규경쟁자 진입으로 인해 브랜드 리뉴얼 혹은 재포지셔닝이 요구되는 브랜드 등을 파악할 수 있게 한다.

토의문제

1. 서비스는 무엇인가? 서비스를 소비자 서비스와 산업용 서비스로 차별화할 수 있는가?
2. 마케터가 개별 제품과 서비스를 개발하고 마케팅하는데 내려야 하는 다섯 가지의 중요한 의사결정을 설명하시오.
3. 제품라인과 제품믹스의 차이를 설명하고 각각 그 예를 들어보시오.
4. 서비스−이익 연쇄를 설명하고 예를 들어보시오.
5. 브랜드자산과 브랜드가치를 서술하시오. 마케터가 어떻게 이러한 것들을 사용하여 강력한 브랜드를 구축하는가?
6. 어떤 사업을 위한 핵심적인 브랜드전략 옵션 네 가지를 설명하고, 각각 예를 들어보시오.

비판적 사고 연습

1. Walt Disney는 초라한 초기부터 그의 그림과 애니메이션에 대한 사랑에 기반하여 Disney 브랜드를 만들었다. 그 이후 Walt Disney Company는 글로벌 엔터테인먼트와 미디어 브랜드로 성공적으로 확장해 오고 있다. 인터넷을 사용하여 Walt Disney Company를 구성하는 브랜드를 조사하고, Disney가 어떻게 상품 믹스를 확장해 왔는지를 토론해 보시오.
2. 어느 차량 임대 회사는 이익을 종업원과 고객만족에 연계시키는 서비스−이익 연쇄 프로세스를 도입하고 싶어 한다. 그 회사는 이를 어떻게 착수할 것으로 생각하며, 그들에게 어떤 권고를 하겠는지 말해보시오.
3. 최종 소비자가 자신의 소비를 위해 구매하는 제품과 서비스인 소비재에 네 가지 유형이 있다. 각 소비재 유형에서 당신 또는 지인이 구매한 제품 또는 서비스를 생각해 보시오. 무엇을 구매하고 어디서 구매했는가? 표 7.1(소비용품 유형별 마케팅 고려요인)의 소비재 특성을 이용하여 구매 의사결정을 설명하시오.

8 신제품 개발

그리고 PLC(product life cycle)의 관리

학습목표

▶ **1** 기업이 어떻게 신제품 아이디어를 찾고 개발하는지 설명한다.

▶ **2** 신제품 개발과정의 각 단계와 그 과정을 관리할 때 주요하게 고려해야 할 사항을 열거하고 각각의 의미를 설명한다.

▶ **3** 제품 수명주기의 각 단계를 서술하고 제품 수명주기에 걸쳐 마케팅전략이 어떻게 변화하는지 설명한다.

▶ **4** 제품에 대한 두 가지 추가 이슈 (1) 사회적 책임이 있는 제품 의사결정, (2) 글로벌 환경에서의 제품과 서비스 마케팅을 논의한다.

개관

앞장에서는 마케터가 제품과 브랜드를 어떻게 관리하고 개발하는지 살펴보았다. 8장에서는 제품과 관련하여 어떻게 신제품(new products)을 개발하는지, 수명주기(product life cycle)의 여러 단계에 따라 제품을 어떻게 관리하는지 추가로 살펴볼 것이다. 신제품은 조직 활력의 원동력이다. 하지만 신제품 개발은 위험성이 크며, 실제로 많은 신제품이 시장에서 실패한다. 따라서 본 장의 첫 번째 파트에서는 성공적인 신제품을 찾아내고 성장시키기 위한 전반적인 과정을 상세히 설명할 것이다. 대부분의 마케터는 신제품이 출시되면 오랫동안 시장에서 고객에게 사랑받기를 희망한다. 두 번째 파트에서는 모든 제품이 몇 개의 수명주기 단계(life-cycle stages)를 거치는데, 각 단계별로 요구되는 서로 다른 마케팅전략과 전술을 설명하고자 한다. 마지막으로 제품결정(product decision)과 관련한 사회적 책임과 글로벌 환경에서의 제품과 서비스 마케팅을 살펴보면서 제품과 서비스 설명을 마치고자 한다.

도입부에서는 영양과 건강의 글로벌 식품산업 리더인 Nestlé를 살펴볼 것이다. Nestlé는 강력한 신제품 계획을 성공적으로 실행하고 체계적인 고객중심의 신제품 개발 프로세스를 정립하여 새로운 시장을 정의하고 구동할 뿐 아니라 계속 변화하는 환경에 발맞추기 위하여 신시장 제품을 찾아내고 성장시키고 있다.

Nestlé: 식품 산업의 리더가 신제품 개발과 혁신을 활용하는 방법

Nestlé S.A.는 스위스 글로벌 식품과 음료기업으로서 Anglo-Swiss Milk Company와 Farine Lactée Henri Nestlé의 합병으로 1905년에 설립되었다. Henri Nestlé가 창업한 이후 이 기업은 세계 최대 식품회사가 되었고 2017 Fortune Global 500 리스트의 100대 기업 중 34위를 차지하였다. 혁신과 신제품 개발은 시작부터 항상 Nestlé의 핵심이었는데, 왜냐하면 새로운 시장을 정의하고 이끌기 위함일 뿐만 아니라 계속 변화하는 환경에 맞추기 위함이었다. 이는 Nestlé의 광범위한 R&D 역량이 없다면 가능하지 않을 것이다. 2018년 이 기업은 the Nestlé Research Center와 Nestlé Institute of Health Sciences(NIHS)는 Nestlé Research라는 하나의 조직으로 통합된다고 선언하였다. 그 연구소는 스위스에 본부를 두고 800명의 직원을 고용하겠다고 하였다. 이러한 조치는 혁신으로부터 시장에 이르는 프로세스를 신속하게 하기 위해 고안되었다. Nestlé의 각 제품은 과학자, 엔지니어, 영양사, 디자이너, 규제 전문가, 고객보호 대표들이 하나의 팀을 형성하고 있다. 최근에 영양, 건강과 행복의 기업이 되는데 집중하고 있다. 그와 같이 기업 비전의 일부는 제품을 더 건강에 좋을 뿐 아니라 더 맛있는 대안으로 만드는 것이다.

영국의 Maggi—A Natural Choice 사례를 보면, 광범위한 시장과 고객 분석의 결과로써 영국 고객들만을 목표로 하여 개발된 새로운 브랜드이다. 영국에서 Maggi는 요리를 도와주고 풍미를 더하기 위한 육즙, 수프, 조미료와 소스와 같은 다양한 요리 보조제품으로 구성된다. Nestlé는 UK 식품서비스 시장이 매우 경쟁이 심할 뿐 아니라 엄격한 식품안전과 라벨 규정을 충족하기 위해서 높은 표준을 적용해야 한다는 것을 발견하였다. 게다가 식품 공포와 음식 알레르기의 결과로써 전 세계의 고객들은 점점 더 많은 지식을 갖게 되고 음식에 대한 요구를 하고 훨씬 더 엄격한 명세서로 이어지고 있다. Maggi 브랜드는 건조된 형태와 풍미로 인하여 영국에서는 인기가 없고 구식으로 보여져 결과적으로 매출이 감소하였다. Nestlé는 신선한 맛을 내는 요리 보조 식품에 대한 고객의 증가하는 요구를 충족하여 시장점유율을 회복하기로 결정하였다. Nestlé의 혁신과 신제품 개발의 핵심요소는 고객을 혁신운동의 중앙에 두는 것이다. Maggi는 처음에 대면 질적조사를 위탁하여 요리사와 소비자들의 관점과 태도를 평가하였다. 그 결과 고객들은 신선한 식품이 최고라고 믿고 있다는 것이다.

그러나 요리사의 관점과 태도는 달랐다. 그들은 전반적으로 고객들은 모든 음식이 처음부터 만들어지는(즉, 기본적인 원재료로부터 만들어지는) 것을 선호하였지만, 이에 대한 시간과 돈이 없다고 진술하였다. 따라서 이 연구는 시간과 돈을 절약해 주고 요리가 가능한 가장 신선한 맛이 나게 해주는 자연적인 특성을 가진 요리 보조 식품으로써 고객을 만족시키는 목표를 갖고 있는 요리사에게는 커다란 시장 잠재력

» Maggi—A Natural Choice의 브랜드 가치제안은 정말 신선한 재료를 요리보조 식품과 결합시키는 것이었다.

Shebeko /Shutterstock

이 있다는 것을 보여주었다. 이러한 시장조사의 결과에 따라 Nestlé는 Maggi—A Natural Choice라는 브랜드를 출시하였고, 브랜드 제안은 진실되고 신선한 성분과 요리 보조 식품의 시간과 돈을 절약해 주는 효과를 결합한다는 것이다.

요리사와 그들의 고객을 외부 아이디어 원천과 혁신과 신제품 개발의 동력으로 사용하여 Nestlé는 신제품이 보다 자연적인 풍미 이외에도 동시에 가격 대비 가치를 제공해야 할 필요가 있다고 결정했다. 내부적이고 기본적인 신제품 개발 프로세스를 따라, 첫 번째 단계는 새로운 브랜드 제안에 기반하는 Maggi의 제조공장을 위한 명확히 기술된 제품 개요를 포함한다. 그 제품 개요는 종합적인 제품 명세, 최종 가격 범위뿐 아니라 특정한 영양 요구(글루텐 제거 등)를 제시한다. 두 번째 단계에서 Maggi의 식품기술자들이 다양한 주방 샘플을 개발하여 요리사와 고객을 포함하는 풍미 감별 전문가 패널에게 제시한다. 세 번째 단계는 필요한 어떠한 변경도 샘플에 반영되는 인터랙티브한 반복적인 프로세스의 틀에서 제품 테스팅의 결과를 보고하는 것이다. 제품개발 프로세스의 마지막 단계는 샘플에 대한 동의와 가격결정이 확인되는 종료 단계이다. 그리고 나서 Maggi의 제조공장은 생산을 시작한다. 이와 병렬적으로, 전면 라벨이 디자인되고 제품 사진이 위탁되고, 레시피가 만들어지고, 그리고 영업부서 발표자가 성공적인 제품 출시를 보장하기

> Nestlé는 강력한 신제품 개발 계획을 실행하여 왔고, 보다 맛있고 건강에 유익한 제품을 만드는 비전에 부합하면서도 성장하는 새로운 시장제품을 발견하기 위해 체계적이고 고객주도의 신제품 개발 프로세스를 설정하였다.

위한 브리핑을 한다.

Maggi—A Natural Choice로 개발되고 출시된 최종 제품은 염분이 적고 해바라기 오일로 만들어졌다. 영양 정보와 포장에 대한 알레르기 경고는 요리사들에게 그들의 고객들이 필요하다고 조언해 줄 수 있는 제품에 관하여 정보를 제공한다. 제품 출시에 관하여는, Catering Update와 Caterer 그리고 Hotelkeeper 같은 선별적인 산업 미디어 광고와 판촉을 시행하였다.

추가적으로 8페이지의 보조자료가 생성되어 그 새로운 브랜드 제안을 전달하는데, 요리사와 다른 사용자들에게 정보지를 직접 우송하였다. Maggi는 또한 Maggi—A Natural Choice 제품을 사용하는 요리사들을 위한 이벤트를 후원하여, Nestlé Toque d'Or 경연에서 참가 팀들은 정해진 시간 내 라이브 요리 경쟁을 하였다. 이 행사는 영국에서 최고 재능을 위한 최고의 이벤트가 되었다. Maggi는 주요 식품서비스 도매업체와 현금사용 판매업체들과 긴밀하게 협업하여 출시에 맞추어 신제품에 관한 판촉용 자료를 지원하였다.

고객중심 신제품 개발의 배경에서 Nestlé는 계속해서 범위를 넓혀 보다 건강한 식품을 제공하는데 접근법을 확대하고 있다. 태국에서 Nestlé 브랜드 Milo는 당분이 적은 음료수를 출시하였다. 이와 함께 6~12세 아동을 위한 균형 잡힌 식사와 적극적인 라이프스타일을 격려할 목적으로 스포츠 프로그램이 진행된다. 2018년 기준으로 이 프로그램은 1,000여 개 학교에서 1백만 명이 넘는 아이들에게 확장하는 것으로 성장하였다. Nestlé는 또한 바이오 강화 영역에서 매우 적극적이다. 이는 지속가능한 방법으로 수백만의 사람들의 영양상태를 향상시키는데 도움을 주는 수단으로써 농작물의 영양가치를 제고하는 GM 접근방법이다. 이는 또한 장기 프로젝트이고, 2017년 Nestlé가 이 프로젝트를 가속화시키기 위해서 International Food Policy Research Institute(IFPRI)와의 협력을 시작했다. Nestlé의 노력은 성과를 거두고 있다. 2016년 4월 Nestlé는 Oxfam's Behind the Brands에서 2위를 차지했는데, 이는 식품안전과 지속가능성을 향상시키는데 경영정책과 헌신에 있어 세계 10대 소비자 식품−음료 기업을 선정하는 것이다.[1]

Nestlé의 예가 말하듯, 기업은 신제품을 개발하고 그 제품으로 큰 수익을 얻을 수 있도록 관리하는 일에 능해야 한다. 모든 제품은 태어나서 몇 단계를 거치다가 소비자에게 새로운, 또는 더 큰 가치를 창조해주는 새로운 경쟁제품에 밀려 결국 소멸된다.

이러한 제품 수명주기(product life cycle)는 두 가지 주요한 도전적 과제를 제시한다. 첫째, 모든 제품은 결국 쇠퇴하게 되므로, 기업은 오래된 제품을 대체할 수 있는 신제품을 개발하는 데 능해야 한다(신제품 개발이라는 도전적 과제). 둘째, 기업은 제품이 각 수명주기 단계를 거칠 때마다 바뀌는 취향, 기술, 경쟁에 적응하기 위한 마케팅전략을 개발하는 데도 능해야 한다(제품 수명주기 단계별 전략개발이라는 도전적 과제). 먼저 신제품 개발과정에서 겪는 문제를 살펴보고, 다음으로 제품 수명주기에 따라 신제품을 어떻게 성공적으로 관리할 것인지 알아보자.

신제품 개발(new-product development)
기업이 자체 연구개발 노력으로 독자 제품, 제품개선, 제품수정, 새로운 상표를 개발하는 것

신제품 개발전략

기업이 신제품을 개발하는 방법은 두 가지이다. 첫째는 인수(acquisition)를 통한 것이다. 이 방법은 기업, 제품특허, 혹은 다른 제품을 생산할 수 있는 라이선스(license)를 사는 것을 말한다. 또 다른 방법은 기업의 **신제품 개발**(new-product development)이다. 여기서 신제품이란, 기업이 자체 연구개발 노력으로 만들어낸 독자 제품이거나 개량제품, 보완제품, 새로운 상표를 뜻한다. 이 장에서는 신제품 개발에 대해 집중적으로 살펴볼 것이다.

신제품은 소비자와 소비자를 위하여 일하는 마케터 모두에게 중요하다. 소비자에게는 신제품이 생활에 다양함을 주고 문제를 해결해준다. 기업에는 신제품은 성장의 원동력이다. 오늘날 빠른 환경 변화 속에서 많은 기업은 성장의 대부분을 신제품에 의존한다. 예를 들면, 3M의 CEO는 작년 매출의 40%는 5년 전에 존재하지도 않았던 제품들로부터 발생했다고 추정한다. 최근 몇 년 동안 신제품은 애플을 거의 완벽하게 변화시켰다.

아이폰과 아이패드 – 두 제품은 10년 전까지만 해도 존재하지 않았다 – 는 현재 Apple 의 가장 잘 팔리는 두 개의 제품이며 아이폰의 매출은 Apple 전체 매출의 반 이상을 차지한다.[2]

아직 혁신은 비용이 많이 들고, 위험도도 높다. 신제품은 힘든 역경을 겪는다. 기존 기업이 선보인 모든 신제품 중 60%가 실패하는 것으로 추정된다. 신제품 아이디어의 2/3 는 출시되지도 못한다.[3] 그렇게 많은 신제품은 왜 실패할까? 몇 가지 이유가 있다. 비록 아이디어가 좋다고 할지라도, 기업은 시장 규모를 과대평가할 수 있다. 실제 제품 디자인 이 형편없을 수도 있다. 또는 시장 초점을 잘못 맞췄거나, 제품 출시 시기가 적합하지 않 았거나 가격이 너무 높거나 광고가 너무 형편없었을 수도 있다. 마케팅 조사 결과가 좋지 않았음에도 불구하고, 고위직 임원이 선호하는 아이디어를 밀어붙일 수도 있다. 때때로 제품 개발 비용이 예상했던 것보다 더 높을 수도 있고, 경쟁자를 상대하는 게 예상보다 힘겨울 수도 있다.

그래서 기업들은 한 가지 어려움에 직면하게 된다. 신제품을 개발해야 하지만, 의외의 사항들이 성공에 몹시 불리하게 작용한다. 성공적인 신제품을 만들기 위해 기업은 소비자, 시장, 그리고 경쟁자를 이해해야 하고, 소비자에게 더 나은 가치를 부여하는 제품을 개발해야 한다.

신제품 개발과정

기업은 강력한 신제품 계획을 수립하고, 신제품 아이디어를 찾고, 이를 제품으로 발전 시킬 수 있는 체계적이고 소비자 지향적인(customer-driven) 신제품 개발과정(new-product development process)을 확립해야 한다. 그림 8.1은 이 과정에서 주요한 8단 계를 보여주고 있다.

아이디어 생성

신제품 개발은 **아이디어 생성**(idea generation)에서 출발하는데, 이는 신제품 아이디어 의 체계적 탐색을 말한다. 기업이 몇 가지 좋은 아이디어를 찾으려면 수백가지 혹은 수 천가지의 아이디어를 만들어내야 한다. 신제품 아이디어의 주요 원천(source)은 내부 원 천과 소비자, 경쟁자, 유통업자, 공급업자 등과 같은 외부 원천을 모두 포함한다.

기업 내부 아이디어 원천

기업은 공식적으로는 R&D 부서 같은 내부 원천(internal source)을 이용하여 신제품 의 새로운 아이디어를 찾아낸다. 예를 들어, Ford는 실리콘 밸리에 기술자와 앱 개발자, 과학자를 구성원으로 한 혁신과 이동성 센터를 운영하는데, 이들은 자율 운행차에서 소 비자들이 집의 난방, 전등, 가전제품을 자동차에서 통제할 수 있는 Works with Nest 앱에 이르기까지 모든 일을 담당한다. Chick-fil-A는 햇치(Hatch)라 불리는 거대 혁신 센터를 마련하고 음식, 디자인, 서비스에 관한 새로운 아이디어를 탐구한다. 햇치는 새 로운 음식과 음식점 아이디어를 부화시키고 현실화하기 위해 "미래를 개념화하고 탐색하 며 상상하는" 곳이다.[4]

저자 코멘트
기업들은 좋은 신제품을 우연히 발견할 수 있다는 희망을 버려야 한다. 그 대신 체계 적인 신제품 개발 프로세스를 발전시켜야 한다.

아이디어 생성(idea generation)
신제품 아이디어에 대한 체계적 탐색

그러므로, 내부 R&D 과정을 뛰어넘어 기업들은 경영진에서 판매원, 과학자, 기술자, 제조 담당자에 이르기까지 자사 직원들의 두뇌를 활용할 수 있다. 많은 기업들은 성공적인 내부 사회망과 사내기업가(intrapreneurial) 프로그램을 개발하고, 직원들이 신제품 아이디어를 구상하고 발전시키도록 북돋운다. 예를 들어, AT&T는 The Innovation Pipeline(TIP)으로 불리우는 내부 온라인 이노베이션 커뮤니티를 만들어 AT&T 모든 지역과 직급의 종업원들은 신제품과 새로운 서비스의 아이디어를 제출하고 토론하며 투표를 한다. 3개월마다 최고 득표 아이디어의 제안자들은 AT&T 고위 임원들에게 설명하여, 앞으로 펀딩과 개발을 위하여 3개의 최우수 아이디어를 선정한다. 2009년 시작한 이래 AT&T 직원들은 TIP 커뮤니티에 40,000개 이상의 아이디어를 제출하였고 기업은 고객 서비스 개선부터 신제품까지 80여 개의 TIP 프로젝트에 펀드를 제공하였다.[5]

▶▶ **내부적인 신제품 아이디어:** Facebook 같은 많은 기업들은 해커톤을 이용하여 직원들의 머리를 빌려 혁신적인 아이디어를 얻는다.

Hero Images Inc./Alamy Stock Photo

Facebook이나 Twitter와 같은 기술 회사들은 주기적으로 "해커톤(hackathons)"을 주관하여 직원들이 하루나 일주일 동안 일상 근무로부터 떨어져 새로운 아이디어를 개발하도록 한다. 그러한 해커톤은 페이스북에서 전설적이다. 페이스북 해커톤 하는 동안, "수백 명의 엔지니어들은 대규모의 밤샘 코딩 세션에서 자신의 재능을 발휘하고 흔히 6주 내에 그 사이트의 내부와 외부 버전을 명중하는 제품을 찾아낸다."고 어느 페이스북 직원은 말한다. 그 소셜 미디어 거인 기업의 해커톤은 "좋아요"버튼과 친구 태그와 같은 주요한 혁신을 만들어 내고 있다. 그러한 이벤트는 신선하고 새로운 아이디어를 만들어 낼 뿐 아니라 직원 사기와 관여를 제고할 수 있다. 그 직원이 설명하듯이 "해커톤의 우정, 생산성 그리고 때로 광기가 현재의 페이스북을 만드는 데 도움을 주고 있다."[6]

▶▶ 그림 8.1 신제품 개발에서의 주요 단계

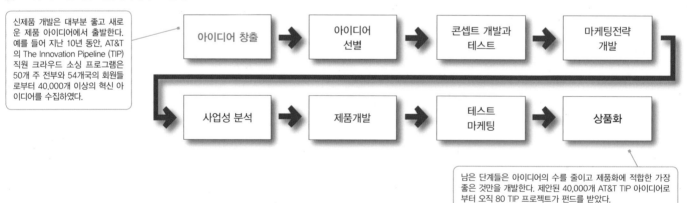

신제품 개발은 대부분 좋고 새로운 제품 아이디어에서 출발한다. 예를 들어 지난 10년 동안, AT&T의 The Innovation Pipeline (TIP) 직원 크라우드 소싱 프로그램은 50개 주 전부와 54개국의 회원들로부터 40,000개 이상의 혁신 아이디어를 수집하였다.

아이디어 창출 → 아이디어 선별 → 콘셉트 개발과 테스트 → 마케팅전략 개발 → 사업성 분석 → 제품개발 → 테스트 마케팅 → 상품화

남은 단계들은 아이디어의 수를 줄이고 제품화에 적합한 가장 좋은 것만을 개발한다. 제안된 40,000개 AT&T TIP 아이디어로부터 오직 80 TIP 프로젝트가 펀드를 받았다.

기업 외부 아이디어 원천

기업은 또한 수많은 외부 원천을 통해 훌륭한 신제품 아이디어를 얻을 수 있다. 예를 들어, 유통 및 공급업자들이 아이디어를 낼 수 있다. 유통업자(distributor)는 시장과 밀접하고 소비자의 문제와 신제품의 가능성에 대해 정보를 전달할 수 있다. 공급업자(supplier)는 기업에 신제품 개발에 활용할만한 새로운 콘셉트, 기술, 재료에 대해 알려

줄 수 있다.

경쟁자(competitor)는 또 다른 중요한 원천이다. 기업은 경쟁업체의 광고에서 신제품에 관한 실마리를 잡기도 한다. 때때로 경쟁제품을 구매하고, 이를 분해하여 어떻게 작동하는지 살펴보기도 하고, 경쟁제품의 판매 추이를 분석하여, 자사 신제품을 출시해야 할지 결정한다. 그 밖의 아이디어 원천으로는 업계 잡지, 트레이드 쇼, 웹사이트, 세미나, 정부 산하기관, 광고 에이전시, 마케팅 리서치 회사, 대학과 상업적 연구소, 발명가 등이 있다.

아마도 가장 중요한 신제품 아이디어 원천은 소비자 자신일 것이다. 기업은 고객의 문의와 만족하지 못한 부분을 분석하여 이런 문제점을 더 잘 해결할 수 있는 신제품 아이디어를 찾아낼 수 있다. 또는 의견과 아이디어를 제안하도록 소비자를 초대할 수도 있다.

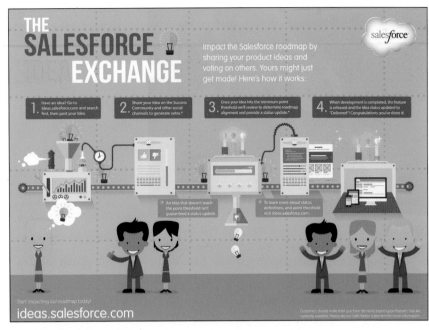

고객으로부터 얻은 신제품 아이디어: Salesforce의 온라인 IdeaExchange는 고객들을 초청해서 새로운 소프트웨어 기능과 제품 향상을 제안하고 토론하며 투표하도록 한다. 지난 10여 년 동안, 고객들은 60,000여 개의 아이디어를 제출했고 수백만 명이 투표를 했다.

salesforce.com inc

예를 들면, 고객관계관리 솔루션의 선도 기업인 Salesforce는 온라인 IdeaExchange를 주최하여 고객들을 초청해서 새로운 소프트웨어 기능과 제품 향상을 제안하고 토론하며 투표하도록 하고 있다. 지난 10여 년 동안, 고객들은 60,000여 개의 아이디어를 제출했고 수백만 명이 투표를 했다. 종종 가장 좋은 결과는 최초의 아이디어 보다는 그 다음 이어지는 협업과 브레인스토밍으로부터 나온다. Salesforce 임원은 제품관리 팀의 고려 중 3분의 1은 IdeaExchange에 영향을 받는다고 추정한다. 그 시스템은 또한 고객 경험을 크게 향상시키고 있다. 그것은 고객들이 자신들에게 경청하고 가치를 인정받는 쌍방향 관계를 구축한다.[7]

크라우드소싱

기업들은 이제 크라우드소싱(crowdsourcing) 또는 개방형 혁신(open-innovation) 신제품 아이디어 프로그램을 더욱 폭넓게 개발하고 있다. **크라우드소싱**(crowdsourcing)은 소비자, 직원, 독립 과학자, 연구자, 크게는 일반 대중에까지 폭넓은 사람들의 커뮤니티를 신제품 혁신 과정에 초대함으로써 혁신의 문을 활짝 열어젖힌다. 기업 내부와 외부의 광범위한 원천을 이용하여 예기치 않은, 강력한 새로운 아이디어를 만들어낼 수 있다.

모든 산업 분야에 걸쳐 크고 작은 기업들은 필요한 신제품 혁신을 만들어낼 때 R&D 연구실에 의존하기 보다는 크라우드소싱을 이용한다. 예를 들면, 스포츠 의류 제조업체인 Under Armour는 얼마나 많은 일류 개발자들이 내부에 있든지, 새로운 사고방식의 아이디어를 만드는 유일한 방법은 회사 밖으로 나가는 것이라는 점을 알고 있다. 그래서 Next Big Thing을 발견하려는 추구에서 Under Armour는 매년 Future Show Innovation Challenge라는 크라우드소싱 경연을 후원하고 있다.[8]

크라우드소싱(crowdsourcing)
고객, 직원, 독립적인 과학자와 연구자, 나아가 일반 대중에 이르기까지 광범위한 커뮤니티 사람들을 신제품 혁신과정에 참여시키는 것

>> 크라우드소싱: Under Armour는 매년 Future Show Innovation Challenge라는 크라우드소싱 경연을 후원하여, 외부 창업자들을 초청해서 시선을 끄는 창업 오디션(Shark Tank) 같은 리얼리티 TV 세팅에서 자신의 신제품을 제시한다.

Future Show Challenge는 전국에서 창업자들과 발명가들을 초청하여 신제품 아이디어를 제출하도록 한다. 그런 뒤 수천 명의 제출자에서 12명의 결선자들을 추리고, 그들은 창업 오디션(Shark Tank) 같은 리얼리티 TV 세팅에서 7명의 심사자 패널 앞에서 자신의 제품을 제시한다. 우승자는 50,000불의 상금을 받고, 성공하는 제품개발을 돕기 위하여 Under Armour와 협업하는 계약을 맺는다. Future Show Challenge의 목표는 "최고의 혁신가들을 설득하여 놀랄 만한 자질을 가지고 Under Armour에 오도록 하는 것이다."라고 Kevin Plank CEO는 말한다. 첫 번째 우승자이고 이제까지 Plank가 가장 좋아하는 것은 운동선수를 위한 지퍼인 UA MagZip인데, 한 손만으로 쉽게 움직일 수 있다. Under Armour의 내부 R&D 팀은 2년 동안 더 좋은 지퍼를 개발하려고 노력하였지만 "우리는 시작하지 못했다."고 혁신담당 부회장은 말한다. 단순한 지퍼는 Future Show로부터 수십 개의 창의적인 신제품 아이디어 중의 하나에 불과하다. 그러나 그것만으로도 전체 크라우드소싱 노력을 가치 있게 만든다. "우리는 다음 위대한 것은 더 좋은 아이디어를 가진 대학 풋볼을 플레이하는 어떤 아이로부터 나올지도 모른다는 점을 알 정도로 겸손해야 한다."고 Under Armour 혁신 책임자는 말한다.

진정 혁신적인 기업은 신제품 개발을 위해 단 한가지 원천에 의존하지 않는다. 대신에, 그들은 직원들과 소비자들, 외부 혁신가들과 다양한 지점에 이르기까지 가능한 모든 원천으로부터 영감을 포착해내기 위해 폭넓은 혁신 네트워크를 발전시킨다.

아이디어 선별

아이디어 창출 단계의 목적은 수많은 아이디어를 내는 것이다. 후속 단계의 목적은 그 숫자를 줄이는 것이다. 첫 번째 아이디어 감소 단계는 좋은 아이디어를 선별하고 나쁜 것을 가능한 한 빨리 제거하는 데 도움을 주는 과정인 **아이디어 선별**(idea screening)이다. 제품개발 비용이 이후 단계부터 매우 상승하므로 기업은 수익성 있는 제품이 될 만한 아이디어만을 추진하기를 원한다.

아이디어 선별(idea screening)
가능한 한 좋은 아이디어를 찾아내고 나쁜 것을 버리는 방식으로 신제품 아이디어를 걸러내는 과정

많은 기업이 관리자들에게 신제품 아이디어를 정해진 양식에 맞춰 보고서 형태로 작성할 것을 요구하는데, 이 보고서는 후에 신제품위원회가 검토한다. 보고서는 제품 혹은 서비스, 소비자 가치 제안(customer value proposition), 목표시장, 경쟁사의 정보를 기술해야 하며, 대략적인 시장규모와 제품가격, 개발 소요 시간과 비용, 제조비용, 수익률 정보도 포함해야 한다. 보고서가 제출되면 위원회는 일반적 기준에 맞춰 아이디어를 평가한다.

한 마케팅 전문가는 세가지 질문을 던지는 R-W-W(real, win, worth doing) 신제품 선별 프레임워크를 제안한다.[9] 먼저, 현실적인가? 그 제품에 대한 필요와 욕구가 실제로 존재하고 소비자가 그것을 구입할 것인가? 명확한 제품 콘셉트가 있고, 그 제품이 시장을 만족시킬 것인가? 둘째로, 이길 수 있는가? 그 제품이 지속가능한 경쟁적 이점을 제공하는가? 기업이 그 제품을 성공시킬 자원을 갖고 있는가? 마지막으로, 할 만한 가치가 있는가? 그 제품이 기업의 전반적인 성장 전략과 부합하는가? 충분한 잠재 수익을 제공하는가? 기업은 신제품 아이디어 개발을 더 진행시키기 전에 이 세 가지의 R-W-W 질문에 예라고 답할 수 있어야 한다.

콘셉트 개발과 테스팅

매력적인 아이디어는 **제품 콘셉트**(product concept)로 발전되어야 한다. 제품 아이디어와 제품 콘셉트, 제품 이미지를 구별하는 것은 중요하다. 제품 아이디어란 회사가 시장에 내놓을 수 있다고 판단한 제품의 아이디어를 말한다. 제품 콘셉트란 의미 있는 소비자 용어로 서술된 더 자세한 제품 아이디어이다. 제품 이미지란 소비자가 실제, 혹은 잠재적 제품을 지각하는(perceive) 방식을 말한다.

제품 콘셉트(product concept)
의미 있는 소비자 용어로 제품 아이디어를 보다 자세히 서술한 것

콘셉트 개발

실용적인 배터리식(battery-powered) 전기전용(all-electric) 자동차를 개발하는 자동차 제조사가 있다고 가정해보자. 초기 시제품은 매끈하고 스포티한 2인용 오픈카(roadster)인 접이식 모델(convertible)로, 100,000달러 이상으로 책정되었다.[10] 그러나 머지않아 최근에 출시된 쉐비 볼트(Chevy Volt), 닛산 리프(Nissan Leaf), KIA Soul 등과 같은 하이브리드 전기 자동차 혹은 전기전용 자동차와 경쟁할 더욱 저렴하고 대중적인(mass-market) 모델을 도입할 계획이다. 이 100% 전기자동차는 5초 내에 시속 0에서 60마일까지 가속할 수 있고, 한 번 충전으로 310마일 이상을 달릴 수 있으며, 일반적인 120볼트 충전소에서 2시간 내에 충전이 가능하며, 1마일당 1페니 정도의 비용이 소요된다.

완전 전기차: 이 차가 Tesla의 최초의 완전 전기 승용차이다. Model 3 소형차는 한 번 충전하여 310마일을 달릴 수 있고 1마일 당 몇 페니의 비용이 소요될 것이다.

Photo by Salwan Georges/The Washington Post via Getty Images

이후를 내다보고, 마케터가 할 역할은 이 신제품을 대안적인 제품 콘셉트로 발전시켜 각각의 콘셉트가 소비자에게 얼마나 매력적인지 알아내고, 가장 좋은 것을 선택하는 것이다. 이런 전기자동차를 위해서 다음과 같은 제품 콘셉트를 만들 수 있을 것이다.

- **콘셉트 1:** 집안 심부름을 하거나 친구 집 방문을 위해 시내주행용으로 사용할 가족 보조승용차(second family car)로 디자인된 저렴한 가격의 중형차
- **콘셉트 2:** 젊은 독신이나 커플을 겨냥한 중간 가격대의 스포티한 소형차
- **콘셉트 3:** 실용적이며 저공해 자동차를 원하는, 환경에 관심이 많은 사람을 겨냥한 "그린" 자동차
- **콘셉트 4:** SUV가 제공하는 널찍한 실내공간을 좋아하지만 형편없는 연비를 걱정하는 사람들을 위한 첨단(high-end) 중형 실용차

콘셉트 테스팅

콘셉트 테스팅(concept testing)이란 목표 소비자 그룹을 대상으로 신제품 콘셉트를 시험해 보는 것을 말한다. 콘셉트는 소비자에게 서술형이나 실물로(symbolically or physically) 제시된다. 말로 표현된 콘셉트 3은 다음과 같다.

효율적이고, 운전하기 즐거운 배터리 동력의 4인용 소형 자동차. 100% 전기동력의 이

콘셉트 테스팅(concept testing)
콘셉트가 소비자에게 강한 소구력을 갖는지 확인하기 위해 목표 소비자집단을 대상으로 신제품 콘셉트를 시험해 보는 것

놀라운 제품은 실용적이고 성능은 믿을만한 무공해 자동차이다. 한 번 충전으로 310마일을 주행하며 운행 시 마일당 1페니 정도가 소요된다. 오늘날 공해를 유발시키는 연료 소비가 많은 자동차에 대한 합리적이고 책임있는 대안이다. 가격은 풀옵션에 35,000달러이다.

많은 기업들이 일상적으로 신제품을 실제 제조하기에 앞서 소비자와 신제품 콘셉트를 시험하고 있다. 어떤 콘셉트 테스트는 글이나 그림으로 서술해도 충분할 수 있다. 하지만 콘셉트를 구체적이고 유형적인 형태로 제시하는 것이 신뢰도를 높인다. 콘셉트에 노출된 후 소비자는 표 8.1과 같은 질문에 답한다.

소비자의 대답은 어떤 콘셉트가 가장 강력한 소구점(appeal)이 있는지 기업이 결정하는 데 도움을 준다. 예를 들어, 마지막 질문은 소비자에게 제품을 살 의향이 있는지 묻는다. 소비자 중 2%가 확실히 살 것이라고 대답하고, 5%는 아마도 살 것이라고 대답했다고 가정하자. 기업은 이 숫자를 목표시장 전체에 투영시켜 판매량을 추정해 볼 수 있을 것이다. 그러나 때때로 사람들이 말한 대로 행동하는 것은 아니므로 확실한 것은 아니다.

표 8.1	배터리식 전기자동차 콘셉트 테스트를 위한 질문

1. 배터리식 전기자동차 콘셉트를 이해하나요?
2. 차의 성능에 대한 주장이 사실이라고 생각합니까?
3. 일반자동차에 비해 배터리식 전기자동차의 주된 이익은 어떤 것입니까?
4. 가스–전기 하이브리드 자동차와 비교해 이점은 무엇이라고 생각합니까?
5. 차의 모양을 개선하고자 한다면 어떤 점을 제안하겠습니까?
6. 어떤 용도로 일반자동차에 비해 배터리식 전기자동차를 더 좋아하나요?
7. 차를 충전하는 가격으로는 얼마가 적당하다고 생각합니까?
8. 누가 이 차의 구입을 결정합니까? 누가 운전합니까?
9. 이런 차를 (확실히, 아마도, 아마도 안, 절대로 안) 살 의향이 있습니까?

마케팅전략 개발

자동차 제조사가 전기자동차 테스트를 통해 콘셉트 3을 가장 최상으로 판단했다고 가정해 보자. 그 다음 단계는 이 제품을 시장에 출시하기 위한 초기 마케팅전략을 설계하는 단계인 **마케팅전략 개발**(marketing strategy development)이다.

마케팅전략 서술문(marketing strateg statement)은 크게 세 부분으로 구성된다. 첫 번째 부분은 목표시장을 서술하는데, 이는 계획된 제품 포지셔닝과 매출, 시장점유율, 이윤 목표 등을 포함한다.

마케팅전략 개발
(marketing strategy development)
제품 콘셉트를 토대로 신제품에 대한 초기 마케팅전략을 설계하는 것

목표시장은 실용적이고 친환경적인 차량을 원하는 젊고 학력수준이 높은 중산층 이상의 독신자, 부부, 혹은 소가족이다. 이 차량은 운전하기에 즐겁고 현재 사용되는 내연 엔진차량이나 하이브리드 자동차보다 오염이 적다는 것으로 포지션될 것이다. 회사는 첫 해에 50,000대를 판매하고 손실이 1,500만 달러를 넘지 않는 것을 목표로 삼는다. 두 번째 해에 90,000대 판매와 2,500만 달러의 이익을 달성할 것을 목표로 한다.

마케팅전략 서술문의 두 번째 부분은 제품의 예정가격, 유통(distribution), 첫 해의 마케팅 예산 개요를 서술한다.

> 배터리식 전기자동차의 색상은 빨간색, 흰색, 청색의 세 가지이며 풀옵션을 기본으로 출시될 것이다. 소매가격 35,000달러에 판매될 예정이며, 자동차 딜러에게는 정가에서 15% 할인된 가격으로 공급한다. 1달에 10대 이상을 판매하는 딜러에게는 그 달에 판매하는 각 차량마다 5% 추가 할인을 제공한다. 5천만 달러의 마케팅예산은 전국 공중파 광고와 지역 행사 마케팅에 30-40-30으로 할당될 예정이다. 광고, 웹사이트, 다양한 디지털 콘텐츠는 자동차가 주는 즐거움과 낮은 배기량을 강조할 예정이다. 첫 해, 누가 차량을 구입하며, 차량 구입자의 만족 수준은 어떠한지 파악하기 위한 마케팅 조사에 20만 달러가 들 예정이다.

마케팅전략 서술문의 세 번째 부분은 장기 매출계획, 수익목표, 마케팅믹스 전략 등을 서술한다.

> 우리는 장기적으로 전체 자동차 시장에서 시장점유율 3%을 달성하고, 세후 투자수익률 15%를 실현할 것이다. 이를 달성하기 위해, 제품의 품질은 출시부터 높은 수준으로 설정하고, 시간이 갈수록 향상되어야 한다. 경쟁 및 경제상황이 허용한다면, 회사는 가격을 2년 또는 3년 째에 인상할 것이다. 총 광고예산은 1년에 약 10%씩 상향 조정할 예정이다. 마케팅 조사 예산은 첫 해 이후에는 매년 6만 달러씩 감소시킬 예정이다.

사업 분석

일단 관리자가 제품 콘셉트와 마케팅전략을 확정하고 나면, 제안된 신제품의 사업 매력도를 평가할 수 있다. **사업 분석**(business analysis)은 신제품의 예상 판매량, 소요 비용, 이익이 기업의 목적에 부합하는지 검토하는 것이다. 긍정적인 평가를 받으면, 제품은 제품개발 단계로 넘어갈 수 있다.

판매를 추정하기 위해서 기업은 유사제품의 판매추이를 분석하고 설문조사를 하기도 한다. 또 제품개발에서 오는 위험범위를 가늠해 보기 위해 이를 근거로 최저판매와 최고 판매를 추정할 수 있다. 판매 예측자료가 준비되면, 경영진은 마케팅 비용, R&D 비용, 제조공정 비용, 회계비용, 재무비용을 포함한 예상되는 총 제품비용과 예상이익을 추정할 수 있다. 그런 다음 기업은 예상되는 판매와 비용 정보를 가지고 신제품의 재무 매력도(financial attractiveness)를 평가한다.

사업 분석(business analysis)
매출, 원가, 이익 등이 기업의 목표를 충족시키는지 파악하기 위해 신제품의 예상매출, 원가, 이익 등을 검토하는 것

제품개발

많은 신제품 콘셉트의 경우, 제품은 단지 말로 기술되거나 그림, 개략적인 실물모형 등으로만 존재한다. 제품 콘셉트가 사업평가를 통과하면 제품개발(product development) 단계로 넘어간다. 이때, R&D 혹은 기술부서는 제품 콘셉트를 물리적 제품(physical product)으로 실현시킨다. 그러나 제품개발 단계는 많은 재정 투자가 필요하다. 제품개발 단계는 제품 아이디어가 실제 사용가능한 제품으로 발전할 수 있는지 아닌지 보여준다.

제품 테스팅: Brooks는 제품을 테스트하기 위해 Lab Rats와 Wear Testers라고 부르는 사용자 집단을 모집하였다. "당신의 피드백은 우리의 모든 미래 제품의 핏, 기능, 디자인을 결정하는데 도움을 준다."

Paul Vidler/Alamy Stock Photo

R&D 부서는 제품 콘셉트에 대해 하나 또는 그 이상의 실제모형을 개발하고, 테스트한다. R&D 부서는 소비자를 만족/흥분시키고, 예산에 맞는 비용으로 신속하게 생산할 수 있는 제품원형(prototype)을 설계하기를 바란다. 제품과 제품원형 제작 방식에 따라 성공적인 제품 원형을 만드는 데 어쩌면 몇 일, 몇 주, 몇 달, 몇 년이 걸릴 수 있다.

종종 제품이 안전하고 효과적으로 기능하는지, 소비자가 제품의 가치를 쉽게 찾는지를 확인하기 위해 엄격한 검사를 하기도 한다. 예를 들면, 고기능 런닝 기어와 의류 생산업체인 Brooks는 제품을 테스트하기 위해 Lab Rats와 Wear Testers라고 부르는 사용자 집단을 모집하였다. 본부에 있는 Biomechanics Lab에서 Lab Rats을 연구하였는데, Brooks 기어를 입고 러닝머신에서 뛰는 것을 관찰하여 Brooks 제품은 성능을 방해하기 보다는 향상시키는지 확인하고 있다. Wear Testers는 Brooks 러닝화와 기어를 필드에서 사용하고 핏, 디자인, 스타일, 그리고 기능에 관한 보고를 한다. Brooks는 "그것은 상당히 간단하다. 우리가 당신에게 기어를 보내고 당신은 그것을 사용한다. 당신은 아침 조깅에서, 경기하는 날에, 햇볕에서 그리고 눈 속에서 그것을 사용한다. 어느 때 어느 장소에서 당신이 달리기를 하면 당신에게 어떻게 작동을 잘 했는지 아니면 작동을 잘 하지 않았는지 우리에게 알려달라. 당신의 피드백은 우리의 모든 미래 제품의 핏, 기능, 그리고 디자인을 결정하는데 도움을 주는 것이다."[11]

신제품은 필요한 기능적 특징을 잘 갖춰야 할 뿐 아니라 기업이 의도한 심리적 특징도 잘 전달해야 한다. 예를 들어, 배터리식 전기자동차는 소비자에게 잘 만들어졌고, 편안하며, 안전하다는 인식을 심어주어야 한다. 경영진은 소비자가 이 차를 잘 만들었다고 평가하는 이유가 무엇인지 파악해야 한다. 어떤 소비자는 자동차의 문이 "꽉 찬 소리"로 닫힐 때 잘 만든 차라고 생각한다. 다른 소비자에게는 이것이 안전 테스트에서 심한 충격을 견딜 수 있는지를 의미한다. 이를 고려하여 기업은 소비자가 직접 시험주행을 해보고, 자동차 속성을 평가하는 소비자 테스트를 실행하기도 한다.

테스트 마케팅

테스트 마케팅(test marketing)
실제 시장상황에서 신제품과 마케팅 프로그램을 테스트하는 것

만약 제품이 콘셉트 테스트 단계와 제품 테스트 단계를 통과하면, 그 다음 단계는 **테스트 마케팅**(test marketing)이다. 테스트 마케팅은 제품과 마케팅 프로그램을 좀 더 실제적인 시장상황에 도입하는 단계이다. 테스트 마케팅은 마케터에게 많은 비용이 드는 정식 출시 이전에 제품을 실제 마케팅해 보는 경험을 제공한다. 테스트 마케팅 기간 동안 기업은 제품 자체뿐만 아니라 타깃팅 및 포지셔닝 전략, 광고, 유통, 가격, 브랜드와 포장, 예산 등을 포함한 해당 제품의 마케팅 전체 프로그램을 테스트해 볼 수 있다.

테스트 마케팅이 필요한 정도는 신제품 종류에 따라 다르다. 신제품을 출시하기 위해 막대한 투자가 요구될 때, 위험도가 높을 때, 혹은 경영진이 제품 또는 마케팅 프로그램에 확신이 없을 때 기업은 테스트 마케팅을 수차례 실시한다. 예를 들어, Taco Bell은 현재 이 기업의 역사에서 가장 성공적인 제품인 Doritos Locos Tacos를 출시하기 전에 3년의 시간을 들였고 45개의 프로토타입을 만들었다. 그리고 Starbucks는 Starbuck

VIA 인스턴트 커피 – 위험부담이 가장 큰 신상품 출시 중 하나였던 – 를 개발하는 데 20년이 걸렸고 전국적으로 출시하기 전에 시카고와 시애틀의 매장에서 몇달 동안 테스트를 거쳤다. 테스트는 성공적이었다. Starbucks VIA 라인은 이제 매년 3억 달러 이상의 수익을 내고 있다.[12]

그러나 테스트 마케팅은 비용이 높을 수 있으며 테스트 자체가 시장 기회를 놓치거나 경쟁사에 이점을 줄 정도로 많은 시간이 걸릴 수가 있다. 기업은 신제품 개발과 출시 비용이 낮을 경우나 경영진이 신제품에 자신감이 있을 때 테스트 마케팅을 짧게 혹은 전혀 진행하지 않기도 한다. 예를 들어, 기업들은 단순히 라인을 확장하거나 경쟁사의 성공적인 제품을 카피하는 경우 시장성 테스트를 하는 일이 많지 않다.

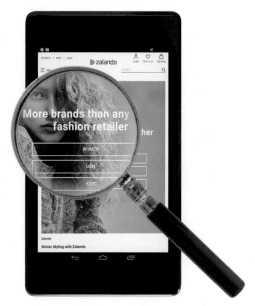

기업들은 빠르게 변하는 시장의 발전에 따라 테스트를 짧게 하거나 생략할 수도 있다. 예를 들면, 디지털과 모바일 트렌드를 이용하기 위하여, 베를린에 본사를 두고 있는 Zalando는 크로스 플랫폼 온라인 매장을 유지하면서 패션과 뷰티 아이템을 판매하고 있는데, 빠르게 움직이는 패션 비즈니스에서 모멘텀을 얻어 유지하기 위해 완벽하지 않은 모바일 앱을 도입하였다. 그러고 나서 Zalando는 론칭 후 처음 12개월 동안 계속해서 개선해 나갔다. 앱을 통해 쇼핑하고 포털에 들어와 보는 고객들의 비율은 이제 전체 거래 중 76%를 차지하고 있다.[13]

>> 기업들은 때때로 테스트 마케팅을 줄이거나 건너뛰어 Zalando가 크게 성공한 모바일 쇼핑 앱으로 한 것처럼 빠르게 변화하는 시장 개발을 이용한다.
DWD-Comp/Alamy Stock Photo

광범위하고 비용이 많이 드는 표준시험 시장법(standard test markets)에 대한 대안으로, 기업은 통제시험 시장법이나 모의시험 시장법을 사용할 수도 있다. 통제시험 시장법(controlled test markets)에서 신제품과 전술은 통제된 소비자 및 매장(store) 패널 내에서 테스트된다. 각 테스트 소비자의 구매 정보를 소비자의 인적 정보와 TV 시청 정보와 결합함으로써, 매장에서와 집에서의 마케팅 활동의 영향력을 평가할 수 있다.

모의시험 시장법(simulated test markets)을 이용할 때에는 연구자는 실험 매장 혹은 모의 온라인 쇼핑 환경에서 신제품과 마케팅 전술에 대한 소비자 반응을 측정한다. 통제시험 시장법과 모의시험 시장법 모두 테스트 마케팅 비용을 줄이고 과정을 신속하게 진행하도록 해준다.

상품화

테스트 마케팅은 경영진에게 신제품을 출시할 것인지 아닌지 최종 결정을 내리는 데 필요한 정보를 제공한다. 만약 기업이 어떤 신제품을 시장에 출시하는 **상품화**(commercialization)를 진행한다면, 비용이 많이 필요하다. 기업은 제조공장을 세우거나 빌려야 하고, 주요 소비재 신제품은 출시된 첫 해의 광고, 판매촉진, 그 밖의 마케팅 노력에 수억 달러를 써야 한다. 예를 들어, Nintendo는 Nintendo Switch 콘솔/하이브리드 게임 시스템을 출시하기 위해 TV 광고에 한 달 1,800만 달러를 지출하였다. 비슷하게, Tide는 경쟁이 치열한 미국 세탁세제 시장에 Tide Pods를 출시하기 위한 캠페인에 1억 5,000달러를 지출했다.[14]

상품화(commercialization)
신제품을 출시하는 것

신제품을 출시하는 기업은 먼저 도입시기(timing)를 정해야 한다. 만약 신제품이 다른 회사 제품 판매를 잠식한다면, 도입시기는 미뤄질 수 있다. 만약 이 제품이 더 개선될 수 있거나, 경제가 더 나빠진다면, 기업은 다음 해로 출시를 연기할 수도 있다. 그러나 경쟁 업체가 이미 경쟁 제품 도입을 준비하고 있다면, 기업은 제품 출시를 서두를 수도 있다.

다음으로, 기업은 어디서(where) 신제품을 출시할 것인지 결정해야 한다. 신제품을 한 곳에서만 출시할 것인지, 한 지역에 국한할 것인지, 전국적으로 확대할 것인지, 세계시장 도 겨냥할 것인지 결정해야 한다. 어떤 기업은 신규 모델을 전국적 단위의 시장에 재빨 리 출시할 수도 있다. 전 세계적인 유통 시스템을 갖춘 기업들은 신제품을 신속하게 세 계 시장에 출시하여 선보일 수도 있다. 일례로 Apple은 iPhone X를 유례없이 빠르게 해 외시장으로 출시하여 같은 날짜에 55개 국가에서 판매되도록 했다.[15]

저자 코멘트
무엇보다, 신제품 개발은 고객가치 창출에 주력해야 한다. "시장에서 아이디어를 얻어 라."라고 삼성 경영진은 말한다.

신제품 개발관리

그림 8.1을 보면 알 수 있듯이 신제품 개발과정(new product development process)은 신제품 아이디어를 찾고, 개발하고, 출시하는 데 필요한 일련의 주요 활동을 강조한다. 그러나 신제품 개발은 단순히 이런 단계를 거치는 것만 의미하지는 않는다. 기업은 총체 적인 관점에서 신제품 개발과정을 관리해야 한다. 성공적인 신제품 개발이란 소비자 중 심이고, 팀에 기반을 둔 체계적인 노력이 필요하다.

소비자 중심의 신제품 개발

소비자 중심의 신제품 개발
(customer−centered
new−product development)
신제품 개발과정에서 고객의 문제를 해결 하고 더 많은 고객만족 경험을 창출하는 새 로운 방안을 찾는 데 중점을 두는 것

다른 무엇보다도 신제품 개발은 반드시 소비자 중심이어야 한다. 신제품 아이디어를 찾 고 개발할 때, 기업은 기업 내 R&D 부서의 기술 연구에 지나치게 의존하는 경향이 있 다. 그러나 마케팅 활동의 다른 요소와 마찬가지로, 성공적인 신제품 개발은 소비자가 필요로 하는 것과 소비자가 원하는 가치를 완전히 이해하는 것에서 출발한다. **소비자 중 심의 신제품 개발**(customer−centered new product development)이란, 소비자 문제 를 해결하고 더 많은 소비자 만족 경험을 창출하기 위한 새로운 방법을 찾는 데 중점을 두는 것이다.

한 연구에서 가장 성공적인 신제품은 타제품과 차별화되며, 소비자의 주요 문제를 해 결하고, 매력 있는 소비자 가치 제안을 제시하는 제품이라고 밝혀졌다. 또 다른 연구에 서는 신제품 혁신 과정에 소비자를 직접 참여시킨 기업이 그렇지 않은 기업에 비해 두 배의 자산 이득과 세 배의 운영 수입 성장을 보였다고 한다. 따라서, 소비자 참여는 신제 품 개발 과정과 제품 성공에 긍정적인 영향을 준다.

선도적인 장난감업체인 The LEGO Group은 고객중심의 신제품 개발의 강력한 지지 자이다.[16]

15년 전, The LEGO Group(TLG)는 거의 파산상태였고 소용돌이치며 적자를 내고 있었다. 인터넷, 비 디오 게임, 모바일 디바이스, 그리고 하이테크 놀이기구의 시대에, LEGO 벽돌처럼 전통적인 장난감은 옷장의 구석에 던져져 있었다. 그래서 TLG는 오래된 제품라인을 하나씩 재건하기 시작했다. 그러나 LEGO 수선은 디자인 랩에서 일하는 엔지니어로 시작하지 않았다. 고객에게 귀를 기울이고 고객을 관 여시키는 것으로 시작하였다. 예를 들면, TLG는 연구자들을 가족들에게 보내어 연구자들에게 아이들 이 노는 모습을 관찰하고 부모들과 인터뷰하고 고객과 함께 구매하게 하였다.

그 연구는 많은 "아, 그렇군! 순간"을 만들어 냈다. 예를 들면, TLG는 창의성을 배양할 것으로 생각하는 오직 기본적인 구조화되지 않은 빌딩 세트만을 오랫동안 제공하였다. 그러나 오늘날의 기술이 풍부한 세상에서 아이들은 쉽게 지루해 하고 보다 구조화된 놀이 경험을 원한다. 그래서 TLG는 이제 무한한 것처럼 보이는 테마가 있고 전문화된 키트를 제공하는데, 여기에는 자세한 지시가 있어서 아이들이 이것에 따라 트럭과 헬리콥터부터 열망하는 닌자 캐슬까지 어떤 것도 만들어 낸다. 조사의 결과는 또한 오늘날의 아이들을 위해서 디지털과 물리적 세계가 하나로 결합되는 것을 보여 주었다. 이러한 통찰은 TLG의 "하나의 현실" 제품으로 이어지는데, 이는 디지털과 실제 세상 놀이의 경험이 스마트폰이나 태블릿 앱에서 구동되는 소프트웨어와 함께 LEGO 벽돌 쌓기도 포함한다.

TLG는 또한 새로운 고객 통찰과 아이디어를 위해 열정적인 사용자 커뮤니티를 적극적으로 노크한다. 예를 들면, LEGO Ideas 웹사이트는 일종의 Kickstarter의 브랜드 버전인데, 고객을 초청하여 아이디어를 제출하고 다른 사람들의 아이디어를 평가하고 투표하도록 한다.

>> **고객중심 신제품 개발:** 장난감 업체인 LEGO는 신제품 아이디어를 위해 고객에게 귀를 기울이고 사용자 커뮤니티를 적극적으로 노크하여, 혹자는 "장난감의 애플"이라 칭한다.
Photo by S. Clyde/U.S. Department of Transportation, Federal Highway Administration

평균적으로 네 개의 새로운 고객이 영감을 준 제품들이 매년 LEGO Ideas에서 나온다. 그러한 고객 공동창조는 TLG의 역대 가장 인기 있는 제품인 LEGO MINDSTORMS를 낳았는데, 이는 스마트폰 앱에서 프로그램이 가능한 맞춤형의 로봇을 위한 하드웨어와 소프트웨어가 모두 갖추어진 일련의 빌딩 세트이다. 고객중심의 신제품 개발 덕분에, LEGO는 이제 세계 최대 장난감 업체인 Mattel과 앞서거니 뒤서거니 하고 있다. 어느 분석가는 "LEGO는 장난감의 애플로 성장하였다."고 결론을 내린다.

그러므로 오늘날 혁신적인 기업은 리서치 연구소에서 나와 소비자의 요구를 충족시킬 수 있는 신선한 방법을 찾기 위해 소비자와 접촉한다. 소비자 중심의 신제품 개발은 소비자를 이해하고, 그 과정에 소비자를 참여시키는 데에서 시작하고 끝이 난다.

팀 기반의 신제품 개발

좋은 신제품 개발이란 기업 전체, 부서상호의 노력이 필요하다. 어떤 기업은 그림 8.1에 나와 있는 순서대로 아이디어 창출에서 출발하여 상품화로 끝맺는 신제품 개발순서에 맞추어 최신 제품 개발과정을 조직한다. 이런 순차적 제품개발(sequential product development) 방식에서는 각 부서가 개별적으로 일을 진행시키고, 한 부서가 자신이 수행한 개발업무를, 다음 단계를 맡고 있는 다른 부서로 넘기면 일이 완성된다. 이렇게 질서정연하고 단계적인 과정은 복잡하고, 위험한 프로젝트를 통제하는 데에 도움을 주기도 한다. 그러나 그것은 위험할 정도로 느릴 수 있다. 느리지만 확실한 제품 개발 방법은 빨리 변화하고 경쟁이 치열한 시장에서는 신제품 실패, 판매와 이익의 하락, 시장 포지션 추락 등을 초래할 수 있다.

신제품을 시장에 좀 더 빨리 내놓기 위해서, 많은 기업은 **팀 기반의 신제품 개발방식**(team-based new product development)을 이용한다. 이는 회사 내 부서가 복합기능팀(cross-functional teams) 내에서 서로 긴밀히 협조하며, 시간을 절약하고 효율성을 높이기 위해 제품개발 과정에서 두 가지 이상 단계가 동시에 진행되기도 한다. 신제

팀 기반의 신제품 개발방식
(team-based new product development) 회사 내 여러 부서들이 서로 긴밀히 협조하며, 시간을 절약하고 효과성을 높이기 위해 몇 개의 제품개발단계를 함께 진행시키는 방식으로 신제품을 개발하는 것

품을 이 부서에서 저 부서로 넘기는 것이 아니라, 다양한 부서의 사람으로 팀을 구성하여 신제품 개발의 처음부터 끝까지 공동으로 작업한다. 이 팀은 대개 마케팅, 재무, 디자인, 제조, 법률 부서에서 온 사람으로 구성되는데, 공급업자와 판매 기업(supplier and customer companies)이 포함되기도 한다. 순차 과정은 한 단계에서 병목현상이 발생하면 전체 신제품 프로젝트가 심하게 늦어질 수도 있다. 그러나 팀 기반 방식에서는 한 곳에서 문제가 발생하면, 팀이 함께 움직이면서 문제를 해결할 수 있다.

팀 기반의 접근법은 몇 가지 한계도 있다. 예를 들면, 때에 따라 이 접근법은 순차적 접근법 보다 조직적 긴장과 혼란을 더 자주 일으키기도 한다. 그러나 갈수록 제품 수명주기가 짧아지는 등 산업이 급박하게 변화하는 현실에서, 빠르고 탄력적인 제품개발에서 오는 보상이 위험성 보다 훨씬 크다. 고객 중심의 접근법과 팀 중심의 신제품 개발을 모두 갖춘 기업은 올바른 신제품을 시장에 빠르게 내놓음으로써 경쟁우위를 점할 수 있다.

체계적 신제품 개발

마지막으로, 신제품 개발은 개별적으로나 우연히 되는대로 하는 것이 아니라 전체적인 관점에서 체계적으로 해야 한다. 그렇지 않으면, 한두 개의 새로운 아이디어는 부상할지 몰라도 많은 좋은 아이디어가 순간 반짝했다가 바로 사장될 수 있기 때문이다. 이 문제를 방지하기 위해 기업은 신제품 아이디어를 수집, 검토, 평가, 관리하는 혁신제품 관리시스템(innovation management system)을 운용할 수 있다.

기업은 존경받는 상사를 기업의 혁신제품 경영관리자로 임명할 수 있다. 웹을 기반으로 하는 아이디어 경영 시스템을 구축하여 직원, 공급자, 유통업자, 딜러 등 모든 회사의 이해관계자(stakeholders)가 신제품 아이디어를 찾고 발전시키는 데 관여하도록 만들 수도 있다. 또 복합기능 혁신 경영위원회(cross-functional innovation management committee)를 배치하여, 제안된 신제품 아이디어를 평가하고 좋은 아이디어를 상품화하는 일을 도울 수 있다. 그리고 가장 좋은 아이디어를 낸 사람에게 상을 주는 시상 프로그램을 도입할 수도 있다.

혁신제품 관리시스템 접근방식은 두 가지 바람직한 결과를 이끌어 낼 수 있다. 첫째는 혁신 지향적(innovation-oriented)인 기업문화를 만들 수 있다는 것이다. 이는 최고 경영진이 혁신을 지지하고, 독려하고, 포상을 제공한다는 것을 보여준다는 것이다. 두 번째는 많은 수의 신제품 아이디어 중 특출한 것을 골라낼 수 있다는 점이다. 이 접근방식은 새롭고 좋은 아이디어를 더 체계적으로 발전시킬 것이고, 이는 더 많은 신제품 성공을 가능하게 할 것이다. 좋은 아이디어가 고위층 지지(sounding board or a senior product advocate)가 없어 사장되는 일은 더 이상 없을 것이다.

그러므로 신제품 성공은 단순히 한두 개의 좋은 아이디어를 생각해 내고, 그 아이디어를 제품화하고, 소비자를 찾는 것 이상의 노력을 요구한다. 성공적인 신제품은 신제품 아이디어를 만들고 선별하는 것에서 소비자가 만족할 제품을 발매하는 것까지, 가치 있는 고객경험의 창출을 위해 새 방법을 찾고자 노력하는 통합적인 접근법(holistic approach)을 요구한다.

이것뿐만 아니라, 성공적인 신제품 개발은 기업 전체의 헌신을 요구한다. 구글, Samsung, Apple, 3M, P&G, GE 등과 같이 뛰어난 신제품을 개발하는 것으로 알려진 기업을 보면, 전반적인 기업문화가 혁신적 사고를 고무하고, 지지해 주고, 이를 포상

MARKETING AT WORK 8.1

NIVEA의 Open Innovation

NIVEA는 함부르크에 본사를 두고 있는 스킨과 바디케어의 전문기업인 Beiersdorf AG이 소유하고 있는 세계적으로 유명한 개인 케어 브랜드이다. 이 기업은 1882년 3월 28일에 약제사인 Paul Carl Beiersdorf에 의해 창립되었다. 2018년에 Beiersdorf는 70억 5,600만 유로의 매출을 기록하였다. 핵심 브랜드인 NIVEA의 성공은 오픈 이노베이션, 운영 탁월성, 그리고 다양한 지역 소비자 니즈를 만족시키는데 지속적인 집중과 함께 세련된 신제품 개발 프로세스에 기반하고 있다. 혁신은 항상 Beiersdorf NIVEA의 최고 우선순위이다. 창업 초기부터 이 기업은 고객 니즈를 제품개발과 마케팅 어젠다의 핵심에 두고 있다. 1911년 이 기업은 유화제인 Eucerit를 선도적으로 사용하였다. 이는 소비자에게 즉각적인 히트였는데, 다른 지방 베이스의 제품처럼 역겨운 냄새가 나지 않았기 때문이다. NIVEA는 라틴어로 "눈처럼 하얀"의 의미인데, 그 에멀션은 세계 최초의 스킨케어 크림이다.

이 기업은 네 가지 핵심가치에 의해 유도된다. 위험을 감수하는 용기, 의사결정의 단순함, 협력업체에 대한 배려, 그리고 협업의 위험과 보상을 공유하는 투명한 관계성에 있어서의 신뢰이다. 모든 단계에서 소비자가 중심에 있다. 소비자와의 깊은 관계는 아이디어 도출, 혁신, 그리고 궁극적인 탁월한 제품의 출시의 선결조건이다.

신제품 개발의 틀에서 NIVEA는 외부 시장 지식의 통합에 의존하고 장기적인 연구 파트너들과 성공적인 네트워크를 구축하고 있다. NIVEA는 오픈 이노베이션의 개념을 강하게 믿고 있고, Beiersdorf Research Center는 전략적 파트너들과 긴밀한 협업과 관계를 추구하고 발전시켜 혁신과 발전의 잠재력을 강화해 나가고 있다. 2011년 Beiersdorf는 온라인 플랫폼인 Pearlfinder를 개시하여 기업, 기관, 과학자들을 초청하여 유망한 혁신을 발전시키는데 협력하도록 하였다. 여기에서 외부 파트너는 자신들의 발명품, 신개발 그리고 제품 아이디어를 Beiersdorf와 공유할 수 있고, 등록된 커뮤니티 회원들은 소비자 데이터 뿐 아니라 스킨과 미용 케어 자료에 관한 Beiersdorf의 DB에 접속할 수 있었다. Beiersdorf는 정보를 공유하여 자신의 파트너들이 니즈와 요구를 더 깊게 이해하고 그들에게 혁신적인 화장품을 개발하는데 더 창의적인 사유글 주기를 바라고 있었다 신뢰, 공정, 그리고 파

NIVEA는 혁신과 지식을 강화시키기 위하여 연구 파트너들과의 협업과 관계를 추구한다.

Lynne Sutherland/Alamy Stock Photo

트너십의 기초 위에 형성된 그 네트워크는 파트너십, 장기적인 협업, 그리고 Beiersdorf와의 사업을 강화시키는 아이디어의 교환을 촉진시키는 목적이 있었다.

Beiersdorf Research Center의 연구개발 팀은 사이트 회원들이 자신의 아이디어와 솔루션으로 응답할 수 있도록 Pearlfinder에 특정한 질문을 포스팅한다. 그 네트워크가 시작된 이래 연구자들은 여러 프로젝트에서 매우 다양한 아이디어를 제출하느라 바쁘게 움직여 왔고 Pearlfinder 회원 수는 계속해서 증가하고 있다. Beiersdorf는 국제적인 연구 네트워크를 가지고 있고 500여 개의 대학, 연구 센터, 그리고 스타트업 기업들과 파트너십을 맺고 있다.

Beiersdorf는 또한 과학적인 질문에 대한 솔루션을 발견하기 위해 연구를 수행하는 다른 조직과 원재료 공급업체와 협업하기 위한 "인큐베이션 랩(incubation labs)"을 설립하였다. 이 기업은 외부 파트너들과 긴밀하게 협력하고 그들을 프로세스 초기부터 참여시켜 하나의 조직처럼 지식의 이전을 원활하게 하고 내부 및 외부 커뮤니케이션을 촉진시키고 있다.

가장 최근 주요 제품 출시 중의 하나는 브랜드의 민주적 스킨케어와 깊은 소비자 이해의 전통을 계속 이어 나가고 최고 수준의 오픈 이노베이션 관리에 대한 청사진이 된다. NIVEA Black & White 탈취제는 소비자의 가장 큰 걱정 중의 하나를 다루고 있다. 탈취제 시장은 오랫동안 압도적으로 효능 지속성의 경쟁이다. 대부분의 기업들은 사용자들을 땀과 냄

새에서 24, 48, 혹은 72시간까지 보호하는 제품을 홍보하고 있다. 그러나 소셜 미디어 소비자 의견 청취 노력을 통해, Beiersdorf의 조기 이노베이션 팀은 땀과 탈취제가 결합되어 옷에 보이지 않는 얼룩을 남긴다는, 많은 탈취제 사용자들이 고통을 받고 있는 흥미로운 미해결의 문제를 만나게 되었다. 탈취제의 효능 지속성 경쟁에서 벗어나 얼룩이 생기지 않는 탈취제를 시도하는 것이 그만한 가치가 있을까?

고위 경영진은 그들이 정말 어떤 제품을 개발하고 있다는 확인을 요구하였다. Beiersdorf 연구진은 시장조사 기관과 협업하였고 어느 민속학적 온라인 조사는 의류에 묻어 있는 얼룩이 실제적으로 많은 소비자들을 화나게 한다는 것을 밝혀냈다. 이 조사는 세 가지 언어로 200여 개 소셜 미디어 사이트에 있는 소비자 대화와 고민을 분석하였다. 보다 깊이 분석하기 위해 Beiersdorf는 가장 적극적인 조사 참가자들을 초대하여 그들의 문제, 생각, 그리고 솔루션 아이디어를 포괄적인 포커스 그룹에서 다른 사람들과 공유하도록 하였다. 그것은 얼룩지는 것이 그들에게 정말 고통이었다는 점을 확인시켜준 열띤 토론이었다.

다음 단계에서, Beiersdorf는 Pearlfinder를 이용하여 세제 전문가들과 의류 회사 같은 산업 전문가들을 초청하여 소비자 피드백과 얼룩 문제를 구체적으로 상세히 정리하였다. 궁극적으로 많은 개선과 온라인 커뮤니티로부터 많은 의견들을 가지고 Beiersdorf는 의류에 얼룩을 남기지 않는 새로운 탈취제 공식을 찾아냈다. 제품개발에서부터 마케팅까지, 이

기업은 헌신적인 온라인 커뮤니티에 의존하여 효과적으로 팔로워들을 초청하여 마케팅 콘셉트를 공동 창출하도록 하였다. 온라인 피드백을 통해 Beiersdorf는 어두운 천에 흰색 얼룩을 남기지 않고 흰색 천에 노란색 얼룩을 남기지 않는다는 약속을 내놓았다. 광고물은 이 점을 흑백의 드레스를 사용하여 강조하였고, Beiersdorf는 또한 패션 유통업체와 협력하여 소비자들이 이 신제품으로 그들이 사랑하는 검은색과 흰색 의류를 "구할 수" 있다는 아이디어를 전달하였다. NIVEA Black & White는 10년 내 가장 성공적인 Beiersdorf 제품 출시였고 그 제품 카테고리에서 표준이 되었다.

Beiersdorf의 더 최근의 혁신들 중 이러한 사례는 성공적인 혁신과 마케팅 경로의 배경이 되는 방식을 예시한다. 그것은 혁신 문화와 마케팅과 연구의 탁월성의 결합이다. 1세기 전 NIVEA를 두드러지게 했던 혁신 방식은 오늘날에도 효과적이다.

출처: Dale Buss, "P&G Enhances Connect + Develop Innovation Pipeline, BrandChannel, February 13, 2013, www.brandchannel.com/home/post/2013/02/13/PG-Connect-Develop-Website-021313.aspx; Steve Lohr, "The Invention Mob, Brought to You by Quirky," The New York Times, February 15, 2015, p. BU1; "Nivea Co-Creates with the Crowd to Eliminate Stain Problem," Ideaconnection, http://www.ideaconnection.com/open-innovation-success/Nivea-Co-Creates-with-the-Crowd-to-Eliminate-Stain-Pr-00365.html, accessed October 2015; "Could Your Innovation Be the Next Game-Changer?," PG Connect + Develop, www.pgconnectdevelop.com; and information from www.beiersdorf.com/ and http://pearlfinder.beiersdorf.com/. The authors would like to thank Ansgar Holscher, Vice President Marketing Intelligence & Innovation Management at Beiersdorf AG, and Kai Bendix, Vice President Global Business Unit Personal Care, for their contribution to this case.

한다. 예를 들면, 구글과 구글의 모회사인 알파벳에서는 혁신은 단지 프로세스 그 이상으로써, 기업의 DNA의 일부이다.

 개념 연결하기

여기서 잠시 신제품과 기업들이 어떻게 그 신제품을 개발하는지 생각해 보자.

- 당신이 "올해의 신제품"을 선정하는 패널에 참여하고 있다고 가정해 보자. 당신은 어떤 제품들을 선정할 것인데, 그 이유는 무엇인가? 그 중 한 제품의 신제품 개발 프로세스 내용을 알아보자.

- 당신이 배운 신제품 개발 프로세스를 적용하여, 혁신적인 스낵 신제품을 위한 아이디어를 개발하고 출시하기 위한 간략한 계획을 세워 보라. 긴장을 풀고 재미있게 해 보자.

제품 수명주기 전략

경영진은 신제품을 출시한 후, 제품이 오랫동안 잘 팔리기를 희망한다. 기업은 비록 제품이 영원토록 팔릴 것이라 기대하지 않더라도, 적어도 제품 출시를 위해 들인 노력과 위험은 충분히 보상받을 만큼의 알맞은 이익을 거두길 바란다. 경영진은 제품 하나하나에 고유의 수명주기가 있다는 사실은 잘 알고 있다. 물론 한 제품이 가지는 수명주기의 정확한 형태나 길이를 미리 알기는 어렵다. 그림 8.2는 전형적인 **제품 수명주기**(product life cycle, PLC)를 보여준다. 한 제품이 수명주기를 거치는 동안 판매와 수익은 변한다. 제품 수명주기는 각각 독특한 특징의 다섯 가지 단계로 구분된다.

1. **제품개발**(product development)은 기업이 신제품 아이디어를 발견하고 개발시키는 것으로 출발한다. 제품개발 중에는 매출은 없고, 기업의 투자 금액은 늘어난다.
2. **도입**(introduction)은 시장에 제품이 소개되어 서서히 매출이 늘어나는 시기이다. 제품의 시장 도입에 필요한 막대한 비용 때문에 순이익이 발생하지 않는다.
3. **성장**(growth)은 시장에서 제품수용이 급격히 증가하면서 순이익이 발생하는 시기이다.
4. **성숙**(maturity)은 제품이 많은 잠재고객에게 이미 받아들여진 상태로, 매출이 주춤해지는 시기이다. 경쟁에서 살아남고자 마케팅 비용은 증가하고, 이로 인해 순이익은 현 상태를 유지하거나 감소하기 시작한다.
5. **쇠퇴**(decline)는 매출이 떨어져 순이익이 감소하는 시기이다.

모든 제품이 제품 수명주기 5단계를 따르는 것은 아니다. 어떤 제품은 소개되자마자 사장되기도 하고, 어떤 제품은 성숙기에 오랫동안 머물기도 한다. 어떤 제품은 쇠퇴기에 들어선 후에도 강력한 촉진 정책(promotion)과 리포지셔닝(repositioning)을 통해 성장기로 다시 회귀하기도 한다. 잘 관리된 브랜드는 영원히 살아남는 것처럼 보인다. 코카콜라, 질레트 면도기, 버드와이저 맥주, 기네스 맥주, 아메리칸 익스프레스 카드, 웰스 파고 은행, 기꼬만 간장, 프라이 부츠, 타바스코 소스 등과 같은 유서 깊은 브랜드는 100년 이상 강세를 유지하고 있다. 기네스 맥주는 250년도 더 되었다. 기네스 맥주는 250여년 동안 판매되고 있으며, Life Savers Mints는 최근 "당신의 입을 상큼하게 유지시켜온 100년"을 기념했고 타바스코 소스는 "140년 이상이 된, 그리고 여전히 당신의

> **저자 코멘트**
> 한 기업의 제품은 생겨나고 성장하고 성숙하다 쇠퇴한다. 기업은 활력을 유지하기 위해 지속적으로 신제품을 개발해야 하며 제품수명주기를 통해 효율적으로 관리해야 한다.

제품 수명주기(product life cycle, PLC)
한 제품의 수명 동안 매출과 이익의 과정

≫ 그림 8.2 제품 초기에서 쇠퇴에 이르는 제품의 생명주기에 걸친 판매와 수익

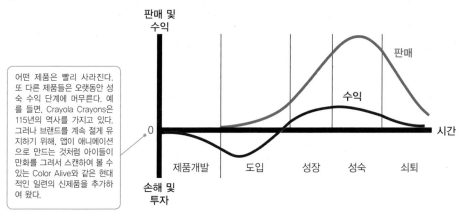

어떤 제품은 빨리 사라진다. 또 다른 제품들은 오랫동안 성숙 수익 단계에 머무른다. 예를 들면, Crayola Crayons은 115년의 역사를 가지고 있다. 그러나 브랜드를 계속 젊게 유지하기 위해, 앱이 애니메이션으로 만드는 것처럼 아이들이 만화를 그려서 스캔하여 볼 수 있는 Color Alive와 같은 현대적인 일련의 신제품을 추가하여 왔다.

엉덩이를 걷어차줄 수 있는!" 점을 자랑으로 삼고 있다.

이 제품 수명주기 PLC 콘셉트는 각각의 제품 종류[product class(휘발유를 사용하는 자동차)], 제품 형태[product form(SUVs)], 브랜드(포드 자동차의 에스케이프 모델)에도 적용 가능하다. 각 경우마다 제품 수명주기 콘셉트는 다르게 적용된다. 제품 종류는 다른 것에 비해 수명주기가 가장 길다. 많은 제품 종류의 매출이 성숙기에 오랫동안 머문다. 반면에 제품 형태는 표준적인 PLC 형태를 띤다. "다이얼식 전화기"라든가 "VHS 테이프" 등은 통상적으로 도입기, 급속한 성장기, 성숙기와 쇠퇴기를 거쳤다.

한 특정 브랜드의 수명주기는 경쟁사의 도전과 응전에 따라 빠르게 변화한다. 예컨대, 세탁세제(제품 종류)와 가루세제(제품 형태)가 꽤 긴 수명주기를 향유했지만 특정한 몇몇 브랜드의 수명주기는 무척 짧았다. 오늘날 가루세제 시장의 선도 브랜드는 타이드(Tide)와 게인(Gain)이다. 거의 100년 전 시장에서 선도 브랜드는 펠즈 냅타(Fels Naptha), 옥타곤(Octagon), 커크맨(Kirkman) 등이었다.

PLC 콘셉트는 스타일, 패션, 일시적 유행에도 적용할 수 있다. 각각의 수명주기는 그림 8.3이 잘 표현하고 있다. **스타일**(style)은 기본적이고 특색있는 표현방식을 의미한다. 예를 들어, 스타일은 주택(식민지풍, 농장형, 이동형), 복장(정장, 캐주얼), 미술품(사실주의, 초현실주의, 추상파) 등에서 나타난다. 한번 스타일이 고안되면 유행을 넘나들면서 흔히 세대를 넘어 존속한다. 스타일은 새롭게 다시 관심을 받는 몇 번의 주기를 보여준다.

패션(fashion)은 특정 분야에서 현재 받아들이고 있는, 인기있는 스타일을 의미한다. 예를 들어, 사무직에게 적절한 복장으로 1980년대와 1990년대에는 더 형식을 갖춘 "비즈니스 정장"이 유행했으나, 2000년대에는 "비즈니스 캐주얼"이 그 자리를 차지했다. 패션은 천천히 성장하고 한동안 인기를 유지하다가 천천히 쇠락한다.

일시적 유행(fads)은 소비자의 열광과 즉각적인 제품, 브랜드의 인기에 힘입어 비정상적으로 높은 매출을 기록하는 일시적인 기간을 의미한다.[17] 최근 포커칩(Poker Chip)과 액세서리들의 판매가 증가하는 예를 보면 일시적 유행은 어쩌면 일반적인 수명주기의 일부분에 해당될 지 모른다. 혹은 일시적 유행은 상표나 제품의 전체 수명주기를 포함할 수도 있다. 하나의 예는 피짓 스피너(fidget spinner) – 중앙의 베어링을 축으로 하여 이것에 이어진 세 개의 날개로 구성된 납작한 모양의 장난감인데, 스트레스를 풀려고 또는 재미있어서 가볍게 치고 돌린다. Z세대의 훌라후프로 불리우는 이 장난감은 2017년 초에 10대 청소년 시장을 사로잡았다. 그 해 5월 초에 그 간단한 장치는 온라인 장난감 매출의 17%를 차지하였다. 그러나 대부분의 일시적 유행처럼, 매출은 빠르게 떨어지기 시작했다. 6월에 Toys "R" Us와 Walmart 같은 대형판매상에 의해 널리 판매되었고 그

스타일(style)
기본적이고 특색있는 표현방식

패션(fashion)
특정 분야에서 현재 받아들여지고 있거나 인기있는 스타일

일시적 유행(fads)
소비자의 열광과 즉각적인 제품·브랜드의 인기에 힘입어 일시적으로 매우 높은 매출이 발생하는 것

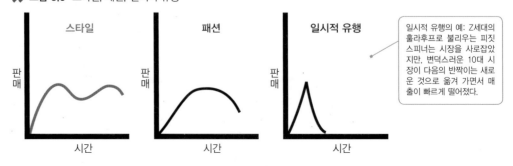

≫ 그림 8.3 스타일, 패션, 일시적 유행

일시적 유행의 예: Z세대의 훌라후프로 불리우는 피짓 스피너는 시장을 사로잡았지만, 변덕스러운 10대 시장이 다음의 반짝이는 새로운 것으로 옮겨 가면서 매출이 빠르게 떨어졌다.

장치는 너무 평범해졌다. 학교에서 그 장난감을 주의산만으로 금지하기 시작했다. 변덕스럽기로 유명한 10대들은 흥미를 잃어버리고 다음의 반짝이는 새로운 것으로 옮겨갔다. 일시적 유행의 다른 예는 셀카봉(selfie sticks), 재미있는 패션 밴드 액세서리(Silly Bandz), 그리고 포켓몬 고이다.[18]

마케터는 PLC 콘셉트를 제품과 시장이 어떻게 움직이는지 설명하는 유용한 틀(framework)로 적용할 수 있다. PLC 콘셉트는 잘 사용하기만 하면 각 단계별로 좋은 마케팅전략을 개발하는 데 도움을 준다. 하지만 제품의 성과를 예측하고 마케팅전략을 수립하기 위해 PLC 콘셉트를 사용하는 데는 몇 가지 실질적인 문제점도 있다. 예를 들면, 실제로 각각의 PCL 단계에서의 매출, 각 단계의 기간, PCL 커브의 모양 등을 미리 예측하는 것은 어려운 일이다. PLC 콘셉트를 이용해 마케팅전략을 수립하는 것도 쉬운 일이 아니다. 왜냐하면, 전략이 제품의 수명주기의 원인인 것과 동시에 결과이기 때문이다. 한

> **일시적 유행:** Z세대의 훌라후프로 불리우는 피짓 스피너는 10대 청소년 시장을 사로잡았다. 그러나 대부분의 일시적 유행처럼, 변덕스러운 10대들은 흥미를 잃어버리고 다음의 반짝이는 새로운 것으로 옮겨가면서 매출은 빠르게 떨어졌다.
>
> 3Baboons/Shutterstock

제품의 현재 PLC에서의 위치는 가장 좋은 마케팅전략을 제시해 준다. 그리고 이렇게 수립된 마케팅전략은 제품이 다음 단계로 이행하더라도 제품성과에 영향을 미친다.

더 나아가, 마케터는 한 제품이 전통적인 제품 수명주기의 단계를 밟을 것이라고 맹목적으로 밀어붙이는 일은 없어야 한다. 대신에, 마케터는 수명주기의 "법칙"에 도전하고 제품을 예상치 못한 방식으로 포지셔닝 또는 리포지셔닝할 필요가 있다. 이렇게 함으로써 마케터는 제품을 성숙기 또는 쇠퇴기에서 구해내어 수명주기의 성장기로 되돌려놓을 수 있다. 또 소비자가 신제품을 수용하지 못하게 만드는 장애물을 극복하여 신제품을 곧바로 성장기로 진입시킬 수도 있다. 제품수명주기의 교훈은 기업들이 계속해서 혁신해야 하고, 그렇지 않으면 소멸할 위험이 있다는 것이다. 성장하기 위해서, 기업들은 고객에게 새로운 가치를 가져다주는 일련의 신제품을 지속적으로 개발해야 한다. 현재의 제품 라인이 아무리 성공적이라 할지라도, 기업은 미래의 성공을 위해 기존 제품의 수명주기를 능숙하게 관리해야 한다. 재무관련 소프트웨어 업체인 Intuit은 이것을 잘하고 있다. 이 기업은 성공적인 제품에 안주하는 대신, 경쟁업체에 앞서 체계적으로 제품을 재발명하고 있다. 그래서 Intuit 제품은 영속적으로 PLC의 성장단계를 유지하고 결코 성숙기나 쇠퇴기로 가지 않는다.

우리는 이 장의 첫 번째 파트에서 PLC의 제품개발 단계를 살펴보았다. 이제 PLC의 다른 단계를 하나씩 살펴보자.

도입기

도입기(introduction stage)는 신제품이 처음 시장에 출시할 때부터 시작된다. 제품이 시장에 소개되는 데 시간적 여유가 필요하며, 판매는 서서히 성장한다. 냉동식품과 HDTV와 같이 잘 알려진 제품도 매출이 빠르게 증가하는 성장기로 접어들기까지 시간이 몇 년 걸렸다.

다른 단계와 달리 이 단계는, 낮은 판매와 높은 유통비용과 홍보비용으로 인해 순이익은 적자이거나 매우 낮다. 또한 유통라인과 재고를 확보하는 데 많은 비용이 요구되기도

도입기(introduction stage)
제품 수명주기상에서 신제품이 처음 출시되어 소비자들이 이를 구매할 수 있는 단계

한다. 소비자에게 신제품을 알리고, 사용해보도록 권장하는 프로모션 비용도 상대적으로 높다. 일반적으로 이 단계에서는 제품을 미세하게 구분(refinement)할 수 있는 시장 여건이 갖춰지지 않아, 기업과 그의 몇몇 경쟁사들은 기본형 제품을 생산한다. 이 시기에 기업은 구매할 가능성이 가장 높은 소비자에게 신제품을 주로 판매한다.

특히, 시장 개척자(market pioneer)는 최초에 의도한 제품 포지셔닝(positioning)과 일치하는 출시(launching)전략을 구사해야 한다. 초기전략이 신제품의 전체 수명주기 동안 펼쳐질 더 웅대한 마케팅 계획에서 단지 첫걸음임을 잊어서는 안 된다. 시장 개척자가 "경쟁자를 말살하는(killing)" 출시전략을 선택한다면, 단기수익을 위해 장기수익을 희생하는 결과를 초래할 수 있다. 개척자가 처음부터 정확한 전략을 수립한다면, 시장에서 선두 기업이 되고, 또 그 위치를 지켜낼 가능성이 매우 높다.

성장기

성장기(growth stage)
제품 수명주기상에서 제품매출이 빠르게 증가하기 시작하는 단계

신제품이 시장에서 인정받으면 **성장기**(growth stage)로 접어든다. 매출은 성장기에 급격히 신장하기 시작한다. 초기 수용자(early adopters)는 계속해서 제품을 구매하고 그들의 뒤를 이어 일반 소비자가 구매하기 시작하는데, 특히 입소문이 좋을 경우 이런 현상이 더욱 두드러진다. 이 시기는 이윤의 기회를 노리고 새로운 경쟁업체가 시장에 진입하는 시기이기도 하다. 대개 경쟁업체가 새로운 제품특징을 소개함에 따라 시장이 더 확대된다. 경쟁자의 증가는 유통 매장 수를 늘리며, 또한 소매점의 재고 증가 때문에 매출이 큰 폭으로 올라간다. 가격은 그대로 유지되거나 조금 떨어지는 현상을 보인다. 기업은 판매촉진을 위한 비용을 그대로 유지하거나 조금 더 올리기도 한다. 시장에 제품을 알리는 것이 아직까지 중요한 목표이긴 하나, 반면에 경쟁과 대면해야 하는 시기이기도 하다.

성장기 동안 프로모션 비용이 늘어나긴 하지만 생산량이 늘어나면서 1개를 생산하는 비용이 줄어들어 이윤은 증가한다. 기업은 시장에서의 빠른 매출성장을 되도록 오래 유지하기 위해 여러 가지 전략을 사용한다. 기업은 제품의 품질을 높이고, 새로운 제품특징과 모델을 추가한다. 또 신규 세분 시장(new market segments)과 새로운 유통경로로 진출한다. 처음에는 제품을 알리는 데 집중했던 광고는 제품에 대한 확신과 구매를 유도하는 쪽으로 바뀐다. 더 많은 소비자가 제품을 구매할 수 있도록 적절한 시기에 가격을 낮춘다.

성장기의 기업은 높은 시장점유율과 높은 현재 수익 사이의 갈림길에 놓이게 된다. 기업은 제품 개선과 촉진활동, 유통 등에 투자하여 시장에서 지배적 포지션을 점할 수 있다. 하지만, 이 전략은 다음 단계인 성숙기에서 최대 이윤을 얻기를 기대하면서 현 단계에서 최대 이윤을 포기해야 한다.

성숙기

성숙기(maturity stage)
제품 수명주기상에서 제품매출이 느리게 성장하거나 안정을 유지하는 단계

제품의 매출이 더 이상 성장하지 않는 시기가 되면, 제품이 **성숙기**(maturity stage)에 진입하게 될 것이다. 성숙기는 대체적으로 전 단계보다 오래 유지되는 경향이 있으며, 이 단계의 제품을 어떻게 관리하는가는 마케팅 관리자에게 어려운 숙제이기도 하다. 대부분의 제품이 제품 수명주기의 성숙기에 있으며, 따라서 대부분의 마케팅 관리자는 성숙기에 들어선 제품을 취급한다.

MARKETING AT WORK	8.2

L'Oréal의 제품 수명주기: 화장품 그 이상

1909년에 창립한 L'Oréal은 한 세기 넘게 하나의 사업, 즉 아름다움에 전념해 왔다. 파리 근처의 Clichy에 본부를 두고, 130개국에서 44개 국제적인 브랜드로 운영하는 세계 최대 화장품 기업이다. 모 브랜드인 L'Oréal Paris는 세계 넘버원 미용 브랜드이다.

화장품 산업의 다이내믹한 환경에서 L'Ore'al은 소비자에게 새로운 가치와 매력을 가져오기 위해 제품과 서비스의 계속적으로 세련된 수명주기 관리를 보장해야 한다. 전통적으로 화장품 시장은 오랫동안 Maybelline New York과 Max Factor 같은 클래식한 대중적인 마케팅 브랜드에 의해 구동되어 왔다. 추가적으로 경쟁은 Avon 같은 고객에게 직접 판매하는 브랜드와 Essence와 Kiko 같은 저가 브랜드에 의해 격화된다. 경쟁은 치열하고 도전적인 반면, 화장품 시장은 빠르게 성장하고 있다. 커다란 범위에서 성장은 소위 화장품 아티스트 브랜드에 의해 구동되는데, 이는 처음에는 프로페셔널에 의해 사용되거나 MAC, Benefit, Bobby Brown 같은 유명한 화장품 아티스트를 따라서 이름이 정해지는 제품 라인이다. 또한 많은 화장품 브랜드는 Shiseido, Chanel 또는 Yves Saint Laurent과 같은 향수 이름이나 고급 기성복 브랜드 이름을 갖는다.

L'Oréal 화장품 브랜드인 L'Oréal Paris는 시장에서 30년이라는 오랜 전통을 가지고 있고 현재 Estee Lauder 다음으로 2위를 차지하고 있다. 글로벌 화장품 시장은 2012년 550억불에서 지속적인 성장을 하고 있는데 2024년에 850억불로 예측되고 있다. L'Oréal 화장품 브랜드는 유의미한 시장 점유율을 가진 시장보다 성과가 더 좋지만 화장 아티스트 브랜드는 성과가 더 뛰어나다. 제품 수명주기에서는 경쟁이 치열해지고 이익은 감소하고 그 브랜드의 고객이 나이가 들면서 L'Oréal 화장품 브랜드는 성숙기에 근접하였다. 시장과 경쟁업체를 일차적으로 분석해 보면, 두 유형의 빠르게 성장하는 브랜드인 화장품 아티스트 브랜드와 저원가 브랜드는 공통점이 있는데, 고객에게 어필한 매우 다양한 컬러였다. L'Oréal의 화장품 브랜드는 여전히 성과가 좋지만, 그 기업은 미래에는 주요 경쟁업체와 경쟁하기에 충분히 지속가능 하지 않을 수 있다는 점을 깨닫게 되었다. 전통적으로 그 브랜드는 기초 화장품과 마스카라 제품에서는 특히 강하지만, 컬러 다양성과 선택의 패션감각이 있는 세그먼트에 의해 점점 도전을 받고 있다.

Global Product Development의 Senior Vice President인 Yann Joffredo는 전통적인 시장은 변화했고 오늘날 여성들은 제품보다는 "보여지는 모습"을 구매한다. 결과적으로 전통적인 채널은 인터넷 판매, 채널간 구매자, 그리고 연결된 아름다움의 새로운 시대에 유일한 열쇠가 더 이상 아니다. 출구 전략을 추구하여 2011년 NIVEA처럼 화장품 시장에서 탈퇴하는 대신, L'Oréal은 화장품 브랜드를 계속 구축하여 쇠퇴기를 벗어나고자 하였다.

이러한 목표를 달성하기 위해, 그 기업은 다양한 시장조사 리포트를 분석하고 같은 형태의 많은 테스트를 실시하였다. 유럽에서 실시된 어느 테스트는 L'Oréal Paris가 신뢰받는 브랜드로서 제품의 효능이 높고 혁신적이며 여성들에게 자존감을 주며 우아하게 아름다움을 제고하는 것으로 나타났다. 그러나 이 조사는 그 브랜드가 특히 L'Oréal과 맞는 컬러는 제공하지 않았다고 불만을 표하는 젊은 층에서 산업에서 가장 역동적이고 최신 유행을 따르는 점을 발견했다. 모든 발견 내용은 경쟁과 마케팅환경에 관하여 여전히 기업의 문화와 가치를 가까이 따르면서, 올바른 전략을 결정하기 위해 정밀하게 분석되었다.

L'Oréal은 저원가 브랜드로부터 다른 포지셔닝을 선택하기로 결정하였다. 3,800명이 넘는 연구팀으로 원가구조 없이

» L'Oréal은 고객들에게 어필하는 매우 다양한 컬러를 제공한 브랜드들과 경쟁해야 했다.

ITAR-TASS News Agency/Alamy Stock Photo

저원가 브랜드는 가격경쟁에서 항상 승리하였다. 결과적으로 그 아이디어는 브랜드를 다시 포지셔닝하고 젊은 소비자들에게 어필했던 혁신적인 컬러를 개발하여 화장 아티스트 브랜드로부터 배우는 것이다. L'Oréal Paris는 새로운 전략 플랫폼을 확립하여 일반적인 브랜드에서 다양한 전문가 브랜드로 전환하였다. 2014년에 브랜드명을 L'Oréal Makeup Designer Paris로 변경하였다.

그 가치 제안은 제품이 위대한 화장 아티스트와 홍보담당자들에 의해 개발되고 보증되는 것이다. 그 브랜드는 세 개의 기둥 위에 포지셔닝하고 있다. L'Art du Regard[표정의 예술(The Art of Looks)], L'Architecture du Teint[얼굴색의 설계(The Architecture of Complexion)], 그리고 L'Obsession de la Couleur[컬러 집념(Color Obsession)]. 경험을 제공하는 제품을 제안하는 것으로부터 발전하기 위해, 그 브랜드는 모든 고객 접점인 오프라인과 특히 온라인에서 상호적인 관계를 창출할 필요가 있었다. 따라서 새로운 포지셔닝과 전략은 주로 사용하기 쉬운 iOS 스마트폰 앱인 혁명적인 Makeup Genius App을 창출하여 고객에게 즉각적으로 자신의 표정을 "구매"할 수 있도록 한다.

얼굴 질감 3D 분석뿐만 아니라 머리와 표정 트래킹 기능 덕분에, 이 앱은 사용자들에게 실시간 인터랙티브 거울을 통해 자신의 표정의 디자이너가 될 수 있게 했다. 이와 더불어, L'Oréal Paris는 완전 통합 디지털 접근법을 개발하여 고객에게 가치 있는 서비스를 제공하고 대화를 촉진하고 소셜 미디어를 통해 관계를 구축하려 하였다. 그 캠페인은 세 대륙에서 시작되어, 2014년 5월에 프랑스, 미국과 중국에서 출발하였다. L'Oréal Paris International General Manager인 Cyril Chapuy는 그러한 전략이 성공적으로 그 기업을 창의성과 패션의 선봉으로 포지셔닝 하였다고 말했다. 결과적으로 L'Oréal은 지난 5~6년 만에 전 세계 페이스북 팔로워를 3,500만 명으로 증가시켰다. Makeup Genius는 세계 최초 미용 앱이 되었고 2014년 5월 이후 2,000만 번 다운로드 되었다. 그 때 이후 이 기업은 매출의 강한 가속을 보기 시작했다.

종합하면, L'Oréal은 제품 수명주기를 세련된 방식으로 관리함으로써 화장품 브랜드를 성공적으로 재포지셔닝하고 재출시하였다. Makeup Genius App을 통해 디지털 미용의 새로운 시대에 들어가면서, L'Oréal은 성공적으로 내일의 뷰티 서비스를 창출한다는 야망을 성공적으로 실현하고 있다.

출처: "Euromonitor Makeup Sell-in CA Net 2012 vs 2003," www.euromonitor.com; "Worldwide Value Market Shares Full Year 2014," www.euromonitor.com; www.loreal.com/, accessed October 2015; the authors would like to thank Moira Taillefer and the L'Oreal Paris International Development Makeup team for their contribution to this case.

매출 신장률의 둔화는 많은 생산자에게 판매해야 하는 많은 재고품을 남기기도 한다. 결과적으로 이런 과잉 생산능력은 심한 경쟁을 불러일으키는 주요 원인이 된다. 경쟁자는 가격을 할인하고, 광고와 판매촉진 비용을 늘리고, 제품의 보다 나은 버전을 개발하기 위해 제품 개발 예산을 늘리기 시작한다. 이런 노력은 수익을 감소시키는 결과를 낳는다. 약한 경쟁업체는 시장에서 퇴출되기 시작하며, 시장에는 확고부동한 경쟁자만 남게 된다.

성숙기에 있는 많은 제품은 오랜 시간동안 변하지 않는 것 같지만, 성공한 제품의 대부분은 변화하는 소비자의 요구에 부응하기 위해 진화를 거듭한다. 제품 관리자는 이미 성숙한 제품을 유지하거나 방어하는 것 이상의 무엇인가를 해야 한다. 공격이 최선의 방어이기 때문이다. 이 시기에는 시장과 제품, 마케팅믹스(marketing mix)를 수정하는 것을 고려해야 한다.

시장 수정전략(modifying the market)은 해당 브랜드의 새로운 사용자나 새로운 시장 영역을 찾아내어 소비를 증가시키는 것이다. 예를 들어, 전형적으로 남성 소비자용 브랜드인 할리 데이비슨(Harley-Davidson), 액스 향수(Axe fragrances) 등은 여성 소비자를 겨냥한 제품을 출시하고, 마케팅을 한다. 역으로, Weight Watchers와 Bath & Body Works는 전형적인 여성용 상품이었는데, 남성 소비자를 겨냥한 제품과 프로그램을 창출하였다. 기업은 현재 고객의 사용량을 증가시키기 위한 방법을 찾아볼 수 있다. 예를 들면, Campbell은 사람들에게 식사 아이디어와 레시피를 제공하여 수프와 다른 식품을 더 많이 사용하도록 격려한다. Campbell's Kitchen 웹사이트(www.campbells.com/kitchen/)와 스마트폰 앱을 이용하여, 식사를 계획하는 사람들은 레시피를 검색하거나 교환하고, 자신의 레시피 박스를 만들고, 건강식을 먹는 방법을 배우고, 식사 원가를 계산하고, 일간 또는 주간 Meal Mail 프로그램에 참여한다. Campbell의 Facebook, Pinterest, and Twitter 사이트에서, 소비자들은 Campbell's Kitchen Community 대화에 참여하고 공유할 수 있다.

기업은 현재 사용자를 유지하거나 새로운 사용자를 유인하기 위해 품질이나 특성들, 스타일, 포장, 기술 플랫폼 같은 제품 특징을 바꾸는 제품 수정전략(modifying the product)을 시도할 수 있다. 그러므로 오늘날 기술에 사로잡힌 아이들을 위한 제품을 새롭게 만들기 위해, 전통적인 많은 장난감과 게임 제조사들은 디지털 버전의 신제품을 개발하거나, 기존 제품에 추가 기능을 더한다. 115년의 역사를 가진 Crayola 브랜드는 신세대의 기술적 취향에 부합하기 위해 제품 라인을 개선했다. 예를 들어, Crayola My Virtual Fashion Show 그림 그리기 세트와 앱으로 아이들은 색연필과 스케치패드를 사용하여 처음으로 패션 디자인을 해본다. 그 다음으로는 디자인을 스마트폰이나 태블릿에 담아 자신의 작품이 밀라노, 뉴욕, 파리의 가상 런웨이에서 3D 모델이 입음으로써 실제처럼 느껴지는 신비한 장면을 본다.[19]

마지막으로, 기업은 하나 또는 여러 개의 마케팅믹스 요소를 바꿔 매출증대를 추구하는 마케팅믹스 수정전략(modifying the marketing mix)을 고려할 수 있다. 기업은 새로운 혹은 개선된 서비스를 구매자에게 제공할 수 있다. 새로운 사용자와 경쟁사의 소비자를 유인하기 위해 가격을 인하할 수 있다. 더 좋은 광고를 만들거나, 중간상 판촉, 가격할인, 경품, 콘테스트 등의 적극적인 판매촉진을 사용할 수 있다. 가격과 프로모션에 더하여, 기업은 또한 새로운 사용자를 지원하기 위한 새로운 마케팅 채널로 이동할 수도 있다.

PepsiCo는 덕망있는 Quaker Oats 브랜드를 계속해서 재활성화하기 위해 이러한 모든 시장, 제품, 마케팅믹스 수정 접근방법을 사용하고 있다.[20]

140 YEARS OF OATSPERIMENTS

We played with our oats. We added to it. We spiced it up. For 140 years, we've experimented with our oats to create filling breakfast products that help you power through the day, and that's never going to stop. Here's to more oatsperiments to come.

For interesting oatsperiments and more information, visit www.quaker.com.my!

>> **제품 수명주기 관리하기:** 140년 전통의 Quaker 브랜드는 그 나이를 제외하고 어느 것이라도 하고 있다. "오트 실험"(oatsperiments)이라고 불리우는 것을 통해, 그 브랜드는 주방 찬장을 최신의 신제품과 현대적인 마케팅 접근방법으로 가득 채웠다.

Provided courtesy of The Quaker Oat Company

140년 전통의 Quaker 브랜드는 그 나이를 제외하고 어느 것이라도 하고 있다. 최근에 Quaker는 오랜 전통의 오트밀 제품을 넘어 주방 찬장을 신제품과 현대적인 마케팅 접근 방법으로 가득 채웠다. 최근 말레이시아 광고에 따르면, "우리는 우리의 오트를 가지고 아주 맵게 하였습니다. 하루 종일 파워를 유지하도록 돕는 아침식사 식품을 채우기 위해 우리는 140년 동안 오트를 가지고 실험하였고 절대 멈추지 않을 것입니다." 그러한 목적을 달성하기 위해 Quaker는 계속 발전하는 라인인 에너지가 가득 찬 뜨거운 그리고 차가운 시리얼, 스낵 바, 쿠키, 그리고 현대 가족들에게 건강한 라이프스타일 선택을 제공하는 다른 식품들을 생산하고 있다. 단지 새로운 식품을 추가하는 것을 넘어 Quaker는 브랜드를 계속 신선하게 유지하기 위해 브랜드의 모든 다른 요소를 현대화 하고 있다. 목표로 하는 젊은 가족의 보다 자유롭고 연결된 라이프스타일에 적합하게 하기 위해, Quaker의 마케팅 캠페인은 모바일 광고, 광범위한 소셜 미디어 콘텐츠 그리고 정보로 가득 찬 커뮤니티 웹사이트(www.quaker.com)를 포함하는 디지털 미디어의 건전한 분량을 통합하고 있다.

쇠퇴기

대부분의 제품 형태와 브랜드의 매출은 시간이 지나면 내리막길을 걷는다. 우편과 오트밀 시리얼은 천천히 감소되었으나, VHS 테이프는 매우 빠르게 감소되었다. 매출은 바닥으로 곤두박질 치거나 낮은 수준으로 떨어져 그 상태에서 몇 년간 지속될 수도 있는데, 이런 상태를 **쇠퇴기**(decline stage)라고 한다.

기술적 진보, 소비자 취향의 변화, 경쟁 강화와 같은 많은 이유로 매출액은 감소한다. 매출과 이윤이 감소함에 따라 어떤 기업은 시장에서 퇴출되기도 한다. 남아 있는 기업도 제품 종류를 최소화시킨다. 너무 작은 세분시장(smaller market segment)과 그다지 이익을 내지 못하는 유통경로를 포기하거나 촉진예산을 삭감하고 가격을 더 인하하기도 한다.

시장성이 떨어진 제품을 계속 유지하는 것은 회사에 이윤의 문제를 떠나 비용 측면에도 큰 부담을 준다. 숨은 비용이 많이 있는데, 이런 제품은 관리자가 이를 관리하는 데 많은 시간을 요구하며, 잦은 가격변동과 재고정리가 필요하다. "건강한" 제품이 더 많은 이익을 내는 데 이용되어야 할 광고와 영업력이 쇠퇴기의 제품을 유지하는 데 낭비될 수 있다. 해당 제품의 추락하는 명성은 기업과 그 기업의 다른 제품에까지 악영향을 끼칠 수 있으며, 이것이 미래에 더 큰 비용을 초래할 수 있다. 기업이 시장성이 떨어진 제품을 계속 유지하면, 이는 대체품을 탐색하는 시점을 늦추게 만들고, 불균형적인 제품믹스를 만들고, 현재 수익을 저해하며, 기업의 미래거점 확보에 악영향을 끼칠 수 있다.

이러한 이유로 인해, 기업들은 쇠퇴기에 있는 제품을 확인하고 유지할지, 수확할지 또는 포기할지 결정해야 한다. 브랜드 관리자들은 브랜드를 유지하여 제품 수명주기의 성장기로 다시 보내려는 희망으로 재포지셔닝하거나 재활성화하는 결정을 내릴 수도 있다. Radio Flyer – 100년 전통의 상징적인 빨간 마차 제조업체 – 는 이렇게 했다.[21]

20년 전에 Radio Flyer는 쇠퇴하고 적자를 내고 있었다. 그러나 제품 수명주기에 굴복하기 보다는 그 브랜드 전환을 꾀하였다. 디자이너를 외부로 보내어 전국의 가정, 놀이터, 그리고 도로 옆 인도에 가서 오늘날의 아이들이 Radio Flyer가 제조한 마차, 세발자전거, 그리고 다른 아이템을 어떻게 사용하는지 직접 관찰하도록 하였다. 회사 본부에서는 시험 트랙 인도를 갖춘 Play Lab을 만들어서, 아이들이 어떻게 타는지를 영상으로 기록하였다. 또한 부모들도 조사하였다. "OK, 이 마차를 가져다가 차 트렁크에 넣으세요. 그리고 우리는 관찰합니다. 서투른 점은 없는가? 거북한가?" Radio Flyer의 CEO는 말한다. 그러한 고객중심의 신제품 개발은 성공했다. 예를 들어, 작은 아이들이 그 장난감을 타는 것을 관찰한 뒤, Radio Flyer 팀이 바닥이 더 넓고 앞바퀴가 두 개이고 흔들림이 더 적은 스쿠터를 만들어 냈다. "우리는 이 카테고리에는 제품이 없었다가… 어린 아이들을 위한 스쿠터에서 넘버원 브랜드가 되었다."라고 CEO는 말한다. 이러한 제품들의 성공 덕분에 Radio Flyer는 이제 다시 전진하고 수익성이 좋아지고 있으며 최근 Forbes의 America's Best Small Companies 리스트에도 올라 있다.

» **상징적인 브랜드를 재활성화 시키기:** 고객중심의 신제품 개발 덕분에 창립 100년이 되는 Radio Flyer는 이제 다시 성장하고 수익성이 좋아지고 있다.
Courtesy of Radio Flyer, Inc.

쇠퇴기(decline stage)
제품 수명주기상에서 제품매출이 감소하는 단계

관리자는 판매가 유지될 것이라는 희망으로 다양한 비용을 삭감하고(공장과 설비, 유지관리, R&D, 광고, 영업), 제품을 수확(harvest)하기로 결정할 수도 있다. 만약 성공하면, 수확은 기업의 이윤을 단기간에 상승시킬 것이다. 마지막으로, 관리자가 제품을 라인에서 포기(drop)하기로 결정할 수도 있다. 제품을 다른 기업에 판매하거나 싼 가격으로 변제할 수 있다. 최근 몇 년간, P&G는 폴저스 커피(Folgers coffee), 크리스코 오일(Crisco oil), 커밋 클렌저(Comet cleanser), 슈어 데오드란트(Sure deodorant), 던컨하인즈(Duncan Hines) 케익믹스, CoverGirl과 Max Factor 화장품, Duracell 배터리, Iams 동물 사료 같은 몇몇 쇠락하는 브랜드들을 다른 회사에 팔았다.

표 8.2는 제품 수명주기 각 단계의 특징을 요약해 놓았다. 각 단계의 마케팅 목표와 전략도 명시하고 있다.[22]

표 8.2	제품 수명주기 단계별 특징과 마케팅목표, 마케팅믹스 전략에 대한 요약			
	도입기	성장기	성숙기	쇠퇴기
특징				
판매	낮은 판매율	판매율 빠른 신장	최고 판매율	판매율 감소
비용	고비용	평균 비용	저비용	저비용
수익	부정적	수익 증가	최고 수익	수익 감소
소비자	혁신가	얼리 어답터	다수의 중간층	지체자
경쟁자	거의 없음	증가	안정적이지만 감소하기 시작	감소
마케팅목표				
	제품 인식 및 시험사용 개발	시장점유율 극대화	시장점유율 방어와 수익 극대화	비용지출 축소와 브랜드 이익 수확
전략				
제품	기본형태의 제품 제공	제품확장, 서비스, 품질보증 도입	브랜드와 모델의 다양화	경쟁력 없는 제품의 단계적 철수
가격	원가가산법(고가격)	시장침투가격(저가격)	경쟁사에 대응할 수 있는 가격	가격인하
유통	선택적 유통	집중적 유통	집중적 유통의 강화	선택적 유통: 이윤창출 못하는 점포의 철수
광고	조기구매자와 중간상에게 제품 인지도 구축	대중시장에서 인지도와 관심 구축	브랜드 차별화와 편익 강조	핵심적인 충성고객을 유지할 정도의 수준으로 줄임
판매촉진	시용구매를 유도하기 위한 강력한 판매촉진	수요의 급성장에 따라 판매촉진 비중 감소	자사브랜드로 전환을 촉구하기 위한 판매촉진 증가	최소 수준으로 감소

제품과 서비스에 부가적으로 고려해야 할 사항

이제 추가로 고려해야 할 두 가지 사항을 더 알아보자. 한 가지는 제품결정에 따른 사회적 책임(social responsibility)이고, 다른 한 가지는 제품과 서비스의 국제 마케팅(international marketing) 논점이다.

제품결정과 사회적 책임

마케터는 제품 인수나 포기를 둘러싼 문제, 특허권, 제품의 품질과 안전, 품질 보증과 같은 공공정책 논점과 규제에 각별한 주의를 기울여야 한다.

만약 기업이 합병을 통해 신제품을 추가 판매하려 할 때, 이것이 독과점 효과로 인해 시장 경쟁을 원활하게 하지 못한다면, 정부는 이를 규제할 수 있다. 제품을 포기하는 기업은 포기한 제품에 이해관계가 있는 공급자, 판매자, 소비자에게 서류상 혹은 암묵적으로 법적 의무가 있다는 사실을 인지해야 한다. 기업은 또한 신제품을 개발할 때 특허법에 따라야 한다. 다른 기업의 기존 제품과 비슷하게 불법적으로 신제품을 개발할 수 없다.

만약 소비자가 제품의 결함 때문에 부상을 입었다면, 그 소비자는 제조사나 판매사를 고소할 수 있다. 제조사의 최근 조사에 따르면 노동과 고용 관련 건 다음으로 많은, 두 번째로 큰 소송 우려 건이 제조물 책임이다. 수많은 제조물 책임 소송이 매년 미국 지방법원에 제기된다. 비록 제조물 책임 소송사건에서 제조사의 책임이 인정될 확률은 아주 낮지만, 만약 제조사의 유죄가 결정되면 손해배상 금액은 엄청나 평균 천만 달러나 심지어 수억 달러에 이르고 있다. 집단 소송의 경우 수십억까지 이를 수도 있다. 예를 들면, Volkswagen은 배기가스 검사에서 디젤 엔진 차량을 조작하였다는 점을 인정하고 2.0리터 디젤 엔진의 배기가스 테스트 결과를 속였다는 것을 밝혔을 때, 475,000명의 차량 소유주와 리스계약자들의 집단소송에 직면하여 150억 달러의 합의금을 지불하였다.[23]

이러한 현상은 제조물 책임보험금을 크게 증가시켰고, 이 자체가 어떤 산업에서는 큰 문제가 되기도 한다. 어떤 기업은 가격을 높임으로써 발생하는 비용을 소비자에게 전가시키기도 한다. 어떤 기업은 위험도가 큰 제품라인을 아예 중단하기도 한다. 또 어떤 기업은 제품관리인(product stewards)을 고용하는데, 이들은 제품의 잠재적 문제점을 적극적으로 탐색하여 소비자는 위해(harm)로부터 보호하고, 기업은 제조물 책임(liability)을 덜어준다.

제품과 서비스의 국제 마케팅

제품과 서비스의 국제 마케터(international marketers)는 특별한 도전에 직면하고 있다. 첫째로, 어떤 나라에 어떤 제품과 서비스를 소개할 것인지 결정해야 한다. 이후, 세계 시장에 맞추어 제품과 서비스를 얼마나 표준화할 것인지, 얼마나 변형할 것인지 결정해야 한다.

한편 기업은 제품이나 서비스를 표준화하는 것을 더 선호한다. 표준화(standardization)는 기업이 세계적으로 동일한 이미지를 유지하는 데 도움을 준다. 또한 다양한 제품을 시장에 내놓을 때 제품 디자인, 제조, 마케팅 비용을 감소시켜 준다. 또한 세계 곳곳의 시장과 소비자는 서로 다르기 때문에 기업은 개별 시장에 맞도록 제품을 변형시킴으로써 소비자나 시장의 차이점을 극복할 수 있다. 예를 들면, McDonald's는 100여 개국에서 때때로 지역 음식 신호가 매우 다양한 환경에서 사업을 운영하고 있다. 그래서 세계 대부분의 지역에서 시그니처 버거와 감자튀김을 찾을 수 있지만, 이 체인은 지역 시장의 고객들의 독특한 미각을 만족시키는 메뉴 아이템을 추가해 왔다. McDonald's는 노르웨이에서는 연어 버거, 중국에서는 으깬 감자 버거, 일본에서는 새우 버거, 태국에서는 Samurai Pork 버거, 말레이시아에서는 치킨 죽, 하와이에서는 스팸과 계란을 제공한다. 독일의 McDonald's에서는 Nürnburger(부드러운 빵 위에 세 개의 큰 돼지고기 소시지와 많은 겨자를 얹은), 이스라엘에서는 McFalafel(병아리콩 프리터, 토마토, 오이, 그리고 치즈에 타히니를 얹고 라파로 둘러싼)을 찾을 수 있다. 터키의 메뉴의 특징은 초콜릿 오렌지 후라이드 파이(브라질에서는 바나나를, 이집트에서는 타로를, 하와이에선 파인애플을 더해서)이다. 많은 주요 글로벌 시장에서 McDonald's는 단지 메뉴 그 이상을 적응시키고 있다. 또한 레스토랑 디자인과 운영을 조정한다. 예를 들어, McDonald's France는 프랑스 회사로 디자인을 바꿔 프랑스 소비자의 니즈와 선호에 적용하고 있다.[24]

"고급 요리, 좋은 와인과 치즈의 땅인 프랑스는 McDonald's가 번창할 것으로 기대하는 마지막 나라일 것이다."라고 어느 관찰자는 말한다. 그러나 그 패스트푸드 거대 기업은 프랑스를 세계 두 번째 수익성이 높은 시장으로 전환시켰다. 파리의 McDonald's가 처음에는 시카고에 있는 매장과 매우 흡사한 것으로 보였지만, McDonald's는 프랑스 매장을 지역고객들의 선호에 주의 깊게 적응시켜 왔다. 가장 기본적인 수준에서 대부분의 수익이 여전히 버거와 감자튀김에서 나오지만, McDonald's France는 프랑스 입맛을 만족시키기 위해 메뉴를 변경시켜 왔다. 예를 들어, 버거와 chevre, cantel, 그리고 bleu와 같은 프랑스 치즈와 함께 전립의 프랑스 겨자소스를 얹어 제공한다. 그리고 프랑스 소비자들은 바게트를 매우 좋아하기 때문에 McDonald's는 레스토랑에서 신선하게 구워서 지극히 프랑스식인 McBaguette 샌드위치를 판매한다. 그러나 아마도 가장 큰 차이는 음식에 있는 것이 아니라 프랑스인의 라이프스타일에 맞는 레스토랑 디자인에 있다. 예를 들어, 프랑스인의 식사시간은

▶▶ **글로벌 제품 변형:** McDonald's는 메뉴와 운영을 프랑스 소비자들의 니즈와 선호와 그들의 문화에 적응시킴으로써 프랑스를 세계에서 두 번째로 수익성이 높은 시장으로 만들었다.
PRM/SIPA/Newscom

더 많은 음식이 소비되어 길어지는 경향이 있다. 그래서 McDonald's는 레스토랑 인테리어를 세련되게 다듬어 안락하고 포근한 환경을 창출하여, 고객들이 남아서 커피나 디저트를 추가로 주문할 수 있다. McDonald's는 테이블 서비스도 제공한다. 결과적으로 French McDonald's의 고객들은 평균적으로 미국 고객 방문당 금액의 네 배 정도 지불한다.

서비스 마케터 또한 세계시장에 진출할 때 각별한 주의가 요구된다. 몇몇 서비스 산업은 오랜 국제적 경험을 자랑한다. 예를 들어, 상업적 은행산업은 국제적으로 성장한 첫 번째 산업에 속한다. 은행은 해외에서 영업하고자 하는 자국 기업을 위한 외환 교환이나 신용 보증 등의 글로벌 서비스를 해왔다. 최근에 많은 은행이 말 그대로 글로벌화하고 있다. 예를 들면, 독일의 Deutsche Bank는 70여 개국에서 2,400개 지점을 통해 2,800만 명이 넘는 고객들에게 서비스를 제공한다. 글로벌 성장을 원하는 전 세계 클라이언트들을 위해 Deutsche Bank는 Frankfurt 뿐 아니라 Zurich, London, Paris, Tokyo,

그리고 Moscow에서도 수익을 올릴 수 있다.[25]

소매상(retailers)은 해외시장에 가장 늦게 진출한 서비스 기업 중 하나이다. 자국 시장(home markets)이 점차 포화상태에 이르자, 월마트(Walmart), 사무용품 전문점 오피스디포(Office Depot), 삭스 피프스 애비뉴(Saks Fifth Avenue) 백화점 같은 미국 소매상은 빠르게 성장하는 해외시장으로 진출했다. Walmart는 이제 28개국에서 11,700여 개의 매장을 가지고 있다. 월마트 국제사업부의 매출은 전체에서 24%를 차지한다. 다른 국가의 소매상도 비슷한 행보를 보인다. 아시아 소비자는 프랑스 자본의 소매상점 까르푸에서 미국 상품을 구매한다. 'Walmart, Costco, Kroger, Germany's Schwarz, Walgreens, 그리고 The Home Depot에 이은 세계 7위' 소매점인 까르푸는 현재 30개국 이상에서 12,000개가 넘는 매장을 운영하고 있다. 까르푸는 유럽, 브라질, 아르헨티나에서 1위 소매점이며, 중국에서는 가장 큰 외국 소매점이기도 하다.[26]

특히 은행업, 항공업, 텔레커뮤니케이션, 기타 전문 서비스 등 글로벌 서비스 기업의 성장 추세는 한동안 계속될 것으로 전망된다. 오늘날 서비스 기업은 더 이상 그들의 제조업 고객이 걸었던 길을 단순히 따라가지 않는다. 대신에 국제적 팽창을 통해 더 우위를 점하고 있다.

토의문제

1. 기업이 신제품을 어떻게 획득하고 왜 그 과정이 기업과 고객에게 중요한 프로세스인지 설명해 보시오.
2. 고객이 혁신적인 신제품과 서비스를 창출하는데 점점 더 중요한 이유와 이러한 현상이 어떻게 발생하는지 설명해 보시오.
3. 아이디어 창출은 무엇인가? 신제품 아이디어의 원천을 열거하고 설명해 보시오.
4. 제품 아이디어가 제품 콘셉트와 제품 이미지와는 어떻게 다른가? 이러한 콘셉트는 신제품 개발 프로세스의 어느 단계에 적합한지 설명해 보시오.
5. 제품 수명주기(PLC)의 다섯 단계를 열거하고 설명해 보시오. 제품 수명주기는 마케터에게 어떤 메시지를 담고 있는지 설명해 보시오.
6. 제품을 국제적으로 마케팅할 때 기업이 직면하는 특수한 도전을 토론해 보시오.

비판적 사고 연습

1. 모든 산업에 걸쳐 대기업이든 중소기업이든, 제품 혁신 아이디어를 크라우드소싱하고 있다. 지난 2년 내 기업들이 사용한 크라우드소싱 캠페인 세 가지를 조사해 보시오. 그것들은 성공했는가? 설명하시오.
2. 작은 그룹으로 Owlet Smart Sock을 조사해 보시오. 그것은 제품 수명주기의 어느 단계인가? 그 기업의 웹사이트를 살펴본 후 잘하고 있는 점을 평가해 보시오. 그 기업이 직면한 도전은 무엇인가?
3. 제품 수명주기의 5단계를 복습해 보시오. 도입기, 성장기, 성숙기, 쇠퇴기 각각에 맞는 제품을 선택하고 표 8.2의 핵심 특성의 요약에 이용하여 당신의 추론을 지지해 보시오. 그 기업이 각 제품의 다음 단계로써 어떤 목표와 전략을 사용해야 하는지 당신의 의견을 지지해 보시오.

9 가격결정

고객가치의 이해와 포착

학습목표

▶ **1** 세 가지 주요 가격결정전략을 파악하고 가격책정 시 고객의 가치지각, 기업원가, 경쟁자 전략을 이해하는 것의 중요성에 대해 설명한다.

▶ **2** 기업의 가격결정에 영향을 주는 주요한 내·외부 요인들을 파악하고 이에 대해 설명한다.

▶ **3** 신제품에 대한 주요 가격결정전략들에 대해 설명한다.

▶ **4** 전체 제품믹스로부터 최대의 이익을 거둘 수 있는 가격의 집합을 발견하는 방법에 대해 설명한다.

▶ **5** 기업들이 고객과 상황의 변화에 따라 어떻게 가격을 조정하는지에 대해 설명한다.

▶ **6** 가격변화의 주도와 대응에 관련된 핵심이슈들에 대해 설명한다.

개관

이 장에서는 두 번째 주요한 마케팅믹스 도구인 가격에 대해 살펴볼 것이다. 효과적인 제품개발, 촉진, 유통이 사업성공을 위해 씨를 뿌리는 것이라면, 효과적인 가격결정은 수확을 거두는 것이다. 다른 마케팅믹스 활동들을 통해 고객가치를 창출하는데 성공한 기업이라고 하더라도 창출된 가치의 일부를 가격을 통해 가져와야 한다. 이 장에서 가격결정의 중요성을 설명하고, 3가지 주요 가격결정전략과 가격의사결정에 영향을 주는 내·외부 요인을 살펴본다. 마지막으로 추가적인 가격결정 고려요인과 가격결정 접근방식에 대해 다루게 될 것이다.

도입사례로 Apple의 프리미엄 가격전략을 살펴보자. Apple은 경쟁자들의 가장 높은 가격보다도 훨씬 더 높은 가격을 책정한다. 그러나 Apple이 고객에게 소구하는 것은 절대 가격이 아니다. Apple의 비전은 Apple 제품을 갈망하는 고객들이 마음속에서 가격은 부차적인 것으로 생각하게 하는 혁신적인 디자인과 우수한 사용자 경험을 지속적으로 제공하는 것이다.

Apple의 프리미엄 가격은 그만한 가치가 있다

Apple은 전형적인 프리미엄 가격 사용 기업이다. 고객은 iPhone, iPad, Mac 노트북, Apple Watch를 구매하기 위해 경쟁사 제품보다 더 많은 비용을 지불한다. 예를 들어, 작년에 Apple iPhone의 평균 판매 가격은 800달러에 근접해 전체 업계 평균보다 거의 3배나 높았다. 마찬가지로 표준 MacBook Pro는 비슷한 Dell이나 HP 컴퓨터보다 300달러 더 비싸다. 그러나 이러한 높은 가격에도 불구하고 Apple의 제품은 최신 모델을 구입하려는 열성적인 고객이 줄을 서서 기다리고 있기 때문에 진열대에서 불티나게 팔리고 있다. 그래서 Apple은 부러움의 대상이다. 가장 높은 가격을 책정하면서도 대부분의 제품 범주에서 시장을 주도하는 매출 점유율을 나타내고 있다. Apple은 어떻게 이런 성공을 할 수 있었을까?

Apple의 성공은 가격과 관련된 것이 아니고 사용자 경험 때문이다. 많은 기술 회사가 공간을 차지하고 현재 작업을 수행할 수 있는 제품을 만든다. 반대로 Apple은 "삶의 느낌이 좋은" 경험을 만든다. Apple 사용자에게 물어보면 Apple기기가 더 잘 작동하고 사용하기 쉽다고 말한다. 그리고 사용자들은 품격을 풍기는 Apple의 깔끔하고 단순한 디자인을 좋아한다.

사용자의 깊이 있는 경험을 위한 Apple의 집착은 회사가 하는 모든 일에 나타난다. Apple은 처음부터 최첨단 제품을 계속적으로 생산하는 혁신 리더였다. Apple은 소비자가 자신이 원하는 것을 알기 전에 고객이 원하는 제품을 만드는 혁명을 주도했다. Apple은 항상 고객을 제일 앞에 두면서 인간의 필요를 아름답게 감싸는 기술을 개발하는 천재성을 발휘해 왔다.

결국 Apple은 열렬한 Apple 애호가들로 구성된 거대한 군단을 구축했다. 40년이 넘는 기간 동안 고객들은 Apple을 모든 것을 멋지게 유지하는 확실한 파수꾼으로 선정하고 인정했다. 당신이 Apple 제품을 구입하면 열렬한 동료 신자들이 있는 커뮤니티에 합류하게 된다. 열성 팬 앞에서 Apple이라는 단어를 말하면 브랜드의 우월성에 대해 열광할 것이다. 이러한 열정과 지원은 가격 한계를 뛰어 넘는 Apple 제품에 대한 수요를 창출한다. Apple 팬들은 기꺼이 더 많은 돈을 지불할 의사가 있을 뿐만 아니라, 그들이 받는 가치가 더 높은 가격의 가치가 있다고 생각한다.

Apple 프리미엄 가격의 힘을 가장 잘 보여주는 예 중 하나는 Apple Watch이다. Apple은 스마트 워치를 처음 판매한 개척자는 아니었다. 이미 수십 개의 회사가 다양한 가격대의 웨어러블 시계를 판매하고 있었다. Apple Watch가 출시되기 전 1년 동안 경쟁업체는 평균 189달러에 680만 대의 스마트 워치를 판매했다. Apple은 세 가지 버전으로 자체 스마트 워치를 공개했다. 가장 저렴한 버전인 Apple Watch Sport 기본형은 시장의 평균 가격의 거의 두 배인 349달러에 판매되었다. 다른 극단에는 사파이어 크리스털 글래스와 단단한 18캐럿 금으로 만든 최고급 Apple Watch Edition이 있었다. 모든 장식이 들어 있

>> Apple은 자신들이 책정한 프리미엄 가격을 받는다. 열성 Apple 팬들은 오랫동안 모든 것을 멋지게 유지하는 파수꾼으로 Apple을 인정해왔다.
Thomas Kurmeier/Getting Images

는 제품이 17,000달러에 팔렸다. 이러한 높은 가격은 결코 구매자를 겁주어 쫓아 버린 것은 아니었다. 현재 Apple은 1년에 약 1,300만 대의 Apple Watch를 판매하고 있으며 크게 확장된 스마트 워치 시장의 약 50%를 점유하고 있다.

더 높은 가격을 받을 수 있는 Apple의 능력은 놀라운 매출과 수익을 창출했다. 예를 들어 스마트폰에서 Apple은 15.2%의 글로벌 시장 점유율을 차지하고 있으며 이는 삼성의 21.9%에 이어 두 번째이다. 그러나 훨씬 높은 가격과 마진 덕분에 작년 4분기에 Apple은 전 세계 스마트폰 매출 점유율에서 51%를 차지하는 놀라운 성과를 거뒀다. 삼성의 매출 점유율은 15.7%였다. 그리고 전 세계 스마트폰 이익 점유율은 72%였는데 이 결과는 삼성의 24%의 3배이다. 마찬가지로 Apple은 컴퓨터 시장의 7%만 점유하고 있지만 이익은 60%를 차지하고 있다.

전반적으로 지난 4년 동안 Apple의 매출은 34% 상승하여 2,290억 달러가 되었다. 포춘지 선정 500대 기업, 순위에서 3위를 차지하여 GM과 GE와 같은 대기업보다 앞서 있다. 브랜드 관리 및 조사 기업 Interbrand는 최근 Apple을 세계에서 가장 가치있는 브랜드로 평가했다. 그리고 회사의 주가가 치솟으면서 Apple은 구글의 모회사인 Alphabet을 제치고 세계에서 가장 가치있는 회사가 되었다.

> Apple은 경쟁자들의 가장 높은 가격보다도 더 높게 가격을 책정하는 프리미엄 가격전략을 사용한다. 하지만 Apple의 매출은 여전히 뜨겁게 증가하고 있고 이익은 더 뜨겁다.

그러나 이러한 성공에도 불구하고 Apple의 프리미엄 가격전략에는 몇 가지 위험이 따른다. 예를 들어 일부 시장, 특히 빠르게 성장하는 세계 신흥 시장에서 Apple의 높은 가격은 저가 경쟁자에게 취약점을 드

러낸다. 전 세계 기기 판매의 3분의 1을 차지하고 경쟁이 매우 심한 스마트폰 시장인 중국을 생각해 볼 필요가 있다. 중국에서 Apple의 점유율 순위는 5위로 저가 정책으로 빠르게 성장하고 있는 중국 기업인 화웨이와 샤오미에 뒤쳐져 있다.

중국 시장 리더인 화웨이는 최근 몇 년간 빠르게 성장하여 Apple과 삼성에 이어 세계에서 세 번째로 큰 스마트폰 생산 기업이 되었다. 화웨이의 스마트폰은 Apple 폰과 동일하거나 유사한 기능을 가지고 있으면서 훨씬 저렴하다. 마찬가지로, 샤오미는 지난 5년 동안 저가 스마트폰, 노트북, Apple 기기를 모델로 한 기타 장치를 생산해서 갑자기 유명해졌다. 샤오미는 강력한 기술과 놀라운 디자인을 가진 스마트폰을 Apple보다 훨씬 저렴한 가격에 판매한다. 예를 들어 보급형 아이폰은 중국에서 833달러에 팔린다. 이는 중국인 구매자의 월 평균 임금보다 많은 것이다. 대조적으로 샤오미 스마트폰은 149달러에 불과하다.

한 기술 블로거는 "샤오미는 스마트한 디자인과 저렴한 가격으로 기술 지향적이면서 기이하고 특이한 것을 좋아하지만 고급 Apple이나 삼성 휴대폰을 살 여유가 없는 젊은 고객들을 목표로 하고 있다."고 말한다. 이러한 소비자는 중국뿐만 아니라 인도와 브라질과 같은 다른 신흥 시장에서도 가장 빠르게 상승하는 기술 세분시장을 만들고 있다. 지금까지 Apple은 이러한 유형의 소비자를 위한 합리적인 대답을 갖고 있지도 않고 그럴 의도도 없다. 저가형 제품은 Apple의 운영 스타일이나 프리미엄 포지셔닝에 맞지 않다.

그러나 Apple처럼 지위와 부를 나타내 주는 제품 구매를 원하고 구매력도 있는 부유한 소비자들의 수가 중국과 다른 신흥국 시장에서 급증하고 있고 Apple은 이 수요를 충족시키고 있기 때문에 시장에서 계속 번창하고 있다. 다른 곳과 마찬가지로 지불할 능력만 있다면 Apple 제품은 프리미엄 가격의 가치가 있다. 한 분석가는 다음과 같이 말한다. "Apple의 가격은 비싸기 때문에 소비자들이 지불할 용의가 있습니다." 예를 들어 중국에서 매우 높은 가격이 책정된 Apple Watch Edition은 한 시간도 안 되어 매진되었다.

그러므로 Apple은 프리미엄 가격전략으로 시장에서 승자가 될 가능성이 높다. 한 업계 임원은 "Apple의 지배력은 극복하기가 어렵습니다. Apple이 어떤 식으로든 걸려 넘어져야 하는데 그런 일은 일어날 것 같지 않습니다."라고 말한다. Apple 사례가 주는 교훈은 간단하다. 진정한 프리미엄 제품은 프리미엄 가격을 받을 수 있다.[1]

>> **가격결정:** 경제상황에 상관없이 기업은 가격이 아니라 가치를 판매해야 한다.

magicoven/Shutterstock.com

가격(price)
제품 혹은 서비스에 대해 부과된 금액. 제품 혹은 서비스의 소유나 사용으로 얻게 될 편익을 위해 고객이 포기해야 할 모든 가치의 합

가격전략을 둘러싼 기업들의 환경은 치열하며 급변하고 있다. 가치추구 고객들은 여러 기업들에게 가격결정에 대한 압박을 가중시키고 있다. 최근의 경제불황, 인터넷의 가격결정 파워, Walmart 같은 가치지향적 기업들 덕택으로 최근 들어 더욱 검소해진 소비자들은 가계지출을 줄이는 전략을 추구하고 있다. 이에 대응해 거의 모든 기업이 가격을 인하하는 방안을 모색하고 있다.

그러나 가격인하가 최선의 답은 아니다. 가격인하는 불필요하게 이익의 상실과 가격전쟁을 유발할 수 있다. 가격인하는 고객들에게 브랜드가 제공하는 고객가치보다는 가격이 더 중요하다는 것을 암시함으로써 브랜드 가치를 떨어뜨릴 수 있다. 따라서 경제상황에 상관없이 기업은 가격이 아니라 가치를 팔아야 한다. 경우에 따라 가치를 판매하는 것이 최저가격으로 양이나 크기가 작은 제품을 판매하는 것을 의미한다. 그러나 대부분의 경우에 있어 이는 자사브랜드에 대해 더 높은 가격을 지불하는 것이 더 큰 가치를 얻는 것에 의해 정당화될 수 있다고 고객을 설득하는 것을 의미한다.

가격이란?

가장 좁은 의미에서 보면, **가격**(price)은 제품 혹은 서비스에 대해 부과된 화폐량이다. 조금 더 넓은 의미에서 보면, 가격은 제품 혹은 서비스의 소유나 사용으로 얻게 될 편익을 위해 고객이 포기해야 할 모든 가치의 합이다. 오랜 기간 가격은 구매자 선택에 영향을 주는 주요 요인이었다. 최근 수십 년에 걸쳐 비가격 요인들의 중요성이 상대적으로 커지고 있다. 그럼에도 불구하고 가격은 여전히 기업의 시장점유율과 수익성을 결정짓는 가장 중요한 요소들 중 하나로 자리 잡고 있다.

가격은 마케팅믹스 가운데 수익(revenue)을 낳는 유일한 요소이며, 마케팅믹스의 나머지 구성요소들은 비용을 발생시킨다. 또한 가격은 마케팅믹스 요소들 중 가장 유연성이 높다. 제품특성들과 유통경로몰입 등은 바로 변경하는데 어려움이 있지만, 가격은 곧바로 변경될 수 있다. 이와 함께, 가격은 많은 마케팅책임자들이 골머리를 앓는 첫 번째 문제영역이며, 실제로 많은 기업들이 가격책정을 잘 다루지 못한다. 일부 경영자들은 가격결정을 큰 골칫거리로 간주하여 마케팅믹스의 다른 구성요소들에만 신경을 쓰고 싶어한다.

그러나 현명한 경영자들은 가격을 고객가치를 창출·획득하기 위한 중요한 전략도구로 활용한다. 가격은 기업의 재무성과에 직접적인 영향을 미친다. 약간의 가격개선이 상당한 수준의 수익성 증가를 초래할 수 있다. 더욱 중요한 것은 가격이 기업의 전반적 가치제안의 한 부분을 차지하여, 고객가치의 창출과 고객관계의 구축에서 핵심적인 역할을 한다는 점이다. 현명한 마케터는 가격결정 문제를 피하려고 하기 보다는 이를 주요한 경쟁적 자산으로 받아들이려고 한다.[2]

주요 가격결정전략

기업이 책정한 가격은 수요를 만들어내기에는 너무 높은 가격과 이익을 실현하기에는 너무 낮은 가격의 어느 중간에 위치할 것이다. 그림 9.1은 가격결정 시 주요 고려요인들을 정리한 것이다. 고객의 제품가치 지각은 가격의 상한선이 된다. 고객들이 가격이 제품가치보다 더 큰 것으로 지각한다면 그 제품을 구매하지 않을 것이다. 제품원가는 가격의 하한선이 된다.

기업이 원가 이하에서 가격을 책정한다면 이익을 얻지 못할 것이다. 두 가지 극단적인 가격대 사이에서 가격을 책정함에 있어 기업은 다른 내·외부 요인들을 고려해야 하는데, 전반적 마케팅전략, 마케팅믹스, 시장과 수요의 성격, 경쟁사의 전략과 가격 등이 이에 포함된다.

그림 9.1은 3가지 주요 가격결정전략을 제시하고 있는데, 고객가치 기반 가격결정, 원가기반 가격결정, 경쟁기반 가격결정이 있다.

> **저자 코멘트**
> 올바른 가격을 책정하는 것은 마케터에게 가장 어려운 과업들 중 하나이다. 여러가지 요인들이 영향을 미친다. 그러나 도입사례에서 볼 수 있듯이 올바른 가격전략을 찾아 실행하는 것은 성공을 거두는데 매우 중요하다.

▶▶ 그림 9.1 가격결정 시 고려요인

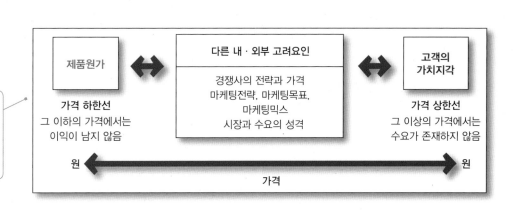

> 만약 제품가격이 가치에 비해 더 높다고 지각하면 고객은 그 제품을 구매하지 않는다. 기업이 원가 이하로 제품가격을 책정한다면 이익을 실현하지 못할 것이다. 이 양 극단의 가격결정 사이에서 올바른 가격결정전략은 고객가치와 기업 이익을 모두 실현시켜 준다.

제품원가 ↔ 다른 내·외부 고려요인 ↔ 고객의 가치지각

다른 내·외부 고려요인
경쟁사의 전략과 가격
마케팅전략, 마케팅목표,
마케팅믹스
시장과 수요의 성격

가격 하한선
그 이하의 가격에서는
이익이 남지 않음

가격 상한선
그 이상의 가격에서는
수요가 존재하지 않음

원 ◀——————————————— 원
가격

고객가치기반 가격결정

최종적으로 제품가격이 적정한지를 결정하는 것은 고객이다. 따라서 다른 마케팅믹스에 대한 의사결정과 마찬가지로 가격결정은 고객가치에서 출발해야 한다. 고객들이 제품을 구매할 때, 그들은 가치 있는 어떤 것(즉 제품을 사용함으로써 얻는 편익들)을 얻기 위해 가치 있는 어떤 것(가격)을 지불한다. 효과적이고 고객지향적인 가격결정이란 소비자들이 제품으로부터 얻게 될 편익들에 어느 정도의 가치를 부여하는지를 이해하고, 그 가치를 획득하는 수준에서 가격을 책정하는 것이다.

고객가치기반 가격결정
(customer value–based pricing)
판매자의 원가보다는 구매자의 가치지각을 토대로 가격을 책정하는 것

고객가치기반 가격결정(customer value–based pricing)은 판매자의 원가보다는 구매자들의 가치지각에 중점을 두어 가격을 책정하는 것이다. 가치기반 가격결정이 시사하는 것은 마케터가 제품과 마케팅프로그램을 먼저 설계한 다음 가격을 책정할 수 없다는 것이다. 즉 가격은 마케팅프로그램이 개발되기 전에 고객의 제품가치 지각에 영향을 줄 다른 마케팅믹스 요소들과 함께 고려되어야 한다.

그림 9.2는 가치기반 가격결정과 원가기반 가격결정을 비교하여 보여준다. 원가는 가격책정에서 주요 고려요인이기는 하지만, 원가기반 가격결정은 종종 제품중심적으로 가격을 책정한다. 기업은 좋은 제품을 설계한 후 그 제품을 생산하는데 드는 비용에다 목표이익을 합하여 가격을 책정한다. 그런 다음 기업은 마케팅을 통해 그 가격대에 상응한 제품가치가 있기 때문에 구매할 만하다는 것을 구매자들에게 확인시켜야 한다. 만약 가격이 너무 높은 것으로 지각된다면 기업은 이익률을 낮추거나 혹은 매출의 감소를 감수해야 하지만 두 가지 해결책 모두가 수익성을 감소시키는 실망스러운 결과를 낳는다.

가치기반 가격결정은 이와 정반대의 결정과정을 갖는다. 기업은 고객의 제품가치 지각에 근거하여 목표가격을 설정한다. 그런 다음 목표로 삼은 제품가치와 가격에 맞추어 제품을 설계하고, 이를 생산하는데 드는 비용을 추정한다. 따라서 가격결정은 고객의 욕구와 가치지각을 분석하는 것에서 시작되며, 제품가격은 소비자의 지각된 가치에 맞추어 책정된다.

≫ 그림 9.2 원가기반 가격결정과 가치기반 가격결정

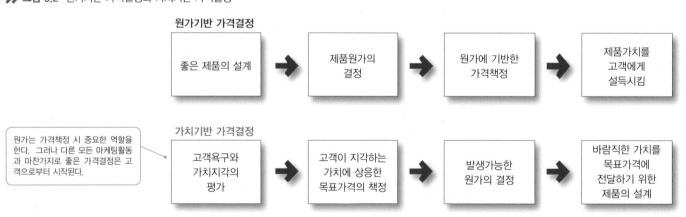

원가기반 가격결정

좋은 제품의 설계 → 제품원가의 결정 → 원가에 기반한 가격책정 → 제품가치를 고객에게 설득시킴

가치기반 가격결정

고객욕구와 가치지각의 평가 → 고객이 지각하는 가치에 상응한 목표가격의 책정 → 발생가능한 원가의 결정 → 바람직한 가치를 목표가격에 전달하기 위한 제품의 설계

우수한 가치의 제품이 저렴한 가격을 의미하는 것이 아님을 명심할 필요가 있다. 일부 시계 소유자들은 20,000~50,000달러에 이르는 눈이 휘둥그레지는 가격임에도 최고급 시계 Patek Philippe를 저렴하다고 생각한다.[3]

이 사례는 20,000달러 혹은 500,000달러짜리 시계가 실제로 그렇게 비싸지 않고 엄청난 가치가 있는 이유에 대해 설명하고자 한다. 모든 Patek Philippe 시계는 최고의 재료를 사용해 스위스 시계 제작자가 손으로 직접 만들며, 만드는데 1년 이상의 기간이 걸릴 수 있다. 여전히 설득력이 없는가? 시간이 정확하게 가는 것은 말할 필요가 없고 Patek Philippe 시계는 좋은 투자자산이기도 하다. 이 시계브랜드는 높은 가격대를 유지하며 시간이 흐름에 따라 가치가 증가하기도 한다. 이 브랜드의 많은 시계모델들이 숭배 수준의 지위를 획득해 지구상 가장 탐을 내는 시계제품이다. 그러나 시간을 알려주는 수단이나 좋은 투자대상인 것 보다 더 중요한 것은 Patek Philippe을 소유하면서 얻게 되는 정서적 가치이다. 이 시계들은 소중한 기억이 담겨있는 독특한 소유물로써, 가보의 역할을 한다. "Patek Philippe의 구입은 종종 직업적 성공, 결혼, 자녀의 출생 등 주요한 개인적 이벤트와 연관되어 있고 이를 선물하는 것은 사랑이나 애정을 가장 잘 표현한 것이다."고 회사는 말한다. Patek Philippe

지각된 가치: 일부 시계 소유자들은 20,000~500,000달러에 이르는 눈이 휘둥그레지는 가격임에도 최고급 시계 Patek Philippe를 저렴하다고 생각한다. Philippe 시계는 스위스 시계 제작자가 손으로 직접 만들며, 만드는데 1년 이상의 기간이 걸릴 수 있다.

FABRICE COFFRINI/AFP/Getty Images

시계는 한 사람의 생애 동안만 유지되는 것이 아니라 오래 이어진다. '당신은 실제로 Patek Philippe을 소유하는 것이 아니라 다음 세대에 넘겨주기 위해 돌보고 있을 뿐이다.'고 한 광고물에서 얘기한다. 이로 인해 이 시계는 판매가격의 2배라고 하더라도 엄청 싸다고 생각할 수 있다.

기업들은 고객들이 자사제품에 부여하는 가치를 측정하는 것이 쉽지 않음을 자주 경험한다. 예를 들어, 우아한 식당에서 한 끼 식사에 드는 재료비를 계산하는 것은 비교적 쉽다. 그러나 음식의 맛, 환경, 기분 전환, 대화, 지위 등에서의 만족도에 부여하는 가치를 산정하는 것은 매우 어렵다. 이에 부여하는 가치들은 주관적이어서 소비자에 따라, 그리고 상황에 따라 달라질 것이다.

그럼에도 불구하고 소비자들은 이러한 지각된 가치들을 토대로 제품가격을 평가할 것이므로 기업들은 이 요소들을 측정하도록 노력해야 한다. 때에 따라 기업들은 소비자조사를 통해 기본제품에 얼마의 가격을 지불할 것인지, 그리고 각각의 편익이 추가됨에 따라 얼마를 더 지불할 것인지를 소비자들에게 질문한다. 또 다른 측정방법은 실험을 통해 서로 다른 제품제공물들에 대한 지각된 가치를 조사하는 것이다. 러시아 속담에 의하면, 모든 시장에는 두 가지 유형의 바보가 있는데, 너무 많은 것을 요구하는 사람과 너무 적게 요구하는 사람이 바로 그것이다. 판매자가 구매자의 지각된 가치 보다 더 비싼 가격을 책정한다면 매출에 어려움을 겪을 것이다. 판매자가 구매자의 지각된 가치보다 더 낮게 가격을 책정한다면 판매는 매우 잘될 것이다. 그러나 지각된 가치에 맞추어 가격을 책정하는 경우에 비해 더 적은 수입을 얻게 될 것이다.

이하에서는 두 가지 유형의 가치기반 가격결정방식인 우수한 가치에 상응한 가격결정과 부가가치 가격결정에 대해 설명하기로 한다.

우수한 가치에 상응한 가격결정

2008~2009년에 발생한 글로벌 금융위기는 가격과 품질에 대한 소비자태도에 근본적인 변화를 불러일으켰고, 이러한 태도변화는 지속되고 있다. 이에 따라 많은 기업들이 경제

**우수한 가치에 상응한 가격결정방식
(good-value pricing)**
품질과 좋은 서비스를 잘 결합하여
적정가격에 제공하는 것

The art of seduction. At a price reduction.

>> **우수한 가치에 상응한 가격결정방식:** 프리미엄 브랜드도 가치지향적인 모델을 출시할 수 있다. Mercedes CLA Class는 매력적이지만 저렴한 승용차라고 광고한다.

Courtesy of Daimler AG

여건의 변화와 소비자 가격지각에 맞추어 가격을 책정하는 방식으로 전환하고 있다. 즉 많은 기업들이 **우수한 가치에 상응한 가격결정방식**(good-value pricing)을 채택하고 있는데, 이는 품질과 좋은 서비스를 잘 결합하여 적정가격에 제공하는 것을 말한다.

많은 경우 이러한 가격결정방식은 시장기반이 확립된 유명브랜드 제품들이 상대적으로 저렴한 제품들을 시장에 새로이 도입할 때 사용된다. 예를 들어, Kroger는 세 가지 저가 제품라인 Heritage Farm, Check This Out, Psst을 판매한다. 이 브랜드들은 절약하는 고객에게 닭고기, 화장지, 설탕과 같은 식료품을 최저 가격에 제공하기 위해 출시되었다. 우수한 가치에 상응한 가격은 상대적이다. 프리미엄 브랜드도 우수한 가치에 상응한 가격책정을 통해 기존 고가격 제품보다 저렴한 제품 라인을 출시할 수 있다.

우수한 가치에 상응한 가격결정은 상대적인 것이므로 프리미엄 브랜드들도 가치지향적인 모델을 출시할 수 있다. Mercedes-Benz는 최근 31,500달러에서부터 시작되는 상대적으로 저가격대의 CLA Class모델을 출시했다. CLA Class는 매력적이지만 할인된 가격대의 승용차(The Art of Seduction At a price reduction)라고 고객들에게 광고한다.[4]

가치상응 가격결정방식이 이용되는 다른 경우로는 기존 가격에서 더 나은 품질을 제공하거나 혹은 더 저렴한 가격으로 동일한 품질을 제공하도록 기존 브랜드를 재설계할 때이다. 예를 들어, Spirit 항공은 고객에게 "맨손 요금제(bare fare pricing)"를 제공한다. 이 가격결정 방식하에서 고객은 서비스는 덜 받지만 받지 않은 서비스에 대해서는 돈을 지불하지 않는다(Marketing at Work 9.1 참조).

소매수준에서 가치상응 가격결정방식의 대표적 예가 항시저가격정책(everyday low pricing, EDLP)이다. EDLP는 가격을 일시적으로 낮추지 않고 매일 일정하게 낮은 가격을 책정하는 방식이다. Lidl 슈퍼마켓 체인은 "품질은 최고, 가격은 Lidl"이라는 가치제안으로 EDLP를 실행하고 있다.

EDLP의 대표주자는 Walmart로서, 실무적으로 이에 대한 개념을 정립했다. 매달 실시되는 몇 가지 세일품목을 제외하고 Walmart는 판매되는 모든 품목들에 대해 일상적으로 저가격에 판매한다. 이와 대조적인 가격결정방식이 고-저 가격정책(high-low pricing)인데, 이는 평상시에는 상대적으로 고가격을 책정하지만, 선택된 품목들에 대해 빈번한 판촉행사를 통해 가격을 인하하는 방식을 말한다. Kohl's, JCPenny 같은 백화점들은 빈번한 세일기간, 초기구매자(선착구매자)에 대한 할인, 신용카드 소지자에 대한 보너스 점수 제공 등을 통해 고-저 가격정책을 실시한다.

**부가가치 가격결정
(value-added pricing)**
부가적인 특성과 서비스의 추가를 통해 시장제공물을 차별화함으로써 더 비싼 가격을 책정하는 것

부가가치 가격결정

가치기반 가격결정방식은 단순히 고객이 지불하고 싶은 수준에서 가격을 책정하거나 경쟁상황을 고려해 저가격을 책정하는 것을 의미하지는 않는다. 그 대신 많은 기업들이 채택하는 **부가가치 가격결정방식**(value-added pricing)은 경쟁사의 가격에 맞추어 가격

MARKETING AT WORK 9.1

Spirit 항공이 제공하는 우수한 가치: 더 적게 받지만 더 적게 지불함

"@SpiritAirlines 내가 지금까지 경험한 항공사 중에 최악이고 가장 사악하며 인색하다. 다시는 이 항공사 서비스를 이용하지 않을 것이다. #lessonlearned"

이러한 트윗과 Spirit 항공의 불만족 고객이 정기적으로 게시하는 소셜 미디어 댓글은 대부분의 기업이 듣고 싶어 하는 피드백은 아니다. 또한 부정적인 소셜 미디어 평가와 더불어 Spirit 항공은 3년 연속 미국 소비자 만족도 지수에서 가장 낮은 등급의 항공사라는 좋아할 수 없는 평가를 받았다.

Spirit 항공은 부도와 파산의 길로 갈 수 밖에 없다고 생각할 것이다. 맞는 예측일까? 반대로 Spirit은 미국에서 가장 빠르게 성장하는 항공사 중 하나이다. 작년에는 주요 경쟁사보다 두 배 빠른 속도로 승객 매출 마일이 증가했다. 모든 항공편의 거의 대부분의 좌석을 승객으로 채운다. 그리고 매 분기마다 건전한 수익을 올린다. 이는 기복이 심한 항공 산업에서 달성하기 어려운 성과이다. Spirit 항공사는 어떻게 이런 성과를 달성했나? 기술적이고 과학적으로 우수한 가치에 상응한 가격결정방식을 사용함으로써 가능했다. Spirit 항공의 가치제안은 다음과 같다. "덜 내고 더 타고 가세요."

Spirit 항공은 타의 추종을 불허하는 "초저가 항공사"로 경쟁업체보다 훨씬 낮은 가격(경우에 따라 최대 90%까지)을 제시한다. 그러나 고객이 이러한 최저 요금으로 비행기를 이용하려면 서비스도 적게 받아야 한다. Spirit 항공편 티켓을 구매하면 목적지까지 가는 비행기 좌석만 얻을 수 있다. 더 많은 서비스를 원하면 비용을 지불해야 한다. Spirit은 모든 것에 대해 추가 요금을 부과한다. 소위 맨손 요금제(bare fare pricing)라고 불리는 가격책정 방식 하에서는 지불한 만큼 서비스를 받을 수 있다. 돈을 안내면 땅콩 하나도 먹을 수 없다.

예를 들어, 대부분의 항공사는 무료 음료를 제공하지만 Spirit 항공기에서는 물 1병과 탄산음료 캔이 3달러이다. 베개나 담요를 원하는 경우에 어떨까? 7달러에 제공된다. 좌석을 배정받는데 15달러를 지불한다. 체크인 직원이 탑승권을 인쇄해 주면 10달러를 추가로 낸다. 표준 기내 수하물 가격은 55달러이다.

엎친 데 덮친 격으로 Spirit 항공의 좌석은 매우 가깝게 밀착되어 있으며(Spirit은 "조금 더 안락한 좌석"이라고 부름) 좌석이 기울어지지 않는다. 조금 더 숨 돌릴 공간을 원한다면 (예상했겠지만) 유료로 출구 열이나 1등석 크기의 앞줄 좌석을 얻을 수 있다.

Spirit은 이러한 가격책정을 "과잉 서비스 통제"라고 부르며 고객에게 돈을 낼 서비스와 내지 않을 서비스를 결정할 권한을 제공하는 것이라고 주장한다. 그리고 다른 항공사가 제공하는 소위 무료 음료수와 다리 뻗는 공간은 실제로 무료가 아니라는 점을 지적한다. 고객은 원하든 원하지 않든 모든 서비스가 포함된 티켓 가격을 지불해야 한다. Spirit에서는 승객에게 선택권이 있다. 이 접근 방식은 신선하게 들리지만 일부 고객은 이를 값싸고 인색한 서비스로 생각하고 더 나쁘게는 불공정하고 기만적인 것으로 여긴다. 소셜 미디어에는 부주의해서 처음 티켓 가격으로 절약한 금액보다 더 많은 비용을 지불한 고객 이야기로 가득 차 있다.

Spirit 항공은 고객 불평에 대해 강경한 접근방식을 취한다. 고객이 기본 서비스 중 일부를 가격에서 빼 줄 것을 요청하면 Spirit 상담원은 절대 받아들이지 않는다. 항공사는 추가 요금은 필수가 아니라 선택 사항이라고 설명한다. 기본 티켓 가격에는 승객이 목적지까지 가는 데 필요한 모든 것이 포함된다. Spirit의 CEO는 "예를 들어 화장실 사용 요금을 추가로 청구하지 않습니다. 우리는 결코 그렇게 하지 않을 것입니다. 그것은 선택 사항이 아닙니다."라고 말한다.

Spirit 항공은 열악한 고객 서비스를 감추기 보다는 그것을 명예로운 배지로 사용하고 있다. 최근 조사에 따르면 Spirit

▶▶ 우수한 가치에 상응한 가격결정방식: 빠르게 성장하고 있는 Spirit 항공은 고객에게 더 적은 서비스를 제공하면서 항공료도 더 적게 청구하는 방식을 잘 운영하고 있다. 고객은 맨손 요금제(bare fare pricing)에 따라 받지 않은 서비스에 대해서는 돈을 내지 않는다.

Larry MacDougal via AP

은 고객들이 미국 교통부에 제기한 불평 수에서 확실하게 최하위로 나타났는데 이것은 Spirit의 자랑거리가 되었다. 5년의 조사기간 동안 고객 10만 명당 평균 8건의 불평만 제기되었다. Spirit은 24달러 할인 행사를 통해 이를 축하했다. Spirit은 보도 자료에서 다음과 같이 선언했다. "맞습니다. 고객의 99.99%가 불평을 제기하지 않았습니다. - 0.01% - 괜찮습니다. 우리는 모든 사람을 위한 항공사가 아니라는 것을 알고 있습니다. 하지만 불만을 가진 고객도 우리와 함께 다시 비행하여 비용을 절약할 수 있기를 바랍니다!"

이 회사는 시간을 내어 서비스 내용을 보는 고객들을 위해 요금에 포함된 서비스 내용에 대한 사전 정보를 제공한다는 점을 통해 자사의 가격 정책을 방어한다. 실제로 Spirit의 온라인 사이트는 지불한 금액으로 이용 가능한 서비스와 Spirit의 맨손 요금(bare fare) 시스템을 활용하는 방법에 대한 자세한 안내서인 "Spirit 101: 저희 항공사를 이용하는 간단한 가이드"를 제공한다. 자신이 바가지 썼다고 생각하는 소수 목소리와 불평이 있지만 대부분의 Spirit 고객은 자신이 무엇을 얻을 수 있는지 정확히 알고 있는 것 같고 가격과 서비스에 만족한다. 한 여성 승객에게 Spirit 항공편에서 물 한 병에 3달러를 지불하는 것에 대해 분개하는지 물었을 때 다음과 같이 말했다. "전혀 아닙니다. 항공사는 비용을 충당하려고 노력하고 있는 것입니다." 매우 저렴한 항공료를 지불하고 추가 서비스를 포기하는 것에 만족하는 고객들은 이러한 태도를 공유하고 있다.

Spirit 항공의 가격정책에 대한 소란을 알아보기 위해 한 항공사 분석가는 눈을 크게 뜨고 자세히 Spirit의 서비스를 테스트했다. 그는 디트로이트에서 라 과디아로 가는 편도 항공편에 63달러(델타, 아메리칸 또는 유나이티드가 제공하는 것과 동일한 요금보다 약 300달러 저렴)를 지불한 후 자신의 경험을 보고했다. 그는 착륙한 후 같이 타고 온 친구에게 사람들이 불평하는 것에 대해 잘 모르겠다고 이야기했다. 그는 대부분의 불만은 오해에서 비롯된다고 결론지었다. 그는 사람들이 Spirit의 가격정책을 미리 알고 있으면 원하지 않는 부가 서비스와 늘어난 가격에 놀라는 것을 피할 수 있다고 했다. 그는 엔터테인먼트를 원한다면 자신의 모바일 기기를 가져오고 미리 계획을 세워 탑승 전에 간식과 음료를 구입하라고 제안했다. 그리고 기내 수하물과 위탁 수하물 요금을 고려해서 실제 운임을 미리 계산하라고 했다. 또는 무료로 가져갈 수 있는 작은 휴대 가방에 모든 물건을 가볍게 해서 꽉 채워 넣으라고 말했다. 그리고 그는 "앞줄에 있는 사람이 사용

한 샴푸를 알아낼 수 있도록 정신적으로 준비하십시오. 3시간 이하의 비행의 경우 약간 찌그러지는 것이 그렇게 나쁘지는 않습니다."라고 했다.

공식적인 가격 수치는 추가 요금이 저렴한 기본 항공권 구매로 절약한 금액보다 더 크다고 불평하는 고객들에게 그렇지 않다는 것을 말해준다. 모든 수수료를 포함한 Spirit의 총 항공권 가격은 업계 최저 수준으로 경쟁사 가격보다 평균 40% 낮다. Spirit 항공은 업계 최저 좌석 마일당 비용 덕분에 저렴한 가격에도 업계 최고의 수익 마진을 거두고 있다. 예를 들어, Spirit의 승객 당 총 매출은 유나이티드 항공이 손익분기점을 맞추기 위해 필요로 하는 승객당 매출의 절반도 안 된다. 지난 4년 동안 대규모 경쟁업체의 새로운 도전에도 불구하고 Spirit의 연간 매출은 60% 증가하여 26억 달러 이상을 기록했다. 순이익은 거의 237% 증가했다. 명확하게 말하면 매출의 절반 이상이 비티켓 판매에서 발생했다.

이처럼 Spirit 항공은 초저가 접근 방식으로 번창하고 있다. 사실, 당신은 Spirit 항공을 이용할 때 많은 서비스를 받지 못한다. 다시 말하면 당신은 당신이 받지 못하는 서비스에 대해 돈을 지불하지 않는다. 그리고 목적지에서 사용할 수 있는 더 많은 돈을 주머니에 챙길 수 있다. 추가 비용을 지불하는 것이 귀찮다면 구매하지 말라. 다른 항공사를 이용하고 전액 선불 요금을 지불하라. 그러나 Spirit은 추가 서비스를 무료로 제공하지는 않을 것이다. Spirit CEO는 다음과 같이 말한다. "우리는 일부 고객의 불만을 줄이기 위해 대부분의 고객이 우리의 낮은 요금만큼 중요하게 생각하지 않는 서비스에 대한 비용을 추가하지 않을 것입니다. 그렇게 하면 고객을 위한 가격이 상승하고 고객이 진정으로 가치 있게 여기는 것, 즉 가능한 가장 낮은 가격에 대한 우리의 약속이 손상됩니다."

출처: Based on information from Adam Levine, "Could Rising Fuel Prices Lift Spirit Airlines in 2018?" The Motley Fool, January 2, 2018, www.fool.com/investing/2018/01/02/could-rising-fuel-prices-lift-spirit-airlines-2018.aspx; "Company Case Spirit Airlines: The Lowest Possible Price—t All Costs," accessed at www.chegg.com/homework-help/questions-and-answers/company-case-spirit-airlines-lowest-possible-price-costs-note-planet-earth----never-fly-sp-q16992319, July 2018; "If Spirit Airlines Is So Unpopular, Why Are Its Flights So Full?" CBS News, March 23, 2014, www.cbsnews.com/news/if-spirit-airlines-is-so-unpopular-why-are-its-flights-so-full/; Jared Blank, "3 Myths about Spirit Airlines," Online Travel Review, September 10, 2012, www.onlinetravelreview.com/2012/09/10/3-myths-about-spirit-airlines-or-myflight-on-spirit-was-perfectly-fine-really/; Justin Bachman, "Spirit Airlines Sees All Those Passenger Complaints as Mere Misunderstandings," Bloomberg Businessweek, April 18, 2014, www.businessweek.com/articles/2014-04-18/spirit-airlines-passenger-complaints-part-of-its-business-model; Kathryn Vasel, "America's Least Favorite Airline (Hint: It's Not United)," CNN, April 25, 2017, http://money.cnn.com/2017/04/25/pf/best-worst-airline-customer-satisfaction/index.html; and http://marketing.spirit.com/how-to-fly-spirit-airlines/en/, http://ir.spirit.com/financials.cfm, and www.spirit.com, accessed October 2018.

인하를 추구하기 보다는 부가직인 특성과 서비스의 추가를 통해 제품제공물을 차별화함으로써 더 비싼 가격을 정당화하는 것이다.

예를 들어, 프리미엄 오디오 브랜드 Bose는 가격할인과 저가형 스피커, 헤드폰, 홈시어터 시스템 제품으로 경쟁업체를 이기려고 하지 않는다. 대신, 50년 이상 연구와 혁신에 자원을 쏟아 부어 프리미엄 가격을 받을만한 가치있는 고품질 제품을 만들어 왔다. Bose는 "우리의 연구를 통해 더 나은 사운드, 즉 혁신적인 고품질 청취 경험을 만드는 것이다."라고 말한다. "우리는 열정적인 엔지니어, 개발자, 연구원, 소매업체, 마케터, 꿈꾸는 사람입니다. 하나의 목표는 우리를 하나로 묶어줍니다. 그 목표는 우리 고객이 다른 곳에서는 얻을 수 없는 제품과 경험을 창조하는 것입니다." 결과적으로 Bose는 고객에게 부가가치를 제공하는 획기적인 혁신과 고품질 제품의 긴 목록을 만들어냈다. 프리미엄 가격에도 불구하고 또는 아마도 그 가격 때문에 Bose는 시장에서 계속 리더로 남아 있다.[5]

▶▶ 부가가치 가격결정방식: 프리미엄 오디오 브랜드 Bose는 "연구를 통해 더 나은 사운드, 혁신적인 고품질 청취 경험"을 만들어 프리미엄 가격을 받을만한 부가가치를 창출한다.
Image used with permission of Bose Corporation.

원가기반 가격결정

고객의 가치지각이 가격의 상한선을 결정하는 반면, 원가는 제품가격의 하한선이 된다. **원가기반 가격결정**(cost-based pricing)은 제품을 생산·유통·판매하는데 드는 비용에다 적정 수준의 마진(즉 기업의 노력과 위험부담에 대한 보상)을 더하여 가격을 책정하는 것이다. 기업비용은 가격결정전략에서 주요 구성요소이다.

Walmart, Spirit Airlines 같은 일부 기업들은 각각의 업계 내에서 저원가 생산기업이 되기 위해 노력한다. 상대적으로 낮은 원가를 가진 기업들은 경쟁자들보다 낮은 가격을 책정함으로써 마진은 적지만 더 높은 매출과 이익을 실현할 수 있다. 그러나 Apple, BMW, Steinway 같은 기업들은 의도적으로 더 높은 원가가 발생되도록 하고, 이에 대해 더 높은 가격과 마진을 부과한다. 가령 수작업으로 생산되는 Steinway 피아노는 Yamaha에 비해 더 많은 생산비용이 든다. 그러나 더 높은 생산원가는 더 높은 품질의 제품을 만들기 때문에 87,000달러에 이르는 판매가격을 정당화시킨다. 핵심은 원가와 가격 간의 차이를 관리하는 것이다. 즉 기업이 전달하는 고객가치에 대해 기업이 얼마를 벌어들일지를 관리하는 것이다.

원가유형

기업의 원가는 고정비와 변동비로 구성된다. **고정비**(fixed costs) 혹은 **간접비**(overhead costs)는 생산량 혹은 매출수준에 따라 변동하지 않는 비용을 말한다. 예를 들어, 기업은 생산수준에 상관없이 매달 임대료, 광열비, 이자, 임원봉급 등을 지불해야 한다. **변동비**(variable costs)는 생산수준에 따라 달라지는 비용이다. 삼성이 생산하는 스마트폰이나 태블릿은 컴퓨터 칩, 선, 플라스틱, 패키징, 기타 투입요소들의 비용을 포함한다. 이 비용은 각 단위생산당 동일하다. 그러나 생산량이 늘어남에 따라 총비용이 달라지기 때문에 변동비라고 불린다.

> **저자 코멘트**
> 원가는 가격의 하한선이지만 원가 최소화를 항상 목표로 삼지는 않는다.
> 실제로 많은 기업들은 더 높은 가격과 마진을 실현하기 위해 더 많은 비용을 투자한다(Patek Philippe 시계를 다시 생각해보라). 문제는 원가와 가격 간의 차이를 잘 관리해서 고객이 충분한 가치를 지각하도록 만드는 것이다.

원가기반 가격결정(cost-based pricing)
제품을 생산·유통·판매하는 데 드는 비용에다 적정수준의 마진(즉 기업의 노력과 위험부담에 대한 보상)을 더하여 가격을 책정하는 것

고정비 혹은 간접비
(fixed costs or overhead costs)
생산량 혹은 매출수준에 따라 변동하지 않는 비용

변동비(variable costs)
생산수준에 따라 달라지는 비용

총원가(total costs)
주어진 생산수준을 실현하는 데 드는 고정비와 변동비를 합한 것

총원가(total costs)는 주어진 생산수준을 실현하는데 드는 고정비와 변동비를 합한 것이다. 경영자는 주어진 생산량에서 최소한 총생산비를 회수할 수 있는 수준에서 가격을 책정하고 싶어 한다.

기업은 발생된 원가를 주의 깊게 살펴야 한다. 제품을 생산·판매하는데 드는 비용이 경쟁사 보다 높다면, 기업은 더 비싼 가격을 책정하거나 혹은 이익의 감소를 감수해야 하며, 두 가지 경우 모두 경쟁열위를 갖는다.

원가가산 가격결정

가장 간단한 가격결정방법은 **원가가산 가격결정법**(cost-plus pricing) 혹은 **마크업 가격결정법**(markup pricing)인데, 이는 제품의 원가에다 업계에서 사용하는 마진(markup)을 더한 것을 가격으로 책정하는 것이다. 예를 들어, 가전제품 소매업체는 제조업체에 플래시 드라이브를 구입하는 대금으로 20달러를 지불하고, 구입비용에 50%의 마진율(markup)을 붙여 30달러에 판매할 수 있다. 이 소매업체의 총 마진은 10달러이다. 이 소매업체의 점포 운영비가 플래시 드라이브 한 개 판매에 8달러일 경우, 이익마진은 2달러가 될 것이다.

원가가산 가격결정 혹은 마크업 가격결정
(cost-plus pricing or markup pricing)
제품의 원가에다 업계에서 사용하는 마진을 더한 것을 가격으로 책정하는 것

표준마진율(standard markups)을 사용하여 가격을 책정하는 것이 합리적인가? 일반적으로 그렇지 않을 것이다. 수요와 경쟁사 가격을 무시한 어떤 가격결정방식도 최선의 가격을 낳지 못할 것이다. 이러한 문제점에도 불구하고 많은 판매업체들이 여러 가지 이유 때문에 표준마진율가산 가격결정방식을 이용한다. 그 이유는 첫째, 판매자는 수요보다는 원가에 대해 더 확실하게 안다. 가격을 원가와 연계시키는 것이 가격결정 문제를 단순화시킨다. 왜냐하면 수요가 변할 때마다 가격을 자주 조정해야 할 필요가 없기 때문이다. 둘째, 업계의 모든 판매자들이 이러한 가격결정방식을 사용한다면, 가격이 서로 비슷해져 가격경쟁이 최소화된다.

손익분기 가격결정 혹은 목표이익 가격결정
(break-even pricing or target return pricing)
제품을 생산·마케팅하는 비용을 회수하는 수준에서 가격을 책정하거나 목표수익을 실현할 수 있는 수준에서 가격을 책정하는 방식

또 다른 원가지향적 가격결정방식으로 **손익분기 가격결정방식**(break-even pricing)과 이를 변형시킨 **목표이익 가격결정방식**(target return pricing)이 있다. 손익분기 가격결정방식은 제품을 생산/판매하는데 드는 비용을 회수하는 수준에서(즉 손해도 이익도 나지 않는 수준에서) 가격을 책정하는 것을 말한다. 목표이익 가격결정방식은 판매자가 원하는 목표이익을 실현시켜 주는 수준에서 가격을 책정하는 것이다. 즉 기업은 손해 혹은 이익이 나지 않는 수준에서 가격을 책정하거나 혹은 목표이익을 실현시켜주는 수준에서 가격을 책정하려고 한다.

목표이익 가격결정방식은 손익분기도표(break-even chart)의 개념을 활용하는데, 손익분기 도표는 서로 다른 판매량에서 기대되는 총비용과 총수입을 보여주는 도표이다. 그림 9.3은 플래시 드라이브 제조업체의 손익분기도표를 보여준다. 고정비는 판매량에 상관없이 600만 달러이고, 변동비는 한 개당 5달러이다. 변동비는 고정비에 추가되어 총비용을 형성하는데, 생산량이 늘어남에 따라 증가한다. 총 수입곡선의 기울기는 가격을 반영한다. 이 그림에서 가격은 15달러이다(가령, 이 회사의 수입은 800,000개를 판매해 얻은 1200만 달러, 즉 개당 15달러이다).

15달러의 가격에서, 이 회사는 최소 600,000대를 판매해야만 손익분기를 실현할 수 있다[손익분기 판매량 = 고정비 ÷ (가격 − 변동비) = 6,000,000달러 ÷ (15달러 − 5달러) = 600,000].

가격결정에 영향을 미치는 다른 기업 내·외부 고려 요인

저자 코멘트
지금까지 세 가지 기본적인 가격전략인 가치, 원가, 경쟁기반 가격결정을 살펴보았는데, 여기서는 가격결정에 영향을 미치는 다른 요인들에 대해 다루기로 한다.

고객가치 지각, 원가, 경쟁자전략 이외에 기업은 여러 가지 내·외부 요인들을 추가로 고려해야 한다. 가격책정에 영향을 주는 내부요인들은 기업의 전반적 마케팅전략, 마케팅목표, 마케팅믹스, 기타 조직특성 등을 포함한다. 기업 외부요인들은 시장 및 수요의 성격, 기타 환경요인 등을 포함한다.

전반적 마케팅전략, 마케팅목표, 마케팅믹스

가격은 기업의 마케팅전략을 구성하는 많은 요소들 가운데 하나일 뿐이다. 따라서 가격을 책정하기 앞서 기업은 제품에 대한 전반적 마케팅전략을 결정해야 한다. 기업이 목표시장을 선택하고 신중하게 포지셔닝 했다면 가격을 포함한 마케팅믹스 전략은 상당히 간단할 것이다. 예를 들어, Tesla는 "지속가능한 운송의 도래를 가속화"하는 정교한 완전 전기자동차를 가지고 고급형 시장의 첨단기술 지향 구매자를 목표로 한다. 이러한 목표시장과 포지셔닝은 프리미엄 가격책정에 영향을 준다.

대조적으로 가격과 가치 스토리를 중심으로 전략을 수립하는 기업도 있다. 예를 들어, 영국의 다국적 기업으로 의류, 신발, 메이크업, 액세서리 소매업체인 Topshop은 독특한 가격 – 가치 포지셔닝을 성공적으로 적용하여 이 회사 제품에 대한 지출대비 편익에 감사하고 충성도가 높아 열성 팬이 된 고객들을 확보했다.[6]

Topshop은 패션 가격–가치 방정식에 자신만의 특별한 방식을 가미하고 패스트 패션 운동을 개척해 저렴하고 쉽게 접근할 수 있는 패션이 패션쇼의 주된 흐름이 되도록 만들었다. 이 브랜드는 "저렴한 유명 디자이너 브랜드"로 불리면서 적당한 가격의 최첨단 패션으로 알려져 있다. Topshop의 제품 범주는 기본 제품부터 패션 위크 기간에 공개되는 독특한 디자이너 의상에 이르기까지 다양하다. 이 소매업체는 Kate Moss, Kate Perry, Rihanna, Beyonce 등 유명인들과의 협업을 통해 명성을 공고히 하고 브랜드 노출을 늘렸으며, 최근에는 Kendall, Kylie Jenner와도 협업하고 있다. Topshop의 가격–가치 전략, 제품 범주, 세계적으로 유명한 유명인과의 컬래버레이션이 회사 브랜드 인기와 매력을 높여주고 있다. 그리고 2018년 연구에 따르면 Topshop은 영국에서 세 번째로 인기 있는 패션 브랜드였다. 또한 70개의 가장 인기 있는 패션 소매점들을 대상으로 한 최근 연구에 따르면 Topshop은 영국에서 소셜 미디어 인지도가 가장 높은 기업이다.

>> Topshop은 독특한 가격–가치 전략과 유명인과의 컬래버를 통해 열정적인 종교인들처럼 자사 브랜드를 추종하는 헌신적인 고객들을 확보했다.
TY Lim/Shutterstock.com

가격결정은 여러 수준에서 기업목표를 실현하는데 도움을 주는 역할을 수행할 수 있다. 기업은 신규고객을 유인하기 위해 혹은 이익을 얻는 수준에서 기존고객들을 유지하기 위해 가격을 책정할 수 있다. 기업은 경쟁사들이 시장에 진입하는 것을 막기 위해 낮은 가격을 책정하거나 혹은 시장을 안정화시키기 위해 경쟁사들의 가격수준에서 가격을 책정할 수 있다. 또한 기업은 유통업체의 충성도와 지원을 유지하기 위해 혹은 정부의 개입을 막기 위해 가격을 책정할 수도 있다.

기업은 브랜드에 활력을 불어넣기 위해 일시적으로 가격을 인하할 수 있고, 제품라인 내의 다른 제품들의 매출증대를 돕기 위해 한 제품의 가격을 (낮게) 책정할 수 있다.

가격은 마케팅목표를 달성하기 위해 사용하는 여러 마케팅믹스 도구들 가운데 하나에 불과하다. 따라서 가격결정은 일관성 있고 효과적인 통합적 마케팅프로그램이 될 수 있도록 제품설계, 유통, 촉진에 대한 결정과 조화가 이루어져야 한다. 그러므로 다른 마케팅믹스 도구들에 대한 의사결정들이 가격결정에 영향을 줄 수 있다. 예를 들어, 고성능의 품질을 가진 제품으로 포지셔닝시킨다는 결정은 높아진 생산원가를 회수하기 위해 비싼 가격을 책정해야 함을 의미한다. 그리고 거래 유통업체들이 자사제품들을 지원·판촉해주기를 기대하는 제조업체들은 더 많은 유통업체 마진을 반영하여 가격을 책정해야 할 것이다.

기업들은 가격에 기반하여 제품을 포지셔닝한 다음, 그들이 원하는 가격수준에 맞추어 다른 마케팅믹스 도구들에 대한 의사결정을 내리는 경우가 자주 있다. 이 경우 가격은 제품포지션 수립과정에서 제품의 목표시장, 경쟁자들, 제품설계를 정의하는 주요 요인이 된다. 많은 기업들이 **목표가격실현 원가관리법**(target costing)이라고 불리는 기법을 토대로 하여 가격기반 포지셔닝전략을 추구한다. 목표가격실현 원가관리법은 기업이 추구하는 판매가격을 먼저 결정한 다음, 이 가격을 실현시킬 수 있도록 원가를 관리하는 것이다. 목표가격실현 원가관리법은 신제품을 설계하고 이 제품을 개발·생산하는데 드는 비용을 결정한 후 판매가격을 결정하는 일반적인 가격결정과정과 정반대의 의사결정과정을 갖는다.

즉 고객가치를 고려하여 이상적인 판매가격이 얼마인지를 결정한 다음 이 가격대를 확실하게 실현할 수 있도록 원가를 관리하는 것이다. 예를 들어, Honda 자동차가 Fit 모델을 설계했을 때, 13,950달러의 기본가격과 1갤런당 33마일의 주행 효율성을 염두에 두고 출발했다. 그런 다음 타깃고객들에게 이러한 가치를 제공할 수 있는 원가수준에서 멋있고 귀여운 소형차를 설계했다.

이와 다른 기업들은 고객 마음속에 비가격 요소로 포지셔닝하기 위해 가격을 덜 강조하고 다른 마케팅믹스 도구들을 활용한다. 많은 경우, 최선의 포지셔닝 전략은 최저가를 추구하는 것보다는 마케팅 제공물의 차별화를 통해 더 비싼 가격을 받을만한 가치가 있게끔 만드는 것이다. 예를 들어, 침대회사 Sleep Number는 자사 매트리스의 가치를 높게 만들고 고가격을 책정한다.

당신이 Sleep Number 매트리스를 사용하면 기본적으로 매트릭스 각 면을 당신에게 이상적인 견고함과 지지력으로 조정할 수 있다. 여기에 SleepIQ 기술을 추가하면 최상의 수면을 위해 수면 상태를 추적하고 최적화 할 수 있다. Sleep Number는 당신이 당신의 수면 상태를 "알고, 조정하고 수면"하도록 해준다. 침대 내부의 SleepIQ 기술은 편안한 수면 시간, 심박수, 호흡률, 움직임, 기타 요소를 모니터

목표가격실현 원가관리법(target costing)
기업이 추구하는 판매가격을 먼저 결정한 다음 이 가격을 실현시킬 수 있도록 원가를 관리하는 것

링한다. 그리고 SleepIQ 점수와 수면 상태를 알려준다. 앱은 더 나은 수면을 위해 수정해야 할 사항을 추천하기도 한다. Sleep Number의 어린이용 매트리스는 부모가 아이의 수면 상태를 추적하도록 도와준다. 자녀가 밤에 침대에서 일어나면 부모에게 알려주고 환기가 안 되어 답답한 머리를 위한 침대 기울기도 제시해 준다. 좋은 수면 습관에 대해 별을 주는 보상 프로그램도 포함되어 있다. Sleep Number 침대는 기존 매트리스보다 비싸다. 좋은 품질의 전통적인 침대가 1,000달러 이하인 것에 비해 Sleep Number에는 900달러에서 시작해서 7,000달러 이상의 제품도 있다.

그러나 Sleep Number에 만족한 고객들은 더 많은 것을 얻기 위해 더 많은 비용을 지불할 의향이 있다. 결국 숙면에 값을 매기는 것은 어려운 일이다.[7]

>> **비가격 포지셔닝:** Sleep Number 침대는 전통적인 매트리스보다 비싸다. 그러나 Sleep Number에 만족한 고객들은 더 많은 것을 얻기 위해 더 많은 비용을 지불할 의향이 있다. 결국 숙면에 값을 매기는 것은 어려운 일이다.

Select Comfort Corporation

따라서 마케터들은 가격을 책정함에 있어 전반적인 마케팅전략과 마케팅믹스를 고려해야 한다. 그러나 마케터들이 가격을 강조한다고 하더라도, 고객들이 가격에만 의존하여 제품을 구매하는 경우는 별로 없다는 것을 기억해야 한다. 오히려 고객들은 최고의 가치를 주는 제품을 원한다. 즉 지불한 가격으로 많은 편익을 얻을 수 있는 제품을 추구하는 것이다.

조직적 특성

경영자는 조직 내부의 어떤 구성원이 가격책정의 책임을 져야 할지를 결정해야 한다. 기업들은 다양한 방식으로 가격결정 문제를 다룬다. 규모가 작은 기업에서는 마케팅부서 혹은 영업부서가 아니라 최고경영자가 가격을 결정하는 경우가 흔하다. 대기업의 경우에는 주로 사업부 혹은 제품라인의 관리자가 가격결정 문제를 취급한다. 산업재 시장의 경우, 영업사원들이 일정범위 내에서 고객들과 가격협상을 벌이도록 허용될 수 있다. 그러한 경우에도 최고경영자는 가격목표와 가격정책을 정하며, 하위수준의 경영자 혹은 영업담당자에 의해 제안된 가격을 승인하기도 한다.

항공사, 항공기제조업체, 철강회사, 철도회사, 정유회사 등 가격결정이 중요한 의사결정 사항인 산업에서, 기업들은 최선의 가격을 책정하기 위해 혹은 가격책정을 담당하는 직원들을 지원하기 위해 가격담당 부서를 두기도 한다. 이러한 부서는 마케팅부서 혹은 최고경영자에게 보고한다. 가격결정에 영향을 미치는 조직구성원에는 판매관리자, 생산관리자, 재무관리자, 회계담당자 등이 있다.

시장과 수요

앞에서 설명하였듯이, 좋은 가격책정은 고객들의 가치지각이 그들의 지불의도가격에 어떻게 영향을 미치는지를 이해하는 것에서 시작된다. 소비재 구매자와 산업재 구매자는 제품 혹은 서비스의 가격과 이를 소유함으로써 얻는 편익들 간에 균형을 맞추고자 한다. 따라서 가격을 책정하기에 앞서 마케터는 가격과 제품에 대한 수요 간의 관계를 이해해야 한다. 이하에서는 가격-수요 관계를 자세히 살펴보고, 시장유형에 따라 가격-수요 관계가 어떻게 달라지는지를 알아본다. 그런 다음 가격-수요 관계를 분석하는 방법에 대해 설명한다.

시장유형에 따른 가격결정

판매자가 가격을 자유롭게 결정할 수 있는지는 시장유형에 따라 달라진다. 경제학자들은 4가지 유형의 시장으로 구분하는데, 각 시장유형이 가격결정에 주는 시사점은 각기 다르다. 완전경쟁(pure competition)하에서는 밀, 광물, 주식 같은 일용품의 거래와 같이 시장은 많은 구매자와 많은 판매자로 구성된다. 어떤 구매자 혹은 판매자도 시장가격에 큰 영향을 미치지 못한다.

완전경쟁시장하에서, 마케팅조사, 제품개발, 가격결정, 광고, 판매촉진은 큰 역할을 행사하지 못한다. 따라서 판매자들은 마케팅전략 수립에 별로 시간을 투입하지 않는다.

독점적 경쟁(monopolistic competition)하에서는 시장은 단일의 시장가격이 아니라 일정한 가격범위 내에서 거래를 하는 많은 수의 구매자와 판매자로 구성된다. 일정한 가격범위 내에서 거래가 이루어지는 이유는 판매자들이 자신들의 제공물들을 차별화시킬 수 있기 때문이다. 많은 경쟁자가 있기 때문에 과점적 시장에 비해 경쟁자의 결정에 영향을 덜 받는다.

판매자들은 서로 다른 고객 세분시장에 대해 차별화된 제공물을 개발하려고 하며, 가격 이외의 마케팅믹스 수단으로 브랜딩, 광고, 인적 판매를 활용하여 자신들의 제공물을 차별화시키려고 한다. 따라서 구글은 가격이 아니라 브랜드의 힘과 여러 가지 차별화된 기능으로 픽셀 스마트폰을 다른 전화기들과 구별되게 하려고 한다. 픽셀 광고는 소비자에게 "휴대전화에 더 많은 것을 요구하십시오."라고 말한다. 픽셀 휴대전화는 더 우수하고 차별화된 기능과 서비스를 약속한다. 예를 들어, 더 생생한 디스플레이, 더 아름다운 인물사진, 최고의 스마트폰 카메라, 더 빠른 배터리 충전, 방수, 무료 클라우드 스토리지, Google 렌즈, Google 어시스턴트의 도움, 더 많은 재미, 더 많은 추억 등과 같이 더 많은 것을 제공한다. Google은 픽셀2를 소개하고 이러한 차별화된 기능을 납득시키기 위해 TV 광고에만 한 달 동안 거의 4천만 달러를 지출했다.[8]

과점 경쟁(oligopolistic competition)하에서는 몇몇 대기업만 시장에 존재한다. 예를 들어, Comcast, Spectrum, AT&T, Dish Network이 케이블/위성 TV 시장의 큰 비중을 차지한다. 판매기업이 적기 때문에 각 기업은 경쟁사의 가격 전략과 마케팅 활동에 주의를 기울이고 반응한다. 가입자 확보를 위한 싸움에서 가격은 주요 경쟁 도구이다. 예를 들어 경쟁업체로부터 고객을 빼앗아 오기 위해 특별 할인, 무료 장비 업그레이드, 고정

>> **독점적 경쟁 상황에서의 가격정책:** Google은 가격이 아니라 브랜드의 힘과 여러 가지 차별화된 기능으로 픽셀 스마트폰을 다른 전화기들과 구별되게 하려고 한다. 픽셀 광고는 소비자에게 "휴대전화에 더 많은 것을 요구하십시오."라고 말한다.

Google and the Google logo are registered trademarks of Google Inc., used with permission.

가격을 제공한다.

완전 독점(pure monopoly)에서는 한 판매자가 시장을 지배한다. 예를 들어, 순수 독점에서는 하나의 판매자가 시장을 지배한다. 판매자 유형에는 정부 독점(미국 우체국), 민간 규제 독점(전력 회사), 민간 비규제 독점(De Beers 다이아몬드) 등이 있다. 가격은 각 경우마다 다르게 결정되고 관리된다.

가격-수요 관계의 분석

기업이 책정하는 가격에 따라 수요수준도 달라진다. 책정된 가격과 이에 의해 유발된 수요수준 간의 관계를 보는 곡선이 수요곡선이다(그림 9.4 참조). **수요곡선**(demand curve)은 책정된 가격에 따라서 주어진 시점에서 시장이 구매하게 될 제품수량을 보여준다. 일반적으로 수요와 가격은 역(−)의 관계를 보이는데, 가격이 상승할수록 수요가 감소한다. 따라서 기업이 가격을 P_1에서 P_2로 인상하면 판매량이 감소할 것이다. 가격이 너무 비싸면 한정된 예산을 가진 소비자들은 더 적은 수량의 상품만을 구매하게 될 것이다.

수요곡선(demand curve)
책정된 가격과 이에 의해 유발된 수요수준 (구매량) 간의 관계를 보는 곡선

》 **그림 9.4** 수요곡선

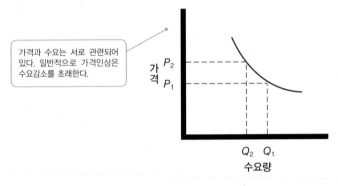

브랜드의 가격-수요 곡선을 이해하는 것은 좋은 가격책정 의사결정을 내리는데 매우 중요하다. ConAgra Foods사는 Banquet 냉동 저녁식사용 식품의 가격을 책정하는 과정에서 이러한 교훈을 배웠다.[9]

Banquet는 1953년 시작 이래 저녁식사를 약 1달러로 책정해 왔다. 고객은 지금도 이 가격을 기대하고 있다. 가격 1달러는 브랜드 매력의 핵심 요소이다. 6년 전 ConAgra가 원자재 가격 상승을 보전하기 위해 Banquet 저녁식사용 냉동식품의 가격을 1달러에서 1.25달러로 인상했을 때, 1달러를 지불하는 데 익숙한 고객들의 반응은 냉담했다. 매출은 급격히 하락했다. 그 결과 ConAgra는 남은 저녁식사를 할인가격에 판매해야 했고 결국 원래 가격으로 돌아갔다. 낮은 가격에도 이윤을 내기 위해 ConAgra는 비싼 재료의 비율을 줄이고 저렴한 재료로 대체하여 비용을 더 잘 관리하려고 노력했다. 그러나 원재료 가격이 계속 상승함에 따라 Banquet은 더 이상 1달러에 괜찮은 저녁식사를 만들기 힘들었다. 그래서 조심스럽게 다시 가격을 인상하고 있다. 일부 작은 식사의 가격은 여전히 1달러이다. 예를 들어, 치킨 핑거 식사에는 여전히 마카로니와 치즈가 함께 제공되지만 더 이상 브라우니는 포함되지 않는다. 그러나 Salisbury 스테이크와 같은 고전적인 식사는 지금은 1.25달러이다. 그리고 ConAgra는 1.5달러에 Banquet Select Recipes 식사를 도입했다. 가격이 상승하면서 초반에는 매출이 감소했지만 두려워했던 것만큼 심각한 것은 아니었다. ConAgra의 CEO는 "Banquet은 진입점 브랜드지만 그것이 1달러와 결혼했다는 의미는 아닙니다. 핵심 고객을 위한 최고의 가치이어야 합니다."라고 말한다.

많은 기업들이 서로 다른 가격대에서 발생되는 수요를 추정함으로써 자사제품의 수요 곡선을 추정하려고 한다. 시장유형에 따라 수요곡선의 형태가 달라진다. 독점상황에서의 수요곡선은 서로 다른 가격대에서 발생되는 총시장수요를 보여준다. 경쟁상황의 경우에는 서로 다른 가격대에서 자사제품에 대한 수요는 경쟁사들이 가격을 일정하게 유지하는가 혹은 자사제품의 가격에 따라 가격을 변동시키느냐에 의해 영향을 받는다.

가격탄력성(price elasticity)
가격변화에 따라 수요가 얼마나 민감하게 반응하는지를 보여주는 측정치

수요의 가격탄력성

가격이 변하더라도 수요가 별로 변하지 않는 경우에 대해 우리는 수요가 비탄력적 (inelastic)이라고 부른다. 만약 가격변화에 따라 수요가 크게 변하면 수요가 탄력적 (elastic)이라고 부른다.

수요가 비탄력적인 경우보다는 탄력적일 경우에 판매자는 가격인하를 고려할 것이다. 왜냐하면 가격인하가 더 많은 수입을 발생시키기 때문이다. 더 많은 제품을 생산·판매하는데 드는 비용이 추가수입을 초과하지 않는 한 이러한 가격인하정책은 설득력을 갖는다. 그러나 이와 동시에 대부분의 기업들은 지나친 가격인하정책으로 인해 자사제품이 일용품화되는 상황을 피하려고 한다. 최근 들어 규제완화, 인터넷과 다른 기술들에 의해 가능해진 즉각적인 가격비교 등의 요인들로 인해 소비자들의 가격민감도가 증가하였는데, 이는 전화기, 컴퓨터, 새로운 승용차 등의 다양한 제품들을 일용품으로 전락시키고 있다.

경제여건

경제여건도 기업의 가격전략에 큰 영향을 미칠 수 있다. 호황 혹은 불황, 인플레이션, 이자율 등의 경제적 요인들은 가격의사결정에 영향을 주는데, 그 이유는 이러한 요인들이 제품의 가격과 가치에 대한 소비자 지각과 생산원가에 영향을 미치기 때문이다.

2008~2009년 세계적 경제 불황 후 소비자들은 가격-가치 등식에 대해 재고하게 되었다. 많은 소비자들이 허리띠를 졸라매고 가치에 보다 더 민감해졌다. 경기가 회복된 이후에도 소비자들은 근검절약 방식을 계속 추구했다. 그 결과, 많은 마케터들이 지불한 돈에 상응한 가치에 기반한 가격결정전략을 강조했다.

새로운 경제현실에서 가장 확실한 대응방안은 가격을 인하하고 더 많은 할인을 제공하는 것이다. 수천 개의 기업들이 이러한 노력을 기울이고 있다. 가격인하는 제품의 구입용이성을 높여주고 단기적 매출을 증가시키는데 도움이 된다. 그러나 이러한 가격인하는 장기적으로 바람직하지 못한 결과를 초래할 수 있다. 할인을 많이 하면 소비자의 눈에 브랜드가 싸구려로 보인다. 그리고 한 번 가격을 인하하면, 경제가 회복되더라도 다시 인상하기가 어렵다.

많은 기업들이 가격 인하 대신 가격대를 유지하면서 가치 제안에서 가치를 다시 정의하고 있다. 어떤 기업들은 저가와 프리미엄 제품을 모두 추가하여 가격 계층(price tier)을 만들었다.

예를 들어, P&G는 여유가 없는 소비자 가계예산과 절약을 추구하는 소비습관에 맞추어 프리미엄 브랜드의 저가격대 품목을 추가했다. 형편이 어려운 소비자를 고려해 Bounty와 Charmin의 저가 버전과 Tide의 저가버전인 Tide Simply Clean and Fresh를 출시했다. 이와 함께 고급시장을 겨냥해 일부 브랜드에 대해 고급버전인

Bounty DuraTowel, Cascade Platinum 식기세제 등을 출시했는데, 이 제품들은 대중시장 제품 버전에 비해 가격이 2배 정도 비싸지만 더 우수한 제품성능을 제공한다.

불황기에서조차 소비자들은 가격에만 근거해 구매하는 것이 아님을 기억해야 한다. 그들은 지불가격과 그들이 얻게 될 가치 간에 균형을 맞춘다. 가령 최근의 한 서베이에 의하면 200달러나 하는 신발을 판매함에도 불구하고 Nike는 운동화시장의 브랜드들 중 가장 높은 소비자 충성도를 누린다. 고객들은 Nike 제품의 가치와 Nike 소유경험을 가격 그 이상인 것으로 지각한다. 따라서 어떤 가격(고가 혹은 저가)을 책정하더라도 기업은 지불한 돈과 비교해 높은 가치를 제공할 필요가 있다.

>> **가격책정과 경제:** 많은 기업들이 가격 계층(price tier)을 만들었다. 예를 들어, P&G는 그림의 Charmin Basic처럼 저가 버전을 제공할 뿐만 아니라 품질이 우수하고 가격이 높은 프리미엄 버전도 판매한다.
The Procter & Gamble Company

기타 외부요인

시장과 경제 이외에 기업은 가격책정 시에 외부환경 관련된 몇 가지 다른 요인들도 고려해야 한다. 기업은 자사의 제품가격이 환경 내 다른 참여자들에게 어떤 영향을 미치는지를 알아야 한다. 재판매업자들이 다양한 가격대에 대해 보이는 반응은 어떠한가? 기업은 재판매업자들에게 적정수준의 이익을 보장하고 그들의 자사제품에 대한 판매지원을 촉진하는 수준에서 가격을 책정하고, 그들이 자사제품을 효과적으로 판매하도록 도움을 주어야 한다. 정부도 가격결정에 영향을 주는 주요한 외부요인들 중 하나이다. 마지막으로 기업은 사회구성원들의 관심사도 고려해야 한다. 가격을 책정함에 있어 기업의 단기적인 판매, 시장점유율, 이익 목표들이 광범위한 사회적 고려요인들에 의해 조절되어야 할 수도 있다. 가격책정에서 고려되어야 할 공공 정책적 이슈들은 이 장의 후반부에서 다루어진다.

🔗 **개념 연결하기**

고객가치라는 개념은 좋은 가격결정을 내리는데, 그리고 성공적인 마케팅을 실현하는데 있어서 중요하다. 잠시 휴식을 취하면서 가치가 의미하는 바가 무엇인지를 생각해보자.

● 앞에서 소개한 예에서, Steinway 피아노의 평균가격이 87,000달러이지만, 이 제품을 소유한 고객들에게 그만한 가치가 있다고 말했다. 이러한 설명이 당신이 생각하는 가치와 일치하는가?

● 친숙한 제품범주(가령, 시계, 향수, 가전제품, 식당 등)로부터 두 개의 경쟁브랜드를 선택하라(그 중 하나는 저가 브랜드이고 다른 하나는 고가 브랜드임). 어느 것이 가장 큰 가치를 제공하는가?

● 가치가 저가격과 동일한 의미인가? 이 두 개념은 어떻게 다른가?

저자 코멘트
신제품 가격결정은 특히 도전적인 과제가
될 수 있다. 새로운 스마트폰(가령, 첫 번째
Apple iPhone)의 가격을 결정하기 위해
고려할 수많은 요인들에 대해 한번 생각해
보라. 나아가 디자인 과정의 매우 초기단
계에서부터 가격을 포함한 수많은 마케팅
요인들을 생각해야 한다.

신제품 가격전략

대체로 가격전략은 제품이 수명주기의 각 단계로 이동함에 따라 변하게 된다. 도입기는 특히 가격결정에 있어 도전적인 시기이다. 신제품을 개발한 기업들은 이에 대한 가격을 책정해야 하는 도전적 과제에 직면한다. 그들은 초기 고가격전략(market-skimming pricing)과 시장침투 가격전략(market-penetration pricing) 중 하나를 선택할 수 있다.

초기 고가격전략

초기 고가격전략
(market-skimming pricing)
신제품을 기꺼이 구매하려는 고객집단을
표적으로 하여 고가격을 책정함으로써 초
기에 최대의 수익을 올리려고 하는 전략

신제품을 개발한 많은 기업들이 신제품을 기꺼이 구매하려는 고객들로 구성된 세분시장을 표적으로 하여 고가격을 책정함으로써 초기에 최고의 수익을 올리려고 하는데, 이를 **초기 고가격전략**(market-skimming pricing)이라고 한다. Apple은 이러한 가격전략을 자주 사용한다. Apple은 신형 iPhone, iPad, Mac컴퓨터 출시 초기에 고가격을 책정한 후 더 새로운 모델이 나오면 가격을 낮춘다. Apple은 여러 세분시장으로부터 최대한의 매출과 수익을 올린다. 예를 들어, 이 장 초반에 이야기한 것처럼 Apple은 전 세계 스마트폰 판매 이익의 72%를 빨아들이고 있다.

　초기 고가격에 기반을 둔 수익극대화는 다음과 같은 조건들에서 설득력이 있는 가격전략이다. 첫째, 제품의 품질과 이미지가 상대적 고가격을 지원해야 하고, 풍부한 수의 구매자가 그 가격대에서 제품의 구매를 원해야 한다. 둘째, 소량생산에 드는 비용이 고가격책정의 이점을 상쇄할 정도로 높지 않아야 한다. 셋째, 경쟁사들이 시장에 쉽게 진입하여 자사보다 저렴한 가격을 책정할 수 없어야 한다.

시장침투가격
(market-penetration pricing)
대규모 구매자와 높은 시장점유율을 획득
하기 위해 신제품에 대해 저가격을 책정하
는 전략

시장침투 가격전략

초기 고가격책정을 통해 규모는 작지만 수익성이 높은 세분시장으로부터 최대한의 수입을 벌어들이는 방식 대신 일부 기업들은 **시장침투가격**(market-penetration pricing)을 사용한다. 그들은 처음부터 저가격을 책정하여 빠른 속도로 시장에 깊게 침투하는 전략을 선택한다. 즉 많은 수의 구매자들을 신속하게 끌어들여 높은 시장점유율을 확보하는 것이다. 높은 판매량이 원가 인하를 유발한다면 기업은 가격을 현재보다 더 낮출 여력을 갖는다. 예를 들어, AGIT Global은 Wavestorm 서핑 보드 수요를 빠르게 늘리기 위해 시장침투가격 전략을 사용했다.[10]

Wavestorm 이전에는 서퍼(surfer)와 서퍼 희망자들은 일반적으로 맞춤형 또는 고급형 보드를 지역 서핑 점포에서 구매했는데 이 점포에서 초급자용 보드의 가격은 800달러에서 1,000달러 정도였다. AGIT Global은 다른 아이디어를 가지고 있었다. 성인과 어린이 모두 서핑에 더 쉽게 접근할 수 있도록 하기 위한 사명을 가지고 10년 전부터 양질의 소프트 폼 서핑 보드를 대량 생산하여 대형 매장을 통해 보급형 가격으로 판매하기 시작했다.

예를 들어, 처음에는 Costco에서 초급자용 8피트의 파란색과 흰색 Wavestorm 보드가 단돈 99.99달러에 판매됐다. 10년이 지난 지금도 보드는 단돈 149.99달러에 Costco에서 판매된다. 보급형 가격 덕분에 Wavestorm은 다른 대형 서핑 보드 브랜드보다 약 5

>> **시장침투 가격전략:** 초급자용인 8피트의 파란색과 흰색 Wavestorm 서핑 보드가 Costco에서 단돈 99.99달러에 판매됐다.

AGIT Global North America

배 더 많은 보드를 판매하는 시장 리더가 되었으며, 저가 보드는 친구나 어린이들을 위해 구입하는 고급 서퍼들에게도 인기가 있다. AGIT의 영업 담당 부사장은 "Costco에서 판매하는 보드의 수익성은 낮다. 하지만 우리는 양을 늘리고 제때에 돈을 받습니다."라고 말한다.

저가 전략이 작동하려면 몇 가지 조건이 충족되어야 한다. 첫째, 낮은 가격이 더 큰 시장 성장을 일으키려면 시장이 가격에 매우 민감해야 한다. 둘째, 판매량이 증가함에 따라 생산과 유통 비용이 감소해야 한다. 마지막으로, 낮은 가격이 경쟁을 막는 데 도움이 되어야 하며 침투가격 결정자는 시장에서 낮은 가격 위치를 유지해야 한다. 그렇지 않으면 가격 우위는 일시적일 수 있다.

제품믹스 가격전략

만약 한 제품이 제품믹스의 구성요소일 경우, 그 제품에 대한 가격결정전략은 자주 변경된다. 이러한 경우에 기업은 전체 제품믹스의 이익을 극대화시키는 개별제품 가격들의 집합을 모색한다. 제품믹스를 구성하는 제품들에 대한 가격결정이 어려운 이유는 여러 제품들이 서로 관련된 수요와 원가를 가지며 경쟁수준이 서로 다르기 때문이다.

이하에서는 제품라인 가격결정, 사양제품 가격결정, 종속제품 가격결정, 부산물 가격결정, 묶음제품 가격결정 등 5가지 유형의 제품믹스 가격전략에 대해 설명하기로 한다 (표 9.1 참조).

제품라인 가격결정

기업은 대체로 단일 제품만을 개발하기보다는 제품라인을 개발한다. **제품라인 가격결정** (product line pricing)에 있어 경영자는 몇 개의 가격대(price steps)로 구분하고 이에 따라 라인 내의 제품들을 분류해야 한다. 가격대를 구분함에 있어 경영자는 라인 내 제품들 간의 원가차이, 서로 다른 제품특성들에 대해 고객들이 지각하는 가치 등을 고려해야 한다. 예를 들어, Intuit는 Starter, Deluxe, Premier, Home과 Business 버전으로 구성된 Quicken 재무관리 소프트웨어 제품라인을 판매한다. 각 버전의 가격은 59.99달러, 89.99달러, 129.99달러, 159.99달러로 책정된다. Starter 버전보다 Premier 버전을 생산하는 데 더 많은 비용이 들지 않지만, 많은 구매자가 재무 계획, 은퇴 및 투자 모니터링 도구와 같은 추가 프리미엄 기능을 얻기 위해 기꺼이 더 많은 비

저자 코멘트
대부분 개별제품들은 제품믹스의 일부분이므로 이에 맞추어 가격결정이 이루어져야 한다. 가령, Gillette Fusion 면도기의 가격은 낮은 편이다. 그러나 그 면도기를 구매하는 순간부터 당신은 높은 마진이 책정된 교체 면도날을 어쩔 수 없이 계속 구매해야 한다.

제품라인 가격결정
(product line pricing)
제품 간 원가차이, 상이한 제품특성에 대한 고객평가, 경쟁자 가격 등을 기반으로 제품라인을 구성하는 제품들 간에 가격대를 다르게 책정하는 것

표 9.1	제품믹스 가격결정전략
전략유형	**설명**
제품라인 가격결정	제품라인을 구성하는 품목들 간에 서로 다른 가격책정
사양제품 가격결정	주제품과 함께 판매되는 사양제품 혹은 부속제품들에 대한 가격책정
종속제품 가격결정	주제품과 반드시 함께 사용되어야 할 제품들에 대한 가격책정
부산물 가격결정	폐기처리되어야 할 저가치의 부산물들에 대한 가격책정
묶음제품 가격결정	제품을 묶어 함께 판매할 경우의 가격책정

용을 지불한다. Quicken 소프트웨어에서 필요한 일은 각 버전의 가격 차이를 정당화할 수 있는 고객의 지각된 가치 차이를 구축하는 것이다.

사양제품 가격결정

여러 기업들이 **사양제품 가격결정**(optional-product pricing)을 이용하는데, 이는 주력제품에 추가하여 제공되는 사양제품(optional or accessory products)의 판매가격을 책정하는 것이다.

예를 들어, 승용차 구매자는 내비게이션시스템과 프리미엄 엔터테인먼트시스템을 선택 사양으로 구매할 수 있다. 냉장고 제조업체는 얼음제조장치를 선택사양으로 제공한다. 컴퓨터 구매자는 프로세서, 하드 드라이브, 도킹시스템, 소프트웨어, 서비스플랜 등에 이르기까지 매우 다양한 종류의 선택사양들 중에서 선택할 수 있다. 각 사양제품에 대한 가격결정은 쉽지 않은 문제이다. 기업은 어떤 품목들을 기본가격에 포함시키고, 어떤 품목들을 사양제품으로 제공할지를 결정해야 한다.

종속제품 가격결정

주제품과 함께 사용되어야 하는 종속제품을 생산하는 기업은 **종속제품 가격결정**(captive-product pricing)을 한다. 종속제품의 예는 면도날, 비디오게임, 프린터 잉크용기, 전자책 등이다. 주제품(면도기, 비디오게임 콘솔, 프린터, 태블릿 컴퓨터 등)의 생산업체들은 주제품의 가격을 낮게 책정하고 종속제품에 대해서는 높은 마진을 보장하는 가격을 책정하는 전략을 흔히 사용한다. 예를 들어, Amazon은 Kindle 리더기와 태블릿 판매로는 이익을 얻지 못한다. Amazon이 기대하는 것은 구입한 태블릿으로 보거나 듣게 될 디지털 책, 음악, 영화 등의 판매를 통해 이러한 손실 이상을 만회하는 것이다. "우리 회사는 고객들이 Kindle 태블릿을 구매할 때가 아니라 이 기기를 사용할 때 돈을 벌기를 원한다."고 Amazon CEO Jeff Bezos는 말한다.[11]

종속제품은 브랜드의 매출과 이익에서 상당한 비중을 차지할 수 있다. 예를 들어, Gillette는 오랫동안 면도기 손잡이를 저가에 판매하고 고가의 교체용 면도날 통으로 수익을 올렸다. 한 분석가는 다음과 같이 말한다. "면도기 관련 사업은 면도날 사업입니다. 소비자들이 면도기에 빠져들게 하면 수익성 높은 면도날을 오랫동안 팔 수 있어요." 작년에 Gillette는 면도날 한 통당 최대 5달러에 이르는 가격으로 5억 달러 상당의 교체용 면도날을 판매했다. 그러나 종속제품 가격결정방식을 사용하는 기업들은 주의를 기울여야 한다. 주제품과 종속제품의 가격 간에 올바른 균형을 잡는 것이 어려울 수 있다. 사태를 더 어렵게 만드는 것은 값비싼 종속제품을 어쩔 수 없이 구매해야 하는 소비자들이 자신을 함정에 빠트린 브랜드에 대해 분노를 느낄 수 있다는 점이다.

예를 들어, Gillette는 최근 몇 년간 가격에 지친 고객들이 Dollar Shave Club 및 Harry's와 같은 신생 기업의 저가 유통업자 브랜드로 이동함에 따라 시장점유율을 잃었다. 이 기업들과 경쟁하기 위해 최근 면도날 가격을 15~20% 인하해야 했다.[12]

서비스 영역에서 이용되는 종속제품 가격결정전략은 흔히 이중요율 가격결정방식(two-part pricing)이라고 불린다. 서비스의 가격은 고정된 기본수수료와 사용량에 따른 변동가격으로 구성된다. 따라서 Six Flags 등과 같은 놀이공원을 방문하는 고객은

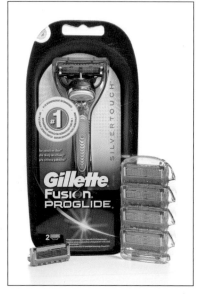

▶▶ **종속제품 가격결정:** Gillette는 오랫동안 면도기 손잡이를 저가에 판매하고 고가의 교체용 면도날 통으로 수익을 올렸다.
Melica/Shutterstock

일일 입장료(혹은 시즌 티켓가격)에다 식음료 및 기타 공원 내 시설을 이용하는데 드는 추가 수수료를 합하여 가격으로 지불한다.

부산물 가격결정

육류, 원유, 농산품, 화학제품 등을 가공 생산하는 기업들은 그 과정에서 부산물을 얻는다. 만약 부산물이 아무 가치가 없고 이를 처리하는데 비용이 든다면, 이는 주제품의 가격결정에 영향을 줄 것이다.

부산물 가격결정(by-product pricing)은 주제품의 가격이 경쟁력을 갖도록 부산물에 대한 가격을 책정하는 것이다. 부산물 가격결정에 있어 제조업체들은 부산물을 원하는 시장을 찾아서 처분해야 하는데, 어떤 가격대라고 하더라도 이를 저장·전달하는데 드는 비용을 상쇄시키는 가격을 수용해야 한다.

때에 따라 폐기물을 현금화시킴으로써 부산물이 상당한 이익을 창출할 수 있다. 예를 들어, Wisconsin주의 치즈제조업체는 치즈제조과정에서 사용된 소금물을 활용할 방안을 발견했다. 비용을 들여 잔존물인 소금물을 처분하는 대신 그 회사는 시와 군의 고속도로 담당부서에 판매하는데, 그 부서는 얼어붙은 도로를 녹이는데 그 소금물을 사용한다. NewJersey주의 피클 제조업체들도 비슷한 용도로 잔존물인 소금물을 판매한다. Tennessee주의 증류주 제조장들은 보드카 종류의 부산물인 감자즙을 판매한다. 이러한 소금물의 유일한 부작용은 냄새가 약간 난다는 것이다. "제설기 뒤에 서 있으면 당신은 곧바로 그 냄새를 맡을 수 있다."고 치즈 소금물의 부작용에 대해 한 고속도로 담당부서 근무자가 말한다.[13]

부산물 가격결정(by-product pricing)
주제품의 가격이 경쟁력을 갖도록 부산물에 대한 가격을 책정하는 것

묶음제품 가격결정

묶음제품 가격결정(product bundle pricing)은 기업이 몇 개의 제품들을 묶어서 할인된 가격으로 판매하는 것이다. 예를 들어, 패스트푸드점들은 햄버거, 프렌치프라이, 청량음료를 묶어서 콤보가격으로 판매한다. Microsoft Office는 워드, 엑셀, 파워포인트, 아웃룩을 포함한 컴퓨터 소프트웨어 번들로 판매된다. Comcast, AT&T, Spectrum, Verizon 등의 텔레커뮤니케이션 회사들은 TV서비스, 전화서비스, 초고속인터넷서비스 등을 묶어 할인된 가격으로 제공한다. 묶음가격은 이러한 가격책정방식을 도입하지 않을 경우에는 구매하지 않았을 제품들의 판매를 촉진시킬 수 있지만, 묶음가격은 묶음제품의 구매를 유도할 만큼 충분히 저렴해야 한다.

묶음제품 가격결정
(product bundle pricing)
기업이 몇 개의 제품을 묶어서 할인된 가격으로 판매하는 것

가격조정전략

기업은 고객에 따라, 그리고 상황의 변화에 따라 책정된 기본가격을 조정한다. 이하에서는 할인·공제 가격결정, 세분시장별 가격결정, 심리적 가격결정, 촉진 가격결정, 지리적 가격결정, 동태적 가격결정, 해외시장 가격결정 등과 같은 7가지 유형의 가격조정전략에 대해 설명한다(표 9.2 참조).

> **저자 코멘트**
> 제품에 대한 기본가격을 책정하는 것은 시작에 불과하다. 그 다음으로 기업은 고객과 상황의 차이를 고려해 가격을 조정해야 한다. 어떤 상품을 구매하면서 권장소매가격을 제대로 지불한 적이 있었는지 한번 생각해보라.

표 9.2	가격조정전략
전략유형	**특징**
할인 및 공제 가격결정	일찍 대금을 지불하거나 대량구매를 하는 등의 반응을 보인 고객들을 보상하기 위해 가격을 할인해줌
세분시장별 가격결정	고객, 제품, 구매자 위치에 따라 서로 다른 가격을 책정함
심리적 가격결정	심리적 효과를 얻기 위해 가격을 조정함
촉진 가격결정	단기적인 매출증대를 목적으로 일시적으로 가격을 인하함
지리적 가격결정	고객의 지리적 입지를 고려하여 가격을 조정함
동태적 가격결정	개별고객과 상황의 특징에 맞추어 지속적으로 가격을 조정함
해외시장 가격결정	해외시장별로 수출가격을 조정함

할인 및 공제가격

대부분의 기업들은 특정한 반응을 보인 고객들(가령, 구입대금을 일찍 지불하거나, 많은 수량을 구매하거나 혹은 비수기에 구매함)을 보상하기 위해 기본가격을 조정한다. 이러한 유형의 가격조정을 할인과 공제라고 부르는데 다양한 형태가 있다.

할인(discount)
명시된 기간에 이루어진 구매나 대량구매에 대해 가격을 깎아 주는 것

할인(discounts)의 여러 형태들 가운데 하나가 현금할인(cash discount)인데, 이는 구입대금을 빨리 지불하는 구매자들에게 가격을 할인해 주는 것이다. 가령 '2/10, net 30'은 현금할인의 전형적인 예인데, 이는 구매자가 30일 이내에 지불하면 되는 구입대금을 10일 이내에 지불할 경우에 구입대금의 2%를 깎아준다는 의미이다. 수량할인(quantity discount)은 대량으로 구매한 고객들에게 가격을 할인해주는 것이다. 기능적 할인(functional discount) 혹은 중간상 할인(trade discount)은 거래업체가 판매, 저장, 거래기록 등의 기능들을 수행한 대가로 구입제품의 대금을 할인해주는 것이다. 비수기(계절) 할인(seasonal discount)은 비수기에 상품을 구매한 사람들에게 가격을 할인해주는 것이다.

공제(allowance)
보상판매나 판촉·판매 지원금을 통해 정가에서 깎아 주는 것

공제(allowances)는 기본가격 할인의 또 다른 유형으로서 여러 가지 형태가 있다. 그중 하나가 중고품 공제(trade-in allowances)인데, 이는 중고품을 돌려주고 신제품을 구매한 고객들에게 가격을 할인해주는 것이다. 중고품 공제는 자동차산업에서 가장 흔히 볼 수 있는 가격할인 형태이지만 다른 내구재에서도 활용된다. 촉진 공제(promotional allowances)는 광고와 판매활성화 프로그램에 참여한 거래처들을 보상해주기 위해 구입대금 혹은 가격을 깎아 주는 것이다.

세분시장별 가격결정

세분시장별 가격결정(segmented pricing)
고객, 제품, 거래처 위치에 따라 원가에 상관없이 서로 다른 가격으로 판매하는 것

세분시장별 가격결정(segmented pricing)은 고객, 제품, 거래처 위치에 따라 기본가격을 조정하는 것이다. 세분시장별로 가격을 달리하는 기업들은 이러한 가격차이가 원가상의 차이에 근거한 것이 아니더라도 동일한 제품이나 서비스를 둘 이상의 서로 다른 가격으로 판매한다.

세분시장별 가격결정에는 몇 가지 형태가 있다. 그중 하나가 고객 세분시장별 가격결정(customer segment pricing)인데, 고객에 따라 동일한 제품에 대해 서로 다른 가격

을 책정하는 것이다. 예를 들어, 박물관은 학생, 군인, 노인들에게 입장료를 할인해줄 수 있다.

제품형태별 가격결정(product form pricing)은 제품의 형태에 따라 가격을 나르게 책정하는 것인데, 이는 원가상의 차이 때문이 아닐수도 있다.

예를 들어, 뉴욕-런던 간 왕복 이코노미석의 가격이 1,100달러인 반면, 같은 항공편의 비즈니스석 가격은 6,500달러 이상이다. 비즈니스석 고객은 조금 더 여유 있는 공간에서 보다 편안한 좌석과 더 고급스러운 음식과 기내서비스를 제공받지만, 두 좌석 간의 원가차이는 탑승객에게 부과하는 추가가격에 비해 훨씬 작다. 그러나 지불여력이 있는 승객들은 추가비용을 지불하고 더 나은 안락함과 기내서비스를 제공받으려고 한다.

입지별 가격결정(location-based pricing)은 각각의 입지가 고객에게 제공하는데 드는 비용에서 동일한 경우에도 입지에 따라 서로 다른 가격을 책정하는 것이다. 가령 극장은 좌석 위치에 따라 서로 다른 가격을 책정하는데, 그 이유는 관람객들이 특정 위치를 더 선호하기 때문이다. 미국 주립대학들이 다른 주에서 거주한 학생들에게 더 비싼 수업료를 책정하는 것도 이에 해당된다. 시간별 가격결정(time-based pricing)은 시즌에 따라, 달에 따라, 주중/주말에 따라, 하루의 시간대에 따라 가격을 다르게 책정하는 것이다. 영화관은 하루의 이용시간대에 따라 서로 다른 가격을 책정한다. 리조트들은 주말과 비수기에 할인을 해준다.

세분시장별 가격결정전략이 효과를 거두기 위해서는 몇 가지 조건들이 충족되어야 한다. 먼저 시장이 세분화될 수 있어야 하며, 각 세분시장의 수요수준이 서로 달라야 한다. 그리고 시장을 세분화하고 각 시장의 특징을 파악하는데 드는 비용이 가격의 차별화를 통해 얻는 추가이익을 넘지 않아야 한다. 또한 세분시장별 가격결정이 합법적이어야 한다.

가장 중요한 조건 중의 하나는 세분시장별로 가격에서 차이를 두는 것이 고객들의 지각된 가치에서 차이가 있음을 반영하는 것이어야 한다는 것이다. 고가격대의 상품을 구매하는 소비자들은 비싼 가격을 지불한 것 그 이상의 대가를 얻고 있다고 느껴야 한다. 그렇지 않으면, 이러한 관행은 고객의 분노를 일으킬 수 있다. 예를 들어, 뉴욕시 소비자청 조사에서 여성 소비자가 여성용 포장을 제외하고 남성용 제품과 거의 동일한 제품에 더 많은 비용을 지불하는 '분홍색 세금(pink tax)'을 발견했을 때 구매자들은 부정적으로 반응했다.[14]

소비자청은 아동용 장난감과 의류, 성인용 의류, 개인용 생활용품, 가정용품을 포함하여 거의 800개의 제품에 대한 남성 및 여성 버전의 가격을 비교했다. 여학생을 대상으로 한 상품은 남학생을 대상으로 한 비슷한 상품보다 평균 7% 더 비싸다는 사실을 발견했다. 헤어 케어 범주에서 여성은 샴푸, 컨디셔너, 젤 등의 제품에 대해 48% 더 많은 비용을 지불했다. 면도날 1통은 여성용이 11% 더 비싸다. 예를 들어, 한 약국 체인은 Schick Hydro 5 면도날 파란색 상자를 14.99달러에 판매했다. 이와 거의 동일한 자매 브랜드인 보라색 상자의 Schick Hydro "Silk"는 18.49달러에 판매되었다. 다른 예로, 할인점 Target은 소년용 빨간색 라디오 플라이어 스쿠터를 24.99달러에 판매했다. 소녀들을 위한 핑크색 스쿠터의 가격은 49.99달러였다. Target은 소비자청 보고서가 발표된 후 분홍색 스쿠터의 가격을 낮추면서 이러한 가격 불일치를 "시스템 오류"라고 했다. 성별에 따른 가격 차이를 금지하는 법은 없지만 이처럼 확연한 불평등은 브랜드 신뢰성과 평판을 손상시킬 수 있다.

기업들은 저가격대 상품 구매고객들을 2류 고객으로 취급하지 않도록 신경을 써야 한다. 그렇지 않으면 이러한 가격전략은 결국 고객 분노와 악감정으로 이어질 것이다. 예를 들어, 최근 수년간 항공사는 두 가격대 모두에서 좌절한 고객의 원성을 유발했다. 비싼 항공료를 지불하고 비즈니스석이나 일등석을 구입한 승객들은 종종 그들이 바가지를 쓴 것 같은 느낌을 갖는다. 마찬가지로 보다 저렴한 가격대의 일반석을 구입한 승객들은 무시당하거나 형편없는 서비스를 받고 있다고 느낀다.

심리적 가격결정

심리적 가격결정(psychological pricing)
제품의 경제적 가치보다는 가격이 갖는 심리적 효과를 고려해 가격을 책정하는 것

가격은 제품성능과 관련된 어떤 정보를 소비자에게 전달한다. 예를 들어, 많은 소비자들이 가격을 품질판단의 근거로 삼는다. 100달러짜리 향수 브랜드가 3달러 정도의 원가를 가진 향을 병에 담고 있다고 하더라도, 어떤 소비자들은 그 가격에 상응하는 어떤 특별한 것을 갖고 있을 것으로 생각하여 100달러를 주저하지 않고 지불하려고 한다.

심리적 가격결정방식(psychological pricing)을 활용하는 기업들은 제품의 경제적 가치보다는 가격이 갖는 심리적 효과를 고려한다. 예를 들어, 소비자들은 비싼 제품이 싼 제품에 비해 더 품질이 좋은 것으로 지각하는 경향이 있다. 제품특성을 자세히 살펴보거나 혹은 과거의 구매경험에 근거하여 제품의 품질을 판단할 수 있는 경우에는 소비자들은 품질을 판단하는데 가격에 덜 의존한다. 그러나 제품을 평가할 충분한 정보를 갖고 있지 않거나 전문지식이 부족한 소비자들은 품질을 판단함에 있어 가격을 중요한 단서로 삼는다. 예를 들어, 시간당 50달러를 부과하는 변호사와 500달러를 부과하는 변호사 중 누가 더 나은가? 당신은 이에 대해 객관적인 답을 내리기 위해 각 변호사의 자격과 경력에 대해 자세히 조사해봐야 할 것이다. 그렇게 하더라도 당신은 여전히 정확한 평가를 하기 어려울 수 있다. 우리 대다수는 단순히 비싼 가격을 책정하는 변호사가 더 나을 것이라고 가정하는 것이다.

준거가격(reference prices)
어떤 제품을 평가할 때 참조하기 위해 소비자가 기억 속에 갖고 있는 가격

심리적 가격결정에 활용되는 또 다른 개념으로 **준거가격**(reference prices)이 있는데, 이는 어떤 제품을 평가할 때 참조하기 위해 소비자가 기억 속에 갖고 있는 가격을 말한다. 준거가격은 현재 가격 주목, 과거 가격 기억, 구매 상황 평가를 통해 형성된다. 판매자는 제품가격을 책정할 때 소비자들이 갖고 있는 준거가격에 영향을 미치거나 활용할 수 있다. 예를 들어, 식료품 소매상은 3.79달러에 판매되는 Kellogg's Raisin Bran 시리얼 제품 옆에 자체 시리얼 브랜드를 진열하고 2.49달러의 가격으로 판매할 수 있다. 혹은 기업은 상대적으로 덜 비싸지만 여전히 고가격대의 제품모델이 보다 적절한 가격대의 제품으로 보이도록 만들기 위해 잘 팔리지 않을 더 비싼 가격대의 제품을 제공할 수 있다. Williams-Sonoma는 과거 멋있는 제빵기를 279달러에 판매했는데, 429달러짜리 모델을 추가했다. 그 결과 비싼 모델의 매출은 크게 떨어졌지만, 상대적으로 저렴한 모델의 매출은 2배 증가했다.[15]

대부분의 구매에서 소비자들은 적당한 가격을

▶▶ **심리적 가격결정:** Apple은 시장에서 가장 높은 자사 제품 가격에 대한 심리적 타격을 조금이라도 덜어주기 위해 9로 끝나는 가격을 사용한다.

Photo by Qi Heng/VCG via Getty Images

지불하는지를 판단하는데 필요한 기술과 정보를 갖고 있지 않다. 소비자들은 서로 다른 브랜드들과 점포대안들을 탐색하고, 가격들을 비교해서 좋은 가격으로 제품을 구입하는데 필요한 시간, 능력, 의지를 충분히 갖고 있지 않다. 오히려 구매과정에서 가격이 비싼지 저렴한지를 판단하는데 도움이 되는 특정 단서들에 의존할 수 있다. 흥미로운 것은 이러한 가격판단 단서들이 종종 판매자들에 의해 제공되는데, 세일표시, 경쟁 제품과 가격이 같거나 더 싸다는 것을 보장함, 손실품목을 통한 고객 유치 가격전략(loss-leader pricing) 등이 그 예이다.

작은 가격차이가 제품차이를 나타내는 신호가 될 수 있다. 가격 끝 부분에 표시된 9 또는 0.99는 종종 가격이 할인되었음을 시사한다. 예를 들어, Target, Best Buy, Overstock.com 같은 할인점들의 온라인 사이트를 방문해 가격을 살펴보면 거의 대다수의 가격이 9로 끝난다. 이와 대조적으로 고급 소매점들은 정수로 끝나는 가격을 선호한다(가령, 6달러, 25달러, 200달러 등). 다른 소매기업들은 정상가 제품에 대해서는 00-센트로 끝나는 가격을, 할인제품에 대해서는 99-센트로 끝나는 가격을 사용한다. 실제 가격차이는 작을 수 있지만, 이러한 심리적 가격전술이 미치는 영향은 클 수 있다.

프리미엄 스마트폰 제조기업인 Apple은 9로 끝나는 가격을 사용하여 시장에서 가장 높은 휴대폰 가격에 대한 심리적 타격을 조금이라도 덜어주려고 한다. 예를 들어, iPhone X를 출시했을 때 시작 가격을 999달러로 지정하여 당시의 주요 시장 임계값인 1,000달러 이하로 유지했다. 1달러 차이는 심리적으로 훨씬 더 크다. 흥미롭게도 Apple은 영국에서 iPhone X의 초기 시작가격을 999파운드(거의 1,400달러)로 책정했다.[16]

가령 최근의 한 조사에 따르면 수술비가 299달러인 라식수술 시술자와 300달러인 시술자 중 누구를 선택할 것인지를 사람들에게 질문했다. 실제 가격차이는 1달러에 불과했지만, 심리적 차이가 그보다 훨씬 크다는 것이 발견되었다. 수술비로 300달러를 책정한 시술자에 대한 선호도 평가점수가 훨씬 높았던 것이다. 사람들은 299달러의 수술비를 실제보다 훨씬 싼 것으로 지각하고, 품질과 수술위험에 대해 더 강력한 우려를 보였다. 어떤 심리학자들은 아라비아숫자는 각각 다른 상징성과 시각적 특징을 갖고 있으므로 가격책정 시에 이를 고려해야 한다고 주장한다. 가령 8은 둥글고 평평한 느낌을 주기 때문에 진정성의 효과를 창출하는 반면, 7은 각진 느낌을 주기 때문에 불협화음적(신경에 거슬리는) 효과를 창출한다.[17]

촉진 가격결정

촉진 가격결정(promotional pricing)은 구매에 따른 흥분감과 구매압박감을 창출하기 위해 일시적으로 제품가격을 정가 혹은 원가 이하로 내리는 것이다. 촉진 가격결정은 몇 가지 형태를 띤다. 판매자는 매출을 늘리고 재고를 줄이기 위해 단순히 정상가격에 대한 할인(discount)을 실시할 수 있다. 또한 판매자는 시즌에 맞추어 더 많은 고객들을 끌어들이기 위해 저가 특별이벤트 행사(special-event pricing)를 실시한다. 예를 들어, 대형 TV제품과 다른 소비자 전자제품은 연말연시 쇼핑객을 점포로 끌어들이기 위해 11월과 12월에 가격촉진 행사를 실시한다. 온라인 번개세일(flash sales) 같은 특별 가격할인(limited-time offers)은 바로 구매해야 한다는 심리적 압박감을 일으키며 할인가격으로 구입한 구매자는 운이 좋다고 생각하게 만들 수 있다.

제조업체들은 경우에 따라 특정 기간 내에 딜러들로부터 제품을 구매한 소비자들에

촉진 가격결정(promotional pricing)
단기적 매출증대를 위해 일시적으로 제품가격을 정가 혹은 원가 이하로 내리는 것

>> **촉진 가격결정:** 일부 마케터들은 끊임없는 가격 판촉으로 소비자를 폭격하여 브랜드 가치를 훼손한다. "Bed Bath & Beyond에서 쿠폰으로 쇼핑하는 것은 특별한 대접이 아닌 당연한 일로 느껴지기 시작했습니다."
Keri Miksza

게 현금 리베이트(cash rebates)를 제공한다. 제조업체들은 고객들에게 직접 리베이트를 보낸다. 리베이트는 자동차 제조업체, 내구용품과 소형 가전제품의 제조업체들이 자주 사용해왔지만, 패키지 소비용품 제조업체들에 의해서도 활용된다. 어떤 제조업체들은 소비자의 가격부담을 덜어주기 위해 저이자 신용공여(low-interest financing), 제품보증기간의 연장(longer warranties), 무료 유지서비스(free maintenance) 등을 제공한다. 이러한 관행은 자동차 산업에서 선호하는 촉진도구들이다.

촉진 가격결정은 고객들이 구매 의사결정의 어려움을 극복하는데 도움을 줄 수 있다. 예를 들어, 소비자가 Windows 10 운영체제로 전환하도록 장려하기 위해 Microsoft는 기존 제품을 쉽게 매각하고 위 단계 제품을 구매하는(Easy Trade-Up) 촉진을 실행했다. 구매자가 Microsoft 점포에서 599달러 이상의 새 Windows 10 PC를 구매할 때 기존 기기에 대해 200달러의 보상판매를 제공했다. 이 촉진은 Apple MacBook이나 iMac의 보상판매를 위해 300달러까지 흔쾌히 제공했다. 과거에 Microsoft는 MacBook Air를 신제품과 바꾸는 보상판매를 할 때 Surface Pro 구매에 대해 최대 650달러를 제공했다. 이와 같은 공격적인 가격 판촉은 강력한 구매와 브랜드 전환 인센티브를 제공할 수 있다.

그러나 촉진 가격결정은 역효과를 낳을 수 있다. 대부분의 연말 연휴 기간 동안 세일 전쟁이 벌어진다. 마케터들은 가격할인으로 소비자들을 무차별 폭격함으로써 가격할인 효과를 감소시키고 가격에 대한 혼란을 불러일으킨다. 지속적인 할인 가격 제공은 고객 시간의 브랜드 가치를 잠식시킬 수 있다. 또한 촉진 가격정책은 세일이 제공될 때까지 구매를 연기하는 촉진민감형(deal-prone) 고객들을 창출할 수 있다.

예를 들어 가정용품 소매상 체인 Bed Bath & Beyond의 대부분의 정규 쇼핑객에게 물어보면 20% 할인 쿠폰이나 5달러 할인 쿠폰이 쌓이지 않고는 절대 쇼핑하지 않는다고 말할 것이다. 한 기자는 이렇게 말했다. "Bed Bath & Beyond에서 쿠폰으로 쇼핑하는 것은 특별한 대우가 아닌 당연한 것 같은 느낌이 들기 시작했습니다. 이는 체인의 수익에 나쁜 소식입니다." 실제로 최근 쿠폰 사용률이 증가하면서 소매업체의 이익 마진이 점차 줄어들고 있다.[18]

지리적 가격결정

기업은 서로 다른 지역에 위치한 고객들에게 어떤 가격을 제공할 것인지도 결정해야 한다. 기업은 보다 먼 거리에 위치한 고객들에게 발생되는 더 높은 운송비를 커버하기 위해 더 비싼 가격을 책정함으로써 거래관계가 종식될 위험을 감수해야 할까? 혹은 고객의 위치에 상관없이 모든 고객에게 동일한 가격을 부과해야 할까? 이하에서는 다음과 같은 가상적 상황을 기반으로 하여 5가지 유형의 **지리적 가격결정**(geographical pricing)전략에 대해 설명하기로 한다.

지리적 가격결정(geographical pricing)
세계 또는 국가에서 다른 지역에 있는 고객들에 대한 가격책정

미국 조지아 주 애틀랜타 시에 위치한 Peerless Paper사는 미국 전 지역에 위치한 고객들을 대상으로 종이를 판매한다. 운송비가 비싸기 때문에 운송비는 제지 생산업체의 원가에 영향을 미친다. Peerless는 지리적 가격결정정책을 도입하기로 하고, 세 명의 고객들, 즉 고객 A(애틀랜타 소재), 고객 B(인디에나 주, 블루밍턴 소재), 고객 C(캘리포니아 주, 캄튼소재)가 준 10,000달러 상당의 주문에 대해 각각 어떤 판매가격을 부과할 것인지를 결정하려고 한다.

한 가지 대안은 애틀랜타 공장에서 고객이 위치한 지역까지 운송하는데 드는 비용을 각 고객들이 부담하도록 하는 것이다. 세 명의 고객들은 동일하게 10,000달러의 공장도 가격을 지불하지만, 추가적으로 고객 A는 100달러의 운송비를, 고객 B는 150달러의 운송비를, 그리고 고객 C는 250달러의 운송비를 지불해야 한다.

이러한 가격정책을 FOB 가격결정(FOB-origin pricing)이라고 부르는데, 이러한 형태의 지리적 가격정책은 운송수단에 주문제품이 선적되는 순간부터 제조업체는 제품에 대한 책임에서 자유로워짐을(free on board, FOB) 의미한다. 선적지역을 벗어나면 제품에 대한 소유와 책임은 고객으로 넘어가 고객이 공장에서 목적지까지의 운임을 지불한다. 각 고객이 자신들에게 발생된 운송료를 책임지기 때문에 FOB 가격결정전략을 지지하는 사람들은 이 방식이 운송료를 책정하는데 있어 가장 공정하다고 생각한다. 그러나 이러한 가격책정방식의 단점은 먼 거리에 위치한 고객들에게 Peerless사는 고객인도가격이 비싼 거래처로 인식된다는 것이다.

균일가격결정(uniform-delivered pricing)은 FOB 가격결정과 정반대되는 지리적 가격결정방식이다. 균일가격결정은 고객의 위치에 상관없이 모든 고객들에게 동일한 운임포함 제품가격을 부과하는 것이다. 이 방식에서 운임은 평균 운송비에서 책정된다. 만약 평균 운송비가 150달러라고 가정해보자. 균일가격결정방식은 애틀랜타에 위치한 고객에게는 더 비싼 운송료를 부과시키고(즉, 100달러가 아니라 150달러의 운송료를 지불함), 캄튼에 위치한 고객에게는 더 저렴한 운송료를 부과시킨다(250달러가 아니라 150달러의 운송료를 지불함). 애틀랜타에 위치한 고객들은 FOB 가격결정방식을 사용하는 다른 제지생산업체로부터 종이를 구매하기를 선호하겠지만, Peerless사는 캘리포니아 주에 위치한 고객들을 획득할 가능성을 높일 수 있다.

구역별 가격결정(zone pricing)은 FOB 가격결정과 균일가격결정의 중간 형태이다. 기업은 두 개 혹은 그 이상의 구역으로 나눈 다음, 각 구역 내에 위치한 모든 고객들에게 단일의 고객 인도가격을 책정한다. 공장에서 구역까지의 거리가 멀수록 더 높은 가격이 책정된다. 예를 들어, Peerless사는 동부구역, 중서부구역, 서부구역으로 나눈 다음, 동부구역 내의 모든 고객에게는 100달러의 운송료를 부과하고, 중서부구역 내 고객들에게는 150달러의 운송료를, 그리고 서부구역의 고객들에게는 250달러의 운송료를 책정할 수 있다. 이에 따라 특정의 가격구역 내에 위치한 고객들은 그 구역 내 다른 고객들보다 가까운 곳에 위치하더라도 가격상의 혜택을 받을 수 없다. 예를 들어, 애틀랜타에 위치한 고객들과 보스턴에 위치한 고객들은 Peerless사에 동일한 가격을 지불한다. 따라서 애틀랜타 소재의 고객은 보스턴 소재의 고객이 지불해야 할 운임의 일부를 자신이 떠맡는다고 불평할 수 있다.

거점(기준점)기반 가격결정(basing-point pricing)은 특정 도시를 기준점으로 선정하고, 제품이 실제로 선적되는 도시가 어디든 상관없이 기준점으로부터 고객 소재지까지 운송하는데 드는 운임을 각 고객에게 부담시키는 것이다. 예를 들어, Peerless사는 시카고를 기준점으로 정하고, 모든 고객에게 10,000달러의 공장도 가격에다 시카고에서 고객소재까지의 운송료를 포함시켜 인도가격을 책정한다. 이러한 가격책정방식은 주문한 제품이 애틀랜타에서 선적된다고 하더라도 애틀랜타 소재의 고객은 시카고에서 애틀랜타까지의 운송료를 지불해야 함을 의미한다. 모든 판매자들이 동일한 도시를 기준점으로 사용한다면, 인도가격은 모든 고객에게 동일한 것이며 가격경쟁이 제거될 것이다.

특정 고객 혹은 특정 지역에 위치한 고객들과 거래하기를 절실하게 원하는 판매자는 운송료부담 가격결정(freight-absorption pricing)방식을 사용할 수 있는데, 이 가격결정방식은 원하는 거래를 성사시키기 위해 실제 운송료의 모두 혹은 일정부분을 판매자가 부담하는 것이다. 판매자가 이러한 가격결정방식을 사용하는 이유는 해당 고객들과 더 많은 거래가 이루어진다면, 평균비용이 하락할 것이고 그 결과로 자신이 부담한 운송료 이상을 보상받을 수 있을 것으로 생각하기 때문이다. 운송료부담 가격결정방식은 시장침투전략을 추구하거나 혹은 경쟁이 더욱 치열해져 가는 시장에서 경쟁력을 유지하고자 할 경우에 사용된다.

동태적 및 맞춤형 가격결정

전통적으로 가격은 구매자와 판매자 간의 협상을 통해 결정되었다. 모든 구매자에게 단일 가격을 책정하는 고정가격 책정방식(fixed price policies)은 19세기 말 대규모 소매업태가 출현하면서 비교적 최근에 도입된 개념이다. 이에 따라 오늘날에는 대부분의 가격들이 이러한 방식으로 책정된다. 그러나 지금 많은 기업들이 고정 가격결정방식을 바꾸고 있다. **동태적 가격결정**(dynamic pricing)방식을 사용하고 있는데, 이는 개별고객의 특징과 욕구, 상황에 맞추어 계속 가격을 조정하는 것이다.

동태적 가격결정(dynamic pricing)
개별고객의 특징과 욕구, 상황에 맞추어 계속 가격을 조정하는 것

동태적 가격결정은 마케터에게 많은 이점을 준다. 소매업체, 항공사, 호텔부터 스포츠팀에 이르기까지 다양한 서비스에서 판매를 최적화하기 위해 고객수요, 원가, 경쟁사 가격의 변화에 따라 그때 그때 상황을 보며 가격을 변경한다. 그리고 매일, 매시간 또는 심지어 지속적으로 특정 품목의 청구 가격을 조정한다.

마케터는 가격을 조정하여 고객에게 맞춤형 제안을 하는 동태적 가격결정을 사용한다. 요즈음 모든 판매자가 경쟁자의 청구 가격과 판매하는 모든 것에 대해 분 단위로 아주 작은 것까지 알고 있는 것 같다. 예를 들어, 빅데이터 시대에 Amazon, L.L.Bean, Apple과 같은 온라인 판매자는 데이터베이스를 마이닝하여 특정 쇼핑객의 욕구와 수단을 파악하고 경쟁업체 가격을 확인한다. 그리고 즉각적으로 해당 고객의 상황과 행동에 맞게 맞춤형 제품과 서비스를 제공하고 가격도 책정한다.

요즈음 고객에게 제시되는 제안과 가격은 고객들이 어떤 것을 탐색하고 구매하는지, 이런저런 구매에 얼마의 돈을 쓰는지, 더 많은 돈을 쓰려고 하고 쓸 여력이 있는지 등을 토대로 결정된다. 예를 들어, 최근에 파리행 1등석 티켓을 온라인으로 구입했거나 새로운 Mercedes 쿠페를 자신의 취향에 맞추어 주문하기 위해 온라인을 이용한 소비자에게는 그 후에 Bose Wave Radio 신제품에 대해 더 높은 거래가가 제시될 수 있다. 이에 반해 온라인 탐색과 구매기록이 상대적으로 낮은 친구는 동일한 라디오 제품에 대해 5% 인하된 가격과 무료배송 등의 제안을 받을 수 있다.

동태적 가격결정은 온라인에서만 일어나는 것은 아니다. 예를 들어, 많은 소매상과 조

직은 일, 시간, 분 단위로 가격을 조정한다. Kohl's는 매장에서 전자 가격표를 사용하여 공급, 수요, 매장 고객 수에 따라 즉시 가격을 조정한다. 이제 온라인 경쟁업체와 마찬가지로 며칠이 아니라 몇 시간만 지속되는 판매를 진행할 수 있다.

Uber와 Lyft 같은 공유 서비스는 교통 상황에 따라 요금을 동태적으로 조정한다. 이를 "일시적 가격인상(surge pricing)"이라고 한다. 마찬가지로 최근에는 극장 티켓과 주차부터 골프장까지 모든 것의 가격이 수요-공급에 따라 분단위로 결정된다. 텍사스의 유료도로는 교통상황에 따라 5분마다 통행료를 변경한다. 예를 들어, 11마일 구간의 요금은 교통속도에 따라 94센트에서 8.38달러 사이이다.[19]

동태적 가격결정은 여러 상황에서 의미가 있다. 시장의 힘과 소비자 선호도에 따라 가격을 조정한다. 그러나 제대로 수행되지 않으면 마진을 하락시키는 가격 전쟁을 유발하고 고객관계와 신뢰를 손상시킬 수 있다. 기업은 현명한 동태적 가격결정전략과 손해를 끼치는 가격전략 사이의 가는 선을 넘지 않도록 주의해야 한다. 고객은 불공정한 가격 책정 관행이나 가격 변동을 보면 분개할 수 있다. 예를 들어, 소비자들은 코카콜라가 외부 온도에 따라 가격을 조정할 수 있는 스마트 자동판매기를 제안했다는 보도에 부정적으로 반응했다. 제대로 실행되지 않은 동태적 가격결정은 쇼핑객의 혼란이나 불만을 유발할 수도 있다. 예를 들어, 한 소식통에 따르면 Amazon의 자동 동태적 가격책정 시스템은 다양한 시장 요인을 기반으로 하루 동안 사이트에 있는 8천만 개 품목만큼 가격을 변경한다. 한 Amazon 고객의 경험은 다음과 같다.[20]

▶▶ 동태적 가격결정: Amazon의 자동화된 동태적 가격결정 시스템은 여러 가지 시장요인을 바탕으로 하루에도 사이트에서 취급하는 8,000만 개의 품목만큼 많이 가격을 바꾼다.
webpics/Alamy

Nancy Plumlee는 rummy와 유사한 중국 타일 게임인 마작을 막 시작했다. 그녀는 Amazon.com을 검색하고 여러 페이지의 옵션을 살펴본 후 54.99달러짜리 한 세트를 정했다. 그녀는 그것을 장바구니에 넣고 점수표와 게임 액세서리를 계속 쇼핑했다. 몇 분 후, 그녀는 카트를 스캔하고 54.99달러가 70.99달러로 급등한 것을 발견했다. Plumlee는 자신이 몹시 흥분되고 화가 남을 느꼈다. 그녀는 컴퓨터의 시청 기록을 확인했는데 실제로 게임의 원래 가격은 54.99달러였다.

그녀는 결심하고 카트를 비우고 다시 시도했다. 이번에는 게임 가격이 54.99달러에서 59.99달러로 상승했다. 그녀는 "그건 솔직한 비즈니스 정직함이 아닙니다. 아마존에서 수치를 당했습니다."라고 말한다. 그녀는 온라인 소매상에 전화를 걸어 5달러를 환불해달라고 설득했다.

그러나 동태적이고 개인화된 가격이 판매자에게 이익이 되는 것처럼 소비자도 동태적 가격결정방식을 자신의 이익을 위해 사용할 수 있다. 인터넷 덕분에 스마트폰을 사용하는 소비자는 이제 집, 상점 등 어디에서나 온라인으로 가격을 비교할 수 있다. ShopSavvy, Amazon의 Price Check, Price.com과 같은 모바일 앱에서 즉시 제품과 가격을 비교할 수 있다. 실제로 소매상들은 쉬운 온라인 가격비교가 소비자에게 너무 많은 이점을 제공한다는 사실을 발견하고 있다. 구매자들은 가격비교 정보를 통해 판매자들 사이의 가격 싸움을 이용해서 좋은 거래를 획득하고, 소매상의 가격 매칭 정책을 활용한다. 아니면 단순히 온라인에서 저가로 제품을 구매한다.

점포 소매상들은 이제 경로 교차 가격비교(cross-channel price comparison)와 쇼핑에 맞서기 위한 전략을 실행하고 있다. 더 나아가 자신들에게 유리한 쪽으로 전환시키고 있다. 예를 들어, Best Buy는 주요 온라인 소매상과 점포 경쟁업체의 가격과 일치시키는 "가격 일치 보장(Price Match Guarantee)"을 제공한다. Best Buy의 판단과 추론은 다음과 같다. "가격 일치 보장"을 통해 구매 시 고려요소에서 가격을 중립화 시키면 즉시성, 편리한 위치, 훈련된 직원의 개인 지원서비스, 온라인 주문 후 점포 내 픽업 서비스 제공 능력과 같은 비가격 우위 요인을 통해 쇼핑객들을 점포 내 고객으로 전환시킬 수 있다는 것이다. 더불어 Best Buy는 자체 온라인과 모바일 마케팅을 강화했다.

해외시장 가격결정

국제시장에 제품을 판매하는 기업들은 국가에 따라 어떤 가격을 책정해야 할지를 결정해야 한다. 어떤 경우에는 모든 해외시장에 대해 동일한 가격을 책정할 수 있다. 가령 Boeing사는 판매지역이 미국, 유럽, 제3세계 어디인지에 상관없이 모든 해외시장에 동일한 가격으로 제트비행기를 판매한다. 그러나 대부분의 기업들은 현지시장의 여건과 원가 등을 고려해 수출가격을 조정한다.

특정 국가에 대해 부과해야 할 가격은 여러 요인들에 의해 영향을 받는데, 경제적 여건, 경쟁상황, 법과 규제, 도소매 시스템의 발달정도 등이 이에 해당된다. 소비자 지각과 선호도 국가에 따라 차이가 날 수 있으므로, 이에 맞추어 가격을 다르게 책정할 수 있다. 혹은 해외시장의 위치에 따라 서로 다른 마케팅목표를 가질 수 있으며, 이에 따라 가격전략에 변화를 줄 수 있다. 예를 들어, Apple은 프리미엄 가격전략을 사용하여 선진국의 세분화된 성숙 시장과 신흥 시장의 부유한 소비자에게 세련되고 기능이 풍부한 고급 스마트폰을 판매한다. 이에 반해, Apple은 이전 모델의 가격을 할인해 판매하거나 개발도상국에서 규모는 꽤 되지만 덜 부유한 시장을 대상으로 기본적인 특성만을 갖춘 모바일 폰을 출시해야 할 압력을 받고 있다. 이 시장에서 Apple의 할인된 구형 휴대폰조차도 경쟁하는 저가형 휴대폰의 3~5배 가격에 판매된다. 예를 들어, Apple의 최신 프리미엄 휴대폰은 중국에서 부유한 소비자들에게 잘 팔리고 수익성이 있다. 그러나 한 분석가는 Apple이 향후 중국에서 iPhone 판매량을 늘리고 싶다면 더 이상 완전한 기능을 갖춘 iPhone을 살 여유가 없는 많은 중급 소비자를 겨냥하기 위해 가격 곡선을 올리지 않고 내려야 한다고 말한다.[21]

원가도 국제판매가격을 책정하는데 중요한 역할을 한다. 해외 여행객들은 종종 자국 내에서 비교적 저렴하게 구매하던 제품들이 다른 국가에서 매우 비싼 가격으로 판매되는 것을 발견하고 놀라게 된다. 미국 LA에서 54달러에 판매되는 Levi's 501 청바지가 파리에서는 118달러에 판매된다. 미국 내에서 5.04달러에 판매되는 McDonald의 Big Mac이 노르웨이에서 7.85달러에, 브라질에서 5.65달러에 판매되고, 자국에서 2.49달러에 판매되는 Oral-B 칫솔이 중국에서는 10달러에 팔린

해외시장 가격결정: 기업은 국가별로 가격전략을 변경해야 한다. 예를 들어, Apple은 부유한 중국 고객들에게 프리미엄 가격에 최신 휴대폰을 판매하지만 저가 휴대폰으로 중국의 중급 고객을 공략해야 한다는 압박을 받고 있다.

다. 이와 반대로 이태리 밀라노에서 140달러에 판매되는 Gucci 핸드백이 미국에서 기업에 240달러를 가져올 수 있다.

어떤 경우에는 이러한 가격상승(price escalation)이 판매전략이나 시장여건의 차이에서 비롯될 수 있다. 그러나 대부분의 경우 이러한 가격 차이는 국가에 따른 판매원가상의 차이 때문에 발생된다. 즉 제품수정, 선적 및 보험료, 수입관세와 세금, 환율변동, 물류 등에 의해 추가적인 원가가 발생되는 것이다. 예를 들어, 중국은 시계, 디자이너 드레스, 신발, 가죽 핸드백 같은 서구에서 수입되는 럭셔리 제품에 대해 25% 정도의 높은 관세를 부과한다. 또한 화장품에 대해 30%의 소비세를, 고급시계에 대해 20%의 소비세를 부과한다. 그 결과 중국본토에 수입된 서구의 럭셔리 제품은 유럽에 비해 50% 정도 가격이 더 비싸다.[22]

가격은 신흥 시장에 진입하려는 기업들의 국제마케팅전략에서 핵심요소가 되어 왔다. 일반적으로 이런 시장에 진출하는 것은 연 두 자리 숫자로 경제성장이 이루어지고 있는 중국, 인도, 러시아, 브라질 같은 개발도상국 내에서 폭발적으로 늘어나는 중산층을 타깃으로 하는 것을 의미한다. 그러나 최근 들어 국내시장 및 이머징 마켓(신흥 시장) 모두에서 경제성장이 둔화되기 시작함에 따라 많은 기업들이 그동안 무시되었던 "피라미드의 밑바닥(bottom of pyramid)"이라고 불리는 빈곤층, 즉 전 세계의 가장 가난한 소비자들로 구성된 시장으로 시선을 돌리고 있다. 이 시장에서 가격은 중요한 고려요인이다.

얼마 전에만 해도 많은 서구기업들이 인도 같은 개발도상국가에 소비용품, 승용차, 컴퓨터, 스마트폰 등의 제품을 판매하는데 있어 선호하는 방식은 현지라벨을 붙여서 구매할 여력이 있는 소수의 특권 소비자층에게 프리미엄 가격으로 판매하는 것이었다. 그러나 그러한 가격결정방식으로 이머징 마켓의 수천만 명에 이르는 가난한 소비자들에게 접근할 수 없다. 이에 따라 많은 기업들이 이러한 시장을 겨냥해 더 작은 크기의, 기본 기능만을 갖춘 부담 없는 가격의 제품을 개발했다. 가령, Dove, Sunsilk, Lipton, Vaseline 같은 브랜드를 생산하는 Unilever는 패키지 사이즈를 줄이고 극빈층 소비자들도 구입할 수 있는 낮은 가격을 책정했다. 1회용 사이즈의 샴푸, 세탁세제, 기타 생활용품 패키지를 개발함으로써 Unilever는 개당 엄청나게 저렴한 가격으로 판매하면서도 이익을 낼 수 있다. 그 결과 Unilever 수익의 57% 이상이 이머징 마켓에서 발생되고 있다.[23]

Unilever가 이러한 전략으로 성공을 거두기는 했지만, 대다수 기업들은 최빈곤층 소비자에게 판매해 이익을 내기 위해서는 기존제품을 재패키징하거나 내용물을 줄인 다음 저가격으로 판매하는 방식 그 이상의 노력이 요구된다는 것을 배우고 있다. 부유한 소비자들과 마찬가지로, 저소득층 소비자들도 기능적이면서 열망적인 욕구를 충족시키는 제품을 원한다. 따라서 기업들은 매우 낮은 가격에 판매하면서 최빈곤층 소비자들에게 지불한 돈보다 더 많은 가치를 제공하는 제품을 개발하기 위해 혁신적인 노력을 기울이고 있다. 따라서 해외시장 가격결정은 특수한 문제들과 복잡성을 동반하는데, 이에 대해서는 15장에서 보다 자세히 살펴보기로 하자.

가격변화

가격결정 구조와 전략이 수립되더라도, 기업들은 종종 가격변화를 주도하거나 경쟁사들의 가격변화에 대응해야 하는 상황에 직면한다.

> **저자 코멘트**
> 기업은 언제 어떻게 가격을 변경해야 할까? 원가가 상승해 이익을 압박하면 어떻게 해야 할까? 경제가 어려워져 고객들이 전보다 가격에 민감하게 되면 어떻게 해야 할까? 혹은 주요 경쟁자가 가격을 인상하거나 인하하면 어떻게 해야 할까? 〈그림 9.5〉는 가격변경과 관련해 기업이 고려할 수 있는 여러 전략대안을 보여준다.

가격변화의 주도

경우에 따라 기업은 가격인하나 가격인상을 주도하는 것이 바람직하다는 판단을 내릴 수 있다. 기업은 두 경우 모두 구매자와 경쟁사의 반응을 예상해야 한다.

가격인하의 주도

기업은 상황에 따라 가격의 인하를 고려할 수 있다. 이러한 상황의 예로는 과잉생산능력과 치열한 가격경쟁으로 인한 수요감소 등을 들 수 있다. 이러한 상황에 직면한 기업은 매출과 점유율을 진작시키기 위해 공격적인 가격인하를 추구할 수 있다. 그러나 항공, 패스트푸드, 자동차 등의 산업에서 목격했듯이, 과잉생산능력을 가진 기업들이 시장점유율을 유지하기 위해 채택한 경쟁적 가격인하는 가격전쟁을 촉발시켰다.

기업은 원가절감을 통해 시장을 지배하려는 목적으로 가격을 인하할 수도 있다. 기업은 경쟁사보다 낮은 원가를 기반으로 가격을 인하할 수도 있고 혹은 가격인하를 통해 시장점유율을 높임으로써 대량생산에 의한 추가적인 원가감소가 이루어질 것을 기대하고 가격인하를 주도할 수도 있다. 예를 들어, 컴퓨터와 전자제품 제조사인 Lenovo는 개발도상국가에서 PC시장의 점유율을 증대시키기 위해 공격적인 저원가, 저가격 전략을 사용한다. 이와 유사하게 중국의 저가 휴대폰 제조업체 Huawei는 현재 중국 스마트폰 시장의 리더가 되었고, 이 회사는 미국뿐만 아니라 인도와 다른 이머징 마켓으로 빠르게 침투하고 있다.[24]

가격인상의 주도

성공적인 가격인상은 이익을 상당히 증가시킬 수 있다. 예를 들어, 기업의 이익률이 매출의 3%일 경우, 가격인상으로 인한 매출감소가 발생하지 않는다면, 1%의 가격인상이 33%의 이익증가를 발생시킬 수 있다. 가격인상에 영향을 미치는 주요 요인 중 하나는 원가상승이다. 원가상승은 이익률을 압박하기 때문에 기업들은 이러한 원가상승을 고객들에게 전가시키려고 한다.

또 다른 요인에는 초과수요가 있다. 고객들이 원하는 만큼 물량을 공급할 수 없을 때, 기업은 가격을 인상하거나, 생산된 제품들을 고객들에게 배급하거나 두 가지 대안 모두를 사용할 수 있다. 정유산업과 가스산업을 그 예로 들 수 있다.

가격인상을 시도할 때, 기업은 바가지꾼으로 지각될 위험성을 피해야 한다. 예를 들어, 기름값이 급등할 때, 분노한 고객들은 종종 주요 정유회사들이 소비자의 희생 속에 자신들의 배를 불리고 있다고 비난한다. 고객들은 이를 잊지 않고 있다가 결국 과대가격을 부과한다고 지각되는 기업들 혹은 경우에 따라 해당산업 전체와의 거래를 단절할 것이다. 극단적으로는 바가지 가격에 대한 비난은 정부규제의 강화를 유발할 수 있다.

이러한 위험성을 피할 수 있는 기법들이 없는 것은 아니다. 그중 하나는 가격인상이 공정하다고 지각되도록 하는 것이다. 가격인상조치는 가격이 인상되어야 하는 이유를 마케팅커뮤니케이션을 통해 고객들에게 밝히는 노력을 수반해야 한다.

가능하면 기업은 가격을 인상하지 않고 원가상승이나 수요증가에 대처할 수 있는 방안들을 고려해야 한다. 가령 기업은 제품을 생산·유통하는데 드는 원가를 절감하는데 보다 효과적인 방안들을 모색할 수 있다. 그리고 기업은 시장제공물의 묶음을 축소시키는 것을 고려할 수 있는데, 일부 제품기능, 패키징, 서비스 등을 제거하고, 기존에 제공물의 일부분이었던 요소들에 대해 별도의 가격을 책정할 수 있다. 혹은 기업은 가격인상 대신 제품의 크기를 줄이거나 보다 저렴한 원료로 대체할 수 있다. 이 방법은 슈링크플레이션(shrinkflation)이라고 불린다. Kimberly-Clark는 패키지당 휴지나 미용 티슈의 장수를 줄임으로써 Kleenex 가격을 인상했다. 그리고 Mondelez는 최근 영국에서 인기있는 Toblerone 초콜릿 바의 크기를 약 12% 줄였다. 이는 바 길이를 줄인 것이 아니라 이 제품의 상징인 삼각형 사이의 공간을 늘린 것이다. 한 가격 전문가는 "실제로 많은 쇼핑객들이 무게 변화보다 가격 변화에 더 민감하기 때문에 슈링크플레이션은 상당히 성공적인 전술입니다."라고 말한다. 그

▶▶ **가격인상 주도:** 브랜드 가격을 올릴 때 조심해야 한다. Mondelez가 효과적으로 가격을 인상하기 위해 자사 브랜드인 Toblerone 초콜릿 바의 양을 줄였을 때 고객들이 이 초콜릿 브랜드의 상징적인 모양이 변한 것을 발견하고 참기 힘들어 온라인에서 분노를 표출했다.
DARREN STAPLES/REUTERS

러나 영국 소비자들은 Toblerone의 상징적인 모양이 너무 분명하게 변한 것을 발견하고 참기 힘들어 온라인에서 분노를 표출했다.[25]

가격변화에 대한 구매자 반응

고객들은 가격변화에 대해 항상 일방적인 방법으로 해석하지 않는다. 그들은 가격인하에 대해 몇 가지 관점을 가질 수 있다. 가령 Rolex 시계가 갑자기 가격을 인하한다면, 당신은 어떤 생각을 할까? 당신은 구입하기 어려운 제품을 싸게 구입할 수 있다고 생각할 수 있다. 또는 품질수준이 하락하고 있고, 브랜드의 고급이미지가 손상된 것으로 생각할 수도 있다.

이와 비슷하게 일반적으로 매출감소를 초래하는 가격인상은 구매자에게 긍정적인 의미를 줄 수도 있다. Rolex가 최신 시계모델의 가격을 인상한 것에 대해 당신은 어떻게 생각하는가? 당신은 그 모델이 더욱더 고급스럽거나 더 잘 만들어진 것으로 생각할 수 있다. 또 다른 한편으로 Rolex는 탐욕스러운 기업이어서 받을 수 있는 최대의 가격을 책정한다고 생각할 수 있다. 브랜드의 가격과 이미지는 종종 서로 밀접하게 관련되어 있다. 가격변화, 특히 가격하락이 소비자의 브랜드지각에 부정적 영향을 줄 수 있다.

가격변화에 대한 경쟁사 반응

가격변화를 고려하는 기업은 고객반응뿐 아니라 경쟁사들의 반응도 고려해야 한다. 경쟁사들이 반응을 보일 가능성이 높은 조건들은 경쟁사들의 수가 적거나, 제품이 표준화되어 있거나, 구매자들이 제품과 가격에 대해 충분한 정보를 갖고 있을 때이다.

기업은 어떻게 경쟁사들의 반응들을 예상할 수 있을까? 이 질문에 대한 답은 매우 복잡할 수 있는데, 그 이유는 고객의 경우와 마찬가지로 경쟁사도 우리 회사의 가격인하에 대해 여러 가지 방식으로 해석할 수 있기 때문이다. 경쟁사는 우리 회사가 시장점유율을

확대하려 한다고 생각하거나 영업실적이 저조해 매출을 진작시키기 위해 노력하고 있다고 볼 수 있다. 또는 해당산업 전체가 가격을 인하함으로써 총수요를 확대시키길 원한다고 생각할 수도 있다.

기업은 각 경쟁사의 가능한 대응반응을 예측해야 한다. 만약 모든 경쟁사들이 비슷하게 행동한다면, 전형적인 한 경쟁사의 반응만을 분석하면 된다. 이에 비해 경쟁사들이 서로 다르게 행동한다면(기업규모, 시장점유율, 경영정책 등의 차이로 인해), 각 경쟁사에 대한 개별 분석을 해야 한다. 그러나 일부 기업들이 자사의 가격변화에 대처한다면, 나머지 기업들도 함께 대처할 것이라고 예상하는 것이 옳다.

가격변화에 대한 대응

이하에서는 앞의 설명과 반대로, 경쟁사의 가격변화에 대해 우리 기업이 어떻게 대응해야 할 것인지를 다룬다. 이러한 상황에서 기업은 다음과 같은 이슈들을 고려해야 한다. 경쟁사가 가격을 변경한 이유는 무엇일까? 가격변화가 일시적인가 혹은 영구적인가? 자사가 이에 대응하지 않을 경우 자사의 시장점유율과 이익은 어떻게 될 것인가? 다른 경쟁사들도 반응할 것인가? 이러한 이슈들 이외에도 기업은 자사의 상황, 전략, 가격변화에 따른 고객반응 등도 함께 고려해야 한다.

그림 9.5는 경쟁사의 가격인하에 대해 우리 기업이 평가·반응할 수 있는 대안적 방안들을 보여준다. 경쟁사의 가격인하가 우리 기업의 매출과 이익에 부정적 영향을 미칠 것으로 판단했다고 가정하자. 우리 기업은 단순히 현재의 가격과 이익률을 유지하겠다는 결정을 내릴 수 있다. 즉 현재의 시장점유율을 크게 상실하지 않을 것으로 믿거나 혹은 자사제품가격을 인하할 경우에 이익의 손실이 상당할 것으로 믿을 수 있다. 다른 대안으로서 기업은 경쟁사의 가격인하가 미치는 효과에 대해 더 많은 정보를 획득할 때까지 기다린 후 대응하기로 결정할 수 있다.

그러나 지나치게 행동시기를 미루는 것은 경쟁사의 매출을 증대시켜 그 기업의 힘과 자신감을 키우게 만들 수 있다.

기업이 효과적 조치를 취할 수 있고 취해야 한다고 결정한다면, 4가지 대안 가운데 하나를 선택할 수 있다. 첫 번째는 경쟁사의 가격인하에 맞추어 가격을 인하하는 것이다. 즉 기업은 시장이 가격에 민감하기 때문에 경쟁사의 가격인하로 인해 자사의 시장점유율이 상당히 상실될 것으로 판단하여 가격을 인하할 수 있다. 자사의 가격인하는 단기적으로 기업의 수익성을 감소시킬 것이다. 따라서 일부 기업들은 이익률을 유지하기 위해 제품품질, 서비스, 마케팅커뮤니케이션활동을 함께 낮출 수 있지만, 이러한 조치는 장기적으로 시장점유율에 부정적 영향을 미칠 것이다. 따라서 기업은 가격을 인하하더라도 품질수준을 유지하도록 노력해야 한다.

두 번째 대안은 가격을 유지하면서 시장제공물의 지각된 가치를 높이는 것이다. 기업은 마케팅커뮤니케이션의 개선을 통해 가격을 인하한 경쟁사 제품에 비해 자사제품의 상대적 가치가 더 높음을 부각시킬 수 있다. 기업은 가격인하로 인한 이익률의 하락을 감수하기보다는 기존 가격을 유지하면서 지각된 제품가치를 향상시키는데 투자를 하는 것이 오히려 비용상 경제적일 것으로 판단할 수 있다. 세 번째는 제품품질을 향상시키고 가격을 인상함으로써 자사브랜드를 고가격-고가치 포지션으로 이동시키는 것이다. 품질의 향상은 고객가치를 높임으로써 가격인상을 정당화시킨다. 그 결과 가격인상은 기업의

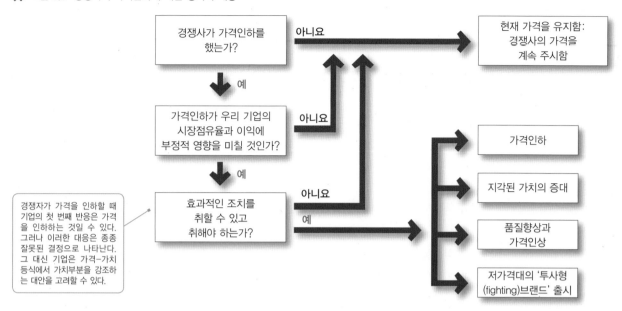

>> 그림 9.5 경쟁사의 가격변화에 대한 평가와 대응

경쟁사가 가격인하를
했는가? — 아니요 → 현재 가격을 유지함:
경쟁사의 가격을
계속 주시함

↓ 예

가격인하가 우리 기업의
시장점유율과 이익에
부정적 영향을 미칠 것인가? — 아니요 →

↓ 예

효과적인 조치를
취할 수 있고
취해야 하는가? — 아니요 →

예 →

가격인하

지각된 가치의 증대

품질향상과
가격인상

저가격대의 '투사형
(fighting)브랜드' 출시

경쟁자가 가격을 인하할 때 기업의 첫 번째 반응은 가격을 인하하는 것일 수 있다. 그러나 이러한 대응은 종종 잘못된 결정으로 나타난다. 그 대신 기업은 가격-가치 등식에서 가치부분을 강조하는 대안을 고려할 수 있다.

마진 증대를 실현시켜 준다.

네 번째 대안은 저가격대의 투사형(fighting) 브랜드를 출시하는 것이다. 즉 기업은 기존의 제품라인 내에 보다 저렴한 품목을 추가하거나 별도의 저가브랜드를 개발하는 것이다. 이러한 조치가 필요한 상황은 경쟁사의 가격인하로 잃게 될 특정 세분시장이 가격에 민감하고 자사제품의 품질이 향상되었다는 주장에 별 반응을 보이지 않을 경우이다. Whole Foods는 자사 소규모 가치지향 점포 브랜드인 365 Everyday Value에서 파생된 365 체인을 실험하면서 이 전략을 사용하고 있다. 365는 Trader Joe, Lidl, Aldi와 같은 저가 도전자에 대한 Whole Foods의 대응이라고 볼 수 있다. 365 체인은 Whole Foods를 불필요한 사치품으로 생각하는 스마트하고 기술 지향적이지만 검소한 젊은 쇼핑 고객들을 대상으로 한다. 365는 "몸, 예산, 라이프스타일, 지구에 좋은" 식료품 쇼핑 경험을 약속한다.[26]

소매업체 브랜드 등의 저가격 경쟁제품들에 대응하기 위해 P&G는 자사의 여러 브랜드들을 투사형 브랜드로 전환시켰다. Luvs 1회용 기저귀는 부모들에게 비싼 브랜드에 비해 더 저렴한 가격으로 배설물 누수를 방지하는데 우수한 품질을 제공한다. 또한 P&G는 일부 주요 브랜드에 대해 보다 저렴한 가격대의 기본형 제품을 제공한다.

예를 들어, 화장실용 휴지 브랜드 Charmin Basic은 상시 저가를 유지하고 1회용 종이수건 Puffs Basic은 상시 저가에 부드러운 품질의 제품을 제공한다("Everyday softness. Everyday value."). 그리고 Tide Simply Clean & Fresh 세제는 Tide 세탁세제에 비해 35% 더 저렴하다. 그러나 기업들은 투사형 브랜드를 도입함에 있어 주의를 기울여야 한다. 이런 브랜드들은 핵심브랜드의 이미지를 손상시킬 수 있다. 그리고 저렴한 가격대의 경쟁제품

>> **투사형 브랜드:** Whole Foods Market은 Trader Joe, Lidl, Aldi와 같은 저가 도전자에 대한 대응으로 Whole Foods Market 체인의 소규모 가치 중심 상점에서 파생된 365를 만들었다.

Patrick T. Fallon/Bloomberg via Getty Images

들로부터 가격에 민감한 구매자를 빼앗아 올 수 있지만, 투사형 브랜드는 자사의 고마진 브랜드의 매출을 잠식할 수도 있다.

공공정책과 가격결정

가격경쟁은 자유시장경제를 특징짓는 핵심요소의 하나이다. 그러나 기업들은 대체로 자신이 원하는 가격을 자유롭게 책정하도록 허용되지 않는다. 여러 연방, 주, 지방 법규들은 공정한 가격정책이 이루어지도록 규제한다. 나아가 기업들은 가격정책에 대한 사회적 관심도 고려해야 한다. 가령 가격을 책정함에 있어 제약회사들은 개발비용 및 이익과 생사를 다투는 소비자의 약에 대한 욕구 간에 균형을 맞추어야 한다(Marketing at work 9.2 참조).

가격결정에 영향을 미치는 가장 중요한 법규들 중 하나는 Sherman 법안, Clayton 법안, Robinson-Patman 법안인데, 이 법안의 초기 목적은 독점을 억제하고 자유로운 상거래를 부당하게 저해하는 사업관행을 규제하는 데 있었다. 그러나 이러한 연방법규들은 주들 간 상거래에만 적용될 수 있기 때문에, 어떤 주들은 주 내에서 사업을 하는 기업들에게 적용될 유사조항들을 채택하고 있다.

그림 9.6은 가격결정과 관련된 주요 공공정책적 이슈들을 보여준다. 이슈들에는 특정 유통경로 단계에서 발생되는 불공정 가격관행(가령 고정가격정책, 약탈적 가격정책 등)과 유통경로 전반에 걸쳐 발생되는 불공정 가격관행(소매가격 유지정책, 차별적 가격정책, 기만적 가격정책 등)이 있다.[27]

특정 유통경로단계 내의 가격정책

가격 담합(price-fixing)에 관한 연방법규에 의하면, 판매자들은 경쟁자들과의 의견교환 없이 가격을 책정해야 한다. 이를 위반할 경우 가격 담합 혐의를 받는다. 가격 담합은 불법이기 때문에 정부는 이에 대한 어떠한 변명도 수용하지 않는다.

이러한 가격관행을 저지른 기업들은 상당한 액수의 벌금을 부과 받을 수 있다. 최근 들어 연방정부와 주정부는 정유, 보험, 콘크리트, 신용카드, CD, 컴퓨터 칩 등의 광범위한 산업들에 걸쳐 가격 담합에 대한 규제를 강화하고 있다. 가격 담합 혐의가 있는 기업들은 많은 벌금을 낼 수 있다. 예를 들어, Apple은 전자책 가격을 출판사들과 공

>> 그림 9.6 가격면에서의 공공정책 이슈

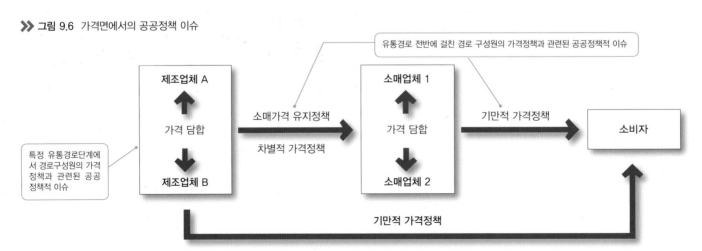

MARKETING AT WORK 9.2

유럽의 의약품 가격: 도전과 정책 구상

2016년 6월 네덜란드가 의장국으로 룩셈부르크에서 열린 EU 회의에서 회원국 보건부 장관들은 의약품 가격 및 지적 재산권과 관련하여 유럽의 의약품 경쟁을 분석하는 계획을 승인했다. 이 계획은 유럽 연합에서 제약산업의 R&D 및 가격책정 전략의 기능을 강조해서 분석하는 것이었다. 회원국들은 의약 산업과 혁신을 촉진하는 마케팅 승인 및 조치와 의약품 가격, 환급, 평가에 대한 국가의 역할 사이의 균형을 위해 노력해 왔다.

조사에 따르면 제약산업은 여전히 일반 대중에게 가장 신뢰도가 낮은 산업이다. 유럽의 주요 제약회사들은 스스로를 의학 연구 및 개발 센터로 홍보하지만 많은 사람들은 약물 발명보다 마케팅에 더 많은 돈을 지출한다고 생각한다. 의약품이 개선되면 환자에게 막대한 재정적 비용이 발생한다. 새로운 처방 의약품 및 치료법의 평균 가격은 지난 5~10년 동안 두 배가 되었다.

제약산업 비판자들이 주장하는 핵심은 대부분의 대기업이 추구하는 공격적 가격전략이다. 일부 이해 관계자들은 신규 재래식 약품의 계속 증가하는 비용과 현재 이용 가능한 많은 약품의 가격 상승에 의문을 제기하기 시작했다. 리버풀 대학의 조사에 따르면 영국에서 2017년에 21개의 의약품으로 구성된 28개의 제제가 2011년부터 2016년까지 가격이 인상되었으며 그중 일부는 충격적인 상승을 기록했다. Treosulfan, Busulfan, Tamoxifen은 각각 1201%, 1107%, 972% 상승했다.

또한 신약 개발에 있어 수익성이 낮은 감염성 질환에 비해 만성 질환을 선호한다는 주장도 있다. 일반적으로 대부분의 약품은 초기 콘셉트 개발에서 소비자에게 도달할 때까지 10년 이상 걸리므로 이러한 생각은 재정적으로 합리적이다. 영국 제약산업 협회(Association of the British Pharmaceutical Industry)의 비용 추정에 따르면, 약 1개당 15억 파운드가 될 수 있다. 높은 의약품 개발 비용은 의약품 고가격의 주요 원인 중 하나로 인식되고 있다. 그러나 제약 회사는 사람들의 웰빙과 삶의 질에 기여하는 주체로 자신들을 계속 포지셔닝하고 있다. 대부분의 약물 개발 시도는 실패하고 이들 회사들에 손실을 가져다준다. 약 10%의 약물 개발이 실제 승인 단계로 이어진다. 현재 최저 가격에 도달하는

것과 미래의 까다로운 의료 요구를 충족하기 위한 적절한 투자를 보장하는 것 사이에서 적절한 균형을 맞추기 위해 제약업계와 정부를 포함한 주요 이해 관계자들이 협력하여 함께 정책을 구상하고 노력하는 것이 필요하다.

유럽 위원회와 유럽 제약산업은 의약품 가격 관리를 위해 포괄적인 규제 틀 안에서 일한다. 그들은 약품 가격과 이익을 통제하기 위해 가격규제, 국제 가격비교, 준거가격, 건강기술평가를 위한 측정도구와 메커니즘을 도입했다. 일부 보고서에 따르면 유럽 제약산업은 의약품 가격 정책을 근본적으로 변경하여 회사가 판매한 의약품이나 서비스의 양이 아니라 약품 치료가 제공하는 편익에 따라 기업이 보상받도록 하는 것을 계획하고 있다. 높은 의약품 가격으로 인해 현금이 부족한 의료 시스템이 압박을 받고 있고 많은 환자들이 최신 제품을 받지 못하고 있다. 제조업체들은 사람들을 병원에 오지 못하게 해서 장기적으로 비용을 절감할 수 있을지 모르지만 치료가 주는 편익을 측정할 수 있는 방법이 불분명하고 편익에 대해 판단하려면 수년의 치료가 필요할 수 있다고 주장한다. 유럽의 의료 시스템은 주로 정부에서 자금을 지원하며 정부는 가격이 공정하고 지불한 돈만큼의 가치를 반영하는 것을 기대한다.

2016년 초, 유럽위원회는 의약품 가격 보고서를 발표했다. 이 문서는 외부 가격 참조(External Price Reference)와 차등 가격(Differential Price)이라는 두 가지 가격 정책에 대해 보고했다. EPR은 약품가격 통제 도구이며 유럽 연합에서 널리 사용된다. DP는 일부 회원국에서 저렴한 의약품에 대한 접근성을 향상시키는 효과적인 전략으로 중요시된다. 두 가격 정책은 목적과 목표, 현재 유럽 연합에서의 실행정도, 정책 성취 가능성이 서로 다르다. 유럽 연합 집행위원회는 EPR을 특정 국가에서 의약품 가격을 책정하거나 협상할 목적으로 기준이나 준거가격을 결정하기 위해 여러 국가에서 의약품 가격을 비교하는 것으로 정의한다. 또한 이 정책은 외부 준거가격 또는 국제 가격비교(벤치마킹)와 비슷하다. EPR은 대부분의 EU 회원국에서 사용되지만 일부 EU 국가에서는 다른 방식이 적용되고 있다. 예를 들어, 독일, 스웨덴, 영국은 가치 기반 가격책정과 같은 다른 형태의 EPR 가격결정방식을 사용한다. 또한 위원회는 EPR의 몇 가지 한계를 발견했다. 예

를 들어, 일반적으로 가격 비교는 소비자가 지불한 실제 약품 가격(즉, 할인된 가격)을 기반으로 실행되지 않는다. 보고서에 따르면 다양한 유형의 할인, 리베이트, 정부와 마케팅 승인 주체 사이의 금융협정을 통해 정가를 낮추는 관행이 널리 퍼져 있다. 22개 EU 회원국은 이러한 금융협정이 국내법 또는 기밀유지 합의에 근거하여 이루어졌다고 보고했다.

한편, 제약회사는 생산 비용이 동일해도 동일한 제품에 대해 고객마다 다른 가격을 책정함으로써 DP의 혜택을 받는다. 가난한 나라의 환자들처럼 고객이 특별한 상황에 있는 경우에 기업들은 DP를 사용하게 된다. 이와 같은 방식은 전 세계적으로 실행되어 왔다. 기업들은 주요 원가를 충당하기 위해 부유한 국가에서 높은 수익을 올릴 수 있다. 그러나 위원회는 DP만으로는 완전한 해결책을 얻을 수 없으며 제약업계의 전폭적인 협력이 필요하다고 생각한다. 규제 기관이 가처분 소득이 낮은 국가의 지속가능성이나 자율성을 보장하기는 어렵다. 가격이 제약산업의 R&D 투자에 대한 재무적 인센티브로 간주되어 의약품 제조회사가 혁신에 대한 보상을 받아야 할 것이다.

EU 이사회는 잠재적인 시장남용, 과도한 가격, 유럽 제약회사에 대한 시장통제를 단속해야 할 필요성을 강조한다. 직면한 도전은 재무적 지속가능성, R&D에 대한 보상, 회원국이 수용 가능한 가격을 보장하기 위한 비용 통제인 것 같다. 이 문제를 효과적으로 처리하기 위해 EU는 일반 의약품을 공동 구매하기 위한 EU 회원국의 공동 조달계획과 같은 다른 가격정책 옵션을 고려해야 할 것이다. 많은 국가의 집단 구매는 협상력을 높이고 가격을 더 낮추는 데 도움이 될 수 있다.

제약 가격결정은 질문과 딜레마로 가득 찬 이슈이다. 유럽연합 집행위원회는 기존 약품 가격정책을 개선하고 유럽 전역의 의약품에 대한 접근성을 향상시킬 수 있을 것으로 확신하는 것 같다. 위원회 보고서의 권고에 따라 유럽 연합은 의약품 가격, 특히 EPR 가격책정에 대한 기술적 개선을 계획하고 있다.

또한 적어도 1년에 한 번씩 정기적인 가격 재평가를 하고 환자가 지불하는 실제 가격에 대한 기준을 만들 계획이다. 이러한 조치는 제약회사와 정부 사이에 가능한 할인, 리베이트, 기타 유사한 금융협정을 파악하는데 도움이 될 것이다. EU 회원국들은 가격 이슈를 효과적인 방식으로 처리하기 위해 추가 증거를 수집하는 연구를 늘릴 계획이다. 그리고 효과적인 의사소통과 상담을 통해 정부와 제약산업 외에도 주요 이해 관계자들이 더 참여하기를 원하고 있다. 또한 주요 이해 관계자들이 제도적 의무에 얽매이지 않고 공개 토론을 할 수 있도록 대화 플랫폼을 만드는 것이 제안되었다. 이해 관계자들은 이러한 대화를 통해 기존 틀을 벗어나 의약품 가격결정 이상의 것을 생각할 수 있을 것이다.

출처: "Sabine Vogler, Lena Lepuschutz, Peter Schneider, and Verena Stuhlinger, "Study on Enhanced Cross-Country Coordination in the Area of Pharmaceutical Product Pricing," report by the Directorate-General for Health and Food Safety, European Commission, December 19, 2015, http://ec.europa.eu/health/systems_performance_assessment/docs/pharmaproductpricing_frep_en.pdf"; EPFIA website, "Pricing of Medicines," http://www.efpia.eu/topics/industry-economy/pricing-of-medicines; Ben Hirschler, "Industry Weighs Radical Shake-Up of European Drug Pricing," Reuters, http://www.reuters.com/article/us-pharmaceuticalseuropeidUSKCN0YV0V5; Kim Thomas, "The Price of Health: The Cost of Developing New Medicines," The Guardian, March 30, 2016, https://www.theguardian.com/healthcare-network/2016/mar/30/new-drugs-development-costs-pharma.

모한 것에 대해 4억 5천만 달러의 벌금을 냈다. 그리고 United, Delta, Southwest, American 등 4개의 주요 미국 항공사는 "막대한 수익을 올리기 위해" 항공 요금을 인위적으로 부풀리는 공모를 한 혐의로 많은 비용이 드는 집단 소송과 미국 법무부 조사에 직면해 있다.[28]

또한 정부는 판매자들이 약탈적 가격정책(predatory pricing)을 사용하는 것도 금지하고 있는데, 이는 경쟁사를 보복하기 위해 혹은 경쟁사를 망하게 하여 장기적으로 더 높은 이익을 실현하기 위한 의도를 가지고 원가이하의 가격으로 판매하는 것이다. 이러한 법규는 대규모 판매업체들이 영세 판매자들을 망하게 하기 위해 일시적으로 혹은 특정지역에 대해 원가이하의 가격으로 상품을 판매하는 것을 금지함으로써 영세 판매자들을 보호한다. 이러한 법규의 적용에 있어 가장 큰 문제점은 어떤 것을 약탈적 가격정책 행위로 규정할 것인가 하는 것이다. 과잉재고를 처분하기 위해 원가이하로 판매하는 것은 약탈적 가격정책으로 간주되지 않지만, 경쟁사들을 몰아내기 위해 원가이하로 판매하는 것은 약탈적 가격정책에 해당된다. 따라서 동일한 행위라고 하더라도 그 의도에 따라 약탈적일 수도 있고 그렇지 않을수도 있는데, 문제는 행위의 의도를 정확히 파악하거나 증명하기 매우 어려울 수 있다는 것이다.

최근 들어 일부 대규모의 시장지배기업들이 약탈적 가격정책의 혐의를 받아 왔다. 그러나 이러한 비난을 법정소송으로 이끌어내는 것은 어려울 수 있다. 예를 들어, 여러 출판사와 서점들은 Amazon.com의 약탈적 가격정책, 특히 서적 가격책정과 관련해 우려를 표명해 왔다.[29]

여러 서점과 출판사들은 Amazon.com의 서적 가격결정정책이 업계를 파괴시키고 있다고 불만을 토로한다. Amazon은 정기적으로 베스트셀링 하드커버 책들을 매우 저렴한 가격으로 판매하면서 이들을 손실 유도제품(loss leaders)으로 활용한다. 그리고 Amazon은 현재 Kindle 전자책 리더기(e-reader) 판매를 늘리기 위해 전자책을 엄청나게 저렴한 가격으로 판매한다.

이처럼 매우 낮은 서적 판매가는 경쟁서점들에 상당한 피해를 주었는데, 이들 중 상당수가 Amazon의 가격정책을 약탈적 행위로 간주한다. "약탈적이라는 말은 상당히 강한 표현이다. 나는 대충 이러한 단어를 사용하지 않는다. 그러나 분명한 것은 약탈적 가격정책을 금지하는 법이 존재한다는 것이다. 왜 Amazon의 가격정책이 이슈가 되지 않는지 이해할 수 없다."고 한 전문가는 말한다. 아직도 Amazon에 대해 약탈적 가격정책 혐의로 소송을 제기한 경우는 없다. 이러한 손실유도 가격정책이 단순히 좋은 경쟁적 마케팅이 아니라 의도성을 가진 약탈적 행위라는 것을 증명하기란 매우 어려울 것이다.

▶▶ **약탈적 가격정책:** 일부 산업전문가들은 Amazon.com이 초염가 세일수준으로 서적가격을 책정함으로써 경쟁서점들에 피해를 입혔다고 비난했다. 그러나 그것이 약탈적 가격정책인가 아니면 단순히 좋은 경쟁적 마케팅전략인가?
imageBROKER/Alamy Stock Photo

유통경로 전반에 걸친 가격결정

Robinson-Patman 법안은 불공정한 가격차별을 금지하도록 규정하고 있는데, 판매자들은 특정 거래단계에 있는 모든 고객들에게 동일한 가격조건을 제공해야 한다. 예를 들어, 모든 소매업체들은 그 업체가 REI이든 혹은 지역의 자전거 소매점이든 상관없이 특정 제조업체로부터 동일한 가격조건을 제공받을 권리를 갖는다. 그러나 만약 판매자가 서로 다른 소매업체에 판매하는데 원가에서 차이가 발생함을 증명할 수 있다면, 가격차별은 허용된다. 지역 소매상에게 몇 대의 자전거를 파는 것에 비해 REI에 대량의 자전거를 판매하는 것이 대당 원가가 더 낮은 경우가 한 예이다.

또한 판매자가 서로 다른 소매업체들에 대해 품질수준에서 차이가 있는 제품을 생산·판매한다면, 제품가격 차별화가 허용될 수 있다. 판매자는 이러한 가격차이가 품질수준에 비례한다는 것을 증명해야 한다. 또한 가격차별화의 목적이 일시적이고, 국지적이고, 공격적이 아니라 방어적일 경우에는 가격차별화는 정당하게 경쟁사에 대적하기 위해 사용될 수 있다.

정부는 소매가격 유지정책(retail 혹은 resale price maintenance)을 법으로 금지하고 있는데, 이는 제조업체가 거래업체에 특정의 소매가격을 책정하도록 요구할 수 없다는 것이다. 판매자는 소매상들에게 제조업체의 권장소매가격(suggested retail price)을 제시할 수 있지만, 독립적인 가격정책을 사용하는 거래소매업체에 제품의 판매를 거부할 수 없고, 선적을 지체시키거나 광고지원금의 지불을 거부하는 등의 조치를 통해 그 소매업체를 처벌할 수도 없다. 가령 플로리다 주 검찰청은 신발과 의류의 소매가격을 고정시킨 혐의로 Nike를 조사했다. Nike가 가장 비싼 가격대의 운동화를 기업이 원하는 가격으로 판매하지 않은 소매업체에 제품의 공급을 통제할 수 있음을 우려했다.

기만적 가격정책(deceptive pricing)은 소비자들을 오도하거나 혹은 실제로 그 가격대에 구매할 수 없는 가격정보 혹은 가격절감정보를 소비자들에게 제시하는 것이다. 이러한 가격정책은 가짜의 준거가격 혹은 비교가격을 소비자를 오도하는데 활용할 수 있는데, 소매업체가 인위적으로 정상가를 비싸게 책정한 다음 그 가격 옆에 세일가격을 표시하는 경우가 그 예이다. 예를 들어, 고급 의류와 액세서리 소매업체인 Michael Kors는 최근 아울렛 매장에서 기만적인 가격 책정을 사용했다고 주장하는 집단 소송을 해결했다. 이 소매업체는 아울렛에서만 판매되는 제품의 할인 가격을 더 매력적으로 보이게 하기 위해 허위 소비자 권장소매가격을 제품 태그에 붙인 혐의를 받았다. 이러한 인위적인 비교 가격은 소매업에서 널리 퍼져 있다.[30]

비교가격정책은 그 정보가 진실되면 불법이 아니다. 그러나 연방거래위원회(FTC)의 기만적 가격정책에 대한 지침에 따르면, (1) 판매자는 정상적 소매가격에서 인하된 것이 아니면 가격할인을 광고하지 않아야 하고, (2) 판매가격이 실제로 공장도 가격이나 도매가격이 아니면 그러한 가격임을 광고하지 않아야 하며, 그리고 (3) 불량품에 대해 정상품을 할인한 가격으로 광고하지 않아야 한다고 경고한다.[31]

기만적 가격정책과 관련된 다른 이슈로는 스캐너 사기(scanner fraud)와 가격혼동(price confusion)이 있다. 스캐너를 사용하여 구입상품의 가격을 계산하는 추세가 확산됨에 따라 소매점들이 고객들의 구입가격을 실제보다 과대산정한다는 비난이 늘고 있다. 이러한 과대산정의 대부분은 관리의 미숙에서 비롯되는데, 정상판매가격인지 혹은 세일가격인지를 스캐너 시스템에 잘못 입력하는 것이 그 예이다. 그러나 때로는 의도적으로 과대산정하는 경우도 발생한다. 가격혼돈은 소비자들이 실제로 지불하는 가격이 얼마인지를 이해하기 어렵게 만드는 가격책정방법이 사용될 때 발생된다. 가령 소비자들은 주택융자금의 실제가격 혹은 자동차리스의 실제가격에 대해 오도되는 경우가 있다. 다른 예로는 가격과 관련된 주요 정보들이 멋진 광고물로 인해 묻혀버리는 경우이다.

여러 연방법규와 주 법규는 기만적 가격정책 관행들을 규제한다. 예를 들어, 자동차 정보 공개조항(Automobile Information Disclosure Act)은 자동차 제조업체들로 하여금 신규 자동차의 차창에 제조업체의 권장소매가격, 옵션제품의 가격, 딜러의 운송료 등을 밝히는 문서를 붙이도록 요구한다. 그러나 명성이 높은 판매자들은 법이 요구하는 항목들 이상의 노력을 한다. 고객들을 공정하게 대하고 그들이 가격과 가격조건들을 충분히 이해하도록 만드는 것은 강력하고 지속적인 고객관계를 구축함에 있어 중요한 부분을 차지한다.

토의문제

1. 올바른 가격전략 수립과 실행은 기업 성공에 왜 중요한가?

2. 원가기반 가격결정에서 총비용을 구성하는 두 가지 비용유형이 있다. 두 가지 비용이 무엇이고 어떤 비용이 더 중요한지 설명하시오.

3. 가격결정에서 기업이 고려해야 할 4가지 요소를 설명하고 예를 제시하시오.

4. 두 가지 신제품 가격전략을 설명하고 예를 제시하시오. 각 전략에서 기업이 직면하는 도전에 대해 토의하시오.

5. 어떤 제품이 제품믹스 안에 있을 때 그 제품 가격을 변경해야 하는 이유는 무엇일까? 5가지 제품믹스 가격결정전략은 무엇인가?

6. 고정 가격전략과 동태적 가격전략을 비교하시오. 각 전략은 언제 어떻게 사용되는가?

비판적 사고 연습

1. 축하합니다! 방금 복권에 당첨되어 백만 달러의 수표를 받게 된다. 당신은 항상 자신의 사업을 소유하고 싶었고 지역의 푸드 트럭 수가 증가하는 것을 파악했다. 주방 관련 장비를 갖춘 새로운 푸드 트럭 가격은 약 100,000달러이다. 기타 고정비용에는 급여, 트럭 가스비, 면허비가 있으며 연간 약 50,000달러로 추정된다. 전통적인 지중해 요리를 제공하기로 결정했다. 변동비에는 접시당 6달러로 추정되는 식음료(고기, 쌀, 야채, 빵)가 포함된다. 식사 가격은 10달러이다. 푸드 트럭 사업의 손익분기점을 계산하시오. 손익분기점을 검토한 후 어떤 변경사항을 고려하겠는가? 이것이 당신이 복권 당첨금을 쓰고 싶은 방법인가?

2. Alicia는 자신의 미용실을 운영하는 자영업 헤어 스타일리스트이다. 그녀는 당신에게 더 많은 수익을 창출하는 방법에 대해 컨설팅해 줄 것을 요청했다. 이 장에서 설명한 가격조정전략을 사용하여 Alicia에게 전체 매출을 늘리는 옵션에 대해 조언하시오.

3. 당신의 회사는 시장 시험단계에서 성공한 것으로 입증된 아침식사용 체중 감량 쉐이크를 개발했다. 사용자들은 매주 평균 2파운드의 체중 감소를 경험했다. 제품에 대한 특허를 보유하고 있다. 쉐이크 생산 비용은 상대적으로 낮으며 총 제조비용은 온스당 약 0.05달러이다. 쉐이크 1개는 8온스이다. 이 제품에 대해 어떤 가격전략을 추천하는가?

10

마케팅 경로

소비자 가치 전달

학습목표

▶ **1** 기업이 왜 마케팅 경로를 이용해야 하는지 설명하고, 이러한 경로가 수행하는 기능을 토론한다.

▶ **2** 경로 구성원은 어떻게 상호작용하고, 경로의 과업을 수행하기 위해 어떻게 조직화되는지 알아본다.

▶ **3** 기업이 고려할 수 있는 주요 경로 대안을 생각해본다.

▶ **4** 기업이 경로 구성원을 어떻게 선발하고, 동기 부여하며, 평가하는지 설명한다.

▶ **5** 마케팅 유통과 통합 공급망 관리의 본질과 중요성을 토론한다.

개관

10장에서는 세 번째 마케팅 믹스 도구인 유통(distribution)을 살펴보겠다. 고객을 위한 가치를 창출하고 기업에 이익이 될 수 있는 고객관계를 구축하는 작업은 기업 단독으로 수행할 수 없다. 기업은 공급망(supply chain)과 마케팅 경로(marketing channel)에서 하나의 연결 역할만을 할 뿐이다. 그러므로 개별 기업의 성공은 자사의 마케팅 경로를 효과적으로 운영하는 것뿐만 아니라 전체적인 마케팅 경로가 경쟁사에 비해 얼마나 우수한 경쟁력을 갖느냐에 달려있다. 이 장에서는 먼저 마케팅 경로의 주요 문제인 마케팅 경로의 본질, 마케터의 경로설계와 관리 시 필요한 주요 의사결정을 살펴본다. 그 다음에 점점 더 중요해지고, 정교해지는 물적 유통(로지스틱스)을 살펴본다. 그 다음 장에서는 두 개의 주요 마케팅 경로 중간상(channel intermediaries)인 소매상과 도매상에 대해 상세히 알아볼 것이다.

우리는 Netflix를 살펴보면서 시작한다. Netflix는 혁신적인 유통을 통해 세계 최대 동영상 구독 서비스가 됐다. 그러나 야구 실력보다는 엉터리 표현으로 더 잘 알려진 야구의 거장 Yogi Berra가 "미래는 과거와 같지 않다."고 말한 적이 있다. Netflix가 동영상 유통업계 1위를 지키려면 무서운 속도로 혁신하거나 밀려나는 위험을 감수해야 한다.

Netflix의 채널혁신: 과거를 뒤로 하고 미래를 찾다

Netflix는 몇 번이고 혁신하여 비디오 엔터테인먼트 유통의 최고가 되었다. 2000년대 초, Netflix의 혁신적인 DVD-By-mail 서비스(DVD 메일 서비스)는 가장 강력한 영화 대여점을 제외한 모든 매장을 폐업시켰다. 2007년, Netflix의 당시 획기적이었던 디지털 스트리밍으로의 이동은 사람들이 영화와 다른 영상물에 접근하는 방식에 다시 한 번 혁신을 일으켰다. 이후, Netflix는 모든 디지털/모바일 기기에서 서비스 이용이 가능하게 만들고, 자체 오리지널 콘텐츠를 만들어서 새로운 지평을 계속해서 열었다. Netflix가 업계를 주도하면서, 영상 배급은 이제 최신 기술과 최첨단의 경쟁자들로 가득 차 있는데, 이는 엄청난 기회와 불편한 위기를 함께 제공한다.

한때 업계 전체를 지배했던 오프라인 영화대여점 체인, Blockbuster에게 물어보라. Netflix는 초기 DVD 메일 서비스와 함께 갑자기 나타났다. 처음에는 수천 명이, 그 다음에는 수백만 명의 구독자들이 Netflix의 혁신적인 유통모델로 빠져나갔고, 이는 Blockbuster의 시장주도성의 허점을 찔렀으며, 결국 그들을 무력하게 만들었다. 2010년 Netflix가 급등하면서, 한때 위대했던 Blockbuster는 파산 상태에 빠졌다.

Blockbuster가 부자에서 무일푼이 된 이야기는 오늘날 영상 유통 산업을 대표하는 혼란을 분명히 보여준다. 최근 단 몇 년 만에, 영상에 접근할 수 있는 옵션이 과할 정도로 많아졌다. Netflix가 승승장구하고 Blockbuster가 폭락한 동시에, Coinstar의 Redbox가 하루 1달러 DVD대여 키오스크라는 참신한 전국망을 구축하며 갑자기 나타났다. 그 후 Hulu와 Crackle 같은 첨단 기술을 갖춘 플랫폼들이 광고가 지원되는 무료 시청 모델을 통해 주문형 디지털 스트리밍을 추진하기 시작했다.

그 과정에서, Netflix는 경쟁의 선두에 남아있기 위해 과감히 행동해 왔다. 예를 들어, 2007년까지 Netflix는 10억 분의 DVD를 메일로 보내왔다. 그러나 성공에 머물러 있기 보다는, Netflix와 그 CEO인 Reed Hastings는 그들의 시야를 당시 혁신적이었던 새로운 영상 유통 모델로 돌렸다. 그것은 노트북부터 IPTV와 기타 와이파이 지원 장치를 망라한, 인터넷이 연결된 모든 기기에 Netflix를 제공하는 것이었다. Netflix는 여전히 인기가 좋았던 DVD 메일 서비스 사업을 희생하더라도, 월 회비의 일부로 회원들이 인터넷이 연결된 기기를 통해 실시간 영화를 스트리밍 할 수 있는 Watch Instantly 서비스를 선보였다.

Netflix가 디지털 스트리밍을 개척하지는 않았지만, 그들은 기술 개선과 최대 규모의 스트리밍 콘텐츠 라이브러리를 구축하는 것에 자원을 쏟아 부었다. 이는 대규모의 구독자 기반을 구축했고, 매출과 이익이 급증했다. 방대한 물리적 DVD 라이브러리와 각종 200여 개의 장치를 통해 접속 가능한 2만여 편의 고화질 영화 스트리밍 라이브러리를 가진 Netflix를 막을 수 있는 것은 아무것도 없어 보였다.

그러나 Netflix의 엄청난 성공은 많은 지략 있는 경쟁자들을 이끌

》》 Netflix의 혁신적인 유통전략: DVD 메일 서비스부터, 거의 모든 기기에서의 Watch Instantly 서비스와 비디오 실시간 스트리밍 서비스 그리고 오리지널 콘텐츠 제작에 이르기까지, 그들이 가장 잘하는 것들, 유통을 혁신하고 변혁하는 것을 통해 그 울부짖는 무리의 선두에 머물러 있다. 다음은 무엇일까?

sitthiphong/Shutterstock

어냈다. Google의 YouTube와 Apple의 iTunes 등 영상계의 거물들이 영화 다운로드 렌털을 시작했고, Hulu와 Amazon은 라이브러리를 확장하고, Hulu Plus, Amazon Prime Video와 같은 구독 기반 스트리밍 서비스를 추가했다. 계속해서 앞장 서기 위해, 심지어는 살아남기 위해서라도, Netflix는 혁신의 페달을 전속력으로 유지할 필요가 있었다. 그래서 2011년 여름, 야심차지만 위험한 행보로, CEO Hastings는 디지털 스트리밍에 모든 것을 건다는 결단을 했다. 그는 Netflix의 여전히 인기를 끌고 있는 DVD 메일 서비스를 별도의 구독비를 받는 다른 사업으로 분리했다.

일부 고객이 이탈하면서 구독수가 일시적으로 줄어들었음에도, Hastings는 선견지명이 있는 행보를 보였다. 지금 Netflix의 그 어느 때 보다 가장 큰 관심사는 동영상 스트리밍에 있다. 현재 이 회사의 유료 가입자 1억 1천 8백만 명 중 약 96.5%가 현재 스트리밍 전용 고객이다. Netflix 구독자들은 매달 놀랍게도 42억 시간 동안 영화와 TV 프로그램을 스트리밍한다. 평균적으로 주간 저녁 시간대는 Netflix가 북미

> Netflix는 몇 번이고 혁신하여 비디오 엔터테인먼트 유통의 최고가 되었다. 그러나 이 끓어오르는, 혼란한 업계의 최정상에 머무르기 위해서 Netflix는 유통 혁신의 페달을 최고 속도로 유지해야만 한다.

가정의 인터넷 트래픽 전체의 1/3을 차지하고 있다. 그리고 그 회사는 전 세계적으로 190개 이상의 국가들로 확대해왔다. 스트리밍은 이제 Netflix의 급성장하는 수익의 거의 모든 것을 차지하고 있다.

지속되는 성공에도 불구하고, Netflix는 그들의 유통 혁신기계를 멈출 수 없다는 것을 알고 있다. 경쟁은 눈에 보이지 않는 속도로 계속 움직이고 있다. 예를 들어, Amazon의 Prime instant video는 최고 등급 회원들에게 계속 확장되는 영화 및 TV쇼 라이브러리에 대한 스트리밍 접속권을 추가 비용 없이 제공한다. 모회사 Google의 자금력을 등에 업은 YouTube의 Red subscription service는 영상과 회원 전용 오리지널 프로그램, 최고 유튜버들의 영화를 광고 없이 볼 수 있는 접근권을 제공한다. 그리고, Netflix가 소비자들이 OTT 비디오 스트리밍을 위해 기존의 케이블이나 위성 TV 서비스를 버리는 Code-cutting 현상의 주역이 되었음에도, 전통적인 네트워크와 서비스는 Comcast의 Xfinity Streampix, HBO Now, CBS All Access, 그리고 DirectTV Now와 같은 그들만의 가입 스트리밍 옵션으로 맞서고 있다. 어떤 서비스들은 심지어 생중계 방송에 스트리밍 접속을 제공한다.

몇 년 동안 스트리밍이 그 산업의 주요 전달 모델로 자리 잡았기에, Netflix는 단순히 전달 자체만이 아닌, 콘텐츠가 영상 배급의 선두로 남기 위한 핵심이라는 것을 알고 있었다. 그들이 다른 경쟁자들보다 먼저 시작했다는 것을 고려했을 때, Netflix는 콘텐츠 경쟁에서 앞서 있다. 그러나 더 많은 경쟁자들이 대형 영화 및 텔레비전 콘텐츠 제공업체와 계약을 맺기 위해 열정적으로 일하기 때문에, 콘텐츠 라이센스 계약을 체결 및 유지하기가 더 어렵고 비싸졌다.

그래서, 또 다른 혁신적인 전환으로, 외부 콘텐츠에 대한 의존도를 줄이기 위해 Netflix는 그들만의 오리지널 콘텐츠를 급격한 속도로 제작하고 유통해왔다. 7년 전, Netflix는 HBO와 AMC에 House of Cards의 첫 두 시즌의 독점 방영권을 1억 달러에 제의하여 업계를 놀라게 했다. 그 방송은 큰 성공을 거두었고, Netflix는 Master of None, Unbreakable Kimmy Schmidt, Daredevil, 그리고 Orange Is the New Black을 포함한 다른 오리지널 시리즈를 만들기 위해 빠르게 움직였다.

Netflix의 스트리밍 경쟁사들이 자체 오리지널 콘텐츠를 만들어내며 다시 한 번 선두주자를 추격했지만 여전히 Netflix가 우위를 점하고 있다. 작년에 Netflix는 126편의 오리지널 시리즈나 영화를 발매했는데,

이는 어떤 단일 방송망이나 케이블 채널보다도 많은 양이다. Netflix는 매달 산더미 같은 콘텐츠를 내놓고 있으며, 그들의 라이브러리는 오리지널 시리즈, 영화, 다큐멘터리, 코미디 스페셜, 심지어 은퇴한 심야 방송의 전설 David Letterman과의 토크쇼 시리즈 등으로 넘쳐난다.

이 같은 노력 때문에 그 업계의 나머지는 앞다퉈 추격에 나섰다. 게다가 Netflix는 이제 시작했을 뿐이다. 내년에 Netflix는 오리지널 콘텐츠에 80억 달러라는 믿기 힘든 비용을 쓸 것이다. 그들은 80개라는 믿기 어려운 양의 오리지널 영화들을 개봉할 계획인데, 이는 모든 주요 할리우드 스튜디오의 생산량을 합친 것보다 많은 양이다. 그 의도는 분명하다. 더욱 소란스러운 비디오의 세계에서 Netflix는 콘텐츠의 소유권을 제한함으로써 자신의 운명을 통제하려는 것이다. Netflix 경영진에 따르면 1년 안에 이 회사의 방대한 비디오 라이브러리의 절반이 자체 오리지널 콘텐츠가 될 것이라고 한다.

이와 같이, Netflix는 우편 DVD 배달 서비스부터, 즉시 시청, 거의 모든 기기에의 비디오 스트리밍, 오리지널 콘텐츠로 우위를 점하는 것까지, 그들이 가장 잘하는 것들을 함으로써, 즉 유통을 혁신하고 변혁하는 것을 통해 그 울부짖는 무리의 선두에 머물러 있다. 최근 Fast Company가 선정한 가장 혁신적인 50대 기업 목록에서 Netflix는 Apple에 이어 2위다. 그들의 수익과 스트리밍 구독자 수는 지난 3년간 두 배 증가했고, 주가는 5년 동안 1,000% 급등했다.

그 다음은 무엇일까? 아무도 모른다. 그러나 한 가지는 확실해 보인다. 어떤 상황이 오든 Netflix가 변화를 주도하지 않는다면, 그들은 곧 뒤쳐질 위험을 감수할 것이다. 급변하는 이 사업에서는 새로운 책략이 빠르게 식상해진다. 한 헤드라인에서 알 수 있듯이, 앞서 나가기 위해서는 Netflix가 "과거를 버림으로써 미래를 찾아야" 한다.[1]

---

* Code-cutting: 지상파나 케이블에 가입해 TV를 시청하던 사람들이 가입을 해지하고 인터넷TV나 OTT(Over-The-Top) 등 새로운 플랫폼으로 이동하는 현상을 말한다.
* OTT(Over-The-Top) 서비스: 인터넷을 통해 방송 프로그램·영화·교육 등 각종 미디어 콘텐츠를 제공하는 서비스를 말한다.

Netflix의 이야기가 보여주듯이, 좋은 유통 전략은 고객가치에 강하게 기여하고 기업의 경쟁 우위를 창출할 수 있다. 그러나 기업은 그들 자신만으로는 고객에게 가치를 가져다 줄 수 없다. 대신에, 그들은 더 큰 가치 전달 네트워크에서 다른 회사들과 긴밀히 협력해야 한다.

공급망과 가치전달 네트워크

세품 혹은 서비스를 생산하여 구매지가 구매할 수 있도록 하기 위해 생산업자는 고객과의 관계 구축뿐만 아니라 기업 공급망의 주요 공급자와 유통업자와의 관계구축도 필요하다. 공급망은 "후방거래(upstream)"와 "전방거래(downstream)" 파트너로 구성된다. 기업 입장에서 후방거래는 제품, 서비스를 생산하기 위해 필요한 원료, 부품, 정보, 금융, 전문기술을 공급하는 기업의 집합체이다. 그러나 마케팅 관리자는 전통적으로 공급망의 "전방거래" 부분, 즉 고객(customer)을 상대하는 마케팅 경로(혹은 distribution channel, 유통 경로)에 집중해왔다. 도매상과 소매상 같은 전방거래 마케팅 경로(marketing channel) 파트너는 기업과 고객 사이의 실질적인 관계를 형성한다.

공급망(supply chain)은 기업관점에서의 만들고 판다(make-and-sell)를 나타내므로 매우 제한적이다. 원료, 생산 투입물, 그리고 공장의 생산용량은 마케팅 계획수립 시에 시작점이 된다. 더 나은 표현은 수요체인(demand chain)인데, 이것은 시장 관점에서 감지하고 반응한다(sense-and-respond)를 의미한다. 이러한 관점에서 기업의 마케팅 계획수립은 고객가치를 창출하기 위해 자원과 경영활동의 경로를 조직화함으로써 표적 고객의 욕구를 확인하고, 거기에 반응하는 것이다.

그러나 구매-생산-소비활동을 단계적이고 일직선의 관점에서 보면 수요체인도 매우 제한적일 수 있다. 그 대신 대부분의 기업은 오늘날 복잡하고, 지속적으로 진화하는 가치전달 네트워크를 구축하고 관리하는 데에 참여한다. 2장에서 정의했듯이 **가치전달 네트워크**(value delivery network)는 전체 거래시스템의 성과를 향상시키기 위해 파트너 관계를 형성한 제조업체, 공급업자, 유통업자, 최종고객으로 구성된다. 예를 들어, Toyota는 훌륭한 자동차를 만든다. 그러나 가장 잘 팔리는 캠리 모델과 같은 여러 제품군 중 하나를 생산하고 마케팅하기 위해서 Toyota는 마케팅과 영업 인력에서부터 금융과 운영 분야에 종사하는 사람들까지 회사 내의 거대한 네트워크를 관리한다. 그것은 또한 수천 개의 공급업체, 거래업체, 광고 대행사 및 다른 마케팅 서비스 회사들의 노력을 조정한다. 고객가치를 창출하고 브랜드의 "Let's Go Places" 포지셔닝을 확립하기 위해 네트워크 전체가 함께 기능해야 한다.

이 장에서는 가치전달 네트워크의 전방거래 측면인 마케팅 경로를 중점으로 다룬다. 우리는 마케팅 경로에 관하여 네 가지 주요 문제를 다루고자 한다. 첫째, 마케팅 경로의 본질은 무엇이며 왜 중요한가? 둘째, 경로기업이 기능을 수행하기 위해서 어떻게 상호작용하며 조직되는가? 셋째, 기업이 경로의 설계, 관리에서 직면하는 문제는 무엇인가? 넷째, 물적 유통과 공급망 관리는 고객을 유인하고 만족시키는 데에 어떤 역할을 하는가? 그리고 다음 장에서 우리는 소매상과 도매상의 관점에서 마케팅 경로를 살펴볼 것이다.

>> **가치전달 네트워크:** 자동차의 상품라인을 생산하고 마케팅함에 있어, Toyota는 브랜드의 "Let's Go Places" 약속을 함께 전달하기 위해 회사 내부의 사람들뿐만 아니라 수천 개의 외부 공급업체, 딜러, 마케팅서비스 회사들과 거대한 네트워크를 형성한다.
Toyota Motor Sales

가치전달 네트워크
(value delivery network)
전체 거래시스템이 더 나은 고객가치를 전달하도록 돕기 위해 파트너관계를 형성한 제조업체, 공급업자, 유통업자, 최종고객 간의 네트워크

마케팅 경로(marketing channel) 또는 유통경로(distribution channel)
개인 소비자나 기업 고객이 제품 혹은 서비스를 사용하거나 소비할 수 있도록 공급하기 위해 서로 돕는 상호의존적인 조직들의 집합

마케팅 경로의 본질과 중요성

최종소비자에게 직접 제품을 판매하는 생산자는 거의 없다. 대신에 생산자 대부분은 제품을 시장에 제공하기 위해 중간상을 이용한다. 생산자는 **유통경로**(distribution channel) **또는 마케팅 경로**(marketing channel)를 구성하는데, 마케팅 경로란 제품 혹은 서비스를 개인 소비자나 기업 고객이 사용하고, 소비할 수 있도록 하는 상호 의존적인 조직의 일체를 말한다.

기업의 유통경로 결정은 다른 마케팅 의사결정에 직접 영향을 미친다. 가격결정은 기업이 할인점을 이용하느냐, 고급 전문점을 이용하느냐, 혹은 온라인으로 소비자에게 직접 판매할 것인가에 달려있다. 기업의 판매인력과 커뮤니케이션에 관한 결정은 경로 파트너에게 어느 정도의 설득, 훈련, 동기 부여, 지원이 필요한가에 달려있다. 기업이 신제품을 개발하거나 취득하는 것은 이 제품이 경로 구성원들의 역량에 얼마나 적합한가에 달려 있을 수 있다.

기업은 종종 유통경로에 주의를 기울이지 않아 큰 손해를 입기도 한다. 반면에 많은 기업은 창의적인 유통경로를 구축함으로써 경쟁우위를 획득하기도 했다. 엔터프라이즈 렌트 어 카(Rent-A-Car)는 공항 밖 렌트 영업소 설치를 통해 자동차 대여 사업을 혁명적으로 바꾸었다. 애플은 아이튠즈(iTunes)에서 인터넷을 통해 아이팟(iPod)을 위한 음악을 판매함으로써 음악 구매 시장의 흐름을 자사로 돌려놓았다. 그리고 페덱스(FedEx)는 창의적이고 훌륭한 유통경로를 구축함으로써 우편 운송업에서 시장 선도자가 되었다. 우버(Uber)와 에어비앤비(Airbnb)는 공유모델을 통해 택시산업과 관광숙박산업에 일대 혼란을 가져왔다. 그리고 아마존닷컴은 판매 방식을 바꿔, 매장 없이 무엇이든, 어느 것이든 판매하는 인터넷의 월마트가 되었다.

유통경로 결정은 종종 다른 기업과 장기적인 관계를 필요로 한다. 예를 들어, 포드, 맥도날드, Nike 같은 기업은 광고, 가격, 판매촉진 프로그램을 쉽게 변경할 수 있다. 이들은 또한 오래된 제품을 없애고 시장의 기호에 맞는 신제품을 출시할 수 있다. 그러나 프랜차이즈 계약기업, 독립적인 판매상 혹은 대형 소매상과의 계약을 통해서 유통경로를 구축했다면, 시장환경이 변했다고 해서 이들을 회사 직영점이나 웹사이트로 대체하기란 쉽지 않을 것이다. 그러므로 경영자는 현재뿐만 아니라 미래의 판매환경에도 주목하여 유통경로를 신중하게 설계해야 한다.

경로 구성원은 어떻게 가치를 부가하는가

생산업자는 왜 판매업무를 유통업자에게 맡기는가? 판매업무를 맡기는 것은 제품이 어떻게, 누구에게 판매되는지에 대한 통제를 어느 정도 포기하는 것을 의미한다. 그럼에도 불구하고 생산업자가 중간상을 이용하는 것은 그들이 표적시장 고객에게 접근하는 데에 효율성이 더 높기 때문이다. 중간상은 그들의 네트워크, 경험, 전문성, 운영 규모를 통해 생산업자가 단독으로 성취할 수 있는 것 그 이상의 것을 제공한다.

그림 10.1은 중간상을 이용하는 것이 왜 경제적인지를 보여준다. 그림 10.1A는 3명의 소비자에게 접근하기 위해 직접 마케팅을 하는 3명의 생산업자를 보여준다. 이 시스템은 아홉 번의 서로 다른 거래가 필요하다. 그림 10.1B는 3명의 소비자와 접촉하는 하나의 유통업자를 이용하는 3명의 생산업자를 보여준다. 이 시스템은 단지 6번의 거래만이 필

>> **그림 10.1 유통업자는 어떻게 경로 거래를 줄이는가**

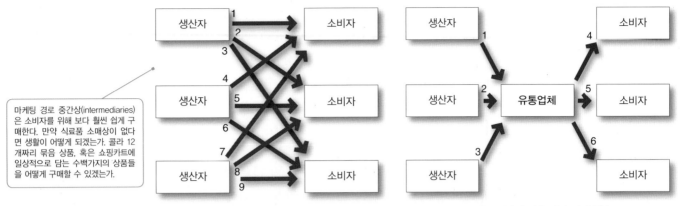

마케팅 경로 중간상(intermediaries)은 소비자를 위해 보다 훨씬 쉽게 구매한다. 만약 식료품 소매상이 없다면 생활이 어떻게 되겠는가. 콜라 12개짜리 묶음 상품, 혹은 쇼핑카트에 일상적으로 담는 수백가지의 상품들을 어떻게 구매할 수 있겠는가.

A. 유통업자가 없을 때의 거래 횟수   B. 유통업자가 있을 때의 거래 횟수

요하다. 이렇게 중간상은 소비자와 생산업자가 해야 할 일의 양을 줄여준다.

경제 시스템 관점에서 보면, 마케팅 중간상의 역할은 생산업자가 만든 제품의 구색을 소비자가 원하는 것으로 바꿔주는 것이다. 생산업자는 제품을 한정된 구색으로 대량 생산하지만, 소비자는 다양한 구색으로 소량만을 원한다. 마케팅 경로 구성원은 많은 생산업자로부터 대량구매를 하여 소비자가 원하는 다양한 구색을 갖추어 소량 판매한다.

예를 들어, 유니레버(Unilever)는 매일 수백만 개의 도브(Dove) 미용 비누를 만들지만, 고객은 한 번에 비누 몇 개만 사길 원한다. 그러므로 세이프웨이(Safeway), 월그린스(Walgreens), 타겟(Target)과 같은 식품점, 생필품점, 할인점은 도브 비누를 트럭 가득 구입하여 상점 선반 위에 진열해둔다. 그러면 소비자는 쇼핑카트 하나 가득 치약, 샴푸, 필요한 다른 여러 제품과 같이 도브 비누 한 개를 구입하게 된다. 즉 중간상은 수요와 공급을 연결시키는 중요한 역할을 한다.

제품과 서비스를 생산할 때에, 유통 경로 구성원은 상품과 서비스를 소비자와 분리시키는 시간, 공간, 소유의 중요한 간극(gaps)을 메우면서 부가가치를 창출한다. 마케팅 경로 구성원은 핵심적인 많은 기능을 수행하는데, 몇 가지 기능은 거래가 완성되도록 도움을 준다.

- **정보:** 소비자, 생산자, 그리고 거래를 계획하고 촉진하는 데에 필요한 마케팅 환경 영향요인에 관한 정보를 수집하고 배포함
- **촉진:** 상품(offer)에 대한 설득력 있는 커뮤니케이션을 개발하고 유포함
- **접촉:** 고객과 예상되는 구매자를 탐색하고, 커뮤니케이션 함
- **조정:** 상품(offer)을 구매자의 요구조건에 맞춤. 제조, 등급화, 조립, 포장 같은 활동이 포함됨
- **협상:** 제품의 소유권 이전을 위해 상품(offer)의 가격과 다른 조건에 대한 합의를 이끌어냄

다음 기능은 완성된 거래가 성사되도록 도움을 준다.
- **물적 유통:** 상품을 수송하고 저장함
- **금융:** 경로 활동에 따른 비용을 충당하기 위한 자금을 획득하고 사용함
- **위험부담:** 경로 활동을 수행하는 데 발생하는 위험을 부담함

문제는 이러한 기능이 반드시 수행되어야 하는지 여부가 아니라, '누가' 이 기능을 수행할 것인가이다. 생산자가 수행하면, 생산원가가 증가하고, 따라서 제품가격은 높아진다. 기능 중 일부를 중간상에게 위임한다면, 생산자의 원가와 제품가격은 낮아지지만, 중간상은 그들의 활동 비용, 그 이상을 청구할 것이다. 따라서 경로 활동을 분배할 때에는, 비용 대비 최상의 가치를 창출할 수 있는 경로 구성원에게 다양한 기능을 할당해야 할 것이다.

경로 수준의 수

경로 수준(channel level)
서로 다른 단계에 위치하면서 제품과 제품 소유권을 최종구매자에게 전달하는 업무를 수행하는 마케팅 중간상

직접 마케팅 경로
(direct marketing channel)
중간상을 거치지 않고 기업이 직접 소비자에게 제품을 판매하는 형태의 마케팅 경로

간접 마케팅 경로
(indirect marketing channel)
최종소비자에게 제품을 판매하는 과정에서 하나 혹은 그 이상의 중간상이 개입되는 형태의 마케팅 경로

기업은 제품과 서비스를 소비자가 서로 다른 방식으로 구매할 수 있도록 유통경로를 설계한다. 제품과 제품의 소유권을 최종구매자에게 전달하는 업무를 수행하는 각각의 마케팅 중간상을 **경로 수준**(channel level)이라고 한다. 생산자와 최종소비자 역시 특정 활동을 하기 때문에 각 경로의 일부분이다.

중간상 수준의 수는 경로의 길이를 나타내는데, 그림 10.2는 서로 길이가 다른 소비자와 생산자 경로를 보여준다. 그림 10.2A는 평범한 몇 가지 소비자 유통 경로를 보여준다. **직접 마케팅 경로**(direct marketing channel)인 경로 1은 중간상이 없는 경로로써, 기업이 직접 소비자에게 제품을 판매하는 것이다. 예를 들어, 메리 케이(Mary Kay) 코스메틱스와 암웨이(Amway)는 제품을 가정용, 사무실용 판매자(sales party)를 통한 방문판매와 인터넷과 소셜 미디어 판매를 한다. 게이코(GEICO)보험에서 오마하 스테이크(Omaha Steaks)에 이르기까지 기업들은 전화와 인터넷 그리고 모바일을 통해 직접 판매를 한다. 그림 10.2A의 나머지 경로는 하나 혹은 그 이상의 중간상이 개입된 **간접 마케팅 경로**(indirect marketing channel)이다.

그림 10.2B는 일반적인 산업재의 유통경로를 보여준다. 산업재 마케팅 관리자는 자사의 판매직원을 이용하여 직접 산업재 고객에게 판매하거나 다양한 형태의 중간상에

》》 그림 10.2 소비재와 산업재 마케팅 경로

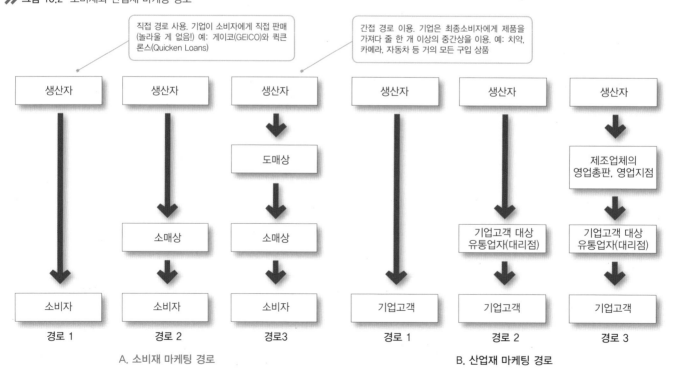

A. 소비재 마케팅 경로　　　　　　　　　　　　　　　B. 산업재 마케팅 경로

게 판매하고, 중간상이 산업재 고객에게 판매한다. 때로는 더 많은 경로 수준을 가진 소비재와 산업재 마케팅 경로도 있지만, 매우 드물다. 생산자 관점에서 보면 더 많은 경로 수준은 통제력이 약해지고 경로가 더 복잡해진다는 것을 의미한다. 또한 경로 내의 모든 유통기관은 몇 가지 유형의 흐름에 연결돼 있다. 이 흐름에는 제품의 물적 유통 흐름(physical flow), 소유권의 흐름(flow of ownership), 지불의 흐름(payment flow), 정보의 흐름(information flow), 촉진의 흐름(promotion flow)이 있다. 이 흐름은 오직 하나의 경로로 구성될 수도 있고, 또는 매우 복잡한 몇 개의 수준을 가진 경로로 구성될 수도 있다.

경로 행동과 조직

유통경로는 다양한 흐름으로 결속되어 있는 기업의 단순한 집합체, 그 이상의 의미가 있다. 유통경로는 개인, 기업, 경로목적을 달성하기 위해 상호작용하는 사람과 기업으로 된 복잡한 행동 시스템이다. 어떤 경로 시스템은 느슨하게 조직된 기업 사이의 비공식적인 상호작용만으로 구성되고, 또 다른 경로 시스템은 강력한 조직구조로 관리되는 공식적인 상호작용으로 구성되기도 한다. 게다가 경로 시스템은 변한다. 새로운 형태의 중간상이 출현하거나 완전히 새로운 경로 시스템이 개발되기도 한다. 경로 행동과 경로 구성원이 경로 활동(the work of the channel)을 수행하기 위해 어떻게 조직화하는지 살펴보자.

> **저자 코멘트**
> 경로는 종이 위의 박스와 화살표 이상의 것으로 만들어진다. 경로는 개별적이고 집단적인 목적을 완성하기 위해 상호작용을 하는 실제의 기업과 사람들로 이루어진 행동 시스템이다. 이는 사람들의 모임과 같이 때로는 잘 기능하지만 때로는 그렇지 못하다.

경로 행동

마케팅 경로는 서로의 이익을 위해 협력하는 기업으로 구성되어 있다. 즉 각 경로 구성원은 다른 구성원에게 의존한다. 예를 들어, 포드 딜러는 소비자 욕구에 맞는 자동차를 디자인하는 포드사에 의존한다. 마찬가지로 포드사는 고객을 유인하고, 포드 자동차를 구입하도록 설득시키고, 판매 후 서비스를 제공하는 딜러에게 의존한다. 또한 각각의 포드 딜러는 브랜드 명성을 높여줄 좋은 판매와 서비스를 제공하는 다른 딜러에게 의존한다. 사실 개별 포드 딜러의 성공은 포드 전체 마케팅 경로가 Toyota, GM, Honda 그리고 다른 자동차 제조업체의 경로와 얼마나 잘 경쟁할 수 있느냐에 달려있다.

각각의 경로 구성원은 경로에서 전문화된 역할을 수행한다. 예를 들어, 삼성(Samsung)의 역할은 소비자가 선호할 만한 전자제품을 생산하고, 전국적 광고를 통해서 수요를 창출하는 것이다. 베스트 바이(Best Buy)의 역할은 삼성제품을 알맞은 장소에 진열하고, 구매자의 질문에 답변하며, 판매를 완료하는 것이다. 경로는 각 구성원이 가장 잘 하는 임무를 맡을 때 가장 효과적이다.

개별 경로 구성원의 성공은 전체 경로의 성공에 달려있기 때문에 모든 경로기업은 원활하게 협력해야 한다. 그들은 자신의 역할을 이해하고 수용해야 하고, 활동을 조정하며, 전체경로의 목표를 달성하기 위해 협력해야 한다. 그러나 이러한 거시적인 시각을 가진 경로 구성원은 좀처럼 드물다. 전체경로 목표를 달성하기 위해 협력한다는 것은 때로는 개별기업의 목표를 포기해야 함을 의미하기 때문이다. 비록 경로 구성원이 서로 의존하고 있다 하더라도 종종 자신의 단기적인 최상의 이익을 위해 독자적인 행동을 한다. 그들은 흔히 누가 어떤 일을 해야 하는지, 일에 대한 보상이 무엇인지 의견이 서로 다르

경로 갈등(channel conflict)
경로 구성원들 간에 목표, 수행해야 할 역할, 받아야 할 보상, 즉 누가 어떤 일을 해야 하고 어떤 보상을 얻기 위해 그 일을 해야 할지에 대한 의견 불일치

다. 목표, 역할, 보상에 대한 의견 불일치는 **경로 갈등**(channel conflict)을 초래한다.

수평적 갈등(horizontal conflict)은 경로상 같은 수준에 있는 기업 사이에서 발생하는 갈등을 말한다. 예를 들어, 시카고의 어떤 포드 딜러는 같은 도시의 다른 판매상이 가격을 너무 낮게 책정하거나 지정된 지역 밖에까지 광고를 함으로써 자신의 판매를 빼앗아 간다고 불평한다. 혹은 홀리데이인(Holiday Inn)의 프랜차이즈 가맹점은 다른 가맹점이 손님에게 숙박료를 과다하게 청구하거나 나쁜 서비스를 제공함으로써 전체 홀리데이인의 이미지에 손상을 준다고 불평한다.

수직적 갈등(vertical conflict)은 경로상 서로 다른 수준에 있는 기업 사이에서 생기는 갈등으로, 수평적 갈등보다 더 빈번하게 발생한다. 예를 들면 호주의 한 프랜차이즈 회사인 Retail Food Group(RFG) 유한회사는 그들의 가맹점주들과의 악화된 분쟁에 최근 휘말렸다.[2]

RFG는 Gloria Jean's Coffees, Brumby's Bakeries, Donut King 등 다양한 브랜드를 통해 호주와 58개 개별 시장에 프랜차이즈 네트워크를 운영하고 있다. 2018년 RFG는 6개월 동안 8,800만 달러의 손실을 보고했고, 이 회사는 비양심적인 경영과 기만적인 행동으로 가맹점주들로부터 고소를 당했다. RFG는 오랫동안 프랜차이즈 브랜드 인수와 프랜차이즈 네트워크 확장을 포함하는 공격적인 성장 전략을 추구해 왔다. 신뢰할 수 있고 수익성이 있는 프랜차이즈 제공업체로 자리매김하면서, 이 회사는 직면하고 있는 여러 가지 어려움을 감출 수 있었다. 이 회사는 그들의 가맹점주에게 지나친 광고 비용과 품질이 나쁜 식품을 공급하고도 높은 가격을 부과하는 것을 통해 이익을 거둔 것으로 고소당했다. 300개에 가까운 가맹점주들이 RFG를 상대로 한 집단소송에 서명했다. 피해 가맹점을 대변하는 로펌이 소송자금을 확보하지 못해 2018년 중반 RFG에 대한 집단소송이 취하되었음에도 불구하고, 이들은 컨설팅 업체인 Franchise Redress에 도움을 요청했다. 이 회사가 법정손실 3억 700만 달러를 기록하며 2018년 8월 실망스러운 2018 회계연도 실적을 기록한 후에도, RFG 주주들에게는 연이어 나쁜 소식이 쏟아졌다. 그 발표 이후 RFG의 주가는 10% 하락했다. 2018년 12월 '대형 구조조정'의 일환으로 RFG 대표이사가 1년도 채 안 돼 사임했다.

▶▶ **경로 갈등:** 가맹주들의 높은 불만은 Retail Food Group, 그리고 Donut King과 같은 그들의 브랜드에게는 걱정스러운 것이다.

Charles Lewis/Shutterstock.com

약간의 경로 갈등은 건전한 경쟁을 가져오기도 한다. 이러한 경쟁이 없었더라면, 경로가 수동적이고 비혁신적이 될 수 있다는 점에서 경로에 유익할 것이다. 예를 들어, RFG와 가맹점 사이의 갈등은 경로 협력자들 각각의 권리를 넘어서서 정상적으로 주고받는 (give-and-take) 관계를 형성했다. 그러나 격렬하고 장기적인 경로 갈등은 경로의 효율성을 저하시킬 수 있으며, 경로 관계에 지속적인 손해를 입힐 수도 있다. RFG는 경로 갈등이 과도해지지 않도록 조심스럽게 이를 관리해야 한다.

수직적 마케팅 시스템

유통경로 전체가 잘 운영되기 위해서는 각 경로 구성원의 역할이 명확하게 할당되고, 경로 갈등이 관리되어야만 한다. 만일 역할을 할당하고 갈등을 관리할 수 있는 능력이 있거나 리더십이 있는 기업, 기관 혹은 메커니즘을 이용한다면 경로는 더 잘 운영될 수 있을 것이다.

역사적으로 보면, 통제력과 능력이 결여된 전통적인 유통경로는 종종 경로 갈등과 좋지 못한 경로성과 때문에 손해를 입었다. 그러나 최근 가장 큰 경로발전 중의 하나는 경

>> 그림 10.3 전통적 마케팅 경로와 수직적 마케팅 시스템 비교

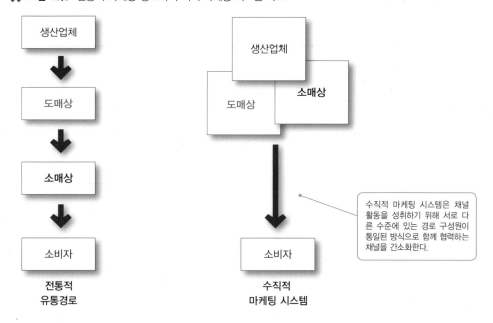

수직적 마케팅 시스템은 채널 활동을 성취하기 위해 서로 다른 수준에 있는 경로 구성원이 통일된 방식으로 함께 협력하는 채널을 간소화한다.

전통적
유통경로

수직적
마케팅 시스템

로 리더십을 제공하는 수직적 마케팅 시스템(vertical marketing system)의 출현이다. 그림 10.3은 두 가지 형태의 유통경로를 비교하고 있다.

　전통적인 유통경로(conventional distribution channel)는 하나 혹은 그 이상의 독립적인 생산자, 도매상, 소매상으로 구성된다. 각각은 경로 시스템 전체를 희생하여 자신의 이익 극대화를 추구하는 개별 사업단위이다. 어떤 경로 구성원도 다른 구성원보다 더 많은 통제력을 갖지는 않으며, 역할을 할당하고, 경로 사이의 갈등을 해결할 공식적인 수단도 없다.

　이와 반대로 **수직적 마케팅 시스템**(vertical marketing system, VMS)은 하나의 통일된 시스템으로 행동하는 생산자, 도매상, 소매상으로 구성된다. 한 경로 구성원이 다른 구성원 모두를 소유하기도 하고, 또는 계약을 맺거나 그들 모두 협력하게 할 수 있는 강력한 힘을 행사한다. 수직적 마케팅 시스템은 생산자, 도매상 혹은 소매상 어느 누구에 의해서도 지배될 수 있다.

　이제 수직적 마케팅 시스템의 세 가지 주요 유형(기업형, 계약형, 관리형)을 살펴본다. 각각의 유형은 경로에서 리더십과 힘을 확보하기 위해 서로 다른 수단을 사용한다.

기업형 VMS

기업형 VMS(Corporate VMS)는 하나의 소유권에서 생산과 유통의 연속적인 단계를 통합한다. 또한 조정과 갈등 관리는 정규적인 조직적 경로를 통해 이루어진다. 예를 들면, 거대 식료품 기업 Kroger는 유제품 공장 17개, 제과제빵 공장 7개, 식료품 공장 5개, 냉동 도우 공장 2개, 음료수 공장 2개, 치즈 공장 2개, 아이스크림 공장 2개, 육류 공장 2개 등 모두 38개의 제조공장을 갖고 있다. 매장 진열대에서 판매되는 유통업체 브랜드제품 13,000개 중에서 약 40% 제품에 대해 공장에서 매장까지 경로를 통제한다.[3]

　이와 유사하게, 이탈리아의 거의 알려지지 않은 안경 제조업체인 Luxottica는 자체 브랜드인 Ray-Ban, Oakley, Persol, Vogue와 라이센스 브랜드인 Burberry, Chanel, Polo Ralph Lauren, Dolce & Gabbana, DKNY, Prada, Versace, Michael Kors

전통적 유통경로
(conventional distribution channel)
하나 혹은 그 이상의 독립적인 생산업체, 도매상, 소매상이 경로 시스템 전체의 이익이 희생되더라도 자신의 이익을 극대화하려고 하는 형태의 유통경로

수직적 마케팅 시스템
(vertical marketing system, VMS)
생산업체, 도매상, 소매상이 통합된 시스템의 일원으로 역할을 수행하는 형태의 경로 구조로써, 한 경로 구성원이 다른 구성원을 소유하거나, 그들과 계약관계를 맺거나 혹은 함께 협력하도록 강력한 힘을 행사함

기업형 VMS(Corporate VMS)
기업형 VMS는 하나의 소유권하에서 생산과 유통의 연속적인 단계를 형성함. 경로 주도권은 공통의 소유에 의해 형성됨

등 많은 유명한 아이웨어 브랜드를 생산하고 있다. 그리고 Luxottica는 세계 최대의 안경 체인들인 LensCrafters, Pearle Vision, Sunglass Hut, Target Optical, Sears Optical을 통해 이들 브랜드의 유통을 통제하고 있는데, 이 체인들을 소유도 하고 있다. 전체적으로 수직적 통합을 통해 Luxottica는 미국 안경 시장의 60~80%를 점유하고 있다. 그리고 Luxottica는 최근 세계 최대 렌즈 제조업체인 Essilor와 합병해 공급망에 대한 수직적 통제를 더욱 강화했다.[4]

계약형 VMS

계약형 VMS(Contractual VMS)
생산과 유통과정의 서로 다른 단계에 있는 독립된 회사들이 계약을 통해 함께 협력하는 형태의 수직적 마케팅 시스템

계약형 VMS(Contractual VMS)는 계약을 통해 결합한, 생산과 유통에서 서로 다른 단계에 있는 독립된 회사로 구성된다. 이 계약을 통해 독립된 기업 각자가 독자적으로 달성할 수 있는 것보다 더 많은 경제성이나 판매효과를 얻을 수 있다. 경로 구성원들은 계약적 합의에 따라 역할조정과 갈등관리를 위해 협조한다.

프랜차이즈 조직(franchise organization)
가맹점 본부로 불리는 경로 구성원이 계약을 통해 생산-유통과정의 여러 단계를 연결시키는 형태의 계약형 수직적 마케팅 시스템

프랜차이즈 조직(franchise organization)은 계약적 관계의 가장 일반적인 유형인데, 프랜차이저(franchisor)라고 하는 경로 구성원은 생산-유통과정의 여러 단계를 연결한다. 미국에서만, 746,000개 이상의 프랜차이즈 매장이 연간 4,250억 달러 이상의 판매고를 올리고 있다.[5] 즉 모텔, 패스트푸드 레스토랑에서 치과와 중매 서비스업에 이르기까지, 결혼상담소와 잡역 서비스(handyman services)부터 장례식장과 피트니스, 그리고 이삿짐센터까지 거의 대부분의 사업 형태가 프랜차이즈이다. 가맹사업(franchising)은 사업가들이 좋은 사업적 구상으로 그들의 사업을 빠르고 수익성있게 성장시킬 수 있도록 해준다. 예를 들어, 영국계 다국적 기업이며 세 가지의 서로 다른 비즈니스 모델을 가지고 있는 InterContinental Hotel Group(IHG)을 생각해 보자. 이 회사는 직영 모델, 위탁 운영 모델, 그리고 프랜차이즈 모델을 가지고 있다. 프랜차이즈는 영업 이익의 90% 이상을 창출한다. 이 사업 모델은 변동성이 제한되어 있고 한정된 자본으로 수익 성장에 집중할 수 있기 때문에 유용하다. 그 때문에 IHG는 작은 회사에서 국제적으로 유명한 호텔 브랜드로 성장했다. 이 회사는 총 4,096개의 가맹 호텔과 514,984개의 객실로 전 세계에 진출해 있다.[6]

▶▶ 프랜차이즈 시스템: 프랜차이징을 통해, IHG는 4,096개 호텔 체인으로 급성장했다.

프랜차이즈에는 세 가지 유형이 있는데, 첫 번째 유형은 제조업자 후원 소매상 프랜차이즈 시스템(manufacturer-sponsored retailer franchise system)으로, 포드의 독립 프랜차이즈 딜러 네트워크가 대표적인 예이다. 두 번째 유형은 제조업자 후원 도매상 프랜차이즈 시스템(manufacturer-sponsored wholesaler franchise system)인데, 코카콜라를 그 예로 들 수 있다. 다양한 시장에서 활동하고 있는 도매상 보틀러(bottler)는 코카콜라로부터 원액을 구입해서, 이를 완제품으로 만들어 지역시장의 소매상에게 판매한다. 세 번째 유형은 서비스회사 후원 소매상 프랜차이즈 시스템(service-firm-sponsored retailer franchise system)이다. 예를 들면, 지미존스(Jimmy Johns)와 그 회사가 운영

하는 미국의 2,600여 개의 프랜차이즈 레스토랑이다. 다른 예로는 자동차 렌탈[헤르츠(Hertz), 애비스(Avis)], 의류 소매상[애틀리츠풋(The Athlete's Foot), 플라토스 클로짓(Plato's Closet)], 모텔[홀리데이인(Holiday Inn), 햄프턴인(Hampton Inn)]에서부터 보충 학습[헌팅턴 러닝 센터(Huntington Learning Center)], 개인 서비스[투 맨 앤 트럭(Two Men and a Truck), 애니타임 피트니스(Anytime Fitness), 미스터 핸디맨(Mr. Handyman)] 등에 이르는 곳들이다.

대부분의 소비자가 계약형 VMS와 기업형 VMS의 차이를 말할 수 없다는 사실은, 계약형 조직이 얼마나 성공적으로 기업형 체인과 경쟁하고 있는지 보여주는 것이다. 다음 장에서 다시 다양한 계약형 VMS들을 자세히 살펴보기로 하자.

관리형 VMS

관리형 VMS(Administered VMS)에서 리더십은 공동 소유권이나 계약관계에 의해서가 아니라, 한 곳 혹은 몇몇 우월한 경로 구성원의 규모와 힘으로 행사된다. 시장점유율이 높은 상표의 제조업자는 유통업자로부터 강력한 협조와 지지를 얻을 수 있다. 예를 들어, P&G, 애플은 디스플레이, 진열대 공간, 판매촉진, 가격정책과 관련해서 수많은 유통업자에게 이례적인 협조를 요구할 수 있다. 또한 월마트(Walmart), 홈디포(Home Depot), 크로거(Kroger) 같은 대형 소매상은 자신이 판매할 제품을 공급하는 제조업자에게 강력한 영향력을 행사할 수도 있다.

예를 들어, 월마트(Walmart)와 상품 공급업체가 밀고 당기기를 할 때, 미국에서 가장 큰 식료품 잡화점 – 미국 식료품 판매 총량 중 21%를 차지하는 – 인 월마트는 보통 원하는 것을 얻는다. 예를 들어 제조업체 클로록스(Clorox)의 강력한 소비자 브랜드 선호도는 기업의 협상력을 높여주지만, 월마트는 보다 많은 카드를 갖고 있다. 월마트에서의 클로록스 상품 판매율이 클로록스 전체 판매율의 27%를 차지하는 반면, 클로록스의 제품들은 월마트의 매입품 중 0.3%를 차지할 뿐이며, 그렇기 때문에 양측의 관계에서 월마트는 단연코 지배적 위치에 있다. 월마트에 판매량의 1/3 가량을 의존하고 있지만 월마트의 매입품 중 0.1% 정도만을 차지하는 Cal-Maine Foods와 이 기업의 Eggland's Best 브랜드의 경우 상황은 더욱 좋지 않다. 이러한 브랜드의 입장에서는 거대 소매점과의 밀접한 협력관계를 유지하는 것이 매주 중요하다.[7]

수평적 마케팅 시스템

또 다른 경로발전의 형태인 **수평적 마케팅 시스템**(horizontal marketing system)은 새로운 마케팅 기회를 추구하기 위해 같은 경로 수준에 있는 둘 혹은 그 이상의 기업이 결합한 것이다. 이들 기업은 함께 일함으로써 단독으로 사업할 때보다 더 좋은 성과를 달성하기 위해 자본, 생산, 마케팅 자원을 결합한다.

기업은 경쟁사 혹은 비경쟁사와 힘을 합칠 수 있다. 서로 단기적 혹은 영구적으로 함께 일하며, 또 다른 경우에는 새로운 별도의 기업을 설립하기도 한다. 예를 들어 Target은 비경쟁자인 Starbucks와 제휴하여 커피 판매대를 매장에 배치한다. Starbucks는 Target 매장의 엄청난 방문고객으로부터 이득을 얻고, Target은 쇼핑객들에게 카페인을 공급하고 쇼핑할 준비가 되게 한다. Target은 CVS Health와도 제휴를 맺었는데, 이로써 Target 매장 내에서 CVS 약국과 Minute Clinic을 운영함으로써 "매장 속 매

관리형 VMS(Administered VMS)
특정 경로 구성원이 규모와 힘을 기반으로 생산과 유통과정의 여러 단계를 조정하는 형태의 수직적 마케팅 시스템

수평적 마케팅 시스템
(horizontal marketing system)
새로운 마케팅 기회를 추구하기 위해 같은 경로 수준에 있는 둘 혹은 그 이상의 기업이 함께 협력하는 형태의 경로구조시스템

▶▶ 수평적 마케팅 경로: Finnair는 British Airways, American Airlines, Iberia와 상호이익을 위한 파트너십을 형성하여, 그들의 고객들에게 더 많은 기회와 더 좋은 연결을 제공한다.

TRISTAR PHOTOS/Alamy Stock Photo

장" 운영을 하게 되었다. 이 제휴는 CVS Health가 1,700개 이상의 약국과 80개의 병원을 Target 매장들의 내부에 있는 최고 좋은 위치에 둘 수 있게 한다. 그와 동시에, Target은 핵심 제품 설계, 제품구색 및 마케팅 등 핵심 강점에 초점을 맞추게 하는 동시에, 고객이 원하는 전문 약국과 의료 서비스를 고객에게 제공한다.[8]

이러한 경로 협력은 국제적으로 작동하기도 한다. 예를 들어, Finnair는 대서양 횡단 노선의 더 많은 선택, 더 나은 연결편, 더 나은 가격을 고객에게 제공하기 위해 British Airways, American Airlines, 그리고 Iberia와 협력한다. 이는 고객을 위한 국제적 이동 경험을 보다 쉽고 유익하게 해준다. British Airways는 Oneworld Alliance의 일부로써, 많은 경유편을 허용한다. 따라서 같은 항공 동맹에 속해 있는 항공사들은 여행사를 통해 승객의 규모를 늘릴 수 있다. 항공 동맹의 전제는 한 항공사에서 좌석을 예약하는 여행사는 같은 제휴에 소속된 연결 항공사에도 좌석을 예약할 가능성이 높다는 것이다.[9]

복수경로 유통 시스템

복수경로 유통 시스템
(multichannel distribution system)
한 기업이 하나 이상의 고객 세분시장에 접근하기 위해 둘 이상의 마케팅 경로를 도입하는 형태의 경로 시스템

과거에 많은 기업이 하나의 시장이나 세분시장에 제품을 판매하기 위해 하나의 경로만을 사용했다. 그러나 오늘날 고객 세분시장과 경로대안(channel possibilities)이 늘어남에 따라 더 많은 기업이 **복수경로 유통 시스템**(multichannel distribution system)을 이용하고 있다. 복수경로 마케팅은 하나의 기업이 하나 혹은 그 이상의 고객 세분시장에 도달하기 위해서 두 가지 또는 그 이상의 마케팅 경로를 사용하는 경우 발생한다. 그림 10.4는 복수경로 마케팅 시스템(multichannel marketing system)을 보여주

▶▶ 그림 10.4 복수경로 유통 시스템

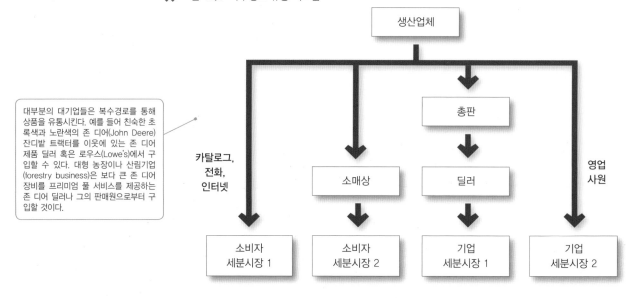

대부분의 대기업들은 복수경로를 통해 상품을 유통시킨다. 예를 들어 친숙한 초록색과 노란색의 존 디어(John Deere) 잔디밭 트랙터를 이웃에 있는 존 디어 제품 딜러 혹은 로우스(Lowe's)에서 구입할 수 있다. 대형 농장이나 산림기업(forestry business)은 보다 큰 존 디어 장비를 프리미엄 풀 서비스를 제공하는 존 디어 딜러나 그의 판매원으로부터 구입할 것이다.

고 있다. 생산자는 카탈로그, 텔레마케팅, 인터넷을 이용하여 소비자 세분시장 1에 직접 판매하며, 소매상을 통해서 소비자 세분시장 2에 도달한다. 생산자는 유통업자(distributors)와 딜러(dealers)를 통해서는 기업 세분시장 1에, 자사의 판매인력을 통해서는 기업 세분시장 2에 각각 간접적으로 판매한다.

최근 대부분의 대기업과 중소기업이 복수경로를 이용하고 있다. 예를 들어, 존 디어(John Deere)는 친숙한 초록색과 노란색의 잔디밭 및 텃밭용 트랙터, 잔디깎이(mower), 야외용 전기품을 존 디어 소매점, 로우(Lowe)의 주택개조 상점, 온라인 등의 몇몇 유통 경로를 통해 소비자와 상업적 고객(commercial user)에게 판매한다. 트랙터, 콤바인, 플랜터, 그밖의 농업용 기구들은 고급형 존 디어 딜러 네트워크를 통해 판매하고 서비스한다. 그리고 대형 건설 및 벌목 장비들은 정해진 대형 풀서비스 존 디어 대리점과 판매원들을 통해 판매한다.

복수경로 유통 시스템은 규모가 크고 복잡한 시장에 직면하고 있는 기업에 많은 이점을 제공한다. 각각의 새로운 경로를 통해 매출을 증가시키고, 시장 범위를 확대할 수 있으며, 상이한 세분시장의 특별한 요구에 자사의 제품과 서비스를 맞출 수 있는 기회를 얻을 수 있다. 그러나 그와 같은 복수경로 시스템은 통제가 어렵고, 여러 경로가 서로 고객을 획득하고 판매를 증가시키기 위해 경쟁하므로 갈등이 발생할 수 있다. 예를 들어, 존 디어가 로우(Lowe)의 주택개조 상점에서 특정한 소비재들을 판매하기 시작했을 때, 많은 대리점들이 거칠게 항의했다. 이러한 갈등을 피하기 위해, 회사는 모든 웹사이트상의 판매물품을 존 디어 대리점으로 보내주었다.

변화하는 경로조직

기술의 변화, 직접 마케팅과 온라인 마케팅의 폭발적인 성장은 마케팅 경로의 본질과 설계에 큰 영향을 주고 있다. 한 가지 중요한 추세는 **탈중간상화**(disintermediation)이다. 이는 탈중간상화는 제품과 서비스 생산자가 중간상을 배제하고 직접 최종구매자에게 접근하거나 새로운 형태의 유통 중간상이 전통적인 경로를 급진적으로 대체함으로써 발생한다.

탈중간상화(disintermediation)
제품이나 서비스 생산자가 마케팅 채널 중간상을 배제하거나, 혁신적인 새로운 유형의 중간상으로 전통적 유통업자를 교체

그러므로, 많은 산업에서, 전통적인 중개업자들은 온라인 마케터들이 전통적인 오프라인 소매업자들로부터 사업을 가져가는 경우처럼 밀려나고 있다. 예를 들어, iTunes나 Amazon과 같은 온라인 음악 다운로드 서비스는 전통적인 음반가게 판매점들을 거의 파산시켰고, 물리적 음반 판매는 현재 음반시장 수익의 22% 미만을 차지하고 있다. 그러나, Spotify, Amazon Prime Music, Apple Music과 같은 스트리밍 음악 서비스들은 이제 디지털 다운로드 서비스를 중단시키고 있다. 현재 음악 다운로드는 음반 산업 매출의 24%로 축소되어 스트리밍의 51%에 비교되고 있다.[10]

탈중간상화는 생산업자와 소매업자 모두에게 기회와 문제를 동시에 제시한다. 경로에 가치를 더하는 새로운 방법을 찾은 경로 혁신가들은 전통적인 소매상

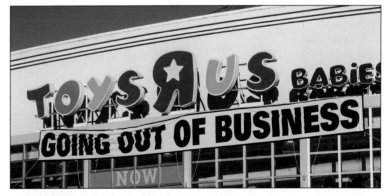

➤➤ 탈중간상화: Toys "R" Us는 한때 그들을 장난감을 사기에 최고의 장소로 만들었던 슈퍼스토어 구성 방식을 개척했다. 그러나 Walmart와 같은 대형 할인점과 Amazon과 같은 온라인 판매업체에 장난감 시장 판매의 희생양이 된 후, 이 거대 소매업체는 영업을 중단하고 점포의 문을 닫을 수밖에 없었다.

Sundry Photography/Shutterstock

을 밀어내고 보상을 얻었다. 예를 들어, 앱 기반의 라이드헤일링 서비스인 Lyft와 Uber 는 더 낮은 요금으로 더 나은 고객경험을 제공함으로써 전통적인 택시와 렌터카 서비스를 빠르게 중단시키면서 확대되고 있다. 반대로, 전통적인 중간상은 밀려나지 않기 위해 혁신 을 계속해야만 한다.

예를 들어, Toys "R" Us는 한때 그들을 장난감과 유아용품을 구입하기에 최고의 장 소로 만들어 영세 장난감 점포들을 폐업하게 했던 슈퍼스토어 체제를 개척했다. 그러나 최근 몇 년 동안, Toys "R" Us는 장난감 시장 판매의 주요 변화에 적응하지 못했는데, 처음에는 Walmart와 Target과 같은 대형 할인점, 그리고 다음에는 Amazon과 같은 온라인 판매업체들과의 경쟁에 관한 것이었다. 2021년까지 장난감 및 유아용품 구매의 28%가 온라인으로 이루어질 것으로 추정되는데, 이것은 Toys "R" Us가 심하게 뒤처지 는 영역이다. Amazon은 이제 Walmart가 Amazon을 디지털적으로 바짝 뒤쫓는 가운 데, Amazon은 온라인 완구 매출에서 Toys "R" Us의 3배를 점유하고 있다. 이에 따라 Toys "R" Us는 최근 영업을 중단하고 점포들을 폐쇄했다.[11]

소매상과 같이, 경쟁력을 유지하기 위해, 제품과 서비스 생산자들은 인터넷이나 모바일 또는 다른 방식의 직접적인 유통망과 같은 새로운 경로 기회를 개발해야 한다. 그러나 이 런 새로운 형태의 경로를 개발하는 것이 이미 존재하고 있는 경로들과 직접적인 경쟁을 가지고 올 수 있고, 이것이 갈등을 야기시키기도 한다. 이 문제를 해결하고자 기업들은 직 접적인 유통망 구축이 전체 경로 시스템에 도움이 되도록 하기 위해 여러 방안을 모색한 다. 예를 들어, 오토바이 제조업체인 Harley-Davidson은 온라인 채널과 모바일 채널의 충돌을 피하기 위해 자사의 모든 온라인 판매를 독립 대리점을 통해 보내고 있다.[12]

Harley-Davidson은 헌신적인 Harley 팬들에게 매년 11억 달러 이상의 부품. 액세서리. 그들의 상표가 붙은 의류, 기타 일반 상품들을 판매하며, 이는 연간 총 매출의 20% 이상을 차지한다. 그러니 더 많 은 고객에게 다가가기 위해 온라인에서 그러한 제품들을 판매하는 것은 이치에 맞는다. 그러나 온라 인 판매를 통해 Harley-Davidson은 그러한 높은 이윤을 내는 제품들의 판매에 매출을 의존하는, 미 국 700여 개의 독립 대리점들을 소외시킬 위험에 처했다. 대리점과의 분쟁을 피하기 위해. 이 회사는 오직 "참여하는 대리점을 대표하며 또 그들의 중개인"으로서만 온라인에서 제품을 판매한다. Harley-Davidson이 온라인 주문을 받을 때, 그들은 고객에게 Harley 대리점을 선택하도록 요청해 대리점을 고 객 경험의 중심에 서도록 한다. 그런 다음. Harley가 물건을 배송하든, 대리점에서 배송하든, 고객이 대 리점에서 물건을 찾아가든, 대리점은 그 매출만큼의 돈을 받는다. 따라서 Harley-Davidson의 다이렉 트 마케팅 및 모바일 마케팅은 회사와 경로 파트너 모두에게 이익이 된다.

🔗 개념 연결하기

잠시 멈추어 우리가 지금까지 알아봤던 유통 경로 개념을 적용해보자.

- GEICO와 Ford의 경로를 비교하라. 각 경로에서 탈중간상화의 형태를 보여주는 도표를 작성하라. 각 기업은 어떤 경로 시스템을 이용하는가?

- 각 경로 구성원들의 책임과 역할은 무엇인가? 이 경로 구성원들은 전체 경로 성공을 위해 얼마나 잘 협력하는가?

MARKETING AT WORK | 10.1

Zara: 탈중개화를 통해 세계 패션의 정상으로

Gap, Benton, 그리고 H&M과 같은 경쟁자들과 다르게, 스페인계 의류 및 액세서리 소매업자인 Zara는 공급망, 상품의 디자인, 생산, 그리고 유통의 대부분의 단계를 그들이 통제한다. 그래서 일부 경쟁자들이 개발도상국, 특히 아시아의 개발도상국들에 모든 생산을 위탁(아웃소싱)하는 동안, Zara는 그들 상품의 대략 50%를 차지하는 가장 패셔너블한 물건들을 스페인과 포르투갈에 있는 십여 개의 회사 소유 공장에서 만든다. 1975년 창업한 Inditex그룹의 대표 브랜드인 Zara는 뉴욕, 파리, 도쿄, 부에노스아이레스 등 대표적인 도시에 전략적으로 위치한 7,400여 개의 점포를 보유하고 있으며 유럽, 남미, 오세아니아, 아프리카 등 96개국에서 운영되고 있다. 2017 회계연도에, Inditex는 9% 성장한 288억 달러의 수익을 기록했는데, 이는 대부분의 경쟁자들보다 훨씬 강력한 것이었다. 그 결과 Zara는 세계에서 가장 큰 의류 소매업자가 되었는데, 이는 그들의 '생산과 유통 전략에도 불구하고'가 아닌 바로 그 전략들로 인한 결과였다.

성공의 비결은 Zara의 수직적 마케팅 시스템(VMS)이 생산과 유통의 연속적 과정을 단일 소유권 아래에 결합한 것에 기인한다. 디자인과 생산부터 Zara만의 전 세계적 유통망에 이르는 유통체인 전체를 제어하는 것은 그들을 세계에서 가장 빠르게 성장하는 소매업자로 바꾸었다. Zara는 중국과 같은 노동력이 싼 아시아 국가로 생산지를 옮기려는 유혹에 저항했다. 유행과 반대로 감으로써, Zara는 공급망을 장악할 수 있었다. 수직적으로 통합된 소매업자로서, Zara는 탈중개화 전략을 추구한다. 이 전략은 그 이름이 암시하는 대로, 공급망의 중개업자들을 제거하는 것을 포함한다. 전통적인 유통 채널을 통하는 대신, Zara는 모든 고객들과 직접 거래한다. 즉, 회사가 직접 상품을 디자인하고, 생산하고, 유통하는 것이다.

탈중개화는 Zara가 빠르고 효율적이기 위해서 그들의 모든 과정을 명확히 감시해야 한다는 것을 의미한다. 효과적인 탈중개화와 수직적 통합은 Zara를 경쟁자들보다 빠르고, 더 유연하고, 더 효율적으로 만들었다. Zara의 핵심 경쟁력은 빠르게 변화하는 패션 트렌드에 부응할 수 있는 능력에 기초한다. 새로운 라인은 15일 이내에 만들어질 수 있고, 가장 최신 유행의 스타일은 Zara 매장에서 한 달 이내에 찾아볼 수 있는데, 이는 업계 평균인 6개월보다 한참 아래이다. 제작 공정

>> Zara의 핵심 경쟁력은 빠르게 변화하는 패션 트렌드에 부응할 수 있는 능력에 기초한다.
Michael Kemp/Alamy Stock Photo

을 더 빠르게 하는 것은 Zara의 의류 중 51~55%가 아시아가 아닌 스페인, 포르투갈, 터키, 그리고 모로코와 같이 비교적 가까운 위치에서 제작된다는 사실 때문이다. 파리, 런던, 뉴욕, 혹은 도쿄의 패션 디자이너들의 가장 최근 디자인 버전들이 런웨이에 나타난 이후 얼마 되지 않아 Zara 매장에 나타난다는 것은 놀랄 일이 아니다. Zara의 가장 매력적인 것들 중 하나는 '독창성의 부족에도 불구하고'가 아닌 바로 그 독창성의 부족으로 인해 유명해졌다는 것인데, 이는 전 세계 쇼핑객들이 Zara가 패션쇼를 모방한 디자인을 합리적인 가격에 산다는 것에 전율하기 때문이다.

Zara의 매장들은 도시 중심가에 위치해 있고 회사에 소유되어 있기에 그들의 이미지 및 판매 데이터를 완전히 통제할 수 있다. 그 매장들은 선호도, 스타일, 색상 등에 대한 자료를 수집해 정교한 마케팅 정보시스템을 통해 스페인 Zara 본사로 돌려보낸다. 매일 퇴근 전에, Zara의 판매원은 각각의 매장 관리자에게 재고 수준을 보고하고, 매장 관리자들은 Zara의 중앙 디자인 및 유통 부서에 소비자들이 무엇을 사고, 무엇을 필요로 하고, 무엇을 비웠는지를 즉시 알린다. 이 모든 것들은 그에 맞춰 기록되어야 한다. 가장 잘 팔리는 물건들은 매장 관리자들이 요청하면 하루 이틀 내에 매장에 도착한다. 동시에, 사업개발팀은 패션쇼뿐만 아니라 매장 데이터에 기반하여 판매 트렌드를 찾고 신제품을 개발하기 위해 디자이너와 연락한다. 이것들은 상대적으로 작은 규모로 만

들어졌기 때문에 첫 출시 이후의 실패는 무시될 수 있고 인기 있는 상품들의 새로운 묶음들은 빠르게 생산될 수 있다. 의류를 소량으로 생산함으로써, Zara는 고객들이 더 자주 쇼핑을 하도록 만드는 고급스러운 분위기를 더했다. 사실상, 쇼핑객들은 스페인의 시내 중심가 매장을 평균 연 3회 방문하는 반면, Zara는 고객들이 17번까지 방문할 것으로 예상할 수 있다.

빠른 재고 순환(fresh inventory)이 Zara 판매전략의 핵심이기 때문에, Zara의 매장들은 대부분의 경쟁자들보다 더 빠르게, 일주일에 두 번씩 새로운 디자인으로 채워진다. 이것은 Zara 매장의 제품군이 빠르게 변한다는 것을 의미한다. 그래서 Zara는 한 시즌당 하나의 제품군에 집중하는 것보다는 4~5개의 제품군을 홍보한다. 매장에서는, Zara 상품의 약 60%가 계속 있고 나머지 40%는 꾸준하게 바뀐다. 그러므로, 이 소매업자는 경쟁자들보다 상당히 더 많은 상품을 제공할 수 있다. 그들의 핵심 경쟁자들이 연간 2,000~4,000개의 새로운 스타일을 출시하는 것에 비해, Zara는 1년에 10,000개를 출시한다. 결과적으로 이 체인은 경쟁자들이 많은 양의 시즌 오프 재고를 옮기기 위해 종종 그러는 것처럼 가격을 대폭 낮출 필요가 없다.

Zara는 광고가 거의 없거나 아예 없는 상태에서 성장했고, 마케팅 부서조차 거의 없는 것으로 관측됐다. 다른 브랜드들이 텔레비전 광고나 인쇄 광고에 돈을 쓰고 있을 때, Zara는 대신 디자인, 매력 그리고 매장 위치에 투자하는데, 이는 곧 Zara와 그들의 브랜드 이미지에 있어 최고의 전시이자 광고이다. Zara의 유연성과 속도는 꾸준한 확장과 성장이라는 결과로 나타났다. 과거 몇 년 동안, 전기 대비 당기 매출 신장률이 17%로 성장했고, Zara는 향후 3~5년 동안 연간 8~10%씩 매장 공간을 확장하고 싶어 한다.

Zara는 전 세계 수천 개 의류 소매업자들의 눈을 휘둥그레

지게 한 그들의 놀라운 채널관리 시스템과 탈중개화 전략을 계속해서 강화한다. 이것은 "패스트 패션" 소매업자의 원형이다. LVMH 투자펀드의 회장이자 Louis Vuitton, Givenchy, Marc Jacobs, Hublot와 같은 브랜드를 소유한 명품 의류회사의 전 패션디렉터인 Daniel Piette는 Zara를 가장 혁신적이고 파괴적인 소매업자라며 치켜세웠다.

Burberry Group의 전 CFO인 Stacey Cartwright는 Zara가 상품들을 매장에 놀라운 속도로 갖다 놓는 방법에 대한 환상적인 사례라고 말했다. 실제로, Burberry는 Zara의 기술을 주시하고 있다. 소위 스페인 성공담이라고 불리는 이 이야기는 쇼핑객들의 중심가 의류 매장에 대한 기대를 바꾸어 놓았고 세계 최대의 패션 소매업체 중 하나로 계속해서 번창할 것을 약속하고 있다.

출처: "Zara," Intidex, http://www.inditex.com/en/brands/zara; Rupal Parekh, "How Zara Ballooned into a Multi-Billion Dollar Brand without Advertising," Advertising Age, August 19, 2013, http://adage.com/article/cmo-strategy/zaragrew-a-multi-billion-dollar-brand-sans-ads/243730/; "ZARA and Its Awesome Supply Chain Management," Internationalas, August 17, 2014, https://internationalas.wordpress.com/2012/04/17/zara-and-its-awesome-supply-chainmanagement-2/; "Zara on the World's Most Valuable Brands," Forbes, May 2015, http://www.forbes.com/companies/zara/; Walter Loeb, "Zara Leads in Fast Fashion," Forbes, March 30, 2015, http://www.forbes.com/sites/walterloeb/2015/03/30/zara-leads-in-fast-fashion/; Svend Hollensen and Marc Opresnik, Marketing: A Relationship Perspective, 2nd ed. (Vahlen 2015); "The Best 100 Brands," Interbrand, http://www.bestglo-balbrands.com/2014/zara/;Graham Ruddick, "How Zara Became the World's Biggest Fashion Retailer," The Telegraph, October 20, 2014, http://www.telegraph.co.uk/finance/newsbysector/retailandconsumer/11172562/How-Inditex-became-the-worlds-biggestfashion-retailer.html; "Zara: Managing Chain of Value and Driving CSR with Consumers," JL Nueno, http://www.jlnueno.com/wordpress/index.php/2011/07/29/gestionando-la-cadena-de-valor-y-accionando-la-rsc-con-losconsumidores/?lang=en; The Economist, Chain Reaction, February 2, 2002, pp. 1–3; C. Roux, "The Reign of Spain," The Guardian, October 28, 2002, pp.6–7; "Store Wars: Fast Fashion, The Monet", The Money Programme, BBC, February19, 2003, television; A. Mitthell, "When Push Comes to Shove, It's All About Pull," Marketing Week, January 9, 2003, pp. 26–27; K. Capell, "Zara Thrives by Breaking All the Rules," Business Week, October 20, 2008, p. 66; M. Johnson and A. Falstead, "Inditex Breaks New Ground for Season in the South," Financial Times, May 2011, p. 17; http://www.inditex.com/en/investors/investors_relations/finan-cial_data, accessed April 1, 2017.

> **저자 코멘트**
> 마케팅의 다른 모든 것들처럼 좋은 경로 디자인은 소비자의 니즈를 분석하는 것으로부터 시작한다. 마케팅 경로는 진정으로 소비자 가치를 전달하는 네트워크라는 점을 주지하라.

경로설계 결정

이제부터 제조업자가 직면하는 몇 가지 경로설계 결정 문제를 살펴보기로 한다. 마케팅 경로를 설계할 때 제조업자는 이상적인 것과 현실적으로 가능한 것 사이에서 고심하게 된다. 자본이 한정적인 신설기업은 보통 한정된 시장 지역에서 판매를 시작한다. 이런 경우 최상의 경로를 결정하는 것이 문제가 아니라, 하나 혹은 소수의 역량 있는 중간상이 어떻게 하면 자사의 제품라인을 취급하도록 설득시키느냐 하는 것이 문제이다.

신설기업이 성공하면 기존 중간상을 통해 신규시장으로 영역을 넓힐 수 있다. 시장의 규모가 작은 경우에는 소매상에게 직접 판매할 수 있지만, 규모가 클 경우에는 유통업자(distributors)를 통해서 판매하게 될 것이다. 어떤 지역에서는 선속 프랜차이즈(exclusive franchises) 조직을 통해서만 판매하고, 또 다른 지역에서는 자사제품을 취급하는 모든 판매대리점(outlets)을 통해서 판매하기도 한다. 그리고 매장에 접근하기 어려운 고객에게 직접 판매할 수 있는 인터넷 매장에서 판매할 수도 있다. 이와 같이 경로 시스템은 종종 시장기회와 시장조건에 따라 발전하게 된다.

그러나 최대의 효과를 내기 위해서는 경로분석과 경로에 대한 의사결정 시, 그 목적이 분명해야 한다. **마케팅 경로설계**(marketing channel design)는 소비자의 욕구를 분석하고, 경로목표를 설정하며, 주요 경로대안을 확인하고 그러한 대안들을 평가하기 위해 필요하다.

마케팅 경로설계
(marketing channel design)
고객의 욕구를 분석하고, 경로목표를 설정하며, 주요 경로대안을 확인하고, 그러한 대안들을 평가함으로써 효과적인 마케팅 경로를 설계하는 과정

소비자 욕구분석

앞에서 언급한 바와 같이, 마케팅 경로는 고객가치 전달 네트워크의 일부이다. 즉 각각의 마케팅 경로 구성원과 단계가 고객을 위해 가치를 부가하는 것이다. 따라서 기업은 경로를 설계할 때 표적고객이 그 경로로부터 어떤 가치를 원하는가 파악하는 것부터 시작해야 한다. 소비자가 주거지 근처에서 제품을 구매하기 원하는가 아니면 멀리 떨어져 있는 중심지까지 갈 용의가 있는가? 직접적으로, 전화 혹은 온라인으로 구매하려 하는가? 폭넓은 제품 구색이 가치가 있다고 여기는가 아니면 전문화된 제품 구색을 선호하는가? 배달, 신용판매, 수리, 설치와 같은 많은 부가 서비스를 원하는가 아니면 이와 같은 서비스를 다른 곳에서 받길 원하는가? 배달이 신속할수록, 제품의 구색이 다양할수록, 부가 서비스가 더 많이 제공될수록, 경로 서비스 수준은 더 높아진다.

그러나 신속한 배달, 최대한의 제품구색, 최상의 서비스가 실질적으로 불가능할 수 있다. 기업과 경로 구성원은 소비자가 바라는 모든 서비스를 제공하는 데 필요한 자원과 기술을 보유하지 않을 수도 있다. 또한 더 높은 수준의 서비스를 제공하면 경로에 더 많은 비용이 발생하고, 소비자에게 더 높은 가격을 부과하게 된다. 할인 소매업의 성공은 소비자가 저렴한 가격을 위해서 종종 낮은 수준의 서비스를 받아들인다는 것을 보여주는 것이다.

예를 들면, Walmart는 일반적으로 Wegmans, Publix, Kroger, Trader Joe's, Whole Foods 혹은 그 어떤 식료품점 소매업체들과 비교해도 고객 쇼핑 경험과 만족도 면에서 거의 하위권으로 평가된다. 그러나 Walmart는 미국 식료품 시장에서 21.5% 점유율을 차지하고 있다.[13] 그러나 많은 기업들은 높은 수준의 서비스를 제공하고, 소비자들은 기꺼이 높은 가격을 지불한다.

예를 들어, Walmart는 일반적으로 식료품 소매업체 고객 만족도 순위에서 거의 하위권에 머무르는 반면, 미국 동해안 연안의 슈퍼마켓 체인인 Wegmans는 지속적으로 상위권에 랭크된다.[14]

Wegmans는 광범위하고 심도있게 엄선한 상품들, 깨끗한 매장, 매우 높은 서비스 수준, 잘 훈련되고 친절한 직원들에 대해 자부심을 갖고 있다. Yelp 리뷰에서 한 고객은 "명백히, 이 근방 최고의 슈퍼마켓"이라고 말했다. "직원들의 지식과 친절함은 경이 그 이상이다." 또 다른 사람은 이렇게 말했다. "지구

>> **고객의 경로 서비스 필요 충족:** Wegmans는 "명백히 현존 최고의 슈퍼마켓이다." Wegmans의 헌신적인 구매자들에게, 그 소매업체의 특별한 직원들과 서비스는 다소 높은 가격을 받을 가치가 충분히 있다.

Alex Brandon/AP Images

에 있는 모든 것을 고를 수 있는 압도적인 선택권을 제외하더라도, 거긴 놀라운 곳이다. 나는 걸어다니면서 이렇게 생각한다... 좋아. 난 감명받았어!" 그 결과는 열성적인 충성고객이다. 소문에 의하면, 배우 Alec Baldwin의 어머니는 그 자신이 가장 좋아하는 Wegmans 매장을 두고 떠나고 싶지 않다는 이유 때문에 뉴욕에서 로스앤젤레스로 이사하는 것을 거절했다고 한다. 따라서 비록 Walmart에서 쇼핑을 함으로써 돈을 절약할 수 있을지라도, Wegmans의 헌신적인 구매자들에게 더 높은 품질과 특별한 서비스는 더 높은 가격을 치를만한 충분한 가치가 있다.

따라서 기업은 소비자의 욕구를 충족시키는 데 필요한 비용, 실행가능성뿐만 아니라, 고객의 가격 선호성까지 소비자 욕구의 균형을 맞춰야 한다.

경로목표 설정

기업은 타깃 소비자 서비스 수준에 근거하여 경로목표를 결정해야 한다. 대개 기업은 서로 다른 수준의 경로 서비스를 원하는 여러 세분시장을 확인할 수 있다. 즉 기업은 목표로 할 세분시장을 결정하고, 또한 세분시장에 가장 알맞은 경로를 결정해야 한다. 각 세분시장에서 기업은 고객이 원하는 서비스 요구수준을 충족시키는 데 드는 전체 경로비용을 최소화하기 원한다.

또한 기업의 경로목표는 기업, 제품, 마케팅 중간상, 경쟁사, 환경 등의 성격에 영향을 받는다. 예를 들어, 기업의 규모와 재무능력은 자사가 담당할 마케팅 기능과 중간상에게 넘겨야 할 기능을 결정해준다. 잘 상하는 제품을 판매하는 기업은 판매가 지연되거나 취급횟수가 너무 많아지는 것을 피하기 위해 직접 마케팅을 필요로 한다.

어떤 경우에는 기업이 경쟁사 제품과, 혹은 경쟁사 제품을 취급하는 근처 점포와 경쟁할 수도 있다. 예를 들어, 메이텍(Maytag)은 소비자가 비교 쇼핑을 할 수 있도록 경쟁사 브랜드 옆에 자사 제품을 진열하기를 원한다. 또 다른 경우, 기업은 경쟁사가 이용하는 경로를 꺼릴 수도 있다. 예를 들어, Pampered Chef는 소매점의 부족한 자리를 차지하기 위해 다른 부엌용품 제조업체들과 정면으로 맞서기 보다, 전 세계 60,000명 이상의 컨설턴트를 통해 소비자들에게 직판을 한다. 그리고 Stella & Dot은 자사의 장신구를 50,000명 이상의 독립적 스타일리스트들을 통해 타파웨어를 집에 들어가 선보이는 것처럼 "패션 쇼"를 하면서 판다.[15] 그리고 게이코(GEICO)와 USAA는 대리점이 아니라 전화와 웹으로 소비자에게 직접 자동차 보험과 주택 소유자 보험을 판매한다.

마지막으로 경제 상태와 법적 규제 같은 환경요인도 경로목표와 경로설계에 영향을 미친다. 예를 들어, 경기가 침체기일 때 생산자는 가장 경제적인 방법으로 제품을 유통시키기를 원하기 때문에 더 짧은 경로를 사용하고, 제품의 최종가격을 인상시키는 불필요한 서비스를 없앤다.

주요 경로대안의 확인

기업이 자사의 경로목표를 설정한 다음에 중간상의 유형, 중간상의 수, 각 경로 구성원이 져야 할 책임 등을 근거로 주요 경로대안을 확인해야 한다.

중간상의 유형

기업은 경로기능을 수행하는 데 이용할 수 있는 경로 구성원의 유형을 규명해야 한다. 대부분의 기업들은 많은 경로 구성원 선택지를 갖는다. 예를 들어, 델(Dell)은 최초로 자사의 복잡한 전화 및 인터넷 마케팅 경로를 통해서만 최종소비자와 기업 구매자들에게 직접 판매를 했다. 또한 대기업, 기관, 정부 구매자에게는 직접 판매 요원들을 통해 직접적으로 판매했다. 그러나, 더 많은 소비자들에게 다가가고 Samsung, Apple과 같은 경쟁자와 대결하기 위해서 델은 이제 베스트 바이(Best Buy), 스테이플즈(Staples), 월마트(Walmart)와 같은 소매상들을 통해 간접 판매를 하고 있다. 또한 중소규모 기업 고객의 특별한 요구에 맞춘 컴퓨터 시스템과 애플리케이션을 개발하는 부가가치 재판매상(value-added resellers), 독립유통업자, 대리점 등을 통해서도 간접적으로 판매하고 있다.

하나의 경로에서 다양한 재판매 유형을 활용하는 것은 이득도 있고 손실도 있다. 예를 들어, 자사의 직접 경로에 더해 소매상이나 부가가치 재판매상을 통해 판매를 함으로써, 델은 보다 많은 다양한 구매자들에게 접근할 수 있다. 그러나 새로운 채널은 점점 더 관리와 조절이 어려워질 것이다. 그리고 직접 및 간접 경로는 많은 부분 서로 같은 소비자 층과 경쟁하면서 잠재적인 갈등을 유발할 수 있다. 실제로, 델은 소매상과의 경쟁에 대해 불평하는 직접 판매자들과 직접 판매자들이 자신들의 제품 가격보다 저가로 판매한다고 불평하는 부가가치 재판매 사이에서 종종 "어중간하게 낀" 상태가 되곤 한다.

중간상의 수

기업은 각 경로 수준에서 이용할 경로 구성원의 수를 결정해야 한다. 여기에는 세 가지 전략, 즉 집중적 유통(intensive distribution), 전속적 유통(exclusive distribution), 선택적 유통(selective distribution)을 이용할 수 있다. 편의품(convenience product) 생산자와 일상적으로 자주 사용되는 원재료 생산자는 **집중적 유통**(intensive distribution), 즉 가능한 한 많은 점포에 제품을 공급하는 전략을 추구한다. 이러한 제품은 소비자가 그 제품을 원하는 시간과 장소에서 구입할 수 있어야 한다. 예를 들면, 치약, 사탕, 기타 비슷한 제품은 상표노출과 소비자의 구매 편의성을 극대화하기 위해 백만 곳이 넘는 점포에서 판매된다. P&G, 코카콜라, 킴벌리 클락크, 기타 소비재 기업은 이 방식으로 자사의 제품을 유통시키고 있다.

반면에 어떤 생산자는 자사 제품을 취급하는 중간상의 수를 의도적으로 제한하기도 한다. 이런 사례의 극단적인 형태가 **전속적 유통**(exclusive distribution)인데, 이것은 생산자가 제한된 수의 딜러에게만 자신이 맡은 지역에서의 독점적인 유통권을 부여한다. 전속적 유통은 고급 브랜드의 유통에서 찾아볼 수 있다. "전문가들을 위한 장비"로 포지셔닝되고 5,000달러에서 10만 달러 이상의 가격으로 판매되는 Breitling시계는 특정 시장에서 소수의 공인 딜러만이 판매한다. 예를 들어, 이 브랜드는 시카고에서 보석상 한 명만을 통해 판매되고 일리노이 주 전체에서 6명의 보석상을 통해서만 판매된다. 독점적 유통으로 Breitling의 독특한 포지셔닝을 향상시키고 딜러 지원 및 고객 서비스를 더욱 높인다.

집중적 유통과 전속적 유통의 중간이라고 할 수 있는 것이 **선택적 유통**(selective distribution)인데, 이것은 제품을 취급하기를 희망하는 모든 중간상보다는 작지만 하나

집중적 유통(intensive distribution)
가능한 한 많은 점포에 제품을 공급하는 경로커버리지 전략

전속적 유통(exclusive distribution)
생산업체가 제한된 수의 딜러에게만 자신이 맡은 지역에서의 독점적인 유통권을 부여하는 경로커버리지 전략

선택적 유통(selective distribution)
자사제품을 취급하기를 원하면서 자격을 갖춘 복수의 중간상들에게 제품을 공급하는 경로커버리지 전략

>> 선택적 유통: STIHL은 자사의 제품들을 엄선된 독립적 중개 기업들을 통해 판매한다. "우리는 엄선된 중개인에게 확신을 갖고 있습니다. 당신도 그렇게 할 수 있어요."

STIHL Incorporated

이상의 중간상을 이용하는 것이다. 대부분의 TV, 가구, 소형 가전제품이 이 방식으로 유통된다. 예를 들면 옥외 동력 설비 제조업체인 STIHL은 전기톱, 송풍기, 해지 다듬기, 그리고 다른 제품들을 Lowe's, Home Depot, Sears 등의 소매상을 통해 판매하지 않는다. 대신 장비와 잔디 및 정원을 취급하는 엄선된 독립적 중개 기업들을 이용한다. STIHL은 선별적 유통을 통해 중개 인과의 관계를 잘 발전시킬 수 있고 평균 이상의 판매 효과를 기대할 수 있다. 독점적 유통은 STIHL의 브랜드 이미지를 향상시키고 보다 큰 부가가치를 창조하는 중개인 서비스로 인해 더 높은 가격 인상을 가능케 한다. "우리는 엄선된 중개인에게 확신을 갖고 있습니다. 당신도 그렇게 할 수 있어요."라고 STIHL의 한 간부는 말한다.

경로 구성원의 책임관계

생산업자와 중간상은 각 채널 구성원의 거래조건과 책임에 합의할 필요가 있다. 각자가 수행해야 할 가격정책, 판매조건, 지역판매권, 구체적 서비스 등을 합의해야 한다. 생산업자는 정가(list prices)와 중간상에게 제공될 적정 할인 가격을 결정해야 한다. 또한 각 경로 구성원의 판매구역을 정해 주어야 하는데, 해당 판매구역에 새로운 중간상을 추가하려고 할 때 신중을 기해야 한다.

거래 당사자가 각각 부담해야 할 서비스와 책임은 신중히 명문화되어야 하는데, 이 과정은 특히 프랜차이즈나 전속적 유통경로에서는 더욱 필요하다. 예를 들어, Subway는 가맹점들에 독점적인 규정과 운영 시스템에 대한 접근, 홍보 및 광고 지원, 집중적인 교육, 사이트 선택 지원, 일반 경영 안내를 제공한다. 이에 따라 가맹점들은 물리적 시설과 식품 품질을 회사의 기준에 충족시켜야 하고, 요청된 정보를 제공하고, 특정 식품을 구입하고, 새로운 프로모션 프로그램과 유료 광고 기금에 협력하고, Subway에 8%의 로열티를 지불해야 한다.[16]

주요 경로대안의 평가

한 기업이 여러 경로대안 중에서 자사의 장기목표를 가장 잘 만족시키는 경로를 선택하려 한다고 가정하자. 각 대안은 경제성, 통제성, 적응성 등의 평가기준을 토대로 평가될 수 있다.

기업은 경제적 기준을 이용하여 서로 다른 경로대안에서 예상되는 판매액, 비용, 수익성을 비교한다. 각 경로대안에 필요한 투자액은 얼마이며, 그 결과로 실현될 수익은 얼마인가? 또한 기업은 통제 문제를 고려해야 한다. 일반적으로 중간상을 이용한다는 것은 중간상에게 제품 마케팅에 대한 통제권을 넘겨주는 것을 의미하는데, 몇몇 중간상은 다른 중간상보다 더 많은 통제권을 갖는다. 다른 조건이 같다면, 기업은 가능한 한 많은 통제권을 원한다. 마지막으로 기업은 적응성도 고려해야 한다. 경로조직은 종종 장기적인 관계를 맺는데, 기업 입장에서는 환경 변화에 적응할 수 있도록 경로를 탄력적으로 유지하길 원한다. 이러한 점을 고려한다면, 장기적인 관계 경로는 경제성과 통제성 측면에서 상당히 뛰어나야 한다.

국제 유통경로의 설계

국제 마케팅 관리자는 경로를 설계하는 데 추가로 여러 가지 복잡한 문제에 직면한다. 각 국가는 시간이 지나면서 진화되고, 천천히 변화하는 자국만의 독특한 유통경로 시스템을 갖는다. 이러한 경로 시스템은 국가마다 매우 다르다. 따라서 국제 마케팅 관리자는 각 국가의 기존 구조에 맞추어 자사의 경로전략을 적용한다.

각 국가 시장에서 서비스하는 중개상의 숫자 및 종류와 이러한 중개상이 제공하는 운송 인프라는 나라마다 큰 차이가 있다. 예를 들어, 미국 시장은 대규모 소매 체인점들이 지배하는 반면, 다른 나라의 소매업은 대부분 소규모의 독립 소매점들에 의해 이루어진다. 인도나 인도네시아에서는 수백만 개의 소매업자들이 작은 가게를 운영하거나 자유시장에서 판매한다.

비슷한 유형의 판매자를 보유한 세계 시장에서도 소매업 관행은 매우 다양할 수 있다. 예를 들어, 중국 주요 도시에서는 Walmart 점포들, Carrefour 점포들, Tesco 점포들, 그리고 그 외의 대형 소매점들을 많이 찾아볼 수 있을 것이다. 그러나 그런 점포들에서 취급되는 서구 시장의 소비자 브랜드들은 대부분 셀프 서비스에 의존하는 반면, 중국의 브랜드들은 샘플들을 나눠주고 그들

국제 유통: 브라질 아마존강 유역의 물류 인프라 문제를 극복하기 위해, Nestlé는 고객에게 직접 물건을 가져가기 위해 수상 슈퍼마켓을 선보이기까지 했다.
Marcia Zoet/Bloomberg/Getty Images

의 상품을 선전하기 위해, "판촉 여성들", 혹은 "push girls"라고 불리는, 매장 내에서 유니폼을 입는 한 무리의 판촉원들(promoters)을 고용한다. 베이징의 Walmart에서는 주말마다 100명 이상의 판촉원들이 고객들에게 Kraft, Unilever, P&G, Johnson & Johnson, 그리고 수많은 국내 경쟁업체 제품들을 알려주는 것을 볼 수 있다. 중국 유통마케팅 서비스 담당 이사는 "중국 소비자들은 매체를 통해 브랜드 이름을 알고 있지만, 제품을 구매하기 전에 그 제품을 만져보고 상세하게 이해하기를 바란다."고 말한다.[17]

신흥시장에서 판매할 때, 기업들은 유통 인프라 및 공급의 문제들을 극복해야 하는 경우가 많다. 예를 들어, 나이지리아에서 Domino's Pizza는 깨끗한 물을 얻기 위해 많은 식당 뒤에 우물을 파고 정수처리장을 설치해야 했다. 마찬가지로, 남아공에서 질 좋은 쇠고기를 조달하는데 어려움을 겪은 후, Burger King은 현지 목장에서 기르는 앙상한 소로부터 희귀한 쇠고기를 구입하느니 마침내 자체 현지 소목장에 500만 달러를 투자했다.[18] 그리고 좋은 도로망이 없는 브라질 북동부 아마존 강 유역에 서비스를 제공하기 위해, Nestlé는 심지어 고객에게 직접 물건을 가져다주는 수상 슈퍼마켓까지 선보였다. 그 보트는 각 정류장마다 하루씩 머물며 18개 강변 마을의 80만 명의 소비자들에게 300개종의 Nestlé 상품들을 제공했다.[19]

마케팅 경로관리
(marketing channel management)
개별 경로 구성원을 선정하고, 관리하고, 동기부여하고, 그들의 성과를 평가하는 과정

경로관리 결정

기업이 경로대안을 검토한 후에 가장 최적의 경로설계를 결정하면, 선택된 경로를 실행하고 관리해야 한다. **마케팅 경로관리**(Marketing channel management)는 개별경로 구성원을 선정하고 관리하고 동기 부여하며, 시간에 따라 성과를 평가하는 것이다.

경로 구성원 선정

생산자가 자격을 갖춘 마케팅 중간상을 모집하는 능력은 기업에 따라 다양하다. 어떤 생산자는 경로 구성원을 모집하는 것이 어렵지 않다. 예를 들어, 도요타(Toyota)는 자사 렉서스(Lexus) 라인을 미국에서 처음으로 출시했을 때 새로운 딜러를 확보하는 데 어떤 어려움도 없었다. 오히려 수많은 딜러 후보자를 거절해야 했다.

다른 극단적인 경우로 충분한 자격을 갖춘 중간상을 모으기 위해서 많은 노력을 기울여야 하는 생산자도 있다. 예를 들어, Timex가 처음 그것의 값싼 시계를 일반 보석상들을 통해 팔려고 했을 때, 대부분의 보석상들은 그것들을 취급하기를 거절했다. 그 후 회사는 시계를 대량 판매점에 간신히 들여놓았다. 그런데 대량 판매점의 급속한 성장으로 이것은 현명한 결정으로 판명되었다. 심지어 기존의 브랜드도 원하는 유통업자를 찾고 유지하는 데에 어려움을 겪을 수 있는데, 특히 힘있는 소매상과 거래할 때 그러하다. 예를 들어, Amazon.com은 Google의 Nest 스마트 홈 제품 라인, Google Home 음성 비서 스피커 또는 Pixel 스마트폰이 자사의 Amazon Echo 및 다른 제품들과 경쟁한다며 판매를 거부하고 있다. 결국 Google은 Youtube에서 Amazon의 FireTV와 Echo show/Spot 스트리밍 제품들을 없앴다. 두 거대 디지털 기업 간의 불화는 양 회사 모두에게 중요한 유통 기회를 박탈하는 동시에 그들 공동의 고객들을 불편하게 한다.[20]

기업은 중간상을 선정할 때 더 나은 중간상을 선별할 수 있는 기준을 결정해야 한다. 기업은 각각의 경로 구성원의 사업 기간, 타제품 라인의 취급 여부, 위치, 과거의 성장률과 수익성, 협력성, 평판 등을 기준으로 중간상을 평가한다.

▶▶ 경로 선택: 기존 강자 브랜드들도 원하는 경로를 얻기 어려울 수 있다. 예를 들어, Amazon은 많은 Google 브랜드 제품의 판매를 거부한다.
BigTunaOnline/Shutterstock

경로 구성원 관리와 동기 부여

기업은 일단 선발이 된 경로 구성원이 최선을 다할 수 있도록 지속적으로 관리하고 동기를 부여해야 한다. 기업은 단순히 제품을 중간상을 통해서 판매할 뿐만 아니라 중간상에게, 그리고 중간상과 함께 판매해야 한다. 따라서 대부분의 기업은 자사의 중간상을 최일선의 고객으로, 파트너로 인식한다. 그들은 경로 구성원과 장기적인 협력관계를 맺기 위해서 강력한 파트너관계관리(partner relationship management, PRM)를 실행한다. 이를 통해 기업과 마케팅 파트너 모두의 요구에 맞는 마케팅 시스템이 만들어질 수 있다.

기업이 자사 채널을 관리할 때, 공급자와 유통업체(suppliers and distributors)가 단결된 가치 전달 시스템의 일부로 함께 협력함으로써 더욱 성공할 수 있다는 것을 확신시

켜야 한다. 기업들은 경로의 다른 구성원들과 면밀하게 조화를 이루어 소비자에게 가치를 제공할 더 나은 방법을 찾아야 한다. 따라서 Amazon과 P&G는 고객 패키지 상품을 온라인으로 수익성있게 판매한다는 공동의 목적을 달성하기 위해 긴밀하게 서로 협력한다. 그리고 자동차 기업 Toyota부터 화장품 기업 L'Oréal까지 모두 상호경쟁적 우위를 확보하기 위해 그들의 거대한 공급업체 네트워크와 이로운 관계를 형성하고 있다.

예를 들어, 중장비 제조업체 Caterpillar는 훌륭한 딜러망과 협력해 전 세계의 건설, 채굴, 그리고 벌목장비 사업을 지배하고 있다.

중장비 제조업체 Caterpillar는 혁신적이고 품질이 뛰어난 산업 장비 제품을 생산한다. 그러나 Capterpillar의 직원들은 Caterpillar가 지배적인 위치를 차지할 수 있는 이유로 전 세계에 있는 172명의 독립적 딜러들이 구성하고 있는 유통망을 들 것이다. 딜러들은 최전선에 있다. 제품이 공장을 떠나면 딜러들이 넘겨받는다. 그들은 소비자를 만나는 사람들이다. 그래서 Caterpillar는 딜러에게 판다거나 딜러를 통한다기 보다는 그들을 내부 파트너로 대우한다. Caterpillar가 만든 커다란 장비가 망가지면 소비자는 Caterpillar나 딜러망 모두를 통해 지원받을 수 있다. 강력한 딜러망은 Caterpillar를 강하게 만들며 그 역으로도 마찬가지이다. 더 깊이 들어가보면 딜러들은 제품 설계와 배송으로부터 서비스와 지원에 이르기까지 Caterpillar의 사업에 있어 거의 모든 측면에서 필수적인 역할을 수행하고 있다. 딜러와의 긴밀한 파트너십의 결과, Caterpillar는 중건설, 채굴, 그리고 벌목장비의 세계시장을 지배하고 있다. Caterpillar의 유명한 노란색 트랙터, 크롤러, 적하기, 불도저, 트럭은 전 세계 중장비 사업 시장을 지배하고 있으며, 이는 2위인 Komatsu보다 두 배가 높은 비율이다.

현재 많은 기업이 전체 유통경로에 대한 마케팅 노력을 조정하기 위해 첨단기술의 파트너관계관리(Partnership Relationship Management, PRM) 시스템을 설치하고 있다. 실제로 많은 기업이 중요한 고객과의 관계를 관리하기 위해 고객관계관리(Customer Relationship Management, CRM) 시스템을 사용하듯이, 경로 파트너를 모집하고, 훈련시키고, 조직하고, 관리하고, 동기를 부여하고, 그들과의 관계를 평가하기 위해서 파트너관계관리(PRM)와 공급망관리(Supply Chain Management, SCM) 소프트웨어를 이용하고 있다.

경로 구성원 평가

기업은 판매 할당액의 달성 정도, 평균 재고수준, 제품 배달시간, 파손품과 손실품 처리, 기업의 촉진과 훈련 프로그램에 대한 협력, 고객 서비스 같은 기준에 관해 정기적으로 경로 구성원의 성과를 평가해야 한다. 기업은 좋은 성과를 내고 고객에게 훌륭한 가치를 제공하는 중간상을 파악하여 보상해야 한다. 한편 성과가 좋지 못한 중간상에게 분발할 수 있도록 지원을 해주거나, 최후의 수단으로는 중간상을 바꿔야 한다.

마지막으로, 기업은 경로 파트너에게 세심한 주의를 기울일 필요가 있다. 파트너를 소홀히 다루는 제조업자는 딜러의 지원을 잃을 뿐만 아니라 법적인 문제를 초래할 위험이 있다. 다음에는 제조업자와 경로 구성원에 관련된 여러 가지 권리와 의무를 설명한다.

공공정책과 유통경로 결정

대부분의 경우 기업은 자사에게 적합한 유통경로를 조성할 수 있는 합법적인 자유가 있

MARKETING AT WORK 10.2

고객을 위한 가치를 창출하기 위해 채널(경로) 파트너들과 함께 일하다

오늘날의 성공적인 회사들은 혼자서는 고객을 위한 가치를 창출할 수 없다는 것을 알고 있다. 그 대신, 그들은 그 일을 가능케 하는 공급자와 생산자, 그리고 유통업자들을 포함하는 효과적인 가치전달 시스템을 만들어야 한다. 공급자, 그리고 유통업자와 협업하는 것은 큰 경쟁 우위를 생산한다. 이 사례들을 생각해보자.

>> BMW에게 공급업체들은 고객에게 가치, 품질 그리고 혁신을 전달하는 핵심적인 파트너이다.
imageBROKER/Alamy Stock Photo

BMW

독일 자동차 생산업체인 BMW는 전 세계적으로 약 12,000개의 공급업체들과 협력하고 있고, 그들의 성공과 시장 리더십에 있어서 그들이 수행하는 중요한 역할을 마음에 새기고 있다. BMW에게 공급업체들은 가치, 품질, 그리고 혁신을 전달하는 능력의 중요한 부분이다. 이러한 마음가짐은 BMW가 그들의 밸류 체인과 협동하는 방식으로 나타난다. BMW의 기술자들과 공급자들은 협동과 긴밀한 유대가 장려되는, 상호신뢰와 이해의 문화를 배양하고 또 그 문화 안에서 살고 있다. 공급자들은 제품 개발 초기에 참여하도록 요구받고, 그들이 제공한 뛰어난 혁신에 대해서 권위 있는 BMW 공급자 혁신상과 같은 보상을 받는다. Deloitte와 Automotive News에서 격년으로 실시하는 북미 공급업체의 선정 연구에 따르면, 공급업체들은 BMW가 다른 자동차 생산업체에 비해 부품납품업체들이 제공하는 신기술을 생산 차량에 포함하는 것에 대해 더 개방적이라고 평가했다. 공급업체들은 그 회사의 혁신

도입에 대한 뛰어난 결단력에도 주목했는데, 예를 들면 BMW는 공급업체들이 혁신개발의 기술적 도전을 해결하는 것을 돕기 위해 내부 자원을 분리하기까지 했다.

그렇게 함으로써 만들어진 신뢰는, 결과적으로 공급업체들이 최고의 혁신을 다른 곳에 가져 가는 대신 이 독일 자동차 회사와 공유하도록 유도한다. 예를 들어, 중국계 자동차 부품 생산업체 The Minth Group은 자동차의 반짝거리는 외부 알루미늄 표면을 시간 절약적이고 저렴하게 마감할 수 있는 새로운 방법을 가지고 BMW에 접근했는데, 이 기술은 세차에 사용되는 세제로 인한 표면 부식에 더 큰 저항을 가지도록 했다. 이런 종류의 협력관계들은 BMW에게 경쟁 우위를 주고 그들이 시장 내에서 보다 성공적일 수 있게 만들었다.

또 다른 예시는 BMW와 그들의 파트너가 얼마나 서로 신뢰하고 헌신하는지를 보여준다. 2018년 5월, BMW에 구조적으로 중요한 부품을 공급하는 하청업체의 미국 기반 생산 설비가 불에 타 파괴되었다. 자동차 조립 라인의 잠재적 중단과 그로 인한 수익 손실에 부딪히면서, BMW와 다른 공급업체들은 힘을 합쳤다. BMW는 자체 기술자들을 보내 그 화재가 난 회사가 필수적 압형 장치를 뽑아오는 것을 돕도록 했다. 또 다른 BMW의 공급업체들은 다른 공장에서 온 BMW 라인 직원들의 도움과 함께 그 장비를 준비하고 작동시킬 수 있도록 그들의 생산 지역을 이용하는 것에 동의했다. 그러한 공동의 노력 덕분에 BMW는 운송수단 생산을 위한 기계들을 많이 잃지 않았고, 이는 결과적으로 그들의 밸류 체인에 이익이 되었다.

Unilever

Unilever는 전 세계적으로 가장 큰 소비재 회사 중 하나이다. 이 회사의 제품군은 Colman's, Pot Noodle, Lipton, Omo, Persil, Dove, Rexona와 같은 유명 브랜드를 포함하여, 음식과 다과부터 가정 및 개인 생활용품까지 뻗어 있다. 그 회사는 소비자들에게 다가갈 수 있는 더 나은 방법을 찾으려고 끊임없이 노력한다. 자체 점포망이 없어 유통망의 유통 능력에 의존하고 있다.

이 네트워크의 내부에서 성장의 기회를 찾다가, Unilever는 아시아와 아프리카의 소규모 소매업자들에게서 유망한 잠

재력을 발견했다. 이 지역들에서는 수십억의 사람들이 때로는 그 전체 인원을 감당하지도 못하는 부실한 유통 시스템을 가진 시골, 소도시와 마을에서 살고 있었다. 독립 소매점의 소유주들은 종종 경영과 현대적 거래 관행에 대한 교육의 기회를 가지지 못했다. 종종 그들의 지역 사회에 중요한 역할을 수행하는 이러한 가게들, 가판대, 식품 잡화점들, 그리고 소규모 사업가들을 지원함으로써 Unilever는 그들의 고객 서비스 능력을 강화하는 것, 즉 양측에게 서로 이득이 되는 상황을 원했다.

이 목적을 달성하기 위해, Unilever는 위생, 위생시설, 그리고 영양에 대한 안내와 함께 경영 기술(사업을 준비하는 방법, 마케팅, 영업, 판촉, 재고 관리, 성장관리와 같은)에 대한 훈련과 재무 관리(회계, 가격 책정, 부채관리와 같은)에 대한 교육을 제공하기 시작했다. 추가적인 지원들이 신용거래, 장비, 그리고 신규 소매업자와 이미 자리를 잡은 소매업자들이 지식 교환과 관계 형성을 할 수 있는 대규모 회의에 대한 기회의 형식으로 제공되었다.

소규모 소매업자들의 효율, 경쟁력 그리고 매력을 개선함으로써 그들로 하여금 가게의 성공에 참여하도록 하는 Unilever의 계획은 잠재력을 열어주는 듯하다. 예를 들어 필리핀에서는 그런 프로그램들이 2016년부터 이루어졌는데, 약 87,000명의 사업가들이 훈련을 받아왔고 24,000명의 사람들이 새롭게 사업을 준비하는 것에 지원을 받았다. 이러한 개발과 함께, Unilever의 판매량은 참여 기업가와 함께 12%까지 성장한 반면, 참여하지 않은 사업들은 Unilever에 7%의 매출 증가만을 안겨주었다.

Tesco

고객을 위한 가치를 창출한다는 생각은 가끔 유통 파트너 그들 자신에게서 비롯되기도 한다. 영국의 대표적인 슈퍼마켓 체인이자 자국내 3,400개 이상의 점포를 가지고 있는 Tesco UK는 그 공급자들과 함께 음식물 쓰레기를 없애기 위한 공동 기업 사회적 책임 프로그램을 시작했다. 환경적, 경제적 부담을 주는 음식물 쓰레기는 개인 가정에서만 발생하지 않는다. 영국에서는 전체 음식물 쓰레기의 약 45%가 공급망에서 발생한다. 따라서 영국의 소매업자에게 음식물쓰레기의 감축은 우선순위이자 가치사슬을 따라 음식 생산자들과 그들의 파트너들에게 공유된 책임의식을 표명한다(식품의 생산부터 소비에까지 이르는 식품사슬).

이 문제에 대응하기 위해, Tesco UK는 그들의 공급자와 긴밀하게 협력하기 시작했다. 이러한 제휴의 한 예시로 Tesco가 그들의 온라인 공급자 네트워크 플랫폼에서 제공하는 "음식물 쓰레기 비상연락망"이 있다. 이것은 Tesco의 모든 파트너들에게 개방되어 있고, 잠재적 음식물 쓰레기의 발생 시 공급망의 참여자들이 상호작용하도록 한다. 이 계획은 이미 성공적으로 증명되었다. 예를 들어, 2016년의 유난히 더웠던 여름에, 딸기 작물 전체가 동시에 익어버렸었다. 그러나 Tesco는 공급자의 경고로 빠르게 딸기의 묶음 판매 상품을 도입하여 갑자기 공급된 대량의 딸기를 처분했다. 이런 재빠른 반응은 쓰레기의 방지를 촉진시킬 뿐만 아니라 소비자들에게 더 낮은 상품 가격을 제공했다.

비상연락망과 더불어, Tesco는 "완벽하게 불완전한" 제품군을 도입했다. 이 시각적으로 매력적이지는 않으나 완벽히 먹을 수 있는 과일과 채소들을 경쟁력 있는 가격대에 제공하는 것은 소비자들에게 금전적 가치를 제공할 뿐만 아니라 소매업자들이 공급업체의 수확물을 더 많이 가져갈 수 있다는 것을 의미한다. 또한 Tesco는 공급자들과 그들의 자체 브랜드 생산시설 간의 긴밀한 관계를 수립하는 것에 성공했다. 이 자체 브랜드 생산 시설은 예를 들면, 다른 때라면 버려졌을 규격 미달의 감자들을 Tesco 자체 브랜드의 으깬 감자 생산에 사용할 수 있게 한다.

그뿐만 아니라, 공급자들을 그들의 자선 파트너 FareShare와 연결함으로써, 더 많은 잉여 생산물이 좋은 용도로 쓰여질 수 있고, 동시에 지역사회와 취약계층을 도울 수 있다.

출처: Francis Churchill, "Tesco Sets Up Supplier Hotline to Cut Food Waste," Supply Chain, March 13, 2017, https://www.cips.org/en/supply-management/news/2017/march/supplier-hotline-to-help-cut-food-waste/; Urvaksh Karkaria, "BMW Partners on Technology to Win Supplier Favor," Automotive News Europe, August 3, 2018, http://europe.autonews.com/article/20180803/COPY/308039989/bmw-partners-on-technology-to-win-supplier-favor; BMW Group, "Responsibility—uppliers," https://www.bmwgroup.com/en/responsibility/supply-chain-management.html; "Empowering Small-Scale Retailers for Growth," Unilever global company website, https://www.unilever.com/sustainable-living/enhancing-livelihoods/inclusive-business/empowering-small-scaleretailers-for-growth/; "Working with Suppliers," Tesco website, https://www. tescoplc.com/little-helps-plan/products-food-waste/working-with-suppliers/; "Tesco Launches New 'Food Waste Hotline' to Help Tackle Supply Chain Food Waste," Tesco website, March 13, 2017, https://www.tescoplc.com/news/newsreleases/2017/tesco-supplier-food-waste-hotline/, all accessed October 2018.

다. 사실상 유통경로 관련 법규는 한 기업이 바람직한 경로를 사용하지 못하도록 하는 다른 기업의 방해 전략을 규제함이 목적이다. 대부분의 유통경로 법규는 일단 서로 관계를 맺고 있는 경로 구성원 간 상호 권리와 의무를 다루고 있다.

많은 생산자와 도매상은 전속적 유통경로를 이용하고 싶어 한다. 제품 판매업자가 특정 소매업자에게만 그들의 제품을 취급할 수 있도록 허용하면, 이 전략을 전속적 유통(exclusive distribution)이라고 한다. 제품 공급자가 딜러에게 경쟁사의 제품을 취급하지 말 것을 요구하는 경우, 전속적 거래(exclusive dealing)라고 한다. 이 경우 공급업자와 딜러 모두 전속적 계약으로 혜택을 얻을 수 있는데, 공급업자는 더 충성스럽고 신뢰할 수 있는 소매점을 확보할 수 있으며, 딜러는 지속적인 공급처와 강력한 지원을 확보할 수 있다. 그러나 다른 생산업자는 전속적 계약을 맺은 딜러에게 그들의 제품을 판매할 수 없게 된다. 이러한 상황으로 인해 전속적 거래계약은 1914년에 제정된 클레이튼법(Clayton Act)의 규제를 받게 되었다. 그러나 전속적 계약으로 실질적으로 경쟁이 저하된 바가 없거나 독점을 형성하지 않았고, 양측의 계약이 자발적으로 체결된 것이라면 합법적이다.

전속적 거래는 전속적 영업지역 계약(exclusive territorial agreements)을 포함한다. 생산자는 특정지역에서 다른 딜러에게 제품을 판매하지 않기로 합의할 수 있으며, 또한 유통업자는 자신의 영업지역에서만 제품을 판매하기로 계약을 맺을 수도 있다. 첫 번째 경우는 프랜차이즈 시스템에서 판매상의 의욕과 몰입도를 증진시키기 위한 방법으로 문제가 되지 않는다. 그러나 두 번째 경우, 생산자가 딜러로 하여금 자신의 영업지역에서만 판매하게 하고, 영업 지역권 밖에서는 판매를 못하게 한다는 점에서 주요한 법적인 문제가 되고 있다.

강력한 브랜드를 보유한 생산자는 종종 딜러가 제품라인의 일부 또는 나머지 모두를 취급한다는 조건으로 딜러에게 그 브랜드 제품을 판다. 이것을 전 품목강요(full-line forcing)라고 한다. 끼워팔기 계약(tying agreements)이 반드시 불법적인 것은 아니지만, 만일 이 계약이 근본적으로 경쟁을 위축시키려고 한다면, 클레이튼 법에 위반된다. 이러한 상행위로 소비자가 다른 경쟁 상표 제품 사이에서 자유롭게 선택할 수 있는 권리를 침해하기 때문이다.

마지막으로 생산자는 제품을 취급할 딜러를 선택할 자유가 있지만, 거래를 끊을 권리는 제한을 받는다. 일반적으로 공급업자는 "계약조항의 이유로" 딜러와의 관계를 끊을 수 있다. 그러나 공급업자는 딜러가 전속적 거래나 끼워팔기 계약과 같은 법적으로 문제가 있을 수 있는 거래계약에 협조하지 않았다고 해서 딜러와의 관계를 끊을 수 없다.

🔗 개념 연결하기

한 번 더 쉬어갈 때가 되었다. 이번에는 Caterpillar와 McDonald 경로 시스템을 비교해보자.

● Caterpillar와 McDonald 경로 시스템의 도표를 작성하라. 경로 수준, 중간상화의 형태, 경로 구성원의 역할과 책무, 그리고 다른 특성은 어떻게 차이가 나는가?

● Caterpillar와 McDonald는 그들의 경로를 얼마나 잘 운영하는지 평가하라. 어떤 결과를 갖고 평가했는가?

마케팅 로지스틱스와 공급망 관리

저자 코멘트
마케터들은 이 오래된 것을 "물적 유통"이라 부르곤 한다. 그러나 제목이 시사하는 바와 같이 이 주제는 중요성, 복잡성, 그리고 전문성 속에서 자랐다.

오늘날의 글로벌 시장에서 때로는 제품을 판매한다는 것이 제품을 고객에게 전달하는 것보다 더 쉽다. 기업은 고객이 적시적소에 적절한 상품구색으로 제품을 구매할 수 있도록 하기 위해 제품과 서비스를 저장하고, 취급하고, 이동시킬 최상의 방법을 결정해야 한다. 로지스틱스의 효과성은 고객만족과 기업비용에 막대한 영향을 미친다. 이제 공급망에서 로지스틱스 관리의 본질과 중요성, 로지스틱스 시스템의 목표, 로지스틱스의 주요한 기능, 통합적인 공급망 관리의 필요성을 생각해보자.

마케팅 로지스틱스의 본질과 중요성

어떤 관리자에게는 마케팅 로지스틱스가 단지 트럭수송과 창고만을 의미하겠지만, 현대의 로지스틱스는 그 이상이다. **물적 유통**(physical distribution)이라고도 하는 **마케팅 로지스틱스**(marketing logistics)는 적절한 이윤을 보장하면서 고객의 욕구를 충족시키기 위해, 원산지에서 소비지점까지 제품, 서비스, 관련 정보의 물적 흐름을 계획하고, 집행하며, 통제하는 일을 말한다. 간단히 말하자면, 최적의 제품을 적절한 고객에게 적시적소에 전달하는 과정이다.

마케팅 로지스틱스 혹은 물적 유통 (marketing logistics or physical distribution)
적절한 이윤을 실현하면서 고객의 요구를 충족시키기 위해 원산지에서 소비지점까지 원자재, 최종제품, 그리고 관련정보의 물적 흐름을 계획하고, 집행하고, 통제하는 과정

과거에 물적 유통은 전형적으로 공장에 있는 제품을 고객에게 가장 적은 비용으로 공급할 수 있는 방안을 모색하는 것이었다. 그러나 오늘날의 고객 중심의 로지스틱스는 시장에서 시작하여 역으로 다시 공장으로, 심지어는 공급처로 거슬러 과업을 수행하는 것이다. 마케팅 로지스틱스는 외부적 물류(outbound logistics) (제품을 공장에서 중간상에게, 최종적으로 고객에게 이동시키는 것)의 문제뿐만 아니라, 내부적 물류(inbound logistics) (제품과 원료를 공급자에서 공장으로 이동시키는 것)의 문제와 역물류(reverse logistics) [소비자 혹은 재판매업자에게서 재사용(reusing), 재활용(recycling), 재손질(refurbishing), 혹은 파손품, 원하지 않은 제품, 초과 제품이 반송되는 것]의 문제와도 관련이 있다. 즉 마케팅 로지스틱스는 전체적인 **공급망 관리**(supply chain management)를 의미하는데, 공급망 관리(SCM)는 그림 10.5에서 보듯이 공급자, 기업, 중간상, 최종소비자 사이에 원재료, 최종제품, 관련된 정보에 가치가 부가된 상향과 하향의 흐름을 관리하는 것이다.

공급망 관리 (supply chain management, SCM)
공급자, 제조기업, 중간상, 최종소비자 간에 원자재, 최종제품, 관련정보의 상하향 흐름이 이루어지는 과정에서 부가가치가 창출되도록 관리하는 과정

따라서 로지스틱스 관리 업무는 원료 공급자, 구매 대리인, 마케팅 관리자, 경로 구성원, 그리고 고객의 행위와 활동을 조정하는 과업을 수행한다. 이 활동에는 예측, 정보시스템, 구매, 생산계획, 주문처리, 재고, 수송계획이 포함된다.

오늘날 기업은 여러 가지 이유로 로지스틱스를 더욱 더 강조하고 있다. 첫째, 기업은 고객에게 더 나은 서비스 또는 더 저렴한 가격을 제공할 수 있는 진보된 로지스틱스를

>> **그림 10.5** 공급망 관리

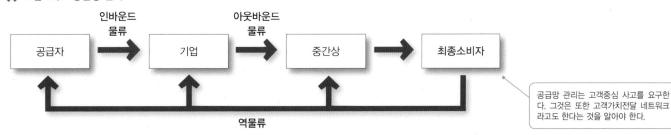

공급망 관리는 고객중심 사고를 요구한다. 그것은 또한 고객가치전달 네트워크라고도 한다는 것을 알아야 한다.

▶▶ 물류의 중요성: 어느 때이든, GM은 연간 80억 달러의 물류비용이 발생시키는 수억 톤의 완성된 차량들과 부품을 운송 중에 있다. 여기서 작은 절약도 상당한 규모가 될 수 있다.
SeongJoon Cho/Bloomberg via Getty Images

이용함으로써 강력한 경쟁우위를 확보할 수 있다. 둘째, 진보된 로지스틱스는 기업과 고객 모두에게 상당한 비용절감 효과를 준다. 평균적으로 제품가격의 20% 정도가 선적, 수송에 소요된다.

미국 기업은 제품을 포장, 묶음, 선적, 하역, 분류, 재선적과 수송하는 데 국내 총생산의 7.5% 가량인 1조 3,900억 달러를 지출했다. 이는 전 세계 19개국의 GDP를 합한 것보다 더 많다. General Motors는 자체적으로, 연간 80억 달러의 물류 대금을 지불하며 수억 톤의 완성된 차량들, 생산 부품들, 후속 시장용 부품들을 정해진 시간에 수송하고 있다. 적은 물류비용이라도 절감하는 것은 상당한 비용 절감을 의미할 수 있다. 예를 들어, GM은 최근 북미에서만 2년 동안 거의 20억 달러를 절약할 수 있는 물류 점검방안을 발표했다.[21]

셋째, 제품의 다양화가 증가함에 따라 더 진보된 로지스틱스 관리가 필요하게 되었다. 예를 들어, 1916년에 전형적인 피글리 위글리 식료품(Piggly Wiggly grocery) 매장은 겨우 605개의 상품 아이템만을 취급했다. 오늘날 피글리 위글리 식료품 매장은 매장 크기에 따라 2만 개에서 3만 5천 개에 이르는 엄청난 양의 상품 재고를 취급하고 있다. 월마트 매장은 142,000개 이상의 제품을 취급하며, 식료품만도 30,000개에 이른다.[22] 다양한 제품을 주문하고, 수송하고, 재고를 파악하고, 통제하는 것은 로지스틱스의 크나큰 도전과제이다.

정보기술의 향상은 또한 유통 효율성에 주요한 이익을 창출할 기회를 제공해왔다.

오늘날 기업들은 세밀한 공급망 관리 소프트웨어, 인터넷 기반 로지스틱스 시스템, 계산대 POS(point-of-sale) 스캐너, RFID 태그, 위성 추적, 주문 및 지불 정보의 전자 전송 등을 활용하고 있다. 이러한 기술들은 기업이 공급망을 통해 상품, 정보, 재정의 흐름을 재빨리, 그리고 효율적으로 관리할 수 있게 해준다.

마지막으로, 다른 어떤 마케팅 기능보다 더 로지스틱스는 환경과 회사의 환경적 지속가능성을 위한 노력에 영향을 미친다. 운송, 창고 보관, 포장, 기타 로지스틱스 기능들은 전형적으로 기업의 생태 발자국(environmental footprint)에 있어서 가장 큰 공급망 기여 요인이 된다. 그래서 이제 많은 기업들이 녹색 공급망을 개발하고 있는 중이다.

지속가능한 공급망

기업들이 공급망이 환경에 미치는 영향을 최소화할 이유는 많다. 우선 그들이 자발적으로 녹색화를 하지 않는다면, 전 세계에 걸쳐 시행되는 지속적인 규제의 주체가 그것을 요구하게 될 것이다. 또 다른 이유는 많은 대량 소비자들 – Walmart와 Nike에서 연방정부까지 – 의 요구가 있을 것이라는 점이다. 심지어 소비자들도 요구하고 있다. 한 조사에 따르면 밀레니얼 세대의 73%가 지속가능한 상품에 더 지불할 용의가 있다고 한다.[23]

따라서, 환경 지속가능성은 공급자 선택과 활동 평가에 있어 중요한 요소가 되었다.

그러나 그것을 해야만 한다는 사실보다 더 중요한 것은 아마도 그것이 올바른 일이라는 점일 것이다. 환경 지속가능성은 지구를 구하기 위해 기업들이 미래의 세대들에게 기여할 수 있는 또 다른 길이다.

그러나 이 모든 것은 영리한 일이기도 하다. 이미 드러난 것처럼 기업들은 공급망을 녹색화할 더 시급하고 실용적인 이유를 갖고 있다. 지속가능한 경로는 지구에 좋을 뿐 아니라 기업의 최종 결산에도 그러하다. 가장 큰 생태 발자국을 만들어내는 로지스틱스 활동 – 운송, 창고관리, 포장 – 들은 로지스틱스 비용에서 가장 큰 몫을 차지하기도 한다. 기업들은 보다 큰 효율성을 통해 공급망을 녹색화하는데, 보다 큰 효율성이란 적은 비용과

》 녹색 공급망: 지속가능한 공급망을 도입하는 것은 환경적 책임일 뿐만 아니라 수익성이 될 수도 있다.
christianchan/123RF

높은 이윤을 뜻한다. 다시 말하면, 지속가능한 공급망은 환경적 책임일 뿐만 아니라 수익성이 될 수도 있다는 것이다. Levi Strauss & Co.의 경우를 보자.[24]

Levi Strauss의 청바지 제작 공정의 모든 과정에서 물은 필수적이다. Levi's 501의 청바지를 한 벌 만드는 데에는 3,781리터의 물이 소비되는데, 이는 미국 한 가정에서 약 3일 동안 쓸 수 있는 양이다. 물을 절약하기 위해, Levi's는 데님 마감 공정에서만 최대 96%의 물을 절약하는 Water〈Lesse라고 불리는 일련의 혁신적인 기술을 출시했다. 지금까지 Water〈Less 혁신은 20억 리터 이상의 물을 절약했다. 그러나 지구에 좋은 것 이상으로 Water〈Less는 160만 달러 이상을 절약하며 Levi Strauss의 최종 결산에도 도움이 되었다. Levi's의 지속가능성 부문 부사장은 "지속가능성은 실제로 비용이 적게 들게 한다. 왜냐하면, 분명히 더 지속가능할수록 자원을 덜 소비하게 되는데, 이는 투입 비용이 덜 든다는 것을 의미하기 때문이다."라고 말했다.

그러나, 제조 과정 이후에 청바지 한 벌로 인한 가장 큰 환경적 영향은 구매 후 관리에서 발생한다. 그래서 더 많은 물을 절약하기 위해, Levi Strauss는 특별히 세탁기가 필요 없도록 만들어진 Water〈Less 청바지를 출시했다. 이 회사는 소비자들에게 청바지를 덜 세탁하고, 찬물에 빨고 빨랫줄에 널면 청바지 한 벌의 제품 수명주기 동안의 기후 변화 영향을 50%까지 줄일 수 있다고 말한다. 다시 한 번 말하자면, 소비자들에게 좋은 것은 Levi Strauss에게도 좋은 것이다. "진보적인 브랜드로 알려진 것 역시 Levi's가 어려운 사업 시기를 헤쳐 나가는 데 도움을 주었다."고 이 임원은 말했다. "결국 소비자들은 지속가능한 회사를 사랑한다."

로지스틱스 시스템의 목표

몇몇 기업은 로지스틱스 목표를 최소의 비용으로 최대한의 고객 서비스를 제공하는 것이라고 말한다. 그러나 불행하게도 어떤 로지스틱스 시스템도 고객 서비스를 극대화하면서 동시에 유통비용을 최소화할 수는 없다. 고객 서비스를 극대화한다는 것은 신속하게 배달하고, 많은 재고를 보유하고, 다양한 구색을 마련하고, 자유롭게 반품할 수 있는 방침을 수행하고, 기타 서비스를 확대하는 것을 의미하는데, 모두 유통비용을 증가시킨다. 반대로 유통비용의 최소화는 느린 배달, 낮은 재고수준, 많은 양의 수송을 의미하는데,

모두는 전반적인 고객 서비스 수준의 하락을 의미한다.

그러므로 마케팅 로지스틱스의 목표는 최소의 비용으로, 목표로 정한 수준의 고객 서비스를 제공하는 것이어야 한다. 우선 기업은 고객에게 제공될 다양한 유통 서비스의 중요성을 조사해야 하며, 그러고 나서 각 세분시장에 알맞은 수준의 서비스를 설정해야 한다. 그러나 목표는 판매를 극대화하는 것이 아니라, 이윤을 극대화하는 것이다. 그러므로 기업은 더 높은 수준의 서비스를 제공함으로써 얻을 수 있는 이점과 소요되는 비용을 비교 검토해야 한다. 어떤 기업은 경쟁사보다 낮은 서비스를 제공하고, 대신에 구매자에게 낮은 가격을 청구하지만, 어떤 기업은 경쟁사에 비해 더 많은 서비스를 제공하고, 비용을 상쇄하기 위해 높은 가격을 부과하기도 한다.

로지스틱스 시스템의 주요 기능

로지스틱스의 목표가 설정된 다음에 기업은 그 목표를 달성하는 데 드는 비용을 최소화할 수 있는 로지스틱스 시스템을 설계해야 한다. 중요한 로지스틱스의 기능에는 창고관리, 재고관리, 수송, 로지스틱스 정보관리가 있다.

창고관리

생산주기와 소비주기는 서로 일치하지 않는 경우가 많으므로 기업은 판매가 될 때까지 제품을 보관해야 한다. 예를 들어, 스내퍼(Snapper), 토로(Toro)와 같이 잔디 깎는 기계를 제조하는 기업은 1년 내내 생산을 계속하지만 오랫동안 보관해 두었다가 늦은 봄이나 여름 같은 성수기에 판매를 한다. 보관기능은 생산량-소비량과 생산시점-구매시점 간의 차이를 해소시킴으로써 고객이 제품을 구입할 준비가 될 때에 이용할 수 있도록 한다.

물류센터(distribution center)
여러 공장이나 원자재 공급업자에게서 재화를 공급받고, 주문을 받아 효율적으로 처리하고, 고객에게 제품을 가능한 한 신속하게 전달할 수 있도록 설계된 대규모의 자동화 창고

기업은 생산된 제품의 보관에 필요한 창고수, 창고유형, 창고입지를 결정해야 한다. 기업은 제품의 보관을 위해 저장창고(storage warehouse)나 **물류센터**(distribution center)를 이용한다. 저장창고는 제품을 장기간 저장하는 데 적합한 반면에 물류센터는 상품을 단지 보관만 하는 것에 그치지 않고 이동시키는 데 목적이 있다. 물류센터는 수많은 공장이나 공급업자에게서 제품을 공급받고, 주문을 받아 효율적으로 처리하고, 고객에게 제품을 가능한 한 신속하게 전달할 수 있도록 하는 거대한 자동화된 창고를 의미한다.

예를 들어, Amazon은 주문처리 센터(fulfillment center)라고 불리는 70개 이상의 거대한 물류센터를 운영하고 있는데, 이곳에서는 온라인 주문에 맞추고 반품을 처리한다. 이 센터들은 거대하고 고도로 자동화되어 있다. 일례로 Tracy와 California에 있는 Amazon 주문처리 센터의 크기는 120만 평방 피트(27개의 축구장에 상응하는)이다. 이 센터에서는 4,000명의 직원이 2,100만 개 물품의 재고를 관리하고 하루에 700,000개의 택배를 Northern California와 Pacific Northwest의 일부에 있는 Amazon 고객들에게 보낸다. 지난해의 Cyber Monday 기간 동안 Amazon 주문처리 센터 네트워크는 전 세계적으로 초당 740개 물품의 주문을 처리했다.[25] 다른 것과 마찬가지로, 최근 들어 창고는 기술적인 면에서 극적인 변화를 보여주고 있다. 구형의 materials-handling methods는 새롭고, 컴퓨터 조종 시스템으로 적은 인원으로도 관리가 가능해지고 있다. 컴퓨터와 스캐너는 주문서를 읽고, 제품을 적재하기 위해 리프트 트럭과

전기식 도르래, 로봇을 작동시키고, 제품을 선적 도크까지 운반하게 하며, 송장을 발행한다. 예를 들어, Amazon은 방대한 유통센터의 효율성을 향상시키기 위해 로봇 군단을 사용하고 있다.[26]

당신이 Amazon에서 구매할 때 아직은 물건이 사람의 손으로 창고의 선반에서 꺼내질 가능성이 높다. 그러나 Amazon의 유통센터에서 인간은 쪼그려앉은 오토만 크기의 데이글로 오렌지색 로봇 군단에게 점점 더 많은 도움을 받고 있다. 로봇이 상품을 실은 선반을 가져다주면 사람들이 상자를 채운다. 로봇은 직원들을 위해 창고일을 덜 지루하고 물리적으로 덜 힘들어 하면서도, 효율성을 높여 고객주문을 아주 작은 치실도 이틀 안에 받을 수 있게 한다. 선반은 마치 "마법의 선반"처럼 사람들 앞에 갑자기 나타나서 집어야 할 물건을 레이저 포인터로 가리킨다. 그리고 나서 로봇은 자리를 떠나

>> **첨단 기술의 유통센터:** Amazon은 주문처리 센터를 원활하게 운영하기 위해 데이글로 오렌지색의 Kiva 로봇으로 구성된 슈퍼 리트리버 팀을 고용하고 있다.
Bloomberg via Getty Images

고 새로운 선반이 나타난다. 이 엄청나게 효율적인 로봇들은 지치지 않고 일주일에 7일, 하루 16시간을 일한다. 그들은 업무량에 대해 불평하거나 임금을 올려달라고 하는 법이 없으며 운영비가 별로 들지 않는다. "로봇은 하루 종일 동일하게 일하며, 그들은 배고프지 않다."라고 아마존 창고 감독관은 말한다.

재고관리

재고관리 역시 고객만족에 영향을 준다. 관리자는 너무 적지도 않고 너무 많지도 않는 적정수준에서 재고를 유지해야 한다. 너무 적은 재고는 고객이 구입을 원할 때 제품을 공급할 수 없는 위험이 따른다. 이를 해결하기 위해 기업은 상당한 비용이 드는 긴급선적이나 긴급생산을 해야 할 수도 있다. 반면에 너무 많은 재고를 보유할 경우, 필요 이상의 재고 유지비와 재고 상품의 진부화를 발생시킬 수 있다. 따라서 기업은 많은 재고량을 유지하는 데 드는 비용과 많은 재고를 확보함으로써 창출되는 이익 사이에 균형이 맞도록 재고관리를 해야 한다.

많은 기업이 JIT(just-in-time) 로지스틱스 시스템을 통해서 재고량과 그와 관련된 비용을 크게 절감하고 있다. 이 시스템을 이용하여 생산자와 소매상은 며칠 분에 불과한 매우 적은 양의 부품재고 또는 상품재고만을 유지한다. 새로운 재고는 사용할 때까지 창고에 보관되는 것이 아니라 필요한 때에 정확하게 도착한다. JIT 시스템은 정확한 예측과 함께 필요할 때에 신규 공급이 가능하도록 신속하고, 빈번하고, 유연한 배달이 필요하다. 그러나 이 시스템은 재고유지와 처리비용을 상당히 절감하는 효과가 있다.

재고관리에 관한 한 Walmart는 납품업체들과 빈둥거리지 않는다. 월마트는 진열대에 재고를 딱 맞게, 하지만 넘치지는 않게 한다는 목표하에 그들의 매장에 "정시에, 빠짐없는" 배달을 요구하고 있다. 지정된 배달 창구를 놓친 공급업체는 대가를 치른다. "이틀이나 늦었다고요? 그러면 벌금을 물게 될 것입니다."라고 한 분석가가 말한다. "하루 일찍? 그것도 벌금입니다. 제시간에 도착했는데 상품 제대로 포장되지 않았나요? 당신도 짐작했겠지만 – 벌금입니다." 이 배달 정책은 가혹해 보이지만 Walmart는 재고가 너무 적거나(매출 손실) 재고가 너무 많은 것(재고 비용)에 대해 엄청난 대가를 치

른다. Walmart의 한 운영 매니저는 "재고 변동성이 공급망에서 가장 힘든 요소(No.1 Killer)"라고 말한다.[27]

마케팅 관리자는 재고관리를 더 효율적으로 하는 방법을 끊임없이 모색하고 있다. 예를 들어, 많은 기업들은 지금 전자태그(RFID) 또는 "스마트 태그" 기술을 사용하고 있다. 이 기술에 의하면 조그만 송신칩은 제품에 내장되거나 꽃과 면도칼에서 타이어에 이르기까지 여러 제품에 함께 포장될 수 있다. "Smart" 제품은 총 제품비용의 75%에 달하는 전체적인 공급망을 지능화, 자동화시킨다.

월마트, Macy's, P&G, IBM 등과 같은 규모가 크고 재력이 튼튼한 여러 마케팅 기업은 RFID의 완벽한 구현을 위해 투자를 아끼지 않고 있다.

수송

기업이 선택한 수송수단은 제품가격, 배달성능, 도착한 제품의 상태에 영향을 주는데, 모두 고객의 만족과 밀접한 관련이 있다. 기업은 상품을 싣고 창고, 딜러, 소비자에게 배달하는 데에 트럭, 철도, 수상, 파이프라인, 항공 등의 다섯 가지 주요 수송수단 중에서 선택할 수 있으며, 디지털 제품을 위한 대안으로 인터넷이 고려될 수 있다.

트럭을 통한 수송이 차지하는 비중은 꾸준히 증가하여 현재는 미국 내 총 화물량(ton-miles)의 64%를 차지하고 있다. 트럭은 경로 선택과 스케줄 조정이 유연하며, 일반적으로 철도보다 빠른 서비스를 제공할 수 있다. 그것은 고가 제품의 단거리 운송에도 아주 적합하다. 트럭수송 기업은 최근 몇 년 동안 글로벌 운송 서비스를 완전하게 제공하기 위해 진화해왔다. 예를 들어, 대형 트럭운송 회사는 현재 위성추적, 웹 기반 수송관리, 그리고 해외운송을 위해 로지스틱스 기획 소프트웨어를 통해 물품을 공급하고 있다.[28]

철도는 미국 전체 화물수송의 10%를 차지하고 있다. 철도수송은 석탄, 모래, 광물, 농수산품 등 부피가 큰 제품을 먼 거리로 수송할 때 비용 면에서 매우 효율적이다. 최근 철도 수송업도 특정 제품을 다루기 위한 새로운 장비를 고안하거나, 철도로 트럭트레일러를 운반하기 위한 무개화차(flatcars)를 제공하거나, 도중에 선적 상품의 방향을 다른 목적지로 보내거나 가공하는 환승 서비스(in-transit services)를 제공하는 등 고객 서비스를 늘렸다.

수상수송은 전체 수송량의 4% 이내를 차지하며, 내륙 수로나 해로를 통해서 다량의 제품을 선박이나 바지선으로 수송한다. 모래, 석탄, 곡류, 오일, 금광석 등 부피가 크고, 가치가 떨어지며, 부패하지 않는 제품과 대량물품을 수송하기에 저렴하고 좋은 수단이지만 시간이 오래 걸리고, 기후에 영향을 받는다.

파이프라인 수송은 전체 수송량의 18%를 차지하며 석유, 천연가스, 화학제품을 산지에서 시장으로 수송하는 데에 특화된 수단이다. 대부분의 파이프라인은 자사의 제품만을 수송하는 데 사용된다.

항공수송은 전체 수송량의 1% 미만으로 미미하지만, 매우 중요한 수단이다. 항공화물의 비용은 트럭이나 철도에 비해 매우 비싸지만, 신속한 수송이 필요하거나 상당

»» 운송: 상품을 창고, 중개상, 소비자들에게 운반할 때 기업들은 다양한 운송 방법 중에 선택할 수가 있다. 트럭, 기차, 해상, 파이프라인, 그리고 항공수송 이 그것이다. 많은 경우 운송은 복수의 방법으로 진행된다.

Thanapun/Shutterstock

히 먼 거리 시장으로 수송할 때 적합하다. 항공수송을 주로 이용하는 제품은 신선한 생선이나 꽃처럼 상하기 쉬운 물건, 기술 장비(technical instruments)나 보석처럼 값이 비싸고 부피가 적은 제품 등이다. 항공화물 수송은 재고수준, 포장비용, 필요한 창고 수 등을 줄여 준다.

인터넷은 생산자가 만든 디지털 제품을 소비자에게 위성이나 케이블, 전화선, 무선 신호 등으로 전달한다. 소프트웨어업체, 언론매체, 음반기업, 교육기업 등은 인터넷을 통해 디지털 제품을 수송한다. 인터넷은 제품유통 비용을 더 낮출 수 있는 가능성을 보여 준다. 반면, 비행기와 트럭, 철도가 화물을 수송하는 데 반해, 디지털 기술은 정보 비트(information bits)를 수송한다.

화주들 또한 두 가지 이상의 수송수단을 결합한 **복합모델 수송**(multimodal transportation)을 이용하고 있다. 피기백(Piggyback)은 철도와 트럭을, 피시백(Fishyback)은 수상과 트럭을, 트레인십(Trainship)은 수상과 철도를, 에어트럭(Airtruck)은 항공과 트럭의 결합 사용을 나타내는 것이다. 이와 같은 복합모델 수송은 하나의 수송방법으로는 제공할 수 없는 이점을 제공한다. 예를 들어 피기백은 트럭만을 이용했을 때보다 저렴할 뿐만 아니라 좀 더 유연성 있고, 편리하다.

거의 모든 로지스틱스 운송회사들은 통합적인 복합모델 수송 방안을 제공하고 있다.

복합모델 수송(multimodal transportation) 두 가지 이상의 수송수단을 함께 사용하는 것

로지스틱스 정보관리

기업은 정보를 통해 공급망을 관리한다. 유통경로 파트너는 정보를 공유하고, 더 나은 로지스틱스 공동 의사결정을 위해 상호 연계되어 있는 경우가 많다. 로지스틱스의 관점에서 볼 때 고객 주문, 대금청구, 선적, 재고수준, 고객 데이터와 같은 정보의 흐름은 유통 경로의 성과와 매우 밀접한 관련이 있다. 기업은 유통경로의 정보를 획득하고, 처리하고, 공유하는 일련의 과정을 간결하고, 접근하기 쉽고, 신속하면서 정확하게 설계하기를 원한다.

정보는 여러 가지 방법으로 공유되고 관리될 수 있지만, 가장 많은 부분을 차지하는 것은 인터넷 기반의 전자정보교환(electronic data interchange, EDI)으로, 이는 조직 간의 디지털 정보교환으로 인터넷을 통한 전송 중 가장 우선적인 방법이다. 예를 들어, 월마트는 리테일 링크 판매 데이터 시스템(Retail Link sales data system)을 통해 100,000여 개에 달하는 공급업체에 EDI 연결을 요구한다. 신규 공급업체가 EDI를 갖추지 못하고 있으면, 월마트는 신규 공급업체와 함께 필요한 소프트웨어를 찾고 적용하는 작업을 한다.[29]

어떤 경우에는 기업고객은 공급업체 스스로가 주문을 결정하고, 배달일정을 계획해 주도록 요청한다. 예를 들어, 월마트나 홈디포 같은 대형 소매업체는 공급업체가 관리하는 재고 시스템(vendor-managed inventory, VMI) 또는 지속적 재고보충 시스템(continuous inventory replenishment system)의 도입을 통해 P&G, 모엔(Moen)과 같은 제품 공급업체와 긴밀한 협력관계를 유지한다. VMI를 사용함으로써 기업고객은 판매, 현 재고수준에 관한 실시간 자료를 공급업체와 공유할 수 있다. 이에 따라 상품 공급업체는 재고관리와 배송에 관한 모든 책임을 진다. 일부 소매업체는 재고비와 배송비를 공급업체에 이전시키는 단계로까지 발전하고 있다. 이러한 시스템은 구매자와 판매자의 긴밀한 협력이 필요하다.

통합적 로지스틱스 관리

통합적 로지스틱스 관리
(integrated logistics management)
전체 경로 시스템의 성과를 극대화하기 위해 기업 내부 구성원들과 모든 마케팅 경로 조직체 간의 긴밀한 팀워크를 강조하는 로지스틱스 개념

오늘날 많은 기업이 **통합적 로지스틱스 관리**(integrated logistics management)를 채택하고 있다. 더 나은 고객 서비스를 제공하면서 유통비용을 절감하기 위해서는 기업 내부는 물론 모든 마케팅 경로 조직체 사이에 팀워크가 필요하다는 것을 의미한다. 기업 내부의 경우, 여러 기능부서는 기업의 로지스틱스 성과를 극대화하기 위해 서로 밀접하게 협력해야 한다. 외부적으로 기업은 전체적인 유통경로 시스템의 성과를 극대화하기 위해 공급자와 고객의 로지스틱스 시스템을 자신의 로지스틱스 시스템과 통합해야 한다.

기업 내부의 상호 기능적 팀워크

대부분의 기업에서 다양한 로지스틱스 활동 책임은 마케팅, 판매, 재무, 생산, 구매 등 서로 다른 부서에 맡겨지고 있다. 일반적으로 각각의 부서는 다른 부서의 활동을 고려하지 않고, 자신의 로지스틱스 성과만을 극대화하려고 한다. 그러나 수송, 재고, 창고관리, 정보관리 등의 로지스틱스 활동은 상호작용하며, 때로는 역방향으로 작용하기도 한다. 예를 들어, 재고수준이 낮으면 재고처리 비용은 절감할 수 있지만 고객 서비스 수준이 저하되며, 재고부족이나 미납주문, 특별 생산가동, 값비싼 긴급선적 등으로 인한 비용 상승을 초래한다. 즉 유통경로 활동은 서로 높은 상충관계를 가지기 때문에 서로 다른 부서가 내리는 결정은 전체 로지스틱스 성과가 더 나아질 수 있도록 조정되어야 한다.

통합적 공급망 관리의 목표는 기업의 모든 로지스틱스 의사결정 사항을 조화롭게 하는 것이다. 부서 간 긴밀한 협조체제는 몇 가지 방법으로 가능하다. 어떤 기업은 여러 가지 서로 다른 마케팅 로지스틱스 활동에 책임을 지는 경영자로 구성된 상설 로지스틱스 위원회를 설치하고 있다. 다른 방법으로는 기능별 로지스틱스 활동을 연결시키는 공급망 관리직을 마련하는 것이다. 예를 들어, P&G는 자사 각 제품 범주에 모든 공급망 활동을 관리하는 공급 관리자를 두고 있다. 많은 기업이 상호 기능적 권한(cross-functional authority)을 가진 로지스틱스 담당 부대표를 두고 있다.

마지막으로 기업은 SAP와 오라클에서 로질리티(Logility)에 이르기까지 광범위한 크고 작은 소프트웨어 기업으로부터 구입가능한, 정교하고, 범조직적(system-wide) 공급망 관리 소프트웨어를 도입할 수 있다. 예를 들어, Oracle의 공급망 관리 소프트웨어는 기업이 "지속가능한 이득을 얻고 전통적인 공급망을 통합적 가치망으로 변화시킴으로써 혁신하는 데" 도움을 준다.[30] 이는 가치망 협력, 재고의 최적화, 운송, 그리고 로지스틱스 관리까지 공급망의 모든 측면을 조정한다. 중요한 점은 기업이 합리적인 비용으로 시장에서 높은 수준의 충족을 달성하기 위해서는 로지스틱스, 재고 투자, 수요 예측, 그리고 마케팅 활동을 조정해야만 한다는 것이다.

≫ 통합적 로지스틱스 관리: Oracle의 공급망 관리 소프트웨어는 기업이 지속가능한 이득을 얻고 전통적인 공급망을 통합적 가치망으로 변화시켜 혁신하는데 도움을 준다.

Oracle Corporation

로지스틱스 파트너십 구축

기업은 자체 로지스틱스를 개선하는 것 그 이상을 수행해야 하는데, 무엇보다 전체적인 유통경로 흐름을 개선하기 위해 다른 경로 구성원들과 협력해야 한다. 유통 경로 구성원들은

고객의 가치를 창출하고, 고객과의 관계를 구축하는 과정에서 서로 밀접하게 연결되어 있다. 어떤 기업의 유통경로 시스템은 다른 기업의 공급 시스템이다. 그러므로 각 경로 구성원의 성공은 전체적인 공급망의 성과에 따라 좌우된다. 예를 들어, 이케아(IKEA)는 수천 명에 이르는 제품 디자이너, 공급업체, 운송업체, 창고, 서비스 제공자로 구성된 전체적인 공급망이 최고의 효율성과 고객 중심의 효과를 창출할 수 있어야만, 스타일리시하면서 합리적인 가격의 가구를 만들 수 있으며, 고객에게 "이케아 라이프스타일(IKEA lifestyle)"을 전달할 수 있다.

현명한 기업은 고객 서비스의 향상과 유통비 절감을 위해 로지스틱스 전략을 조정하고 공급업자와 고객과의 강력한 파트너십을 구축한다. 많은 기업이 상호기능적(cross-functional), 기업 상호간(cross-company) 팀 체제를 도입하고 있다. 예를 들면 네슬레 퓨리나(Nestlé's Purina) 애완견 식품사업부는 미국 알칸사스 주(Arkansas) 벤톤빌(Bentonville)에 있는 월마트 본사에 거의 직원 수십 명을 하나의 팀으로 두고 있다. 퓨리나 월마트 팀 구성원은 유통시스템 비용을 절감할 수 있는 방법을 찾기 위해 월마트 담당자와 협력하고 있다. 이러한 협력체제는 퓨리나와 월마트에 이득이 될 뿐만 아니라 최종소비자에게도 혜택을 제공한다.

다른 기업은 공동분담 프로젝트(shared project)를 통해서 파트너십을 형성하기도 한다. 예를 들어, 많은 대형 소매업체가 공급업체와 함께 점포 내 공동 마케팅 프로그램을 수행한다. 홈디포는 자사의 주요 공급업체가 새로운 머천다이징 프로그램 시험 장소로 자사 점포를 사용할 수 있도록 허용한다. 공급업체는 홈디포 점포에 머물면서 자사 제품이 어떻게 판매되고 있으며, 고객이 어떻게 그 제품과 관계를 맺고 있는지 관찰할 수 있다. 그 후 공급업체는 특별히 홈디포와 그의 고객에게 적합한 프로그램을 개발한다. 그러한 협력관계는 확실히 공급업체와 고객 모두에게 이득이다. 중요한 점은 모든 공급망 구성원들은 최종소비자에게 가치를 제공하기 위해서 모두 함께 합심해야 한다는 것이다.

제3자 로지스틱스

대부분의 대기업은 자사 제품을 생산하고 판매하기를 좋아한다. 그러나 많은 기업이 로지스틱스 협력 업무를 꺼려한다. 그들은 공장에 원자재를 공급하고 고객에게 제품을 보내기 위해 수행되는 포장, 선적, 하역, 분류, 보관, 운송, 세관통과, 세척, 추적 등 일련의 과정을 좋아하지 않는다. 이런 업무가 과중해짐에 따라 로지스틱스 일부 또는 전체를 라이더(Ryder), 펜스케 로지스틱스(Penske Logistics), 백스 글로벌(BAX Global), DHL 로지스틱스, 페덱스 로지스틱스(FedEx Logistics), UPS 비즈니스 솔루션즈(Business Solutions) 등과 같은 제3자인 3PL(third-party logistics) 사업자에게 맡기는 기업이 늘어나고 있다.

예를 들어, UPS는 로지스틱스가 많은 기업에 진정한 악몽이 될 수 있다는 사실을 알고 있다. 그러나 로지스틱스는 UPS가 가장 잘 할 수 있는 일이다. UPS의 입장에서 로지스틱스는 오늘날 경쟁우위를 확보하는 데 있어 가장 강력한 힘이다.

어떤 단계에서는 UPS가 단순히 기업의 상품을 배송해줄 수 있을 뿐이다. 그러나 더 높은 단계에서는 비용을 절감하고 소비자에게 더 좋은 서비스를 제공할 수 있도록 자체 로지스틱스 시스템을 개선시키는 데 도움을 준다. 좀 더 높은 단계에서는 기업들이 UPS가 그들의 로지스틱스 사업 전부 또는 일부를 인수해서 관리하도록 할 수 있

3PL[third-party logistics(3PL) provider] 고객사의 제품을 시장에 내보내기 위해 필요한 일부 또는 모든 기능을 대신 수행하는 독립적인 로지스틱스 사업자

다. 예를 들어 UPS는 온라인 소매업체 Overstock.com의 포장물을 배달할 뿐만 아니라, Overstock의 복잡한 주문 반품 프로세스를 효율적이고 고객 중심적인 방식으로 관리한다. 가전업체 Toshiba는 UPS가 노트북 PC 수리 과정(전체)을 모두 처리할 수 있도록 했다. 개인은 단지 컴퓨터를 근처의 UPS 매장에 맡기고, 그 매장은 수리를 위해 Worldport 중앙 허브 옆에 위치한 특별한 UPS 시설에 그 컴퓨터들을 전달한다. UPS-Toshiba 컴퓨터 수리 과정은 매우 효율적이어서 어느 날 들여온 노트북을 다음 날 다시 주인에게 보낼 수 있는 경우가 많다. UPS는 "고객들은 당신에게서 세상의 모든 것을 기대하고 있다."면서 "우리는 당신이 배달하는 것을 도울 수 있다."고 말했다.[31]

UPS와 같은 3PL 제공업체들은 고객 업체들의 느슨하고, 움직임이 둔한 공급망을 조이고, 재고를 줄여주고, 더 신속하고 정확하게 제품을 고객에게 운송해 줌으로써 의뢰기업을 도와 준다. 한 보고서에 따르면 Fortune지 선정 500대 기업 중 90%가 3PL[아웃소싱 로지스틱스(oursourced logistics) 또는 계약 로지스틱스(contract logistics)라고도 함] 서비스를 이용하고 있는데, 이는 2001년의 46%와 크게 비교된다. General Motors, P&G, 그리고 Walmart는 각각 50 혹은 그 이상의 3PL을 이용한다.[32]

기업은 여러 가지 이유로 3PL 서비스를 이용한다. 첫째, 제품을 시장에 전달하는 것이 3PL의 핵심활동이기 때문에 더 효율적이고, 낮은 비용으로 업무를 수행할 수 있다. 둘째, 아웃소싱은 기업이 본연의 업무, 핵심 사업에 집중할 수 있도록 도와준다. 마지막으로, 통합적인 로지스틱스 기업은 복잡한 로지스틱스 환경의 이해도가 높다.

토의문제

1. 가치 제공 네트워크에 대해 설명하시오. 공급망과는 어떻게 다른지 설명하시오.
2. 왜 마케팅 채널이나 유통 채널에 중간상을 두는 것이 종종 필요하고 유리한가?
3. 전통적인 유통 채널, 수직적 마케팅 시스템, 수평적 마케팅 시스템의 차이점을 설명하시오.
4. 전속적 유통과 선택적 유통을 어떻게 구별하는가?
5. 물류관리자들은 어떻게 공급망을 효과적으로 관리하고 있는가? 기업들이 물류 관리에 촉각을 곤두세울 필요가 있는 이유는 무엇일까?
6. 통합 물류 관리를 정의하고, 기업의 목표를 달성하는 데 있어서 물류 관리의 중요성에 대해 논의하시오.

비판적 사고 연습

1. 프랜차이즈 조직은 계약상 수직적 마케팅 시스템의 가장 일반적인 유형이다. 같은 채널의 다른 레벨들 간의 충돌인 수직적 충돌은 이 채널에서 공통적이다. 프랜차이지-프랜차이저(franchisee-franchisor) 간 갈등의 가능한 원인과 그 갈등을 해결하기 위한 최선의 전략을 연구해보고 조사 결과를 보고하시오.
2. 제품을 가장 잘 유통시킬 방법을 결정할 때 기업이 사용할 수 있는 전략(집중적, 전속적, 선택적 유통)을 검토하시오. 당신이나 지인이 최근에 구입한 제품 5개(둘 이상의 범주)를 선택하시오. 제품, 제조사, 구매처, 그리고 어떤 유통전략이 사용되었는지 설명하시오.
3. 전 세계 100대 제3자 물류기업이 2,700억 달러로 추정되는 아웃소싱 물류량의 3분의 1을 장악하고 있는 것으로 추산되고 있다. 시장 성장률은 6~8% 수준이다. 이 물류 모델이 왜 그렇게 성공적인지 알아보기 위해 조사해 보시오.

소매업과 도매업

학습목표

▶ **1** 유통경로에서 소매점의 역할을 설명하고 소매점의 주요한 형태를 서술해본다.

▶ **2** 소매업체들이 오늘날 디지털로 연결된 소비자들의 교차채널 쇼핑행위에 대응함에 있어 옴니채널 유통을 어떻게 활용하는지 논의해본다.

▶ **3** 주요한 소매업체의 마케팅 의사결정을 설명해본다.

▶ **4** 소매업의 주요한 추세와 발전방향을 토의해본다.

▶ **5** 도매상의 주요한 형태와 그들의 마케팅 의사결정에 대해 설명해본다.

개관

두 가지 중요한 중간 경로기능인 소매업과 도매업을 보다 자세히 살펴본다. 여러분은 매일 다양한 규모와 형태의 소매점을 이용하기 때문에 소매업에 관해서는 어느 정도는 알고 있을 것이다. 그러나 아마도 현장 뒤에서 일하고 있는 수많은 유형의 도매상에 관해서는 거의 알지 못할 것이다. 본 장에서는 서로 다른 종류의 소매점과 도매상의 특징, 그들이 해야 하는 마케팅 의사결정, 향후 추세를 알아본다.

아시아 1위, 세계 4위의 의류 소매업체인 패스트 리테일링이 혁신적인 소매 경험을 창출하고 육성함으로써 소매 의류 산업을 변화시켰다. '메이드 포 올(Made for All)' 신념을 지키며 핵심 브랜드인 유니클로(UNIQLO)를 글로벌 기업으로 탈바꿈시켰다. 이 회사는 소재 제조업체와 장기적 관계를 구축하고 협력하여 고품질 제품을 저렴한 가격에 공급하고 있다. 유니클로(UNIQLO)가 고객 서비스에 구체적으로 관심을 보인 것은 글로벌 성공에 더욱 기여했다.

UNIQLO: 의류 소매업의 혁신적인 경로

UNIQLO Co., Ltd.는 일본의 평상복 디자이너 및 생산업체이자 소매업체이다. UNIQLO Japan은 2005년부터 Fast Retailing Co.의 완전 소유 자회사가 되면서, 일본 시장의 6.5%를 차지하고 2018년 11월 기준 1,241개 매장을 소유한 네트워크와 2018년 8월 31일 기준 연간 순매출액 76.6억 달러를 창출하는 일본 최대의 의류 소매 체인이 되었다. 이 회사는 그룹사의 순매출액에 51% 이상 기여한다. 그리고 UNIQLO International은 일본 밖의 다양한 나라에 매년 새로운 점포를 여는 것으로써 그룹사의 성장을 견인한다. UNIQLO는 2018년 8월 기준 호주, 방글라데시, 캐나다, 중국, 프랑스, 독일, 러시아, 그리고 영국 등 전 세계에 3,445개 이상의 점포를 가지고 있다. UNIQLO International의 수익은 UNIQLO Japan을 2018년 처음 추월했다. 이것은 Fast Retailing을 일본에서 출발해 아시아의 최고로 만들었을 뿐만 아니라, Inditex (Zara)와 Hennes & Mauritz (H&M)를 이어 세계에서 세 번째로 큰 의류 소매업체로 만들었다.

회장이자 최고 경영자인 Tadashi Yanai에 의해 설립되어, UNIQLO의 첫 매장은 1984년, 히로시마에서 중성적인 캐주얼 옷들을 파는 "특이한 옷 창고"로 열었다. 그 회사는 이후 1991년에 Fast Retailing Co.로 이름을 바꾸었다. 이 시점에서 UNIQLO는 그저 다른 생산자들로부터 가져온 옷들을 되파는 회사에 불과했지만, 그 브랜드의 중요한 전환점은 1997년 그들의 가치체인에 더 많은 요소들을 얹고 그들 스스로 옷을 만들기 시작하기로 결정했을 때 생겼다. 이것은 UNIQLO를 평범한 캐주얼 의류 매장에서 일본에서 누구나 아는 이름으로 바꾸어 놓았다. 그리고 이 회사는 일본 최초의 자사전문브랜드 패션업체(SPA브랜드)가 되었다. 그 이래로 계속, UNIQLO는 이 비즈니스 모델을 정비해 기획·설계부터 자재 조달·판매에 이르기까지 경영 프로세스 전체를 정교하게 제어할 수 있게 되었다. 그 결과 UNIQLO는 세계 최고 수준의 우수한 성과에 대해 세계 소매 컨퍼런스(the World Retail Congress)로부터 2014 회계연도 올해의 소매업자 상(Retailer of the Year)을 수상하며 글로벌 브랜드로 성공적으로 발전했다. Tadashi Yanai는 이런 글로벌 성장과 발전은 패셔너블하고 저렴하며 편안한 일상 속 고품질의 옷을 의미하는 UNIQLO만의 "라이프웨어(lifewear)" 브랜드 포지셔닝이 반영된 결과라고 보고 있다.

어떻게 Fast Retailing이 UNIQLO를 세계적인 패션 유통 브랜드로 만들었을까? "모두를 위해 만든 옷"이라는 철학에 이끌려, UNIQLO는 고품질의 제품을 적당한 가격에 제공한다. 예를 들어, 청바지 한 벌의 가격은 9달러까지 낮아질 수 있다. 전 세계 자재 생산자들과의 직접적인 관계와 대량 구매를 통해 UNIQLO 소재개발팀은 저렴한 비용으로 고품질 소재를 조달할 수 있다. 그 밖에도, 이 회사의 숙련된 기술 전문가인 Takumi 팀을 직접 중국에 있는 UNIQLO 파트너 공장에 파견해 기술지도를 제공하고 경험을 공유한다. 상하이 사무소 생산부서 관리자들도 매주 협력업체 공장을 방문해 생산 품질과 진행 상황을 점검한다.

▶▶ UNIQLO는 스스로를 전 세계에서 유일한 "라이프웨어(lifewear)" 브랜드로 규정하고 있는데, 이는 패셔너블하고 저렴하며 편안한 고품질의 일상복을 의미한다.

Wdnet Studio/Alamy Stock Photo

더욱이 UNIQLO는 고객뿐 아니라 제조·공급업체와의 협업을 통해 기능성 소재 분야에서 지속적인 혁신을 이뤄왔다. 예를 들어, UNIQLO는 Toray Industries, Inc.와 함께 히트텍(HEATTECH)이라는 열 발생 소재를 개발했다. 2003년 출시된 히트텍은 체온을 보존하는 독특한 고기능성의 이너웨어 제품군으로, 다수의 고객을 사로잡았다. UNIQLO가 고객의 의견과 요구에 매우 민감하게 반응해야 한다고 판단함에 따라, 히트텍 제품은 최고 품질을 보장하기 위해 매년 연간 약 10만 건 정도의 고객 피드백을 바탕으로 지속적으로 개선되고 있다.

UNIQLO 제품의 저렴한 가격 외에도, 그들의 트렌디한 디자인은 고객들을 끌어들이는데 도움을 준다. UNIQLO는 독일 디자이너 Jil Sander 등 전 세계 유명 아티스트 및 디자이너와 협력하고 있다. 5년간의 공백 끝에 Jil Sander는 UNIQLO를 위해 +J라는 컬렉션을 만들었는데, 이 컬렉션이 전 세계적으로 출시된 지 일주일 만에 대부분의 국가에서 완판되었다. 그저 또 다른 패션 브랜드가 아닌 사회적으로 기능할 수 있는 브랜드로 자리매김하기 위해, UNIQLO는 셰프 David Chang, 기술 혁신가인 Tumblr의 David Karp, 재즈 뮤지션 Esperanza Spalding, 프로 테니스 선수 Novak Djokovic, 그리고 호주의 골프선수 Adam Scott 등 영향력 있는 브랜드 홍보대사를 선임한다.

> UNIQLO는 매일매일 "모두를 위해 만든다."라는 그들의 철학을 실천한다. 저렴함이 세련됨과 좋은 느낌을 의미하는 글로벌 환경에서 UNIQLO는 원단에 있어 단연코 최고의 것을 찾아냈다.

UNIQLO가 접목한 또 다른 긍정적 특성은 고객서비스에 나타난 세계적으로 잘 알려진 일본의 특성인 정중함이다. UNIQLO 매장에는 고객이 필요한 것을 찾아 항상 깔끔하게 매장을 정리할 수 있도록 도와주는 '어드바이저(advisors)'들이 있다. 어드바이저는 UNIQLO가 고객과 상호작용하는 방식을 투영하도록 교육받는다.

Fast Retailing은 혁신적인 유통 경험을 만들어 소매 의류 산업에 계속해서 혁명을 일으키고 있다. 2013년 UNIQLO와 뉴욕 현대미술관(MoMA)이 진행한 공동 프로젝트에서 Andy Warhol과 같은 저명한 권위자와 현대 미술가들의 최신 디자인이 돋보이는 다양한 스웨트셔츠와 티셔츠를 UNIQLO가 제공할 수 있게 되어 전 세계적으로 위상을 높이는 데 성공했다. 2016년 UNIQLO는 파리의 디자이너 Christophe Lemaire와 협력했다. 이들은 함께 다양한 종류의 신축성 있는 일상복을 개발했다. 그 제품군은 매우 성공적이어서 2018년 7월, 그들은 파트너십을 5년 연장하기로 발표했다. UNIQLO는 프랑스 사업의 디자인 전문지식을 얻고 인재들에게 접근하기 위해 Lemaire의 사업에서 약간의 지분을 인수했다.

Fast Retailing은 세계 최대의 자사전문브랜드 패션업체(SPA브랜드)가 되기 위해 2020년까지 연 20%의 지속적인 성장률을 통해 통합 그룹 매출 612억 달러 달성을 목표로 하고 있다. 점점 더 저렴하고 세련된 것이 곧 기분 좋은 것과 보기 좋은 것을 의미하는 글로벌 환경하에서, UNIQLO는 원단에 있어 단연 최고의 것을 찾아냈다.[1]

UNIQLO의 사례는 요즘 빠르게 변화하는 소매업체의 세계를 살펴보기 위한 장을 마련해준다. 이 장에서는 소매업과 도매업에 대해서 살펴볼 것이다. 첫 번째 부분에서는 소매업의 본질과 중요성, 소매업체들의 주요 형태, 소매업체가 만드는 결정, 그리고 소매업의 미래를 알아보자. 두 번째 부분에서는 같은 주제들을 도매업체에 적용해볼 것이다.

소매업

저자 코멘트
우리는 이미 소매업체에 대해서 많이 알고 있다. 우리는 매일같이 상점 소매업자, 서비스 소매업체, 온라인과 모바일 소매업체 등과 만난다.

소매업(retailing)
제품이나 서비스를 개인적 혹은 비영리적인 목적으로 사용하려는 소비자에게 직접 판매하는 것과 관련된 모든 활동

소매업체(retailer)
주로 소매업에서 매출이 나오는 사업체

소매업(retailing)이란 무엇인가? 우리는 Costco, Home Depot, Macy's, Trader Joe's가 소매점이라는 것은 익히 알고 있지만, Amazon.com, 지방에 있는 Hampton Inn, 환자를 치료하는 의사 역시 소매점이다. **소매업(retailing)**이란 제품이나 서비스를 개인적 혹은 비영리적인 목적으로 사용하려는 최종소비자에게 직접 판매하는 것과 관련된 모든 활동이다. 제조업자, 도매상, 소매점과 같은 많은 기관이 소매업을 하고 있으나, 대부분의 소매업은 **소매업체(retailers)**가 한다. 이러한 소매점은 주로 소매업을 통해서 판매고를 올리고 있다. 소매업은 대부분의 마케팅 경로에서 매우 중요한 역할을 한다. 지난해 소매점은 최종소비자 판매의 5조 달러 이상을 기록했다.[2]

소매업: 브랜드와 소비자의 연결

쇼핑객(쇼퍼) 마케팅
매장 내 쇼핑이든 온라인쇼핑이든 또는 모바일쇼핑이든 쇼핑객들이 판매시점으로 나아가면서 쇼핑객을 구매자로 바꾸는 데 마케팅 전 과정을 집중하는 것

소매점은 구매과정의 마지막 단계와 구매시점에서 브랜드와 소비자를 연결하는 중요한 역할을 한다. 사실 많은 마케터들이 **쇼핑객 마케팅(shopper marketing)** 개념을 쇼핑객을 판매시점에 구매자로 바꾸어놓기 위해 제품, 브랜드 개발에서부터 로지스틱스, 촉진, 판매에 이르기까지 전체적인 마케팅 과정에 초점을 맞추는 작업으로 본다. 물론, 잘 설계된 모든 마케팅 노력은 소비자 구매 행위에 초점이 맞추어져 있다. 그러나 쇼핑객 마케팅의 개념은 이러한 노력이 쇼핑 과정 전체에서 두루 조합되어야 한다는 점을 부각시킨다.

쇼퍼 마케팅은 P&G가 "진실의 첫 순간"이라 부르는, 쇼핑객이 진열대 상품을 놓고 고민하는 3~7초 사이를 겨냥해 이루어진다. 그러나 온라인과 모바일 쇼핑의 급격한 성장은 소매업의 "진실의 순간"을 더 이상 매장 내로 국한하지 않는다. 대신, 구글은 "진실

의 제로 순간(zero moment of truth)"과 "마이크로 순간(micro-moments)"을 정의하는데, 이것은 소비자들이 무언가를 검색하거나, 배우거나, 구매하기 위해 온라인이나 모바일 기기에 의지할 때 결정을 내리는 몇 초의 짧은 순간이다. 구글에 따르면, 소비자들은 마이크로 순간의 90% 동안 어떤 브랜드도 염두에 두지 않는다. 그리고 73%의 소비자들은 마이크로 순간 동안 어떤 브랜드가 가장 유용한지에 근거하여 구매 결정을 내린다.[3] 따라서 요즘 쇼핑객 마케팅과 '구매 시점(point of purchase)'은 매장 내 구매를 훨씬 넘어선다.

발전된 소매유통 모델

온라인과 모바일 기술은 사람들이 구매하는 방법과 구매하는 장소에 큰 변화를 일으켰다. 오늘날의 소비자들은 점점 더 옴니채널(omni-channel) 구매자들이 되고 있는데, 이들은 매장 내 쇼핑과 온라인 쇼핑 간의 차이를 잘 느끼지 못하며, 이들에게 소매유통에서 구매하는 방법은 여러 채널에 걸쳐 널려있다.

소비자들은 점점 더 모바일 기기에서 그들의 구매 과정을 시작하거나 때로는 그 안에서 종료하기도 하는 "모바일 우선(mobile-first)" 쇼핑객이 되어가고 있다. 구매는 종종 상품을 온라인으로 알아보고 소매점에 발을 들여 놓지도 않은 채 온라인 소매업체에서 그것을 사는 것으로 이루어진다. 아니면 그들은 스마트폰을 통해 구매한 것에 대해 그때 그때 확인해보거나 가게의 통로에 있는 동안에 찾아보기도 할 수 있다. 비록 전체 구매의 90%가 여전히 매장에서 이루어지고 있지만, 최근의 한 연구는 전체 소매업 판매의 절반 이상이 모바일 기기들에 의해 촉진되고 있음을 발견했다. 2021년까지 스마트폰을 통한 소매 판매액은 온라인 판매의 24%를 차지할 것이다. 한 소매업 분석가는 "불과 몇 년 전부터 소매 고객의 이동 동선은 이제 거의 알아볼 수가 없다."고 말한다.[4]

>> **새로운 소매유통 모델:** 디지털 기술은 사람들이 어디서, 어떻게 사는지에 있어 일대 격변을 불러왔다. 오늘날의 소매업자들은 반드시 매장 내, 온라인 및 모바일 쇼핑을 통합하는 옴니채널 소매업을 도입해야 한다.

Stanisic Vladimir/123RF

이와 같은 구매방식의 극적인 전환은 소매업계에 일대 격변을 일으켰다. 온라인 구매가 증가하면 실물 매장과 쇼핑몰의 필요성이 줄어든다. Amazon을 비롯한 온라인 판매업체들이 호황을 누리면서 전통적인 점포 소매업체들이 고전하고 있다. Amazon은 지난 6년 동안 Sears의 세 배로 성장했다. 일부 분석가들이 '소매업의 종말'이라고 부르는 가운데, 소매업계의 부도와 점포 폐쇄가 최근 몇 년 새 기록적인 수준으로 치솟고 있다. 전반적인 소매 지출은 증가하는 그 순간에, Sears, JC Penney, 그리고 Macy's에서 Kohl's와 The Limited에 이르기까지 소매업의 아이콘들은 매출이 정체되고 수익이 위축되면서 매장을 폐쇄했다. 심지어 Walmart, Target과 Best Buy 같은 소매업의 최고 리더들도 오늘날 온라인네트워크에 접속된 고객들에 의해 시작된 새로운 소매업계의 도전에 적응하기 위해 앞다퉈 나서고 있다.[5]

이러한 소비자 구매의 놀라운 변화를 고려할 때, 일부 전문가들은 오늘날 우리가 알고 있는 소매업의 종식과 어쩌면 실물 상점의 궁극적인 종말까지도 예견하고 있다. 물론 그럴 것 같지는 않다. 즉, Amazon의 세상이 오프라인 소매업계 전체를 삼킬 것 같

옴니채널 소매업
매장 내, 온라인 및 모바일 쇼핑을 통합하는 매끄러운 교차채널 구매 경험을 창출하는 것

지는 않다. 그러나 그것은 더 이상 온라인 판매자 대 오프라인 소매점의 대결의 문제는 아니다. 그 대신, 미래의 성공적인 소매업체들은 **옴니채널 소매업**(Omni-channel retailing)을 취해 매장, 온라인 및 모바일 쇼핑을 통합하는 매끄러운 교차채널 구매 경험을 창출해야 할 것이다. 따라서, 쇼핑하는 동안 다양한 채널들을 이용하는 고객들의 필요를 충족시키기 위해, 전통적인 매장 소매업체들은 디지털, 온라인, 모바일 쇼핑을 그들의 운영에 빠르게 통합하고 있다. 그리고 Amazon, Warby Parker, Blue Nil 같은 많은 온라인 전용 소매업체들은 실물 매장을 준비하고 있다.

온라인 및 옴니채널 소매업은 이 장의 뒷부분과 14장에서 자세히 논의한다. 그러나 먼저, 소매업의 대다수가 여전히 매장에서 발생하기 때문에, 우리는 다양한 종류의 매장 소매업체들을 검토하기로 한다.

소매점의 유형

소매점포는 지역의 헤어스타일링 살롱, 가족이 운영하는 레스토랑, REI나 윌리엄스 소노마(Williams-Sonoma)와 같은 전국적 단위의 전문 체인 소매점, Costco나 Walmart와 같은 대형 할인점 등 그 규모나 형태가 매우 다양하다. 가장 중요한 소매 점포의 유형은 표 11.1과 다음 섹션에 서술돼있다. 소매점포 유형은 그들이 제공하는 서비스 수준, 상품구색의 폭과 깊이, 지불해야 하는 상대적 상품가격, 조직 방법 등을 포함해서, 몇 가지 특성을 기준으로 분류할 수 있다.

서비스 수준

서로 다른 유형의 고객과 제품은 서로 다른 수준의 서비스를 요구한다. 이러한 다양한 서비스 요구를 충족하기 위해, 소매점은 셀프서비스(self-service), 한정서비스(limited service), 완전서비스(full service) 등 세 가지 수준의 서비스 중 한 가지를 제공할 수 있다.

셀프서비스 소매점(self-service retailers)은 시간과 돈을 절약하기 위해 매장에 가서 직접 상품을 비교해 보고 선택하려는 고객을 대상으로 한다. 셀프서비스는 모든 할인영업의 기본이 되고 있으며, 편의품(convenience goods) 판매자(예를 들어 슈퍼마켓)와 내셔널 브랜드이면서 재고회전이 빠른 선매품(shopping goods)을 판매하는 소매점(예를 들어 Target이나 Kohl's)이 이를 이용한다. 한정서비스 소매점(limited-service retailers)은 Sears, JC 페니(JC Penny)와 같은 소매점으로, 고객들이 많은 정보를 필요로 하는 선매품을 주로 취급하기 때문에 많은 판매 지원 서비스를 제공한다. 따라서 운영비가 증가하여 가격은 셀프서비스 소매점보다 비싸다.

완전서비스 소매점(full-service retailers)은 고급 전문점(예를 들어 Tiffany, Williams-Sonoma)이나 최고급 백화점(Nordstrom, Neiman Marcus 같은 곳들)처럼, 판매사원이 고객의 전체 구매과정을 돕도록 한다. 완전서비스 소매점은 고객이 요구나 도움, 조언을 필요로 하는 전문품을 주로 취급한다.

그들은 더 많은 서비스를 제공하며, 결국은 영업비용의 증가를 가져와 고객에게 더 높은 가격이 부여된다.

상품구색

소매점은 취급하는 상품계열의 폭과 깊이에 의해서도 분류될 수 있다. **전문점**(specialty stores)은 취급되는 상품계열의 폭은 한정되어 있으나(narrow product lines), 해당 계열 내에서는 매우 다양한 상품구색(deep assortments)을 갖추고 있다. 오늘날 시장 세분화, 시장 표적화, 제품 전문화로 인해 특정 제품이나 특정 세분시장에 집중하는 점포수가 늘어남에 따라 전문점이 크게 성장하고 있다.

이와는 대조적으로, **백화점**(department store)은 매우 다양한 상품 계열을 취급하고 있다. 최근 수년 동안, 백화점은 보다 집중화되고, 유연성 있는 전문점과 효율적이고, 가격이 저렴한 할인점 사이에서 그 기반을 빼앗기고 있다. 이에 따라, 많은 백화점들은 할인점의 위협에 대처하기 위해 촉진적 가격 정책(promotional pricing)을 추가적으로 실시하고 있으며, 다른 백화점은 전문점과 경쟁하기 위해 유통업체 브랜드(store brand)와 독점 브랜드(single-brand)인 "디자이너숍"의 사용을 증대시키고 있다. Nordstrom, Saks, Neiman Marcus와 같은 고급 백화점은 고품질의 서비스와 전속적 판매(exclusive merchandise)를 강조하고 있다.

또한 온라인과 모바일 구매로의 전환은 백화점을 강타하여 Sears, JC 페니(JC Penney)에서 Macy's, Dillard's까지 많은 주요 체인점들이 점포를 닫고 그들의 전략을 수정하도록 만들었다. 대부분의 주요 체인기업들은 직판과 온라인 판매를 추가했지만, 소매업계의 아마존을 따라잡으려면 아직 갈 길이 멀다. "세계가 백화점들이 적응하는 것보다 더 빠르게 움직이고 있다."고 한 오프라인 소매업 임원은 말한다.[6]

슈퍼마켓(supermarket)은 가장 많이 볼 수 있는 소매점 유형이다. 그러나 최근 인구성장의 둔화와 할인점(Walmart, Costco, Dollar General)과 전문 식품점(specialty food stores, Whole Foods Markets, Trader Joe's, ALDI, Sprouts)의 등장에 따른 경쟁의 격화로 인해, 매출액 성장이 둔화되었다. 백화점과 마찬가지로, 슈퍼마켓도 아마존과 Blue Apron과 HelloFresh 같은 음식 및 레시피 배달 서비스와 같은 다른 온라인 쇼핑 옵션으로부터 도전에 직면해 있다. 온라인 식료품 쇼핑은 2025년까지 전체 식료품 소매 매출의 약 20%를 차지할 것이다. 그리고 모든 식료품 구매의 절반 이상이 소비자들이 온라인에서 보거나 조사한 것에 의해 영향을 받는다.[7]

'위 점유율(share of stomach)'을 위한 싸움에서 일부 슈퍼마켓은 비용 절감, 보다 효율적인 운영, 가격 인하 등을 통해 ALDI나 Lidl 같은 대형 할인점과 정면 승부를 벌이고 있다. 폴란드에 2,823개의 점포를 가진 슈퍼마켓 체인인 Biedronka가 대표적이다. 그 회사는 주로 현지 제품을 판매하는데, 대부분 자체 상표로 생산된다. 게다가, 현실적인 가격에 좋은 품질을 제공하는 것에 근거한 가치 제안을 제공한다. 이러한 전문화된 소매점들 때문에 Biedronka는 그들의 주요 경쟁자들에게 최고 경쟁상대로 여겨지고 있다.

다른 슈퍼마켓들은 오가닉 베이커리, 고급 조제식품 판매대, 자연산 및 유기농 식품, 신선한 해산물 판매 부문과 같은 향상된 매장 환경과

전문점(specialty stores)
취급되는 상품계열의 폭은 한정되어 있지만 해당 계열 내에서는 매우 다양한 상품구색을 갖춘 소매점

백화점(department store)
다양한 제품라인을 폭넓게 취급하면서 각 제품라인은 각각 분리된 매장에서 전문적인 구매담당자 또는 머천다이저에 의해 관리되는 형태의 소매점

슈퍼마켓(supermarket)
다양한 식료품과 가정용품을 취급하는 큰 규모, 저비용, 저마진, 대량판매, 셀프서비스 형태의 소매점

>> Biedronka의 성장 전략은 낮은 가격, 공급망 최적화, 또한 보다 큰 경쟁자들과 경쟁하기 위한 강력한 현지 제품 포트폴리오에서 기인한다.

Wojciech Stro'z·yk/Alamy Stock Photo

고품질의 음식들을 제공하면서 고급스럽게 바뀌었다. 반면 다른 업체들은 가정배달을 위한 온라인 주문, 매장방문 픽업 또는 주차장 픽업과 같은 온라인 구매 옵션을 추가하고 있다. 그들은 웹사이트와 모바일 앱의 쇼핑 리스트 작성자, 레시피와 식사 아이디어, 그리고 다른 기능들을 강화하고 있다.

편의점(convenience store)
거주지 인근에 위치하면서 365일 24시간 내내 점포 문을 열고 재고회전율이 높은 편의용품 중심의 한정된 제품라인을 취급하는 소형 점포

편의점(convenience store)은 제품계열이 한정되어 있고 재고회전율이 높은 것이 특징이다. 편의점은 과거 몇 년 동안 담배 매출이 줄고 기름값이 올라 매출액이 부진했으나 최근 큰 성장을 보이고 있다. 많은 편의점 체인들은 그들의 주요 시장이었던 젊고, 블루컬러 노동자층을 너머 여성 쇼핑객들을 유인하기 위해 매장을 다시 꾸미면서 시장을 확대하려고 한다. 이들은 남자들이 맥주, 담배, 잡지 또는 롤러 그릴 위에서 식어 빠진 핫도그를 구입하기 위해 이용하는 '트럭기사용 점포(truck stop)'의 이미지를 없애고, 대신 신선하게 준비된 식품, 깨끗하고 안전하며, 고급화된 점포환경을 제공하고 있다.

많은 편의점들은 주요 식료품점을 방문하는 중간에 몇 가지 물건을 사는 것을 기대하며 들르는 사람들인 "대용품(fill-in)" 쇼핑객들을 끌어들이기 위해 그들의 상품군을 확대하고 있다. 예를 들어, 중서부의 편의점 체인인 Kwik Trip은 고객들이 서둘러 퇴근하면서 저녁 식탁 준비를 할 수 있도록 도와주는 하나의 간이정거장(quick stop) 역할을 하도록 상품군을 확장했다.[8]

Kwik Trip에 걸어 들어가면, 번, 빵, 우유에서부터 신선한 농산물, 샐러드, 신선한 고기에 이르기까지 모든 것을 살 수 있다. 그렇다, 간 쇠고기, 작은 소시지, 닭고기, 스테이크 같은 신선한 고기, 수요가 있는 무엇이든. 담배, 맥주, 복권을 파는 것으로 더 잘 알려진 가게에서 신선한 식료품을 사도록 고객들을 설득하는 것이 항상 쉬운 일은 아니다. Kwik Trip은 전략적으로 매장 앞쪽에 고기, 신선한 야채, 과일을 담은 냉장 진열대를 배치해 고객들이 Kwik Trip이 그들의 "가까운 마켓"이라는 것을 확신할 수 있도록 도와준다. 즉, 잠깐 멈춰 저녁 식사에 필요한 것을 살 수 있는 유효한 장소인 것이다. 그들은 신선한 식료품뿐만 아니라 신선한 체리, 프리치, 딸기와 같은 기본적인 제철 농산물들을 제공하는데, 이는 "그것은 계속 우리의 손님들에게 흥미를 제공하기 위함"이라고 Kwik Trip에 등록된 한 영양사가 말했다. "대용품(fill-in)" 접근법은 특히 시골지역에서 성공적이었는데, 시골 식료품점의 쇠퇴로 인한 공백을 그 체인이 채울 수 있었다.

슈퍼스토어(superstore)
일반적인 슈퍼마켓에 비해 훨씬 더 규모가 크며, 일상적으로 구매되는 식료품, 비식료품 및 서비스 등에서 광범위한 상품구색을 갖춘 소매점

슈퍼스토어(superstore)는 일반적인 슈퍼마켓보다 규모가 크며, 일상적으로 판매되는 식료품이나 비식료품 및 서비스 등 광범위한 상품구색을 갖춘 소매점이다. 한편, Walmart, Target, Meijer 및 기타 할인 소매점은 식료품과 할인점을 결합한 대형 슈퍼센터(supercenter)를 운영하고 있다. 전통적인 식료품 매장이 397,500달러 가량의 주간 판매고를 올리고 있는 반면, 월마트 슈퍼센터는 주간 125만 달러 가까이를 기록하고 있다.[9]

카테고리 킬러(category killer)
특정 제품계열에서 매우 깊은 상품구색을 갖춘 대규모 전문점

또한 최근 몇 년 동안 **카테고리 킬러(category killer)**(예: BestBuy, Home Depot, Petco, Bed Bath & Beyond)라고 하는 대형 전문점, 슈퍼스토어가 폭발적으로 증가하고 있다. 슈퍼스토어는 특정 제품라인에 한정해서 매우 깊이 있는 상품구색을 갖추고 비행기 격납고(hangars) 크기의 매장을 운영한다. 카테고리 킬러는 전자제품, 주택 개선 용품, 도서, 어린이용품, 장난감, 가정용품, 파티용품, 스포츠 용품, 심지어 애완동물 용품까지 매우 다양한 범주의 상품을 갖추고 있다.

마지막으로, 많은 소매점에 있어 제품라인은 실제로 서비스이다. **서비스 소매점** (service retailers)은 호텔과 모텔, 은행, 항공사, 레스토랑, 대학, 병원, 영화관, 테니스 클럽, 볼링장, 수선점, 미용실, 세탁소 등을 포함한다. 미국에는 제품 소매점보다 서비스 소매점이 더 빠르게 성장하고 있다.

서비스 소매점(service retailers)
취급하는 제품라인이 서비스인 소매점으로 호텔, 항공사, 은행, 대학, 병원, 영화관 등

상대적 가격

소매점은 그들이 부과하는 가격에 의해서도 분류될 수 있다(표 11.1 참조). 대부분의 소매점은 일반적인 가격을 책정하고, 평균적인 품질의 제품과 고객서비스를 제공하지만, 어떤 소매점은 고품질의 제품과 서비스를 비싼 가격에 팔기도 한다. 저렴한 가격이 특징인 소매점에는 할인점과 "오프프라이스(off-price)" 소매점이 있다.

할인점 **할인점**(discount store)(예: 타겟, 콜스, 월마트)은 표준화된 상품을 낮은 가격에 팔아서 박리다매를 추구한다. 초기의 할인점은 교통이 불편한 지역에 임대료가 저렴한 창고 같은 시설을 설치하고, 고객에게 최소한의 서비스를 제공함으로써 비용을 절감했다. 오늘날의 할인점은 린(lean) 생산방식과 효율적인 운영을 통해서 가격은 낮게 유

할인점(discount store)
보다 낮은 마진을 책정하고 대량으로 판매함으로써 정상상품을 보다 저렴하게 판매하는 소매점

표 11.1	주요 점포 소매업체 유형	
형태	**설명**	**예**
전문점 (specialty stores)	취급되는 상품계열의 폭은 한정되어 있으나 해당 계열 내에서는 매우 다양한 상품구색을 갖춘다. 의류점, 운동용품점, 가구점, 꽃집, 서점 등이 있다.	REI, Sunglass Hut, Sephora, Williams-Sonoma
백화점 (department stores)	의류, 가정용 가구, 가정용품 등 다양한 제품 계열을 취급하는데, 각각의 제품 계열은 전문 구매자나 전문 상인에 의해서 각 부문별로 관리·운영된다.	Macy's, Sears, Neiman Marcus
슈퍼마켓 (supermarkets)	비교적 큰 규모, 저가격, 저마진, 대량판매, 셀프 서비스로 운영되며, 식료품과 가정용품에 대한 소비자의 전반적인 욕구를 충족시키기 위한 소매점이다.	Kroger, Safeway, SuperValu, Publix
편의점 (convenience stores)	비교적 소규모의 점포로 주거지역 가까이에 입지하며 1주 내내 24시간까지 영업을 하고, 재고 회전이 빠른 편의품 등의 한정된 제품계열을 다소 비싼 가격으로 판매한다.	7-Eleven, Circle K, Sheetz, Speedway
슈퍼스토어 (superstores)	일상적으로 구매되는 식료품과 비식료 제품에 대한 소비자의 모든 욕구를 충족시키기 위한 대형 점포이다. 슈퍼스토어에는 슈퍼마켓과 할인점을 결합한 형태인 슈퍼센터(supercenter)와, 특별한 제품계열에 대해 매우 깊은 상품구색을 갖추고 그 제품계열에 대한 풍부한 지식을 가진 직원을 확보한 카테고리 킬러(category killer)가 있다.	Walmart Supercenter, SuperTarget, Meijer(디스카운트 스토어), BestBuy, Petco, Staples, Bed Bath & Beyond(카테고리 킬러)
할인점(discount stores)	표준상품을 박리다매한다.	Walmart, Target, Kohl's
오프프라이스 소매점 (off-price retailers)	정규 도매가격보다 낮은 가격으로 구입하여 소비자에게 다른 소매점보다 낮은 가격으로 판매한다. 간혹 제조업자나 다른 소매점으로부터 낮은 가격으로 잔여상품, 초과생산품, 불량상품 등을 얻어서 취급한다. 저가격 소매점에는 제조업체 상설할인매장(factory outlets)은 제조업체가 직접 운영하고, 독립오프프라이스 소매점(independent off-price retailers)은 독립사업가가 소유하거나 대규모 소매기업의 한 사업부로 운영되며, 창고소매업클럽(warehouse clubs, wholesale clubs)은 회비를 내는 회원을 대상으로 제한된 브랜드의 식품, 가전제품, 의류 및 기타 여러 가지 제품들을 아주 싼 할인가격으로 판매한다.	Mikasa(상설할인매장), TJ Maxx(독립오프프라이스 소매점), Costco, Sam's Club, BJ's(창고소매업클럽)

지하면서, 점포환경을 개선시키고 고객 서비스를 증가시키고 있다.

이와 같은 전략을 통해서, 월마트, 타겟과 같은 선도적인 대형(big-box) 할인점들은 현재 소매업계에서 지배적인 위치를 차지하고 있다. 그러나, 소형 할인점도 현재의 경제 환경 속에서 번성하고 있다. 예를 들어, dollar store는 가장 빠르게 성장하고 있는 소매점이다. 과거 달러스토어는 짝이 맞지 않는 상품구색(odd-lot assortments of novelties), 공장재고상품(factory overruns), 재고정리상품(closeouts), 시기가 지난 상품(outdated merchandise) 등을 대부분 1달러에 판매했었다. 까르푸와 같은 하이퍼마켓 대형(big box) 할인점에 대응하여 프랑스의 대표적 할인점 중 하나로 자리잡은 리더 프라이스(Leader Price)에 대해 알아보자.[10]

>> 프랑스의 선도적 "small box" 할인점 중 하나인 Leader Price는 낮은 가격, 고품질, 그리고 편리함을 제공함으로써 프랑스의 "big box"(대형 할인 슈퍼마켓) 할인점들과 맞섰다.
GAUTIER Stephane/SAGAPHOTO.COM/Alamy Stock Photo

한 예로 Carrefour와 같은 "Big box(창고형 대형)" 할인점에 대항하여 프랑스의 대표적인 할인점 중 하나로 자수성가한 Leader Price가 있다. Leader Price는 프랑스 소비자들이 가치 지향적인 아이템을 찾고, 책임 있는 소비를 믿고, 그들의 소매업자들이 지구에 대한 책임을 증명할 것을 요구한다는 것을 이해하고 있다. Leader Price의 핵심 가치 제안은 프랑스 가정들에게 낮은 가격을 제공하는 동시에 높은 품질을 유지하는 것이다. 이를 위해 제품군을 신중하게 선택하여 소비자들이 더 나은 가치에 돈을 쓰기 위해 다른 곳을 찾아볼 필요가 없도록 한다. 그 회사는 빠르게 변화하는 일반 소비재의 일정한 집합을 제공하지만, 각 카테고리에서 제공되는 제품의 수는 제한되어 있다. 전형적인 Leader Price의 매장은 약 4,000개의 제품을 보유하고 있으며, 이 중 3,000개의 제품은 회사에서 생산하고 상표를 붙여 품질과 마진을 통제할 수 있게 하고, 소비자들이 최상의 가치를 얻을 수 있도록 한다. Leader Price는 일부 소비자가 특정 브랜드에 충성심을 보인다는 점을 인식해 가장 큰 300개의 브랜드를 저장하고 친환경, 유기농, 공정무역 제품을 제공한다. 제공되는 과일, 야채, 고기는 최상의 가격을 보장하기 위해 제철에 제공되며, 품질을 보증하기 위해 매일 배달된다. Leader Price는 매장 디자인이 잘 짜여져 있고, 주차장이나 대중교통이 가까이 있는 시가지에 위치해 접근성이 용이하도록 함으로써 간편하고 쾌적한 쇼핑 경험을 제공하기 위해 노력하고 있다. Leader Price의 경우, 편리함, 저렴한 가격, 품질이 결합해 "잘 살기 위한 현명한 선택"을 제공한다.

오프프라이스 소매점   주요 할인점이 성과를 올리자, 초저가, 다량구매라는 틈을 메우는 새로운 흐름이 등장했다. 일반적인 할인점은 제품을 정상적인 도매가격으로 구입해서 낮은 마진을 붙여 소비자에게 저렴한 가격으로 판매한다. 반면에, **오프프라이스 소매점**(off-price retailer)은 정상적인 도매가격보다 낮은 가격으로 구입하여 다른 소매점보다 싼 가격으로 소비자들에게 판매한다. 그들은 식품, 의류, 전자제품에서부터 부가서비스가 없는 금융, 할인중개업(brokerages)에 이르기까지 거의 모든 분야에서 등장하고 있다.

오프프라이스 소매점에는 독립 오프프라이스 소매점, 제조업체 상설할인매장, 창고

오프프라이스 소매점(off-price retailer)
정상 도매가보다 더 저렴하게 구매해서 소매가격보다 저렴하게 판매하는 소매상

소매업클럽과 같은 세 가지 유형이 있다. **독립 오프프라이스 소매점**(independent off-price retailers)은 독립 사업가들이 소유하여 운영하거나 혹은 대규모 소매기업의 사업부서가 운영한다. 비록 규모가 작은 독립 사업가들이 오프프라이스 소매점을 많이 운영하고 있기는 하지만, 대부분의 대형 오프프라이스 소매점은 더 규모가 큰 체인점이 소유하고 있다. TJX기업이 소유하고 있는 TJ Maxx, Marshall's, HomeGoods 같은 점포소매점, 그리고 Overstock.com과 같은 웹 판매자가 그 예이다. TJ Maxx는 백화점보다 20~60% 싼 가격으로 브랜드 이름과 디자이너 옷들을 약속한다. 어떻게 이런 약속이 지켜질까? TJ Maxx의 바이어는 거래상황을 끊임없이 주시하고 있다. "디자이너가 너무 많이 만들어낸다든가 백화점이 너무 많이 구매할 때를 포착하는 거죠."라고 이 기업은 말한다. "우리는 재빨리 잡아채서 가능한 한 낮은 가격으로 협상을 해요. 그리고 절약한 만큼을 다음 단계로 넘깁니다."[11]

제조업체 상설할인매장(factory outlets)은 J. Crew, Gap, Levi Strauss 등과 같은 회사의 직영점을 예로 들 수 있다. 이러한 직영점은 한 곳에 집결되어 제조업체 상설할인몰(factory outlet malls)과 할인소매센터(value-retail centers)를 형성하고 있다. 이들 아울렛 매장들은 초과물량(surplus), 할인제품(discounted), 불규칙 상품(irregular goods) 등 다양한 제품을 소매가격의 50% 정도 저렴하게 판매한다. 제조업체 상설할인몰은 제조업체 직영점으로 구성되어 있는 반면에, 할인소매센터는 제조업체 직영점과 오프프라이스 소매점과 백화점 재고직영점 등이 결합한 형태이다.

현재 할인몰은 고급화되고 있으며 명칭에서 "제조업체(factory)"를 없애고 있다. 현재 Coach, Polo Ralph Lauren, Docle & Gabbana, Giorgio Armani, Burberry, Versace와 같은 고급 브랜드들이 입점한 상설할인몰이 증가하고 있다. 소비자들이 가치 중심(value-minded)으로 변해감에 따라 심지어 상류층 대상의 소매점도 상설할인매장 전략을 강화하고 있으며, Nordstom Rack, Neiman Marcus Last Call, Bloomingdale's Outlet, Sacks Off 5th 등과 같은 아울렛에 더욱 신경을 쓰고 있다. 많은 기업들이 이제는 상설할인점을 단지 판매상의 문제를 해결하는 방법이 아니라 판매를 원활히 함으로써 사업의 추가적인 기회를 만들어내는 방법으로 바라보고 있다. 아울렛에서의 상류 브랜드와 서민적인 가격의 결합은 특히 경제 상황이 좋지 않은 시기에 쇼핑객들에게 강력한 유인 요소를 제공한다.

창고소매업클럽(warehouse clubs)은 도매클럽(wholesale club) 또는 회원창고소매업(membership warehouses)이라고도 불리는데, Costco, Sam's Club, BJ's가 대표적인 예이다. 규모는 거대하고, 통풍이 잘되며, 실내장식이 거의 없는 창고형 점포이다. 그러나 모든 상품들을 초저가로 구매할 수 있으며, 몇몇 선정된 브랜드 제품들은 엄청나게 싼 가격에 구매할 수 있다. 이러한 창고소매업클럽은 특가품을 찾는 저소득층 고객뿐만 아니라 필수품부터 사치품까지 광범위한 종류의 상품을 구매하려는 쇼핑객까지 끌어들이면서 급속히 성장하고 있다.

월마트 다음으로 미국에서 가장 큰 창고소매업클럽인 Costco를 살펴보자. 저렴한 가격은 Costco를 구성하는 중요한 요소이지만, 그들이 취급하는 제품과 Costco 매장에서의 소비자 경험을 형성하는 신속함이 Costco를 특별하게 한다(Marketing at work 11.1 참조).

독립 오프프라이스 소매점
(independent off-price retailers)
독립사업자가 소유·운영하거나 혹은 대규모 소매기업의 사업부 형태로 운영되는 오프프라이스 소매점

제조업체 상설할인매장(factory outlets)
제조업체가 소유·운영하며 통상 제조업체의 잉여제품, 생산 중단된 제품, 혹은 불량제품 등을 취급하는 오프프라이스 소매점

창고소매업클럽(warehouse clubs)
연회비를 내는 회원을 대상으로 한정된 구색의 유명브랜드 식료품, 가전 제품, 의류 및 기타 제품을 매우 저렴한 할인가격으로 판매하는 오프프라이스 소매점

MARKETING AT WORK | **11.1**

Costco: 경쟁자들이 따라갈 수 없는 머천다이징(상품구색)의 마법

거대한 Walmart는 경쟁자들을 물리치는 데 익숙하다. 가전제품 부문에서 Best Buy에게는 골칫거리이고, PetSmart나 Petco보다 개 사료를 더 많이 팔며, Gap, American Eagle Outfitters, 그리고 Abercrombie & Fitch를 합친 것보다 더 많은 사람들이 Walmart의 옷을 입는다. 미국 식료품 시장의 14% 이상을 점유하고 있는 이 회사는 선도적인 식료품 전문 소매업체 Kroger의 두 배 이상의 식료품을 판매한다. 거의 모든 소매업체들은 어떤 카테고리든 상관없이 Walmart와 경쟁하고 살아남을 수 있는 전략을 짜는 데 만전을 기하고 있다.

하지만 이것은 Walmart에 대한 이야기가 아니다. 이 이야기는 Walmart의 Sam's Club과 정면으로 경쟁하여 이기고 있는 유력한 회원제 창고형 대형 할인업체인 Costco에 관한 것이다. Sam's Club은 거대하다. 매장 수가 600개가 넘고 매출액이 570억 달러에 이르는 Sam's Club은 만약 독립된 회사였다면 미국에서 8번째로 큰 유통업체였을 것이다. 하지만 창고형 유통업에 관한 한, 골목대장은 바로 Costco이다.

Sam's club에 비해 고작 약 20% 더 많은 매장으로, Costco는 그 2배 이상의 매출을 올리고 있으며, 매출 격차는 매년 커지고 있다. Costco의 매출은 1,290억 달러로, Walmart에 이어 세계에서 두 번째로 큰 소매업체이다. 올해 Costco는 포춘지 선정 500대 기업 중 16위로 올라섰다. 그리고 수익이 평이하거나 추락하는 Sam's Club과 달리 Costco의 매출은 빠르게 성장하고 있다. 지난 4년 만에, Costco의 수입은 23% 증가했고, 수익은 35% 증가했다. Costco는 Sam's Club과의 저가 경쟁에서 어떻게 Sam's Club을 이길 수 있는 걸까? 두 소매업체는 여러 면에서 매우 비슷하다. 하지만 매장 내부에, Costco는 Sam's Club이 따라올 수 없는 어떤 머천다이징의 마법을 덧붙인다.

유사점부터 살펴보자. Costco와 Sam's Club은 모두 회원제 창고형 대형 할인업체이다. 그들은 연회비를 지불하는 쇼핑객들에게 전국적 브랜드(제조업자 브랜드)와 자체 브랜드 상품의 다양한 종류의 엄선된 제품들을 매우 저렴한 가격으로 제공한다. 두 소매업체 모두 약 4,000개의 품목을 보유하고 있는데, 이는 종종 특대형 사이즈의 상품들로만 채워진다 (일반적인 슈퍼마켓의 재고는 40,000개, Walmart 슈퍼센터는 15만 개). 그리고 비용과 가격을 낮게 유지하기 위해, 둘

▶▶ 회원제 창고형 매장: Costco는 쇼핑의 보물찾기로, 저가 상품과 고급 상품이 모두 대폭 할인된 가격에 만나는 곳이다.
Oleksiy Maksymenko Photography/Alamy Stock Photo

다 크고 외풍이 심하며, 빈약한 매장에서 영업을 하고 그들의 실질적인 구매력을 공급자들로부터 낮은 가격을 짜내기 위해 사용한다.

가격은 이 경쟁의 중요한 부분이고, Costco와 Sam's Club 모두 모든 물건을 가능한 최저가에 파는 것에 중독된 것 같다. 그러나 Costco는 단순히 낮은 할인 가격에 초점을 맞추는 것 보다 궁극적인 가격과 상관없이 낮은 마진을 통해서 높은 가치를 창출하는 데 초점을 맞추고 있다. 처음부터, 할인은 코스트코에서 좋지 않은 말이었다. 그것은 "싸구려"를 의미하기 때문이다. 그 대신, 식료품 저장실의 기본 식료품이든 고가 와인이든 낮은 마진을 통해 고객에게 최고의 가치를 선사하겠다는 게 Costco의 전략이다. Costco의 영업이익률은 평균 3.2%로 매우 낮다. 한편, Sam's Club의 마진은 3.5%에 불과하다.

따라서 Costco와 Sam's Club은 모두 저비용 운영과 가격의 저렴함에 있어서 탁월하다. 그렇다면, Costco를 정말로 눈에 띄게 하는 것은 무엇일까? 그것은 Costco의 차별화된 가치 제안과 관련이 있다. 즉, Costco가 가지고 있는 상품과 고객의 쇼핑 경험에 축적되는 긴박감 때문이다. Sam's Club과 다른 도매업자들은 낮은 가격을 표방하는 반면, Costco는 저가 상품과 고급 상품이 모두 특가 할인을 하는 소매업의 보물창고이다. 다른 회원제 창고형 할인매장을 붐비게 만

드는 갤런 병에 담긴 땅콩버터 잼, 치약 4팩, 그리고 2,250개의 Q-tips 면봉 묶음 상품과 함께, Costco는 계속해서 바뀌는 고품질의 제품, 심지어는 사치품을 포함한 제품들의 조합을 감질나게 낮은 마진으로 제공한다.

지난해 Costco는 핫도그와 탄산음료 콤보를 1억 1,000만 개 이상 팔았다(30년 이상 된 메뉴임에도 아직까지도 1.5달러밖에 되지 않는다). 동시에 10만 캐럿이 넘는 다이아몬드를 품목당 최고 10만 달러에 팔았다. Costco는 하루에 약 70,000개의 로티서리 치킨을 4.99달러에 팔고 연휴 시즌에는 백만 개의 칠면조 통고기를 파는 국내 최대의 가금류 가공업자이기도 하지만, 동시에 한 병당 1,750달러 하는 샤또 슈발 블랑의 1등급 와인과 같은 고급 와인을 취급하는 자국 내 최대 와인 셀러이기도 하다. 그저 재미로, 아리조나의 한 Costco 매장은 한때 맥캘란 라리끄 싱글몰트 스카치 위스키 한 병을 17,000달러에 팔았다(실제로 6,000달러 할인했다). 그리고 Costco 홈페이지는 한 번 피카소의 그림을 단돈 129,999.99달러에 내놓았다.

Costco는 안 그랬더라면 암울했을 환경에 특이점을 가져온다. 일반 식료품 재고들과 뒤섞어, Costco는 Andrew Marc, Calvin Klein, Chanel, Prada, Breitling과 같은 브랜드에 대해 다른 곳에서는 찾지 못할 가격의, 화려하고 지속적으로 바뀌는 일회성 특별판매품전을 연다. Costco는 프리미엄 전자제품과 가전제품에 대한 최상의 거래를 찾아 최저가로 판매한다. 실제로 코스트코가 취급하는 품목의 25%는 '보물품목'(코스트코의 용어로)으로 지정돼 있다. 거래는 빠르게 생겼다 사라지고, 변화하는 조합이나 엄청난 가격 때문에 사람들은 계속 지갑을 손에 쥐고 매장으로 돌아온다.

많은 고객들이 계획했던 것보다 더 많은 돈을 쓰는 "Costco 효과"의 희생양이 된다. Costco의 CEO는 "우리는 사람들이 '당신들이 싫어요, 난 여기 고작 4개를 사러 들어왔다가 400달러를 썼습니다.'라고 말하는 것을 좋아한다."고 말한다. 어떤 고객들은 심지어 한 기자의 이야기가 보여주는 것처럼 "Costco 중독자"가 되기도 한다.

내 친한 친구는 최근 코스트코에 대해 일주일에 적어도 두세 번은 거기서 쇼핑하는 것을 거부할 수 없다고 떠들어대고 있었다. 그녀는 가끔 아무 것도 살 계획도 없다고 말했다. 그녀는 그저 새 것을 찾기 위해 그 거대한, 풋볼장의 두 배 크기의 창고에서 돌아다니는 것을 좋아한다. 그녀는 또한 이번주의 "깜짝 선물"이 어떤 대단한 사치품일지에 사로잡혀 있는데, 약간만 예를 들자면 Waterford 크리스털, Coach 핸드백, Omega 시계 같은 것들이 충격적일 정도로 낮은 가격에 나와 빠르게 매진된다. 그리고 비록 그녀가 구매의사가 없이 쇼핑을 했을지라도, 그녀는 흥청 구매를 유혹하는 무언가를 발견한다고 말한다.

한때는 하층민 대중들만이 할인 판매점에서 쇼핑을 하던 시절이 있었다. 하지만 Costco는 그 모든 것을 바꾸었다. 돈을 최대한 아껴 쓸 필요가 없는 사람들도 그곳에서 쇼핑을 한다. 우연이 아니라 고의적으로, Costco 매장들은 Sam's Club 매장들보다 더 부유한 장소에 위치하는 경향이 있다. Costco 회원들의 평균 가계 수입은 거의 10만 달러다.

Costco의 재주는 그들의 자체 브랜드인 Kirkland Signature에까지 확장된다. Sam's club Member의 자체 브랜드 Mark가 일반적인 가격의 음식, 생활용품, 의류 브랜드의 한정된 조합을 취급하는 반면에, Costco는 훨씬 넓은 범위의 상품에 Kirkland Signature 상표를 붙인다. 고객들은 단지 가격 때문이 아니라 품질을 위해서도 Kirkland Signature의 제품을 찾는다. Costco의 고객들은 19달러짜리 Kirkland Signature 시리즈의 Mendoza Malbec 레드와인부터 2,299달러의 Kirkland Signature 브레번 짜임 5개 구성 정원용 화덕식 탁자 세트나 1인당 3,799달러의 Kirkland Signature 프랑스의 강 유람선(7일) 패키지에 이르기까지 모든 것을 살 수 있다.

회원제 창고형 매장의 배후에서 경쟁자들을 괴롭히고 있는 것은 Walmart가 아니라 Costco였다. 사실, 강력하지만 실패한 Walmart는 Sam's Club을 더 Costco처럼 만들기 위해 몇 년을 보냈다. Costco는 "높이 쌓아두고 싸게 팔라"고 말하는 대형 할인점 그 이상이다. 이는 단순히 소비자용 대형 식료품 자재를 싣는 곳 이상의 것이다. 각 Costco 매장은 고객들의 소비에 대한 긴박감과 흥분을 자아내는 소매 극장이다.

출처: Benjamin Romano, "Booming Costco Courts Millennials with Online and Delivery, but Stores Still Rule," Seattle Times, February 1, 2018, www.seattletimes.com/business/retail/booming-costco-courts-millennials-with-onlineand-delivery-but-stores-still-rule/; Robin Lewis, "'Costoholics': Costco's $113.7Billion Addicts," Forbes, February 16, 2016, www.forbes.com/sites/robinlewis/2016/02/16/costcoholics-costcos-113-7-billion-addicts/#179cdc9b5f73;"Global Powers of Retailing 2018," Deloitte, www2.deloitte.com/global/en/pages/consumer-business/articles/global-powers-of-retailing.html, accessed May 2018; Stan Laegreid, "The Choreography of Design, Treasure Hunts, and Hot Dogs that Have Made Costco So Successful," Fast Company, January 24, 2014, www.fastcompany.com/3025312; "There Is Something Off with Costco," Seeking Alpha, December 9, 2017, https://seekingalpha.com/article/4130830–something-costco; and information from www.corporate.walmart.com, www.costco.com, and http://phx.corporate-ir.net/phoenix.zhtml?c=83830&p=irolnewsArticle&ID=2305024, accessed October 2018.

조직적 접근

비록 많은 소매점포들이 독립적으로 소유되어 있지만, 기업형 또는 계약형 조직의 형태로 결합되는 경우도 있다. 표 11.2는 4가지 주요한 소매 조직체 유형으로 회사체인, 임의체인, 소매점 조합, 프랜차이즈 조직이 있다.

회사체인(corporate chains)

공동으로 소유되고 통제되는 2개 이상의 점포

회사체인(corporate chains)은 공동으로 소유되고 통제되는 두 개 이상의 점포를 말한다. 이들은 독립적인 소매점에 비해 많은 이점을 가지고 있다. 우선, 규모가 크기 때문에 저가로 대량구매가 가능하고, 판매촉진비용을 경제적으로 절약할 수 있다. 그리고 가격, 촉진, 머천다이징, 재고관리, 판매예측 등을 다루는 전문가들을 고용할 수 있다.

회사체인(corporate chains)이 큰 성공을 거둠에 따라, 독립 소매점도 두 가지 계약형 조합 중 하나의 형태로 결속하게 되었다. 그 중 하나는 임의체인(voluntary chain)인데, 단체구입과 공동 머천다이징을 수행하는, 도매상 후원의 독립소매점 집단(wholesaler-sponsored group)이다. 그 예로는 IGA(Independent Grocers Alliance), Western Auto, True Value가 있다. 계약형 조합 중 다른 하나는 소매점 조합(retailer cooperative)이다. 이는 독립적인 소매점이 결합하여 공동소유의 도매업을 운영하며 머천다이징과 촉진활동을 공동으로 수행하는 것인데, 식품연합회(Associated Grocers)와 에이스 하드웨어(Ace Hardware)가 그 예이다. 이러한 조직을 통해서 독립 소매점은 구매와 촉진활동에 있어서 경제성을 달성하고, 회사체인과 가격경쟁을 할 수 있게 되었다.

프랜차이즈(franchise)

가맹점 본부인 제조업체, 도매상, 또는 서비스 조직과의 계약을 통해 독립적 사업자(프랜차이즈 가맹점)가 프랜차이즈 시스템 내의 하나 혹은 그 이상의 가맹점포를 소유·운영할 권리를 구매하는 방식의 계약적 소매 조직

계약형 소매조직의 또 다른 형태는 **프랜차이즈**(franchise)이다. 프랜차이즈 조직과 다른 계약적인 시스템(임의체인, 소매점 조합)과의 차이점은 프랜차이즈 시스템이 독특한 제품이나 서비스, 사업방법, 상표명, 영업권, 또는 프랜차이즈 본부가 개발한 특허권을 갖고 있다는 것이다. 프랜차이징은 패스트푸드, 모텔, 피트니스 센터, 자동차 대여점, 부동산 영역에서 두각을 나타내고 있다.

이렇게 프랜차이즈는 햄버거 체인이나 피트니스 센터뿐만 아니라 소비자의 욕구를 충족시키는 것이라면 어떤 분야에도 모두 적용될 수 있다. 프랜차이즈 업체인 매드 사이언스 그룹(Mad Science Group)은 보이스카우트나 걸스카우트, 생일파티에 과학 프로그

| 표 11.2 | 주요 소매 조직체의 유형 |

유형	내용	예
회사체인 (corporate chains)	두 개 이상의 상점이 공동으로 소유되고 통제되며, 회사체인은 모든 유형의 소매활동에서 볼 수 있지만 백화점, 할인점, 식품점, 드럭스토어, 식당 등에서 가장 두드러지게 볼 수 있다.	Macy's(백화점), Target(할인점), Kroger(식품점), CVS(드럭스토어)
임의체인 (voluntary chains)	도매상 후원의 독립 소매점 집단으로, 단체구입과 공동 머천다이징을 한다.	IGA(Independent Grocers Alliance), Wastern Auto, True Value
소매점 조합 (retailer cooperatives)	독립적인 소매점 연합체가 중앙 구매조직을 만들고 공동 판매촉진을 한다.	Associated Grocers, Ace Hardware
프랜차이즈 조직 (franchise organizations)	프랜차이즈 본부(franchisors: 제조업자, 도매상, 서비스 조직)와 프랜차이즈 가맹점(franchisees: 프랜차이즈 시스템 내에서 한 개 이상의 단위점포에 대한 소유 및 영업권을 구입한 독립 사업가) 간에 맺어진 계약에 의해서 형성된 조직이다.	McDonald's, Subway, Pizza Hut, Jiffy Lube, Meineke Mufflers, 7-Eleven

램을 제공한다. Soccer Shots는 유아원, 학교, 공원에서 2~8세 아이들에게 축구의 기본 기술을 가르쳐주는 프로그램을 제공한다. Mr. Handyman은 집수리 서비스를 제공하고, Merry Maids는 집청소 서비스를 제공하고, Mosquito Joe는 모기를 없애준다. H&R Block 가맹점은 조세준비 서비스를 제공한다. H&R Block의 소매점 1만 개 중 3분의 1 이상을 가맹점주들이 소유하고 운영하고 있다.[12]

프랜차이즈는 현재 미국의 소매판매량의 45%를 차지하고 있다. 오늘날 누구나 도심을 거닐 거나 자동차를 타고 교외도로를 갈 때 맥도날드(McDonald's), 서브웨이(Subway), 지피 루브(Jiffy Lube), 홀리데이인(Holiday Inn)을 지나치지 않을 수가 없다. 가장 잘 알려져 있으며, 성공

>> 프랜차이즈는 단순한 햄버거 체인이나 피트니스 센터 이상의 것이다. H&R Block의 12,000개 소매점의 3분의 1 이상은 가맹점주들이 소유하고 운영하고 있다.
Jonathan Weiss/Shutterstock

한 프랜차이즈 중의 하나인 맥도날드(McDonald's)는 현재 100여 개국에 약 36,000여 개 점포를 가지고 있으며, 미국에만 거의 14,000개가 있다. 하루에 6,900만 명의 고객들을 맞이하며 전 조직이 연간 940억 달러의 판매량을 올리고 있다. 전 세계 맥도날드 점포의 80% 이상이 프랜차이즈 가맹점(franchisee)에 의해 소유·운영되고 있다.[13]

🔗 개념 연결하기

여기서 잠깐 멈춰 당신이 일상적으로 경험하며 무슨 제품을 다루느냐에 따라 분류되는 다양한 종류의 소매점에 대해 생각해보자.

- 익숙한 제품을 선택하라: 카메라, 전자레인지, 잔디 관리 도구 또는 다른 것들. 이러한 제품들을 파는 상점들은 두 가지 종류, 즉 첫 번째로 할인 상점과 카테고리 킬러, 그리고 두 번째로 백화점이나 작은 전문점으로 나뉘어진다. 그 다음으로는 온라인 상점이 있다. 이 세 가지의 쇼핑 매장을 제품의 분류, 서비스, 가격에 따라 비교해보자. 어떤 제품을 사려 한다면 어디서 살 것이며 왜 그 매장을 이용하겠는가?

- 당신이 표본 조사를 한 경쟁 상점 형식의 미래에 대해서 당신의 쇼핑 경험은 무엇을 말하고 있는가?

옴니채널 소매업: 매장, 온라인, 모바일 그리고 소셜 미디어 채널 결합하기

> **저자 코멘트**
> 이런 소매유통의 격변기에서 성공하기 위해, 전통적인 소매업체들은 오늘날의 디지털로 연결된 고객들이 쇼핑하는 방식에 적응해야 하며, 끊임없는 교차채널의 구매경험을 제공해야 한다.

앞에서도 논의한 바와 같이, 최근 몇 년 동안 소매업의 쇼핑 과정은 근본적으로 변화했다. 그리 오래지 않은 과거에 쇼핑은 매장과 매장을 돌아다니거나 카탈로그를 넘기며 제품 정보를 모으고 가격을 비교해보고 상품을 사는 과정으로 이루어져 있었다. 이제는

인터넷, 컴퓨터, 스마트폰, 모바일, 그리고 다른 디지털 디바이스 시대를 맞아 쇼핑은 전형적으로 채널과 플랫폼들의 다양한 결합을 끌어들인다.

온라인 소매업이 성행하고 있다. 현재 미국 전체 소매 매출의 약 9%에 불과하지만, 온라인 구매는 전체 소매 구매보다 훨씬 더 빠른 속도로 증가하고 있다. 지난해 미국 온라인 소매판매는 전년 대비 16% 성장한 반면, 전체 소매판매는 4.4% 증가했다. 온라인 직접 판매를 넘어 유통업체 온라인 사이트, 모바일 앱, 소셜 미디어 등도 매장 내 구매에 큰 영향을 미친다. 미국 전체 소매판매의 절반 이상이 온라인으로 직접 거래되거나 온라인 상품조사에 의해 영향을 받는 것으로 추정된다.[14]

오늘날의 옴니채널 소비자들은 제품과 가격을 온라인으로 검색하고 집, 직장, 매장 또는 그 근처 어디에서나 디지털 쇼핑을 한다. 그들은 구매 아이디어, 영감, 그리고 조언을 얻기 위해 소매점의 웹사이트와 SNS를 샅샅이 뒤진다. 그들은 제품을 매장에서 보고 온라인으로 주문을 할 수도 있고, 온라인으로 보고 매장에서 구입하거나 또는 온라인으로 구매하고 매장에서 찾아오거나 집으로 배달시킬 수도 있다. 최근 연구에 따르면, 쇼핑객의 거의 60%가 쇼핑할 때 스마트폰으로 상품 정보를 조사하며, 54%가 쇼핑할 때 가격을 비교한다고 한다.[15]

사람들이 쇼핑하는 방식의 엄청난 변화는 소매점들의 운영 방식에 큰 변화를 가져온다. 옴니채널 구매는 옴니채널 소매업을 야기하고, 모든 가능한 쇼핑 경로와 디바이스를 끊김이 없는 쇼핑 경험으로 통합해 나가도록 한다. 매장 내 소매업과 온라인 소매업의 경계가 급격히 흐려지고 있다. 대부분의 고객들에게, 더 이상 상점에서 쇼핑을 할 것인지 아니면 온라인으로 쇼핑을 할 것인지는 결정의 문제가 아니다. 오늘날의 옴니채널 구매자들은 구매 과정 전반에 걸쳐 온라인 및 매장을 자연스럽게 이동한다. 그들은 매장에 있든, 온라인에 있든, 이동 중이든, 심지어 매장에 있으면서 온라인에 들어오든, 언제 어디서나 조사하고 구매하는 데 익숙해졌다.

온라인 판매의 비중 증가는 가상과 물리적 세계를 성공적으로 통합한 옴니채널 소매업자들에게 포착되고 있다. 실제 물리적 매장 운영기업은 웹사이트, 모바일 앱, 소셜 미디어를 통해 디지털 세계로 확대하고 있다. 한편, 아마존을 포함한 많은 온라인 상인들은 쇼룸, 팝업 숍, 그들 자신의 가게, 그리고 다른 만남의 방법들을 가지고 물리적 세계로 진출하고 있다.

소매점들은 스마트폰을 지닌 쇼핑객들이 단지 온라인 가격을 알아보는 것 이상의 일을 한다는 사실을 알았다. 그들은 자주 정보의 공백을 채운다. "소비자들은 더 많이 정보를 얻어본 적이 없어요. 그리고 그 정보는 그들의 휴대폰에서 나오죠."라고 아웃도어 장비 소매점 REI의 고위 마케터는 말한다. "우리는 누군가가 매장으로 휴대폰을 들고 들어와서 다음과 같이 말하는 것을 좋아해요. 이 텐트를 사고 싶어요. 이 자전거를 사고 싶어요. 찾을 수 있게 도와주세요." 이는 디지털과 일반 매장 소매점이 함께 판매를 할 수 있는 방법을 잘 보여준다.

그러나 옴니채널 소매업은 단지 매장 내 소비자들이 디지털 디바이스에서 교차 구매하는 데 도움을 주는 것 이상으로 나간다. 옴니채널 소매업은 매장 내와 외부 모두, 그리고 발견에서 구매까지 이용할 수 있는 쇼핑 경로의 전체 범위를 신중하게 통합해 나갈 필요가 있다. 이를 위해, 이제 거의 모든 거대 소매상들은 자체 온라인 및 디지털 판매 옵션을 더욱 활성화시키고 그것들을 매장과 연결하고 있다.

예를 들어 Walmart는 매장 내에서 직접 찾아가거나 이틀 내 무료배달에 주안점을 두어왔다. 소비자는 Walmart.com 사이트에서 주문하고 바로 당일 찾아갈 수 있으며, 배송료를 절약하고 만족하지 못할 경우 쉽게 반품도 가능하다. 소비자들은 이제 Walmart.com에서 구입한 것의 절반을 매장에서 찾아가고 방문할 때 상품을 추가로 더 구매하기도 한다. 마찬가지로, Target은 최근 당일 배송 서비스 Shipt를 인수했다. 아마존 프라임과 마찬가지로 주요 도시지역의 Target 고객은 연간 회비를 지불해 당일 온라인 주문 배송을 받을 수 있다.

옴니채널 소매상들은 웹사이트에 더해서 다른 디지털 쇼핑 경로까지 통합하고 있다. Walmart, Target, Macy's, 그리고 다른 주요 소매상들은 모바일 앱을 제공하고 있는데, 이는 소비자들을 웹사이트와 매장 모두로 끌어당기고, 쇼핑 목록을 준비하도록 하고, 매장 내 상품의 위치를 찾는데 도움을 주며, 매일 알림과 할인 정보를 휴대폰으로 받아볼 수 있도록 하고 있다. 최근의 한 연구는 쇼핑객의 44%가 정기적으로 혹은 가끔 그 가게의 매장 내에 있으면서 그들의 휴대폰을 통해 그 가게의 웹사이트에서 구입한다는 것을 보여주었다. 모바일 기기를 통한 월마트 구매의 10%는 월마트 매장 안에서 이루어진다.[16]

소셜 미디어 역시 옴니채널 소매업에서 중요한 역할을 한다. 지난해 쇼핑객들의 30%는 SNS를 통해서 구매를 했으며, 44%는 SNS를 통해 새로운 상품을 발견했고, 49%는 SNS가 연결시켜 준 곳에서 상품을 구입했다. 결국 대부분의 거대 소매상들은 이제 소비자를 참여시키고 커뮤니티를 만들고 구매자를 자신들의 웹사이트와 매장으로 연결시키기 위해 SNS를 광범위하게 활용한다.[17]

그러나 단지 디지털 친화적인 매장, 역동적인 웹사이트, SNS에 광범위하게 참여하는 것으로는 좋은 옴니채널 소매업이 될 수 없다. 핵심은 이러한 요소들을 통합하여 장애물 없이, 언제 어디서나, 오늘날 고객들이 원하는 옴니채널 쇼핑의 경험을 만들어내는 것이다.

운동화와 의류 거대기업 Foot Locker를 예로 들어보자. 이 기업은 Foot Locker와 Champs Sports를 포함한 여러 개의 체인을 운영하고 있다.[18]

Foot Locker는 옴니채널 소매업을 완벽하게 익혔다. 온라인과 모바일을 매장 운영과 매끄럽게 연결시키고 "온라인 구매, 매장에서 발송" 및 "온라인 구매, 매장에서 찾기"와 같은 옵션을 제공하고 있다. 그리고 Foot Locker는 SNS 어디에서나 찾을 수 있는데, Instagram, Facebook, Snapchat, Twitter, Youtube, Pinterest 등에 1억 5,000만 명 이상의 팔로워들이 있다. 여기서 소비자 커뮤니티가 구성되며 소비자들을 온라인과 매장으로 이끈다.

Foot Locker의 옴니채널 능력은 Foot Locker, Champs Sports, 그리고 다른 매장들을 살아나게 하였다. 이 체인은 영업사원들에게 소비자들이 갖고 있는 것과 같은 모바일 검색 기능을 제공한다. 그들은 손에 태블릿을 들고 제품과 경쟁사의 상품에 대한 온라인 정보를 이용하여 소비자들에게 정보를 제공하며 함

>> 운동화와 의류 거대기업 Foot Locker는 옴니채널 소매업을 완벽하게 익혔다. 그들은 매장 환경, 강력한 웹사이트, 광범위한 SNS 노출 등을 통합함으로써 오늘날 고객들이 원하는 언제 어디서나 매끄러운 옴니채널 쇼핑의 경험을 만들어냈다.

Luke Sharrett/Bloomberg/Getty Images; Tony Garcia/Image Source/Getty Images

께 한다. Foot Locker는 매장 직원들에게 단순한 가격에서 벗어나 개인적 접촉을 통해 가치를 전달함으로써 소비자들을 참여시키라고 교육한다. 총 3,300개의 매장과 Foot Locker의 온라인 활동으로 이 소매상은 소비자가 다양한 서비스와 지불 방식, 온라인 전용 소매상들에서는 가능하지 않은 배송방식 등 거의 모든 종류의 쇼핑 경험을 할 수 있도록 돕는다. Foot Locker는 다른 신발과 의류 소매상들이 Zappos와 같은 웹 전용 판매점들을 막는데 급급해하는 동안, 옴니채널에 익숙해진 덕분에 새로운 옴니채널 쇼핑 환경 속에서 번창하고 있다. 현재 매출의 절반인 12%를 온라인에서 얻고 있으며, 여기서 온라인매출의 절반은 모바일에서 오며, 온라인 판매는 매년 꾸준히 20%씩 성장하고 있다.

소매점의 마케팅 의사결정

저자 코멘트
당연히, 소매업체들도 다른 마케터들과 동일하게 세분화하여 포지셔닝, 마케팅믹스 의사결정을 내려야 한다.

소매점은 고객을 끌어들이고 유지하기 위해 늘 새로운 마케팅전략을 추구하고 있다. 과거에 소매점은 독특한 상품구색, 경쟁사보다 더 좋은 서비스로 고객을 유인했다. 그러나 오늘날 소매점의 상품구색과 서비스는 점점 비슷해지고 있다. 대부분의 소비재 상품 브랜드가 백화점뿐만 아니라 대형할인점, 오프프라이스 소매점, 인터넷에서 동시에 판매되고 있다. 따라서 현재 어떤 소매점도 독점적인 상품을 제공하기가 더욱 어려운 실정이다.

소매점 간의 서비스 차별성 또한 퇴색되고 있다. 많은 백화점들이 서비스를 줄여나가고 있는 반면에 할인점은 서비스를 증가시키는 추세이다. 한편, 고객은 과거보다 더욱 현명해지고 가격에 민감해지고 있다. 그들은 요즘처럼 서비스 간의 차이를 구별할 수 없는 때에 동일한 브랜드를 더 비싸게 구매할 이유가 없다고 생각한다. 이에 따라, 오늘날 많은 소매점은 그들의 마케팅전략을 재고(再考)하고 있다.

그림 11.1과 같이, 소매점은 그들의 시장 세분화와 표적시장 설정, 매장 차별화와 포지셔닝, 소매 마케팅믹스에 관한 주요 마케팅 의사결정에 직면해있다.

시장세분화, 표적시장 설정, 차별화, 포지셔닝 의사결정

소매점은 먼저 시장을 세분화하고, 표적시장을 정의한 후, 그 시장에서 어떻게 차별화하고 포지션을 구축할 것인가를 결정해야 한다. 즉 고소득층, 중산층, 저소득층 구매자 중

》》 그림 11.1 소매점의 마케팅 의사결정

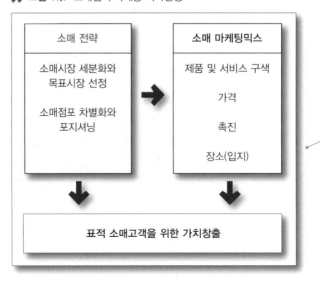

누구에게 초점을 맞출 것인가? 표적 구매자들은 다양하고 깊이 있는 상품구색, 편리함, 저렴한 상품가격 중 어떤 것을 원하는가? 시장에 대한 정의와 그 시장의 고객특성에 대한 파악이 이루어져야 비로소 상품구색, 서비스, 상품가격, 광고, 실내장식, 온라인과 모바일 사이트 디자인 등에 대한 일관성 있는 의사결정, 혹은 그들의 포지션을 지원할 수 있는 그 밖의 다른 의사결정을 할 수 있다.

성공적인 소매점은 표적시장을 제대로 설정하고 강하게 포지셔닝 한다. 예를 들어, Trader Joe's는 "저가의 맛있는 음식(cheap gourmet)"이라는 가치 제안으로 자신을 강하게 포지셔닝했다. 월마트는 저가, 그리고 그 저가가 소비자에게 뜻하는 바를 강하게 보여준다. 그리고 성공한 아웃도어제품 소매점 Bass Pro Shops은 "실내에서처럼 야외에서도 똑같이(as close to the Great Outdoors as you can get indoors!)"를 통해 자사를 강력하게 포지셔닝했다.

견고한 표적시장 설정과 포지셔닝으로 소매점은 가장 크고 강력한 경쟁자와의 경쟁에서 효과적으로 이길 수 있다. 예를 들어, 작은 In-N-Out Burger를 거대한 McDonald's와 비교해보자. In-N-Out은 현재 일부 주에 400개 미만의 점포를 두고 있으며, 예상 매출액은 약 6억 달러에 달한다. McDonald's는 100여 개국에 3만 6,000여 개의 점포를 보유하고 있어 연간 940억 달러 이상의 전사적 매출을 올리고 있다. In-N-Out은 세계 최대 패스트푸드 체인점과 어떻게 경쟁하는가? 그것은 적어도 직접적인 경쟁은 아니다. In-N-Out은 그 자신을 McDonald's와는 떨어지게 신중하게 포지셔닝함으로써 성공했다.[19]

In-N-Out은 McDonald's처럼 빠르게 성장하고 메뉴와 매장 모두 확장하는 것을 결코 원하지 않았다. 대신에, In-N-Out은 생각지도 못한 일을 함으로써 번창한다. 그것은 느리게 성장하고, 변하지 않는 것이다. 처음부터 In-N-Out의 슬로건은 '맛 볼 수 있는 품질'이었다. 버거는 첨가제, 충전제, 방부제 없이 100% 순 쇠고기로 만들어지며, 냉동 고기가 아니라 항상 신선하다. 감자튀김은 통감자로 만들어지고, 밀크셰이크는 진짜 아이스크림으로 만들어진다. In-N-Out 레스토랑에서는 냉동고, 가열등, 전자레인지 등을 찾을 수 없다. 그리고 McDonald's가 끊임없이 새로운 메뉴들을 내놓는 것과는 달리, In-N-Out은 이 체인이 항상 잘 해왔던 것, 즉 정말 좋은 햄버거, 정말 좋은 감자튀김, 그리고 정말 좋은 셰이크를 만드는 것에 열중한다. 그것이 전부이다.

게다가, 표준화된 요금제와는 거리가 멀게도, In-N-Out은 어떤 메뉴 항목이든 기꺼이 주문 제작해준다. In-N-Out에서는 메뉴 맞춤이 보편화돼 메뉴판에는 게시되지 않은 'secret' 주문 코드가 등장했다. 잘 아는 손님들은 'animal style'(피클, 추가 스프레드, 구운 양파, 겨자튀김 패티)로 버거를 주문할 수 있다. 그리고 "Double-Double"(고기 두 배, 치즈 두 배)은 메뉴에 있는 반면, 버거들 또한 3×3 또는 4×4로 주문할 수 있다. 감자튀김도 animal style(치즈 두 조각, 구운 양파, 그리고 스프레드)이나 완전히 익힌 것, 살짝 익힌 것으로 주문할 수 있다. 이 비밀메뉴는 고객들에게 특별한 감정을 느

》》 소매업의 표적시장 선정 및 포지셔닝: In-N-Out Burger는 그들 자신을 McDonald's로부터 멀리 포지셔닝함으로써 번창한다. 그 체인은 그들이 가장 잘하는 것에 열중한다. 그것은 정말 좋은 햄버거, 정말 좋은 감자튀김, 그리고 정말 좋은 셰이크를 만드는 것이다. 그게 전부다.

E. J. Baumeister Jr./Alamy

끼게 만든다. 그들에게 특별한 감정을 주는 또 다른 것은 의외로 친절한 서비스를 제공하는 In-N-Out
의 외향적이고 열정적이며 능력있는 직원들이다. McDonald's에서는 찾을 수 없는 것이다. 마지막으로
McDonald's가 성장에 성장을 거듭하는 것에 집착하는 것과는 대조적으로 In-N-Out의 느리고 꾸준
한 성장은 모든 골목마다 그 가게가 있지는 않다는 것을 의미한다. In-N-Out 매장의 희소성은 오히려
그들의 매력을 증가시킨다. 고객은 그들의 In-N-Out 고정메뉴를 먹으러 정기적으로 먼 거리를 운전해
서 간다. 물론 In-N-Out은 McDonald's의 거대한 규모의 경제, 믿을 수 없는 대량 구매력, 초효율적인
물류, 그리고 낮은 가격에 필적할 수는 없다. 당연히 그들은 그럴 시도조차 하지 않는다. McDonald's
를 비롯한 대형 경쟁사들과 거리를 두는 포지셔닝을 통해 In-N-Out은 광신적 추종자를 개발했다. 고
객만족도에 관한 한, In-N-Out은 자사 시장에 있는 어떤 패스트푸드점보다도 높은 고객만족도를 정기
적으로 보여주고 있다. 점심시간이면 어디든 길게 늘어선 줄이 문밖으로 새어 나가고, In-N-Out의 점
포당 평균 매출은 업계 평균의 두 배다.

상품구색과 서비스 결정

소매점은 상품구색, 서비스믹스, 점포 분위기와 같은 세 가지 중요한 제품변수에 대해
결정해야 한다. 이러한 결정들은 다른 어떤 것보다도, 오프라인점포 소매업자들이 온라
인 판매업자들과 차별화하는 데 도움이 될 수 있다. 물론, 점포 소매업자들은 그들의 마
케팅믹스에 효과적인 온라인 요소를 추가해야 한다. 그러나 그들은 또한 그들 자신의 유
통업자 브랜드(private brand), 개인 서비스, 점포 경험 등과 같이 아마존이 따라올 수
없는 자산을 활용해야 한다.

"아마존이 지그(zig)할 때, 소매업자들은 재그(zag)로 움직여야 한다."고 한 소매업 전
문가는 말한다. "아마존이 더 커질수록, 신선한 지역적 대안제품을 위한 더 많은 기회가
만들어질 것이다. 아마존이 로봇 파워의 효율성으로 더 밀어부칠수록, 따뜻하고 개인화
된 서비스를 위한 공간은 더 넓어질 것이다. 사람들이 인공지능(AI) 기반의 알렉사를 통
해 아마존과 교류할수록, 그들은 동료 인간들의 통찰력과 개인적 연계를 더 갈망하게
될 것이다."[20]

소매점의 상품구색(product assortment)은 표적 구매자들의 기대와 일치하면서 동
시에 다른 소매점과 차별화되어야 한다. 한 가지 전략은 고도로 표적화된 상품구색을 제
공하는 것이다. Lane Bryant는 빅사이즈 의류를, Five Below는 핫한 제품을 저가에
제공한다. 모두 1달러에서 5달러까지이다. 그리고 Battery Depot은 모든 가능한 종류
의 교체 배터리를 판매한다. 또한 소매점은 독점권을 갖는 자체 브랜드나 제조업자 브랜
드처럼 다른 경쟁자가 취급하지 않는 상품들로 스스로를 차별화할 수도 있다. 예를 들
어, Kohl's는 Vera Wang의 Simply Vera와 Food Network가 만든 브랜드의 부엌용품,
요리기구, 가전제품처럼 잘 알려진 상표를 취급할 수 있는 독점권을 갖고 있다. Kohl's는
Sonoma, Croft & Barrow, Candies, Apt. 9처럼 자체 상표를 보유하고 있기도 하다.

또한 소매점들은 서비스믹스(service mix)를 통해서도 차별화를 추구할 수 있다. 가
령 몇몇 소매점들은 고객을 초청해서 질문을 받거나 전화나 웹으로, 혹은 직접 만난 대
표자들에게 상담을 해주기도 한다. Home Depot는 "하우투(how-to)" 교실과 "두잇허
셀프(do-it-herself)", 아이들을 위한 작업교실에서부터 전용 신용카드에 이르기까지
DIY (do-it-yourself) 고객들에게 다양한 서비스믹스를 제공한다. 노드스트롬은 비대
면 서비스를 제공하면서 "어떤 대가를 치르든 간에, 고객을 소중히 한다."고 약속한다.

점포 분위기(store's atmosphere)는 상품의 매력도를 높이는 또 다른 요소이다. 소매점은 표적시장에 적합한 독특한 매장 경험을 제공하여 소비자가 구매를 하도록 만들기를 원한다. 많은 소매점들이 "경험 리테일링(experiential retailing)"을 실천하고 있다. 예를 들어, 고급 가정용 가구 소매업체인 Restoration Hardware는 시카고, 애틀랜타, 덴버, 탬파, 할리우드 등에 일부 매장, 일부 인테리어 디자인 스튜디오, 일부 레스토랑, 일부 집이 되는 새로운 세대의 가구 갤러리를 촉발시키고 있다.[21]

상상해보라. 당신은 배경으로 잔잔한 음악이 흘러나오며 최고급의 가구들과 크리스털 샹들리에에 둘러싸인 채 좋은 와인 한 잔을 홀짝이고 있다. 당신이 와인 한 잔을 더 시킬지, 가벼운 점심을 시킬지, 아니면 둘 다 주문할지는 확실하지 않다. 대신, 당신은 당신이 앉아 있는 가구를 사기로 결정한다. 당신은 고급 레스토랑에 앉아 있는 것이 아니다. 당신은 Restoration Hardware의 새로운 콘셉트 스토어인 RH Chicago에 있다. 대부분의 가구 소매점들은 그들의 상품을 기능적으로 진열하는 것 이상을 거의 하지 않지만 RH 갤러리는 그렇지 않다. Restoration Hardware의 CEO는 "주거와 소매 사이의 경계를 모호하게 하고, 그 장소에 매장보다는 가정에 가까운 인상을 주고 싶었다."고 말한다. RH 애틀랜타 갤러리는 2에이커에 7만 평방 피트에 6층 규모의 대규모 단지로, 40피트 높이의 원형 홀 입구 옆에 이중 계단, 정원, 테라스, 50피트 길이의 반사의 연못, 옥상 공원이 완비되어 있다. 그것의 방과 실외 공간은 안경에서부터 가구, 융단, 정원

⟫ **체험형 소매업:** 가구 소매업체 Restoration Hardware는 가구 갤러리가 일부 매장, 일부 인테리어 디자인 스튜디오, 일부 레스토랑, 일부 집이 되는 새로운 세대의 가구 갤러리를 촉발시켰다. 이 새로운 매장에서는 단순히 가구를 보는 것이 아니라 직접 체험하게 된다.

Mike Dupre/Stringer/Getty Images

용품 등 Restoration Hardware의 제품 전시장의 역할을 한다. 하지만 그것은 웅장한 저택에 가깝게 느껴진다. 당신은 단순히 가구만 보는 게 아니라 직접 체험하는 것이다. "우리는 우리의 새 집을 방문하는 손님들이 '여기서 살고 싶다'고 말하는 공간을 만들었다."고 CEO는 말한다. "나는 거의 40년 동안 소매업에 종사해 왔고 지금까지 소매점에서 살고 싶다고 말하는 사람은 들어본 적이 없다."

성공적인 소매점은 소비자 매장 경험의 거의 모든 측면을 주의 깊게 편성하고 있다. 다음 번 소매점에 갈 때에는 그곳이 전자제품, 공구, 또는 최신 패션 등 어떤 것을 판매하고 있건 간에, 멈추어 서서 주의 깊게 주변을 살펴보라. 매장의 배치와 진열에 대해 생각해보라. 나오는 음악을 들어보라. 색상을 살펴보라. 냄새를 맡아보라. 레이아웃에서 조명, 음악, 심지어 냄새에 이르기까지 매장 내의 모든 것이 주의 깊게 구성되어 소비자의 쇼핑 경험을 형성하도록 돕고, 지갑을 열게 만든다.

예를 들어, 대부분의 대형 소매점은 매장 내에 당신이 냄새를 맡을 수 있는 특징적인 냄새를 개발하고 있다.[22] Anytime Fitness는 "Inspire"에 유칼립투스 향을 관으로 보내 지점마다 동일한 향이 나도록 하고 그것으로 "운동" 냄새를 가린다. Bloomingdale's는 각 매장마다 각기 다른 향을 사용한다. 아동용품 매장에는 베이비 파우더의 부드러운 향기를, 수영복 코너에는 코코넛향을, 속옷 코너는 라일락, 그리고 휴가 기간 동안은 슈가 쿠키와 상록수 향을 풍긴다. 향기는 브랜드의 이미지와 포지션을 섬세하게 강화시

킬 수 있다. 일례로 Orlando의 Hard Rock Café Hotel은 로비에 바다 향을 뿌리고 손님들이 해변의 리조트에 (이 호텔이 해변으로부터 한 시간 떨어져 있을지라도) 들어온 것처럼 느끼도록 한다. 이 호텔은 또한 흔히 못 보고 지나치게 되는 호텔의 아이스크림 가게로 소비자들을 끌어들이기 위해 슈가 쿠키 향을 꼭대기 층에 뿌리고 맨 아래층에는 와플콘 냄새를 풍겼다. 그 뒤 6개월 동안 아이스크림은 45% 더 많이 팔렸다.

이같은 "경험 리테일링"은 소매점들이 단지 상품을 늘어놓는 것만이 아니라는 것을 확연히 보여준다. 매장은 그곳에서 쇼핑하는 사람들이 경험하게 되는 환경이다.

가격결정

소매점의 가격정책은 표적시장과 포지셔닝, 제품과 서비스의 구색, 경쟁상황, 경제적 요소에 맞도록 수립되어야 한다. 모든 소매점은 높은 마진과 많은 판매량을 추구하지만, 이 두 가지를 동시에 이루기는 어렵다. 따라서 대부분의 소매점은 높은 마진에 적은 판매량(전문점)이나 낮은 마진에 많은 판매량[박리다매 소매점(mass merchandiser), 할인점], 이 둘 중의 하나를 추구한다.

그러므로, 120년 역사의 Bergdorf Goodman은 상류층을 대상으로 샤넬, 프라다, 에르메스, 지미추 같은 디자이너가 만든 의류, 신발, 보석을 판매한다. 상류시장 소매점은 고객을 쇼핑 상담사(personal shopper)와 같은 서비스, 그리고 매장 내에서 칵테일과 오르되브르(hors d'oeuvres)를 제공하는 다음 시즌 트렌드 관람 서비스 등으로 정성껏 대접한다. 반대로, T.J. Maxx는 중산층을 대상으로 브랜드 의류를 할인가격에 판매한다. 매주 신상품을 입고하여 할인 쇼핑객에게 보물사냥의 기회를 제공한다. "할인판매도, 속임수도 없습니다."라고 소매업자는 말한다. "브랜드 이름과 디자이너 패션만 있을 뿐이죠... 백화점과 비교해 60%까지 싼 가격으로요."

▶▶ 소매 가격 포지셔닝: TJ Maxx는 중산층을 대상으로 브랜드 의류를 할인가격에 판매한다.

Matthew Staver/Bloomberg/Getty Images

소매업자들은 반드시 어느 정도의 세일즈 그리고 다른 가격 프로모션을 사용할지에 대해 결정해만 한다. 어떤 소매업자들은 가격을 통한 프로모션을 전혀 하지 않는다. 이 회사들은 대신에 가격보다는 제품과 서비스 질로 경쟁한다. 예를 들어, Bergdorf Goodman이 샤넬 백으로 하나의 가격에 두 개를 판매하는 것(two for-the-price-of-one sale)과 같은 프로모션을 한다는 것은, 경제 불황기라 할지라도 상상하기 어렵다. Walmart, Costco, ALDI, Familydollar와 같은 다른 소매점들은 세일이나 할인이 거의 없는 지속적으로 매일 낮은 가격인 일일특가(everyday low pricing, EDLP)를 실행한다.

여전히 다른 소매점들은 "상위-하위(high and low)" 가격정책을 구사한다. 매일 판매되는 물품에는 상대적으로 높은 가격을 매기고, 가격할인 프로모션은 자주하여 매장에 고객의 유입량을 늘리고, 가격이 싸다라는 소매점 이미지를 가지게 하여, 제 가격에 다른 물건들을 구입하게 되는 소비자들을 그 소매점에 끌어들인다(예: Macy's, Kohl's, JCPenny). 최근 극심한 소매경쟁으로 인해 상위-하위 가격정책이 남발되고 있는데, 소매점들이 무수한 가격인하로 할인매장을 찾아다니는 소비자들을 유인하고 있기 때문이다. 어떤 가격 전략이 최고의 전략인가는 그 소매점의 전반적인 마케팅전략과 경쟁사들의 가격정책, 그리고 경제적 상황에 따라 결정된다.

촉진결정

소매점은 소비자에게 접근하기 위해 광고, 인적 판매, 판매 촉진, PR, 직접 & 소셜 미디어 마케팅 등 5가지 촉진 도구를 모두 사용하거나, 일부만 사용하기도 한다. 소매점은 신문, 잡지, 라디오, 텔레비전, 인터넷에 광고를 하거나 신문에 삽입되는 광고물이나 직접우편물을 이용할 수도 있다. 매장 판매원은 고객을 맞이하고, 고객의 요구에 응대하고, 관계를 형성한다. 판매촉진은 매장 내 전시, 진열, 판매, 중요고객 행사 등이 포함된다. 소매점이 이용할 수 있는 PR활동에는 점포개점행사, 특별이벤트, 소식지, 블로그, 잡지와 공공 서비스 활동 등이 있다.

대부분의 소매점은 웹사이트와 전자 카탈로그, 온라인 광고와 영상, 소셜 미디어, 모바일 광고와 앱, 블로그, 이메일 등의 디지털적 수단으로 소비자와 교류하고 있다. 작든 크든 상관없이 거의 모든 소매점이 소셜 미디어를 이용하고 있다.

디지털 홍보활동은 소매점이 소비자에게 표적화된 메시지를 조용히 전달할 수 있도록 한다. 예를 들어, CVS는 온라인에서 더 효과적으로 경쟁하기 위해 맞춤형 주간 광고 전단을 이 체인의 8천만 명의 ExtraCare 프로그램 회원들에게 배포한다. 이는 myWeekly Ad라 불리우는데, 소비자들은 그들의 광고 전단을 CVS에 있는 개인 계정에 컴퓨터, 태블릿, 스마트폰으로 로그인해서 볼 수 있다. 이 맞춤형 홍보는 ExtraCare 회원들의 특성과 구매 기록에 기반해서 각각의 소비자들에게 흥미있는 판매 품목 및 특가품을 강조해서 알려준다. 예를 들어, 고객이 특정 샴푸를 구매하면, CVS는 myWeekly Ad에서 그 샴푸를 세일할 때 추천할 것이다. 또 알레르기가 있는 고객들은 꽃가루 수치가 높을 때 특별한 광고와 프로모션을 받을 수 있다. 그들의 개인 디지털 프로모션에 접속하는 CVS ExtraCare 회원들은 그렇지 않은 고객들보다 3배나 돈을 더 절약하는 경향이 있다.[23]

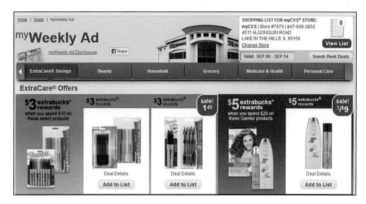

>> **소매업 홍보:** 거의 모든 소매점은 웹사이트 및 디지털 카탈로그, 모바일과 소셜 미디어, 그리고 다른 디지털 플랫폼들을 통해서 소비자들과 디지털 방식으로 교류한다. CVS의 myWeekly Ad 프로그램은 주 단위로 개인 맞춤형 광고전단을 이 체인의 ExtraCare 프로그램의 회원들에게 배부한다.
CVS Health

입지결정

소매점은 종종 소매업의 성공을 결정하는 세 가지 필수적인 요인으로 첫째도 입지, 둘째도 입지, 셋째도 입지라고 말한다. 즉 소매점이 표적고객이 접근하기 쉬우면서 자사의 포지셔닝과 일치하는 점포위치를 선정하는 것은 매우 중요하다. 예를 들어, Apple은 시카고의 미시간 애비뉴(Michigan Avenue)에 있는 Magnificent Mile이나 뉴욕 맨해튼의 Fifth Avenue 같은 고급 쇼핑몰이나 최신 유행의 쇼핑가에 점포를 낸다. 반대로, Trader Joe's는 임대료가 싼 외곽에 점포를 열어 비용을 낮게 유지하고 자사의 "저가의 맛있는 음식(cheap gourme)" 포지셔닝을 구축한다. 소규모 소매점인 경우에는 그들이 가능한 입지가 어떤 곳이든지 간에 감수해야 할 수도 있다. 그러나 대규모 소매점은 일반적으로 고도화된 기법을 사용하여 점포의 위치를 선정하는 전문가를 고용하곤 한다.

오늘날 대부분의 점포들은 고객을 유인하는 힘을 증가시키고 고객에게 원스톱쇼핑(one-stop shopping)의 편리함을 제공하기 위해 밀집되어 있다. 중앙상업지구(central business district)는 1950년대까지 중요한 소매밀집 형태였다. 모든 대도시와 도심에는 백화점, 전문점, 은행, 극장이 있는 중앙상업지구가 있다. 그러나 사람들이 교외로 이주하기 시작함에 따라 이러한 중앙상업지구는 교통, 주차, 범죄 문제로 인해 계속해서 쇠퇴하고 있다. 최근 도심의 쇼핑지역을 되살리기 위해 많은 도시들이 상인들과 협력하고 있는데, 일반적으로 부분적 성공만을 거두고 있다.

쇼핑센터(shopping center)

하나의 단위로 계획, 개발, 소유, 관리되는 단지 위에 지어진 소매 사업체들의 집단

쇼핑센터(shopping center)는 하나의 단위로 계획, 개발, 소유, 관리되는 소매 사업체들의 집단이다. 지역(교외)형 쇼핑센터(regional shopping center 혹은 regional shopping mall)는 2개 혹은 그 이상의 종합백화점을 포함하여, 50개에서 100개까지의 점포들이 있는 가장 크고 웅장한 쇼핑센터이다. 이곳은 소규모 도심지역과 같은 곳으로서, 광범위한 지역의 고객을 끌어들인다. 커뮤니티(준교외)형 쇼핑센터(community shopping center)는 15개~50개의 소매 점포로 돼있다. 이곳에는 일반적으로 백화점 지점, 잡화점 지점, 슈퍼마켓, 전문점, 전문사무실, 간혹 은행이 있다. 대부분의 쇼핑센터는 보통 5~15개의 점포로 이루어진 근린형 쇼핑센터(neighborhood shopping center) 또는 소형상가(strip mall)이다. 근린형 쇼핑센터는 주거단지와 가까이 위치해 있으며 소비자에게 편리함을 제공한다. 이곳에는 슈퍼마켓, 혹은 할인점, 그리고 세탁소, 약국, 철물점, 지역 레스토랑 등의 서비스 점포가 있다.[24]

쇼핑센터의 보다 새로운 형태로 소위 파워센터(power centers)가 있다. 파워센터(power center)는 Walmart, Home Depot, Costco, Best Buy, Michaels, PetSmart, Office Depot 등 크고 독립적인 대표 소매점들을 포함해, 길게 늘어서 있는 소매점들로 구성된 거대하고, 탁 트인 쇼핑센터이다. 각 매장은 고유의 입구와 주차구역이 있어 쇼핑객들이 원하는 매장으로 바로 접근할 수 있다. 반대로, 라이프스타일 센터(lifestyle center)는 고급 매장, 편의공간, 그리고 운동장, 스케이팅 링크, 호텔, 식당, 영화관 등 판매 외 활동 공간으로 구성된 보다 작은 야외 매장이다. 지난 몇 년 동안 많은 쇼핑센터들이 어려움을 겪었다. 이 나라는 오랫동안 몰이 "과잉"되어 왔다. 1970년과 2015년 사이에 미국 쇼핑몰은 인구의 2배 속도로 성장했다. 더 최근에는 온라인 쇼핑이 쇼핑객들을 흡수하고 쇼핑몰에 갈 필요를 줄였다. 그리고 궁지에 몰린 백화점과 전문체인점들이 기록적인 점포 폐쇄를 발표하면서 국내 밀폐된 쇼핑몰의 공실률이 치솟고 있다.

비록 가장 크고 최고의 지역형 쇼핑몰이 여전히 번창하고는 있지만, 다수의 약하고 작은 지역형 쇼핑몰들은 어려움을 겪고 있다. Kmart, Circuit City, Borders, Mervyns, Linens N Things 등 대형 유통 입주업체들이 폐업하고 Best Buy, Barnes & Noble, Office Depot 등 대형 유통 입주업체들이 점포 수나 규모를 축소하면서 파워센터도 큰 타격을 입었다. 한 가지 예측에 따르면, 2022년까지 미국 쇼핑몰 4곳 중 1곳이 폐업할 수 있다.[25]

이러한 암울한 예측에도 불구하고, 더 강한 쇼핑몰들의 미래는 밝다. 전통적인 쇼핑몰들은 쇼핑객들의 변화하는 요구에 부응하기 위해 스스로를 재창조하고 있다. 그들은 더 사회적이고 매력적인 공간이 될 수 있도록 피트니스 센터, 식당, 어린이 놀이 공간, 공동 공간, 멀티플렉스 영화관과 같은 라이프스타일 요소를 추가하고 있다. 대체로 오늘날의 센터들은 단순히 쇼핑할 곳이라기보다는 그냥 놀고 즐기기에 더 어울리는 곳에 가깝다.

소매업의 경향과 발전

소매점은 그들에게 기회와 동시에 위협을 주는, 무섭고 빠르게 변화하는 환경 속에서 활동하고 있다. 소비자의 인구통계자료, 라이프스타일, 쇼핑패턴이 급격히 변함에 따라 소매업 기술 역시 빠른 속도로 변화하고 있다. 소매점이 성공하기 위해서는 표적시장을 신중하게 선정하고 강력한 포지션을 구축해야 할 필요가 있다. 또한 경쟁 전략을 계획하고 실행하기 위해 다음과 같은 소매업의 발전 추세를 고려해야 한다.

소비자 지출 압박

몇 년 간의 소매점 호경기에 뒤이어, 2008~2009년의 침체는 상대적으로 자유로운 소비를 하던 많은 소비자들을 가치추구 소비자들로 바꾸어놓고 있다. 비록 경기가 회복된다고 해도, 소매점들은 변화된 소비자들의 지출 패턴이 미치는 영향을 느끼게 될 것이다.

몇몇 소매점들은 실제로 불경기로 이익을 얻었다. 예를 들어, 소비자들은 지출을 삭감하고, 좀더 낮은 가격에 물건을 구매할 방법을 찾음에 따라, Costco와 같은 대형 할인점들은 할인에 목메는 쇼핑객을 통한 신규 사업에서 떼돈을 벌었다. 그리고 ALDI, Dollar General, TJ Maxx와 같이 가격 중심적인 오프프라이스 소매점들은 검소한 소비자들을 더 많이 끌어들였다. 그러나 다른 소매점에 있어서, 소비자의 지출 삭감은 마케팅전략과 전술의 수정을 요구한다.

경제상황이 나아지고 소비자들이 씀씀이를 줄이면서, 많은 소매점들은 또한 포지셔닝에 있어서 신규 가치 창출을 추가하고 있다. 예를 들어, Home Depot는 이전의 "당신은 할 수 있습니다. 우리가 도울 수 있습니다."라는 문구를 보다 검약적인 "더 아껴서 더 많은 것을"이라는 문구로 바꾸었다. Walmart에서 Macy's와 Kroger와 Whole Foods Market에 이르는 소매점들은 보다 실속있는 자체 개발 브랜드에 역점을 두었다.

그리고 Panera Bread, Chipotle 같은 패스트 캐주얼 레스토랑의 붐과 경쟁하기 위해 전통적인 좌식 레스토랑들은 그들 자신의 가치를 더했다. 예를 들어, Applebee's는 2 for 20달러 메뉴가 있는데, 두 개의 요리와 한 개의 애피타이저를 모두 단돈 20달러에 판매한다. TGI Fridays는 Fridays 5를 제공하는데, 맛있는 음료와 애피타이저를 모두 5달러에 선택할 수 있으며, 여러분이 원할 때, 심지어 늦은 밤까지 원하는 모든 옵션을 제공한다.

경제적 어려움에 대응할 때, 소매점은 반드시 단기적 행동이 장기적 이미지와 포지션에 해를 입히지 않도록 주의해야 한다. 예를 들어, 과감한 가격 할인은 즉각적인 판매율을 올릴 수 있지만 브랜드 충성도에는 손해를 끼친다. 한 분석가는 이를 "할인에 의한 죽음"이라고 표현하며 "가상적으로 모든 소매점이 – 고급이든 그렇지 않든간에 – 할인이 소비자들의 기대를 보너스보다 더 기대하게 만든다는 덫에 빠져 있다."고 한다.[26] 당신 지역의 쇼핑몰을 산책해보면 이를 확인할 수 있을 것이다.

>> 가치 포지셔닝: 오늘날의 더욱 가치지향적인 소비자를 유인하기 위해, TGI Fridays는 맛있는 음료와 애피타이저를 모두 5달러에 선택할 수 있는 Fridays 5를 제공한다.

상징적인 소매업체 Macy's는 이런 함정에 빠졌다. 판매를 지원하기 위해, 그들은 이윤을 손상시키면서 끝없이 깊은 할인을 제공한다. 그리고 이익을 보전하기 위해 상품을 중앙 집중화하고 판매 인력을 줄임으로써 고객 서비스도 줄어들었다. 한 컨설턴트는 "Macy's는 그들의 차이점을 없애기 위해 매우 열심히 노력했다."고 한탄한다. "고객을 알고 있던 영업의 프로들이 효율성이라는 미명하에 망쳐졌다." 이러한 행동 때문에 Macy's의 매출과 이익은 지난 몇 년간 꾸준히 감소해 왔다.[27] Macy's와 다른 소매업체들은 비용 절감과 가격 인하에 의존하기보다는 장기적인 매장 포지셔닝 전략하에서 더 큰 고객 가치를 창출하는 데 초점을 맞춰야 한다.

새로운 소매업태와 수명주기의 단축, 그리고 융합

변화된 소비자의 욕구와 소매환경에 대응하기 위해 새로운 소매업태가 계속해서 등장하고 있지만, 그 수명주기는 더욱 더 짧아지고 있다. 백화점이 수명주기의 성숙기에 도달하기까지 약 100년이라는 시간이 걸렸다. 그러나 최근 등장한 소매업인 창고형 점포(warehouse stores)는 성숙기까지의 기간이 약 10년밖에 걸리지 않았다. 이러한 환경 속에서 겉으로 보기에 탄탄한 것 같은 소매업의 위상은 급격하게 무너질 수 있다. Walmart, Kmart, Target, 그리고 Kohl's stores가 등장했던 해인 1962년의 상위 10개 할인소매점 중 오늘날까지 존재하고 있는 것은 하나도 없다. 심지어 가장 성공적인 소매점이라도 성공의 공식과 함께 안주할 수 없다. 지속적으로 성공적이려면, 계속해서 조정해나가야 한다.

새로운 소매업태는 언제나 등장한다. 가장 최근의 성공적인 소매업 트렌드는 온라인 전용 소매업과 재래 소매업 모두가 웹사이트, 모바일 앱, 소셜 미디어를 통해 온라인 소매업에 진출한 것이다. 그러나 다른 혁신적인 일도 자주 일어난다. 예를 들어, 많은 소매점들은 시간 제한 팝업 스토어(limited-time pop-up store)를 시도하고 있다. 그것은 소매점들이 자사 브랜드를 정기고객(seasonal shoppers)에게 판매 촉진하고, 붐비는 지역에서 소문이 나게 해준다. 또한 쇼핑몰들은 그들의 점포믹스를 팝업스토어를 활용해 새롭게 하고 있다. 대형 쇼핑몰 운영업체인 사이먼은 뉴욕 지역 쇼핑몰 중 하나에 "The Edit @ Roosevelt Fields"라고 불리는 팝업 상설 코너를 설치했다. 단기 임대(vs. 표준 5~10년 임대)를 제공하는 The Edit @ Roosevelt Fields는 상품을 직접 보거나 만지지 않고 온라인으로 구매하기를 주저하는 소비자들에게 다가가기 위해 매장에서 실험을 하기 원하는 온라인 전용 소매업체 등 수많은 팝업을 진행한다. The Edit @ Roosevelt Fields의 소매점들의 구성은 주기적으로 바뀐다. The Edit @ Roosevelt Fields의 최근 팝업에는 Lively(브래지어), Beltology(벨트), Raden(가방), JARS(디저트), Winky Lux(화장품) 등이 있다.[28]

온라인과 모바일에서 팝업에 상응하는 것은 flash sales 사이트이다. 원래 Gilt와 Zulily와 같은 플래시 세

▶▶ **새로운 소매 형태:** 뉴욕 주 롱아일랜드에 있는 Roosevelt Field mall에는 상품을 직접 보거나 만지지 않고 온라인으로 구매하기를 주저하는 소비자들에게 다가가기 위해 매장에서 실험을 하기 원하는 온라인 전용 소매업체 등이 주로 사용하는 팝업스토어를 위한 영구적인 섹션을 설치했다.
Simon Property Group, Inc.

일 전용 사이트에서 발견되었던 플래시 세일은 재고를 옮기거나 구전과 흥분을 일으키는 데 도움을 줄 수 있다. 예를 들어, Target은 10월의 어느 날의 할로윈 복장과 같이 특정 제품라인에서 하루 동안만 플래시 판매를 한다. 그리고 Amazon은 연중 혹은 특히 휴가철 동안 '번개 거래(Lighting Deals)'라고 불리는 플래시 판매를 실시한다. 번개 거래는 단기간 동안 제한된 수량으로 제공되며, 재고가 소진될 때까지, 고객당 1건씩만 가능하다.[29]

오늘날 소매업태는 융합되고 있는 것처럼 보인다. 점점 더 증가하고 있는 서로 다른 소매업태는 부분적으로 인터넷이 제공하는 가격 투명성 덕분에 이제 같은 상품을 같은 가격으로 같은 소비자에게 판매하고 있다. 예를 들어 유명한 가전 제품을 백화점, 할인점, 주택개조전문점(home improvement stores), 오프프라이스 소매점, 전자 제품 슈퍼스토어, 온라인 사이트에서 구입할 수 있다. 모두 똑같은 소비자를 놓고 경쟁한다. 만약 사고 싶은 전자오븐 제품을 Home Depot나 Lowe's 매장에서 발견할 수 없다면, 길을 건너 Target이나 Best Buy매장에서 더 나은 가격에 구입할 수도 있다. 아니면 Amazon.com이나 Build.com에서 온라인으로 주문해도 된다. 소비자, 제품, 가격, 소매점의 이러한 통합은 소매 융합(retail convergence)이라 불린다. 이러한 융합이 뜻하는 것은 소매점 사이의 더 거세진 경쟁과 서로 다른 형태의 소매점들이 제품 구색으로 차별성을 갖기가 더 어려워졌다는 것을 뜻한다.

초대형소매점(Megaretailers)의 부상

거대한 대형 판매자와 전문적인 슈퍼스토어의 부상, 수직 마케팅 체계의 형성, Amazon 같은 온라인 소매업체의 급속한 성장 그리고 무분별한 소매업의 인수와 합병은 초강력 초대형소매점의 핵심을 만들어냈다. 규모와 구매력을 통해 이러한 거대한 소매점들은 소비자에게 더 나은 상품 선택지, 좋은 서비스, 강력한 가격 절감을 제공한다. 그 결과, 그들은 더 작고 약한 경쟁자를 빨아들임으로써 보다 더 크게 자라난다.

초대형소매점은 힘의 균형을 소매점과 제조사 사이로 옮겨놓았다. 한줌의 적은 소매점들이 이제는 엄청난 수의 소비자의 접근을 제어하고, 제조사와의 거래에 있어서 우위를 차지한다. 예를 들어, 당신은 전문적인 코팅과 밀폐제 제조사인 RPM 인터내셔널에 대해 들어본 적이 없을 테지만, 그 회사의 매우 친숙한 DIY 브랜드인 러스트 올렘(Rust-Oleum) 페인트, 플라스틱 우드(Plastic Wood)와 댑 필러(Dap filler), 모호크(Mohawk)와 와코(Watch) 마감재, 그리고 테스토스 하비(Testors hobby) 시멘트와 페인트 등 이들 중 한두 가지 이상은 사용해 보았을 것이다. 이 모든 것은 지역의 Home Depot 매장에서 구입할 수 있다. Home Depot는 RPM의 매우 중요한 고객으로, 회사의 소비자 판매의 상당부분을 차지하고 있다. 그러나, Home Depot의 매출은 946억 달러로 48억 달러인 RPM 매출의 20배 가까이 된다. 그 결과, 거대 소매점은 RPM과 여타 수천여 소규모 공급자들로부터 억지로 양보를 얻어내는 데에 그 힘을 사용할 수 있고, 실제로 종종 사용한다.[30]

소매 기술의 중요성 증가

디지털과 옴니채널 쇼핑이 표준이 되어 가면서 소매 기술은 경쟁적인 도구로써 매우 중요해지고 있다. 혁신적인 소매점은 발달한 정보통신 기술과 소프트웨어 시스템을 이용해 보다 더 정확하게 예측을 하고, 재고비용을 통제하고, 공급자에게 전자식으로 주문하고, 점포들 간에 정보를 보내고, 심지어 점포 안에서 고객에게 판매를 하기도 한다. 그들은 점검 스캐닝(checkout scanning), RFID 재고추적, 판매 조절, 정보 공유, 소비자와의 상호작용을 위해 세밀한 시스템을 도입했다.

》》 소매 기술: 소매업체들이 매장 내 쇼핑 경험을 높이기 위해 가상현실을 실험하고 있다. North Face의 맨해튼 상점에서 고객들은 420피트 절벽에서 대담하게 뛰어내리는 것 같은 원격 야외체험을 가능하게 하는 가상현실 헤드셋을 사용할 수 있다.

The Washington Post/Contributor

소매업 기술에서 가장 눈부신 발전은 소매점들이 고객들과 관계를 맺고 있는 방법과 관련된 것이다. 빅데이터 시대에는 크고 작은 유통업체들이 산더미처럼 쌓인 매장 내 데이터와 온라인 데이터에 고급 분석을 적용해 고객의 니즈와 행동에 대한 통찰력을 얻을 수 있다. 인공지능을 이용해 개별 고객 프로필에 맞춰 상품, 프로모션, 추천, 서비스를 맞춤화할 수 있다.

온라인과 모바일 쇼핑의 급증으로 소매 고객의 쇼핑 행태와 기대가 바뀌면서 다양한 오프라인 유통업체들이 물리적 환경과 디지털 세계를 융합해 새로운 시대의 체험형 소매 환경을 만들고 있다. 예를 들어, 시카고에 있는 AT&T의 새로운 플래그십 스토어에서 고객들은 최신 전화 앱과 전자 기기들을 체험하면서, 수십 개의 스테이션 중 어느 곳에나 앉을 수 있다. iPad를 멋지게 사용하는 열정적인 직원들이 고객과 어울리고, 기술에 대해 이야기하고, 실제적인 도움과 조언을 제공한다. 130개의 디지털 스크린과 18피트 길이의 비디오 벽으로 구성된 오픈 공간의 모든 측면은 미래 무선 기술과 서비스에 대한 고객들의 관심을 유도하고 AT&T의 기기와 서비스가 그들의 삶에 미치는 영향을 경험할 수 있도록 설계되었다. AT&T 소매부문 사장은 "그것은 마치 웹사이트 안으로 걸어 들어가는 것과 같다."고 말한다.[31]

많은 다른 첨단 기술들이 유통업체의 쇼룸에 진출하고 있다. 하나는 비콘(beacon) 기술, 즉 스마트폰을 통해 고객이 매장에서 쇼핑할 때 고객을 맞이하고 응대하는 블루투스 연결이다. 예를 들어, 선택 고객이 타겟 매장에 들어갈 때 신호등은 스마트폰에서 타겟 앱을 깨운다. 그리고 나서 이 앱은 쇼핑객들이 가게를 지나갈 때 지도에 쇼핑객들의 위치를 보여준다. 그것은 또한 쇼핑 리스트에 있는 물건들의 위치를 보여주고 근처의 카트휠 거래들을 식별한다. 비콘 기반 타겟 기술은 고객이 어떤 아이템을 선택했는지 단순히 추적하여 체크아웃을 거치지 않고 자동으로 신용카드로 결제하는 스캔 앤 고(scan-and-go) 기능도 곧 제공할 수 있다. Target의 최고 정보 및 디지털 담당자는 "우리의 디지털 경험이 우리 매장 중 하나에서 쇼핑하는 것만큼 즐거웠으면 한다."고 말한다.[32]

다른 유통업체들은 쇼핑 경험을 높이기 위해 증강현실(AR)과 가상현실(VR)을 실험하고 있다. 예를 들어, North Face의 맨해튼 상점의 고객들은 North Face 장비를 사용하면서 420피트 절벽에서 대담하게 뛰어내리는 경험을 할 수 있는 원격 하이킹, 등반 또는 베이스 점프 장소로 이동시키는 가상현실 헤드셋을 사용할 수 있다. Marriott 손님들은 하와이나 런던과 같은 목적지의 근접 투어를 위해 가상현실 고글을 착용할 수 있다. Intel은 증강현실을 이용해 쇼핑객들이 손을 흔들어 의상과 색을 바꿀 수 있는 'MemoryMirror'로 불리는 '스마트' 탈의실을 개발했다. 증강현실(AR)과 가상현실(VR) 기술은 지금은 실행이 어렵고 비용도 많이 들지만 미래에 대한 신나는 약속을 보여순다 (Marketing at Work 11.2 참조).[33]

그린 리테일링

오늘날 소매점은 점점 더 환경적 지속가능성 실천을 채택하고 있다. 매장과 운영방식을 친환경적으로 만들고, 환경적으로 책임 있는 제품을 더욱 촉진하고, 더욱 책임 있는 소비자가 되도록 지원프로그램을 도입하고, 환경적 영향을 줄이기 위해 경로 파트너들과 협력한다.

가장 기본적 수준에서 대부분의 대형 유통업체들은 지속가능한 빌딩디자인, 건축, 운영을 통해 그들의 매장을 더 환경친화적으로 만들고 있다.

예를 들어, "인간과 지구 모두에 긍정적인"이라는 지속가능성 전략에 따라 가구 소매점 IKEA의 장기 목표는 100% 지속가능성이 되는 것이다.[34]

"인간과 지구 모두에 긍정적인" 전략은 IKEA가 보유한 29개국 355개 거대 매장을 더욱 에너지 독립적이며 효율적으로 만들기 시작했다. IKEA는 매장에 전기를 공급하기 위해 자체적으로 416개의 풍력 발전용 터빈과 750,000개의 태양광 패널을 운영하는데 미국 매장의 90%가 태양광 패널을 보유하고 있다. IKEA는 2020년까지 더 많은 에너지를 재생 에너지로 이용할 예정이다. IKEA는 매장 내에서 에너지 효율적인 LED 조명만 사용하고 있다. 대부분의 매장에서도 매장 내 음식점에서 나오는 음식물 쓰레기를 퇴비로 처리하거나 동물의 사료 또는 자동차와 버스를 위한 바이오가스로 바꾸는 센터로 보낸다. 몇몇 IKEA 매장은 소비자들이 플라스틱, 종이, 소형 형광등, 전구, 배터리, 수명이 다 된 가전제품 등을 버릴 수 있는 재생 센터를 운영한다.

소매점들은 제품 분류 역시 녹색화하고 있다. 예를 들어, IKEA는 매장에서 LED 조명만을 판매하고 가정용 가구 제품의 대다수를 지속가능하고 재생가능한 면, 나무, 그리고 다른 재료로 만든다. IKEA의 공급업자는 IWAY[판매, 제작, 원료, 서비스의 IKEA식 방법(The IKEA Way on Purchasing Products, Materials and Services)] 이라는, 지속가능성 기준에 따른 행동지침을 지켜야 한다. IKEA의 목표는 자체제작하는 모든 가정용 가구를 재생 가능하고 재활용 가능하게 만들거나 재활용 재료로 제작하는 것이다. "IKEA에서는 지속가능성이 사업의 중심에 있습니다. 인간과 지구에 긍정적인 영향을 주기 위해 말이죠."라고 기업은 말한다.

많은 소매점 역시 소비자들이 더욱 환경적으로 책임있는 결정을 할 수 있도록 돕는 프로그램을 내놓고 있다. 스테이플스(Staples)의 Easy Sustainability 프로그램은 소비자가 매장에서 판매되는 친환경 물품을 알아볼 수 있도록 돕고 재활용 프린터 카트리지, 휴대폰, 컴퓨터, 기타 사무용 기기를 쉽게 재활용할 수 있도록 해준다. 스테이플스는 매년 3천만여 개의 프린터 카트리지와 1천만 파운드의 전자 폐기물을 재활용한다.[35]

마지막으로, 많은 대형 소매점은 보다 지속가능한 제품, 포장, 유통 시스템

>> **그린 리테일링:** "사람과 지구를 긍정적으로"라는 지속 가능 전략 아래 홈 퍼니싱 가구유통업체 IKEA의 장기 목표는 운영방식과 판매상품에서 모두 100% 지속가능 하게 되는 것이다.

Used with the permission of Inter IKEA Systems B.V.

MARKETING AT WORK　11.2

소매업에서의 AR과 VR: 쇼핑 경험을 확장하고 강화하다

오래된 부엌이나 화장실을 개조하는 것은 아주 어려운 일이 될 수 있고, 많은 고객들이 그저 손을 들어올리고 "잊어버려!"라고 말한다. 이 고객 딜레마를 해결하기 위해, 주택자재 전문업체 Lowe's는 Holoroom이라는 가상현실 프로그램을 개발했는데, 이 프로그램은 일부 매장의 고객들에게 벽을 허물지 않고도 방을 개조하고 난 이후의 모습을 볼 수 있게 해준다.

'엄마들을 위한 마인크래프트'로 불리는 Holoroom은 고객들이 매장 내 태블릿 앱을 이용해 끝없이 배열되어 있는 캐비닛, 조리대, 수도꼭지, 가전제품, 타일, 페인트 색상을(당연히 모두 Lowe's 제품이다) 선택하여 그들이 꿈꾸는 방을 설계할 수 있게 한다. 그런 다음 고객은 Oculus Rift 헤드셋을 착용하고 3D 가상현실에서 재설계된 공간 한가운데 서 있는 자신을 발견하게 된다. 고객들은 그들이 보는 것에 기초하여, 디자인이 딱 좋아 보일 때까지 미세 조정할 수 있다. 그런 다음 그들은 그것을 Google 카드보드로 집에서 공유하고 보기 위해 Youtube 360으로 내보낼 수 있다.

빠르게 성장하고 있는 소매업 분야의 증강현실(Augmented Reality) 및 가상현실(Virtual Reality) 세계에 오신 것을 환영한다. 소매업자들은 고객 쇼핑경험을 확장하고 향상시키기 위해, 외부 세계를 그들의 매장으로 끌어들이기 위해, 그리고 그들의 매장을 외부 세계로 가져가기 위해 정교한 디지털 기술을 점점 더 많이 사용하고 있다. 소매업자들은 강화되고 개인맞춤화되고 몰입도가 높아 현실 세계의 한계를 뛰어 넘는 소매 경험을 만들기 위해 인공지능에 힘입은 AR과 VR을 활용하고 있다.

증강현실(AR)은 디지털로 증강된 물체와 실제 세계의 이미지를 결합한다. AR은 소비자가 제품을 사기 전에 제품을 디자인하고, 시도하고, 시각화하는 데 도움을 줄 수 있다. 예를 들어 Sephora의 Virtual Artist makeup(가상 전문가 메이크업 앱) 애플리케이션은 고객의 얼굴을 스캔해 고객 자신이 좋아하는 메이크업을 찾을 때까지 눈과 입술, 볼의 메이크업을 다른 조합으로 실험할 수 있게 해준다. 또한 고객에게 어떻게 화장하는지 보여주고 고객의 얼굴에 그 결과를 디지털적으로 덮어씌워 주는 "가상 튜토리얼"도 제공한다. 마찬가지로 Sherwin-Williams Color Visualizer app(색상 시각화 애플리케이션)도 실제의 방 이미지를 업로드하고 가상으로 도색하게 함으로써 '페인트칠 하기 전에 색칠하기'를 할 수 있다. 그리고 뉴욕시에 있는 Nike By You 스튜디오에서, Nike는 초대받은 고객들이 자신들만의 독특한 신발을 디자인하면 90분 안에 그 신발을 바로 신고 나갈 수 있게 하는 기술을 실험하고 있다. 고객들은 먼저 Nike Presto X 신발의 기본 버전을 신는다. 그런 다음 색상, 텍스트 및 패턴 등 사용자 지정 옵션을 선택하면 투영 및 객체 추적 기술을 사용하여 고객이 선택한 디자인이 즉각적으로 그 신발에 반영되어 나타난다. 이러한 AR 애플리케이션은 고객 쇼핑 경험을 풍부하게 하고 개인화 할 수 있다.

증강현실(AR)은 고객의 기존 환경을 증강시키는 반면, 가상현실(VR)은 고객들을 완전히 새로운 가상 환경에 몰두하게 한다. 예를 들어, 자동차 회사 Audi는 많은 판매대리점 전시실에 VR을 설치했다. 고객들은 태블릿을 사용하여 어떤 Audi 모델도 선택할 수 있고 각각의 요소를 맞춤 제작할 수 있다. 그런 다음 헤드셋과 이어폰을 착용해 가상현실에서 그들의 맞춤 제작된 자동차의 모습과 소리를 체험한다. 그들은 차 바깥쪽을 돌아다닐 수도 있고, 트렁크와 문을 열 수도 있고, 후드(본넷) 아래를 확인할 수도 있고, 심지어 운전석에 앉을 수도 있다. 향후 버전에서는 가죽 덮개의 시원한 느낌과 풍부한 신차 냄새까지 더할 지도 모르겠다.

소매업체들은 가상현실(VR)을 이용하여 고객이 모의된 실세계 상황에서 상품을 경험하는 것을 도울 수 있다. 예를 들어, Walmart는 '맥락적 쇼핑 경험'을 향상시키는 VR 애플리케이션을 실험하고 있다. 스토어 넘버 8(창업자 Sam Walton에 의해 기억된 초기 Walmart 매장의 이름을 딴)이라는 이 거대 소매업체의 혁신 무기는 쇼핑객들이 가상의 요세미티 국립공원에서 캠핑 장비를 체험해볼 수 있는 VR 앱을 최근 선보였다. 스토어 넘버 8의 수장은 "그것을 사용할 환경에서 텐트를 볼 수 있습니다. 텐트의 지퍼를 열고 안으로 들어가 바닥에 누워서 '저기요, 이거 좀 끼네요.'라고 말한 뒤 손을 휘둘러서 다른 텐트를 써볼 수 있습니다."라고 말했다. Walmart의 실제 매장에는 텐트 한두 개 조차 설치할 수 있는 여분 공간이 없지만, 가상현실을 통해 고객들이 재고품 전체를 체험할 수 있게 한다. Walmart의 개발자는 "실생활적 경험을 할 수 있는 기능, 텐트의 원단이 어떻게 짜여져 있는지, 어떤 종

>> **소매업에서의 AR과 VR**: 자동차 회사 Audi는 고객들이 헤드셋과 이어폰을 착용하고 사실적인 가상 환경에서 주문제작한 자동차의 모습과 소리를 경험할 수 있도록 하면서 전시실 대부분에 VR을 설치했다.

Audi of America

류의 지퍼를 사용하고 있는지 알 수 있는 기능은 차세대 머천다이징이 될 잠재력을 갖고 있다."고 덧붙였다.

VR을 사용하여 단순히 쇼핑객을 매장으로 끌어들이거나 매장 외부 환경 경험을 제공하는 것을 넘어, 소매업자들은 VR을 통해 고객들이 어디에 있든 그들의 매장을 고객들에게 가져다 줄 수 있다. 예를 들어, 작은 도시에서 Nike 매장을 찾기는 어려울 것이다. 하지만 Nike는 어디에서든 열 수 있는 가상 매장을 만들 수 있다. 인공지능을 활용하면 그런 가상 매장들은 각 쇼핑객의 인구통계, 선호도, 구매이력, 매장을 돌아다니는 동안의 동작 등에 맞춰진 상호적인 경험을 제공할 수 있다. Steph Curry의 팬들은 Warriors팀의 상품들로 가득 찬 매장 진열대를 볼 수 있을 것이다. Patriots 팬들은 Tom Brady의 굿즈를 잔뜩 살 수 있을 것이다. 일부 VR 장비는 사용자가 보고 있는 것을 정확히 추적할 수 있기 때문에 가상 매장 앱은 AI를 활용해 쇼핑객 개개인의 경험을 그들의 최고 관심사에 맞추어 조정할 수 있다. "현재 매장들은 전혀 개인맞춤화 되어 있지 않기 때문에, 그들은 모든 사람들의 흥미를 끌기 위해 노력하고 있습니다.", 분석가는 이어서 이렇게 말한다. "VR이 그 문제를 해결할 것입니다."

몽상적인 VR 미래학자들은 개인의 구매자 특징 및 선호도와 연동되어 인공지능에 따라 움직이는 영업사원들로 채워진 가상매장이나 실제 매장까지도 상상한다. 어떤 매장에서나 특정한 상황에서, 고객들은 남자의 도움을, 다른 사람들은 여자의 도움을 더 선호힐 수 있다. 어띤 사람들은 특징한 외모나 지식을 가진 영업사원이 필요할 수도 있다. 실제 매장은 단지 더 많은 영업사원을 고용할 수 있을 뿐이다. 하지만 가상현실을 통해 매장은 고객이 원하는 모든 것을 만들 수 있다. VR 환경 내부에 쓰이는 실사 이미지의 인간 홀로그램을 창조하는 스타트업 회사의 대표는 이렇게 말한다. "실제의 Tesla 전시실에 들어가서, 당신에게 다가오는 [Tesla 창업자이자 최고 경영자] Elon Musk의 홀로그램을 상상해보십시오. 당신은 가상의 Elon Musk에게 무엇이든 물을 수 있고, 그것은 당신이 무엇을 말하는지 이해하고 실제의 Elon Musk가 할 법한 대답을 해줄 것입니다."

AR과 VR은 아직 걸음마 단계다. 하드웨어는 여전히 비싸고 어색하며 가상 앱이 쇼핑객들에게 미치는 영향은 아직 검증되지 않았고 불확실하다. 그러므로, 소매업자들은 여전히 고객을 끌어들이고 참여시키기에 강력한 잠재력을 가진 기술들을 실험하고 있을 뿐이다. 그러나 대부분의 유통업체들은 AI에 힘입은 AR과 VR을 미래의 물결로 보고 있다. 한 VR 컨설턴트는 "VR이나 AR 같은 3차원 세계를 가지고 인간을 복제할 수 있는 스마트시스템(AI)과 결합하면, 갑자기 그 경험은 우리가 경험했던 것을 뛰어넘고 앞서 달려가게 될 것"이라고 말했다.

출처: Based on information from Dan Tynan, "Find Your Virtual Intelligence," Adweek, December 4, 2017, pp. 18–19; Tim Nudd, "Future of Retail? Nike's Cool New Toy Lets You Design and Print Customer Sneakers in an Hour," Adweek, September 6, 2017, www.adweek.com/creativity/future-of-retail-nikes-coolnew-toy-lets-you-design-and-print-custom-sneakers-in-an-hour/; "Real-Time Retail," Adweek, June 20, 2016, pp. 23–25; Ashley Carman, "Sephora's Latest App Update Let's You Try Virtual Makeup on at Home with AR," The Verge, March 16, 2017, www.theverge.com/2017/3/16/14946086/sephora-virtualassistant-ios-app-update-ar-makeup; "Audi Launches Virtual Reality Technology in Dealerships," October 30, 2017, www.audi-mediacenter.com/en/press-releases/audi-launches-virtual-reality-technology-in-dealerships-9270; Carolanne Mangies, "Is Marketing Ready for VR/AR in 2018?," Smart Insights, January 11, 2018, www.smartinsights.com/digital-marketing-platforms/video-marketing/ismarketing-ready-for-vr-ar-in-2018/; and "Lowe's Holoroom, Virtual Reality for Retail—3D Furniture Cloud VR Showroom," www.marxentlabs.com/ar-videos/lowes-holoroom-retail/, accessed October 2018.

을 만들기 위해 공급자, 유통업자와 협력한다. 예를 들어, 아마존닷컴(Amazon.com)은 포장재를 줄이고 단순화 하기 위해 자사에서 판매하는 물품을 제조하는 수많은 제조사들과 밀접하게 협력한다. 그리고 월마트는 자사의 상당한 지속가능성 확보 노력을 넘어, 공급자군이 환경적 영향과 실천을 향상시킬 수 있도록 거대한 구매력을 행사한다. 소매점은 심지어 전 세계적인 지속가능제품지수(Sustainable Product Index)를 개발하여, 공급자를 평가한다. 이 지수는 소비자들이 더욱 지속가능한 구매 선택을 할 수 있도록 돕는 단순한 평가치로 변환될 계획이다.

그린 리테일링은 매출(top-line)과 순수익(bottom-line) 양쪽 모두에 이득을 가져다준다. 지속가능한 실천은 환경친화적인 판매자와 제품을 지지하려는 소비자를 유인하여 소매점의 매출을 상승시킨다. 또한 비용을 절감하여 순수익에도 도움이 된다. 예를 들어, 아마존닷컴(Amazon.com)의 포장재 감소 노력은 소비자의 편의를 증대시키고 "포장을 뜯느라 받는 스트레스(wrap rage)"를 없애주는 동시에 포장비용을 절약하게 해준다. IKEA의 에너지 효율적인 빌딩은 소비자에게 호소력을 가지고 지구를 구하는 데에 도움을 줄 뿐만 아니라 운영 비용도 줄여준다.

주요 소매점의 세계적인 확장

독특한 업태(운영방식)와 강력한 브랜드 포지셔닝을 가진 소매점은 포화상태인 국내시장을 벗어나 국제적으로 그 시장을 확장하고 있다. 수년간 McDonald와 같은 몇몇 거대한 미국 소매점은 자사의 마케팅 능력으로 전 세계에 두각을 나타냈으며, 월마트와 같은 소매점도 빠른 속도로 세계적인 입지를 확보하고 있다.

그러나 대부분의 미국 유통업자들은 아직까지도 세계적으로 확장하는 데 있어 유럽과 아시아 기업에 상당히 뒤지고 있다. 세계 상위 20개의 소매점 중 10개가 미국 회사인데, 그 중 오직 5개(Walmart, Home Depot, Walgreens, Amazon, Costco)만이 북미 이외의 지역에 점포를 두고 있다. 반면에 세계 상위 20개의 소매점 중 미국 기업이 아닌 10 곳 중 8곳이 적어도 10개국에 점포를 두고 있다. 세계화되고 있는 외국 소매점 중에는 프랑스의 Carrefour, Groupe Casino와 Auchan Chain, 독일의 Metro, Lidl, Aldi chains, 영국의 Tesco, 일본의 Seven&I 등이 있다.[36]

세계적인 소매업은 기회뿐만 아니라 도전을 나타낸다. 국가, 대륙, 문화를 가로지르면서, 극적으로 다른 소매 환경에 소매점들이 처해있다. 자국 내에서 잘 작동했던 운영방식을 해외에 간단하게 적용하는 것으로 성공하기엔 충분치 않다. 대신 해외로 진출할 때에 소매점들은 그 지역 시장의 필요를 이해하고, 부응해야만 한다.

> ⌐⊃⊂¬ **개념 연결하기**

잠깐! 소위 전문가들은 오랫동안 온라인 소매업이 매장 내 소매업 대신 최우선의 쇼핑 방법이 될지도 모른다고 예측해왔다. 어떻게 생각하는가?

● Barnes & Noble 웹사이트(www.bn.com)에서 사이트를 살펴보고 무엇이 있는지를 알아보시오. 다음으로는 가까운 곳에 있는 Barnes & Noble 매장에 가보시오. 두 가지 쇼핑 경험을 비교하시오. 어디에서 구매를 하겠는가? 어떨 때 그렇게 하겠는가? 왜 그렇게 하겠는가?

- Barnes & Noble 매장은 사람들이 "서로 모여서 시간을 보내는" 이상적인 "커뮤니티"를 만들었다. 이런 차원에서 웹사이트와 비교를 해보시오.

- Barnes & Noble의 다양한 SNS 활동은 소매상과 소비자를 위한 커뮤니티를 만들었는가? 예를 들어, www.facebook.com/barnesandnoble, www.instargram.com/barnesandnoble/, 그리고 www.pinterest.com/barnesandnoble를 살펴보시오.

도매업

도매업(wholesaling)은 재판매 또는 사업목적으로 구입하는 고객에게 제품이나 서비스를 판매하는 데 관련된 모든 활동들을 말한다. 도매활동에 전적으로 종사하는 기업을 **도매상**(wholesalers)이라고 한다.

도매상은 주로 생산자로부터 구매하여 대개 소매점, 산업재 소비자, 다른 도매상에게 판매한다. 그러므로 한 국가에서 규모가 가장 크고 영향력 있는 많은 도매상이 최종소비자에게는 잘 알려져 있지 않다. 예를 들어, 여러분은 McKesson에 대해 얼마나 알고 있는가? McKesson은 1,910억 달러 규모의 다양한 건강관리 서비스의 제공업체이면서 제약, 건강 및 미용, 가정 건강관리, 의료 및 장비 제품의 국내 최고의 도매상이다. 도매상 Arrow Electronics는 240억 달러의 가치가 있는 컴퓨터 칩, 축전기, 그리고 다른 전자 및 컴퓨터 부속품들을 매년 90개국 465개 지역의 네트워크를 통해 125,000여 개의 장비 제조업체와 상업적 소비자들에게 공급한다. 그리고 당신은 그레인저(Grainger)에 대해서 들어본 적이 없을지도 모른다. 이 기업은 320만 달러 규모의 사업과 150개 국가에 있는 기관 소비자들로 인해 잘 알려져 있다.[37]

저자 코멘트

소매상들은 상품과 서비스를 주로 최종소비자의 개인적 사용을 위해 판매한다. 이에 반해 도매상들은 주로 재판매나 사업적 이용을 위해 판매를 한다. 도매상들이 뒤편에서 활동하기 때문에 최종소비자에게는 잘 알려져 있지 않다. 그러나 그들은 소비자들에게 매우 중요하다.

도매업(wholesaling)
재판매 또는 사업목적으로 구입하는 고객에게 제품이나 서비스를 판매하는 데 관련된 모든 활동

도매상(wholesaler)
도매활동을 주로 수행하는 기업

그레인저(Grainger)는 당신이 들어보지 못했던 가장 큰 시장 선두업체일 것이다. Grainger는 100억 달러의 사업 규모를 갖고 있는데, 30개국에 있는 5,000개 제조업체에서 320만 실제 고객에 이르기까지 이들에게 160만 개의 유지, 보수, 운영 제품(MRO)을 공급하고 있다. 이 회사는 지점망, 서비스 센터, 영업인력, 카탈로그, 온라인과 소셜 미디어 등을 통해서 전구, 청소기, 진열장부터 볼트와 너트, 모터, 밸브, 전동장비, 시험장비, 안전용품(safety supplies)까지 고객들이 설비를 순조롭게 운영하기 위해 필요한 모든 공급품들을 고객들에게 제공하면서 그들과 협력한다. Grainger의 지점 600곳, 전략적으로 위치가 지정된 유통센터 33곳, 25,000명이 넘는 직원들 그리고 혁신적인 웹과 모바일 사이트는 하루에 10만 건 이상의 거래를 처리한다. Grainger의 고객은 기관을 포함해 공장, 차고, 식품점으로부터 학교, 군부대까지 다양하다. Grainger는 간결한 가치 제안을 한다. 그것은 고객들이 MRO(maintenance, repair, and operating: 유지, 보수, 운영)에 필요한 자재들을 보다 쉽고 저렴하게 구입할 수 있도록 한다는 것이다. 이를 위해서 Grainger는 설비를 유지하기 위해 필요한 제품들에 대해 원-스톱 숍(one-stop shop)의 역할을 한다. 좀 더 넓은 수준에

≫ 도매업: 그레인저(Grainger)와 같이 전국적으로 가장 크고 중요한 도매상들은 최종소비자에게는 잘 알려져 있지 않다. 그러나 이들은 거래를 하는 기업 고객에게는 잘 알려져 있고 높은 평가를 받는다.
Kristoffer Tripplaar/Alamy Stock Photo

서, Grainger는 고객들이 가지는 MRO와 관련된 전반적인 문제점들에 대한 해결책을 찾는 것을 도와줌으로써 고객과의 지속적인 관계를 구축한다. Grainger 판매사원은 마치 컨설턴트처럼 행동하면서, 그들의 공급망 관리를 개선하는 것에서 재고감축, 창고운영의 간소화까지 모든 면에서 구매자를 돕는다.

그렇다면 당신은 어떻게 이런 기업에 대해 들어본 적이 없었을까? 그것은 아마도 그들의 업무인 MRO공급이 기업에는 매우 중요하지만 일반 소비자들에게는 그리 중요하지 않기 때문일 것이다. 즉, Grainger가 도매상이기 때문이다. 대부분의 다른 도매상들처럼 Grainger도 보이지 않는 곳에서 기업에만 제품을 판매하기 때문이다.

그렇다면 도매상들은 판매자에게 왜 중요한가? 예를 들어, 왜 생산자는 소매점이나 소비자에게 직접 판매하지 않고 도매상을 이용하는가? 간단히 말하자면, 도매상들은 다음과 같은 경로기능 중에서 하나 이상을 수행함으로써 가치를 부가하기 때문이다.

- **판매와 촉진**(selling and promoting): 도매상의 판매력은 제조업자들이 저렴한 비용으로 많은 소규모 고객들에게 도달할 수 있도록 해준다. 도매상들은 많은 거래선을 확보하고 있으며, 지리적으로 먼 제조업자보다 구매자에게 더욱 신뢰를 줄 수 있다.
- **구매와 구색맞춤**(buying and assortment building): 도매상들은 품목을 선택하여 고객들이 필요로 하는 구색을 맞춤으로써 소비자의 불편을 덜어준다.
- **거래량 분할**(bulk-breaking): 도매상들은 대량으로 구입한 제품을 소량으로 분할하여 판매함으로써 고객이 돈을 절약할 수 있게 해준다.
- **보관**(warehousing): 도매상들은 재고를 보유함으로써 공급자와 고객의 재고비용과 위험부담을 줄여준다.
- **운송**(transportation): 도매상들은 생산자보다 고객과 가까이 있으므로 고객에게 신속한 배달이 가능하다.
- **금융**(financing): 도매상들은 고객에게 신용판매를 하고 공급자에게는 미리 주문하고 제 날짜에 대금을 지불함으로써 금융 서비스를 제공한다.
- **위험부담**(risk-bearing): 도매상들은 제품에 대한 소유권을 갖고, 도난, 파손, 변질, 진부화 등의 비용을 부담함으로써 위험을 감수한다.
- **시장정보**(market information): 도매상은 공급자들과 고객들에게 경쟁사의 활동, 신제품, 가격변화 등에 관한 정보를 제공한다.
- **경영 서비스와 지도**(management service and advice): 도매상들은 종종 소매점들이 그들의 판매사원을 교육·훈련시키고, 점포배치와 진열을 개선하고, 회계 및 재고 통제 시스템을 수립할 수 있도록 도움을 준다.

도매상의 유형

상인도매상(merchant wholesalers)
취급하는 상품의 소유권을 갖는 독립 도매 사업자

도매상은 상인도매상, 중개상과 대리상, 제조업자·소매업자의 영업점 이 세 가지 유형으로 구분된다(표 11.3 참조). **상인도매상**(merchant wholesaler)은 전체 도매업의 약 50%를 차지하는 최대의 도매상 집단이다. 상인도매상은 완전기능 도매상과 한정기능 도매상으로 나뉜다. 완전기능 도매상(full-service wholesalers)은 종합적인 서비스를 제공하지만, 다양한 한정기능 도매상(limited-service wholesalers)은 자신의 공급자나 고객에게 몇 가지의 서비스만 제공한다. 몇 가지 상이한 유형의 한정기능 도매상들은 유통경로 상에서 다양한 전문화된 기능을 수행한다.

중개인과 대리인은 두 가지 관점에서 상인도매상과 다르다. 즉 그들은 제품의 소유권을 가지지 않으며, 단지 몇 가지의 기능만을 수행할 뿐이다. 그들은 일반적으로 상인 도매상처럼 제품계열이나 고객의 유형에 따라 전문화되어 있다. **중개인**(broker)은 구매자와 판매자를 모아 거래를 협상하도록 도와준다. **대리인**(agents)은 구매자나 판매자 중한쪽을 대표하며, 이들과 지속적인 관계를 유지한다. 제조업자 대리인(manufacturers' agents 혹은 manufacturers' representatives)은 대리 도매상 중에서 가장 일반적인 형태이다. 도매업의 세 번째 유형은 독립적인 도매상을 통하지 않고 판매자나 구매자가 직접 운영하는 **제조업자·소매업자의 영업점**(manufacturers' sales and retailer's branches and offices)이다.

중개인(broker)
상품에 대한 소유권을 갖지 않으면서 구매자와 판매자를 연결시켜 이들 간의 거래협상을 도와주는 역할을 수행하는 노매상

대리인(agents)
비교적 지속적으로 구매자나 판매자 중 한쪽을 대표하고, 일부 기능만을 수행하며, 상품의 소유권을 갖지 않는 도매상

제조업체 영업점(manufacturers' sales and retailer's branches and offices)
독립적인 도매상을 통하지 않고 판매자나 구매자가 직접 도매기능을 수행하는 도매상

도매상의 마케팅 의사결정

이제 도매상은 증가하는 경쟁 압력, 고객의 더 많은 요구사항, 새로운 기술, 대규모 산업체 구매자, 기관 구매자와 소매 구매자들에 의해 더 많아진 직접구매 프로그램 등에 직면하고 있다. 그 결과, 도매상은 그들의 마케팅전략들을 새롭게 살펴보고 있다. 소매점처럼 도매상의 마케팅 의사결정에도 세분화, 표적시장의 선정, 차별화와 포지셔닝, 제품과 서비스 구색, 가격, 촉진, 유통과 같은 마케팅믹스가 포함된다(그림 11.2 참조).

>> 그림 11.2 도매상의 마케팅 의사결정

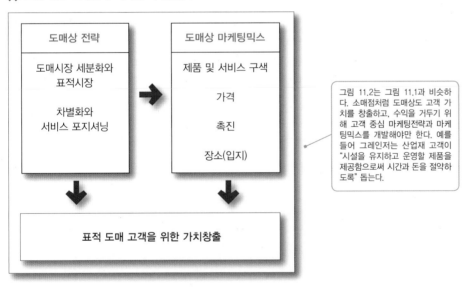

그림 11.2는 그림 11.1과 비슷하다. 소매점처럼 도매상도 고객 가치를 창출하고, 수익을 거두기 위해 고객 중심 마케팅전략과 마케팅믹스를 개발해야만 한다. 예를 들어 그레인저는 산업재 고객이 "시설을 유지하고 운영할 제품을 제공함으로써 시간과 돈을 절약하도록" 돕는다.

세분화, 표적시장, 차별화, 포지셔닝 결정

소매점과 같이 도매상은 전체 소비자를 모두 응대할 수 없으므로 그들의 표적시장을 세분화하고 정의해야 하며, 효과적으로 차별화하고 포지셔닝해야 한다. 즉, 도매상은 고객 규모(예컨대, 대규모 소매점에게만), 고객 유형(예컨대, 편의점에만), 서비스 요구수준(예컨대, 신용구매를 원하는 고객), 그 밖의 다른 요인들로 표적집단을 선택할 수 있다. 도매상은 표적집단 내에서 보다 수익성 있는 고객을 찾아서, 보다 강력한 제공물(offers)을 설계하고, 그들과 보다 좋은 관계를 구축할 수 있다. 또한 자동 재주문 시스템을 계

표 11.3	주요 도매상의 유형

유형	내용
상인도매상 **(merchant wholesalers)**	그들이 취급하는 상품의 소유권을 가지고 있으며, 사업체를 독립적으로 소유한다. 완전서비스 도매상과 한정서비스 도매상이 있다.
완전서비스 도매상 (full-service wholesalers)	완전서비스 제공: 재고유지, 판매원 유지, 신용제공, 배달 및 경영지원과 같은 종합적인 서비스를 제공한다. 완전서비스 도매상은 도매상인과 산업재 유통업자로 구분된다.
도매상인 (wholesale merchants)	주로 소매점에 판매하고, 완전한 서비스를 제공한다. 일반상품도매상(general merchandise wholesalers)은 여러 제품 계열을 취급한다. 반면에 일반제품라인도매상(general line wholesalers)은 한두 가지의 상품계열을 깊이 있게 취급한다. 전문도매상(specialty wholesalers)은 계열 중 일부분만을 전문적으로 취급한다.
산업재 유통업자 (industrial distributors)	소매점보다는 제조업자에게 제품을 판매한다. 재고유지, 신용제공, 배달 등의 여러 가지 서비스를 제공한다. 폭넓게 여러 종류의 상품을 취급하거나 일반적인 상품계열 또는 전문 상품계열을 취급한다.
한정서비스 도매상 (limited-service wholesalers)	완전서비스 도매상보다 적은 서비스를 제공한다. 한정서비스 도매상은 몇 가지 유형으로 나뉜다.
현금 도매상 (cash-and-carry wholesalers)	신속하게 이동 가능한 한정된 계열의 제품만을 소규모 소매점에 현금으로 판매하고, 보통 배달은 하지 않는다.
트럭 도매상 (truck wholesalers or truck jobbers)	주로 판매와 배달 기능을 수행한다. 우유, 식빵, 스낵류 등 변질되기 쉬운 제품을 한정적으로 취급하는데, 슈퍼마켓, 식료품점, 병원, 레스토랑, 구내식당, 호텔 등을 돌면서 현금을 받고 판매한다.
직송 도매상 (drop shippers)	재고를 가지고 있거나 제품을 다루지 않는다. 주문을 받으면 고객에게 제품을 직송해줄 제조사를 선택한다. 주로 석탄, 목재, 중장비 등과 같이 부피가 큰 제품의 산업에서 이용된다.
선반 중개인 (rack jobbers)	소규모의 식료품, 의약품 점포에 주로 비식품류를 제공한다. 선반 중개인들은 상점까지 트럭 배달을 해주고, 배달원은 완구류, 서적류, 철물제품 및 건강·미용제품 등을 선반에 쌓아놓는다. 선반 중개인들은 가격을 정하고, 제품을 신선하게 유지하며, 구매시점 진열도 하며, 재고기록도 한다.
생산자 조합 (producers' cooperatives)	생산자 조합은 농산물 생산자들로 구성되는데, 지역시장에서 판매할 농산물을 수집한다. 생산자 조합은 종종 품질을 개선하고 선 메이드(Sun-maid) 건포도, 선키스트(Sunkist) 오렌지 혹은 다이아몬드(Diamond) 호두와 같은 협동조합의 브랜드를 촉진하기도 한다.
우편주문 도매상 (mail-oder or web wholesalers)	소매점, 산업체 고객 그리고 기관고객에게 보석, 화장품, 특산품 및 기타 제품들에 대한 카탈로그를 발송하거나 웹사이트를 유지해준다. 이들의 주요 고객은 도시 외곽에 위치한 소규모 기업체이다.
중개인 및 대리인 **(brokers and agents)**	상품에 대한 소유권을 갖지 않는다. 이들의 주요 기능은 판매와 구매를 수월하게 해주는 것이며, 이에 대한 대가로 판매가격에 대해 수수료를 받는다. 일반적으로 제품계열이나 고객유형에 따라 전문화되어 있다.
중개인 (brokers)	구매자와 판매자를 모아 거래를 협상하도록 도와준다. 그들은 의뢰인으로부터 대금을 받지만, 재고를 보유하지 않고 금융에도 관여하지 않으며, 위험을 부담하지도 않는다. 그 예로는 식료품 중개인, 부동산 중개인, 보험 중개인, 증권업자가 있다.
대리인(agents)	브로커보다 지속적으로 구매자와 판매자 중 한쪽을 대표한다. 대리인에는 네 가지 형태가 있다.
제조업자 대리인 (manufacturers' agents)	상호 보완적인 상품 계열(complementary lines)의 2개 이상 제조업자들을 대표한다. 의류, 가구, 전자제품과 같은 계열에서 주로 이용된다. 제조업자 대리인은 스스로 영업력을 확보할 여력이 없는 소규모의 제조업자나 새로운 시장을 개척하려는 제조업자 또는 전일제 판매원을 확보할 수 없는 소규모 제조업자에 의해 고용된다.
판매 대리인 (selling agents)	계약서상으로 제조업자의 전 제품을 판매할 권리를 갖는다. 판매 대리인은 판매부서의 역할을 수행하고 가격, 기간, 판매 조건 등 전반에 걸쳐 상당한 영향력을 미친다. 주로 섬유, 산업기계 및 장비, 석탄, 콜라, 화학제품, 금속 등의 제품 영역에서 찾아 볼 수 있다.

구매 대리인 (purchasing agents)	일반적으로 구매자와 장기간의 관계를 유지하면서 구매자를 대신하여 상품을 구입하고, 인수하고 검사하여 창고에 보관하며, 구매자에게 상품을 선적해 보낸다. 이들은 고객이 최고의 제품을 적당한 가격에 구입하도록 도와준다.
수수료 상인 (commission merchants)	제품을 소유하고 판매협상을 한다. 직접 농산물을 팔려고 하지 않는 농부들의 농산물 마케팅에서 가장 많이 이용된다. 수수료 상인들은 상품을 트럭에 싣고 중앙시장에 가서 좋은 가격에 판매를 하고 수수료와 비용 등을 제외한 나머지를 제조업자에게 지불한다.
제조업자·소매업자의 영업점 **(manufacturers' sales and retailers'** **branches and offices)**	독립적인 도매상을 통하지 않고 판매자나 구매자가 직접 운영한다. 각 판매지점 및 사무소는 판매처 또는 구매처로 이용될 수 있다.
판매지점 및 사무소 (sales branches and offices)	제조업자들이 재고관리, 판매, 촉진 등을 향상시키고자 판매지점과 사무소를 세운다. 판매지점은 재고를 보유하며, 목재, 자동차 장비 및 부품산업에서 찾아 볼 수 있다. 판매 사무소는 재고를 가지고 있지 않으며 건조상품이나 잡화산업에서 흔히 볼 수 있다.
구매 사무소 (purchasing offices)	대리인이나 중개인과 유사한 역할을 하지만, 구매자 조직의 일부이다. 많은 소매점은 뉴욕, 시카고와 같은 주요 시장센터에 구매 사무소를 설치한다.

획할 수 있고, 관리자 훈련과 자문시스템을 마련할 수 있으며, 심지어는 임의체인을 후원할 수도 있다. 그들은 규모가 작은 고객에게는 대량 주문을 요구하거나, 부가 서비스 요금을 청구함으로써 수익성이 낮은 고객을 줄일 수 있다.

마케팅믹스 결정

소매점과 같이 도매상도 제품과 서비스 구색, 가격, 촉진, 입지에 대해 결정해야 한다. 도매상은 그들이 제공하는 제품과 서비스를 통해 부가적인 고객가치를 만든다. 도매상은 모든 제품 계열을 취급해야 하고, 즉각적으로 배달할 수 있도록 충분한 재고를 유지해야 하는 상당한 압력을 받는다. 그러나 이것은 수익에 악영향을 줄 수 있다. 오늘날 도매상은 그들이 취급하는 제품 계열의 수를 줄이고, 더 수익성 있는 계열만을 선택하여 취급하고 있다. 도매상은 강력한 고객관계를 구축하는데 있어 어떤 서비스를 포함시키고 제외시켜야 하는지, 또한 요금을 부과할 서비스는 어떤 것인지를 재검토하고 있다. 표적고객이 가장 가치 있다고 여기는 서비스 믹스를 찾아내는 것이 관건이다.

가격도 역시 도매상이 결정해야 하는 중요한 요소이다. 도매상은 일반적으로 물품의 원가를 표준비율로 표시하여 적은 마진으로 운영한다. 판매와 마진율 감소에 직면한 소매점과 산업체 구매자는 더 낮은 가격을 제시하는 도매상을 찾는다. 반대로 도매상은 주요 고객을 잡기 위해 어떤 제품계열에 있어서는 자신의 마진을 줄일 수도 있다. 도매상은 그들이 공급자의 판매를 증가시킬 수 있다면 공급자에게 특별가를 요구할지도 모른다.

촉진이 도매상의 성공에 중요한 요인이 될 수 있지만, 대부분의 도매상은 촉진에 신경을 쓰지 않는다. 즉 그들은 거래광고, 판매촉진, 인적판매, 그리고 PR을 무계획적으로, 산만하게 수행한다. B2B 마케터처럼 도매상도 중요한 클라이언트에게는 팀으로 판매하고 관계형성하고 서비스할 필요가 있다. 도매상 역시 소매점이 사용하는 비개인적(nonpersonal) 촉진기법 중 몇 가지를 사용할 필요가 있다. 그리고 그들은 전반적인 촉진전략을 개발하고 공급자에게 제공하는 촉진물과 촉진프로그램의 사용을 더욱 증가시킬 필요가 있다.

디지털과 소셜 미디어의 도매상 촉진에서의 역할은 점점 더 중요해지고 있다. 예를 들어, Grainger는 페이스북, 유튜브, 트위터, 링크드인, 그리고 인스타그램에서 적극적인 활동을 이어가고 있다. 이는 다양한 기능을 가진 모바일 앱을 제공하기도 한다. Grainger는 유튜브 채널에 기업, 상품 및 서비스에서 물품 보관 비용을 낮추는 일에 이르기까지의 여러 가지 주제에 관한 700여 개의 비디오를 올려놓았다.

마지막으로, 유통(입지)도 중요하다. 도매상은 그들의 위치, 시설물, 다른 위치를 신중하게 선택해야 한다. 도매상이 임대료가 싸고, 세금이 낮은 지역에 자리를 잡고, 그들의 사무실이나 시설 및 관리 시스템에는 거의 돈을 쓰지 않던 시대가 있었다. 그러나 기술이 발달한 오늘날 이런 행동은 자재 취급, 주문과정, 배송 시스템을 시대에 뒤처지게 한다.

반면, 오늘날 규모가 크고 혁신적인 도매상들은 자동화 창고와 정보통신(IT) 시스템을 도입하여, 치솟고 있는 원가상승에 대응하고 있다. 소매점의 주문은 소매점의 시스템으로부터 바로 도매상의 컴퓨터에 입력되고, 주문받는 품목들이 기계장치에 의해 들어 올려져서, 그 품목들이 모여 있는 선적판에 자동적으로 운반된다. 대부분의 대형 도매상들은 컴퓨터를 이용하여 회계, 계산서 발행, 재고통제, 수요예측 등을 실시한다. 현대적인 도매상들은 그들의 서비스를 표적고객들의 요구에 맞추고, 원가를 절감할 수 있는 사업방법을 찾고 있다. 그들은 또한 더 많은 사업을 온라인으로 변화시키고 있다. 예를 들어, 전자상거래는 Grainger의 가장 빠르게 성장하는 판매 경로이다. 온라인과 모바일 구매는 이제 전체 도매상 판매량 중 50%를 기록하고 있다.[38]

도매업의 추세

오늘날 도매상은 상당한 도전적인 문제에 직면하고 있다. 도매산업은 그 어느 때보다도 높은 효율성을 필요로 하는 추세에 취약하게 노출되어 있다. 최근의 경제 상황은 더 낮은 가격에 대한 요구, 원가와 품질에 기초하여 부가가치를 창출하지 못하는 공급업자들을 걸러내려는 요구를 낳았다. 혁신적인 도매상은 표적고객과 공급업자들의 변화하는 욕구를 충족시키기 위한 더 새로운 방법을 끊임없이 모색하고 있다. 그들은 장기적으로 그들이 존재할 수 있는 유일한 길은 마케팅 경로 전체의 효율성과 효과성을 높임으로써 가치를 부가해야 한다는 사실을 인식하고 있다.

다른 유형의 마케터들과 마찬가지로, 가치를 창출하는 고객관계를 구축하는 것이 목표다. 예를 들어, 집에서 멀리 떨어진 곳에서 식사를 준비하는 42만 5천 개 이상의 식당, 학교, 병원, 대학, 그리고 다른 상업적 고객들에게 공급하기 위해 배후에서 운영하는 550억 달러 규모의 도매 식품 유통회사인 Sysco를 생각해보자.[39]

휴스턴 Reliant 스타디움의 핫도그이든, Jersey Mike's의 정통 이탈리아식 서브 샌드위치이든, 힐튼 호텔의 게살 튀김이든, 동네 병원 구내식당의 햄치즈 샌드위치이든, 그 재료가 미국 최고의 식품 공급사인 Sysco에서 공급됐을 가능성은 충분하다. Sysco는 해산물, 닭고기, 쇠고기가 든 상자부터 25파운드짜리 쌀이나 파스타 자루들, 갤런 병에 든 케첩이나 살사소스, 플라스틱 장갑 상자, 세제 통에 이르기까지 식당을 운영하는 데 필요한 어떤 것이든 모든 것을 공급한다. Sysco가 고객들에게 매우 가치 있는 것은 고객들이 그들 스스로 할 수 있다고 생각하는 것보다 더 신뢰할 수 있으며, 효율적이며, 저렴하게 이러한 공급품을 조달하고 공급한다는 것이다.

예를 들어 시애틀의 Pike Place Market의 상징적인 레스토랑인 Lowell's는 Sysco의 마켓 온라인 주문 시스템을 통해 거의 모든 제품을 편리하게 공급받는다. 그들의 주문은 Sysco의 자동화 물류 센터에서 빠르고 정확하게 처리된다. 그런 다음 Lowell's는 자체적으로 혹은 Sysco 영업사원 및 운행관리원의 도움을 받아 My Sysco Truck Program을 통해 개별적인 배송 위치를 추적할 수 있다. 지역사회와의 지속가능성에 사업의 초점을 맞춘 고객들의 요구에 부응하기 위해, Sysco는 안전을 위한 제품 추적부터 현지의 소규모 농장과 중간 규모의 농장, 목장, 가공업체에서 제품을 조달하는 것까지, 더 많은 가치와 신뢰를 쌓을 수 있는 새로운 방법을 끊임없이 찾고 있다. 즉, Sysco는 "좋은 것은 Sysco로부터 온다."라는 모토에 부응하는 것 이상의 의미를 지닌다.

➤➤ 거대 식품 유통 도매업자인 Sysco는 식품 및 식품 서비스 공급을 고객들이 그들 스스로 할 수 있다고 믿는 것보다 더욱 믿을 수 있고 효율적이고 저렴하게 입수하고 배달함으로써 "좋은 것들은 Sysco에서 온다."는 그들의 모토에 부응하고 있다.
Sysco Corporation

대형 도매상과 대형 소매점의 구분이 날이 갈수록 애매해지고 있다. 많은 소매점이 여러 도매 기능을 수행하는 도매클럽이나 슈퍼센터 형태로 운영되고 있다. 한편 몇몇 대형 도매상은 그들 소유의 소매점을 운영하기 시작했다. 예를 들어, SuperValu는 전국에서 가장 큰 식료품 도매상이며 가장 큰 식품 소매상이기도 하다. 기업의 판매 중 절반 정도가 Cub Foods, Farm Fresh, Hornbacher's, Shop'n Save, Shoppers 상점들에서 나온다. 이제 SuperValu는 스스로를 "미국의 동네 식료품점"으로 홍보하고 있다.[40]

도매상은 그들이 소매점에 제공하고 있는 서비스, 즉 소매가격 결정, 협동광고, 마케팅 및 경영 보고서, 회계서비스, 온라인 거래 및 기타 서비스를 증가시키기 위한 노력을 계속하고 있다. 그러나 최근의 경기 침체와 증가하는 서비스 요구는 도매상의 이익을 떨어뜨렸다. 그들의 고객에게 가치를 효과적으로 전달하는 방법을 발견하지 못하는 도매상은 곧 도태될 것이다. 그러나 다행스럽게도 전산화, 자동화, 웹기반 시스템의 사용이 증가함에 따라 도매상은 주문, 운송 및 재고처리에 소요되는 비용을 줄일 수 있으며, 생산성도 높아지게 될 것이다.

토의문제

1. 소매업의 본질적 성격을 정의하고 그 기능과 역할을 기술하라.

2. 다양한 소매점 유형의 혼합이 어떻게 변화하고 있는지 설명하라. 어떤 추세로 나아가고 있는가?

3. 실행 가능한 소매 마케팅믹스의 주요 요소를 어떻게 설명하겠는가?

4. 소매업체는 어떤 주요한 트렌드와 발전 상황에 직면해 있는가? 이러한 발전이 경쟁 전략에 어떤 영향을 미치는가?

5. 도매업자가 소매업자와 소비자 모두에게 가치를 부가하는 기능을 열거하고 기술하라.

6. 2017년 1월, 영국의 소매업체 Tesco가 도매업자 Booker를 인수했다. 왜 이런 일을 했을까?

비판적 사고 연습

1. 당신은 현재 새로운 청바지를 사야 하고, 소매 옵션도 많다고 가정하자. 텍스트의 정보를 사용하여 세 가지 주요 오프라인 소매점 유형을 선택하고 선택한 각 유형에 대해 특정 상점을 선택하라. 그리고 각 매장(개인 또는 온라인)을 방문하여 각 스토어의 세분화 및 포지셔닝 전략과 소매 마케팅믹스(제품, 가격, 장소 및 프로모션)에 대해 설명하시오. 제품 구색은 어떻게 다른가? 각 상점의 가격 접근법은 무엇인가? 어떤 프로모션 도구가 사용되었는가? 매장 위치에 대해 논의하시오.

2. 소그룹으로 새 소매점 계획서를 제시하시오. 그 매장의 목표 시장은 누구인가? 상품, 분위기, 가격, 제공되는 서비스, 위치 및 소매점을 홍보할 방법에 대해 설명하시오. 귀사의 스토어를 경쟁업체와 어떻게 차별화할 것인지 설명하시오.

3. 온라인, 모바일 및 소셜 미디어 마케팅을 사용하는 지역 소매업체의 예를 찾아보시오. 매장이나 레스토랑의 주인과 인터뷰를 하고 이 전략을 실행할 때 그들이 경험한 도전과 성공에 대해 물어보라.

12

고객참여와 고객가치 커뮤니케이션

광고와 PR

학습목표

▶ **1** 고객가치를 전달하기 위해 사용되는 촉진믹스를 정의한다.

▶ **2** 변화하는 커뮤니케이션 환경과 통합적 마케팅커뮤니케이션에 대한 욕구를 논의한다.

▶ **3** 광고 프로그램을 개발하는데 필요한 주요 의사결정을 기술하고 논의한다.

▶ **4** 기업들이 어떻게 공중들과 커뮤니케이션 하기 위해 공중관계를 사용하는지 설명한다.

개관

본장과 다음 두 장에서는 마케팅믹스 도구인 촉진에 대해 분석할 것이다. 기업들은 고객가치를 창출하는 것 이상을 해야 한다. 이들은 그 가치를 분명하고 설득력있게 전달하기 위해 촉진을 사용해야 하는 것이다. 여러분은 촉진이 하나의 도구가 아니라 여러 도구들의 조합임을 알게 될 것이다. 기업은 이상적으로 통합적 마케팅커뮤니케이션이라는 개념을 갖고 자사와 제품에 관한 메시지를 명확하고, 일관성있고, 설득력있게 전달하기 위하여 이러한 촉진요소들을 주의 깊게 조정한다.

여러분에게 다양한 촉진믹스 도구들을 소개하면서 이 장을 시작할 것이다. 다음으로 급속도로 변화하는 커뮤니케이션 환경 — 특별히 디지털, 모바일, 소셜 미디어 추가 — 과 통합적 마케팅커뮤니케이션의 필요성을 분석할 것이다. 마지막으로 우리는 촉진도구 중 두 가지인 광고와 공중관계(PR)를 자세히 살펴볼 것이다. 다음 장에서는 다른 두 가지 촉진도구인 판매촉진과 인적판매를 분석할 것이다. 14장에서는 직접, 온라인, 모바일, 소셜 미디어 마케팅을 분석할 것이다.

이 장을 시작하면서 우수한 통합적 마케팅커뮤니케이션 캠페인 사례를 살펴보자. 2004년부터 Unilever 브랜드 Dove의 통합적 마케팅전략의 핵심이었던 'Real Beauty' 캠페인은 이 브랜드가 설득력있고 일관된 메시지를 통해 어떻게 포지셔닝되고 글로벌 대화를 시작했는지 알게 해준다. Dove는 브랜딩을 넘어 고객에게 정서적 편익과 고유한 가치를 전달했다.

Dove: 의미있는 스토리를 전달해서 고객을 참여시킴

Dove는 영국-네덜란드 다국적 기업인 Unilever가 소유한 개인 위생용품 브랜드인데, Unilever는 세계에서 5번째로 큰 소비재 회사이다. 2017년 Unilever는 400개 이상의 브랜드에서 총 610억 달러의 매출을 올렸으며 그 중 13개는 각각 11억 달러 이상의 매출을 기록했다. 이 회사 제품들은 아르헨티나, 중국, 독일, 인도, 남아프리카를 포함한 여러 국가에서 제조되며 190개국 이상에서 판매된다.

2004년에 Dove 브랜드를 위한 차별화와 독특한 가치 추가가 부족하고, 많은 고객이 Dove 브랜드를 주로 일용품으로 인식했기 때문에 Unilever는 브랜드를 되살릴 방법을 찾고 있었다. 먼저 Unilever는 (잠재) 고객과 더 잘 연결되기 위해 10개국에서 3,000명 이상의 여성을 대상으로 글로벌 시장조사를 실시해서 여성의 우선순위, 관심사, 미에 대한 일반적 인식과 고객 자신에 대해 조사했다. 이 조사에 따르면 72%가 자신의 미에 대해 평가하고 69%가 자신의 신체적 매력을 '평균'으로 평가했다. 그리고 57%가 자신의 체중과 체형에 다소 만족 또는 매우 만족으로 응답했다. 2%는 자신을 "아름답다"라고 표현했다. Unilever 경영진은 이 조사에서 경쟁 브랜드들과 완전히 다른 가치제안을 통해 자사 브랜드를 차별화 할 수 있는 기회를 보았다. 뷰티 업계의 전통적인 마케팅 캠페인은 비현실적인 외적 매력을 표준으로 고객에게 커뮤니케이션 했지만 Dove의 'Real Beauty' 캠페인은 여성의 외모 현실을 반영하지 않는 광고에 반대하는 입장을 취했다.

광고 대행사 Ogilvy & Mather가 이 캠페인을 만들었는데 '미'에 대해 더 넓게 정의할 필요성을 전 세계적으로 이야기하는 내용이다. 이 캠페인의 첫 번째 단계는 옥외 광고 시리즈로 2004년 9월에 시작되었다. 선정된 장소의 옥외 광고판에서 전통적인 미의 기준을 벗어난 외모를 가진 여성들의 사진을 선보였다. 이 캠페인에서는 시청자들에게 등장한 여성들에 대해 판단하여 투표하도록 요청했고 결과가 계속 업데이트 되어 광고판에 표시되었다.

동시에 Unilever는 전 세계 웹사이트에서 더 이상 제품에 초점을 맞추지 않고 새로운 가치제안과 미의 정의를 넓히고 여성이 자신을 있는 그대로 아름답게 느끼도록 하는 브랜드 사명에 집중했다. 이 캠페인은 초기에 언론의 주목을 받았는데 2005년 6월에 "Tested on Real Curves"라는 TV 광고와 인쇄 광고 시리즈를 통해 다른 미디어로 확장되었다. 두 번째 캠페인은 날씬한 것만이 아름답다는 고정 관념을 깨기 위해 제작되었다. 하이라이트는 2006년 2월의 작은 소녀 글로벌 캠페인인데 유니레버는 슈퍼볼 기간 동안 광고시간 30초를 구매해서 방송했다. 이 광고에는 신디 로퍼가 "True Colors"를 부르는 장면을 배경으로 다양한 민족 배경을 가지고 현재와 다른 모습을 원했던 소녀들이 등장했다. 그리고 대중에게 어린 소녀들이 자신들의 독특한 미의 느낌을 갖도록 지원할 것을 요청하면서 'Dove 자존감 펀드'로 이어져 마무리된다. 이 펀드는 소녀들이 더 넓은 미의 정의를 이해하도록 교육하여 영

>> Dove의 Real Beauty 캠페인은 여성의 현실적인 외모를 반영하지 않는 광고와 비교했을 때 여성의 자기 인식 문제를 직접적으로 다뤘다.

PSL Images/Alamy Stock Photo

감을 줌으로써 자존감이 커지고 자율적인 여성이 되도록 하기 위해 만들어졌다. 같은 해에 스페인은 패션쇼 무대에 지나치게 날씬한 모델이 등장하는 것을 금지했다. Dove는 기회를 포착하고 Evolution이라는 단편 영화를 유튜브에 올렸다. 이 영화는 실제 여성이 모델로 변모하는 방법과 아름다움에 대한 비현실적인 인식이 어떻게 만들어 지는지 보여준다. 이 유튜브 영상은 현재까지 1,950만 회 이상의 조회 수를 기록했으며 2개의 칸 라이온스 그랑프리상을 수상했다.

세 번째 단계 캠페인은 2007년 2월에 시작되었으며 Dove가 의뢰한 글로벌 연구인 늙음의 아름다움(Beauty Comes of Age)에서 비롯된 것이다. 이 연구에 따르면 50~64세 여성의 91%는 사회가 여성과 노화에 대한 견해를 변화할 때라고 믿고 있었다. 이 회사는 Dove ProAge를 출시하고 50세 이상 여성의 실제 모습을 담은 TV 광고를 내보냈다.

이 광고는 나이 든 여성의 검버섯, 흰 머리카락, 주름을 그대로 보여주었다. 이 광고는 노화 방지를 알리기 위한 것이 아니라 Dove의 Pro-Age를 알리는 광고라는 문구로 마무리된다. 같은 해 Dove는 영화 Onslaught를 제작했는데 이 영화는 현대 사회에서 불가능한 미의 기준을 보여주는 허구화된 이미지, 비디오, 제품 광고에 휩싸인 어린 소녀를 보여주었다. Dove는 다음 단계의 큰 행보로 2013년 FBI에서 교육받은 스케치 아티스트에게 'Dove Real Beauty Sketches'에 출연할 것을 의뢰했다. 이 캠페인은 전 세계 시청자들 사이에서 크게 히트했다. 그는 여성이 자신을 보는 방식에 따라 여성을 그려 달라는 요청을

> Dove는 소비자의 마음을 파악하고 판도를 바꾸는 통합 광고전략 덕분에 뷰티 업계의 미래 선도자이자 신선한 공기의 숨결이 되었다.

받았다. 그런 다음 작가는 다른 사람들의 묘사를 바탕으로 같은 여성을 다시 그렸다. 두 가지 스케치를 여성들에게 보여주었다. 여성들은 자신을 낮게 평가했다. 자신을 가장 가혹하게 평가한 비평가는 자기 자신이라는 것이 드러났다. 그리고 자신이 생각하는 것보다 자신은 더 아름답다는 메시지가 분명히 전달되었다. 이 영상은 전 세계적으로 조회 수 1억 6,300만 회를 기록했으며 칸 라이온스 국제 창의성 영화제에서 티타늄 그랑프리를 수상했다.

Unilever에 따르면 이 영상은 지금까지 가장 많이 본 온라인 광고이다. 또 다른 블록버스터 캠페인인 Selfie는 2014년 선댄스 영화제에서 상영되었다. 영상에서 사진작가는 여고생과 어머니에게 소셜 미디어에서 자기 이름의 셀카를 사용하는 방법을 가르쳐 자신감을 높이고 아름다움에 대한 견해를 넓힐 수 있도록 한다. 캠페인의 글로벌 성과는 놀라웠고 계속 Unilever에게 이득을 주고 있다. 수십 개의 광고상을 수상했으며 주요 미디어에서 입소문이 퍼졌다. 당연히 Dove의 매출도 증가했다.

이 캠페인이 성공할 수 있었던 이유는 무엇일까? Dove는 재브랜딩을 넘어서는 것을 했다. 단순히 제품의 기능과 부가가치를 의사소통하는 것이 아니라 정서적 편익과 고유한 가치들을 성공적이고 일관되게 전달했다. Unilever는 영감을 주는 무엇인가를 만들고 이를 설득력있는 방식으로 브랜드와 일치시켰다. Dove는 광고 캠페인에서 여성에게 비누를 팔려고 하지 않고 자신의 피부를 가지고 아름답고 편안하게 느끼는 생각을 판매하는 것을 선택했다. 또한 이 캠페인은 기업이 커뮤니케이션 활동에서 직접적으로 제품을 언급하지 않고 소비자의 관점과 사고방식을 이해하고 그 지식을 사용하여 사람들의 더 나은 삶을 위하는 태도를 취하면 분명한 이점이 있음을 보여준다. 그러나 이 캠페인이 아름다움에 대한 인식을 정말로 바꿨을까? Dove는 그렇다고 주장한다. 이 캠페인을 조사한 하버드대학 심리학자 Nancy Etcoff에 따르면 오늘날 더 많은 여성이 자신감과 같은 외모를 넘어서는 더 넓은 범위의 기준으로 아름다움을 정의하는 것으로 나타났다. Dove는 기업들이 미용 제품을 판매하기 위해 소비자 자신을 실제 자신보다 덜 가치있게 느끼게 하는 것에 대해 지친 고객들의 마음을 파악하고 적절한 순간에 대응했다. 그 이상으로 뷰티 업계의 미래 선도자이자 신선한 공기의 숨결이 되었다.[1]

좋은 고객관계를 구축하려면 우수한 제품개발, 매력적인 가격책정, 표적 소비자들의 구매 용이성 향상 이상의 것이 필요하다. 기업은 소비자들에게 자사의 가치제안을 전달해야 하고, 고객과 의사소통하는 것을 운에 맡겨서는 안 된다.

모든 커뮤니케이션 활동을 계획하고 신중히 조합하여 통합적 마케팅커뮤니케이션 프로그램으로 만들어야 한다. 우수한 커뮤니케이션이 어떤 관계를 구축하고 유지하는데 중요한 역할을 하는 것과 마찬가지로, 이는 수익성 있는 고객관계를 구축하기 위한 기업의 노력에 있어 핵심적인 요소이다.

촉진믹스

마케팅커뮤니케이션 믹스(marketing communication mix) 또는 전반적 촉진믹스(promotion mix)는 고객가치를 설득력있게 전달하고 고객관계를 구축하기 위하여 사용되는 광고, 판매촉진, 공중관계, 인적판매, 직접 및 디지털 마케팅 도구들의 구체적인 조합을 말한다. 다섯 가지의 주요 촉진 도구들에 대한 정의는 다음과 같다.[2]

- **광고**(advertising): 공개된 후원사가 비용을 지불하고 실행하는 아이디어, 제품, 서비스에 대한 비대면 프레젠테이션과 촉진
- **판매촉진**(sales promotion): 제품과 서비스의 구매 또는 판매를 촉진하기 위한 단기적 인센티브
- **인적판매**(personal selling): 판매하고 고객관계를 구축하기 위한 목적으로 수행되는 영업사원의 대면 프레젠테이션

마케팅커뮤니케이션 믹스(marketing communication mix)
또는 전반적 촉진믹스(promotion mix)
기업이 고객가치를 설득력있게 전달하고 고객관계를 구축하기 위해 사용하는 촉진 도구들의 조합

광고(advertising)
공개된 후원사가 비용을 지불하고 이루어지는 아이디어, 제품, 서비스에 대한 비대면 프레젠테이션과 촉진

판매촉진(sales promotion)
제품이나 서비스의 구매 또는 판매를 촉진하기 위해 제공되는 단기적 인센티브

인적판매(personal selling)
판매를 성사시키고 고객관계를 구축하기 위한 목적으로 수행되는 영업사원의 대면 프레젠테이션

● **공중관계**(public relations): 언론의 긍정적 관심 확보, 호의적인 기업이미지 구축, 부정적인 소문과 사건에 대한 대처와 교정을 위해 기업이 다양한 대중들과 우호적인 관계를 구축하는 것

● **직접 및 디지털 마케팅**(direct & digital marketing): 즉각적인 반응을 확보하고 지속적인 고객관계를 키워 나가기 위하여 이루어지는 주의 깊게 선별된 개별 소비자들과의 직접적인 연결

위에서 설명한 각 카테고리는 소비자들과 의사소통하기 위하여 사용하는 구체적인 촉진 도구들(promotion tools)을 포함한다. 예를 들어, 광고(advertising)는 방송, 인쇄, 온라인, 모바일, 옥외, 기타 다른 유형들을 포함한다. 판매촉진(sales promotion)은 할인, 쿠폰, 진열, 데모, 이벤트를 포함한다. 인적판매(personal selling)는 판매설명회, 트레이드 쇼, 인센티브 프로그램을, 공중관계(public relations)는 보도자료(press releases), 후원, 특별이벤트, 웹페이지를 포함한다. 그리고 직접 및 디지털 마케팅(direct & digital marketing)은 우편, 이메일, 카탈로그, 온라인과 소셜 미디어, 모바일 마케팅 등을 포함한다.

동시에 마케팅커뮤니케이션은 이와 같은 구체적인 도구들보다 더 많은 것을 포함한다. 제품디자인, 가격, 패키지의 모양과 색상, 제품을 판매하는 매장 등 모든 것들은 구매자에게 무엇인가를 전달한다. 따라서 촉진믹스는 회사의 주요한 커뮤니케이션 활동이지만, 최대의 커뮤니케이션 효과를 얻기 위하여 마케팅믹스(촉진, 제품, 가격, 경로)가 조율되어야 한다.

통합적 마케팅커뮤니케이션

지난 수십년간 마케터들은 다수의 고객들에게 매우 표준화된 제품을 판매하는 대량마케팅 기술을 수행해왔다. 그 과정에서 이러한 대량마케팅 전략들을 지원하는데 효과적인 매스미디어 커뮤니케이션 기술들을 개발해 왔다. 대기업들은 한 광고로 수천만 고객들에게 접촉할 수 있는 TV, 잡지, 기타 대중매체 광고에 수백만 또는 수십억 달러를 정기적으로 투자한다. 그러나 오늘날 마케팅 관리자들은 새로운 마케팅커뮤니케이션 현실에 직면한다. 아마도 마케팅의 다른 어떤 영역도 마케팅커뮤니케이션만큼 심하게 변하는 것은 없는데, 이러한 변화 때문에 마케팅커뮤니케이터들은 흥미진진하면서도 불안한 시기를 보내고 있다.

새로운 마케팅커뮤니케이션 모델

몇 가지 요인들이 최근 마케팅커뮤니케이션의 면모를 변화시키고 있다. 첫째, 소비자들이 변하고 있다. 무선의 디지털 시대에서 소비자들은 더 많은 정보를 갖고 있고 커뮤니케이션을 위한 힘을 확보하고 있다. 소비자들은 마케터가 제공하는 정보에 의존하지 않고 스스로 정보를 발견하기 위해 인터넷과 다른 기술들을 사용한다. 다른 소비자들과 연결되어 보다 손쉽게 브랜드 관련 정보를 교환하거나 자신만의 브랜드 메시지를 만들고 있다.

공중관계(public relations, PR)
언론의 긍정적 관심 확보, 호의적인 기업이미지 구축, 부정적인 소문과 사건에 대한 대처와 교정을 위해 기업이 다양한 대중들과 우호적인 관계를 구축하는 것

직접 및 디지털 마케팅
(direct & digital marketing)
즉각적인 반응을 얻고 지속적인 고객관계를 키워 나가기 위해 주의 깊게 선별된 개별 소비자들과 직접적인 접속을 시도하는 것

저자 코멘트
통합적 마케팅커뮤니케이션(IMC)은 요즘 매우 뜨거운 이슈이다. 다른 어떤 마케팅 영역도 그리 빨리 그리고 현격하게 변하고 있지 않다. 그 이유의 상당 부분은 온라인, 모바일 및 소셜 미디어 마케팅이라는 디지털 미디어를 통해 밀려오는 고객참여라는 거대한 파도에 있다.

둘째, 마케팅전략이 바뀌고 있다. 대규모 시장이 분화됨에 따라, 마케터들이 대량마케팅에서 방향을 전환하고 있다. 점점 더 마케터들은 좁게 정의된 시장에 속한 고객들과 긴밀한 관계를 구축하기 위하여 초점을 맞춘 마케팅프로그램을 개발하고 있다.

마지막으로 커뮤니케이션 기술의 광범위한 발전은 기업들과 고객들이 서로 의사소통하는 방법에 있어 주목할 만한 변화를 가져다주었다. 디지털 시대는 스마트폰과 태블릿에서부터 다양한 인터넷 소스(브랜드 웹사이트, 이메일, 블로그, 스트리밍 콘텐츠, 소셜 미디어, 모바일 웹 등)에 이르기까지 많은 신규 정보도구와 커뮤니케이션 도구들을 양산했다. 대량마케팅이 대중매체 커뮤니케이션의 새로운 탄생을 야기했듯이, 새로운 디지털과 소셜 미디어는 더 표적화되고 사교적이고 참여시키는 마케팅커뮤니케이션 모델을 태동시키고 있다.

TV, 잡지, 신문과 기타 전통적 대중매체는 여전히 매우 중요한 도구들로 남아 있지만, 지배력은 감소하고 있다. 이제 광고인들은 보다 개별화된 메시지를 더 적은 규모의 고객 세분시장들에 전달하기 위하여 보다 전문화되고 표적화된 미디어들을 대안으로 추가하고 있다. 새로운 미디어는 케이블TV 채널과 온라인 광고의 웹 비디오부터 인터넷 카탈로그, 이메일, 블로그, 모바일 쿠폰, 온라인 소셜 미디어(트위터, 페이스북, 구글, Pinterest 등)에 이르기까지 광범위하다. 이러한 새로운 미디어는 마케팅 분야를 강타하고 있다.

일부 광고산업 전문가들은 기존 대중매체 커뮤니케이션 모델은 더 이상 쓸모가 없을 것으로 예측하기도 한다. 대중매체 비용 증가, 청중 감소, 광고 혼잡 증가 상황에서 청중들은 비디오 스트리밍이나 DVR과 같은 기술들(이들은 과거의 일방적인 TV 광고 시청을 생략할 수 있게 함)을 이용해 메시지 노출을 통제하고 있다. 그 결과 전통매체에 대한 회의론자들은 마케터들이 적지 않은 마케팅 예산을 30초짜리 TV 광고와 화려한 잡지광고에서 온라인, 소셜, 모바일 미디어로 옮기고 있다고 말한다.

최근 몇 년간 TV는 여전히 강력한 광고 미디어로 남아 있지만 TV 광고비는 정체 또는 감소했다. 잡지, 신문, 라디오 광고도 기반을 잃었다. 한편, 디지털 미디어 광고비는 크게 증가했다. 디지털 미디어 광고가 연간 18% 이상 성장하면서 2017년 전 세계 디지털 광고비는 TV 광고비를 넘어섰다. 가장 빠르게 성장하는 디지털 미디어는 모바일이다. 2019년에 모바일 광고는 전체 디지털 광고비의 39%를 차지했고 2020년에는 75%이다.[3]

Nike, P&G, Unilever와 같은 대형 광고주들은 브랜드 구축을 위해 점점 더 디지털 미디어에 우선순위를 두고 있다. 예를 들어, 세계에서 가장 큰 광고주 중에 하나인 Unilever는 90억 달러가 넘는 마케팅 예산의 30%를 디지털 미디어에 사용하고 있다. 미국과 중국에서는 50%를 디지털 미디어에 지출하고 있다.[4] 일부 마케터들은 거의 전적으로 디지털과 소셜 미디어에 의존하고 있다. 예를 들어, adidas는 젊은 층 소비자들에게 의사소통하기 위해 TV를 포기하고 디지털 채널만 사용하고 있다. adidas의 CEO는 "젊은 소비자들은 대부분 모바일 기기로 우리

▶▶ **새로운 마케팅커뮤니케이션 모델:** 마케팅 관리자들은 마케팅 예산에서 비중을 전통적인 매체에서 온라인, 소셜, 모바일 미디어로 옮기고 있다. Adidas는 젊은 소비자들과 관계를 형성하기 위해 디지털 채널만 사용하고 있다.

Dan Freebairn

기업과 관계를 맺고 있습니다."라고 말한다.[5]

　새로운 마케팅커뮤니케이션 세상에서는 고객들 사이에 끼어들어 대중적인 메시지를 강압적으로 전달하는 과거의 접근방식 대신 보다 상호작용적이고 고객을 참여시키는 방법으로 작은 집단의 고객에게 도달하고 있다. 예를 들어, 최근 TV 시청 상황을 생각해 보자. 소비자들은 TV뿐만 아니라 태블릿, 노트북, 스마트폰과 같이 스크린이 있는 곳이면 어디에서든지 자신들이 선호하는 프로그램을 시청할 수 있다. 소비자들은 언제, 어디에서 프로그램을 시청할 것인가를 선택할 수 있고 더 나아가 광고의 시청여부도 결정할 수 있다. 점점 더 많은 프로그램, 광고 및 비디오들이 온라인 시청용으로만 만들어지고 있다.

　그러나 새로운 디지털 미디어로의 이동에도 불구하고 전통적인 대중 미디어는 여전히 모든 주요 마케팅 회사들의 촉진 예산 중 큰 비중을 차지하고 있는데, 이는 변화가 빠르게 진행되지 않을 것임을 보여준다. 따라서 대부분의 마케터들은 과거의 미디어 모델이 갑자기 붕괴하기 보다는 전통적인 미디어와 목표 고객을 보다 개별적이고 상호작용적인 방식으로 참여시키는 다양한 온라인, 모바일, 소셜 미디어의 조합을 예측한다. 결국 핵심은 커뮤니케이션 채널과 관계없이 고객들을 참여시켜 브랜드 메시지를 전달하고 고객의 브랜드 경험을 향상시키는 가장 적합한 방식으로 미디어들을 통합적으로 운영하는 것이다.

　마케팅커뮤니케이션 환경이 변화되면 마케팅 커뮤니케이터의 역할도 바뀔 것이다. 많은 마케터들은 자신을 단순히 TV 광고, 인쇄광고, 페이스북 디스플레이 광고를 만들어 올리는 사람이기 보다는 넓은 범위에서 **콘텐츠 마케팅**(content marketing) 관리자로 보고 있다. 그러므로 마케터들은 돈을 지불하고 소유한 커뮤니케이션 채널들의 조합을 통해 브랜드 메시지와 대화를 만들어 영감을 불어넣고 공유한다. 이러한 채널들은 전통적인 것과 새로운 것 그리고 통제 가능한 것과 통제되지 않는 것을 포함한다. 광고 대행사의 한 임원은 다음과 같이 말한다. "마케팅커뮤니케이션은 더 이상 광고만 하는 것이 아닙니다. 이제는 메시지 자체가 아니라 [커뮤니케이션] 배경, 상황, 채널에 관한 것입니다. 소비자와 대화를 시작하기 위해 고객 여정(customer journey)의 지도를 만드는 것입니다. 고객 여정의 다양한 접촉점에서 참여, 구매, 충성도, 옹호로 이어지는 과정입니다."(Marketing at Work 12.1 참조)[6]

콘텐츠 마케팅(content marketing)
돈을 지불하고 소유한 커뮤니케이션 채널들의 조합을 통해 브랜드 메시지와 대화를 만들어 영감을 불어넣고 공유하는 활동

통합적 마케팅커뮤니케이션의 필요성

미디어 접근방식과 콘텐츠 접근방식들에 대한 보다 다양한 조합으로의 이동은 마케터들에게 문제점을 야기한다. 소비자들은 오늘날 광범위한 범위의 정보원천들로부터 나오는 상업적 메시지에 쌓여 있다. 기업들은 너무 자주 다양한 커뮤니케이션 채널들을 통합하는데 실패한다. 그 결과 소비자들에게 전달되는 메시지들은 뒤범벅이 된다. 매스미디어 광고들은 어떤 것을 이야기하고, 회사의 웹사이트, 이메일, 페이스북 페이지, YouTube에 올려진 비디오는 서로 다른 메시지를 전달한다.

　그리고 문제는 이러한 커뮤니케이션들이 종종 회사의 서로 다른 부서들로부터 나온다는 것이다. 광고 메시지는 광고부서나 광고 대행사에서 기획되고 실행에 옮겨진다. 다른 회사 부서들이나 또는 대행사들이 공중관계, 판매촉진 이벤트, 인터넷 및 소셜 네트워크 활동을 책임지고 있다. 그러나 소비자들은 마케터들이 제공하는 다양한 메시지 원천들을

MARKETING AT WORK | 12.1

Pokémon Go: 오프라인-온라인 마케팅을 최적화하다

2016년에 Pokémon Go라는 글로벌 사회문화 현상이 나타났다. Pokémon Go는 모바일 기기용 무료 다운로드 게임인데 Niantic과 Nintendo가 2016년 7월 호주, 뉴질랜드, 미국에서 출시했다. 순식간에 돌풍을 일으킨 이 게임은 위치기반 증강 현실을 포함한 가장 큰 모바일 게임 중 하나이다. 이 게임은 휴대기기의 위치 서비스를 사용하여 실제 위치에 있는 것처럼 화면에 나타나는 150개 이상의 포켓몬 캐릭터를 찾아잡도록 게이머에게 요청한다.

게이머는 포켓몬을 잡고 다른 게이머들과 경쟁하기 위해 "Pokestops"로 알려진 여러 위치로 이동한다. 게임은 무료이지만 다음 레벨로 빨리 가고 싶은 게이머들은 앱 안에서 구매할 수 있다. Pokémon Go는 Apple의 앱 스토어와 Google 플레이 마켓 모두에서 모바일 게임 앱 인기 기록을 깨뜨렸다. 통계에 따르면 Pokémon Go는 출시된 지 24시간 만에 10대 안드로이드 게임 중 하나가 되었으며 미국 앱 스토어에서 1위를 차지했다. 이 게임에는 약 5천만 명의 일일 활동 사용자(daily active user)가 있으며 1일 평균 26분 이상 게임을 한다. 출시 된 지 2일도 채 되지 않아 미국, 뉴질랜드, 호주에서 거의 6백만 개의 Pokémon Go가 다운로드 되었다. 이러한 엄청난 다운로드 수와 그에 따른 서버 과부하로 인해 다른 국가에서 게임 출시가 지연되었다.

Pokémon Go 성공의 주된 이유는 목표 시장을 현명하게 선택했기 때문이다. 어린이들에게도 큰 인기를 끌었지만, Pokémon Go의 주요 목표시장은 약 20년 전 포켓몬 애니메이션을 보고 게임을 하면서 Pokémon카드를 수집한 밀레니얼 세대였다. 1990년대 후반, Pokémon은 이 세대의 어린 시절 핵심 경험이었다. 이 캐릭터들은 그 당시 열렬히 사랑받고 추구되었다. Pokémon Go는 어른이 된 후 IT 기기에 연결되어 디지털과 소셜 미디어에 깊이 빠져있는 1990년대 아이들을 표적으로 삼았다. Pokémon Go는 향수에 젖은 밀레니얼 세대에게 평온한 어린 시절의 추억을 되찾아 주었다.

무료로 구할 수 있는 좋은 기술을 사용하여 어린 시절을 되살릴 수 있는 기회를 주는 게임이었기 때문에 대히트가 될 것이 확실했다. 소셜 미디어를 활용한 브랜드 프랜차이즈를 디지털 시대에 구현하면서 전 세계에 게임에 대한 진정한 열풍을 불러 일으켰다. 증강현실과 위치 기반 서비스를 결합하고 커뮤니티에서 만든 콘텐츠를 사용하는 사진 공유를 추가함으로써 첨단 디지털 기술을 통해 상징적 브랜드가 다시 살아났다. 이 게임은 입소문을 전례없는 수준으로 끌어 올렸고 독특한 방식으로 콘텐츠 마케팅을 사용했다. Pokémon Go는 고객 참여를 활용했다. 게임을 알리기 위해 고객 공동제작과 사용자 생성 콘텐츠를 사용했다. 이것은 게임 안에 이미 구축된 마케팅 방식이었다.

Pokémon Go는 온라인과 오프라인 플랫폼을 결합하여 사용자에게 뛰어난 연결성, 사회화, 탐색 경험을 제공하는 방법을 보여준 가장 좋은 예 중에 하나이다. 이 게임의 가장 좋은 오프라인 요소는 게이머가 나가서 산책하고 Pokémon을 찾도록 하는 것이다. 많은 사람들이 건강한 생활방식을 촉진하는 이 게임을 칭찬했다. Niantic은 밖에 나가 움직여야 하는 이유가 점점 줄어드는 기술시대에 사람들이 외부로 나가도록

>> Pokémon Go는 온라인과 오프라인 플랫폼을 결합하여 사용자에게 뛰어난 경험을 제공한다.

Aflo Co. Ltd./Alamy Stock Photo

독려하는 것이 중요하다고 믿는다. 이 회사는 사람들이 산책을 하고 이웃과 도시의 여러 부분을 탐험하도록 동기를 부여하는 것이 회사가 Pokémon Go를 통해 하는 모든 일의 핵심이라고 믿는다.

이 게임은 게이머가 전 세계 여러 도시에서 네트워크 효과를 생성하는 자발적인 모임을 시작하도록 장려했다. 게이머들은 참여하고 게임을 하지 않는 사람들도 게이머들이 모여 무엇을 하고 있는지 호기심을 가진다. 유명한 "Pokémon walks"는 많은 피카츄 팬을 한곳에 모아 엄청난 촉진 가치를 만들어 낸다. 이 커뮤니티는 기업의 PR 활동없이 충성스런 게이머들에 의해 시작되고 지원된다. 이 행사에서 수백 명의 사람들이 포켓몬을 찾아 휴대전화를 쳐다보며 걸어가는 모습은 모두 같은 이미지이다. 이러한 정보는 대부분 소셜 미디어를 통해 퍼져서 사람들이 더욱 열광했다. 사람들은 게임에서 사람들을 게임에 몰입하게 하는 것이 무엇인지 알고 싶어 했다. Pokémon을 찾다가 우스꽝스럽고 때로는 위험한 상황에 빠지는 사람들의 사진이 소셜 미디어에 많이 올라 왔다. Pokémon을 잡으려고 하다가 작은 사고를 당한 사람들에 대한 기사도 있었다. 그러나 흔히 말하는 것처럼 모든 홍보는 좋은 홍보이다. 이런 기사들 덕분에 Pokémon Go는 계속 뉴스에 나왔다. Pokémon Go는 유료 광고를 거의 사용하지 않았다. 텔레비전 광고도, 배너 광고도, 신문 광고도 없었다.

거의 모든 촉진활동은 게임 출시 전에 게임하는 대중들과 인플루언서 커뮤니티의 참여를 통해 진행되었다. 출시 전에 대대적인 광고를 하기 위해 Niantic은 혁신적이고 비전통적인 마케팅전략을 사용했다. 2014년 4월부터 구글지도를 사용하여 Pokémon을 잡는 단기 바이럴 게임을 통해 콘셉트 테스트를 했다. 2015년 9월에 공식 Pokémon 채널에서 재미있고 매력적인 예고편이 공개되었다. 또한 게임에 대한 더 많은 관심을 불러일으키기 위해 티저 스크린 샷과 함께 비디오를 공개했다. 2016년 4월 호주, 뉴질랜드, 미국에서 현장 테스트를 시작했다. Pokémon Go는 2016년 6월 전자 엔터테인먼트 엑스포에서도 선보였다. 그리고 2016년 7월 6일 게임 출시 이전에 유튜브 채널에서 "Get Up and Go"예고편을 공개했다. 출시 후 기업은 촉진을 위해 거의 전적으로 버즈 마케팅과 입소문에 의존했다.

이런 전략이 잘 진행된 이유는 게임 자체에 사용자가 놀고 공유하고 즐기고 만들고 탐색하여 사회화하는 시스템이 내재되어 있었기 때문이다. Pokémon Go의 놀라운 성공은 현대 소비자와 의사소통하는 데 있어 브랜딩, 디지털 기술, 소셜 미디어의 힘을 보여주고 있다. 게이머들은 다른 게이머 및 친구들과 콘텐츠를 공유하여 콘텐츠의 공동 제작자가 되고 브랜드의 옹호자까지 된다. 게임을 해서 Pokémon을 잡으면 파급 효과가 있다. 걷기와 같은 오프라인 활동을 독려해서 위치 서비스 사용, 자신이 좋아하는 어린 시절 캐릭터의 가상 형태 캡처, 온라인 소셜 플랫폼 참여, 네트워크로 연결된 커뮤니티와 공유하는 것은 놀라운 조합이다. Pokémon Go가 어떻게 커뮤니티의 참여와 관심을 계속 유지하는지, 그리고 성장속도를 유지하기 위해 어떤 혁신과 업데이트를 도입할지 보는 것은 흥미로울 것이다.

구분하지 않는다. 소비자의 마음속에서 서로 다른 미디어 촉진들로부터 접하는 메시지들(슈퍼볼 광고, 매장 내 진열, 모바일 앱 또는 친구의 소셜 미디어 포스트 등)은 모두 합해져 회사에 대한 단일의 메시지가 된다. 서로 다른 원천들로부터 나오는 상충되는 메시지들은 기업이미지, 브랜드 포지션, 고객관계를 혼란스럽게 하는 결과를 낳을 수 있다.

온라인, 모바일, 소셜 미디어 마케팅으로 형성되는 새로운 세상은 엄청난 기회와 도전을 제공한다. 이들은 마케터들에게 소비자들을 이해하고 참여시킬 수 있는 새로운 도구를 제공한다. 동시에 전체 마케팅커뮤니케이션을 복잡하게 하고 분화시키기도 한다. 결국 오늘날 더 많은 회사들이 **통합적 마케팅커뮤니케이션**(integrated marketing communication, IMC) 개념을 도입하고 있다. 그림 12.1에 제시되었듯이 이 개념하에서 기업은 조직과 브랜드에 대한 분명하고, 일관성있고, 설득력있는 메시지를 전달하기 위해 많은 커뮤니케이션 채널들을 통합한다.

종종 서로 다른 미디어들은 고객들의 관심을 끌고, 고객들에게 정보를 전달하며 고객을 설득하는데 고유한 역할을 수행한다. 예를 들어, 최근 보고서에 따르면 광고주와 광

통합적 마케팅커뮤니케이션
(integrated marketing communication, IMC)
조직과 제품에 관한 분명하고 일관성있으며 설득력있는 메시지를 전달하기 위하여 기업의 여러 가지 커뮤니케이션 채널을 주의 깊게 통합하고 조정하는 활동

고회사의 2/3 이상이 전통적 TV와 디지털, 모바일 및 소셜 미디어와 같은 다양한 시청 플랫폼들을 확장해서 이용하는 비디오 광고 캠페인을 계획하고 있다. 소위 디지털 비디오 광고 융합은 TV의 장점인 넓은 도달률과 디지털의 더 우수한 표적화, 상호작용 및 관여라는 장점들을 결합한다. 이러한 다양한 미디어와 역할들은 전체 마케팅커뮤니케이션 계획하에 세심하게 조정되어야 한다.

>> 그림 12.1 통합적 마케팅커뮤니케이션

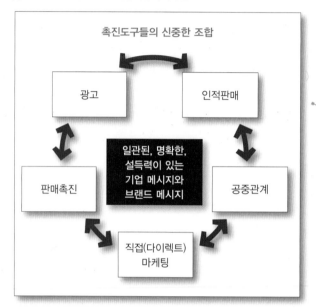

잘 조정된 마케팅커뮤니케이션의 좋은 예는 자동차 회사인 Land Rover의 "Above and Beyond" 캠페인인데, 이 캠페인은 깊이 있는 고객참여를 창출하기 위해 전통 미디어의 영향력 및 도달률과 디지털 마케팅의 힘을 통합하고 있다.[7]

70년 역사의 Range Rover는 오래된 전통 미디어를 많이 사용한다. 슈퍼볼 광고를 포함한 대규모 TV 광고를 통한 포지셔닝 전략으로 럭셔리한 성능과 아웃도어의 모험적 이미지를 심고자 한다. 목표고객에 초점을 맞춘 AMC, ESPN, Food Network, NFL Network의 방송 광고와 Architectural Digest, GQ, Wired, Vogue, The Wall Street Journal의 인쇄 광고로 대중 시장 광고를 지원한다.

하지만 Range Rover 캠페인에는 기존 미디어가 할 수 없는 방식으로 웹과 소셜 미디어 콘텐츠를 통합하여 고객 경험을 풍부하게 하는 최근 흐름이 포함되어 있다. 예를 들어, 브랜드 웹사이트의 Land Rover 이야기 부분에는 어드벤처 사진 작가가 험준하고 그림 같은 풍경을 통해 Land Rovers를 타는 개인적인 경험을 이야기하는 여행기가 나와 있으며, 각 이야기는 멋진 영상으로 설명되어 있다. 하지만 이것은 시작에 불과하다. 이 브랜드는 최근 Land Rover Discovery에서 부부와 어린 자녀의 유럽 여행모험을 담은 비디오 시리즈를 제작했다. 그리고 35회 America's Cup을 앞두고 시청자들이 버뮤다에서 Land Rover 팀과 함께 항해하는 것처럼 느끼게 하는 360도 동영상을 제작했다. Land Rover는 소셜 미디어를 통해 이러한 비디오 영상과 콘텐츠를 브랜드 팬과 공유한다. 이 브랜드는 1,590만 명의 페이스북 팔로워, 195,000명의 유튜브 구독자, 680,000명의 트위터 팔로워, 350만 명의 인스타그램 팬을 자랑한다. 경쟁사의 소셜 미디어 팔로잉은 상대적으로 매우 적다(예를 들어, 경쟁사인 Toyota Landcruiser에는 310,000명의 페이스북 팔로워와 32,000명의 인스타그램 팬이 있다). 플랫폼이 무엇이든, TV 광고에서 웹 비디오, 인스타그램 게시물에 이르기까지 모든 콘텐츠는 Range Rover

의 "Above and Beyond"라는 고급 어드벤처 만트라(mantra)에 따라 조정된다. 통합적 마케팅 캠페인은 차량 판매가 아니라 Range Rover 경험을 강화하고 고객의 참여를 높이는 데 더 중점을 둔다.

과거에는 다양한 촉진도구의 커뮤니케이션 역할을 충분히 생각하고 촉진믹스를 조정할 책임 있는 담당자나 부서가 없었다. 현재는 많은 기업들이 통합적 마케팅커뮤니케이션을 구현하기 위해 기업의 커뮤니케이션 노력을 총괄하는 마케팅커뮤니케이션 책임자를 임명하고 있다. 이는 커뮤니케이션 일관성과 판매 향상에 도움이 된다. 기업 이미지는 지속적으로 확장되는 교차 플랫폼 커뮤니케이션 활동을 통해 형성되므로 기업 이미지를 통합하기 위한 촉진 활동 책임자가 필요하다.

전반적인 촉진믹스의 구성

통합적 마케팅커뮤니케이션 개념은 기업이 촉진도구들을 세심하게 결합하여 조화된 촉진믹스를 만들어야 한다고 제안한다. 그러나 기업은 어떤 촉진도구 믹스를 사용할 것인지를 어떻게 결정할까? 같은 산업 내에서도 기업들의 촉진믹스 디자인이 매우 다르다. 예를 들어, CoverGirl은 소비자 광고에 많은 예산을 지출하는 반면, 경쟁자 Mary Kay는 대부분의 촉진예산을 인적판매와 직접마케팅에 지출한다. 지금부터 촉진도구들의 선정에 영향을 미치는 요인들을 살펴볼 것이다.

각 촉진도구의 성격

각 촉진도구들은 고유한 특징과 단점들을 갖고 있다. 마케터들은 촉진믹스를 구성함에 있어 이러한 특징들을 이해해야 한다.

광고　광고는 단위노출당 저비용으로 지역적으로 분산되어 있는 다수의 소비자들에게 도달될 수 있고, 판매자가 같은 메시지를 여러 차례 반복할 수 있게 해 준다. TV광고는 수많은 청중에 도달할 수 있다.

예를 들어, 핀란드에서 TV는 한 달 동안 인구의 97%에 도달할 수 있다. 또한 인기있는 TV 광고의 도달 범위는 온라인과 소셜 미디어를 통해 확장될 수 있다. 예를 들어, 인도 시장에 특화된 냉장고를 선보인 삼성의 '디지털 인버터 냉장고' 광고는 엄마와 딸의 관계를 묘사해 소비자들의 감성 코드를 자극한다. 그 의미는 엄마가 아이를 돌보는 것처럼 삼성 냉장고도 정전 중에도 소비자를 위해 똑같이 해준다는 것이다. 이 광고는 아시아의 수백만 TV 시청자에게 도달하는 것 외에도 소셜 미디어에서 가장 많이 조회된 TV 광고 중 하나가 되었다. 2018년 3월에만 YouTube에서 2,810만 건 이상의 조회 수를 기록했다.[8]

대규모 광고는 도달 범위가 넓을 뿐만 아니라 판매자의 규모, 인기, 성공에 대한 긍정적인 면을 알려준다. 광고의 공공성 때문에 소비자는 광고된 제품을 더 합법적인 것으로 보는 경향이 있다. 또한 광고는

>> TV의 도달 범위는 광범위하다. 광고는 계속해서 수백만 명의 TV 시청자를 끌어들이고 수천만 명의 온라인 조회 수와 공유를 유발한다.

Radius Images/Alamy Stock Photo

표현력이 매우 뛰어나다. 즉 기업은 광고에서 시각, 인쇄물, 소리, 색상을 사용하여 제품을 극적으로 표현할 수 있다. 그리고 광고는 제품(예: 코카콜라 광고)의 장기적인 이미지를 구축하는 데 사용되고 빠른 판매를 촉진한다(Kohl's가 주말 특가를 광고 할 때처럼).

광고는 여러 가지 단점들도 갖고 있다. 광고는 많은 사람들에게 빨리 도달할 수 있지만 비대면이고, 회사의 영업사원만큼 고객을 직접적으로 설득할 수 없다. 대부분의 경우 광고는 청중과 일방적으로 커뮤니케이션하고, 청중은 관심을 기울이거나 반응해야 한다고 느끼지 않는다. 또한 광고는 매우 비쌀 수 있다. 신문과 라디오광고 등은 적은 예산으로 집행될 수 있지만, 네트워크 TV광고와 같은 형태는 막대한 예산을 필요로 한다. 예를 들어, 90초 분량의 Amazon Echo "Alexa Loses Her Voice" 슈퍼볼 광고는 광고 제작비용을 제외하고 미디어 시간에만 1,490만 달러(1틱당 165,000달러 이상)의 비용이 든다.

인적판매 인적판매는 구매과정에서 구매자의 선호, 확신, 행동을 구축함에 있어 가장 효과적인 도구이다. 이 방식에서는 둘 이상의 사람들 사이에 개인적인 상호작용이 일어나기 때문에, 각 사람은 다른 사람의 욕구와 특징들을 관찰할 수 있고, 신속하게 적응할 수 있다. 또한 인적판매는 일상적인 판매관계에서 개인적인 친구관계에 이르기까지 다양한 종류의 고객관계가 일어난다. 효과적인 판매사원은 고객과 장기적인 관계를 구축하기 위하여 고객의 문제점을 해결해 주고 고객의 관심사를 항상 마음속에 염두에 둔다. 그리고 구매자는 인적판매를 접할 때 최종적으로 공손한 거절을 하더라도 일반적으로 잘 경청하고 반응하려는 욕구를 가지고 있다.

그러나 이러한 특징들은 비용을 수반한다. 영업사원은 광고보다 기업에 의한 장기적 몰입을 요구한다. 광고는 수시로 집행여부가 바뀔 수 있지만, 영업사원의 규모는 바꾸기 어렵다. 인적판매는 가장 비싼 촉진도구인데, 1회 판매방문당 비용은 산업에 따라 약 600달러 또는 그 이상이 든다.[9] 미국 기업들은 광고에 쓰는 비용보다 인적판매에 3배 이상을 지출한다.

판매촉진 판매촉진은 쿠폰, 콘테스트, 가격할인, 프리미엄 등 다양한 종류의 촉진도구들을 포함하는데, 이 도구들에는 고유한 특징이 있다. 판매촉진은 고객의 주의를 끌고, 구매를 유도할 수 있는 강력한 동기를 제공하며, 제품제공물들을 극적으로 표현하고 위축된 판매를 증진시키는데 사용될 수 있다. 판매촉진은 즉각적인 반응을 유도하고 이러한 반응에 대해 보상을 제공한다. 광고는 "우리 제품을 사십시오."라고 제안하는 반면, 판매촉진은 "지금 당장 사세요."라고 제안한다. 판매촉진 효과는 종종 단기적으로 나타난다. 그러나 이 방식은 장기적인 브랜드 선호도나 고객관계를 구축함에 있어서 광고나 인적판매만큼 효과적이지 못하다.

공중관계 공중관계는 매우 신뢰성이 높다. 청중들은 광고보다 뉴스, 특집기사, 후원, 이벤트가 더 진실되고 신뢰성이 있다고 지각한다. 공중관계는 광고나 판매사원을 기피하는 잠재고객에게 전달될 수 있다. 그 이유는 메시지가 판매지향적인 커뮤니케이션이라기 보다 뉴스로 청중에게 전달되기 때문이다. 그리고 광고와 마찬가지로 공중관계는 회사나 제품을 극적으로 표현할 수 있다. 마케터들은 공중관계를 충분히 이용하지 않거나 사후적으로 이용하는 경향이 있다. 그러나 잘 고안되어 다른 촉진믹스 요소들과 함께 사용되는 공중관계 캠페인은 매우 효과적이고 경제적일 수 있다.

직접 및 디지털 마케팅   직접우편, 카탈로그, 전화 마케팅에서 온라인, 모바일, 소셜 미디어에 이르는 다양한 형태의 직접 및 디지털 마케팅은 모두 고유한 특징들을 공유한다. 직접 마케팅은 다른 촉진도구들보다 고객에게 더 표적화되어 있다. 메시지는 통상적으로 특정 개인이나 커뮤니티를 겨냥한다. 또한 즉각적이고 개별화되어 있다. 경우에 따라 메시지는 매우 신속하게 실시간으로 준비될 수 있고, 특정 소비자들에게 소구되도록 맞추어질 수 있다. 마지막으로 직접 마케팅은 상호작용적이다. 이는 마케팅 팀과 소비자 간의 대화를 허용하고, 메시지는 소비자의 반응에 따라 변경될 수 있다. 따라서 직접 마케팅은 매우 표적화된 마케팅 노력에 적합해 고객의 참여를 만들어내고 일대일 고객관계를 구축할 수 있다.

촉진믹스 전략

마케터들은 푸시 촉진(push promotion)과 풀 촉진(pull promotion)이라는 두 가지 기본적인 촉진믹스 전략들 중에서 하나를 선택할 수 있다. 그림 12.2는 두 전략을 비교해 보여준다. 특정 촉진도구들에 대한 상대적인 가중치는 푸시 또는 풀 전략에 따라 달라진다. **푸시 전략**(push strategy)은 마케팅 채널을 통하여 최종소비자들에게 제품을 밀어내는 것이다. 생산자는 유통경로구성원들이 자사제품을 취급하고 최종소비자들에게 이를 촉진하도록 유도하기 위하여, 마케팅 활동들(주로 인적판매와 중간상 판촉)을 유통경로구성원들에게 기울인다. 예를 들어, John Deere는 최종소비자들에게 잔디 깎는 기계, 가든 트랙터 및 다른 주택용 소비제품들을 촉진하는 데 많은 노력을 기울이지 않는다. 대신 John Deere의 판매사원은 Lowe's, 홈디포, 독립적인 딜러들, 다른 유통구성원들과 함께 일해 그들이 John Deere 제품을 최종소비자들에게 판매하도록 유도하고 있다.

풀 전략(pull strategy)을 사용하는 생산자는 소비자들의 제품구매를 유도하기 위하여 마케팅 활동들(광고, 소비자 판촉, 직접 및 디지털 마케팅)을 최종소비자들을 겨냥하여 수행한다. 예를 들어, P&G는 TV와 인쇄 광고, 웹과 소셜 미디어, 브랜드 사이트, 기타 채널을 사용하여 소비자에게 직접 Tide 세탁 제품을 촉진한다. 풀 전략이 효과적이면 소비자는 Walmart, Target, Kroger, Walgreens, Amazon과 같은 소매업체에 브

푸시 전략(push strategy)
유통경로를 통해 제품을 밀어내기 위해 판매사원이나 중간상 판촉을 주로 사용하는 촉진전략으로, 생산자는 경로구성원에게 제품을 촉진시키고 경로구성원들은 다시 이를 최종고객에게 판매하기 위해 촉진활동을 함

풀 전략(pull strategy)
최종소비자들의 구매를 유도하기 위해 소비자 광고에 많은 촉진예산을 사용하는 촉진전략으로, 창출된 제품수요는 경로구성원들로 하여금 해당제품을 진열하기 위해 주문을 하게 만듦

➤➤ 그림 12.2 푸시 전략과 풀 전략

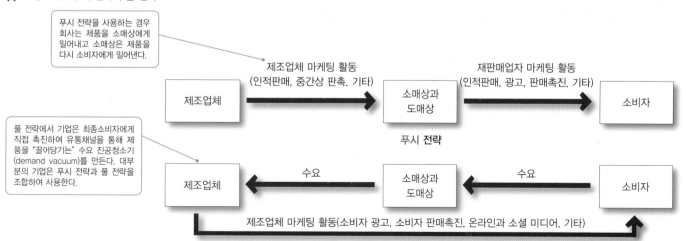

푸시 전략을 사용하는 경우 회사는 제품을 소매상에게 밀어내고 소매상은 제품을 다시 소비자에게 밀어낸다.

풀 전략에서 기업은 최종소비자에게 직접 촉진하여 유통채널을 통해 제품을 "끌어당기는" 수요 진공청소기(demand vacuum)를 만든다. 대부분의 기업은 푸시 전략과 풀 전략을 조합하여 사용한다.

제조업체 마케팅 활동
(인적판매, 중간상 판촉, 기타)

재판매업자 마케팅 활동
(인적판매, 광고, 판매촉진, 기타)

제조업체 → 소매상과 도매상 → 소비자

푸시 전략

제조업체 ← 수요 ← 소매상과 도매상 ← 수요 ← 소비자

제조업체 마케팅 활동(소비자 광고, 소비자 판매촉진, 온라인과 소셜 미디어, 기타)

풀 전략

랜드를 요구할 것이며, 이어서 유통업체들은 P&G에 제품을 요구할 것이다. 따라서 풀전략하에서 소비자 수요는 채널을 통해 제품을 "끌어당긴다."

일부 산업재 회사들은 푸시 전략만 사용하고, 일부 직접 마케팅 회사는 풀 전략만 사용한다. 그러나 대부분의 대기업들은 이 두 전략을 적절히 조합하여 사용한다. 예를 들어, P&G는 브랜드 선호를 창출하고 소비자들을 자신들의 제품을 판매하는 매장으로 유도하기 위해 미국 미디어 광고와 소비자 판매촉진 비용으로 43억불 이상을 지출한다.[10] 동시에 이 회사는 유통경로를 통해 자신의 브랜드들을 밀어내기 위해 회사 및 유통경로원의 판매사원과 트레이드 판매촉진을 사용하는데, 이를 통해 고객이 원할 때 이 회사의 제품들은 매대에 준비되어 있다.

회사들은 촉진믹스 전략을 설계할 때, 제품과 시장의 유형, 제품 수명주기를 포함한 많은 요인을 고려한다. 예를 들어, 서로 다른 촉진도구들의 중요성은 소비재 및 산업재 시장에 따라 다르다. B2C(business to consumer) 회사들은 통상적으로 풀 전략을 더 많이 사용하는데, 광고, 판매촉진, 인적판매, 공중관계의 순으로 판촉자금을 사용한다. 반면, B2B(business to business) 마케터들은 푸시 전략을 가장 많이 사용하는데, 인적판매에 더 많은 자금을 쓰고, 이어서 판매촉진, 광고, 공중관계 순으로 자금을 쓴다.

개념 연결하기

잠깐 쉬면서 이 장에서 지금까지 읽었던 내용들을 돌아보자.

● 통합적 마케팅커뮤니케이션(IMC) 개념은 어떻게 촉진믹스와 연결되는가?

● 변화하는 커뮤니케이션 환경은 회사가 소비자들에게 자신의 제품과 서비스를 전달하는 방식에 어떻게 영향을 주는가? 만일 여러분이 신차 시장에 있다면 여러분은 어디에서 다양한 차종에 대한 정보를 얻을 수 있을까? 여러분은 어디에서 정보를 탐색하게 될까?

저자 코멘트
여러분은 광고에 매일 접하여 이미 잘 알고 있다. 그러나 우리는 회사들이 어떻게 광고 관련 의사결정을 하고 있는가에 대한 숨겨진 이야기들을 살펴볼 것이다.

광고와 주요 의사결정

광고(advertising)는 초기 역사 기록까지 거슬러 올라갈 수 있다. 지중해 주변국가에서 작업하고 있는 고고학자들은 다양한 형태의 이벤트와 제안을 알리는 간판들(signs)을 발굴하고 있다. 로마인들은 격투경기를 벽에 페인트로 칠했고, 페니키아 사람들은 퍼레이드 길을 따라 큰 바위에 상품을 촉진하는 그림을 그렸다. 그리스의 황금기에는 읍사무소 홍보요원들이 가축, 세공된 작품, 화장품 판매를 발표했다. 초기의 노래하는 광고는 다음과 같다. "반짝이는 눈을 위하여/ 새벽 여명과 같은 볼을 위하여/ 어린 시절이 지나가도 지속되는 아름다움을 위하여/ 적절한 가격을 위하여/ Aesclyptos에서 온 화장품을 구입하시겠습니까?"

그러나 현대 광고는 이러한 초기의 것들과 많이 다르다. 미국 광고주들은 연간 광고비로 2,000억 달러 이상을 지출하는 것으로 추산되고, 세계적으로는 5,580억 달러 이상을 광고에 지출하는 것으로 추산된다. 세계에서 가장 많은 광고비를 쓰고 있는 Procter & Gamble은 작년 미국에서 광고비로 43억 달러를 썼고, 세계적으로 105억 달러 이상

을 지출했다.[11]

대부분 영리 기업들이 광고를 사용하지만, 비영리단체, 전문가와 사회적 에이전시 등 여러 기관들이 다양한 표적 공중들에게 대의명분을 촉진하기 위해 광고를 활용하기도 한다. 실제로 미국에서 46번째로 광고비를 많이 지출하는 기관은 다양한 방식으로 광고를 사용하는 비영리단체인 미국 정부이다. 예를 들어, 미국 군대는 군인들을 모집하기 위해 연간 4억 달러를 쓴다.[12] 광고는 그 목적이 전 세계에 Coca-Cola를 파는 것이든, 흡연자들이 습관을 버리는 것을 도와주는 것이든 또는 개발도상국에 있는 사람들이 어떻게 더 건강한 삶을 살 수 있는가를 교육시키는 것이든 사람들을 참여시키고 정보를 제공하고 설득하는 좋은 방법이다.

마케팅 관리자들은 광고프로그램을 개발할 때 다음과 같은 4가지 의사결정을 내려야 한다(그림 12.3 참조). 광고목표의 설정, 광고예산의 결정, 광고전략(메시지와 관련된 의사결정과 미디어와 관련된 의사결정)의 개발, 광고캠페인의 평가이다.

》》 그림 12.3 주요 광고와 관련된 의사결정

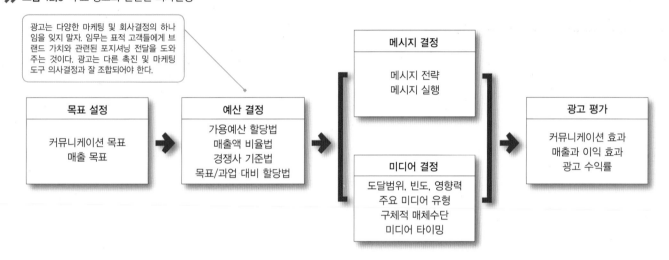

광고목표의 설정

광고프로그램 개발의 첫 번째 단계는 광고목표(advertising objectives)를 설정하는 것이다. 목표는 표적청중, 포지셔닝, 마케팅믹스에 대한 의사결정을 기반으로 하는데, 이는 광고가 전체 마케팅프로그램에서 해야 할 일을 정의한다. 전반적인 광고목표는 고객가치를 전달함으로써 고객관계를 구축하는 것을 돕는데 있다. 여기서 구체적인 광고목표를 설명하기로 한다.

광고목표는 특정한 표적청중에게 구체적인 기간 동안 성취해야 할 구체적인 커뮤니케이션 과업이다. 광고목표는 주요 목적에 따라 정보 전달형, 설득형, 상기형 등으로 구분될 수 있다. 표 12.1은 세 가지 구체적인 목표들의 예를 기술하였다.

정보형 광고(informative advertising)는 새로운 제품군을 소개할 때 가장 많이 사용된다. 이 경우 목표는 일차적인 수요를 확보하는 것이다. 따라서 초기 완전 전기차 생산기업들은 소비자에게 신제품의 경제적 편익과 성능 정보를 알려야 했다.

설득형 광고(persuasive advertising)는 경쟁이 치열해지면 더 중요해진다. 여기서 회사의 목적은 선별적인 수요를 구축하는 것이다. 예를 들어, 전기차가 알려지고 유행하

광고목표(advertising objective)
특정 기간 동안 특정 표적청중을 대상으로 성취하려는 구체적 커뮤니케이션 과업

표 12.1	가능한 광고목표 예시

정보전달형 광고

고객가치 커뮤니케이션	제품에 대한 새로운 용도 제안
브랜드와 기업 이미지 구축	가격정보 제공
시장에 신제품 소개 및 설명	이용 가능한 서비스와 지원 내용 기술
제품 작동 방법 설명	잘못된 인상 바로잡기

설득형 광고

브랜드 선호도 구축	소비자가 지금 구매하도록 설득
자사 브랜드로의 전환 유도	소비자가 구매권유 전화를 받도록 유도
제품속성에 관한 소비자지각의 변화	소비자가 다른 사람들에게 브랜드에 대해 이야기 하도록 설득

상기형 광고

고객관계 유지	소비자에게 제품을 살 수 있는 장소를 상기시킴
고객에게 가까운 미래에 자사 제품이 필요	비수요기에도 소비자가 브랜드를 인지하도록 함
할지 모른다고 상기시켜 줌	

면서 GM은 자사 전기차 Bolt가 Tesla Model 3, Toyota Prius Prime, Nissan leaf 보다 가격 대비 더 큰 가치를 제공한다고 고객들을 설득하고 있다. 이러한 광고는 고객을 참여시키고 브랜드 커뮤니티를 만들기 원한다.

일부 설득형 광고는 비교광고(comparative advertising) 또는 공격 광고(attack advertising)의 형태를 띠기도 하는데, 비교광고는 한 브랜드를 다른 경쟁 브랜드와 직접적으로 또는 간접적으로 비교하는 것이다. 비교광고는 청량음료와 패스트푸드부터 자동차 대여, 신용카드, 무선전화 서비스에 이르기까지 거의 모든 제품 범주에서 볼 수 있다. 예를 들어, Pepsi는 라이벌인 Coca-Cola와 직접적으로 비교하는 비교광고를 오랫동안 사용해 왔다.[13]

비교광고는 오랫동안 지속된 'Pepsi Challenge' 캠페인으로 시작되었다. 이 광고에서 Pepsi는 쇼핑몰과 기타 공공장소에서 실시한 블라인드 맛 테스트를 보여주었는데, 소비자들은 Coca-Cola보다 Pepsi의 맛을 일관되게 선호했다. 그 이후로 Pepsi는 콜라 대신 Pepsi를 선택하는 산타클로스(Coca-Cola 광고와 오랫동안 연관되어 있음)를 보여주는 광고부터 Pepsi 배달 기사가 Pepsi의 차가운 캔에서 콜라를 몰래 버리는 Coca-Cola 배달 기사 사진을 찍는 광고에 이르기까지 정기적으로 더 큰 경쟁자를 비틀어 공격하는 비교광고를 만들어 왔다. 또 다른 광고에서는 Pepsi를 마시는 행복한 사람이 Coca-Cola 구매자에게 "당신은 아직도 북극곰을 가지고 있네요."(또 다른 Coca-Cola 광고 심벌)라고 말하면서 조롱한다. 듬성듬성한 털을 가진 북극곰은 슬픈 모습으로 콜라 마시는 사람을 쓰다듬는다. 이러한 비교광고는 Pepsi 팬들에게 인기가 있었다. Pepsi의 브랜드 및 디지털 마케팅 책임자는 "우리가 사랑하는 파란색과 빨간색을 나란히 보는 것만큼 팬들의 관심을 사로잡는 것은 거의 없습니다. 과거에는 비교광고가 우리를 위해 효과가 있었고 잘 되었습니다. 소비자들도 비교광고 보는 것을 좋아합니다."라고 말한다.

비교광고 캠페인은 종종 논란을 일으킨다. 여러 번 사용하는 것이 문제의 핵심이다. 기존 시장 리더는 소비자의 선택 대안에서 다른 브랜드를 제외시키고 싶어하고 도전자는 기존 소비자 고려상표군을 흔들고 소비자 대화중에 자사 브랜드가 언급되고 리더와 동등한 위치에 있기를 원한다. 예를 들어, Microsoft는 시장을 선도하는 경쟁자에게 도전하고 도전자의 공격을 방어하기 위해 성공적으로 비교광고를 활용한 긴 마케팅 역사를 가지고 있다.

　광고주들은 비교광고를 사용할 때 주의해야 한다. 너무 자주 사용되면, 경쟁사가 반격할 수 있고, 그 결과는 모두가 패자가 되는 광고전쟁을 불러일으킨다. 화가 난 경쟁사들은 자율적으로 규제하는 National Advertising Division of the Counsil of Better Business Bureaus에 항의를 하거나 거짓 광고에 대한 소송을 제기하기도 한다. Chobani의 비교광고에 대한 경쟁자들의 최근 반응을 생각해 볼 필요가 있다.[14]

Chobani Simply 100 요구르트 광고에서 한 여성이 Yoplait Greek 100 요구르트 용기의 라벨을 자세히 살펴본 후 그 용기를 버리는 장면이 나온다. "소르브산 칼륨? 정말? 그 물건은 벌레를 죽이는 데 사용됩니다."라는 설명이 함께 방송된다. 이 광고는 Chobani Simply 100 그릭 요거트에 방부제가 전혀 포함되어 있지 않다는 점을 이야기하면서 끝난다. 또 다른 광고에서는 수영장 옆에 앉아 있는 여성이 Dannon Light와 Fit 용기를 쓰레기통에 던지는 모습을 묘사했다. 그리고 "Sucralose, 왜? 그 재료에는 염소가 첨가되어 있습니다. Chobani Simply 100은 자연적으로 달게 한 유일한 100칼로리 요구르트입니다."라고 언급했다. 경쟁자들은 Chobani의 잽(jabs)을 친절하게 받아들이지 않았다. 요플레 생산기업 General Mills는 Chobani의 광고가 오도광고(misleading advertising)라고 소송을 제기했다. 그리고 Dannon의 변호사는 Chobani에게 캠페인 중단을 요청하는 문서를 보냈다. 이에 Chobani는 Chobani의 광고가 오도광고가 아니라는 것을 확인하기 위해 Dannon을 법원에 고소했다. 두 소송에서 법원은 Chobai 광고의 경쟁사에 대한 정보가 오도광고의 성격이 있다고 보고 Chobani가 해당 광고를 사용할 수 없다고 판결했다.

　상기형 광고(reminder advertising)는 고객관계를 유지시키고, 고객들이 제품을 계속 생각하게 만드는데 도움을 주기 때문에 성숙 시장 제품에 중요하다. 비싼 Coca-Cola TV광고들은 단기적으로 소비자의 구매를 설득하는 데 목적을 두기 보다는 Coca-Cola 브랜드와의 관계를 구축하고 유지하는 데 목적이 있다.

　광고의 목표는 소비자 구매 의사결정 과정에서 구매자를 움직이는 것이다. 어떤 광고는 소비자들의 즉각적인 구매를 유도하도록 설계된다. 예를 들어, Weight Watcher 직접반응 TV광고는 고객들에게 온라인에 가서 바로 가입하라고 촉구하고, 주말 세일을 안내하는 Walgreens 모바일 광고는 즉각적인 매장방문을 유도한다. 그러나 많은 광고들은 장기적인 고객관계를 구축하거나 강화하는 데 초점을 맞춘다. 예를 들어, 잘 알려진 운동선수가 고난도에 도전하는 나이키 TV광고는 결코 즉각적인 판매를 유도하려 하지 않는다. 대신 이 광고의 목적은 고객들이 브랜드에 대하여 생각하고 느끼는 방식을 변화시키는 데 있다.

광고예산의 설정

광고목표를 결정하고 나면, 기업은 다음 단계로 각 제품을 위한 **광고예산**(advertising budget)을 설정한다. 우리는 광고를 위한 전체예산을 설정하기 위하여 사용되는 4가지의 일반적인 방법들을 살펴볼 것이다. 가용예산 할당법(affordable method), 매출

광고예산(advertising budget)
제품 혹은 기업 광고프로그램에 할당되는 비용과 기타 자원

MARKETING AT WORK 12.2

Lenovo: 시장의 선도 브랜드들에 정면으로 도전하다

지난 10년 동안 치열한 스마트폰 시장 경쟁 때문에 훌륭한 광고 캠페인들이 만들어졌다. 세분시장 안에서 경쟁이 심하기 때문에 기업과 광고주들은 혁신적이고 창의적인 콘셉트를 찾아 설득력있는 메시지를 개발하고 여러 미디어를 사용했다. 그리고 흥미로운 스타일을 실행하고 다양한 방식으로 청중들을 참여시켰다.

오랫동안 Apple은 스마트폰 시장에서 확실한 리더였지만, 한국 전자회사인 삼성이 Apple의 리더십 지위에 도전하기 시작하자 광고계에서 꼭 봐야 할 매우 흥미로운 비교광고 캠페인들이 등장했다. 비교광고는 브랜드와 경쟁사의 브랜드를 직접 또는 간접적으로 비교한다. 직접 비교광고는 브랜드를 다른 브랜드와 구체적으로 비교하는 반면, 간접 비교광고는 제품을 직접적으로 비교하지 않고 광고 메시지에서 경쟁 브랜드를 미묘하게 비교한다. 조사에 따르면 광고의 3분의 1 이상이 본질적으로 비교광고이고 광고의 약 4분의 1은 경쟁 브랜드를 직접적으로 언급한다.

2012년 삼성은 갤럭시 시리즈를 출시할 때 공격적인 비교광고를 사용했다. 광고에서 다음 "Big Thing"이 이미 출시되었다고 주장한 것은 그 해에 iPhone 5를 출시한 Apple에 대한 직접적인 공격이었다. 광고에서 삼성은 스마트폰 사용자에게는 중요하지만 Apple에서는 제공하지 못하는 기능을 성공적으로 강조했다.

이 광고는 Apple의 이름과 로고를 피하면서 유머와 조롱을 효과적으로 사용하여 Apple 브랜드의 핵심 측면을 평가절하했다. 유머는 삼성의 Apple 제품에 대한 공격을 완화시켜 시청자들이 삼성제품에 대해 긍정적인 느낌을 가질 수 있도록 했다. 이 전략은 삼성에 잘 맞았다. 청중의 관심을 Apple에 돌리지 않으면서도 삼성 브랜드에 대한 강조를 유지할 수 있었다.

2012년부터 삼성은 20~30%의 시장점유율로 글로벌 스마트폰 시장의 선두 주자였으며 Apple은 계속해서 가장 근접한 경쟁자였다. 두 거인의 뒤를 Huawei, Xiaomi를 비롯한 기타 중국기업들이 따랐다. 2016년에 전 세계 여러 시장에서 스마트폰 매출 성장이 정체되면서 스마트폰 산업이 성숙 단계로 접어든 것으로 나타났다. 이는 주로 미국, 캐나다, 일본, 서유럽과 같은 선진국 시장의 감소로 인한 것이었다. 중국에서는 합리적 가격을 제시하는 새로운 가치 추구 기업들이 부상하면서 성숙 성장 패턴이 나타났다. 2016년 Apple의 매출은 18% 감소했는데 13년 만에 처음으로 감소한 것이었다. 그럼에도 불구하고 Apple과 삼성 브랜드는 계속 인기를 누렸고 소비자들은 Apple iPhone 7, Samsung Galaxy S7, Galaxy Note 7 출시에 대해 큰 기대를 갖고 열광했다.

이런 상황에서 놀랍게도 Lenovo는 2016년 3분기에 공격적인 움직임을 보였다. Lenovo는 경쟁업체의 7번째 스마트폰 버전 공개를 둘러싼 과대광고에 도전하기 위해 "7시리즈들을 건너뛰어라(Skip the Sevens)"라는 광고 캠페인을 시작했다. Lenovo는 2014년에 Google로부터 Motorola를 인수했다. 2016년 9월 "Skip the Sevens" 캠페인를 통해 Moto Z 스마트폰을 삼성, Apple과 경쟁적으로 포지셔닝하고 촉진하기로 결정했다. Lenovo의 촉진활동 공격은 Apple의 iPhone 7 및 iPhone 7 Plus 출시 몇 주 후에 시작되었으며 삼성은 배터리 폭발 사건이 알려진 후 Galaxy Note 7 핸드폰의 전 세계 리콜을 처리하고 있었다.

캠페인을 통해 시장 리더들을 조롱한 Lenovo는 비교광고

» Lenovo는 고객을 Lenovo Moto Z로 유도하기 위해 비교광고 접근방식을 채택했다.

dpa picture alliance/Alamy Stock Photo

를 통해 Apple과 삼성 사용자가 Lenovo Moto Z로 전환하도록 설득했다. Lenovo의 Moto Z 광고는 리더들이 의미있는 혁신을 하지 못한 것에 대해 창의적인 방법으로 도전했다. 두 거대기업에만 의존했기 때문에 스마트폰 혁신이 정체되었다고 암시했다. 광고에서 Apple과 삼성이 화면 디스플레이 크기를 늘리고 카메라를 몇 메가 픽셀로 변경하는 것과 같은 점진적인 제품 개선에만 초점을 맞추었다고 말했다. "소비자는 다음 '큰 변화(big thing)'를 위해 2년 이상을 기다려야 했습니다."

Lenovo의 캠페인은 전면 인쇄 광고, 디지털 광고, 2분 길이의 YouTube 동영상으로 시작되었다. 이 캠페인에서 Lenovo는 Moto Mods라는 Moto Z의 주요 기능을 소개했다. 사용자가 스냅식 케이스를 통해 휴대폰의 카메라, 스피커, 프로젝터 기능을 향상시킬 수 있도록 하는 기능이었다. 또한 캠페인은 다른 스마트폰 브랜드에 비해 향상된 배터리 수명을 강조했다. Lenovo는 인쇄 광고에서 핸드폰 기술을 혁명적으로 발전시킨 iPhone의 위치를 인정하는 창의적인 비교 방식을 사용했지만, 그 발전은 9년 전 이야기이고 그 이후로 작은 변화밖에 없었다는 것을 지적했다. 인쇄 광고가 끝부분에 Apple의 이전 브랜드 포지셔닝을 간접적으로 언급하고 나서 리더 기업인 Apple이 중단한 것을 Lenovo가 다시 시작한다고 이야기했다.

또한 캠페인에는 iPhone 7의 새로운 기능에 대한 느낌을 설명하도록 요청받은 iPhone 사용자들의 초점집단 면접 장면을 보여주는 2분 분량의 유튜브 동영상이 포함되었다. 참가자들은 이전 버전의 아이폰과 큰 차이가 없다는 점을 언급하며 가벼운 반응을 보였다. 이후에 전원팩, 외부 스피커, 카메라, 프로젝터로 기능하는 모듈식이고 교체 가능한 후면 케이스를 갖춘 신형 iPhone 프로토타입을 참가자들에게 소개했다. 참가자들은 새로운 기능에 흥분하면서 Apple이 마침내 소비자들의 말을 들었다고 말했다. 이 비디오 후반부에 참가자들이 프로토타입 전화기가 실제로 Moto Mod 기능이 있는 Moto Z라는 말을 들었다는 것을 보여주었다. Lenovo는 초점집단

면접의 참가자들이 배우가 아니라고 주장했다.

Lenovo는 점진적인 변화에 반대하는 입장을 말하기 시작했고 스마트폰 사용자가 익숙해져 버린 스마트폰의 작은 변화에 도전적 지적을 했다. Moto Mod 기능은 진정 혁신적이며 두 주요 브랜드의 제품과 대조된다는 것을 제시하고 광고 청중들에게 진정한 혁신이 무엇인지 재평가해 줄 것을 요청했다. 이 접근방식은 Apple과 삼성에 대한 소비자들의 충성도에 도전하는 공개적 비교광고 캠페인이었다. 이 캠페인은 얼마나 성공적이었을까?

과거에 Apple의 리더십에 도전한 삼성의 공격적인 비교광고 전략은 효과적이었다. Lenovo는 강력한 두 브랜드에 도전함으로써 혁명적인 변화를 가져온 브랜드라는 이미지를 구축할 수 있기를 희망했다. 그러나 Lenovo의 공격적인 전략은 성과를 거두지 못했다. 2018년 말까지 Lenovo Moto Z의 판매량은 매우 낮았고 도리어 감소했다. 판매 상위 5대 스마트폰은 삼성, Apple, Huawei, Xiaomi, Oppo였다.

출처: Jacob Kastrenakes, "Lenovo Hopes Its Snarky New Ad Will Stop You from Buying an iPhone or Galaxy" The Verge, September 15, 2016, http://www.theverge.com/2016/9/15/12927006/moto-z-skip-the-sevens-adcampaign-launches; tech2 NewsStaff, "Lenovo Takes a Dig at Apple, Samsung with Their 'Skip the Sevens' Campaign" September 17, 2016, http://tech.firstpost.com/news-analysis/lenovo-takes-a-dig-at-apple-samsung-withtheir-skip-the-sevens-campaign-335762.html; Aaron Baar, "Lenovo Tells Consumers to 'Skip the Sevens'," Marketing Daily, September 16, 2016. http://www.mediapost.com/publications/article/284847/lenovo-tells-consumersto-skip-the-sevens.html; Lenovo "Lenovo Moto Unveils 'Skip the Sevens' Campaign," September 15, 2016, http://www.prnewswire.com/news-releases/lenovo-moto-unveils-skip-the-sevens-campaign-300329162.html#continuejump; London School of Marketing, "How Samsung Used Comparative Advertising to Compete with Apple," September, 2012, http://www.londonschoolofmarketing.com/blog/bid/349914/How-Samsung-usedcomparative-advertising-to-compete-with-Apple; John Ellett "3 Reasons Samsung's Latest Advertising Poking Apple Is So Smart," Forbes, September 20, 2012, http://www.forbes.com/sites/lizryan/2016/12/13/six-things-never-everto-do-on-company-time/#273008ba2fa7; Elad Natanson "A Pivotal Year for the Smartphone Industry," Forbes, September 12, 2016, http://www.forbes.com/sites/eladnatanson/2016/09/12/2016-a-pivotal-year-for-thesmartphone-industry/#538e64a72f3c; IDC Press Release, "Worldwide Smartphone Volumes Relatively Flat in Q2 2016 Marking the Second Straight Quarter without Growth," IDC, July 28, 2016, http://www.idc.com/getdoc.jsp?containerId=prUS41636516.

액 비율법(percentage-of-sales method), 경쟁사 대비 할당법(competitive parity method), 목표 대비 할당법(objective-and-task method)이 있다.

가용예산 할당법

일부 기업들은 **가용예산 할당법**(affordable method)을 사용한다. 이 방식에서는 기업이 감당할 수 있는 수준에서 촉진예산을 설정한다. 소규모 기업들은 자신이 가지고 있는

가용예산 할당법(affordable method)
기업이 감당할 수 있다고 생각하는 수준에서 촉진예산을 설정하는 방식

여유자금 이상으로 광고에 비용을 지출할 수 없기 때문에 이 방법을 종종 사용한다. 전체 이익에서 운영비용과 자본지출을 제한 다음, 남은 자금의 일정 비율을 광고에 사용한다.

불행하게도 이와 같이 촉진예산을 설정하는 방식은 촉진이 매출에 미치는 영향을 무시한다. 이 방식은 광고가 회사의 성공에 결정적인 영향을 미칠 수 있는 상황에서도 우선순위가 높은 기업 활동들에 자금이 투여된 다음, 마지막으로 촉진비용을 쓴다. 이 방식은 연간 촉진예산을 불확실하게 만들고, 그에 따라 장기적인 시장계획을 어렵게 만든다. 가용예산 할당법은 과다한 광고비 지출이라는 결과를 초래할 수도 있지만, 과소지출을 초래하는 경우가 더 흔하다.

매출액 비율법

매출액 비율법
(percentage-of-sales method)
현재 또는 예상되는 매출 또는 판매 단가의 일정 비율을 촉진예산으로 설정하는 방식

다른 기업들은 현재의 또는 예상되는 매출의 일정 비율을 촉진예산으로 설정하는 **매출액 비율법**(percentage-of-sales method)을 사용한다. 또는 기업들은 단위당 판매가격의 일정 비율을 예산으로 설정한다. 매출액 비율법은 장점을 갖고 있다. 이 방식은 사용하기 편리하고 관리자들이 촉진비용, 판매가격, 단위당 수익 간의 관계에 대해 판단하는 것을 도와준다.

그러나 이러한 장점에도 불구하고, 매출액 비율법은 거의 정당화되지 못한다. 이 방식은 판매를 촉진의 결과가 아니라 원인으로 잘못 보고 있다. 많은 보고서들이 촉진비용과 브랜드 강점 간의 긍정적인 상관관계를 발견해 왔지만, 이 긍정적인 상관관계는 원인(촉진비)과 결과가 아니라 결과(브랜드 강점)가 원인(촉진비)을 결정하는 것으로 귀결되는 경우가 종종 있다. 더 높은 매출액을 갖는 강력한 브랜드가 가장 많은 광고예산을 쓸 수 있는 여력을 가질 수 있는 것이다.

따라서 매출액 비율법은 기회보다는 자금의 조달가능성을 근거로 한다. 이 방식은 때때로 매출감소를 반전시키기 위해 필요한 예산증가를 허용하지 않는다. 예산은 매년 매출에 따라 달라지기 때문에 장기적인 계획이 어려워진다. 마지막으로 이 방식은 과거에 사용해왔던 비율이나 경쟁사가 사용하는 비율 외에 다른 특정의 비율을 선정하기 위한 근거를 제공하지 않는다.

경쟁사 대비 할당법

경쟁사 대비 할당법
(competitive parity method)
경쟁사의 지출에 맞춰 촉진예산을 설정하는 방식

기업들은 경쟁사의 지출에 맞춰 촉진예산을 설정하는 **경쟁사 대비 할당법**(competitive parity method)을 사용할 수 있다. 이 방식에서는 경쟁사의 광고를 체크하거나 간행물이나 협회자료를 통하여 산업의 촉진비 추정치를 구한 다음, 산업의 평균에 근거하여 예산을 설정한다.

이 방식을 지지하는 두 가지 주장이 있다. 첫째, 경쟁사의 예산들은 산업 전체의 지혜를 반영한다. 둘째, 경쟁사에 맞추어 비용을 지출하면 촉진전쟁을 방지하는데 도움이 된다. 불행하게도 이 두 주장 모두 근거가 확실하지는 않다. 회사가 촉진에 사용해야 할 비용을 설정할 때 경쟁사가 자사보다 어느 정도의 촉진비용이 지출되어야 하는지와 관련하여 더 좋은 아이디어를 가지고 있다고 믿을 만한 근거가 전혀 없다. 기업들은 서로 많이 다르고, 각 기업은 각자 고유한 촉진의 필요성을 갖고 있다. 마지막으로 경쟁사 대비 할당법이 촉진전쟁을 방지한다는 증거가 없다.

목표 대비 할당법

가장 논리적인 예산 설정방식은 **목표 대비 할당법**(objective-and-task method)인데, 기업은 촉진활동으로 성취하기 원하는 것을 근거로 촉진예산을 설정한다. 이 방식은 1) 구체적인 촉진목표의 설정, 2) 그 목표를 달성하기 위하여 필요한 과업들의 결정, 3) 이러한 과업들을 수행하기 위하여 필요한 예산의 추정으로 구성된다. 각 과업의 수행에 필요한 비용들을 모두 합쳐서 촉진예산을 제안한다.

목표 대비 할당법의 장점은 관리자로 하여금 지출된 금액과 결과 간의 관계에 대한 가정을 명확히 설명하도록 요구하는 것이다. 그러나 이 방식은 가장 사용하기 어렵다. 구체적으로 어떤 과업이 설정된 목표를 달성하게 한 것인지 판단하기 어렵다. 예를 들어, 삼성이 최신 스마트폰 모델을 시장에 출시하여 초기 6개월 동안 95% 인지도를 달성하기 원한다고 가정해 보자. 삼성이 이 목표를 달성하기 위해 구체적으로 어떤 광고 메시지, 마케팅 콘텐츠, 미디어 스케줄을 사용해야 할까? 콘텐츠와 미디어에 들어갈 비용은 얼마일까? 답하기 어려울지라도 삼성 경영진은 이러한 질문들을 고려해야 한다.

어떤 방법이 사용되든, 광고예산을 설정하는 것은 쉬운 일이 아니다. 기업이 올바른 양의 지출을 하고 있다는 것을 어떻게 알 수 있을까? 통제할 수 있거나 할 수 없는 많은 요인들이 광고 효과에 영향을 미치기 때문에 과학적으로 광고 지출 결과를 측정하는 것은 아직 어려운 일로 남아 있다. 예를 들어, GEICO는 광고 상을 받는 광고 캠페인들에 연간 10억 달러 이상 지출한다. 너무 적은 액수인가? 적당한가? 아니면 너무 많은가? 대부분의 경우 마케터들이 광고 예산을 설정할 때 계량 분석과 더불어 주로 판단에 의존해야 한다.

목표/과업 대비 할당법
(objective-and-task method)
1) 구체적인 촉진목표의 설정, 2) 그 목표를 달성하기 위해 필요한 과업의 결정, 3) 이러한 과업들을 수행하기 위해 필요한 예산의 추정에 기반해 촉진예산을 설정하는 방식으로 각 과업의 수행에 필요한 비용을 모두 합친 것이 제안된 촉진예산임

이러한 상황 때문에 광고는 경제적으로 어려운 시기를 맞이하게 되면 삭감할 수 있는 가장 쉬운 예산 항목 중에 하나이다. 브랜드를 강화하는 광고의 삭감은 단기적으로 판매에 큰 해가 되지 않는 것처럼 보인다. 그러나 결국에는 광고 지출의 삭감은 브랜드 이미지와 시장점유율에 부정적 영향을 미친다. 실제로 경쟁사가 광고를 줄이는 동안 광고 지출을 유지하거나 오히려 늘린 회사들은 경쟁 우위를 확보할 수 있다.

>> 촉진예산을 설정하는 것은 기업의 가장 어려운 의사결정 중의 하나이다. 예를 들어, GEICO는 광고 상을 받는 광고 캠페인들에 연간 10억 달러 이상 지출한다. 너무 적은 액수인가? 적당한가? 아니면 너무 많은가?
NetPhotos/Alamy Stock Photo

광고전략의 개발

광고전략(advertising strategy)은 광고 메시지의 개발과 광고 미디어의 선정이라는 두 가지 주요 요소로 구성된다. 과거에 기업들은 매체계획을 메시지 개발과정의 다음 단계로 간주해 왔다. 크리에이티브 부서가 먼저 좋은 광고를 만든 다음, 미디어 부서가 표적청중에게 그 광고를 전달하는데 최적의 미디어를 선정하고 구매했다. 이런 과정은 때때로 크리에이티브 담당자들과 미디어 기획자들 간 갈등을 가져왔다.

그러나 오늘날 증가하는 미디어 비용, 더욱 초점이 맞춰진 표적마케팅 전략, 새로운 온라인, 모바일, 소셜 미디어의 홍수는 미디어기획 기능의 중요성을 부각시키고 있다. 광고 캠페인을 위하여 어떤 미디어를 사용할 것인가에 대한 의사결정(예: TV, 신문, 잡지, 셀폰, 웹사이트, 온라인 네트워크 및 이메일 등)은 광고캠페인의 크리에이티브 요소들보다

광고전략(advertising strategy)
기업이 광고목표를 달성하기 위해 수립한 계획으로, 광고 메시지 개발과 광고 매체 선정이라는 두 가지 주요 요소로 구성됨

더 중요하게 되었다. 그 결과 점점 더 많은 광고주들이 전달하는 메시지와 미디어 간의 보다 긴밀한 조화를 지휘하고 있다. 지난 장에서 논의한 바와 같이 목표는 모든 종류의 미디어들(지불된 것이든, 소유된 것이든, 확보된 것이든 또는 공유된 것이든)을 통해 브랜드 콘텐츠를 만들고 관리하는 것이다.

광고 메시지와 브랜드 콘텐츠의 개발

예산이 얼마이든, 광고는 소비자의 관심을 얻고 메시지가 잘 전달될 때 성공할 수 있다. 오늘날 비용이 비싸고 혼잡한 광고환경에서 좋은 광고 메시지는 특히 중요하다.

오늘날 미국의 평균가정은 200개 이상의 TV 채널을 볼 수 있고 소비자들이 고를 수 있는 잡지는 7,200개 이상이다.[15] 셀 수 없이 많은 라디오 방송국, 계속해서 오는 카탈로그, 직접 우편, 옥외 미디어, 이메일, 온라인, 모바일, 소셜 미디어를 추가하면 소비자들은 집과 직장을 포함한 모든 장소에서 광고와 브랜드 콘텐츠에 둘러 쌓여 있다. 예를 들어, 미국인들은 일년에 5.3조의 누적 온라인 광고 임프레션에 노출되고 매일 5억 개의 트윗을 소화하고, 576,000시간 유튜브에 올려진 비디오를 시청하고 Instagram에 공유되고 있는 9,500만 개의 사진들을 보고 Pinterest에 올려진 5백만 개의 기사를 읽으며 Facebook에 올려진 47.5억 개의 공유된 콘텐츠를 처리한다.[16]

광고혼잡 극복하기 만일 광고혼잡(advertising clutter)이 소비자들을 괴롭힌다면, 이것은 광고주에게도 큰 문제이다. 네트워크 TV 광고주들이 직면하는 상황을 생각해 보자. 30초짜리 광고를 만들기 위해 평균 350,000달러를 지출한다. 그리고 인기 있는 시간대에 광고를 내보낼 때마다, 보통 30초 광고에 평균 123,000달러를 지출한다. 만일 프로그램이 Sunday Night Football(700,000달러), This Is Us(394,000달러), Empire(437,000달러), 슈퍼볼(평균 30초당 5백만 달러) 같은 인기 프로그램이라면 더 많은 비용을 지출해야 한다. 이 경우에도 광고는 다른 광고들, 고지, 네트워크 안내 등과 같은 잡음에 둘러싸이는데, 프라임 타임 1시간에 거의 20분은 프로그램 외의 내용이 차지하며 평균적으로 6분마다 중간광고가 나온다. 이러한 TV와 다른 미디어에서의 혼잡상태는 매우 적대적인 광고환경을 만들었다.[17]

>> **광고혼잡:** 오늘날의 소비자들은 시청할 것과 시청하지 않을 것을 고를 수 있는 무기를 갖추고 있다. 점점 더 광고를 보려고 하지 않는다.
cgstock/Shutterstock

TV 시청자들은 광고주의 포로와 다를 바 없었다. 그러나 지금은 디지털이라는 마법이 고객들에게 풍부한 정보와 오락대안들(인터넷, 비디오 스트리밍, 소셜 및 모바일 미디어, 태블릿, 스마트폰 등)을 제공해 준다. 점점 더 많은 소비자들이 광고 없는 인터넷 기반이나 무선 스트리밍을 선호하여 케이블과 위성방송 구독을 중단하는 "코드 커터"가 되고 있다. 오늘날 소비자는 보고 싶지 않은 TV와 디지털 콘텐츠를 쉽게 건너뛰거나 음소거하거나 차단할 수 있다. 그리고 점점 더 광고를 보려고 하지 않는다. 따라서 광고주들은 전통적인 매체를 통하여 수동적인 시청자들에게 항상 동일한 진부한 메시지들을 강제로 주입할 수 없게 되었다. 시청자들의 관심을 얻고 유지하기 위해서 광고 메시지를 더 잘 기획해야 하고, 더 상상력이 풍부해야 하며, 시청자들이 감정적으로 참여될 수 있게 해 주어야 한다. 시청자들이 어쩔 수 없이 광고를 보게 만드는 것은 이제 더 이상 먹히지 않는다. 광고가 재미있고, 유용하며, 즐거운 내용을 제공하지 못하면 대부분 소비자들은 무시하거나 건너뛸 것이다.

광고와 오락의 결합 많은 마케터들이 광고혼잡을 피하기 위해 "Madison & Vine"으로 불리는 광고와 오락의 새로운 결합을 시도하고 있다. 여러분은 Madison Avenue란 말을 들어 본 적이 있을 것이다. Madison은 전국적으로 가장 규모가 큰 광고대행사들의 본부들이 모여 있는 뉴욕 시의 거리를 말한다. 또한 캘리포니아 Hollywood의 Hollywood Avenue와 Vine Street 교차로에 있는 Hollywood & Vine에 대해 들어 보았을 것이다. 이 지역은 오랜 기간 동안 미국 오락산업의 상징적 중심지로 간주되어 왔다. 이제 Madison Avenue와 Hollywood & Vine이 합쳐져서 새로운 교차로, 즉 "Madison & Vine"이 만들어지고 있다. 이는 새로운 매력적 메시지로 고객에게 도달하고 광고혼잡 상태를 뚫고 나가기 위한 새로운 길을 만들려고 광고와 오락을 결합하는 것을 의미한다.

이러한 광고와 오락의 결합은 "advertainment" 또는 "branded entertainment"라는 두 가지 중요한 형태를 갖고 있다. "advertainment"의 중요한 목적은 사람들이 보고 싶어 할 정도로 광고를 재미있고 유용하게 만드는 것이다. 광고가 갑자기 시청자의 시선을 얻기 위하여 끼어들어가는 것이 아니라 오히려 소비자를 초청하는 것이다. 여러분들이 일부러 광고를 보게 될 가능성은 거의 없다고 보는가? 다시 생각해 보라. 예를 들어, 슈퍼볼은 광고의 축제 이벤트로 발전해가고 있다. 수많은 시청자들이 매년 슈퍼볼 경기를 시청할 뿐만 아니라 게임 중에 나오는 재미있는 광고들을 보기 위하여 기다리고 있다. 그리고 이 슈퍼볼 전과 후에 올려진 광고들은 수천만의 뷰를 끌어 모은다. 오늘날 여러분이 TV를 보기 전에 YouTube에서 재미있는 광고를 보는 것은 일반적인 현상이다.

광고주들은 광고처럼 보이지 않고 짧은 영화나 쇼처럼 보이는 새로운 유형의 광고를 만들고 있다. Webisode와 블로그에서부터 구전 비디오에 이르기까지 새로운 브랜드 메시지 플랫폼은 광고와 오락의 경계를 희미하게 만들고 있다. 예를 들어, 크게 성공한 Marriott의 "Two Bellmen" 비디오 시리즈가 있다.[18]

Madison & Vine
광고혼잡을 극복하고 소비자의 메시지 참여수준을 더욱 높일 수 있는 새로운 커뮤니케이션 방식을 창출하기 위해 광고와 오락을 결합시키는 추세를 의미하는 용어

Marriott가 만든 긴 형식의 'Two Bellmen' 동영상은 개인 맞춤 서비스의 비인간화를 상징하는 '바이오봇' 로봇의 악한 음모를 무너뜨리는 두 명의 Marriott 벨맨의 액션으로 가득찬 모험에 대한 내용이다. 로스앤젤레스, 두바이, 대한민국 서울과 같은 Marriott 도시에서 촬영된 '두 벨맨' 에피소드는 광고라기보다 엔터테인먼트에 가깝다. 그러나 시리즈 광고는 전통적인 제품 중심 광고보다 더 강하게 브랜드 정신을 전달하고 Marriott를 부각시킨다. Marriott 콘텐츠 스튜디오에서 제작해서 여러 상을 받은 이 동영상은 비평가들의 호평을 받고 소비자 참여를 이끌어 냈다. 이 동영상 시리즈는 출시 후 몇 달 만에 YouTube에서 5~8백만 조회 수를 기록한다. 가장 최근의 동영상은 광고 가치에서 약 3,400만 달러의 가치가 있는 인상적인 2억 4,700만 PR 노출을 기록했다. Marriott의 크리에이티브와 콘텐츠 마케팅 부사장은 "고객의 시청을 방해하는 마케팅은 끝났습니다."라고 말한다. "우리의 단편 영화는 열광적인 브랜드 팬을 만들고 호텔의 상거래를 촉진합니다…수많은 화면과 마케팅 메시지로 가득 찬 세상에서 [우리는] 소비자를 방해하지 않고 대신 스토리텔링을 사용하여 고객이 이미 있는 곳에 도달하는 임무를 수행하고 있습니다."

오늘날 마케터들은 혼잡을 피하고 소비자들을 참여시키기 위해 다양한 방법을 테스트하고 있다. 예를 들어, 최근 P&G가 슈퍼볼에서 내보낸 'It's a Tide Ad' 광고에서는 Stranger Things 배우 David Harbour가 시청자에게 게임 중에 본 모든 광고에 대해 질문을 던졌다. 시청자들이 광고에서 깨끗한 옷을 봤다면 Tide 광고였다. 1쿼터에 45초짜리 광고가 상영되었다. 자동차, 맥주, 면도 등 다양한 티저 시나리오를 선보인 뒤 '이것은 Tide 광고다'를 공개했다. 어떻게 아십니까? "그 깨끗한 옷 좀 봐." 다음 쿼터에서도 이 P&G 광고는 다른 제품의 광고인 것처럼 시작된 후 "It's a Tide ad"를 공개했다. P&G의 영리한 캠페인은 슈퍼볼 게임 내내 시청자들이 광고를 볼 때 Tide 광고인지 아니면 다른 광고인지 묻게 만들었다.[19]

다른 브랜드도 예상치 못한 반전을 통해 고객 참여를 이끌어 냈다. 예를 들어, JCPenny는 일관성 없는 트윗을 올려 광범위한 관심을 끌었는데, 사람들은 소셜 미디어 담당자가 술에 취했거나 녹초가 되어 이런 글을 트윗했다고 추측할 정도였다. JCPenny는 이 사람은 겨울 상품을 촉진하기 위해 벙어리 장갑을 끼고 트윗을 했다고 말했다. P&G의 Charmin 브랜드의 #tweetfromtheseat Twitter 캠페인은 고객참여를 유도하고 입소문을 일으키기 위해 다음과 같은 질문을 했다. "Charmin이 묻습니다. 스트리밍하는 동안 스트리밍에 대해 어떻게 생각합니까?", "화장실에 휴지가 남아 있지 않습니다. 도와달라고 소리를 지를 겁니까? 엉덩이를 움직여서 공기로 마르게 할 겁니까? 아니면 도와달라고 문자를 보낼 겁니까?"[20]

"브랜드 통합(Branded integration 또는 branded entertainment)"은 브랜드가 오락의 일부분이 되도록 하는 것이다. 가장 흔히 사용되는 형태가 PPL(product placement)인데, 이는 브랜드를 다른 프로그램의 소도구로 삽입하는 것이다. Will & Grace 에피소드에서 Starbucks 컵으로 마시는 등장인물, Young Sheldon 장면에 나오는 Jimmy Dean 소시지, Cheesecake Factory에서 일하는 The Big Bang Theory의 등장인물을 볼 수 있다. 가장 최근 어벤저스 영화에서 Black Widow가 Harley-Davidson Livewire를 타는 장면도 있다.

PPL은 에피소드 형식으로 묘사되기도 한다. 예를 들어, PPL은 영화나 TV 프로그램 에피소드의 대본에 들어갈 수도 있다. 예를 들어, Black-ish의 한 에피소드에서 이야기 전개는 등장인물 Dre와 Bow가 딸 Zoey를 위해 구입한 Buick Encore를 중심으로 진행되었다. 전체 쇼가 브랜드와 그 제품을 중심으로 진행된 예는 영국 방송사 Channel 4와 냉동식품 체인인 Iceland의 컬래버레이션(collaboration)이 있다. Channel 4의 Eat the Week with Iceland는 함께 요리하는 시간을 귀찮아하는 두 가족의 시도를 담은 리얼리티 TV 프로그램이다. 이 회사는 가족, 요리법, 장비 선택 등 모든 주요 결정에 대해 투표를 했다. 점포들과 디지털 플랫폼들이 방송사와 Iceland 간의 컬래버를 지원했다.

처음에 TV에서 시도되었던 "branded entertainment"는 오락산업의 여러 분야에서 광범위하게 사용되고 있다. 주의 깊게 보면 영화, 비디오 게임, 만화책, 브로드웨이 뮤지컬, 팝 음악에서도 PPL 제품들을 볼 수 있다.

찬사를 받은 The LEGO MOVIE는 LEGO의 상징인 건축벽돌의 100분짜리 PPL 영화라고 볼 수 있다. 한 작가에 따르면 "관람객들은 행복하게 앉아서 영화적인 판매 소구를 접합니다. 매우 개인적인 상황에 삽입되어 청중들은 제품의 다양한 측면을 봅니다.

이 영화의 대부분은 LEGO 벽돌들이 창의적인 도구로 사용되는 것을 숨 막히게 보여주는데 영화를 완벽한 제품삽입의 도구로 사용한 완벽한 사례입니다."라고 말한다. 이 Lego Movie는 상영된 후 1년 동안 LEGO 그룹의 매출을 13%나 올려 주었다.[21]

브랜드 통합의 또 다른 형태는 "**네이티브 광고**(native advertising 또는 sponsored content 라고 불림)"인데, 웹이나 소셜 미디어에 자연스럽게 등장하는 광고나 온라인 콘텐츠이다. 다시 말해서 브랜드 콘텐츠는 웹이나 소셜 미디어 플랫폼에 있는 다른 자연스러운 콘텐츠처럼 보인다.

>> **브랜드 통합:** 찬사를 받는 영화 The LEGO MOVIE는 상징적인 LEGO 건축벽돌의 100분 짜리 제품 삽입 장소이다. 한 작가는 제품삽입의 극치라고 칭한다.

Pictorial Press Ltd/Alamy

이 콘텐츠는 The Huffington Post, BuzzFeed, Mashable, The New York Times, The Wall Street Journal 같은 웹사이트에 기사처럼 보인다. 이 기사는 광고주에 의해서 돈이 지불되어 만들어지고 게재되지만, 편집자 스태프에 의해 쓰여진 기사들과 같은 형태로 사용한다. 또는 이 콘텐츠는 해당 브랜드의 기업이 준비한 비디오, 그림, 사진, 포스트, 페이지인데 Facebook, YouTube, Instagram, Pinterest, Twitter와 같은 소셜 미디어에 올려 진다. 이 콘텐츠는 미디어들이 올린 다른 콘텐츠의 형태와 일치하고 자연스러운 내용을 담는다. Twitter가 Tweet을, Facebook이 이야기를, BuzzFeed가 포스트를, Snapchat이 브랜드 이야기 광고를 촉진하는 것이 예들이다.

네이티브 광고(native advertising)
웹이나 소셜 미디어 플랫폼에서 주변의 다른 자연 콘텐츠와 같은 형태와 기능을 하는 광고나 브랜드 제작 온라인 콘텐츠

"네이티브 광고"는 점점 더 인기를 얻고 있는 브랜드 콘텐츠 형태이다. 광고주가 브랜드와 소비자 콘텐츠 사이에서 의미 있는 연상을 만들 수 있게 해준다. 그리고 이러한 광고는 광고 차단기를 우회하지만 팝업 광고나 배너보다 청중에게 덜 거슬리는 것 같다. 최근 한 연구에 따르면 시청자는 배너 광고보다 네이티브 광고에 53% 더 주목한다. 이러한 결과로 한 낙관적인 예측에 따르면 광고주들은 향후 4년 동안 마케팅 예산의 25%를 기존 광고에서 네이티브 및 콘텐츠 마케팅으로 이동할 것이라고 한다.[22]

그래서 Madison & Vine은 지금 광고, 브랜드 콘텐츠, 엔터테인먼트가 만나는 장소이다. 목표는 광고가 오락을 방해하는 것이 아니라 오락의 부분이 되도록 만드는 것이다. 광고회사 JWT는 "광고는 사람들의 관심을 방해하는 것을 멈추고 사람들이 관심을 갖는 것이 되어야 한다고 믿는다."고 표현한다. 그러나 광고주들은 새로운 교차점이 너무 혼잡할 수 있음에 주의해야 한다. Madison & Vine은 새로운 광고 형식과 PPL로 기업들이 피하고자 했던 광고혼잡을 만들 수도 있다. 그 시점에 도달하면 소비자들은 또 다른 길을 선택하게 될 것이다.

메시지 및 콘텐츠 전략 효과적인 광고 메시지를 개발하는 첫 번째 단계는 메시지전략을 기획하는 것으로, 이는 전반적으로 어떤 메시지가 소비자들에게 의사소통되어야 하는가를 결정하는 것이다. 광고의 목적은 어떤 방식이든 소비자들로 하여금 제품이나 기업을 생각하게 만들거나 반응하게 하는 것이다. 사람들이 반응하는 경우는 자신들이 그렇게 함으로써 어떤 혜택을 받을 것이라고 믿을 때이다. 따라서 효과적인 메시지전략의 개발은 광고 소구로 사용될 수 있는 고객 혜택들을 확인하는 것에서 시작된다. 이상적인

것은 광의의 기업 포지셔닝과 고객가치 전략이 수립된 다음 광고메시지 전략을 수립하는 것이다.

메시지전략 기술문은 광고주가 강조하기 원하는 혜택과 포지셔닝을 평범하고 간단하게 요약한 것이다. 다음 단계에서 광고주는 설득력있는 **크리에이티브 개념**(creative concept)이나 아이디어를 개발하는데, 이는 독특하면서 기억할 만한 방법으로 메시지전략에 활기를 불어넣어 준다. 이 단계에서, 간단한 메시지 아이디어는 대단한 광고캠페인으로 발전한다. 통상적으로 카피라이터와 아트디렉터가 한 팀을 이루어 다양한 크리에이티브 개념들을 만들어 내고, 이들 중 하나를 큰 아이디어로 발전시키고자 노력한다. 크리에이티브 개념은 시각적 표현, 문구나 이들의 조합으로 구현된다.

크리에이티브 개념(creative concept)
독특하고 기억에 남는 방식으로 광고메시지 전략에 생기를 불어넣는 설득력있는 빅 아이디어

크리에이티브 개념은 광고캠페인에 사용될 구체적 소구를 선택하는데 안내 역할을 한다. 광고 소구(advertising appeal)는 다음과 같은 세 가지 특징들을 가져야 한다. 첫째, 광고 소구는 의미 있는 것이어야 한다. 의미 있는 광고 소구란 제품을 소비자들에게 더 바람직하고 흥미로운 것으로 보이도록 만드는 혜택들을 제시하는 것이다. 둘째, 소구는 믿을만해야 한다. 즉, 제품이나 서비스가 약속한 혜택을 전달할 것이라고 소비자들이 믿게 만들어야 한다.

▶▶ **구별되는 광고 소구:** Wolverine은 유명한 Caterpillar 건설 장비 브랜드와의 연계를 통해 Cat Earthmovers 신발을 차별화한다. Cat Earthmovers 부츠는 "불도저에서 태어났습니다."
Courtesy Young & Laramore and Cat Footwear

그러나 가장 의미 있고 믿을 만한 혜택들이 최고의 소구점은 아니다. 소구는 독특해야 한다. 광고 소구는 자사제품이 경쟁사 제품보다 무엇이 더 좋은가를 보여주어야 한다.

예를 들어, 손목시계가 주는 가장 중요한 혜택은 정확한 시간을 알려주는 것이지만, 이를 강조하는 시계광고는 별로 많지 않다. 대신 손목시계 광고주들은 그들이 제안하는 독특한 혜택을 기반으로 광고주제들 중 하나를 선택한다. 수년간 Timex는 적절한 가격대의 시계("takes a licking and keeps on ticking")였다. 대조적으로 Rolex 광고는 시간을 알리는 것을 전혀 언급하지 않는다. 대신 그들은 "완벽함에 사로잡힘"이라는 브랜드 주제와 "Rolex는 수년간 탁월한 성능과 권위의 상징이었다."는 사실에 대해 100년을 넘게 이야기한다.

마찬가지로 작업 부츠의 가장 의미 있는 혜택은 견고함과 내구이다. 그러나 Wolverine은 유명한 Caterpillar 건설 장비 브랜드와의 연계를 통해 Cat Earthmovers 신발을 차별화한다. Cat Earthmovers 부츠는 "불도저에서 태어났습니다."[23] "Cat Footwear는 산업과 행동의 세계에서 나온 것입니다."라고 말한다. 그리고 "무엇이든 만들 수 있는 세상. 노력이 전부인 곳. 열심히 하면 대가를 받는 곳. 다른 사람들이 장애물을 볼 때 우리는 기회를 봅니다. 우리는 Earthmovers입니다."라고 이야기한다.

메시지실행　광고주는 이제 아이디어를 표적고객의 주의와 흥미를 끌어낼 실제 광고로 표현해야 한다. 크리에이티브 팀은 메시지를 실행에 옮기기 위하여 가장 좋은 접근방식, 스타일, 톤, 단어, 광고형태를 발견해야 한다. 메시지는 다음과 같이 다양한 **실행스타일**(execution styles)로 표현될 수 있다.

실행스타일(execution styles)
광고메시지를 전달하기 위해 사용되는 접근방식, 스타일, 톤, 단어 및 형식

- **생활의 단편**(slice of life): 이 스타일은 정상적인 상황에서 제품을 사용하는 전형적인 사람들을 보여준다. 예를 들어, 마이크로사이트와 인스타그램 게시물부터 인쇄 광고와 TV 광고에 이르기까지 IKEA 콘텐츠는 IKEA 가구와 가정용품이 비치된 빙에 사는 사람들을 다룬다.

- **생활양식**(lifestyle): 이 스타일은 어떤 제품이 특정한 생활양식과 잘 조화를 이룬다는 것을 보여준다. 예를 들어, Athleta 활동복을 위한 광고는 복잡한 요가 자세를 하고 있는 여인을 보여주면서 "만일 여러분의 신체가 신전이라면 한 번에 하나씩 만들어가세요."라고 언급한다.

- **환상**(fantasy): 이 스타일은 제품이나 또는 그 사용과 관계된 환상을 창출한다. 예를 들어, Nestle Pure Life 생수 광고는 아이들이 곤돌라 리프트에서 거품을 불고 구름 사이로 보트를 타고 노를 젓는 물이 가득한 환상의 땅에서 물로 다이빙하는 어린 소녀를 보여준다. 이 장면은 가능성이 가득한 미래는 지금은 깨끗한 물을 마시는 데서 출발한다는 것을 암시한다.

- **무드 또는 이미지**(mood or image): 이 스타일은 아름다움, 사랑, 평온함 등과 같이 제품이나 서비스와 관련된 무드나 이미지를 구축하는데, 이 방식은 이러한 제한 외에는 어떤 제품에 대한 주장을 하지 않는다. 예를 들어, HP의 휴대전화 크기의 Sprocket 프린터에 대한 따뜻하고 영혼을 자극하는 3분짜리 "Little Moments" 광고는 아버지와 6학년이 된 12세 딸 사이의 진화하는 관계를 인쇄 이미지로 포착하여 묘사한다. 광고는 "당신이 사랑하는 사람을 붙잡으십시오. 기억을 재창조 하십시오."라고 말한다.

- **뮤지컬**(musical): 이 스타일은 사람들이나 만화 캐릭터가 제품에 대하여 노래하는 것을 보여준다. 예를 들어, American Family 보험은 "Insure Carefully, Dream Fearlessly" 캠페인의 일환으로 그래미상 수상자 Jennifer Hudson을 애틀랜타 거리로 보내 야심 찬 거리 공연자와 함께 깜짝 듀엣을 불러서 꿈을 실현하도록 도왔다. "올바른 지원이 있으면 모든 꿈이 가능합니다."라고 광고가 끝난다. 또 다른 뮤지컬 광고에서 Hudson은 Morehouse College Glee Club을 놀라게 한다.

- **개성 심벌**(personality symbol): 이 스타일은 제품을 대변하는 캐릭터를 보여준다. 이 캐릭터는 만화로 만들어질 수 있고(Mr. Clean, the GEICO gecko, Travelocity Gnome) 실제 인물일 수도 있다(perky Progressive Insurance 대변인 Flo, KFC's Colonel Sanders, Ronald McDonald).

- **기술적 전문성**(technical expertise): 이 스타일은 제품을 만드는 회사의 전문성을 보여준다. Boston Beer Company의 Jim Koch는 Samuel Adams 맥주를 제조함에 있어서 오랜 기간 동안의 경험에 대해 이야기한다.

- **과학적 증거**(scientific evidence): 이 스타일은 자사 브랜드가 경쟁 브랜드보다 더 좋거나 선호된다는 설문조사 결과나 증거를 제시한다. 수년간 Crest 치약은 고객을 설득하기 위해 경쟁사 브랜드들보다 우수한 충치예방효과에 관한 과학적 증거를 사용해 왔다.

- **제품후원자에 의한 실연과 후원**(testimonial evidence or endorsement): 이 스타일은 매우 믿을만 하거나 호감이 가는 제품후원자를 광고에서 보여준다. 후원자는 특정 제품을 얼마나 좋아하는가를 이야기하는 보통사람들일 수 있다. 예를 들어,

Whole Food는 "Value Matter" 마케팅 캠페인에서 다양한 실제 소비자들을 등장시킨다. 또는 후원자는 Diet Coke를 대변하는 Taylor Swift나 Under Armour의 NBA 스타 Stephen Curry와 같이 유명인사가 될 수 있다.

>> 참신한 구성은 광고를 두드러지고 눈에 띄게 한다. Quicken Loans의 Rocket Mortgage 광고를 본 독자들은 광고를 뒤집어 보게 되는데 "기다리지 마십시오."라는 메시지를 보게 된다.

Quicken Loans

또한 광고주는 광고를 위한 톤을 정해야 한다. Procter & Gamble은 항상 긍정적인 톤을 이용하는데, 이 회사의 광고들은 제품에 관해 매우 긍정적인 내용을 이야기한다. 다른 광고주들은 광고혼잡을 극복하기 위하여 기발한 유머를 이용한다. Doritos와 Burger King은 유머 광고로 유명하다.

광고주들은 광고에서 기억될 수 있고 관심을 끄는 단어를 사용해야 한다. 예를 들어, LensCrafter는 처방된 선글라스 렌즈가 여러분의 눈을 보호하고 동시에 보기 좋다고 말하기 보다는 "Sunblock Never Looked So Good"이라고 공표한다.

BMW는 "BMW는 잘 설계된 자동차"라고 주장하는 대신 "최고의 운전 기계"라는 보다 창의적이고 영향력이 큰 표현을 사용한다. 그리고 Hanes 양말은 저렴한 양말보다 오래 지속된다고 명백히 말하는 대신에, Hanes는 "저렴한 양말을 사면 발가락을 통해 돈을 지불할 것입니다."라고 말한다.

마지막으로 광고물 구성요소들(format elements)은 광고의 영향력뿐만 아니라 비용에도 차이를 가져다준다. 작은 광고디자인 변화가 큰 광고효과 차이를 만들어 낼 수 있다. 삽화는 인쇄광고에서 독자들의 첫 시선을 받기 때문에 관심을 끌만큼 강력해야 한다. 다음으로 헤드라인(headline)은 표적고객들이 본문을 읽도록 효과적으로 유인해야 한다. 마지막으로 광고메시지의 중심이 되는 본문(copy)은 간결하지만 강하고 설득력이 있어야 한다. 더 나아가 이들 요소들은 조화롭게 합쳐져서 고객가치를 설득력있게 전달해야 한다. 구성이 참신한 광고는 광고 혼잡 중에도 두드러진다. 예를 들어, Quicken Loans의 Rocket Mortgage 광고에서 헤드라인과 부제목이 거꾸로 되어있어 광고에 나오는 사람이 무중력으로 땅 위에 떠있는 것처럼 보인다. 호기심 많은 독자들이 광고를 뒤집으면 헤드라인이 명확해진다. "기다리지 마십시오. 구식 담보대출 절차에 얽매이지 마십시오. 빠르고 편리한 승인을 위해 완전히 온라인으로 전환하십시오."

소비자가 만드는 콘텐츠 지금은 많은 기업들이 디지털과 소셜 미디어 기술을 활용한 마케팅 콘텐츠, 메시지, 실제 광고, 비디오를 통해 고객들을 툭툭 치며 접근한다. 이러한 방법은 놀라운 결과를 얻기도 하고 쉽게 잊혀지기도 한다. 그러나 잘 기획되어 사용자가 만든 콘텐츠는 고객의 목소리를 브랜드 메시지로 반영해 더 높은 소비자의 브랜드 참여를 만들어낸다.

아마도 가장 잘 알려진 소비자 생성 콘텐츠는 PepsiCo의 Doritos 브랜드에 의해 매년 진행되고 있는 "Crash the Super Bowl Challenge" 공모전이다. 10년 동안 Doritos는 소비자들이 30초짜리 비디오 광고를 만들도록 초청하고 선정된 수상자는 큰 금액의 현금을 받고 자신들이 만든 광고는 슈퍼볼 시간에 방영된다. "Crash the Super Bowl" 콘테스트의 성공을 기반으로 Doritos는 팬이 만든 재미있는 광고와 기타 콘텐츠를 연중 내내 모집하는 새로운 캠페인을 운영하고 있다.[24]

소비자 생성 콘텐츠는 일상에서 고객을 브랜드의 일부로 만들 수 있다. 예를 들어, 최신 유행 가구 제조업체인 West Elm은 #MyWestElm이라는 캠페인을 진행한다. 이 캠페인은 온라인에서 공유되는 West Elm 제품의 사용자 생성 사진을 수집하여 회사 온라인 점포의 유사 제품 링크와 함께 웹, Facebook, Instagram, Pinterest 사이트의 홍보 게시물로 사용한다. 제품 페이지에서 사용자 생성 사진과 실제 상황에서 다른 고객이 제품을 사용하는 방법을 보여준다. 이러한 사용자 생성 사진의 클릭률은 전문적으로 제작된 기존 사진보다 2.6배 더 높다.[25]

또 다른 예로, 신발 브랜드 Converse는 강력한 광고에 의존하는 대신 한 발짝 물러나 고객이 브랜드를 공동 제작하고 브랜드 스토리를 함께 만들도록 한다.[26]

Converse는 최근 젊은 소비자들이 깔끔하게 정의되어 전달되는 브랜드를 원하지 않는다는 것을 알고 있다. 그들은 브랜드를 경험하고, 그것을 형성하는 데 도움을 주면서 같은 생각을 가진 다른 사람들과 공유하기를 원한다. 이것이 바로 사람들이 자신의 Converse 경험담과 함께 자신만의 독특한 Converse All Stars 사진을 공유하도록 초대함으로써 개성을 나타내고 자기표현을 하게 하는 2015 "Made By You" 캠페인의 아이디어였다.

"Made By You"는 수천 명의 소비자가 이미 소셜 미디어를 통해 Chucks에 대한 자신의 사진, 비디오, 기타 콘텐츠를 공유하고 있다는 사실에서 영감을 받아 기획되었다. 이 캠페인은 단순히 소비자가 영감을 받아 스스로 콘텐츠를 생성하여 구성하는 과정을 도와주었다. 전 세계 팬들이 제출한 개인 Converse 스니커즈 사진을 모아 큐레이팅된 온라인 컬렉션에 담았다. 이 컬렉션에는 Patti Smith와 Andy Warhol과 같은 유명 연예인의 사진이 포함되었다. 그러나 창의적인 이미지의 대부분은 열정적인 일반 컨버스 소비자들이 만든 것이다. Converse는 "Made By You"를 이렇게 요약한다. "우리는 신발을 만들지만 당신이 그것들을 신고 당신의 일을 시작할 때 Converse의 진정한 삶이 시작됩니다. 당신은 Converse를 정의합니다. 당신은 Converse의 여정을 결정합니다. Converse는 당신의 개성을 나타내고 자기표현을 하게 하는 것 중의 하나가 됩니다. Converse는 당신의 일부가 됩니다. Converse는 당신에 의해 만들어집니다."

The Chuck Taylor All Star

Made by Joel Sussman

CONVERSE
Made by you

>> 오늘날 Converse 브랜드는 많은 마케팅 캠페인 예산보다는 고객이 자신을 표현하고 브랜드 경험을 공유하는 소비자 생성 콘텐츠에 기반을 두고 있다. Converse 브랜드는 당신에 의해 만들어진다(Made By You).
Courtesy of Converse Inc., Anomaly, and Joel Sussman

그러나 사용자가 만든 광고 노력이 모두 성공적인 것은 아니다. 많은 대기업 회사들이 학습했듯이 아마추어에 의해 만들어진 광고는 꽤 서투르다. 그러나 잘 기획되면, 소비자가 만든 광고 노력들은 실제 경험하는 소비자의 관점에서 브랜드에 대한 창의적인 아이디어와 신선한 관점을 제공해 줄 수 있다. 그러한 캠페인들은 소비자의 참여를 높여주고 소비자들로 하여금 브랜드와 그들에게 제공하는 가치에 대해 계속 이야기하고 생각하게 만들어 준다.

광고 미디어의 선정

광고 미디어(advertising media)를 선정하는 과정의 주요 단계들은 1) 도달범위

광고 미디어(advertising media)
광고메시지를 목표청중에게 전달하기 위해 사용되는 매체수단

(reach), 도달횟수(frequency), 임팩트(impact)를 결정하는 것, 2) 주요 미디어 유형 (media types)을 선정하는 것, 3) 구체적인 미디어 도구(media vehicles)를 선정하는 것, 4) 미디어 타이밍을 결정하는 것으로 구성된다.

도달범위, 도달횟수, 임팩트의 결정 미디어를 선정하기 위해서, 광고주는 먼저 광고목표를 달성하는데 필요한 도달범위와 도달횟수를 결정해야 한다. 도달범위는 주어진 기간 동안 광고캠페인에 노출될 표적청중의 비율이다. 예를 들어, 광고주가 캠페인 시작 후 3개월 동안 표적시장의 70%에게 메시지를 노출시키려고 할 수 있다. 도달횟수는 표적시장에 있는 사람들이 메시지에 노출되는 평균적인 횟수이다. 예를 들어, 광고주는 3번의 평균도달횟수를 기대할 수 있다. 그러나 광고주들은 표적고객들에 대한 일정수준의 도달범위와 평균도달횟수보다 더 많은 것을 원할 수 있다. 또한 광고주는 원하는 미디어 영향력(impact)을 결정하여야 하는데, 이는 주어진 미디어를 통한 메시지 노출의 질적 가치(qualitative value)이다. 예를 들어, 한 잡지(예: Leisure+Travel)에 실린 동일한 메시지는 다른 잡지(예: National Enquirer)에 비해 더 신뢰성이 있을 것이다. 증거를 보여줄 필요가 있는 광고를 위해서는 TV가 라디오보다 더 효과적일 것이다. 왜냐하면 TV는 시각과 청각을 모두 활용할 수 있기 때문이다. 고객들이 디자인이나 제품특성들에 대하여 자신들의 아이디어를 제공하는 제품들은 직접 우편보다 상호작용적인 웹사이트나 소셜 미디어 페이지에서 더 잘 촉진될 것이다.

일반적으로 광고주는 청중들에게 단순히 도달하는 것보다 고객들을 참여시킬 수 있는 미디어를 선호한다. 어떤 미디어의 경우 프로그램과 표적청중의 관련성이 도달률보다 훨씬 더 중요하다.

예를 들어, Adidas는 열렬한 마라톤 주자 및 인플루언서들과 개인적으로 연결되기를 원했기 때문에 30,000명의 마라톤 참가자 각각을 위한 맞춤형 하이라이트 비디오를 제작하는 "Here to Create Legend" 보스턴 마라톤 캠페인을 시작했다. Adidas는 출전자가 착용한 번호판의 RFID칩으로 생성된 데이터와 26.2마일 코스를 따라 7개의 카메라로 찍은 비디오 영상을 사용하여 개인 하이라이트를 일반 경주 장면과 영감있는 음악과 혼합하여 30,000명의 참가자를 위한 30,000개의 개별 비디오를 제작했다. 참가자는 레이스 후 몇 시간 내에 adidas의 "Here to Create Legend" 웹사이트에서 비디오를 검색하고 Facebook, Twitter, Instagram, 기타 소셜 미디어를 통해 공유할 수 있었다. 이 캠페인은 TV 광고 캠페인만큼 많은 잠재 고객에 도달하지 못했지만 디지털 미디어를 통해 초개인화와 고객참여를 달성했다.[27]

Neilsen은 최근 들어 TV, 라디오, 소셜 미디어 등의 미디어 참여(media engagement) 수준을 측정하기 시작했지만, 대부분의 미디어에서 이러한 측정 자료를 얻기는 힘들다. 현재의 미디어 측정치들은 시청률, 구독률, 청취자 수, 클릭률 등과 같은 것들이다. 그러나 참여는 미디어에서가 아니라 소비

▶▶ **적절한 미디어를 통한 적절한 소비자 참여:** "Here to Create Legend" Boston 마라톤 캠페인은 30,000명의 마라톤 참가자 각각을 Adidas 선수 번호판의 RFID 칩으로 식별해서 몇 시간 만에 각 선수의 하이라이트 비디오를 제작한 후 온라인에 올렸다.

Marcio Jose Bastos Silva/Shutterstock

자 내에서 일어난나. 시청자의 참여 강도를 측정하는 것은 둘째 치고 TV 앞에 있는 시청자 수를 측정하는 것도 상당히 어려운 일이다. 그래도 소비자와 브랜드의 관계 측면에서 마케터들은 고객이 광고와 브랜드 아이디어와 얼마나 연결되어 있는지 알 필요가 있다.

참여된 소비자들은 브랜드 메시지에 따라 행동하고 이를 다른 사람들과 공유할 가능성이 높다. 따라서 현재 Coca-Cola는 단순히 미디어 광고에 대한 소비자 노출(얼마나 많은 사람들이 광고를 보고 듣고 읽는가)을 추적하는 것만 하지 않는다. 소셜 네트워크에 좋아요 누르기, 사진과 비디오 올리기, 브랜드 콘텐츠 공유 같은 소비자 표현들도 추적 조사하고 있다. 오늘날 자율적인 소비자들은 기업보다 브랜드에 대한 더 많은 메시지를 만들어낸다.

주요 미디어 유형의 선정 표 12.2에 정리되어 있듯이 주요 미디어 유형은 TV, 디지털, 모바일, 소셜 미디어, 신문, 직접 우편, 잡지, 옥외가 있다. 각 미디어는 장점과 단점을 갖고 있다. 매체기획 관리자들은 표적고객들에게 광고 메시지를 효과적이고 효율적으로 전달할 미디어를 선택하기 원한다. 따라서 그들은 선택할 때 각 미디어의 영향력, 메시지 효과성, 비용을 고려해야 한다.

이 장 앞부분에서 토의한 것처럼 전통적인 미디어는 지금도 미디어 믹스의 대부분을 차지하고 있다. 그러나 대중매체 비용이 상승하고, 청중들이 줄어들면서 기업들은 비용이 적게 들고 더 효과적으로 타깃팅하며 소비자를 더 많이 참여하게 하는 디지털, 모바일, 소셜 미디어를 추가했다. 오늘날 마케터는 소비자를 대상으로 매력적인 브랜드 콘텐츠를 만들고 제공하는 유료, 소유, 획득, 공유 미디어의 조합을 만들고 있다.

온라인, 모바일, 소셜 미디어의 폭발적 성장과 더불어 케이블 TV와 위성 TV 시스템들이 번창하고 있다. 이러한 시스템들은 스포츠, 뉴스, 영양, 예술, 집수리와 정원 가꾸기, 요리, 여행, 역사, 금융 등과 같이 주제의 범위를 좁힌 프로그램 유형들을 가능하게 해

표 12.2	주요 미디어의 특징	
미디어	**장점**	**단점**
TV	우수한 대량마케팅 커버리지, 단위노출당 적은 비용, 시각·청각 및 동작의 결합, 감각에 호소	높은 절대비용, 높은 광고혼잡, 잠깐 시간동안의 노출, 낮은 청중선별력
디지털, 모바일, 소셜 미디어	높은 청중 선별력, 적은 비용, 신속성, 고객 참여수준 높음	잠재적으로 낮은 영향력, 청중의 콘텐츠와 노출 통제력 높음
신문	유연성, 적시성, 지역시장 커버리지에 좋음, 넓은 수용성, 높은 신뢰성	짧은 수명, 낮은 재생품질, 낮은 독자회람 가능성
직접 우편	높은 청중선별력, 유연성, 같은 미디어 내에서 광고경쟁이 없음, 개별화가 가능함	상대적으로 높은 단위노출당 비용, 스팸메일 이미지
잡지	높은 지리적 및 인구통계학적 선별력, 신뢰와 권위, 고품질의 재생, 긴 수명과 우수한 독자회람가능성	광고구매시점과 광고게재시점 간의 긴 간격, 높은 비용, 게재위치가 보장되지 않음
라디오	우수한 지역적 수용성, 높은 지리적 및 인구통계학적 선별력, 낮은 비용	청각으로 제한됨, 짧은 노출기간, 낮은 주의 유발력, 분화된(fragmented) 청중
옥외	유연성, 높은 반복노출, 낮은 비용, 낮은 메시지 경쟁, 우수한 위치 선택가능성	청중 선택가능성 적음, 크리에이티브의 제한성

주는데, 이들은 선별된 집단들을 타깃으로 한다. Comcast와 다른 케이블 운영자들은 특정 유형의 광고들을 특정 지역주민들이나 특정 유형의 고객들에게 보낼 수 있는 시스템을 실험하고 있다. 예를 들어, 스페인어 신문에 게재된 광고는 히스패닉 거주자들에게만 집행되고, 애견 소유자들만이 애견식품회사의 광고들을 보게 될 것이다.

마지막으로 보다 저렴한 비용으로 표적고객에게 접근할 방법을 찾기 위한 노력의 결과, 광고주들은 여러 가지 매력적인 대안 미디어들을 발견했다. 요즈음 여러분이 어디에 가는지 그리고 무엇을 하는가와 관계없이 예상치 못한 곳에서 새로운 형태의 광고를 접하게 될 것이다.

>> 마케터들은 "Taste the Rainbow"라는 문구와 Skittles 브랜드가 새겨지고 여러 색깔로 다채로운 야구장 내야 방수포와 같은 대안 미디어를 발견했다.

AP Photo/Carolyn Kaster

쇼핑 카트에 부착된 작은 광고판은 Pampers를 구매할 것을 재촉하고 매장 계산대 컨베이어 옆 광고는 지역 Chevy 딜러를 선전한다. 밖으로 나가면 Glad 쓰레기봉투 광고를 게재하는 도시 쓰레기 트럭이나 Little Caesar의 피자 광고를 붙인 스쿨버스가 있다. 근처 소화전에는 KFC의 닭 날개 광고가 새겨져 있다. 야구장으로 탈출하면 Budweiser 광고를 보여주는 빌보드 크기의 비디오 화면을 찾을 수 있으며 전자 메시지 광고판이 있는 소형 비행선이 머리 위로 느리게 선회한다.

비오는 날, 천둥소리가 나고 비가 오기 시작하면, 야구장 관리 요원들은 Skittles 브랜드와 "Taste the Rainbow" 문구가 있는 다채로운 방수포로 내야를 덮는다. 요즘에는 어디에서나 광고를 볼 수 있다. 택시에는 GPS 위치 센서에 연결된 전자 메시징 표지판이 있어 어디를 가든지 지역 상점과 식당을 안내할 수 있다. 광고 공간은 주차장 티켓, 항공사 탑승권, 지하철 개찰구, 고속도로 톨게이트, ATM, 도시 쓰레기통, 심지어 경찰차, 의사 진찰대, 교회 게시판에서 판매되고 있다. 심지어 한 기업은 식당, 경기장, 쇼핑몰에서 무료로 제공하는 화장지의 공간을 판매한다. 화장지에는 스마트폰으로 스캔하여 다운로드 할 수 있는 디지털 쿠폰이 포함되거나 광고주의 소셜 미디어 페이지에 연결할 수 있는 광고주 로고, 쿠폰, 코드가 있다. 이런 광고는 청중을 사로잡는다.

이러한 대안 미디어는 설득력이 없는 것처럼 보이고 모든 광고를 쓰레기로 경멸하는 소비자들을 자극할지 모른다. 그러나 이러한 미디어들은 마케터들에게 돈을 절약하게 해주고, 선정된 표적고객들이 살고, 쇼핑하고, 일하고, 노는 곳에서 그들과 접촉할 수 있는 방법을 제공해 준다.

미디어 선정에 영향을 미친 또 다른 중요한 추세는 한 번에 하나 이상의 미디어를 사용하는 사람들, 즉 다매체 사용자들(media multitaskers)의 증가이다. 예를 들어, 스마트폰을 손에 들고 페이스북에서 포스팅하고 친구들과 문자를 주고 받고 구글에서 제품 정보를 추적하면서 TV를 시청하는 사람들을 흔히 볼 수 있다. 한 보고서에 따르면, 미국 TV 시청자들의 70%는 TV를 보는 동안 스마트폰, 태블릿, PC를 이용한다. 또 다른 연구에 따르면 밀레니얼 세대와 X세대 소비자는 온라인 브라우징, 문자 메시지, 이메일 읽기 등 TV를 시청하는 동안 평균 세 가지 추가 미디어 활동을 한다. 이러한 멀티태스킹 중 일부는 관련 제품과 프로그램 정보 조회와 같은 TV 관련 작업과 관련이 있지만 대부분의 멀티태스킹은 시청중인 프로그램이나 광고와 관련이 없는 작업이다. 마케터들은 사용할 미디어를 선택할 때 미디어 상호작용을 고려할 필요가 있다.[28]

특정 매체도구(media vehicles)의 선정   매체기획자는 이제 최선의 매체도구를 선정해야 하는데, 매체도구란 일반적인 매체유형 내의 구체적 매체를 말한다. 예를 들어, TV 도구에는 Modern Family와 ABC World News Tonight이 있고, 잡지도구에는 People, Better Homes and Gardens, ESPN The Magazine이 있으며, 온라인과 모바일도구로는 트위터, 페이스북, 인스타그램, 유튜브가 있다.

매체기획자들은 매체도구별로 1,000명에게 도달되는 비용을 계산해야 한다. 예를 들어, 전면 4색 컬러광고를 미국 Forbes 전국판에 게재하려면 163,413달러가 들고, 이 잡지의 독자 수는 90만 명이다. 따라서 1,000명에게 이 광고가 도달되는데 드는 비용은 181달러가 된다. 같은 광고가 Bloomberg Business Week의 글로벌판에 게재되는데 114,640달러 밖에 들지 않지만 600,000명에게만 도달되어 1,000명당 비용은 191달러가 된다.[29] 매체기획자는 각 잡지를 1,000명당 비용으로 평가하고 표적고객에게 도달하는 비용이 상대적으로 적은 잡지를 선호하게 된다. 위의 예에서 만일 마케터가 비즈니스 관리자를 표적 소비자로 한다면, Business Week가 1,000명당 비용이 높더라도 가격측면에서 보다 효율적인 구매 대상이 될 것이다.

또한 매체기획자는 각 미디어별로 광고를 제작하는 비용도 고려해야 한다. 신문광고는 만드는 데 적은 비용이 들지만, 호화로운 TV 광고는 제작하는 데 많은 비용이 든다. 많은 온라인과 소셜 미디어 광고는 제작하는 데 많은 비용이 들지 않지만, 웹에 맞춰진 비디오나 광고 시리즈를 만들면 비용이 증가할 수 있다.

매체기획자는 구체적인 매체도구를 선정할 때 매체비용과 매체효과성과 관련된 요인들을 비교해 이들 간에 균형을 유지해야 한다. 첫째, 기획자는 각 매체도구의 청중 품질(audience quality)을 평가한다. 예를 들어, 하기스 1회용 기저귀 광고의 경우 Parents 잡지는 노출가치가 매우 높은 반면, 남성 라이프스타일 잡지 Maxim은 노출가치가 낮다. 둘째, 매체기획자는 청중의 몰입수준(audience engagement)을 고려해야 한다. 예를 들어, Vogue 잡지 구독자들은 People 구독자보다 전통적으로 광고에 더 많은 주의를 기울인다. 셋째, 매체기획자는 매체도구들의 편집 품질(editorial quality)을 평가해야 한다. People과 Wall Street Journal은 National Enquirer보다 더 믿을 만하고 권위가 있다.

매체타이밍 결정   광고주는 1년 동안에 걸쳐 광고를 어떻게 스케줄링할 것인가를 결정해야 한다. 제품의 매출이 12월에 절정에 이르고, 3월에 떨어진다고 가정해 보자(예: 겨울 아웃도어 제품). 이 상황에서 기업의 광고량 조절 방법은 계절적 패턴을 따르는 것, 반대로 가는 것, 연중 동일하게 하는 것 등이 있다. 대부분 기업들은 계절적 패턴을 따르는 광고 집행을 한다. 예를 들어, 체중 감량 제품과 서비스 마케터는 연말연시에 식욕이 좋아지는 소비자를 타깃으로 하는 경향이 있다. 예를 들어, Weight Watchers는 연간 광고예산의 1/4 이상을 1월에 지출한다. 이와는 대조적으로, 오랫동안 부활절에 인

≫ 매체타이밍: Peeps의 "Every Day Is a Holiday" 캠페인은 부활절뿐만 아니라 일년 내내 좋아하는 마시멜로 사탕의 새 버전을 광고한다. 이 사진은 겨울 휴가 시즌에 광고한 사람 모양 생강빵이다.

Keith Homan/Alamy Stock Photo

기 있는 병아리와 토끼 모양의 마시멜로 사탕인 Peeps는 사업의 약 70%를 차지하는 부활절을 넘어 수요를 확대하기 위해 'Every Day Is a Holiday' 캠페인을 시작했다. 이 캠페인은 밸런타인데이, 할로윈, 추수 감사절, 크리스마스, 연말연시에 새로운 버전의 Peeps를 홍보한다. 일부 마케터들은 계절별 광고만 한다. 예를 들어, P&G는 감기와 독감 시즌에만 Vicks NyQuil을 광고한다.[30]

오늘날 광고주들은 온라인과 소셜 미디어를 통해 이벤트에 실시간으로 반응하는 광고를 만들 수 있다. 고전적인 Oreos 사례가 있다. Oreos는 2013년 슈퍼볼 게임 중에 발생한 정전 중에 소셜 미디어를 통해 적시에 반응하는 광고를 했다. Oreos의 어두운 색 쿠키 사이의 흰 크림 사진을 보여주며 정전 상황과 관련된 트윗을 전파했다. "괜찮아요. 어두운 중에도 덩크를 할 수 있어요(No problem! You can still dunk in the dark)."라는 트윗이었다. Oreos가 정전 상황에 빠르게 반응하여 만든 트윗 광고는 단 15분 만에 수만 번 리트윗 되고 공유되어 많은 돈을 쓴 Oreos의 1분기 광고보다 더 많은 주목을 받았다. 보다 지역적 규모로 Red Roof Inn은 항공편 추적 서비스 Flight Aware의 항공사 항공편 데이터를 Google의 온라인 검색 광고와 정기적으로 연결하여 항공편 취소 때문에 난처한 상황에 있는 여행자들에게 실시간 광고를 전송한다. 예를 들어, 최근 시카고 오헤어 공항에서 항공편 취소가 발생했을 때 Red Roof는 '오헤어 근처 호텔'에 대한 Google 검색 결과의 상위 3/4을 확보하여 예약이 60% 급증하는 결과를 얻었다.[31]

광고효과와 광고투자 수익률의 평가

광고투자에 대한 수익률
(return on advertising investment)
광고투자로부터 얻게 되는 순수익을 광고투자에 드는 비용으로 나눈 것

광고효과의 측정과 **광고투자에 대한 수익률**(return on advertising investment)은 대부분의 회사에 핫이슈가 되었다. 많은 기업의 최고 경영자들은 마케팅 관리자들에게 광고에 적정 금액을 쓰고 있는지를 어떻게 알 수 있는지 그리고 광고비 투자를 통하여 어떤 대가를 얻을 수 있는지에 대해 질문하고 있다.

광고주들은 커뮤니케이션 효과와 매출 및 수익 효과라는 두 가지 유형의 광고효과를 정기적으로 측정해야 한다. 광고주는 광고나 광고캠페인의 커뮤니케이션 효과를 측정함으로써 광고물들과 미디어가 광고메시지를 잘 전달하고 있는지 확인할 수 있다. 개별적인 광고들은 집행 전후에 평가될 수 있다. 광고가 집행되기 전에, 광고주는 이를 소비자에게 보여주고, 소비자들이 이 광고를 좋아하는지를 물어보고, 메시지 회상이나 태도변화를 측정할 수 있다. 광고가 집행된 후, 광고주는 광고가 소비자의 회상, 제품 인지도, 지식, 선호도에 어떤 영향을 미쳤는지를 측정할 수 있다. 커뮤니케이션 효과에 대한 광고집행 전후의 평가는 전체 광고 캠페인에 대해서도 이루어질 수 있다.

광고주들은 광고물들과 광고캠페인의 커뮤니케이션 효과에 대해서는 잘 측정해 왔다. 그러나 광고의 매출 및 수익효과는 측정하기가 훨씬 더 어렵다. 예를 들어, 브랜드 인지율을 20% 올려주고 브랜드 선호도를 10% 올려준 캠페인이 어느 정도의 매출과 수익을 가져다주었을까? 매출과 수익은 광고 이외에도 제품특성들, 가격, 구입가능성 등과 같은 여러 가지 요인들에 의해 영향을 받는다.

광고의 매출 및 수익 효과를 측정하는 한 가지 방법은 과거의 매출 및 수익과 과거의 광고비를 비교하는 것이다. 다른 방법은 실험을 통한 것이다. 예를 들어, 서로 다른 광고비 지출수준의 효과를 비교하기 위하여, Coca-Cola는 시장에 따라 광고비를 달리 한 후, 그에 따른 매출 및 수익의 차이를 측정했다. 기업은 광고물과 미디어의 차이와 같은 다른 변수들을 포함하기 위하여 더 복잡한 실험들을 설계하고 있다.

그러나 많은 요인들(일부는 통제가능하고 일부는 통제가능하지 않음)이 광고효과에 영향을 미치고 있기 때문에, 광고비 지출의 결과를 측정하는 것은 아직까지 정확하지 못한 과학으로 남아 있다. 관리자는 콘텐츠와 광고성과를 평가할 때 계량적 분석과 함께 판단에 의존해야 하는 경우가 많다. 많은 양의 광고와 콘텐츠가 가상공간에서 실시간으로 제작되고 실행되는 디지털 시대에는 더욱 그렇다. 따라서 기업은 기존의 고예산 미디어 광고를 실행하기 전에 신중하게 사전 테스트하는 경향이 있지만 디지털 마케팅 콘텐츠는 종종 테스트되지 않는다.

광고에서의 다른 고려요소

광고전략과 광고프로그램을 개발함에 있어 회사는 두 가지 추가적인 질문을 제기해야 한다. 첫째는 기업이 광고기능들을 어떻게 조직화할 것인가(누가 어떤 광고과업을 수행할 것인가)이고, 둘째는 어떻게 광고전략과 광고프로그램들을 복잡한 국제시장에 적용시킬 것인가이다.

광고조직

기업마다 광고업무를 처리하는 방법이 다르다. 소규모 회사에서 광고는 영업부서의 직원에 의하여 취급될 수도 있다. 대규모 회사들은 광고부서를 운영하는데, 이 부서의 임무는 담당 직원으로 하여금 광고예산을 설정하고, 광고대행사와 함께 일하며, 광고대행사에 의하여 수행되지 않은 광고관련 일들을 취급하게 하는 것이다. 대부분의 대기업들은 외부 광고대행사를 이용하는데, 이는 여러 가지 장점을 갖기 때문이다.

광고대행사는 어떻게 일을 진행할까? **광고대행사**(advertising agency)는 1800년대 중후반 미디어를 대신하여 기업에 광고지면을 판매한 대가로 수수료를 받는 판매사원과 브로커들로부터 시작되었다. 시간이 지나가면서 판매사원은 고객들의 광고제작을 돕기 시작했다. 결국 이들은 대행사를 설립하였고, 매체사보다 광고주와 더 밀접해지게 되었다.

오늘날 광고대행사는 광고주의 광고담당 직원들보다 광고관련 업무를 더 잘 처리하는 전문가들을 고용한다. 또한 광고대행사들은 다양한 광고주들과 일하고 다양한 상황에서 일을 처리한 풍부한 경험과 함께 광고주의 문제점을 해결하는데 있어 외부인의 관점을 제공한다. 그래서 오늘날 광고부서를 갖추고 있는 회사들조차도 광고회사를 이용한다.

일부 광고대행사는 규모가 큰데, 미국에서 가장 큰 대행사인 Y&R은 연간 36억 달러의 매출을 올리고 있다. 최근에 많은 광고대행사들은 다른 대행사들을 인수하여 거대한 지주회사를 설립하면서 성장해 왔다. 이러한 방식으로 성장한 메가기업인 WPP 그룹은 여러 광고대행사, 공중관계회사, 촉진대행사들을 보유하고 있고, 세계적으로 연간 190억 달러 이상의 매출을 올리고 있다.[32]

대부분의 대형 광고 대행사들은 광고주를 위하여 광고캠페인의 모든 단계(마케팅전략의 기획, 광고캠페인의 개발, 광고의 제작, 매체기획, 광고평가, 브랜드 콘텐츠 등)를 처

광고대행사(advertising agency)
광고프로그램의 일부 혹은 전부를 기획, 준비, 실행, 평가하는 과정에서 기업(광고주)을 돕는 마케팅서비스 전문기업

리할 수 있는 전문 인력과 자원을 갖고 있다. 대형 브랜드들은 일반적으로 대중매체 광고 캠페인에서 쇼핑객 마케팅, 소셜 미디어 콘텐츠에 이르기까지 모든 것을 처리하는 대행사를 활용한다.

국제광고 의사결정

국제 광고주들은 국내 광고주들이 경험하지 못하는 많은 복잡한 문제에 직면하게 된다. 가장 근본적인 이슈는 글로벌 광고를 어느 정도 각국 시장의 고유한 특징에 맞추느냐의 문제이다.

어떤 대기업 광고주들은 매우 표준화된 광고를 전 세계적으로 실행해서 글로벌 브랜드를 후원한다. 즉, Baltimore시에서 내보내는 광고를 방콕에서 집행하는 것이다. 예를 들어, Coca-Cola는 광고의 크리에이티브 요소와 브랜드 표현을 통합하는 "하나의 브랜드" 전략을 기초로 전 세계적으로 광고에서 "Taste the Feeling"이란 주제만 사용한다. Oreo의 최신 "Open Up with Oreo" 광고는 "다른 사람들에게 마음을 열면 유사점을 발견하게 될 것입니다."라는 단순하고 보편적인 메시지로 전 세계 50개 시장에서 실행된다. 그리고 5년 전, Chevrolet은 이전의 미국 중심의 "Chevy Runs Deep" 포지셔닝과 광고 주제를 보다 글로벌한 "Find New Roads"로 교체했다. GM 마케팅 임원은 새로운 주제가 "모든 시장에서 효과가 있습니다."라고 말한다. "이 주제는 미국과 같은 성숙한 시장은 물론 지속적으로 성장 잠재력이 큰 러시아와 인도 같은 신흥 시장에서도 의미가 있습니다." 전 세계적으로 일관된 Chevy 브랜드 메시지를 만들기 위해 광고 시기가 적절했다. Chevrolet은 140개 이상의 국가에서 자동차를 판매하고 있으며 현재 판매량의 거의 2/3가 미국 이외의 지역에서 판매되고 있다. 이는 10년 전에는 1/3에 불과했다.[33]

최근 수년간 온라인 소셜 네트워크와 비디오 공유의 인기가 커지면서 글로벌 브랜드들을 위한 광고 표준화의 필요성이 증가했다. 연결된 소비자들은 인터넷을 통해 경계를 쉽게 넘나들고 있기 때문에 광고주들이 최적화된 캠페인을 통제되고 질서가 잡힌 방식으로 전달하는 것이 어려워졌다. 따라서 대부분의 글로벌 소비재 브랜드들은 국제적으로 웹사이트를 조정하고 있다. 예를 들어, 전 세계에 있는 Coca-Cola의 웹사이트는 놀랍게도 호주와 아르헨티나에서 프랑스, 로마, 러시아에 이르기까지 통일되어 있다. 모든 사이트들은 유사한 Coke 로고, 상징적인 Coke 병 모양, Coca-Cola 음악, "Taste the Feeling"이라는 주제를 보여준다.

표준화된 광고에는 많은 이점(낮은 광고비용, 세계적으로 통일된 광고활동, 보다 일관성 있는 글로벌이미지 등)이 있다. 그러나 단점도 있다. 무엇보다도 이런 형태의 광고는 각 나라의 문화, 인구통계적 요인, 경제적 조건 등이 다르다는 것을 무시한다. 따라서 대부분의 국제 광고주들의 생각은 글로벌하게, 행동은 지역적으로(think globally but act locally) 하고자 한

▶▶ **국제 광고:** Chevrolet은 러시아에서 모든 시장에서 의미가 있는 "Find New Roads" 주제 글로벌 광고를 통합한다.

General Motors

다. 그들은 광고활동을 보다 효율적이고 일관성 있게 전개하기 위하여 글로벌 광고전략을 개발한다. 그 이후에 지역시장의 고객욕구와 고객기대에 부응하기 위하여 광고 프로그램을 조정한다. 예를 들어, Visa는 "Everywhere you want to be"라는 주제를 세계적으로 전개함에도 불구하고 특정 지역에서의 광고는 지역 언어를 사용하고 등장하는 지역 시장에 적합한 주제를 만드는 지역 이미지를 형상화한다.

글로벌 광고주들은 몇 가지 특별한 문제에 직면하게 된다. 예를 들어, 광고매체의 비용과 이용가능성은 나라마다 매우 다르다. 각 나라들은 광고활동을 규제하는 정도도 다르다. 많은 국가들이 광범위한 법 시스템을 갖추고, 한 회사가 광고에 쓸 수 있는 비용, 사용하는 미디어, 광고주장의 성격, 광고프로그램의 기타 측면들을 규제하고 있다. 이러한 규제 때문에 광고주들은 각 나라의 사정에 맞게 광고캠페인을 바꾸어야 한다.

따라서 광고주들은 전반적인 광고활동의 지침이 될 글로벌 전략을 수립하지만, 보통 각 지역의 문화와 관습, 미디어 특징, 광고규제에 맞게 구체적인 광고 프로그램들을 변형하여 만든다.

공중관계

또 다른 주요 촉진도구인 공중관계(public relation, PR)는 다양한 공중들과의 우호적인 관계를 구축하기 위해서 기획된 활동들로 구성된다. 공중관계 부서들은 다음 기능들 중 일부나 모두를 수행한다.[34]

- **언론 관계나 언론대행기관**: 사람, 제품 혹은 서비스에 대한 주의를 끌기 위하여 뉴스 미디어에 기사성이 있는 정보를 개발하여 제공하는 것
- **제품 홍보**: 특정 제품에 관한 기사를 발표하는 것
- **공중문제**(public affairs): 전국적인 또는 지역적인 커뮤니티 관계를 구축하고 유지하는 것
- **로비활동**: 입법과 규제에 영향을 미치기 위하여 입법관계자나 정부관료와의 관계를 구축하고 유지하는 것
- **투자자관계**: 금융 커뮤니티에 있는 주주나 이해관계자들과 관계를 유지하는 것
- **개발**: 재정적인 또는 자발적인 후원을 얻기 위하여 기부자 혹은 비영리단체의 회원들과의 공중관계를 유지하는 것

공중관계는 제품, 사람, 장소, 아이디어, 활동, 조직, 국가를 촉진시키기 위하여 사용된다. 기업들은 소비자, 투자자, 미디어, 커뮤니티와 우호적인 관계를 구축하기 위하여 공중관계를 사용한다. 그리고 공중관계는 기업의 이벤트와 행동을 지원하기 위해 종종 사용된다. 몇 년 전 CVS Health가 매장에서 담배와 담배 관련 제품 판매를 중단하겠다는 대담한 결정을 발표했을 때 담배 관련 수익에서 20억 달러를 희생해야 하지만 그 결정이 뉴스의 헤드라인을 장식할 것을 알고 있었다. 그러나 이와 관련된 전체 이야기가 대중들에게 어떻게 전달될지에 대해서 운에 맡기지 않았다. 대신 CVS는 "CVS Quits for Good" 홍보 캠페인을 만들어 소비자, 월스트리트, 의료 커뮤니티에 이 결정이 고객과 회사 모두에게 이익이 될 것이라고 알렸다.[35]

저자 코멘트
최근 공중관계는 제한된 사용으로 인해 마케팅의 의붓자식으로 간주되고 있다. 그러나 더 많은 마케터들이 공중관계의 브랜드 구축, 고객참여 및 사회적 영향력을 인지하면서 이러한 상황은 빠르게 변하고 있다.

"CVS quits" 홍보 캠페인은 뉴욕 타임즈, 월스트리트 저널, 보스턴 글로브 등의 주요 신문의 전체 페이지 광고와 CVS 사장과 다른 회사 리더들의 동영상 발표가 담긴 멀티미디어 보도 자료로 시작되었다. 광고와 보도 자료에서는 "담배 제품 판매를 중단하는 것이 고객과 회사의 이익을 위해 옳은 일이며 회사의 목적에 부합한다."고 설명했다. 또한 CVS는 회사의 웹과 소셜 미디어 사이트에 결정을 알리는 #cvsquits 해시 태그 및 배너와 함께 정보가 가득한 cvsquits.com 마이크로 사이트를 만들었다. "CVS Quits" 이야기는 주요 인쇄 및 방송 매체에서 약 2,557건이 언급되고 2억 1,800만 건 이상의 미디어 노출이 되었다. 그리고 이 뉴스는 온라인에서 입소문이 났으며 페이스북과 트위터에서 가장 인기 있는 주제가 되었다. Twitter에서는 200,000개의 소셜 미디어 언급과 152,000개의 공유가 생성되었다.

결정이 실행된 날, CVS의 CEO는 뉴욕 증권거래소의 종을 울렸고 CVS Health 경영진은 뉴욕시의 브라이언트 파크에서 열린 행사에서 50피트 높이의 담배를 껐다. 두 이벤트 모두 상당한 언론 보도를 받았다. 마지막으로 CVS는 담배 제품 판매를 금함과 동시에 흡연자들이 금연하는 것을 돕기 위해 전국적인 캠페인을 시작하여 "사람들이 더 나은 건강을 추구할 수 있도록 돕는다."는 회사의 메시지를 확고히 하고 더욱 긍정적인 뉴스를 만들어 냈다.

"CVS Quits" PR 캠페인은 인상적인 결과를 얻었다. 미국 의회에서 8명의 미국 상원의원, 12명의 하원의원, 기타 영향력 있는 지도자들은 다른 소매업체들도 CVS의 결정을 따르도록 촉구하는 성명을 발표했다. CVS의 주가는 발표 후 3주 만에 9.2%가 올랐다. 그리고 설문조사에 따르면 현재 CVS 약국에서 쇼핑하지 않는 소비자 4명 중 1명은 처방전을 바꿀 것이라고 말했다. "CVS Quits"는 PR Week의 올해의 캠페인으로 선정되었다. 한 판사는 "이것은 PR의 새로운 표준입니다. 주식 가치, 소비자 행동, 브랜드 평판에 실질적인 비즈니스 영향을 준 놀라운 PR입니다. 훌륭한 비즈니스 결정의 결과입니다." 라고 했다.

공중관계의 역할과 효과

다른 촉진도구와 마찬가지로 공중관계는 소비자를 참여시키고 브랜드를 소비자의 삶과 대화의 일부로 만드는 힘이 있다. 그러나 공중관계는 광고보다 훨씬 낮은 비용으로 강력한 영향을 미칠 수 있다. 흥미로운 브랜드 스토리, 이벤트, 비디오, 기타 콘텐츠를 다른 미디어에서 선택하거나 소비자가 구전으로 공유할 수 있으므로 수백만 달러가 드는 광고와 동일하거나 훨씬 더 큰 영향을 준다. Burger King의 최근 공중관계 활동을 생각해 보자.[36]

라스베이거스에서 열린 Floyd Mayweather와 Manny Pacquiao의 대결은 광고가 없는 유료 이벤트였다. 그래서 버거킹의 기발한 도자기 머리를 한 옷을 입은 마스코트인 "The King"이 세기의 대결인 Mayweather편의 일부로 등장한 것은 상당한 파장을 일으켰다. 경기를 생중계로 본 전 세계 440만 명의 시청자를 넘어서 The King의 출연은 페이스북과 트위터에 퍼져 버거 체인에 큰 인기를 가져다주었다. Burger King은 Mayweather에게 약 100만 달러를 지불했지만, 이는 기업들이 30초짜리 슈퍼볼 광고에 지출하는 500만 달러에 비하면 적은 금액이다. 한 달 후, 수염 난 마스코트는 그날 Belmont Stakes에서 트리플 크라운을 위해 달리는 말 American Pharoah의 조련사 Bob Baffert 뒤에 나타났다. 경주 전에 TV 카메라가 Baffert를 집중 촬영하면서 The King은 이 쇼를 훔쳐 다시 한 번 소셜 미디어 열풍을 일으켰다. Burger King은 Belmont에서 The King을 등장시키기 위해 경주 관련 자선 단체에 20만 달러를 기부한 것으로 알려졌다.

Burger King은 또 다른 영리한 공중관계 활동을 했다. Burger King은 평화의 날에 경쟁자 McDonald

에 휴전을 위한 초청장을 보냈다. The New York Times와 Chicago Tribune의 전체 페이지 광고와 온라인 콘텐츠에서 두 회사를 상징하는 버거 "Big Mac"과 "Whopper"의 가장 맛있는 부분을 포함하고 평화를 사랑하는 통합 버거 McWhopper를 공동으로 개발하고 판매할 것을 제안했다. 모든 수익금을 Peace One Day 조직에 기부하자고 제의했다. Mcdonald는 거절했지만 그 제스처는 Burger King에 매우 긍정적인 PR을 만들어 냈다. 이와 같이 Burger King은 PR 활동을 통해 일상적인 소셜 미디어 대화에서 자사 브랜드가 널리 언급되는 방법을 찾았다. 한 전문가는 "Burger King은 예상치 못하고 다소 부적절한 행동을 해서 주의를 끌 수 있는 방법을 찾았습니다. 매우 적당한 비용으로 엄청난 양의 홍보 효과를 거두고 있습니다."라고 말한다. 또 다른 전문가는 "올바른 불꽃이 있다면 유료 미디어보다 더 많은 입소문을 일으킬 것입니다."라고 이야기한다.

▶▶ **공중관계 활동:** Burger King의 기괴한 도자기 머리를 한 마스코트 "The King"은 예상치 못한 장소(이 사진에서는 Belmont Stakes에서 경주마 American Pharoah의 주인 박스)에 갑자기 나타나서 미디어의 주목을 받고 소셜 미디어에서 대단한 입소문을 일으킨다.
Gary Gershoff/Stringer/Getty Images

공중관계의 잠재적인 장점에도 불구하고 공중관계는 때때로 마케팅의 의붓자식으로 언급되어 왔다. 왜냐하면 공중관계는 제한적이고 간헐적으로 사용되어 왔기 때문이다. 공중관계 부서는 통상적으로 기업의 본사에 위치해 있다. 담당자는 주주, 종업원, 입법관계자, 언론인 등 다양한 구성원들과 씨름하기 바쁘고, 제품마케팅 목표를 지원하기 위한 공중관계 프로그램은 무시될 수 있다. 더 나아가 마케팅관리자와 공중관계 책임자는 항상 같은 목소리를 내지 않는다. 많은 공중관계 담당자들은 자신의 임무를 단순히 의사소통으로 생각한다. 반면 마케팅 관리자들은 광고와 공중관계가 어떻게 브랜드 구축, 판매와 이익, 고객참여와 관계에 영향을 미칠 것인지에 관심을 두는 경향이 있다.

그러나 이러한 상황은 변하고 있다. 아직 공중관계가 회사의 전체 마케팅예산 중에서 적은 부분을 차지하고 있지만, PR은 점점 더 브랜드를 구축하는데 중요한 역할을 수행하고 있다. 디지털 시대에 광고와 공중관계의 경계는 더 희미해지고 있다. 예를 들어, 브랜드 웹사이트, 블로그, 비디오 콘텐츠, 소셜 미디어 활동은 광고활동일까 공중관계 활동일까? 아니면 다른 활동인가? 모두 마케팅 콘텐츠이다. 확보된 그리고 공유된 디지털 콘텐츠의 사용이 급속하게 증가함에 따라 PR은 브랜드 콘텐츠 관리에서 더 큰 역할을 하고 있다.

PR은 다른 어떤 부서보다도 적절한 마케팅 콘텐츠를 만들 책임이 있는데, 이 콘텐츠는 메시지를 밀어내기 보다는 소비자들을 브랜드로 이끌어야 한다. 한 전문가는 다음과 같이 말한다. "PR 전문가는 조직의 이야기 만들기 달인입니다. 한마디로 콘텐츠를 만듭니다." 또 다른 전문가는 "소셜 미디어의 부상은 PR 전문가들을 보도 자료를 작성하고 이벤트를 조직하는 뒷방에서 브랜드 개발과 고객참여를 주도하는 최전선으로 이동하도록 했습니다."라고 말한다. "광고인은 주목을 구매하지만 PR 전문가는 주목을 얻기 때문에 더 이점이 있다."[37] 요점은 PR이 고객참여와 관계 구축을 지원하기 위해 통합 마케팅 커뮤니케이션 프로그램 내에서 광고와 손을 맞잡아야 한다는 것이다.

주요 공중관계 도구들

공중관계는 다양한 도구들을 사용한다. 가장 주요한 도구들 중의 하나가 뉴스이다. PR 전문가들은 회사, 제품, 사람들에 대한 호의적인 기삿거리를 만든다. 때론 뉴스거리가 자연스럽게 생기기도 하고, 때론 PR 담당자가 뉴스거리를 만들기 위한 이벤트나 활동을 제안한다. 다른 일반적인 PR 도구는 특별 이벤트이다. 뉴스 콘퍼런스, 프레스투어, 개막행사, 불꽃놀이, 레이저쇼, 풍선기구설치, 다매체설명회, 스타와 함께하는 구경거리, 교육프로그램 등이 이에 해당한다. 특별 이벤트들은 표적청중에게 영향을 미치거나 그들의 관심을 끌기 위해 고안된다.

또한 공중관계를 다루는 사람들은 표적시장에 영향을 미치기 위한 자료도 준비한다. 이 자료에는 연례 보고서, 안내책자, 기사, 회사 뉴스레터, 잡지 등이 포함된다. 영화, 사운드 프로그램, DVDs, 온라인 비디오 등과 같은 음성 및 화면 자료들도 의사소통 도구로 점점 더 많이 사용되고 있다. CI(corporate identity) 자료들도 공중이 즉각적으로 인지할 수 있는 기업 정체성을 창출하는 데 도움을 준다. 로고, 편지지, 안내책자, 사인, 사업양식, 명함, 빌딩, 유니폼, 회사의 차와 트럭 등도 매력적이고 독특하고 기억될 수 있다면, 모두 마케팅 도구가 될 수 있다. 마지막으로 기업들은 공중서비스 활동에 자금과 시간을 기부함으로써 공중과 우호적인 관계를 증진시킬 수 있다.

위에서 논의했듯이 웹과 소셜 미디어도 중요한 PR 채널이다. 웹사이트, 블로그, YouTube, Facebook, Twitter와 같은 소셜 미디어는 더 많은 사람들에게 도달하고 관여시킬 수 있는 방법을 제공한다. 앞에서 언급했듯이 이야기 만들기와 고객참여 증대는 PR의 핵심적인 강점이고 온라인, 모바일, 소셜 미디어의 사용과 잘 어울린다.

언제 어떻게 공중관계를 사용할 것인가를 고려함에 있어서 관리자는 다른 촉진도구들과 마찬가지로 PR의 목표를 세우고, PR 메시지와 도구를 선택한 다음, 이 계획을 실행에 옮기고, 그 결과를 평가해야 한다. 기업의 공중관계는 전반적인 통합적 마케팅커뮤니케이션 노력의 일환으로 수행되는 다른 촉진활동들과 잘 조화를 이루어야 한다.

토의문제

1. 고객의 즉각적인 반응을 얻기 위해 사용하는 촉진믹스 도구들은 무엇인가?
2. 광고주가 더 전문화되고 표적화된 미디어와 콘텐츠가 필요한 이유는 무엇인가?
3. 광고 전략 개발의 두 가지 주요 요소를 제시하고 설명하시오.
4. 공중관계 활동에서 인터넷이 어떻게 핵심 영역이 되었는지 설명하시오.
5. 공중관계 팀이 적합한 마케팅 콘텐츠를 의사소통하기 위해 사용하는 주요 도구에 대해 토의하시오.

비판적 사고 연습

1. 통합적 마케팅커뮤니테이션은 잘 조정되어야 한다. 신제품이나 신규 서비스를 찾아보고 여러 플랫폼과 미디어에서 통합적 마케팅커뮤니케이션 활동을 조사해 보시오. 메시지는 일관성이 있는가?
2. 유튜브에서 당신이 좋아하고 각각 다른 광고 실행 방법을 사용하는 TV 광고 세 개를 찾아보시오. 각 광고의 실행 스타일과 표적청중을 파악하시오. 광고를 보여주고 당신이 내린 결론의 근거를 제시해 보시오.
3. 2016년 초, Wounded Warrior Project는 비영리 단체가 부상당한 퇴역 군인을 직접 지원하기보다 여행, 회의, 고급 행사에 너무 많은 돈을 썼다는 보고가 나왔을 때 모금에 큰 타격을 입었다. 이 사례를 조사하시오. 부적절한 지출이라는 주장에 대한 Wounded Warrior Project의 공중관계 활동은 기부자와 청중에 접근하는데 효과적이었는가? 왜 그런가? 아니면 왜 그렇지 않은가? 소셜 미디어는 공중관계 과정을 어떻게 변화시키고 있는가?

13 인적판매와 판매촉진

학습목표

▶ **1** 고객을 위한 가치를 창출하고 고객관계를 구축함에 있어서 영업사원이 갖는 역할을 논의한다.

▶ **2** 판매관리과정의 여섯 단계를 확인하고 설명한다.

▶ **3** 거래지향적 마케팅과 관계마케팅의 차이를 구분하고 인적판매 과정을 논의한다.

▶ **4** 어떻게 판매촉진 캠페인이 개발되고 실행되는지를 설명한다.

개관

전 장에서 여러분은 통합적 마케팅커뮤니케이션을 통하여 고객가치를 전달하는 것과 광고와 공중관계라는 두 가지 촉진믹스 요소들을 배웠다. 이 장에서는 인적판매와 판매촉진이라는 또 다른 IMC요소들을 살펴볼 것이다. 인적판매는 대면적인 접촉을 이용하는 마케팅커뮤니케이션 도구로써, 이를 통해 영업사원은 기존고객 및 가망고객들과 상호작용을 하여 관계를 구축하고 판매를 유도한다. 판매촉진은 제품이나 서비스의 구매를 촉진하기 위하여 사용되는 단기적인 인센티브이다. 이 장은 인적판매와 판매촉진을 분리된 촉진도구로 제시하지만, 두 도구는 다른 촉진믹스들과 통합되어야 한다.

먼저 실제 영업사원을 살펴보자. 당신이 영업사원을 생각할 때, 아마도 구매 부담을 주는 소매점 직원, TV에서 목소리를 높여 판매하는 영업사원, 즐겁게 인사하는 중고차 판매원을 떠올릴 것이다. 그러나 이러한 고정관념은 오늘날 대부분의 영업사원의 실상과 맞지 않는다. 판매 전문가는 고객을 이용하기 위해서가 아니라 고객의 욕구에 귀 기울이고 솔루션을 만들어내는데 도움을 줌으로써 성공을 거둔다. 고객관계 관리의 사업 선도자인 Salesforce를 생각해 보자. Salesforce는 시장을 선도하는 판매관리 소프트웨어를 만들어낼 뿐만 아니라 효과적인 인적판매에 관한 원리를 실천하는 데 앞서고 있다.

Salesforce: 당신은 Salesforce를 판매하기 위해 우수한 판매인력(sales force)이 필요합니다

Salesforce는 250억 달러 규모의 고객관계관리 솔루션 시장의 최전선에 있다. 뭉게구름 이미지 안에 새겨진 Salesforce 로고는 Salesforce의 매우 성공적인 클라우드 기반 컴퓨팅 모델(설치하거나 소유하는 소프트웨어가 아님)을 강조한다. 오늘날 클라우드 시스템은 일반적으로 사용되지만, Salesforce가 20년 전에 이 개념을 개척했을 때는 최첨단이었다. 이때부터 이 회사는 선도적 혁신기업으로 자리매김하고 고객 회사들이 고객들과 연결되고 최신 온라인, 모바일, 인공지능, 클라우드 기술을 이용해 영업사원의 효과성을 높이는 것을 도와주는 새로운 방법들을 끊임없이 개발해 왔다.

>> Salesforce의 클라우드 기반 "Customer Success Platform"은 다양한 종류의 고객관계관리 도구들을 제공해 고객들이 매출을 초과달성하게 도와준다.
Bloomberg/Getty Images

Salesforce는 기업들의 판매 증대를 도와준다. 이 회사는 "Customer Success Platform"이라고 불리는 클라우드 기반의 판매관리 소프트웨어를 제공하는데, 이를 통해 기업들은 고객, 판매, 개별 판매대리인과 영업사원의 전반적인 성과에 관한 심층적인 자료를 수집, 조직, 분석할 수 있다. 고객사들은 자체 데이터 사이언스 팀이 없어도 Salesforce의 Einstein 인공지능 시스템을 통해 고객성과도 예측할 수 있다. 그리고 Salesforce는 어떤 온라인 접속 도구들(데스크톱, 노트북, 태블릿, 스마트폰)을 이용하더라도 모든 자료와 분석을 언제 어디서나 사용할 수 있게 해준다. 또한 Salesforce는 주요 소셜 미디어를 통합했는데, Salesforce Chatter 플랫폼에서 소셜 미디어 모니터링, 실시간 고객참여 및 협력(일종의 기업 내의 Facebook 같은 역할)을 가능하게 해준다.

Salesforce는 혁신적인 제품들 덕분에 Microsoft, Oracle, SAP, IBM과 같은 블루칩 경쟁기업들을 앞지르고 세계에서 1위이면서 가장 빠르게 성장하는 CRM 플랫폼 기업이 되었다.

작년 매출은 100.4억 달러를 기록했는데 이는 그 전 해보다 25%나 그리고 5년 전에 비하면 3배 이상 늘어난 것이다. Salesforce는 Forbes가 선정한 세계에서 가장 혁신적인 기업 순위에서 7년 동안 1위 또는 2위였다. 지속적인 디지털 변혁 때문에 CRM시장이 급속히 성장했는데, Salesforce는 2022년 연간 매출 200억 달러라는 담대한 목표를 세웠다.

혁신적인 제품과 플랫폼은 Saleforce의 놀라운 성공에 중요한 역할을 해 왔다. 그러나 최고의 제품도 노력없이 저절로 팔리는 것은 아니다. Salesforce 솔루션을 판매하기 위해서는 능력있는 판매조직이 필요했는데 Salesforce는 효과적인 인적판매 실행에 탁월했다. Salesforce는 경험이 풍부하면서 잘 훈련되고 동기부여된 판매원 군단을 보유하고 있는데, 이들은 회사 제품을 고객과 연결시켜 준다. 여러 측면에서 Salesforce의 판매원들은 판매하는 제품과 서비스를 위한 모델 역할을 수행하고 있다. 그들은 단지 고객사가 Salesforce 클라우드를 사용하게 하는 것이 아니라 Salesforce가 고객사들에게 약속한 판매실적 증가를 달성할 수 있도록 도와준다.

Salesforce에서 우수한 영업사원을 개발하는 일은 가장 우수한 영업사원을 채용하는 것에서 시작한다. Salesforce의 공격적이면서도 매우 선별적인 선발 프로그램은 전 세계에서 판매원 후보자 풀을 검토한다. Salesforce는 매년 10만 명이 넘는 후보자들 중에서 4.5%만을 고용했다. 경험이 중요하다. Salsesforce는 최소 2년의 소기업 판매와 20년에 이르는 판매임원 경험을 기대한다. Salesforce는 성공적인 영업사원들을 찾기 위해 경쟁회사의 영업사원을 공략하기도 하는데 성공한 영업사원들을 끌어들이기 위해 자사의 활기찬 문화와 강력한 보상 패키지를 의지한다.

영업사원이 채용되면 가장 최근의 첨단 판매도구들에 접속할 수 있다. 실제로 신입 직원들의 첫 번째 임무는 Saleforce 기술을 상세히 가르치는 비디오를 20시간 학습하는 것인데, 여기서 판매하는 것뿐만 아니라 사용하는 것을 배운다. 회사의 클라우드 기술은 고객 접촉과 판매과정을 최적화하는데 도움을 줌에도 불구하고 이것은 우수한 인적판매 기술을 대신하지 못한다. 그래서 영업사원을 훈련하고 세밀하게 조정함에 있어 회사는 성과가 검증된 판매 원칙(이 회사 자체의 현대적 방식으로 잘 만들어진)을 가르치는 것부터 시작한다.

> Salesforce는 판매 자동화와 고객관계관리 솔루션에서 시장을 선도한다. 그러나 Salesforce의 혁신적인 제품들조차도 모든 것을 해결하지 못한다. 회사는 Salesforce 솔루션을 판매하는 능력있는 영업사원이 필요함을 잘 알고 있다.

Salesforce에서 판매의 첫 번째 원칙은 경청하고 배우는 것이다. 신입 직원들은 한 주 동안 Salesforce의 판매 캠프에서 조사 질문, 고객에게 말하게 하기, 고객 상황과 욕구에 대한 모든 것 이해하기를 통해 고객과의 관계를 시작하는 것을 배운다. Salesforce의 판매담당 임원은 "영업사원들의 85%는 고객의 사업을 진정으로 이해하기 위한 노력을 게을리하지 않는다."고 말한다.

고객을 이해하는 것은 두 번째 판매 원칙인 공감(판매원이 고객의 이슈를 이해하고 고통을 느끼고 있다는 것을 고객이 알게 하는 것)으로 연결된다. 공감은 친밀한 관계와 신뢰를 구축하게 해주는데, 이는 판매를 종결하고 장기적인 고객관계를 형성하는 중요한 과정이다. 경청, 학습, 공감은 중요한 과정이지만 이것만으로 충분하지 않다. Salesforce 판매담당 임원은 "여러분 모두가 반응하고 도움을 주고 있다면, 여러분 모두는 관리와 경영의 보조원입니다."라고 말한다.

그래서 다음으로 중요한 단계는 솔루션을 제안하는 것이다. 다시 말해 Salesforce의 클라우드 기반 솔루션이 어떻게 고객사를 도와 고객사 영업사원이 고객과 연결되고 판매함에 있어 보다 효과적이고 생산적일 수 있는가를 보여주는 것이다. Salesforce는 해결책을 제안하는 가장 좋은 방법은 다른 고객들의 제품 관련 성공을 이야기해 주는 것이라는 것을 확신한다. Salesforce의 임원은 "스토리텔링은 매우 중요합니다. 이것은 기업이 구매를 권유하고 여러분이 고객과 상호작용할 때 기초가 됩니다. 이의제기("나는 우리 자료를 이 클라우드에 넣는 것을 신뢰하지 않아요.", "우리의 현 시스템은 잘 작동하고 있어요." 또는

"비용이 너무 많이 드네요." 등)를 처리해야 할 때가 되면 Salesforce는 생생한 이야기가 가장 강력한 무기가 된다고 영업사원들에게 말해준다. Salesforce 마케팅 관리자는 "고객이 구매 권유를 반대하면 우리는 항상 이것을 고객의 이야기로 전환합니다."라고 말한다. 다른 관리자는 "우리는 고객의 이야기에서 주인공이 아닙니다. 우리가 고객을 문제에서 구해주느냐에 대한 이야기가 아니라 고객이 어떻게 성공할 것인가에 관한 것입니다."라고 말한다.

경쟁사와 비교하면 Salesforce의 판매원들은 격렬해진다. 그러나 그들은 경쟁사의 약점이 아니라 Salesforce의 강점을 강조해서 판매하도록 훈련되어 있다. Salesforce 마케팅 관리자는 "내부적으로 우리는 Microsoft를 부셔버리자, Oracle을 없애 버리자는 포스터를 가지고 있습니다. 그렇지만 고객에게 가서는 설령 우리가 원하더라도 Microsoft를 짓밟지 말라고 조언합니다."라고 말한다.

따라서 효과적이고 전문적인 판매를 위해서는 악수하고 칭찬하고 첨단 CRM 도구들과 자료 분석을 이용하는 것보다 더 많은 것이 요구된다. Salesforce는 비즈니스에서 최고의 판매량과 고객 연결을 자랑하고 빅데이터와 수많은 최신 기술들의 지원을 받지만 구식 판매기술 원칙을 고수하고 있다. Salesforce에서든 아니면 다른 기업에서든 좋은 판매는 고객에 참여하여 경청하고, 그들의 문제들을 이해하여 공감하고 상호 이익을 위한 의미있는 해결책을 제시함으로써 관계를 구축하는 것이라는 원칙에서 시작된다. 이것이 여러분이 놀랄만큼 성공적인 영업사원과 회사를 만드는 방법이다.[1]

이 장에서는 인적판매와 판매촉진이라는 두 가지 촉진믹스 도구들을 검토한다. 인적판매는 매출을 올리고 고객관계를 유지하기 위하여 고객 및 가망고객과 대면을 통하여 상호작용하는 활동으로 구성된다. 판매촉진은 고객의 구매, 재판매업자의 지지, 판매사원의 노력을 유도하기 위하여 단기적인 인센티브를 사용하는 것과 관련된다.

> **저자 코멘트**
> 인적판매는 촉진도구에서 대면적인 관계에 관한 무기이다. 회사의 영업사원은 고객을 개인적으로 참여시키고 고객관계를 구축함으로써 고객가치를 만들고 전달한다.

인적판매

Robert Louis Stevenson은 모든 사람은 무엇인가를 팔면서 살아간다고 말했다. 전 세계 기업들은 기업고객과 최종고객에게 제품과 서비스를 판매하기 위하여 영업사원을 이용한다. 그러나 다른 종류의 조직에서도 영업사원을 볼 수 있다. 예를 들어, 대학은 신입생을 모집하기 위하여 모집담당 직원을 고용하고, 교회는 새로운 신자를 얻기 위해 신도 위원회를 이용한다. 박물관과 예술관련 기관은 기부자를 확보하고 기금을 모으기 위하여 기금을 모금하는 사람을 고용한다. 정부기관들도 영업사원을 고용한다. 예를 들어, 미우정국(U.S. Postal Service)은 기업고객들에게 빠른 우편과 다른 서비스를 판매하기 위하여 영업사원을 이용하고 있다. 이 장의 앞부분에서는 조직 내에서 인적판매의 역할, 영업사원관리에 관한 의사결정, 인적판매과정 등에 대해 살펴본다.

인적판매의 본질

인적판매(personal selling)는 세상에서 가장 오래된 직업 중의 하나이다. 판매하는 사람은 영업사원, 판매 대리인(sales representatives), 지역관리자, 거래처 담당자, 판매상담가, 판매 엔지니어, 에이전트, 거래처개발 담당자 등 다양한 이름으로 불린다.

사람들은 영업사원에 대하여 많은 고정관념을 갖고 있는데, 이들 중 일부는 비호의적인 것이다. 영업사원이라는 단어는 사람들로 하여금 Arthur Miller의 '세일즈맨의 죽음'에 나오는 가엾어 보이는 Willy Loman 또는 The Office라는 TV쇼에 나오는, 상식과 사회적 기술이 모자라고 고집이 센 신문 판매원 Dunder Mifflin 역할을 하는 Dwight Schrute의 이미지를 떠올리게 한다.

또는 인포머셜에 등장해 Flex Seal에서 FOCUS T25와 Ove Glove를 판매하기 위해 목소리를 높이는 판매원을 생각할 수 있다. 그러나 대다수의 영업사원은 이와 같이 부정적인 고정관념과 거리가 멀다.

도입사례의 Salesforce 스토리가 보여주듯이, 대부분의 영업사원은 고객을 위해 가치를 추가하고 장기적 고객관계를 유지하기 위해 노력하며 잘 교육받고 훈련된 전문가들이다. 그들은 고객의 이야기를 경청하고, 고객욕구를 평가하고, 고객 문제를 해결하기 위해 기업의 노력을 체계화한다. 가장 우수한 영업사원은 상호 이익을 위해 고객과 긴밀하게 일하는 사람들이다. GE의 디젤 기관차 사업을 생각해 보자.

200만 달러 규모의 첨단 기관차를 판매하려면 빠른 대화와 따뜻한 미소 이상이 필요하다. 대규모 판매 한 건으로 쉽게 수억 달러 성과를 올린다. GE 영업사원은 광범위한 회사 전문가 팀을 이끌고 있으며 모두 대형 고객의 욕구를 충족하는 방법을 찾는 데 헌신한다. 판매 프로세스는 초조할 정도로 천천히 진행될 수 있다. 구매 조직의 모든 부서에서 온 수십 또는 수백 명의 의사 결정자가 감지할 수 있게 또는 감지할 수 없게 구매 과정에 영향을 미친다. 주요 판매는 첫 번째 판매 프레젠테이션에서 판매가 발표될 때까지 수년이 걸릴 수 있다. 고객으로부터 주문을 받은 후 영업사원은 고객의 장비 요구 사항을 계속 파악하고 고객이 만족할 수 있도록 지속적으로 연락해야 한다. 진정한 도전은 우수한 제품과 긴밀한 협력을 기반으로 구매자와의 일상적인 파트너십을 구축하여 구매자의 비즈니스를 유지하는 것이다.

영업사원(salesperson)이란 용어는 넓은 범위의 포지션을 커버한다. 영업사원에는 주문을 받는 사람(order taker)이 포함되는데, 계산대 뒤에 있는 매장 판매원을 의미한다. 주문 개척자(order getter)도 있는데, 이 포지션에서는 기기, 산업용품, 항공기에서 보험과 IT 서비스에 이르는 제품과 서비스를 위해 창의적인 판매와 관계 구축이 필요하다. 이 장에서는 창의적 판매 유형과 효과적인 판매조직 구축 및 관리 과정에 초점을 맞출 것이다.

인적판매(personal selling)
매출을 성사시키고 고객관계를 구축하기 위해 회사의 영업사원이 수행하는 개인적인 프레젠테이션

≫ 전문적 영업활동: 비싼 GE 기관차를 팔기 위해서는 유창한 말솜씨나 따뜻한 미소로는 부족하다. GE의 진짜 중요한 도전은 날이면 날마다 그리고 해마다 고객들과 파트너십을 구축함으로써 사업을 획득하는 것이다.
GE

영업사원 혹은 판매사원(salesperson)
가망고객의 탐색, 의사소통, 판매활동, 서비스 제공, 정보수집, 관계구축 등과 같은 활동을 수행하면서 회사를 대표해 고객을 만나는 사람

영업사원의 역할

인적판매는 대면적인 촉진믹스 도구이다. 광고는 대체로 표적고객 집단들과의 일방적이고 비대면적인 의사소통을 한다. 반면에 인적판매는 고객과 영업사원 사이의 양 방향적이고 개인적인 의사소통을 포함한다. 직접 대면, 전화, 비디오, 온라인 회의 등의 수단을 통해 의사소통이 이루어진다. 영업사원은 고객의 문제를 제대로 파악하기 위하여 다양한 방법으로 고객을 탐색하고, 이를 바탕으로 각 고객의 특별한 욕구에 맞추기 위하여 마케팅 제공물을 변경하고 프레젠테이션을 한다.

인적판매의 역할은 기업에 따라 다르다. 어떤 기업은 영업사원이 전혀 없이 온라인이나 카탈로그를 통해서만 판매하고, 제조업체 대리인, 판매 대리인(sales agents), 브로커를 통해서 판매하는 경우도 있다. 그러나 대부분의 회사들에서 영업사원은 중요한 역할을 수행한다.

IBM이나 DuPont, GE와 같이 산업용 제품이나 서비스를 판매하는 회사에서 영업사원은 고객과 직접적으로 일한다. P&G나 Nike와 같은 소비재 회사에서 영업사원은 배후에서 중요한 임무를 수행한다. 이들은 도매상과 중간상의 지원을 확보하기 위하여 일하고, 유통업자가 자사제품을 보다 효과적으로 판매할 수 있도록 도와준다.

▶▶ 영업사원은 기업을 고객과 연결시킨다. 많은 고객에게 영업사원은 기업 자체이다.
dotshock/Shutterstock

기업과 고객을 연결하기

영업사원은 회사와 고객의 중요한 연결고리 역할을 한다. 많은 경우 영업사원은 구매자와 판매자 모두를 위해 일을 수행한다. 첫째 고객에 대하여 기업을 대표한다. 새로운 고객을 발견하여 자사 제품과 서비스에 대한 정보를 전달한다. 또한 고객을 접촉하고, 제품에 대한 설명을 제공하고, 고객의 이의에 답해주고, 가격과 조건을 협상하고, 계약을 종결시키고, 거래처에 서비스를 제공하고 거래 관계를 유지하는 과정을 통하여 제품을 판매한다.

동시에 영업사원은 회사에 대해 고객을 대변하고 기업 내에서 고객 옹호자로서 역할을 한다. 구매자–판매자 관계를 관리하는 총책임자로서 고객을 대변한다. 영업사원은 회사의 제품과 활동에 대한 고객의 관심사를 파악하여, 관련된 내부직원에게 전달해 준다. 또한 더 큰 고객가치를 개발하기 위하여 고객 욕구를 파악하고, 회사 내 마케팅 부서를 비롯한 다른 부서 사람들과 함께 일한다.

사실 많은 고객들에게 있어 영업사원은 바로 기업이다. 즉 영업사원은 고객들이 그 기업에 대해 눈으로 직접 확인할 수 있는 대상이다. 따라서 고객은 영업사원이 대표하는 기업과 제품뿐만 아니라 영업사원에 대해 충성도를 보일 수 있다. 영업사원 보유 충성도 개념을 고려하면 영업사원의 고객과계 구축 능력은 더욱 더 중요해진다. 영업사원과의 강력한 관계구축은 기업 및 제품과의 강력한 관계구축을 이끌어낼 것이다. 역으로 형편없는 관계구축은 기업 및 제품과의 관계구축을 형편없게 만들 것이다.

마케팅과 영업의 조정

영업조직과 다른 마케팅 기능(마케팅 기획자, 브랜드 관리자, 조사원)이 서로 긴밀하게 일하면서 고객을 위한 가치를 창출하는 것이 이상적인 모습이다. 그러나 불행하게도 일부 회사들은 여전히 영업과 마케팅을 별개의 기능으로 간주한다. 이런 경우 독립된 영업과 마케팅 그룹은 서로 잘 어울리지 않을 것이다. 일이 잘못되면, 마케터는 영업사원들이 멋진 전략을 제대로 실행하지 못했다고 책망할 것이다. 반대로 영업 팀은 고객에게 일어나고 있는 일을 이해하지 못한다고 마케터를 책망할 것이다. 두 그룹 모두 다른 그룹의 기여를 제대로 인정하지 않는 것이다. 그러나 이러한 상황이 고쳐지지 않고 마케팅과 영업이 단절되면 고객관계와 회사의 성과에 악영향을 미칠 수 있다.

기업은 마케팅과 영업 기능이 서로 긴밀하게 연결될 수 있게 도움을 주기 위해 여러 가지 활동을 펼칠 수 있다. 가장 기본적인 수준에서 합동 회의를 마련하고 커뮤니케이션 채널을 가동함으로써 두 집단 간에 자주 의사소통 할 수 있다. 영업사원과 마케터가 함께 일하게 함으로써 기회를 창출할 수 있다. 브랜드 관리자와 조사원이 영업사원의 고객 방문에 따라갈 수 있고 판매 기회 세션 회의에 참석할 수도 있다. 반대로 영업사원들은 마케팅 기회 세션 회의에 참석하고 자신들의 고객에 관한 직접적인 지식을 공유할 수 있다.

또한 기업은 공동 목표와 영업과 마케팅 팀을 위한 보상체계를 구축하거나 마케팅과 영업의 연락사무소(영업사원과 함께 일하는 마케팅 출신 관리자가 마케팅과 영업 프로그램과 노력을 조정하는 것)를 지정할 수 있다. 마지막으로 마케팅과 영업을 총괄하는 고위직 마케팅 임원을 지명할 수 있다. 그 임원은 마케팅과 영업사원에게 고객가치를 창출한다는 공동의 목표를 가지고 일하도록 영향을 줄 수 있다.[2]

영업관리

영업사원관리(sales force management)는 영업활동들의 분석, 기획, 실행, 통제의 과정으로 정의된다. 그리고 영업전략과 영업구조를 설계하고, 회사 영업사원의 모집, 선발, 훈련, 보상, 감독, 평가를 포함한다. 이러한 영업관리에서의 의사결정은 그림 13.1에 정리되어 있다. 아래에서는 이에 대해 다루기로 한다.

> **저자 코멘트**
> 영업사원관리의 다른 정의는 "수익적인 고객관계를 달성하기 위해 개인적인 접촉 프로그램을 기획하고 조직하고 진행하고 통제하는 것"이다.

영업사원관리(sales force management) 영업활동을 분석, 기획, 실행 및 통제하는 과정

영업전략과 영업구조의 설계

마케팅 관리자들은 영업전략과 영업구조와 관련하여 몇 가지 문제들에 직면한다. 영업사원과 과업들을 어떻게 구성해야 할까? 영업사원의 규모는 얼마나 커야 할까? 영업사

>> **그림 13.1** 영업관리의 주요 단계들

영업전략과 영업조직구조에 대한 설계 → 영업사원의 모집과 선발 → 영업사원 훈련 → 영업사원 보상 → 영업사원 관리 → 영업사원 평가

> 이 과정의 목표는 무엇일까 추측해보자. 회사는 고객가치를 창출하고 고객을 참여시키고 강력한 고객관계를 개발하는데 도움이 되는 잘 훈련되고 동기부여된 영업 팀을 만들기 원한다.

원은 혼자서 판매해야 할까 아니면 기업의 다른 사람들과 함께 팀으로 일해야 할까? 현장에서 판매해야 할까 아니면 전화나 웹을 통하여 판매해야 할까? 다음 부분에서 이러한 이슈들을 생각해 보도록 하자.

영업조직 구조

기업은 판매 책임을 여러 제품라인으로 나눌 수 있다. 만일 기업이 하나의 라인만 가지고 산업 내 여러 곳에 위치하고 있는 고객들에게 판매하는 경우, 의사결정은 간단하다. 이 경우 회사는 지역별 영업조직 구조를 사용하면 된다. 그러나 회사가 많은 제품들을 여러 유형의 고객들에게 판매하는 경우, 회사는 제품별 영업구조, 고객별 영업구조 또는 이들을 결합한 조직구조를 갖출 필요가 있다.

지역별 영업조직 구조
(territorial sales force structure)
특정 지역을 전담하는 영업사원이 회사의 모든 제품이나 서비스를 판매하는 영업조직

　지역별 영업조직 구조(territorial sales force structure)에서 영업사원은 각 지리적 영역에 전속적으로 할당되고, 그 지역에 있는 모든 고객들에게 기업의 모든 제품과 서비스를 판매한다.

　이 조직은 각 영업사원의 임무와 책임을 명확하게 규정한다. 또한 지역별로 고객관계를 개발하려는 영업사원의 욕구를 증가시켜 판매효율성을 높인다. 마지막으로 각 영업사원은 제한된 지역 내에서 돌아다니기 때문에 여행경비가 상대적으로 적게 드는 편이다. 지역별 영업조직은 종종 여러 계층의 판매관리자들로부터 지원을 받는다. 예를 들어, 개인별 구역 판매 대리인은 구역 관리자(territory managers)에게 보고한다. 구역 관리자는 다시 지역 관리자(regional managers)에게 보고하는데, 지역 관리자는 다시 영업본부장(director of sales)에게 보고한다.

제품별 영업조직 구조
(product sales force structure)
영업사원이 회사의 제품이나 제품라인 중 일부만 전담하여 판매하는 영업조직

　만일 기업이 복잡한 제품들을 많이 가지고 있을 경우 제품별 영업조직 구조(product sales force structure)를 도입할 수 있는데, 이 경우 영업사원은 특정 제품 라인만을 판매한다. 예를 들어, GE는 주요 사업 내 여러 제품/서비스 부서(divisions)별로 영업사원을 채용한다. 예컨대, GE Infrastructure사업 내에 항공, 에너지, 운송, 수자원처리 관련 제품과 기술을 담당하는 각각의 영업사원을 갖고 있다. 한 영업사원이 모든 제품의 전문가가 될 수 없으므로 제품 전문화가 필요하다. GE Healthcare사업 내에는 진단 이미징, 생명과학, 통합 IT 관련 제품과 서비스를 각각 담당하는 영업사원들이 고용된다. GE와 같이 크고 복잡한 기업은 다양한 제품/서비스 포트폴리오를 담당하는 수십 개의 독립된 영업조직을 갖고 있다.

고객별 또는 시장별 영업조직 구조
(customer or market sales force structure)
영업사원이 특정 고객이나 산업을 전담하여 판매활동을 하는 영업조직

　기업은 고객별 또는 시장별 영업조직 구조(customer or market sales force structure)를 사용해 영업사원을 고객별 또는 업종별(산업별)로 구성한다. 서로 다른 산업별로, 기존고객과 신규고객 확보를 위해 주요 거래처와 일반 거래처에 대해 별개의 영업조직을 구성할 수 있다. 고객을 중심으로 영업조직을 구성하게 되면 회사는 중요한 고객들과 보다 긴밀한 관계를 구축할 수 있다. 많은 기업들이 규모가 큰 산업재 고객의 욕구를 충족시키기 위해 특별 영업조직을 구성하기도 한다. 예를 들어, 다양한 제품을 판매하는 독일의 다각화된 국제기업 집단인 Vorwerk는 전략 사업 단위와 관련하여 영업 담당자들을 서로 다른 중심 영역에 배치했다. Kobold 진공청소기 고객자문 팀은 2,500명의 전담 영업사원으로 구성되어 있다. 각 영업 담당자는 고정된 영역과 핵심 고객에 할당되어 Vorwerk에서 영구적으로 초점을 맞춰야하는 고객과 보다 효과적으로 신뢰관계를 구축한다.[3]

기업이 광범위한 지역에서 다양한 유형의 고객들에게 다양한 제품을 판매하는 경우, 종종 몇 가지 유형의 영업조직 구조를 결합한 복합 영업조직 구조(complex sales force structure)를 만든다. 영업사원들은 고객과 지역별로, 제품과 지역별로, 제품과 고객별로, 또는 제품/고객/지역별로 특화될 수 있다. 예를 들어, P&G는 고객(Walmart, Safeway, CVS Health 또는 기타 대규모 고객을 위한 서로 다른 영업 팀)과 각 주요 고객집단(지역 CBD 담당자, 구역 관리자, 지역 관리자 등)의 지역별로 영업 인력을 전문화한다. 어떤 한 가지 구조가 모든 기업과 상황에 최선이 될 수 없다. 각 기업은 고객들의 욕구를 가장 잘 맞출 수 있고 회사의 전반적인 마케팅전략에 맞는 영업조직 구조를 선택해야 한다.

> **고객별 영업조직 구조:** Vorwerk의 Kobold 영업 팀은 고객과 개인적인 관계를 구축하기 위해 고정된 영역에 배정된 수천 명의 직원으로 구성되어 있다.
>
> dpa picture alliance archive/Alamy Stock Photo

영업조직 규모

영업조직 구조를 짜고 나면, 기업은 영업사원의 규모를 고려해야 한다. 영업사원의 규모는 몇 명의 직원에서 수천 명에 이르기까지 다양하다. 어떤 회사들의 영업사원 규모는 거대하다. 예를 들어, IBM은 전 세계에서 약 4만 명의 영업사원을 고용하고 있다. Microsoft, 18,300명; Pfizer, 13,500명; 삼성전자 10,200명이다.[4] 영업사원은 회사의 가장 생산적이면서 비싼 자산 중 하나이다. 따라서 영업사원의 수를 늘리면 매출과 비용이 함께 올라가게 된다.

많은 회사들이 영업사원의 크기를 정하기 위하여 작업량 접근방식(workload approach)과 같은 모형을 이용한다. 이 방식을 사용할 경우, 기업은 먼저 거래처를 운영하는데 필요한 일의 양과 관련된 요인들(거래처의 규모, 거래처 상황, 기타 요인들)에 따라 거래처들을 구분한다. 그 다음 각 거래처 집단별로 바람직한 방문횟수를 바탕으로 필요한 영업사원의 수를 정한다.

회사는 다음과 같이 생각할 수 있다. 우리 회사가 1,000개의 A형 거래처와 2,000개의 B형 거래처를 갖고 있다고 가정하자. A형 거래처는 매년 36번의 방문을 필요로 하고, B형 거래처는 매년 12번의 방문을 필요로 한다. 이 경우 영업사원의 작업량(workload)은 60,000번(1,000×36+2,000×12)이 된다. 한 영업사원이 한 해에 평균 1,000번을 방문할 수 있다면, 우리는 60(60,000/1,000)명의 영업사원을 확보해야 한다.

영업전략과 영업조직 구조에 관한 다른 이슈들

영업관리자는 누가 판매활동에 참여할 것이며, 어떻게 영업사원과 지원인력이 함께 일할 것인가를 결정해야 한다.

내부 및 외부 영업사원 기업은 **외근 영업사원**(outside sales force 혹은 field sales force), **내부 영업사원**(inside sales force), 또는 이들 모두를 이용할 수 있다. 외근 영업사원은 현장에서 고객을 방문하기 위해 출장을 나간다. 대조적으로 내근 영업사원은 전화, 온라인, 소셜 미디어 상호작용, 구매자의 방문을 통하여 사무실에서 영업업무를 수행한다. 내부 영업사원은 증가하는 외부 영업사원 비용과 온라인, 모바일, 소셜 미디어 기술 때문에 최근 성장해 왔다.

외근 영업사원
(outside sales force or field sales force)
현장에서 고객을 방문하기 위해 출장을 나가는 영업사원

내부 영업사원(inside sales force)
전화, 온라인, 소셜 미디어 상호작용, 가망고객의 회사방문 등을 통해 사무실에서 업무를 수행하는 영업사원

▶▶ 내부 및 외부 판매: 오늘날 디지털, 모바일, 소셜 미디어 환경에서 내부 판매는 대면을 통한 직접 판매보다 훨씬 빠르게 성장하고 있다. 그리고 현재 외부 판매에서 성장하고 있는 영역은 전화와 모바일 기기를 통한 판매이다.

LDProd/Shutterstock

일부 내근 영업사원은 외근 영업사원을 위한 지원을 제공함으로써 이들이 주요 고객들에게 자사제품을 판매하는데 또는 새로운 가망고객을 확보하는데 더 많은 시간을 쓸 수 있도록 도와준다. 예를 들어, 기술적 판매지원 사원들은 기술 정보와 고객의 질문에 대한 답을 제공한다. 판매보조원(sales assistant)은 외근 영업사원을 위한 행정 지원을 한다. 이들은 고객들에게 전화를 미리 걸어 약속을 확인하고, 배달을 지원하고, 외근 영업사원과 연락이 되지 않을 경우 고객의 질문에 답해 준다. 이처럼 내부와 외부 영업사원의 조합을 사용하면 중요한 고객에게 더 나은 서비스를 제공할 수 있다. 내부 영업사원은 고객에게 일상적인 접촉과 지원을 제공하는 반면, 외부 영업사원은 대면 협력과 관계 구축을 할 수 있다.

다른 내부 영업사원들은 지원하는 것 이상의 일을 하기도 한다. 텔레마케터(telemarketers)와 온라인 판매자는 전화, 인터넷, 소셜 미디어를 이용하여 새로운 잠재고객을 발견하고, 고객과 고객의 비즈니스를 이해해서 직접 판매하거나 서비스를 제공한다. 텔레마케팅과 온라인 판매는 규모가 작거나 도달하기 어려운 고객들에게 매우 효과적이고 상대적으로 비용이 덜 드는 판매대안일 수 있다. 예를 들어, 제품과 고객의 복잡성에 따라, 텔레마케터는 하루에 20번에서 33번 정도의 의사결정자 접촉을 실행할 수 있다. 이는 외근 영업사원이 하루 평균 4회 정도 접촉할 수 있는 것과 비교된다. B-to-B 현장방문의 평균비용이 600달러에 가까운 반면, 일반적인 산업재 텔레마케팅과 온라인을 통한 고객접촉 비용은 25~75달러 정도면 된다.[5]

연방정부가 입안한 Do Not Call Registry제도는 소비자 대상 전화판매에 제약을 주지만, 텔레마케팅은 많은 B-to-B 마케터들에게 있어 여전히 주요 판매도구가 되고 있다. 소규모 기업의 경우 전화나 온라인을 이용한 판매가 주요 판매방식이 될 수 있다. 그러나 대기업도 중소 규모의 고객들에게 제품을 직접 판매하거나 규모가 큰 고객을 도와주기 위하여, 텔레마케팅과 온라인 판매 방법을 사용한다.

더 나아가 오늘날의 디지털, 모바일, 소셜 미디어 환경에서 많은 구매자들은 과거에 필수적이었던 대면 접촉에 비해 전화나 온라인 접촉을 잘 받아들이고 더 선호하기도 한다. 많은 고객들은 온라인에서 정보를 수집하는 경향이 있다. 한 보고서에 따르면 대부분의 구매자가 구매 과정의 60% 정도를 혼자서 마친 다음에야 영업사원을 접촉한다. 그런 다음 전화, 온라인 미팅, 소셜 미디어 상호작용을 사용해 판매자와 접촉하고 구매를 마친다.

이런 추세의 결과로 전화와 온라인 판매는 대면 영업 판매보다 훨씬 빠르게 성장하고 있다. 최근 한 연구에 따르면 내부 판매 일자리는 외부 판매 일자리보다 300배 빠르게 성장하고 있다. 현재 대기업의 영업 전문가 중 28% 이상이 내부 영업사원이다. 중소기업에서는 47%가 내부에 있다. 더욱이 외부 판매와 내부 판매 사이의 경계가 모호해지면서 새로운 유형의 영업사원이 나타나고 있다. 원격으로 일하는 "하이브리드 판매 담당자"(현장 판매 담당자와 내부 담당자 간의 현대적인 교차)이다. 최근 외부 영업사원은 대면 만남은 줄이고 원격 판매에 자신의 시간에 절반 이상을 사용한다. 지난 4년 동안

80% 증가했다.[6]

팀 판매 제품이 더 복잡해지고 고객이 더 많은 것을 요구하게 되면, 영업사원 한 사람이 고객 욕구를 모두 처리할 수 없다. 그래서 대부분의 회사들은 규모가 크고 복잡한 거래처를 관리하기 위하여 **팀 판매**(team selling)를 이용한다. 판매 팀은 문제점 발견, 해결책 제시, 판매기회 포착 등 개별 영업사원들이 할 수 없는 일들을 수행한다. 판매 팀은 판매, 마케팅, 기술 및 지원 서비스, R&D, 엔지니어링, 생산, 재무 등 판매회사의 다양한 부서에서 파견된 전문가로 구성된다.

많은 경우 팀 판매로의 전환은 고객 구매조직의 유사한 변화를 따라간 것이다. 규모가 큰 많은 회사들은 팀을 통해 구매하는 시스템을 구현해 왔고, 그에 따라 마케터도 동등하게 팀을 중심으로 판매해야 하는 상황이다. 규모가 크고 복잡한 거래처를 담당해야 할 경우 한 영업사원이 고객이 요구하는 모든 것을 처리하는 전문가가 될 수 없다. 대신 판매는 전략적 고객 팀에 의해 진행되는데, 선임 고객 관리자 또는 고객 비즈니스 관리자가 지휘한다.

예를 들어, 200명의 P&G Walmart 고객 비즈니스 개발(Customer Business Development: CBD) 팀은 완전히 다기능 고객 서비스 부서이다. 이 팀에는 CBD 관리자와 여러 CBD 고객임원(각각 특정 P&G 제품 범주를 담당)이 포함되는데 마케팅전략, 제품개발, 운영, 정보 시스템, 물류, 재무, 인적 자원 전문가가 팀을 지원한다.

그러나 팀 판매는 여러 가지 단점도 갖고 있다. 예를 들어, 영업사원은 본질적으로 경쟁적이며 우수한 개인성과를 통해 보상을 받고 이를 위해 훈련도 한다. 모든 고객을 자신이 혼자 소유하려는 영업사원은 팀에서 다른 사람과 협력하고 신뢰하는 방법을 배우는 데 어려움을 겪을 수 있다.

또한 판매 팀은 한 영업사원과 일하는데 익숙한 고객들을 혼동스럽게 하거나 어쩔 줄 모르게 할 가능성이 있다. 마지막으로 팀 활동에 대한 개별 구성원의 기여도를 평가하는 것이 어렵기 때문에 공정한 보상 논란이 일어날 수 있다.

영업사원의 모집과 선발

영업조직 운영의 핵심은 좋은 영업사원의 모집과 선발에 있다. 일반적인 영업사원과 최고 영업사원의 성과차이는 엄청나다. 일반적인 영업조직에서 영업사원의 상위 30%가 매출의 60%를 담당한다. 따라서 기업이 주의를 기울여 영업사원을 잘 선발하면 전반적인 영업성과를 대폭 높일 수 있다. 잘못된 영업사원 선발은 영업성과의 차이를 발생할 뿐만 아니라, 이직을 초래하여 손실이 커진다. 한 영업사원이 회사를 그만두면, 새로운 영업사원을 고용하고 훈련시키는데 들어가는 비용(상실된 매출로 인한 비용이 추가되어야 함)이 매우 클 수 있다. 한 컨설팅 회사는 잘못된 영업사원 채용의 연간 총 비용이 매우 큰 금액인 475,000달러라고 계산한다.[7] 또한 새로운 영업사원으로 구성된 영업조직은 생산성이 낮고, 이직은 중요한 고객과의 관계에 나쁜 영향을 미친다.

어떤 면이 우수한 영업사원과 그렇지 않은 영업사원을 구별해 줄까? 잘 알려진 갤럽 여론조사 기관의 한 사업부인 Gallup Consulting은 우수한 영업사원의 프로파일을 찾기 위하여 수십만 명의 영업사원들과 면접을 진행했다. 조사결과, 내재적 동기부여, 훈련된 업무스타일, 계약을 마무리하는 능력, 가장 중요한 고객과의 관계를 구축하는 능

팀 판매(team selling)

규모가 크고 복잡한 거래처를 관리하기 위해 영업, 마케팅, 엔지니어, 재무, 기술지원 및 상위 관리자들로 구성된 팀을 운영하는 것

>> **우수한 영업사원:** 최고의 영업사원은 내재적 동기부여, 훈련된 업무스타일, 계약을 마무리하는 능력, 그리고 가장 중요한 자질인 고객과의 관계를 구축하는 능력 등을 갖고 있다.

nd3000/Shutterstock

력 등 네 가지가 가장 우수한 영업사원들의 공통점이라는 것이 밝혀졌다.[8]

최고의 영업사원은 내적으로 동기부여 된다. 즉 남보다 뛰어나고자 하는 끊임없는 욕망을 갖고 있다. 어떤 사원들은 돈, 인정에 대한 욕구, 경쟁에서 승리하는 것에서 오는 만족에 의해 동기부여 된다. 서비스를 제공하고 고객관계를 구축하려는 욕망에 의하여 동기부여가 되는 영업사원도 있다. 최고의 영업사원들은 각자 동기부여 방식을 가지고 있다. 그러나 다른 분석에 따르면 가장 우수한 영업사원은 강한 목적의식에 의해 움직인다. 고상한 목적을 갖고 판매하는 사람, 고객에게 뭔가 다름을 전해주기 원하는 사람들은 판매목표와 보상에만 초점을 맞춘 사람들보다 더 우수한 판매실적을 기록했다. 이와 같이 고객과 관계된 목적의식을 가지고 판매하게 되면 더 성공적일 뿐만 아니라 영업사원의 수익과 만족도 올라간다.[9]

또한 최고의 영업사원은 잘 훈련된 영업 스타일을 갖고 있다. 그들은 자세하고 체계화된 계획을 세우고 시간에 맞추어 실행에 옮긴다. 그러나 더 많은 판매를 종결시키지 못하고 보다 나은 고객관계를 구축하지 못한다면 동기부여와 훈련은 별 의미가 없다. 탁월한 영업사원은 주어진 일을 완수하는데 필요한 기술과 지식을 쌓는다. 아마 가장 중요한 최고 영업사원의 특징은 탁월한 고객문제 해결자이고 관계구축자라는 점이다. 영업임원들에게 물으면 최고의 영업사원이 갖고 있는 조건으로, 좋은 경청자, 공감, 인내, 배려, 잘 반응하는 자세 등의 항목을 언급할 것이다. 최고의 영업사원은 자신을 구매자의 입장에 놓고 고객의 눈으로 세상을 볼 수 있다. 그들은 단지 호감을 얻기를 원하는 것이 아니라 고객들에게 부가가치를 제공하기를 원한다. 말하자면 판매를 위한 정답은 없다. 성공한 영업사원은 자신의 고유한 강점과 재능을 가장 잘 적용할 수 있는 접근방식을 사용한다. 예를 들어, 일부 영업사원은 도전을 직면하고 사람들을 끌어들이는 적극적 판매의 스릴을 즐긴다. 다른 영업사원은 같은 목적으로 자신의 부드러운 재능을 적용할 수 있다. 한 영업 컨설턴트는 "동일한 성과를 내는 두 훌륭한 영업사원이 있을 때 영업방식은 똑같지 않을 수 있습니다. 한 사람은 치열한 경쟁을 통해 번창할 수 있고 또 다른 사람은 매우 분석적인 문제 해결사로서 시장에서 이길 수 있습니다. 또는 한 사람은 관계를 구축하는 데 엄청난 재능을 갖고 있는 반면, 최고 실적을 내는 동료는 영리한 전략가일 수 있습니다. 중요한 것은 자신만의 방식으로 이기는 것입니다."라고 말한다.[10]

기업은 신입사원을 모집할 때, 해당 산업에서 성공적인 영업사원에게 요구되는 특성(traits)을 파악하기 위해 영업업무 자체와 가장 성공적인 영업사원의 특징들을 분석해야 한다. 그리고 난 후 적절한 사람을 모집해야 한다. 인적자원 부서는 기존 영업사원, 고용회사, 광고, 웹사이트 탐색, 대학 취업센터 등을 통하여 지원자를 찾는다. 또 다른 모집 원천은 다른 기업의 우수한 영업사원을 스카우트하는 것이다. 이미 검증된 영업사원은 많은 훈련을 받을 필요가 없고, 당장 효율적으로 일할 수 있다. 기업은 모집을 통하여 많은 지원자를 모으고 이들 중에서 가장 우수한 사람을 선발해야 한다. 선발과정은 간단한 비공식적 인터뷰에서부터 긴 테스트와 인터뷰를 거치는 경우에 이르기까지 다양하다. 많은 기업이 영업사원 지원자들에게 공식적인 시험을 실시한다. 시험은 판매 적성, 분석적 및 조직적 기술, 성격 및 기타 특징들을 측정한다. 그러나 시험성적은 개인 적인 특징, 신원보증인, 과거 근무경력, 인터뷰결과 등을 포함한 지원자 정보 중 하나에 불과하다.

영업사원 훈련

신입 영업사원은 몇 주, 몇 달, 또는 1년이 넘게 판매교육을 받아야 할지 모른다. 초기의 영업훈련이 끝나면, 대부분 기업은 세미나, 판매 미팅, 웹 e-learning을 통해 지속적인 훈련 프로그램을 제공해서 영업사원의 경력을 쌓아 준다. 한 정보원에 따르면 미국 회사들은 영업사원을 훈련하는데 연간 700억 달러를 지출했다. 훈련은 많은 비용이 들지만, 큰 수익을 창출할 수 있다.[11]

>> E-training은 영업 교육을 보다 효과적이고 참여적으로 만들 수 있다. BLP의 게임 기반 영업교육 도구인 지식 전문가(Knowledge Guru)는 영업직원이 주요 제품, 자사 상황, 고객 상황뿐만 아니라 영업기술과 프로세스를 배우는 데 도움이 된다.
Bottom-Line Performance

훈련 프로그램은 여러 가지 목적이 있다. 첫째, 영업사원 은 고객에 대해서 알고 어떻게 관계를 구축할 것인가를 이 해할 필요가 있다. 그러므로 훈련 프로그램은 사원들에게 고객 유형과 욕구, 구매동기, 구매습관 등을 가르쳐 주어 야 한다. 그리고 어떻게 효과적으로 판매할 수 있는가를 교 육시키고, 판매과정의 기본을 훈련시켜야 한다. 영업사원은 자신이 속한 기업뿐만 아니라 제품과 경쟁사를 잘 알고 파 악할 필요가 있다. 그러므로 효과적인 훈련프로그램은 영업사원에게 회사 목표, 조직구 조, 주요 제품과 시장, 주요 경쟁사의 전략들에 대해 교육시킨다.

오늘날 많은 기업들이 기존 훈련 프로그램에 디지털 요소를 추가하고 있다. 온라인 훈 련은 텍스트 기반의 간단한 제품정보 제공에서부터 판매기술을 구축하게 해 주는 웹 기 반의 판매훈련, 현장판매 방문의 동태성을 구현한 매우 세련된 시뮬레이션 기법에 이르 기까지 매우 다양하다. 현장교육을 대신하는 온라인 훈련은 여행과 기타 훈련 경비를 절 감할 수 있고 영업사원의 영업활동 시간을 덜 빼앗는다. 또한 온라인 훈련은 영업사원의 요구에 따라 훈련을 제공할 수 있으므로, 영업사원들은 원하는 시간과 장소에서 필요한 만큼만 훈련을 받을 수 있다. 대부분의 온라인 훈련은 웹기반이지만, 이제 많은 기업들 이 다양한 형태의 모바일 디지털 도구를 통해 영업사원이 요구할 때 훈련을 제공한다.

현재 많은 기업이 영업훈련을 더 효율적이고 효과적으로 만들고 경우에 따라 더욱 재 미있게 하기 위해 상상력이 풍부하고 새로운 디지털 기술을 활용하고 있다. 예를 들어, 학습 솔루션 기업인 Bottom-Line Performance는 영업사원이 영업기술과 프로세스 뿐만 아니라 주요 제품, 자사 상황, 고객 상황을 배우고 기억할 수 있도록 도와주는 지 식 전문가(Knowledge Guru)라는 디지털 게임기반 영업교육 도구를 개발했다.[12]

기업들은 지식 전문가(Knowledge Guru)를 사용해서 영업교육을 위한 단일 패스 게임을 만들 수 있다. 이 게임으로 신입 영업사원에게 기초 지식을 가르친다. 신제품에 대해 교육한다. 그리고 새로운 판매 기술을 가르치기 위해 성과측정을 하는 확장 플레이 게임도 만든다. 영업 사원은 스마트폰, 태블릿, 데 스크톱에서 오프라인이나 온라인으로 혼자 또는 다른 사람과 경쟁하여 학습 게임을 할 수 있다. 학습을 하는 동안 영업 트레이너는 개별 영업사원의 학습 성과를 추적할 수 있다. Fortune 500대 기업 중 일부는 지식 전문가(Knowledge Guru) 교육도구를 사용해서 재미없거나 겁이 나는 훈련작업에 재미와 참여를 더한다. IT 네트워킹 회사인 Cisco Systems는 인증된 영업 제휴 프로그램 모듈의 일부로 지식 전문가(Knowledge Guru)를 사용한다. 지식 전문가(Knowledge Guru)를 프로그램에 도입하는 데 도움을 준 Cisco 프로그램 관리자에 따르면, "고객과 협력하기 전에 신입 [영업] 직원은 우리의 아키텍처와 기술에 대한 깊은 지식을 얻어야 합니다. 지식 전문가(Knowledge Guru)는 이 기술 지식을 강화하는 데 필수적이며 참가자들은 지식 전문가(Knowledge Guru)를 학습 도구로 높이 평가했습니다." 가장 중요한 것은 게임이 실제로 효과를 발휘해서 영업사원들이 교육 목표에 대해 평균 87%의 유지율을 달성할 수 있도록 도와준다는 것이다.

영업사원에 대한 보상

기업은 좋은 영업사원을 영입하기 위하여 매력적인 보상계획(compensation plan)을 갖고 있어야 한다. 보상은 고정급여, 변동급여, 비용, 부대혜택 등 여러 요소들로 구성된다. 일반적으로 봉급(salary)이라고 불리는 고정급여는 영업사원에게 안정적인 수입을 제공한다. 변동급여는 판매성과에 근거하여 지급하는 수수료나 보너스로써, 영업사원의 더 많은 노력과 성공에 대하여 보상하는 것이다.

영업사원 보상계획은 영업사원에게 동기를 부여하고, 활동에 영향을 미칠 수 있다. 보상은 영업사원으로 하여금 전반적인 영업목표와 마케팅목표에 부응하는 활동을 하도록 유도해야 한다. 예를 들어, 만일 회사의 전략이 신규사업을 인수하여 빠르게 성장하고 시장점유율을 증대시키는 것이라면, 보상계획은 수수료 부분을 늘리고 신규거래처 확보에 대한 보너스를 제공함으로써 영업사원의 높은 판매성과와 신규 거래처 개발을 장려할 수 있다. 반면 목표가 기존 거래처의 수익성을 극대화하는 것이라면, 보상계획은 기본급의 비중을 늘리고, 기존 거래처의 매출과 고객만족에 따라 추가적인 인센티브를 제공할 수 있다.

실제로 점점 더 많은 기업이 높은 수수료 보상정책을 채택하지 않고 있다. 이러한 보상계획은 영업사원으로 하여금 단기적인 이익을 추구하게 만들기 때문이다. 기업은 계약을 성사시키기 위해 거래처를 너무 밀어붙이면 고객관계가 손상될 가능성이 있음을 우려한다. 대신 기업은 고객과의 관계를 구축하고 고객의 장기적인 가치를 높여주는 영업사원에게 더 많이 보상해주는 보상계획을 고안하고 있다.

일부 기업은 경제적 불황때문에 판매실적에 대한 보상액을 줄임으로써 비용을 절감하려고 한다. 그러나 사업실적이 저조할 경우 어떤 원가절감 조치는 타당하지만, 영업사원 보상을 삭감하는 것은 일반적으로 마지막에 해야 하는 행동이다. 최고의 영업사원에 대한 수요는 항상 많다. 그들에게 적게 보상하면 그들이 가장 필요할 때 잃을 수 있다. 따라서 주요 영업사원과의 관계가 짧으면 중요한 고객과의 관계도 짧아진다. 기업이 보상 비용을 줄여야 한다면 전반적으로 삭감하는 대신 고성과자의 보상은 유지하고 저성과자의 보상을 줄이도록 해야 한다.

≫ 영업사원의 보상: 좋은 보상계획으로 영업사원들을 동기부여하고 활동 방향을 이끌 수 있다.

Luca Bertolli/123RF

영업사원에 대한 감독과 동기부여

신입 영업사원은 판매구역, 보상, 훈련 외에도 많은 것이 필요하다. 감독과 동기부여가 필요하다. 감독의 목적은 영업사원에게 적절한 방법으로 적절한 지시를 함으로써 자신의 임무를 현명하게 수행할 수 있도록 도와주는 것이다. 동기부여의 목적은 영업사원으로 하여금 판매목표를 달성하기 위하여 열심히 일하게 격려하는 것이다. 만일 영업사원이 현명하게 열심히 일하면, 자신의 최대 잠재력을 실현하여 기업과 자신에게 이익이 될 것이다.

영업사원에 대한 감독

어떻게 영업사원을 면밀하게 감독하는지는 기업마다 다르다. 많은 회사들은 영업사원들이 표적고객을 확인하고 방문규범을 세울 수 있도록 도와준다. 어떤 회사들은 신규고객을 개발하기 위하여 영업사원이 얼마나 많은 시간을 써야 하는지 구체적으로 지시하고, 다른 활동들에 대한 시간관리에서 우선순위를 정해 준다. 이를 위한 도구는 영업사원으로 하여금 어떤 고객과 가망고객을 방문해야 할지, 그리고 어떤 활동을 해야 할지를 보여주는 주간, 월간, 연간 방문계획표(call plan)를 작성하게 하는 것이다. 다른 도구는 시간-임무 분석 (time-and-duty analysis)이다.

>> **영업 자동화:** 기업들은 영업사원이 언제 어디서나 보다 효과적이고 효율적으로 일할 수 있도록 정기적으로 영원사원을 노트북, 스마트폰, 무선 연결장치, 비디오 콘퍼런스 기술, 고객관계관리 소프트웨어로 무장시킨다.
kantver/123RF

영업사원은 판매에 사용하는 시간 외에도 계획, 여행, 회의, 주문 처리 및 관리, 사소한 행정처리에 시간을 보낸다. 놀랍게도 연구에 따르면 영업사원은 자신의 시간 중 평균 37%만 적극적 판매에 사용한다.[13] 기업은 항상 시간을 절약할 수 있는 방법을 찾고 있다. 관리 업무를 단순화하고, 향상된 영업전화 및 라우팅 계획 개발, 향상된 고객 정보 제공, 출장 대체 전화, 이메일, 온라인, 모바일 회의 등이 시간 절약 방법이 될 수 있다.

많은 기업이 영업 자동화시스템(sales force automation system)을 도입하고 있는데, 이 시스템은 컴퓨터와 디지털을 이용하여 영업업무를 처리하는 것으로 영업사원이 언제 어디에서나 보다 효과적으로 일할 수 있도록 도와준다. 기업들은 정기적으로 영업사원들에게 최신장비(예: 노트북, 스마트폰, 웹 콘퍼런스를 위한 웹 카메라, 무선 웹 연결장치, 관계관리를 위한 소프트웨어 등)를 제공하고 있다.

이러한 첨단장비로 무장한 영업사원은 보다 효과적이고 효율적으로 기존고객 및 가망고객에 관한 정보를 정리하고, 판매를 분석 및 예측하고, 판매방문을 계획하고, 설명회를 준비하고, 판매 및 비용 보고서를 작성하고, 거래처관계를 관리할 수 있게 되었다. 그 결과 기업은 보다 나은 시간관리, 향상된 고객서비스, 더 낮아진 영업비용, 더 높은 영업성과 달성이 가능하게 되었다. 요약하면 기술은 영업사원이 자신의 임무를 수행하고 고객을 참여하게 만드는 방법을 개조해 왔다.

영업사원 동기부여

영업 관리자는 영업사원을 감독할 뿐만 아니라 동기부여도 해야 한다. 어떤 영업사원들은 관리자의 독려 없이도 최선을 다해 임무를 수행할 것이다. 이러한 영업사원들에게 영업은 세상에서 가장 멋진 직업일지 모른다. 그러나 영업은 영업사원들에게 많은 갈등을 줄 수도 있다. 영업사원은 때때로 혼자 일해야 하고, 집을 떠나 여행해야 한다. 매우 능력 있는 동료직원들과 경쟁해야 하고 까다로운 고객을 만나야 한다. 따라서 관리자는 영업사원이 최선을 다해 일하도록 만들기 위하여 특별한 격려를 해야 한다.

관리자는 조직 분위기, 판매할당량, 긍정적 인센티브 등을 이용하여 영업사원의 사기와 성과를 높일 수 있다. 조직 분위기(organizational climate)는 영업사원이 우수한 성과실현의 기회, 가치 및 보상에 대해 갖는 느낌을 의미한다. 어떤 회사들은 영업사원들을 별로 중요하지 않게 취급하는데, 이에따라 영업성과는 떨어질 것이다. 어떤 회사들은 영업사원을 매우 중요한 공헌자로 간주하고 소득과 승진에 있어 무한대의 기회를 제공한다. 이런 회사들은 영업사원의 우수한 성과와 낮은 이직률을 확보하게 되는데, 이는 그리 놀랄 일이 아니다.

판매할당량(sales quota)
영업사원이 판매해야 할 양과 담당하고 있는 각 제품별로 할당되어야 할 판매량을 기술한 것

많은 회사들이 **판매할당량**(sales quota)(영업사원이 판매해야 할 양과 각 제품별로 할당되어야 할 판매량을 기술한 판매량의 표준치)을 정함으로써 영업사원을 동기부여한다. 수수료는 영업사원이 판매할당량을 얼마나 잘 완수하느냐와 관계가 있다. 또한 기업은 영업사원을 더 노력하게 만들기 위하여 다양한 긍정적 인센티브를 사용한다. 판매미팅은 영업사원에게 사회적 교류시간, 일상적인 일로부터의 휴식, 회사 사람들을 만나 이야기를 나눌 기회, 기분을 전환하고 회사에 대한 소속감을 확인할 수 있는 기회를 제공한다. 그리고 기업은 영업사원이 일반적으로 기대하는 것보다 더 노력하게 만들기 위해 판매 경진대회(sales contests)를 후원하기도 한다. 다른 인센티브로 상장, 상품, 현금 보상, 여행, 이익분배 계획 등이 있다.

영업사원과 영업사원 성과 평가

우리는 지금까지 영업사원이 무엇을 해야 하고 이들을 어떻게 동기부여 할 수 있는가를 설명하였다. 영업관리 과정은 좋은 피드백이 필요하다. 좋은 피드백은 영업사원 성과를 평가하기 위하여 관련 정보를 정기적으로 수집하는 것을 의미한다.

관리자는 여러 가지 방법으로 영업사원에 대한 정보를 수집한다. 가장 중요한 정보원천은 판매보고서(sales reports)로써, 이에는 주간 및 월간 활동계획과 장기간에 걸친 할당지역에 대한 마케팅 계획이 포함되어 있다. 또한 영업사원은 방문계획에 대한 활동완료 보고서(call reports)를 작성하고, 경비를 부분적으로 또는 전액 환불받기 위한 비용 보고서(expense reports)를 제출한다. 또한 기업은 판매사원이 할당된 지역에 대한 판매와 이익 성과를 확인하고, 개인적 관찰, 고객 설문조사, 다른 영업사원들과의 대화를 통하여 추가적인 정보를 수집한다.

판매 관리자는 다양한 영업사원 보고서와 기타 정보를 이용하여 영업사원을 평가한다. 일을 계획하고 계획된 일을 수행하는 영업사원의 능력을 평가한다. 또한 영업사원에게 건설적인 피드백을 제공하고, 이들이 업무를 잘 수행할 수 있도록 동기부여를 제공한다.

관리자는 보다 광범위한 수준에서 전반적인 영업성과를 평가해야 한다. 영업조직이 고객관계, 판매, 이익목표를 달성하고 있는가? 마케팅부서 및 기업 내 다른 부서들과 잘 협력하여 일하고 있는가? 결과에 적합한 비용을 쓰고 있는가? 기업은 다른 마케팅 활동에서와 마찬가지로 영업사원에 대한 투자수익률을 측정하기 원한다.

소셜 판매: 온라인, 모바일, 소셜 미디어 도구

가장 빠르게 성장하는 영업의 추세는 **소셜 판매**의 폭발적 성장이다. 영업사원은 온라인, 모바일, 소셜 미디어 사용을 통해 고객과 더 강한 관계를 구축하고 판매실적을 올릴 수 있다. 새로운 디지털 영업 기술들은 디지털과 소셜 미디어 시대에 사는 고객들을 접촉하고 참여시키는 흥미진진한 새로운 길을 만들어내고 있다. 일부 분석가들은 인터넷은 대면 판매의 종말을 의미한다고 예측하기도 하는데, 이는 영업사원들이 궁극적으로 웹사이트, 온라인 소셜 미디어, 모바일 앱, 비디오, 회의기술 및 다른 도구들(고객과의 직접적인 접촉을 가능하게 해줌)에 의해 대체되기 때문이다. 이러한 예측은 너무 과장된 것이다. 온라인과 소셜 미디어 기술은 영업사원을 쓸모없게 만들지 않을 것이다(Marketing at work 13.1 참조). 그러나 디지털 기술은 대면 판매의 역할을 빠르게 변화시키고 있다.

영업사원이 디지털 기술을 적절히 사용하면 더 생산적이고 효과적으로 일할 수 있다. 영업사원은 디지털 기술을 통해 가망고객을 파악해서 이해하고 고객을 참여시켜 고객가치를 창출한다. 또한 디지털 기술은 구매를 종결하고 고객관계를 발전시키는 강력한 도구가 될 수 있다. 소셜 판매 기술들은 영업사원에게 커다란 조직적 혜택을 제공한다. 영업사원의 소중한 시간을 아껴 쓰게 하고 여행비를 절약시켜 주고 판매와 거래처관리를 위한 새로운 도구를 제공해 준다.

소셜 판매는 판매의 기본을 바꾸지는 않을 것이다. 영업사원은 고객을 접촉하여 참여시키고 고객관계를 관리하는 일차적 책임을 갖고 있다. 요즘은 해야 될 일의 대부분이 디지털로 수행된다. 온라인과 소셜 미디어가 고객의 구매과정을 극적으로 바꾸고 있기 때문에 영업사원들은 판매과정을 바꾸고 있다. 과거에는 많은 고객이 영업사원에 의존했지만 디지털 시대에는 그렇지 않다. 특히 구매과정의 초기에는 대부분을 스스로 진행한다. 고객은 점점 더 온라인과 소셜 미디어를 사용해 영업사원을 만나기 전에 자신의 문제점, 연구 해결책을 분석하고 동료로부터 조언을 얻고 구매 대안에 순위를 매긴다. 산업재 구매자 관련 최근 보고서에 따르면 구매자들의 94%는 온라인에서 탐색을 시작하고 평균적으로 공급자를 접촉하기 전에 구매 과정의 거의 60%를 완료한다.[14]

따라서 고객은 브로셔, 가격, 제품 조언이 영업사원에 의해서만 가능했던 때보다 판매과정을 더 많이 통제할 수 있다. 고객은 이제 기업 웹사이트, 블로그 및 유튜브 비디오를 탐색해 판매원을 확인하고 적절한 사람을 정할 수 있다. 그리고 LinkedIn, Google, Twitter, Facebook에서 다른 사람들과 어울리면서 경험을 공유하고 해결책을 모색하고 고려하고 있는 제품을 평가할 수 있다. 그 결과 영업사원이 구매과정에 합류하게 되면, 고객은 종종 영업사원이 회사 제품에 대해 파악하고 있는 것만큼 거의 같은 수준으로 알고 있다. 그리고 고객이 영업사원에게 전화를 걸면 실시간 참여를 기대하고 디지털 방식으로 전화하는 경우가 더 많다. 요즘 고객은 영업사원으로부터 제품과 가격정보 이상의 것을 원한다. 문제 해결과 솔루션을 원한다. 한 영업 컨설턴트는 "오늘날 B2B 구매자의 68%는 영업사원보다 온라인 비즈니스를 선호합니다. 그리고 영업에 참여될 때 더 많은 문제 해결과 상담을 경험하기 원합니다."라고 말한다.[15]

디지털 구매과정 환경에 대응하기 위해 판매자들은 자신의 판매과정을 새로운 구매과정을 중심으로 다시 조정하고 있다. 더 일찍 고객을 참여시키기 위해 고객이 있는 곳(소셜 미디어, 웹 포럼, 온라인 커뮤니케이션, 블로그 등)으로 향한다. 영업사원들은 고객이

저자 코멘트

최근 다른 모든 부문처럼 디지털기술이 판매에 크게 영향을 미치고 있다. 요즘 영업사원은 고객참여, 고객관계 구축, 판매를 위한 온라인, 모바일, 소셜 미디어 도구 사용에 능숙하다.

소셜 판매(social selling)
고객관계를 맺어 강화하고 판매성과를 높이기 위해 온라인, 모바일, 소셜 미디어를 사용하는 것

| MARKETING AT WORK | 13.1 |

B-to-B 영업사원: 디지털과 소셜 미디어 시대에 누가 영업사원을 필요로 할까?

영업사원이 없는 세상은 상상하기 어렵다. 그러나 한 분석가에 따르면 영업사원은 지금부터 10년 후엔 훨씬 적을 것이다. 고객과 기업을 직접 연결해 주는 인터넷, 모바일 기기, 다른 기술들의 폭발적인 증가로 과연 누가 대면 판매를 더 필요로 할까? 회의론자들에 따르면 영업사원은 웹사이트, 이메일, 블로그, 모바일 앱, 비디오 공유, 가상 트레이드 쇼, Facebook, Linkedin과 같은 소셜 네트워크에 의해 빠르게 대체되고 있다.

조사회사 Forrester는 향후 5년간 미국에서 B-to-B 영업사원의 수는 22% 감소할 것으로 예측한다. 이는 미국에서 5명의 영업사원 중 하나는 5년 내에 직장을 잃게 될 것임을 의미한다. 갑작스런 불행을 예언하는 사람은 "세상은 이제 더이상 영업사원을 필요로 하지 않는다. 판매는 죽어가는 직업이고 오일 램프나 로터리식 전화기처럼 시대에 뒤떨어지게 될 것이다."라고 말한다.

그러면 B-to-B 판매는 정말 죽어가고 있을까? 인터넷, 모바일 기술과 온라인 네트워크, 소셜 미디어, 인공지능 영업사원은 오래된 예술인 대면에 의한 영업을 대체할까? 대부분의 영업 분석가들의 대답은 "아니오"이다. 한 영업 전문가는 다음과 같이 말한다. "많은 영업 전문가들은 영업사원의 몰락을 예측합니다. 사람들이 그렇게 말할 때 나는 절대 아니라고 생각합니다."

대부분의 전문가들은 한 가지에 동의한다. 기술은 판매 직업을 근본적으로 변화시키고 있다는 것이다. 의사소통하는 방식의 혁신적인 변화는 비즈니스의 모든 영역에 영향을 미치고 있으며 판매도 예외는 아니다. 하지만 디지털 기술이 금방 면대면 구매와 판매를 대체하지는 않을 것이다. 기술은 판매 프로세스를 크게 향상시킬 수 있지만 영업사원이 수행하는 많은 기능을 대체할 수는 없다. 또 다른 영업 전문가는 다음과 같이 말한다. "인터넷은 주문을 받고 콘텐츠를 배포할 수 있지만 고객 욕구를 발견하는 것은 할 수 없습니다. 기술은 관계를 구축할 수 없으며 스스로 전망할 수도 없습니다. 누군가가 회사의 가치제안과 고유한 메시지를 정의하고 이를 시장에 전달해야 합니다. 그 사람이 영업사원입니다."

그러나 사라지고 있는 것은 소위 거래처 관리 역할이다. 즉, 금요일날 고객의 사무실을 방문해 "안녕하세요. 오늘 나에게 주문할 것이 없나요?"라고 묻는 사람이다. 마찬가지로 온라인에서 보다 빠르고 쉽게 얻을 수 있는 제품과 서비스 정보를 단순히 전달하는 설명자 역할을 하는 영업사원에게는 미래가 별로 없다. 이러한 영업사원은 가치를 창출하지 않으며 자동화로 쉽게 대체될 수 있다. 그러나 신규고객 확보, 관계 관리, 기존 고객과의 거래 확대에 탁월함을 보이는 영업사원에 대한 수요는 매우 높을 것이다. 디지털 기술은 이런 영업사원의 성과를 더 높여줄 것이다.

기술이 영업의 전문성을 변화시킬 것이라는 점은 의심할 바 없다. 고객은 이제 기본 정보와 교육을 위해 영업사원에 의존하는 대신 온라인 탐색, 스마트폰 앱, 소셜 미디어 등을 통해 스스로 구매 전 조사를 충분히 할 수 있다. 많은 고객들이 판매과정을 온라인에서 시작하고, 영업사원과 첫 회의를 갖기 전에 해결할 문제, 경쟁 제품, 공급자에 대한 공부를 한다. 고객들은 기본 정보나 제품 교육을 필요로 하지 않는다. 해결책과 새로운 통찰을 원한다.

향후 수년 내에 일선의 주문 접수형 영업사원의 일자리가 사라지더라도 컨설턴트형 영업사원의 일자리는 계속해서 증가할 것으로 예상된다.

구매와 판매과정에는 판매기법 이외에도 감정적, 거래적 교환이 포함된다. 영업 자동화 시스템에서 사람의 모습을 가진 새로운 인공지능 애플리케이션을 사용하더라도 디지털 기술은 좋은 판매에서 필수적인 공감, 본능, 이해와 같은 인간의 손길을 대체할 수 없다. 기술이 영업사원을 대체하는 것이 아니라 영업사원의 역할을 확대하고 있다. 오늘날 최고 수준의 영업사원들이 근본적으로 새로운 뭔가를 하고 있는 것은 아니다. 우수한 영업사원들은 항상 고객조사, 문제해결, 사회적 네트워킹, 관계 구축을 수행해 왔다. 지금은 디지털 도구와 애플리케이션을 사용해서 이러한 일을 하고 있는 것이다. 일종의 스테로이드를 맞고 일하는 셈이다.

예를 들어, 많은 기업이 온라인 커뮤니티 기반 판매로 이동했다. 적절한 사례: 기업 소프트웨어 기업인 SAP는 SAP 커뮤니티라는 자체 온라인 커뮤니티 기반 소셜 미디어와 모바일 마켓 플레이스를 만들었다. 고객, SAP 소프트웨어 전문가, 파트너, 기타 가입을 원하는 거의 모든 사람으로 구성된다. 10년 전에 설립된 SAP 커뮤니티는 현재 200개 이상의

B-to-B 온라인 판매: SAP의 온라인 커뮤니티 기반 소셜 미디어와 모바일 마켓 플레이스(SAP 커뮤니티라고 함)는 고객 참여를 구축하고 구매 관심과 판매를 창출하는 데 도움이 될 수 있다. 그러나 이러한 노력은 영업사원을 대체하는 것이 아니라 도달범위와 효과를 확장한다.

FocusEurope/Alamy Stock Photo

국가에서 수백만 명의 사용자가 가입할 만큼 빠르게 성장했다. 이 커뮤니티는 전용 웹사이트, 모바일 앱, Twitter 채널, LinkedIn, Facebook, Google+ 페이지, YouTube 등 광범위한 온라인 스펙트럼으로 확장되었다. SAP 커뮤니티는 방문자가 SAP과 파트너의 소프트웨어 솔루션 및 서비스를 "검색, 평가, 구매" 할 수 있는 수백 개의 "솔루션 매장"으로 성장했다. 또한 사용자는 SAP 커뮤니티를 통해 다른 커뮤니티 구성원으로부터 받은 솔루션과 조언을 평가하고 공유할 수 있다.

SAP 커뮤니티가 성장함에 따라 원래 고객이 이슈, 문제, 솔루션을 토의하는 장소로 여겨졌던 커뮤니티가 판매를 할 수 있는 의미있는 곳으로 바뀌었다. 정보, 상호 토론, 대화는 2천만 달러에서 3천만 달러 이상의 고액 판매에도 고객을 끌어들인다. 사실 SAP 커뮤니티가 SAP 점포를 탄생시켰다. SAP 점포에서는 고객이 SAP과 SAP의 파트너와 서로 협력하여 정보 공유, 의견 및 리뷰 세시, 문제 발견, SAP 솔루션 평가 및 구매를 한다.

그러나 SAP 점포가 신규 잠재 고객을 유치하고 고객이 이곳에서 제품 검색과 평가와 같은 구매 초기 단계의 일을 수행할 수 있지만 SAP 영업사원을 대체하지는 않는다. 대신 도달 범위와 효과를 확장해준다. 이 점포의 진짜 가치는 SAP과 파트너 영업 팀을 위해 홍수처럼 밀려오는 판매 요청이다. 일단 잠재 고객이 온라인에서 SAP 솔루션을 발견해서 토의하고 평가하면, SAP는 고객을 초청한다. 고객은 SAP과의 접촉을 주도하고 SAP에 제안서를 요청하거나 협상을 시작한다. 이 상황에서 대면 판매가 시작된다.

이 모든 것은 B-to-B 판매가 죽지 않았고 단지 변화하고 있음을 시사해 준다. 이제 그 어느 때보다 영업사원은 전통적인 접근 방식과 새로운 디지털 경험을 결합해야 한다. 영업사원이 디지털과 소셜 미디어 시대의 판매에 적응하면서 사용하는 도구와 기술은 다를 수 있다. 그러나 B-to-B 마케팅 담당자는 여전히 고객참여, 고객욕구 파악, 고객문제 해결, 관계구축을 할 수 있는 영업사원으로 구성된 강력한 영업 팀이 필요하다. 특히 고액의 B-to-B 판매의 경우, 모든 신기술은 영업사원이 고객과 만나 처음으로 앉기 전에 고객과 강력한 유대 관계를 구축하여 판매를 용이하게 할 수 있지만 서명할 시점에 도달하면 그곳에 영업사원이 있다.

출처: Tim Colter, "What the Future Science of B2B Sales Growth Looks Like,"McKinsey, January 2018, accessed at www.mckinsey.com/business-functions/marketing-and-sales/our-insights/what-the-future-science-of-b2b-sales-growthlooks-like; Ian Altman, "Are Salespeople Becoming Obsolete," Forbes, May 16, 2017, www.forbes.com/sites/ianaltman/2017/05/16/are-sales-people-becomingobsolete/#198567e03e93; Lain Chroust Ehmann, "Sales Up!," SellingPower, January/February 2011, p. 40; Robert McGarvey, "Sales Up!" SellingPower, March 7, 2011, p. 48; John Ellett, "SAP's Success Formula for B2B Social Selling," Forbes, April 1, 2016, www.forbes.com/sites/johnellett/2016/04/01/saps-success-formula-for-btob-social-selling/#1ecd7ec213cb; Kurt Shaver, "How SAP Is Winning with Social Selling," Vengreso, November 10, 2017, https://vengreso.com/blog/how-sap-is-winning-social-selling; Andy Hoar, "The Death of a (B2B) Salesman," Forrester, May 11, 2017, https://go.forrester.com/whatit-means/ep12-death-b2b-salesman/; and www.sapstore.com/and www.sap.com/community.html, accessed October 2018.

구매하는 장소와 시기뿐만 아니라 구매할 제품에 대해 배우고 평가하는 장소와 시기에 고객을 참여시키고 있다.

영업사원은 정기적으로 디지털 도구를 이용해 트렌드를 추적하고 가망고객을 확인한다. 그리고 어떤 제품을 사려고 하는지 파악하고 판매자에 대해 어떻게 느끼는가를 알기 위해 소셜 미디어에서 교환되는 내용을 조사한다.

또한 온라인과 Inside View, Hoovers, LinkedIn과 같은 소셜 네트워킹 사이트들로부터 가망고객 리스트를 만들어낸다. 가망고객이 영업 팀과의 실시간 채팅을 위해 웹과 소셜 미디어 사이트를 방문할 때 영업사원은 가망고객과 대화할 수 있다. 또한 영업사원은 WebEx, Zoom, GoToMeeting, TelePresence와 같은 인터넷 회의 도구를 이용해 고객과 제품과 서비스에 대한 실시간 대화를 한다. 또한 유튜브 채널과 페이스북 페이지에 비디오와 다른 정보를 제공한다.

최근 영업사원들은 고객의 전체 구매 과정에 참여하기 위해 디지털 콘텐츠와 소셜 미디어 사용을 늘렸다. Business-to-Business 마케터들에 대한 최근 설문조사 결과에 따르면 마케터들은 전통적 미디어와 이벤트 예산을 삭감했지만 소셜 미디어(등록된 고객 온라인 커뮤니티에서부터 Webinars, 소셜 미디어와 모바일 앱에 이르는)에 대한 투자를 늘리고 있다. 금속 절단 및 가공기술 선도 기업인 Makino를 생각해 보자.[16]

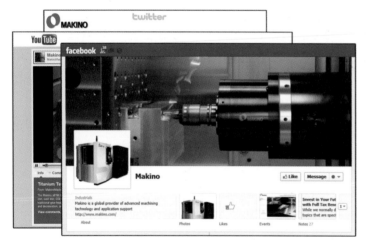

최근 Makino Machine Tools YouTube 채널에 등장하는 인기 있는 새 동영상이 있다. 기계가 새로운 산업 부품을 밀링 할 때 금속 칩이 날아가는 Makino 5축 수직 머시닝 센터가 작동하는 모습을 보여준다. 신나는 소리? 아마 당신에게는 아닐 것이다. 그러나 이 제품과 관련된 산업재 고객에게 이 비디오는 매우 매력적이다. YouTube는 Makino가 고객과 소통하고 정보를 제공하며 고객관계를 강화하려는 영업사원을 보완하기 위해 사용하는 다양한 소셜 미디어 계획 중 하나일 뿐이다. 예를 들어, Makino는 자사를 업계 아이디어 리더로 포지셔닝하기 위해 산업에 특화된 웨비나 시리즈를 진행하고 있다. Makino는 공작기계를 최대한 활용하는 방법부터 금속 절삭 공정이 수행되는 방법에 이르기까지 다양한 주제에 대한 수백 개의 웨비나를 제작해서 보관하고 있다. 웨비나 콘텐츠는 항공 우주나 의료와 같은 특정 산업에 맞게 맞춤형으로 제작되며 세심하게 타깃팅된 온라인 광고와 이메일 초대장을 통해 촉진된다. 웨비나는 온라인으로 관련 정보를 제공하고

≫ 소셜 판매: 공작기계 제조업체인 Makino는 광범위한 디지털 콘텐츠와 소셜 미디어를 통해 고객과 소통하는데 이것을 통해 영업사원의 노력을 보완하여 고객을 참여시키고 제품-고객관계를 구축한다.

Courtesy of Makino

고객을 교육함으로써 Makino의 고객 데이터베이스 구축, 판매 잠재고객 생성, 고객관계 구축, 영업사원 활동지원을 하는 데 도움이 된다. 또한 Makino는 Facebook, Youtube, Twitter를 사용하여 고객과 잠재 고객에게 최신 Makino 혁신과 이벤트에 대해 알리고 회사의 기계 작동을 시연한다. 이러한 디지털 콘텐츠와 소셜 미디어는 영업사원을 대체하지 않는다. 대신 영업사원이 생산적인 고객관계를 구축할 수 있도록 도와준다. Makino는 B-to-B 판매와 관련하여 소셜 마케팅이 꼭 있어야 할 영역이라는 것을 배웠다.

궁극적으로 소셜 판매기술은 영업사원들의 효율성, 비용절감, 생산성에 도움을 주고 있다. 이 기술들은 영업사원들이 우수한 영업사원들이 항상 해왔던 고객 문제 해결을

통한 고객관계 구축을 할 수 있도록 도와준다. 더 잘, 더 빨리, 더 저렴한 비용으로 할 수 있게 해준다. 그러나 소셜 판매는 단점도 있다. 우선 비용이 많이 든다. 더 나아가 인터넷을 통해 발표하거나 가르칠 수 없는 것, 즉 개인적인 침여, 통찰력, 상호작용이 필요한 것들이 있다. 이러한 이유로 일부 기술 전문가는 영업임원이 잠재 고객과 기회 포착, 정보제공, 고객 접촉 유지, 예비 영업 프레젠테이션을 위해 온라인과 소셜 미디어 기술을 사용할 것을 권장하지만 큰 거래 성사가 가까워지면 구식 방법인 대면 미팅을 할 것을 권한다.

🔗 개념 연결하기

잠시 쉬면서 영업사원과 영업관리에 대한 여러분의 생각을 다시 점검해 보자.

- 누군가가 영업사원을 말할 때 어떤 이미지가 떠오르는가? 여러분이 이 장을 읽은 후에 여러분의 영업사원에 대한 인식은 변화되었는가? 만일 그렇다면 어떻게 바뀌었는지 구체적으로 이야기해 보자.

- 전문적인 영업에 고용된 사람들을 만나 이야기해 보자. 그 사람의 회사가 어떻게 영업사원을 조직하고 영업사원을 선발, 훈련, 보상, 지휘 및 평가하는지 물어보고 그에 관한 보고서를 만들어 보자. 여러분은 이 회사에서 영업사원으로 일하고 싶은가?

인적판매 과정

이제 주제를 영업활동을 계획하고 관리하는 것에서 실제 인적판매가 이루어지는 과정으로 옮기고자 한다. **판매과정**(selling process)은 영업사원이 수행해야 할 여러 가지 단계로 구성된다. 이러한 단계들은 신규고객을 확보하고 주문을 받으려는 목표에 초점을 맞추고 있다. 그러나 대부분의 영업사원은 기존 거래처를 유지하고 장기적인 고객관계를 구축하기 위하여 많은 시간을 쓴다. 후반부에는 인적판매의 관계적 측면에 대해 살펴볼 것이다.

> **저자 코멘트**
> 지금까지 우리는 판매관리가 어떻게 영업사원 전략과 프로그램을 개발하고 실행에 옮기는지 점검해 왔다. 이제부터 우리는 개별적인 영업사원과 영업 팀들이 어떻게 고객에게 판매하고 그들과 관계를 구축하는지 살펴볼 것이다.

> **판매과정**(selling process)
> 영업사원이 판매과정에서 따라야 할 단계로, 가망고객의 발견 및 평가, 사전접촉, 접촉, 설명과 시연, 이의처리, 계약, 후속조치 등으로 구성됨

판매과정의 단계

그림 13.2가 보여주는 바와 같이 판매과정은 가망고객의 발견 및 평가(prospecting and qualifying), 사전접촉(preapproach), 접근(approach), 설명과 시연(presentation and demonstration), 이의처리(handling objection), 계약(closing),

》 그림 13.2 판매과정의 주요 단계

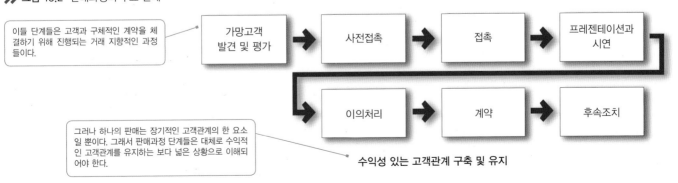

이들 단계들은 고객과 구체적인 계약을 체결하기 위해 진행되는 거래 지향적인 과정들이다.

가망고객 발견 및 평가 → 사전접촉 → 접촉 → 프레젠테이션과 시연 → 이의처리 → 계약 → 후속조치

그러나 하나의 판매는 장기적인 고객관계의 한 요소일 뿐이다. 그래서 판매과정 단계들은 대체로 수익적인 고객관계를 유지하는 보다 넓은 상황으로 이해되어야 한다.

수익성 있는 고객관계 구축 및 유지

후속조치(follow-up) 등의 7가지 단계로 구성된다.

가망고객의 발견 및 평가

가망고객의 발견(prospecting)
자격을 갖춘 잠재고객을 파악하는 판매활동 단계

판매과정에서의 첫 번째 단계는 **가망고객 발견**(prospecting)으로, 미래에 고객이 될 가능성이 있는 사람을 찾아내는 것이다. 가능성이 있는 고객을 접촉하는 것은 판매성공의 결정적 요인이 된다. 영업사원은 모든 가망고객들을 방문하기 원하지 않는다. 기업의 가치제안을 인정하고 그에 반응할 가능성이 높은 사람들을 방문하기 원한다. 기업이 모시기 수월하고 수익을 낼 가능성이 높은 사람들이다.

영업사원은 종종 단지 약간의 매출을 얻기 위하여 많은 가망고객들을 접촉해야 한다. 기업이 먼저 사전고객 유인책(leads)을 제공한다고 할지라도, 영업사원은 자신의 가망고객들을 발견하는 기술이 필요하다. 가장 좋은 정보원은 추천이다. 영업사원들은 기존 고객들에게 다른 사람을 추천해 달라고 요청할 수 있고, 공급업체, 딜러, 경쟁관계가 아닌 영업사원, 은행원 등과 같은 정보원을 개발할 수 있다. 또한 전화번호부나 웹에서 가망고객을 찾을 수 있고, 전화나 직접 메일을 통하여 첫 접촉을 시작할 수 있다. 또는 영업사원은 아무런 사전통보 없이 사무실을 방문할 수도 있다[즉석방문(cold calling)이라 불리는 영업관행].

또한 영업사원은 어떻게 가망고객들을 평가해야 할지 알아야 한다. 이는 가망고객들 중 가능성이 높은 고객과 가능성이 없는 고객을 구별하는 것이다. 재정 능력, 사업 크기, 특별한 욕구, 입지, 성장 가능성을 근거로 가망고객들을 평가할 수 있다.

사전접촉

사전접촉(preapproach)
영업사원이 방문하기 앞서 가망고객에 대한 정보를 수집해 그에 대해 가능한 한 많이 배우는 판매활동 단계

영업사원은 가망고객을 방문하기 전에 조직(무엇을 원하고 누가 구매에 관여하는가 등)과 조직 내의 구매자들(그들의 특징과 구매스타일 등)에 대하여 가능한 한 많은 정보를 확보하여 해당 조직을 이해해야 한다. 이 과정은 **사전접촉**(preapproach)으로 불린다. 성공적인 매출은 가망고객의 사무실에 발을 들여놓기 훨씬 전에 시작된다. 사전접촉은 좋은 조사에서 시작된다. 영업사원은 기업에 대해 학습하기 위하여 표준산업과 온라인의 정보원, 지인, 기타 다른 정보원들을 참조하거나 자문을 구할 수 있다. 가망고객 조직의 제품, 구매 참여자, 구매 과정에 관한 정보를 얻기 위해 가망고객 조직의 웹과 소셜미디어 사이트를 샅샅이 뒤질 수 있다. 그 다음 조사 결과를 활용해서 고객전략을 개발해야 한다.

영업사원은 방문목표들(가망고객을 평가할 것인가, 정보를 수집할 것인가, 또는 즉각적인 매출을 만들어 낼 것인가 등)을 설정해야 한다. 사전접촉의 또 다른 과업은 최선의 사전접촉 방법을 결정하는 것이다. 접촉 방법에는 직접 방문, 전화, 편지 등이 있다. 많은 가망고객들이 하루나 한 주 중 특정 시간에 가장 바쁠 수 있기 때문에 방문하는 시기를 신중히 고려해야 한다. 마지막으로 영업사원은 거래처에 대한 전반적인 판매전략에 대해 생각해 보아야 한다.

접촉

접촉(approach)
영업사원이 처음으로 고객과 만나는 판매활동 단계

접촉(approach)단계에서 영업사원은 상대방과 좋은 출발을 하기 위하여 어떻게 만나고, 인사하고, 관계를 시작할 것인가를 생각해 보아야 한다. 이 단계는 영업사원 등장, 대화

Chapter 13 인적판매와 판매촉진 **507**

시작, 후속관찰을 포함한다. 대화의 서두(opening lines)는 고객관계의 시작에서부터 호감을 구축하기 위해 긍정적인 것이어야 한다. 이어서 영업사원은 고객 욕구를 더 잘 이해하기 위하여 몇 가지 핵심 질문을 하거나 구매자의 주의와 호기심을 끌기 위하여 진열품이나 샘플을 보여준다. 판매과정의 모든 단계에서 고객에 대한 경청은 매우 중요하다.

설명(발표)과 시연

영업사원은 판매과정의 **설명**(presentation)단계에서 구매자에게 자사의 제공물이 고객의 문제를 어떻게 해결해주는지를 보여주면서 제품의 가치에 대한 이야기(value story)를 한다. 고객솔루션 접근방식은 과거의 강압적 판매방식이나 아첨식 고객접근에 비해 관계마케팅에 초점을 맞추는 오늘날의 추세에 더 잘 맞는다.

목표는 기업의 제품이나 서비스가 고객의 욕구에 잘 맞는 것을 보여주는 것이어야 한다. 오늘날 구매자들은 웃음이 아니라 통찰과 해결책을 원하고, 야단법석보다는 결과를 원한다.

더욱이 구매자는 제품만 원하지 않는다. 제품이 비즈니스에 어떻게 가치를 더할 수 있는지 알고 싶어 한다. 구매자들은 자신의 염려에 귀를 기울이고 필요를 이해하며 올바른 제품과 서비스로 대응하는 영업사원을 원한다.

그러나 영업사원이 고객솔루션을 제시할 수 있기 전에, 제안할 솔루션을 개발해야 한다. 솔루션 기반 판매 접근방식은 훌륭한 경청과 문제해결 기술을 필요로 한다. 구매자가 가장 싫어하는 영업사원 특성에는 강압적인 것, 시간을 맞추지 못하는 것, 기만적인 것, 준비가 되어 있지 않은 것, 비체계적인 것, 지나치게 수다스러운 것 등이 있다. 가장 좋아하는 영업사원 특성은 훌륭한 경청, 공감적인, 정직한, 기댈만한, 철저한, 최종마무리를 잘 하는 것 등이 있다. 훌륭한 영업사원은 판매하는 방법에 대해 잘 알지만, 더욱 중요한 것은 경청하고 강한 고객관계를 구축하는 방법을 아는 것이다. 오래된 판매 속담이 있다. '당신은 두 개의 귀와 하나의 입을 갖고 있다. 당신은 그 수에 비례해 귀와 입을 사용하라.' 사무용품 제조업체 Boise Cascade의 고전적 광고는 경청을 강조한다. 이 광고는 커다란 귀를 갖고 있는 Boise영업사원을 보여준다. 그리고 다음과 같은 메시지를 담고 있다. 'Boise와 특히 우리 영업사원과 함께 하면 당신은 차이점을 곧바로 알게 될 것이다. Boise의 거래처 영업사원들은 당신의 욕구에 귀 기울이는 독특한 능력을 갖고 있다.'

마지막으로 영업사원은 설명(발표) 방법에 대해 계획을 세워야 한다. 고객을 참여시키고 효과적인 판매설명을 하기 위해서는 훌륭한 대인 커뮤니케이션 기술이 중요하다. 그러나 다양한 매체가 존재하고 혼잡한 커뮤니케이션 환경은 판매 발표자에게 새로운 도전이다. 오늘날 정보가 넘쳐나는 고객들에게 설명하려면 풍부한 발표경험이 필요하다. 이제 발표자는 발표하는 동안 핸드폰, 문자메시지, 메일, 인터넷 기기 등 많은 주의 분산 요소에 부딪힌다. 그러므로 영업사원은 더 흥미롭고 설득력 있는 방법으로 메시지를 전달해야 한다.

설명(presentation)
영업사원이 구매자에게 자사의 제공물이 고객의 문제를 어떻게 해결해주는지를 보여 주면서 제품의 가치에 대한 이야기를 하는 판매활동 단계

≫ 훌륭한 영업사원은 판매하는 방법에 대해 잘 알지만, 더욱 중요한 것은 경청하고 강한 고객관계를 구축하는 방법을 아는 것이다.

Tony Garcia/Getty Images

따라서 최근 영업사원은 한 사람이나 소수의 사람에게만 전체 멀티미디어 발표가 전달되게 하는 첨단 프레젠테이션 기술을 사용하고 있다. 손으로 넘기는 형태의 차트는 정교한 발표용 소프트웨어, 온라인 발표기술, 인터랙티브 화이트보드, 휴대용 컴퓨터와 프로젝터(projectors)로 대체되고 있다.

이의처리

이의처리(handling objection)
영업사원이 고객이 가질 수 있는 이의를 찾아내고 확인하여 이를 해결하는 판매활동 단계

고객들은 설명이 진행되는 동안이나 주문을 할 때 항상 이의제기나 반대를 한다. 이의제기는 논리적이고 감정적일 수 있다. 고객이 반대하는 의견을 말하지 않을 경우도 있다. 영업사원은 **이의처리**(handling objection)를 할 때 긍정적인 사고를 해야 한다. 숨겨져 있는 반대의견을 찾아내고 고객이 반대의견을 갖고 있는지를 확인해서 더 많은 정보를 제공할 수 있는 기회로 삼아야 한다. 그리고 반대의견을 구매해야 하는 이유로 반전시킬 수 있어야 한다. 모든 영업사원은 반대의견을 처리하는 기술 훈련이 필요하다.

계약

계약(closing)
영업사원이 고객에게 주문을 요청하는 판매활동 단계

가망고객의 반대의견을 잘 처리하면, 영업사원은 **계약**(closing)을 마치기 위한 시도를 한다. 어떤 영업사원은 계약할 기회를 찾지 못하거나 이를 잘 처리하지 못한다. 자신감이 부족하기도 하고, 주문을 요청하는 것에 대하여 미안하게 느끼기도 하며, 마지막 계약서에 도장을 찍는 적절한 시점을 인지하지 못하기도 한다. 영업사원은 구매자로부터 종료 시그널(신체동작, 코멘트, 질문 등)을 인지하는 방법을 알아야 한다. 예를 들어, 구매자가 앞으로 다가앉아 고개를 끄덕이거나 가격과 신용조건에 대하여 질문할 수 있다.

영업사원은 몇 가지 계약 기법들 중 하나를 사용할 수 있다. 주문을 요청하거나, 합의사항을 점검하거나, 주문서를 쓰는 것을 도와주거나, 구매자가 어떤 모델을 원하는지 물어보거나, 지금 주문이 이루어지지 않으면 구매자는 기회를 잃어버릴 수 있다고 알려준다. 영업사원은 구매자에게 계약을 해야 할 특별한 이유(예: 낮은 가격, 추가적인 비용 없이 여분의 제공 등)를 제안할 수도 있다.

후속조치

후속조치(follow-up)
영업사원이 고객만족과 지속적인 거래를 확실하게 하기 위해 수행하는 판매 후 조치

판매과정의 마지막 단계는 **후속조치**(follow-up)로써, 고객 만족을 확실하게 하고 관계 지속을 원한다면 꼭 필요한 단계이다. 계약이 이루어진 다음 영업사원은 배달시기, 구매조건 등의 세세한 사항을 모두 완결지어야 한다. 첫 번째 주문이 접수된 다음 영업사원은 적절한 설치, 교육, 서비스 등이 이루어졌는지를 확인하기 위한 후속방문을 계획해야 한다. 이 방문으로 영업사원은 판매 후 문제를 밝히고 구매자에 대한 영업사원의 관심을 확인해 주며 판매 후에 일어날 수 있는 문제들을 줄일 수 있다.

인적판매와 고객관계관리

앞서 설명한 판매과정 단계들은 거래 지향적이다(transaction oriented). 즉, 각 단계의 목적은 영업사원이 고객과 구체적인 판매를 마칠 수 있도록 도와주는 것이다. 그러나 대부분의 경우 기업은 단순히 판매만을 지향하지 않는다. 기업은 오랜 기간 동안 서로에게 이득이 되는 관계가 형성되도록 고객을 대할 수 있는 능력이 있음을 보여주기 원한다. 일반적으로 영업사원은 수익성 있는 고객관계를 구축하고 관리하는데 중요한 역할을 수

행한다. 그림 13.2가 보여주듯이 판매과정은 고객과의 수익적인 관계를 구축하고 관리하는 관점에서 이해되어야 한다. 더 나아가 지난 절에서 논의했듯이 요즘 구매자들은 점점 더 판매자를 만나기 전에 구매과정의 초기 과정을 스스로 진행하고 있다. 영업사원은 자신의 판매과정을 새로운 구매과정에 맞춰야 한다. 이는 거래 관점이 아니라 관계구축 관점에서 고객을 참여시켜야 함을 의미한다.

성공적인 영업조직은 거래처를 확보하고 유지하기 위해서는 좋은 제품을 만들고 많은 계약을 성사시키도록 영업사원을 지휘하는 것보다 더 많은 것이 필요하다는 것을 인식하고 있다. 만약 기업이 판매계약을 성사시키고 단기적인 사업으로 이득만 얻기 원한다면, 단순히 경쟁제품과 동일한 가격이나 그 이하의 가격을 제시하는 것만으로 충분할 수 있다. 하지만 대부분의 기업은 영업사원이 가치중심 영업활동(value selling)을 하기를 원하는데, 이는 탁월한 고객가치를 증명/전달하고, 고객과 기업 모두에게 공평한 수익률을 얻도록 하는 것이다.

불행하게도 판매를 성사시키는 단계에서 영업사원들은 자주 가치를 판매하는 것이 아니라 가격할인이라는 보다 쉬운 방식을 선택한다. 영업 관리의 도전적 과제는 영업사원을 가격할인을 위한 고객 옹호자에서 가치판매를 위한 기업 옹호자로 변화시키는 것이다. Rockwell Automation은 가격이 아니라 가치와 관계를 판매하는 방법을 보여준다.[17]

Walmart의 가격인하 압력에 직면한 한 조미료 제조업체는 Rockwell Automation영업사원 Jeff Policicchio를 포함해서 경쟁하는 몇 명의 부품 공급업체 영업사원들에게 운영비 절감 방안 마련을 도와달라고 요청했다. Policicchio는 고객 공장에서 하루를 보내며 조사한 후 주요 문제를 지적했다. 문제는 32개의 대규모 조미료 탱크에 부착된 펌프의 불량으로 인한 생산량 손실과 공장 비가동이었다. Policicchio는 신속히 관련 비용 및 사용 자료를 수집한 다음 고객사를 위한 최선의 펌프솔루션을 만들어 내기 위해 Rockwell Automation의 노트북 가치평가 분석도구를 사용했다.

그 다음날 Policicchio와 경쟁 부품공급업체 영업사원들이 공장관리에 대한 솔루션을 제시했다.

Policicchio는 다음과 같은 가치제안을 했다. 'Rockwell Automation 펌프솔루션을 이용할 경우, 경쟁 협력사의 최선의 솔루션에 비해 공장 비가동시간 감소, 조달관리비용 감소, 수선부품 지출 비용 감소 등으로 인해 펌프당 최소 16,268달러의 비용을 절감하게 될 것이다.' 경쟁사들의 제안과 비교할 때 Policicchio의 솔루션은 더 높은

≫ 가치 판매: 영업 관리의 도전적 과제는 영업사원을 가격할인을 위한 고객 옹호자에서 가치판매를 위한 기업 옹호자로 변화시키는 것이다.
almagami/123RF

초기 가격이었다. 그러나 다른 영업사원들은 원가 절감에 대한 애매모호한 약속 이상의 것을 제안하지 못했다. 그들은 단순히 가격을 낮추었다.

공장관리자는 Policicchio의 가치제안에 감동받아 솔루션 도입에 따른 초기 가격이 상대적으로 높음에도 불구하고 Rockwell Automation의 펌프솔루션 한 개를 시험 구매했다. 펌프가 기대보다도 더 좋은 성과를 내자 고객사는 나머지 펌프도 주문했다. Policicchio는 단순히 가격 기반으로 판매하지 않고 구체적인 가치를 보여줌으로써 초기 판매를 이끌어냈을 뿐만 아니라 충성도 높은 미래 고객을 얻었다.

따라서 가치 판매를 위해서는 고객 의견을 듣고 고객 요구 사항을 이해하며 고객가치를 기반으로 지속적인 관계를 구축하려는 기업 전체의 노력을 세심하게 조정해야 한다.

판매촉진

판매촉진(sales promotion)
제품과 서비스의 구매 또는 판매를 장려하기 위하여 제공되는 단기적인 인센티브

인적판매와 광고는 종종 다른 촉진도구인 판매촉진과 밀접한 관계를 갖고 실행된다. **판매촉진(sales promotion)**은 제품과 서비스의 구매 또는 판매를 장려하기 위하여 제공되는 단기적인 인센티브로 구성된다. 광고가 제품이나 서비스를 사야 할 이유를 제시한다면, 판매촉진은 지금 사야 할 이유를 제안한다.

어디에서나 판매촉진의 예를 발견할 수 있다. 일요신문에 삽입되는 무료 전단지에는 세탁 세제 Seventh Generation을 2달러 싸게 살 수 있는 쿠폰이 있다. Orange Leaf Yogurt 일요일 신문 광고는 하나를 사면 하나를 더 주고 다음 구매 시 20% 할인해준다고 제안한다. 지역 슈퍼마켓의 통로 끝에 진열되어 있는 코카콜라 박스는 12개들이 콜라팩 4개에 12달러라는 가격할인으로 충동구매자들을 유혹한다. 삼성 태블릿 PC를 구매하면 무료로 메모리 업그레이드를 제공받는다. 만일 한 하드웨어 체인매장이 Stihl 사의 특정 잔디 및 정원 관리용 동력 장비를 지역신문에 광고하는데 동의하면, 매장은 그 제품에 대하여 10% 할인을 제공받을 수 있다. 판매촉진에는 시장 반응을 더 일찍 또는 더 강력하게 자극하도록 설계된 다양한 판촉 도구가 포함되어 있다.

판매촉진의 급속한 성장

제조업자, 유통업자, 소매업자, 비영리단체 등 대부분의 조직들이 판매촉진 도구를 사용한다. 이 도구들은 최종고객(소비자 판촉), 소매상과 도매상(중간상 판촉), 기업고객(사업체 판촉), 영업사원(영업 판촉)을 표적으로 삼는다. 오늘날 소비재 회사의 판매촉진 비용은 평균적으로 전체 마케팅 비용의 60%를 차지한다.[18]

> 판매촉진은 어디서나 찾아볼 수 있다. 예를 들어, 일요일 신문과 당신이 좋아하는 잡지는 이와 같이 강하고 즉각적인 반응을 이끌어내는 판매촉진 제안으로 가득하다.
>
> Orange Leaf Holdings, LLC

특히 소비재 시장에서 여러 가지 요인이 판매촉진의 급속한 성장에 기여해 왔다. 첫째, 기업 내부에서 제품 관리자들은 현재의 판매를 증가시켜야 하는 큰 부담을 갖고 있는데, 판촉은 단기적으로 사용할 수 있는 효과적인 판매도구이다. 둘째, 외부적으로 경쟁이 치열해지고, 경쟁 브랜드 간에 차별화가 이루어지지 않고 있다. 판매촉진은 제품을 차별화하는데 도움을 준다. 셋째, 광고비용 증가, 매체혼잡, 법적제약 때문에 광고 효율성이 떨어지고 있다. 마지막으로 소비자는 점점 더 판촉에 민감해지고 있다 (deal oriented). 소비자들은 더 낮은 가격과 더 나은 가격촉진을 요구하고 있다. 오늘날 판매촉진은 가치 지향적인 소비자를 끌어들이는데 도움을 줄 수 있다.

판매촉진 이용 증가는 광고혼잡과 유사한 촉진혼잡(promotion clutter)을 초래하고 있다. 요즈음 많은 제품이 판매촉진으로 판매되고 있기 때문에 특정 판매촉진

은 다른 판매촉진들의 바다에서 묻혀버릴 위험이 있으며 즉각적인 구매를 유발하는 힘도 약화될 수 있다. 이제 제조업체는 할인이 더 큰 쿠폰을 제공하거나, 보다 극적인 구매시점 전시를 하거나, 디지털, 모바일, 소셜 미디어를 통해 판매촉진을 제공하는 등 혼잡을 극복할 수 있는 방법을 찾고 있다. 디지털 판매촉진은 매장 내와 온라인 판매 모두를 촉진할 수 있다.

기업은 판매촉진 프로그램을 개발할 때 먼저 판매촉진 목표를 세운 다음, 이 목표를 달성하는데 가장 적절한 도구들을 선택한다.

판매촉진 목표

판매촉진 목표는 매우 다양하다. 판매자는 단기적으로 소비자 구매를 유도하거나 장기적인 고객관계를 향상시키기 위하여 소비자 판촉(consumer promotion)을 사용할 수 있다. 중간상 판촉(trade promotion)의 목표는 소매상의 신규 품목 취급, 재고 유지, 선행 구매, 제품광고, 매장 내 넓은 공간 할당 등을 유도하는데 있다. 사업체 촉진(business promotion)은 기업 가망고객 개척과 구매 자극, 고객 보상 제공, 영업사원 동기부여를 위해 사용된다. 영업사원 판촉(sales force promotion)의 목표는 기존 제품 및 신제품에 대한 영업사원의 지원을 더 많이 확보하거나 영업사원으로 하여금 신규 거래처를 개발하도록 유도하는데 있다. 판매촉진은 광고, 인적판매, 직접 마케팅, 디지털 마케팅 등과 같은 촉진 도구들과 함께 사용되는 것이 일반적이다.

보통 소비자 판촉은 광고를 통해 소비자에게 알려지는데 광고와 다른 마케팅 콘텐츠에 흥분과 흡인력을 더해 준다. 중간상 판촉과 사업체 판촉은 기업의 인적판매 과정을 지원한다.

경기가 침체되고 판매가 저조할 때 소비자 지출을 진작시키기 위해 더 많은 촉진 할인을 제공하고 싶은 유혹이 생긴다. 일반적으로 판매촉진은 단순히 단기적인 매출이나 일시적인 브랜드전환을 만들어 내기보다는 제품의 포지션을 강화하고 장기적인 고객관계를 구축하는데 도움을 주어야 한다. 잘 설계된 판촉도구들은 획기적인 소비자 흥분 유발과 장기적인 소비자 참여와 관계구축을 실현하는 잠재력이 있다. 점점 더 마케터는 효과가 빠른 가격지향적인 판촉을 피하고 브랜드 자산을 구축하기 위하여 고안된 판촉을 선호하고 있다. 최근 자주 사용되는 "우량고객 우대 마케팅 프로그램(frequency marketing program)"과 충성고객 클럽(loyalty clubs)이 좋은 사례이다. 대부분의 호텔, 슈퍼마켓, 항공사는 자주 방문하는 정규 고객들(숙박객/구매자/승객)이 계속 재구매하도록 하기 위한 고객충성 프로그램을 운영하고 있다. 이러한 판촉 프로그램은 가격할인보다는 부가가치를 통해 충성도를 구축할 수 있다.

예를 들어, 바로 조립할 수 있는 가구를 디자인하고 판매하는 스웨덴 브랜드 IKEA에서 고객은 IKEA 패밀리 카드를 무료로 받는다. 회원이 되면 특정 제품을 특별 가격에 구매할 수 있고 추가 10% 할인을 받을 수 있다. 또한 IKEA 패밀리 잡지도 받게 된다. 또한 카드를 소지한 고객

>> **고객충성도 프로그램:** IKEA 패밀리 카드 멤버십은 고객에게 독점 거래와 이벤트 참여기회를 제공한다.

Alexander Blinov/Alamy Stock Photo

은 매장 레스토랑에서 차와 커피를 무료로 받을 수 있을 뿐만 아니라 특별 음식도 제공된다. 마지막으로, 카드 소지자는 회원들을 위한 입문 워크숍과 가구 축제에 초대된다. 궁극적인 목표는 고객이 IKEA 커뮤니티의 진정한 일원임을 느끼게 하는 것이다.[19]

주요 판매촉진 도구

많은 판촉도구가 판매촉진 목표를 달성하는데 사용될 수 있다. 다음에서는 소비자, 중간상, 사업체 판촉도구를 설명하기로 한다.

소비자 판촉도구

소비자 판촉도구
(customer promotion tools)
단기적으로 고객의 구매와 참여를 높이거나 장기적인 고객관계를 향상시키기 위해 사용되는 판매촉진 도구

주요 **소비자 판촉도구**(customer promotion tools)에는 샘플, 쿠폰, 현금 환불, 가격할인 패키지(price packs), 프리미엄, 광고용 판촉물(advertising specialties), 단골고객에 대한 보상(patron reward), 구매시점 진열 및 시연, 콘테스트, 추첨(sweepstakes), 행사 후원이 있다.

샘플(samples)은 시험적으로 사용할 수 있는 소량의 제공물이다. 샘플링은 신제품을 소개하거나 기존 제품에 대한 새로운 자극을 만들어 내는데 가장 효과적인(그러나 가장 비싼) 방법이다. 어떤 샘플들은 무료로 제공되기도 하고, 기업은 샘플을 만드는데 들어간 비용을 일부 상쇄하기 위하여 적은 금액을 고객에게 부담시키기도 한다. 샘플은 호별 방문을 통해서 배달되기도 하고, 우편으로 보내지기도 하고, 매장에서 배포되기도 하고, 다른 제품에 부착되기도 하며, 광고, 이메일 및 모바일에 포함되기도 한다. 때때로 몇 가지 샘플을 결합한 샘플패키지(sample package)가 제공되는데, 이는 다른 제품과 서비스를 촉진하는데 사용될 수 있다. 샘플링은 매우 강력한 판매촉진도구이다. 예를 들어, 지난 37년 동안 Ben & Jerry's는 매년 하루를 Free Cone Day로 정해 고객이 아이스크림 점포에 들러 다양한 브랜드의 클래식 아이스크림 맛을 무료로 맛보도록 초대했

▶▶ 소비자 샘플은 강력한 촉진도구가 될 수 있다. Ben & Jerry's는 매년 Free Cone Day에 고객에게 유례없이 멋진 브랜드가 되게 해준 것에 대한 감사를 표하고 수많은 입소문을 불러일으키며 신규 고객을 자사 점포로 끌어들인다.
Helen H. Richardson/Denver Post/Getty Images

다. 독특한 샘플링 판매촉진은 전국에서 큰 성공을 거두었으며 대부분의 상점 입구와 도로에 방문자들이 줄을 길게 섰다. 공식적으로 Ben & Jerry 's는 Free Cone Day를 사용하여 고객에게 감사를 표한다. 샘플링 프로그램은 많은 소문을 불러일으키고 신규 고객을 매장으로 끌어들이는데, Ben & Jerry의 희망은 이 방문을 습관으로 바꾸는 것이다.

쿠폰(coupon)은 구매자가 명시된 제품을 구매할 때 할인을 제공해 준다는 증빙서이다. 대부분의 소비자들은 쿠폰을 좋아한다. 미국 소비재 회사들은 작년에 3,020억 개 정도의 쿠폰을 배포했다. 소비자들은 이 중 21억 개 이상을 상환했고, 쿠폰으로 절약한 금액은 31억 달러에 이른다.[20] 쿠폰은 신제품에 대한 초기 구매를 촉진하거나 성숙한 브랜드의 판매를 자극할 수 있다. 그러나 대부분의 주요 소비재 회사들은 쿠폰 혼잡 증가와 싸우기 위해 쿠폰을 적게 발행하고 있고, 쿠폰 표적고객을 선별하는데 보다 신중을 기하고 있다.

또한 마케터들은 쿠폰을 나누어 줄 새로운 채널을 개발하고 있는데, 슈퍼마켓 진열대, 전자 구매시점 쿠폰 프린터, 온라인과 모바일 쿠폰 프로그램 등이 있다. 디지털 쿠폰은 오늘날 가장 빠르게 성장하는 쿠폰 유형이다. 디지털 쿠폰은 표적 소비자들을 개별석으로 겨냥할 수 있고 인쇄 쿠폰이 할 수 없는 방식으로 개인화 할 수 있다.

집에서 인쇄하든, 포인트 카드에서 사용하든, 스마트폰이나 기타 모바일 장치를 통해 사용하든, 디지털 쿠폰 사용은 기존 쿠폰 사용보다 훨씬 더 빠르게 증가하고 있다.[21]

리베이트(또는 현금 환불: cash refunds)는 가격할인이 구매하는 장소에서가 아니라 구매가 이루어진 다음에 제공된다는 점을 제외하면 쿠폰과 유사하다. 소비자가 제조회사에 구매와 관련된 증빙서류를 보내면, 회사는 우편으로 구매한 금액의 일부를 반환해 준다. 예를 들어, Toro는 제설차 모델에 대한 기발한 시즌 전 판촉 프로그램을 운영했는데, 이 프로그램은 구매자의 지역에서 적설량이 평균 이하인 경우 리베이트를 주는 것을 제안했다. 경쟁사들은 사전고지 기간이 너무 짧아 이 회사의 리베이트 제안에 대응할 수 없었고, 이 판촉은 매우 성공적이었다.

가격 패키지(price packs) 또는 가격할인 판촉(cents-off deals)은 소비자에게 제품의 정상가격에서 할인을 제공한다. 제조회사는 라벨이나 패키지에 직접 할인된 가격을 표시한다. 가격 패키지는 한 제품을 할인된 가격으로 판매하거나(예: 제품 하나의 가격에 두 개를 주는 것), 관계되는 두 제품(예: 치약과 칫솔)을 묶어서 가격을 할인할 수 있다. 가격할인 패키지는 단기 매출을 자극함에 있어 쿠폰보다 훨씬 더 효과적일 수 있다.

프리미엄(premiums)은 제품의 구매를 유도하기 위한 인센티브인데, 무료나 낮은 비용으로 제공되는 상품(예: 어린이용 제품에 포함된 장난감에서 전화카드와 DVD에 이르기까지)이다. 프리미엄은 패키지 안에 포함되거나(in-pack), 패키지 밖에 따로 준비되거나(out-pack) 메일을 통해 전달될 수 있다. 예를 들어, McDonald's는 Happy Meals 구매에 대해 Shopkins부터 Pokemon캐릭터에 이르기까지 다양한 프리미엄을 수년간 제공해왔다. 고객은 www.happymeal.com을 방문해 게임을 하거나 e-book을 읽고 Happy Meal 후원 기업들과 관련된 광고를 시청할 수 있다.[22]

판촉용 제품(promotional products)으로도 불리는 광고 판촉물(advertising specialties)은 광고주 이름, 로고, 메시지를 함께 찍어 고객에게 주는 선물이다. 전형적인 아이템은 티셔츠와 기타 의류, 펜, 커피 머그잔, 달력, 열쇠고리, 짐 가방, 냉각기, 골프 공, 모자 등이다. 작년에 미국 마케터들은 광고 판촉물에 210억불 이상 지출했다. 이러한 아이템들은 매우 효과적이다. 한 판촉용 제품 전문가는 "이들 중 가장 좋은 것은 몇 달 동안 고객의 곁에 머무르면서, 사용자는 의식하지 못하지만 브랜드 이름이 그들의 기억에 각인된다."고 말한다.[23]

구매시점 판촉(point-of-purchase promotions)은 구매하는 시점에서 제공되는 진열이나 시연을 포함한다. 최근 방문한 지역 Costco, Walmart, Bed Bath & Beyond를 생각해 보자. 당신은 매장의 통로를 지나가면서 진열된 제품, 촉진용 사인, 선반 토커(shelf talkers), 음식의 무료시식을 제안하는 사람을 보았을 가능성이 높다. 불행히도 많은 소매상들은 이와 같은 수백 가지의 판촉용 진열품, 사인, 포스터를 취급하는 것을 좋아하지 않는다. 제조회사는 이에 대처하기 위하여 더 좋은 POP 자료를 제공하고, 설치해 주며, TV, 인쇄 및 온라인 메시지와 연계시켜 운영한다.

콘테스트, 추첨, 게임은 소비자들에게 운이나 추가적인 노력에 의해 현금, 여행, 제품 등과 같이 무엇인가를 받을 수 있는 기회를 제공한다. 콘테스트(contest)는 소비자들에게 신청서(징글, 추측, 제안 등)를 제출할 것을 요구하고, 심사단이 신청서를 평가하여 가장 우수한 것을 선정한다. 추첨(sweepstakes)은 소비자들로부터 이름을 받아 상금을 주기 위한 추첨을 한다. 게임은 소비자들이 물건을 구매할 때마다 그들에게 무엇(예: 빙고 숫자, 누락된 글자 등)인가를 주는데, 상금을 타는데 도움이 될 수도 되지 않을 수도 있다.

모든 종류의 회사들은 추첨과 콘테스트를 이용해 브랜드 관심을 유도하고 고객 관여도를 북돋우고 있다. 예를 들어, 가구 소매업체인 West Elm은 원룸 단장 비용 최대 5,000달러를 획득하기 위하여 참가자가 자신과 자신의 공간을 보여주는 짧은 비디오를 보내도록 초대한 "$5,000 Room Redo Contest"를 진행했다. 그리고 구글의 "Doodle 4 Google" 콘테스트는 어린이들을 초대해 구글 로고를 디자인하라고 요청하는데, 주제는 "만일 내가 더 좋은 세상을 만들기 위해 하나를 발명한다면…"이나 "나에게 영감을 주는 것"이고 상금은 티셔츠와 태블릿 컴퓨터에서 3만 달러의 대학 장학금이나 승자의 학교나 조직에 제공되는 기술 프로그램 5만 달러이다.[24]

이벤트 마케팅 또는 이벤트 후원
(event marketing or event sponsorship)
브랜드 마케팅 이벤트를 개발하거나 혹은 다른 사람들에 의해 개발된 이벤트에 단독 혹은 공동 후원자로 참여하는 것

마지막으로 마케터는 **이벤트 마케팅**(event marketing) 또는 **이벤트 후원**(event sponsorship)을 통해 브랜드를 촉진할 수 있다. 마케터는 자체적으로 브랜드 마케팅 이벤트를 개발하거나 다른 사람들이 개발한 이벤트에 단독 아니면 공동 후원자로 참여할 수 있다. 이벤트는 모바일 브랜드 투어에서부터 페스티벌, 재회(reunion), 마라톤, 콘서트, 기타 다른 후원행사에 이르기까지 여러 가지가 있다. 이벤트 마케팅은 규모가 크고, 가장 빠르게 성장하는 판촉영역일 수 있다. 효과적인 이벤트 마케팅은 이벤트와 후원을 브랜드의 가치제안에 연결시킨다. 그리고 오늘날 디지털 미디어의 공유의 힘 덕분에 지역 이벤트는 보다 넓은 범위에 영향을 미칠 수 있다. 예를 들어, Delta Faucet은 물을 40% 더 적게 사용하지만 고유량의 경쟁모델과 같은 성능을 보이는 H2Okinetic 저유량 샤워 헤드를 상상력이 넘치는 이벤트를 사용하여 제품 적합성을 알리고 가족 지향적인 목표 고객에게 촉진했다.[25]

▶▶ **이벤트 마케팅:** Delta Faucet은 #HappiMess 캠페인의 일환으로 상상력이 넘치는 이벤트를 사용하여 목표 소비자에게 5K 진흙 달리기 경주에 이어 저유량 샤워 헤드가 정말 힘든 조건에서도 얼마나 잘 작동하는지 직접 보여주었다.

AP Images for Delta Faucet Company

Delta의 #HappiMess 촉진 캠페인은 고객의 가장 행복한 순간 중 일부가 큰 혼란이 생기고 이를 극복하는 데서 왔다는 통찰력을 기반으로 한다. Delta는 목표 소비자에게 저유량 샤워기가 정말 힘든 조건에서 얼마나 잘 작동하는지 직접 보여주기 위해 여름 동안 전국에서 개최된 5K 진흙 달리기 경주를 여러 차례 후원한 Warrior Dash와 제휴했다. 각 이벤트에서 Delta는 184개의 Delta 샤워 헤드를 갖춘 거대한 맞춤형 샤워 스테이션을 만들었다. 이곳에서 진흙에 젖은 경쟁자들은 경주가 끝난 후 만나서 씻을 수 있다. "Warrior Dash는 사람들이 지저분해지면서 재미를 느끼는 좋은 예입니다. 우리는 사람들이 그 즐거운 순간을 다시 깨끗하게 만드는 데 도움이 되는 제품이 있다는 확신을 가지고 축하하기를 바랍니다."라고 Delta Faucet의 수석 브랜드 관리자는 말한다. 인디애나의 한 행사에서 331명의 사람들이 샤워를 하기 위해 모여서 대부분의 사람들이 동시에 샤워하는 것으로 기네스 세계 기록을 세웠다. 설문 조사에 응답한 경주 참여자 중 75%가 샤워기를 경험

한 후 구매를 고려할 것이라고 답했다. 샤워 스테이션에는 셀카 스테이션도 있었다. 그 결과 이 행사는 Delta의 #HappiMess 캠페인에 대한 소셜 미디어 활동을 85%, 브랜드 매출을 50% 증가시켰다.

이제 모든 종류의 브랜드가 이벤트를 개최한다. 그러나 일회성 이벤트는 잘 계획되어 진행되는 광범위한 브랜드 촉진과 포지셔닝만큼 효과적이지 않다. 에너지 드링크 브랜드인 Red Bull을 생각해 보자. 한 비즈니스 기자가 "모든 이벤트 마케터의 어머니"라고 부르는 Red Bull은 커뮤니티의 열성팬들이 활력 넘치는 Red Bull의 세계를 경험하도록 하려고 매년 전 세계에서 수백 개의 이벤트를 개최한다.

중간상 판촉도구

소비재 제조사들은 소비자 판매촉진 금액의 거의 4배를 중간상 판매촉진에 지출한다.[26] **중간상 판촉도구**(trade promotion tools)는 재판매업자들의 자사제품 취급, 진열공간 제공, 소매광고를 통한 자사제품 촉진, 적극적인 자사제품 판매를 설득하기 위해 사용된다. 요즘은 진열공간이 매우 부족하기 때문에, 제조회사는 제품을 위한 매대를 확보하고 유지하기 위하여 소매상이나 도매상에 가격 인하, 공제, 반품 보장, 무료제품 제공 등을 해 주어야 한다.

제조회사들은 여러 가지 중간상 판촉도구들을 사용한다. 콘테스트, 프리미엄, 진열 등과 같이 소비자를 대상으로 사용되는 판촉도구들은 대부분 중간상 판촉으로도 사용될 수 있다. 또는 제조회사는 지정된 기간 동안 구매한 경우에 대하여 정가에서 직접적으로 할인해 줄 수 있다[가격할인(price-off), 송장가격할인(off-invoice) 또는 정가할인(off-list)이라고 불림]. 그리고 소매상이 기업의 제품을 취급하기로 동의해 준 것에 대한 보상으로 공제(일반적으로 건당 일정액을 지급함)를 제공할 수 있다. 광고공제(advertising allowance)는 소매상이 제품을 광고하기 위하여 지출한 금액을 상환해 주는 것이다. 진열공제는 소매상이 특별한 진열을 해 준 것에 대하여 보상해 주는 것이다.

제조회사는 특정 양을 구매하거나 특정 맛이나 크기를 취급해준 재판매업자에게 무료제품(추가적으로 상품 케이스를 무료 제공하는 것)을 제공할 수 있다. 제조회사는 딜러나 딜러의 영업사원에게 현금이나 선물 등과 같은 푸시 지원금(push money)을 제공할 수 있다. 제조회사는 소매상에게 회사의 이름이 새겨진 특별 광고 판촉물(specialty advertising items: 펜, 캘린더, 메모 패드, 손전등, 손가방 등)을 줄 수 있다.

사업체 판촉도구

기업은 산업재 고객을 대상으로 판촉활동을 수행하기 위하여 매년 수십억 달러를 쓴다. **사업체 판촉**(business promotion)은 거래를 사전에 이끌어내고, 구매를 자극하고, 기업고객에게 보상해주고, 영업사원을 동기부여하기 위해 사용된다. 소비자 판촉과 중간상 판촉의 대부분의 도구들이 사업체 판촉에서 사용된다. 여기에서는 켄벤션 및 트레이드 쇼와 판매 콘테스트라는 두 가지 중요한 사업체 촉진도구를 집중적으로 살펴보기로 한다.

많은 기업과 협회(trade associations)들은 제품을 촉진하기 위하여 컨벤션 및 트레이드 쇼를 개최한다. 산업재 고객에게 제품을 판매하는 기업들은 트레이드 쇼에서 제품을 보여준다. 컨벤션을 통하여 판매업자는 새로운 판매기회를 발견하고, 고객과 접촉하고,

중간상 판촉도구(trade promotion tools)
재판매업자가 제조회사 제품을 취급하고, 진열공간을 제공하고, 소매광고를 통해 제품을 촉진하고, 고객에게 적극적으로 판매하도록 설득하기 위해 사용되는 판매촉진 도구

사업체 판촉(business promotion)
거래가 이루어지도록 사전에 분위기를 조성하고, 고객의 구매를 자극하고, 고객에게 보상을 제공하고, 영업사원에게 동기부여를 제공하기 위하여 사용되는 판매촉진 도구

MARKETING AT WORK 13.2

Toyota의 음악 페스티벌 전략

Toyota 자동차는 세계 3대 자동차 제조업체 중 하나이다. 2008년과 2017년 사이에 일본을 강타한 지진 후 생산을 재개하기 위해 고군분투한 2011년을 제외하고는 자동차 판매 1위 기업이었다.

오늘날 Toyota는 전 세계적으로 비즈니스를 하면서 여러 국가의 다양한 소비자의 욕구를 충족시키고 있다. 2017년 12월 기준으로 28개 국가와 지역에 51개의 제조회사를 보유하고 있다. Toyota는 다양한 시장에서 서비스를 제공하기 위해 시장 상황에 따라 마케팅 노력을 조정한다. 전 세계 9개 지역에 디자인과 R&D 기지를 두고 있으며, 설계 및 개발에서 생산, 판매, 서비스에 이르기까지 고객 욕구를 효과적으로 충족하려는 노력을 하고 있다.

Toyota의 마케팅 전략은 고객 욕구에 중점을 두고 있다. Toyota는 자동차 판매를 통해 얻은 혜택이 고객에게 제일 먼저 주어지고 다음이 자동차 딜러, 마지막으로 제조업체에 주어져야 한다고 믿는다. 이러한 태도는 고객과 딜러의 신뢰를 얻는 데 도움이 되었고 결국 Toyota도 성장할 수 있었다. Toyota의 마케팅 전략의 핵심은 전 세계의 광범위한 대리점 네트워크를 개발 및 유지하고 판매 채널을 구축하는 것이다.

Toyota 촉진 전략 실행을 위해 마케팅 커뮤니케이션 믹스의 모든 요소를 사용한다. 촉진활동의 중요도는 인적판매, 광고, 공중관계, 판매촉진, 직접 판매, 소셜 미디어 마케팅 순이다. 인적판매는 딜러의 영업사원이 수행한다. Toyota는 TV,

▶▶ Toyota는 마케팅 커뮤니케이션 믹스의 모든 요소를 포함하는 음악 축제와 같은 새로운 참여 수단을 모색했다.

WENN Rights Ltd/Alamy Stock Photo

인쇄 및 전자 매체, 웹사이트, 옥외 광고판 등 다양한 매체에 광고한다. 또한 Toyota는 자사 브랜드 이미지를 구축하기 위해 환경보호 계획을 지원하는 "Toyota Together Green" 프로그램 같은 PR을 사용한다. 그리고 때때로 특별 할인과 같은 판촉 행사를 진행하고 기업 고객을 위해 직접 판매를 실시한다. Toyota는 광범위한 글로벌 딜러 네트워크를 개발하기 위해 노력해 왔다. 2018년 일본에서 Toyota의 딜러 네트워크는 4,700개 이상의 판매와 서비스 매장을 보유한 280개의 딜러로 구성되었다. 280개 딜러 중 10%만 Toyota가 소유하고 있다. 나머지는 지역 기업 소유이다.

일본 내에서 Toyota 대리점은 Toyota, Toyopet, Corolla, Netz의 네 가지 판매 채널로 나뉜다. 일본 이외의 지역에서 Toyota의 글로벌 판매 네트워크는 170개 이상의 유통업체로 구성되어 있다. 지역별 유통업체 수는 북미(3), 라틴 아메리카(43), 유럽(27), 아프리카(49), 아시아(17), 중국(4), 중동(14), 오세아니아(15)이다. 해당 지역의 유통업체는 Toyota의 주요 판매 채널 역할을 하며 현지 시장의 욕구에 민감한 판매 전략을 실행한다. 그리고 Toyota를 시장과 연결하고 시장 변화 및 고객 욕구에 적응할 수 있도록 하는 데 중요한 역할을 한다. 이를 통해 Toyota는 잠재 수요를 적극적으로 창출하며 새로운 팬을 육성할 수 있다.

또한 Toyota는 고객, 특히 새로운 밀레니얼 세대를 참여시키는 것의 중요성을 깨닫고 있다. 다른 시장에서 자동차를 촉진할 때 좋은 성과를 거둔 음악 축제와 같은 다양한 소비자 참여 전략을 사용한다. Toyota는 음악이 젊고 다문화적인 목표 청중과 소통할 수 있는 강력한 도구라고 믿으므로 자동차 잠재 구매자와 연결하는 데 매우 유용한 음악 축제 후원을 찾는다. 이러한 축제에 참여하는 목적은 실제 경험하면서 상호작용하는 시연을 통해 Toyota 브랜드와 차량을 특정 목표 시장에 소개하는 것이다. 이는 소비자의 흥미를 유발하고 긍정적인 브랜드 태도를 촉진하는 체험 마케팅 기회를 창출한다.

2017년과 2018년에 Toyota는 세계적으로 유명한 아티스트가 라이브 공연을 하는 다양한 음악 페스티벌과 연계했다. Toyota는 Outside Lands, Life Is

Beautiful, Lollapalooza, Bumbershoot, Voodoo Fest, Electric Forest, Firefly, Stagecoach, Country Thunder를 포함하여 미국의 록 페스티벌에서 큰 존재감을 나타내 왔다. Toyota는 이러한 행사에 차량을 가져와 주차하는 것 이상의 것을 하기 원한다. 음악 페스티벌을 활용하여 창의적인 아이디어를 혁신적으로 실행하는 동시에 차량 체험을 통한 경품과 샘플, 상호작용 요소, 추첨, 경연, 지역 촉진과 같은 판촉 기술을 사용한다.

또한 Toyota의 최첨단 사운드와 엔터테인먼트 시스템은 이벤트 동안 이동식 뮤직박스가 된다. 다음은 Toyota의 음악 축제 전략의 핵심 구성 요소이다.

- **차량 내 경험:** 음악 축제는 브랜드 활성화를 위한 재미있는 접점을 제공한다. 자동차는 축제 기간 동안 다양한 활동과 경연의 일환으로 사진 소품으로 사용된다. 예를 들어, Toyota Music Den에서 축제 참석자들은 Toyota Corolla 안에서 만화경 사진을 찍거나 트렁크가 자판기로 변한 Crazy Candy Camry 안에 들어갈 수 있다.
- **상호작용 구역:** 축제 참석자들이 포스터, 반다나, 토트백, 기타 Toyota 브랜드 물건과 같은 아이템을 만들 수 있는 현장 DIY(do-it-yourself) 활동이다.
- **도요타 휴식 구역:** 축제 기간 동안 Toyota는 음료와 간식이 있는 휴식 구역뿐만 아니라 차량과 시간을 보낼 수 있는 기회도 제공한다.
- **테스트 드라이브:** 이것은 일반적 자동차 마케팅 프로그램이지만 Toyota는 더 재미있게 만든다. 예를 들어, Stagecoach 축제 참석자들은 여러 재미있는 것들을 통해 차량의 운전과 조정을 경험하기 위해 오프로드에서 Toyota 트럭을 탈 수 있다.
- **음악 블로거와 인플루언서:** Toyota는 인기 음악 블로거와 인플루언서와 협력했다. 음악 축제에 초대하고 그들의 소셜 채널을 위한 실시간 콘텐츠를 만들었다.
- **독특하고 창의적인 체험 기회 제공:** Toyota는 축제를 통해 참석자들이 정말 기억할만한 것을 제공한다. 동화책에서 영감을 얻어 만든 실제보다 더 큰 네온 색상의 풍경, Toyota RAV4의 뒤에서 스키 볼 놀이, Toyota Camry 장식 등이 좋은 예이다.
- **제품 전문가를 만날 수 있는 기회 제공:** Toyota는 축제 참석자들이 재미있는 방식으로 브랜드와 상호작용 한 후 제품 전문가의 도움을 받아 차량을 점검하는 데 더 관심이 있기를 바란다. 따라서 사람들은 자동차 대리점 환경 밖에서 차량을 체험할 수 있다.
- **고객 데이터베이스 개발:** 음악 축제 참석자는 이메일과 축제 엔터테인먼트 뉴스 편지 수신을 선택할 수 있다. 참석자가 자동차를 구매하려는 경우 딜러에게 연락을 요청할 수도 있다.
- **구매 설득 없는 판매:** Toyota는 축제를 소매상과 대리점 환경 외부의 잠재 고객에게 자사 브랜드를 알리는 대안적이고 재미있는 방법으로 보고 있다. 이 방법은 판매 압력 없이 브랜드와 소비자를 연결하는 데 도움이 된다.

인적판매는 촉진도구로써 인기가 떨어지고 있지만 Toyota의 음악 축제 전략은 잠재 고객에게 효과적으로 자동차를 알리고 고객참여를 촉진하는 대안적 방법이다.

출처: Rebecca Harris "Toyota's Experiential Play for Millennials," Marketing Magazine, March 3, 2016, http://www.marketingmag.ca/consumer/ toyotas-experiential-play-for-millennials-169437, accessed January 7, 2017; Yoko Kubota, "Toyota Again No. 1 in Global Car Sales," Market Watch, January 26, 2016, http://www.marketwatch.com/story/toyota-again-no-1-inglobal-car-sales-2016-01-26, accessed January 7, 2017; Sandra O'Loughlin, "Music Festival Strategies: 10 Ways Toyota Engages Fans," Event Marketer, March 25, 2016, http://www.eventmarketer.com/article/music-festival-strategies-10-ways-toyota-engages-with-fans, accessed January 5, 2017; Toyota website, History of Toyota, 2017, http://www.toyota-global.com/company/history_of_toyota, accessed January 7, 2017.

신제품을 소개하고, 새로운 고객을 만나고, 기존 고객에게 더 많이 판매하고, 간행물이나 시청각 자료를 이용하여 고객을 교육시킬 수 있는 기회를 확보할 수 있다. 또한 트레이드 쇼는 기업이 영업사원을 통해 접촉하기 어려운 가망고객을 만날 수 있도록 도와준다.

어떤 트레이드 쇼는 규모가 매우 크다. 예를 들어, 올해 열린 International Consumer Electronics Show에는 4,000개 이상의 회사들이 참가하여 180,000명의 전문 방문객을 유치하였다. 독일 Munich에서 열린 BAUMA 탄광 및 건설 장비 트레이드 쇼는 더욱 인상적이었는데, 58개국에서 온 3,400개가 넘는 회사들이 210개국 이상

>> 일부 트레이드 쇼의 규모는 매우 크다. 올해 독일 Munich에서 열린 BAUMA 탄광 및 건설 장비 트레이드 쇼는 더욱 인상적이었는데, 58개국에서 온 3,400개가 넘는 회사들이 210개국 이상에서 온 583,000명이 넘는 참석자들에게 최신의 혁신제품을 설명했다.

dpa picture alliance/Alamy Stock Photo

에서 온 583,000여 명이 넘는 참석자들에게 최신의 혁신제품을 설명했다. 전시회 공간의 넓이는 650만 평방피트에 이르며, 이는 축구장 112개 이상을 합한 규모이다.[27]

판매 콘테스트(sales contest)는 영업사원이나 딜러 사이에 경쟁을 붙이는 것으로, 기업은 이를 통하여 영업사원에게 특정 기간 동안 판매성과를 높이기 위한 동기를 제공한다. 판매 콘테스트는 우수한 성과자들을 동기부여하고 인정해 주는 것인데 여행, 현금 등의 다양한 형태의 보상을 받는다. 판매 콘테스트는 측정가능하고 달성가능한 목표(예: 신규 거래처의 확보, 거래가 끊긴 고객과의 재거래 유도, 거래처에 대한 수익성 증가 등)와 연계될 때 가장 효과적이다.

판매촉진 프로그램 개발

마케터는 전반적인 판매촉진 프로그램을 설계함에 있어서 사용될 판촉유형을 선정하는 것 외에도 여러 가지 의사결정을 내려야만 한다. 첫째, 마케터는 더 많은 판매반응을 유도할 수 있는 인센티브의 크기를 결정해야 한다. 판촉이 성공적이기 위해서는 최소한의 인센티브는 필수적이고, 더 많은 인센티브는 더 많은 판매반응을 이끌어낼 수 있다. 그리고 마케터는 참여할 수 있는 조건을 정해야 한다. 인센티브는 모든 사람에게 제공될 수도 있고, 선별된 그룹에게만 제공될 수도 있다.

마케터는 판촉프로그램 자체를 어떻게 촉진시키고 유통시킬 것인가를 결정해야 한다. 예를 들어, 2달러짜리 쿠폰은 포장지, 광고, 웹사이트, 소셜 미디어, 모바일 다운로드를 통해 배포될 수 있다. 유통방법에 따라 도달범위와 비용 수준이 달라진다. 마케터는 점점 더 여러 가지 미디어 유형들을 묶어 하나의 전반적인 캠페인 개념을 만들고 있다. 판촉 기간(length of promotion)도 중요하다. 만일 판매촉진 기간이 너무 짧으면, 많은 가망고객들이 이 프로그램을 접하지 못하여 구매하지 않을 수 있다. 만일 판촉기간이 너무 길면, 이 프로그램은 고객의 즉각적인 행동을 유도할 수 있는 힘을 잃어버릴 수 있다.

평가도 매우 중요하다. 많은 기업들이 판매촉진 프로그램들을 평가하지 않고 있고, 어떤 기업들은 이를 피상적으로만 평가한다. 많은 마케터들이 마케팅 활동에 대한 투자 수익률을 평가하기 원하는 것처럼, 판매촉진에 대한 투자수익률 측정을 위해서도 노력해야 한다. 가장 일반적인 평가방법은 촉진 전, 촉진 중, 촉진 후 매출을 비교하는 것이다. 마케터들은 다음과 같은 질문을 해야 한다. 이 판촉프로그램은 새로운 고객을 유치했는가? 신규고객을 유치하고 구매를 유도했는가? 촉진활동에서 나오는 장기적인 고객관계와 판매 이익은 비용을 정당화 할 수 있는가?

판매촉진이 전체 촉진믹스에서 중요한 역할을 하고 있는 것은 분명하다. 이를 잘 사용하기 위하여 마케터는 판매촉진 목표를 정의하고, 가장 우수한 판촉도구들을 선정하고, 판매촉진 프로그램을 설계하고, 이를 실행에 옮기며, 그 결과를 평가해야 한다. 더 나아가 판매촉진은 전반적인 통합적 마케팅커뮤니케이션 프로그램 내에서 다른 촉진믹스 도구들과 세심하게 조정되어야 한다.

토의문제

1. 인적판매를 정의하고 기업의 촉진믹스에서의 역할을 토의해 보자.

2. 영업관리의 주요 단계를 설명해 보시오.

3. 소셜 판매는 무엇인가? 영업사원은 자사의 편익을 위해 디지털 기술을 어떻게 사용할 수 있는가?

4. 인적판매 과정을 설명하시오. 이 과정은 고객참여 및 관계 구축과 어떤 관련이 있는가?

5. 고객관계 구축을 위해 어떤 활동을 할 수 있는가?

6. 소비자 판촉, 중간상 판촉, 사업체 판촉의 차이점들을 토의해 보시오. 각 판매촉진의 예를 제시해 보시오.

비판적 사고 연습

1. 인터넷을 사용하여 성공적인 영업사원의 특성을 조사하시오. 그런 다음 제품을 구매했을 때 경험한 영업사원과의 상호작용을 생각해 보시오. 판매과정 단계를 사용하여 그 영업사원이 각 단계를 어떻게 따랐는지(또는 따르지 않았는지) 설명하시오. 그 영업사원은 성공적인 영업사원의 특성을 가지고 있었다고 생각하는가?

2. 당신은 맥주와 와인 유통업체인 Pureation 음료 그룹의 지역 관리자이다. 이 회사는 빠르게 성장하고 있어 팀에 영업사원을 추가해야 한다. 이 장의 영업사원 관리과정을 참고하여 영업사원을 효과적으로 관리하기 위해 해야 할 일에 대해 토의하시오. 귀하의 의견을 제시하고 설명하시오.

3. 당신이 살고 있는 지역에서 식료품점의 판매촉진 활동을 평가하시오. 어떤 소비자 판촉을 사용하고 있는가? 효과적인 촉진으로 목표 시장에 성공적으로 도달했는가?

14 다이렉트, 온라인, 소셜 미디어 그리고 모바일 마케팅

학습목표

▶ 1 다이렉트 마케팅과 디지털 마케팅을 정의하고, 그것의 급속한 성장 및 고객과 기업에 주는 이점을 논의한다.

▶ 2 다이렉트 마케팅과 디지털 마케팅의 주요 형태를 정의하고 설명한다.

▶ 3 기업이 온라인 마케팅전략을 가지고, 어떻게 인터넷과 디지털 시대에 다양한 온라인 마케팅으로 대응하는지 설명한다.

▶ 4 기업이 어떻게 소비자의 관심을 끌고 브랜드 커뮤니티를 만들어 내기 위해 소셜 미디어와 모바일 마케팅을 이용하는지 논의한다.

▶ 5 전통적인 다이렉트 마케팅 형태를 파악하고 설명하며, 다이렉트 마케팅이 보여주는 공공 정책과 윤리적 문제를 살펴본다.

개관

이전 두 개의 장에서, 통합적 마케팅 커뮤니케이션(integrated marketing communication-IMC)을 통하여 고객가치(customer value)를 커뮤니케이션하는 것을 배웠고, 마케팅 커뮤니케이션 믹스의 네 가지 요소, 즉, 광고(advertising), 홍보(publicity), 인적판매(personal selling), 판매촉진(sale promotion)에 관해 배웠다. 이번 장에서 우리는 IMC의 마지막 요소인 다이렉트 마케팅과 이 분야에서 가장 빨리 성장하는 사업 형태인 디지털 마케팅(온라인, 소셜 미디어, 모바일 마케팅)에 대해서 살펴볼 것이다. 오늘날 인터넷 이용과 구매의 급증, 그리고 디지털 기술의 급성장 – 스마트폰, 태블릿 및 다른 디지털 기기에서 온라인 모바일과 소셜 미디어의 범람까지 – 으로 인해 다이렉트 마케팅은 극적인 변화를 겪었다. 이번 장에서 다이렉트 마케팅과 디지털 마케팅을 별도의 도구로 살펴보겠지만, 양자는 서로, 그리고 촉진믹스와 마케팅믹스의 다른 요소들과도 정밀하게 통합되어야 함을 기억해야 한다.

매출 기준으로 세계 최대 정보기술 기업인 삼성을 살펴보자. 이 회사는 정보기술 산업에서 가장 강력한 기업 중 하나이다. 삼성이 성공한 주요 이유 중 하나는 고객과의 직접적이고 친밀하고 개인적인 상호작용을 위해, 급증하는 디지털 기회를 활용한 통합 마케팅전략 때문이다. 삼성의 디지털 다이렉트 마케팅 역량은 브랜드 옹호를 강화하고 브랜드 충성도를 높였다. 이 회사는 직접 및 디지털 마케팅의 모범이 되었으며, 계속해서 고객을 참여시키고 직접적이고 개인화된 고객관계를 구축하고 있다.

삼성전자: 소셜 미디어 마케팅을 통한 전 세계 고객 참여시키기

삼성그룹의 주력 자회사인 삼성전자(주)는 2009년부터 매출기준 세계 최대 정보기술기업이 되었다. 이 기업은 80개국에 제조공장과 유통망을 보유하고 있으며, 약 37만 명의 직원을 고용하고 있다. 삼성이 지속적인 성공을 거둔 주요 이유 중 하나는 마케팅전략인데, 최근 몇 년 동안 급증하는 디지털 기회를 활용하여, 고객과 직접 접촉하고 개인적인 상호작용을 할 수 있도록 전략을 확장하였다.

오늘날 삼성의 디지털 다이렉트 마케팅 역량은 브랜드 옹호를 강화하고 브랜드 충성도를 높인다. 삼성의 광범위한 다이렉트 마케팅전략은 다양한 첨단 디지털 도구를 사용하여 고객을 참여시킨다. 전 세계적으로 삼성은 소셜 미디어 전략을 통해 소비자행동을 인지 단계에서 고려, 구매에 이르기까지 성공적으로 이끌어 왔다. 2018년 삼성은 Interbrand의 "Best Global Brands"에서 6위를 유지했다.

삼성의 고객은 다양한 웹 및 모바일 기반 플랫폼(예: Facebook, Twitter, YouTube)에서 기업과 고객 간 직접 상호작용하는 커뮤니티를 형성한다. 삼성은 이 커뮤니티를 소셜 미디어 마케팅에 활용해 왔다. 예를 들어, Facebook 콘텐츠의 약 30%를 홍보하는 데 투자한다. 삼성 모바일은 홍보자료로부터 모든 상호작용의 약 80%를 얻는다. 평균적으로 이것은 일반 매체 게시물보다 800% 더 높은 상호작용률이다. 이러한 접근방식을 통해 삼성은 경쟁사에 비해 게시물 당 훨씬 더 많은 고객참여를 이끌어 낼 수 있었다. 삼성은 잠재고객의 모든 요구에 응답하는 정책을 채택했다. 그들의 이러한 접근방식은 주요 경쟁자인 Apple과는 완전히 대조적이다. 애플은 삼성에 비해 상대적으로 침묵하는 경향이 있으며, 신제품 출시 또는 주요 홍보 위기가 있을 때에만 소셜 미디어에 초점을 맞추기 때문이다.

삼성은 소셜 미디어를 통해 고객과 브랜드 대사(ambassadors)들이 제품과 서비스를 옹호하고 지지하는 환경을 장려했다. 또한 삼성은 전 세계적으로 인플루언서와 주요 오피니언 리더를 통해 고객과 직접 성공적으로 소통한다. 삼성은 새로운 갤럭시 스마트폰과 태블릿을 계속 출시하면서, 최근 소셜 미디어 전략을 강화해 왔다. 새로운 Galaxy 기기에 대한 인지도를 높이고 입소문을 일으키기 위해, 삼성은 새로운 플래그십(flagship) 기기를 출시하기 전에 소셜 미디어를 활용한다. 즉, 영향력 있고 사회적으로 활동적인 블로거, 트위터 사용자(Twitterati) 및 유튜버 그룹을 제품 미리보기 이벤트에 초대한다. 이러한 이벤트는 대개 수천 개의 소셜 언급(mentions)과 블로그를 생성하여 새로운 기기에 대한 인지와 선호도를 창출한다. 한 가지 예는 삼성이 2015년 뉴욕에서 갤럭시 노트5를 출시한 것이다. 이를 위해 삼성은 호주의 패션 블로거인 Nadia Fairfax와 말레이시아 배우 겸 감독 Joseph Germani, 필리핀 댄서이자 프로듀서, 감독인 Gabriel Valenciano, 대만의 프로듀서에게 갤럭시5를 보냈다. 그 결과, 24시간 내내 마라톤으로 촬영한 영화가와 제작자들은 각자의 새 휴대폰을 어떻게 사용했는

>> 삼성은 고객과 브랜드 대사(ambassadors)가 제품/서비스를 옹호하고 지지하는 글을 소셜 미디어를 통해 올리고, 다른 사람들과 네트워크를 형성할 수 있도록 적극적으로 지원한다.
Yaacov Dagan/Alamy Stock Photo

지 보여주었다. 삼성은 고객에게 새로운 제품 스펙 세부목록을 제시하기보다, 스마트폰과 경험을 독창적으로 연관시켰다.

브랜드 인지도를 높이고 고객의 참여를 유도하는 또 다른 예는 2014년 앰배서더 프로그램인 'Samsung Mobilers'였다. 이 프로그램은 적극적인 삼성 모바일 충성고객에게 시장 출시 전에 삼성기기를 제공하여, 자신의 소셜 미디어 계정을 통해 사용자 경험에 대해 자유롭게 이야기하고 의견과 인사이트를 제시할 수 있도록 했다. 그들은 때때로 소비자 가전제품의 세계최고 무역 박람회인 베를린 IFA 컨퍼런스와 같은 마케팅 이벤트에 참여할 기회를 제공받았다. 그 결과 IFA 2014 기간 동안 삼성은 음성 점유율의 26.7%를 차지했다. 갤럭시 노트5, 기어 VR, 갤럭시 노트엣지 등 삼성의 제품은 1위의 지위를 확고히 했고 언론과 대중들 사이에서 호평을 받았다.

스마트폰 앱도 디지털 마케팅 분야에서 삼성의 성공을 촉진하고 있다. 이들은 제품정보에 대한 서비스 추적과 온라인 지원에 대한 끊김 없는 내비게이션을 제공하여, 고객이 이동 중에도 사용할 수 있도록 했다. 고객은 FAQ, 비디오, 그리고 쉽게 따라할 수 있는 진단 가이드를 찾을 수 있다. 이 앱은 고객이 삼성과 계속 연결되도록 설계되었다. YouTube의 삼성 동영상 홈페이지는 고객과 소통할 수 있는 또 다른 플랫폼을 제공한다. 여기에는 모든 삼성제품 및 마케팅 캠페인에 대한 비디오가 포함되어 있으며, 모두 참여적이고 종합적이며 쉽게 액세

> 탁월한 온라인 고객 경험을 창출하려는 삼성의 열정은 다이렉트 및 디지털 마케팅을 육성하고 있으며, 기업은 지속적으로 고객을 참여시키고 직접적이고 개인화된 고객관계를 구축하고 있다.

스 할 수 있는 하나의 대규모 쇼 케이스가 포함되어 있다. 2013년 삼성은 730만 회 공유 수(share)로 Unruly의 '올해의 소셜 브랜드'를 수상했다. 2014년에는 '# 갤럭시 11: 더 트레이닝'(538,262회 공유 수) 등 FIFA 월드컵과 동시에 여러 동영상을 통해 430만 회 공유 수를 획득하며 2위를 차지했다. 물론 삼성은 웹사이트도 활용하여 고객과 연결한다. 고객은 회사 웹사이트를 제품 정보뿐만 아니라 라이브 채팅, 사용방법 비디오, 도움말 및 문제 해결, 제품 보증 정보, 서비스 수리 상태 업데이트를 포함한 여러 온라인 서비스에 액세스하여 삼성과 소통할 수 있다.

마지막으로 삼성은 웹 및 모바일 이메일을 신중하게 타깃된 고객과 장기적인 일대일 관계를 구축하기 위한 효과적인 도구로 사용한다. 삼성은 특정 고객의 특성과 요구에 맞게 이메일(디자인, 메시지, 제안)을 성공적으로 조정한다. 삼성은 거대한 데이터베이스를 통해 방금 삼성기기를 구매한 고객이나, 가까운 장래에 삼성기기를 구매할 가능성이 있는 사람들에게 맞춤형 메시지를 보낼 수 있다. 삼성전자는 새로운 디지털 도구와 접근방식을 성공적으로 사용하여 고객관계를 강화하고 경쟁 우위를 구축했다. 2018년 삼성전자는 49개의 국제 디자인 우수상(IDEA)을 수상했다. 이것은 단일연도에 한 기업이 수상한 최다 기록이다. IDEA에 출품하면, 디자인, 혁신, 사회와 고객 및 미학에 대한 혜택 측면에서 포괄적인 평가를 받는다. 삼성전자는 다이렉트 마케팅과 디지털 마케팅의 선구자가 되었으며, 지속적으로 고객과 소통하고 직접적이고 개인화된 고객관계를 구축하고 있다. 삼성은 고객과 브랜드 대사(ambassadors)가 소셜 미디어를 통해 자사의 제품과 서비스를 옹호하고 지지함으로써 다른 사람들과 네트워크를 형성할 수 있도록 지원한다.[1]

우리가 이전 장까지 살펴보았던 수많은 마케팅도구와 촉진도구는 대량 마케팅(mass marketing) 상황을 전제로 발전해 왔다. 즉 표준화된 메시지와 제공물(offers)로 넓은 시장을 목표로 하며, 중간상을 통해 유통된다. 그러나 오늘날에는 목표시장이 점점 좁아지고, 디지털 기술이 갑자기 밀려오면서, 많은 기업이 다이렉트 마케팅(direct marketing)을 제1의 마케팅 접근방법으로, 혹은 다른 접근방법에 추가적인 방법으로 활용하고 있다. 이 장에서는 폭발적으로 급증하고 있는 다이렉트 마케팅과 그것의 가장 빠르게 성장하고 있는 형태인 디지털 마케팅 세계를 살펴볼 것이다. 디지털 마케팅은 온라인, 소셜 미디어, 모바일 마케팅 경로를 이용한다.

다이렉트 마케팅과 디지털 마케팅

다이렉트와 디지털 마케팅
(direct and digital marketing)
신중하게 선정된 표적 세분시장 또는 개인 소비자와 일대일 상호작용적 방식을 토대로 직접적으로 접속하는 것

다이렉트 마케팅(direct marketing)과 **디지털 마케팅**(digital marketing)은 즉각적인 반응을 얻고 지속적인 소비자 관계를 쌓기 위해 주의 깊게 표적화된 개별 소비자들과 소비자 커뮤니티 양자 모두와 직접적으로 관련을 맺는 것을 뜻한다. 기업들은 좁게 정의된 소비자 그룹이나 개별 구매자들의 필요와 관심에 따라 제품과 콘텐츠를 맞춤화하기 위해 다이렉트 마케팅을 이용한다.

그들은 이러한 방식으로 소비자의 참여, 브랜드 커뮤니티, 그리고 판매를 이끌어 낸다. 예를 들어, Amazon.com은 웹사이트나 모바일 앱을 통해 소비자들과 직접 소통하며 거의 모든 것을 온라인으로 찾고 구매하는 일을 돕는다. GEICO도 전화, 웹사이트, 모바일 앱이나 Facebook, Twitter, YouTube를 통해 소비자들과 직접 소통하며 개개인과의 관계를 쌓고, 보험료 견적을 내주고, 보험 증권을 판매하고, 계좌를 개설할 수 있도록 한다.

새로운 다이렉트 마케팅 모델

카탈로그 회사, 직접우편 사업자(direct mailer), 텔레마케터와 같은 초기 다이렉트 마케터는 고객의 이름을 취합하여 우편과 전화를 이용하여 상품을 판매했다. 그러나 오늘

날에는 인터넷 사용과 구매의 급증, 그리고 디지털 기술 – 스마트폰, 태블릿과 여타 디지털 기기에서 온라인 소셜 미디어와 모바일 미디어의 범람에 이르기까지 – 의 급부상에 힘입어 다이렉트 마케팅은 극적인 전환기를 겪고 있다.

이전 장에서는 중개자가 없는 마케팅 채널인 직접 유통으로서의 다이렉트 마케팅에 대해 논의했다. 그러나 여기서는 소비자를 직접 참여시키고 브랜드 커뮤니티를 만들기 위한 접근방식으로, 촉진믹스에 다이렉트 및 디지털 마케팅 요소를 포함시켰다. 실제로 다이렉트 마케팅은 이 두 가지 이상이다.

기업 대부분은 여전히 다이렉트 마케팅을 보충역할을 하는 경로나 매체로 사용한다. 그래서 메이시스(Macy's)나 콜스(Kohl's)와 같은 대부분의 백화점은 대다수 상품을 매장 진열대에 놓고 판매한다. 그러나 다이렉트 우편과 온라인 카탈로그 또는 소셜 미디어를 통해서 판매하기도 한다. Pepsi의 Mountain Dew 브랜드는 주로 대중매체 광고와 소매 파트너의 경로를 이용해 상품을 마케팅하지만, 이 경로들을 다이렉트 마케팅으로 보완하기도 한다. 예를 들어, 이 브랜드는 최근 Super Bowl 기간 동안 블록버스터(blockbuster) TV 광고를 방영했다. 그러나 빅 게임을 앞두고 몇 주 동안 열렬한 충성고객 층을 확보하기 위해 디지털 미디어에 엄청나게 투자했다. Pepsi의 최고마케터(Chief marketer)는 "소비자가 대화를 하는 곳이라서, 디지털에 거의 40%를 투자했습니다."라고 말했다. "우리는 Super Bowl 경기 당일에 큰 돈을 썼습니다. 하지만 그것만으로는 소비자와 쌍방향 대화를 하기에 충분하지 않습니다."[2] Mountain Dew는 또한 대세인 웹사이트와 소셜 미디어를 통해 디지털 방식으로 팬들을 참여시킨다.

그렇지만 오늘날 다이렉트 마케팅과 디지털 마케팅은 많은 기업들에게 보완적인 역할을 하는 마케팅 경로나 광고 매체 그 이상이다. 이 다이렉트 모델(direct model)을 유일한 접근방법으로 사용하는 기업들도 있다. Amazon, Netflix, GEICO 및 Expedia와 같은 거대한 온라인 기업은 다이렉트와 디지털 마케팅을 중심으로 시장에 대한 전체 접근방식으로 성공했다. 예를 들어, Expedia Group은 Expedia, Travelocity, Hotels.com, Hotwire, trivago, Orbitz 및 HomeAway와 같은 친숙한 브랜드를 포함하여 방대한 온라인 전용 여행 비즈니스를 운영하고 있다. 2017년 총 매출 10억 1천만 달러를 기록한 이 기업은 200개 이상의 여행 예약 사이트와 150개 이상의 모바일 웹사이트를 통해 비즈니스를 수행한다. Travelocity 부서는 고객이 여행사 또는 중개인의 도움 없이 여행 일정을 찾고 예약할 수 있는 최초의 온라인 여행 회사 중 하나였다. 이제 세계에서 가장 큰 여행 브랜드 중 하나인 Travelocity와 유명한 Roaming Gnome은 고객이 "현명한 탐색(Wander Wisely)"을 통해 간단하고 기억에 남는 여행 경험을 만들 수 있도록 도와준다.[3]

▶▶ 새로운 직접 마케팅 모델: 온라인 여행사인 Expedia Group은 직접 및 디지털 마케팅을 중심으로 시장에 대한 접근방식을 성공적으로 구축했다. Travelocity.com 유닛과 유명한 Roaming Gnome을 사용하면 고객이 "현명하게 탐색"할 수 있다.

Travelocity. Trademarks included are property of their respective owners.

다이렉트 마케팅과 디지털 마케팅의 급속한 성장

다이렉트 및 디지털 마케팅은 가장 빠르게 성장하는 마케팅 형태가 되었다. 다이렉트 마케팅이 온라인으로 계속 이동함에 따라, 디지털 다이렉트 마케팅은 마케팅 지출과 세일즈에서 차지하는 비중이 급증하고 있다. 온라인 디스플레이 및 검색 광고, 소셜 미디어, 모바일, 비디오, 이메일 등을 포함한 총 디지털 광고 지출은 현재 미디어 지출에서 가장 큰 비중을 차지하고 있으며, 디지털 매체에 대한 지출은 2위인 TV 지출보다 20%나 앞서고 있다. 소비자가 태블릿과 스마트폰에 점점 더 많은 시간을 할애함에 따라, 모바일 미디어에 대한 광고 지출이 폭발적으로 증가하고 있다. 이제 모바일 광고 지출이 모든 디지털 광고 지출의 70%를 차지한다.[4]

다이렉트 마케팅과 디지털 마케팅이 구매자와 판매자에게 주는 혜택

구매자에게 다이렉트 마케팅과 디지털 마케팅은 편리하고, 쉽고, 비공개적이다. 이는 언제 어디서나 거의 무제한의 상품과 구매 정보를 제공한다. 예를 들어, Amazon.com은 웹사이트와 모바일 앱에 10위권 상품 목록에서부터 광범위한 제품 설명, 그리고 소비자의 과거 검색 및 구매기반 추천을 위한 전문가와 사용자의 평가에 이르기까지 대부분의 사람이 소화할 수 있는 것보다 더 많은 양의 정보를 제공한다. 구매자들은 다이렉트 마케팅을 통해서 그들이 원하는 정보, 제품이나 서비스의 종류를 선택하고, 바로 주문을 하기 위해 전화나 웹사이트 또는 앱으로 판매자와 소통을 할 수 있다.

마지막으로 디지털 마케팅은 원하는 소비자들에게 온라인, 모바일, 소셜 미디어를 통해 브랜드 참여 의례와 브랜드 커뮤니티 – 정보와 경험을 다른 팬들과 공유하는 장소 – 를 제공한다.

판매자에게 있어 다이렉트 마케팅은 시장에 진출하기 위한 저가의 효율적이고 빠른 대안을 제공한다. 오늘날의 다이렉트 마케터는 소규모의 그룹이나 개별적 소비자들을 표적화한다. 다이렉트 마케팅의 1:1 이라는 특성 때문에 기업들은 소비자들과 전화나 온라인을 통해 소통을 하며 그들의 요구에 대해 알게 되고 상품과 서비스를 특정 소비자에게 맞춤형으로 만든다. 결과적으로 소비자들은 질문을 하고 자발적으로 피드백을 주게 된다.

다이렉트 및 디지털 마케팅은 또한 판매자에게 더 큰 유연성을 제공한다. 이를 통해 마케팅 담당자는 가격 및 프로그램을 지속적으로 조정하거나, 즉각적이고 시기적절하며 개인적인 참여 및 제안을 창출할 수 있다. 예를 들어, 주택 개선(home improvement) 소매업체 Lowe's의 온라인 "How-Tos Library"는 거의 모든 프로젝트에 대한 수백 개의 심도 있는 방법 비디오, 프로젝트 계획 가이드, 비용 계산기 및 기타 유용한 정보를 소비자에게 연결한다. 이들에는 뒷마당 파티오를 짓거나 잔디 스프링클러 시스템을 설치하는 것부터 건식 벽체를 걸거나 심지어 생쥐를 제거하는 것까지 포함한다. 이 가이드는 프로젝트가 팝업 될 때마다 사용할 수 있으며 물론 근처 Lowe's 매장에서 사용할 수 있는 자세한 소모품 목록도 제공한다.[5]

특히 오늘날의 디지털 환경에서 다이렉트 마케팅은 브랜드를 고객 삶

▶▶ 휴대 전화에서 "내 주변 커피"를 검색하는 사람들에게 던킨이 인근 위치를 지도와 대기시간을 제공하는 것처럼, 다이렉트 및 디지털 마케팅은 브랜드가 즉각적이고 시기적절한 고객참여를 창출하게 한다.

Courtesy of Dunkin' Brands.

의 중요한 순간 및 이벤트와 연결하는 실시간 마케팅 기회를 제공한다. 이는 구매 프로세스를 통해 고객을 이동시키고, 고객 참여, 커뮤니티 및 개인화된 관계를 구축하기 위한 강력한 도구이다. 예를 들어 일부 지역에서는 Google 검색이나 Google 지도를 사용하여 휴대 전화에서 '내 주변 커피'를 검색하는 사람들에게 Dunkin이 '가장 빠른 커피 찾기'라고 표시하는 모바일 광고에 노출되게 한다. 그 광고를 클릭하면 근처 Dunkin 위치 지도와 대기시간이 표시된다. 더 나아가, Ben & Jerry's와 Starbucks에서 적십자에 이르기까지 다양한 브랜드는 Twitter 또는 Instagram을 사용하여 중요한 이벤트, 프로모션, 공지사항 및 유행하는 뉴스에 대해 실시간으로 소비자와 소통한다.

다이렉트 마케팅과 디지털 마케팅의 형태

그림 14.1에서처럼 다이렉트 마케팅의 주요 형태로 대면(face-to-face), 혹은 인적판매(personal selling), 다이렉트 메일 마케팅(direct-mail marketing), 카탈로그 마케팅(catalog marketing), 텔레마케팅(telemarketing), 직접반응 텔레비전 마케팅(direct-response television(DRTV) marketing), 키오스크 마케팅(kiosk marketing), 온라인 마케팅(online marketing)이 있다. 그러나 최근 몇 년간 마케팅계에는 온라인 마케팅[웹사이트, 온라인 광고(online advertising) 및 홍보, 이메일, 온라인 동영상, 블로그], 소셜 미디어 마케팅, 그리고 **모바일 마케팅**(mobile marketing)을 포괄하는 눈부시게 새로운 디지털 다이렉트 마케팅 도구들이 혜성처럼 나타났다.

우리는 최근 많은 관심을 받은 새로운 다이렉트 **디지털 및 소셜 미디어 마케팅** 도구들을 검토하기 시작할 것이다. 그리고 나서 여전히 사용 빈도가 높은, 매우 중요한 전통적 다이렉트 마케팅 도구들을 살펴볼 것이다. 그러나 늘 그렇듯, 이 모든 도구들이 충분히 통합적인 마케팅 커뮤니케이션 프로그램 속으로 녹아들어야 한다는 것을 기억하는 것이 중요하다.

모바일 마케팅(mobile marketing)
이동 중인 소비자에게 모바일폰, 스마트폰, 태블릿, 다른 모바일 커뮤니케이션 기기를 통해 마케팅 활동을 하는 것

디지털 및 소셜 미디어 마케팅 (digital and social media marketing)
웹사이트, 소셜 미디어, 모바일 앱 및 광고, 온라인 동영상, 이메일 및 블로그 같은 디지털 마케팅 도구를 사용

>> **그림 14.1** 다이렉트 마케팅과 디지털 마케팅의 형태

흥미진진한 새로운 형태의 다이렉트 마케팅을 시작한다. 그러나, 전통적인 마케팅과 더불어 통합되어야 한다.

디지털 및 소셜 미디어 마케팅
온라인 마케팅
(웹사이트, 온라인 광고, 이메일, 온라인 비디오, 블로그)
소셜 미디어 마케팅
모바일 마케팅

고객약속과 커뮤니티 직접연결

전통적인 직접 마케팅
대면 판매
다이렉트 메일 마케팅
카탈로그 마케팅
텔레마케팅
직접반응 TV마케팅
키오스크 마케팅

🔗 **개념 연결하기**

잠시 다이렉트 마케팅과 디지털 마케팅이 당신의 삶에 끼치는 영향을 생각해보자.

● 언제 마지막으로 다이렉트 또는 디지털 마케팅을 통해서 구매했는가? 무엇을 구매했으며 왜 직접 구매했는가? 언제 마지막으로 다이렉트 또는 디지털 마케팅이 권하는 상품이나 서비스를 거부했는가? 이러한 경험들에 근거해서 다이렉트 마케터에게 주고 싶은 조언은?

● 다음 주 동안 DM 및 카탈로그, 이메일 및 모바일 광고, 온라인 및 소셜 미디어 마케팅 제안 등을 통해 제공되는 모든 다이렉트 및 디지털 마케팅 제안을 추적하시오. 그런 다음 유형, 출처, 각 제안에 대해 좋아하거나 싫어하는 점, 전달된 방식별로 제안을 분석하시오. 목표(당신)에 가장 적합한 제안은 무엇인가? 가장 큰 수익을 놓친 것은 무엇인가?

디지털 시대의 마케팅

오늘날 사업은 사람과 기업을 연결해주는 디지털 네트워크를 통해 이루어지고 있다. 사람들은 장소와 시간에 거의 구애받지 않고 정보, 브랜드, 그리고 서로서로를 디지털 방식으로 연결한다. 디지털 시대는 편리함, 속도, 가격, 제품 정보, 서비스, 브랜드 상호작용 등에 대한 소비자의 생각을 근본적으로 바꿔놓았다. 그 결과 마케팅 담당자에게 고객 가치를 창출하고, 고객을 참여시키고, 고객관계를 구축할 수 있는 완전히 새로운 방법을 제공했다.

디지털의 사용과 그 효과는 지속적으로 성장세를 이어가고 있다. 미국 성인의 88% 이상이 인터넷을 사용하며, 미국의 평범한 인터넷 사용자는 하루 여섯 시간 이상 디지털 미디어를 이용하며 시간을 보내는데 그 중 대부분이 모바일 디바이스를 통한 것이다. 세계적으로는 54%의 인구가 인터넷에 접속이 가능하다. 그리고 32%는 모바일로 인터넷을 접속한다.[6]

그 결과 현재 미국 가정의 절반 이상이 정기적으로 온라인 쇼핑을 하고 있으며, 디지털 구매는 견고한 두 자릿수 비율로 계속 증가하고 있다. 미국의 온라인 소매 매출은 작년에 4,450억 달러로 추정되어, 1년 동안 16.6% 증가했으며 전체 소매 매출의 13%를 차지하고 있다. 2027년까지 소비자가 계속해서 실제 매장에서 디지털 매장으로 지출을 이동함에 따라, 온라인 매출은 1조 달러 이상으로 증가할 것으로 예상된다. 더 중요한 것은 미국 전체 소매 판매의 절반 이상이 온라인에서 직접 거래되거나 인터넷 검색의 영향을 받았다는 점이다.[7] 오늘날의 옴니(omni) 채널 소비자는 온라인, 모바일 및 오프라인 매장쇼핑의 혼용(blending)에 점점 더 익숙해지고 있기 때문에, 디지털 채널은 구매의 훨씬 더 많은 비율을 차지할 것이다.

이 급부상하는 시장에 진출하기 위해, 대부분의 기업들은 이제 온라인으로 마케팅을 한다. 어떤 기업들은 온라인으로만 운영을 한다. 이런 기업들은 Amazon.com이나 Expedia.com처럼 상품과 서비스를 인터넷으로 직접 최종 구매자에게 판매하는 e-소매업체로부터 검색엔진과 포털(Google, Bing, Yahoo!), 중개 사이트(eBay, Craigslist), 콘텐츠 사이트(the New York Times, ESPN.com, Wikipedia), 그리고 온라인 소셜 미디어(Facebook, YouTube, Pinterest, Instagram, Twitter, Snapchat)에 이르기까지 다양하다.

그러나 오늘날에는 실질적인 온라인 존재가 없는 기업을 찾기가 어렵다. 전통적으로 오프라인으로 운영되던 기업도 이제는 자체 온라인 판매, 마케팅 및 브랜드 커뮤니티 채널을 만들었다. 오프라인 소매업체의 온라인 판매 비중도 점점 높아지고 있다. 예를 들어, Macy's는 현재 매출의 약 18%가 온라인으로 이루어지는데, 세계 10위의 온라인 소매점(e-tailer)이다. Target은 온라인 매출이 약 23%를 차지한다. Nordstrom은 22%이다.[8]

실제로 **옴니채널 소매업체**(omni-channel retailing)는 순수 온라인 경쟁업체들만큼 온라인에서 높은 성공을 거두고 있다. 예를 들어, 주택 개선(home improvement) 소매업체인 Home Depot는 미국에 거의 2,000개의 매장이 있다. 그러나 최근 몇 년간 가장 빠른 성장 영역은 온라인 판매로, 작년에 거의 22% 성장했다.[9]

옴니채널 소매업체
(omni-channel retailing)
매장 내, 온라인, 모바일 쇼핑을 통합하는 끊김없는 교차 채널(cross-channel) 구매 경험을 창출하는 소매상

합판과 못은 온라인 판매 회사가 상상할 수 없는 품목이지만, 온라인 판매는 지난 5년 동안 매년 거의 40%씩 성장하는 Home Depot의 가장 핫한 성장영역이다. Home Depot은 이제 세계 10대 온라인 판매자 중 하나이다. 일반적인 Home Depot 매장에서 재고는 약 35,000개에 불과하지만, 온라인에서는 100만 개가 넘는 재고가 있다. 주택 개조 소매업체는 여러 접촉점과 배송방식을 제공한다. 고객은 Home Depot 매장에서 기존 제품을 구입하거나 Home Depot 웹사이트의 가상 선반에서 제품을 온라인으로 구입할 수 있다. 온라인으로 주문한 제품은 택배로 받을 수도 있지만, 현재 온라인 주문의 40% 이상이 오프라인 매장에서 수령된다.

전 세계 소매업체는 고객이 쇼핑 방식을 바꾸고 있음을 인식하고 있다. 호주의 주요 백화점 Myer와 주요 의류 소매업체인 Sportscraft는 고객에게 기존 우편 배송을 통해 매장에서 또는 온라인으로 제품을 구매할 수 있는 옵션을 제공한다. 두 소매업체 모두 'click & collect' 옵션을 제공한다. 이 옵션을 통해 고객은 각 소매업체의 가상 선반에서 제품을 선택한 다음, 호주 어디에서든 그것을 수령(픽업)할 수 있는 소매점을 확인할 수 있다. 제품 선택이 가능하면 온라인으로 거래가 완료되고, 고객의 편의에 따라 선택한 매장에서 제품을 픽업하면, 추가 배송비를 절약할 수 있다. 지역 소매점에서 구입할 수 없는 제품은 집으로 배송받을 수 있다. 호주 소비자는 주요 슈퍼마켓인 Woolworth's와 Coles에서 온라인으로 주문을 하여, 식료품을 클릭하고 매장에서 수령할 수도 있다.

옴니채널 소매: Home Depot의 목표는 "디지털 세상, 오프라인 매장, 가정 또는 직장 등 고객이 어디에서 쇼핑하든, 끊김이 없고(seamless) 지속적인 경험을 제공하는 것이다. 고객이 어디에 있든 우리는 거기에 있어야 한다."
THE HOME DEPOT name and logo are trademarks of Home Depot Product Authority, LLC, used under license

다이렉트 디지털 및 소셜 미디어 마케팅은 그림 14.1에 표시된 여러 형태 중 하나를 사용한다. 이러한 형태에는 온라인 마케팅, 소셜 미디어 마케팅 및 모바일 마케팅이 포함된다. 온라인 마케팅을 시작으로 차례로 각각에 대해 논의해보자.

온라인 마케팅

온라인 마케팅(online marketing)은 기업의 웹사이트, 온라인 광고와 홍보, 이메일 마케팅, 온라인 동영상, 블로그를 통한 마케팅을 말한다. 소셜 미디어 마케팅과 모바일 마케팅도 온라인에서 이루어지는데, 다른 형태의 디지털 마케팅과 긴밀히 조화를 이루어야 한다. 그러나 이러한 것들은 각각의 특수성을 갖고 있기 때문에, 급속도로 성장하는 소셜 미디어 마케팅과 모바일 마케팅을 독립된 부문으로 나누어 살펴보자.

온라인 마케팅(online marketing)
기업 웹사이트, 온라인 광고 및 프로모션, 이메일, 온라인 동영상 그리고 블로그를 사용하여 인터넷을 통한 마케팅

웹사이트와 브랜드화된 웹 커뮤니티

대부분의 기업에 온라인 마케팅의 첫 번째 단계는 웹사이트를 만드는 것이다. 웹사

마케팅 웹사이트(marketing website)
고객과의 상호작용을 통해 직접적인 구매나 다른 마케팅 성과를 이끌어 내기 위해 설치된 웹사이트

브랜드 커뮤니티 웹사이트
(brand community website)
소비자를 끌어들이는 브랜드 콘텐츠를 제공하고, 브랜드를 중심으로 한 고객 커뮤니티

이트는 목적과 내용이 아주 다양하다. 어떤 웹사이트는 주로 소비자들을 참여시키기 위해 설계되고 직접적인 구매나 다른 마케팅 성과로 연결시켜주는 **마케팅 웹사이트**(marketing websites)이다.

예를 들어 현대와 같은 자동차 기업은 마케팅 웹사이트를 운영한다. 잠재 고객이 현대 사이트를 클릭하면, 현대는 고객 문의를 바로 판매와 그 다음 장기적인 관계로 전환시키기 위해 노력한다. 이 사이트는 홍보 메시지와 함께 열리고, 현재 현대 모델에 대한 자세한 설명, 자기만의 현대를 디자인하기 위한 도구, 자동차의 보상 판매 가치를 계산할 수 있는 메뉴 등 유용한 정보와 대화형 판매 기능이 가득한 공간을 제공한다. 딜러 위치 및 서비스에 대한 정보는 물론, 바로 온라인 견적을 요청할 수도 있다. 재고 검색 및 시승 예약 기능을 통해 고객이 현대 대리점을 방문하도록 장려한다. 반대로 **브랜드 커뮤니티 웹사이트**(brand community website)는 단순히 제품을 판매하는 것 이상의 역할을 한다. 그들의 주요 목적은 소비자의 관심을 끌고, 고객 브랜드 커뮤니티를 만드는 브랜드 콘텐츠를 제공하는 것이다. 이러한 사이트는 일반적으로 다양한 브랜드 정보, 동영상, 블로그, 활동 및 기타 기능을 제공하여, 보다 긴밀한 고객관계를 구축하고 브랜드와 고객 간의 참여를 유도한다.

예를 들어, ESPN의 웹사이트를 살펴보자. ESPN.com에서는 어떤 것도 구매할 수 없다. 그 대신 이 사이트는 브랜드화된 커다란 스포츠 커뮤니티이다.[10]

브랜드 커뮤니티 웹사이트: ESPN.com에서는 아무것도 구매할 수 없다. 대신 이 사이트는 방대한 브랜드 스포츠 커뮤니티를 만든다.

NetPhotos/Alamy

ESPN.com에서 스포츠 팬들은 스포츠 정보, 통계, 그리고 최신 경기 정보 등을 담은 거대한 저장소를 만날 수 있다. 그들은 종목, 팀, 선수, 작가 등에 따라 구성된 사이트의 내용을 자신이 관심 있는 분야와 좋아하는 팀에 맞춰 원하는 대로 꾸밀 수 있다. 이 사이트는 경연대회와 판타지경기(축구, 야구, 농구, 하키에서 포커까지)에 팬을 참여시킨다. 전 세계의 스포츠 팬들은 스포츠 경기의 전후, 도중에 다른 팬들 및 유명인들과의 토론에 참여한다. 그들은 친구가 되고 메시지를 주고받으며 게시판과 블로그에 댓글을 남길 수 있다. 다양한 앱을 다운로드하여 팬들은 ESPN 경험을 고객화(customization)하고, 어디를 가든 휴대할 수 있다. 전체적으로 ESPN의 웹사이트는 장벽이 없는 가상 브랜드 커뮤니티를 만들고, 팬이 계속해서 다시 방문하는 필수경험의 장소이다. 지난 3월 7,300만 명 이상의 팬이 ESPN 디지털 사이트에서 총 59억 분을 보냈다.

웹사이트를 구축하는 것과 사람을 방문하게 만드는 것은 별개의 문제이다. 기업은 방문자를 유인하기 위해, 오프라인 인쇄물 광고와 방송광고를 통해, 다른 사이트에 광고를 하거나 링크를 거는 등의 노력을 통해 웹사이트를 적극 홍보한다. 그러나 오늘날의 웹 사용자는 웹사이트가 만족할 정도로 충실하지 않다면, 그것을 바로 버릴 것이다. 핵심은 웹사이트에 들어온 소비자를 떠나지 않게 하고, 다시 들어올 수 있게 하기 위해 충분한 가치와 흥분을 창출하는 것이다.

최소한 웹사이트는 사용하기 쉬워야 하며, 매력적인 모습이어야 한다. 그렇지만 궁극적으로 웹사이트는 반드시 유용해야(useful) 한다. 웹서핑과 웹쇼핑에서는 대부분의 사

람이 스타일보다는 실속을 선호하며, 플래시(flash)보다는 기능을 선호한다. 예를 들어, ESPN 사이트는 화려하지 않고 내용물과 사람들로만 꽉 차 있지만, 소비자들을 빠르고 효율적으로 스포츠 정보 및 그들이 찾고 있는 것과 연결시켜준다. 따라서 효과적인 웹사이트는 깊이 있고 유용한 정보, 구매자가 관심을 두고 있는 제품을 찾아서 평가하는 데 도움을 주는 대화식 도구, 다른 관련된 사이트로의 연결, 계속 변화하는 판촉활동, 적절한 흥분을 유발하는 오락적 특징 등을 포함한다.

온라인 광고

소비자가 점점 더 많은 시간을 인터넷에서 보내게 되면서, 많은 기업은 브랜드 구축을 위해 혹은 웹사이트, 모바일, 소셜 미디어 사이트 등으로 방문자를 유인하기 위해 더 많은 마케팅 비용을 **온라인 광고**(online advertising)로 이전시키고 있다. 온라인 광고는 중요 매체가 되어 가고 있다. 온라인 광고의 주요 형태는 디스플레이 광고와 검색 관련 광고이다. 이 둘은 전체 디지털 마케팅 비용의 30%로 가장 큰 비중을 차지한다.

 온라인 디스플레이 광고는 인터넷 사용자의 스크린 어디에서든 볼 수 있으며, 현재 브라우징하고 있는 정보와 연관되어 있는 경우가 많다. 예를 들어, 더운 여름날 espn.com을 검색하는 동안, RTIC Coolers에 대한 대형 배너 광고 형태로 사이트 상단과 양쪽에 웹 콘텐츠가 표시된다. 그래서 제품의 내구성과 얼음 유지 능력을 광고할 수 있다. 배너를 클릭하거나 근처에 삽입된 디스플레이 광고를 클릭하면 브랜드 웹사이트로 이동한다.

 디스플레이 광고는 최근 몇 년 동안 소비자의 관심을 끌고, 구매 경로를 따라 그들을 이동시키는 측면으로 발전해 왔다. 오늘날의 리치 미디어 광고는 애니메이션, 동영상, 사운드 및 상호작용성(interactivity)을 통합한다. 예를 들어, Boeing은 최근 국제 우주 정거장의 멋진 회전 3D보기가 포함된 디스플레이 광고를 실행했다. 또한 소닉 레스토랑은 오후 8시 이후 셰이크와 아이스크림 슬러시를 반값에 파는 여름 프로모션에 대한 인지와 기대감을 창출하기 위해, 매일 실시간 카운트다운 시계를 내세운 온라인 디스플레이 광고를 만들었다. 이 광고는 시계와 대화형 퀴즈를 연결하여, 고객이 완벽한 맛을 미리 결정할 수 있도록 했으며, 매장 찾기 기능을 통해 가장 가까운 Sonic 레스토랑을 찾게 하였다. Sonic 마케터는 "Sonic의 여름 반값 메뉴에 대해 쉽게 '오 예!'라고 말하게 했다."[11]

 검색 관련 광고(search-related ads) 또는 맥락 광고(contextual advertising), 텍스트 및 이미지 기반 광고 및 링크는 Google, Yahoo! 및 Bing과 같은 사이트의 검색 엔진 결과 상단이나 옆에 나타난다. 예를 들어 Google에서 'LED TV'를 검색하면, 결과 검색 목록의 상단과 측면에는 Samsung 및 Panasonic에서 Best Buy, Amazon.com, Walmart.com, Crutchfield, CDW에 이르기까지 10개 이상의 광고주에 대한 광고가 슬쩍 표시된다. Google의 작년 매출 1,109억 달러 중 86%는 광고 판매에서 발생했다. 검색은 항상 켜져 있는 매체이며 결과를 쉽게 측정할 수 있다.[12]

온라인 광고(online advertising)
소비자가 웹을 탐색하는 동안 나타나는 광고로 디스플레이광고, 검색과 관련된 광고, 온라인 분류광고 등이 포함됨

>> **온라인 디스플레이 광고:** 여름 프로모션에 대한 기대감을 높이기 위해 Sonic은 실시간 카운트다운 시계와 대화형 퀴즈를 결합하여 "Sonic에서 제공하는 반값 여름 메뉴에 '오 예!'라고 쉽게 말할 수 있도록 했다."

Courtesy SONIC Drive-In

검색 광고주는 검색 사이트에서 검색어나 키워드를 구매하고, 소비자가 해당 사이트를 클릭할 때만 비용을 지불한다. Google 검색 네트워크 키워드의 평균 클릭당 비용은 약 2.70달러이다. 가장 비싸고 경쟁력 있는 키워드는 클릭당 50달러 이상의 비용이 들 수 있다. 검색 광고는 대부분의 브랜드 디지털 광고믹스에서 큰 요소이다. 대형 소매업체는 유료 검색광고에 연간 5천만 달러 이상을 지출할 것으로 보인다. 전체적으로 검색 광고는 전체 디지털 광고 지출의 42%를 차지한다.[13]

이메일 마케팅

이메일 마케팅(e-mail marketing) 은 여전히 중요하고 성장하는 디지털 마케팅 도구이다. 전 세계적으로 사람들은 매일 1분마다 1억 8,600만 개 이상의 이메일을 발송한다. 한 설문 조사에 따르면, 소비자의 77%는 DM, 텍스트 또는 소셜 미디어보다 이메일을 통해, 허락기반(permission-based) 마케팅 메시지를 받는 것을 선호한다. 또한 소비자의 76%는 소매업체가 쇼핑 선호도, 위치 또는 구매 내역을 정확하게 반영하는 관련 이메일을 보내는데 동의한다. 이메일은 중요한 B2B 도구이다. 비즈니스 전문가의 86%는 비즈니스 목적으로 소통할 때 이메일을 사용하는 것을 선호하며, 이메일은 B-to-B고객에게 세 번째로 영향력 있는 정보로 꼽힌다. 또한 이메일은 이제 이동 중 매체가 되었다. 이제 전체 이메일의 55%가 휴대 기기에서 열린다. 당연히 저렴한 비용과 타깃팅 가능성을 고려할 때, 이메일은 매우 높은 투자수익률을 얻을 수 있다.[14]

적절하게 사용하면, 이메일이 최고의 다이렉트 마케팅 매체가 될 수 있다. 오늘의 이메일은 과거의 고정된 문자 전용 메시지가 아니다. 대신 다채롭고 매력적이며 상호작용한다. 이메일을 통해 마케팅하는 담당자는 고도로 타깃팅되고 긴밀하게 개인화된 관계 구축 메시지를 보낼 수 있다. 예를 들어, 장난감 제조업체 Fisher-Price는 이메일을 사용하여 구독자에게 적시에 체크인, 업데이트 및 생일 소원(birthday wishes)을 보낸다. 어머니는 자녀의 첫 돌에 연령대에 맞는 놀이시간 아이디어, 육아 팁, 제품 정보에 대한 링크가 포함된 다채롭고 개인화된 "아기 생일 축하" 이메일을 받을 수 있다.[15]

이와 유사하게 안경 브랜드 Warby Parker는 홈 고객에게 정보와 촉진적 이메일 9개 시리즈를 보낸다. 각각은 초기 등록 및 주문 확인에서 선택 지원 제공 및 안경테 반송 가이드에 이르기까지 시용(trial) 프로세스 단계에 대해 세밀하게 설명되어 있다. 한 고객은 "놀라운 것은 Warby Parker가 프로세스 내내 나와 함께 있는 것처럼 느껴졌다."라고 말한다. 또한 Warby Parker는 기분 좋은 구매 후 후속 이메일을 보낸다.

예를 들어, 구매 1주년이 되는 날 고객에게 "Warby Parker 안경테를 1년 동안 사용했어요."라는 메시지와 함께 맞춤형 이메일을 보낸다. "생일 축하한다고 전해주세요! 첫 365일이 즐거웠기를 바랍니다." 고객이 "계속 관계를 유지하기"를 원하는 경우를 대비하여 이메일에는 Warby Parker 웹사이트 링크도 포함되어 있다.[16]

그러나 이메일 마케팅 사용에는 어두운 면이 있다. **스팸**(신청한 적 없고 원하지 않는 상업성 이메일 메시지로 이메일함에서 차단)의 급증은 소비자에게 짜증과 불만을 불러일으킨다. 한 소식통에 따르면, 스팸은 현재 전 세계적으로 매일 발송되는 수십억 개

이메일 마케팅(e-mail marketing)
이메일을 통해 정확히 표적화되고, 매우 개인화되고, 관계를 구축하기 위한 마케팅 메시지를 보내는 것

≫ **이메일 마케팅:** 안경 브랜드 Warby Parker는 구매 및 구매 후 프로세스 전반에 걸쳐 개인 맞춤 이메일을 홈 고객에게 보낸다. "Warby Parker 안경테를 1년 동안 사용하셨습니다. 생일 축하한다고 전해주세요!"
Courtesy of Warby Parker

스팸(spam)
신청한 적 없고 원하지 않는 상업적인 이메일 메시지

의 이메일 중 약 55%를 차지한다. 미국 직장인은 하루 평균 200통의 이메일을 받고 거의 2시간 반 동안 읽고 답장을 보낸다.[17] 이메일 마케팅 담당자는 소비자에게 가치를 더하는 것과 방해가 되는 것 사이에 아슬아슬한 경계를 걷고 있다. 이러한 염려를 반영하여, 대부분의 등록된 마케터들은 이제 허가에 따른 이메일 마케팅(permission-based e-mail marketing)을 도입해 "옵트인(opt-in)"을 한 수신동의 고객만을 대상으로 이메일을 발송한다. 많은 기업은 고객이 원하는 것을 선택할 수 있는 선별 가능한 이메일 시스템을 사용한다. 아마존닷컴은 옵트인 고객을 대상으로, 고객이 표시한 선호와 과거 구매기록을 기반으로 한정된 인원에게 "당신이 알고 싶어 할 만한 것(we thought you'd like to know)"을 담은 메시지를 발송한다. 거부하는 경우는 거의 없고, 상당수는 이러한 촉진형 메시지를 환영한다. 아마존닷컴은 원하지 않는 이메일로 고객이 소외당하지 않도록 함으로써 더 높은 수익률을 얻었다.

온라인 동영상

온라인 마케팅의 다른 형태는 디지털 동영상을 브랜드의 웹사이트나 YouTube, Facebook, Vine 등의 소셜 미디어 사이트에 올리는 것이다. 어떤 동영상들은 웹과 소셜 미디어만을 위해 만들어진다. 이런 동영상들은 교육 및 홍보(PR)용 동영상에서 브랜드 홍보와 브랜드 관련 엔터테인먼트 동영상까지 다양하다. 주로 TV나 여타 다른 매체용으로 만든 동영상 광고들도 광고 캠페인의 영향력과 효과를 확장하기 위해 온라인에까지 게시된다.

훌륭한 온라인 동영상은 수천만 명의 소비자의 관심을 끌 수 있다. 온라인 비디오 시청자가 급증하고 있다. 미국 인구의 거의 85%가 온라인 동영상을 시청하고 있다. YouTube 사용자는 매분 300시간 이상의 동영상을 올린다. Facebook도 전 세계적으로 하루에 300억 이상의 동영상 조회 수가 발생한다. Snapchat은 또 다른 100억 뷰를 추가한다. 한 추정에 따르면, 비디오는 작년 전체 인터넷 트래픽의 69%를 차지했다. 한 분석가는 "지난 몇 년 동안 인터넷이 텍스트 기반 매체에서 새로운 TV로 진화했다."라고 말한다.[18]

많은 브랜드가 기존 TV, 온라인 및 모바일 미디어를 연결하는 다중 플랫폼 비디오 캠페인을 제작한다. 예를 들어, 대부분 슈퍼볼(Super Bowl) 광고의 동영상 버전 및 프로모션은 방송 전후에 많은 시청자를 끌어들인다. Super Bowl LII에 나왔던 Amazon의 유머러스한 "Alexa가 목소리를 잃습니다." 광고를 생각해보라. 이 광고에서는 기술 거인의 AI 비서가 목소리를 잃고 요청을 이행할 수 없을 때, 많은 유명 셀럽들이 이를 채운다. 90초 광고는 USA 투데이 광고효과 측정에서 1위를 차지했고, TV 광고 노출 수가 8,100만 회 이상, 경기 당일 온라인 조회 수가 8백만 회 이상 기록했다. 그러나 짧은 형식의 티저 동영상과 사전 출시 버전의 광고는 게임이 시작되기 전까지 온라인 조회 수가 2천만 회 이상, 다음 날에는 수천만 조회 수를 기록했다. Amazon 광고 및 관련 동영상은 경기 이전에 온라인 "디지털 버즈"에서 4위를 차지했다.[19]

마케터는 자신의 동영상 중 일부가 구전되기를 바란다. 입소문 마케팅의 디지털 버전인 **바이럴 마케팅**(viral marketing)에서는 전염성이 강한 동영상, 광고 및 기타 마케팅 콘텐츠를 제작하여, 고객이 찾아보거나 친구에게 전달할 수 있다. 고객이 콘텐츠를 찾아 전달하기 때문에, 바이럴 마케팅은 매우 저렴할 수 있다. 그리고 콘텐츠가 친구에게서

바이럴 마케팅(viral marketing)
구전 마케팅의 인터넷 버전으로, 고객이 접속하고 싶어 하거나 친구들에게 전달하고 싶을 만큼 전염성 있는 웹사이트, 동영상, 이메일 메시지, 또는 여타의 마케팅 이벤트를 개발함

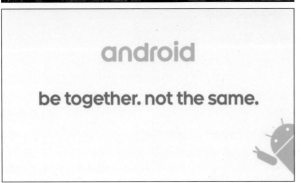

▶▶ 바이럴 마케팅: Google Android의 'Friends Furever' 동영상이 큰 인기를 얻었다. 처음 9개월 동안 페이스북, 트위터, 블로그 스피어에서 640만 번 이상 공유되어, 역대 가장 많이 공유된 비디오가 되었다.

Google and the Google logo are registered trademarks of Google Inc., used with permission

온 경우, 받는 사람이 이를 보거나 읽을 가능성이 훨씬 더 높다.

모든 종류의 동영상이 입소문을 내어 브랜드에 대한 참여와 긍정적인 노출을 유발할 수 있다. 예를 들어, Google Android는 'Friends Furever'라는 눈에 띄게 공유할 수 있는 동영상을 출시했다. 이 동영상은 오랑우탄과 개, 곰과 호랑이, 고양이와 오리 새끼와 같이 친구가 되어 함께 삶을 즐기는 모습을 보여준다. 이 동영상은 Android의 '함께 하세요. 같지 않아요.' 마케팅 캠페인이었다. 이것은 각자 고유한 디자인과 기능을 갖춘 다양한 기기에서 실행되는 Android의 핵심 역량에 따라, 사람들이 어떻게 다르면서도 함께 더 강해질 수 있는지 강조한다. 마음이 따뜻해지는 'Friends Furever' 영상은 크게 인기를 얻었다. 2,400만 회 이상의 YouTube 조회 수를 기록했으며, 첫 9개월 동안 Facebook, Twitter 및 블로그 스피어에서 640만 회 이상 공유되어, 역대 가장 많이 공유된 동영상 중 하나가 되었다.[20]

그러나 바이럴 메시지들이 어디로 가는지를 마케터들이 제어하기는 힘들다. 그들은 콘텐츠를 온라인으로 퍼뜨릴 수는 있지만 소비자들이 메시지를 기억하지 못한다면 말짱 헛일이다. 한 크리에이티브 디렉터는 다음과 같이 말한다. "당신은 씨앗이 거대한 오크 나무로 자라는 곳에 당신이 만들어낸 것이 갈 수 있길 바라요. 그들이 좋아하지 않는다면 그것은 움직이지 않을 거예요. 그들이 좋아한다면 그것은 조금 움직일 거예요. 그리고 그들이 사랑한다면 그것은 빠르게 타오르는 불길처럼 할리우드 언덕을 관통해서 움직일 겁니다."[21]

블로그와 여타 온라인 포럼

브랜드는 특정한 관심을 지닌 사람들이 모인 다양한 디지털 포럼을 통해 온라인 마케팅을 실행하기도 한다.

블로그(또는 웹로그)는 일반인들과 기업들이 대개 제한적인 주제에 대한 자신의 생각 및 여타 내용들을 게시하는 온라인 저널이다. 블로그는 정치나 야구에서 하이쿠, 자동차 정비, 브랜드, 또는 최신 텔레비전 드라마에 이르기까지 모든 주제를 다룰 수 있다. 많은 블로거가 Twitter, Facebook, Tumblr 및 Instagram과 같은 소셜 네트워크를 사용하여 블로그를 홍보하여 넓은 도달 범위를 제공한다. 이러한 도달 범위는 블로그, 특히 열성적인 팔로워가 많은 블로그에 상당한 영향을 줄 수 있다.

대부분의 마케터들은 이제 브랜드와 관련된 블로그를 통해 블로그계로 진입하고 있다. 예를 들어, Netflix 블로그에서 Netflix 팀 멤버(영화광들임)는 가장 최근의 Netflix 영상에 대해 이야기하고, Netflix에서 가장 많은 것을 얻기 위한 트릭을 공유하고, 회원들의 피드백을 모은다. 그리고 창조적인 Southwest Airline 직원들이 운영하는 Nuts About Southwest 블로그에서는 소비자들에게 기업의 문화와 운영에 대해 알 수 있게 하는 양방향 대화를 발전시키고 있다. 동시에 Southwest는 소비자들을 직접 참여시키고 그들로부터 피드백을 받는다.

또한 Patagonia의 블로그인 The Cleanest Line은 환경에 대한 이야기를 공유하고, 회사가 주요 문제에 대해 어떤 의견을 가지고 있는지 알려준다. 또 판매를 촉진하는 대신 "최고의 제품을 제공하고 불필요한 해를 끼치지 않습니다."라는 브랜드 메시지를 전파한다. Patagonia는 인기 있는 소셜 미디어 사이트, 특히 Instagram(팔로워 340만 명 이상)을 사용하여 긴 형식의 블로그 스토리와 동영상으로 팬을 유도한다. 자체 브랜드 블로그 외에도, 많은 마케팅 담당자가 타사 블로그를 사용하여 메시지를 전달한다. 예를 들어, 일부 패션 블로거는 주요 패션 잡지의 블로그 및 소셜 미디어 계정보다 더 많은 팬 기반으로 수백만 명의 팔로워를 확보했다. 예를 들어 26세의 Danielle Bernstein은 뉴욕시의 Fashion Institute of Technology에서 학부생으로 "We Wore What" 패션 블로그를 시작했다. 블로그와 인스타그램 계정은 170만 명 이상의 팔로워들에게 일상적인 의복 영감의 원천을 제공하고 있다. 이러한 많은 팔로워로 인해 위의 Bernstein이나 다른 BryanBoy, The Blonde Salad, Song of Style, Gal Meets Glam과 같은 영향력 있는 패션 블로그에 브랜드들이 몰려들고 있다. 그들의 블로그, Facebook 및 인스타그램에 자기 제품 이미지를 한 번 게시하고 태그하는데 15,000달러 이상을 지불한다. Bernstein은 Schultz Shoes 및 Revolve Clothing과 같은 소규모 브랜드에서부터 Nike, Lancôme 및 Nordstrom과 같은 대형 브랜드에 이르기까지, 스폰서 제품이 포함된 이미지를 게시한다.[22]

마케팅 도구로써 블로그는 몇 가지 장점을 제공한다. 블로그는 소비자를 온라인과 소셜 미디어 대화로 끌어들이는 신선하고, 독창적이고, 개인적이며 저렴한 방법이다. 그러나 블로그계는 어수선하고 통제하기 어렵다. 그리고 기업들이 소비자의 참여를 이끌어내기 위해 간혹 유명 블로그와 의미 있는 관계를 맺더라도 블로그들은 대체로 소비자들이 통제하는 매체로 남아있다. 어찌되었든 그들은 블로그에 적극적으로 참여하고 있으며, 기업은 그들을 관찰하고 귀 기울여야 한다. 마케터들은 소비자들과의 온라인 대화로부터 얻는 식견으로 마케팅 프로그램을 향상시킬 수 있다.

>> 회사 블로그: Patagonia의 블로그인 The Cleanest Line은 환경에 대한 이야기를 공유하고, 판매를 촉진하는 대신 브랜드의 "최고의 제품을 제공하고 불필요한 피해를 일으키지 않습니다."라는 메시지를 전파한다.
Property of Patagonia, Inc. Used with permission

소셜 미디어 마케팅

지금까지 살펴본 것처럼 인터넷 사용의 급증과, 디지털 기술 및 기기들은 온라인 **소셜 미디어**(social media)와 디지털 커뮤니티가 번성하도록 만들었다. 수많은 독립적이고 상업적인 소셜 네트워크들이 생겨나면서 소비자들이 온라인에서 모이고, 어울리고, 생각과 정보를 교환할 장소가 마련되었다. 오늘날에는 거의 모든 사람들이 Facebook이나 Google+에서 친구가 되고, Twitter로 안부를 묻고, YouTube에서 오늘의 가장 인기 있는 동영상을 보고, 소셜 스크랩북 사이트 Pinterest에 사진을 붙여두거나, Instagram과 Snapchat에서 사진을 공유한다. 그리고 물론, 소비자들이 모이는 곳이 어디든 간에 마케터들은 반드시 따라간다.

이제 대부분의 마케터들은 거대한 소셜 미디어의 물결 위에 올라타고 있다. 거의 모든 크고 작은 기업은 적어도 하나 이상의 소셜 미디어 채널을 사용한다. 대형 브랜드

> **저자 코멘트**
> 우리 생활의 다른 모든 영역과 마찬가지로 소셜 미디어와 모바일 기술은 마케팅계를 폭풍과 같이 장악했다. 그들은 몇몇 놀라운 마케팅 가능성을 제공한다. 그러나 많은 마케터들은 여전히 그것들을 가장 효율적으로 사용하기 위해 부단한 노력을 한다.

소셜 미디어(social media)
메시지, 의견, 사진, 동영상 및 기타 콘텐츠를 공유하고 독립적이고 상업적인 온라인 소셜 네트워크

는 일반적으로 거대한 소셜 미디어들을 운영하고 있다. 예를 들어, Nike는 최소 108개의 Facebook 페이지, 104개의 Twitter, 16개의 Instagram 계정, 그리고 41개의 YouTube 채널을 유지하고 있다.[23]

흥미롭게도, 마케터가 고객을 참여시키기 위해 소셜 미디어 사용을 마스터하는 것처럼, 소셜 미디어 자체도 소셜 미디어 사용자와 브랜드 모두에게 이익이 되는 방식으로, 마케팅 콘텐츠에 적합한 플랫폼으로 만드는 방법을 배우고 있다. 대부분의 소셜 미디어, 심지어 가장 성공한 소셜 미디어도 여전히 수익 창출 문제에 직면해 있다. 충성도 높은 사용자를 몰아내지 않고도 대규모 커뮤니티의 마케팅 잠재력을 수익성 있게 활용할 수 있는 방법을 모색하고 있다. 예외는 Facebook과 Facebook이 소유한 Instagram인데 어느 정도 성공을 거두고 있다(Marketing at Work 14.1 참조).

소셜 미디어의 이용

마케터들은 두 가지 방법으로 소셜 미디어에 참여한다. 그들은 기존의 소셜 미디어를 이용하거나 자체 소셜 미디어를 만든다. 물론 기존의 소셜 미디어를 이용하는 것이 가장 쉽게 보인다. 따라서 대부분의 브랜드들은- 크든 작든 간에 -소셜 미디어 사이트에 상점을 만든다. Coca-Cola와 Nike에서부터 Victoria's Secret이나 Chicago Bulls나 U.S. Forest Service에 이르기까지의 브랜드 웹사이트를 살펴보면 Facebook, Twitter, YouTube, Spotify, Instagram, 그리고 다른 소셜 미디어 사이트의 링크가 걸려있음을 볼 수 있다. 이러한 소셜 미디어는 실질적으로 브랜드 커뮤니티를 만들어 낼 수 있다. 예를 들어 Chicago Bulls는 1,800만 명, 그리고 Coca-Cola는 1억 700만 명의 Facebook 팔로워를 보유하고 있다.

주요 소셜 네트워크 중 몇몇은 규모가 방대하다. 22억 명 가량의 사람들이 Facebook을 매달 방문하는데, 이는 미국 인구의 5배에 달한다. 그리고 Twitter에는 매달 3억 3,000만 명의 사용자가 활동한다. 또한 YouTube의 10억 명 이상의 사용자가 매일 분당 300시간 분량의 동영상을 올린다. Instagram의 활성 사용자는 8억 명, LinkedIn 5억 명, SnapChat 1억 8,700만 명, Pinterest는 1억 7,500만 명이다.[24]

이렇게 대규모 소셜 미디어 네트워크에 관심이 많이 집중되고는 있지만, 셀 수 없이 많은 틈새 소셜 미디어 역시 등장했다. 이러한 온라인 소셜 네트워크는 같은 생각을 가진 소규모 커뮤니티의 요구를 충족시켜, 특별한 관심 그룹을 타깃팅하려는 마케터에게 이상적인 도구가 된다. 거의 모든 관심사, 취미 또는 그룹을 위한 소셜 미디어 네트워크가 하나 이상 존재한다. Goodreads는 6천 5백만 명의 열렬한 독자가 "좋아하는 다음 (next) 책을 만나고" 친구와 토론할 수 있는 소셜 네트워크이다. 반면 엄마는 CafeMom. com에서 조언과 칭찬을 공유한다. FarmersOnly.com은 "푸른 하늘을 즐기고, 넓은 열린 공간에서 자유롭고 평화롭게 생활하며, 동물을 기르고, 자연을 감상하는 '농촌족 (country folks)'을 위한 온라인 데이트를 제공한다." Birdpost.com에서 열렬한 조류 관찰자들은 자신이 관찰한 새의 온라인 목록을 유지하고, 최신 위성지도를 사용하여 다른 회원들과 조류 관찰을 공유할 수 있다.[25]

소셜 미디어 마케팅의 장점과 애로

소셜 미디어를 사용하면 장점과 애로사항이 모두 있다. 장점은 소셜 미디어는 타깃팅하

MARKETING AT WORK　14.1

인스타그램: 회사, 광고주, 인스타그램 모두 윈-윈(Win-Win)

소셜 미디어 중 거대 플랫폼인 페이스북은 6년 전 인스타그램이라는 신생 스타트업을 10억 달러에 인수했다. 이는 앱에 대한 인수금액으로는 최고기록이었으며, 페이스북이 그동안 기업인수에 지출한 것보다 더 많은 금액이었다. 전문가들은 충격을 받았고, 일부 비평가들은 Facebook을 미쳤다고 하였다. 당시 인스타그램은 수익이 전혀 없었고, 사용자는 3천만 명에 불과했으며, 수익모델은 없었기 때문이다. 그러나 페이스북은 다른 사람들이 간과한 신생 인스타그램의 잠재력을 보았다. 세계가 빠르게 소셜 및 모바일로 이동함에 따라, 소셜 네트워크가 큰 역할을 할 것이라고 보았다. Facebook, Twitter, YouTube와 같은 대규모 플랫폼이든, 무명의 틈새 사이트이든, 요즘에는 사람들이 어디서나 기기를 손에 들고 연결, 게시, 메시지, 공유를 하는 것이 일상이다. Facebook에서만 매일 전 세계 22억 명의 네트워크 활성 사용자 중 15억 7천만 명이 80억 개의 동영상을 보고, 45억 개의 좋아요를 생성하며, 47억 5천만 개의 콘텐츠를 공유한다. 그러나 소셜 미디어 네트워크가 사용자 수와 콘텐츠 양 측면에서 놀라운 성공을 거두었음에도 불구하고, 여전히 수익창출이라는 문제로 괴로워하고 있다. 소셜 미디어가 충성도 높은 사용자를 몰아 내지 않고, 수익을 창출하기 위해 대규모 커뮤니티의 마케팅 잠재력을 어떻게 활용할 수 있을까? 대부분의 소셜 미디어는 여전히 수익을 내기 위해 고군분투하고 있다. 작년에 트위터는 1억 8백만 달러 손실이 났다. Snapchat은 7억 2천만 달러를 잃었다. 각각 수입은 발생하지만, 어느 쪽도 이익을 달성하지 못했다.

Facebook은 수익성 문제를 해결한 최초의 소셜 미디어였으며, 큰 플랫폼 기업으로는 유일하게 수익이 나고 있는 미디어이다. 작년에 Facebook은 400억 달러를 약간 넘는 수입으로 160억 달러의 이익을 올렸다. 마진율은 놀랍게도 39%나 된다. 페이스북은 불과 6년 전부터 수입을 올리기 시작했지만, 수입은 매년 평균 50% 이상 증가했고 이익은 연간 89% 증가했다. 다른 많은 소셜 미디어가 여전히 이익을 못내는 상황에서 Facebook은 어떻게 성공했을까? 그것은 바로 광고 때문이다. Facebook은 기업이 관련 광고 및 기타 브랜드 콘텐츠로 거대한 사용자 커뮤니티를 타깃팅하고, 참여시킬 수 있는 효과적인 방법을 제공함으로써 돈을 벌어들인다. 이러

한 엄청난 성공을 정확히 적용할 수 있는 곳이 바로 인스타그램이었다. 2010년 비공개 스타트업으로 시작된 Instagram은 두 가지 면에서 다른 앱과 차별화되었다. 모바일 전용이었고, 사진공유라는 단일 기능을 염두에 두고 설계되었다. Instagram의 단순함과 이미지를 통한 커뮤니케이션의 매력

>> 엄청난 성공을 거둔 Instagram은 사용자, 광고주 및 자체 수익을 만족시키는 방식으로 소비자 콘텐츠와 광고를 통합하는 방법을 알아냈다. 여기 보헤미안 시크한 수제 의류 및 액세서리 브랜드 ELF
ELF

은 즉각적인 인기를 얻었다. 불과 2개월 만에 사진공유 앱은 백만 명의 사용자를 확보했다. 1년이 채 되기도 전에, 1,000만 명의 사용자를 확보했다. Instagram은 당시 젊은 밀레니얼 세대가 부모의 눈에 띄지 않고 친구들과 소통할 수 있는 소셜 네트워크가 되었다.

페이스북 인수는 인스타그램이 출시된 지 2년이 채 되지 않아 이루어졌다. 당시에는 작았지만 인스타그램의 젊은 고객층은 페이스북의 다소 높은 연령층을 보완했다. 1년 후 Instagram은 유료 광고를 도입했다. 결정은 논란의 여지가 있었다. 대부분의 소셜 미디어 사용자와 마찬가지로 Instagrammer는 디지털 커뮤니티의 무료(및 상업성 없는) 공유 문화를 소중히 여겼다. 잘 고안되지 않았다면, 상업적 콘텐츠는 사용자를 멀어지게 하고 쫓아 낼 수 있는 원치 않는 침입이 될 수 있었다. 모든 소셜 미디어와 마찬가지로 Instagram의 과제는 커뮤니티의 역동성을 방해하지 않고 사용자 콘텐츠와 함께 브랜드 콘텐츠를 삽입하는 것이었다. 하지만 점점 더 많은 광고주가 Instagram에 올라타면서, 수백, 수천, 그리고 수백만의 Instagram 사용자는 계속해서 폭발적으로 증가하고 있다. 실제로 Instagram의 성장률은 여전히 더 작지만, 모기업 Facebook의 성장률에 필적한다. 매일 8억 명의 인스타그램 사용자가 1억 개 이상의 사진과 동영상을 공유하고, 42억 번 이상 좋아요 버튼을 누른다. 그리고 Instagram의 광고주 기반은 사용자 기반과 조화를 이루며 성장했다. Instagram은 세계 최고의 디지털, 소셜 미디어 및 모바일 광고 채널 중 하나이다. 현재 Nike, Disney, P&G와 같은 마케팅 거물부터 현지 레스토랑이나 피트니스 센터에 이르기까지 매월 2백만의 광고주를 유치하고 있다.

Instagram의 고유한 사용자 기반은 여러 브랜드의 콘텐츠 전략에 이상적이다. Instagram 커뮤니티는 크고 젊다. Instagram 사용자의 59%가 18~29세이지만, 정교한 타깃팅이 가능한 광범위한 인구 통계학적 범위에 걸쳐 있다. Instagram의 잠재고객도 브랜드 충성도가 높으며, 사용자의 80%가 앱에서 하나 이상의 브랜드를 팔로우하고, 60%는 새로운 제품을 발견한다고 답했다. 뿐만 아니라, Instagram 사용자의 약 75%는 웹사이트 방문이나 쿠폰 확인과 같은 광고 게시물을 본 후, 바로 조치를 취한다. Instagram의 디자인 덕분에 광고주는 브랜드 콘텐츠를 사용자 콘텐츠의 흐름과 자연스럽게 혼합시킬 수 있다. 결과적으로 브랜드 콘텐츠는 인스타그램 경험을 방해하기보다는 종종 이를 향상시킨다. 광고주는 자신의 Instagram 피드 외에도 여러 콘텐츠 형식 중에서 선택할 수 있다. 광고주는 Instagram 최초이자 가장 기본적인 광고형식인 사진 광고를 사용하여 앱의 '깨끗하고 단순하며 아름다운 크리에이티브 캔버스'에 인상적인 이미지를 게시할 수 있다. 동영상 광고는 최대 60초 길이의 브랜드 동영상에 사운드와 움직임(motion)의 힘을 넣을 수 있다. 캐러셀(Carousel) 광고는 깊이를 더해, 사용자가 단일 광고에서 사진이나 동영상을 추가하거나 교환하게 함으로써 깊이를 더할 수 있다. 마지막으로, 스토리 광고를 통해 광고주는 인스타그램 사용자가 스토리 기능을 사용하는 것과 동일한 방식으로 브랜드 콘텐츠를 제공할 수 있다. 사진과 동영상을 공유하도록 설계된 Instagram의 프레젠테이션 형식을 사용하면, 오늘날의 모바일 세대에 맞게 보다 정서적인 영향을 미치면서, 시각적 콘텐츠를 빠르고 효율적으로 처리할 수 있다. Instagram 광고 콘텐츠는 다른 소셜 미디어에 비해 높은 수준의 소비자 참여를 유도한다. 예를 들어, 가장 유사한 경쟁자인 Snapchat의 사라진 콘텐츠가 브랜드-소비자 연결을 일시적으로 만드는 반면, Instagram의 형식을 사용하면 소비자가 자신의 시간 조건에 따라 스크롤하고 오래 머무르면서 콘텐츠를 공유할 수 있다. Snapchat 비교 외에도 한 최근 연구에 따르면, 브랜드는 Twitter보다 Instagram에서 30배 더 많은 참여(engagement)를 얻고 Facebook보다 3배 더 많은 참여를 얻는다. 한 예에서 Mercedes는 최근 새로운 A-Class 해치백의 세계 첫 출시를 소셜 미디어 티저로 게시했다. Facebook에서 게시물은 10,000개의 좋아요를 받았다. 그러나 이에 비해 Instagram의 동일한 이미지는 150,000개의 좋아요를 생성했다. 따라서 Instagram은 더 오래되고, 텍스트 기반의 소셜 미디어와는 비교할 수 없는 수준의 참여를 종종 달성하게 한다.

영향력 있는 브랜드 콘텐츠로 소비자를 참여시키는 능력을 넘어, Instagram은 이제 고객 여정의 다음 단계인 구매에 주목하고 있다. 이제 브랜드는 Instagram에 상점을 만들 수 있으며, 여기서 사용자는 회사의 웹 또는 모바일 사이트를 클릭하여 주문할 수 있다. Instagram은 네트워크를 떠나지 않고도 지불을 수락하고 주문하는 방법을 연구하고 있다. 따라서 페이스북이 인스타그램을 수익원으로 만드는 데는 오래 걸리지 않을 것이다. 페이스북은 인스타그램 재무정보를 별도로 보고하지 않지만, 한 추정치에 따르면 인스타그램은 올해 약 70억 달러의 광고 수익을 올릴 것이다. 또 다른 분석은 독립 기업으로서 인스타그램의 가치를 1,000억 달러 이상으로 평가한다. 이는 불과 6년 전 페이스북이 지불한 것의 100배이다. 요컨대, 아무도 더 이상 Facebook의 Instagram 인수를 조롱하지 않는다. Instagram은 모든 사람을 만족시키는 방식으로 광고를 소비자 콘텐츠와 통합하는 방법을 알아냈기 때문에, 그 사용량이 급증하고 있다. 브랜드 콘텐츠를 거슬리는 것으로 분개하는 것과는 전혀 달리, 많은 인스타그래머들이 이를 환영하는 것처럼 보인다. 소셜 미디어 광고를 인스타그램, 광고주 및 사용자 커뮤니티 모두가 윈-윈하게 만들었다.

출처: Ryan Holmes, "As Facebook Shifts, Instagram Emerges as a New Home for Brands," Forbes, February 1, 2018, www.forbes.com/sites/ ryanholmes/2018/02/01/as-facebook-shifts-instagram-emerges-as-a-new-home-for-brands/#567780a37834; Yoni Heisler, "Once Mocked, Facebook's $1 Billion Acquisition of Instagram Was a Stroke of Genius," BGR, December 29, 2016, http://bgr.com/2016/12/29/ facebook-instagram-acquisition-1-billion-genius/; David Meyer, "Instagram Is Starting to Take Payments—ut Not for Products Just Yet," Fortune, May 4, 2018, http://fortune.com/2018/05/04/ instagram-app-payments-e-commerce/; Jessica Wade, "20 Instagram Statistics Every Marketer Should Know About for 2018," Smart Insights, February 2, 2018, www.smartinsights.com/social-media-marketing/instagram-marketing/instagram-statistics/; Mary Lister, "Instagram Is Worth Over $100 Billion," Mediakix, http://mediakix.com/2017/12/how-much-is-instagramworth-market-cap/#gs.unG4ykE; and www.statista.com/statistics/271633/annualrevenue-of-instagram/, https://business.instagram.com/blog/welcoming-twomillion-advertisers, and https://business.instagram.com/advertising/, accessed October 2018.

고 개인화할 수 있다는 것이다. 이를 통해 마케팅 담당자는 맞춤형 브랜드 콘텐츠를 만들고, 개별 소비자 및 고객 커뮤니티와 공유할 수 있다. 소셜 미디어는 상호작용하므로, 고객 대화를 시작하고, 참여하고, 고객 피드백을 듣는 데 이상적이다. 소셜 미디어는 또한 즉각적이고 시의적절하다. 브랜드 이벤트 및 활동과 관련된 적절하고 관련성 있는 마케팅 콘텐츠를 통해, 언제 어디서나 고객에게 접근할 수 있다. 이 장의 앞부분에서 논의했듯이, 소셜 미디어 사용이 크게 늘면서, 실시간 마케팅이 급증하여 마케팅 담당자가 상황과 이벤트가 발생할 때 소비자 대화를 만들고 참여시킬 수 있다. JetBlue를 보자.[26]

한 남자가 공항에서 기다리는 동안, JetBlue 트위터에 질문을 올린 적이 있는데, 왜 일찍 비행기를 탈 때 50달러가 청구되었는지 물어 보았다. JetBlue는 몇 분 이내에 트윗에 응답했으며, 고객은 만족하는 것처럼 보였다. 하지만 JetBlue 소셜 미디어 팀은 여기서 멈추지 않았다. 대신 공항의 JetBlue 직원에게 이를 전달했다. 공항직원은 그 남자의 트위터 프로필 사진을 조사한 다음, 직접 후속 조치를 취하려고 그를 찾으러 터미널을 돌아 다녔다. 또 다른 경우, JetBlue 고객이 보스턴에 도착했을 때, 게이트에서 "환영 퍼레이드"를 기대한다고 농담으로 트윗했다. 그녀가 목적지에 도착했을 때, JetBlue 공항 직원은 놀랍게도 고객을 팡파르와 수제 플래카드로 맞이했다.

물론 JetBlue가 이런 식으로 모든 고객을 놀라게 할 수는 없다. 그러나 이 항공사는 소셜 미디어 상호작용의 속도와 품질로 유명하다. 매일 2,500~2,600개의 트위터 언급(mention)을 받고 있으며, JetBlue 소셜 미디어 팀은 놀랍게도 평균 10분 이내에 모든 것을 읽고 응답한다. 이러한 소셜 미디어 상호작용은 고객의 참여와 행복을 가져오는 것 외에도, 소중한 고객 피드백을 제공한다. JetBlue의 고객 약속 관리자는 "우리는 모두 사람에 관한 것이다. 소셜 미디어에 있다는 것은 이의 자연스러운 확장이다."라고 말한다.

➤➤ JetBlue는 소셜 미디어 응답의 속도와 품질로 유명하다. 예를 들어, JetBlue 소셜 미디어 팀은 모든 트위터 문의에 놀랍게도 평균 10분 내로 응답한다.

JetBlue

소셜 미디어는 상당히 비용 효과적(cost effective)일 수 있다. 소셜 미디어 콘텐츠의 제작과 관리에 비용이 많이 들더라도, 소셜 미디어의 이용은 무료이거나 저렴한 경우가 많다. 따라서 소셜 미디어 투자 수익률은 종종 텔레비전이나 인쇄물과 같이 값비싼 전통적인 미디어와 비교되곤 한다. 소셜 미디어의 낮은 비용은 고예산 마케팅 캠페인의 비용을 감당하기 어려운 작은 사업체와 브랜드도 접근하기 쉽도록 한다.

소셜 미디어의 가장 큰 장점은 아마도 참여와 사회적 공유 능력(engagement and social sharing capabilities)일 것이다. 소셜 미디어는 특히 소비자들이 브랜드와, 그리고 서로서로 관계를 맺을 수 있게끔 참여를 이끌어내고 커뮤니티를 만들어내는 데 적합하다. 소셜 미디어는 브랜드 콘텐츠와 경험을 형성하고 공유하는 데 다른 어떤 경로보다 소비자들을 더 잘 참여시킬 수 있다.

예를 들어, "손으로 만든 모든 것을 사고파는 공간"을 캐치프레이즈로 내건 온라인 수공예품가게 Etsy를 살펴보기로 하자. Etsy는 Etsy 라이프스타일 커뮤니티를 만들기 위해 웹과 모바일 사이트와 소셜 미디어를 이용한다. 여기서 사람들은 핸드메이드 제품들 및 그에 관련된 주제들에 대한 아이디어를 배우고 탐색하고 교환하고 공유한다.

Etsy는 활발한 Facebook, Twitter 및 YouTube 페이지 외에도, 창의적인 아이디어와 프로젝트의 사진을 공유하는 Instagram에서 170만 브랜드 팔로워를 확보하고 있다. 또한 소셜 스크랩북 사이트인 Pinterest에서 백만 명이 넘는 팔로워를 확보하고 있으며, "DIY Project", "Entertaining", "Stuff We Love to"부터 "Etsy Weddings", 심지어 좋아하는 요리방법을 올리는 "Yum! Recipes to Share" 등의 주제를 다루고 있다. Etsy는 레시피에 들어가는 재료를 거의 판매하지 않지만, 모든 것이 Etsy 라이프스타일의 일부이다. 광범위한 온라인 및 소셜 미디어 존재를 통해 Etsy는 "우리가 함께 만드는 시장"이라고 부르는 전 세계 3,340만 명의 쇼핑객과 190만 명의 판매자로 구성된 활발하고 참여도 높은 범지구적 커뮤니티를 만들었다.[27]

소셜 미디어 마케팅에는 애로도 있다. 일단 기업들이 여전히 소셜 미디어의 효과적인 사용에 대해 실험중인 경우가 많고, 그 결과가 쉽게 드러나지는 않는다. 두 번째로 이러한 소셜 네트워크들은 대체로 사용자들이 운영을 한다. 소셜 미디어를 사용하는 데 있어 기업의 목적은 브랜드를 소비자들의 대화 및 삶의 한 부분으로 만드는 것이다. 그러나 마케터들이 소비자들의 디지털 상호작용 속으로 무턱대고 끼어들 수는 없다. 그들은 그곳에 존재할 정당한 근거를 획득해야 한다. 마케터들은 침범하기보다 매력적인 콘텐츠의 꾸준한 개발로 온라인 경험의 가치 있는 일부분이 되어야 한다.

소비자들이 소셜 미디어 콘텐츠에 많은 통제를 가하기 때문에 순수한 소셜 미디어 캠페인까지 역효과가 날 수 있다. 소셜 미디어 고속도로에는 #hashtags를 #bashtags로 바꾼 소비자에 의해 탈취된, 매우 고의적인 캠페인이 흩어져 있다. 여기는 명확한 메시지가 있다. 소셜 미디어를 통해 "소비자의 뒷마당으로 이동하게 된다. 이것이 그들의 장소이다."라고 한 소셜 마케팅 담당자는 경고한다. "소셜 미디어는 압력솥이다."라고 또 다른 사람이 말한다. "수십만 또는 수백만 명의 사람들이 당신의 아이디어를 가져갈 것이고, 그들은 그것을 파쇄하거나 찢어내어 약하거나 어리석은 것을 찾아내려고 할 것이다."[28]

통합적인 소셜 미디어 마케팅

소셜 미디어의 이용은 브랜드의 Facebook이나 Twitter에 게시물을 올리고 홍보하는 것만큼, 혹은 YouTube나 Pinterest에 있는 동영상이나 이미지를 통해 브랜드 인지도를 높이는 것만큼 단순한 일일 수도 있다. 그러나 대부분의 큰 기업들은 이제 브랜드의 마케팅전략과 전술의 다른 요소들을 조합하고 그것을 뒷받침하는 총체적 소셜 미디어 활동을 설계하는 중이다. 소셜 미디어를 성공적으로 이용하는 기업들은 "좋아요"와 트윗을 추구하고 산발적으로 노력하는 것 이상으로, 브랜드 관련 사회적 공유, 참여, 그리고 소비자 커뮤니티를 만들어내기 위해 다양한 미디어를 통합하고 있다.

브랜드의 소셜 미디어 활동을 관리하는 것은 주요 프로젝트가 될 수 있다. 예를 들어, Starbucks는 세계에서 가장 성공적으로 소셜 미디어 마케팅을 하고 있다. 핵심 소셜 미디어 팀은 5개의 서로 다른 소셜 플랫폼에서 30개의 계정을 통해 팬과 연결된다. Frappuccino 음료에만도 Facebook, Twitter 및 Instagram에서 1,400만 명 이상의 팔로워가 있다. 모든 소셜 미디어 콘텐츠를 관리하고 통합하는 것은 어렵지만, 그 결과를 보면 이는 투자 할 가치가 있다. 고객은 매장에 발을 들여 놓지 않고도, 수천만 명이 디지털 방식으로 Starbucks에 참여할 수 있다. 최근 한 연구에 따르면, Starbucks는 가장 가까운 경쟁 업체인 Dunkin의 Facebook 및 Instagram 참여도의 17배를 기록했다.[29]

그러나 Starbucks의 소셜 미디어 활동은 온라인으로 참여를 이끌어내고 커뮤니티를 만드는 데 그치지 않고 소비자들을 매장으로 끌어들인다. 예를 들어, 6년 전 첫 번째 소셜 미디어 홍보에서 Starbucks는 아침 음료 구매 시 무료 페이스트리를 제공했다. 수많은 사람들이 매장으로 왔다. 최근에는 #tweetacoffee와 친구의 트위터 계정을 동시에 트윗하면 친구에게 5달러짜리 쿠폰을 선물할 수 있는 "Tweet-a-Coffee"를 시행한 뒤 한 달도 되지 않아 180,000달러의 매상을 올렸다. 소셜 미디어는 "참여와 이야기하기와 연결 이상의 것입니다."라고 Starbucks의 글로벌 디지털 마케팅 책임자는 말한다. "소셜 미디어는 사업에 실질적인 성과를 가져옵니다."[30]

모바일 마케팅

모바일 마케팅(mobile marketing)은 소비자의 모바일 디바이스를 통해 항상 대기하고 있는(on-the-go) 소비자에게 마케팅 메시지와 판매촉진을 제공하는 특성을 갖고 있다. 마케터는 구입 과정과 관계 구축과정에서 언제든지, 어느 곳에서든지 고객과 상호 교류하고 다가가기 위해 모바일 마케팅을 이용한다. 모바일 디바이스의 폭넓은 적용과 모바일 웹 트래픽의 급증으로 대부분의 브랜드들은 모바일 마케팅을 반드시 해야 하는 것으로 받아들인다.

모바일폰, 스마트폰, 태블릿 등의 최근 확산으로, 미국 가구의 100% 이상이 몇 가지 종류의 모바일 기기를 갖고 있다. 미국 가구의 거의 40%가 (이 중 많은 사람들은 하나 이상의 모바일 기기를 보유하고 있다) 현재 유선 전화 없이 모바일 통신만 이용하고 있다. 게다가 미국 인구의 75%가 스마트폰을 갖고 있으며, 전체 미국 가구의 절반 이상이 현재 유선 전화가 없는 모바일 전용 가구이다. 10년도 채 되지 않은 모바일 앱 시장은 전 세계적으로 폭발적으로 성장했다. 사용 가능한 앱은 수백만 개이며, 스마트폰 소유자는 하루에 평균 9개의 앱을 사용한다.[31]

대부분의 사람들은 그들의 휴대폰에 애착을 갖고 있으며 의존도 역시 높다. 한 연구에 따르면 스마트폰, 태블릿, 컴퓨터, TV를 소유하고 있는 소비자들의 90%가 가장 나중에

MARKETING AT WORK 14.2

두바이: RTA의 스마트 드라이브

2014년 두바이는 정보통신기술(ICT)의 야심찬 주도권을 통해, 2021년까지 세계 최고의 스마트 도시를 목표로 한 '두바이 스마트시티 전략'을 시작했다. 이 도시는 세계에서 가장 높은 인터넷 및 모바일 보급률을 자랑한다. 두바이 정부는 주민들이 정보, 인식 및 공공부문 거래를 위해 가능한 한 온라인 채널로 이동하도록 권장하고 있다. 새로운 전략의 일환으로, 두바이 정부는 사람들이 도시를 경험하는 방식을 바꾸는 다양한 이니셔티브를 시작했다. 초점을 맞춘 주요 영역 중 하나는 사람들이 다양한 공공부문 기관과 연결하고 소통하는 방법이다. 이러한 이니셔티브에는 1,100개 이상의 주요 공공서비스를 온라인 채널로 이동하여 스마트 서비스로 전환하는 것이 포함되어 있다. 스마트 교통 서비스 도입 도시 전역에서 무료 고속 Wi-Fi를 제공한다. 이러한 전략을 성공적으

▶▶ Roads and Travel Authority of Dubai는 소셜 미디어 채널을 사용하여 공중이 보다 쉽게 소통할 수 있도록 했다.

Novarc Images/Alamy Stock Photo

로 구현한 주요 공공기관 중 하나는 두바이의 도로 및 교통국(RTA)이다. RTA는 도시의 교통 관련 문제를 관리하기 위해 2005년에 설립되었다. 이곳은 도시의 대중교통뿐 아니라, 자동차 등록 및 갱신, 운전면허 발급 및 갱신, 주차 및 벌금과 같은 모든 개인 차량 서비스를 관리한다. RTA는 처음부터 사람 중심의 서비스를 개발하기 위해 항상 노력해 왔으며, 더 나은 서비스를 제공하고 사람들의 경험을 향상시키기 위해 기술을 통합했다. RTA는 가치와 편리함을 제공하는 여러 가지 사용자중심 서비스를 도입했다. 모바일 및 디지털 기술의 채택은 사용자들이 쉽게 접근하고, 연결하고, 보다 효율적으로 서비스를 제공하는 것을 목표로 한다. RTA는 교통 벌금정보와 같은 온라인 서비스를 제공하고, 모바일 기기를 통해 주차 요금을 지불하는 옵션을 제공하는 것으로 시작되었다. 시간이 지남에 따라 대부분의 서비스를 온라인 채널로 옮겨왔다. 두바이 정부가 스마트 시티 전략을 시작하자마자, RTA는 이를 지원할 것이라고 발표하고, 몇 가지 창의적이고 혁신적인 스마트 이니셔티브를 시작했다. 이들은 계속해서 국내 및 국제적 수준의 상을 받았다. 예를 들어, RTA 두바이 스마트 앱은 2017년 세계 정부 서밋(summit)에서 세계 최고의 휴대전화 서비스상을 수상했다. 대중교통 사용자를 위한 다양한 스마트 애플리케이션에는 RTA 에이전트와의 실시간 채팅, 주차 및 대중 교통카드 충전, 잔액 조회, 실시간 교통정보, GPS 기술이 적용된 온라인지도, 경로 옵션, 택시 예약, 심지어 주차 장소 찾기와 같은 많은 유용한 기능들이 포함되어 있다.

당국은 두바이를 고도로 연결되고 통합된 도시로 만들려는 노력을 시민들과 방문객들에게 알리기 위해 2015~2018년에 커뮤니케이션 전략을 시작했다. 이 전략의 목표는 타깃 고객과 더 효과적으로 소통하고, 프로젝트 및 이니셔티브에 대한 최신 정보를 유지하는 것이었다. 또한 고객에게 더 나은 고객 중심 서비스를 제공하겠다는 약속을 강화하고자 했다. RTA의 커뮤니케이션 전략은 기관의 브랜드 강화, 사회적 책임 전략차트 작성, 웹사이트 현대화 및 업데이트, 웹사이트 및 기타 온라인 플랫폼을 이용자 친화적으로 만들고, RTA 서비스를 홍보하고, 통근 안전에 대한 인식을 높이고, 이해관계자와의 우호적 관계를 구축하는 데 중점을 두었다. 그리고 RTA를 지역의 혁신 및 스마트 서비스의 핵심 플레이어로 포지셔닝하였다.

커뮤니케이션 전략을 위해 RTA는 라디오, 신문, TV와 같은 전통적인 미디어와 블로그 및 소셜 미디어 플랫폼을 포함한 디지털 미디어를 사용했다. 다른 많은 이니셔티브와 마찬가지로, RTA는 UAE에서 소셜 미디어를 사용하여 사용자와 소통한 최초의 공공기관이었다. 당국은 2008년부터 공중과 정보를 공유하기 위해 소셜 미디어를 사용해 왔지만, 커뮤니케이션 전략이 전개되면서, RTA 이용이 훨씬 더 활발해졌다.

아랍 에미리트 연합(UAE)의 소셜 미디어 사용조사와 통계를 바탕으로, RTA는 목표달성을 위해 디지털 및 소셜 미디어 기술을 활용할 수 있는 새로운 길을 모색하기 시작했다. RTA가 2015년에 커뮤니케이션 전략을 시작했을 때, 같은 해에 발표된 소셜 미디어 보고서에 따르면, 아랍인의 81%가 소셜 미디어 채널이 커뮤니케이션을 보다 용이하게 한다고 생각했다. RTA는 소셜 미디어 인지도 향상 프로그램을 위해 공공 및 민간부문의 자원 봉사자를 모집했다. 이 자원봉사자들은 개인 소셜 미디어 계정을 통해 프로그램의 인지도를 높이기 위해 모집되었지만, RTA의 교통 감지 부문(Traffic Awareness Section)에서 프로그램과 자원 봉사자들을 관리하고 감독했다. RTA는 자원 봉사자에게 인지 메시지를 보내고, 소셜 미디어 계정을 통해 알리고 네트워크에 직접 전달한다. 일반적으로 메시지는 새로운 RTA 개발 및 서비스, 앱 및 기능, 공지사항, RTA의 새로운 디지털 서비스 사용 방법 등을 포함하고 있다. RTA는 많은 자원 봉사자가 프로그램에 참여하고 RTA를 홍보했다고 말했다. 더 많은 청중에게 메시지를 전달하여 그 프로그램은 성공했고, 나아가 RTA의 목표를 달성했다. RTA는 공중, 특히 소셜 미디어 활동가가 소셜 미디어에 트래픽 인식 메시지를 공유하여 전파하도록 지속적으로 권장하였다. 또한 RTA는 앱 사용 방법, 스마트 센터 서비스, 자동차 등록, 주차 카드 발급, 운전 면허증 갱신 등에 대한 YouTube 동영상을 공개하였다. 이러한 이니셔티브를 통해 RTA는 사용자들이 모바일이나 앱 기능 기반의 스마트 서비스로 대거 전환하였다. 스마트 서비스의 사용 및 채택을 장려하기 위해, RTA는 모바일 거래에 대해 사용자를 보상하는 포인트 시스템을 출시했다. 예를 들어, 모바일, 온라인 또는 콜센터 채널을 통해 RTA 거래를 완료하면, 포인트를 축적하여 나중에 보상받을 수 있다. RTA 사무국에 따르면, 이러한 프로그램은 사람들이 서비스를 사용하도록 장려할 뿐만 아니라, 서비스 센터를 방문할 필요가 없어 탄소 발자국(carbon footprint)을 줄이는 데 도움이 되었다. 사용자들의 피드백은 매우 고무적이었다. 한 사용자는 이용편의성으로 인해, RTA 모바일 애플리케이션 및 디지털 서비스의 열렬한 팬이라고 말했으며, 많은 사람들이 이런 서비스를 통해 뭔가 앞서가고 있다는 느낌 때문에, 두바이가 자랑스럽다고 말했다.

출처: Road and Transport Authority, https://www.rta.ae/, accessed November 5, 2018; "RTA Overachieves in Smart City Goals," radio interview, Dubai Eye 103.8, http://dubaieye1038.com/rta-over-achieves-in-smart-city-goals/, accessed, November 25, 2018; Shafaat Shahbandari, "RTA Smart Services a Big Hit with Residents', Gulf News, October 22, 2017, https://gulfnews.com/going-out/society/rta-smart-services-a-big-hit-with-residents-1.2110080; Media office, Government of Dubai, "RTA Announces Completion of 29 Smart Initiatives," http://www. mediaoffice.ae/en/media-center/news/27/2/2017/smart-initiatives.aspx, accessed November 25, 2018; "RTA promoting Traffic Awareness Messages through Social Media Users," Khaleej Times, May 10, 2015, https://www.khaleejtimes.com/nation/ transport/rta-promoting-traffic-awareness-messages-through-social-mediausers, accessed December 9, 2018.

포기할 기기로 휴대폰을 꼽았다. 일반적으로 미국인들은 하루에 80번 스마트폰을 확인하고, 앱을 이용해 그들의 모바일 기기에서 하루 5시간을 보낸다. 따라서 TV가 여전히 사람들의 생활에서 큰 부분을 차지하더라도 모바일은 급속하게 "1순위 화면(screen)"이 되어가고 있는 중이다. 스마트폰은 집 밖에서 볼 수 있는 유일한 화면이다.[32]

소비자들에게는 스마트폰이나 태블릿이 휴대용 쇼핑 도우미이다. 이는 항상 대기하고 있는 (on-the-go) 상품 정보를 제공할 수 있고, 가격을 비교할 수 있고, 다른 소비자들의 조언과 평가를 살펴볼 수 있으며, 반짝 거래나 디지털 쿠폰에 접속할 수 있다. 최근한 연구에 따르면, 스마트폰을 사용하는 쇼핑객의 90% 이상이 쇼핑 중에 휴대 전화를 사용했으며, 62%의 쇼핑객이 모바일 기기를 사용하여 구매했다. 모바일 구매는 이제 모든 전자상거래 매출의 거의 40%를 차지한다.[33] 소비자가 모바일 광고, 쿠폰, 텍스트에서 앱 및 모바일 웹사이트에 이르는 다양한 도구를 사용하여 구매 프로세스를 진행할 때, 더욱 깊이 참여할 수 있는 풍부한 플랫폼을 모바일은 제공한다.

▶▶ 소비자에게 스마트폰이나 태블릿은 간편한 쇼핑 동반자가 될 수 있다. 그 결과 모바일 광고 지출이 급증하고 있다.

George Rudy/Shutterstock

미국에서의 모바일 광고 지출은 급증하고 있다. 올해 20% 성장할 것으로 예상되며, 전체 디지털 광고 지출의 75% 이상을 차지할 것이다.[34] 모바일 광고 지출은 내년까지 TV 광고 지출을 추월할 것으로 예상된다. Nike, P&G, Macy's에서 지역 슈퍼마켓, 적십자 같은 비영리 단체에 이르기까지 거의 모든 마케팅 담당자가 이제 모바일 마케팅을 자사의 다이렉트 마케팅 프로그램에 통합하고 있다.

마케팅 담당자는 모바일 마케팅을 통해 점점 더 고객과 연결되고 있다. 모바일 앱과 같이 간단하고 사용하기 쉬운 디지털 플랫폼을 통해, 제품을 마케팅하고 고객과 정보를 공유하면 고객 경험을 크게 향상시킬 수 있다. 두바이 정부는 교통 부서를 위한 이러한 이니셔티브를 시작했으며 소셜 미디어를 적극적으로 사용하여 인지도를 높이고 시민을 참여시켰다(Marketing at Work 14.2 참조). 오늘날의 리치 미디어 모바일 광고는 높은 참여도와 영향력을 창출할 수 있다. 예를 들어 Gatorade는 최근 Super Bowl에서 모바일 마케팅의 적시 참여 잠재력을 잘 활용했다.[35]

Gatorade는 큰 승리를 거둔 후 차가운 게토레이 쿨러(cooler)를 스포츠 코치에게 붓는 상징적인 Gatorade Dunk 전통을 재창조하길 원했다. 그러나 이것을 개인 팬들이 게임 중이나 후에 즐기고 공유할 수 있는 개인적 순간으로 만들고 싶었다. 그래서 Snapchat과 협력하여 팬들이 경기장에서 응원하는 동안 스포츠 드링크의 쿨러가 사용자의 머리 위로 쏟아지는 것처럼 보이는 Snapchat필터를 만들었다. 그 결과, 팬들은 820만 개 이상의 동영상을 제작했고, 48시간 동안 1억 6,500만 회 이상의 조회 수를 기록했다. TV에 나온 적은 없지만 Super Bowl 광고와 상호작용하고 가장 많이 보여졌다. Gatorade 마케터는 "우리는 그것(덩크의례)을 활성화시키는 걸 주저했습니다. 왜냐하면 게임에서 발생하는 자연스런 순간이기 때문입니다. 하지만 현장에서 일어나는 것이 아니라, 팬들이 참여할 수 있기 때문에 좋은 기회라고 느꼈습니다."

많은 마케터는 자신만의 모바일 온라인 사이트를 만들고, 특정 전화와 모바일 서비스 제공업체를 위해 최적화한다. 다른 마케터들은 유용하고, 재미있는 모바일 앱을 만들어, 소비자들과 브랜드가 상호 교류하게 하고, 소비자가 쇼핑하는 것을 도와준다. 예를 들어, Benjamin Moore Color Capture 앱은 소비자들이 다양한 색상의 피사체를 찍은 사진을 3,500가지의 Benjamin Moore 색상에 맞춰보도록 한다. Starbucks의 모바일 앱은 고객이 쉽고 빠르게 구매할 수 있도록 자신의 휴대폰을 Starbucks 카드처럼 이용할 수 있게 해준다. 그리고 Charles Schwab의 모바일 앱은 소비자들이 투자 정보를 빨리 받아보고 그들의 계정을 모니터링하며 언제 어디서든 거래를 할 수 있게 해준다. 즉 "당신의 돈과 연결되어 있게끔" 하는 것이다.

그러나 다른 형태의 다이렉트 마케팅과 마찬가지로, 기업은 모바일 마케팅을 책임 있게 사용해야 한다. 대부분의 사람들은 광고에 의해 방해받고 싶어 하지 않는다. 따라서 마케터들은 어떻게 사람들을 모바일로 참여시키는가의 문제를 영리하게 풀어야 한다. 핵심은 진정 유용한 정보를 제공하고 소비자들이 참여하고 싶도록 만드는 것이다. 그리고 마케터들은 사전동의를 받은 경우에만 모바일 광고를 시행하는 경우가 많다.

결국, 온라인 마케팅은 미래를 위한 커다란 약속과 많은 도전을 동시에 안겨주고 있다. 가장 열렬한 신봉자들은 여전히 인터넷과 온라인 마케팅이 정보와 구매의 원천으로서 잡지, 신문, 심지어 매장을 대체할 때를 고대하고 있다. 그러나 대부분의 마케터는 보다 현실적인 시각을 견지한다. 대부분의 기업에 온라인 마케팅은 충분히 조합된 마케팅믹스 속에서 다른 접근법들과 함께 작동하는 중요한 시장 접근법 중 하나로 남을 것이다.

🔗 개념 연결하기

잠시 멈추고 온라인, 소셜 미디어, 그리고 모바일 마케팅이 어떻게 당신의 브랜드 구매 행위와 선호에 영향을 주는지에 대해 생각해 보자.

- 제품의 검색, 쇼핑, 구매를 얼마나 많이 온라인으로 하는가? 그 중 얼마나 많은 부분이 모바일 디바이스에서 이루어지는가? 디지털 구매와 매장 내 구매는 어떻게, 그리고 얼마나 많이 서로 상호작용을 하는가?

- 얼마나 많은, 그리고 어떤 종류의 온라인, 소셜 미디어, 모바일 마케팅을 접하게 되는가? 이런 마케팅으로부터 이득을 얻는가 아니면 오히려 성가시기만 한가? 어떤 식으로 그러한가?

- 온라인 사이트, 소셜 미디어, 휴대폰 앱을 통한 브랜드 커뮤니티에 참여하고 있는가? 온라인, 소셜 미디어, 모바일 상호작용은 당신의 브랜드 선호와 구매에 영향을 미치는가? 토론하라.

전통적인 다이렉트 마케팅의 형태

빠르게 성장하는 디지털, 소셜 및 모바일 마케팅 도구가 최근 헤드라인의 대부분을 차지했지만, 기존의 다이렉트 마케팅 도구는 살아 있고 여전히 많이 사용되고 있다. 이제 그림 14.1의 오른쪽에 표시된 전통적인 접근방식을 살펴본다. 다이렉트 마케팅의 주요 전통적인 형태는 대면 또는 개인 판매, 다이렉트 메일 마케팅, 카탈로그 마케팅, 텔레마케팅, 직접 반응 텔레비전(DRTV) 마케팅 및 키오스크 마케팅이다.

13장에서 인적판매를 자세히 다루었다. 여기에서는 다른 형태의 전통적인 다이렉트 마케팅을 살펴볼 것이다.

다이렉트 메일 마케팅

다이렉트 메일 마케팅(direct-mail marketing)은 제안, 공지, 독촉장(reminder), 그 밖의 것들을 특정 주소로 발송하는 것이다. 다이렉트 마케터는 고도로 선택된 메일주소 리스트를 이용해 해마다 수백만의 우편물을 발송한다. 이 우편물에는 편지, 카탈로그, 광고, 홍보 소책자, 샘플, 비디오, 판매원의 이력이 기록된 명함(salespeople with wings) 등이 포함된다. 다이렉트 메일은 가장 규모가 큰 다이렉트 마케팅 매체이다. 미국 마케팅 담당자는 DM(카탈로그 및 비 카탈로그 메일 포함)에 연간 약 420억 달러를 지출하며, 이는 전체 다이렉트 마케팅 지출의 26%를 차지한다.[36]

다이렉트 메일은 직접적인, 일대일 커뮤니케이션에 적합하다. 고도로 표적화된 시장을

> **저자 코멘트**
> 다시 말하자면 온라인, 소셜 미디어, 모바일 다이렉트 마케팅이 오늘날 더 많은 관심을 받고 있음에도 전통적인 다이렉트 미디어 역시 아직도 다이렉트 마케팅의 많은 부분을 차지하고 있다. 꽉 차서 넘칠 듯한 받은 편지함을 한번 생각해보라.

다이렉트 메일 마케팅
(direct-mail marketing)
마케팅 제안, 발표, 알림 또는 기타 항목을 주소를 통한 특정 사람에게 직접 마케팅

다이렉트 메일 마케팅: GEICO는 보험 광고의 혼잡을 극복하기 위해 옛 방식의 다이렉트 메일을 많이 사용한다.

All text and images are copywritten with permission from GEICO

선택할 수 있게 하며, 개인화할 수 있고, 유동적이며 결과측정을 용이하게 한다. 다이렉트 메일은 천 명당 매체 도달 비용이 텔레비전이나 잡지와 같은 대중매체보다 더 높음에도 불구하고, 다이렉트 메일을 받은 사람들은 훨씬 많은 가망고객들이다. 다이렉트 메일은 모든 종류의 제품[책, 보험, 여행, 선물용 아이템, 고급음식(gourmet foods), 의류, 기타 소비재 제품에서 모든 종류의 산업재 제품까지]의 판매를 촉진하는 데 성공적인 것으로 증명되었다. 자선 단체도 매년 수십억 달러(billions of dollars)의 돈을 모으기 위해 엄청난 양의 다이렉트 메일을 이용한다.

일부 분석가들은 몇 년 안에 전통적인 형태의 다이렉트 메일 사용이 줄어들 것으로 예측한다. 마케터들이 이메일과 온라인 마케팅, 소셜 미디어 마케팅, 그리고 모바일 마케팅 등 디지털화된 새로운 형태로 전환해가고 있기 때문이다. 새로운 형태의 디지털 다이렉트 마케팅은 우체국의 "보통 우편(snail mail)"과 비교했을 때 놀라운 속도와 낮은 비용으로 메시지를 전달한다.

그러나, 새로운 형태의 다이렉트 메일이 인기를 얻고 있다고 해도, 전통적인 방식은 여전히 가장 폭넓게 사용되고 있다. 우편물(mail) 마케팅은 디지털 방식에 비해 몇 가지 뚜렷한 이점을 갖고 있다. 우편물은 사람들이 직접 만져볼 수 있고, 샘플도 보낼 수 있다. 어느 분석가는 이렇게 말한다. "우편은 실감나게 해준다. 그것은 고객과의 정서적 관계(emotional connection)를 만들지만, 디지털은 그렇지 않다. 고객들은 그것을 보관하고, 보고, 온라인 경험과는 완전히 다른 방식으로 우편을 대한다." 반대로, 이메일은 쉽게 보고 버린다. "스팸 필터와 스팸 폴더로 인해 메시지가 고객의 받은 편지함에 들어가지 못한다." 한 다이렉트 마케터의 말이다. "때론 우편 도장 몇 개에 기댈 필요가 있다."[37]

전통적인 다이렉트 메일은 보다 광범위하게 통합된 마케팅 캠페인의 구성요소로서 효과적으로 활용될 수 있다. 예를 들어, GEICO는 광범위한 고객 인지와 포지셔닝을 확립하기 위해 TV광고에 크게 의존한다. 또한 TV에서 보험광고의 혼잡을 극복하기 위해 많은 우편물을 사용한다. GEICO는 정교하게 타깃된 고객이 geico.com을 방문하거나 1-800-947-AUTO로 전화하거나 지역 GEICO 대리점에 연락하여, 즉각 자동차 보험료를 절감하는 행동을 하도록 하는 다이렉트 메일을 사용한다. GEICO는 다이렉트 메일을 받은 고객이 TV 및 디지털 광고처럼 건너뛰지 못하도록 만든다. 예를 들어, 잠재고객은 봉투 앞면에 "비용절감(save money)" 메시지와 스캔 가능한 코드가 인쇄된 개인 주소 우편을 보내서, 개봉하여 내용을 보거나, 스마트폰으로 코드를 스캔하여 보도록 한다. 코드를 스캔하면 추가 정보와 클릭 유도 문구를 받은 GEICO의 모바일 사이트로 직접 연결된다.

다이렉트 메일은 관심이 없는 사람에게 배달된다면 "정크메일(junk mail) 혹은 스팸(spam)"으로 여겨질 수 있다. 때문에 똑똑한 마케터는 다이렉트 메일을 신중하게 표적화하여 자신의 돈과 받는 사람의 시간을 낭비하지 않게 한다. 전자메일을 받기 원하는 사람들에게만 다이렉트 메일을 보내기 위해 동의를 기반으로 하는(permission-based) 프로그램을 설계하고 있다.

카탈로그 마케팅

기술 진보는 개인화된 일대일 마케팅으로 이동을 가져왔고, 이로 인해 **카탈로그 마케팅** (catalog marketing)에도 많은 변화가 있었다. 잡지 카탈로그 에이지(Catalog Age)는 카탈로그를 "다양한 제품을 판매하고, 직접주문 메커니즘을 제공하는 적어도 8페이지 이상으로 묶인 인쇄물"이라고 정의했는데, 오늘날, 슬프게도 이 정의는 구식이 되었다.

인터넷 사용의 폭발적인 확대와 함께, 점점 더 많은 카탈로그가 디지털화되었다. 웹 (web)을 유일한 기반으로 하는 다양한 카탈로그 사업자가 등장했으며, 대부분의 인쇄물 카탈로그 사업자는 자신의 마케팅믹스에 웹을 기반으로 하는 카탈로그와 스마트폰 카탈로그 쇼핑 앱을 추가했다. 예를 들어, 카탈로그 스프리(Catalog Spree) 같은 앱은 스마트폰 혹은 태블릿 위에서 손가락으로 이용할 수 있는 Macy's, Anthropologie, L.L.Bean, Hammacher Schlemmer, Coldwater Creek이나 West Elm 등 전형적인 카탈로그로 가득하다. 디지털 카탈로그는 인쇄와 발송 비용을 거의 없애준다. 또한 실시간 머천다이징도 가능하다. 인쇄 카탈로그는 시간에 고정되지만 디지털 카탈로그는 판매자가 제품과 기능을 추가 또는 제거하고 수요에 맞춰 즉시 가격을 조정할 수 있다. 인쇄 카탈로그는 지면이 제한되어 있지만 온라인 카탈로그는 거의 무제한으로 상품을 보여줄 수 있다. 고객은 매장에서 쇼핑할 때도 어디서나 디지털 카탈로그를 휴대할 수 있다. 디지털 카탈로그는 대화형일 수 있으며 검색, 동영상, 증강현실(AR)을 비롯한 다양한 프레젠테이션 포맷을 제공할 수 있다. 예를 들어, IKEA의 카탈로그 앱에는 3D 및 AR 기능이 탑재되어 있다. 고객이 룸디자인과 컬러구성을 실험하고, 집에 가구나 기타 IKEA 제품을 가상으로 배치하여 확인할 수 있다. 또 이를 소셜 미디어를 통해 다른 사람과 공유할 수 있다.

그러나 디지털 카탈로그의 장점에도 불구하고 꽉 찬 우편함을 보면 알 수 있듯이, 인쇄물 카탈로그는 여전히 번성하고 있다. 미국 다이렉트 마케팅 담당자는 작년에 거의 100억 개의 카탈로그를 발송했다.[38] 10년 전에 발송한 수의 절반도 되지 않지만, 여전히 카탈로그 발송 수는 많다. 그러나 즉각적인 판매를 이끌어내는 능력 이외에도 종이 카탈로그는 소비자와의 감성적인 연결점을 만들어낸다.

어쨌든 소비자들은 카탈로그를 넘기면서 디지털 이미지들로는 불가능한 방식으로 참여하는 것이다. 그리고 많은 판매자들은 카탈로그를 수정하고 제품 사진과 가격으로 꽉 채워진 두꺼운 책 이상으로 만든다. 예를 들어, Anthropologie는 그들의 카탈로그를 "저널"이라고 부르며 라이프스타일 이미지들로 채워 넣는다.

소매업체는 디지털 마케팅을 확장하고 있지만 "당신 손에 아름다운 이미지 책을 들고 있는 것은 뭔가 특별한 의미가 있습니다."라고 Anthropologie 마케터는 말한다. 또 다른 다이렉트 마케터는 "몇 년 전까지 카탈로그는 판매를 위한 도구였어요. 하지만 지금은 영감을 주는 소스가 되었습니다."라고 말한다. "우

카탈로그 마케팅(catalog marketing)
인쇄물, 비디오, 디지털 카탈로그 등을 우편을 통해 마케팅

>> 디지털 카탈로그의 급속한 성장에도 불구하고, 인쇄된 카탈로그는 여전히 번창하고 있다. 어떻게든 실제 카탈로그 페이지를 넘기는 것은, 디지털 이미지가 할 수 없는 방식으로 소비자의 참여를 유도한다.

Hadrian/Shutterstock

리는 소비자들이 촉각적 경험을 사랑한다는 것을 알아요."[39]

　중요한 것은 인쇄된 카탈로그가 매장, 온라인 및 모바일 판매를 촉진하는 가장 좋은 방법 중 하나라는 것이다. 예를 들어 한 설문 조사에 따르면, Lands' End 쇼핑객의 75%가 소매업체의 온라인 또는 모바일 사이트로 이동하기 전에 카탈로그를 본다고 답했다. 그리고 남성복 업체인 Bonobos는 최초 온라인 고객의 30%가 카탈로그를 받은 후 쇼핑할 생각을 하게 되었으며, 그들은 카탈로그가 없는 Bonobos 고객들보다 50%나 더 많은 비용을 지출한다는 사실을 발견했다. 가구 소매업체인 Restoration Hardware는 자사의 카탈로그("소스 북"이라고 함)가 "웹사이트와 소매점 모두에서 판매의 주요 동인(drive)"이라고 말한다. 한 소매컨설턴트는 "카탈로그는 예술 작품이라고 생각한다. 매우 매우 고급스럽다. 사람들은 그 페이지에서 보이는 사진이 너무 아름답기 때문에, [매장에서] 제품을 보고 싶어 한다." 카탈로그와 온라인 판매는 모두 Restoration Hardware 매출의 45%를 차지한다.[40] 따라서 오늘날 카탈로그 마케팅의 핵심은 카탈로그를 온라인 및 매장 마케팅 활동과 확실하게 통합하는 것이다.

텔레마케팅

텔레마케팅(telemarketing)
전화를 사용하여 직접 고객에게 판매

텔레마케팅(telemarketing)은 소비재와 산업재 고객에게 직접 판매하기 위해 전화를 사용하는 것을 의미한다. 사람들은 소비자를 직접 겨냥한 텔레마케팅에 매우 익숙하다. 그러나 B-to-B 마케터 역시 텔레마케팅을 광범위하게 사용하고 있다. 마케터는 소비자와 기업체에 직접 판매를 위해 발신(outbound) 텔레마케팅을 이용한다. 또한 인바운드 수신자 부담 번호를 사용하여 텔레비전 및 인쇄 광고, DM, 카탈로그, 웹사이트 및 전화 앱에서 들어온 주문을 받는다.

　올바르게 기획되고, 표적화된 텔레마케팅(telemarketing)은 구매편의, 풍부한 제품과 서비스 정보 등을 비롯한 많은 혜택을 제공한다. 그러나 수십 년 동안 폭발적으로 증가한 불필요한 발신전화 마케팅은 많은 소비자를 귀찮게 했고, 이들은 매일매일 "정크전화(junk phone)"의 대상이 되었다. 2003년에 미국 국회의 연방통상위원회(Federal Trade Commission)는 국가공인 발신전화금지 목록(National Do-Not-Call Registry)을 만들어, 텔레마케팅의 부정적 현상에 대응하고 있다. 이 법은 목록에 등록된 전화번호에는 텔레마케팅을 금지하도록 하고 있다(하지만, 사람들은 여전히 비영리단체, 정치인, 최근 사업을 시작한 기업의 전화를 받고 있다). 이 법안을 반기는 사람들은 열광적으로 환영했다. 현재까지 2억 2천 9백만 개 이상의 집 및 휴대폰 번호가 www.donotcall.gov나 888-382-1222에 연락하여 등록되었다.[41] 전화 금지법을 위반하는 기업은 위반당 40,000달러 이상의 벌금이 부과될 수 있다. 그 결과 프로그램은 매우 성공적이었다.

　발신전화 금지법은 소비자 텔레마케팅 산업에 시련을 주었지만, 텔레마케팅의 두 가지 주요 형태인 수신 소비자 텔레마케팅(inbound consumer telemarketing)과 발신 B-to-B 텔레마케팅(outbound B-to-B telemarketing)은 여전히 강력하고 꾸준히 성장추세에 있다. 텔레마케팅은 비영리단체와 정치단체에 여전히 중요한 모금활동 도구로 남아있다. 발신전화금지법은 몇몇 다이렉트 마케터에게 피해를 주기보다는 도움이 되고 있는 것 같다. 고객이 원하지 않는 전화 대신, 다이렉트 마케터는 "옵트인(opt-in)" 전화 시스템을 개발하고 있고, 기업은 이를 통해 전화나 이메일로 자신과 접촉해도 좋다고 허락한 고객에게만 유용한 정보나 제공물을 보낸다. 마케터에게 수신동의 옵트인 (opt-in) 모델은 무조건 침범하는(invasive) 오래된 모델보다 유용성이 더 뛰어난 것으로 입증되고 있다.

직접반응 텔레비전 마케팅

직접반응 TV 마케팅(DRTV marketing)은 제품을 설득력 있게 설명하고 고객에게 주문할 수 있는 무료번호나 온라인 사이트를 알리는 60초 또는 120초 길이의 TV광고를 말한다. 또한 단일제품에 대한 30분 이상의 전체 광고 프로그램(infomercials라고 함)이 여기에 포함된다.

성공적인 DRTV 광고는 큰 매출을 올릴 수 있다. 예를 들어, 잘 알려지지 않은 정보성 광고제작자 거티 렌커(Guthy-Renker)는 여드름 치료제 프로액티브 솔루션(Proactiv Solution)을 연간 5백만 명의 고정 고객이 있는 18억 달러 매출의 파워 브랜드가 되도록 도와주었다. 미국의 약국에서 판매되는 여드름 제품의 연간 매출은 1억 5천만 달러에 불과한 것과 비교된다. Guthy-Renker는 이제 소비자 참여와 구매를 이끌어내는 강력하게 통합적인 다이렉트 마케팅 경로를 만들기 위해 Facebook, Pinterest, Google+, Twitter, 그리고 YouTube를 이용하여 DRTV와 소셜 미디어 캠페인을 결합시켰다.[42] DRTV 광고는 세제, 녹 제거제, 부엌용품, 별로 운동을 하지 않고 살 빼는 방법 등 종종 다소 소란하고 의문의 여지가 있는 상품을 다룬다. 예를 들어, 최근 몇 년 동안 앤서니 설리번(Swivel Sweeper, Awesome Auger)이나 빈스 오퍼(ShamWow, SlapChop)와 같이 텔레비전에서 소리 지르고 판매하는(yell-and-sell) 판매원(pitchman)들은 "텔레비전에서 본(As Seen on TV)" 제품군 매출을 수십억 달러까지 끌어올리고 있다. 옥시클린(OxiClean), 샴와우(ShamWow), 스누기[Snuggie(소매 있는 담요)] 같은 브랜드들은 DRTV의 인기 있는 고전이 되었다. 그리고 다이렉트 마케터 Beachbody는 "운동의 군대" 동영상 – P90X와 T-25에서 Insanity와 Hip Hop Abs 까지 – 을 통해 매년 13억 달러 이상의 매상을 올리고 있다. 이 동영상은 TV에서 비포 앤 애프터 이야기들, 짧은 운동 영상들, 그리고 용기를 북돋우는 제작자의 말 등을 이용해 광고하고 있다.[43]

하지만, 최근 들어 P&G, Disney, Revlon 및 Apple에서 Toyota, Coca-Cola, Sears, Home Depot, The Economist 및 심지어 미 해군에 이르기까지, 인포머셜을 사용하여 제품을 판매하고, 고객을 소매업체에 소개하고, 온라인, 모바일 및 소셜 미디어 사이트에 회원을 모집하거나, 구매자를 유치하기 시작했다.

TV 화면과 다른 영상 화면의 차이가 점점 흐려지면서 대화형 광고와 인포머셜은 TV 뿐 아니라 모바일, 온라인, 그리고 소셜 미디어 플랫폼에도 등장하며, TV 같은 대화형 다이렉트 마케팅 장소를 추가하고 있다. 또한 요즘 대부분의 TV광고에는 웹, 모바일 및 소셜 미디어 링크가 포함되어 있어 멀티스크린 소비자가 실시간으로 연결하여 광고 브랜드에 대한 더 많은 정보를 얻고 공유할 수 있다.

직접반응 텔레비전 마케팅
(direct-response television(DRTV) marketing)
양방향 텔레비전(iTV) 광고와 직접응답 TV 광고와 같은 텔레비전을 통한 직접마케팅

키오스크 마케팅: 매장 내 Home Depot Appliance Finder 키오스크는 고객이 원하는 제품을 그 자리에서 찾고 구매할 수 있도록 도와준다. 영업 사원은 키오스크를 영업 도구로 사용할 수도 있다.

Image Manufacturing Group

키오스크 마케팅

소비자가 디지털과 터치스크린 기술에 점점 더 익숙해짐에 따라, 많은 기업이 키오스크 (kiosks)라고 하는 정보제공과 주문기기를 상점, 공항, 호텔, 대학 캠퍼스, 기타 장소에 설치하고 있다.

최근 키오스크는 셀프 서비스 호텔, 항공사의 체크인 기계, 상점의 무인 제품 정보 키오스크, 상점에 없는 물건을 주문할 수 있는 상점 내부에 설치된 주문 키오스크 등 어디서나 볼 수 있다. "얼마 전 기계 레버와 동전 트레이를 갖춘 판매기계가 이제 머리도 갖게 됐다." 한 분석가의 말이다. 많은 현대식 "스마트 키오스크(smart kiosks)"는 이제 무선이고, 몇몇 기기는 성별, 나이를 추측하고, 그 데이터를 바탕으로 제품 추천을 하는 얼굴인식 소프트웨어도 활용할 수 있다.

일본에서는 날치수프와 자가냉동(self-freezing) 병에 담긴 콜라에서 속옷과 살아있는 강아지에 이르기까지, 모든 것이 키오스크를 통해 판매된다. 소비자는 독일 기차역에서 레고 컬렉션을 구매하고, 런던의 Carnaby Street에서 최신 트레이너를 구하고, 미국에서는 갓 빻은 커피를 마시고, 싱가포르에서 뜨거운 으깬 감자를 먹거나, 중국의 지하철역에서 살아있는 게를 키오스크를 통해 구입할 수 있다. 심지어 금도 키오스크에서 구매할 수 있다. 금화와 골드바가 나오는 ATM을 운영하는 회사인 'Gold to Go'는 독일에서 시작하여 현재 중동 전역으로 사업을 확장하고 있다.

줌시스템즈(ZoomSystems)는 UNIQLO, Nespresso, 세포라(Sephora), 더바디샵, 메이시스(Macy's), 베스트바이(Best Buy) 등의 소매점을 대상으로 줌샵(ZoomShops)이라고 하는 작고, 독립된(free-standing) 키오스크를 만들었다. 예를 들어, 100베스트바이 익스프레스 줌샵(Best Buy Express ZoomShop) 키오스크는 공항, 붐비는 상점가, 군대 기지, 리조트 등 전국에 걸쳐 설치돼 있는데, 휴대용 미디어 플레이어, 디지털 카메라, 게임 콘솔 헤드폰, 전화충전기, 여행용품, 기타 인기 있는 제품들로 상품구색을 갖춰놓고 있다. 줌시스템즈에 따르면, 오늘날 자동화된 소매는 "소비자에게 전통적 소매가 주는 즉각적 만족과 더불어 온라인 쇼핑의 편리함을 함께 제공"한다.[44]

소매업체는 매장 내 키오스크를 사용하여 고객 쇼핑 경험을 개선하거나 영업사원을 지원할 수도 있다. 한 예로, Home Depot의 매장 내에 'Appliance Finder'라는 가상 재고 키오스크가 있다. 가전 제품은 중요한 구매이기 때문에 고객은 온라인 조사를 통해 브랜드 및 선호 기능을 결정한 다음, Home Depot에서 구매한다. 그러나 Home Depot 매장은 판매 가능한 가전제품의 약 5%만 비축할 수 있으므로, 고객은 매장을 둘러보고도 원하는 것을 찾지 못할 수 있다. Home Depot Appliance Finder 키오스크는 이러한 고객이 원하는 제품을 그 자리에서 찾고 구입할 수 있도록 도와준다. 고객은 스스로 Home Depot의 전체 카탈로그를 디지털 방식으로 탐색하고, 사진 및 비디오를 포함한 정보 콘텐츠를 보고 자신에게 적합한 제품으로 범위를 좁힌 다음, 그 선택제품을 결제하고 배송을 설정할 수 있다. 영업 사원은 키오스크를 영업 도구로 사용할 수도 있다. Appliance Finder를 갖춘 Home Depot 매장은 매출이 10~12% 증가했다.[45]

다이렉트 마케팅과 디지털 마케팅에서 공공정책문제

저자 코멘트
우리는 생활 속 다른 것들처럼 주로 다이렉트 및 디지털 마케팅의 혜택을 보고 있지만 그것들은 어두운 면 또한 갖고 있다. 마케터들과 소비자들은 다이렉트 및 디지털 마케팅의 짜증스럽거나 유해한 면을 감시해야 한다.

다이렉트 마케터와 그들의 고객은 보통 서로를 보상하는 관계를 즐긴다. 그러나 때때로 어두운 면이 드러난다. 소수 다이렉트 마케터의 공격적이고 때로는 수상한 전술이 소비자를 괴롭히거나 피해를 주어, 산업 전체의 평판에 부정적인 영향을 준다. 남용(abuse)의 범위는 소비자를 짜증나게 하는 단순한 지나침에서 불공정한 행위나 심지어 노골적인 기만과 사기에 이른다. 다이렉트 마케팅 산업은 또한 점점 커지고 있는 사생활 침해 문제에 직면해 있으므로 온라인 마케터는 인터넷 보안 문제에 대처해야 한다.

성가심, 불공정, 기만, 사기

과도한 다이렉트 마케팅은 때때로 소비자를 귀찮게 하거나 기분을 상하게 한다. 대부분이 너무 시끄럽고, 너무 길고, 또한 너무 강요하는 직접반응 TV 광고방송은 싫어한다. 우리의 우편함은 원하지 않는 정크메일로 가득 차 있고, 전자메일함은 원하지 않는 스팸으로 가득 차 있으며, 컴퓨터 화면은 원하지 않는 팝업(pop-up), 팝언더(pop-under) 광고나 온라인 또는 모바일 전시(display) 광고로 가득 차 있다.

소비자를 귀찮게 하는 것을 넘어, 몇몇 다이렉트 마케터는 충동적이거나 순진한(less sophisticated) 구매자를 부당하게 이용하여 비난을 받아왔다. 텔레비전에 중독된 쇼핑자를 목표로 삼는 TV 쇼핑 채널과 TV프로그램 길이의 "정보성 광고"가 최악의 범죄자처럼 보인다. 그들은 판매에 대한 저항이 크지 않는 구매자를 자극시키기 위하여 구매마감 시간제한과 독보적인 구매의 편리함을 계속 이야기하면서, 부드럽게 말하는 호스트(hosts)와 공들여 연출한 시연, 과감한 가격절감이라는 주장을 특징으로 내세운다.

투자사기나 자선사업을 위한 가짜 모금과 같은 사기사건 또한 최근 몇 년 동안 증가했다. 신분 도용과 금전적 사기를 포함한 인터넷 사기(internet fraud)도 심각한 문제이다. 인터넷 범죄 신고센터(Internet Crime Complaint Center)에 따르면, 2005년 이후 인터넷 사기 신고 건수는 연간 약 28만 건으로 3배 이상 증가했다. 작년에 사기 신고로 인한 금전적 손실은 13억 달러를 초과했다.[46]

인터넷 사기의 한 가지 흔한 유형이 피싱(phishing)이다. 타인의 ID를 도용하여 사용자로 하여금 자신의 개인 데이터를 누설하도록 속이기 위해 거짓 내용의 전자메일과 사기성 웹사이트를 이용하는 유형이다. 예를 들어, 고객은 은행이나 신용카드 업체에서 보낸 것으로 보이는 이메일을 받는데, 이 메일은 계정 보안이 위태로울 수 있다. 발신자는 제공되는 웹 주소로 이동해 계정 번호, 패스워드, 심지어 사회보장 번호까지도 입력하고 확인하도록 요구한다. 고객이 안내에 따르면, 이 민감한 정보는 사기 기술자(scam artist)에게 넘어간다.

비록 지금은 많은 소비자가 이러한 계략을 알고 있지만 피싱의 그물에 걸린 사람은 너무나 큰 손실을 입는다. 또한 인터넷과 이메일 거래에 있어 사용자의 신뢰를 쌓기 위해 노력해 온 합법적인 온라인 마케터의 브랜드 정체성(brand identities)에 피해를 준다.

» 인터넷 사기는 최근 몇 배로 급증하였다. FBI의 인터넷 범죄 신고센터는 의심스런 범죄를 신고할 수 있는 편리한 방법을 소비자에게 제공하고 있다.

FBI

많은 소비자는 또한 온라인 보안(online security)을 걱정한다. 그들은 비도덕적인 정탐꾼이 온라인 거래를 엿보아 개인정보 또는 신용카드 및 직불카드 번호를 가로채는 것을 두려워한다. 현재 온라인 및 모바일 쇼핑이 흔하지만, 최근 한 연구에 따르면 소비자의 75%가 여전히 신원 도용에 대해 우려하고 있다. 소매업체, 소셜 미디어, 통신 서비스, 은행에서 의료 서비스 제공업체와 정부에 이르기까지 다양한 조직에 의한 대규모 소비자 데이터 침해 시대에 이러한 우려는 어쩌면 당연할지 모른다. 한 소식통에 따르면, 작년 한 해에만 미국에서 거의 1,600건의 주요 데이터 보안 침해가 발생했으며 이는 전년 대비 45% 증가한 수치이다.[47]

또 다른 인터넷 마케팅에 대한 걱정거리는 공격에 취약하거나 권한이 없는 집단이 접근하는 것이다. 예를 들어, 성인물과 이와 관련된 사이트의 마케터는 미성년자의 접근을 제한하기가 어렵다는 것을 알게 되었다. 컨슈머 리포트(Consumer Report)의 조사 결과에 따르면 10세 이하의 미국 어린이 5백만 명이 페이스북을 이용하는데, 아마도 페이스북은 13세 이하 어린이가 계정을 만들 수 없도록 되어 있을 것이다. 그럼에도 불구하고 Facebook에는 13세 이하의 이용자가 만든 계정이 560만 개나 있다. Facebook은 지난해 800,000개의 13세 이하 계정을 삭제했다. 이것은 페이스북만의 일이 아니다. 어린 사용자들은 폼스프링(Formspring) 같은 소셜 네트워크에 접속하고, 웹에 트윗을 하고(tweeting their location to the Web), 디즈니와 그밖에 다른 게임 사이트에서 낯선 사람들과 친구 맺기를 하고 있다. 이를 우려하는 연방의원과 주의원들은 현재 온라인에서 어린이를 더 잘 보호할 수 있는 법안을 놓고 논쟁중이지만 불행히도 이런 논쟁은 기술개발이라는 해법을 필요로 하고 페이스북이 말한 것처럼 "그렇게 쉬운 일"이 아니다.[48]

소비자 사생활

사생활 침해(invasion of privacy)는 아마도 지금 다이렉트 마케팅 산업이 맞서고 있는 가장 다루기 힘든 공공정책 논쟁일 것이다. 소비자는 종종 데이터베이스 마케팅으로부터 이득을 얻는다. 그들은 자신의 관심사와 매우 일치하는 마케팅 제공물을 더 많이 받는다. 그러나 많은 비판자는 마케터가 소비자의 삶을 너무 많이 알고 있고, 마케터가 이 지식을 소비자를 부당하게 속이는데 사용할 수도 있다는 것을 걱정한다. 동시에 데이터베이스의 과도한 사용은 소비자의 사생활을 침해한다고 주장한다. 소비자들 또한 사생활에 대해 걱정을 한다. 이제 디지털 미디어와 소셜 미디어를 통해 개인정보를 마케터들과 더 자발적으로 공유한다고 해도 소비자들은 여전히 불안해하고 있다. 최근 한 설문조사에 따르면, 미국 인터넷 사용자의 78%가 온라인 개인정보 보호에 대해 걱정하고 있다. 또 다른 조사에 따르면 미국인의 70%가 기업이 개인 데이터 및 정보 수집 및 사용에 대한 통제력을 상실했다고 생각한다.[49]

요즘과 같은 "빅데이터"의 시대에는 소비자들이 소셜 미디어에 글을 올릴 때마다, 웹사이트를 방문할 때마다, 경품 당첨 행사에 참여할 때마다, 신용카드를 신청할 때마다, 혹은 우편이나 전화, 인터넷으로 제품을 주문할 때마다 소비자의 이름이 이미 터질 것 같은 기업의 데이터베이스 안으로 들어간다. 직접 마케팅 담당자는 정교한 빅데이터 분석으로 그 데이터베이스에 있는 데이터를 마이닝(mining)하여 발굴한 "마이크로 타깃(micro target)"고객을 대상으로 효과적인 마케팅을 할 수 있다. 예를 들어, 모바일 운영자가 제공하는 휴대전화 사용 데이터를 사용한 SAP의 Consumer Insight 365는 매일 모바일 구독자 2천만~2천5백만 명의 최대 300개 모바일 통화, 웹 서핑 및 문자 메시지 이벤트로부터 고객통찰(customer insight)을 수집하고 판매한다.[50]

 내부분의 마케터는 온라인과 오프라인 양쪽에서 상세한 소비자 정보를 수집하고 분석하는 데 매우 능숙하다. 전문가들조차 마케터가 얼마나 많은 것을 알아낼 수 있는지에 놀라는 경우가 있다. 예를 들어, Google 계정이 있습니까? Google만이 귀하에 대해 무엇을 알고 있을지 생각해 보십시오.[51]

Google은 모든 기기에서 검색한 모든 것을 알고 있다. 휴대 전화를 켤 때마다 내 위치를 저장한다. 어떤 앱을 언제, 얼마나 자주 사용하는지 알고 있다. 또한 YouTube 기록을 저장하여 가족 상태, 종교, 좋아하는 스포츠, 정치적 성향, 최근 식기 세척기를 수리하는 방법을 찾았다는 사실을 수집할 수 있다. Google은 위치, 나이, 성별, 관심사, 경력, 수입 및 기타 다양한 변수를 기반으로 광고 프로파일을 생성한다. Google은 google.com/takeout에서 저장한 모든 데이터를 다운로드할 수 있다. 한 기자는 자신의 다운로드 파일이 5.5GB(약 3백만 개의 Word 문서)라는 사실에 놀랐다. 이 링크에는 북마크, 이메일, 연락처, Google 드라이브 파일, YouTube 동영상, 휴대 전화로 찍은 사진, 구매한 업체 및 Google을 통해 구매한 제품이 포함되어 있었다. Google에는 또한 "캘린더의 데이터, Google 행아웃 세션, 위치 기록, 듣는 음악, 구입한 Google 도서, 현재 있는 Google 그룹, 만든 웹사이트, 휴대 전화 소유한 페이지, 공유한 페이지, 하루에 걷는 걸음 수" 등 그 사람이 한 모든 일에 대한 일일 기록이 있다. "어떤 사람의 Google 계정에 액세스 할 수 있도록 관리하시겠습니까? 완벽합니다. 그것은 한 사람이 해 왔던 모든 것을 소유하는 것입니다."라고 그는 결론지었다.

 Facebook이나 기타 여러 소셜 미디어는 유사한 프로파일을 구성할 수 있다. 그리고 소비자 온라인 검색과 구매거래에 대한 세부 정보를 추적하는 아마존과 같은 판매자가 많다. 최근 해킹당한 Equifax와 같은 신용보고 기관이 보유한 데이터까지 추가되면, 소비자 남용(abuse) 가능성이 두려움으로 다가올 수 있다.

대책에 대한 필요성

과도한 다이렉트 마케팅을 억제하기 위해, 여러 정부기구들이 발신전화금지(do-not-call) 목록뿐 아니라 우편물수신거부(do-not-mail) 목록, 추적거부(do-not-track) 목록, "스팸 규제(Can Spam)" 법제화 등을 추진하고 있다. 온라인 사생활 자유와 보안 우려에 대한 대응으로, 연방 정부는 웹과 모바일 운영자가 소비자의 정보를 수집하고 사용하는 방식을 규제하기 위한 수많은 법제화를 시도해왔다. 예를 들어, 의회는 소비자가 온라인 정보의 사용 방법을 더 많이 통제할 수 있는 법안을 입안하고 있다. 게다가 FTC는 온라인 사생활 정책에 있어 더욱 적극적인 역할을 하고 있다.

 이런 모든 우려는 사적자유 침해를 감시하고 막기 위해 법적 조치가 이뤄지기 전에 마케터에게 이에 대한 강력한 자구책을 요구하는 것이다. 예를 들어, 증가하는 정부 규제를 피하기 위해, 전국광고업연합(American Association of Advertising Agencies), 전국광고인연합(Association of National Advertisers), 데이터 및 마케팅협회(Data & Marketing Association), 쌍방향광고국(Interactive Advertising Bureau) 등 네 개의 광고인 단체는 최근 새로운 웹사이트 지침을 내놓았다. 다른 측정도구들과 함께, 이 지침은 웹 마케터가 소비자의 활동을 추적할 때에는 이를 소비자에게 알릴 것을 요

≫ 소비자 사생활: 광고업계는 소비자에게 특정광고가 보이는 이유를 알려주고, 수신거부(opt-out)할 수 있는 광고 옵션 아이콘에 동의했다.

Digital Advertising Alliance

구하고 있다. 광고계는 방문자 활동을 대상으로 하는 대부분의 온라인 광고에 삼각형 안에 글자 i가 작게 표시된 "광고 선택 아이콘(advertising option icon)"을 달기로 합의했다. 이 아이콘은 방문자에게 특정한 광고가 보이는 이유와 수신거부(opt-out) 방법을 알려준다.

아동의 사생활 권리도 특별한 관심사이다. 1998년 의회는 어린이의 온라인 사생활 보호 법령[Children's Online Privacy Protection Act(COPPA)]을 통과시켰고, 이 법령은 아동을 겨냥한 웹사이트 운영자에게 해당 사이트에 사생활 정책을 게시하도록 요구했다. 또한 수집 정보에 대하여 부모에게 통지해야 하고, 13세 미만의 아동에게서 개인 정보를 수집하기 전에 부모의 동의를 얻어야 한다. 온라인 소셜 네트워크(online social networks), 이동전화, 기타 신기술이 계속 생겨나면서, 2013년 미 상원은 COPPA가 "아이들의 온라인 활동을 추적하는 쿠키와 같은 것들, 지역적 정보, 사진, 동영상, 그리고 음원녹음 등"을 포함하게끔 확장시켰다. 여기서 가장 염려되는 지점은 소셜 미디어와 소셜 미디어의 애매모호한 사생활 보호 정책으로 인해 제3자가 수집하는 데이터의 양이다.[52]

많은 기업이 소비자의 사생활 문제와 보안 문제에 자기 자신만의 조치(actions)를 가지고 대응하고 있다. 그러나 다른 기업은 산업 전역에서 사용하는 접근법을 취하고 있다. 예를 들어, 비영리 자율규제 기관인 TRUSTe는 기업의 사생활 대책과 보안 대책을 감시하고 소비자들이 웹상에서 안전하게 돌아다닐 수 있도록 돕기 위하여 마이크로소프트(Microsoft), 야후!(Yahoo!) AT&T, 페이스북(Facebook), 디즈니(Disney), 애플(Apple)을 포함한 많은 대규모 기업 후원자와 일하고 있다.

이 회사의 웹사이트는 "TRUSTe는 서로를 신뢰하고 개방하는 환경이 인터넷을 자유롭고, 편안하며, 매우 다양한, 모두를 위한 커뮤니티로 만들고 유지할 수 있게 할 것이라고 믿는다."고 말한다. 소비자들을 안심시키기 위하여 이 회사는 자신의 사생활 기준과 보안 기준에 부합하는 웹사이트, 모바일 앱, 이메일 마케팅, 그리고 기타 다른 온라인 채널에 TRUSTe 사생활 보호 인증 마크(seal)를 부여한다.[53]

또한 다이렉트 마케팅 산업 전체적으로 공공정책 문제를 다루고 있다. 예를 들어, 다이렉트 쇼핑에 대한 소비자의 신뢰를 쌓기 위한 노력으로 데이터 및 마케팅 협회(DMA)는 "미국 소비자에 대한 사생활 약속(Privacy Promise to American Consumers)"을 시작했다. DMA는 다이렉트, 데이터베이스, 쌍방향 마케팅을 실시하고 있는 비즈니스를 위한 협회로, 포춘 100대 기업 중 절반 가량을 확보하고 있다. 이 사생활 약속은 모든 DMA 회원이 일련의 신중하게 만들어진 소비자 사생활 규정에 충실할 것을 요구한다. 회원이 어떠한 개인정보라도 빌려주거나, 팔거나 혹은 다른 이와 교환하게 되면 해당 고객에게 알려 줄 것을 반드시 동의해야 한다. 그들은 또한 소비자가 기업의 요청을 받는 것을 "거부" 한다고 요구하거나 그들과의 접촉 정보가 다른 마케터에게 전달되는 것을 "거부" 한다고 요구하면, 반드시 존중해야 한다. 마지막으로, 회원은 우편, 전화, 혹은 이메일 제공물을 받기를 원하지 않는 소비자의 이름을 삭제함으로써 DMA의 소비자 허락을 기반으로 한 선택적 서비스(preference service)를 준수해야 한다.[54]

다이렉트 마케터가 이러한 문제를 거들떠보지 않은 채로 내버려둔다면, 소비자의 태도는 더욱 더 부정적으로 변하게 되고, 반응하는 정도는 낮아질 것이며, 주 법령과 연방 법령은 더욱 규제를 강화하는 쪽으로 바뀔 것이다. 대부분의 다이렉트 마케터는 고객이 원하는 것과 똑같은 것을 원한다. 그것은 기업의 마케팅 제공물을 고맙게 생각하고 이

에 응답할 소비자만을 목표로 하는 정직하고 정교하게 계획한 마케팅 제공물이다. 다이
렉트 마케팅은 그것을 원하지 않는 소비자에게 쓰기에는 너무 비용이 많이 든다.

토의문제

1. 다양한 형태의 전통적인 다이렉트 마케팅 접근법을 나열하고 간략하게 기술하시오.
2. 다이렉트 마케팅과 디지털 마케팅의 주요 형태를 나열해 보시오. 마케터들이 다이렉트 마케팅을 사용하는 방식에 변화가 있는가?
3. 두 종류의 회사 웹사이트를 설명하라. 마케팅 담당자들은 웹사이트를 통해 제품과 서비스를 마케팅할 때, 어떤 문제에 직면하는가?
4. 마케터들은 어떻게 소셜 미디어와 모바일 마케팅을 사용하여 고객을 끌어들일 수 있는가? 마케터들이 직면하는 도전은 무엇인가?
5. 인터넷이 지배적으로 존재하는데, 여전히 카탈로그 마케팅을 할 수 있는 장소가 있는가?
6. 국가와 지역에 고유한 제품이나 서비스를 선택하고, 짧은 직접반응 TV 판매(DRTV sales) 캠페인을 만들어 이를 촉진하고, 판매를 창출해 보시오.

비판적 사고 연습

1. 소그룹에서, 논란이 있었거나 실패한 소셜 미디어 캠페인을 찾아보시오. 실패한 캠페인에 대한 분석을 제시하시오. 논란을 어떻게 해결할 것인지 설명해 보시오.
2. 실시간 마케팅은 마케팅 담당자들이 소비자들과 연결하기 위해 사용하고 있다. 웹에서 실시간 마케팅 사례를 검색하고, 성공한 이유 세 가지를 설명해 보시오.
3. 전통적인 다이렉트 마케팅은 여전히 마케팅 담당자들이 표적소비자에게 접근하기 위해 사용되고 있다. 전통적인 다이렉트 마케팅의 세 가지 형태를 사용하여, 기업이 고객인 당신과 어떻게 연결되었는지 사례를 프레젠테이션 해보시오. 이에 대한 당신의 반응을 서술하시오.

용어해설

가격(price) 제품 혹은 서비스에 대해 부과된 금액. 제품 혹은 서비스의 소유나 사용으로 얻게 될 편익을 위해 고객이 포기해야 할 모든 가치의 합

가격탄력성(price elasticity) 가격변화에 따라 수요가 얼마나 민감하게 반응 하는지를 보여주는 측정치

가격할증 체인(markup chain) 유통채널의 단계별로 적용되는 연속적인 가격할증 체계

가격할증(markup) 기업의 제품 판매가격과 그 제품의 생산 혹은 구매 원가와의 차이

가망고객의 발견(prospecting) 자격을 갖춘 잠재고객을 파악하는 판매활동 단계

가용예산 할당법(affordable method) 기업이 감당할 수 있다고 생각하는 수준에서 촉진예산을 설정하는 방식

가치 기반 가격결정(value-based pricing) 좋은 품질과 좋은 서비스의 적절한 조합을 적절한 가격에 제공하는 것

가치전달 네트워크(value delivery network) 전체 거래시스템이 더 나은 고객가치를 전달하도록 돕기 위해 파트너관계를 형성한 제조업체, 공급업자, 유통업자, 최종고객 간의 네트워크

가치제안(value proposition) 브랜드의 전반적 포지셔닝, 즉 브랜드 포지션의 근간이 되는 혜택들의 조합

가치체인(value chain) 기업의 제품을 설계, 생산, 판매, 배달, 사후서비스 하는 과정에서 기치창출활동을 수행하는 일련의 기업내부 부서

개인마케팅(individual marketing) 개별고객의 욕구와 선호에 제품과 마케팅프로그램을 맞추는 것으로 일대일 마케팅, 개별화 마케팅, 또는 개인시장 마케팅이라고 불림

거시환경(macroenvironment) 미시환경에 영향을 미치는 보다 큰 사회적 요인(인구통계적, 경제적, 자연적, 기술적, 정치적, 문화적 요인)

결함이 있는 제품(deficient products) 호소력이 없고 장기간 이익을 얻지 못하는 제품

경쟁기반 가격결정(competition-based pricing) 경쟁자들의 전략, 원가, 가격, 시장제공물 등을 고려해 가격을 책정하는 것

경쟁사 대비 할당법(competitive parity method) 경쟁사의 지출에 맞춰 촉진예산을 설정하는 방식

경쟁우위(competitive advantage) 더 저렴한 가격을 책정하거나 더 비싼 가격을 정당화할 만큼 더 많은 혜택을 제공하는 등 경쟁자에 비해 더 많은 고객 가치를 제공함으로써 획득되는 우위

경쟁적 마케팅 인텔리전스(competitive marketing intelligence) 고객, 경쟁사 및 시장의 전개상황에 관한 공개적으로 수집가능한 정보를 체계적으로 수집하고 분석한 것

경제공동체(economic community) 국제무역에 대한 규제에 대해 공동의 목적을 달성하기 위해 결성한 국가들 의 집단

경제적 환경(economic environment) 소비자의 구매력과 소비패턴에 영향을 미치는 경제적 요인

계약 제조(Contract Manufacturing) 기업이 해외시장에서 제조업체와 계약을 맺어 제품을 생산하거나 서비스를 제공하기 위한 조인트벤처

계약(closing) 영업사원이 고객에게 주문을 요청하는 판매활동 단계

고객 통찰력(customer insight) 고객가치와 고객관계를 창출하는 기반이 되는 마케팅정보로부터 나오는 고객과 시장을 이해하는 것

고객가치기반 가격결정(customer value-based pricing) 판매자의 원가보다는 구매자의 가치지각을 토대로 가격을 책정하는 것

고객가치창출 마케팅(Customer-Value Marketing) 회사는 대부분의 자원을 고객 가치 창출 마케팅 투자에 투입해야 한다.

고객관계관리(customer relationship management) 탁월한 고객가치와 고객만족을 제공함으로써 수익성 있는 고객관계를 구축·유지하는 전반적 과정

고객관계관리(customer relationship management, CRM) 고객충성도를 극대화하기 위하여 개별 고객에 대한 상세한 정보를 관리하고 고객접점을 신중하게 관리하는 과정

고객참여 마케팅(customer engagement marketing) 브랜드를 구축하고 브랜드관련 대화를 이끌어내고 브랜드 경험과 브랜드커뮤니티를 만드는 과정에서 직접적이고 지속적인 고객참여를 창출하는 과정이다.

고객만족(customer satisfaction) 제품의 지각된 성과가 구매자의 기대와 일치하는 정도

고객별 혹은 시장별 영업조직 구조(customer or market sales force structure) 영업사원이 특정 고객이나 산업을 전담하여 판매활동을 하는 영업조직

고객생애가치(customer lifetime value) 한 고객이 기업과 거래관계를 유지하는 기간에 걸쳐 발생시킨 누적구매

고객자산(customer equity) 각 고객의 고객생애가치를 모두 합한 것

고객점유율(share of customer) 기업이 보유한 제품범주에 대한 고객의 구매액 중에서 자사제품이 차지하는 비율

고객지각 가치(customer-perceived value) 경쟁사의 제품과 비교해서 제공되는 자사 제품의 모든 혜택과 모든 비용 간의 차이에 대한 고객의 평가

고정비 혹은 간접비(fixed costs or overhead costs) 생산량 혹은 매출수준에 따라 변동하지 않는 비용

공급망 관리(supply chain management, SCM) 공급자, 제조기업, 중간상, 최종소비자 간에 원자재, 최종제품, 관련정보의 상하향 흐름이 이루어지는 과정에서 부가가치가 창출되도록 관리하는 과정

공급업체 개발(supplier development) 제품생산 또는 재판매에 사용할 제품과 재료의 공급에 적합하고 신뢰할 수 있는 공급업체 파트너 네트워크의 체계적 개발

공동브랜딩(co-branding) 서로 다른 기업이 소유한 2개의 기존 브랜드명을 한 제품에 함께 사용하는 것

공동소유(joint ownership) 기업이 해외투자자와 결합하여 현지국가에 기업을 설립하고 소유와 통제를 공유하는 것

공제(allowance) 보상판매나 판촉·판매 지원금을 통해 정가에서 깎아 주는 것

공중(public) 조직의 목표를 달성하는 능력에 영향을 미치거나 조직과 실제적·잠재적으로 이해관계를 갖는 집단

공중관계(public relations, PR) 긍정적인 퍼블리시티를 확보하고, 호의적인 기업이미지를 구축하고, 부정적인 루머, 이야기 또는 사건에 대처 하거나 이를 시정함으로써 회사의 다양한 공중과 우호적인 관계를 구축하는 것

공헌 이익(Contribution margin) 단위당 공헌이익을 판매가격으로 나눈 것

관련원가(Relevant costs) 미래에 발생할 원가로 고려되는 대안에 따라 그 값이 변함

관리계약(management contracting) 기업이 자본을 제공하는 해외기업에게 경영 노하우를 제공하는 방식의 합작 투자로서, 제품이 아니라 경영서비스를 수출함

관찰조사(observational research) 조사목적에 적절한 사람, 행동, 상황을 관찰함으로써 1차 자료를 수집하는 것

광고 매체 혹은 광고 미디어(advertising media) 광고메시지를 목표청중에게 전달하기 위해 사용되는 매체수단

광고(advertising) 공개된 후원사가 비용을 지불하고 이루어지는 아이디어, 제품 또는 서비스에 대한 비대면적인 프레젠테이션과 촉진

광고대행사(advertising agency) 광고프로그램의 일부 혹은 전부를 기획, 준비, 실행, 평가하는 과정에서 기업(광고주)을 돕는 마케팅서비스 전문기업

광고목표(advertising objective) 특정 기간 동안 특정 표적청중을 대상으로 성취하려는 구체적 커뮤니케이션 과업

광고예산(advertising budget) 제품 혹은 기업 광고프로그램에 할당되는 비용과 기타 자원

광고전략(advertising strategy) 기업이 광고목표를 달성하기 위해 수립한 계획으로, 광고 메시지 개발과 광고 매체 선정이라는 두 가지 주요 요소로 구성됨

광고투자에 대한 수익률(return on advertising investment) 광고투자로부터 얻게 되는 순수익을 광고투자에 드는 비용으로 나눈 것

교환(exchange) 거래상대방으로부터 자신이 원하는 대상물을 얻는 대가로 이에 상응하는 대상물을 제공하는 행위

구매센터(buying center) 구매의사결정과정에서 역할을 수행하는 모든 개인과 조직단위

구전영향(word-of-mouth influence) 신뢰하는 친구, 동료, 다른 소비자의 말과 추천이 구매행동에 미치는 영향

구체적 욕구(wants) 문화와 개성의 영향을 받아 형성된 욕구의 형태

기술적 조사(descriptive research) 마케팅 문제점, 마케팅 상황, 혹은 시장을 더 잘 파악하기 위해 사용되는 마케팅조사

기술적 환경(technological environment) 신제품과 시장기회를 창출하는 새로운 기술을 만들어 내는 요인

나이와 생애주기에 따른 세분화(age and life-cycle segmentation) 시장을 서로 다른 연령대와 생애주기 집단으로 나누는 것

내부 데이터베이스(internal database) 회사 네트워크 내에 있는 자료원천으로부터 확보된 소비자 및 시장정보를 전자장치를 통해 수집해 놓은 것

내부 영업사원(inside sales force) 전화, 인터넷, 소셜 미디어, 가망고객의 회사방문 등을 통해 사무실에서 업무를 수행하는 영업사원

내부마케팅(internal marketing) 서비스기업이 고객접촉점에 있는 종업원과 지원서비스 종사자들이 고객만족을 제공하기 위해 하나의 팀으로 일하도록 유도하고 동기부여시키는 노력

네이티브 광고(Native advertising) 온라인과 소셜 미디어 플랫폼에서 그것을 둘러싸고 있는 다른 콘텐츠들과 형태와 기능면에서 비슷하게 보이도록 만든 광고 혹은 브랜드가 제작한 온라인 콘텐츠

다각화전략(diversification) 기존제품과 시장을 벗어나 새로운 사업을 시작하거나 인수하는 방식의 기업성장전략

다이렉트 메일 마케팅(direct-mail marketing) 마케팅 제안, 발표, 알림 또는 기타 항목을 주소를 통한 특정 사람에게 직접 마케팅

다이렉트와 디지털마케팅(direct and digital marketing) 신중하게 선정된 표적 세분시장 또는 개인 소비자와 일대일 상호작용적 방식을 토대로 직접적으로 접속하는 것

단순 재구매(straight rebuy) 구매자가 별다른 조정 없이 어떤 물

건을 일상적으로 재주문하는 산업재 구매 상황

단순제품확장(straight product extension) 제품을 크게 변경하지 않고 해외시장에서의 마케팅

대리인(agents) 비교적 지속적으로 구매자나 판매자 중 한쪽을 대표하고, 일부 기능만을 수행하며, 상품의 소유권을 갖지 않는 도매상

도매상(wholesaler) 도매활동을 주로 수행하는 기업

도매업(wholesaling) 재판매 또는 사업목적으로 구입하는 고객에게 제품이나 서비스를 판매하는 데 관련된 모든 활동

도입기(introduction stage) 제품수명주기상에서 신제품이 처음 출시되어 소비자들이 이를 구매할 수 있는 단계

독립 오프프라이스 소매점(independent off-price retailers) 독립 사업자가 소유·운영하거나 혹은 대규모 소매기업의 사업부 형태로 운영되는 오프프라이스 소매점

동기 또는 동인(motive or drive) 욕구만족을 적극적으로 추구하도록 강하게 압박하는 욕구

동태적 가격결정(dynamic pricing) 개별고객의 특징과 욕구, 상황에 맞추어 계속 가격을 조정하는 것

디지털 및 소셜 미디어 마케팅(digital and social media marketing) 웹사이트, 소셜 미디어, 모바일, 앱 및 광고, 온라인 동영상, 이메일 및 블로그 같은 디지털 마케팅 도구를 사용

디지털·소셜 미디어 마케팅 디지털 기기를 통해 시간과 장소에 상관없이 소비자들을 참여시키기 위해 웹사이트, 소셜 미디어, 모바일 광고와 앱, 온라인 동영상, 이메일, 블로그 그리고 기타 디지털 플랫폼 등의 디지털 마케팅도구를 이용하는 것

라이선싱(licensing) 기업이 해외기업과 라이선스 계약을 맺음으로써 해외시장에 진입하는 것

라인확장(line extension) 기존 제품범주 내에서 새로운 형태, 컬러, 사이즈, 원료, 향의 신제품에 대해 기존 브랜드명을 함께 사용하는 것

마케팅 매출수익률[Marketing return on sales(marketing ROS)] 마케팅에 의해 발생한 순매출의 비중, 순마케팅 매출을 순매출로 나누어 계산함

마케팅 실행(marketing implementation) 마케팅목표를 달성하기 위해 마케팅전략과 계획을 마케팅활동으로 전환시키는 과정

마케팅 애널리틱스(Marketing analytics) 마케터들이 고객인사이드를 확보하고 마케팅 성과를 측정하기 위해 빅 데이터에서 의미 있는 패턴을 찾아내는 분석도구, 기술 및 과정

마케팅 웹사이트(marketing Web site) 고객과의 상호작용을 통해 직접적인 구매나 다른 마케팅 성과를 이끌어 내기 위해 설치된 웹사이트

마케팅 중간상(marketing intermediaries) 회사가 자신의 제품을 최종고객에게 촉진하고, 판매하고, 유통시키는 것을 도와주는 유통업체

마케팅 통제(marketing control) 마케팅전략 및 계획의 실행결과를 평가하고, 마케팅목표가 성취될 수 있도록 시정조치를 취하는 것

마케팅 투자수익률[Marketing return on investment(marketing ROI)] 마케팅에 투자된 비용에 대한 수익의 비율

마케팅 환경(marketing environment) 표적고객과의 성공적인 관계를 구축하고 유지하는 마케팅관리자의 능력에 영향을 미치는 마케팅 외부의 참여자와 요인

마케팅(marketing) 기업이 고객을 위해 가치를 창출하고 강한 고객관계를 구축함으로써 그 대가로 고객들로부터 상응한 가치를 얻는 과정

마케팅개념(marketing concept) 목표시장의 욕구를 파악하고 경쟁사보다 그들의 욕구를 더 잘 충족시켜야만 조직의 목표가 실현된다는 사고

마케팅관리(marketing management) 목표시장을 선택하고 그들과 수익성 있는 관계를 구축하는 과정

마케팅근시안(marketing myopia) 제품에 의해 고객이 얻게 될 편익과 경험보다는 고객에게 제공될 구체적 제품에 더 많은 주의를 기울이는 실수를 저지르는 것

마케팅믹스(marketing mix) 목표시장 내 고객들로부터 기업이 기대하는 반응을 만들어 내기 위해 사용하는 통제가능하고 전술적인 마케팅도구(제품, 가격, 유통, 촉진)의 집합

마케팅전략 개발(marketing strategy development) 제품콘셉트를 토대로 신제품에 대한 초기 마케팅전략을 설계하는 것

마케팅전략(marketing strategy) 고객가치 창출과 수익성 있는 고객관계 구축을 위해 기업이 추구하는 마케팅활동의 기본방향을 설정하는 것

마케팅정보시스템(marketing information system, MIS) 정보 욕구를 평가하고, 필요한 정보를 개발하고, 의사결정자들이 실행가능한 고객 및 마케팅 통찰력을 만들어 내고 이를 검증하는 데 그 정보를 사용하도록 도와주는 사람과 절차의 집합

마케팅조사(marketing research) 조직이 직면한 특정 마케팅상황과 관련된 자료의 체계적인 설계, 수집, 분석, 보고와 관련된 활동

마케팅커뮤니케이션 믹스(marketing communication mix) 또는 전반적 촉진 믹스(promotion mix) 기업이 고객가치를 설득적으로 전달하고 고객관계를 구축하기 위해 사용하는 촉진도구들의 조합

매출액 비율법(percentage-of-sales method) 현재 또는 예상되는 매출 또는 판매 단가의 일정 비율을 촉진예산으로 설정하는 방식

매출총이익률(Gross margin percentage) 매출총이익을 순매출로 나누어서 계산함

모바일 마케팅(mobile marketing) 이동 중인 소비자에게 모바일폰, 스마트폰, 태블릿, 다른 모바일 커뮤니케이션 기기를 통해 마케팅활동을 하는 것

목표/과업 대비 할당법(objective-and-task method) ① 구체적인 촉진목표의 설정, ② 그 목표를 달성하기 위해 필요한 과업의 결정, ③ 이러한 과업들을 수행하기 위해 필요한 예산의 추정에 기반해 촉진예산을 설정하는 방식으로 각 과업의 수행에 필요한 비용을 모두 합친 것이 제안된 촉진예산임

목표가격실현 원가관리법(target costing) 기업이 추구하는 판매가격을 먼저 결정한 다음 이 가격을 실현시킬 수 있도록 원가를 관리하는 것

묶음제품 가격결정(product bundle pricing) 기업이 몇 개의 제품을 묶어서 할인된 가격으로 판매하는 것

문화(culture) 사회의 한 구성원이 가족과 다른 주요 기관들로부터 학습한 기본적 가치, 지각, 욕구, 행동의 집합

문화적 환경(cultural environment) 사회의 기본가치, 지각, 선호 및 행동에 영향을 주는 기관과 요인

미시마케팅(micro marketing) 제품과 마케팅프로그램을 특정 개인이나 지역고객의 욕구나 선호에 맞추는 것으로, 지역마케팅과 개인마케팅을 포함

미시환경(microenvironment) 기업 가까이에 위치하면서 고객을 대하는 능력에 영향을 미치는 구성원(기업, 공급업체, 마케팅 중간상, 고객시장, 경쟁자, 공중 등)

미탐색품(unsought product) 소비자가 그 존재를 알지 못하거나 혹은 알고 있더라도 통상적으로 구매하려는 생각을 갖지 않는 소비용품

밀레니얼 세대(또는 Y세대) (Millennials or Genration Y) 1981년과 1997년 사이에 태어난 베이비부머 세대의 자녀들로 7,500만 명

바람직한 제품(desirable products) 높은 만족도와 높은 장기 이익을 동시에 제공하는 제품

바이럴 마케팅(viral marketing) 구전 마케팅의 인터넷 버전으로, 고객이 접속하고 싶어 하거나 친구들에게 전달하고 싶을 만큼 전염성 있는 웹사이트, 동영상, 이메일 메시지, 또는 여타의 마케팅 이벤트를 개발함

반대의견을 처리(handling objection) 영업사원이 고객이 가질 수 있는 이의를 찾아내고 확인하여 이를 해결하는 판매활동 단계

백화점(department store) 다양한 제품라인을 폭넓게 취급하면서 각 제품라인은 각각 분리된 매장에서 전문적인 구매담당자 또는 머천다이저에 의해 관리되는 형태의 소매점

범문화적 마케팅 전략(Total Marketing Strategy) 브랜드의 주 마케팅에서 민족적 주제와 문화적 시각을 통합하여 차이보다는 하위 문화적 세그먼트에서 소비자 유사성을 호소하는 전략

베이비붐 세대(baby boomers) 제2차 세계대전 이후부터 1964년 사이에 태어난 세대로 7,400만 명

변동비(variable costs) 생산수준에 따라 달라지는 비용

본원적 욕구(needs) 결핍을 느끼는(지각하는) 상태

부가가치 가격결정(value-added pricing) 부가적인 특성과 서비스의 추가를 통해 시장제공물을 차별화함으로써 더 비싼 가격을 책정하는 것

부산물 가격결정(by-product pricing) 주 제품의 가격이 경쟁력을 갖도록 부산물에 대한 가격을 책정하는 것

브랜드 가치(brand value) 브랜드의 총 재무적 가치

브랜드(brand) 제품 혹은 서비스의 제조업체나 판매업자가 누구인지를 파악할 수 있게 하는 이름, 용어, 사인, 심벌, 디자인 혹은 이들의 결합

브랜드자산(brand equity) 브랜드명을 안다는 것이 제품 혹은 서비스에 대한 고객반응에 미치는 차별적 효과

브랜드화된 커뮤니티 웹사이트(branded community websites) 소비자를 끌어들이는 브랜드 콘텐츠를 제공하고, 브랜드를 중심으로 한 고객 커뮤니티

브랜드확장(brand extension) 기존 브랜드명을 새로운 제품범주의 신제품에 사용하는 것

블로그(blogs) 사람이나 기업이 일반적으로 특정한 주제에 관해서 자신의 생각이나 다른 콘텐츠들을 올리는 온라인 포럼

비차별적 마케팅(대량마케팅)[undifferentiated(mass) marketing] 세분시장 간 차이를 무시하고 하나의 제공물로 전체시장을 공략하는 시장커버리지 전략

빅데이터(big data) 오늘날 세련된 정보 창출, 수집, 저장 및 분석 기술에 의해 생성되는 방대하고 복잡한 데이터 세트

사명문(mission statement) 조직의 목적, 즉 조직이 환경의 영향을 고려해 성취하고 싶은 것을 서술한 것

사명의식 마케팅(Sense-of-Mission Marketing) 회사는 제품 사용 기간을 줄이기보다는 광범위한 사회적 측면에서 임무를 정의해야 한다.

사양제품 가격결정(optional product pricing) 주력제품에 추가하여 제공되는 사양제품에 대한 판매가격을 책정하는 것

사업 분석(business analysis) 매출, 원가, 이익 등이 기업의 목표를 충족시키는지 파악하기 위해 신제품의 예상매출, 원가, 이익 등을 검토하는 것

사업체 판촉(business promotion) 거래가 이루어지도록 사전에 분위기를 조성하고, 고객의 구매를 자극하고, 고객에게 보상을 제공하고, 영업사원에게 동기부여를 제공하기 위하여 사용되는 판매촉진 도구

사업포트폴리오 분석(portfolio analysis) 경영자가 기업을 구성하는 제품·사업의 매력도를 평가하는 과정

사업포트폴리오(business portfolio) 기업을 구성하는 사업·제품의 집합

사용상황 세분화(occasion segmentation) 구매자들이 제품을 구매할 생각을 하거나 실제로 구매하거나 또는 구매한 품목을 사용하

는 등 소비자 상황에 따라 시장을 세분시장으로 나누는 것

사전접촉(preapproach) 영업사원이 방문하기 앞서 가망고객에 대한 정보를 수집해 그에 대해 가능한 한 많이 배우는 판매활동 단계

사회계층(social class) 비교적 영속적이고 계층적 구조를 갖도록 나누어진 집단으로서, 각 집단은 비슷한 가치관, 관심사와 행동을 공유하는 사람들로 구성됨

사회적 마케팅(social marketing) 사회구성원의 복리와 사회전체의 복지를 향상시키기 위해 개인의 행동에 영향을 미칠 의도로 설계된 프로그램에 상업 분야의 마케팅 개념과 도구를 활용하는 것

사회적 마케팅개념(societal marketing concept) 소비자 욕구, 기업의 목표, 소비자와 사회의 복리 간에 균형을 맞추어 마케팅 의사결정을 내려야 한다는 사고

사회지향적 마케팅(Societal Marketing) 소비자와 회사의 요구사항, 소비자와 회사의 장기적인 이익을 고려하려 마케팅 결정을 내려야한다.

산업용품(industrial product) 추가적인 가공을 하기 위해 혹은 사업상의 용도로 개인과 조직체에 의해 구매되는 제품

산업재 구매과정(business buyer process) 산업재 구매자가 자사가 구입해야 할 제품과 서비스를 결정한 다음 공급자와 브랜드대안을 찾고, 평가하고, 선택하는 의사결정과정

산업재 구매자 행동(business buyer behavior) 외부에 판매, 대여, 또는 공급하는 제품 및 서비스에 사용하기 위해 재화와 서비스를 구매하는 조직의 구매자 행동

상인도매상(merchant wholesalers) 취급하는 상품의 소유권을 갖는 독립 도매사업자

상품화(commercialization) 신제품을 출시하는 것

상호작용 마케팅(interactive marketing) 고객욕구를 충족시키기 위해 고객과 상호작용하는 기술을 서비스 종업원들에게 훈련시키는 것

생산개념(production concept) 소비자들이 저렴하고 쉽게 구입할 수 있는 제품을 선호하기 때문에 생산과 유통의 효율성을 향상시키는 데 주력해야 한다는 사고

서비스 무형성(service intangibility) 소비자가 서비스를 구매하기 전에 보거나, 맛을 알거나, 느끼거나, 소리를 듣거나, 혹은 냄새를 맡을 수 없다는 서비스 고유특징

서비스 변동성(service variability) 누가, 언제, 어디서, 어떻게 서비스를 제공하느냐에 따라 서비스품질이 크게 달라질 수 있다는 서비스 고유특징

서비스 비분리성(service inseparability) 서비스는 생산과 소비가 동시에 이루어지기 때문에 서비스를 서비스제공자와 분리시킬 수 없다는 서비스 고유특징

서비스 소매점(service retailers) 취급하는 제품라인이 서비스인 소매점으로 호텔, 항공사, 은행, 대학, 병원, 영화관 등

서비스 소멸성(service perishability) 나중에 판매하거나 사용하기 위해 서비스를 저장할 수 없다는 서비스 고유특징

서비스(service) 무형적이고 어떤 것을 물리적으로 소유할 수 없는 특징을 가진 활동, 편익, 혹은 만족

서비스-이익 연쇄(service profit chain) 서비스기업의 수익성은 종업원만족 및 고객만족과 연쇄적으로 연결되어 있다는 개념

선매품(shopping product) 구매하는 과정에서 각 대안의 욕구충족정도(suitability), 품질, 가격, 스타일 등을 비교하는 특징을 가진 소비용품

설명(presentation) 영업사원이 구매자에게 자사의 제공물이 고객의 문제를 어떻게 해결해 주는지를 보여 주면서 제품의 가치에 대한 이야기를 하는 판매 활동 단계

설문조사(서베이 조사)(survey research) 사람들에게 그들의 지식, 태도, 선호 및 구매행동에 관한 질문을 통해 1차 자료를 수집하는 것

성격(personality) 한 개인이나 집단을 다른 개인이나 집단과 구분시키는 독특한 심리적 특성. 자신을 둘러싼 환경에 대해 비교적 일관성 있고 영구적인 반응을 보이도록 이끄는 독특한 심리적 특성

성별 세분화(gender segmentation) 성별을 토대로 시장을 서로 다른 세분시장으로 나누는 것

성숙기(maturity stage) 제품수명주기상에서 제품매출이 느리게 성장하거나 안정을 유지하는 단계

성장기(growth stage) 제품수명주기상에서 제품매출이 빠르게 증가하기 시작하는 단계

성장-점유율 매트릭스(growth-share matrix) 시장성장률과 상대적 시장점유율을 토대로 기업 내 전략사업단위들을 평가하는 형태의 포트폴리오 계획수립기법

세분시장(market segment) 기업의 마케팅 노력에 대해 유사한 반응을 보이는 소비자집단

세분시장별 가격결정(segmented pricing) 고객, 제품, 거래처 위치에 따라 원가에 상관없이 서로 다른 가격으로 판매 하는 것

소득 세분화(income segmentation) 소득수준에 따라 시장을 서로 다른 세분시장으로 나누는 것

소매업(retailing) 제품이나 서비스를 개인적 혹은 비영리적인 목적으로 사용하려는 소비자에게 직접 판매하는 것과 관련된 모든 활동

소매업체(retailer) 매출이 주로 소매업에서 나오는 사업체

소비용품(consumer product) 최종소비자가 개인적으로 소비하기 위해 구매하는 제품과 서비스

소비자 구매행동(cunsumer buyer behavior) 최종소비자(개인소비를 위해 제품과 서비스를 구매하는 개인과 가구)의 구매행동

소비자 시장(consumer market) 개인적 소비를 위해 제품과 서비스를 구매하거나 획득하는 모든 개인과 가구의 집합

소비자 중심의 신제품 개발(customer-centered new-product development) 신제품 개발과정에서 고객의 문제를 해결하고 더 많은 고객만족 경험을 창출하는 새로운 방안을 찾는데 중점을 두는 것

소비자 지향적 마케팅(consumer-oriented marketing) 회사는 소비자의 관점에서 마케팅 활동을 복도하고 조직해야 한다.

소비자보호운동(Consumerism) 판매자와 관련하여 구매자의 권리와 권한을 향상시키기위한 시민과 정부 기관의 조직화된 운동

소비자주도 마케팅(consumer-generated marketing) 자신의 브랜드경험과 다른 소비자의 브랜드경험을 형성함에 있어 소비자들이 더 큰 역할을 할 수 있도록 소비자 스스로 브랜드와의 교환관계를 창출하는 것

소비자판촉(customer promotion) 단기적으로 고객의 구매와 관여를 높이거나 장기적인 고객관계를 향상시키기 위해 사용되는 판매촉진 도구

소셜 미디어(social media) 메세지, 의견, 사진, 비디오 및 기타 콘텐츠를 공유하는 독립적이고 상업적인 온라인 소셜네트워크

소셜 판매, 소셜 셀링(social selling) 고객을 참여시키고 더 강한 고객관계를 형성하고 매출성과를 증대시키기 위해 온라인, 모바일, 소셜 미디어를 이용하는 것

손익분기 가격(break-even price) 총수입이 총비용과 같아져서 이윤이 제로가 되는 가격

손익분기 가격결정 혹은 목표이익 가격결정(break-even pricing or target return pricing) 제품을 생산·마케팅하는 비용을 회수하는 수준에서 가격을 책정하거나 목표수익을 실현할 수 있는 수준에서 가격을 책정하는 방식

쇠퇴기(decline stage) 제품수명주기상에서 제품매출이 감소하는 단계

쇼퍼 마케팅(shopper marketing) 구매시점에 가까이 감에 따라 쇼퍼를 구매자로 전환시키는 것에 전체 마케팅 프로세스의 중점을 두는 것으로 매장, 온라인, 모바일을 불문한다.

쇼핑센터(shopping center) 하나의 단위로 계획, 개발, 소유, 관리되는 단지 위에 지어진 소매 사업체들의 집단

수요(demands) 구매력을 갖춘 구체적 욕구

수요곡선(demand curve) 책정된 가격과 이에 의해 유발된 수요수준(구매 량) 간의 관계를 보는곡선

수용과정(adoption process) 개인이 혁신제품에 대해 처음으로 알게 되는 것에서부터 최종수용에 이르기까지 거치게 되는 심리과정

수정 재구매(modified rebuy) 구매자가 제품의 규격, 가격, 조건, 공급자 등을 변경하기를 원하는 산업재 구매 상황

수출(exporting) 기업이 자국에서 생산한 제품을 별로 수정하지 않고 판매하는 방식으로 해외시장에 진출하는 것

순 마케팅 기여[net marketing contribution(NMC)] 마케팅에 의해 통제되는 이익만을 포함하는 마케팅 수익성의 측정지표

순이익률(net profit percentage) 순이익을 순매출로 나눈 것

슈퍼마켓(supermarket) 다양한 식료품과 가정용품을 취급하는 큰 규모, 저비용, 저마진, 대량판매, 셀프서비스 형태의 소매점

슈퍼스토어(superstore) 일반적인 슈퍼마켓에 비해 훨씬 더 규모가 크며, 일상적으로 구매되는 식료품, 비식료품 및 서비스 등에서 광범위한 상품구색을 갖춘 소매점

스타일(style) 기본적이고 특색 있는 표현방식

스팸(spam) 신청한 적 없고 원하지 않는 상업적인 이메일 메시지

시스템 판매(솔루션 판매)(systems selling or solutions selling) 하나의 문제에 대한 종합적인 솔루션을 단일의 판매회사로부터 구매함으로써 복잡한 구매 상황에서 내려야 할 모든 개별적 의사결정을 피하는 것

시장(market) 제품이나 서비스의 실제 구매자와 잠재 구매자들의 집합

시장간 세분화(intermarket segmentation, 또는 cross-market segmen- tation이라고도 불림) 고객들이 다른 나라에 위치하더라도 유사한 욕구 및 구매행동을 갖고있는 소비자들의 세그먼트를 구성하는 것

시장개발전략(market development) 기존 제품을 가지고 새로운 세분시장을 파악해 진출하는 방식의 기업성장전략

시장세분화(market segmentation) 구매자 집단별로 별개의 제품이나 마케팅프로그램을 제공하기 위해 전체시장을 욕구, 특성, 구매행동 등에서 서로 다른 구매자집단들로 나누는 과정

시장잠재성(market potential) 시장수요의 상한선

시장제공물(market offerings) 고객의 욕구를 충족시키기 위해 시장에 제공하는 제품, 서비스, 정보 혹은 경험의 조합

시장침투(market penetration) 제품을 바꾸지 않고 기존 제품으로 기존 시장에서의 매출을 증대시키는 기업의 성장전략

시장침투가격(market-penetration pricing) 대규모 구매자와 높은 시장점 유율을 획득하기 위해 신제품에 대해 저가격을 책정하는 전략

시장표적화(market targeting) 각 세분시장의 매력도를 평가하고 대상으로 할 하나 또는 그 이상의 세분시장을 선정하는 것

신규 구매(new task) 구매자가 한 제품 또는 서비스를 최초로 구매하는 산업 재구매 상황

신념(belief) 사람이 어떤 대상에 대해 갖고 있는 서술적 생각

신제품 개발(new-product development) 기업이 자체 연구개발 노력으로 독자제품, 제품개선, 제품수정, 새로운 상표를 개발하는 것

신제품(new product) 잠재 소비자들에게 새로운 것으로 인식되는 재화, 서비스, 또는 아이디어

실행스타일(execution styles) 광고메시지를 전달하기 위해 사용되는 접근 방식, 스타일, 톤, 단어 및 형식

실험조사(experimental research) 피험자들을 몇 개의 집단으로 나누고 그들에게 서로 다른 실험적 처치를 제시하고 결과에 영향을 미칠 관련변수를 통제한 다음 집단별 반응의 차이를 확인함으로써 1차 자료를 수집하는 것

심리묘사적 세분화(psychographic segmentation) 사회계층, 라이프스타일 및 개성과 관련된 특징을 토대로 시장을 서로 다른 세분시장으로 나누는 것

심리적 가격결정(psychological pricing) 제품의 경제적 가치보다는 가격이 갖는 심리적 효과를 고려해 가격을 책정하는 것

아이디어 생성(idea generation) 신제품 아이디어에 대한 체계적 탐색

아이디어 선별(idea screening) 가능한 한 좋은 아이디어를 찾아내고 나쁜 것을 버리는 방식으로 신제품 아이디어를 걸러 내는 과정

에스노그래픽 조사(ethnographic research) 잘 훈련된 관찰전문가를 파견해 자연스러운 환경에서 소비자를 관찰하고 상호작용하는 형태의 관찰조사

연쇄비율법(chain ratio method) 여러 가지 연속되는 조정 비율을 기본 숫자에 계속 곱해서 시장수요를 예측하는 방법

영업비용비율(operating expense percentage) 총 비용을 순매출로 나눈 것

영업비율(operating ratios) 순매출 대비 선정된 손익계산서 항목들의 비중

영업사원 혹은 판매사원(salesperson) 가망고객의 탐색, 의사소통, 판매활동, 서비스 제공, 정보수집, 관계구축 등과 같은 활동을 수행하면서 회사를 대표해 고객을 만나는 사람

영업사원관리(sales force management) 영업활동을 분석, 기획, 실행 및 통제하는 과정

오프프라이스 소매점(off-price retailer) 정상 도매가보다 더 저렴하게 구매해서 소매가격보다 저렴하게 판매하는 소매상

온라인 광고(online advertising) 소비자가 웹을 탐색하는 동안 나타나는 광고로 디스플레이광고, 검색과 관련된 광고 등이 포함됨

온라인 마케팅(online marketing) 인터넷을 통한 마케팅활동으로 회사 웹사이트, 온라인 광고와 프로모션, 이메일, 온라인 비디오, 블로그 등을 사용함

온라인 마케팅조사(online marketing research) 인터넷 설문조사, 온라인 표적집단면접, 웹기반 실험을 통해 또는 소비자의 온라인 행동, 실험, 온라인 패널, 브랜드 커뮤니티를 추적함으로써 1차 자료를 수집하는 것

온라인 소셜 네트워크(online social networks) 사람들이 친교를 나누고 정보와 의견을 교환하는 온라인 소셜 커뮤니티(블로그, 소셜 네트워킹사이트, 다른 온라인 커뮤니티)

온라인 집단면접(online focus group) 훈련된 사회자가 제품, 서비스 및 기관에 대해 대화를 나누고 소비자 태도와 행동에 관한 정성적인 통찰력을 확보하기 위해 온라인상에서 소수의 사람을 모으는 것

옴니채널 소매업(omni-channel retailing) 매장, 온라인, 모바일을 통합함으로써 끊김없는 교차채널 구매경험을 창출하는 것

외근 영업사원(outside sales force or field sales force) 실제 현장에서 고객을 방문하는 영업사원

우수한 가치에 상응한 가격결정방식(good-value pricing) 품질과 좋은 서비스를 잘 결합하여 적정가격에 제공하는 것

원가가산 가격결정 혹은 마크업 가격결정(cost-plus pricing or markup pricing) 제품의 원가에다 업계에서 사용하는 마진을 더한 것을 가격으로 책정하는 것

원가기반 가격결정(cost-based pricing) 제품을 생산·유통·판매하는 데 드는 비용에다 적정수준의 마진(즉 기업의 노력과 위험부담에 대한 보상)을 더하여 가격을 책정하는 것

유익한 제품(salutary products) 매력은 낮지만 장기적으로 소비자에게 도움이 될 수 있는 제품

유통업체브랜드 혹은 사적 브랜드(store brand or private brand) 제품이나 서비스의 재판매업자가 개발·소유한 브랜드

의견선도자(opinion leader) 특별한 기술, 지식, 개성 혹은 다른 특성 때문에 다른 사람에게 영향을 미치는 준거집단 내의 사람

이메일 마케팅(e-mail marketing) 이메일을 통해 정확히 표적화되고, 매우 개인화되고, 관계를 구축하기 위한 마케팅 메시지를 보내는 것

이벤트마케팅 혹은 이벤트후원(event marketing or event sponsorship) 브랜드마케팅 이벤트를 개발하거나 혹은 다른 사람들에 의해 개발된 이벤트에 단독 혹은 공동 후원자로 참여하는 것

인공지능(artificial intelligence, AI) 기계가 사람처럼 보고 느끼되, 훨씬 큰 분석 용량으로 생각하고 학습하는 기술

인과관계적 조사(causal research) 인과관계에 관한 가설을 검증하기 위해 실시되는 마케팅조사

인구통계적 세분화(demographic segmentation) 시장을 연령, 성별, 가족 크기, 생애주기단계, 소득, 직업, 교육수준, 종교, 인종, 세대 등과 같은 변수를 토대로 나누는 것

인구통계학(demography) 인구의 규모, 밀도, 지리적 위치, 연령, 성비, 인종, 직업 및 기타 통계자료 측면에서의 인구에 대한 연구

인적판매(personal selling) 판매를 성사시키고 고객관계를 구축하기 위한 목적으로 수행되는 영업사원의 대면적인 프레젠테이션

인지적 부조화(cognitive dissonance) 구매 후 갈등으로 인한 심리적 불편함

인플루언서 마케팅(influencer marketing) 기업의 브랜드에 관한 소문을 확산시키기 위해 유명한 인플루언서를 활용하거나 새로운

인플루언서를 발굴하는 것

일시적 유행(fad) 소비자의 열광과 즉각적인 제품·브랜드의 인기에 힘입어 일시적으로 매우 높은 매출이 발생하는 것

자기잠식현상(cannibalization) 기업의 한 제품의 판매가 그 기업의 다른 제품의 판매물량의 일부를 가져가는 현상

자연환경(natural environment) 마케터가 투입요소로 활용하기 원하거나 또는 마케팅활동에 의해 영향을 받는 천연자원

작업량법(workload method) 필요한 작업량과 판매를 위해 필요한 시간을 기준으로 영업조직 규모를 결정하는 방법

재고자산회전율[inventory turnover rate(or stockturn rate)] 재고자산이 연간 몇 번 회전되는가에 관한 개념. 원가, 판매가격, 단위를 기준으로 계산됨

전략계획수립(strategic planning) 조직의 목표 및 역량과 변화하는 마케팅기회 간에 전략적 적합성을 개발·유지하는(즉 높은 적합성을 갖는 전략 대안을 개발·유지하는) 과정

전문점(specialty stores) 취급되는 상품계열의 폭은 한정되어 있지만 해당 계열 내에서는 매우 다양한 상품구색을 갖춘 소매점

전문품(specialty product) 독특한 특징 혹은 브랜드 정체성을 갖고 있어 상당한 구매노력을 기꺼이 감수하려는 특징을 가진 소비용품

전자조달(e-procurement) 구매자와 판매자 사이에 전자적 연결, 주로 온라인을 통해 구매하는 것

전체경로 관점(whole-channel view) 효과적인 글로벌 가치전달 네트워크를 구축하기 위해 전체 글로벌 공급망과 마케팅 경로를 고려해 국제 유통경로를 설계하는 것

접촉(approach) 영업사원이 처음으로 고객과 만나는 판매활동 단계

정치적 환경(political environment) 특정 사회 내에서 다양한 기관과 개인에게 영향을 미치거나 이들에게 제약을 가하는 법, 정부기관, 압력단체 등

제조업체 상설할인매장(factory outlets) 제조업체가 소유·운영하며 통상 제조업체의 잉여제품, 생산 중단된 제품, 혹은 불량제품 등을 취급하는 오프프라이스 소매점

제조업체 영업점(manufacturers and retailer's branches and offices) 독립적인 도매상을 통하지 않고 판매자나 구매자가 직접 도매기능을 수행하는 도매상

제품(product) 시장의 욕구를 충족시킬 수 있기 때문에 주의, 획득, 사용, 혹은 소비 등을 목적으로 시장에 제공될 수 있는 대상물

제품/시장 확장그리드(product/market expansion grid) 시장침투, 시장개발, 제품개발, 혹은 다각화 등의 기업 성장기회를 파악하기 위한 포트폴리오 계획수립 도구

제품개념(product concept) 소비자들이 최고의 품질, 성능, 혁신적 특성을 가진 제품을 선호하기 때문에 지속적인 제품개선에 마케팅 노력의 초점을 맞추어야 한다는 사고

제품개발(product invention) 해외시장에 맞게 새로운 제품을 만들어 내는 것

제품개발전략(product development) 기존세분시장 내의 고객들에게 수정된 혹은 새로운 제품을 제공하는 기업성장전략

제품라인 가격결정(product line pricing) 제품 간 원가차이, 상이한 제품특성에 대한 고객평가, 경쟁자 가격 등을 기반으로 제품라인을 구성하는 제품들 간에 가격대를 다르게 책정하는 것

제품라인(product line) 유사한 기능을 수행하거나 동일한 고객집단에게 판매되거나 동일한 유통경로를 통해 판매되거나 비슷한 가격대에서 판매되기 때문에 서로 밀접하게 관련된 제품들의 집합

제품믹스 또는 제품포트폴리오(product mix or product portfolio) 특정 판매업자가 판매용으로 시장에 제공하는 제품라인과 품목을 모두 합한 것

제품별 영업조직구조(product sales force structure) 영업사원이 회사의 제품이나 제품라인 중 일부만 전담하여 판매하는 영업조직

제품수명주기(product life cycle) 제품의 수명동안 그 제품의 매출과 이익의 흐름

제품적응(product adaption) 제품을 현지시장의 상황이나 요구에 맞추어 변경하는 것

제품콘셉트(product concept) 의미 있는 소비자 용어로 제품 아이디어를 보다 자세히 서술한 것

제품포지션(product position) 주요 속성을 근거로 소비자가 제품을 정의하는 방식으로서, 제품이 소비자의 마음속에서 경쟁사 제품과 비교해 차지하고 있는 상대적인 위치

제품품질(product quality) 표현된 혹은 암묵적인 고객욕구를 충족시키는 능력을 가진 제품 혹은 서비스 특성

종속제품 가격결정(captive product pricing) 주 제품(가령 면도기)과 함께 사용되어야 할 제품(가령 면도날)에 대한 가격을 책정하는 것

준거가격(reference prices) 어떤 제품을 평가할 때 참조하기 위해 소비자가 기억 속에 갖고 있는 가격

준거집단(reference group) 사람의 태도와 행동을 형성하는데 있어서 직접적 혹은 간접적 비교나 참고의 기준이 되는 집단

중간상판촉(trade promotion) 재판매업자들이 자사제품을 취급하고, 진열공간을 제공하고, 소매광고를 통해 자사제품을 촉진하고, 제품을 고객에게 적극적으로 판매하도록 설득시키기 위해 사용되는 판매촉진 도구

중개인(broker) 상품에 대한 소유권을 갖지 않으면서 구매자와 판매자를 연결시켜 이들 간의 거래협상을 도와주는 역할을 수행하는 도매상

즐거움을 주는 제품(pleasing products) 높은 만족을 주지만 장기적으로 소비자를 해칠 수 있는 제품

지각(perception) 사람이 세상에 대한 의미 있는 그림을 형성할 수

있도록 정보를 선택하고 조직화하고 해석하는 과정

지리적 가격결정(geographical pricing) 국가나 세계의 서로 다른 지역에 따라 차등화된 가격을 설정하는 것

지리적 세분화(geographic segmentation) 시장을 나라, 지역, 도, 도시, 구 등과 같은 서로 다른 지리적 단위로 나누는 것

지속가능한 마케팅(sustainable marketing) 미래 세대가 자신의 필요를 충족시킬 수 있는 능력을 보존하거나 강화하면서 소비자와 비즈니스의 현재 요구를 충족시키는 사회적 및 환경적 책임 마케팅

지역마케팅(local marketing) 도시, 동네, 특정 지역매장 등과 같은 지역 고객집단의 욕구와 선호에 브랜드와 촉진활동을 맞추는 것

지역별 영업조직구조(territorial sales force structure) 특정 지역을 전담하는 영업사원이 회사의 모든 제품이나 서비스를 판매하는 영업조직

직접반응 텔레비전 마케팅(direct-response television(DRTV) markrting) 설득적으로 제품을 설명하고 고객에게 수신자부담 전화번호나 주문용 온라인 사이트를 알려주는 텔레비전을 통한 직접 마케팅

직접투자(direct investment) 해외에 조립 또는 생산설비를 개발하여 해외 시장에 진입하는 것

집중적 마케팅(또는 니치 마케팅)[concentrated(niche) marketing] 기업이 하나 또는 적은 수의 세분시장이나 틈새시장에서 높은 점유율을 추구하는 시장커버리지 전략

차별적 마케팅(differentiated marketing) [또는 세그먼트 마케팅(segment-ed marketing)] 복수의 세분시장을 표적시장으로 선정하고 각 세분시장별로 다른 제공물을 설계하는 시장커버리지 전략

차별화(differentiation) 탁월한 고객가치를 창출하기 위해 실제로 기업의 시장제공물을 경쟁사와 차이가 나도록 하는 것

창고소매업클럽(warehouse clubs) 연회비를 내는 회원을 대상으로 한정된 구색의 유명브랜드 식료품, 가전제품, 의류 및 기타 제품을 매우 저렴한 할인 가격으로 판매하는 오프프라이스 소매점

초기 고가격전략(market-skimming pricing) 신제품을 기꺼이 구매하려는 고객집단을 표적으로하여 고가격을 책정함으로써 초기에 최대의 수익을 올리려고 하는 전략

촉진 가격결정(promotional pricing) 단기적 매출증대를 위해 일시적으로 제품가격을 정가 혹은 원가 이하로 내리는 것

총원가(total costs) 어떤 생산 수준에서 고정원가와 변동원가의 총합계

카탈로그 마케팅(catalog marketing) 인쇄물, 비디오, 디지털 카탈로그 등을 통해 소비자에게 보내지며 매장이나 온라인에서 구할 수 있는 다이렉트 마케팅

카테고리 킬러(category killer) 특정 제품계열에서 매우 깊은 상품구색을 갖춘 대규모 전문점

커뮤니케이션 적응(communication adaptation) 광고 메시지를 현지시장에 완전히 적응시키는 글로벌 커뮤니케이션 전략

콘셉트 테스팅(concept testing) 콘셉트가 소비자에게 강한 소구력을 갖는지 확인하기 위해 목표소비자집단을 대상으로 신제품 콘셉트를 시험해 보는 것

콘텐츠 마케팅(content marketing) 지불된, 소유된 그리고 공유된 채널들의 풍부한 조합들을 통해 브랜드메시지와 대화를 만들고 영감을 주고 공유하는 활동

크라우드소싱(crowdsourcing) 고객, 직원, 독립적인 과학자와 연구자, 나아가 일반대중에 이르기까지 광범위한 커뮤니티 사람들을 신제품 혁신과정에 참여시키는 것

크리에이티브 개념(creative concept) 독특하고 기억에 남는 방식으로 광고 메시지전략에 생기를 불어넣는 설득력 있는 빅 아이디어

탐색적 조사(exploratory research) 문제를 정의하고 가설을 세우는 데 도움이 되는 기초자료를 수집하기 위해 수행되는 마케팅 조사

태도(attitude) 대상 또는 아이디어에 대해 한 개인이 갖고 있는 비교적 일관된 평가, 느낌, 행동성향

테스트 마케팅(test marketing) 실제 시장상황에서 신제품과 마케팅프로그램을 테스트하는 것

텔레마케팅(telemarketing) 전화를 사용하여 직접 고객에게 판매

통합적 마케팅커뮤니케이션(integrated marketing communication, IMC) 조직과 제품에 관한 분명하고 일관성 있으며 설득적인 메시지를 전달하기 위하여 기업의 여러 가지 커뮤니케이션 채널을 주의 깊게 통합하고 조정하는 활동

투자수익률 가격결정[Return on investment(ROI) pricing(or target-return pricing)] 특정한 투자수익률 기준에 기반해 가격을 결정하는 원가기준 가격결정기법

투자수익률[Return on investment(ROI)] 경영의 효과성과 효율성을 측정하는 지표. 세전순이익을 총투자로 나눈 것

팀 판매방식(team selling) 규모가 크고 복잡한 거래처를 관리하기 위해 영업, 마케팅, 엔지니어, 재무, 기술지원 및 상위 관리자들로 구성된 팀을 운영하는 것

팀기반의 신제품 개발방식(team-based new-product development) 회사 내 여러 부서들이 서로 긴밀히 협조하며, 시간을 절약하고 효과성을 높이기 위해 몇 개의 제품개발단계를 함께 진행시키는 방식으로 신제품을 개발하는 것

파생된 수요(derived demand) 소비자들의 제품수요에서 비롯되는 (파생되는) 산업재 수요

파트너관계관리(partner relationship management) 더 나은 고객가치를 창출하기 위해 기업 내·외부의 파트너들과 긴밀하게 공동작업을 하는 것

판매개념(selling concept) 많은 판매·촉진 노력이 이루어지지 않

으면 소비자들은 충분한 양의 제품을 구매하지 않을 것이라는 사고

판매과정(selling process) 영업사원이 판매과정에서 따라야 할 단계로, 가망고객의 발견 및 평가, 사전접촉, 접촉, 설명과 시연, 이익처리, 계약, 후속조치 등으로 구성됨

판매촉진(sales promotion) 제품이나 서비스의 구매 혹은 판매를 조장하기 위해 제공되는 단기적 인센티브

판매할당량(sales quota) 영업사원이 판매해야 할 양과 담당하고 있는 각 제품별로 할당되어야 할 판매량을 기술한 것

패션(fashion) 특정 분야에서 현재 받아들여지고 있거나 인기 있는 스타일

패키징(packaging) 제품을 담는 용기나 포장재를 디자인·생산하는 활동

편의점(convenience store) 거주지 인근에 위치하면서 일주일에 7일, 긴시간 동안 점포문을 열고 재고회전율이 높은 편의용품 중심의 한정된 제품라인을 취급하는 소형 점포

편의품(convenience product) 대체로 자주, 즉각적으로, 그리고 최소한의 대안비교 및 구매노력으로 구매되는 소비용품

포지셔닝 기술문(positioning statement) 기업이나 브랜드의 포지셔닝을 요약한 문장으로, 우리(브랜드)는 특정 대상(특정 세분시장과 욕구)에게 (어떤 차별점)을 제공하는 (콘셉트)를 갖고 있다는 형식을 가짐

포지셔닝(positioning) 표적소비자의 마음속에 경쟁제품과 비교해 상대적으로 분명하고 독특하며 바람직한 위치를 차지하는 시장제공물을 계획하는 것

표본(sample) 마케팅조사가 전체 모집단을 대표할 수 있도록 조사자에 의해 추출된 모집단 구성원들

표적시장(target market) 기업이 만족시키기로 결정한 공통의 욕구와 특징을 갖고 있는 구매자들의 집합

표적시장의 선정(market targeting 또는 targeting) 각 세분시장의 매력도를 평가하여 진입할 하나 또는 그 이상의 세분시장을 선정하는 것

표적집단면접(focus group interviewing) 훈련된 사회자가 6~10명의 사람을 초청해 이들과 제품, 서비스 또는 기관에 대해 몇 시간 동안 이야기를 나누는 방식의 개인면접. 면접자는 중요한 이슈에 대한 그룹토의에 초점을 맞춤

표준화된 글로벌 마케팅(standardized global marketing) 전 세계에 걸쳐 동일한 마케팅전략과 마케팅믹스 프로그램을 사용하는 것

푸시 전략(push strategy) 유통경로를 통해 제품을 밀어내기 위해 판매사원이나 중간상 판촉을 주로 사용하는 촉진전략으로, 생산자는 경로구성원에게 제품을 촉진시키고 경로구성원들은 다시 이를 최종고객에게 판매하기 위해 촉진활동을 함

풀 전략(pull strategy) 최종소비자들의 구매를 유도하기 위해 소비자 광고에 많은 촉진예산을 사용하는 촉진전략으로, 창출된 제품수요는 경로구성원들로 하여금 해당제품을 진열하기 위해 주문을 하게 만듦

프랜차이즈(franchise) 가맹점 본부인 제조업체, 도매상, 또는 서비스 조직과의 계약을 통해 독립적 사업자(프랜차이즈 가맹점)가 프랜차이즈 시스템 내의 하나 혹은 그 이상의 가맹점포를 소유·운영할 권리를 구매하는 방식의 계약적 소매조직

하위문화(subculture) 공통의 인생경험과 상황에 기반하여 서로 비슷한 가치관을 갖고 있는 사람들로 구성된 집단

학습(learning) 경험에 의한 개인행동의 변화

할인(discount) 명시된 기간에 이루어진 구매나 대량 구매에 대해 가격을 깎아 주는 것

할인점(discount store) 보다 낮은 마진을 책정하고 대량으로 판매함으로써 정상상품을 보다 저렴하게 판매하는 소매점

합작 투자(joint venturing) 제품이나 서비스를 생산하고 판매하기 위해 외국 회사와 합작해 외국시장에 진입하는 방법

행동적 세분화(behavioral segmentation) 소비자 지식, 태도, 사용, 혹은 제품에 대한 반응 등을 토대로 시장을 여러 세분시장으로 나누는 것

행동적인 표적화(behavioral targeting) 온라인 고객 추적 자료를 이용해 특정 고객들에게 광고와 마케팅 제안을 표적화하는 활동

혁신적 마케팅(Innovative Marketing) 회사는 실제 제품 및 마케팅 개선을 추구해야 한다.

현지화 글로벌 마케팅(adapted global marketing) 마케팅전략과 마케팅믹스 요소를 각 해외표적시장에 맞추는 것으로, 비용이 많이 들지만 시장점유율과 수익은 증가함

혜택(편익) 세분화(benefit segmentation) 소비자들이 제품으로부터 추구하는 혜택에 따라 시장을 세분시장으로 나누는 것

환경보호운동(Environmentalism) 사람들의 현재 및 미래의 생활환경을 보호하고 향상시키기 위해 고안된 시민, 기업 및 정부 기관의 조직화된 운동

환경의 지속가능성(environmental sustainability) 지구에 의해 무한적으로 지원될 수 있는 세계경제를 만들 전략과 관행을 개발하는 것

환경적 지속가능성(environmental sustainability) 환경을 유지하고 회사 이익을 창출하는 전략을 수립하는 경영 접근법

회사 체인(corporate chains) 공동으로 소유되고 통제되는 2개 이상의 점포

후속조치(follow-up) 영업사원이 고객만족과 지속적인 거래를 확실하게 하기 위해 수행하는 판매 후 조치

1차 자료(primary data) 당면한 특정 목적을 위해 수집되는 정보

2차 자료(secondary data) 다른 목적으로 이미 수집된 정보

Madison & Vine 광고혼잡을 극복하고 소비자의 메시지 참여수준

을 더욱 높일 수 있는 새로운 커뮤니케이션 방식을 창출하기 위해 광고와 오락을 결합시키는 추세를 의미하는 용어

SWOT분석(SWOT analysis) 기업의 강점, 약점, 기회, 위협을 평가하는 것

X 세대(Generation X) 베이비붐 세대 이후 1965년과 1980년 사이에 태어난 세대로 5,500만 명

Z 세대(Generation Z) 아이들, 10대 초반 및 10대들 시장을 구성하는 1997년과 2016년 사이에 태어난 세대

참고문헌

1장

1. See "Emirates Launches New Global Brand Platform —'Hello Tomorrow'," Emirates website, April 2, 2012, http://www.emirates.com/english/about/news/news_detail.aspx?article=839087, assessed August 18, 2015; "BBC Advertising Helps Emirates Take Off as a Lifestyle Brand," *BBC Worldwide*, http://advertising.bbcworldwide.com/home/casestudies/compendium/emirates; Joan Voight, Emirates Is the World's Most Glamorous Airline, *Adweek*, October 12, 2014, http://www.ad-week.com/news/advertising-branding/emirates-worlds-most-glamorous-airline-160714; "Case Study: Emirates Facebook Page Attracts More than 300,000 Fans within 3 Weeks of Launch," Digital Strategy Consulting, June 17, 2012, http://www.digitalstrategyconsulting.com/intelligence/2012/06/case_study_emirates_facebook_p.php; "Hello Tomorrow—Transforming Travel," Dubai Lynx 10, http://www.dubailynx.com/winners/2013/media/entry.cfm?entryid=647&award=101&keywords=&order=0&direction=1; "Annual Report 2014-15: Keeping a Steady Compass," downloaded from The Emirates Group website, http://www.theemiratesgroup.com/english/facts-fig-ures/annual-report.aspx; Emirates Group website, https://www.emirates.com/media-centre/emirates-brand-value-grows-17-to-reach-us77-billion#, accessed April 1, 2017.

2. See http://newsroom.fb.com/company-info/; www.facebook.com/pg/Amazon/about/; and www.starbucks.com/about-us/company-information/mission-statement, accessed September 2018.

3. See Philip Kotler and Kevin Lane Keller, *Marketing Management*, 15th ed. (Hoboken, NJ: Pearson Education, 2016), p. 5.

4. The American Marketing Association offers the following definition: "Marketing is the activity, set of institutions, and processes for creating, communicating, delivering, and exchanging offerings that have value for customers, clients, partners, and society at large." See www.marketingpower.com/_layouts/Dictionary.aspx?dLetter=M, accessed September 2018.

5. See Phil Wahba, "Back on Target," *Fortune*, March 1, 2015, p. 86–94; Jackie Crosby, "Target CEO Brian Cornell Visiting Homes of Customers," *Star Tribune*, January 20, 2016, www.startribune.com/target-to- add-1-000-technology-jobs-in-year-ahead/365965181/; and Leah Fessler, "Airbnb Is Defined by Its CEO's Obsessive Perfection," *Quartz*, February 21, 2018, https://work.qz.com/1214411/airbnb-ceo-brian-chesky-wants-to-do-home-visits-to-check-your-wifi/.

6. See and Tim Nudd, "The 10 Best Ads of 2017," *Adweek*, December 10, 2017, www.adweek.com/creativity/the-10-best-ads-of-2017.

7. See Theodore Levitt's classic article, "Marketing Myopia," *Harvard Business Review*, July–August 1960, pp. 45–56. For more recent discussions, see Roberto Friedmann, "What Business Are You In?" *Marketing Management*, Summer 2011, pp. 18–23; Al Ries, "'Marketing Myopia' Revisited: Perhaps a Narrow Vision Is Better Business," *Advertising Age*, December 4, 2013, http://adage.com/print/245511; and Amy Gallo, "A Refresher on Marketing Myopia," *Harvard Business Review*, August 22, 2016, https://hbr.org/2016/08/a-refresher-on-marketing-myopia.

8. See "130 Amazing Walt Disney World Facts and Statistics (February 2018), *Disney News*, February 6, 2018, https://disneynews.us/walt-disney-world-statistics-fun-facts/; and https://disneyworld.disney.go.com/, accessed September 2018.

9. Dan Caplinger, "Henry Ford's 10 Best Quotes," *Motley Fool*, October 16, 2016, www.fool.com/investing/2016/10/16/henry-fords-10-best-quotes.aspx; and "Steve Jobs: Quotable Quotes," *Goodreads*, www.goodreads.com/quotes/988332-some-people-say-give-the-customers-what-they-want-but, accessed September 2018.

10. "Steve Jobs: Quotable Quotes," *Goodreads*, www.goodreads.com/quotes/988332-some-people-say-give-the-customers-what-they-want-but, accessed September 2018.

11. See Michael E. Porter and Mark R. Kramer, "Creating Shared Value," *Harvard Business Review*, January–February 2011, pp. 63–77; Marc Pfitzer, Valerie Bockstette, and Mike Stamp, "Innovating for Shared Value," *Harvard Business Review*, September 2013, pp. 100–107; "About Shared Value," Shared Value Initiative, http://sharedvalue.org/about-shared-value, accessed September 2018; and "Shared Value," www.fsg.org, accessed September 2018.

12. Kara Stiles, "How Jeni's Splendid Ice Creams Flavor-Finessed Its Way to the Top," *Forbes*, December 15, 2017, www.forbes.com/sites/karastiles/2017/12/15/how-jenis-splendid-ice-creams-flavor-finessed-its-way-to-the-top/#1c6472694807; Hanna Snyder, "Community, Quality and Creativity: Jeni's Splendid Ice Cream Founder Shares the Scoop on Her B-Corp Business," *Yellow/Co.*, December, 29, 2017, https://yellowco.co/blog/2017/12/29/jenis-ice-cream-b-corp-business/; and https://jenis.com/about/, accessed September 2018.

13. See "Steinway & Sons," www.pianobuyer.com/Resources/Piano-Brands-Profiles/Detail/ArticleId/109/Brand/STEINWAY-SONS, accessed September 2018; "Steinway Composes Global Campaign to Reach Cultured Achievers," *Luxury Daily*, April 13, 2016, www.luxurydaily.com/steinway-composes-global-campaign-to-reach-cultured-achievers/; and www.steinway.com/about and www.steinwaypianos.com/kb/artists, accessed September 2018.

14. Based on information from www.llbean.com/llb/shop/516917?lndrNbr=516884&nav=leftnav-cust and other pages at www.llbean.com, accessed September 2018. Also see "L.L. Bean Beats Amazon.com, Once Again, for Best Customer Service," *Forbes*, August 3, 2017, www.forbes.com/sites/forbesinsights/2017/08/03/l-l-bean-beats-amazon-com-once-again-for-best-customer-service/#7923b45050f6; and Shep Hyken, "L.L. Bean Discontinues Lifetime Guarantee," *Forbes*, February 18, 2018, www.forbes.com/sites/shephyken/2018/02/18/l-l-bean-discontinues-lifetime-guarantee/#5a149cd3714d.

15. "Delighting the Customer Doesn't Pay," *Sales & Marketing Management*, November 11, 2013, http://salesandmarketing.com/content/delighting-customers-doesnt-pay; Patrick Spenner, "Why Simple Brands Are Profitable Brands," *Forbes*, February 20, 2014, www.forbes.com/sites/patrickspenner/2014/02/20/why-simple-brands-are-profitable-brands-2/#2b28be11b097; and Amy Sandys, "Why Brands Should Embrace Simplicity," *Transform*, November 21, 2017, www.transformmagazine.net/articles/2017/why-brands-should-embrace-simplicity/.

16. Stephen Diorio, "How Leading Brands Are Winning the 'Direct-to-Customer' Conversation," *Forbes*, http://www.forbes.com/sites/forbesinsights/2016/06/07/how-leading-brands-are-winning-the-direct-to-customer-conversation/; Hilton, "Hilton Honors History," Honors Global Media Center, http://news.hiltonhhonors.com/index.cfm/page/9013; Hilton, "Hilton's Loyalty Program—Hilton HHonors—Again Achieves Top Ranking from J.D. Power for Excellence in Customer Satisfaction," Honors Global Media Center, http://news.hiltonworldwide.com/index.cfm/newsroom/detail/30410; Hilton, "Hilton Launches Its Largest Campaign Ever with Exclusive Room Rates Not Found Anywhere Else," Honors Global Media Center, http://news.hiltonworldwide.com/index.cfm/news/hilton-launches-its-largest-campaign-ever-with-exclusive-room-rates-not-found-anywhere-else; Hilton, "Hilton Honors Fact Sheet," Honors Global Media Center, http://news.hiltonhhonors.com/index.cfm/page/9001; Hilton, "Hilton Honors App," http://hhonors3.hilton.com/en/hhonors-mobile-app/index2.html?cid=OM,MB,CORE9974x_52c31.3658.c6cbdb0.6c3b88c8_All,MULTIPR,Interact,Multipage,SingleLink; https://www.accomnews.com.au/2016/09/program-retooling-focusses-on-personalisation/; BigDoor, "Top 5 Hotel Loyalty Programs," http://bigdoor.com/blog/2014/03/11/top-5-hotel-loyalty-programs/; "Kundenbindung-sprogramme Hilton HHonors" Tophotel.de, http://www.tophotel.de/kundenbindung/5355-kundenbindungsprogramme-hilton-hhonors.html.

17. See https://www.innocentdrinks.co.uk/, accessed February 2019.

18. See https://mondelez.promo.eprize.com/myoreocreation/ and https://ideas.starbucks.com/, accessed September 2018.

19. See Tim Nudd, "Tesla Crowned This Commercial as the Winner of Its Fan-Made Ad Contest," *Adweek*, July 31, 2017, www.adweek.com/brand-marketing/tesla-crowned-this-commercial-as-the-winner-of-its-fan-made-ad-contest/; Darrell Etherington, "Tesla's Top 10 Project Loveday Videos Reveal Truly Dedicated Fans," *Tech Crunch*, July 26, 2017, https://techcrunch.com/2017/07/26/teslas-top-10-project-loveday-videos-reveal-truly-dedicated-fans/; and www.youtube.com/watch?v=oSnoYEzZnUg and www.tesla.com/project-loveday, accessed September 2018.

20. Lauren Johnson, "Mountain Dew Turns Tweets into Online Ads with the Return of Baja Blast," *Adweek*, April 9, 2015, www.adweek.com/print/163979.

21. See "#Bashtag: Avoiding User Outcry in Social Media," *WordStream,* March 8, 2013, www.wordstream.com/blog/ws/2013/03/07/bashtag-avoiding-social-media-backlash; "What Is Hashtag Hijacking?" *Small Business Trends,* August 18, 2013, http://smallbiztrends.com/2013/08/what-is-hashtag-hijacking-2.html; and "HBD #Hashtag! What Brands Can Learn from a Decade of Hashtagging," *Social Media Week,* August 23, 2017, https://socialmediaweek.org/blog/2017/08/hashtag-ten-years-old/.

22. See www.stewleonards.com/how-it-all-began/, accessed September 2018.

23. See Mai Erne, "Calculating Customer Lifetime Value," HaraPartners, www.harapartners.com/blog/calculating-lifetime-value/, accessed September 2018. For more on calculating customer value, see V. Kumar, "A Theory of Customer Valuation: Concepts, Metrics, Strategy, and Implementation," *Journal of Marketing,* January 2018, pp. 1–19.

24. See Eugene Kim, "Amazon Just Shared New Numbers That Give a Clue about How Many Prime Members It Has," *Business Insider,* February 13, 2017, www.businessinsider.com/amazon-gives-clue-number-of-prime-users-2017-2?utm_source=feedly&utm_medium=referral; Carl Richards, "4 Steps to Manage Your Desire for Instant Gratification," *The Motley Fool,* April 24, 2013, www.fool.com/investing/general/2013/04/24/4-steps-to-manage-your-desire-for-instant-gratific.aspx; and Caroline Cakebread, "With 90 Million Subscribers, Amazon Prime May Be One of Jeff Bezos Best Ideas Yet," *Business Insider,* October 19, 2017, www.business insider.in/With-90-million-subscribers-Amazon-Prime-might-be-one-of-Jeff-Bezos-best-ideas-yet/articleshow/61147211.cms; and www.amazon.com/prime, accessed September 2018.

25. For more discussions on customer equity, see Roland T. Rust, Valerie A. Zeithaml, and Katherine N. Lemon, *Driving Customer Equity* (New York: Free Press, 2000); Roland T. Rust, Katherine N. Lemon, and Valerie A. Zeithaml, "Return on Marketing: Using Customer Equity to Focus Marketing Strategy," *Journal of Marketing,* January 2004, pp. 109–127; Christian Gronroos and Pekka Helle, "Return on Relationships: Conceptual Understanding and Measurement of Mutual Gains from Relational Business Engagements," *Journal of Business & Industrial Marketing,* Vol. 27, No. 5, 2012, pp. 344–359; and V. Kumar, "A Theory of Customer Valuation: Concepts, Metrics, Strategy, and Implementation," *Journal of Marketing,* January 2018, pp. 1–19.

26. This example is based on one found in Rust, Lemon, and Zeithaml, "Where Should the Next Marketing Dollar Go?" *Marketing Management,* September–October 2001, pp. 24–28; with information from Grant McCracken, "Provocative Cadillac, Rescuing the Brand from Bland," *Harvard Business Review,* March 4, 2014, http://blogs.hbr.org/2014/03/provocative-cadillac-rescuing-the-brand-from-bland/; "Cadillac Is Reinventing Its Entire Lineup after Years of Losing US Market Share," *CNBC,* March 23, 2018, www.cnbc.com/2018/03/23/cadillac-is-reinventing-its-lineup-after-years-of-lost-us-market-share.html; and www.dare-greatly.com, accessed September 2018.

27. Based on Werner Reinartz and V. Kumar, "The Mismanagement of Customer Loyalty," *Harvard Business Review,* July 2002, pp. 86–94. Also see Chris Lema, "Not All Customers Are Equal—Butterflies & Barnacles," April 18, 2013, http://chrislema.com/not-all-customers-are-equal-butterflies-barnacles/; Jill Avery, Susan Fournier, and John Wittenbraker, "Unlock the Mysteries of Your Customer Relationships," *Harvard Business Review,* July–August 2014, pp. 72–81, "Telling Customers 'You're Fired,'" Sales and Marketing.com, September/October 2014, p. 8; and Michele McGovern, "6 Rules for Firing a Customer," *Customer Insight Experience,* January 6, 2016, www.customerexperienceinsight.com/6-rules-for-firing-a-customer/.

28. Khadeeja Sadar, "How Your Returns Are Used against You at Best Buy, Other Retailers," *Wall Street Journal,* March 13, 2018, www.wsj.com/articles/how-your-returns-are-used-against-you-at-best-buy-other-retailers-1520933400.

29. Adam Lella, "U.S. Smartphone Penetration Surpassed 80 Percent in 2016," *comScore,* February 3, 2017, www.comscore.com/Insights/Blog/US-Smartphone-Penetration-Surpassed-80-Percent-in-2016; and "Internet Usage Statistics," *Internet World Stats,* www.internetworldstats.com/stats.htm; accessed September 2018.

30. Amanda Kooser, "Sleep with Your Smartphone in Hand? You're Not Alone," *CNET,* June 30, 2015, www.cnet.com/news/americans-like-to-snooze-with-their-smartphones-says-survey/; Lee Raine, "About 6 in 10 Young Adults in U.S. Primarily Use Online Streaming to Watch TV," *Pew Research,* September 13, 2017, www.pewresearch.org/fact-tank/2017/09/13/about-6-in-10-young-adults-in-u-s-primarily-use-online-streaming-to-watch-tv/; and "Quarterly Retail E-Commerce Sales 4th Quarter 2017," U.S. Census Bureau, February 16, 2018, www.census.gov/retail/mrts/www/data/pdf/ec_current.pdf.

31. See http://community.us.playstation.com/, https://ideas.lego.com, and www.sephora.com/about-beauty-insider, accessed September 2018.

32. Darrell Etherington, "Instagram Now Has 800 Million Monthly and 500 Million Daily Active Users," *TechCrunch,* September 25, 2017, https://techcrunch.com/2017/09/25/instagram-now-has-800-million-monthly-and-500-million-daily-active-users/; Matthew Lynley, "Pinterest Crosses 200 Million Monthly Active Users," *TechCrunch,* September 14, 2017, https://techcrunch.com/2017/09/14/pinterest-crosses-200-million-monthly-active-users/; and https://newsroom.fb.com/company-info/, www.cafemom.com, and ravelry.com, accessed September 2018.

33. See Alexandra Zamfir, "5 Brands that Built Authentic Social Media Communities," *Falcon,* January 18, 2016, www.falcon.io/insights-hub/topics/customer-engagement/5-brands-who-built-authentic-social-media-communities/#CS; and www.redbull.com, https://twitter.com/redbull, and www.facebook.com/redbull, accessed September 2018.

34. John Koetsier, "Mobile Advertising Will Drive 75% of All Digital Ad Spend in 2018: Here's What's Changing," *Forbes,* February 23, 2018, www.forbes.com/sites/johnkoetsier/2018/02/23/mobile-advertising-will-drive-75-of-all-digital-ad-spend-in-2018-heres-whats-changing/#b7eece4758be; and "U.S. Mobile Retail Commerce Sales as a Percentage of Retail E-commerce Sales from 2017 to 2021," *Statista,* www.statista.com/statistics/249863/us-mobile-retail-commerce-sales-as-percentage-of-e-commerce-sales/, accessed September 2018.

35. Lauren Johnson, "Taco Bell's Mobile Ads Are Highly Targeted to Make Users Crave Its Breakfast Menu," *Adweek,* March 14, 2016, www.adweek.com/print/170155; And Johnson, "Taco Bell Beefs Up Mobile Advertising Play to Drive In-Store Foot Traffic," *Mobile Marketer,* www.mobilemarketer.com/ex/mobilemarketer/cms/news/advertising/13229.html, accessed September 2018.

36. Information from "The 100 Largest U.S. Charities: St. Jude Children's Research Hospital," *Forbes,* www.forbes.com/companies/st-jude-childrens-research-hospital/, accessed September 2018; and various pages at www.stjude.org, accessed September 2018. Finding Cures. Saving Children®, Up 'Til Dawn®, St. Jude Dream Home® Giveaway, and St. Jude Thanks and Giving® are registered trademarks of American Lebanese Syrian Associated Charities, Inc. (ALSAC).

37. See "United States Advertisers/Agencies," *Ad Brands,* www.adbrands.net/us/top-us-advertisers.htm, accessed September 2018.

38. See www.aboutmcdonalds.com/mcd and www.nikeinc.com, accessed September 2018.

39. See Jason Del Rey, "Warby Parker Is Valued at $1,75 Billion after a Pre-IPO Investment of $75 Million," *Recode,* March 14, 2018, www.recode.net/2018/3/14/17115230/warby-parker-75-million-funding-t-rowe-price-ipo; Tom Foster, "Warby Parker Grew to $250 Million in Sales through Disciplined Growth. Now It's Time to Get Aggressive," *Inc.,* June 2017, www.inc.com/magazine/201706/tom-foster/warby-parker-eyewear.html; and www.warbyparker.com, www.warbyparker.com/history, and www.warbyparker.com/buy-a-pair-give-a-pair, accessed September 2018.

2장

1. See George Belch and Michael Belch, Advertising and Promotion: An Integrated Marketing Perspective (New York: McGraw Hill-Irwin, 2009); J. Dobrian, "A Century of Watches," *National Jeweler,* Vol. 100, No. 20, 2006, pp. 40–44; "The History of Rolex," 2009, in-terwatches.com, accessed October 2015; K. James, "Rolex Watch Company History," www.thewatchguy.com; K. Heine, "The Concept of Luxury Brands," 2011, www.conceptofluxurybrands.com; P. Kotler, "Distribution and Channels: Kotler on Marketing," Marketing Insights from A to Z: 80 Concepts Every Manager Needs to Know, 2003, http://www.wiley.com; Robert Klara, "How Rolex Runs on Autopilot," *Adweek,* April 3, 2013, http://www.adweek.com/news/advertising-branding/how-rolex-runs-autopilot-148233; "The World's Most Valuable Brands: #65 Rolex," *Forbes,* http://www.forbes.com/companies/rolex/; "Brand Finance Best Retail Brands 2015," Ranking the Brands, http://www.rankingthebrands.com/The-Brand-Rankings.aspx?rankingID=236&year=917; "Branding Case Study: Purchasing a Rolex Sports Watch," International Branding, http://www.internationalbranding.org/en/branding-case-study; Stephen Pulvirent, "Rare Tiffany-Branded Rolexes to Be Sold at Sotheby's Bunny Mellon Auction," *Bloomberg,* November 20, 2014, http://www.bloomberg.com/news/articles/2014-11-19/rare-tiffany-branded-rolexes-to-be-sold-at-sotheby-s-bunny-mellon-auction; "Rolex Amplifies 30-Year Wimbledon Sponsorship with Digital Content," Digital Training Academy, http://www.digitaltrainingacademy.com/casestudies/2013/07/rolex_amplifies_30year_wimbledon_sponsorship_with_digital_content.php; Eli Epstein, "Rolex: How a 109-Year-Old Brand Thrives in the Digital Age," Mashable, April 18, 2014, http://mashable.com/2014/04/17/rolex-marketing-strategy/#O2FKcQHWRGqs; Hitesh Bhasin, "Marketing Mix of Rolex — Rolex

Marketing Mix," *Marketing* 91, November 30, 2016, http://www.marketing91.com/marketing-mix-of-rolex/; "Rolex Branding Strategy," Finance Maps of World, http://finance.map-sofworld.com/brand/value/rolex.html; Tim Fleschner, "Rolex, Coca-Cola Use Content Marketing to Support Brand Legacy," Content Standard, June 11, 2014, http://www.skyword.com/contentstandard/enterprise-marketing/rolex-coca-cola-use-content-marketing-to-support-brand-legacy/; "The Rolex Marketing Mix: A Success Story," Dtcarguy's Blog, May 2, 2013, https://dtcarguy. wordpress.com/2013/05/02/the-rolex-marketing-mix-a-success-story/; http://rolexpassionreport.com/5207/new-rolex-strategy-after-mr-heiningers-2009-departure-from-branding-manager-guru-daniel-gaujac/; all internet sources accessed October 2015.

2. The NASA mission statement is from www.nasa.gov/about/whats_next.html, accessed September 2018.

3. See www.ritzcarlton.com/en/about/gold-standards, accessed September 2018. For more mission statement examples, see www.missionstatements.com/fortune_500_mission_statements.html, accessed September 2018.

4. Information about CVS Health and its mission and activities from www.cvshealth.com/about, www.cvshealth.com/about/our-story, www.cvs.com/minuteclinic/visit/about-us/history, and www.cvshealth.com/about/our-offerings, accessed September 2018.

5. See www.mars.com/global and www.mars.com/global/about-us, accessed September 2018.

6. The following discussion is based in part on information found at www.bcg.com/documents/file13904.pdf, accessed September 2018.

7. See Matt Egan, "GE Could Break Itself Apart as Cash Crisis Deepens," *CNN Money,* January 16, 2018, http://money.cnn.com/2018/01/16/investing/ge-breakup-stock/index.html; and Kevin McCoy, "GE Weighs a Breakup of Iconic U.S. Conglomerate amid Insurance Problem," *USA Today,* January 16, 2018, www.usatoday.com/story/money/2018/01/16/ge-weighs-breakup-iconic-us-conglomerate-amid-insurance-problem/1036258001/; and www.ge.com, accessed September 2018.

8. H. Igor Ansoff, "Strategies for Diversification," *Harvard Business Review*, September–October 1957, pp. 113–124.

9. Information about Starbucks in this section is from "Starbucks CEP Kevin Johnson Unveils Innovative Growth Strategy at 2018 Annual Meeting," March 21, 2018, https://news.starbucks.com/press-releases/starbucks-unveils-innovative-growth-strategy-at-2018-annual-meeting; Sarah Whitten, "Starbucks Opens First Princi Location, Teases More to Come in 2018," *CNBC,* November 7, 2017, www.cnbc.com/2017/11/07/starbucks-opens-first-princi-location-teases-more-to-come-in-2018.html; and various pages at www.starbucks.com, accessed September 2018.

10. See Michael E. Porter, *Competitive Advantage: Creating and Sustaining Superior Performance* (New York: Free Press, 1985); and Michael E. Porter, "What Is Strategy?" *Harvard Business Review*, November–December 1996, pp. 61–78. Also see "The Value Chain," www.quickmba.com/strategy/value-chain, accessed September 2018; and Philip Kotler and Kevin Lane Keller, *Marketing Management*, 15th ed. (Hoboken, NJ: Prentice Hall, 2016), Chapter 2.

11. Blake Morgan, "When the CMO Owns the Customer Experience: 10 Top CMOs Share Their POV," *Forbes,* August 29, 2017, www.forbes.com/sites/blakemorgan/2017/08/29/when-the-cmo-owns-customer-experience-10-top-cmos-share-their-pov/#65afabf469d2.

12. See www.swamedia.com/pages/corporate-fact-sheet, accessed September 2018.

13. Minda Smiley, "Adidas's 'Impossible Is Nothing' Campaign Starring Muhammad Ali Wins Top Marketing Moment," *The Drum*, March 31, 2016, https://www.thedrum.com/news/2016/03/31/adidas-s-impossible-nothing-campaign-starring-muhammad-ali-wins-top-marketing-moment; "Huawei Makes It Possible Through Innovation," *NetMag Pakistan*, June 13, 2016, https://netmag.pk/huawei-makes-it-possible-through-innovation/; BMW Group, "40 years of Sheer Driving Pleasure—Anniversary Celebrations for the BMW and MINI Driving Experience," September 21, 2017, https://www.press.bmwgroup.com/global/article/detail/T0274648EN/40-years-of-sheer-driving-pleasure-%E2%80%93-anniversary-celebrations-for-the-bmw-and-mini-driving-experience?language=en.

14. "Leading National Advertisers Fact Pack," *Advertising Age*, June 26, 2017, http://adage.com/d/resources/system/files/resource/LNA%20Fact%20Pack%202017-online.pdf.

15. The four Ps classification was first suggested by E. Jerome McCarthy, *Basic Marketing: A Managerial Approach* (Homewood, IL: Irwin, 1960). The four As are discussed in Jagdish Sheth and Rajendra Sisodia, *The 4 A's of Marketing: Creating Value for Customer, Company and Society* (New York: Routledge, 2012); and Philip Kotler and Kevin Lane Keller, *Marketing Management,* 15th ed. (Hoboken, NJ: Pearson Education, 2016), p. 26.

16. Blake Morgan, "When the CMO Owns the Customer Experience: 10 Top CMOs Share Their POV," *Forbes,* August 29, 2017, www.forbes.com/sites/blakemorgan/2017/08/29/when-the-cmo-owns-customer-experience-10-top-cmos-share-their-pov/#65afabf469d2.

17. For more on marketing dashboards and financial measures of marketing performance, see Ofer Mintz and Imran S. Currim, "What Drives Managerial Use of Marketing Financial Metrics and Does Metric Use Affect Performance of Marketing-Mix Activities?" *Journal of Marketing,* March 2013, pp. 17–40; and "Marketing Dashboard Examples," *Klipfolio,* www.klipfolio.com/resources/dashboard-examples, accessed September 2018.

18. For a full discussion of this model and details on customer–centered measures of marketing return on investment, see Roland T. Rust, Katherine N. Lemon, and Valerie A. Zeithaml, "Return on Marketing: Using Customer Equity to Focus Marketing Strategy," *Journal of Marketing*, January 2004, pp. 109–127; Roland T. Rust, Katherine N. Lemon, and Das Narayandas, *Customer Equity Management* (Upper Saddle River, NJ: Prentice Hall, 2005); Roland T. Rust, "Seeking Higher ROI? Base Strategy on Customer Equity," *Advertising Age,* September 10, 2007, pp. 26–27; Andreas Persson and Lynette Ryals, "Customer Assets and Customer Equity: Management and Measurement Issues," *Marketing Theory*, December 2010, pp. 417–436; and Kirsten Korosec, "'Tomato, Tomäto'? Not Exactly," *Marketing News*, January 13, 2012, p. 8.

19. Molly Soat, "More Companies Require Revenue-Focused Marketing ROI Measures, Study Finds," *Marketing News Weekly,* www.ama.org/publications/eNewsletters/Marketing-News-Weekly/Pages/more-companies-require-revenue-focused-marketing-roi-measures.aspx, accessed September 2018.

3장

1. See "Innovating for a Healthier, More Sustainable World," Philips Annual Report 2014, http://www.2014.annualreport.philips.com/#!/home/tab=tab:2/; Judy Lin, "A 6-Point Analysis of the Philips Lighting Business Restructure," *LED Inside*, October 2, 2014, http://www.ledinside.com/intelligence/2014/10/a_6_point_analysis_of_the_philips_lighting_business_restructure; Svend Hollensen, *Global Marketing*, 5th ed. (Pearson 2013); McKinsey & Company, "Lighting the Way: Perspectives on the Global Lighting Market," http://www.mckinsey.com/~/media/McKinsey/dotcom/client_service/Automotive%20and%20Assembly/Lighting_the_way_Perspectives_on_global_lighting_market_2012.ashx; Triska Hamid, "Philips Lifts Middle East Revenues in Spite of Global Losses," *The National*, October 29, 2014, http://www.thenational.ae/business/economy/philips-lifts-middle-east-revenues-in-spite-of-global-losses; www.philips.com; http://www.worldbank.org, "Philips Lighting Annual Report 2017," https://www.signify.com/static/2017/philips-lighting-annual-report-2017.pdf; "Philips Lighting Is Now Signify," GlobeNewswire, May 16, 2018, https://globenewswire.com/news-release/2018/05/16/1507050/0/en/Philips-Lighting-is-now-Signify.html; Signify press release: fourth-quarter and full-year results 2018 report, https://www.signify.com/static/quarterlyresults/2018/q4_2018/signify-fourth-quarter-and-full-year-results-2018-report.pdf.

2. See https://preview.thenewsmarket.com/Previews/IKEA/Document Assets/493700.pdf, www.ikea.cn/ms/en_CN/about_ikea/the_ikea_way/our_business_idea/a_better_everyday_life.html, www.ikea.com/gb/en/this-is-ikea/people-planet/people-communities/suppliers/, and https://preview.thenewsmarket.com/Previews/IKEA/DocumentAssets/493700.pdf, accessed September 2018.

3. "Apple Authorized Service Provider Program," https://support.apple.com/en-lamr/aasp-program, accessed February 13, 2017; Dylan Love, "An Inside Look at Apple's Secret Weapon in Retail: Authorized Resellers," *Business Insider*, February 17, 2012, http://www.businessinsider.com/apple-reseller-asheville-citymac-2012-2?IR=T, accessed February 13, 2017; Negar Salek, "My Mac Pioneers Apple's Premium Reseller Program," Connecting the Australian Channel, October 8, 2010, https://www.crn.com.au/news/my-mac-pioneers-apples-premium-reseller-program-234602, accessed February 13, 2017.

4. See https://corporate.homedepot.com/community, accessed September 2018.

5. U.S. and World POP Clock, U.S. Census Bureau, www.census.gov/popclock/, accessed September 2018. This website provides continuously updated projections of the U.S. and world populations.

6. See "Population Projections for the United States from 20-15 to 2060," *Statista*, http://www.statista.com/statistics/183481/united-states-population-projection/, accessed September 2018.

7. "U.S. Population," *Worldometers,* www.worldometers.info/world-population/us-population/, accessed September 2018.

8. Population numbers in this section are based on Richard Fry, "Millennials Overtake Baby Boomers as America's Largest Generation," *Pew Research*,

April 25, 2016, www.pewresearch.org/fact-tank/2016/04/25/millennials-overtake-baby-boomers/. Also see "Baby Boomers Slip to 74.1 Million in U.S.," *Cleveland.com*, April 24, 2017, www.cleveland.com/datacentral/index.ssf/2017/04/baby_boomers_slip_to_741_milli.html; Paul Davidson, "The Economy Is Still About—Who Else?—Boomers," *USA Today*, July 17, 2017, www.usatoday.com/story/money/2017/07/17/economy-still-all-who-else-boomers/476908001.

9. "Generational Marketing: Tips for Reaching Baby Boomers," July 16, 2015, www.mayecreate.com/2015/07/generational-marketing-tips-for-reaching-baby-boomers/; Janet Morrissey, "Baby Boomers to Advertisers: Don't Forget about Us," *New York Times*, October 15, 2017, www.nytimes.com/2017/10/15/business/media/baby-boomers-marketing.html?mtrref=undefined; Chloe Aiello, "Tech Companies Will Increasingly Look to Aging Baby Boomers for Growth, Says Evercore Analyst," *CNBC*, January 26, 2018, www.cnbc.com/2018/01/26/tech-companies-will-increasingly-look-to-aging-baby-boomers-for-growth.html.

10. See Alexandra Jardine, "After the Rise of 'Femvertising,' Is 'Oldvertising' the Next Big Thing?" *Advertising Age*, April 5, 2017, http://adage.com/article/creativity/fem-vertising-vertising/308527/.

11. "Last Night's Ads: Walgreens Reassures Baby Boomers They Can Still Be Cool," *Advertising Age*, January 4, 2016, http://adage.com/print/301976/; "Walgreens TV Commercial, 'Carpe Med Diem,'" www.ispot.tv/ad/A7LR/walgreens-carpe-med-diem, accessed September 2018; and www.walgreens.com/topic/pharmacy/medicarepartd-info.jsp, accessed September 2018.

12. The specific date ranges for the generations varies by source. The ones used here are from the Pew Research Center. See www.pewresearch.org/fact-tank/2018/03/01/millennials-overtake-baby-boomers/.

13. Robert Klara, "5 Reasons Marketers Have Largely Overlooked Generation X," *Adweek*, April 4, 2016, www.adweek.com/brand-marketing/5-reasons-marketers-have-largely-overlooked-generation-x-170539/; Richard Fry, "Millennials Projected to Overtake Baby Boomers as America's Largest Generation," Pew Research, March 1, 2018, www.pewresearch.org/fact-tank/2018/03/01/millennials-overtake-baby-boomers/.

14. See Michelle Markelz, "Why You Should Be Marketing to Gen X," American Marketing Association, www.ama.org/publications/eNewsletters/Marketing-News-Weekly/Pages/why-you-should-be-marketing-to-gen-x.aspx, accessed September 2018; www.lowes.com/mobile, www.lowes.com, www.youtube.com/watch?v=zbFX7p6ZGTk, and www.pinterest.com/lowes/, accessed September 2018.

15. Carrie Cummings, "Blue Ribbon Millennials," *Adweek*, April 11, 2018, p. 13.

16. See Emma Brazilian, "Millennial Movers," *Adweek*, February 27, 2017, p. 9. Also see "Millennials," Pew Research Center, www.pewresearch.org/topics/millennials/, accessed September 2018.

17. "Fifth Third Bank Invites You to 'Lose the Wait,'" Leo Burnett, February 12, 2016, http://leoburnett.us/chicago/article/fifth-third-bank-invites-you-to-lose-the-wait-/; and Adrianne Pasqarelli, "Another Bank Chases Millennials with Digital Games, Ads," *Advertising Age*, January 21, 2016, http://adage.com/print/302263/. Also see https://financialinsights.53.com/financial-planning-millennials/ and www.youtube.com/watch?v=jaKosB4F1OU, accessed September 2018.

18. See Josh Perlstein, "Engaging Generation Z: Marketing to a New Brand of Consumer," *Adweek*, November 27, 2017, www.adweek.com/digital/josh-perlstein-response-media-guest-post-generation-z/; Libby Kane, "Meet Generation Z, the 'Millennials on Steroids' Who Could Lead the Change in the US," *Business Insider*, December 4, 2017, www.businessinsider.com/generation-z-profile-2017-9; and "The Power of Gen Z Influence," Barkley Report, January 2018, www.millennialmarketing.com/wp-content/uploads/2018/01/Barkley_WP_GenZMarketSpend_Final.pdf.

19. See "GenZ: Digital in Their DNA"; Shannon Bryant, "'Generation Z' Children More Tech-Savvy; Prefer Gadgets, Not Toys," *Marketing Forecast*, April 3, 2013, www.ad-ology.com/tag/tech-savvy-children/#.U5d9avldV8E; Brett Relander, "How to Market to Gen Z," *Entrepreneur*, November 4, 2014, www.entrepreneur.com/article/238998; Josh Perlstein, "Engaging Generation Z: Marketing to a New Brand of Consumer," *Adweek*, November 27, 2017, www.adweek.com/digital/josh-perlstein-response-media-guest-post-generation-z/; and "Redesigning Retail for the Next Generation," Accenture, www.accenture.com/us-en/insight-redesigning-retail-next-generation, accessed September 2018.

20. Carrie Cummings, "Infographic: Here's How Gen Z Girls Prefer to Shop and Socialize Online," *Adweek*, May 8, 2016, www.adweek.com/brand-marketing/infographic-heres-how-gen-z-girls-prefer-shop-and-socialize-online-171328/; and "13 Strategies for Marketing to Generation Z," *Forbes*, February 22, 2018, www.forbes.com/sites/forbesbusinessdevelopmentcouncil/2018/02/22/13-strategies-for-marketing-to-generation-z/#2f6cf90731c3.

21. See http://neverstopexploring.com/2016/02/18/12068/ and http://neverstopexploring.com/2015/08/25/the-north-face-youth-design-team-seeks-inspiration-from-kids/, accessed September 2016.

22. For statistics on family composition, see U.S. Census Bureau, "Family Households," Table F1, and "Households by Type, Age of Members, Region of Residence, and Age of Householder: 2016," Table H2, www.census.gov/data/tables/2016/demo/families/cps-2016.html, accessed September 2018.

23. "Interracial Marriage across the U.S. by Metro Area," *Pew Research*, May 18, 2017, www.pewsocialtrends.org/interactives/intermarriage-across-the-u-s-by-metro-area/; "The Changing American Family," *CBS News*, May 11, 2014, www.cbsnews.com/videos/the-changing-american-family/; and U.S. Census Bureau, "Table 1. Household Characteristics of Opposite-Sex and Same-Sex Couple Households," www.census.gov/data/tables/time-series/demo/same-sex-couples/ssc-house-characteristics.html, accessed September 2018.

24. See Department of Labor, "Facts Over Time: Women in the Labor Force," www.dol.gov/wb/stats/facts_over_time.htm; Pew Research Center, "Breadwinner Moms," May 29, 2013, www.pewsocialtrends.org/2013/05/29/breadwinner-moms/; U.S. Census Bureau, "America's Families and Living Arrangements: 2016," Table FG1, www.census.gov/hhes/families/data/cps2015FG.html, accessed September 2018; and U.S. Census Bureau, "Parents and Children in Stay at Home Parent Family Groups: 1994 to Present," Table SHP-1, www.census.gov/hhes/families/data/families.html, accessed September 2018.

25. See T.L. Stanley, "Angel Soft Continues to Build Ads around Quiet, Relatable Moments in People's Lives," *Adweek*, January 11, 2017, www.adweek.com/creativity/angel-soft-continues-build-ads-around-quiet-relatable-moments-peoples-lives-175479/; "Best of Dad Ads," *Ad Forum*, www.adforum.com/creative-work/best-of/13299/best-of-dad-ads/play#34540302, accessed September 2018; and www.youtube.com/watch?v=r7tRf0dtK7E, accessed September 2018.

26. See Cord Jefferson, "Cheerios Ad Starring Interracial Family Predictably Summons Bigot Wave," *Gawker*, May 30, 2013, http://gawker.com/cheerios-ad-starring-interracial-family-predictably-sum-510591871; Jessica Wohl, "Campbell Soup Shows 'Real, Real Life' in New Brand Campaign," *Advertising Age*, October 5, 2016, http://adage.com/print/300750; and www.youtube.com/watch?v=Z01qH-jqGBY and www.youtube.com/watch?v=7rZOMY2sOnE, accessed September 2018.

27. Tim Henderson, "Americans Are Moving South, West Again," Pew Charitable Trusts, January 8, 2016, www.pewtrusts.org/en/research-and-analysis/blogs/stateline/2016/01/08/americans-are-moving-south-west-again; U.S. Census Bureau, "Declining Mover Rate Drive by Renters, Census Bureau Reports," November 15, 2017, www.census.gov/newsroom/press-releases/2017/mover-rates.html; and U.S. Census Bureau, "Migration/Geographical Mobility," www.census.gov/population/www/socdemo/migrate.html, accessed September 2018.

28. See U.S. Census Bureau, "Metropolitan and Micropolitan Statistical Areas," www.census.gov/population/metro/data/index.html/, accessed September 2018; Mike Maciag, "Population Growth Shifts to Suburban America," *Governing*, June 2017, www.governing.com/topics/urban/gov-suburban-population-growth.html; and "List of Micropolitan Statistical Areas," *Wikipedia*, http://en.wikipedia.org/wiki/List_of_Micropolitan_Statistical_Areas, accessed September 2018.

29. Niraj Chokshi, "Out of the Office: More People Are Working Remotely, Survey Finds." *New York Times*, February 15, 2017, www.nytimes.com/2017/02/15/us/remote-workers-work-from-home.html.

30. See www.slack.com, accessed September 2018.

31. U.S. Census Bureau, "Educational Attainment," www.census.gov/data/tables/2017/demo/education-attainment/cps-detailed-tables.html, accessed June 2018.

32. See U.S. Department of Labor, "Employment Projections: 2014–2024 Summary," www.bls.gov/emp/ep_table_103.htm, accessed September 2018.

33. See U.S. Census Bureau, "Projections of the Size and Composition of the U.S. Population: 2014 to 2060," March 2015, www.census.gov/content/dam/Census/library/publications/2015/demo/p25-1143.pdf; "Multicultural Consumers by the Numbers," *Advertising Age*, April 6, 2015, p. 20; U.S. Census Bureau, "The Nation's Older Population Is Still Growing, Census Bureau Reports," June 22, 2017, www.census.gov/newsroom/press-releases/2017/cb17-100.html; and Census Quick Facts, www.census.gov/quickfacts/fact/table/US/PST045217, accessed September 2018.

34. See Brielle Jaekel, "Marriott Celebrates Latino Love of Travel in Social Media Campaign," *Mobile Marketer*, www.mobilemarketer.com/ex/mobilemarketer/cms/news/advertising/21118.html, accessed September 2018; Parker Morse, "3 Hispanic Marketing Campaigns That Are Awesome," *Media Post*," December 6, 2017, https://www.mediapost.com/publications/

article/311189/3-hispanic-marketing-campaigns-that-are-awesome.html; and http://lovetravelswithme.com/, accessed September 2018.

35. Jeff Green, "LGBT Purchasing Power Near $1 Trillion Rivals other Minorities," *Bloomberg*, July 20, 2016, www.bloomberg.com/news/articles/2016-07-20/lgbt-purchasing-power-near-1-trillion-rivals-other-minorities; and "The LGBT Economy Is America's Future," *Advocate*, January 2, 2018, www.advocate.com/commentary/2018/1/02/lgbt-economy-americas-future.

36. For more discussion, see Jacob Passy, "Wells Fargo: Ad with Gay Couple Reflects 'Demographic Reality,'" *American Banker*, June 23, 2015, www.americanbanker.com/news/consumer-finance/wells-fargo-ad-with-gay-couple-reflects-demographic-reality-1075043-1.html; and https://www.youtube.com/watch?v=DxDsx8HfXEk, accessed September 2018.

37. "Institute on Disability, "2016 Disability Statistics Annual Report," https://disabilitycompendium.org/sites/default/files/user-uploads/2016_AnnualReport.pdf; "What Is the Disability Market," http://returnondisability.com/disability-market/, accessed September 2018; and "Disability Travel Generates $17.3 Billion in Annual Spending," *PR Newswire*, July 31, 2015, www.prnewswire.com/news-releases/disability-travel-generates-173-billion-in-annual-spending-300121930.html; and Michael Kimmelman, "How Design for One Turns into Design for All," *New York Times*, January 24, 2018, www.nytimes.com/2018/01/24/arts/design/cooper-hewitt-access-ability.html.

38. "We Can Change Attitudes with Disability in Advertising," *Advertising and Disability*, February 18, 2016, http://-advertisinganddisability.com/2016/02/18/we-can-change-attitudes-with-disability-in-advertising/.

39. Katie Richards, "Toyota Is Betting on the Olympics with 7 New Pieces of Creative for Its First Global Campaign," *Adweek*, February 9, 2018, www.adweek.com/brand-marketing/toyota-is-betting-big-on-the-olympics-with-7-new-pieces-of-creative-for-its-first-global-campaign/; "Toyota Rolls Out 'Start Your Impossible' Global Campaign That Reflects the Olympic and Paralympic Spirit of Encouragement, Challenge and Progress," Toyota Newsroom, February 9, 2018, https://newsroom.toyota.co.jp/en/corporate/21064838.html; and www.youtube.com/watch?v=38PMmAbR_e4, accessed September 2018.

40. See "Purpose & Beliefs," https://corporate.target.com/about/purpose-beliefs, accessed September 2018.

41. Drew Harwell, "Meet the Secret Army of Meteorologists Who Keep Your Holiday Deliveries on Time," *The Washington Post,* December 8, 2014, www.washingtonpost.com/business/economy/meet-the-secret-army-of-meteorologists-who-keep-your-holiday-deliveries-on-time/2014/12/08/2d9d3c82-759d-11e4-9d9b-86d397daad27_story.html; and Steve Banker, "Using Weather Data to Improve Supply Chain Resiliency," *Forbes*, June 29, 2016, www.forbes.com/sites/stevebanker/2016/06/29/using-weather-to-improve-supply-chain-resiliency/#5da581be23f2.

42. Sarah Begley, "UN Report Warns of Serious Water Shortages within 15 Years," *Time*, March 20, 2015, http://time.com/3752643/un-water-shortage-2030/; Tim Smedley, "Is the World Running Out of Fresh Water," *BBC*, April 12, 2017, www.bbc.com/future/story/20170412-is-the-world-running-out-of-fresh-water; and "The World's Water," *Pacific Institute,* www.worldwater.org/data.html, accessed September 2018.

43. Nike, "Sustainable Innovation," http://about.nike.com/pages/sustainable-innovation, accessed February 13, 2017; Nike, "Minimize Environmental Footprint," http://about.nike.com/pages/environmental-impact, accessed February 13, 2017.

44. See "A $1 Billion Project to Remake the Disney World Experience, Using RFID," http://www.fastcodesign.com/1671616/a-1-billion-project-to-remake-the-disney-world-experience-using-rfid#1; and Arthur Levine, "Disney Park Upgrades Make Visiting More Convenient," *USA Today*, February 27, 2018, www.usatoday.com/story/travel/experience/america/theme-parks/2018/02/27/disney-parks-magicbands-fastpasses-app/374588002/.

45. See, for example, Taylor Armerding, "The 17 Biggest Data Breaches of the 21st Century," *CSO*, January 26, 2018, www.csoonline.com/article/2130877/data-breach/the-biggest-data-breaches-of-the-21st-century.html; and Sarah Frier, "Facebook Just Doubled the Number of People Exposed in Data Breach," *Time*, April 4, 2018, http://time.com/money/5228277/facebook-cambridge-analytica-data-breach-numbers/.

46. See Angela Natividid, "Lacoste's Iconic Crocodile Makes Room for 10 Endangered Species on Brand's Polo Shirts," *Adweek*, February 28, 2018, www.adweek.com/brand-marketing/lacostes-iconic-crocodile-makes-room-for-10-endangered-species-on-brands-polo-shirts/; and https://carecounts.whirlpool.com/ and www.itcanwait.com, accessed September 2018.

47. See www.benjerry.com/values, www.benandjerrysfoundation.org and www.unilever.com/brands-in-action/detail/ben-and-jerrys/291995, accessed July 2018.

48. See David Gianatasio, "A New Cycle," *Adweek,* September 11, 2017, p. 13; and "Top Ice Cream Brands of the United States," *Statista,* www.statista.com/statistics/190426/top-ice-cream-brands-in-the-united-states/, accessed July 2018.

49. See "Social Impact Statistics You Should Know," http://engageforgood.com/guides/statistics-every-cause-marketer-should-know/, accessed July 2018.

50. Kristina Monllos, "Sperry Goes Back to Basics with a Campaign for Adventurous Millennials," *Adweek,* February 19, 2015, www.adweek.com/print/162983; Erik Oster, "mono Rebrands Sperry with 'Odysseys Await,'" *Adweek,* February 19, 2015, www.adweek.copm/print/81123; and www.sperry.com/en/our-story/ and https://mono-1.com/work/sperry-odysseys-await, accessed July 2018.

51. Sherry Turkle, "The Flight from Conversation," *New York Times,* April 22, 2012, p. SR1; and Turkle, "Stop Googling. Let's Talk," *New York Times,* September 27, 2015, p. SR1.

52. See Tim Nudd, "What the Famous Faces from Jeep's Super Bowl Ad Really Had to Do with the Vehicle," *Advertising Age,* February 7, 2016, www.adage.com/print/169489; "Apple Kicks Off 'Made in USA' Marketing Push with High-End Mac Pro," *Advertising Age*, December 19, 2013, http://adage.com/print/245765/; E. J. Schultz, "Coke Joins Patriotic Branding Boom with Flag Can," *Advertising Age*, May 26, 2016, www.adage.com/print/304186; "5 Veteran's Day Campaigns to Honor Those Who Served," *Campaign Live,* November 10, 2017, www.campaign-live.co.uk/article/5-veterans-day-campaigns-honor-served/1449776; and www.youtube.com/watch?v=wKn5K5V7tRo, accessed September 2018.

53. See Emily Monaco, "Organic Food and Beverage Market Growth Projected at 14 Percent Before 2021," *Organic Authority,* January 3, 2018, www.organicauthority.com/organic-food-and-beverage-market-growth-projected-at-14-percent-before-2021/; and Frank Giles, "Future Looks Bright for Organic Produce Growth," *Growing Produce,* February 15, 2018, www.growingproduce.com/fruits/future-looks-bright-organic-produce-growth/.

54. See Elaine Watson, "Annie's President: 'Over the Last Two Years We've Added Four Million New Households Each Year,'" *Food Navigator,* March 21, 2017, www.foodnavigator-usa.com/Article/2017/03/21/Annie-s-sales-set-to-reach-400m-in-fiscal-2017; and various pages at www.annies.com, accessed July 2018.

55. The Pew Forum on Religion & Public Life, "Nones on the Rise," www.pewforum.org/Unaffiliated/nones-on-the-rise.aspx, accessed October 9, 2012; "America's Changing Religious Landscape," May 12, 2015, www.pewforum.org/2015/05/12/americas-changing-religious-landscape/; Daniel Cox and Robert P. Jones, "America's Changing Religious Identity," PRRI, September 6, 2017, www.prri.org/research/american-religious-landscape-christian-religiously-unaffiliated/; and www.pewforum.org/religious-landscape-study/, accessed July 2018.

56. For more discussion, see David Masci and Michael Lipka, "Americans May Be Getting Less Religious, but Feelings of Spirituality Are on the Rise," Pew Research Center, January 21, 2016, www.pewresearch.org/fact-tank/2016/01/21/americans-spirituality/.

57. See Gini Dietrich, "5 Crisis Lessons from Crock-Pot and 'This Is Us,'" *PR Daily,* February 19, 2017, www.prdaily.com/mediarelations/Articles/5_crisis_lessons_from_CrockPot_and_This_Is_Us_23990.aspx; and Amy George, "Crock-Pot's Response to Its Tragic Role in 'This Is Us' Is a Lesson in Smart PR," *Inc.,* January 29, 2018, www.inc.com/amy-george/crock-pots-response-to-angry-this-is-us-fans-shows-why-every-company-needs-a-pr-crisis-plan.html.

4장

1. See Klaus Kneale, "World's Most Reputable Companies," *Forbes*, May 6, 2009, http://www.forbes com; "Ferrero Financial Results 2014," *Confectionerynews.com,* http://www.confectionerynews.com/Manufacturers/Ferrero-financial-results-2014; "Research and Markets: India Chocolate Market Overview 2015–2021—Milk Chocolate Accounts for Majority of the Revenues," *Morningstar,* April 11, 2015, http://www.morningstar.com/news/business-wire/BWIPREM_20151104006553/research-and-markets-india-chocolate-market-overview-20152021-milk-chocolate-accounts-for-majority-of-the-revenues.html; "Tic Tac Goes Desi and Introduces 'Elaichi' Flavour," *Media4Growth,* December 23, 2014, http://www.media4growth.com/retail/article.html?aid=1907_Tic_Tac_goes_desi_and_introduces_%E2%80%98Elaichi%E2%80%99_flavour; Ajita Shashidhar, "Unwrapped," *Business Today,* March 30, 2014, http://www.businesstoday.in/magazine/features/confectionary-firm-ferrero-in-india-premium-chocolate-market/story/204086.html; Sohini Sen, "'We Have Faced More Difficult Marketing Challenges for Nutella Elsewhere Than in India': Emanuele

Fiordalisi, Marketing Head, Ferrero India," *Afaqs*!, May 14, 2015, http://www.afaqs.com/interviews/in-dex.html?id=456_We-have-faced-more-difficult-marketing-challenges-for-Nutella-elsewhere-than-in-India-Emanuele-Fiordalisi-marketing-head-Ferrero-India; Oliver Nieburg, "Ferrero to Tap into Rapid Indian Chocolate Growth with New Production Site—Analysts," Confectionerynews.com, October 27, 2011, http://www.confectionerynews.com/Manufacturers/Ferrero-to-tap-into-rapid-Indian-chocolate-growth-with-new-production-site-analysts; http://www.ferrero.com.au; http://www.flowerad visor.com, all Internet sites accessed November 2015; "Ferrero Named Most Reputable Global Food Company," ItalianFood.net, http://www.italianfood.net/blog/2016/03/26/ferrero-named-most-reputable-global-food-company/, accessed April 1, 2017; Ferrerro website, "Key Figures: Group Growth in 2014/2015," https://www.ferrer o.com/the-ferrero-group/business/key-fig-ures, accessed April 1, 2017; "Chocolate Maker Ferrero Reports 1.5 Percent Rise in Revenue in 2017,"*Reuters*,March 23, 2018, https://www.reuters.com/article/us-ferrero-results/chocolate-maker-ferrero-reports-1-5-percent-rise-in-revenue-in-2017-idUSKBN1GY2PM, accessed February 5, 2019.

2. See Tom Hale, "How Much Data Does the World Generate Every Minute?" *IFLSCIENCE*, July 2017, www.iflscience.com/technology/how-much-data-does-the-world-generate-every-minute/; Bernard Marr, "9 Technology Mega Trends That Will Change the World in 2018," *Forbes*, December 4, 2017, www.forbes.com/sites/bernardmarr/2017/12/04/9-technology-mega-trends-that-will-change-the-world-in-2018/#43d299 b75eed; and "Big Data," *Wikipedia*, http://en.wikipedia.org/wiki/Big_data, accessed June 2018.

3. See Jordan Bitterman, "Let's Clear Up the Data Forecast," *Adweek*, December 12, 2016, p. W1.

4. Based on information from Shareen Pathak, "How PepiCo Sweetens Up Consumer Insights," *Digiday*, June 8, 2015, http://digiday.com/brands/pepsico-sweetens-consumer-insights/.

5. See https://corporate.walmart.com/suppliers, accessed September 2018; and "What Is Retail Link For?" 8th & Walton, https://blog.8thandwalton.com/2015/08/what-is-retail-link-for//.

6. See Micah Solomon, "Crushing It via Customer-Centricity: How USAA Insurance Succeeds without Geckos and Flying Pigs," *Forbes*, August 13, 2015, www.forbes.com/sites/-micahsolomon/2015/08/13/-crushing-it-via-customer-centricity-not-geckos-and-flying-pigs-the-usaa-model/; Scott Horstein, "Use Care with That Database," *Sales & Marketing Management*, May 2006, p. 22; Jeff Ross, "Top 7 Best Auto Insurance Companies of 2018," *Goof Financial Cents*, January 5, 2018, www.goodfinancialcents.com/best-auto-insurance-companies/#usaa; and www.usaa.com and www.usaa.com/inet/pages/reporttomembers_financialhighlights_landing, accessed September 2018.

7. See, "Mastercard Conversation Suite Video," http://newsroom.mastercard.com/videos/mastercard-conversation-suite-video/, accessed September 2018; Sheila Shayon, "Mastercard Harnesses the Power of Social with Innovative Conversation Suite," *brandchannel*, May 7, 2013, www.brandchannel.com/home/post/2013/05/07/Mastercard-Conversation-Suite-050713.aspx; and "Mastercard's, Conversation Suite: Bringing Insights and Analytics to Social," http://shortyawards.com/7th/mastercards-conversation-suite-bringing-insights-and-analytics-to-social, accessed September 2018.

8. See Tom Warren, "Samsung Returns to Mock iPhone X Buyers in Latest Commercial," *The Verge*, November 6, 2017, www.theverge.com/2017/11/6/16611758/samsung-mocks-iphone-x-commercial; and "Samsung: Growing Up," www.theverge.com/2017/11/6/16611758/samsung-mocks-iphone-x-commercial, accessed September 2018.

9. Michael Brereton and Diane Bowers, "The 2017 AMA Gold Global Top 25 Market Research Firms," *Marketing News*, October 1, 2017, www.ama.org/publications/MarketingNews/Pages/2017-ama-gold-global-report.aspx.

10. Patrick Young, "Embracing an Era of Just-in-Time Research," *Marketing*, October 19, 2017, www.marketing-interactive.com/embracing-an-era-of-just-in-time-research/.

11. Amanda Lacey, "The New Age of Market Research Is Here," *CMO Magazine*, May 4, 2016, www.theceomagazine.com/business/the-new-age-of-market-research-is-here/.

12. Stacy Roman, "7 European Fast-Food Chains to Check Out," *Stripes Europe*, March 22, 2018, https://europe.stripes.com/lifestyle/7-european-fast-food-chains-check-out; "Vegan-Trend: Daten und Fakten zum Veggie-Boom," *VEBU*, https://vebu.de/veggie-fakten/entwicklung-in-zahlen/vegan-trend-fakten-zum-veggie-boom/; "Flensburg Holm," Nordsee website, https://www.nordsee.com/de/filialen/detail/store/nordsee-flensburg-holm-278/; "Nordsee Franchise," *World Franchise*, http://worldfranchise.eu/franchise/nordsee.

13. For more on research firms that supply marketing information, see Michael Brereton and Diane Bowers, "The 2017 AMA Gold Global Top

25 Market Research Companies," *Marketing News*, October 1, 2017, www.ama.org/publications/MarketingNews/Pages/2017-ama-gold-global-report.aspx. Other information from www.nielsen.com/us/en/solutions/measurement/retail-measurement.html and www.kantarfutures.com/products/subscriptions/, accessed September 2018.

14. See www.iriworldwide.com, accessed September 2018.

15. Kai Ryssdal and Tommy Andres, "Domino's CEO Patrick Doyle: Tech with a Side of Pizza," *Marketplace*, September 24, 2015, www.marketplace.org/2015/09/24/business/corner-office/dominos-ceo-patrick-doyle-tech-side-pizza.

16. See Geoff Colvin, "How Intuit Reinvents Itself," *Fortune*, November 12, 2017, pp. 76–82.

17. Annelies Verkerk, "Two Examples of On-site Observational Studies with Elderly," Noldus, February 14, 2013, https://www.noldus.com/blog/two-examples-of-on-site-observational-studies-with-elderly-people.

18. Ron Kohavi and Stefan Thomke, "The Surprising Power of Experiments," *Harvard Business Review*, September-October 2017, pp. 74–82.

19. See Scott Keeter and others, "What Low Response Rates Mean for Telephone Surveys," Pew Research Center, May 15, 2017, www.pewresearch.org/2017/05/15/what-low-response-rates-mean-for-telephone-surveys/; and Jackie Lorch, "There Is Plenty of Life Left in Telephone Research Methodology," *Research Now*, September 24, 2017, www.surveysampling.com/blog/plenty-life-left-telephone-research-methodology/.

20. "About Us," Bizdaq, https://www.mybizdaq.com/about; "3 Small Business Marketing Success Stories You Can Learn From," Media Moguls PR, https://mediamogulspr.com/3-small-business-marketing-success-stories-you-can-learn-from/.

21. See "Internet World Stats," www.internetworldstats.com/stats14.htm#north, accessed September 2018.

22. For more information, see www.focusvision.com/products/intervu/, accessed September 2018.

23. See Giselle Tsirulnik, "ESPN Is Mobile Publisher of the Year," *Mobile Marketing*, www.mobilemarketer.com/ex/mobilemarketer/cms/news/media/7846.html, accessed September 2018; and Vision Critical, "ESPN: How the Sports Media Company Delivers What Fans Want—and Saves Resources," www.visioncritical.com/customer-stories/espn/, accessed September 2017.

24. For more discussion, see "S.2404 (114th): Do Not Track Online Act of 2015," January 17, 2018, www.govtrack.us/congress/bills/114/s2404; and "Do Not Track Legislation," http://en.wikipedia.org/wiki/Do_Not_Track_legislation, accessed September 2018.

25. "Internet of Things (IoT) Connected Devices Base Worldwide from 2015 to 2025 (in Billions)," *Statista*, www.statista.com/statistics/471264/iot-number-of-connected-devices-worldwide/, accessed September 2018.

26. Michael E. Smith, "The Brains behind Better Ads: Optimizing the Cute and Cuddly," June 18, 2014, www.nielsen.com/us/en/insights/news/2014/the-brains-behind-better-ads-optimizing-the-cute-and-cuddly.html; "The Shelter Pet Project," 2015 ARF Awards, www.youtube.com/watch?v=PtRxJsGWMFo; and www.theshelterpetproject.org, accessed September 2018.

27. See Jennifer Alsever, "Technology Is the Best Policy," *Fortune*, November 18, 2013; "MetLife Wall—Customer Focus by Leveraging Big Data," KPMG, www.the-digital-insurer.com/dia/metlife-wall-customer-focus-by-leveraging-big-data/, accessed September 2018; and "Rethinking the Customer Experience at MetLife," MongoDB, www.mongodb.com/customers/metlife, accessed September 2018.

28. Andrew Nusca, "Despite High Tech, the Future of Marketing Is Exactly the Same: Focus on Customers," *Fortune*, July 15, 2014, http://fortune.com/2014/07/15/big-data-future-marketing-customer-focus.

29. See Kate Jones, "What Can Associations Learn from Netflix about Member Analytics?" *Informz*, November 9, 2016, www.informz.com/blog/associations/associations-learn-member-analytics/; "How Netflix Uses Bid Data to Keep You Entertained," *Cumul.io*, May 12, 2017, https://blog.cumul.io/2017/12/05/how-netflix-uses-big-data/; Dana Feldman, "Netflix Is on Track to Exceed $11B in Revenue This Year," *Forbes*, October 16, 2017, www.forbes.com/sites/danafeldman/2017/10/16/netflix-is-on-track-to-exceed-11b-in-revenue-this-year/#6f4fd5c865dd; and www.netflix.com, accessed September 2018.

30. "Google CEO: AI Is a Bigger Deal Than Fire or Electricity," *Fast Company*, January 19, 2018, www.fastcompany.com/40519204/google-sundar-pichai-ai-is-a-bigger-deal-than-fire-or-electricity.

31. For examples, Peter Horst and Robert Duboff, "Don't Let Big Data Bury Your Brand," *Harvard Business Review*, November 2015, pp. 79–86; and Roger L. Martin and Tony Golsby-Smith, "Management Is Much More Than a Science," *Harvard Business Review*, September–October, 2017, pp. 129–135.

32. "Customer Loyalty Blossoms with Analytics," www.sas.com/en_us/customers/1-800-flowers.html, accessed September 2018.

33. See Daryl Travis, "The Best Omni-Channel Brands Look More Like a Cause Than a Business," *The Hub,* August 2014, www.hubmagazine.com/the-hub-magazine/zappos-omnivalues-082014/; and https://zuul.zappos.com/zuul, accessed September 2018.

34. John Simmons, "These Men Are Innocent …," *The Guardian,* February 18, 2007, https://www.theguardian.com/business/2007/feb/18/theobserver.observerbusiness12; "Building England's Ethical, Healthy, and Slightly Cheeky Beverage Brand," Inc., https://www.inc.com/articles/2010/07/building-englands-favorite-smoothie-company.html; Richard Wray, "Peach of an Idea," *The Guardian,* August 7, 2004, https://www.theguardian.com/business/2004/aug/07/1.

35. For some good advice on conducting market research in a small business, search "conducting market research" at www.sba.gov or see "Researching Your Market," *Entrepreneur,* www.entrepreneur.com/article/43024-1, accessed September 2018.

36. See "The 2017 AMA Gold Global Top 25 Report," *Marketing News,* October 2017, pp. 36+; and www.nielsen.com/us/en/about-us.html and www.nielsen.com/us/en/about-us.html, accessed September 2018.

37. See Zach Brooke, "When Surveys Get Lost in Translation," *Marketing News,* October 2017, pp. 12–13.

38. Subhash C. Jain, *International Marketing Management,* 3rd ed. (Boston: PWS-Kent, 1990), p. 338. For more discussion on international marketing research issues and solutions, see Warren J. Keegan and Mark C. Green, *Global Marketing,* 8th ed. (Upper Saddle River, NJ: Pearson, 2015), pp. 170–201.

39. For more on problems and solutions in international marketing research, see Caitlin Sanford, "Tips for Market Research in Emerging Markets," *Medium,* August 1, 2017, https://medium.com/facebook-research/tips-for-market-research-in-emerging-markets-695bed660517.

40. See Charles Duhigg, "Psst, You in Aisle 5," *New York Times,* February 19, 2012, p. MM30; Kashmir Hill, "How Target Figured Out a Teen Girl Was Pregnant before Her Father Did," *Forbes,* February 16, 2012, www.forbes.com/sites/-kashmirhill/2012/02/16/-how-target-figured-out-a-teen-girl-was-pregnant-before-her-father-did/; "7 Big Data Blunders You're Thankful Your Company Didn't Make," Umbel, October 22, 2014, www.umbel.com/blog/big-data/7-big-data-blunders/?utm_content=buffer6a719&utm_medium=social&utm_source=twitter.com&utm_campaign=buffer; and Leslie K. John, Tami Kim, and Kate Barasz, "Ads That Don't Overstep," *Harvard Business Review,* January–February 2018, pp. 62–69.

41. See Kate Kaye, "The $24 Billion Data Business That Telcos Don't Want to Talk About," *Advertising Age,* October 26, 2015, pp. 12–14; and "Mobile Data Analysis with SAP Consumer Insight 365," https://experience.sap.com/designservices/work/mobile-data-analysis-with-sap-consumer-insight-365, accessed September 2018.

42. See "Respondent Bill of Rights," www.marketingresearch.org/issues-policies/best-practice/respondent-bill-rights, accessed September 2018.

43. See www.insightsassociation.org/issues-policies/casro-code-standards-and-ethics, accessed September 2018.

5장

1. See *Asiaweek,* June 13, 1997; "High Scores for Lenovo for Business, Continues to Edge Competitors in TBR Study," *FidelityIT,* http://fidelityit.com/lenovo-continues-to-impress-in-business-world-gets-highest-marks-in-tbr-study; "Lenovo Receives #1 Spot for Customer Satisfaction from TBR," *Insight,* https://au.insight.com/en_AU/learn/content/130646645/lenovo-receives-1-spot-for-customer-satisfaction-from-tbr/; Melissa Barker, Krista E. Neher, Nicholas F. Bormann, and Donald I. Barker, *Social Media Marketing: A Strategic Approach* (Cengage South-Western 2012); "Happy 1st Birthday Lenovo!," *Lenovo Blog,* December 1, 2008, http://blog.lenovo.com/en/blog/happy-1st-birthday-lenovo-forum, accessed September 8, 2015; "Lenovo: Behavioral Differences between Purchasers & Non-Purchasers," *Clicktale,* https://www.clicktale.com/casestudies/lenovo-behavioral-differences-between-purchasers-non-purchasers; Lindsay Stein, "Lenovo to Build 'Brand Personality' in US," *PR Week,* January 30, 2012, http://www.prweek.com/article/1280283/lenovo-build-brand-personality-us; "4 Tips to Becoming '2015 Marketer of the Year'," *Marketing,* March 3, 2015, http://www.marketing-interac-tive.com/features/mmsg-jan-feb-futurist-2015-lenovo/; Lenovo forums, https://forums.lenovo.com/t5/General-Discussion/Thinkpads-without-trackpoint-buttons/td-p/1007847 and https://forums.lenovo.com/t5/Welcome-FAQs/bd-p/Hello; all Internet sites accessed November 2015.

2. Consumer expenditure figures from "United States Consumer Spending Forecast," *Trading Economics,* https://tradingeconomics.com/united-states/consumer-spending/forecast, accessed September 2018. Population figures from the World POPClock, U.S. Census Bureau, www.census.gov/popclock, accessed September 2018. This website provides continuously updated projections of U.S. and world populations.

3. "Advertising Age Hispanic Fact Pack," August 21, 2017, pp. 6, 22; Antonio Flores, "How the U.S. Hispanic Population Is Changing," Pew Research, September 18, 2017, www.pewresearch.org/fact-tank/2017/09/18/how-the-u-s-hispanic-population-is-changing/; and "Buying Power of Hispanic Consumers in the United States," *Statista,* www.statista.com/statistics/251438/hispanics-buying-power-in-the-us/, accessed September 2018

4. Ann-Christine Diaz, "Toyota's 'Mas Que un Auto' Is More Than Your Average Campaign," *Advertising Age,* April 7, 2015, http://adage.com/print/297904/; Laurel Wentz, "U.S. Hispanic Awards Honor Toyota, Volvo, California Milk," *Advertising Age,* April 29, 2015, http://adage.com/print/298296/; "Toyota Unveils the Book of Names in Honor of 'Mas Que Un Auto' Loyalty Campaign," February 3, 2017, www.hispanicprblog.com/toyota-unveils-the-book-of-names-in-honor-of-mas-que-un-auto-loyalty-campaign/; and www.masqueunauto.com, accessed September 2018.

5. See Ellen McGirt, "A New Report Shows Black Women's Influence at Work and on the Web," *Fortune,* http://fortune.com/2017/09/21/consumer-spending-black-women-nielsen/; Bill Chappell, "Census Finds a More Diverse America, as Whites Lag Growth," NPR, June 22, 2017, www.npr.org/sections/thetwo-way/2017/06/22/533926978/census-finds-a-more-diverse-america-as-whites-lag-growth; and U.S. Census Bureau, "U.S. Population Projections," www.census.gov/topics/population.html/, accessed September 2018.

6. "Discovering Nature (African-American Market)," www.adcouncil.org/Our-Campaigns/Family-Community/Discovering-Nature-African-American-Market, accessed September 2018; "Discover the Forest: Connected," www.multivu.com/players/English/8171051-new-ad-council-u-s-forest-services-discover-the-forest-psa/, accessed September 2018; and www.discovertheforest.org, accessed September 2018.

7. See "Nielsen: Asian-American Buying Power Increased by More than $50 Billion in One Year—Expected to Hit $1 Trillion by 2018," Nielsen, June 11, 2015; and Gustavo Lopez, Neil G. Ruiz, and Eileen Patten, "Key Facts About Asian Americans, a Diverse and Growing Population," Pew Research, September 8, 2017, www.pewresearch.org/fact-tank/2017/09/08/key-facts-about-asian-americans/.

8. See Hannah Madans, "Retailers Step Up Luxury Goods during Lunar New Year as Asians Celebrate a Season of Shopping," *McClatchy-Tribune Business News,* February 24, 2015; Mitch Moxley, "Global Luxury Retailers Gear Up for Chinese New Year Shoppers," *Jing Daily,* January 29, 2014, https://-jingdaily.com/global-luxury-retailers-gear-up-for-chinese-new-year-shoppers/#.Vmc1bnarRhF; and Tori Telfer, "Bloomingdale's Will Celebrate the Chinese New Year Again This Year," *Chicago Magazine,* www.chicagomag.com/style-shopping/January2015/Bloomingdales-Will-Celebrate-Chinese-New-Years-Again-This-Year/.

9. See Yuriy Boykiv, "What Leaders Need to Know About the 'Total Market' Approach to Diverse Audiences," *Inc.,* November 10, 2014, www.inc.com/yuriy-boykiv/what-leaders-need-to-know-about-the-total-market-approach-to-diverse-audiences.html; Laurel Wentz, "Welcome to the Multicultural Mainstream," *Advertising Age,* April 6, 2015, pp. 18+.

10. See ANA, "Totally Sold on Total Marketing?" 2017 ANA Multicultural Thought Leadership Supplement, www.portada-online.com/wp-content/uploads/2017/guides/2017-ANA-MULTICULTURAL/docs/17-POR-003_Issue_FINAL_singles.pdf; Sapna Maheshwari, "Different Ads, Different Ethnicities, Same Car," *New York Times,* October 12, 2017, www.nytimes.com/interactive/2017/10/12/business/media/toyota-camry-ads-different-ethnicities.html; and "All-New Toyota Camry Ignites the Senses," September 1, 2017, http://toyotanews.pressroom.toyota.com/releases/all+new+toyota+camry+ignites+senses.htm.

11. Nicole Laporte, "How CoverGirl Built an Ad Campaign Around Multicultural Badassness," *Fast Company,* October 30, 2017, www.fastcompany.com/40485716/how-covergirl-built-an-ad-campaign-around-multicultural-badassness; Kelsey Castanon, "CoverGirl Is Getting a Makeover—& These Women Are Leading the Charge," *Refinery29,* October 10, 2017, www.refinery29.com/2017/10/175599/covergirl-new-slogan-no-easy-breezy-beautiful; and Elana Gross, "CoverGirl Just Dropped Its 'Easy, Breezy, Beautiful, CoverGirl' Slogan," *Allure,* October 10, 2017, www.allure.com/story/covergirl-drops-easy-breezy-beautiful-covergirl-slogan.

12. Kristina Monllos, "Going All-In on Influencers," *Adweek,* September 18, 2017, p. 8.

13. Chris Slocumb, "Women Outspend Men 3 to 2 on Technology Purchases," *ClarityQuest,* January 3, 2013, www.clarityqst.com/women-outspend-men-3-to-2-on-technology-purchases/; "More Men Are Grocery Shopping, but They Do So Grudgingly, Reports NPD," November 12, 2014, www.npd.com/wps/portal/npd/us/news/press-releases/more-men-are-

grocery-shopping-but-they-do-so-grudgingly/; Sarwant Singh, "Women in Cars: Overtaking Men on the Fast Lane," *Forbes,* May 23, 2014, www.forbes.com/sites/sarwantsingh/2014/05/23/women-in-cars-overtaking-men-on-the-fast-lane/; and "Women Make Up 85% of All Consumer Purchases," *BloombergBusiness,* June 22, 2015, www.bloomberg.com/news/videos/b/9e28517f-8de1-4e59-bcda-ce536aa50bd6.

14. See "Cheerios Leverages the Power of 'Dadvertising," *Marketing News,* February 2015, pp. 4–5; and Mary Bowerman, "Dad Plays with Barbie in Sweet Commercial Aired During the Playoffs," *USA Today,* January 23, 2017, www.usatoday.com/story/money/nation-now/2017/01/23/dads-play-barbie-sweet-commercial-aired-during-nfl-playoffs/96948886/.

15. Facebook for Business, "Modern Parenting: A World of Infinite Choices and Voices," March 22, 2016, http://insights.fb.com/2016/03/22/modern-parenting-a-world-of-infinite-choices-and-voices/; Facebook for Business, "Meet the Parents: Series Introduction," January 11, 2016, https://insights.fb.com/2016/01/11/meet-the-parents/.

16. Tanyua Gazdik, "Honda Odyssey Helps 'Keep the Peace,'" *Marketing Daily,* June 13, 2017, www.mediapost.com/publications/article/302750/honda-odyssey-helps-keep-the-peace.html.

17. Caterpillar, "Cat® S60 Announced as World's First Smartphone with Integrated Thermal Camera," February 18, 2016, http://www.catphones.com/en-gb/news/press-releases/cat-s60-announced-as-worlds-first-smartphone-with-integrated-thermalcamera; Caterpillar, "Announcing the Cat® S40 Refined, Rugged Smartphone," July 28, 2015, http://www.catphones.com/en-gb/news/press-releases/announcing-the-cat-s40-refined-ruggedsmartphone; additional information from http://www.catphones.com/ and http://www.caterpillar.com/.

18. For more on the Nielsen PRIZM, visit https://segmentationsolutions.nielsen.com/mybestsegments/Default.jsp?ID=0&menuOption=home&pageName=Home, accessed September 2018.

19. Jennifer Kaplan and Matthew Boyle, "Amazon Cuts Whole Foods Prices as Much as 43% on First Day, *Bloomberg Businessweek,* August 28, 2017, www.bloomberg.com/news/articles/2017-08-28/amazon-cuts-prices-at-whole-foods-as-much-as-50-on-first-day; and Jordan Valinsky, *CNN Money,* "Amazon Is Cutting Prices at Whole Foods Again," November 15, 2017, http://money.cnn.com/2017/11/15/news/companies/amazon-whole-foods-price-cuts/index.html.

20. Sarah Lyall, "Anita Roddick, Body Shop Founder, Dies at 64," *The New York Times,* September 12, 2007, http://www.nytimes.com/2007/09/12/world/europe/12roddick.html; Michael McCarthy, "How Anita Changed the World," *The Independent,* September 12, 2007, http://www.independent.co.uk/news/people/profiles/how-anita-changed-the-world-402108.html; The Body Shop website, https://www.thebodyshop.com/en-gb/; Sheila Shayon, "Jungle Bells: The Body Shop Builds Bio-Bridges to Restore Rainforests," brandchannel, November 10, 2016, https://www.brandchannel.com/2016/11/10/the-body-shop-bio-bridges-111016/.

21. See Jennifer Aaker, "Dimensions of Measuring Brand Personality," *Journal of Marketing Research,* August 1997, pp. 347–356; and Philip Kotler and Kevin Lane Keller, *Marketing Management,* 15th ed. (Upper Saddle River, New Jersey: Pearson Publishing, 2016), p. 163.

22. Deborah Malone, *The Reinvention of Marketing* (New York: The Internationalist Press, 2014), Kindle location 142; and "Which Mini Cooper Persona Are You?" June 9, 2016, www.schompmini.com/mini-cooper-persona/.

23. See Abraham H. Maslow, "A Theory of Human Motivation," *Psychological Review, 50* (1943), pp. 370–396. Also see Maslow, *Motivation and Personality,* 3rd ed. (New York: HarperCollins Publishers, 1987); Michael R. Solomon, *Consumer Behavior,* 12th ed. (Hoboken, NJ: Pearson Publishing, 2017), pp. 156–157.

24. See "The Myth of 5,000 Ads," http://cbi.hhcc.com/writing/the-myth-of-5000-ads/, accessed September 2016; and Joshua Saxon, "Why Your Customers' Attention Is the Scarcest Resource in 2017," www.ama.org/partners/content/Pages/why-customers-attention-scarcest-resources-2017.aspx, accessed November 2017.

25. See Ian Zimmerman, "Subliminal Ads, Unconscious Influence, and Consumption," *Psychology Today,* June 2014, www.psychologytoday.com/blog/sold/201406/subliminal-ads-unconscious-influence-and-consumption and "Does Subliminal Advertising Actually Work?" *BBC,* January 20, 2015, www.bbc.com/news/magazine-30878843.

26. See Ronald Holden, "Where's Da Beef? Safeway to Add Meatless 'Beyond Meat' Burger," *Forbes,* May 30, 2017, www.forbes.com/sites/ronaldholden/2017/05/30/wheres-da-beef-safeway-to-add-meatless-beyond-meat-burger/#3dea30d8746e; Larissa Zimmeroff, "Fabulous Fakes," *Rachael Ray Every Day,* June 2017, http://beyondmeat.com/media/pdfs/Every_Day_with_Rachael_Ray_June%202017.pdf; Leanna Garfield, "Leonardo DiCaprio Just Invested in the Bill Gates-Backed Veggie Burger That 'Bleeds' Like Beef—Here's How It Tastes," *Business Insider,* October 17, 2017, www.businessinsider.com/review-leonardo-dicaprio-beyond-meat-veggie-plant-burger-2017-10.

27. See www.yelp.com and www.yelp.com/about, accessed September 2018.

28. The following discussion draws from the work of Everett M. Rogers. See his *Diffusion of Innovations,* 5th ed. (New York: Free Press, 2003).

29. Based on Rogers, *Diffusion of Innovation,* p. 281. For more discussion, see http://en.wikipedia.org/wiki/Everett_Rogers, accessed September 2018.

30. See Jess Shankleman, "Electric Car Sales Are Surging, IEA Reports," *Bloomberg Businessweek,* June 7, 2017, www.bloomberg.com/news/articles/2017-06-07/electric-car-market-goes-zero-to-2-million-in-five-years; "Electric Car Use by Country," *Wikipedia,* http://en.wikipedia.org/wiki/Electric_car_use_by_country, accessed September 2018; and "Plug-In Vehicle Tracker: What's Coming, When," www.pluginamerica.org/vehicles, accessed September 2018.

31. See Scott Lanza, "Shine United, Gore-Tex ads," January 24, 2017, www.scottlanza.com/posts/shine-united-gore-tex-ads/; and www.gore-tex.com, accessed September 2018.

32. Based on information from www.cargill.com, www.cargill.com/food-beverage/cocoa-and-chocolate, and www.cargillcocoachocolate.com/innovation/product-development-support/index.htm, accessed September 2018.

33. This classic categorization was first introduced in Patrick J. Robinson, Charles W. Faris, and Yoram Wind, *Industrial Buying Behavior and Creative Marketing* (Boston: Allyn & Bacon, 1967). Also see Philip Kotler and Kevin Lane Keller, *Marketing Management* (Hoboken, NJ: Pearson Publishing, 2016), pp. 192–193.

34. Based on information from "Six Flags Entertainment Corporation: Improving Business Efficiency with Enterprise Asset Management," July 12, 2012, www-01.ibm.com/software/success/cssdb.nsf/CS/LWIS-8W5Q84?OpenDocument&Site=default&cty=en_us; www-01.ibm.com/software/tivoli/products/maximo-asset-mgmt/, accessed September 2016; and "Maximize Your Investment in IBM Maximo," www.ibm.com/internet-of-things/business-solutions/asset-management/maximo-case-studies, accessed September 2018.

35. See "USG Corporation: Structural Panels—Octopus," *Ads of the World,* Juley 18, 2017, www.adsoftheworld.com/media/print/usg_corporation_structural_panels_octopus; and USG Structural Solutions, "A New Level of Performance," http://info.usg.com/structuralpanels.html, accessed September 2018.

36. Robinson, Faris, and Wind, *Industrial Buying Behavior,* p. 14. Also see Kotler and Keller, *Marketing Management,* pp. 198–204.

37. For more ads in this series, see www.accenture.com/id-en/advertising-index, accessed September 2018.

38. See David Moth, "Q&A: How Maersk Line Created a Brilliant B2B Social Media Strategy," September 9, 2015, https://econsultancy.com/blog/66901-q-a-how-maersk-line-created-a-brilliant-b2b-social-media-strategy; Laurence Hebberd, "How Maersk Line Uses Social Media," October 19, 2015, http://linkhumans.com/case-study/maersk-line; and www.maerskline.com/ar-sa/social/our-social-media, accessed September 2018.

6장

1. http://mid-east.info/news/company-news/p/persil/, accessed September 2015; PRLOG, "Persil Abaya Shampoo Leaves Abayas as Black as New," February 21, 2013; www.prlog.org/12084469-persil-abaya-shampoo-leaves-abayas-as-black-as-new.htnl; PRLOG, "Henkel Launches Persil Abaya Shampoo Anaqa; Adds a Touch of Elegance to the World of Abayas," November 28, 2010, www.prlog.org/11106530-henkel-launches-persil-abaya-shampoo-anaqa-adds-touch-of-elegance-to-the-world-of-abayas.html; PRLOG, "Persil Liquid Detergent Now with Oud Fragrance," May 20, 2012, http://www.prlog.org/11879511-persil-liquid-detergent-now-with-oud-fragrance.html; "Extend Lifespan of Your Abayas by Giving It the Persil Abaya Shampoo Wash," *Mid East Information,* September 24, 2014, http://mid-east.info/extend-lifespan-of-your-abayas-by-giving-it-the-persil-abaya-shampoo-wash-27772/; Vjmedia Work Team, "GLO-CAL Shoppers' Perspective—Global Understanding with Local Implementation," *Media4Growth,* February 2, 2013, http://www.media4growth.com/retail/shoppermarketing-detail.html?id=1_GLOCAL_Shoppers%E2%80%99_Perspective_%E2%80%93_Global_Understanding_with_local_implementation and information from http://www.henkel.com and http://www.persil.com, accessed September 2015; Henkel website, "Investors & Analysts," http://www.henkel.com/investors-and-analysts/ strategy-and-facts, accessed April 1, 2017; "World's Most Admired Companies," *Fortune,* http://fortune.com/worlds-most-admired-companies/henkel-100000/, accessed April 1, 2017; Henkel website, "Henkel Is the Only German Company in FMCG-Top 50," August 25, 2016, http://www.henkel.com/

newsroom/2016-08-25-henkel-is-the-only-german-company-in-fmcg-top-50/705918, accessed April 1, 2017.

2. Corinne Ruff, "How Target Is Using Small-Format Stores to Score with Younger Shoppers," *Retail Dive,* August 24, 2017, www.retaildive.com/news/how-target-is-using-small-format-stores-to-score-with-younger-shoppers/503362/; and Tonya Garcia, "Target's Small-Format Stores Are Turning into a Big Winner for the Retailer," August 19, 2017, www.marketwatch.com/story/targets-small-format-stores-are-turning-into-a-big-win-for-the-retailer-2017-08-16.

3. "Mazda Digital Certified Program," http://mazdadigitalcertified.com/DealerWebsite/DealerOn; Ben Grubb, "Geo-targeting: Hyundai Case Study of Targeted Advertising," *Crikey,* July 09, 2018, https://www.crikey.com.au/2018/07/09/youre-never-alone-no-matter-where-you-go-or-what-you-do-there/; Mazda Marketing Targeting Maps, December 27, 2009, https://de.slideshare.net/CardinaleMazda/mazda-marketing-targeting-maps; Johnathan Dane, "7 Retargeting Case Studies That'll Boost Your Current Campaigns," CXL, February 7, 2019, https://conversionxl.com/blog/ppc-retargeting-case-studies/; Tracy Vides, "How Geographical Targeting Can Supercharge Your Marketing," UserTesting Blog, December 22, 2015, https://www.usertesting.com/blog/geographical-targeting/.

4. Seed https://crest.com/en-us/products/kids and https://crest.com/en-us/products/crest-3d-white-brilliance-toothpaste, accessed September 2018.

5. See www.dove.com/us/en/men-care.html, accessed September 2018.

6. Michael McCarthy, "Ad of the Day: Dick's Sporting Goods Goes the Extra Mile in Its First Campaign for Women," April 30, 2015, www.adweek.com/print/164418; Alana Vagianos, "'Who Will You Be?' Campaign Celebrates the Raw Strength of Women's Bodies," *Huffington Post,* May 8, 2015, www.huffingtonpost.com/2015/05/08/who-will-you-be-campaign-dicks-sporting-goods_n_7242320.html; and www.youtube.com/watch?v=Mf0_G1FS0l4, accessed September 2018.

7. See Johnny Jet, "American Express Centurion Black Card Review," *Forbes,* July 28, 2017, www.forbes.com/sites/johnnyjet/2017/07/28/american-express-centurion-black-card-review/#2a3e997d7055; "What Super Rich People Do to Show Their Status in Style?" *LinkedIn,* November 4, 2017, www.linkedin.com/pulse/what-super-rich-people-do-show-status-style-property-find; and Bryan Kelly, "Travel Secrets of the World's Most Exclusive Travel Card," *Travel+Leisure,* www.travelandleisure.com/travel-tips/points-miles/american-express-black-card, accessed September 2018.

8. Jessica Wohl, "Panera Bread Cleans Up Its Act," *Advertising Age,* January 6, 2017, http://adage.com/article/307387/; Andrew McMains, "Ad of the Day: Panera Gets into Lifestyle Branding with Manifesto about Healthy Living," *Adweek,* June 15, 2015, and www.panerabread.com/en-us/our-beliefs/food-as-it-should-be-nopt.html, accessed September 2018.

9. "Loews, Elicit, Spotify Win People-Based Marketing Awards," *Media Daily News,* September 25, 2017, www.mediapost.com/publications/article/307818/loews-elicit-spotify-win-people-based-marketing.html.

10. "Will the Fall Season Add (Pumpkin) Spice to Starbucks' Earnings" *Seeking Alpha,* September 14, 2017, https://seekingalpha.com/article/4106931-will-fall-season-add-pumpkin-spice-starbucks-earnings?page=2.

11. Based on information from www.fitbit.com, accessed September 2018.

12. See wwww.pampers.com/Diapers/Swaddlers, accessed September 2018.

13. See Jeremy Markovich, "The Bo-lievers," *Our State,* April 2017, pp. 114–122; and www.annualreports.com/Company/bojangles-inc and www.bojangles.com, accessed September 2018.

14. See www.patagonia.com/us/ambassadors, accessed September 2018.

15. See https://isapps.acxiom.com/personicx/personicx.aspx and www.acxiom.com/what-we-do/consumer-segmentation-personicx/, accessed September 2018.

16. See http://c.ymcdn.com/sites/dema.site-ym.com/resource/resmgr/Member_Resources/Lifestage_Clustering.pdf and https://isapps.acxiom.com/personicx/personicx.aspx, accessed September 2018.

17. See www.starbucks.com/business and https://solutions.starbucks.com, accessed September 2018.

18. See www.wayup.com/i-j-Steelcase-168484129000263/, accessed September 2018.

19. Ilyse Liffreing, "How Coca-Cola Targeted Teens during the 2016 Olympic Games," *Campaign,* August 19, 2016, www.campaignlive.com/article/coca-cola-targeted-teens-during-2016-olympic-games/1406187.

20. See Michael Porter, *Competitive Advantage* (New York: Free Press, 1985), pp. 4–8, 234–236. For a more recent discussion, see Philip Kotler and Kevin Lane Keller, *Marketing Management,* 15th ed. (Hoboken, NJ: Pearson, 2016), pp. 263–264.

21. Michael McCoy, "P&G and Henkel Go Head to Head in the Laundry Aisle," *Chemical and Engineering News,* January 23, 2017, https://cen.acs.org/articles/95/i4/PG-Henkel-head-head-laundry.html?h=1384844903;

and A.G. Lafley and Roger L. Martin, "Customer Loyalty Is Over-rated," *Harvard Business Review,* January-February 2017, https://hbr.org/2017/01/customer-loyalty-is-overrated.

22. See "Socks FW18/19," *Broad Sport Source,* http://www.boardsportsource.com/trend-report/socks-fw18-19/, accessed September 2018; Evie Nagy, "Putting Its Best Foot Forward," *Fast Company,* October 2015, pp. 46–48; Adam Tschorn, "How Stance Socks Got to Be on Rihanna's and NBA Players Feet," *Los Angeles Times,* October 19, 2015, www.latimes.com/fashion/la-ig-stance-20151018-story.html; and www.stance.com and www.stance.com/about/, accessed September 2018.

23. See Journey Staff, "10 Years Strong. Coca-Cola's Venturing & Emerging Brands Takes on New Territory," February 23, 2017, www.coca-cola company.com/stories/10-years-strong-coca-colas-venturing-emerging-brands-takes-on-new-territory; and www.vebatcoke.com/, accessed September 2018.

24. See https://renaissance-hotels.marriott.com/, http://renaissance-hotels.marriott.com/navigators, and http://www.marriott.com/renaissance-hotels/mobile-apps.mi, accessed September 2018.

25. Alanis King, "This Oddball Rolls-Royce Could Be the Most Expensive Ever," *Jalopnik,* May 27, 2017, https://jalopnik.com/this-oddball-rolls-royce-could-be-the-new-most-expensive-1795605881, Hannah Elliot, "With Bespoke Details, You Can Make Your Aston Martin or Rolls-Royce as Ugly as You Want," *Bloomberg Business,* February 18, 2015, www.bloomberg.com/news/articles/2015-02-18/with-bespoke-details-you-can-make-your-aston-martin-or-rolls-royce-as-ugly-as-you-want; Harvey Briggs, "For Rolls-Royce the Future Is Bespoke," *Purist,* http://pursuitist.com/for-rolls-royce-the-future-is-bespoke/, accessed September 2018; and www.rolls-roycemotorcars.com/en-US/bespoke.html, accessed September 2018.

26. See Zlati Meyer, "How McDonald's Happy Meals Are Changing," *USA Today,* September 18, 2017, www.usatoday.com/story/money/2017/09/17/mcdonalds-switch-organic-less-sugary-apple-juice-happy-meals/675181001/.

27. See "2016 Internet Crime Report," May 2017, https://pdf.ic3.gov/2016_IC3Report.pdf.

28. SUV sales data furnished by www.WardsAuto.com, accessed September 2018. Price data from www.edmunds.com, accessed September 2018.

29. See "Zappos Family Core Values," http://about.zappos.com/our-unique-culture/zappos-core-values; and http://about.zappos.com/, accessed September 2018.

30. David Rohde, "The Anti-Walmart: The Secret Sauce of Wegans Is People," *The Atlantic,* March 23, 2012, www.theatlantic.com/business/archive/2012/03/the-anti-walmart-the-secret-sauce-of-wegmans-is-people/254994/; and www.wegmans.com and https://jobs.wegmans.com/diversity, accessed September 2018.

31. See www.toyota.com/landcruiser/, accessed September 2018.

32. See www.heartsonfire.com/Learn-About-Our-Diamonds.aspx, accessed September 2018.

33. See Bobby J. Calder and Steven J. Reagan, "Brand Design," in Dawn Iacobucci, ed., *Kellogg on Marketing* (New York: John Wiley & Sons, 2001), p. 61. For more discussion, see Philip Kotler and Kevin Lane Keller, *Marketing Management,* 15th ed. (Hoboken, NJ: Pearson, 2016), Chapter 10.

7장

1. Maja Zuvela, "IKEA Mulls Joint Venture with Bosnia Furniture Maker," *Reuters.com,* January 8, 2008, http://www.reuters.com/article/2008/01/08/idUSL0861625720080108; Carsten Dierig: "IKEA baut Filialen im 'Mini'-Format," *Die Welt,* December 14, 2015, p. 21; Kerry Capell, "IKEA: How the Swedish Retailer Became a Global Cult Brand," *Business Week,* November 14, 2005, p. 96, "Need a Home to Go with That Sofa?" *Business Week,* November 14, 2005, p 106; Ellen Ruppel Shell, "Buy to Last," *Atlantic,* July/August 2009; Jon Henley, "Do You Speak IKEA?" *The Guardian,* February 4, 2008; Laine Doss, "IKEA Miami Opens Today: Here's What to Expect (Photos)," *Miami New Times,* August 27, 2014, http://www.miaminewtimes.com/restaurants/ikea-miami-opens-today-heres-what-to-expect-photos-6570691; "IKEA Group Yearly Summary 2014," http://money.howstuffworks.com/ikea2.htm; "IKEA," *Bloomberg,* November 13, 2005, http://www.bloomberg.com/bw/stories/2005-11-13/ikea; Ken Bernhardt, "IKEA Crafted Itself into a Cult Brand," *Atlanta Business Chronicle,* November 23, 2005, http://www.bizjournals.com/atlanta/stories/2005/11/28/smallb2.html; "IKEA Reports Sales Development Financial Year 2014: Sales Up and Consumer Spending Continues to Increase," September 9, 2015, http://www.ikea.com/us/en/about_ikea/newsitem/090914-IKEA-sales-report-fy14; and information from www.Ikea.com.

2. See "'Today at Apple' Bringing New Experiences to Every Apple Store," Apple press release, April 25, 2017, www.apple.com/newsroom/2017/04/today-at-apple-bringing-new-experiences-to-every-apple-store/; "How Online Retailers Are Creating Immersive Brand Experiences in the Real World," *Advertising Age,* March 25, 2015, www.adage.com/print/297750; and www.apple.com/retail/ and www.apple.com/retail/learn/, accessed September 2018.

3. See Rich Duprey, "12 Motorcycle Statistics that Will Floor You," *The Motley Fool,*" March 5, 2017, Susanna Hamner, "Harley, You're Not Getting Any Younger," *New York Times,* March 22, 2009, p. BU1; www.fool.com/investing/2017/03/05/7-motorcycle-statistics-thatll-floor-you.aspx; Tim Clark, "Harley-Davidson Goes Whole Hog with Customer Insight," *Forbes,* www.forbes.com/sites/sap/2011/06/29/harley-davidson-goes-whole-hog-with-customer-insight/#3803c03250eb; and various pages at www.harley-davidson.com, accessed September 2018.

4. See www.ge.com and www.ge.com/news/advertising, accessed June 2018.

5. Darren Griffin, "Nike Spent Almost $10 Billion on Endorsements in 2016," *NiceKicks.com,* October 13, 2016, www.nicekicks.com/nike-spent-almost-10-billion-endorsements-2016/.

6. See https://visitdetroit.com and www.tourism.australia.com/en/about/our-campaigns/theres-nothing-like-australia/campaign-assets/print-ads.html, accessed September 2018.

7. See Lindsey Stein, "Microsoft's New 'Makes What's Next' Ad Shows Girls How to Pursue STEM Careers," *Advertising Age,* March 7, 2017, http://adage.com/article/cmo-strategy/microsoft-s-make-ad-shows-pursue-stem/308189/; and www.microsoft.com/en-us/philanthropies/make-whats-next, accessed September 2018.

8. For more on social marketing, see Nancy Lee and Philip Kotler, *Social Marketing: Changing Behaviors for Good,* 5th ed. (Thousand Oaks, CA: SAGE Publications, 2015); and www.adcouncil.org and www.i-socialmarketing.org, accessed September 2018.

9. Quotes and definitions from Philip Kotler, *Marketing Insights from A to Z* (Hoboken, NJ: Wiley, 2003), p. 148; and www.asq.org/glossary/q.html, accessed September 2018.

10. See "Award Recipient: Americas Best Value Inn," J.D. Power, www.jdpower.com/ratings/study/North-America-Hotel-Guest-Satisfaction-Study/2572ENG/Economy/2672, accessed September 2018; and www.americasbestvalueinn.com, accessed September 2018.

11. See Nathaniel Wice, "Sonos: The Best Wireless Speakers," *Barrons,* January 3, 2015, http://online.barrons.com/articles/sonos-the-best-wireless-speakers-1420260626; Aaron Tilley, "Connected Speaker Market Heats Up with Super High-End Devialet Phantom," *Forbes,* June 8, 2015, www.forbes.com/sites/aarontilley/2015/06/18/super-high-end-speaker-devialet-phantom-looks-to/; and www.sonos.com, accessed September 2018.

12. See Gene Weingarten, "Pearls before Breakfast," *Washington Post,* April 8, 2007, www.washingtonpost.com/wp-dyn/content/-article/2007/04/04/AR2007040401721.html; Jessica Contrera, "Joshua Bell's Metro Encore Draws a Crowd," *Washington Post,* September 30, 2014, www.washingtonpost.com/lifestyle/style/joshua-bells-metro-encore-draws-a-crowd/2014/09/30/c28b6c50-48d5-11e4-a046-120a8a855cca_story.html; and "Stop and Hear the Music," www.youtube.com/watch?v=hnOPu0_YWhw, accessed September 2018.

13. See Michael Castillo. "The Most Talked About Super Bowl Advertiser Online Was Avocados From Mexico," *CNBC,* February 5, 2018, www.cnbc.com/2018/02/05/the-most-talked-about-super-bowl-ad-online-was-about-avocados-.html; Patrick Coffee, "Avocados From Mexico Puts Its Account in Review Ahead of 4th Straight Super Bowl Campaign," *Adweek,* February 1, 2018, www.adweek.com/agencyspy/avocados-from-mexico-goes-into-review-ahead-of-4th-straight-super-bowl-campaign/142907; and https://avocadosfrommexico.com/, accessed September 2018.

14. See "FMI—Supermarket Facts," www.fmi.org/our-research/supermarket-facts, accessed September 2018; Christina Ng, "The Drivers behind Shoppers' Purchasing Decisions," *Project Nosh,* April 30, 2015, www.projectnosh.com/news/2015/the-drivers-behind-shoppers-purchasing-decisions; and "Our Retail Divisions," http://news.walmart.com/news-archive/2005/01/07/our-retail-divisions, accessed September 2018.

15. See www.tiffany.com/WorldOfTiffany/TiffanyStory/Legacy/BlueBox.aspx, accessed September 2018.

16. See "Procter & Gamble (PG) Q3 2017 Results," *MSN,* April 4, 2017, www.msn.com/en-us/money/news/procter-and-gamble-pg-q3-2017-results-earnings-call-transcript/ar-BBAp8wZ; "Keep Your Home and Loved Ones Safe," P&G, https://tide.com/en-us/safety, accessed September 2018.

17. "Lexus Places First in the 2017 J.D. Power Customer Service Index," *Lexus Enthusiast,* March 17, 2017, https://lexusenthusiast.com/2017/03/17/lexus-places-first-in-2017-j-d-power-customer-service-index-study/; Bill Taylor, "More Lessons from Lexus—Why It Pays to Do the Right Thing," *Harvard Business Review,* December 12, 2007, https://hbr.org/2007/12/more-lessons-from-lexuswhy-it; Bennett Bennett, "Lexus Gets Conceptual, Create Perceptual Origami Art to Celebrate Customer Service," *The Drum,* March 8, 2018, www.thedrum.com/news/2018/03/08/lexus-gets-conceptual-creates-perceptual-origami-art-celebrate-customer-service; and www.lexuslearn.com/covenant accessed September 2018.

18. See "Lowe's Is Augmenting Retail Reality with VR & Robot Assistants," *Future Stores,* https://futurestoreseast.wbresearch.com/lowes-vr-robot-creates-retail-future-retail-experience-ty-u, accessed September 2018; Anna Rose Welch, "Lowe's Leverages Mobile Initiatives to Improve Customer Experience," *Integrated Solutions for Retailers,* November 21, 2013, www.retailsolutionsonline.com/doc/lowe-s-leverages-mobile-initiatives-to-improve-customer-experience-0001; Greg Petro, "Lowe's: The Home Improvement Retailer of the Future," *Forbes,* April 1, 2015, www.forbes.com/sites/-gregpetro/2015/04/01/lowes-the-home-improvement-retailer-of-the-future/; and www.lowes.com/webapp/wcs/stores/servlet/ContactUsLandingPageView, www.lowes.com/how-to-library, and https://twitter.com/LowesCares, accessed September 2018.

19. See www.bmwgroup.com/com/en/brands/bmw.html and www.bmw.com/en, accessed September 2018.

20. Information on the Colgate-Palmolive product mix is from www.colgatepalmolive.com/en-us/brands, accessed September 2018.

21. Devika Krishna Kumar, "P&G to Sell Up to 100 Brands to Revive Sales, Cut Costs," *Reuters,* August 1, 2014, www.reuters.com/article/2014/08/01/procter-gamble-results-idUSL4N0Q745T20140801; and https://us.pg.com/our-brands, accessed September 2018.

22. See CIA World Fact Book, www.cia.gov/library/publications/the-world-factbook, accessed September 2018; and "List of Countries by GDP Sector Composition," https://en.wikipedia.org/wiki/List_of_countries_by_GDP_sector_composition, accessed September 2018.

23. See Bruce Japson, "Oscar Health's Obamacare Enrollment Surges Past 250K," *Forbes,* December 21, 2017, www.forbes.com/sites/brucejapsen/2017/12/21/oscar-healths-2018-obamacare-enrollment-surges-past-250k/#5ef8520b2fff; "10 Things to Know about Oscar Health Insurance: Will It Be the Uber of Health Plans," *Becker's Healthcare Review,* August 4, 2015, www.beckershospitalreview.com/payer-issues/10-things-to-know-about-oscar-health-insurance-will-it-be-the-uber-of-health-plans.html; Sarah Buhr, "Oscar Health Expects to Generate $1 Billion in Revenue and Sign Up 250,000 Members in 2018," *Tech Crunch,* December 21, 2017, https://techcrunch.com/2017/12/21/oscar-health-expects-to-generate-1-billion-in-revenue-and-sign-up-250000-members-in-2018/; and www.hioscar.com/about, accessed September 2018.

24. See James L. Heskett, W. Earl Sasser Jr., and Leonard A. Schlesinger, *The Service Profit Chain: How Leading Companies Link Profit and Growth to Loyalty, Satisfaction, and Value* (New York: Free Press, 1997); and Heskett, Sasser, and Schlesinger, *The Value Profit Chain: Treat Employees Like Customers and Customers Like Employees* (New York: Free Press, 2003). Also see Jay Doerksen, "How Employee Satisfaction Drives the Service-Profit Chain and Improves the Customer Experience," *Vision Critical,* May 11, 2017, www.visioncritical.com/employee-satisfaction-service-profit-chain/; and The Service-Profit Chain Institute, http://serviceprofitchain.com/, accessed September 2018.

25. "Four Seasons Hotels and Resorts Named 'Great Place to Work Legend' Honouring 20 Consecutive Years in Fortune's '100 Best Places to Work For' List,'" March 9, 2017, https://press.fourseasons.com/news-releases/2017/fortune-100-best-companies-to-work-for/; Jeffrey O'Brien, "A Perfect Season," *Fortune,* February 1, 2008, http://archive.fortune.com/2008/01/18/news/companies/fourseasons.fortune/index.htm; and http://jobs.fourseasons.com and www.fourseasons.com/about_us/, accessed September 2018.

26. See "United States: Prescription Drugs," www.kff.org/state-category/health-costs-budgets/, accessed September 2018; and "Postal Facts," http://about.usps.com/who-we-are/postal-facts/welcome.htm, accessed September 2018.

27. Micah Solomon, "Thanks a Latte: How to Fix a Customer Service Failure, per Starbucks, Marriott, and Me," *Forbes,* November 29, 2017, www.forbes.com/sites/micahsolomon/2017/11/19/thanks-a-latte-how-to-fix-a-customer-service-failure-per-starbucks-marriott-and-me/#4a1a1873462a.

28. See Martha White, "Lost Bags, at 140 Characters, and Airlines Respond," *New York Times,* October 20, 2015, p. B6; and Leslie Josephs, "Between Five Minutes and Five Hours: How Long Airlines Take to Respond to Your Complaint on Twitter," *CNBC,* January 9, 2018, https://www.cnbc.com/2018/01/09/how-long-airlines-take-to-respond-to-your-complaints-on-twitter.html.

29. See "McAtlas Shrugged," *Foreign Policy,* May–June 2001, pp. 26–37; and Philip Kotler and Kevin Lane Keller, *Marketing Management,* 15th ed. (Upper Saddle River, NJ: Pearson Publishing, 2016), p. 316.

30. See "For Sale: Hessian, A Brand without a Product," *Fast Company,* February 12, 2013, www.fastcodesign.com/1671819/for-sale-hessian-a-brand-without-a-product.

31. See Kevin Systrom, "On Instagram's Big Moves," *Fast Company,* March 3, 2018, www.fastcompany.com/3069066/kevin-systrom-on-instagrams-big-moves-its-almost-riskier-not-to-disrupt-yo; and www.instagram.com/about/us/, accessed September 2018.

32. For more on BrandAsset Valuator, see Kotler and Keller, *Marketing Management,* Chapter 11; and "BrandAsset Valuator," www.yr.com/BAV, accessed September 2018.

33. See Kantar Millward Brown, "BrandZ Top 100 Most Valuable Global Brands," www.millwardbrown.com/brandz/top-global-brands/2017, accessed September 2018.

34. See Scott Davis, *Brand Asset Management,* 2nd ed. (San Francisco: Jossey-Bass, 2002). For more on brand positioning, see Kotler and Keller, *Marketing Management,* Chapter 10.

35. See Jack Neff, "How Whirlpool Heated Up Sales by Warming Up 'Cold Metal,'" *Advertising Age,* June 15, 2015, p. 38; "Every Day Care," www.multivu.com/players/English/7318751-whirlpool-announced-launch-of-every-day-take-the-chore-out-of-household-responsibilities/, accessed September 2016; and www.whirlpool.com/everydaycare/, accessed September 2018.

36. See Doug Grisaffe, "Feeling the Brand Love," *Marketing News,* February 2014, pp. 26–27; Simon Goodley, "Marketing Is Dead, Says Saatchi & Saatchi Boss—Long Live Lovemarks," *The Guardian,* March 3, 2015, www.theguardian.com/media/2015/mar/03/advertising-is-dead-says-saatchi-saatchi-boss-long-live-lovemarks; and www.saatchi.com/the_lovemarks_company and www.lovemarks.com, accessed September 2018.

37. "Why I Love Walt Disney World," https://ithoughtyouwereshorter.wordpress.com/2012/11/15/why-i-love-walt-disney-world/, accessed September 2016.

38. Leslie Scism, "Travelers Doesn't Want to Share Its Umbrella Logo," *Wall Street Journal,* May 25, 2015, www.wsj.com/articles/travelers-doesnt-want-to-share-its-umbrella-logo-1432598794.

39. See Alexander Coolidge, "The Simple Truth: Private Selection, and Other Kroger Brands Drive Sales," *Cincinnati Enquirer,* July 26, 2017, www.cincinnati.com/story/money/2017/07/27/kroger-gins-up-own-goods-win-thrifty-consumers/472740001/; Nandita Bose, "Exclusive Aldi Raises Stakes in U.S. Price War with Walmart," *Reuters,* May 11, 2017, www.reuters.com/article/us-aldi-walmart-pricing-exclusive/exclusive-aldi-raises-stakes-in-u-s-price-war-with-wal-mart-idUSKBN1870EN.

40. See Gill Hyslop, "Top 10 US Salty Snack Brands in 2017 So Far: Sales Soar for Frito-Lay's Ruffles Brand," *Bakery and Snacks,* July 14, 2017, www.bakeryandsnacks.com/Article/2017/07/13/Top-10-US-snack-brands-Sales-soar-for-Frito-Lay-s-Ruffles-brand; and www.fritolay.com/our-snacks/doritos.html, accessed September 2018.

41. See www.nest.com and https://nest.com/works-with-nest/, accessed September 2018.

42. For interesting lists of good and bad brand extension candidates, see Christina Austin, "See the 10 Worst Brand Extensions Currently on the Market," *Business Insider,* February 9, 2013, www.businessinsider.com/the-10-worst-brand-extensions-2013-2?op=1; Brad Tuttle, "Why Some Brand Extensions Are Brilliant and Others Are Just Awkward," *Time,* February 7, 2013, http://business.time.com/2013/02/07/-why-some-brand-extensions-are-brilliant-and-others-are-just-awkward/; and "12 Brand Extensions the World Would Like to See," *Attest,* November 13, 2017, http://insights.askattest.com/12-brand-extensions-consumers-would-love-to-see.

43. "World's 25 Biggest Advertisers," *AdAge Marketing Fact Pack 2018,* December 18, 2017, p. 9.

44. Stephen Cole, "Value of the Brand," *CA Magazine,* May 2005, pp. 39–40. Also see "The Power of Customer Service," *Fortune,* December 3, 2012, www.timeincnewsgroupcustompub.com/-sections/121203_Disney.pdf; and "Customer Engagement," http://thewaltdisneycompany.com/citizenship/community/consumer-engagement, accessed September 2018.

8장

1. "Nestlé Toque d'Or: Top Students Line Up for Culinary Battle," *NZ Chefs,* http://www.nzchefs.org.nz/NewsEvents/Nestl+Toque+dOr.html; *Nestlé UK and Ireland,* http://www.nestle.co.uk/csv2013/nhw/consumersandourproducts; "Competition and Prize 2016," *Nestlé Toque d'Or,* https://www.nestle-toquedor.co.uk/Home/Competition; "Nestle, or How Consumer Insights Can Lead Product Development," *Instantly Blog,* https://blog.instant.ly/blog/2012/07/nestle-or-how-consumer-insights-can-lead-product-development/; "Company Scorecard," *Behind the Brands,* http://www.behindthebrands.org/en/company-scorecard; "Nutrition, Health & Wellness—New Product Development at Nestlé," *Business Case Studies,* http://businesscasestudies.co.uk/nestle/nutrition-health-wellnessnew-product-development-at-nestle/introduction.html#axzz3qcCRzjad; "Final Design of Consistent Nutritional Labelling System Given Green Light," GOV.UK, https://www.gov.uk/government/news/final-design-of-consistentnutritional-labelling-system-given-green-light; and information from http://www.nestle.com, all Internet sites accessed November 2015; "Nestlé Financials and News Global 500," *Fortune,* http://beta.fortune.com/global500/nestle-66, accessed April 1, 2017; *Behind the Brands,* "Company Scorecard," http://www.behindthebrands.org/en/companyscorecard, accessed April 1, 2017.

2. Kurt Schroeder, "Why So Many New Products Fail (and It's Not the Product)," *The Business Journals,* March 14, 2017, https://www.bizjournals.com/how-to/marketing/2017/03/why-so-many-new-products-fail-and-it-s-not-the.html; and "Apple 10-K Filing," November 3, 2017, http://investor.apple.com/sec.cfm?DocType=Annual.

3. David Meer, Edward C. Landry, and Samrat Sharma, "Creating What Consumers Want," *Forbes,* January 26, 2015, www.forbes.com/sites/strategyand/2015/01/26/creating-what-consumers-want/.

4. See Michael Martinez, "Ford Opens Silicon Valley Innovation Center," *The Detroit News,* January 22, 2015, www.detroitnews.com/story/business/autos/ford/2015/01/22/ford-silicon-valley/22165837/; "Chick-fil-A Goes High Tech at Tech Square," March 8, 2017, https://thechickenwire.chick-fil-a.com/News/Chick-fil-A-Goes-High-Tech-at-Tech-Square; and http://corporate.ford.com/innovation/research-and-innovation-center.html, accessed September 2018.

5. http://about.att.com/innovation/tip, accessed September 2018.

6. See "Dominic Powell, "Want to Run Your First Hackathon? Here Are Some Tips from KPMG," *Smart Company,* August 15, 2017, www.smartcompany.com.au/startupsmart/advice/want-run-first-internal-hackathon-tips-kpmg/; Matt Weinberger, "'There Are Only Two Rules'—Facebook Explains How 'Hackathons,' One of Its Oldest Traditions, Is Also One of Its Most Important," *Business Insider,* January 11, 2017, www.businessinsider.com/facebook-hackathons-2017-6; and www.facebook.com/hackathon/, accessed September 2018.

7. Blake Morgan, "Customer Collaboration with Salesforce's Mike Rosenbaum," *Forbes,* January 3, 2017, www.forbes.com/sites/blakemorgan/2017/01/03/customer-collaboration-with-salesforces-mike-rosenbaum/#464b47ce7403; Erica Kuhl, "4 Tips to Turn Customer Feedback into Action," *Salesforce Blog,* December 15, 2016, www.salesforce.com/blog/2016/12/4-tips-to-turn-customer-feedback-into-action.html; and Salesforce IdeaExchange, https://success.salesforce.com/ideaSearch, accessed September 2018.

8. See Jeff Beer, "Why Under Armour's Future Show Is Key to Its Brand Innovation Strategy," *Fast Company,* October 14, 2015, www.fastcocreate.com/3052298/why-under-armours-future-show-is-key-to-its-brand-innovation-strategy#13; Bruce Horovitz, "Under Armour Seeks Ideas for Its Next Big Thing," *USA Today,* October 20, 2013; and http://ideahouse.ua.com/shows#future-show, September 2018.

9. See George S. Day, "Is It Real? Can We Win? Is It Worth Doing?" *Harvard Business Review,* December 2007, pp. 110–120.

10. This example is based on Tesla Motors and information obtained from www.teslamotors.com and www.tesla.com/model3, accessed September 2018; and "Electric Car," *Wikipedia,* http://en.wikipedia.org/wiki/Electric_car, accessed September 2018.

11. See www.brooksrunning.com/en_us/programs/beta-runners, accessed September 2018.

12. See Maureen Morrison, "Marketer of the Year: Taco Bell," *Advertising Age,* September 2, 2013, pp. 15–16; Susan Berfield, "Baristas, Patrons Steaming over Starbucks VIA," *Bloomberg BusinessWeek,* November 13, 2009; and Tamara Walsh, "Starbucks Makes a Big Bet on New Product Mix in 2014," *The Motley Fool,* January 8, 2014, www.fool.com/investing/general/2014/01/08/starbucks-makes-a-big-bet-on-new-product-mix-in-20.aspx.

13. "Junge Kunden lassen weniger Geld bei Zalando," May 8, 2018, https://orange.handelsblatt.com/artikel/44167; Zalando website, https://www.zalando.co.uk/.

14. See Jack Neff, "P&G Reinvents Laundry with $150 Million Tide Pods Launch," *Advertising Age*, April 26, 2011, www.adage.com/print/227208/; Sheila Shayon, "Microsoft Unleashes Global Marketing Blitz for Windows 8, New Devices," *BrandChannel,* October 25, 2012, www.brandchannel.com/home/post/2012/10/25/Microsoft-Global-Windows-8-Launch-102512.aspx; and Thomas Whitehead, "Nintendo of America Spent Big on Switch Advertising in March," *Nintendo Life,* May 2, 2017, www.nintendolife.com/news/2017/05/nintendo_of_america_spent_big_on_switch_tv_advertising_in_march.

15. "iPhone X Available for Pre-Order on Friday, October 27," October 24, 2017, www.apple.com/newsroom/2017/10/iphone-x-available-for-pre-order-on-friday-october-27/.

16. Jonathon Ringen, "When It Clicks, It Clicks," *Fast Company,* February 2015, pp. 72–78+; Andrew Jack, "How LEGO Took to Anthropology," *Financial Times,* February 26, 2014, www.ft.com/cms/s/0/b071990c-9d4c-11e3-a599-00144feab7de.html#axzz3N8u6XIPH; Christian Madsbjerg and Mikkel B. Rasmussen, "An Anthropologist Walks into a Bar…," *Harvard Business Review,* March, 2014, pp. 80–88; Jeff Beer, "The Secret of Lego's Social Media Success Is in the Creative Power of Crowds," *Fast Company,* June 20, 2017, www.fastcompany.com/40432685/the-secret-to-legos-social-media-success-is-in-the-creative-power-of-crowds; and https://ideas.lego.com/dashboard and www.lego.com/en-us, accessed September 2018.

17. This definition is based on one found in Bryan Lilly and Tammy R. Nelson, "Fads: Segmenting the Fad-Buyer Market," *Journal of Consumer Marketing,* Vol. 20, No. 3, 2003, pp. 252–265.

18. See Lisa Fu, "The Fidget Spinner Trend Is Ending and You Missed It," *Fortune,* June 13, 2017, http://fortune.com/2017/06/13/the-fidget-spinner-trend-is-ending-and-you-missed-it/; and www.crazyfads.com, accessed September 2018.

19. See Robert Klara, "Perspective: Crayola Crayons," *Adweek,* September 4, 2017, pp. 46–47; and www.crayola.com/splash/products/ColorAlive and www.crayola.com/fashionshow/, accessed September 2016.

20. See www.quakeroats.com and www.quaker.com.my, accessed September 2018.

21. Sheila Marikar, "How One Iconic American Brand Got Back on a Roll," *Inc.,* March 2016, p. 32; and Robert Klara, "How an Immigrant Cabinetmaker Accidentally Invented the Toy that Defined America," *Adweek,* March 21, 2017, www.adweek.com/brand-marketing/how-an-immigrant-cabinetmaker-accidentally-invented-the-toy-that-defined-american-childhood/; and www.radioflyer.com/content/about-us/, accessed September 2018.

22. For more discussion of marketing strategies over the course of the PLC, see Philip Kotler and Kevin Lane Keller, *Marketing Management,* 15th ed. (Hoboken, NJ: Pearson Education, 2016), pp. 358.

23. Chris Isadore and David Goldman, "Volkswagen Agrees to Record $14.7 Billion over Emissions Cheating," *CNN,* June 28, 2016, http://money.cnn.com/2016/06/28/news/companies/volkswagen-fine/index.html; and Alison Frankel, "VW Class Counsel: Nationwide Deal Won't Be Undone by 9th Circuit's Hyundai Ruling," *Reuters,* January 25, 2018, www.reuters.com/article/legal-us-otc-volkswagen/vw-class-counsel-nationwide-deal-wont-be-undone-by-9th-circuits-hyundai-ruling-idUSKBN1FE2WI.

24. Information on McDonald's menus and operations found in Lucy Fancourt, Bredesen Lewis, and Nicholas Majka, "Born in the USA, Made in France: How McDonald's Succeeds in the Land of Michelin Stars," Knowledge @Wharton, January 3, 2012, http://knowledge.wharton.upenn.edu/article.cfm?articleid=2906; Richard Vines and Caroline Connan, "McDonald's Wins Over French Chef with McBaguette Sandwich," *Bloomberg,* January 15, 2013, www.bloomberg.com/news/2013-01-15/mcdonald-s-wins-over-french-chef-with-mcbaguette-sandwich.html; Rob Wile, "The True Story of How McDonald's Conquered France," *Business Insider,* August 22, 2014, www.businessinsider.com/how-mcdonalds-conquered-france-2014-8; and "McDonald's Food You Can't Get Here," *Chicago Tribune,* www.chicagotribune.com/business/ct-biz-mcdonalds-food-around-the-world,0,5168632.photogallery, accessed September 2018.

25. Information from www.db.com, accessed September 2018.

26. See "Global Powers of Retailing 2017," www.deloitte.com/content/dam/Deloitte/global/Documents/consumer-industrial-products/gx-cip-2017-global-powers-of-retailing.pdf; "Walmart Corporate International," http://corporate.walmart.com/our-story/locations, accessed September 2018; and information from www.walmart.com and www.carrefour.com, accessed September 2018.

9장

1. Donna Fuscaldo, "Apple's World Smartphone Market Share Above 50%," *Investopedia,* February 16, 2018, www.investopedia.com/news/apple-global-smartphone-market-share-more-50-first-time/; Chuck Jones, "No Surprise that Apple's iPhone Dominates Smartphone Profits," *Forbes,* November 20, 2017, www.forbes.com/sites/chuckjones/2017/11/20/no-surprise-that-apples-iphone-dominates-smartphone-profits/#5c9bd1ecbf8c; Kristijan Lucic, "Price Gap between Apple & Samsung Smartphones Reach $465," *Android Headlines,* May 5, 2017, www.androidheadlines.com/2017/05/price-gap-apple-samsung-smartphones-reaches-465.html; "With 7% of Market, the Mac Captures 60% of Profit," *Ped30,* November 3, 2016, www.ped30.com/2016/11/03/apple-dediu-macbook-pro/; "Apple Trails Samsung in Smartphone Market—and Won't Catch Up in 2018," *Fortune,* February 13, 2018, http://fortune.com/2018/02/13/apple-iphone-samsung-market-share/; Arjun Kharpal, "Apple's iPhone 7 Plus Was the Second-Best Selling Phone in China Last Year," *CNBC,* January 15, 2018, www.cnbc.com/2018/01/15/apple-iphone-7-plus-second-best-selling-phone-in-china-in-2017.html; and information from www.apple.com and http://investor.apple.com/financials.cfm, accessed October 2018.

2. For more on the importance of sound pricing strategy, see Thomas T. Nagle and Georg Muller, *The Strategy and Tactics of Pricing: A Guide to Growing More Profitably,* 6th ed. (New York: Routledge, 2018), Chapter 1.

3. See Megan Willett, "How Swiss Watchmaker Patek Philippe Handcrafts Its Famous $500,000 Watches," *Business Insider,* July 12, 2013, www.businessinsider.com/how-a-patek-philippe-watch-is-made-2013-7; Stacy Perman, "Patek Philippe Crafts Its Future," *Fortune,* June 16, 2014, pp. 37–44; and www.patek.com/contents/default/en/values.html, accessed October 2018.

4. See www.mbusa.com/mercedes/vehicles/class/class-CLA/bodystyle-CPE, accessed October 2018.

5. See www.bose.com, accessed October 2018.

6. Topshop website, http://de.topshop.com/; Mallory Schlossberg, "The British Retailer Beyoncé Chose for Her Clothing Line Has Plans to Take Over America," *Business Insider Deutschland,* December 5, 2015, https://www.businessinsider.de/topshop-business-profile-2015-12?r=US&IR=T; Digital Strategy Consulting Limited, "Asos, New Look, Topshop and Boohoo Top List of the UK's Most Popular Fashion Brands," July 13, 2018, http://www.digitalstrategyconsulting.com/intelligence/2018/07/asos_new_look_topshop_and_boohoo_top_list_of_the_uks_most_popular_fashion_brands.php; Ben Stevens, "Topshop & Asos Top Most Influential Social Media List," *Retail Gazette,* August 16, 2017, https://www.retailgazette.co.uk/blog/2017/08/topshop-asos-top-uks-influential-social-media-list/; Keeley Ryan, "Topshop Has Introduced a Huge Change to Some of Their Most Popular Jeans," Her.ie, https://www.her.ie/style/topshop-jeans-386983.

7. See www.sleepnumber.com, accessed October 2018.

8. "Watch the Newest Ads on TV from Amazon, Honda, Google, and More," *Advertising Age,* December 12, 2017, http://adage.com/article/media/watchnewest-tv-ads-amazon-honda-google/311610/; and https://store.google.com/us/product/pixel_2?hl=en-US, accessed October 2018.

9. See Joseph Weber, "Over a Buck for Dinner? Outrageous," *BusinessWeek,* March 9, 2009, p. 57; Tom Mulier and Matthew Boyle, "Dollar Dinners from ConAgra's Threatened by Costs," *Bloomberg Businessweek,* August 19, 2010, www.businessweek.com; and Jessica Wohl, "ConAgra's Banquet Raises Prices, Brings Back Commercials," *Advertising Age,* December 9, 2015, www.adage.com/print/301684.

10. See David Sax, "Hang $99.99," *Bloomberg Businessweek,* November 2–8, 2015, pp. 43–44; Chris Ahrens, "The Advantage of a Custom Board," *San Diego Reader,* January 2, 2018, www.sandiegoreader.com/news/2018/jan/02/waterfront-advantage-custom-board/#; "The 7 Best Beginner Surfboards Reviewed & Rated [2018]," *Outside Pursuits,* accessed October 2018; and www.wavestormboards.com/about-us/, accessed October 2018.

11. Nick Wingfield, "Amazon Has a Potent Weapon in the Tablet Wars: Low Prices," *New York Times,* September 8, 2016, www.nytimes.com/2016/09/09/technology/amazon-has-a-potent-weapon-in-the-tablet-wars-low-prices.html.

12. Thomas Heath, "How Hipster Brands Have the King of Razors on the Run," *Washington Post,* April 5, 2017, www.washingtonpost.com/business/capitalbusiness/how-hipster-brands-have-the-king-of-razors-on-the-run/2017/04/05/edca3af6-1a27-11e7-9887-1a5314b56a08_story.html?utm_term=.4736a3a073d0; and "Sales of the Leading Cartridge Razor Blade Brands in the United States," *Statista,* www.statista.com/statistics/276535/leading-men-s-cartridge-razor-blade-brands-sales/, accessed October 2018.

13. See Bill Campbell, "Cheese to the Rescue: Surprising Spray Melts Road Ice," *NPR,* January 21, 2014, www.npr.org/blogs/thetwo-way/2014/01/21/264562529/cheese-to-the-rescue-surprising-spray-melts-road-ice; "Four Foods That Help Prevent Slippery Roads," *AccuWeather.com,* January 22, 2015, www.accuweather.com/en/weather-news/beet-cheese-and-potatoes-roads/22447484; and Nicholas Johansen, "Beet Juice Battles Road Ice," *Castanet.net,* November 22, 2017, www.castanet.net/news/BC/212141/Beet-juice-battles-road-ice.

14. See Danielle Paquette, "Why You Should Always Buy the Men's Version of Almost Anything," *Washington Post,* December 22, 2015, www.washingtonpost.com/news/wonk/wp/2015/12/22/women-really-do-pay-more-for-razors-and-almost-everything-else/; Rafi Mohammed, "You Can Charge Women More, but Should You?" *Harvard Business Review,* January 29, 2016, https://hbr.org/2016/01/you-can-charge-women-more-but-should-you?cm_sp=Article-_-Links-_-Comment; and Anne-Marcelle Ngabirano, "'Pink Tax' Forces Women to Pay More Than Men," *USA*

Today, March 27, 2017, www.usatoday.com/story/money/business/2017/03/27/pink-tax-forces-women-pay-more-than-men/99462846/.

15. For this and other examples and explanations, see Peter Coy, "Why the Price Is Rarely Right," *Bloomberg Businessweek*, February 1 & 8, 2010, pp. 77–78; and Utpal Dholakia, "What Shoppers Should Know about Reference Prices," *Psychology Today,* September 8, 2015, www.psychologytoday.com/blog/the-science-behind-behavior/201509/what-shoppers-should-know-about-reference-prices.

16. See Emmie Martin, "There's a Sneaky Reason Why the New iPhone X Costs $999 Instead of $1,000," *CNBC,* September 13, 2017, www.cnbc.com/2017/09/13/why-iphone-x-costs-999-instead-of-1000.html; and "Subdued Sales May Force Apple to Call Time on the iPhone X," *The Times,* January 24, 2018, www.thetimes.co.uk/article/subdued-sales-may-force-apple-to-call-time-on-the-iphone-x-3wzbtxd2d.

17. See Anthony Allred, E. K. Valentin, and Goutam Chakraborty, "Pricing Risky Services: Preference and Quality Considerations," *Journal of Product and Brand Management*, Vol. 19, No. 1, 2010, p. 54; Kenneth C. Manning and David E. Sprott, "Price Endings, Left-Digit Effects, and Choice," *Journal of Consumer Research*, August 2009, pp. 328–336; Bouree Lam, "The Psychological Difference between $12.00 and $11.67," *The Atlantic,* January 30, 2015, www.theatlantic.com/business/archive/2015/01/the-psychological-difference-between-1200-and-1167/384993/; and Darian Kovacs, "4 Psychological Techniques That Can Improve Your Product Pricing," *Entrepreneur,* November 15, 2017, www.entrepreneur.com/article/304687.

18. Sarah Halzack, "The Trouble with Those 20 Percent Off Coupons from Bed Bath & Beyond," *Washington Post*, September 30, 2015, www.washingtonpost.com/news/business/wp/2015/09/30/the-trouble-with-those-20-percent-off-coupons-from-bed-bath-beyond/; and Wayne Duggan, "Bed Bath & Beyond Struggles to Adapt," *US News,* December 21, 2017, https://money.usnews.com/investing/stock-market-news/articles/2017-12-21/bed-bath-beyond-inc-bbby.

19. Alex Samuels, "Texans Drive Mad as Tolls Burn Holes in Their Wallets," *Texas Tribune,* November, 17, 2017, www.texastribune.org/2017/11/17/texans-driven-mad-as-tolls-burn-holes-their-wallets/.

20. See Laura Gunderson, "Amazon's 'Dynamic' Prices Get Some Static," *The Oregonian,* May 5, 2012, http://blog.oregonlive.com/complaintdesk/2012/05/amazons_dynamic_prices_get_som.html; and Kathy Kristof, "How Amazon Uses Surge Pricing Just Like Uber," *CBS News,* July 24, 2017, www.cbsnews.com/news/amazon-surge-pricing-are-you-getting-ripped-off-small-business/.

21. Ralph Jennings, "Why Apple Will Lose China Marketing Share in 2008, despite the Success of the iPhone X," *Forbes,* February 25, 2018, www.forbes.com/sites/ralphjennings/2018/02/25/why-apple-despite-the-iphone-x-will-lose-china-market-share-in-2018/#7a927675462e.

22. Liza Lin, "Shhh...Luxury Goods Are Discounted in China," *Bloomberg Businessweek,* August 21, 2014, pp. 28–29; and "China's Grey Market Threatened by New Tax Regime," *Reuters,* April 5, 2016, http://fortune.com/2016/04/03/chinas-grey-luxury-market-taxes/.

23. Scheherazade Daneshkhu, "Unilever Boosted by Higher Prices in Emerging Markets," *FT.com,* July 20, 2017, www.ft.com/content/573f2b26-6d21-11e7-bfeb-33fe0c5b7eaa.

24. "Huawei to Launch First AI Enabled Phone in India," *Hindu Business Line,* December 8, 2017, www.thehindubusinessline.com/info-tech/huawei-to-launch-first-artificial-intelligence-phone-in-india/article9986902.ece; and "Huawei to Enter the US Market with Mate 10 Pro on AT&T, Negotiating with Verizon as Well," *Phones Arena,* December 12, 2017, www.phonearena.com/news/Huawei-to-enter-the-US-market-with-Mate-10-Pro-on-AT-T-negotiating-with-Verizon-as-well_id100667.

25. See Katy Allen, "Shrinking Sweets? 'You're Not Imagining It,' ONS Tells Shopper," *The Guardian,"* July 24, 2017, www.theguardian.com/business/2017/jul/24/sweets-are-shrinking-youre-not-imagining-it-ons-tells-shoppers.

26. See "Here's Where (and Why) Whole Foods Is Opening 365 Stores," http://media.thinknum.com/articles/heres-where-whole-foods-is-opening-365-locations/, accessed February 2018; and Craig Giammona, "Whole Foods' 365 Offshoot Moving Ahead under Amazon," *Bloomberg,* February 1, 2018, https://www.bloomberg.com/news/articles/2018-02-01/whole-foods-365-offshoot-moving-ahead-under-amazon-ownership.

27. For discussions of these issues, see Dhruv Grewal and Larry D. Compeau, "Pricing and Public Policy: A Research Agenda and Overview of the Special Issue," *Journal of Public Policy and Marketing,* Spring 1999, pp. 3–10; Walter L. Baker, Michael V. Marn, and Craig C. Zawada, *The Price Advantage* (Hoboken, NJ: John Wiley & Sons, 2010), Appendix 2; and Thomas T. Nagle, John Hogan, and Joseph Zale, *The Strategy and Tactics of Pricing: A Guide to Growing More Profitably,* 5th ed. (Upper Saddle River, NJ: Prentice Hall, 2011).

28. See Joe Rossignol, "Apple Loses Appeal in E-books Price Fixing Lawsuit, Ordered to Pay $450 Million Fine," *MacRumors*, June 30, 2015, www.macrumors.com/2015/06/30/apple-ebooks-appeal-rejected-450m-fine; "Airlines Accused of Price-Fixing Conspiracy in Dallas Class-Action Lawsuit," *PRNewswire*, July 8, 2015, www.prnewswire.com/news-releases/airlines-accused-of-price-fixing-conspiracy-in-dallas-class-action-lawsuit-300110405.html; "U.S. Airlines Lose Bid to Dismiss Price-Fixing Lawsuit," *Fortune*, October 30, 2016, http://fortune.com/2016/10/30/airlines-price-fixing-lawsuit/.

29. Roger Lowenstein, "Why Amazon Monopoly Accusations Deserve a Closer Look," *Fortune,* July 23, 2015, http://fortune.com/2015/07/23/why-amazon-monopoly-accusations-deserve-a-closer-look/.

30. Jonathan Stempel, "Michael Kors Settles U.S. Lawsuit Alleging Deceptive Price Tags," *Reuters,* June 12, 2015, www.reuters.com/article/us-michaelkors-settlement-idUSKBN0OS2AU20150612.

31. "FTC Guides against Deceptive Pricing," www.ecfr.gov/cgi-bin/text-idx?c=ecfr&sid=dfafb89837c306cf5b010b5bde15f041&rgn=div5&view=text&node=16:1.0.1.2.16&idno=16, accessed October 2018.

10장

1. Rani Molla, "Netflix Now Has Nearly 118 Million Streaming Subscribers Globally," *Recode,* January 22, 2018, www.recode.net/2018/1/22/16920150/netflix-q4-2017-earnings-subscribers; Nick Statt, "Netflix Plans to Spend $8 Billion to Make Its Library 50 Percent Original by 2018," *The Verge,* October 16, 2017, www.theverge.com/2017/10/16/16486436/netflix-original-content-8-billion-dollars-anime-films; Rian Barrett, "Netflix Is Turning 20—but Its Birthday Doesn't Matter," *Wired,* August 29, 2017, www.wired.com/story/netflix-20th-anniversary/; "The World's Most Innovative Companies—2018," *Fast Company,* February 21, 2018, www.fastcompany.com/most-innovative-companies/2018; and www.netflix.com, accessed October 2018.

2. IMF Bentham Limited, "Shareholders to Join Class Action against Retail Food Group Limited (ASX_RFG)," May 10, 2018, https://www.imf.com.au/newsroom/press-releases/press-releases-full-post/press-releases/2018/05/10/shareholders-to-join-class-action-against-retail-food-group-limited-(asx-rfg); Kevin Gandiya, "Retail Food Group Limited (ASX_RFG) Shares Plummet on $300m Loss," The Motley Fool Australia, August 31, 2018, https://www.fool.com.au/2018/08/31/retail-food-group-limited-asxrfg-shares-plummet-on-300m-loss/; "Retail Food Group Limited—Premium Company Report Australia," IBISWorld, June 30, 2018, https://www.ibisworld.com.au/australian-company-research-reports/accommodation-food-services/retail-food-group-limited-company.html; "Retail Food Group Continues Global Expansion Strategy," *Inside Retail,* July 24, 2017, https://www.insideretail.com.au/news/retail-food-group-continues-global-expansion-strategy-201707; Adele Ferguson, "Nightmare for RFG Franchisees and Shareholders Is Just Getting Started," *The Sydney Morning Herald,* March 3, 2018, https://www.smh.com.au/business/companies/nightmare-for-rfg-franchisees-and-shareholders-just-getting-started-20180302-p4z2lu.html; "Franchise News 14 December 2018: Franchisees Sue to Remove CEO; Inquiry Report Delayed; RFG CEO Resigns," Franchise Advisory Centre, December 14, 2018, https://www.franchiseadvice.com.au/franchise-news-14-december-2018/.

3. See "The Kroger Co. Fact Book," http://ir.kroger.com/CorporateProfile.aspx?iid=4004136, accessed October 2018.

4. See "Is Competition in the Eyewear Segment Preying over Luxottica's Bottom Line?" GuruFocus, February 24, 2015, www.gurufocus.com/news/318329; "EU Unconditionally Approves Luxottica-Essilor Merger," *Financial Times,* March 1, 2018, www.ft.com/content/319367b8-1d46-11e8-956a-43db76e69936; and www.luxottica.com/en/company/quick_view, October 2018.

5. "Franchise Business Economic Outlook for 2017," August 2017, https://franchiseeconomy.com/files/Franchise_Business_Outlook_Aug_2017.pdf.

6. InterContinental Hotels Group website, https://www.ihgplc.com/; Esther Campanario Mª Alejandra Alvarado and Beatriz Abajo, "The Success of Intercontinental Hotels Group: A Global Firm," https://madi.uc3m.es/en/international-research-en/international-business-en-2-en/the-success-of-intercontintental-hotels-group/.

7. See Eric Platt, "22 Companies That Are Addicted to Walmart," June 13, 2012, *Business Insider,* www.businessinsider.com/22-companies-who-are-completely-addicted-to-walmart-2012-6#; Ben Levisohn, "Colgate, Clorox & Procter: The Uninvestable," *Barron's,* April 19, 2017, www.barrons.com/articles/colgate-clorox-procter-the-uninvestable-1492615711; Jeff Daniels, "Walmart Regaining Grocery Share from Competitors at 'Accelerating Rate,'" *CNBC,* May 24, 2017, www.cnbc.com/2017/05/24/wal-mart-

regaining-grocery-share-from-competitors-at-accelerating-rate.html; Cal-Maine Foods Annual Reports, http://calmainefoods.com/investors/financial-reports/, accessed October 2018.

8. Daphne Howland, "Why Target Sold Out to CVS," *Retail Dive,* February 11, 2016, www.retaildive.com/news/why-target-sold-out-to-cvs/413432/; and www.cvs.com/target-pharmacy, accessed October 2018.

9. "Flexibler Reisen mit American Airlines, British Airways," STA Travel, https://www.statravel.de/american-british-finnair-iberia.htm; "Award Flights with Partner Airlines," Finnair website, https://www.finnair.com/de/gb/finnair-plus/use-points/oneworld-and-other-partner-airlines.

10. Scott Wilson, "Streaming Overtakes Downloads and Physical Sales for the First Time Ever in Bumper Year for Music Industry," *FACT,* March 31, 2017, www.factmag.com/2017/03/31/streaming-overtakes-downloads-physical-sales-2016/.

11. See Dennis Green and Mike Nudelman, "Why Amazon Is Still Such a Threat to Toys R Us, in One Chart," *Business Insider,* September 20, 2017, www.businessinsider.com/amazon-beat-toys-r-us-online-sales-2017-9; and Joan Verdon, "Toys R Us Said to Be Preparing for Liquidation," March 9, 2018, www.usatoday.com/story/money/business/2018/03/08/toys-r-us-preparing-liquidation-sources-say/408975002/.

12. See www.harley-davidson.com/shop/check-store-availability?storeId=10152&catalogId=10051&langId=-1, www.harley-davidson.com/store/CustomerCareContentDisplayView?catalogId=10051&langId=-1&storeId=10152&emsName=ES_CS_StoreFAQs&linkName=ourSite&sectionName=storeFAQ&section=Store%20FAQs, and http://investor.harley-davidson.com/static-files/df9257e2-6c11-4c14-8c00-4468aa1b5d1c, accessed October 2018.

13. "Better, Faster, Cheaper: The Grocery Shopping Revolution," *Consumer Reports,* May 23, 2017, www.consumerreports.org/grocery-stores-supermarkets/faster-fresher-cheaper-grocery-shopping-revolution/; Jeff Daniels, "Walmart Regaining Grocery Share from Competitors at an Accelerating Rate," *CNBC,* May 24, 2017, www.cnbc.com/2017/05/24/wal-mart-regaining-grocery-share-from-competitors-at-accelerating-rate.html; and "Benchmarks by Industry: Supermarkets," *ACSI,* www.theacsi.org/index.php?option=com_content&view=article&id=147&catid=&Itemid=212&i=Supermarkets, accessed October 2018.

14. See "Faster, Fresher, Cheaper: The Grocery Shopping Revolution," *Consumer Reports,* May 23, 2017, www.consumerreports.org/grocery-stores-supermarkets/faster-fresher-cheaper-grocery-shopping-revolution/; Ashley Lutz, "17 Reasons Why Wegmans Is America's Best Grocery Store," *Business Insider,* April 2, 2014, www.businessinsider.com/wegmans-grocery-is-americas-best-2014-4; "The 100 Best Companies to Work For," *Fortune,* March 2017, http://fortune.com/best-companies/; and "Wegmans," *Yelp,* www.yelp.com/biz/wegmans-fairfax, accessed October 2018.

15. See Alexis Sobel Fitts, "Inside the Startup Luring Thousands of Women into the Gig Economy," *Wired,* www.wired.com/2017/03/inside-the-startup-luring-thousands-of-women-into-the-gig-economy/; http://new.pamperedchef.com/company-facts and www.stelladot.com/trunkshow, accessed October 2018.

16. See "Subway: Be Part of a Winning Team with the #1 Franchise," www.franchisesolutions.com/franchise/subway, accessed October 2018.

17. Anita Chang Beattie, "Catching the Eye of a Chinese Shopper," *Advertising Age,* December 10, 2012, pp. 20–21.

18. Drew Hinshaw, "Burgers Face a Tough Slog in Africa," *Wall Street Journal,* December 10, 2013, www.wsj.com/articles/SB10001424052702304607104579214133498585594.

19. See Leanna Garfield, "Nestle Sponsored a River Barge to Create a 'Floating Supermarket' the Sold Candy and Chocolate Pudding to the Backwoods of Brazil," *Business Insider,* September 17, 2017, www.businessinsider.com/nestle-expands-brazil-river-barge-2017-9.

20. Chris Welch, "Amazon Will Soon Stop Selling All Nest Products," *The Verge,* March 3, 2018, www.theverge.com/2018/3/3/17074844/amazon-stopping-nest-sales.

21. See Marcus Williams, "Cutting Logistics Costs Key to GM Profit Targets," *Automotive Logistics,* October 2014, http://automotivelogistics.media/news/cutting-logistics-costs-key-to-gm-profit-targets; and "28th Annual State of Logistics Report: Accelerating into Uncertainty," June 20, 2017, https://cscmp.org/CSCMP/Products/State_of_Logistics_Report/28th_Annual_State_of_Logistics_Report.aspx?WebsiteKey=0b3f453d-bd90-4121-83cf-172a90b226a9.

22. Andy Brack, "Piggly Wiggly Center Offers Info-Packed Field Trip," *Charleston Currents,* January 4, 2010, www.charlestoncurrents.com/issue/10_issues/10.0104.htm; and information from http://en.wikipedia.org/wiki/Piggly_wiggly and http://corporate.walmart.com/_news_/news-archive/2005/01/07/our-retail-divisions, accessed October 2018.

23. Sarah Landrum, "Millennials Driving Brands to Practice Socially Responsible Marketing," *Forbes,* March 17, 2017, www.forbes.com/sites/sarahlandrum/2017/03/17/millennials-driving-brands-to-practice-socially-responsible-marketing/#2c2d4dc94990.

24. "Levi's How Can 'Clean' Begin with 'Design?'" IPE, August 16, 2017, http://wwwen.ipe.org.cn/GreenSupplyChain/BrandStoryDetail.aspx?id=20; Gaylen Davenport, "Levi's Water Conservation Efforts Actually Save the Company Money," *Worldwide Energy,* February 24, 2015, www.worldwideenergy.com/levis-water-conservation-efforts-actually-save-company-money/; Anna Sanina, "Levi's Asks People Not to Wash Their Jeans," *Popsop,* March 22, 2012, http://popsop.com/2012/03/levis-asks-people-not-to-wash-their-jeans/; and www.levistrauss.com/sustainability/products/waterless/ and www.levi.com/US/en_US/features/sustainability#process, accessed October 2018.

25. "SoCal Amazon Warehouse Fulfilling Millions of Cyber Monday Orders," *ABC* 7, November 27, 2017, http://abc7.com/business/socal-amazon-warehouse-fulfilling-millions-of-cyber-monday-orders/2703057; and "Tour an Amazon Fulfillment Center," http://amazonfctours.com/, accessed October 2018.

26. See Nick Wingfield, "As Amazon Pushes Forward with Robots, Workers Find New Roles," September 10, 2017, www.nytimes.com/2017/09/10/technology/amazon-robots-workers.html; and www.amazonrobotics.com, accessed October 2018.

27. Matthew Boyle, "Walmart Cracks the Whip on Suppliers," *Bloomberg Businessweek,* July 24, 2017, pp. 14-15.

28. Bureau of Transportation Statistics, "Pocket Guide to Transportation 2017," January 2017, www.rita.dot.gov/bts/sites/rita.dot.gov.bts/files/publications/pocket_guide_to_transportation/2017/3_Moving_Goods/table3_1.

29. See Walmart's supplier requirements at http://corporate.walmart.com/suppliers, accessed October 2018.

30. www.oracle.com/webfolder/assets/infographics/value-chain/index.html, accessed October 2018.

31. For this and other UPS examples and information, see "Moving Returns Forward with Overstock.com," www.ups-scs.com/solutions/case_studies/cs_Overstock.pdf, accessed October 2018; Daniel Goure, "United Parcel Service Is on the Forefront of the Revolution in Healthcare," Lexington Institute, September 14, 2017, www.lexingtoninstitute.org/united-parcel-service-forefront-revolution-healthcare/; and www.ups-scs.com/solutions/ and https://solvers.ups.com/ accessed October 2018.

32. Jennifer McKevitt, "Fortune 500 Companies Are Using 3PLs More, Study Finds," *Supply Chain Dive,* May 30, 2017, www.supplychaindive.com/news/third-party-logistics-3pl-increase-large-companies-2017/443710/.

11장

1. Chloe Halley, "UNIQLO: On a Global Expansion Spree," Chloe's Portfolio, http://chloehalley.com/2014/01/20/case-study-on-uniqlo-on-a-global-expansion-spree/; Chauncey Zalkin, "Made in Japan: The Culture behind the Brand," www.brandchannel.com; Andrea Graelis, "Japan Clothes Giant Uniqlo Takes On World's Fashion Capital," *Agence France Presse,* September 30, 2009, accessed at www.factiva.com, Kana Inagaki, "Uniqlo Aims 7-Fold Rise in Group Sales to 5 Trillion Yen by 2020," *Kyodo News,* September 2, 2009, accessed at www.factiva.com; Kim Yoon-mi, "Asian Market Is Uniqlo's No. 1 Priority," *Korea Herald,* September 24, 2009, accessed at www.factiva.com; Stuart Elliott, "Retailers Summon Optimism As They Enter a Critical Season," *The New York Times,* September 5, 2011; and Michiyo Nakamoto, "Japanese Shoppers Break with Tradition," *Financial Times,* September 9, 2009, accessed at www.factiva.com; Tara Shen, "Fashion Retailers Leverage Technology to Maintain Lead in the Market: Case Studies of Uniqlo and Topshop," February 6, 2014, http://tarashen.com/fashion-retailers-leverage-technology-to-maintain-lead-in-the-marketcase-studies-of-uniqlo-and-topshop/; Annual Report 2014, http://www.fastretailing.com/eng/ir/library/pdf/ar2014_en.pdf; and information from www.uniqlo.com and www.fastretailing.com, accessed October 2015.

2. See "Monthly and Annual Retail Trade," U.S. Census Bureau, www.census.gov/retail/, accessed October 2018.

3. See "Just Released: P&G 2014 Annual Report," P&G Corporate Newsroom, August 20, 2014, http://news.pg.com/blog/company-strategy/just-released-pg-2014-annual-report; "Procter & Gamble," *Growth Champions,* March 2016, http://growthchampions.org/growth-champions/procter-gamble/; and "Zero Moment of Truth (ZMOT)," *Think with Google,* www.thinkwithgoogle.com/marketing-resources/micro-moments/zero-moment-truth/ and www.thinkwithgoogle.com/marketing-resources/micro-moments/, accessed October 2018.

4. Hal Conick, "The End of Retail (as We Knew It)," *Marketing News,* September 27, 2017, pp. 38–47.

5. For more on the current struggles of traditional retailers, see "Derek Thompson, "What in the World Is Causing the Retail Meltdown," *The Atlantic,* April 10, 2017, www.theatlantic.com/business/archive/2017/04/

retail-meltdown-of-2017/522384/; Phil Wahba, "The Death of Retail Is Greatly Exaggerated," *Fortune,* June 25, 2017, pp. 33–34; and Steve Dennis, "Retail 2018: Now Comes the Real Reckoning," *Forbes,* January 12, 2018, www.forbes.com/sites/stevendennis/2018/01/12/retail-2018-now-comes-the-real-reckoning/#46bcd5a55f54.

6. Phil Wahba, "Everything Must Go," *Fortune,* March 1, 2017, pp. 95–100.

7. Daniel B. Kline, "Grocery Stores Are Facing a New Challenge and It's Not Just Amazon," *Business Insider,* September 14, 2017, www.businessinsider.com/grocery-stores-are-facing-a-new-challenge-and-its-not-just-amazon-2017-9; Pamela Danziger, "Online Grocery Sale to Reach $100 Billion in 2025; Amazon Is Current and Future Leader," *Forbes,* January 18, 2018, www.forbes.com/sites/pamdanziger/2018/01/18/online-grocery-sales-to-reach-100-billion-in-2025-amazon-set-to-be-market-share-leader/#683ed44462f3.

8. "Biedronka: Food Distribution," *Jerónimo Martins* website, https://www.jeronimomartins.com/en/about-us/what-we-do/food-distribution/biedronka/; Howard Lake, "BIEDRONKA Details Private Label Strategy for Poland," *Planet Retail,* February 2, 2017, https://www.planetretail.net/NewsAndInsight/Article/157965; Fábio Daniel Mendes Parreira, "Jerónimo Martins in Poland: Biedronka," *ISCTE Business School,* https://repositorio.iscte-iul.pt/bitstream/10071/4195/1/Jer%C3%B3nimo%20Martins%20in%20Poland%20Biedronka%20%28F%C3%A1bio%20Parreira%29.pdf.

9. Mike Tighe, "Kwik Trip Aims to Fill Grills with Fresh Meat Offerings," *LaCrosse Tribune,* May 16, 2014, http://lacrossetribune.com/news/local/kwik-trip-aims-to-fill-grills-with-fresh-meat-offerings/article_0d23f455-1c56-5b94-884f-013d22b78fa9.html; Amanda Baltazar, "C-Stores Challenge Perceptions about Grocery," *CSP Magazine,* October 2017, www.cspdailynews.com/print/csp-magazine/article/c-stores-challenge-consumer-perceptions-about-grocery; and www.kwiktrip.com, accessed September 2018.

10. "Store Productivity—Walmart US," *eMarketer,* https://retail-index.emarketer.com/company/data/5374f24d4d4afd2bb4446614/5374f3094d4afd2bb444a93c/lfy/false/wal-mart-stores-inc-walmart-us, accessed October 2018; and "Supermarket Facts," www.fmi.org/research-resources/supermarket-facts, accessed October 2018.

11. See Hayley Peterson, "Dollar General Is Defying the Retail Apocalypse and Opening 900 Stores," *Business Insider,* February 24, 2018, www.businessinsider.com/dollar-general-opening-stores-photos-details-2018-2; and http://investor.shareholder.com/dollar/financials.cfm, accessed October 2018.

12. "How We Do It," http://tjmaxx.tjx.com/store/jump/topic/how-we-do-it/2400087, accessed May 2018.

13. See "H&R Block," *Entrepreneur,* www.entrepreneur.com/franchises/hrblock/330827, accessed October 2018; and www.hrblock.com/corporate/our-company, accessed October 2018.

14. Company and franchising information from "Top 200 Franchise Systems," *Franchise Times,* October 2017, www.franchisetimes.com/Top-200/; www.score.org/resources/should-i-buy-franchise; and www.aboutmcdonalds.com/mcd/our_company.html, accessed October 2018.

15. "Quarterly Retail E-Commerce Sales 4th Quarter 2017," U.S. Census Bureau, February 16, 2018, www.census.gov/retail/mrts/www/data/pdf/ec_current.pdf.

16. Sandy Skrovan, "How Shoppers Use Their Smartphones in Stores," *Retail Dive,* June 7, 2017, https://www.retaildive.com/news/how-shoppers-use-their-smartphones-in-stores/444147.

17. Erik Wander, "Meet the Omnishopper," *Adweek,* September 12, 2017, p. 10.

18. "Online or In-Store? How about a Little of Both?" *Washington Post,* November 28, 2014, p. A01; and "Social Media 2018: It's Influence in the Path to Purchase," *eMarketer,* December 18, 2017, www.emarketer.com/Report/Social-Commerce-2018-Its-Influence-Path-Purchase/2002175.

19. See www.footlocker-inc.com/investors.cfm?page=annual-reports and www.footlocker-inc.com, accessed October 2018.

20. Dina Berrta, "The Power List: Lynsi Snyder—Growing the Cult Chain Slow and Steady," *Nation's Restaurant News,* January 19, 2016, http://nrn.com/power-list-2016-Lynsi-Snyder; Robert Klara, "How In-N-Out Became the Small Burger Chain with the Massive Following," *Adweek,* November 17, 2015, www.adweek.com/print/168120; Daniel P. Smith, "The Secret to In-N-Out's Cult Following," *QSR,* August 2017, www.qsrmagazine.com/competition/secret-n-out-s-cult-following; and www.in-n-out.com, accessed October 2018.

21. Austin Carr, "The Future of Retailing in the Age of Amazon," *Fast Company,* December 2017–January 2018, pp. 84–101.

22. See Betsy Riley, "A Sneak Peek at Buckhead's New Restoration Hardware Gallery," *Atlanta Magazine,* November 20, 2014, www.atlantamagazine.com/decorating/a-sneak-peek-at-buckheads-new-restoration-hardware-gallery/; Richard Mullins, "Restoration Hardware Building Meg-Mansion 'Gallery' in Tampa," *Tampa Tribune,* January 4, 2015, www.tbo.com/news/business/restoration-hardware-building-mega-mansion-gallery-in-tampa-20150104/; and Bridget Brennan, "Would You Like Champagne with That Sofa? Restoration Hardware Bets Big on Experiential Retail," *Forbes,* November 13, 2015, www.forbes.com/sites/bridgetbrennan/2015/11/13/would-you-like-champagne-with-that-sofa-restoration-hardware-bets-big-on-experiential-retail/#7b46683e579e67def966579e; Hadley Keller, "RH Expands New Gallery Retail Strategy with West Palm Store," *Architectural Digest,* December 4, 2017, www.architecturaldigest.com/story/rh-expands-new-gallery-retail-strategy-west-palm-beach; and www.restorationhardware.com/content/promo.jsp?id=557012, accessed October 2018.

23. See Alexandra Sifferlin, "My Nose Made Me Buy It," *Time,* December 16, 2013, http://healthland.time.com/2013/12/16/my-nose-made-me-buy-it-how-retailers-use-smell-and-other-tricks-to-get-you-to-spend-spend-spend/; Cassandra Girard, "Meet the Scent Marketing Firm Winning the Battle for Your Nose," *NBC News,* July 24, 2017, www.nbcnews.com/business/your-business/meet-scent-marketing-firm-winning-battle-your-nose-n783761; and www.scentair.com, accessed October 2018.

24. Elyse Dupre, "Personalization at the Heart of CVS's ExtraCare Loyalty Program," *DMN,* May 9, 2017, www.dmnews.com/multichannel-marketing/personalization-is-at-the-heart-of-cvss-extracare-loyalty-program/article/656057/and www.cvs.com, accessed October 2018.

25. For definitions of these and other types of shopping centers, see "Dictionary," *American Marketing Association,* www.marketingpower.com/_layouts/Dictionary.aspx, accessed October 2018.

26. Josh Sanburn, "Why the Death of Malls Is about More Than Shopping," *Time,* July 10, 2017, http://time.com/4865957/death-and-life-shopping-mall/; Laura Sanicola, "America's Malls Are Rotting Away," *CNN Money,* December 12, 2017, www.bloomberg.com/news/articles/2018-01-08/why-some-shopping-malls-may-be-in-deeper-trouble-than-you-think; and Sarah Mulholland, "Why Some Shopping Malls May Be in Deeper Trouble Than You Think," *Bloomberg,* January 8, 2018, www.bloomberg.com/news/articles/2018-01-08/why-some-shopping-malls-may-be-in-deeper-trouble-than-you-think.

27. Jennifer Reingold and Phil Wahba, "Where Have All the Shopper Gone?" *Fortune,* September 3, 2014, http://fortune.com/2014/09/03/where-have-all-the-shoppers-gone/.

28. See Susan Berfield, "Shop Today," *Bloomberg Businessweek,* November 27, 2017, pp. 46–51, Phil Wahba, "Macy's Make-or-Break Christmas," *Fortune,* December 1, 2017, pp. 79–84; and http://investors.macysinc.com/phoenix.zhtml?c=84477&p=irol-reportsannual, accessed October 2018.

29. See Laia Garcia, "The Edit at Roosevelt Field Mall Brings Your URL Favs IRL," *Refinery,* November 30, 2017, www.refinery29.com/the-edit-store-experience-roosevelt-field-mall; Daniel Keyes, "Malls Look to Pop-Up Shops to Boost Their Appeal," *Business Insider,* December 1, 2017, www.businessinsider.com/malls-look-to-pop-up-shops-to-boost-their-appeal-2017-12; and www.simon.com/the-edit, accessed October 2018.

30. See www.gilt.com, www.zulily.com, www.target.com, and www.amazon.com/gp/help/customer/display.html?nodeId=201134080, accessed October 2018.

31. See www.rpminc.com/leading-brands/consumer-brands, accessed October 2018.

32. See Jacqueline Renfrow, "AT&T Turns Michigan Avenue Flagship into a Museum," *Fierce Retail,* March 11, 2015, www.fierceretail.com/story/att-turns-michigan-avenue-flagship-museum/2015-03-11; Christopher Heine, "The Store of the Future Has Arrived," *Adweek,* June 3, 2013, www.adweek.com/print/149900; and www.callison.com/projects/att-%E2%80%93-michigan-avenue, accessed October 2016.

33. Sarah Perez, "Target Rolls Out Bluetooth Beacon Technology in Stores to Power New Indoor Maps in Its App," *Tech Crunch,* September 20, 2017, https://techcrunch.com/2017/09/20/target-rolls-out-bluetooth-beacon-technology-in-stores-to-power-new-indoor-maps-in-its-app/; "There's More in Store with the Target App," *A Bullseye View,* September 20, 2017, https://corporate.target.com/article/2017/09/target-app-mike-mcnamara; and Keith Wright, "Say Hello to Our Little Friends: How New Beacons May Save Old Retail," *Marketing Insider,* January 3, 2018, www.mediapost.com/publications/article/312422/say-hello-to-our-little-friends-how-new-beacons-m.html.

34. See Nikki Baird, "In Retail, AR Is for Shoppers and VR Is for Business," *Forbes,* April 26, 2017, www.forbes.com/sites/nikkibaird/2017/04/26/in-retail-ar-is-for-shoppers-and-vr-is-for-business/#2197c621618f; and Carolanne Mangies, "Is Marketing Ready for VR/AR in 2018?" Smart Insights, January 11, 2018, www.smartinsights.com/digital-marketing-platforms/video-marketing/is-marketing-ready-for-vr-ar-in-2018/.

35. "Green MashUP: 7 Trends Transforming Retail Sustainability," *The Fifth Estate,* February 17, 2015, www.thefifthestate.com.au/business/trends/green-mashup-7-trends-transforming-retail-sustain-

ability/71455; "The IKEA Group Yearly Summary FY2017 Report," www.ikea.com/ms/en_US/pdf/yearly_summary/IKEA_Group_Yearly_Summary_2017.pdf, accessed October 2018; and "The IKEA Group Approach to Sustainability," www.ikea.com/ms/en_US/pdf/sustainability_report/group_approach_sustainability_fy11.pdf, accessed October 2018.

36. See www.staples.com/sbd/cre/marketing/sustainability-center/?icid=SustainabilityCenter:topnav:1:home:20170901, accessed October 2018.

37. See "Global Powers of Retailing 2018," *Deloitte*, January 2018, accessed at www2.deloitte.com/content/dam/Deloitte/at/Documents/about-deloitte/global-powers-of-retailing-2018.pdf.

38. Grainger facts and other information are from the http://pressroom.grainger.com/phoenix.zhtml?c=194987&p=irol-mediakit and www.grainger.com, accessed October 2018.

39. Paul Demery, "Grainger's E-Commerce Sales Are Even Higher Than Reported," *Digital Commerce 360*, March 1, 2017, www.digitalcommerce360.com/2017/03/01/graingers-e-commerce-sales-are-even-higher-reported/; and www.grainger.com, accessed October 2018.

40. See http://investors.sysco.com/~/media/Files/S/Sysco-IR/documents/quarterly-results/1q18-factsheet.pdf and www.sysco.com/, accessed October 2018.

41. See www.supervalu.com, accessed October 2018.

42. Ted Thornhill, "Not for the faint-hearted! . . . ," *Daily Mail*, March 31, 2014, www.dailymail.co.uk/news/article-2593147/Not-faint-hearted-Man-lvs-Food-restaurant-challenges-diners-menu-heart-stopping-feasts-including-96oz-steak-six-pound-burger-no-ones-finished-either.html#ixzz3LVSmXatZ.

12장

1. "Dove: Campaign for Real Beauty," *Advertising & Society*, March 7, 2013, https://advsoc2013.wordpress.com/tag/dove-commercial/; "Dove Pro-Age Women," *Advertising for Adults*, February 20, 2007, http://advertisingforadults.com/2007/02/dove-pro-age-women/; "New Research Finds a Girl's Inner Beauty Critic Moves In by Age 14," Dove Canada, 2011, http://www.dove.ca/en/Article/Surprising-Self-Esteem-Statistics.aspx, accessed October 9, 2015; Jack Neff, "Dove: The Evolution from 'Evolution'," *Advertising Age*, June 11, 2013, Tanzina Vega, "Ad about Women's Self-Image Creates a Sensation,"*Advertising Age*, April 18, 2013, http://adage.com/article/news/doveevolution-evolution/241971; "Real Beauty Shines through Dove Wins Titanium Grand Prix, 163 Million Views on YouTube," Think with Google, June 2013, https://www.thinkwithgoogle.com/case-studies/dove-real-beauty-sketches.html; Merilin-Ingrid Münter, "Case Study: Dove's 'Ad Makeover' Brings Positive Ad Messages (and Overbidding) to Facebook," http://www.best-marketing.eu/dove-ad-makeover-casestudy/; Megan Baker, "Dove Real Beauty Campaign," Prezi, April 3, 2013, https://prezi.com/xlx-muhxmkjvl/dove-real-beauty-campaign/; Dawn Papandrea, "How Dove's Real Beauty Video Touched a Nerve and Went Viral," Content Strategist, April 25, 2013, http://contently.com/strategist/2013/04/25/how-doves-real-beauty-video-toucheda-nerve-and-went-viral-video/; Melinda Brodbeck and Erin Evans, "Dove Campaign for Real Beauty Case Study," Public Relations Problems and Cases, March 5, 2007, http://psucomm473.blogspot.de/2007/03/dove-campaign-for-real-beauty-case.html; Taylor Simmons, "Real Women, Real Results: A Look at Dove's Best of Silver Anvil-Winning Campaign," PRSA, August 8, 2006, http://www.prsa.org/supportfiles/news/viewNews.cfm?pNewsID=471; Robert French, "Dove Real Beauty Campaign: Super Bowl Ad Reach on a Dime," Auburn Media, http://www.auburnmedia.com/wordpress/2006/10/31/dove-real-beautycampaign-super-bowl-ad-reach-on-a-dime/; http://blog.thewinningpitch.com/2007/01/doves_campaign_.html; http://www.media-awareness.ca/english/resources/educational/teachable_moments/campaignrealbeauty.cfm; "Singing in Shower Wins Dove Ad Competition for Calif. Woman,"*ABC News*, http://www.abcnews.go.com/GMA/story?id=2907595; http://www.pittsburghlive.com/x/pittsburghtrib/living/columnists/guests/s_489903.html; http://www.oprah.com/tows/slide/200509/20050922/slide_20050922_284_105.jhtml; Nina Bahadur, "Dove 'Real Beauty' Campaign Turns 10: How a Brand Tried to Change the Conversation About Female Beauty," *Huffington Post*, January 21, 2014, http://www.huffingtonpost.com/2014/01/21/dove-real-beauty-campaign-turns-10_n_4575940.html; Jack Neff, "Ten Years In, Dove's 'Real Beauty' Seems to Be Aging Well," *Advertising Age*, January 22, 2014, http://adage.com/article/news/ten-years-dove-s-real-beauty-aging/291216/; "The Dove® Campaign for Real Beauty," http://www.dove.us/Social-Mission/campaign-for-real-beauty.aspx; Duncan Macleod, "Dove Little Girls Show Real Beauty in True Colors," Inspiration Room, October 26, 2006, http://theinspirationroom.com/daily/2006/dove-little-girls-in-truecolors/; and information from www.unilever.com and www.unilever.ca.

2. For other definitions, see www.ama.org/resources/Pages/Dictionary.aspx, accessed October 2016.

3. See Dana Feldman, "U.S. TV Ad Spend Drops as Digital Ad Spend Climbs to $107B in 2018," *Forbes*, March 28, 2018, www.forbes.com/sites/danafeldman/2018/03/28/u-s-tv-ad-spend-drops-as-digital-ad-spend-climbs-to-107b-in-2018/#18c5ddb87aa6; and John Koetsier, "Mobile Advertising Will Drive 75% of All Digital Ad Spend in 2018: Here's What's Changing," *Forbes*, February 23, 2018, www.forbes.com/sites/johnkoetsier/2018/02/23/mobile-advertising-will-drive-75-of-all-digital-ad-spend-in-2018-heres-whats-changing/#b7eece4758be.

4. Julia Kollewe, "Marmite Maker Unilever Threatens to Pull Ads from Facebook and Google," *The Guardian*, February 12, 2018, www.theguardian.com/media/2018/feb/12/marmite-unilever-ads-facebook-google.

5. Karen Gilchrist, "Adidas Steps Away from TV Advertising as It Targets $4 Billion Growth," *CNBC*, March 15, 2017, www.cnbc.com/2017/03/15/adidas-steps-away-from-tv-advertising-as-it-targets-4-billion-growth.html; and Daphne Howland, "Adidas Ditching TV Ads to Reach Generation Z on Mobile," *Marketing Dive*, March 16, 2017, www.marketingdive.com/news/adidas-ditching-tv-ads-to-reach-generation-z-on-mobile/438291/.

6. See Lesley Bielby, "The 'A' Word—Does Advertising Still Exist?" *Advertising Age*, April 22, 2016, www.adage.com/print/303678 and Michael Strober, "We Interrupt This Interruption for an Important Message," *Advertising Age*, September 25, 2018, pp. 62–63.

7. See "The NewsCred Top 50 Awards," *NewsCred*, https://insights.news-cred.com/best-content-marketing-brands/#about, accessed October 2018; and www.landroverusa.com/experiences/stories/index.html, www.instagram.com/landrover/, www.youtube.com/user/landrover, www.facebook.com/landrover/, and https://twitter.com/LandRover?ref_src=twsrc%5Egoogle%7Ctwcamp%5Eserp%7Ctwgr%5Eauthor, accessed October 2018.

8. See "Why TV Remains the World's Most Effective Advertising," *Thinkbox*, November 21, 2017, https://www.thinkbox.tv/News-and-opinion/Newsroom/Why-TV-remains-the-worlds-most-effective-advertising/; Subrat Kar, "The Top 10 Most Watched Indian Ads on YouTube in March 2018," afaqs!, April 03, 2018, https://www.afaqs.com/news/story/52646_The-Top-10-Most-Watched-Indian-Ads-on-YouTube-in-March-2018; "Samsung India's Digital Campaign on Digital Inverter Refrigerators Goes Viral on YouTube," *Samsung Newsroom India*, April 10, 2018, https://news.samsung.com/in/samsung-indias-digital-campaign-on-digital-inverter-refrigerators-goes-viral-on-youtube.

9. See discussions at Mike Ishmael, "The Cost of a Sales Call," October 22, 2012, http://4dsales.com/the-cost-of-a-sales-call/; Jeff Green, "The New Willy Loman Survives by Staying Home," *Bloomberg Businessweek*, January 14–20, 2013, pp. 16–17; Scott Tousley, "107 Mind-Blowing Sales Statistics That Will Help You Sell Smarter," *HubSpot*, September 14, 2015, http://blog.hubspot.com/sales/sales-statistics; and "What Is the Real Cost of a B2B Sales Call?" www.marketing-playbook.com/sales-marketing-strategy/what-is-the-real-cost-of-a-b2b-sales-call, accessed October 2018.

10. "Marketing Fact Pack 2018," *Advertising Age*, December 18, 2017, p. 8.

11. For these and other advertising spending facts, see "Marketing Fact Pack 2018," *Advertising Age*, December 18, 2017, pp. 4–8.

12. See Patrick Coffee, "U.S. Army Audit Claims 'Ineffective Marketing Programs' Have Wasted Millions in Taxpayer Dollars Each Year," *Adweek*, January 3, 2018, www.adweek.com/agencies/u-s-army-audit-claims-ineffective-marketing-programs-have-wasted-millions-in-taxpayer-dollars-each-year/.

13. See E. J. Schultz, "Pepsi Ads Take Shot at Share-A-Coke, Polar Bears," *Advertising Age*, June 15, 2015, www.adage.com/print/298985; and Brian Steinberg, "Coke, Pepsi Go to Super Bowl Battle Armed with Similar Pitches," *Variety*, February 1, 2018, http://variety.com/2018/tv/news/super-bowl-commercials-coca-cola-pepsi-advertising-1202684017/.

14. See Michael Addady, "General Mills Sues Chobani for Advertising That Yoplait Contains 'Bug Spray,'" *Fortune*, January 12, 2016, http://fortune.com/2016/01/12/general-mills-sues-chobani/; Christine Birkner, "'Scare Tactics' Used in Its Ads: Spots Imply Yoplait and Dannon Contain Pesticides, Chlorine," *Advertising Age*, January 20, 2016, www.adweek.com/print/169107; "United States Courts Opinions: United States District Court Eastern District of New York: Chobani, LLC, Plaintiff, v The Dannon Company, Inc., Defendant," April 25, 2016; and Graig Giammona, "Why Big Brands Couldn't Stop Chobani from Winning the Yogurt War," *Bloomberg*, March 9, 2017, www.bloomberg.com/news/articles/2017-03-09/yogurt-war-exposes-big-food-s-flaws-as-chobani-overtakes-yoplait.

15. "Who's Watching How Many TV Channels?," *Marketing Charts,* October 3, 2018, www.marketingcharts.com/television-71258; and "Number of Magazines in the United States from 2002 to 2016," *Statista,* www.statista.com/statistics/238589/number-of-magazines-in-the-united-states/, accessed October 2018.

16. Kelsey Libert and Kristen Tynski, "Research: The Emotions That Make Marketing Campaigns Go Viral," *HBR Blog Network,* October 24, 2013, http://blogs.hbr.org/2013/10/research-the-emotions-that-make-marketing-campaigns-go-viral/; and data from YouTube, Facebook, Instagram, and Twitter, accessed October 2018.

17. "Figuring Out a Production Budget These Days Is Complicated," *Advertising Age,* May 1, 2015, http://adage.com/lookbook/article/production-companies/figuring-a-production-budget-days-complicated/298390/; Maggie Aland, "TV Advertising Costs and How to Advertise on a Budget," *FitSmallBusiness.com,* November 28, 2017, https://fitsmallbusiness.com/tv-advertising/; and "Cost for a 30-Second Commercial," Marketing Fact Pack 2018, *Advertising Age,* December 18, 2017, p. 18.

18. See Bree Brouwer, "Marriott Starts Production on 'Two Bellmen Two' Starring Freida Pinto," *Tubefilter,* November 10, 2015, www.tubefilter.com/2015/11/10/marriott-content-studio-two-bellmen-two-frieda-pinto/; Sarah Parker, "Marriott's Video Marketing Stays Strong with Two Bellmen Three," *Union Metrics,* January 21, 2017, https://unionmetrics.com/blog/2017/01/marriotts-video-marketing-stays-strong-two-bellmen-three/# "Two Bellmen: Winner in Hospitality," Shorty Awards, http://shortyawards.com/8th/two-bellmen, accessed October 2018; and www.youtube.com/watch?v=ZOgteFrOKt8 and www.youtube.com/channel/UCNs4ZSULeve-iGEFthwAfAQ, accessed October 2018.

19. Marty Swant, "Every Ad Is a Tide Ad: Inside Saatchi and P&G's Clever Super Bowl Takeover Starring David Harbour," *Advertising Age,* February 4, 2018, www.adweek.com/brand-marketing/every-ad-is-a-tide-ad-inside-saatchi-and-pgs-clever-super-bowl-takeover-starring-david-harbour/; and Lauren Johnson, "5 Takeaways from Tide's Full-Blown Super Bowl Blitz," *Adweek,* February 5, 2018, www.adweek.com/digital/5-takeaways-from-tides-full-blown-super-bowl-blitz/.

20. See Lindsay Kolowich, "Funny Tweets and Social Media Examples from 17 Real Brands," Hubspot, February 4, 2016, http://blog.hubspot.com/blog/tabid/6307/bid/33488/14-Funny-Brands-You-Can-t-Help-But-Follow-in-Social-Media.aspx.

21. Iceland Groceries, "Eat The Week with Iceland," https://groceries.iceland.co.uk/eat-the-week; "Eat the Week with Iceland," Channel 4 website, https://www.channel4.com/programmes/eat-the-week-with-iceland; "Iceland—Eat the Week," Digital Advertising Awards, http://www.digitaladvertisingawards.com/digital-trading-awards-2018/best-branding-campaign/iceland-eat-the-week; Mark Sweney, "Forget Product Placement: Now Advertisers Can Buy Storylines," *The Guardian,* January 20, 2018, https://www.theguardian.com/media/2018/jan/20/forget-product-placement-advertisers-buy-storylines-tv-blackish.

22. "Why *The Lego Movie* Is the Perfect Piece of Product Placement," A.V. Club, February 11, 2014, www.avclub.com/article/why-the-lego-movie-is-the-perfect-piece-of-product-201102; and Katarina Gustafsson, "LEGO Movie Helps Full-Year Revenue Growth Beat Rivals," *Bloomberg Business,* February 25, 2015, www.bloomberg.com/news/articles/2015-02-25/lego-movie-helps-toymaker-s-full-year-sales-growth-beat-rivals.

23. See Timothy Nichols, "How to Get the Best Visibility with Native Ads," *Forbes,* February 8, 2018, www.forbes.com/sites/forbesagencycouncil/2018/02/08/how-to-get-the-best-visibility-with-native-ads/#1db31d54766f; and Adam Abelin, "5 Global Native Advertising Trends 2018," Native Advertising Institute, https://nativeadvertisinginstitute.com/blog/5-global-native-advertising-trends-2018/, accessed October 2018.

24. See www.adsoftheworld.com/media/print/cat_footwear_go_ahead_look_up and www.wolverineworldwide.com/our-brands/cat/, accessed October 2018.

25. Benjamin Snyder, "Here's Why Doritos Is Ending Its 'Crash the Super Bowl' Contest," Fortune, January 29, 2016, http://fortune.com/2016/01/29/doritos-crash-the-super-bowl-contest/.

26. Christopher Heine, "West Elm Is Lifting Sales by Using Customer's Instagram Photos in Facebook Carousel Ads," *Adweek,* June 17, 2016, www.adweek.com/digital/west-elm-lifting-sales-using-customers-instagram-photos-facebook-carousel-ads-172076/; and Daniela Forte, "West Elm's Pinterest Style Finder Lets Customers Aid in Design," *Multichannel Merchant,* August 25, 2017, http://multichannelmerchant.com/marketing/west-elms-pinterest-style-finder-lets-customers-aid-design/.

27. See www.converse.com and https://help-en-us.nike.com/app/answer/article/converse-story/a_id/64073/country/us, access October 2018.

28. "Adidas Introduces 'Here to Create Legend' 2018 Boston Marathon Campaign Featuring Personal Highlight Videos Delivered to 30K Runners within Hours," *Adidas News Stream,* April 5, 2018, https://news.adidas.com/US/Latest-News/adidas-introduces-here-to-create-legend-2018-boston-marathon-campaign-featuring-30k-personal-hig/s/118fc950-53c9-406c-98ff-34881adb6f0f; and Laura McQuarrie, *Trend Hunter,* April 20, 2018, www.trendhunter.com/trends/running-videos.

29. See "Multitasking Is Changing Media Consumption Habits," Screen Media Daily, April 8, 2016, http://screenmediadaily.com/multitasking-is-changing-media-consumption-habits; and "Few Viewers Are Giving the TV Set Their Undivided Attention," eMarketer, November 7, 2017, www.emarketer.com/Article/Few-Viewers-Giving-TV-Set-Their-Undivided-Attention/1016717?ecid=NL1001.

30. *Forbes* and *Bloomberg Businessweek* cost and circulation data found online at www.bloombergmedia.com/specs/ and www.forbes.com/forbes-media/advertising/, accessed October 2018.

31. Natalie Tadena, "With the New Year Approaching, Weight Loss Ad Barrage Has Commenced," *Wall Street Journal,* December 30, 2014, http://blogs.wsj.com/cmo/2014/12/30/with-the-new-year-approaching-weight-loss-ad-barrage-has-commenced/; and T. L. Stanley, "Popular at Easter, Peeps Candy Extends to the Quirky Holidays," *New York Times,* June 18, 2014, www.nytimes.com/2014/06/19/business/media/popular-at-easter-peeps-candy-extends-to-the-quirky-holidays.html.

32. For these and other examples, see "Marketing in the Moments, to Reach Customers Online," *New York Times,* January 18, 2016, p. B5; and Tanya Dua, "You Can Still Dunk in the Dark, but You Don't Need a War Room," *Digiday,* February 4, 2016, http://digiday.com/agencies/super-bowl-war-room-rip/.

33. Information on advertising agency revenues from "Agency Report," *Advertising Age,* May 1, 2017, pp. 22–23.

34. Jeffrey N. Ross, "Chevrolet Will 'Find New Roads' as Brand Grows Globally: Aligns around the World behind Singular Vision," January 8, 2013, http://media.gm.com/media/us/en/gm/news.detail.html/content/Pages/news/us/en/2013/Jan/0107-find-new-roads.html; and Dale Buss, "Chevy Wins at Sochi by Giving Dimension to 'Find New Roads,'" *Forbes,* February 24, 2014, www.forbes.com/sites/dalebuss/2014/02/24/chevrolet-wins-at-sochi-as-find-new-roads-theme-gets-traction/.

35. Based on Glen Broom and Bey-Ling Sha, *Cutlip & Center's Effective Public Relations,* 11th ed. (Upper Saddle River, NJ: Prentice Hall, 2013), Chapter 1.

36. See "Healthcare Campaign of the Year 2015," *PR Week,* March 20, 2015, www.prweek.com/article/1337832; "CVS Health: CVS Quits for Good Campaign," *(add)ventures,* www.addventures.com/cvs-quits-good-campaign, accessed October 2018; and www.cvs.com/quit-smoking/, accessed October 2018.

37. See Craig Giammona, "Long Live the King," Bloomberg Businessweek, October 5–11, 2015, pp. 23–24; Krushbu Shah, "Burger King Mascot Steals Show at Belmont Stakes," Eater, June 8, 2015, www.eater.com/2015/6/8/8746047/burger-king-mascot-steals-show-at-belmont-stakes; and http://mcwhopper.com/, accessed October 2016.

38. Quotes from Sarah Skerik, "An Emerging PR Trend: Content PR Strategy and Tactics," January 15, 2013, http://blog.prnewswire.com/2013/01/15/an-emerging-pr-trend-content-pr-strategy-tactics/; Mary Teresa Bitti, "The New Mad Men: How Publics Relations Firms Have Emerged from the Shadows," *Financial Post,* December 28, 2014, http://business.financialpost.com/entrepreneur/the-changing-role-of-public-relations-firms; and Nelson Granados, "How Public Relations Agencies Are Becoming Top Creators of Digital Video Content," *Forbes,* January 9, 2018, www.forbes.com/sites/nelsongranados/2018/01/09/how-public-relations-agencies-are-becoming-top-creators-of-digital-video-content/#540e1b986626.

13장

1. Based on information from Bob Evans, "Why Salesforce Is Soaring in the Cloud," *Forbes,* March 5, 2018, www.forbes.com/sites/bobevans1/2018/03/05/20-eye-popping-stats-from-salesforce-com-as-it-soars-on-digital-transformation-boom/; David Whitford, "Salesforce.com: The Software and the Story," *Inc.,* September 2014, pp. 113–117; Whitford, "Selling, the Story: Four Strategies Salesforce.com Uses to Stay on Top," *Inc.,* September 2014, p. 116; Dan Gallagher, "Salesforce Won't Let Age Slow It Down," *Wall Street Journal,* November 9, 2017, www.wsj.com/articles/salesforce-wont-let-age-slow-it-down-1510240677; "The World's Most Innovative Companies," *Forbes,* www.forbes.com/innovative-companies/list/, accessed October 2018; and information from www.statista.com and www.salesforce.com, accessed October 2018.

2. See Jack Neff, "Why the Wall Is Crumbling between Sales, Marketing," *Advertising Age,* April 4, 2016, pp. 30–31; Jonathan Gray, "Why You Can't Afford to Keep Sales and Marketing in Silos," *Sales & Marketing Management,* July 18, 2016, https://salesandmarketing.com/node/6661; and Philip

Kotler and Kevin Lane Keller, *Marketing Management,* 15th ed. (Hoboken, NJ: Pearson Education, 2016), p. 644.

3. See https://thermomix.vorwerk.com/about-us/careers/; https://www.career-vorwerkgroups.com/eng.

4. "The World's Largest Sales Forces," *Sales Benchmark Index,* Spring 2016, pp. 34–35, https://salesbenchmarkindex.com/wp-content/uploads/2016/07/201602-SBIMag_e2e_Online_LR.pdf.

5. See Gabe Larsen, "Inside vs. Outside Sales: How to Structure a Sales Team for Success," *HubSpot,* March 21, 2018, https://blog.hubspot.com/sales/inside-vs-outside-sales; and "What Is the Real Cost of a B2B Sales Call?" www.marketing-playbook.com/sales-marketing-strategy/what-is-the-real-cost-of-a-b2b-sales-call, accessed October 2018.

6. See "The State of Sales," InsideSales.com Labs, 2017, www.insidesales.com/wp-content/uploads/2017/09/State-of-Sales-9_15_17-Exec-Summary.pdf?27a428&27a428.

7. Chris Young, "Hiring Costs Are Just the Tip of the Iceberg," *Rainmaker Group Sales Wolf Blog,* January 19, 2016, www.therainmakergroupinc.com/human-capital-strategy-blog/the-ugly-truth-the-real-costs-of-a-bad-sales-hire.

8. For this and more information and discussion, see www.gallupaustralia.com.au/consulting/118729/sales-force-effectiveness.aspx, accessed October 2012; Brittney Helmrich, "8 Important Traits of Successful Salespeople," *Business News Daily,* January 25, 2016, www.businessnewsdaily.com/4173-personality-traits-successful-sales-people.html; and Heather R. Morgan, "The Most Successful Salespeople All Have This One Thing in Common," *Forbes,* January 26, 2018. www.forbes.com/sites/heathermorgan/2018/01/16/the-most-successful-salespeople-all-have-this-one-thing-in-common/#bb4b8256d221.

9. See Steve Denning, "The One Thing the Greatest Salespeople All Have," *Forbes,* November 29, 2012, www.forbes.com/sites/steve denning/2012/11/29/the-one-thing-the-greatest-salespeople-all-have/.

10. "Strengths Based Selling," www.gallup.com/press/176651/strengths-based-selling.aspx, accessed October 2018.

11. Frank V. Cespedes and Yuchun Lee, "Your Sales Training Is Probably Lackluster. Here's How to Fix It," *Harvard Business Review,* June 12, 2017, https://hbr.org/2017/06/your-sales-training-is-probably-lackluster-heres-how-to-fix-it.

12. See www.theknowledgeguru.com, www.theknowledgeguru.com/testimonials/case-studies/, and www.theknowledgeguru.com/solution/, accessed October 2018.

13. See "Sales Reps Spend Only 37% of Time Selling According to Research from InsideSales.com," *Business Wire,* November 190, 2017, www.businesswire.com/news/home/20171110005551/en/Sales-Reps-Spend-37-Time-Selling-Research.

14. See Shelly Cernel, "Selling to the Modern B2B Buyer," *Salesforce.com Blog,* June 16, 2016, www.salesforce.com/blog/2016/06/selling-to-the-modern-b2b-buyer.html; Brian Signorelli, "How Google Killed 1 Million Sales Jobs—and How to Keep Yours," *HubSpot,* May 2, 2017, https://blog.hubspot.com/sales/how-google-killed-1-million-sales-jobs; and Tim Colter, "What the Future Science of B2B Sales Growth Looks Like," McKinsey, January 2018, accessed at www.mckinsey.com/business-functions/marketing-and-sales/our-insights/what-the-future-science-of-b2b-sales-growth-looks-like.

15. Andy Hoar, "The Death of a (B2B) Salesman," Forrester, May 11, 2017, https://go.forrester.com/what-it-means/ep12-death-b2b-salesman/.

16. Neil Davey, "Using Social Media Marketing in B2B Markets," *SmartInsights,* February 16, 2015, www.smartinsights.com/b2b-digital-marketing/b2b-social-media-marketing/b2bsocialmediamarketing/. For more on Makino's social networking efforts, see www.facebook.com/Makino Machine, www.youtube.com/user/Makino MachineTools, and http://twitter.com/#!/makinomachine, accessed October 2018.

17. Example based on information from James C. Anderson, Nirmalya Kumar, and James A. Narus, "Become a Value Merchant," *Sales & Marketing Management,* May 6, 2008, pp. 20–23; and "Business Market Value Merchants," *Marketing Management,* March/April 2008, pp. 31+. For more discussion and examples, Larry Myler, "B2B Sales Insights for Commoditized Markets," *Forbes,* November 7, 2017, www.forbes.com/sites/larrymyler/2017/11/07/b2b-sales-insights-for-commoditized-markets/#7d74b1d8b63d; and Eric Almquist, Jamie Cleghorn, and Lori Sherer, "The B@B Elements of Value," *Harvard Business Review,* April 2018, https://hbr.org/2018/03/the-b2b-elements-of-value.

18. Jack Neff, "Study: CPG Now Spends More on Digital Than Traditional Ads, but Shoppers Doubt They Work," *Advertising Age,* February 23, 2017, http://adage.com/article/cmo-strategy/study-cpg-spends-digital-traditional-advertising-combined/308077/

19. "IKEA FAMILY Card Privileges," MyTOWN KL, September 30, 2017, http://www.mytownkl.com.my/en/latest-deals/ikea-family-card-privileges/; "Member Benefits" IKEA website, https://www.ikea.com/gb/en/ikea-family/member-benefits/; "IKEA to Boost Effectiveness of Its Global IKEA Family Loyalty Programme," *The Retail Bulletin,* May 21, 2012, https://www.theretailbulletin.com/news/ikea_to_boost_effectiveness_of_its_global_ikea_family_loyalty_programme_21-05-12/.

20. See "2017 Marks the Demise of Print-at-Home Coupons as Digital Redemption Climbs 67%," Inmar Press Release, February 6, 2018, https://globenewswire.com/news-release/2018/02/06/1333761/0/en/2017-Marks-the-Demise-of-Print-at-Home-Coupons-as-Digital-Redemption-Climbs-67.html.

21. See www.happymeal.com, accessed October 2018.

22. See "The 2016 Estimate of Promotional Products Distributor Sales," *PPAI,* www.ppai.org/media/2534/ppai2016salesvolumestudysummary.pdf.

23. See www.infinitesweeps.com/sweepstake/155913-West-Elm-The-5000-Room.html and https://doodles.google.com/d4g/rules.html, accessed October 2018.

24. Rachael Kirkpatrick, "Delta Sets Record with Mass Shower at Warrior Dash," *Event Marketer,* July 10, 2015, www.eventmarketer.com/-article/delta-sets-new-world-record-331-person-shower-warrior-dash/; "Mud Shower Station," *Adweek,* September 7, 2015, p. 38; and "Delta Faucet Embraces Muddy Mess Makers, Celebrates Shower Singers," *PR Newswire,* August 2, 2017, www.prnewswire.com/news-releases/delta-faucet-embraces-muddy-mess-makers-celebrates-shower-singers-300303609.html.

25. Cadent Consulting Group, "2017 Marketing Spending Industry Study," http://cadentcg.com/wp-content/uploads/2017-Marketing-Spending-Study.pdf, accessed October 2018.

26. See "CES Attendee Audit Summary Results," www.ces.tech/About-CES/CES-by-the-Numbers.aspx, accessed October 2018; "The Greatest and Most Fascinating Show on Earth," www.bauma.de/trade-fair/information/about-bauma/index.html, accessed October 2018.

14장

1. "The Best 100 Brands," Interbrand, http://www.bestglobalbrands.com/2014/ranking/; "2014–Annual Rankings: US Top Buzz," YouGov Brand Index, http://www.brandindex.com/ranking/us/2014-annual/topbuzz-rankings; Socialbakers, http://www.socialbakers.com/statistics/facebook/pages/local/united-arab-emirates/brands/electronics/phone/ and http://www.socialbakers.com/statistics/facebook/pages/local/united-arab-emirates/brands/electronics/phone/; Leo Lutero, "How to Launch a Product That You Don't Have Yet," PSFK, September 8, 2015, http://www.psfk.com/2015/09/samsung-galaxy-note-5-new-york-launch-irisworldwide.html; Arthur Hilhorst, "IFA 2014: Top Brands, Products and Influencers," Onalytica, September 16, 2014, http://www.onalytica.com/blog/posts/ifa-2014-top-brands-products-and-inf luencers/; Heather Turner, "Global Digital & Social Media Strategy at Samsung Mobile," IntelligentHQ, May 21, 2013, www.intelligenthq.com/social-media-posts/global-digital-social-media-strategy-at-samsungmobile/; Natalia Chrzanowska, "Social Media Strategy by Samsung Electronics," Social Listening Academy, May 26, 2015, http://blog.brand24.net/social-media-strategy-by-samsung-electronics/; David Waterhouse, "Activia, Samsung and Nike Top List of Unruly's Most Shared Social Video Brands of 2014," Unruly, December 3, 2014, https://unruly.co/news/article/2014/12/03/activia-samsung-nike-toplist-unrulys-shared-social-video-brands-2014/; "How Samsung Used Video to Become 'Social Brand of the Year'," Digital Training Academy, http://www.digitaltrainingacademy.com/casestudies/2014/01/how_samsung_used_video_to_become_social_brand_of_the_year.php; Michelle Quinn, "Samsung Trumps Google, Apple and Facebook on Reputation," SiliconBeat, June 30, 2015, http://www.siliconbeat.com/2015/06/30/samsung-and-hp-trump-google-apple-and-facebook-on-reputation-ranking/; "Top 100 Facebook Fan Pages," Fan Page List, http://fanpagelist.com/category/top_users/view/list/sort/fans/page4; and information from www.samsung.com, accessed October 2015.

2. Lauren Johnson, "Q&A: PepsiCo's CMOs on Why 40% of Its Super Bowl Budget Is Going to Digital," *Adweek,* January 28, 2018, www.adweek.com/digital/qa-pepsicos-cmos-why-40-its-super-bowl-budget-going-digital-169270/.

3. See www.expediagroup.com, www.expediagroup.com/about, www.expediagroup.com/brands/travelocity/, and www.travelocity.com/inspire/, accessed October 2018.

4. See Greg Sterling, "Digital Advertising Pulling Away from TV on Global Basis," *Marketing Land,* March 26, 2018, https://marketingland.com/forecast-digital-advertising-pulling-away-from-tv-on-global-basis-236977; and Bruce Biegel, "Outlook for Data-Drive Marketing—First Look for 2018," Winterberry Group, January 10, 2018, www.winterberrygroup.com/our-insights/outlook-data-driven-marketing-2018.

5. See www.lowes.com/how-to-library, accessed October 2018.

6. See "US Adults Now Spend 12 Hours 7 Minutes a Day Consuming Media," *eMarketer,* May 1, 2017, www.emarketer.com/Article/US-Adults-Now-Spend-12-Hours-7-Minutes-Day-Consuming-Media/1015775; "Internet Usage Statistics," *Internet World Stats,* www.internetworldstats.com/stats.htm, accessed October 2018; "Mobile Phone Users Worldwide," *Statista,* www.statista.com/statistics/330695/number-of-smartphone-users-worldwide/, accessed October 2018.

7. See Greg Sterling, "Reports: Digital, Especially Mobile, Driving Trillions in Offline Retail Spending," *Marketing Land*, February 17, 2017, https://marketingland.com/reports-digital-especially-mobile-driving-trillions-offline-retail-spending-207037; "U.S. Online Retail Sales Likely to Surpass $1 Trillion by 2027," *Reuters,* October 17, 2017, www.reuters.com/article/us-usa-retail-internet/u-s-online-retail-sales-likely-to-surpass-1-trillion-by-2027-fti-idUSKBN1CM1LW; and Stefany Zarboan, "U.S. E-commerce Sales Grow 16.0% in 2017," *Internet Retailer,* February 16, 2018, www.digitalcommerce360.com/article/us-ecommerce-sales/.

8. See Arthur Zaczkiewcz, "Amazon, Wal-Mart an Apple Top List of Biggest E-commerce Retailers," *WWD,* April 7, 2017, http://wwd.com/business-news/business-features/amazon-wal-mart-apple-biggest-e-commerce-retailers-10862796/; and "2017 Top 50-E-retailers Chart," *NRF,* January 16, 2017, https://nrf.com/blog/2017-top-250-global-powers-of-retailing.

9. Bill Briggs, "Home Depot's Online Sales Grow 21.5% in Fiscal 2017," *Digital Commerce 360,* February 21, 2018, www.digitalcommerce360.com/2018/02/21/home-depots-online-sales-grow-21-5-fiscal-2017/; Mark Brohan, "Home Depot Hammers Away at Online Growth," *Digital Commerce 360,* January 20, 2016, www.digitalcommerce360.com/2016/01/20/home-depot-hammers-away-online-growth/; Matthew Cochrane, "3 Big Takeaways from Home Depot's Fourth Quarter," *Motley Fool,* March 2, 2018, www.fool.com/investing/2018/03/02/3-big-takeaways-from-home-depots-fourth-quarter.aspx; and Home Depot annual reports and other information found at http://ir.homedepot.com/financial-reports/annual-reports/recent, accessed October 2018.

10. See Kevin Ota, "ESPN Digital: No. 1 in March across All Key Metrics" ESPN press release, April 17, 2018, https://espnmediazone.com/us/press-releases/2018/04/espn-digital-no-1-in-march-across-all-key-metrics/; and www.espn.com, accessed October 2018.

11. See "IAC Internet Advertising Competition," www.iacaward.org/iac/winner/17152/21st-century-fox-truex-sonic-wins-2018-iac-award-for-sonic-.html, accessed October 2018.

12. Alphabet annual reports, https://abc.xyz/investor/, accessed October 2018.

13. Rani Molla, "Advertisers Will Spend $40 Billion more on IOnternet Ads Than on TV Ads This Year," *Recode,* March 26, 2018, www.recode.net/2018/3/26/17163852/online-internet-advertisers-outspend-tv-ads-advertisers-social-video-mobile-40-billion-2018; Dan Shewan, "How Much Does Google AdWords Cost?" *WordStream,* December 11, 2017, www.wordstream.com/blog/ws/2015/05/21/how-much-does-adwords-cost; Allen Finn, "35 Marketing Statistics That Should Change Your Strategy in 2018," *Word Stream,* March 22, 2018, www.wordstream.com/blog/ws/2018/02/05/marketing-statistics.

14. See Allen Finn, "35 Face-Melting Email Marketing Stats for 2018," *WordStream,* March 22, 2018, www.wordstream.com/blog/ws/2017/06/29/email-marketing-statistics; Jess Nelson, "Majority of Emails Read on Mobile Devices," *MediaPost,* July 21, 2017, www.mediapost.com/publications/article/304735/majority-of-emails-read-on-mobile-devices.html; "2017 Consumer Email Habits Report: What Do Your Customers Really Want?" *Campaign Monitor,* www.campaignmonitor.com/resources/guides/insights-research-report/, accessed October 2018; and The Radicati Group, "Email Statistics Report 2017–2021," www.radicati.com/wp/wp-content/uploads/2017/01/Email-Statistics-Report-2017-2021-Executive-Summary.pdf, accessed October 2018.

15. See "The Top 100 Email Marketing Campaigns," www.campaignmonitor.com/best-email-marketing-campaigns/, accessed October 2018.

16. See Lindsey Kolowich, "12 of the Best Email Marketing Examples You've Ever Seen (and Why They're Great)," *Hubspot,* March 5, 2015, http://blog.hubspot.com/marketing/email-marketing-examples-list; and "The Top 100 Email Marketing Campaigns," www.campaignmonitor.com/best-email-marketing-campaigns/, accessed October 2018.

17. Anabel Acton, "How to Stop Wasting 2.5 Hours on Email Every Day," *Forbes,* July 13, 2017, www.forbes.com/sites/annabelacton/2017/07/13/innovators-challenge-how-to-stop-wasting-time-on-emails/#7ca30e049788; and Symantec Security Response Publications, www.symantec.com/security_response/publications/monthlythreatreport.jsp, accessed October 2018.

18. James G. Brooks, "Here's How Social Video Will Evolve in 2018," *Venture Beat,* November 19, 2017, https://mashable.com/2017/12/05/how-facebook-watch-will-overtake-youtube-as-biggest-video-platform/#CkdhCWfv35qG; Brendan Gahan, "Facebook Watch Will Overtake YouTube as the Biggest Video Platform." *Mashable,* December 5, 2017, https://mashable.com/2017/12/05/how-facebook-watch-will-overtake-youtube-as-biggest-video-platform/#CkdhCWfv35qG; Salman Aslam, "Snapchat by the Numbers," Omnicore Agency, February 13, 2018, www.omnicoreagency.com/snapchat-statistics/; Aaron Smith and Monica Anderson, "Social Media Use in 2018," Pew Research, March 1, 2018, www.pewinternet.org/2018/03/01/social-media-use-in-2018/; and "Statistics and Facts about Online Video Usage," *Statista,* www.statista.com/topics/1137/online-video/, accessed October 2018.

19. "IKEA FAMILY Card Privileges," MyTOWN KL, September 30, 2017, http://www.mytownkl.com.my/en/latest-deals/ikea-family-card-privileges/; "Member Benefits" IKEA website, https://www.ikea.com/gb/en/ikea-family/member-benefits/; "IKEA to Boost Effectiveness of Its Global IKEA Family Loyalty Programme," *The Retail Bulletin*, May 21, 2012, https://www.theretailbulletin.com/news/ikea_to_boost_effectiveness_of_its_global_ikea_family_loyalty_programme_21-05-12/.

20. "Being Heard: The Top 10 Super Bowl Ads by Digital Share of Voice," *Advertising Age,* Fbruary 5, 2018, http://adage.com/article/special-report-super-bowl/top-10-super-bowl-ads-digital-share-voice/312257/; "Amazon Rolls Out Celebs for 90-Seconde Alexa Super Bowl Commercial," *Seattle Times,* February 2, 2018, www.seattletimes.com/business/amazon/amazon-rolls-out-celebs-for-90-second-alexa-super-bowl-commercial/; and "2018 Ad Meter Results," http://admeter.usatoday.com/results/2018.

21. See Tim Nudd, "The 20 Most Viral Ads of 2015," *Adweek,* November 19, 2015, www.adweek.com/news-gallery/advertising-branding/20-most-viral-ads-2015-168213; Abner Li, "Latest 'Be together. Not the same.' Android Ad Has a Strong and Charming Message," *9TO5 Google,* February 29, 2016, http://9to5google.com/2016/02/29/latest-be-together-not-the-same-ad/; and www.youtube.com/watch?v=q-NKpDTwMms, accessed October 2018.

22. Troy Dreier, "The Force Was Strong with This One," *Streaming Media Magazine,* April/May 2011, pp. 66–68. Also see "Why Certain Things Go Viral," *HBR Video,* January 2016, https://hbr.org/video/4698519638001/why-certain-things-go-viral; and Christine DesMarais, "Want Your Video to Go Viral? The Rules Have A ll Changed," *Inc,* February 5, 2018, www.inc.com/christina-desmarais/5-steps-to-a-viral-video-according-to-a-guy-behind-youtubes-number-one-ad-of-decade.html.

23. Kayleen Schafer, "How Bloggers Make Money on Instagram," *Harpers Bazaar,* May 20, 2015; Caitlin Keating, "The Fashion Blogger behind We Wore What," *New York Times,* January 20, 2016, www.nytimes.com/2016/01/21/fashion/weworewhat-danielle-bernstein.html; Laureen Indvik, "The 20 Most Influential Personal Style Bloggers: 2016 Edition," *Fashionista,* March 14, 2016; Claire Coghlan, "How 'We Wore What' Blogger Danielle Bernstein Went from Sophomore to 6 Figures in Under 6 Years," *Forbes,* August 23, 2017, www.forbes.com/sites/clairecoghlan/2017/08/23/how-we-wore-what-blogger-danielle-bernstein-went-from-sophomore-to-seven-figures-in-under-6-years/#415d42275843; and http://weworewhat.com/, accessed October 2018.

24. "A Deep Dive into the Social Media Habits and Performance of Nike," *Unmetric,* https://unmetric.com/brands/nike, accessed October 2018.

25. See http://newsroom.fb.com/company-info, www.youtube.com/yt/press/statistics.html, and www.statista.com/statistics/282087/number-of-monthly-active-twitter-users/, accessed October 2018.

26. For these and other examples, see www.goodreads.com, www.farmersonly.com, www.birdpost.com, and www.cafemom.com, accessed October 2018.

27. See Mary Blacklston, "Why JetBlue Is the Best Example of Customer Service," *Success Agency Growth HQ Blog,* October 18, 2017, www.successagency.com/growth/2017/10/18/jetblue-best-customer-service/; and Lindsay Kolowich, "Delighting People in 140 Characters: An Inside Look at JetBlue's Customer Service Success," *Hubspot,* https://blog.hubspot.com/marketing/jetblue-customer-service-twitter, accessed October 2018.

28. See www.instagram.com/etsy/, www.pinterest.com/etsy/, and www.etsy.com/about, accessed October 2018.

29. Michael Bourne, "Sailing of 14 Social Cs," *Mullen Advertising,* February 13, 2012.

30. David Cohen, "What Dunkin' Donuts Can Learn from Starbucks' Social Strategy," *Adweek,* April 3, 2018, www.adweek.com/digital/what-dunkin-donuts-can-learn-from-starbucks-social-strategy/.

31. Kate Taylor, "The Unicorn Frappuccino Completely Revolutionized How Starbucks Invents New Drinks," *Business Insider,* July 2, 2017,

www.businessinsider.com/starbucks-new-unicorn-frappuccino-inspired-era-2017-6; Todd Wassermann, "Starbucks 'Tweet-a-Coffee' Campaign Prompted $180,000 in Purchases," *Mashable,* December 13, 2013, http://mashable.com/2013/12/05/starbuckss-tweet-a-coffee-180000/; and www.facebook.com/Starbucks and https://twitter.com/Starbucks, accessed October 2018.

32. Facts in this paragraph are from "Why Nearly 46 Percent of House-holds Still Have Landlines," *Associated Press,* May 4, 2017, https://nypost.com/2017/05/04/why-nearly-46-percent-of-household-still-have-landlines/; Sara Perez, "Report: Smartphone Owners Are Using 9 Apps per Day, 30 per Month," *Tech Crunch,* May 4, 2017, https://techcrunch.com/2017/05/04/report-smartphone-owners-are-using-9-apps-per-day-30-per-month/; and "Mobile Fact Sheet," *Pew Research Center,* February 5, 2018, www.pewinternet.org/fact-sheet/mobile/.

33. Sarah Perez, "U.S. Consumers Now Spend More Time in Apps Than Watching TV," *Tech Crunch,* September 10, 2015, http://techcrunch.com/2015/09/10/u-s-consumers-now-spend-more-time-in-apps-than-watching-tv/; "Americans Check Their Phones 80 Times a Day," *New York Post,* November 8, 2017, https://nypost.com/2017/11/08/americans-check-their-phones-80-times-a-day-study/; and Chris Klotzbach and Lali Kesiraju, "Flurry State of Mobile 2017: With Captive Mobile Audiences, New App Growth Stagnates," *Flurry Blog,* January 10, 2018, http://flurrymobile.tumblr.com/post/169545749110/state-of-mobile-2017-mobile-stagnates.

34. "U.S. Mobile Retail Commerce Sales as Percentage of Retail E-Commerce from 2017 to 20121," *Statista,* www.statista.com/statistics/249863/us-mobile-retail-commerce-sales-as-percentage-of-e-commerce-sales/, accessed October 2018; "Deloitte: 93 Percent of Consumers Use Their Phone while Shopping," *Apparel,* December 13, 2016, https://apparelmag.com/deloitte-93-percent-consumers-use-their-phone-while-shopping; and Justin Smith, "Mobile eCommerce Stats in 2018 and the Future Trends of mCommerce," *OuterBox Blog,* January 11, 2018, www.outerboxdesign.com/web-design-articles/mobile-ecommerce-statistics.

35. See John Koetsier, "Mobile Advertising Will Drive 75% of All Digital Ad Spend in 2018," *Forbes,* February 23, 2018, www.forbes.com/sites/johnkoetsier/2018/02/23/mobile-advertising-will-drive-75-of-all-digital-ad-spend-in-2018-heres-whats-changing/2/#705b42e01b43.

36. See "Check Out the 26 Boldly Inventive Campaigns That Won This Year's Project Isaac Awards," *Adweek,* August 21, 2016, www.adweek.com/brand-marketing/check-out-26-boldly-inventive-campaigns-won-years-project-isaac-awards-173060/; Lauren Johnson, "How Brands Are Using Instagram and Snapchat for Their Super Bowl Campaigns," *Adweek,* February 5, 2017, www.adweek.com/digital/how-brands-are-using-instagram-and-snapchat-for-their-super-bowl-campaigns/; and "Gatorade Super Bowl Dunk," www.jeffschroer.com/filter/Cannes/Gatorade-Super-Bowl-Dunk, accessed October 2018.

37. See Ginger Conlon, "Will Digital Media Spend Surpass Offline Spend in 2018?," *MKTG Insight,* www.mktginsight.com/winterberry-outlook-2018-data, accessed October 2018; Bruce Biegel, "Outlook for Data-Driven Marketing–First Look for 2018," Winterberry Group, January 10, 2018, www.winterberrygroup.com/our-insights/outlook-data-driven-marketing-2018.

38. "Direct Mail Statistics," Data & Marketing Association, https://thedma.org/marketing-insights/marketing-statistics/direct-mail-statistics/, accessed October 2018; Julie Liesse, "When Times Are Hard, Mail Works," *Advertising Age,* March 30, 2009, p. 14; Lois Geller, "If Direct Mail Is Dying, It's Sure Taking Its Time about It," *Forbes,* December 4, 2013, www.forbes.com/sites/loisgeller/2013/12/04/if-direct-mail-is-dying-its-sure-taking-its-time-about-it/; Craig Simpson, "4 Reasons to Use Direct Mail Marketing Instead of Email," *Entrepreneur,* February 17, 2015, www.entrepreneur.com/article/242731; and Allen Abbott, "It's 2017 and Direct Mail Still Exists," *Navistone Blog,* February 1, 2017, www.navistone.com/blog/its-2017-and-direct-mail-marketing-still-isnt-dead.

39. "Data & Marketing Association Direct Mail Statistics," Data & Marketing Association, https://thedma.org/marketing-insights/marketing-statistics/direct-mail-statistics/, accessed October 2018; and Ben Unglesbee, "Why Paper Catalogs Still Matter," *Retail Dive,* Oct. 6, 2017, www.retaildive.com/news/why-paper-catalogs-still-matter/506298/.

40. Molly Soat, "In the Mood to Peruse," *Marketing News,* July 2015, pp. 41–49; and Ronald D. White, "The Old-Fashioned Mail-Order Catalog Is Making a Comeback," *Los Angeles Times,* November 23, 2017, www.latimes.com/business/la-fi-catalogs-return-20171123-story.html.

41. Mike Ryan, "Print Is Dead? J.C. Penney Catalog Crunches the Data, Returns to Print," *Businesss2Community,* July 30, 2015, www.business2community.com/consumer-marketing/print-is-dead-j-c-penney-catalog-crunches-the-data-returns-to-print-01289952#kDooq0brVHlyjgym.97; Ronald

White, "The Old-Fashioned Mail-Order Catalog Is Making a Comeback," *Los Angeles Times,* November 23, 2017, www.latimes.com/business/la-fi-catalogs-return-20171123-story.html; and "Data & Marketing Association Direct Mail Statistics," https://thedma.org/marketing-insights/marketing-statistics/direct-mail-statistics/, accessed September 2018.

42. See Federal Trade Commission, "FTC Issues FY 2017 National Do Not Call Registry Data," December 18, 2017, www.ftc.gov/news-events/press-releases/2017/12/ftc-releases-fy-2017-national-do-not-call-registry-data-book-dnc; and www.donotcall.gov, accessed October 2018.

43. See "This Skin Care Company Grew Sales by Almost 400% Last Quarter," *Yahoo! Finance,* January 26, 2017; and www.guthy-renker.com/ and www.proactiv.com, accessed October 2018.

44. Michael Hickins, "Beachbody Expanding while Its Customers' Waistlines Shrink," *Forbes,* January 23, 2017, www.forbes.com/sites/oracle/2017/01/23/beachbody-expanding-while-its-customers-waistlines-shrink/#18a559724628.

45. "Best Buy: Consumer Electronics Retailing on the Go," www.zoomsystems.com/our-partners/partner-portfolio/; and www.zoomsystems.com/about-us, accessed October 2018.

46. See "The Home Depot Appliance Finder," Image Manufacturng Group, http://imgarchitectural.com/case-studies/2014/3/26/the-home-depot-appliance-finder; and "Customer Experience Is the New Marketing," August 21, 2017, Momentum Worldwide, www.momentumww.com/news/2017/8/16/customer-experience-is-the-new-marketing.

47. See Internet Crime Complaint Center, www.ic3.gov, accessed October 2018.

48. See Generali Global Assistance, "Three-Quarters of Americans Concerned about Identity Theft during Holiday Shopping Season," November 2, 2017, www.prnewswire.com/news-releases/three-quarters-of-americans-concerned-about-identity-theft-during-holiday-shopping-season-300547979.html; and "The IRTC 2017 Annual Report," *Identity Theft Resource Center,* www.idtheftcenter.org/About-ITRC/itrc-corporate-overview.html, accessed October 2018.

49. See Jenny Anderson, "When Will Social Media Companies Get Serio-sus about Their Effect on Young Kids," *Quartz,* January 15, 2018, https://qz.com/1179894/when-will-social-media-companies-like-facebook-and-snapchat-get-serious-about-their-effect-on-young-kids/; and "21 Completely Insane Social Media Statistics," *Content Factory,* www.contentfac.com/more-people-own-cell-phone-than-toothbrush-10-crazy-social-media-statistics/, accessed October 2018.

50. See Bree Fowler, "Americans Want More Say in the Privacy of Personal Data," *Consumer Reports,* May 18, 2017, www.consumerreports.org/privacy/americans-want-more-say-in-privacy-of-personal-data/; and William E Gibson, "Online Privacy a Major Concern, AARP Survey Shows," *AARP,* May 17, 2017, www.aarp.org/home-family/personal-technology/info-2017/survey-shows-online-privacy-concerns-fd.html.

51. "Unleash Mobile Data Analytics on Carrier Networks," http://go.sap.com/product/crm/mobile-data-analytics.html#item_0, accessed October 2018.

52. Dylan Currin, "Are You Ready? Here Is All the Data Facebook and Google Have on You," *The Guardian,* March 28, 2018, www.theguardian.com/commentisfree/2018/mar/28/all-the-data-facebook-google-has-on-you-privacy; and Ben Popken, "Google Sells the Future, Powered by Your Personal Data," *NBC News,* May 10, 2018, www.nbcnews.com/tech/tech-news/google-sells-future-powered-your-personal-data-n870501.

53. See Richard Byrne Reilly, "Feds to Mobile Marketers: Stop Targeting Kids, or Else," *Venture Beat,* March 27, 2014, http://venturebeat.com/2014/03/27/feds-to-mobile-marketers-stop-targeting-kids-or-else-exclusive/; and www.business.ftc.gov/privacy-and-security/childrens-privacy, accessed October 2018.

54. Information on TRUSTe at www.truste.com, accessed October 2018.

55. Information on the DMA Privacy Promise at https://thedma.org/resources/consumer-resources/ and https://thedma.org/privacy-policy/, accessed October 2018.

15장

1. See Tim Nudd, "11 Ikea Ads That Show What a Brilliant Year the Brand Had Creatively," *Adweek,* December 8, 2017, www.adweek.com/creativity/11-ikea-ads-that-show-what-a-brilliant-year-the-brand-had-creatively/; Beth Kowitt, "It's IKEA's World," *Fortune,* March 15, 2015, pp. 166–175; Richard Milne in Leiden, "IKEA Thinks Outside the Big Box," *Financial Times,* December 4, 2015, www.ft.com/cms/s/2/44a495f6-9a68-11e5-bdda-9f13f99fa654.html#axzz47Ft78U7Q; Michael Wei, "In IKEA's China Stores, Loitering Is Encouraged," *Bloomberg Businessweek,* November 1, 2010, pp. 22–23; Emily Raulhala, "No, IKEA Hasn't Banned Customers from Sleeping in Its Chinese Stores," *Time,* April 10, 2015, http://time.com/3814935/ikea-china-customers-sleeping/; Anne Quinto,

"How the IKEA Catalogue Cracked What 'Domestic Bliss' Means in Different Cultures," *Quartzy,* July 25, 2017, https://quartzy.qz.com/1036380/ikea-catalogue-2017-defining-domestic-bliss-in-different-cultures; and https://highlights.ikea.com/2017/facts-and-figures, accessed October 2018.

2. Data from *"Fortune 500," Fortune,* June 2017, http://fortune.com/fortune500/; United Nations Conference on Trade and Development, "World Investment Report 2017: Key Messages and Overview," http://unctad.org/en/Pages/DIAE/World%20Investment%20Report/World_Investment_Report.aspx, accessed April 2018; and "List of Countries by GDP: List by the CIA World Factbook," *Wikipedia,* http://en.wikipedia.org/wiki/List_of_countries_by_GDP_(nominal), accessed October 2018.

3. See "World Trade Statistical Review 2017," *WTO,* www.wto.org/english/res_e/statis_e/wts2017_e/wts2017_e.pdf; and "Gross Domestic Product (GDP) at Current Prices from 2012 to 2022," *Statista,* www.statista.com/statistics/268750/global-gross-domestic-product-gdp/, accessed October 2018.

4. Information from www.michelin.com/eng/finance/financial-results/2017-annual-results, www.jnj.com, www.caterpillar.com, http://corporate.mcdonalds.com/, www.coca-colacompany.com/contact-us/faqs, and www.coca-colacompany.com/our-company/infographic-coca-cola-at-a-glance, accessed October 2018.

5. See www.otisworldwide.com/d1-about.html and UTC Annual Report, www.utc.com/Investors/Pages/Annual-Reports-and-Proxy-Statements.aspx, accessed October 2018.

6. Max Bouchet and Joseph Parilla, "How Trump's Steel and Aluminium Tariffs Could Affect State Economies," *Brookings,* March 6, 2018, www.brookings.edu/blog/the-avenue/2018/03/06/how-trumps-steel-and-aluminum-tariffs-could-affect-state-economies/; and Rishi Iyengar, "US-China Trade Battle: How We Got Here," *CNN,* April 4, 2018, http://money.cnn.com/2018/04/04/news/economy/trump-china-us-tariffs-trade-timeline/index.html.

7. "Aldi Opens Online Shop in Shanghai," German Retail Blog, April 27, 2017, https://www.german-retail-blog.com/topic/past-blogs/Aldi-opens-online-shop-in-Shanghai-410; "Aldi Süd startet in China," Florian Kolkf, *Handelsblatt,* March 2, 2017, https://www.handelsblatt.com/unternehmen/handel-konsumgueter/discounter-expandiert-aldibaba/19463022.html.

8. See James McBride, "What's Next for the WTO?" Council on Foreign Relations, March 23, 2018, www.cfr.org/backgrounder/whats-next-wto; and "What Is the WTO?" www.wto.org/english/thewto_e/whatis_e/whatis_e.htm, accessed October 2018.

9. "The EU at a Glance," http://europa.eu/about-eu/index_en.htm; "EU Statistics and Opinion Polls," http://europa.eu/documentation/statistics-polls/index_en.htm; and "EU Position in World Trade," http://ec.europa.eu/trade/policy/eu-position-in-world-trade/, all accessed October 2018.

10. Chris Giles, "Former BoE Chief King Predicts Collapse of Eurozone," *Financial Times,* February 19, 2016, www.ft.com/intl/cms/s/0/5726e610-dec0-11e5-b7fd-0dfe89910bd6.html#axzz4720ff4j3; Luis Marti, "Eurozone: The Shocks from the Eternal Return to the Proposal of Euro Exit," *Corner,* April 9, 2018; http://thecorner.eu/news-europe/eurozone-the-shocks-from-the-eternal-return-to-the-proposal-of-euro-exit/72207/; and "European Union: The Euro," http://europa.eu/about-eu/basic-information/money/euro/, accessed October 2018.

11. Alex Hunt and Brian Wheeler, "All You Need to Know about the UK Leaving the EU," *BBC,* May 10, 2018, www.bbc.com/news/uk-politics-32810887; CIA, *The World Factbook,* https://www.cia.gov/library/publications/resources/the-world-factbook/index.html, and "The Economy," https://europa.eu/european-union/about-eu/figures/economy_en, accessed October 2018.

12. Statistics and other information from "How NAFTA Changed U.S. Trade with Canada and Mexico," *New York Times,* August 15, 2017, www.nytimes.com/interactive/2017/business/nafta-canada-mexico.html; and CIA, *The World Factbook;* and North America Free Trade Agreement, accessed October 2018.

13. See "Explainer: What Is UNASUR?" www.as-coa.org/articles/explainer-what-unasur; and http://en.wikipedia.org/wiki/Union_of_South_American_Nations, accessed October 2018.

14. "Eleven Asia-Pacific Countries Signed a Trans-Pacific Partnership in Chile," *Merco Press,* March 9, 2018, http://en.mercopress.com/2018/03/09/eleven-asia-pacific-countries-signed-a-trans-pacific-partnership-in-chile; and "Transatlantic Trade and Investment Partnership," Office of the United States Trade Representative, https://ustr.gov/ttip, accessed October 2018..

15. See Zeenat Moorad, "The Coca-Cola Company: Tapping Africa's Fizz," *Financial Mail,* May 4, 2015, www.financialmail.co.za/coverstory/2015/04/30/the-coca-cola-company-tapping-africas-fizz; Annaleigh Vallie, "Coke Turns 125 and Has Much Life Ahead," *Business Day,* May 16, 2011, www.bdlive.co.za/articles/2011/05/16/coke-turns-125-and-has-much-more-life-ahead; Kate Taylor, "Coca-Cola Has Discovered an Untapped Market to Save the Soda Business," *Business Insider,* February 7, 2016, www.businessinsider.com/africa-is-the-future-of-coca-cola-2016-2;Prableen Bajpal, "5 Fastest Growing Economies in the World," *Nasdaq,* April 13, 2017, www.nasdaq.com/article/5-fastest-growing-economies-in-the-world-cm773771; and Coca-Cola annual reports and other information from www.the-coca-colacompany.com, accessed October 2018.

16. See "2017 Investment Climate Statement—Russia," U.S. Bureau of Economic and Business Affairs, May 2017, www.state.gov/e/eb/rls/othr/ics/investmentclimatestatements/index.htm?year=2017&dlid=269946; and "Russia County Commercial Guide," www.export.gov/article?series=a0pt0000000PAulAAG&type=Country_Commercial__kav, accessed October 2018.

17. "Indonesia Barters Coffee and Palm Oil for Russian Fighter Jets," *Bloomberg,* August 7, 2017, www.bloomberg.com/news/articles/2017-08-07/indonesia-barters-coffee-palm-oil-for-russian-fighter-jets; and "South Korean Organisation Proposes Coffee-Barter Trade with Vietnam," *International Comunicaffe,*March 14, 2018, www.comunicaffe.com/south-korean-organisation-proposes-coffee-barter-trade-with-vietnam/.

18. For these and other examples, see Emma Hall, "Do You Know Your Rites? BBDO Does," *Advertising Age,* May 21, 2007, p. 22; Michael R. Czinkota and Ilkka A. Ronkainen, *International Marketing* (Cincinnati, OH: South-Western College Publishing, 2013), Chapter 3; and "13 Unusual International Customs You Never Knew Existed," *Reader's Digest,* www.readersdigest.ca/travel/travel-tips/13-unusual-international-customs-you-never-knew-existed/, accessed October 2018.

19. Mason Hinsdale, "International Brands," *Jing Daily,* January 13, 2018, https://jingdaily.com/marriotts-blunder-a-warning-in-dealing-with-beijings-understanding-of-history/; Sui-Lee Wee, "Marriott to China: We Do Not Support Separatists," *New York Times,* January 11, 2018, www.nytimes.com/2018/01/11/business/china-marriott-tibet-taiwan.html. JamieBryan, "The Mintz Dynasty," *Fast Company,* April 2006, pp. 56–61.

20. For these and other examples, see Bill Chappell, "Bill Gates' Handshake with South Korea's Park Sparks Debate," *NPR,* April 23, 2013, www.npr.org/blogs/thetwo-way/2013/04/23/178650537/bill-gates-handshake-with-south-koreas-park-sparks-debate; "Managing Quality across the (Global) Organization, Its Stakeholders, Suppliers, and Customers," Chartered Quality Institute, www.thecqi.org/Knowledge-Hub/Knowledge-portal/Corporate-strategy/Managing-quality-globally, accessed October 2018.

21. See Rory Jones, "Foreign Retailers Bend to Conform to Saudi Religious Rules," *Wall Street Journal,* June 16, 2015, www.wsj.com/articles/foreign-retailers-bend-to-conform-to-saudi-religious-rules-1434421369; and www.marksandspencer.com, accessed October 2018.

22. Andres Martinez, "The Next American Century," *Time,* March 22, 2010, p. 1.

23. Emily Feng, "McDonald's to Double Number of China Restaurants," *Financial Times,* August 8, 2017, www.ft.com/content/ae5b2e96-7c1c-11e7-9108-edda0bcbc928; and Clarissa Wei, "Why China Loves American Chain Restaurants So Much," *Eater,* March 20, 2018, www.eater.com/2018/3/20/16973532/mcdonalds-starbucks-kfc-china-pizza-hut-growth-sales.

24. Adam Chandler, "How McDonald's Became a Target for Protest," *The Atlantic,* April 16, 2015, www.theatlantic.com/business/archive/2015/04/setting-the-symbolic-golden-arches-aflame/390708/; and "McDonald's Set for Russia Expansion," *New Europe Investor,* August 26, 2015, www.neweuropeinvestor.com/news/mcdonalds-set-for-russia-expansion10522/. Also see "Russia Could Ban US Imports," *Reuters,* April 4, 2018, www.newshub.co.nz/home/world/2018/04/russia-could-ban-us-imports.html.

25. "2017 BrandZ Top 100 Global Brands," Millward Brown, http://brandz.com/charting/51.

26. See Rachael Tepper, "Yum! Brands' International Product Strategy: How the Double Down Went Global," *Huffington Post,* March 11, 2013, www.huffingtonpost.com/2013/03/11/yum-brands-international-product-strategy_n_2814360.html; Molly Osberg, "How Colonel Sanders Became Father Christmas in Japan," *TPM,* December 23, 2014, http://talkingpointsmemo.com/theslice/kfc-christmas-in-japan-colonel-sanders-history-12-23-2014; and Kate Taylor, "How KFC Made Christmas All about Fried Chicken—in Japan," *Business Insider,* December 25, 2017, www.businessinsider.com/how-kfc-became-a-christmas-tradition-in-japan-2016-12?r=UK&IR=T.

27. See annual reports and other financial and review data from www.coca-colacompany.com/our-company/ and www.coca-colacompany.com/our-company/infographic-coca-cola-at-a-glance/, accessed October 2018.

28. Alibaba website, https://www.alibaba.com/; Alibaba Group website, https://www.alibabagroup.com/en/global/home; Celia Chen, "Alibaba Cloud Sets Sights on US as It Expands Services in Europe," *South China Morning Post,* February 28, 2018, https://www.scmp.com/tech/

china-tech/article/2135030/alibaba-cloud-sets-sights-us-it-expands-services-europe; Eshops Association, "Alibaba to Open Offices in Europe as U.S. Expansion Continues," http://eshopsassociation.eu/alibaba-to-open-offices-in-europe-as-u-s-expansion-continues; Oliver Smith, "Just What Is Alibaba up to in Europe?" *Forbes,* June 22, 2018, https://www.forbes.com/sites/oliversmith/2018/06/22/just-what-is-alibaba-up-to-in-europe/#59b4a34e396d; "Alibaba Expands Market Presence Across Europe," PYMNTS.com, October 21, 2015, https://www.pymnts.com/news/2015/alibaba-grows-european-market-footprint/.

29. See Kate Taylor, "Coca-Cola Has Discovered an Untapped Market to Save the Soda Business," *Business Insider,* February 7, 2016, www.businessinsider.com/africa-is-the-future-of-coca-cola-2016-2; and https://coca-cola hellenic.com/en/about-us/coca-cola-hbc-at-a-glance/, accessed October 2018.

30. See "Volkswagen Group Rus and GAZ Group Extend Their Cooperation in Russia," June 15, 2017, www.volkswagen-media-services.com/en/detailpage/-/detail/Volkswagen-Group-Rus-and-GAZ-Group-extend-their-cooperation-in-Russia/view/5145928/7a5bbec13158edd433c6630f5ac445da?p_p_auth=kiEFZdL3; and www.pg.com/en_IN/company/pg-india.shtml, accessed October 2018.

31. See "HP Hotels Picks Up Management of DoubleTree in Tulsa, Okla," January 10, 2018, www.hotelmanagement.net/operate/hp-hotels-picks-up-management-doubletree-downtown-tulsa-okla; and http://en.wikipedia.org/wiki/Doubletree, accessed October 2018.

32. Rick Munarriz, "Shanghai Disney Hits a Few Hiccups," *The Motley Fool,* March 28, 2016, www.fool.com/investing/general/2016/03/28/shanghai-disney-hits-a-few-hiccups.aspx; and Seth Kubersky, "Who Owns the Disney Parks around the World," *Attractions Magazine,* February 12, 2017, http://attractionsmagazine.com/owns-disney-parks-around-world/.

33. See Adam Levy, "3 Reasons Walmart's Flipkart Acquisition Is Its Most Important Yet," *The Motley Fool,* May 15, 2018, www.fool.com/investing/2018/05/15/3-reasons-walmarts-flipkart-acquisition-is-its-mos.aspx; and "Kellogg Tops Profit Estimates, Makes West Africa Investment," *Reuters,* May 3, 2018, www.reuters.com/article/us-kellogg-results/kellogg-tops-profit-estimates-makes-west-africa-investment-idUSKBN1I41E9.

34. "Intel in China," *iLook China,* May 28, 2010, http://ilookchina.net/2010/05/page/2/;Christina Larson, "Intel Buys Its Way Deeper into China," *Bloomberg Businessweek,* March 8, 2015, pp. 33–34; and Stacey Higginbotham, "Qualcomm Forms Joint Venture in China to Take on Intel," *Fortune,* January 17, 2016, http://fortune.com/2016/01/17/qualcomm-server-china/; and Jeffrey Burt, "Chip Makers and the China Challenge," *Next Platform,* February 2, 2017, www.nextplatform.com/2017/02/02/chip-makers-china-challenge/.

35. Based on information from "Our Mission Is 'Beauty for All,' Says L'Oréal Global CEO Jean-Paul," *The Economic Times,*" January 30, 2015, http://articles.economictimes.indiatimes.com/2015-01-30/news/58625572_1_l-oreal-loreal-jean-paul-agon; Hae-Jung Hong and Yves Doz, "L'Oréal Masters Multiculturalism," *Harvard Business Review,* June, 2013, pp. 114–119; Liza Lin, "L'Oréal Puts on a Happy Face in China," *Bloomberg Businessweek*, April 1–7, 2013, pp. 25–26; and www.loreal usa.com/Article.aspx?topcode=CorpTopic_RI_CustomerInnovation, www.lorealusa.com/research-innovation/when-the-diversity-of-types-of-beauty-inspires-science/stories-of-multicultural-innovations.aspx, and www.loreal-finance.com/eng/-annual-report, accessed October 2018.

36. See Warren J. Keegan and Mark C. Green, *Global Marketing*, 9th ed. (Hoboken, NJ: Pearson, 2017), pp. 322–329.

37. Toshiro Wakayama, Junjiro Shintaku, and Tomofumi Amano, "What Panasonic Learned in China," *Harvard Business Review,* December 2012, pp. 109–113.

38. See Saritha Rai, "Amazon Teaches Alexa to Speak Hinglish. Apple's Siri Is Next," *Bloomberg Businessweek,* October 30, 2017, www.bloomberg.com/news/articles/2017-10-30/amazon-teaches-alexa-to-speak-hinglish-apple-s-siri-is-next; and J. Vignesh, "Amazon Intent on Making Alexa 'As Indian as It Gets,'" *Economic Times,* March 29, 2018, https://economictimes.indiatimes.com/small-biz/startups/newsbuzz/for-amazon-alexa-shines-new-light-on-india/articleshow/63525866.cms.

39. See www.dlight.com/ and www.dlight.com/about-us/, accessed October 2018.

40. See Sophia Yan, "What's in a Brand Name? In China, Everything," *CNN Money,* September 7, 2015, http://money.cnn.com/2015/09/07/news/foreign-firms-china-branding/; Michael Wines, "Picking Brand Names in China Is a Business Itself," *New York Times,* November 12, 2011, p. A4; Carly Chalmers, "12 Amazing Translations of Chinese Brand Names," *todaytranslations,* August 27, 2013, www.todaytranslations.com/blog/12-amazing-translations-of-chinese-brand-names/; and Alfred Maskeroni, "Can You Identify All These Famous Logos Redesigned by an Artist into Chinese?" *Adweek,* February 10, 2015, www.adweek.com/print/162867.

41. For these and other examples, see "How Crayola Used WeChat and Alibaba to Grow Sales in China," *Advertising Age,* May 30, 2016, p. 27; and

Angela Doland, "How to Sell Toys in a Culture Where Play Is Viewed Negatively," *Advertising Age,* March 20, 2017, http://adage.com/article/cmo-strategy/sell-toys-a-culture-parents-playtime/308340/.

42. See Warren J. Keegan and Mark C. Green, *Global Marketing,* 9th ed. (Hoboken, NJ: Pearson Publishing, 2017), pp. 423–424.

43. Rob Wile, "This Country Is Getting Discounts on iPhones that America Will Never See," *Time,* June 12, 2017, http://time.com/money/4814424/iPhone-discount-deals-apple-india-smartphones/; Gordon Gottsegen, "Samsung Makes the Cheap Galaxy J5 and J7 Official," *CNET,* June 6, 2017, www.cnet.com/news/samsung-unveils-galaxy-j5-j7-2017/; and Shannon Liao, "Apple May Start Making iPhone 6S In India to Slash Its Prices," *The Verge,* April 13, 2018, www.theverge.com/circuitbreaker/2018/4/13/17234466/apple-iPhone-6s-plus-india-tariffs.

44. See "China's Logistics Sector Continues to Grow in 2016," *Xinhuanet.com,* March 9, 2017, http://news.xinhuanet.com/english/2017-03/09/c_136115835.htm; and "Total US Logistics Spend Dipped in 2016, Says CSCMP," *Transport Topics,* June 20, 2017, http://www.ttnews.com/articles/total-us-logistics-spend-dipped-2016-says-cscmp.

45. See http://corporate.mcdonalds.com/mcd/investors/financial-information/annual-report.html, accessed October 2018.

46. Hae-Jung Hong and Yves Doz, "L'Oréal Masters Multiculturalism," *Harvard Business Review,* June, 2013, pp. 114–119; and "L'Oréal around the World," www.loreal.com/group/our-activities/l%E2%80%99or%C3%A9al-around-the-world, accessed October 2018.

16장

1. See http://www.unilever.de/sustainable-living and http://www.knorr.de, accessed October 2015; the authors would like to thank Katja Wagner, Marketing Lead Knorr at Unilever, for her contribution to this case.

2. See "McDonald's Announces Global Commitment to Support Families with Increased Focus on Happy Meals," February 18, 2018, http://news.mcdonalds.com/news-releases/news-release-details/mcdonalds-announces-global-commitment-support-families-0; www.mcdonalds.com/us/en-us/about-our-food/quality-food.html; http://corporate.mcdonalds.com/corpmcd/scale-for-good/using-our-scale-for-good.html; and www.mcdonalds.com/us/en-us/about-our-food/nutrition-calculator.html, accessed October 2018.

3. Melissa Locker, "If McDonald's Keeps Its Promise, Your Happy Meal Could Be Green within Seven Years," *Fast Company,* January 16, 2017, www.fastcompany.com/40517145/mcdonalds-promises-to-start-recycling-its-packaging-by-2025.

4. Brad Tuttle, "More Retailers Accused of Misleading Customers with Fake Price Schemes," *Money,* January 7, 2016, http://time.com/money/4171081/macys-jc-penney-lawsuit-original-prices/; and Hannah Taylor, "Proposed Settlement of Neiman Marcus 'Compare To' Deceptive Pricing Class Actions," *Mondaq,* April 30, 2018, www.mondaq.com/unitedstates/x/696826/advertising+marketing+branding/Proposed+Settlement+Of+Neiman+Marcus+Compare+To+Deceptive+Pricing+Class+Action.

5. Tony T Liu, "Overstock.com Receives $6.8 Million Fine for False Advertising," *Orange Country Business Attorney Blog,* February 11, 2014, www.orangecountybusinessattorneyblog.com/2014/02/11/overstock-com-receives-6-8-million-fine-false-advertising/; David Streitfeld, "It's Discounted, but Is It a Deal? How List Prices Lost Their Meaning," *New York Times,* March 6, 2016, p. A1; and Paul Tassin, "Overstock Must Pay $6.8 Million Penalty in 'Compare At' Pricing Lawsuit," *Top Class Actions,* June 7, 2017, https://topclassactions.com/lawsuit-settlements/lawsuit-news/722412-overstock-must-pay-6-8m-penalty-compare-pricing-lawsuit/.

6. Daniel Boffey, "Food Brands 'Cheat' Eastern European Shoppers with Inferior Products," *The Guardian,* September 15, 2017, https://www.theguardian.com/inequality/2017/sep/15/food-brands-accused-of-selling-inferior-versions-in-eastern-europe; "Consumers Being Misled by Labelling on 'Organic' Beauty Products, Report Shows," *The Guardian,* April 24, 2017, https://www.theguardian.com/environment/2017/apr/24/consumers-being-misled-by-labelling-on-organic-beauty-products-report-shows; Directorate-General for Internal Policies, "Policy Department A: Scientific and Economic Policy, Internal Market and Consumer Protection, "Misleading Packaging Practices," Briefing Paper, January 2012, http://www.europarl.europa.eu/document/activities/cont/201201/20120130ATT36566/20120130ATT36566EN.pdf; "Consumer Product Quality: Parliament Takes Aim at Dual Standards," European Parliament, September 13, 2018, http://www.europarl.europa.eu/news/en/press-room/20180907IPR12460/consumer-product-quality-parliament-takes-aim-at-dual-standards; Senay Boztas, "Fool Labels: European Consumers Misled by Inaccurate Food Packaging, Says New Study," DutchNews.nl,

June 14, 2018, https://www.dutchnews.nl/news/2018/06/fool-labels-european-consumers-misled-by-inaccurate-food-packaging-says-new-study/; "Vitamin Water—Hema," Open Food Facts, https://world.openfoodfacts.org/product/2035498699991/vitamin-water-hema.

7. Dan Mitchell, "Americans Don't Buy Enough Soda—Here's the New Targets," *Fortune*, February 19, 2016, http://fortune.com/2016/02/19/soda-emerging-nations-sales/; Trefis Team, "How Coca-Cola Plans to Make India Its Third Largest Market," *Forbes*, September 7, 2017, https://www.forbes.com/sites/greatspeculations/2017/09/07/how-coca-cola-plans-to-make-india-its-third-largest-market/#5114de2e848b; and Center for Science in the Public Interest, "Carbonating the World," www.cspinet.org/carbonating/, accessed October 2018.

8. Brian Clark Howard, "Planned Obsolescence: 8 Products Designed to Fail," *Popular Mechanics*, www.popularmechanics.com/-technology/planned-obsolescence-460210#slide-5, accessed September 2015. Also see Linda Simpson, "Is There a Cure for Society's Affluenza?" *Huffington Post*, January 10, 2018, www.huffingtonpost.ca/linda-simpson/is-there-a-cure-for-our-societys-affluenza_a_23329763/.

9. "Apple Apologizes for Slowing Older iPhones Dawn," *Reuters*, December 29, 2018, www.bbc.com/news/technology-42508300; and "Apple Investigated by France for 'Planned Obsolescence,'" *BBC*, January 8, 2018, www.bbc.com/news/world-europe-42615378.

10. Rob Walker, "Replacement Therapy," *Atlantic Monthly*, September 2011, p. 38. For other interesting discussions, see Homa Khaleeli, "End of the Line for Stuff That's Built to Die?" *The Guardian*, March 3, 2015, www.theguardian.com/technology/shortcuts/2015/mar/03/has-planned-obsolesence-had-its-day-design.

11. See U.S. Department of Agriculture, "Food Access Research Atlas: Documentation," www.ers.usda.gov/data-products/food-access-research-atlas/documentation/, accessed October 2018.

12. See "Hll Extending Max Brand, Test-Marketing Confectionery," *Business Standard News*, January 28, 2013, https://www.business-standard.com/article/companies/hll-extending-max-brand-test-marketing-confectionery-101062501040_1.html; "GDP of India: Growth Rate until 2022," Statista, https://www.statista.com/statistics/263617/gross-domestic-product-gdp-growth-rate-in-india/; C.K. Prahalad and Allen Hammond, "Serving the World's Poor, Profitably," *Harvard Business Review*, September 2002, https://hbr.org/2002/09/serving-the-worlds-poor-profitably; Sagar Malviya and R Sriram, "India Could Become Unilever's Biggest Market: Paul Polman," *The Economic Times*, September 11, 2017, https://economictimes.indiatimes.com/industry/cons-products/fmcg/india-could-become-unilevers-biggest-market-paul-polman/articleshow/60454446.cms.

13. See www.newdream.org/ and www.newdream.org/about/mission, accessed October 2018.

14. See Erik Oster, "Erwin Penland, L.L. Bean Take on Disposable Fashion with 'When,'" *Adweek*, April 21, 2016, www.adweek.com/print/107497; Rose Marcario, "The End of Consumerism," *LinkedIn*, November 24, 2017, www.linkedin.com/pulse/end-consumerism-rose-marcario/; and Kevin Moss, "Don't Read This Article: How Ads Against Consumerism Help Sustainability," *World Resources Institute*, February 5, 2018, www.wri.org/blog/2018/02/dont-read-article-how-ads-against-consumerism-help-sustainability.

15. See Texas Transportation Institute, "Urban Mobility Scorecard," https://mobility.tamu.edu/ums/, accessed October 2018.

16. Mimi Kirk, "A Prius Costs $154,000 in Singapore and People Are Still Buying Them," *Quartz*, June 18, 2013, http://qz.com/95429/a-prius-costs-154000-in-singapore-and-people-are-still-buying-them/; and Jeff Cuellar, "What Is the True Cost of Owning a Car in Singapore? You Don't Want to Know," MoneySmart.sg, August 21, 2014, http://blog.moneysmart.sg/car-ownership/the-true-cost-of-owning-a-car-in-singapore/; and Julian Wong, "How Much It Really Costs to Own a Car in Singapore," *Channel NewsAsia*, November 24, 2017, www.channelnewsasia.com/news/brandstudio/how-much-it-really-costs-to-own-a-car-in-singapore-9346730.

17. See Natasha Lomas, "Google Fined $2.7BN for EU Antitrust Violations over Shopping Searches," *Tech Crunch*, June 27, 2017, https://techcrunch.com/2017/06/27/google-fined-e2-42bn-for-eu-antitrust-violations-over-shopping-searches/; and Terry Collins, "Google Appeals Record $2.7 Billion EU Antitrust Fine," *CNET*, September 11, 2017, https://www.cnet.com/news/google-is-appealing-record-2-7-billion-eu-antitrust-fine/.

18. See Philip Kotler, "Reinventing Marketing to Manage the Environmental Imperative," *Journal of Marketing*, July 2011, pp. 132–135; and Kai Ryssdal, "Unilever CEO: For Sustainable Business, Go against 'Mindless Consumption,'" *Marketplace*, June 11, 2013, www.marketplace.org/topics/sustainability/consumed/unilever-ceo-paul-polman-sustainble-business.

19. Andrew Lord, "Adidas Created a Shoe That Is Literally Made Out of Trash," *Huffington Post*, June 30, 2016, www.huffingtonpost.com/2015/06/30/adidas-shoe-made-of-ocean-trash_n_7699632.html; "Adidas Group Sustainable Materials," www.adidas-group.com/en/sustainability/products/materials/#/recyceltes-polystyrol/sustainable-better-cotton/pvc-and-phthalates/, accessed October 2018; and www.adidas-group.com/en/sustainability/managing-sustainability/general-approach/ and www.adidas-group.com/en/sustainability/products/sustainability-innovation/, accessed October 2018.

20. See Alan S. Brown, "The Many Shades of Green," *Mechanical Engineering*, January 2009, http://memagazine.asme.org/Articles/2009/January/Many_Shades_Green.cfm; Linda Demmler, "It's Earth Day. Why Care?," www.ibm.com/blogs/ibm-global-financing/2018/04/its-earth-day-why-care/, April 18, 2018; and www.ibm.com/financing/asset-buyback/global-asset-recovery-services, accessed October 2018.

21. See "Decarbonization," www.siemens.com/global/en/home/company/sustainability/decarbonization.html, and "Green, Greener Kalwa," www.siemens.com/global/en/home/company/about/businesses/real-estate/green-greener-kalwa.html, accessed October 2018.

22. Information from Leon Kaye, "The North Face Sustainability Report," Triple Pundit, July 29, 2014, www.triplepundit.com/2014/07/the-north-face-sustainability/; and www.thenorthface.com/about-us/responsibility.html, accessed October 2018.

23. See www.thenorthface.com/about-us/responsibility.html, accessed October 2018.

24. See "Market Share of Leading Brands of Dry Dog Food in the United States in 2017," Statista, www.statista.com/statistics/188670/top-dry-dog-food-brands-in-the-united-states/, accessed October 2018; and www.pedigree.com/why-pedigree/about-us and www.pedigreefoundation.org/about-us-2/, accessed October 2018.

25. See "Leading Cleaning Products Company Method Commits Majority of its Product Lineup to Cradle to Cradle Product Certification," April 9, 2017, www.c2ccertified.org/news/article/leading_cleaning_products_company_method_commits_majority_of_its_product_li; and https://methodhome.com/, https://methodhome.com/about-us/our-story/, and https://methodhome.com/blog/category/people-against-dirty/, accessed October 2018.

26. "SC Johnson's CEO on Doing the Right Thing, Even When It Hurts Business," *Harvard Business Review*, April 2015, pp. 33–36; and "We Commit to What Matters Most," http://scjohnson.com/en/commitment/overview.aspx, accessed October 2018.

27. See International Monetary Fund Staff Team from the Fiscal Affairs Department the Legal Department, "Corruption: Costs and Mitigating Strategies," May 2016, www.imf.org/external/pubs/ft/sdn/2016/sdn1605.pdf. Also see Michael Montgomery, "The Cost of Corruption," *American Radio Works*, http://americanradioworks.publicradio.org/features/corruption/, accessed October 2018.

28. Reprinted with permission from the American Marketing Association, https://archive.ama.org/archive/AboutAMA/Pages/Statement%20of%20Ethics.aspx.

29. See "Protect This House: The Under Armour Code of Conduct. Make the Right Call," http://files.shareholder.com/downloads/UARM/6278599929x0x873823/38F030C7-5348-4CC6-B8CD-81D68B2F496C/Code_of_Conduct_2016.pdf, accessed October 2018.

30. David A. Lubin and Daniel C. Esty, "The Sustainability Imperative," *Harvard Business Review*, May 2010, pp. 41–50; and Roasbeth Moss Kanter, "It's Time to Take Full Responsibility," *Harvard Business Review*, October 2010, p. 42.

찾아보기

ㅇ

저자 소개

Gary Armstrong

노스캐롤라이나대학교(채플힐) 케넌-플래글러경영대학의 석좌교수로, 웨인주립대학교에서 경영학 석사, 노스웨스턴대학교에서 마케팅 박사 학위를 받았다. Armstrong 교수는 유명 경영 학술지에 수많은 논문을 발표했으며, 경영자문 전문가와 연구자로서 마케팅조사, 영업관리, 마케팅전략 영역에서 많은 기업들과 공동작업을 수행했다.

Armstrong 교수가 가장 사랑하는 것은 강의로, 그는 학부 대상 최우수 강의상을 세 번 수상한 유일한 교수이다. 그가 보유하고 있는 Blackwell 석좌교수는 노스캐롤라이나대학교(채플힐)에서 학부생 대상 최우수 강의 교수에게만 수여하는 영구 교수직이다. 그는 케넌-플래글러경영대학에서 강의와 행정 모두 적극적이었다. 그의 행정경력은 마케팅주임교수, 다양한 학부교육 디렉터 등을 포함한다. 그는 오랜 기간 경영학 전공 학생들과의 긴밀한 교류와 탁월한 지도를 인정받아 대학 전체 및 경영대학 최우수 강의상을 수차례 받았다. 최근에는 노스캐롤라이나대학교 16개 캠퍼스 공동으로 수여하는 최우수 강의상인 UNC Board of Governors Award for Excellence in Teaching을 수상했다.

Philip Kotler

노스웨스턴대학교 켈로그경영대학원의 석좌교수로, 시카고대학교에서 경제학 석사, MIT에서 경제학 박사를 받았다. 전 세계 경영대학원에서 마케팅 교재로 가장 많이 사용되는 《Marketing Management》의 저자이며, 큰 성공을 거둔 60권 이상의 교재, 단행본과 유명 학술지에 발표된 150편 이상의 논문에 저자로 참여했다. Kotler 교수는 「Journal of Marketing」이 선정한 올해의 최우수 논문상을 세 번 수상한 유일한 학자이다.

그는 네 가지 주요 학술상의 최초 수상자이다. 즉 American Marketing Association이 수여한 올해의 최우수 마케팅 교육자상(Distinguished Marketing Educator of the Year Award)과 더 좋은 세상을 위한 마케팅상(Marketing for a Better World), 그리고 Academy for Health Care Services Marketing이 수여한 헬스케어 마케팅 분야 최우수상(Philip Kotler Award for Excellence in Health Care Marketing)과 Sheth Foundation Medal for Exceptional Contribution to Marketing Scholarship and Practice를 수상하였다. 이 외에도 American Marketing Association이 마케팅의 과학적 발전에 큰 공헌을 한 학자에게 수여하는 Paul D. Converse Award를 포함해 권위 있는 학회와 기관으로부터 다수의 명예로운 상을 받았다.

「Forbes」가 최근에 실시한 서베이에서 세계에서 가장 영향력 있는 경영사상가 10인에 포함되었다. 그리고 최근에 「Financial Times」가 전 세계 경영자 1,000명을 대상으로 실시한 조사에서 21세기 가장 영향력 있는 경영 저술가·구루에서 4위에 랭크되었다. 그는 많은 주요 미국기업과 국제기업을 대상으로 마케팅전략과 계획수립, 마케팅조직, 국제마케팅 영역에 대한 컨설팅을 수행했다. 지금은 유럽, 아시아, 남미 등을 여행하면서 폭넓은 강의를 하고, 기업과 정부를 상대로 마케팅의 실무적 적용과 마케팅기회에 대해 자문을 하고 있다.

역자 소개

정연승

서울대학교 경영학과를 졸업하고 동 대학원에서 경영학 석사 학위를 받았으며, 연세대학교에서 마케팅 전공으로 경영학 박사 학위를 받았다. 한국마케팅관리학회 회장과 유통연구 편집위원장을 역임하였고, 현재 한국유통학회 회장을 맡고 있다. 현재 단국대학교 경영학부 교수로 재직하고 있다.

박철

서울대학교 국제경제학과를 졸업하고 동 대학원에서 경영학 석사와 경영학 박사 학위를 받았다. 한국 소비문화학회와 서비스마케팅학회 회장, 그리고 소비문화연구 편집위원장을 역임하였다. 현재 고려대 학교 융합경영학부 교수로 재직하고 있다.

이형재

서울대학교 경영학과를 졸업하고 동 대학원에서 석사 학위를 받았으며, 미국 University of Florida에서 박사 학위(마케팅 전공)를 받았다. 현재 한경수입차서비스지수(KICSI) 평가위원장과 한국고객만족경영 학회 부회장을 맡고 있으며, 국민대학교 경영대학 교수로 재직하고 있다.

조성도

연세대학교 경영학과를 졸업하고 동 대학원에서 마케팅 전공으로 경영학 석사, 박사 학위를 받았다. 한국통신(KT)연구개발본부 전임연구원으로 근무하였으며 현재 전남대학교 경영학부 교수로 재직하고 있다.